AF750421

Propriété des formes créatives issues de la manifestation d'un sentiment religieux

Étude de droit d'auteur comparé, notamment franco-égyptien

Le droit aujourd'hui

La collection « Le droit aujourd'hui » regroupe des études juridiques concernant des problèmes d'actualité nationale et internationale, dans divers domaines (éthique, politique, questions de société…).

Dernières parutions

Nicolas BOUCANT, *Les conflits d'intérêts en droit des sociétés*, 2025.
Mélanie GRANSEIGNE-GAPAIL, *La confidentialité à l'épreuve de la médiation administrative*, 2025.
Héloïse PLAQUIN, *Identités culturelles régionales ou autochtones et Etats unitaires. Les exemples de la Corse en France et du peuple sami en Norvège*, 2024.
Jacques DELGA, *Avocat, Parcours et règles essentielles*, 2024.
Béatrice BLOHORN-BRENNEUR (dir.), *La médiation sur les cinq continents, rêve ou réalité ? GEMME 20 ans déjà !*, 2024.
Anaïs VIAL, *Le droit à la mort*, 2024.
Béatrice BLOHORN-BRENNEUR (dir.), *Médiation, écologie, environnement et intelligence artificielle*, 2024.
François GERBER, *Tempête Xynthia. La responsabilité des acteurs locaux dans les conséquences de la submersion*, 2023.
Olivier SALOMON, *Interprétation artistique et propriété intellectuelle, Essai d'une théorie du voisinage des droits exclusifs au sein de la propriété littéraire et artistique*, 2023.
Sarah TOUBAL, *Le rebond du débiteur. Contribution à l'étude du droit de la défaillance économique*, 2023.
Claire BORREL, Loïc PELISSIER, Abélisse PINCHON, *Altruisme et Droit*, 2023.
Cristina Elena POPA TACHE, *Le dynamisme du droit international public contemporain et la transdisciplinarité*, 2023.
Charles COLOMAR, *Le droit de l'art en question(s). 20 réponses juridiques sur des thématiques artistiques*, 2023.
Marcel Yannick MISONGUI, *La protection juridictionnelle par la Cour de justice dans l'ELSJ et la PESC après le Brexit*, 2023.
François CAMPAGNOLA, *Précis de droit de l'énergie*, 2023.
Sébastien DEMAY, *La charge de travail à l'ère du numérique*, 2023.
Meganne NATALI, *Le droit international face au trafic illégal de biodiversité sauvage*, 2023.
Rahma BENTIROU MATHLOUTHI (dir.), *Proportionnalité, droits fondamentaux et juge, Proportionality, fundamental rights and judges*, 2023.

Yasser OMAR AMINE

Propriété des formes créatives issues de la manifestation d'un sentiment religieux

Étude de droit d'auteur comparé, notamment franco-égyptien

Préface de Philippe GAUDRAT

L'Harmattan

© L'Harmattan, 2025
5-7, rue de l'École-Polytechnique – 75005 Paris

www.editions-harmattan.fr

ISBN : 978-2-336-49261-2
EAN : 9782336492612

DU MEME AUTEUR

OUVRAGE PUBLIE EN FRANCE

– *Le catalogue raisonné saisi par le droit du marché de l'art (France, Moyen-Orient, États-Unis)*, Paris, 2025, Avant-propos de Gérard SOUSI et Préface du Prof. Françoise LABARTHE, environ 160 p. (*à paraître*)

OUVRAGES PUBLIES EN ÉGYPTE[1]

– *La protection juridique des parfums par le droit d'auteur français*, Éditions Dar El Nahda El Arabia, Le Caire, 2011, Préf. du Prof. H. El Din A. EL-SAGHIR, 184 p.

– *Traité de droit d'auteur et de droit du marché de l'art en Égypte et en France (Traité Al-Jami Al Yasser)*, t. I *(étude analytique du régime juridique des œuvres d'art [Des Beaux-Arts à l'art contemporain] à la lumière du droit civil et du droit d'auteur)*, Éditions Dar El Nahda El Arabia, Le Caire, 2013, Préf. du Dr. H. Abdel Moneim EL-BADRAWY et du Dr. M. BAKHEIT ZAKI, 957 p.

– *La mémoire oubliée de l'histoire du droit d'auteur égyptien : les juristes M. Linant de Bellefonds, M. Pupikofer et E. Piola Caselli*, Éditions Dar El Nahda El Arabia, Le Caire, 2014-2015, Préf. du Dr. H. A.-M. EL-BADRAWY, 602 p. (une partie en français).

– *Enjeux du marché de l'art : inspirés par les mondes du marché de l'art et de la propriété intellectuelle*, AR Group Éditions, Le Caire, 2021, Préf. du Prof. A. NASR, 320 + XIV p.

---

[1] Les ouvrages sont rédigés en langue arabe.

PREFACE

L'auteur de l'ouvrage intitulé : « *Propriété des formes créatives issues de la manifestation d'un sentiment religieux : Étude de droit d'auteur comparé, notamment franco-égyptien* » nous invite à le suivre dans un sinueux voyage qui nous amène à découvrir les principales manifestations artistiques qui enrichissent les religions vivantes de son ancien pays : l'Égypte. Entièrement indissociable de sa religion, on aurait pu imaginer qu'il commençât son périple aux sources mêmes de l'Histoire de Kémit avec l'étude de la sculpture et de l'architecture antiques qui caractérisent tant ce pays dans notre imaginaire collectif. Mais la religion polythéiste, avec ses divers cultes, est, depuis près de deux millénaires, tombée dans un complet oubli. Ne retenant, à juste titre, que les religions *vivantes*, il concentre son attention sur les monothéismes qui l'ont entièrement supplantée : à savoir, les religions *copte* puis, bien sûr, *musulmane*.

On pourrait s'étonner que M. OMAR AMINE ait choisi de défendre une thèse dont le sujet fait *indirectement* une place à la religion dans un pays qui proclame haut et fort une *stricte laïcité* ; mais la laïcité, qui repose sur une *rigoureuse séparation* des Églises et de l'État, n'est pas une déclaration de guerre à la religion ; elle postule seulement une stricte *neutralité* de l'État et a pour corrélat la *liberté des cultes,* laquelle relève de l'intimité de chacun. Ne sortant jamais de cet équilibre, l'auteur traite tout à fait *scientifiquement* chacun des sous-thèmes en lesquels se décompose son sujet dans un respect scrupuleux de la laïcité.

Tirant profit de la *parfaite convergence* philosophique des lois égyptienne et française relatives à la propriété littéraire et artistique, il ne traite que des *formes créatives* en quête d'une *protection juridique* par le droit d'auteur. En effet, ces lois, également héritières des *Lumières*, protègent toutes les *formes créatives* (c'est à dire *originales*) et exclusivement celles-ci. La recherche de l'auteur consiste dès lors, pour établir l'*existence* et la *mesure* de la protection, à identifier la *forme* à protéger et la manière dont la *créativité* est amenée à s'y manifester. À cette fin, il s'aide de la *théorie des formes* dont nous avions jeté les bases dans une contribution aux Mélanges offerts au Professeur FRANÇON[1] et de la linguistique de F. DE SAUSSURE[2]. Ainsi en vient-il à identifier deux grands types de « formes » qui fournissent la division principale de son ouvrage : les *créations de forme* nées d'une volonté de proclamer la révélation et les *manifestations formelles* induites par l'intériorisation d'une pratique spirituelle. Toutes deux sont candidates à la

1 Ph. GAUDRAT, « Réflexions sur la forme des œuvres de l'esprit », *in Mélanges en l'honneur du Professeur A. FRANÇON*, Dalloz, Paris, 1995, p. 195-221.

2 F. DE SAUSSURE, *Cours de linguistique générale*, Paris, Payot, 1916 (publié par C. BALLY et A. SECHEHAYE avec la collaboration de A. RIEDLINGER), Préf. de J.-D. URBAIN, Petite Biblio Payot, Payot & Rivages, Paris, 2016.

protection mais alors que la première y accède *sauf exception*, la seconde n'y accèdera qu'*exceptionnellement*.

Dans le premier titre de la première partie, il s'interroge d'abord sur la possibilité d'une propriété intellectuelle sur les formes vocales issues de la *récitation du Coran* puis sur les *discours religieux* (*khotba* et prêche) délivrés dans un cadre cultuel ; dans le second titre, il commence, dans un premier chapitre, par s'attacher à la protégeabilité de la *calligraphie musulmane* ainsi qu'à l'art de *l'icône chrétienne* qui, dans son hiératisme, semble rétive à l'originalité ; enfin, dans un second chapitre, il s'intéresse aux *ouvrages dérivés* tels que les *tafāssir*, les recueils de *Hadiths*, pour la foi musulmane, ou encore les ouvrages de piété ou les catéchismes, pour la foi chrétienne. Toutes ces formes sont bien des formes autonomes délibérément créées sur des supports distincts par des spécialistes de chaque religion pour éclairer et proclamer la Révélation de quelque ordre qu'elle soit.

Dans la seconde partie, il s'intéresse à un tout autre phénomène : celui des formes induites par l'intériorisation d'une pratique spirituelle ; si ces formes sont protégeables leur *fixation directe* requiert une autorisation des sujets enregistrés ou filmés ; si elles ne sont pas, leur *fixation directe* est libre. C'est alors que, dans le premier chapitre du premier titre, il s'interroge sur le cas du *Dhikr* musulman : la spontanéité de sa pratique, dans un cadre cultuel, engendre-t-elle des formes susceptibles d'une quelconque protection ? Dans un second chapitre, il se penche sur le cas du yoga ; non que le yoga soit une religion mais les formes qu'engendre sa pratique soulève une question similaire au *dhikr* et surtout, par contraste, il existait des jurisprudences en droit américain qui montraient la différence existant entre un *monopole légal* (en quoi consiste le *copyright*) et la *propriété incorporelle* qu'instaurent les lois égyptienne et française. L'exemple fournit un intéressant moment de droit comparé *appliqué*… Enfin, dans le second titre, il examine ce que deviennent ces diverses pratiques, lorsque détachées de leurs finalités spirituelles, elles sont développées dans un but simplement *spectaculaire*, tels les chorégraphies de *derviches tourneurs* : dans ces cas, il n'est pas douteux qu'il existe une forme seconde qui est protégeable…

L'ensemble est servi par une langue parfaite qui ferait presque douter que l'auteur soit égyptien et nourri d'une abondance de sources documentaires, souvent anciennes et pertinentes, qui ajoute beaucoup à la pénétration du sujet. Les analyses culturelles et religieuses sont fines et jamais outrées. Bref, on aura tout à gagner à lire cette étude aussi précieuse qu'originale.

Philippe Gaudrat

Professeur émérite de l'Université de Poitiers

DEDICACE

À la mémoire de ma mère,

Prof. Bahira YOUSSEF BARTOU AHMED TOUSSON (2 mai 1955 - 30 avril 2021), Professeur émérite de linguistique française de la Faculté des Lettres, Université de Minia (Le Caire),

à qui je dois *tant* et *tout*…

à qui je ne saurais suffisamment trouver les mots justes pour lui exprimer avec justesse mes sentiments de ma immense reconnaissance et gratitude, sans qui ce travail n'aurait jamais vu le jour ;

qui eut la tradition de la *linguistique française*, et m'a transmis sa passion, son goût pour la *linguistique*, l'*enseignement*, et la *recherche*, et qui, depuis mon enfance, m'a fait si bien découvrir, entre bien d'autres choses, l'univers et la beauté de la langue « envisagée en elle-même et pour elle-même »[1] ;

qui a été ma première professeur ;

qui m'a inspiré tout au long de ma vie et continue encore à le faire ;

qui a toujours cru en moi ;

pour son soutien infatigable, ses encouragements sans faille, et ses relectures perspicaces sans l'affection et la présence de laquelle je n'aurais jamais eu les ressources et la force nécessaires pour entreprendre et achever un jour cette thèse qui lui doit énormément.

Qu'elle trouve, dans ces lignes et dans cette œuvre, l'hommage affectueux et l'expression de ma plus tendre gratitude et ma profonde reconnaissance.

---

[1] F. DE SAUSSURE, *Cours de linguistique générale*, Paris, Payot, 1916, selon lequel « la linguistique a pour unique et véritable objet la langue envisagée en elle-même et pour elle-même ». V. L.-J. CALVET, *La sociolinguistique*, coll. « Que sais-je ? », PUF, 6e éd., Paris, 2009, p. 3.

REMERCIEMENTS

Cette thèse fut un voyage tant *spirituel*, *intérieur* que *juridique* qui m'emmena dans les contrées lointaines de la *propriété littéraire et artistique* pour s'adonner à un exercice de « *religion comparée* », au moins autant que du « *droit comparé* », tout en me permettant d'explorer les différentes formes et pratiques issues de la manifestation d'un *sentiment religieux* dans la mystique comparée (musulmane, chrétienne et indienne). Cet extraordinaire voyage aventureux n'aurait pas été sans doute le même sans la rencontre, la présence ou le soutien de nombreuses personnes auxquelles je souhaite adresser mes plus vifs et profonds remerciements, notamment :

Je tiens, tout d'abord, à exprimer ma plus profonde reconnaissance et gratitude à mon directeur de thèse, Monsieur le professeur Philippe GAUDRAT, qui m'a guidé tout au long de cette belle aventure et m'a inspiré par ses travaux doctrinaux pour explorer et pénétrer dans l'univers du clair-obscur de la *forme créative*, tout en laissant la liberté nécessaire au cheminement de ma propre *réflexion* et d'exercer ma *créativité*. Sa confiance qu'il m'a témoignée dans le choix d'un tel sujet sensible, sa disponibilité, son soutien inconditionnel, ses si précieux conseils, ses relectures attentives qu'il m'a prodigués tout au long de ce travail ainsi que nos nombreux échanges, conversations stimulantes et ses fines réflexions sur mon sujet depuis tant d'années par-delà cette thèse ont été particulièrement enrichissant et précieux pour mener à bien ce travail.

Je tiens également à exprimer toute ma reconnaissance aux membres du jury, Maître Yves GAUBIAC, MM. les Professeurs Victor NABHAN, Patrick TAFFOREAU, M. le Conseiller Hassan EL-BADRAWY, et M. Alexandre ZOLLINGER, qui m'ont fait l'honneur d'accepter de siéger dans mon jury de soutenance et d'engager la réflexion sur ce travail.

Ces lignes m'offrent l'occasion d'exprimer, par ailleurs, toute ma gratitude à Maître Yves GAUBIAC et au Professeur Patrick TAFFOREAU qui m'ont guidé dans mes premiers pas de publication de mon tout premier article en la matière dans la *Revue Internationale du Droit d'Auteur* (*RIDA*) en 2010. Leurs conseils précieux, relectures perspicaces et encouragements dans cette voie m'ont été particulièrement précieux et utiles pour la poursuite de mes activités de publications. Qu'ils veuillent bien trouver ici le témoignage de ma profonde reconnaissance.

Une pensée toute spéciale va à MM. les professeurs Christophe ALLEAUME, Georges BONET (†), Hossam EL-SAGHIR, Nicolas FERRIER, Wilfrid JEANDIDIER, André LUCAS, Victor NABHAN, Hussam RASHWAN, Yves REBOUL et Mme Nébila MEZGHANI.

Je tiens à remercier tout particulièrement mes parents, à qui je dois tout, et mes deux sœurs, Marwa et Hoda ainsi que « mon second père » Ashraf DARWISH et Mme Karima A. HUOSSIEN, toujours à mes côtés, pour leur présence bienveillante, leur encouragement et leur soutien aimant en toutes choses.

Je remercie chaleureusement mes chers amis, Maher AYROUD et Soleiman SOLEIMAN, pour leur amitié, aide, présence que j'ai trouvée auprès d'eux depuis mon premier séjour à Poitiers et pour les beaux moments que nous avons vécus riches de tant de souvenirs impérissables ainsi que pour les discussions et échanges passionnants que nous avons eus en la matière durant ces années de thèse.

Mes remerciements vont aussi aux membres du CECOJI pour leur échange et leur chaleureux accueil qui ont rendu mes séjours plus agréables.

Une pensée affectionnée à (M.B.) Mariam BESHAY…

À bien d'autres encore… de près ou de loin ; chacun à sa manière.

SOMMAIRE

LISTE DES ABREVIATIONS, DES SIGLES ET DES ACRONYMES

A&M .... *Auteurs & Médias*
A.J. .... Année Judiciaire
Adde .... ajoutez
ADPIC .... Accord sur les aspects des droits de propriété intellectuelle qui touchent au commerce
aff. .... affaire
AJ .... Actualité jurisprudentielle (*Recueil Dalloz*)
AJDA .... *Actualité juridique de droit administratif*
al. .... alinéa
al. .... autres
ALAI .... Association Littéraire et Artistique Internationale
Ann. propr. ind. ...... *Annales de la propriété industrielle, artistique et littéraire*
Arch. philo. dr. .... *Archives de philosophie du droit*
art. .... article(s)
B. .... *Bulletin de législation et de jurisprudence égyptiennes* (Alexandrie)
BEDA .... Bureau Égyptien du Droit d'Auteur
Bull. .... Bulletin
Bull. civ. .... Bulletin des arrêts des chambres civiles de la Cour de cassation
C. civ. .... Code civil
C. trav. .... Code du travail
c/ .... contre
CA .... Cour d'appel
Cah. dr. auteur .... *Cahiers du droit d'auteur*
Cah. prop. intell. ...... *Les Cahiers de propriété intellectuelle*
can. .... Canon
Cass. .... Cour de cassation
Cass. civ. .... Chambre civile de la Cour de cassation
Cass. com. .... Chambre commerciale de la Cour de cassation
Cass. crim. .... Chambre criminelle de la Cour de cassation
Cass. soc. .... Chambre sociale de la Cour de cassation
CCM .... Code civil égyptien mixte (1875)
CCN .... Code civil égyptien national (1883)
CE .... Conseil d'Etat
CEC .... Cour économique du Caire
CEDEJ .... Centre d'études et de documentation économiques, juridiques et sociales (Le Caire)
CEIPI .... Centre d'Etudes Internationales de la Propriété Intellectuelle
cf. .... conférer, consulter
ch. .... chambre
ch. civ. .... chambre civile
ch. com. .... chambre commerciale
ch. corr. .... chambre correctionnelle
chap. .... chapitre
chron. .... Chronique
CIC .... *Codex Iuris Canonici*
CJCE .... Cour de Justice des Communautés européennes
CJUE .... Cour de Justice de l'Union Européenne

CNRS .... Centre National de la Recherche Scientifique
coll. .... collection/collaboration
comm. .... commentaire
Comm. com. électr. ... *Communication commerce électronique*
Comp. .... comparer
concl. .... conclusion(s)
consid. .... considérant
contra .... en sens contraire
Contrats, conc. Consom. *Contrats concurrence consommation*
CPI .... Code de la propriété intellectuelle (égyptien ou français)
CSPLA .... Conseil supérieur de la propriété littéraire et artistique
D. .... *Recueil Dalloz*
D. Aff. .... *Recueil Dalloz édition Affaires*
D. H. .... *Dalloz Recueil Hebdomadaire*
D. P. .... *Dalloz Recueil Périodique*
décr. .... décret
dir. .... sous la direction de
doc. .... document
doctr. .... Doctrine
dr. .... droit
Dr. Aut. .... *Le Droit d'auteur*, Organe Officiel du Bureau de l'Union Internationale de Berne (publications des BIRPI)
E.I. .... *Encyclopédie de l'Islam* (Première et deuxième édition)
éd. .... édition
Égypte cont. .... *L'Égypte contemporaine*, Revue de la Société Royale d'économie politique, de statistique et de législation (Le Caire)
ex. .... exemple
Fasc. .... Fascicule
Fed. Reg. .... Federal Register (*U.S. Copyright Office*)
GAPI .... Les grands arrêts de la propriété intellectuelle (Dalloz)
Gaz. Pal. .... *Gazette du Palais*
Gaz. Trib. .... *Gazette des Tribunaux*
Gaz. Trib. M. .... *Gazette des Tribunaux Mixtes*
H. .... Hégire
HCA .... Haute Cour Administrative égyptienne
HCC .... Haute Cour Constitutionnelle égyptienne
ibid. .... *ibidem*, au même endroit
idem .... le même
IFAO .... Institut Français d'Archéologie Orientale (Le Caire)
IFPO .... Institut Français du Proche-Orient (Beyrouth)
impr. .... imprimerie
in .... dans
infra .... ci-dessous dans le texte
INPI .... Institut National de la Propriété Industrielle
IR ou inf. rap......... Informations Rapides du Recueil Dalloz
IRPI .... Institut de Recherche en Propriété Intellectuelle Henri-Desbois
ISESCO .... Organisation Islamique pour l'Education, les Sciences et la Culture
J. C. .... Jésus Christ
J.-Cl. .... Juris-Classeur
J.-Cl. Propr. litt., art. *Jurisclasseur Propriété Littéraire et Artistique*
JCP .... Jurisclasseur périodique (*La Semaine Juridique*)

JCP E .... *La Semaine Juridique*, édition Entreprise et Affaires
JCP G .... *La Semaine Juridique*, édition Générale
JCP S .... *La Semaine Juridique*, édition Sociale
JDI .... *Journal du droit international* (Clunet)
JDIP .... *Journal du Droit International Privé*
JO .... Journal Officiel
jurispr. .... jurisprudence
L.E. .... livres égyptiennes
LEPI .... *L'Essentiel du droit de la Propriété Intellectuelle*
LGDJ .... Librairie générale de droit et de jurisprudence
LMD .... *La Maison-Dieu*
LPA .... *Les Petites Affiches*
Ltd .... Limited
m. .... mort
n°, No, n. .... numéro
not. .... notamment
obs. .... observation(s)
OCI .... Organisation de la conférence islamique
OMPI .... Organisation Mondiale de la Propriété Intellectuelle
op. cit. .... *opus citatum*, ouvrage cité
ord. .... ordonnance
p. .... page(s)
pan. .... panorama
passim ....« ça et là / en plusieurs endroits »
PIBD .... *Propriété Intellectuelle* – Bulletin Documentaire
préc. .... précité(e)
préf. .... préface
Propr. ind. .... *La Propriété industrielle*, Organe Officiel du Bureau de l'Union Internationale pour la protection de la propriété industrielle (publications des BIRPI)
Propr. intell. .... *Propriétés Intellectuelles*
Propr. litt. art. .... Propriété littéraire et artistique
PUAM .... Presses Universitaires d'Aix-Marseille
PUF .... Presses Universitaires de France
rapp. .... rapport
Rappr. .... rapprocher
Rec. .... Recueil du Bureau technique des arrêts de la Cour de cassation égyptienne
réf. .... référé
Rép. civ. .... *Répertoire de droit civil* (Dalloz)
Rev. .... Revue
Rev. crit. DIP .... *Revue critique de droit international privé*
RFDA .... *Revue française de droit administratif*
RFPI .... *Revue Francophone de la Propriété Intellectuelle*
RIDA .... *Revue Internationale du Droit d'Auteur*
RIDC .... *Revue Internationale de Droit Comparé*
RIPIA .... *Revue Internationale de la Propriété Industrielle et Artistique*
RLDI .... *Revue Lamy Droit de l'Immatériel*
RRJ .... *Revue de recherche juridique – Droit prospectif*
RTD civ. .... *Revue trimestrielle de Droit civil*
RTD com. .... *Revue trimestrielle de Droit commercial*
S. .... *Recueil Sirey*
s. .... suivant(s)(e)(es)

SACEM .... Société des auteurs, compositeurs et éditeurs de musique
sect. .... section
sic. .... textuellement
somm. .... sommaires de jurisprudence
spéc. .... spécialement
ss. .... sous
Sté .... Société
supra .... ci-dessus dans le texte
t. .... tome
T. civ. .... Tribunal civil
T. corr. .... Tribunal correctionnel
TGI .... Tribunal de Grande Instance
trad. .... traduction
Trib. .... Tribunal
UNESCO .... Organisation des Nations Unies pour l'Education, la Science et la Culture
v. .... voir
v° .... *verbo*
vol. .... volume
vs. .... *versus*, contre

SYSTEME DE TRANSLITTERATION DES LETTRES DE L'ALPHABET ARABE[1]

Lettre arabe	Correspondance en français	Arabe	Français
ا / ء	ʾ a ou ā	ض	ḍ
ب	B	ط	ṭ
ت	T	ظ	ẓ
ث	Th	ع	ʿ
ج	J	غ	Gh
ح	ḥ	ف	F
خ	Kh	ق	Q
د	D	ك	K
ذ	Dh	ل	L
ر	R	م	M
ز	Z	ن	N
س	S	ه	H
ش	Sh	و	W
ص	ṣ	ى	Y
ال	al- : article arabe		
Voyelles longues		**Voyelles brèves**	
ـَ	A	ا ى	ā
ـُ	U	و	ū
ـِ	I	ي	ī

[1] Nous avons utilisé le système de translittération de l'arabe au français adopté par l'*Encyclopédie de l'Islam* (*EI*[2] et *EI*[3]) dans une forme simplifiée afin de faciliter la lecture des termes par les lecteurs non arabisants. Cependant, nous avons conservé la translittération des mots arabes figurant dans les citations qui sont généralement reprises telles quelles des auteurs cités ou des travaux référencés dans les notes de bas de page ou la bibliographie. Pour la traduction du Coran, nous avons utilisé celle de Denise MASSON (*Le Coran I et II*, coll. « Folio classique », Gallimard, Paris, 1967), sauf pour les citations rapportées par leur auteur.

INTRODUCTION

1. À la découverte des créations « *en attente de protection* » dans deux univers religieux. Il peut paraître provoquant de présenter une thèse qui évoque le *sentiment religieux* devant une université d'un pays qui érige la laïcité au rang d'un *principe quasi-constitutionnel*... Mais outre que la laïcité ne vise qu'à dissocier le religieux du politique (avec, certes, une tendance traditionnelle à l'anti-cléricalisme) mais non à consacrer un *principe officiel d'athéisme*, cette thèse fait appel à une comparaison entre le *droit égyptien* et le *droit français de la propriété littéraire et artistique* ; or il s'avère que ces deux droits reposent, dans ces deux pays, sur des *conceptions identiques*[1], quoique l'Égypte ne

---

[1] On ne saurait manquer de noter que l'éminent juriste Albert VAUNOIS rapprocha déjà, en 1914, l'œuvre créatrice de la jurisprudence égyptienne mixte aux droits proclamés par le législateur révolutionnaire, cette législation, qui a été animée par une philosophie exclusivement individualiste et jusnaturaliste, et ayant consacré la propriété littéraire et artistique comme un droit naturel de l'auteur sur sa création. Il souligna qu' : « En Égypte, il n'existe aucune disposition spéciale ; mais les articles 11 et 34 du Code mixte autorisent les magistrats, en cas de silence, d'insuffisance ou d'obscurité de la loi, à se conformer aux principes du droit naturel et aux règles de l'équité. La pratique judiciaire est partie de là pour sanctionner par une action civile toute la propriété intellectuelle, sans aucune formalité, par le jeu des principes en vigueur dans les pays d'Europe. *Ainsi s'est formée une jurisprudence d'une souplesse merveilleuse, analogue à celle qui, en France, a édifié une construction juridique complète sur la base solide, mais étroite, des droits proclamés par le législateur de 1793* » : A. VAUNOIS, « Lettre de France », *Dr. Aut.*, 15 juill. 1914, n° 7, p. 99 (Souligné par nous). Dans le sillage, il est intéressant de noter que le professeur Jean ESCARRA salua cette jurisprudence tout en citant des applications jurisprudentielles, dans sa conférence prononcée le 14 février 1949 à la Section économique de la Société Fouad 1er d'Economie politique, de Statistique et de Législation, ayant pour titre : « Le droit d'auteur : sa protection nationale et internationale », *Égypte cont.*, janv.-févr. 1949, n° 248 et 249, p. 218 : « *Il m'est infiniment plaisant de signaler à quel point la jurisprudence nationale que j'ai simplement mentionnée au cours de ma conférence, peut être agréable à la fois à mon esprit et à mon cœur, pour tout ce qu'elle recèle de compréhension intuitive dans ce domaine complexe et parfois fuyant, pour la générosité d'esprit dont font montre les magistrats égyptiens, pour leurs qualités de cœur qui s'en dégagent sans oublier bien entendu la particulière pertinence de leur sens juridique* ». Selon le professeur ESCARRA : « Enfin, à plusieurs reprises, les Juridictions Mixtes ont rendu dans cette matière des décisions qui ont d'autant plus de mérite qu'elles ne s'appuient pas sur des textes positifs, précis et pour tout dire, législatifs. Elles n'en ont pas moins consacré d'une manière formelle, la reconnaissance du droit d'auteur » : art. préc., p. 194. V. Pour de plus amples développements : Y. OMAR AMINE, *La mémoire oubliée de l'histoire du droit d'auteur égyptien : Les juristes M. Linant de Bellefonds, M. Pupikofer et E. Piola Caselli*, éd. Dar El Nahda El Arabia, Le Caire, 2014-2015 (en arabe et une partie en français). Me Gaston PRIVAT, alors avocat à la Cour d'appel d'Alexandrie, rendit hommage à cette jurisprudence, dans son article intitulé : « De la propriété littéraire, artistique et industrielle en Égypte », *JDIP*, t. XXIV, 1897, p. 955 : « *non seulement la jurisprudence des tribunaux mixtes a reconnu cette propriété, mais encore elle en a débarrassé l'exercice de toutes les entraves et de toutes les formalités, vraiment par trop mesquines et minutieuses, exigées par les pays d'Europe* ». M. PRIVAT ajouta que : « *La jeune Égypte a donné à la vieille Europe, sur ce point comme sur tant d'autres, une leçon de simplification et de libéralisme. Bien qu'elle n'eût rien à gagner personnellement au système de la protection, attendu qu'elle reçoit plutôt qu'elle ne produit, avec un désintéressement des plus dignes d'admiration, elle a dit en substance à tous les étrangers venant sur son sol : "Je ne me préoccuperai pas de votre origine, je ne rechercherai pas si vos gouvernements défendent mes nationaux et mes produits ; du fait seul que vous venez vivre à l'ombre de mes lois, le plus large abri, la plus entière sauvegarde vous sont accordés contre la fraude et la mauvaise foi, contre les forbans de la littérature ou les pirates de l'industrie. Vous n'avez qu'à justifier que vous êtes bien le créateur ou le maître de votre œuvre pour que je vous assure la protection de mes tribunaux et de mon gouvernement"* » : G. PRIVAT, art. préc., p. 955. Cet auteur conclut son article en observant que : « *Quoique venue la dernière, quoique ne s'étant*

.../...

donne pas la même importance à la laïcité. Par ailleurs, l'Égypte et la France, se font écho sur le plan de la pratique religieuse : l'Islam est prédominant en Égypte mais le Christianisme y a droit de cité ; le Christianisme est prédominant en France, mais l'Islam y a droit de cité ; il en résulte qu'il existe des créations « *en attente de protection* » relevant de ces deux univers religieux dans ces deux pays qui peuvent susciter des doutes chez les magistrats saisis de ces questions. Il nous semble, par conséquent, utile de leur consacrer une recherche…

2. Notion de « création », entre *majuscule* et *minuscule*. Le postulat de départ de notre recherche est la *Parole de Dieu*, en tant qu'attribut divin, qui constitue la base et la source de toute réflexion musulmane et chrétienne[1], voire même de la

enrégimentée dans aucune Union, quoique n'ayant signé aucune convention, l'Égypte fournit à tous les ouvriers de la pensée, grâce au libéralisme éclairé de sa magistrature internationale, le traitement le plus favorable et l'hospitalité la plus large qu'il soit au monde. À eux d'en savoir profiter, de faire valoir leurs droits et d'être assez avisés, assez vigilants pour qu'aucune restriction, aucune réaction inopportune ne vienne déranger ou faire dévier un état de choses si fortement et si généreusement établi » : art. préc., p. 963. Dans le même ordre d'idée, M. MAUNOURY termina son rapport présenté au Congrès de Marseille de l'ALAI en 1904 : « *En résumé, l'Égypte possède une excellente jurisprudence. Souhaitons qu'elle se maintienne. Si elle persiste, son accession à l'Union est sans intérêt. Si elle se modifie, l'Union ne peut y suppléer* » : « La protection de la propriété littéraire et artistique en Égypte », *Dr. Aut.*, 15 mai 1906, n° 5, p. 56. V. Aussi : « Compte rendu du XXVIe Congrès de l'ALAI à Marseille (24 au 29 septembre 1904) », in *Dr. Aut.*, 15 oct. 1904, n° 10, p. 122 : « *M. Maurice Maunoury expose dans son rapport […], que, malgré l'absence d'une législation spéciale sur le droit d'auteur, l'Égypte possède une excellente jurisprudence, celle des tribunaux mixtes, basée sur le droit naturel et sur l'équité, qui permet de protéger les œuvres littéraires et musicales* ». On s'est demandé s'il y avait lieu de souhaiter la substitution à cette jurisprudence d'une législation positive, ou de l'adhésion de l'Égypte à l'Union de Berne et de provoquer des démarches en ce sens. Dans la communication de M. E. EEMAN au Congrès de Paris de l'ALAI de 1925, il souligna qu' : « *[…] en matière de protection des droits d'auteur, la jurisprudence mixte, basée uniquement sur le droit naturel et sur l'équité, a adopté, d'une manière suivie et pendant tout le demi-siècle écoulé depuis la création de ces tribunaux, des principes qui sont parfaitement en harmonie avec les Conventions de Berne et de Berlin et avec les législations particulières les plus avancées, et qu'elle se rapproche même, sur beaucoup de points importants, des dispositions du projet de loi-type proposé pour servir à unifier les lois des différents pays de l'Union* » : *in* E. EEMAN, « De la possibilité d'adhésion de l'Égypte à la Convention de Berne révisée à Berlin », Compte-rendu du 34e Congrès de Paris de 1925, *Bulletin de l'Association*, juin 1925, n° 2, p. 159 ; F. OSTERTAG, « Examen de la situation du droit d'auteur au point de vue de la loi et de la jurisprudence dans les divers pays, revue des événements récents relatifs à la propriété littéraire et artistique (année 1925-1926) », Compte rendu du 35e Congrès de l'ALAI de Varsovie de 1926, *Bulletin de l'Association*, oct. 1926, n° 3, p. 151 et 152, dans lequel il souligna que : « *L'Égypte a été invitée par l'Association littéraire et artistique internationale à se joindre à l'Union. L'ancien royaume des Pharaons n'a pas encore, il est vrai, de loi sur la propriété littéraire et artistique, mais les tribunaux mixtes ont su, d'une manière remarquable, suppléer à l'absence d'une législation spéciale par l'application des principes généraux du droit. Forte de son excellente jurisprudence, l'Égypte pourrait accéder dès aujourd'hui à la Convention* ».

1 Dans ce cas, « la Parole de Dieu par excellence est Jésus-Christ, homme et Dieu. Le Fils éternel est la Parole qui existe depuis toujours en Dieu, parce qu'elle-même est Dieu : "Au commencement était le Verbe et le Verbe était avec Dieu et le Verbe était Dieu" (Jn 1, 1) » : Mgr Nikola ETEROVIC, *Instrumentum laboris* de la XIIème assemblée générale ordinaire du Synode des évêques sur La Parole de Dieu dans la vie et dans la mission de l'Église, qui s'est tenue au Vatican du 5 au 26 octobre 2008. « Le Christ a-t-il était conçu "en vertu de la *kalima* de Dieu (parole), ou est-il la *Kalima* de Dieu" même ? […] Les commentateurs ont voulu réduire la portée du terme *kalima* (parole, verbe), pour n'y voir que l'équivalent de "commandement" ou "ordre divin" c'est-à-dire l'impératif "sois" » : A. MERAD, « Le Christ selon le Coran », *Revue des mondes musulmans et de la Méditerranée*, 1968, n° 5, p. 85.

« Création[1] » *ex nihilo*, en tant que *noyau fondateur*, par lequel commence tout existant, et la source de tout dans l'Univers tant sur le plan *théologique* que *juridique*. Ce concept de « *création* », principe et fondement de la construction de la matière, et en tant que concept neutre et indépendant de toutes pressions corporatistes, a donc un rôle majeur au sein de la propriété littéraire et artistique[2]. Le droit d'auteur, relevant du *droit naturel*[3], peut bel et bien servir de cadre juridique humain pour accueillir le

---

1 V. Sur la création, entre *minuscule* et *majuscule* : Ph. GAUDRAT, « Les créations et le droit : balade dans l'espace et dans le temps », *in* A. ZOLLINGER (dir.), *La création entre droit, philosophie et religion*, Presses universitaires de Poitiers, LGDJ, Paris, 2016, p. 11 et s.

2 La théorie de la création est effectivement au cœur de la propriété littéraire et artistique, dès lors que le choix de la jurisprudence égyptienne fut posé d'en faire la *source du droit*. Ce qui implique indirectement, pour que toute sa valeur lui soit reconnue, d'adopter le principe d'une « propriété » née de la création. Autrement dit, la position jusnaturaliste adoptée par le droit français depuis le XVIe siècle qui est tout à fait recevable par le droit musulman... Et si ces deux conditions sont remplies, l'*originalité*, signe distinctif de la création protégée par droit d'auteur, est la pierre angulaire de la construction.

3 En effet, depuis l'institution des tribunaux mixtes en Égypte, la propriété littéraire et artistique portant sur les formes créatives fut consacrée comme une propriété de *droit naturel* de l'auteur et de l'interprète qu'engendrait spontanément l'acte créatif, source unique du droit. A vrai dire, la protection du droit d'auteur en Égypte n'est pas née avec la promulgation de l'ancienne loi de 1954. Par un arrêt du 25 février 1965, la Cour de cassation égyptienne, a joliment déclaré, dans un attendu de principe, que : « *La loi n° 354 de 1954 n'a pas créé la protection du droit d'auteur, mais elle l'a plutôt affirmée et réglementée* » (Cass. civ., 25 févr. 1965, *Recueil du Bureau Technique des arrêts de Cour de Cassation égyptienne*, 16e A.J., n° 36, p. 227, *in* Y. OMAR AMINE, « Chronique d'Égypte », *RIDA*, janv. 2010, n° 223, p. 245, spéc. note 2. Cet arrêt s'inscrit bel et bien dans la jurisprudence des juridictions mixtes (Pour un aperçu : Y. OMAR AMINE, « Chronique d'Égypte », préc., p. 245 à 261 ; du même auteur, « Le droit international privé du droit d'auteur en Égypte : à la croisée des chemins », *Rev. crit. DIP*, janvier-mars 2013/1, p. 77 et s). À titre d'exemple, la 1re chambre de la Cour d'appel mixte d'Alexandrie décida, dans un arrêt du 30 mai 1923, que : « *La création d'une œuvre littéraire et artistique constitue au profit de son auteur une propriété dont le fondement se trouve dans le droit naturel et des gens. Attendu que la jurisprudence mixte est désormais constante dans ce sens et qu'il a été à maintes reprises jugé par la Cour qu'à défaut de toute loi spéciale, la propriété littéraire et artistique est protégée et garantie en Égypte par l'article 34 du règlement d'organisation judiciaire* » (CA mixte d'Alexandrie, 30 mai 1923, aff. *Horn c/ Vayssié*, *Gaz.*, mars 1924, n° 161, XIV, p. 112-173 ; *Dr. Aut.*, 15 févr. 1925, n° 2, p. 22-23 ; *Bulletin de législation et de jurisprudence*, 35e année, p. 477.). Et, au passage, que dire de l'arrêt de la Cour impériale de Paris (Ch. correct.), en date du 8 décembre 1853, rendu dans l'affaire *Barba c/ Lecou*, qui va même jusqu'à dire dans des termes tout à fait similaires que : « *La création d'une œuvre artistique ou littéraire constitue une propriété dont le fondement se trouve dans le droit naturel, dans le droit des gens, et dont l'exploitation est réglementée par le Code civil* » (*Journal du Palais*, juill. 1853, p. 616 ; *S.* 1854, 2e partie, p. 109. II. 615 ; *D.P.* 54. 2. 25 ; *Jurisprudence générale du royaume en matière civile, commerciale et criminelle* (Recueil périodique et critique de jurisprudence, de législation et de doctrine), 1854, 2e cahier, 2e partie, p. 25-26 ; *Journal du droit criminel*, 1854, 26e année, p. 148-149 ; *Ann.*, 1881, p. 153 ; v° « Propriété littéraire, artistique et industrielle », *in Pandectes françaises*, 1894, p. 6 ; *Bibliographie de la France : ou Journal général de l'imprimerie et de la librairie*, 1er janv. 1853, n° 1, p. 717-718 ; v° « Propriété littéraire et artistique », 1re partie, *in Encyclopédie du notariat et de l'enregistrement ou Dictionnaire général et raisonné de législation, de doctrine et de jurisprudence en matière civile et fiscale*, Marchal et Billard, t. 15, 1885, p. 516, n° 16 ; A. HUARD et E. MACK, *Répertoire de législation, de doctrine et de jurisprudence en matière de propriété littéraire et artistique*, Marchal et Billard, Paris, 1891, p. 44, n° 132 ; E. POUILLET, *Traité théorique et pratique de la propriété littéraire et artistique et du droit de représentation*, Marchal et Billard, Paris, 1879, p. 22 ; J. THOMAS, *Le délit d'injures : droit romain, droit international, convention littéraire et artistique internationale signée à Berne le 9 septembre 1886*, thèse, Grenoble, 1894, p. 18 ; L. BASTIDE, *L'Union de Berne de 1886 et la protection internationale des droits des auteurs et des artistes*,

.../

Librairie A. Giard, Paris, 1890, p. 19 ; E. BLANC, *Traité de la contrefaçon en tous genres, et de sa poursuite en justice*, H. Plon, Paris, 1855, p. 38 ; J. T. GHICA, *La Propriété littéraire et artistique en Roumanie*, A. Rousseau, Paris, 1900, p. 6). Est-ce une coïncidence ? Nous ne le pensons pas, comme nous allons le constater. Dans un arrêt de la Cour d'appel d'Alexandrie ayant confirmé le jugement du tribunal mixte d'Ismaïlia, en date du 17 juillet 1876, il a décidé : « Attendu que la photographie est une application de l'art et de la science dont les produits, suivant les principes généraux du droit, constituent la propriété particulière et exclusive de leur auteur; attendu que les défenseurs argumentent vainement de l'absence de toute loi spéciale en vigueur en Égypte et ayant pour objet de déterminer les conditions de protection et de garantie de la propriété artistique ; *qu'en effet le défaut d'une semblable législation ne saurait avoir pour conséquence de détruire le droit dans son principe, mais uniquement de le placer sous la sauvegarde des règles du droit naturel et de l'équité, etc.* ». V. F. DE MARCHI, *La propriété littéraire, artistique et industrielle en Turquie et en Égypte*, Imprimerie A. Pinaud, Paris, 1880, p. 17, en l'espèce, « un photographe d'Ismaïlia, en 1876, voulut s'emparer et disposer à son profit des photographies d'un de ses collègues, au mépris du droit d'auteur attaché même à cette sorte de produits. De là, procès civil en dommages-intérêts ; comme il s'agissait de deux Européens de nationalité différente, le tribunal mixte d'Ismaïlia (aujourd'hui transféré à Mansoura), par son jugement du 17 juillet 1876, statua en reconnaissant, au nom de l'équité, et du droit naturel, à défaut d'une loi positive qu'il ne pouvait pas invoquer, le droit de propriété artistique, et concédant en conséquence des dommages-intérêts à la partie lésée ». Par ailleurs, la Cour d'appel d'Alexandrie, dans un arrêt du 18 août 1888, faisant une saine et logique application des principes du droit naturel et de l'équité affirme à juste titre que le droit d'auteur est un droit préexistant à la loi qui le consacre et subsistant par lui-même, indépendamment de toute reconnaissance légale : « Le défaut d'une loi spéciale en vigueur en Égypte et ayant pour objet de déterminer les conditions de protection et de garantie de la propriété littéraire et artistique, ne saurait avoir pour conséquence de détruire le droit dans son principe, mais uniquement de le placer sous la sauvegarde des règles du droit naturel et de l'équité. En conséquence, toute atteinte portée à la propriété littéraire et artistique, donne lieu, contre celui qui en est l'auteur, à une action en réparation du préjudice qui peut en être résulté » : *JDIP* 1890, p. 148. Dans le même sens : CA mixte d'Alexandrie, 8 mai 1889, aff. *Société des gens de lettres c/ The Egyptian Gazette*, *Le Droit*, 27 août 1889 ; *Le Livre* (Revue du monde littéraire), 1889, 10e année, p. 377 ; *Le Temps*, 24 mai 1889, p. 3 : « … Attendu que le défaut de toute loi spéciale en Égypte, ayant pour objet de déterminer les conditions de la protection et de la garantie de ce droit (de propriété littéraire), ne saurait avoir pour conséquence de le détruire dans son principe, mais uniquement de le placer, par l'application de l'art. 36 du règlement d'organisation judiciaire pour les tribunaux mixtes en Égypte, sous la sauvegarde du droit naturel et de l'équité ; Attendu que ceux-ci réclament le respect de toute propriété d'autrui et par suite celui de la propriété artistique et littéraire ; … ; … Attendu qu'on objecterait vainement que l'achat d'un exemplaire d'une œuvre littéraire donne droit à l'acheteur de le reproduire ; Que ce dernier n'acquiert qu'un droit de jouissance personnelle, et non pas celui de la reproduction, dans un but de lucre, de l'ouvrage acheté ; Que ce principe posé, il importe peu que l'abus se produise sous la forme d'une véritable contrefaçon, ou sous celle de la reproduction dans un journal quotidien ou dans une publication périodique… » : *Chronique de la Société des gens de lettres*, juin 1889, p. 146. Un auteur a pu souligner que : « cet arrêt fait honneur à ceux qui l'ont rendu, et bien des tribunaux européens pourraient s'inspirer des principes qu'il consacre » : L. FLORENTIN, *De l'Adultère : droit français : la Propriété littéraire en droit international*, thèse, Nancy, 1890, p. 18, note 2. Déjà en 1957, DESBOIS disait que : « *Les droits d'auteur préexistent à toute intervention législative ; la loi les constate, les consacre, elle ne les institue pas, car ils procèdent de l'acte même de création intellectuelle* » : H. DESBOIS, « Le projet de loi français dans l'évolution du Droit d'auteur », conférence faite à la Faculté de Droit de l'Université Libre de Bruxelles, les 14 et 15 janvier 1957, *in Travaux et Conférences de la Faculté de Droit de l'Université Libre de Bruxelles*, IV, Maison Ferdinand Larcier, juin 1957, p. 8 et 9. Le droit d'auteur est souvent considéré comme un « *droit nécessaire et d'ordre naturel, préexistant à toute reconnaissance législative* » : C. CARON, *Droit d'auteur et droits voisins*, 2e éd., Litec, Paris, 2009, p. 23-24. Pour BEAUMARCHAIS, « il est, dit-on, bien étrange qu'il ait fallu une loi expresse pour attester à toute la France que la propriété d'un auteur dramatique lui appartient ; que nul n'a droit de s'en emparer. Ce principe, tiré des premiers droits de l'Homme, allait tellement sans le dire pour toutes propriétés …

processus même de la *Révélation*, puisque celle-ci est l'archétype absolu de la Création. L'analyse de la création selon le droit d'auteur permet de rendre compte (même juridiquement) de la particularité de la parole divine (*Kalima*, *kalimat Allah*)[1], subsistante alors éternellement en Dieu, qui peut s'exprimer sous diverses *formes créatives* aussitôt qu'elle est entrée en contact avec le monde humain[2].

3. Entre *créateur* et *Créateur*. Le droit d'auteur a pour unique et véritable objet la « forme »[3], voire, la « création », envisagée *en elle-même* et *pour elle-même*. Or, les formes créatives[4] ne sauraient être *signe de créativité* que si elles sont *imputables à l'esprit d'une personne*. Si toute forme façonnée par l'esprit de l'homme est dotée d'une *forme interne*, force est de constater que toute forme interne n'est pas *nécessairement* le fruit d'un acte créatif protégeable par le droit d'auteur[5]. Rien ne permet d'exclure l'imbrication entre le *divin* et la *liturgie* d'une part, et entre la *métaphysique* et la *mystique* d'autre part, dans l'élaboration et l'engendrement[6] de certaines formes créatives. En effet, le *fil conducteur* qui lie toutes les formes qui puisent leur source dans la *foi religieuse* consiste dans le fait qu'elles ont pour finalité particulière de mener l'auteur et/ou l'interprète, voire le croyant, sur l'une des voies conduisant à Dieu et renvoient également au concept du

---

des hommes acquises par le travail, le don, le vent, ou bien l'hérédité, qu'on aurait cru très dérisoire d'être obligé de l'établir en loi. Ma propriété seule, comme auteur dramatique, plus sacrée que toutes les autres, [...] a eu besoin qu'une loi prononçât qu'elle est à moi, m'en assurât la possession » : C. DE BEAUMARCHAIS, « Pétition à l'Assemblée nationale contre l'usurpation des propriétés des auteurs par des directeurs de spectacles », 23 décembre 1791, *in* J. BAETENS, *Le combat du droit d'auteur : anthologie historique*, éd. Les impressions nouvelles, Paris, 2001, p. 55.

1 « *kalām*, au sens de *kalām Allāh*, Parole de Dieu, doit être distingué ici de *kalām* entendu comme *'ilm al-kalām* [q.v.] "apologie défensive", "science du discours" (sur Dieu), et de *kalima* [q.v.] qui, dans l'expression *kalimat Allāh* signifie une Parole divine » : L. GARDET, art. « *Kalām* », *in E.I.²*. Si la *kalima* désigne la forme, le *kalam* concerne le fond.

2 « Quand la parole éternelle se révèle à la créature, ce ne peut être qu'en formes et modalités humaines. [...] Ce que l'homme peut acquérir n'est qu'une expression en formes humaines. C'est sous cette condition seulement que la créature peut comprendre la parole lui adressée, une condition *toto coelo* différente de l'essence divine » : J. BOUMAN, *Le conflit autour du Coran et la solution d'Al-Bāqillānī*, J. van Campen, Amsterdam, 1959, p. 37 et 38. Le professeur CARON définit la *création* comme « un fait juridique résultant d'une *activité humaine* consciente qui entraîne une modification de la réalité » : C. CARON, *op. cit.*, p. 48, n° 44.

3 « Par soustraction du support matériel qui n'intéresse pas la protection, le seul but poursuivi par la réalisation [d'une œuvre de l'esprit] ne peut être que de faire apparaître la forme d'expression [...], forme à laquelle du reste, s'identifie absolument l'œuvre : il ne demeure rien d'autre après analyse, sur quoi puisse porter la protection » : Ph. GAUDRAT, « Réflexions sur la forme des œuvres de l'esprit », *in Mélanges en l'honneur du Professeur A. FRANÇON*, Dalloz, Paris, 1995, p. 195.

4 Quand nous parlerons de « *forme créative* », nous nous référerons au droit. En revanche, pour évoquer les caractères et finalités de la forme religieuse /cultuelle /spirituelle, nous puiserons notre source, tantôt dans la théologie, tantôt dans la philosophie.

5 Toute *forme créative* n'est pas nécessairement protégeable par la propriété littéraire et artistique comme l'a démontré bel et bien le professeur GAUDRAT. Selon cet auteur : « Toute forme n'est pas protégeable par la propriété littéraire et artistique. Faute d'avoir suffisamment cerné la nature de la forme protégeable, on tend à y accueillir de plus en plus volontiers des formes étrangères à l'esprit de sa protection » : Ph. GAUDRAT, « Réflexions sur la forme des œuvres de l'esprit », art. préc., p. 195.

6 Le terme « *engendrement* » est suffisamment neutre pour être applicable à la création de *formes intelligibles* communicables et à la mise en œuvre de *formes processuelles*...

fanâ' (l'annihilation)[1], en tant que point final de tout itinéraire mystique, qui ramène le créateur vers son véritable Créateur. Ainsi, ces formes se présentent non seulement comme un instrument d'intériorisation, de matérialisation et de transmission de la foi mais aussi comme une chose élevée au rang de sacralité (*qudsiyya*). Par ailleurs, la perception de ces formes ne s'arrête guère à l'aspect *littéraire*, *artistique*, *musical* et *folklorique* mais elle est *en-deçà* ; étant donné que l'art islamique et chrétien est lié à une perception *spirituelle* et *symbolique* propre au monde arabo-musulman. La fonction religieuse, c'est-à-dire la manière musulmane[2] et chrétienne de vivre, de ressentir et d'appréhender les signes multiples culturels, sacrés, n'exclut pas la création, mais elle relève d'un autre registre.

4. Modalités de manifestation du sentiment religieux dans une forme [exploitable]. Il suffit de jeter un coup d'œil sur l'activité créatrice de l'auteur et/ou de l'interprète des formes d'essence religieuse, spirituelle, qu'il soit le *qâri*[3] (récitateur) du Coran, le *muezzin*[4] de l'*adhân* (l'appel à la prière), le *khâtib*, l'*imâm*[5], le prédicateur, voire les ministres attachés au service de la mosquée ainsi que de l'église, le calligraphe, le traditionniste, le compilateur des *hadîth-s*[6] et des *tafsîrs*[7], le traducteur du Coran et de la liturgie, le *dhakir*[8] (l'orant), le yogi, le priant, l'hésychaste et le derviche tourneur, etc… pour se convaincre qu'ils sont souvent *tributaires* et *dépendants* d'un état ou d'une relation mystique, spirituelle privilégiée où l'âme s'unit directement à Dieu. Là gît la véritable problématique sur le plan de l'*opération de qualification* qui commande le *régime juridique*, comme nous allons le démontrer.

5. Types de formes d'inspiration religieuses ou spirituelles. De ce florilège, nous pouvons retenir et distinguer deux types de formes que nous allons esquisser les grands traits dans les lignes qui suivent : d'une part, les « *formes divines* » (intelligibles) communicables au travers d'une forme sensible[9] (selon la problématique classique des

---

1 Extinction, anéantissement mystique.

2 Y compris le soufisme ou *tasawuf* qui se vit de différentes manières.

3 « *Qâri'*, pl. *Qurrâ'* : – "Lecteur" du Coran qui connaît et suit les règles établies pour sa psalmodie, – soit un lecteur de profession, rétribué pour lire le Coran dans un mausolée par exemple, – soit un homme pieux adonné à l'étude et à la récitation du texte sacré. – Le pluriel s'applique plus particulièrement aux sept "lectures" qui ont défini les variantes autorisées ou lectures admises dans le monde sunnite », *in* D. SOURDEL et J. SOURDEL-THOMINE, *Vocabulaire de l'Islam*, coll. « Que sais-je ? », PUF, Paris, 2002, p. 98.

4 Celui qui est chargé de lancer l'appel à la prière.

5 Le mot arabe « *imâm* » vient de la racine verbale *amma*, qui signifie : « "se diriger vers", "être devant", "être chef"/"être mère", "être source", "être principe", veut dire "celui qui préside, qui est devant" », cité par L. VEYRETOUT, *L'admission des femmes aux fonctions cultuelles. Une question de droit(s)*, Presses universitaires de Strasbourg, 2016, p. 19-68, n° 16.

6 Traditions.

7 Exégèse littérale basée sur les traditions.

8 Celui qui remémore, invoque et répète les diverses formules du *dhikr*.

9 L'œuvre consiste dans une *forme intelligible* qui est accessible par la réalisation d'une *forme sensible* perceptible. La forme sensible « est la forme perçue par les sens. Elle est, naturellement, le premier niveau de forme qui se présente à l'esprit […] » : Ph. GAUDRAT, « Réflexions sur la forme des œuvres de l'esprit », art. préc., p. 201. Elle permet d'accéder directement à la *forme interne* qu'elle représente. V. « L'œuvre est la forme sensible sous laquelle la création se manifeste et devient accessible à tous » : PLAISANT, *J.-Cl. Propr. litt., art.*, Fasc. 302, n° 4, cité par Ph. GAUDRAT, « Réflexions sur la forme des …

œuvres et des interprétations), et d'autre part, les « *formes spirituelles* ou *processuelles* » mises en œuvre par un pratiquant qui ne sont connues que du droit des créations utilitaires (procédés industriels, méthodes, techniques, etc.). Afin de dissiper tout éventuel malentendu, il convient de noter que cette distinction préalable ne doit pas nécessairement laisser penser que les *premières formes* pourront seules prétendre à la protection au titre de la propriété littéraire et artistique tandis que les *secondes* ne pourront guère être protégées. Il ne faut pas en tirer une quelconque conclusion hâtive. Ce serait donc à vérifier et à apprécier au cas par cas au gré de chaque forme analysée, comme nous allons y procéder.

6. Création de « *formes divines intelligibles* ». En effet, les *formes intelligibles*, en quoi consiste uniquement la création, partagent en commun un niveau de forme « *sacrée* » que nous avons désigné sous l'appellation de « *forme divine*[1] » autour de laquelle elles s'articulent puisque le contenu est *imputé*, par hypothèse, sur la parole de Dieu[2]. Il s'agit de « *créations de forme* » nées d'une volonté de magnifier/proclamer la *Révélation* (Coran, Bible...)[3] qui sont au service de la parole divine et/ou au service d'un

---

œuvres de l'esprit », art. préc., p. 218, note 20. La Cour de cassation a précisé que le droit d'auteur « *protège les créations dans leur forme sensible* ». Dans une autre affaire relative à la protégeabilité de la fragrance d'un parfum, la chambre commerciale a affirmé expressément que : « *Le droit d'auteur ne protège les créations dans la forme sensible, qu'autant que celle-ci est identifiable avec une précision suffisante pour permettre sa communication* ; la fragrance d'un parfum, qui, hors son procédé d'élaboration, lequel n'est pas lui-même une œuvre de l'esprit, ne revêt pas une forme présentant cette caractéristique, ne peut dès lors bénéficier de la protection par le droit d'auteur » : Cass. com., 10 déc. 2013, pourvoi n °11-19.872, F-D, aff. *Lancôme, Modefine et Prestige collection international c/ P. Farque*, *JurisData* n° 2013-028892, *D.* 2014. Act. 8 ; *D.* 2014. 2079, obs. P. SIRINELLI ; *JCP G* 2014, I, 364, obs. C. CARON ; *Comm. com. électr.* 2014, comm. 13, note C. CARON et chron. 9, obs. A.-E. KAHN ; *Propr. intell.* 2014, n° 50, p. 51, obs. J.-M. BRUGUIÈRE ; *RLDI* 2014/100, n° 3310, obs. L. COSTES ; *Légipresse* 2014. 73 ; *RIDA* janv. 2014, p. 415, obs. P. SIRINELLI ; *RTD com.* 2014, p. 103, obs. F. POLLAUD-DULIAN ; *Gaz. Pal.* 5 mars 2014, p. 16, obs. L. MARINO ; *LPA* 2014, n° 38, p. 7, note V. TELLIER-CAYROL.

1 Selon la théologie musulmane, la notion de *forme divine*, appuyée sur Ibn 'ARABI, consiste dans la forme incréée et/ou éternelle telle qu'elle subsiste en Dieu (*qâ'im bi*), qui, en tant que tel, est exempte de toute intervention humaine, articulation verbale et sonore, voire dépourvue de toutes les caractéristiques humaines. Elle est donc placée hors propriété.

2 En effet, le Coran est la *Parole de Dieu* au sens le plus strict tandis que les *arts chrétiens* ne prétendent pas être au service de la parole de Dieu *stricto sensu*, même si parfois l'expression est utilisée pour l'Évangile, puisqu'ils sont censés rapporter la *Parole de Jésus* considéré comme incarnation divine. L'architecture (musulmane comme chrétienne), le chant, l'iconographie visent à induire un sentiment dévotionnel propre à recevoir le message sans prétendre être la traduction du message de Dieu...

3 « Il est sûr, en tout cas, que, par comparaison avec l'Islam, l'équivalent du Coran, ce n'est pas la Bible chrétienne, mais Jésus-Christ lui-même comme Parole de Dieu » : C. GEFFRE, « La lecture fondamentaliste de l'Ecriture dans le christianisme », *Études* 2002/12, t. 397, n° 17. V. C. GEFFRE, « Révélation chrétienne et révélation coranique. À propos de la raison islamique selon M. Arkoun », *Revue des Sciences Philosophiques et Théologiques*, 1997, vol. 81, n° 2, p. 239-252. « Au fondement de la religion chrétienne, il n'y a pas seulement un texte, mais l'instinct d'une communauté croyante et interprétante sous l'action de l'Esprit Saint. Le chrétien reçoit cette tradition interprétative comme Parole de Dieu. C'est là précisément que la conception chrétienne de la révélation se sépare d'une conception musulmane qui considère le texte originaire comme la pure transcription de la Parole de Dieu dictée au Prophète » : C. GEFFRE, « La lecture fondamentaliste de l'Ecriture dans le christianisme », art. préc., n° 18.

sentiment dévotionnel[1]. Ces formes peuvent être destinées à des fins *cultuelles* ou non *cultuelles*. Il en est ainsi, par exemple, des récitations coraniques, des cantillations bibliques, de la *khutba*, de la prédication à l'église, des calligraphies, des peintures religieuses, des images saintes (art de l'icône), des formes architecturales, de l'exégèse coranique, des compilations de *tafsîrs* et de *hadîths*, des traductions religieuses des textes sacrés, des livres liturgiques, etc… qui représentent les manifestations les plus sûres de la *forme divine* ayant pour vocation de relier l'homme à Dieu.

7. Florilège d'art arabo-islamique et chrétien. De ce florilège non exhaustif d'art arabo-islamique et chrétien, il est indubitable que la *parole coranique* ainsi que l'*image du Christ*, de la *Vierge* et des *saints* sont hissées au premier rang de référence dans l'engendrement de la *forme divine* et demeurent incontestablement son *référent premier*. La spécificité de l'art arabo-islamique et chrétien se manifeste à travers les *objets* qui lui sont propres qui est veiné et pénétré tant par la *parole* et le *discours* que par l'*écriture* et l'*interprétation*. Alors que l'*art arabo-islamique* est veiné par la parole coranique, partout écrite, récitée, chantée, l'*art chrétien* est fondé, au contraire, sur l'image du Christ, de la Vierge et des saints. C'est dans cet esprit que nous allons tenter de dresser un *panorama* des formes créatives susceptibles d'être éligibles à la protection qui figurent au cœur à la fois de l'art arabo-islamique et chrétien[2].

8. Finalité de la « *forme divine* ». Puisqu'*intelligibles*, les premières sont créées « pour les autres » et donc destinées à être communiquées. C'est leur finalité : elles agissent sur le public auquel elles s'adressent ; mais, celui-ci, conformément à la manière dont le public est classiquement entendu, est passivement récepteur.

9. Mise en œuvre de « *formes processuelles* ». Quant aux *formes processuelles*[3] que nous avons désignées sous le terme de « *formes spirituelles* », elles sont, à l'inverse des formes intelligibles, destinées à être mises en œuvre par un pratiquant pour obtenir une *transformation* (mentale ou physique) qui peut être d'ordre *religieux*, *spirituel* ou simplement *qualitatif* ; il peut, sans arrière-plan métaphysique, d'une simple quête de bien-être physique ou mental. Dans une optique *religieuse*, répond à cette définition, la prière (individuelle et collective), le *dhikr*[4], le chant choral (grégorien, *satsangs* indiens, louanges au Prophète, etc.). Dans une optique *spirituelle* et parfois simplement *qualitative*, répondent à cette définition : les asanas[5] ou pranayamas du yoga, les

---

1 En effet, les arts chrétiens ne prétendent pas être au service de la parole de Dieu *stricto sensu*, même si parfois l'expression est utilisée pour l'Évangile, puisqu'ils sont censés rapporter la *Parole de Jésus* considéré comme incarnation divine.

2 La création religieuse chrétienne concourt aussi au patrimoine culturel égyptien.

3 À défaut d'un meilleur terme.

4 Selon le dictionnaire *Larousse*, il s'agit de la « glorification d'*Allah* par un rituel phraséologique ». « Le *dhikr* s'entend toujours au sens religieux du terme comme une pratique de l'invocation au moyen d'une formule ou d'un mot sacré exprimé soit verbalement, et c'est le *dhikr jali* ou *jahri* (à haute voix), soit mentalement, et c'est le *dhikr khafi* ou muet » : A. AISSA, *Les vertus du dhikr*, trad. de L. OMAR, Éditions Iqra, Paris, 1996, p. 7.

5 Mot sanskrit signifiant « siège, posture » selon le dictionnaire *Larousse*. À tel point qu'il ne désigne pas que les postures, mais aussi le linge dont on couvre le siège sur lequel s'assied un maître indien !

exercices de *Qi gong*[1], de *Dai ji quan*[2], voire de la sophrologie[3], sinon les gymnastiques *new age*…

10. Pénétration dans l'univers de la mystique/spiritualité comparée. L'examen des différentes mystiques musulmanes, chrétiennes, indiennes et juives dans une approche comparatiste nous montre qu'il existe une grande variété de techniques contemplatives, de pratiques mystiques, et de méthodes spirituelles qui symbolisent à la fois l'union intime et expérimentale avec Dieu « *union sympathética* »[4]. Tel est le cas notamment de la pratique du *Dhikr* soufi, de la technique du *Yoga* indien, de la *Prière de Jésus* chez les chrétiens et bien d'autres différentes pratiques religieuses orientales et asiatiques qui relèvent du même genre[5]. C'est dans cet esprit que nous allons pénétrer dans les profondeurs des traditions mystiques de l'Islam, du Christianisme et de l'Inde afin d'analyser les différentes pratiques, méthodes, techniques du *Dhikr*, du *Yoga* et de la *Prière de Jésus* qui poursuivent la même finalité ascétique, extatique et spirituelle.

11. Finalité de la « *forme processuelle* ». Ces formes processuelles présentent un intérêt particulier :

1° Ce sont bien des *formes*[6] ; elles empruntent au terme *forma*, le sens de « moule », que l'on connaît en droit avec la notion de *formalisme* : il s'agit moins d'un objet à percevoir ou à comprendre que d'un algorithme à respecter pour obtenir la validité de l'acte juridique…

2° Mais, contrairement au rôle qu'elles assument en matière scientifique ou technique qui consiste à plier la matière à une finalité utile pour l'homme, elles prennent l'homme pour *objet* et visent à le faire évoluer dans le propre intérêt du sujet qui les mettent en pratique.

12. « *Forme spectaculaire* ». Il existe une troisième situation qui peut être considérée comme partiellement déviante : celle où la forme processuelle est *offerte en spectacle*, par des pratiquants, à des non-pratiquants : « Spectacle » de *dhikr*, des derviches tourneurs… Cette situation (également publique) ramène vers le premier cas, celui d'une communication à un public… Dès lors qu'il y a spectacle, il est rare que ce soit la *pratique nue* qui soit communiquée. En générale, la pratique est l'argument

---

1 Selon le dictionnaire *Le Robert*, il s'agit d'une « discipline traditionnelle chinoise fondée sur la libération de l'énergie vitale, associant mouvements fluides, exercices respiratoires et concentration de l'esprit ».

2 Selon le dictionnaire *Le Robert*, le « *taï-chi-chuan* » ou « *taï-chi* » est une « gymnastique chinoise consistant en un enchaînement lent de mouvements ».

3 Selon le dictionnaire *Le Robert*, il s'agit de l' « ensemble de pratiques visant à dominer les sensations douloureuses et de malaise psychique » ou « Méthode fondée sur l'hypnose et la relaxation, utilisée en thérapeutique et pour la préparation à l'accouchement » selon le dictionnaire *Larousse*.

4 Selon l'expression employée par H. CORBIN, *L'imagination créatrice dans le soufisme d'Ibn 'Arabî*, Entrelacs, Paris, 2006-2012, p. 139 et s., p. 147 et 148.

5 Telles que les méthodes d'oraison de l'*hésychasme* chez les moines du Sinaï et du mont Athos, du *japa-yoga* hindou, ou encore de la pratique bouddhique du *nembutsu* japonais.

6 On constate bien l'existence d'une *forme externe*, susceptible d'être perçue par autrui (sans quoi il n'y a pas de rapport social) ; c'est en quoi il y a une *manifestation*. A défaut, il n'y aurait qu'un *processus spirituel* ou *psychologique*. Mais cette forme externe n'est pas l'expression, à destination d'un public, d'une *forme interne* conçue dans ce but. Elle n'est que le résultat non recherché d'une *démarche intérieure*.

d'une *forme spectaculaire* créée pour l'occasion (chorégraphie, mise en scène…) : spectacles de derviches tourneurs, chœurs religieux, etc.

13. Manifestations formelles : *inexpressives* et *spectaculaires*. Ces formes processuelles sont donc considérées comme de simples « *manifestations formelles* » induites par l'*intériorisation* d'une pratique spirituelle. C'est ainsi qu'il existe deux types de *manifestations* induites par/nées d'un *désir d'intérioriser* une pratique spirituelle susceptible d'être perçue par autrui (sans quoi il n'y a pas de rapport social). D'une part, il peut s'agir de *manifestations intérieures* ou *inexpressives* au sens de non consciemment produites pour transmettre une *forme interne*… en tant que *méthodes* destinées à modifier les états d'être, lorsque le pratiquant *engendre* intentionnellement des formes choisies dans son esprit (*méditation contemplative*[1]) ou, à l'inverse, abolit celles qui se forment spontanément (*méditation concentrative* par interruption du flux des pensées[2]). Et d'autre part, il peut en résulter des *manifestations extérieures* ou *spectaculaires* qui reposent sur une dynamique *corporelle* susceptible de fixation (enregistrement) ou d'observation (spectacle) même si leur *finalité* n'est pas d'exprimer quoique ce soit à destination d'un public. Il n'est pas exclu, non plus, que l'effet intérieur recherché soit obtenu grâce à des positions (asanas, *mudras*) ou des mouvements corporels (danses des *derviches tourneurs* « *darawish* », paneurythmie, salutation au soleil). Ces manifestations extérieures ne sont ni recherchées pour elles-mêmes puisque le but est intérieur ni, par conséquent tournées vers les tiers. C'est là que se situe la différence. Ce n'est pas un signe d'infériorité de ces formes, mais seulement le signe du manque d'une *forme expressive* perceptible par un public…

14. « *Formes inertes* » et « *formes vivantes* ». Il convient de noter que la plupart de ces formes d'inspiration religieuses sont *vivantes* (*interprétative*) dans la mesure où elles impliquent le *corps* du créateur (récitation, chant, danse…) comme celui du pratiquant. Les *formes inertes* (écrites)[3] consistent soit dans les *formes techniques* permettant l'enregistrement des formes vivantes, soit dans les explications développées grâce à un langage… (*khutbas* ou prêches écrits, partitions de musique mais aussi ouvrages de yoga ou de *Qigong*, etc…).

15. Enjeu *individuel* ou *collectif*. Qu'il s'agisse de formes *intelligibles* ou *processuelles*, ces formes peuvent être destinées à une *pratique personnelle* (prière individuelle, exercice de yoga, méditation) ou à un *culte collectif* (prière du vendredi,

---

[1] Caractéristiques sont notamment les méditations du bouddhisme tibétain qui requièrent des visualisations très élaborées. Ces formes symbolisent des vertus de l'esprit. Les générer puis les absorber est un moyen de les développer. Pour soutenir ces pratiques se développa l'art des *Thangkas* qui sont des peintures détaillées représentant les déités à visualiser. Dans la doctrine bouddhique, ces déités ne sont pas des divinités puisque loin d'exister en soi, elles sont volontairement générées puis résorbées. Mais le populaire a tendance à objectiver et donc diviniser ces déités…

[2] Méditation-concentration (*Dhyana*, en Sanscrit, qui donna *Chan* en Chinois, puis *Zen* en Japonais). Le processus consiste à fixer le mental tantôt en l'attachant à la répétition (*japa*) d'un même son (*mantra*), tantôt en fixant sur la respiration, tantôt en le retournant vers lui-même pour l'amener à prendre conscience de lui-même ce qui tarit son incessante production… Si l'on en croit PATAÑJALI, c'est aussi le but du yoga. Il le définit comme : *yogaçcittavrittinirodha* (le yoga est l'extinction des vagues qui agitent incessamment le mental) : V. PATANJALI, *Yoga-sutras*, trad. de F. MAZET, spiritualités vivantes, Albin Michel, Paris, 1991. *Mantra* vient de *manas* (mental) et *traya* (ce qui retient). C'est donc ce qui fixe le mental…

[3] De l'œuvre littéraire.

dhikr, messe). Par nature, les formes en cause sont destinées à une pratique *individuelle*. Mais, il est fréquent que dans le cadre d'un culte[1] ou d'une activité simplement sociale (cours de yoga, d'arts martiaux…), elles soient pratiquées *collectivement*. C'est un fait d'expérience que le groupe ajoute à la puissance de l'effet recherché[2]. Dès lors que la pratique est collective, elle comporte une dimension publique ; elle requiert des lieux dédiés (mosquées, églises, temples ; ou, sans sacralité, gymnase et stades !). Mais, dans la pratique collective, chacun est à la fois un *pratiquant* et le *témoin* des autres pratiquants (donc acteur et public). A partir de là, on comprend qu'il y a deux finalités : l'*intellection* ou la *pratique* et deux modalités, *individuelle* ou *collective*.

16. Entre « *créations de forme* » et « *manifestations formelles* ». Après avoir esquissé brièvement les deux types de formes d'inspiration religieuses auxquelles nous allons nous attarder tout au long de notre recherche, il nous semble judicieux de distinguer *intellectuellement* entre les « *créations de forme* » nées d'une volonté de magnifier/proclamer la *Révélation* qui sont imputables sur les formes de source *divine*, tantôt *cultuelle*, tantôt *non cultuelle*, et les simples « *manifestations formelles* » induites par l'*intériorisation* d'une pratique/démarche imputable sur les formes de source *spirituelle/métaphysique*, et ce, aux fins de déterminer la protection à laquelle elles peuvent prétendre.

1 Autrefois, on n'avait guère accès aux *formes intelligibles* que dans un contexte cultuel, donc public. Aujourd'hui, grâce aux enregistrements (sonores, visuels tels que photos ou audiovisuels), on peut aussi avoir un accès individuel à ces formes, dans le cadre du cercle de famille : on peut écouter une récitation du Coran ou du chant grégorien chez soi, regarder des photos d'églises, de mosquées, etc.

2 À titre d'exemple, pour le jubilée de l'Art de Vivre, un aéroport avait été loué à Bangalore, plusieurs millions de personnes y ont médité ensemble ! Il va de soi que le pèlerinage (*hadjdj*) à la Mecque démultiplie par le nombre dans le lieu la puissance de la pratique.

Figure 1 — Variété des formes créatives/applications analysées				
Types de formes (*créatives* ou *non*)	***Forme divine* (formes intelligibles)**		***Forme spirituelle* (formes processuelles)**	
Subdivision en fonction de la religion/pratique religieuse/spirituelle	**Arts musulmans**	**Arts chrétiens**	**Pratiques spirituelles musulmanes/soufies**	**Pratiques spirituelles chrétiennes, indiennes**
	Récitation du Coran	Cantillation biblique	*Dhikr*	Yoga
	Khutba	Prédication à l'église	Danse et cérémonie des derviches tourneurs	Prière de Jésus
	Calligraphie	Art de l'icône	**Pratiques non analysées qui relèvent du même genre**	
	Compilation de *tafsîrs* et de *hadîths*	Livres liturgiques	*Mawlid*, Méthodes d'oraison de l'*hésychasme*, *Japa-yoga* hindou, pratique bouddhique du *nembutsu* japonais, exercices du *Qi gong*, du *Dai ji quan*	
	Traductions religieuses (Coran)	Traductions liturgiques		
Typologie/ Qualification	***Créations de forme***		***Manifestations formelles***	

17. À la découverte de deux mondes *opposés* et *déconnectés*. A l'issue de cette division entre les « *créations de forme* » et les « *manifestations formelles* », nous pouvons constater que les deux mondes à explorer sont *opposés* et *déconnectés* l'un de l'autre. L'un *intérieur* (celui de l'esprit d'un individu) et l'autre *extérieur* (celui des rapports entre individus). Avec les *créations de forme*, nous retombons sur un terrain classique de connaissance des œuvres et des interprétations consciemment produites pour transmettre une *forme interne* qui comporte une *dimension objective* propre à la création. La *forme externe* est l'expression, à destination d'un public, d'une forme interne conçue dans ce but. C'est ainsi que la forme externe est *corrélée* avec la forme interne… En revanche, avec les *manifestations formelles*, nous sortons de l'*intention créative* ; nous constatons bien l'existence d'une *forme externe*, susceptible d'être perçue par autrui sans quoi il n'y a pas de rapport social ; c'est en quoi il y a une *manifestation*[1]. A défaut, il n'y aurait qu'un *processus spirituel* ou *psychologique*. Mais cette forme externe n'est pas l'*expression*, à destination d'un public, d'une forme interne conçue dans ce but. Elle n'est que le résultat non recherché d'une *démarche intérieure*.

18. Exploration, identification et (pré)qualification des formes en quête de protection. L'ambition de notre entreprise est à la fois *vaste* et *complexe* puisque nous nous proposons de nous lancer autant dans une exploration des différentes formes et/ou manifestations culturelles (créatives ou non) qui, puisant leur source dans la *foi religieuse* ou issues d'un *sentiment religieux*, sont susceptibles de nécessiter une protection,

1 Le terme conserve l'idée de quelque chose de visible de l'extérieur.

que dans une opération d'*identification* et de *qualification juridique* (ou plutôt « *pré-qualification* ») desdites formes aux fins de déterminer la protection à laquelle elles peuvent prétendre, et ce, à partir d'une étude de droit comparé, notamment franco-égyptien, qui s'inscrit dans une approche comparée des religions. Ce voyage tant *religieux*, *spirituel* et *intérieur* que *juridique* nous permettra d'identifier et de cerner les types de formes d'inspiration religieuse ou spirituelle dont les différences sont *subtiles* et *interpellantes* pour que nous puissions en tirer les conséquences juridiques.

19. Mise à profit des *sciences accessoires*. Le raisonnement et le développement juridique de notre étude de droit et de religion comparée justifient préalablement la stricte nécessité de faire appel à d'autres *sciences accessoires* pour bien mener notre recherche dans la mesure où la *science du discours* « *'ilm al-kalām* » (la théologie), la *science des formes* (en l'occurrence, la linguistique[1]), la *mystique* et la *traductologie* se révèlent d'un grand secours et comme un instrument scientifique en raison des éclairages pertinents et des solutions intéressantes qu'elles apportent à des problèmes aussi délicat dans leur rapport avec le droit d'auteur, comme nous allons le constater. La complexité de l'appréhension du statut de la parole divine, voire des textes sacrés, canoniques, liturgiques, du discours religieux, de la calligraphie coranique, de l'image du Christ, de la langue arabe, de la traduction du Coran, etc., du point de vue théologique, linguistique, philosophique semble être au cœur de la problématique de l'appréhension et de la qualification des formes par la propriété littéraire et artistique.

20. Méthode *comparatiste* et approche *transversale*. Si le noyau fondateur de notre travail est centré sur la comparaison entre le droit égyptien et le droit français de la propriété littéraire et artistique ainsi que sur la spécificité de la *création religieuse* à la fois arabo-musulmane et chrétienne qui se manifeste à travers les objets qui lui sont propres et concourt aussi au patrimoine culturel égyptien, il n'en reste pas moins que l'ambition de notre recherche est plus vaste et transversale car elle se situe *au carrefour*

---

1 Notamment la *philologie*, la *rhétorique* et la *grammaire*. « Les musulmans ont mis au point un certain nombre de sciences qui sont, à des titres divers, à la base des commentaires. L'une d'elles est évidemment essentielle, c'est la grammaire qui permet la compréhension des textes révélés. Les grammairiens arabes ont été, dans l'étude des structures de la langue, d'une remarquable subtilité, ne laissant échapper aucune des particularités de la syntaxe et précisant leur signification exacte, et il n'est pas étonnant que Renan ait loué leur génie. Ce qui favorisait le soin apporté aux recherches philologiques, c'est que Dieu lui-même a déclaré que sa Révélation est contenue dans un livre en une langue arabe claire et miraculeusement inimitable ; c'est ce que les Musulmans appellent *i'gâz al-Qur'ân*. Il en résulte que l'œuvre des grammairiens ayant pour but de définir les ressources de cette langue arabe pure (*al-'arabiyya al-fusha*), tentent d'en saisir les caractères, soit en étudiant le dialecte de *Qurays*, la tribu du Prophète, à travers le témoignage des expressions coutumières et des proverbes, par exemple, ou à travers les œuvres des grands poètes qui l'ont illustrée, soit directement en partant du Coran lui-même qui fait loi en la matière, c'est-à-dire que tout usage que le Livre de Dieu fait de la langue devient une règle, ainsi que l'a souligné SUYUTI (1445-1505) dans son ouvrage *al-Muzhir*, sur les sciences de la langue et leurs espèces : "Il n'y a rien dans le Coran qui ne soit de l'arabe". En un sens, on pourrait craindre qu'il n'y ait dans ce procédé un cercle, puisqu'il semble qu'on étudie la langue pour comprendre le Coran et qu'on fait appel au Coran pour caractériser la langue. Mais en fait, les deux recherches vont de pair et se complètent. [...] Par conséquent le recours aux grammairiens est indispensable à la compréhension des commentaires philologiques » : R. ARNALDEZ, *Les sciences coraniques : grammaire, droit, théologie et mystique*, J. Vrin, Paris, 2005, p. 7-8.

de plusieurs disciplines[1] et s'inscrit dans une approche comparée tant au niveau du *droit* que de la *religion.*

21. Du droit comparé. Sur le plan du droit comparé, si notre travail s'inscrit généralement dans une approche de droit comparé, notamment franco-égyptien appartenant à la même *famille propriétaire*, dans laquelle nous nous sommes enquis de législations sur le droit d'auteur et de leurs applications jurisprudentielles, comme nous allons le constater, cependant, nous n'avons pas manqué de nous référer épisodiquement au système du *copyright* afin d'étayer la réflexion d'exemples et d'explorer toutes les pistes de réflexion, faute de jurisprudence égyptienne et française sur certaines questions. Il n'en reste pas moins qu'à raison des divergences entre les deux grands systèmes ou familles de la propriété littéraire et artistique et du *copyright*[2], il n'est pas question de tirer directement des solutions du *copyright*[3] pour les transposer à la propriété littéraire et artistique égyptienne et/ou française. Par ailleurs, nous n'avons pas manqué de faire allusion, à plusieurs reprises, à certaines législations des pays arabes en la matière (Algérie, Arabie Saoudite, Irak, Liban, Maroc, Syrie, etc.) ainsi qu'à d'autres législations étrangères de l'époque pour connaître la position législative et le courant jurisprudentiel qui s'est formé à un moment donné (Angleterre, Colombie, Finlande, Grèce, Indonésie, Iran, Islande, Norvège, pays scandinaves, Portugal, etc.). Il en va de même pour la jurisprudence comparée à laquelle nous nous sommes référés, à maintes reprises, qui est riche de multiples enseignements à tirer (par exemple, Allemagne, Belgique, États-Unis, Italie, Liban, Inde, etc.).

22. Puiser à la recherche d'exemples variés. Enfin, dans la mesure où les juridictions n'ont pas eu à connaître des applications jurisprudentielles sur plusieurs questions traitées, nous avons puisé à la recherche d'*exemples pratiques* variés de certaines formes créatives (notamment les spectacles de derviches tourneurs) qui pourront illustrer et consolider nos propos tant sur le plan de l'opération de qualification que sur celui de l'appréciation de l'originalité, et ce, en imaginant des exemples de travail et en analysant le processus créatif.

23. De la religion comparée. Sur le plan de la religion comparée, nous ne nous sommes pas bornés d'appréhender, dans le cadre de cette réflexion à laquelle nous nous sommes livrés, les différentes formes créatives inspirées par les deux religions monothéistes (l'Islam et le Christianisme)[4], mais, au contraire, nous avons choisi de nous consacrer à un champ d'étude particulièrement large afin d'étudier et d'analyser l'ensemble des manifestations qui sont l'expression d'un *sentiment religieux* (la foi)

---

[1] Notamment d'ordre *théologique*, voire *philosophique*, ou d'ordre *linguistique* (philologique ou grammatical), d'ordre *mystique* ou enfin d'ordre *littéraire*, *musical*, etc.

[2] Il fallait donc prendre en compte cette divergence dans le vocabulaire utilisée car il désigne avec des mots voisins, voire identique, des concepts complètement différents. V. Notamment : I. DE LAMBERTERIE, M. CORNU, P. SIRINELLI et C. WALLAERT (dir.), *Dictionnaire comparé du droit d'auteur et du copyright*, CNRS, Paris, 2003 ; A. STROWEL, « Droit d'auteur et *copyright* : faux amis et vrais mots-valises », *in Dictionnaire comparé du droit d'auteur et du copyright*, *op. cit.*, p. 11-15 ; du même auteur, *Droit d'auteur et copyright. Divergences et convergences*, Bruylant et LGDJ, Bruxelles, Paris, 1993.

[3] Reposant sur un *monopole*, l'approche du *copyright* est nécessairement différente.

[4] Nous n'avons pas manqué de faire un parallélisme, le cas échéant, entre l'Islam et le Christianisme qui utilisent tantôt, le même vecteur, et tantôt, des supports différents.

marqué par l'aspiration de s'unir spirituellement avec Dieu. Face à la richesse des formes d'inspiration religieuses, il serait certainement téméraire et réducteur de se cantonner à examiner et à analyser les seules formes créatives inspirées par la *religion*[1]. Nous avons ainsi évoqué d'autres pratiques spirituelles qui ne relèvent pas des religions mais qui peuvent véhiculer des méthodes de prière, des techniques de concentration, de contemplation, des exercices de méditation, de visualisations de l'image d'une divinité, etc., telles que la pratique du *dhikr* soufi, la technique du *yoga* indien, et la *prière de Jésus* dans la tradition hésychaste chez les chrétiens. D'ailleurs, nous avons fait allusion, le cas échéant, à d'autres pratiques religieuses orientales et asiatiques qui relèvent du même genre.

24. Référence au « *sentiment religieux* ». C'est dans cet esprit que le choix de l'expression « *sentiment religieux* » n'est pas anodin dans le cadre de notre *méthode comparatiste* mais elle est le reflet de notre désir sous-jacent d'appréhender en-deçà les différentes formes/manifestations/démarches sous quelque forme que ce soit qui sont l'expression d'un sentiment religieux (la foi) marqué par l'unité spirituelle avec Dieu. Sous ce rapport, la référence au « sentiment religieux » nous semble tenir un *moyen terme*, voire le terme le plus approprié. Par le *sentiment religieux*, il faut entendre l'expression marquée par la sensibilité et la spiritualité qui a vocation finale à unir la personne avec Dieu. Ce lien conduisant à relier l'homme au divin, peut être désigné sous l'appellation de « spiritualité ». A l'origine du sentiment religieux, le *fil conducteur* qui lie toutes les formes créatives qui puisent leur source dans la foi religieuse consiste dans le fait qu'elles ont pour vocation de mener l'auteur et/ou l'interprète, voire le croyant, sur l'une des voies conduisant à Dieu et renvoient également au concept du *fanâ'* (l'annihilation) en tant que point final de tout itinéraire mystique qui ramène le créateur vers son véritable Créateur[2], comme nous allons le constater.

25. Variété des applications et délimitation du champ de recherche des formes en quête de qualification. Ce faisant, il est impossible dans le cadre de cette recherche d'identifier et d'analyser d'une manière exhaustive toutes les manifestations culturelles (créatives ou non) issues d'un sentiment religieux afin de les traiter juridiquement, et ce, en dépit de la variété des applications que nous avons envisagées. S'agissant autant d'une *exploration* des formes que d'une *qualification* desdites formes qui, puisant leur source dans la foi religieuse, sont susceptibles de nécessiter une protection, nous nous sommes bornés, toutefois, à identifier et à analyser les formes (divines et/ou spirituelles) les plus importantes qui suscitent de vives controverses, problématiques ou des défis sur le plan tant théologique que juridique. Cette assertion vaut pour les *arts musulmans* comme *chrétiens* avec un degré de divergence particulier dans le cas de l'Islam, puisque le contenu est, par hypothèse, la parole de Dieu[3]

---

1 Etymologiquement, le terme « religion » vient du latin *religio* qui signifie « scrupule, conscience ». Il désigne également « crainte pieuse, sentiment religieux » ainsi que « vénération, culte, pratique religieuse ». Il s'agit de l' « ensemble déterminé de croyances et de dogmes définissant le rapport de l'homme avec le sacré » ou l' « ensemble de pratiques et de rites spécifiques propres à chacune de ces croyances » selon le dictionnaire *Larousse*.

2 V. Sur la création, entre *minuscule* et *majuscule* : Ph. GAUDRAT, « Les créations et le droit : balade dans l'espace et dans le temps », *in* A. ZOLLINGER (dir.), *La création entre droit, philosophie et religion*, *op. cit.*, p. 11 et s.

3 V. Les deux notes précédentes du § 6.

(formes au service de la parole divine). Il en va de même pour les *pratiques spirituelles* dont il existe de nombreuses pratiques religieuses orientales et asiatiques qui relèvent du même genre qu'il est inutile d'y analyser car elle risque d'amener à des redites. Mais cela n'exclut pas d'en tirer les conséquences et d'adopter les mêmes solutions par voie d'analogie à chaque fois que le raisonnement le permet.

26. Schémas et tableaux illustratifs. Dans le cadre de notre travail, nous n'avons pas manqué d'utiliser de nombreux figures, schémas et tableaux (analytiques, comparatifs, descriptifs, démonstratifs et explicatifs, etc.), comme il est d'usage dans le domaine de la linguistique, afin d'illustrer, de simplifier la présentation de certaines questions délicates qui ont été abordées et d'y apporter des éclaircissements ainsi que de récapituler et synthétiser l'ensemble des questions analysées pour que le lecteur puisse avoir *in fine* une meilleure visibilité sur les différentes problématiques.

27. Problématiques et enjeux. La problématique et l'enjeu d'appréhender ces formes issues de la manifestation d'un sentiment religieux, en tant qu'une expression de la foi islamique et chrétienne, par la propriété littéraire et artistique se révèle à double titre : *divine* et *métaphysique*, par la création ; et *liturgique* et *spirituelle*, par l'appel divin des âmes. La question cruciale et lourde d'enjeux tant sur les plans théologique que juridique à laquelle nous allons tenter d'apporter une réponse, tout au long de notre travail, est de savoir si ces formes et/ou manifestations/démarches, pratiques peuvent être qualifiées ou non de *créations*… et donc donner naissance à des *propriétés* des *créateurs* ou des *investisseurs*. En effet, la nature exorbitante de ces formes et/ou manifestations mondaines et ultra-mondaines pourrait être source de nombreuses difficultés et n'est pas sans soulever plusieurs interrogations tant sur le plan de la *forme* que sur celui du *fond* : y a-t-il une spécificité dans les *formes d'inspiration religieuse* par rapport aux *formes profanes* ? A quel type de formes ou de manifestations culturelles issues d'un sentiment religieux applique-t-on le questionnement ? Quelle est l'incidence du *particularisme* des formes sur leur *accès* aux protections juridiques ainsi que sur la *mise en œuvre* des protections ? Cette spécificité/particularité est-elle spontanément prise en compte par les catégories et mécanismes du droit d'auteur ou requiert-elle, à l'inverse, un ajustement de ses catégories et mécanismes ? Les formes d'inspiration religieuses peuvent-elles être qualifiées d' « *œuvre* » au sens juridique, tout en étant de *source divine* ou *spirituelle* ? En d'autres termes, pourquoi *a priori* il n'y a pas de raisons d'étendre les solutions de la propriété littéraire et artistique que nous trouvons ailleurs pour les formes profanes aux formes d'inspiration religieuse ? Ces dernières formes nécessitent-elles un *traitement* juridique *particulier* ? La *théorie générale des formes créatives* a-t-elle un rôle à jouer pour résoudre les difficultés et les querelles théologiques qui sont à l'origine de la *confusion idéologique* entretenue sur l'objet sacré et sur la *dichotomie* entre la forme et le support ? La problématique de la protégeabilité des formes d'inspiration religieuses soulève également la question de savoir si la forme ne devient pas « *fonctionnelle* ». Et bien d'autres questions à poser…

28. Triples problématiques identifiées. Or, la réponse à toutes ces questions n'est pas acquise sans débats théologiques et s'avère d'autant plus délicate devant les difficultés qui peuvent être rencontrées, les défis auxquels peuvent être confrontées les juridictions et les incertitudes qui peuvent subsister quant à la qualification desdites formes, à l'attribution d'un *statut juridique* ainsi qu'à l'appréciation de leur *originalité*, etc. Nous allons démontrer qu'il existe de nombreuses hésitations qui peuvent naître quant à la protégeabilité des formes d'inspiration religieuses au titre de la propriété littéraire et artistique. Nous allons remarquer que notamment trois problématiques peuvent être identifiées pour l'ensemble des formes d'inspiration religieuses :

1° Ces formes, sont investies d'une *valeur sacramentelle*, qui, en tant que supports sacrés de contemplation et de culte, ne sauraient être protégées ou susceptibles d'être l'objet d'une propriété littéraire et artistique, et de surcroît, ne peuvent dès lors faire l'objet de modification ;

2° Ces formes sont sujettes à des *règles* et/ou des *directives* édictées par les autorités religieuses[1] régissant le processus de création et d'engendrement qui visent à faire assumer une certaine *fonction sociale*[2]. Ces impératifs d'ordre religieux qui sont imposés peuvent priver ces formes d'inspiration religieuse de l'*originalité* nécessaire à leur protection dans la mesure où l'élaboration et l'engendrement de la forme doit à la fois respecter ces règles exorbitantes et se conformer aux données religieuses, voire aux usages, y afférentes.

3° Ces formes, en tant qu'objet de culte, de prière, de sacrement, de contemplation, de médiation, objet sacré, spirituel, liturgique, etc., sont *fonctionnelles* en ceci qu'elles sont entièrement dédiées à une *fonction religieuse* ou *spirituelle* aux besoins du culte de l'homme qui n'expriment rien au sens de la propriété littéraire et artistique et ne sont l'expression que de caractéristiques utiles de l'expérience spirituelle, mystique[3] dont la finalité ultime est l'union intime avec Dieu, ce qui peut exclure ou exclurait toute *fonction créatrice.*

29. Étape préalable et principale de l'opération de qualification juridique. Pour répondre à toutes ces questions posées, il est indispensable de cerner la nature de la *forme* dictée par la *fonction religieuse* qui en est l'objet pour comprendre comment l'imbrication des formes de source divine, liturgique, spirituelle et métaphysique dans le processus de création de l'auteur et de l'interprète est possible. Une fois que nous nous sommes enquis de la notion, il faut arriver à saisir l'*objet* en quête de protection et à délimiter le périmètre du champ de la protection. C'est l'étape primordiale de notre entreprise. La propriété littéraire et artistique a pour unique et véritable objet la *forme envisagée en elle-même et pour elle-même.* Pour ce faire, il faut donc identifier la forme créative protégeable (d'inspiration religieuse) comme *objet du droit*, qui est seule susceptible de servir d'assiette au droit de propriété[4] de l'auteur et de l'interprète sur

---

1 Si le but poursuivi est de simple bien-être, l'autorité peut être laïque (enjeux de santé publique ? Supervision de l'inventeur de la méthode…). Si le but poursuivi est religieux ou spirituel, il s'agira d'une autorité religieuse ou traditionnelle qualifiée. L'autorité judiciaire doit y renvoyer pour, le cas échéant, prononcer une sanction.

2 Les formes d'inspiration religieuse ou spirituelle sont au service d'une finalité particulière ; la forme n'est, par conséquent, jamais totalement *libre* : elle doit servir et non contrarier cette finalité. Il faut examiner les règles méthodologiques à respecter pour que la forme serve la finalité qui en est attendue.

3 Dans la mystique musulmane, chrétienne et indienne, cette expérience spirituelle peut conduire parfois à des états extraordinaires tels que la transe, l'extase et même la possession, comme nous allons le voir, à l'occasion de l'analyse des caractéristiques de la forme spirituelle.

4 En effet, la *théorie de la propriété* a été consacrée par la jurisprudence pendant presque 30 ans dans toute une série d'arrêts. À titre d'exemple, la Cour d'appel mixte d'Alexandrie considéra, dans un arrêt du 8 mai 1889, que : « *Le droit de l'auteur sur son œuvre est un véritable droit de propriété ayant pour fondement le*

… /

lequel il est greffé ainsi que délimiter ses contours, par rapport au régime *secondaire* de l'objet sacré. Il faut, par ailleurs, *décomposer* et *stratifier* les différents *niveaux de formes* superposées[1] qui permettront d'élaborer, voire de protéger, l'objet en distinguant, notamment, ce qui, dans la création, échappe à la propriété. Dans tous les cas, cette *opération de qualification* des formes issues de la manifestation d'un sentiment religieux

---

travail » (8 mai 1889, *B.* 1.110). Cet arrêt n'est pas sans évoquer le fait que : « *La création fut, d'abord, tenue pour une simple variété de travail. Puis, s'avisant de ce qu'elle consiste dans l'orientation singulière (utile ou identitaire) qu'une faculté particulière de l'esprit humain (le don de créativité) imprime au travail, lui-même activité du corps tournée vers la transformation de la matière, il parut juste et nécessaire de distinguer la part du corps et celle de l'esprit, pour traiter les fruits de la créativité autrement que ceux du travail* » : Ph. GAUDRAT, « Les créations et le droit : balade dans l'espace et dans le temps », art. préc., p. 24. Par ailleurs, il a pu être jugé qu' : « *un article de journal constitue au profit de son auteur une propriété aussi légitime et aussi respectable qu'un ouvrage de longue haleine, alors surtout qu'il s'agit d'article de fond, qui dans un journal constitue l'œuvre personnelle du rédacteur et contient l'exposé et la défense de ses idées sur les hommes et les choses du jour* » (30 mai 1923, *B.* 35. 477). Le Tribunal d'instance de Sayeda Zeinab, dans un jugement du 25 février 1934, a décidé, sans coup férir, que : « *L'auteur sur ses œuvres et l'artisan sur ses productions ont un droit de propriété absolu que personne ne peut partager avec eux* ». Sur la référence à l'idée de propriété en droit positif français, V. Ph. GAUDRAT, « L'importance de la référence propriétaire dans la loi du 11 mars 1957 », *RIDA* juill. 2009, n° 221, p. 3 et s. Selon l'article premier de la loi ottomane relative à la protection du droit d'auteur du 8 mai 1910 (*Dr. Aut.*, 15 nov. 1910, n° 11, p. 148 et 150) qui était appliquée en Iraq jusqu'à la promulgation de la loi de 1971 (abrogée par l'art. 50 de la loi de 1971) : « *Les auteurs de productions littéraires et artistiques de tout genre possèdent sur leurs œuvres un droit de propriété ; ce droit s'appelle le droit d'auteur* » (Aux termes de l'art. 113 de la Constitution de 1925 : « Les lois ottomanes publiées avant le 5 novembre 1914, ainsi que les lois publiées en Irak après cette date et jusqu'à la promulgation de cette constitution, demeurent en application, jusqu'à leur abrogation »). Il est intéressant de relever que la référence propriétaire des droits intellectuels a été reconnue par la *Sharî'a* dans les deux *fatwas* (avis religieux) qui ont été émises en la matière. D'une part, la décision n° 43 (5/5) prise par le Conseil de l'Académie islamique du *fiqh* – qui est l'un des organes subsidiaires de l'Organisation de la conférence islamique (OCI) – lors de la 5e conférence tenue au Koweït du 10 décembre au 15 décembre 1988 selon laquelle : « *Premièrement : le nom, l'enseigne, la marque de commerce, les droits d'auteur* [en arabe, *al- ta'lif*] *et les brevets d'invention ou la création constituent des droits appartenant exclusivement à leurs propriétaires. Ils ont, dans notre temps contemporain, une valeur patrimoniale effective auprès des gens. D'ailleurs, ces droits sont reconnus par la Sharî'a et donc il n'est pas permis d'en abuser. Deuxièmement : puisque ces formes de droits sont considérées comme un bien valorisé, il est permis d'en vendre le nom commercial ou l'enseigne ou la marque de commerce en contrepartie de l'argent à condition d'éviter toute forme d'aléa et de tricherie. Troisièmement : les droits d'auteur et les brevets d'invention ou la création sont protégés par la Sharî'a qui interdit toute tentative d'y porter atteinte. Leurs propriétaires ont la pleine faculté d'en disposer. Et Allah seul le sait par excellence* » : *in* revue *Al-Behousse Al-Fiqheya Al-Mouasra* (Revue des recherches doctrinales contemporaines), n° 2, 1re année, août, sept. et oct. 1989, n° 2 ; M.-H. LOUTFI, *Guide pratique de la propriété littéraire et artistique*, Livre IV, Le Caire, 1999, p. 701 (en arabe). D'autre part, le Conseil de *fatwa* du *Dar Al-Ifta'* d'Égypte (une des plus grandes institutions religieuses) a émis une *fatwa*, en date du 27 janvier 2007, n° 426, intitulée : « *Droits de propriété intellectuelle et des marques commerciales d'origine* » qui souligne qu' : « *en Islam, la préservation de la propriété est l'un des cinq objectifs principaux de la Sharî'a* [à savoir la préservation de la vie, de l'honneur, de la raison, des biens et de la foi]. *La propriété intellectuelle, littéraire et artistique, les brevets d'invention et la propriété des noms, des marques et des noms commerciaux figurent parmi les droits reconnus par la Sharî'a et même par coutume. Ces droits sont considérés comme des biens – selon l'avis de la majorité des savants qui stipulent que le profit fait partie des biens – ou des profits ayant le statut des biens puisqu'ils font l'objet d'un contrat eu égard à l'intérêt général (selon l'opinion des prédécesseurs de l'école hanéfite)* […] ». V. Y. OMAR AMINE, « *Quid* de la "conception arabo-musulmane de la propriété littéraire et artistique" ? À la recherche d'une conception perdue », *RLDI*, 2013/93, n° 3101, p. 76-77.

1 « [Une œuvre de l'esprit] ne comporte pas une forme unique mais plusieurs niveaux de formes qui s'élaborent les uns par rapport aux autres » : Ph. GAUDRAT, « Réflexions sur la forme des œuvres de l'esprit », art. préc., p. 196.

est un préalable indispensable car elle commande le *régime juridique* desdites formes qui leur correspond. C'est la question clé, voire la première, à laquelle tout juriste doit tenter de répondre en franchissant le palier de l'opération de qualification juridique.

30. Tentative de décomposition et de catégorisation. Pour mener à bien notre analyse, la qualification tant théologique que juridique desdites formes nous invite, d'abord, à décomposer et analyser le processus de *conception intime* (l'acte de conception interne) de chaque objet identifié en quête de protection puis à s'attarder, dans la foulée, à la *classification* desdits objets en fonction des *catégories juridiques* (d'œuvre ou d'interprétation) les plus adéquates à la nature et au caractère de la forme éventuellement protégeable. Afin d'explorer toutes les pistes de réflexion, nous allons recenser les catégories juridiques existantes sur lesquelles reposent la propriété littéraire et artistique, y compris le droit commun le cas échéant, en nous interrogeant sur leur pertinence et leur cohérence à partir desquelles il serait possible de rattacher et de classifier potentiellement les différentes formes et/ou « manifestations formelles » (les pratiques spirituelles), comme, par exemple, la récitation du Coran, y compris la catégorisation des livres religieux tous confondus, à savoir les « livres saints ou sacrés » (la Bible, l'Évangile), livres canoniques, liturgiques, livres d'église, d'offices, d'heures, de prières, etc., ainsi que le *dhikr*, le yoga, la prière de Jésus, et la danse des derviches tourneurs.

31. Par ailleurs, nous n'avons pas manqué d'examiner et de mettre en exergue, tout au long de notre travail, les arguments de la doctrine religieuse/théologique qui ont été avancés en défaveur de la protégeabilité des différentes formes d'inspiration religieuse et de la reconnaissance d'une propriété littéraire et artistique ainsi que les difficultés pouvant naître tant au niveau de la *forme sacrée* que de la *forme profane* au sein du processus créatif desdites formes, tout en proposant des solutions intermédiaires visant à régler ces difficultés, et ce, en s'inspirant à la fois de la *théorie de la forme* en droit d'auteur ainsi que de la *théorie saussurienne du signe linguistique.* Toutes les deux théories étant étroitement liées, elles contribuent, comme nous allons le constater, à mettre un terme, à notre sens, à la confusion idéologique/théologique entretenue entre les *propriétés intrinsèques* du *contenu matériel de la chose* et la *forme de la création* (et ses différents niveaux) puisque la *forme*, peut être, seule, véritable objet de la propriété littéraire et artistique[1], et non pas le contenu des créations protégées[2] au sens du terme.

32. Méthodologie juridique : approche *linguistique* et *juridique*. En effet, l'approche juridique et linguistique s'entrecroisent et se partagent le terrain de cette étude.

33. Approche linguistique. Sur le plan *linguistique*, il faut se référer à la théorie du *signe linguistique* développée par le père fondateur de la linguistique moderne Ferdinand de Saussure (1857-1913) qui avait établi la distinction entre la *forme signifiée* et la *forme signifiante*[3]. Au terme de la conception saussurienne du signe linguistique, il

---

1 La *propriété incorporelle* plus subtile porterai sur le *contenu* de ce *contenant matériel*…

2 M. VIVANT et J.-M. BRUGUIERE, *Droit d'auteur et droits voisins*, coll. « Précis », 3e éd., Dalloz, Paris, 2016, n° 246 : « Cela signifie que *le droit d'auteur* est indifférent au contenu des œuvres protégées puisqu'il *ne porte*, au final, *que sur la forme* ».

3 F. DE SAUSSURE, *Cours de linguistique générale* (publié par BALLY C. et SECHEHAYE A. avec la coll. de RIEDLINGER A.), Préf. de URBAIN (J.-D.), Petite Biblio Payot, Payot & Rivages, Paris, 2016, p. 151 et s.

faut bien distinguer entre le *signifié* (le sens véhiculé) et le *signifiant* (le support matériel de la signification)[1] selon l'équation suivante : [Signe (SI) = le signifié (Sé) + le signifiant (Sa)[2]]. Cette opposition qui traduit la *double nature* du signe[3] est intéressante car elle renvoie aux débats sur la frontière entre *forme* et *support* qui sont au cœur d'âpres problématiques sur le terrain du droit d'auteur et reflète la double dimension de la notion de forme dans la philosophie du droit d'auteur. Elle a le mérite de mettre en exergue et consolider la dichotomie entre le *fond sacré* (le signifiant) et la *forme personnelle* (le signifié). C'est ainsi que dans l'objet sacré, selon la théologie musulmane et/ou chrétienne, « le signifiant matériel n'est que le véhicule d'un signifié qui lui est incommensurable », qui relève de l'ordre du mystère, mais intouchable « qui se laisse néanmoins reconnaître et honorer par ce support matériel »[4]. Faute d'avoir clairement identifié ce rapport et la distinction entre le *signifiant* (le support) et le *signifié* (la forme), on ne saurait reconnaître aucune propriété littéraire et artistique sur lesdites formes.

34. Approche juridique. Sur le plan *juridique*, les niveaux de formes superposés strictement imputables à l'homme pour sa *communication* (récitation, cantillation, *khutba*, prédication, iconographie, calligraphie, interprétation, traduction, etc.) devraient pouvoir être *objets de propriété littéraire et artistique* ; non, évidemment, le niveau sacré fondamental imputable à Dieu (en l'occurrence, la *forme divine*). C'est là, par exemple, que l'on peut s'apercevoir que la *théorie de la forme* sur laquelle s'est construit le droit d'auteur peut aider à résoudre des difficultés suscitées par la théologie… Nous allons tenter de démontrer le rôle de la théorie générale des formes créatives qui a certainement un rôle à jouer pour résoudre les difficultés qui sont à l'origine de la genèse des querelles théologiques et pour dissiper potentiellement la confusion idéologique entretenue sur l'*objet du droit*. Il nous semble qu'une théorie *centralisée* de la forme en droit d'auteur, par ailleurs, transposable au statut de l'*interprétation* en droits

---

1 Selon BENVENISTE, le *signifiant* est « la forme sonore qui conditionne et détermine le signifié, l'aspect formel de l'entité dite signe » : E. BENVENISTE, *Problèmes de linguistiques générales II*, éd. Cérès, Tunis, 1995, p. 213.

2 G. MOLINIE, *Éléments de stylistique française*, coll. « Linguistique nouvelle », 4e éd., PUF, Paris, 2011, p. 15.

3 F. DE SAUSSURE, *Cours de linguistique générale* (publié par C. BALLY et A. SECHEHAYE avec la coll. de A. RIEDLINGER), éd. critique préparée par T. DE MAURO, Postface de L.-J. CALVET, coll. « Grande bibliothèque Payot », Payot, Paris, 1995, p. 97 et s. « Le signe linguistique unit non une chose et un nom, mais un concept et une image acoustique. Cette dernière n'est pas le son matériel, chose purement physique, mais l'empreinte psychique de ce son, la représentation que nous en donne le témoignage de nos sens ; elle est sensorielle, et s'il nous arrive de l'appeler "matérielle", c'est seulement dans ce sens et par opposition à l'autre terme de l'association, le concept, généralement plus abstrait. […] Le signe linguistique est donc une entité psychique à deux faces […] Nous proposons […] de remplacer *concept* et *image acoustique* respectivement par *signifié* et *signifiant* » : F. DE SAUSSURE, *Cours de linguistique générale*, *op. cit.*, Payot & Rivages, 2016, p. 152.

4 M. FUMAROLI, « Les jésuites et l'apologétique des images saintes », *in* A. TAPIE (dir.), *Baroque, vision Jésuite : du Tintoret à Rubens*, Catalogue d'exposition : Musée des Beaux-Arts de Caen, Somogy éditions d'art, Paris, 2003, p. 18, cité par T. GHEERAERT, « Port-Royal et les images : entre idolâtrie et iconoclasme », *in* T. GHEERAERT, *Port-Royal et les images : un accès aux textes ?*, Mont-Saint-Aignan, 2013, p. 9, note 41.

voisins[1], peut contribuer à résoudre les difficultés suscitées par la culture[2], la religion, et la théologie…

35. Articulation des rapports d'interdépendance entre les niveaux de forme(s). Au centre de la réflexion théologico-juridique, il faut bien donc faire la part de ce qui revient à la *théologie* et de ce qui revient au *droit d'auteur* et/ou aux *droits voisins* car si la théologie doit intervenir c'est uniquement *dans son rapport* avec le droit. D'ailleurs, la notion d' « œuvre »/ « interprétation » n'est pas *théologique* mais *juridique*… L'enjeu juridique est de saisir le statut du rapport entre la parole religieuse, divine, coranique, prophétique, canonique ou liturgique (forme sacrée divine/spirituelle) et sa *(ré)appropriation humaine* en fonction de la nature de l'acte créatif pris en charge par la propriété littéraire et artistique, afin d'articuler les *rapports d'interdépendance* entre les niveaux de formes. Cela étant, bien qu'il s'agisse de deux opérations de qualification distincte sur les plans théologique et juridique, il ne convient pas d'aborder séparément chacune d'elles mais d'articuler les rapports entre les formes, dans la mesure où les niveaux de forme(s) viennent s'entremêler et s'interposer. Faute de pouvoir cerner la différence entre les niveaux de formes indépendamment du régime de l'objet sacré, nous tendons à confondre naturellement la *matérialité du support* (la forme externe) avec la *nature divine, spirituelle de la forme sacrée* (la forme interne), et nous risquons d'accueillir aux prétoires du droit de la création humaine des *formes étrangères* à l'esprit de sa protection[3]. La question est importante dans la mesure où cette dissociation permet de distinguer entre la *forme sacrée* qui relève de l'ordre divin et la *forme profane* qui appartient à l'ordre de création humaine dans laquelle *gît* juridiquement la *forme créative protégeable* par la propriété littéraire et artistique.

36. Problématique transversale de l'*originalité* « la créativité qualifiante ». De toutes façons, l'opération de qualification desdites formes n'est pas *complète* puisqu'il faut déterminer les *critères* auxquelles elles doivent satisfaire… Dès lors, la notion de l'*originalité*, condition *sine qua non* d'une manifestation de la *créativité qualifiante*, est nécessaire tant au droit d'auteur qu'au droit voisin de l'interprète. Il faut donc indubitablement cerner et apprécier la *forme originale éligible* dans les différentes manifestations culturelles issues du sentiment religieux et en déterminer le siège de l'originalité. Surgit alors la question de la *forme éligible* dans laquelle il faut chercher l'originalité (le *siège*) et qui sera protégée contre les exploitations illicites.

37. Protection de la finalité contre le caractère possiblement dénaturant de la forme. *Créatives* ou *non*, les formes d'inspiration religieuse ou spirituelle sont au service d'une *finalité* particulière ; la forme n'est, par conséquent, jamais totalement

---

[1] V. Sur l'ensemble de la question : S. SOLEIMAN, *Interprétation artistique et propriété intellectuelle : essai d'une théorie du voisinage des droits exclusifs au sein de la propriété littéraire et artistique*, thèse, Poitiers, 2021, paru aux éditions L'Harmattan, O. SALOMON, Paris, 2023, Préf. de Ph. GAUDRAT.

[2] Y compris les rapports interculturels.

[3] « Faute d'avoir suffisamment cerné la nature de la forme protégeable, on tend à y accueillir de plus en plus volontiers des formes étrangères à l'esprit de sa protection » : Ph. GAUDRAT, « Réflexions sur la forme des œuvres de l'esprit », art. préc., p. 195. « Si l'on veut que le droit d'auteur garde toute sa légitimité, ce qui est bien nécessaire pour résister aux innombrables et sévères assauts dont il est l'objet par les temps qui courent, si l'on veut que la barque garde le cap, il faut éviter de la charger d'objets inutiles » : A. LUCAS et P. SIRINELLI, « Droit d'auteur et droits voisins », *Propr. intell.* 2004, n° 12, p. 778.

libre : elle doit *servir* et non contrarier cette *finalité*. Il faut ainsi examiner les *règles méthodologiques à respecter* pour que la forme *serve* la finalité qui en est attendue.

38. Usages à respecter dans l'engendrement des formes. Nous allons constater que ces formes, qu'elles soient *vivantes* ou *inertes*, sont soumises dans leur *engendrement* à des *usages* précis. Et dans les deux cas du droit d'auteur et des droits voisins, la question qui se pose est celle de savoir si, à raison des contraintes auxquelles elle est soumise, la forme peut ou non porter l'empreinte de la personnalité. En d'autres termes, les usages à respecter dans l'engendrement des formes peuvent-ils empêcher l'originalité ? Il faut, ensuite, examiner les sanctions que l'autorité judiciaire peut éventuellement prononcer lorsque ces usages n'ont pas été respectés[1].

39. A la recherche et l'exploration d'autres voies et mécanismes juridiques. En fin de compte, il faut s'interroger sur la pertinence et la cohérence, voire le *bien-fondé*, du recours à la *voie classique* de la propriété littéraire et artistique et du *copyright* (le cas échéant) pour assurer une protection à ces formes *intelligibles* et/ou *processuelles* contre les atteintes (économiques ou dénaturantes) que les tiers sont susceptibles de leur faire subir quel que soit le but (personnel, commercial, etc.). Mais cette recherche manquerait d'ambition si elle se cantonnait à l'étude de la qualification des formes sans fournir des solutions cohérentes aux problèmes confrontés que la propriété littéraire et artistique ne résout pas. Dès lors, il est judicieux d'explorer les autres voies et mécanismes juridiques « protecteurs », indépendant de la propriété des *créateurs* ou des *investisseurs*, empruntés au droit commun de la responsabilité civile, qui peuvent présenter une voie subsidiaire et/ou complémentaire qui vient se substituer et/ou s'ajouter au recours à la propriété sur la forme créative… à partir desquels il est possible d'assurer la réservation et la protection des formes n'ayant pas passé le test contre les atteintes que les tiers peuvent leur infliger, qu'il s'agisse de son *intégrité* ou de son *détournement*. Ces autres voies envisageables à explorer s'avèrent, aujourd'hui, d'autant plus légitime face au rôle de *droit commun de la propriété intellectuelle* qu'on tente d'assumer à la propriété littéraire et artistique[2].

40. Triple intérêt du sujet. Cet essai d'*exploration* et de *qualification* des formes issues de la manifestation d'un sentiment religieux sous l'angle de la propriété littéraire et artistique présente un *triple intérêt* à la fois *historique*, *théorique* et *pratique*. Sur le plan *historique*, notre étude attache une attention spécifique aux sources historiques qui

---

[1] Le juge judiciaire sur délégation de l'autorité religieuse peut sanctionner les manquements aux usages que celle-ci édicte. La sanction la plus radicale est la censure : elle interdit toute *publicité en l'état* de la forme. Au-delà se pose la question de l'étendue du contrôle juridique sur une pratique privée non orthodoxe. Est-il possible d'interdire une pratique individuelle non conforme aux prescriptions de l'autorité qui en est dépositaire ? (prière irrégulière, psalmodie pour soi malsaine, asanas mal mis en œuvre, etc…). Il nous semble difficile d'y incliner. Mais, si la pratique se déroule dans un lieu de culte, on put admettre que l'autorité qui en a la charge puisse demander au pratiquant de partir. Dès lors que la pratique est collective, la question de la responsabilité de celui qui la guide (ou l'enseigne) se pose ; *a fortiori* si elle a lieu dans un *lieu public* (de culte ou non).

[2] Comme le souligne le Professeur André LUCAS : « Par un effet d'entraînement, on tend de plus en plus à faire du droit d'auteur le mode de protection de droit commun de toutes les créations intellectuelles qui ne peuvent être appropriées par d'autres voies. […] Il faut veiller à ne pas dénaturer le droit d'auteur en l'appliquant de manière systématique dans des hypothèses marginales, ce qui oblige à en gommer la spécificité » : A. LUCAS, « Droit d'auteur, information et entreprise », *JCP E* 1992, suppl. n° 6, p. 7.

présentent un intérêt particulier pour l'analyse et la compréhension de plusieurs points analysés[1], comme nous allons le constater. Par ailleurs, l'examen et l'analyse de la jurisprudence comparée ancienne nous a permis d'y puiser des éléments précieux pour les besoins de nos développements. Sur le plan *théorique*, réfléchir sur les formes d'inspiration religieuses, c'est, en effet, revenir à l'*essence* même du droit d'auteur dont la « forme », en tant qu'objet du droit, est au cœur de la création. Si notre étude se situe vraisemblablement dans le prolongement de la *théorie des formes*[2], cependant, elle embrasse la notion de forme, en tant que concept neutre et transversal, d'une manière particulière pour l'appliquer dans un domaine aussi délicat et sensible qu'est le domaine *religieux*, *théologique*, *spirituel*, voire aux formes/créations non profanes. Elle a pour objectif de tenter de développer et d'affiner les différents niveaux de formes emboîtés dans les formes d'inspiration religieuses, tout en essayant de démontrer le rôle pertinent que la théorie des formes peut jouer pour résoudre les difficultés suscitées par la nature spécifique et la dimension divine, spirituelle et mystique desdites formes. Elle montre la diversité des formes qui peuvent coexister et cohabiter même à l'intérieur d'une seule forme[3] (signifié) en stratifiant les différentes couches et les sous-niveaux pour distinguer, notamment, ce qui, dans la création, échappe à la propriété.

41. Enjeux pratiques. Au-delà de ces intérêts *historiques* et *théoriques*, de réels enjeux *pratiques* s'attachent à cette étude. Notre entreprise ne se présente pas comme une simple tentative purement théorique et analytique mais notre ambition est d'apporter des solutions *pragmatiques* aux problématiques soulevées ou qui peuvent être soulevées par les formes d'inspiration religieuse (divine ou spirituelle) dans la pratique devant les juridictions. En tant qu'une sorte d'*outil technique*, elle a donc pour objectif de permettre aux magistrats égyptiens et français, et bien d'autres, dans le cadre des éventuels litiges qui peuvent naître et des problématiques qui peuvent se posées relatifs aux formes d'inspiration religieuses, de mieux saisir et identifier la *forme créative protégeable* au travers de l'analyse du processus de création et de la stratification

---

1 V. D. LEFRANC, « Les boulons du Chapelier. De la mythologie en droit d'auteur », *Bulletin de l'Association pour le Droit de la Création Intellectuelle* (ADCI), 24 juin 2010, n° 5, p. 38 et 39 ; L. PFISTER, *L'auteur, propriétaire de son œuvre ? La formation du droit d'auteur du XVIe siècle à la loi de 1957*, thèse, Strasbourg, 1999 ; F. RIDEAU, *La formation du droit de la propriété littéraire en France et en Grande Bretagne. Une convergence oubliée*, thèse, Poitiers, 2000, PUAM 2004 ; *Adde* la partie sur l'histoire du droit d'auteur dans le rapport national français rédigée par L. PFISTER et F. RIDEAU pour le Congrès de l'ALAI de Londres du 15 au 17 juin 2009 ; J. BONCOMPAIN, *La Révolution des auteurs. Naissance de la propriété intellectuelle (1773-1815)*, Fayard, Paris, 2001 ; J. BAETENS, *Le combat du droit d'auteur : anthologie historique*, éd. Les Impressions Nouvelles, Paris, 2001 ; B. EDELMAN, *Le sacre de l'auteur*, Éditions du Seuil, Paris, 2004 ; L. PFISTER et Y. MAUSEN, *La construction du droit d'auteur. Entre autarcie et dialogue*, coll. « Actes de colloque », Presses de la Faculté de Montpellier, Préf. de N. BINCTIN, 2014 ; J. BONCOMPAIN, *De Scribe à Hugo. La condition de l'auteur (1815-1870)*, Préf. de L. PETITGIRARD et J.-C. BOLOGNE ; du même, *De Dumas à Marcel Pagnol. Les auteurs aux temps modernes (1871-1996)*, Préf. de J.-C. CARRIERE, éditions Honoré Champion, Paris, 2013. V. Le compte rendu de ces deux ouvrages par Y. GAUBIAC, *in RIDA* janv. 2014, n° 239.

2 Développée et mise en lumière par le professeur GAUDRAT mais elle s'applique aux seules *formes profanes*. V. Sur la théorie des formes : Ph. GAUDRAT, « Réflexions sur la forme des œuvres de l'esprit », art. préc., p. 199-221 et l'ensemble de ses travaux en la matière. *Adde* : « Formes & propriétés intellectuelles » (à paraître).

3 Il en est ainsi de la *forme spirituelle* qui est une autre sphère intérieure.

des niveaux de forme, et ce, par rapport au statut religieux, théologique de l'objet sacré, à savoir les formes *d'essence divine* ou *spirituelle*, exclu du champ de la protection, voire hors jeu.

42. Balancement entre « *créations* »/« *manifestations* » et « *proclamation* »/ « *intériorisation* ». Du coup, le balancement n'est pas seulement entre *créations* et *manifestations*, mais aussi entre *proclamation* et *intériorisation*. Il convient, dès lors, de distinguer *intellectuellement* les « *créations de forme* » nées d'une volonté de proclamer la *Révélation* (Première partie) qui sont imputables sur les formes de source *divine* sacrée, *liturgique*, tantôt *cultuelle*, tantôt *non cultuelle*, et les simples « *manifestations formelles* » induites/nées par l'*intériorisation* d'une pratique imputable sur les formes de source *spirituelle/métaphysique* (Seconde partie).

43. Annonce du plan. L'exploration de l'univers des formes créatives qui, puisant leur source dans la *foi religieuse*, sont susceptibles de nécessiter une protection par le droit de la propriété littéraire et artistique nous invite à distinguer sagement entre les « *créations de forme* » (Première partie) d'une part et les « *manifestation formelles* » (Seconde partie) d'autre part.

PREMIERE PARTIE : Créations de forme nées d'une volonté de proclamer la Révélation.

SECONDE PARTIE : Manifestations formelles induites par l'intériorisation d'une pratique spirituelle.

PREMIERE PARTIE
CREATIONS DE FORME NEES D'UNE VOLONTE DE PROCLAMER LA REVELATION

44. La forme divine incorporelle à l'origine d'une parole-écriture. Comme le relevait Pouillet : « La parole est un moyen d'exprimer et de fixer la pensée tout comme l'écriture »[1]. En effet, la théologie part de la *Révélation* en tant que la source quasi-unique ; elle part de la *Parole de Dieu*, adressée à l'homme, qui constitue la base et la source de toute réflexion musulmane, voire même de la « *Création* »[2] *ex nihilo*, en tant que noyau fondateur, par lequel commence tout existant, et la source de tout dans l'Univers tant sur le plan religieux que juridique[3]. Cette parole divine révélée n'est pas seulement érigée au rang de « force créatrice », voire « force unificatrice » première exercée sur l'art du monde arabo-musulman, mais elle est à la fois « inspiratrice », « révélatrice » et « ésotérique (*bâtin*) »[4] de la *forme divine*. La « *force révélatrice* » est réservée à « la compréhension extérieure » faite pour la récitation orale, mélodique (sens exotérique) tandis que la « *force ésotérique* » implique une compréhension d'une autre nature, une « compréhension intérieure » (sens ésotérique).

45. Notion de « *forme divine* ». Une difficulté préalable doit être surmontée si l'on veut bien explorer le contenu et les richesses des formes créatives développées à partir d'une « forme divine » qu'elle soit destinée à des fins cultuelles ou non cultuelles, il faut d'abord s'enquérir de la notion de « *forme divine* » et cerner en quoi consiste exactement cette *forme sacrée* qui pourrait être source de nombreuses difficultés sur le plan théologico-juridique. La forme divine[5] (*sûra ilâhiyya*) est un concept où le *divin* et l'*humain* se rencontrent[6]. Il s'agit du lieu de contact entre le *visible* et l'*invisible*, entre le *temporel* et l'*éternel*, entre le *matériel* et l'*immatériel*. L'interprétation telle que la théologie

---

[1] E. POUILLET, *Traité théorique et pratique de la propriété littéraire et artistique et du droit de représentation*, Marchal et Billard, 3e éd., Paris, 1908, p. 73, n° 54.

[2] « La parole créatrice d'Allah, qui est identique à volonté divine, qui n'a pas non plus de substrat, appartient à l'activité créatrice d'Allah qu'Abû'l-Hudhayl a voulu distinguer du monde créé. Et puisqu'il n'y a pas de ressemblance entre Lui et le monde créé, la parole créatrice doit être placée au-dessus de la création » : J. BOUMAN, *Le conflit autour du Coran et la solution d'Al-Bāqillānī*, *op. cit.*, p. 17.

[3] Ce concept de « *Création* », principe et fondement de la construction de la matière, et en tant que concept neutre et indépendant de toutes pressions corporatistes, a donc un rôle majeur au sein de la propriété littéraire et artistique. V. La journée d'études sur la notion de création qui s'est tenue à la Faculté de Droit et de Sciences sociales de Poitiers le 13 avril 2012 : *La création entre droit, philosophie et religion*, *op. cit.*, *passim*.

[4] « Selon une parole du Prophète, le Coran a un sens extérieur, celui que tout un chacun peut lire et comprendre ; ce sens littéral dissimule une profondeur cachée, une signification ésotérique, que peu parviennent à comprendre ; cette signification cachée possède elle-même une signification plus profonde, et ainsi de suite, jusqu'à sept sens ésotériques » : P. RINGGENBERG, *L'univers symbolique des arts islamiques*, L'Harmattan, Paris, 2009, p. 21.

[5] Selon le dictionnaire *Le Robert*, « divin » est ce « qui appartient à Dieu, aux dieux. Justice divine. Droit divin, considéré comme révélé par Dieu aux hommes » et ce « qui est dû à Dieu, à un dieu. L'office divin. L'amour divin (opposé à profane) ».

[6] Selon la doctrine attribuée à *AL-ASH'ARI*, le rapport entre le divin et l'humain se caractérise par la rupture et l'opposition.

musulmane l'envisage est seulement la *forme incréée* et/ou *éternelle* telle qu'elle subsiste en Dieu (*qâ'im bi*) : en tant que tel, elle est exempte de toute intervention humaine, articulation verbale et sonore, voire dépourvue de toutes les caractéristiques humaines. En termes juridiques, cette forme ne peut faire l'objet d'aucune *exécution matérielle*, d'aucune *prestation artistique* ; elle n'est ni susceptible d'être exécutée, ni d'être interprétée à la façon d'un auteur et/ou d'un artiste. Pour une illustration concrète, prenons l'exemple du *Livre révélé*, en sa composition, en la texture littérale de ses *sourates*, qui, selon Ibn 'Arabî, est une manifestation de la forme divine (*sûra ilâhiyya*)[1]. La forme divine est ainsi par son essence un attribut (*sifa*[2]) éternel d'Allah coexistant avec l'Eternel. Si les caractéristiques de la Parole d'Allah n'appartiennent qu'à Lui, il en résulte que la Parole d'Allah est inhérente à l'Essence divine (*dhât*) ; ce qui accentue la Parole d'Allah comme étant un attribut de toute éternité. A la différence de l'expression en *forme humaine*[3], qui est, par la nature des choses, « contingente » ; la forme divine en tant que « forme sacrée » ne saurait être tributaire de la forme protégée, c'est-à-dire celle qui *symbolise* un objet protégeable[4] par la propriété littéraire et artistique. Si le Coran est la Parole *incréée* et *éternelle*, subsistante en Dieu, comment pourrait-elle être « asservie » à la propriété ? Or, précisément, le Coran est bel et bien une forme d'*essence divine*, dans le domaine public, qui ne saurait accéder à la protection.

46. Florilège d'art arabo-islamique, conséquence de la cohabitation entre la forme divine et la forme humaine. Or, cela posé, il faut bien prendre conscience du fait que « l'Islam, en effet, ne reconnaît pas de coupure entre le religieux et le profane »[5] puisqu'il est communément admis que : « *Les versets écrits et ornés* [du Coran] sont d'abord des *textes à lire, à réciter, à se remémorer*, puis *à interpréter et à vivre*, mais leur *écriture même est aussi, diversement, une présence spirituelle, un signe de Dieu, des dessins à méditer, des ressources visuelles de la contemplation, des expressions magiques, les sceaux graphiques d'une herméneutique, d'une conscience ou d'un pouvoir* »[6]. De ce florilège, nous pouvons constater que la *forme divine*, qui subsiste alors éternellement en Dieu, s'exprime sous diverses *formes créatives* aussitôt qu'elle est entrée en *relation* avec le monde humain. En effet, « Quand la parole éternelle se révèle à la créature, ce ne peut être qu'en formes et modalités humaines. [...] Ce que l'homme peut acquérir n'est qu'une expression en formes humaines. C'est sous cette condition seulement que la créature peut

---

1 *Le dévoilement des effets du voyage*, *Kitâb al-isfâr 'an natâ'ij al-asfâr* texte arabe édité, traduit et présenté par Denis GRIL, Éditions de l'Éclat, Paris, 1994, p. 67. Le juriste IBN HANBAL (m. 855) résistera au mouvement *mu'tazilite* du Coran créé décrété par le calife AL-MA'MUN comme doctrine d'état et maintiendra sa position selon laquelle : « Le Livre est sacré de la première à la dernière page », rapporté par F. JOURDAN, « Une lecture rationnelle du Coran au IXe siècle : Les Mu'tazilites », Revue *Transversalités* (de l'Institut catholique de Paris), juill.-sept. 2000, n° 75, p. 52.

2 Un nom dérivé du verbe « *wasafa* » qui signifie décrire, énoncer les qualités d'une chose. « Ainsi *sifa* est l'expression, devenue le terme technique, indiquant un attribut divin » : J. BOUMAN, *op. cit.*, p. 12.

3 À titre d'exemple, la récitation du Coran est une expression humaine (*'ibâra*) qui peut s'exprimer sous des formes diverses : J. BOUMAN, *op. cit.*, p. 37.

4 V. Ph. GAUDRAT, *J.-Cl. Propr. litt., art.*, Fasc. 1134 : Objet du droit d'auteur. Œuvres protégées. Notion d'œuvre (CPI, art. L. 111-1, L. 112-1 et L. 112-2), n° 113.

5 D. CLEVELOT, *Une esthétique du voile. Essai sur l'art arabo-islamique*, L'Harmattan, Paris, 1994, p. 11.

6 P. RINGGENBERG, *op. cit.*, p. 157.

comprendre la parole lui adressée, une condition *toto coelo* différente de l'essence divine »[1].

47. Plan. Il faut tirer la conséquence de la possible *cohabitation* de la forme humaine et de la forme divine au regard du panorama exceptionnel de l'art islamique (et chrétien[2]) qui est veiné et pénétré d'une part, par la *parole* et le *discours*, ainsi que d'autre part, par l'*écriture* et l'*interprétation*, susceptibles de frapper aux portes de la propriété littéraire et artistique. En témoigne, les nombreuses formes créatives qui sont développées et/ou inspirées par le texte central de l'Islam, le Coran, lequel, est au cœur de la pratique religieuse de chaque croyant. Il en est ainsi de la récitation du Coran, de la calligraphie coranique, de l'exégèse coranique et de la traduction du texte sacré, etc. C'est dans cet esprit qu'il convient de distinguer, dans les *créations de forme* nées d'une volonté de *magnifier/proclamer* la Révélation, entre la créativité humaine développée à partir d'une forme divine destinée à des fins *cultuelles* (Titre I) et la créativité humaine inspirée/stimulée par une forme divine utilisée à des fins *non cultuelles* (Titre II).

---

1 J. BOUMAN, *op. cit.*, p. 37 et 38.

2 En effet, les arts chrétiens ne prétendent pas être au service de la parole de Dieu *stricto sensu*, même si parfois l'expression est utilisée pour l'Évangile, puisqu'ils sont censés rapporter la Parole de Jésus considéré comme incarnation divine. L'architecture (musulmane comme chrétienne), le chant, l'iconographie visent à induire un sentiment dévotionnel propre à recevoir le message sans prétendre être la traduction du message de Dieu… « Selon l'orthodoxie musulmane, le Coran est l'ouvrage parfait, d'inspiration divine, inaltérable et inchangé, contrairement aux évangiles, qui se présentent comme des témoignages d'apôtres, et qui sont, toujours selon l'orthodoxie musulmane, susceptibles de contenir des variations et des erreurs » : M. SAKI, « Matérialité textuelle et statut théologique du texte sacré : le cas du Coran », Revue *Motifs* (HCTI), déc. 2017, n° 2 (Matérialité et Écriture), p. 95.

TITRE I. CREATIVITE HUMAINE DEVELOPPEE A PARTIR D'UNE FORME DIVINE CULTUELLE

48. Formes de l'énoncé et la parole articulée. « Alors que l'art chrétien est fondé sur l'image du Christ, de la Vierge et des saints, l'art islamique est veiné par la parole coranique, partout écrite, récitée, chantée »[1]. Nul doute que les formes de l'énoncé de la Parole révélée destinée à être récitée en considération de sa finalité représentent les manifestations les plus sûres de la forme divine (*sûra ilâhiyya*) qui sature, chaque jour, l'espace sonore et se répercute de mosquée en mosquée au travers les voix vivantes des récitants du Coran, l'appel[2] des *muezzins* chargés d'annoncer aux fidèles l'heure de la prière rituelle[3], les sermons des *khatîb*[4] (prédicateurs) lors de la prière du vendredi, accomplissant tous un acte cultuel dans l'exercice de leurs fonctions ; ils retentissent et se déversent sur le public pour éveiller la foi de tout croyant.

49. Plan. C'est à partir de cette réalité saisissante, voire vécue, qu'il convient d'analyser les arts veinés par la parole coranique[5] (Chapitre I), en tant que *véhicule* [oral] de la forme divine, qui est omniprésente notamment par sa récitation[6]. Cette Parole révélée est mise en valeur et mise en scène par le discours religieux (Chapitre II), à savoir la *khutba* et la prédication à l'église, en tant qu'*amplification/libre* [maîtrisée] de la forme divine, ou encore par la beauté de l'écriture[7], d'origine coranique, qui incarne, par son existence, le rayonnement vivant du Verbe divin.

---

1 P. RINGGENBERG, *op. cit.*, p. 153.

2 Il existe plusieurs ouvrages qui se réfèrent à l'appel « chanté » ou au « chant » des *muezzins* : V. À titre d'exemple : P. LOTI, *Vers Ispahan*, Calmann-Lévy, Paris, 1925, p. 216, 245 et 317 ; J. BAYET, *Les beaux voyages : Égypte* (préf. de J. AICARD), Les arts graphiques éditeurs, Vincennes, 1911, p. 34 ; H. SALADIN, *Tunis et Kairouan*, H. Laurens, Paris, 1908, p. 64 ; B. MARIUS, *Autour de la Méditerranée… de Tunis à Alger*, H. Laurens, Paris, 1893, p. 279. V. Sur l'ensemble de la question : Y. OMAR AMINE, « Brèves réflexions sur le droit voisin du *muezzin* sur l'interprétation de l'*adhân* », *Prop. intell.*, 2015, n° 54, p. 101-104.

3 Récité cinq fois par jour.

4 V. J. PEDERSON, art. « *Khatîb* », *in E.I.*^{2}, IV, p. 1141-1142.

5 Cela n'empêche pas, dans le cadre de nos développements, de faire référence à la *parole biblique*, le cas échéant, à chaque fois que le raisonnement le permet. Cependant, il convient de remarquer que le statut théologique des deux textes divergent : le Coran en tant que « parole révélée » et la Bible en tant que « parole inspirée ».

6 Ainsi que par son écriture [de la parole coranique]. Or, étant donné que cette dernière n'est pas pratiquée à des fins cultuelles, nous nous proposons de l'analyser dans le premier chapitre du Titre II. V. P. RINGGENBERG, *op. cit.*, p. 153.

7 V. Le premier chapitre du Titre II.

CHAPITRE I
LA PAROLE, *VEHICULE* ORAL[1] DE LA FORME DIVINE

50. De la parole révélée à la parole coranique récitée. Le Coran est hissé au premier rang de référence dans l'*engendrement* de la *forme divine* et demeure incontestablement son référent premier, voire identitaire ; il est l'incarnation de la Parole révélée. En tant que source du *Tawhîd*, le *Qur'an*[2] est, par excellence, un *objet théologique* particulier, doté de son propre statut, à traiter selon les préceptes du droit musulman. Dans la mesure où le droit d'auteur peut s'inscrire dans la doctrine musulmane[3], les niveaux de forme superposés strictement imputables à l'homme pour sa *communication* (calligraphie, lecture, psalmodie selon des *maqâmât* particuliers, interprétation, traduction) devraient pouvoir être objets de propriété littéraire et artistique ; non, évidemment, le niveau fondamental imputable à Dieu[4] (en l'occurrence, la *forme divine*). Mais cette solution vaut-elle raison ? La réponse n'est pas toujours aussi simple, cependant, comme nous allons le constater tout au long de nos développements.

51. Plan. A vrai dire, « L'irruption de la parole de Dieu dans l'histoire et son inscription dans un texte poseront très tôt la question de son statut et de son interprétation »[5]. D'emblée, il est impératif d'opérer une *qualification* à la fois d'ordre *théologique* et *juridique* du Coran afin de le situer au regard des *catégories juridiques* existantes forgées par le droit commun et par la loi spéciale et en déterminer son rattachement potentiel. Après avoir identifié, dans un premier temps, cette catégorie,

---

1 « Selon cette logique, *le terme coranique al-qur'ân définit le Coran en tant que récitation.* [...]. *La racine arabe qara'a signifie, rassembler et, de là, réciter, en ce sens qu'il s'agit de rassembler des éléments épars en sa mémoire ou par l'élocution.* Ce n'est que plus tard que ce verbe prendra le sens de lire, l'opération étant assez similaire. *Du reste, le fait que qara'a signifie aussi bien réciter que lire témoigne parfaitement de la prédominance de l'oral sur l'écrit en la culture Arabe anté comme post-islamique.* L'on note aussi que l'usage de l'écriture arabe fut longtemps limité par sa *scriptio defectuosa* d'origine qui, en pratique, impliquait que pour lire un texte ainsi écrit il fallait par avance en connaître le contenu, l'avoir mémorisé. *L'écrit n'était donc qu'un support mémoriel et le terme qur'ân correspond bien à cette notion particulière* » : C. MORENO, *Analyse littérale des termes dîn et islâm dans le Coran : dépassement spirituel du religieux et nouvelles perspectives exégétiques*, thèse, Strasbourg, 2016, p. 9, note 1.

2 « Il s'intitule *Qur'ân* (*Qor'ân*, d'où : Koran, Coran), non par référence à la nature, au contenu de son message (comme c'est le cas pour l'Évangile = Bonne Nouvelle), mais en considération de sa finalité : il s'agit d'une parole divine destinée à être récitée » : A. MERAD, *op. cit.*, p. 7. « Le mot *Qur'ân* (Coran est la forme francisée du mot arabe *qur'ân*), dérivé du verbe : *qara'a* signifie "lecture" ou "récitation". Ce verbe apparaît plusieurs fois dans le Coran, notamment sous la forme impératif *iqrâ'* [...] », *in* D. SOURDEL et J. SOURDEL-THOMINE, *op. cit.*, p. 25 et *Le Coran I*, trad. de D. MASSON, coll. « Folio classique », Gallimard, Paris, 1967, p. XLI (préf. de J. GROSJEAN). (NB, pour la traduction française des versets du Coran, nous avons utilisé celle de Denise MASSON, *Le Coran I et II*, coll. « Folio classique », Gallimard, Paris, 1980).

3 Comme l'a démontré bel et bien un auteur : V. M. AYROUD, *Contribution à l'étude de la doctrine musulmane du droit d'auteur*, thèse, dir. Ph. GAUDRAT, Poitiers, 2017, Presses universitaires juridiques de Poitiers, 2022.

4 Est-ce une forme ? Une substance ?

5 M. YOUNES, *Révélation(s) et parole(s) : La science du « kalām » à la jonction du judaïsme, du christianisme et de l'islam*, coll. « Studi arabo-islamici del PISAI », vol. n° 18, Pontificio Istituto di Studi Arabi e d'Islamistica (PISAI), Rome, 2008, p. 79.

plus précisément, en quoi consiste exactement la Parole d'Allah, au centre de la réflexion théologique, dans son rapport au droit qui n'est pas sans soulever tant d'incertitudes que de complexités latentes sur l'opération de qualification du « statut particulier »[1] du Coran (Section I), il sera évidemment plus aisé de se pencher, dans un deuxième temps, sur la question de la protégeabilité de la *forme vivante*, qui consiste dans la récitation du *qâri'* développée à partir de la forme divine, par la propriété littéraire et artistique et d'affiner et d'articuler les différents niveaux de forme superposés dans la parole coranique récitée (Section II). On s'aperçoit qu'une théorie *centralisée* de la forme en droit d'auteur, par ailleurs, transposable au statut de l'*interprétation* en droits voisins, peut contribuer à résoudre les difficultés suscitées par la culture, la religion, et la théologie... Dans la foulée de la qualification juridique, il sera possible, en dernier lieu, de savoir si la *personnalité* du récitant du Coran et ses *vertus expressives*, en tant que vecteur de la parole divine intérieure, peut faire l'objet d'un véritable droit exclusif comparable à celui de l'auteur et de l'artiste-interprète que l'on se situe sur le terrain technique ou artistique de la voix et ses émissions vocales[2] et de déduire *in fine* le régime juridique applicable à la forme vocale dans la parole coranique recitée (Section III).

1 « Le Coran a un statut particulier dans les sociétés arabes musulmanes, non seulement pour des raisons purement religieuses ou spirituelles mais aussi pour des considérations littéraires ou stylistiques » : M. SAKI, art. préc., p. 95.

2 V. Sur la voix et les techniques vocales : A. SHILOAH, « La voix et les techniques vocales chez les Arabes », *Cahiers d'ethnomusicologie*, 1991/4, p. 85-101.

SECTION I.
LA COMPLEXITE DE LA QUALIFICATION DU STATUT THEOLOGICO-JURIDIQUE DE LA PAROLE CORANIQUE REVELEE

52. Dilemme du caractère *créé* ou *incréé* du Coran. Même si le Coran est considéré aujourd'hui par les Musulmans comme étant intangible dans la mesure où il est *éternel* et *incréé*[1], toutefois la question du caractère *créé* ou *incréé* du Coran[2] y tient évidemment une place importante pour pouvoir appréhender la problématique de la protégeabilité des formes créatives développées à partir de la forme divine et, plus particulièrement, pour savoir si l'interprétation du Coran en soi peut être l'objet d'un droit voisin de l'artiste-interprète. Dans cette perspective, il faut arriver à saisir l'objet et le véritable périmètre susceptible de servir d'assiette au droit de propriété de l'auteur et de l'interprète sur lequel il est greffé, c'est-à-dire la *forme profane* (inerte et vivante) en la distinguant, notamment, de ce qui, dans la création, échappe à la propriété, la *forme divine*, en l'occurrence.

53. Débat et confusion théologique entretenue sur l'objet du droit. Afin de bien dissiper potentiellement la confusion idéologique entretenue sur l'*objet du droit*[3] dans la récitation du Coran et de savoir s'il faut dissocier du point de vue à la fois théologique et juridique les deux aspects du Coran (matériel et immatériel) et sa prononciation créée (son articulation par la voix humaine)[4], il convient de remonter à l'origine du débat théologique qui se cristallisa au IXe siècle autour de la nature du

---

1 H. GALLAND, *Essai sur les mo'tazélites (Les Rationalistes de l'Islâm)*, Impr. W. Kundig & Fils, Genève, 1906, p. 75 ; A. MERAD, *op. cit.*, p. 10. Le postulat pour des fidèles musulmans est que le Coran porte la parole incréée de Dieu. Puisque nous traitons des formes suscitées par cette foi, nous adopterons pour les besoins de nos développements ce postulat, fut-il susceptible de critique aux yeux d'autres fois ou, à l'inverse, de laïcs ou d'athées…

2 « […] La théologie chrétienne influence les penseurs musulmans qui empruntent aux chrétiens non seulement leur terminologie, mais aussi leur problématique. La problématique du Coran créé ou incréé est la transposition de la thèse du Logos égal ou inférieur au Père » : P. NWYIA, « Mutabilités et immutabilité en Islam », *Recherches de Science Religieuse* (RSR), avril-juin 1975, vol. 63, n° 2, p. 204, note 10. « Dans le même ordre d'idées, la question du Coran créé ou incréé est également le pendant et peut-être le résultat de la question posée à la conscience musulmane par la pensée chrétienne, sur la réalité du Verbe incarné » : Y. MOUBARAC, *Pentalogie Islamo-Chrétienne*, t. 3 : *L'Islam et le dialogue Islamo-Chrétien*, Ed. du Cénacle libanais, Beyrouth, 1972-1973, p. 260. A. MERAD, *op. cit.*, p. 54 : « Le dogme du Coran incréé, inimitable s'impose à la conscience islamique avec autant de force que celui de l'Incarnation et de la nature divine du Christ en termes de théologie chrétienne ». « Nous pouvons en déduire que la question du Coran créé ou incréé fut soulevée dans l'Islam, particulièrement en Syrie, sous l'influence des idées chrétiennes » : J. BOUMAN, *op. cit.*, p. 4. « Sur ce point l'influence des théologiens chrétiens semble claire. Le rapport est étroit entre le Logos incréé, mais créateur… et le *kalām* » : D. B. MACDONALD, art. « Kalām », *Encyclopaedia of Islam* (*E.I.*[1]), First Edition (1913-1936), Edited by M. Th. HOUTSMA, T. W. ARNOLD, R. BASSET, R. HARTMANN, Brill, Leiden, II, 713, rapporté par M. ALLARD, *Le problème des attributs divins dans la doctrine d'al-Aš'arī et de ses premiers grands disciples*, coll. « Recherches » publiées sous la direction de l'Institut de Lettres Orientales de Beyrouth, t. XXVIII, Impr. Catholique, Beyrouth, 1965, p. 160 et 161.

3 « *Dis-moi qui tu es, je te dirai quel est l'objet de ton droit* » : M. VIVANT et J.-M. BRUGUIERE, *Droit d'auteur et droits voisins*, *op. cit.*, p. 1077, n° 1221.

4 La question vaut également pour la calligraphie coranique, la traduction du texte sacré, etc., comme nous allons le constater.

Coran : est-il « créé » (*makhluq*) ou « increé » (*ghayr makhlūq*) ? et ce, pour pouvoir comprendre, et par conséquent, démontrer la portée de ce dogme sur la théorie générale des formes créatives qui a certainement un rôle à jouer pour résoudre les difficultés qui ont été à l'origine de la genèse des querelles théologiques en la matière.

54. Plan. Pour ce faire, il est indispensable de se livrer à un bref survol des différentes *doctrines hérétiques* et des *thèses*[1] relatives à cette problématique (§ 1). Après avoir exposé succinctement ces dernières, il conviendra, ensuite, de s'interroger sur la pertinence et la cohérence des catégories juridiques existantes sur lesquelles reposent le droit commun et le droit d'auteur par rapport à la classification du Coran, voire à sa catégorisation, par le truchement du processus de l'opération de qualification juridique (§ 2).

§ 1. L'OSCILLATION DES DOCTRINES SUR LA NATURE DE LA PAROLE D'ALLAH

55. Le Coran, entre la *source* et la *forme*. Le statut de la parole révélée de Dieu a conduit les écoles de pensée musulmane à *interpréter* différemment la nature du Coran et le statut théologique, ontologique de cette parole : est-elle *créée* ou *éternelle* ? Le Coran peut-il être une « œuvre » au sens juridique tout en étant de source divine dans la mesure où l'œuvre ne gît juridiquement que dans la forme[2] ? Ce postulat n'est-il pas contradictoire théologiquement avec le caractère même increé du Coran qui « *ne pouvait être une chose créée comme celles de ce bas-monde, mais devait être quelque chose de divin, increé et probablement éternel* »[3] ? Il faut trancher la question de savoir si, quand les oulémas soutiennent le caractère increé du Coran, ils visent sa *source* et non pas sa *forme* ou bien les deux. La réponse est d'une importance juridique capitale dans la mesure où le droit de l'interprète est un droit de propriété grevant la « *forme vivante* » dans laquelle s'est exprimé le récitateur du Coran en vue de la partager avec son public. A vrai dire, l'analyse de la jurisprudence égyptienne nous permet de constater que la prohibition même de grever la récitation du Coran de la propriété mentionnée à l'article L. 111-1 al. 1er du CPI français, est dûe, en grande partie, à la difficile dissociation entre les différents niveaux de formes enchaînées dans l'interprétation du Coran, comme nous allons le constater, au risque de le dévier de sa forme divine éternelle qui subsiste en Dieu ainsi que de sa pieuse origine.

---

1 Nous ne pouvons pas nous attarder à toutes les opinions innombrables sur la question de la création du Coran mais, pour le besoin de nos développements, nous allons délimiter le champ de nos recherches en nous adonnant à l'étude des principaux courants et des opinions les plus importantes des écoles de théologies (les *mu'tazilites*, les *ash'arites*, les *kullâbites*, et les *hanbalites*) sans tenter d'exposer et d'énumérer tous les sous-sectes ainsi que les groupes.

2 Non pas en tous ses états.

3 J.R.T.M. PETERS, « La théologie musulmane et l'étude du langage », *Histoire Épistémologie Langage* 2, fasc. 1 (Éléments d'Histoire de la tradition linguistique arabe), 1980, p. 11. Par exemple, AL BAQILLANI y cite parmi les paroles personnelles du prophète la tradition qui lui est chère, en disant que : « "La parole d'Allah est tellement supérieure aux autres paroles, comme Allah est supérieur à sa création" en argumentant : "parce que la supériorité d'Allah sur sa création consiste en sa préexistence et sa durée éternelle (*dawâm*), en raison du fait qu'Il est increé et sa création créée, ainsi sa parole doit être increéée, tandis que leur parole est créée » : rapporté par J. BOUMAN, *op. cit.*, p. 74.

56. Plan. Avant de tenter d'y répondre, il nous faut exposer et clarifier les deux thèses de la théologie musulmane (en arabe le « *kalâm* »[1]) qui furent au cœur de la plus féroce bataille, qu'ait jamais connue l'Islam, sur la « création ou non-création » du Coran ; elle fit couler tant d'encre que de sang[2] entre les *mu'tazilites* d'une part et les *sunnites* d'autre part. La première est illustrée par la *doctrine* (hérétique) *mu'tazilite* du « Coran créé » (A) qui suscita de vives protestations et sera battue en brèche par les partisans de la *doctrine orthodoxe*[3] du « Coran incréé » (B), qui considérèrent le Coran comme étant un « livre incréé », Parole éternelle et subsistant dans l'essence divine.

A. La doctrine *mu'tazilite* du « Coran créé »

57. Théologie rationalisante du dogme de la création du Coran. Dans le souci de défendre le concept clé de leur système fondé sur le « *tawhîd* » (l'Unicité divine)[4], le mouvement *mu'tazilite*[5] sur la création du Coran se développa sous

---

[1] Le mot « *kalâm* » signifie littéralement la parole, le verbe. Ceux qui la professaient sont appelés « *Motékallimin* » ou « *Motékallimoûn* », pluriel de « *Motékallim* » (H. GALLAND, *op. cit.*, p. 11). « Les *Mu'tazilites*, qui étaient primitivement les seuls qui se procuraient ces armes philosophiques pour la défense de leur religion, ont ainsi créé le *kalâm* ou théologie spéculative. AT-TAFTAZANI, dans son commentaire sur *al-'Aqâ'id* (les articles de foi) de 'Umar AN-NASAFI, énumère une série de raisons qui ont donné à cette activité théologique des *Mu'tazilites* le nom d'*al-kalâm*. Voici les plus importantes : c'était une discussion ou argumentation sur un sujet et le mot *kalâm* signifie parole, discussion ; la chose la plus disputée était le problème du *kalâm* Allah, la parole de Dieu, à savoir si cette parole, – le Coran – était éternelle ou créée ; on avait besoin de cette méthode de discussion pour réfuter les adversaires, méthode qui était basée sur des preuves décisives » : J. BOUMAN, *op. cit.*, p. 10. V. Sur le *kalâm* : R. CASPAR, *Traité de théologie musulmane*, t. 1 (*Histoire de la pensée religieuse musulmane*), coll. « Studi arabo-islamici del PISAI », n° 1, Pontificio Istituto di Studi Arabi e d'Islamistica (PISAI), Rome, 1987, p. I et s. IBN KHALDOUN, dans ses *Prolégomènes historiques, de la théologie scolastique*, il l'a défini comme étant : « une science qui fournit les moyens de prouver les dogmes de foi par des arguments rationnels, et de réfuter les hérétiques qui, en ce qui concerne la croyance, s'écartent de la doctrine des premiers musulmans et des Sunnites, et du mystère de ces dogmes de foi, qui est la doctrine de l'unité ». Selon une autre traduction : « La théologie dialectique (*'ilm al-kalâm*) est la science des arguments rationnels (*adilla 'aqliyya*) pour la défense des dogmes et la réfutation des innovations qui s'écartent des premiers musulmans et de la doctrine orthodoxe. Le fond (*sirr*) de ces articles de foi, c'est l'unicité de Dieu (*tawhîd*) » : IBN KHALDUN, *Discours sur l'histoire universelle* (*Al-Muqaddima*), *op. cit.*, p. 735-736.

[2] A. BADAWI, *Histoire de la philosophie en Islam*, t. I (*Les philosophes théologiens*), coll. « Etudes de philosophie médiévale, LX », J. Vrin, Paris, 1972, p. 47 et 80.

[3] À savoir les sunnites, *ash'arites* et les *hanbalites*.

[4] Le *tawhîd* « est la principale caractéristique de la doctrine *mu'tazilite*, de sorte qu'on les appelle quelquefois "les gens de *tawhîd*" ou "les gens de la justice et du *tawhîd*", parce que ces deux concepts sont les deux piliers de leur système » : A. BADAWI, *op. cit.*, t. I, p. 25. V. Aussi : p. 24 et 27.

[5] Le nom « *mu'tazilah* » vient de *i'tazala* : se séparer (Coran, Sourate XVIII : La Caverne, 16 : « Lorsque vous vous serez séparés de ces gens-là et de ceux qu'ils adorent en dehors de Dieu, réfugiez-vous dans la Caverne ; votre Seigneur répandra alors sa miséricorde sur vous et il réglera votre sort dans les meilleures conditions »). Dénomination des tendances rationalisantes (*Mu'tazilah*) en théologie musulmane. V. Sur le nom de *mu'tazilah* : A. BADAWI, *op. cit.*, t. I, p. 18 et s. Il s'agit d'une école de pensée islamique apparue au VIIe siècle qui imprégna la théologie musulmane jusqu'au XIIIe siècle. « Les *mu'tazilites* sont les premiers théologiens de l'Islam. Ils ont défendu la liberté humaine, la valeur de la raison, l'idée que Dieu ne fait que le bien, qu'il ne crée que les existences et qu'il n'y a pas en Lui d'idées exemplaires des créatures, qu'il y a un état intermédiaire entre la foi parfaite accompagnée des actes d'obéissance, et l'infidélité pure marquée par la révolte contre les commandements de Dieu » : R. ARNALDEZ, *L'Islam*, Desclée/Novalis, Paris, 1988, p. 10, note 1. Les *mu'tazilites* furent

… / …

l'impulsion du règne du Calife El Ma'moûn (813-833) en l'an 212 de l'hégire qui persécuta, punit, fouetta, emprisonna, massacra et pendit ceux qui refusèrent d'y souscrire[1]. La question se posa aussitôt de savoir si le Coran arabe n'est pas créé[2]. Les *mu'tazilites* enseignèrent la nature créée du Coran puisqu'ils n'admirent pas que la Parole de Dieu soit un attribut divin[3]. Partant de la thèse de la parole divine créée dans le temps, ils prétendirent que cette parole est une créature de Dieu, distincte de Lui et survenu dans le temps. Or, ils furent scindés en plusieurs groupes sur la question de la qualification de la parole de Dieu en tant que « corps » ou non. Si certains la considérèrent comme un *corps* ; d'autres refusèrent d'y acquiescer car elle est, pour eux, un *accident* (*'arâd*) ; c'est un mouvement, et il n'y a d'accident que le mouvement. « Mais la parole du Créateur est un corps, ce corps étant une voix articulée, composée, entendue. C'est un acte de Dieu, elle est sa création. Tout ce que l'homme fait c'est la lecture, et la lecture est un mouvement ; et elle n'est pas le Coran »[4]. Telle fut l'opinion d'al-Nazzâm et de ses partisans.

58. Mais est-il possible qu'un seul accident puisse exister en plusieurs lieux ? Un autre groupe de *mu'atazilites* prétendirent que la parole de Dieu peut exister en plusieurs endroits en même temps à l'instar de la parole de l'homme. Elle existe avec les formes d'expression humaine telles que la lecture de celui qui la lit, avec l'écriture de celui qui l'écrit, et avec la mémorisation de celui qui la mémorise. Elle migre d'un support à l'autre et existe donc en différents endroits : par la lecture, la mémorisation

---

scindés en deux grandes écoles : l'école de *Basrah*, et l'école de *Baghdâd*. V. J. VAN ESS, *Une lecture à rebours de l'histoire du mu'tazilisme*, coll. « Revue des études islamiques », Hors-série, n° 14, P. GEUTHNER, Paris, 1984, p. 54 et s.

1 « [...] le Kalife philosophe Almamûm l'ayant agréée [la doctrine de la création du Coran], institua un tribunal d'épreuve chargé d'interroger les docteurs à ce sujet et de punir de châtiments terribles ceux qui professeraient une doctrine opposée (212 de l'H. - 827, Ch.) » : B. CARRA DE VAUX, « Gazzali : le Traité de la rénovation des sciences religieuses "*Ihiâ ulûm eddîn*" » *in La Science catholique* (Revue des questions religieuses), 15 juin 1891, p. 616, note 1. « Abou Amr el-Hareth IBN MESKIN, cadi du Vieux-Caire et docteur de l'école de Malek, fut au nombre des légistes que le khalife EL-MAMOUN fit emprisonner sur leur refus de reconnaître la création du Coran. Sa mort eut lieu l'an 250 de l'hégire (864 de J. C.) » : *Notices et extraits des manuscrits de la Bibliothèque impériale et autres bibliothèques : Prolégomènes historiques d'Ibn Khaldoun* (troisième partie), t. XXI, 1re partie, Impr. impériale, Paris, 1868, p. 12, note 1. « Nous savons qu'AL MA'MUN (m. 218), AL-MU'TASIM (m. 227) et AL-WATHIQ (m. 232) imposaient la croyance de la création du Coran à l'ensemble de l'Islam, qu'IBN HANBAL qui n'y croyait pas a été emprisonné et persécuté, qu'il fallait attendre l'arrivée sur le trône de Califat d'AL-MUTAWAKKIL (en 847, a.d.) pour renverser la situation et ériger en dogme d'état la non-création du Coran » : A. BADAWI, *op. cit.*, t. I, p. 16. Dans une lettre adressée au gouverneur de Bagdâd, le calife AL-MA'MUN écrivit : « Rassemblez tous les juges qui sont sous votre juridiction, et lisez en leur présence cette lettre du (calife, le) prince des croyants ; commencez à les interroger sur tout ce qu'ils disent, et à découvrir tout ce qu'ils croient concernant le fait que le Coran (la parole de Dieu) a été créé et produit par Dieu » : rapporté par J.R.T.M. PETERS, art. préc., p. 10. V. H. GALLAND, *op. cit.*, p. 74. « Cela n'empêcha pas que le principal opposant à la *mihna* et à la doctrine de la création du Coran, Ahmad bin HANBAL, fut gravement torturé » : J. BOUMAN, *op. cit.*, p. 26 et 27.

2 « D'après une tradition d'Abdallah ben Omar, il est rapporté que Mahomet aurait prononcé ces paroles : "Celui qui dira que le Koran est créé, celui-là est un blasphémateur". Et encore : "Un temps viendra où certains de ma communauté assureront que le Koran est créé. Que personne de vous ne les suive dans cette voie, car ceux-là nient le Dieu tout-puissant, ils n'entreront pas dans le Paradis et ne respireront pas son parfum" », cité par H. GALLAND, *op. cit.*, p. 68.

3 C. MORENO, thèse préc., p. 9.

4 A. BADAWI, *op. cit.*, t. I, p. 80.

et l'écriture ; elle ne peut pas se transporter ou se détruire. Il s'agit de l'opinion du théologien *mu'tazilite* Abû al-Hudhail et de ses partisans[1]. Cette opinion s'inscrit bel et bien dans la logique d'une *forme interne* (mentale et partagée) dont le destinataire (l'amateur) est libre de jouir et de faire un élément de sa culture, et ce, par le truchement de l'acte de récitation, de mémorisation et d'écriture. Il enseigna que le :

« Coran fut créé par Dieu qui l'a conservé en une Table Conservée. Le Coran est un accident puisqu'il occupe une place ; cette place peut être de trois sortes : le *mushaf* dans lequel il est écrit, la mémoire dans laquelle il est mémorisé, la langue par laquelle elle est récitée, et l'oreille qui la reçoit. S'il n'existe nulle part, il est détruit, exception faite pour la Table Conservée »[2].

59. Dénégation d'un droit à la paternité sur la récitation ? Que faut-il retenir de ces opinions ? Faut-il en déduire qu'aucune propriété ne doive grever la *forme vivante* car même si le Coran est la parole de Dieu et sa révélation ; même s'il est engendré et créé selon les *mu'tazilites*, il n'en reste pas moins que le Coran doit être attribué en fait à Dieu, quoique nous le récitions aujourd'hui, et ce, à l'instar des poèmes que nous attribuons sans aucune réserve à Imru' al-Qays[3] (500-540) que nous récitons jusqu'à nos jours[4]. Nul ne s'étonnera qu'à partir de cette thèse, les *mu'tazilites* semblèrent militer en faveur de la dénégation d'un droit à la paternité sur la récitation du Coran. Par conséquent, il semblerait qu'aucun droit à la paternité[5], voire « droit d'attribution »[6], ne puisse être reconnu à la personne qui récite le Coran, *a fortiori* aucun droit voisin[7]. La solution s'explique par le fait que si le Coran est essentiellement une « création » de Dieu, sa récitation doit aussi par une conséquence nécessaire appartenir à tous ceux qui l'écoutent, c'est-à-dire, faire partie du « domaine public ». De sorte qu'à partir du moment où cette récitation est interprétée, le *qârî'* ne saurait la ressaisir, puisqu'elle ne lui appartient plus, et ne saurait se plaindre si elle a été reproduite[8].

---

1 A. BADAWI, *op. cit.*, t. I, p. 80 et 82.

2 A. BADAWI, *op. cit.*, t. I, p. 82.

3 L'un des plus grands poètes du temps pré-islamique (*Jâhilîya*).

4 A. BADAWI, *op. cit.*, t. I, p. 254.

5 Contrairement au sillage du droit d'auteur, *le droit moral des artistes-interprètes* comporte seulement deux prérogatives : à savoir, le droit de paternité et le droit au respect de l'œuvre (art. 155 du CPI égyptien). En revanche, rien n'est dit au sujet du droit de divulgation ou du droit de repentir. Le ministre compétent exerce ce droit moral à l'expiration du délai de protection prévu par la présente loi lorsqu'il n'y a ni héritier, ni ayant cause. Selon l'article L. 212-2 du CPI : « l'artiste-interprète a le droit au respect de son nom, de sa qualité et de son interprétation ». Il a pu être déduit de cet article par la Cour d'appel de Paris que l'artiste-interprète dispose d'un « quasi droit moral » : CA Paris, 16 juin 1993, *D.* 1994. 218, note B. EDELMAN.

6 M. VIVANT et J.-M. BRUGUIERE, *op. cit.*, p. 1097, n° 1258.

7 Au passage, l'ordonnance rendu dans l'aff. *Furtwängler* du 19 décembre 1953 niait l'existence de tout droit spécifique des interprètes sur son interprétation : « un chef d'orchestre, ou de façon générale l'exécutant d'une œuvre musicale, *même s'il ne peut s'opposer à ce qu'il soit fait usage de l'enregistrement,* ne confère pas par cela même au propriétaire de l'objet dans lequel s'interprète dès lors l'œuvre, le droit d'utiliser son nom dans la présentation des reproductions » : X. DAVERAT, *L'artiste interprète*, t. 1, thèse, Bordeaux I, 1990, p. 411-412. Cet auteur met l'accent sur le fait que : « Si le style est douteux, l'allusion à "l'objet dans lequel s'interprète dès lors l'œuvre" est intéressante, en ce sens qu'elle lie intrinsèquement l'interprétation à sa matérialisation » : X. DAVERAT, thèse préc., p. 412, note 479.

8 A vrai dire, il s'agit de l'un des arguments mis en avant dans la plupart des formes créatives à connotation religieuse, comme nous allons le constater, pour la Bible à titre d'exemple. V. § n° 95 et s.

60. Relativiser la portée de l'interprétation proposée. Or, il convient de relativiser cette interprétation orthodoxe faite au sujet de la dénégation du *droit au nom* de celui qui récite le Coran car les *mu'tazilites* considérèrent le Coran, au préalable, comme un *livre purement humain*[1], pour ne pas dire une « œuvre humaine » au sens juridique du terme. A partir du moment où les *mu'tazilites* attribuèrent à une forme de nature et d'origine divine une qualité humaine qui implique la « contingence » (ou l'engendrement), ne saurait-on pas qualifier implicitement le Coran d' « œuvre » ? Et, par voie de conséquence, reconnaître la qualité d'artiste-interprète à celui qui récite le Coran ?! Il s'en suit que la forme divine sur laquelle repose la récitation du Coran n'est plus qualifiée de « forme éternelle » selon cette doctrine mais, en l'occurrence, de « forme contingente », forme qui convient seulement aux caractéristiques des *œuvres de l'esprit.* En termes juridiques, selon cette doctrine, la parole de Dieu qui existe avec la récitation semble être une œuvre sur laquelle peut s'imputer une forme vivante interprétative en dépit du fait que les *Mu'tazilites* repoussèrent toute matérialisation grossière et subtile de la parole divine.

61. Récitation du Coran, « coéternel à Dieu ». Si les *mu'tazilites* rejetèrent l'idée de l'existence d'un « Coran éternel » à côté d'Allah qui était incompatible avec le concept de l'unicité, il n'en reste pas moins que la thèse des *anthropomorphistes* (*tashbîh*) *hanbalites* est allée jusqu'à considérer le Coran, qui est récité dans les mosquées et écrit dans les livres, comme étant éternel et coéternel à Dieu[2] et non pas créé ni engendré. A partir de ce constat, il serait inconcevable de *grever* la récitation du Coran, en tant que forme créative, d'un *droit de propriété.*

62. Critique de la thèse des anthropomorphistes. En effet, plus on devient habile à dissocier nettement la forme vivante de la forme divine préexistante, plus il devient aisé de grever celle-ci d'un *droit voisin* de l'artiste-interprète même si le Coran récité est considéré comme étant coéternel à Dieu. Ce fut l'opinion du théologien *mu'tazilite* Qâdi 'Abl al-Jabbâr[3] qui réfuta la thèse de ceux qui estiment que le Coran est *coéternel à Dieu*, en rétorquant que les parties du Coran se précèdent les unes les autres ; ce qui est ainsi ne peut pas être éternel, car l'éternel est ce qui n'est pas précédé par quelque chose d'autre. La preuve c'est que la lettre *hamzah* précède – dans l'expression : *al-hamd li-allâh* – la lettre *lâm*, celle-ci précède la lettre *hâ'* – ce qui n'est pas compatible avec l'éternité[4]. Il en est ainsi dans tout le Coran, y compris les *manifestations physiques de la créativité*, c'est-à-dire le timbre, la voix[5], sa récitation. Par ailleurs, on pourrait objecter que le Coran a des *Sourates* qui ont des versets, et que les versets ont des mots qui consistent en lettres et en sons. Il est composé de *sourates* et de versets divisés ; ce qui indique qu'il a *un commencement et une fin* ; il a une moitié, un

---

1 H. GALLAND, *op. cit.*, p. 67.

2 A. BADAWI, *op. cit.*, t. I, p. 253.

3 'Abd AL-JABBÂR, *Sharh Al-usûl Al-khamsah*, p. 531, cité par A. BADAWI, *op. cit.*, t. I, p. 254.

4 A. BADAWI, *op. cit.*, t. I, p. 254.

5 V. Sur la protection juridique des vertus expressives de la « personnalité psychosomatique » du récitant par le droit commun et l'analyse du régime juridique de la *forme vocale* protégée dans la parole coranique récitée : § n° 311 et s.

quart, un sixième, un septième. Tout cela prouve ainsi que le Coran ne peut pas être éternel mais il est créé[1].

63. Appréciation critique. Cette lecture scrupuleuse, cependant, n'est pas pleinement satisfaisante car, comme l'a souligné l'un des grands maîtres *ash'arites* Al-Bâqillânî, tout cela appartient à la récitation des créatures, qui a besoin d'instruments humains comme la voix, la lettre et les sons articulés, partant de la langue, des lèvres et de la gorge. Allah est cependant élevé au-dessus du besoin d'instruments humains[2]. Il faut ainsi distinguer entre la *récitation* employant des lettres et des sons qui tous sont créés, et entre *ce qui est récité*, la parole éternelle qui, subsistant en Allah, n'a pas besoin des instruments dont les créatures sont caractérisées[3]. Par ailleurs, en souscrivant à la thèse des *anthropomorphistes* et des *mu'tazilites*, on risque d'exposer la récitation du Coran à de redoutables difficultés[4] dans l'opération de qualification en remettant gravement en cause le principe du caractère éternel de la forme divine aux termes desquelles la récitation ne saurait être une forme éternelle, dépourvue de contingences, tendant à l'assimiler aux interprétations protégées par le droit voisin de l'artiste-interprète dès lors qu'elles sont imputées sur des œuvres de l'esprit. Au contraire, il s'agit bel et bien d'une forme [créative] de nature divine qui implique la « contingence » (ou l'engendrement) dont la parole divine elle-même ne peut être qualifiée par aucun attribut de la création, voire du droit de la création. Comme nous allons le démontrer, cette lecture s'avère finalement en rupture avec de nombreuses réalités tant théologique que juridique qui se sont pourtant expressément prononcées défavorablement à la qualification du Coran en tant qu'œuvre.

64. En effet, en souscrivant à la thèse des anthropomorphistes, on ouvre largement les portes aux attaques *mu'tazilites* contre la thèse d'un Coran éternel et incréé[5] en faveur de la relativité et la nature temporelle, contingente des modes d'expressions humaines du Coran exprimées dans l'écriture, et la récitation, qui conviennent indéniablement aux caractéristiques des œuvres de l'esprit. Cet état de choses eût dû permettre d'ouvrir la porte à la reconnaissance d'une propriété sur la récitation (la forme vivante) dès lors qu'on concevait qu'il y ait une distinction entre la *récitation* du Coran et *ce qui est lu.*

65. Distinction entre la *lecture humaine* (*qirâ'a*) du Coran et *ce qui est lu* (*maqrû'*). C'est dans cet esprit qu'une autre question vint s'imposer à l'esprit : quelle est la relation entre la *récitation* humaine et *ce qui est lu* selon la doctrine *mu'tazilite* ? En effet, les *mu'tazilites* distinguèrent « entre le contenu du Coran qui est d'inspiration divine et la forme dans laquelle le Coran est présenté devant nous. Sa forme arabe appartient à ce monde créé, à un système conventionnel et enfin sa langue arabe est de production humaine. Cette distinction a amené les *mu'tazilites* à en faire une autre :

---

1 A. BADAWI, *op. cit.*, t. I, p. 254. V. Aussi : J. BOUMAN, *op. cit.*, p. 74.

2 J. BOUMAN, *op. cit.*, p. 74.

3 J. BOUMAN, *op. cit.*, p. 79 et p. 88 et 89.

4 « Par cette manière de raisonnement, BAQILLANI a réfuté la thèse des anthropomorphistes, ses autres adversaires. Car il sait, qu'en souscrivant à leurs thèses, on ouvre largement les portes aux attaques *mu'tazilites* contre la ressemblance entre Allah et sa créature et contre le Coran incréé en vue de la nature temporelle, contingente et conventionnelle du parler et de ses signes linguistiques humains » : J. BOUMAN, *op. cit.*, p. 80.

5 J. BOUMAN, *op. cit.*, p. 80.

entre la lecture humaine du Coran et ce qui est lu »[1]. Al-Ash'arî rapporta dans ses *Maqâlât al-islâmiyyîn*[2] que les *mu'tazilites* furent d'avis que la lecture (*qirâ'a*) était une autre chose par rapport à ce qui est lu (*maqrû'*) dans la mesure où la lecture est une action humaine (*fi'lu-nâ*), tandis que ce qui est lu est l'œuvre (*fi'l*) d'Allah[3].

66. A partir du moment où les *mu'tazilites* ont pu tracer les frontières entre *la lecture* en tant qu' « action humaine » et le Coran en tant qu' « œuvre d'Allah », il aurait pu être possible d'admettre et de reconnaître à l'interprète du Coran une propriété sur sa récitation même si la forme vivante vient s'imputer sur une forme divine éternelle et/ou préexistante. Cette solution s'explique par le fait que la récitation est l'attribut (la propriété) de celui qui récite, tandis que ce qui est récité est le *kalâm* Allah, comme l'invocation (*dhikr*)[4] est l'attribut de celui qui invoque tandis que l'invoqué (*al-madhkur*) est Allah. C'est ainsi que selon certains :

> « [...] le Coran a fixé une différence entre la récitation et ce qui est lu, différence qu'on a connue également dans la toute première histoire de l'Islam où des personnes différentes eurent des récitations différentes de la seule parole d'Allah. Par conséquent, il est correct de dire que la récitation est l'attribut de celui qui lit, tandis que ce qui est lu est vraiment la parole du Créateur »[5].

67. Vers un courant néo-*mutazilite*. Dans son traité sur l'Unitarisme (*Risâlat al-Tawhîd*, 1315/1898), le grand réformateur égyptien Mohammad 'Abdouh (1849-1905) reprit « la thèse *mu'tazilite* du "Coran créé", sous une forme simplifiée, distinguant la "Parole", attribut de Dieu, et les manifestations de cet attribut dont les expressions qui composent le Coran [...] sont créées »[6].

68. Or, si la reproduction et la communication du Coran ne sauraient être le résultat que d'une action humaine, la question se posa de savoir s'il existe encore un rapport entre la récitation humaine du Coran et la parole divine à partir du moment où nous instaurâmes cette dichotomie forme/fond ? En dépit du fait que le lecteur du Coran est en relation avec la parole divine lorsqu'il la récite, le *mu'tazilite* Al-D Jubbâ'î présenta la théorie suivante pour étayer la thèse selon laquelle Allah est au-dessus de tout phénomène contingent :

> « Lors de la lecture de tout lecteur, Allah produit Lui-même (*li-nafsi-hi*) une parole dans le substrat de la lecture... Ce que lit le lecteur n'est pas la parole d'Allah et ce que l'on entend de lui n'est pas la parole d'Allah... ce qui exige... l'affirmation de deux paroles dans un seul substrat ». [...] En conséquence Allah reste au-dessus de la reproduction humaine du Coran. Sa parole est devenue, pour le besoin de la cause, un accident subsistant dans la lecture d'un nombre indéfini de lecteurs. Cette lecture n'est pas sans relation avec la parole divine, parce que cette parole y subsiste comme une parole dépourvue de toutes les caractéristiques humaines telles que la voix et l'ordonnance des lettres. En tant que cause de la lecture, la parole divine est en même temps au-dessus de toute lecture. Une fois de plus, la conclusion s'impose que la langue arabe de la lecture n'est qu'une expression humaine, qui, à vrai dire, n'est pas la parole divine proprement dite »[7].

69. Cependant, un autre danger se fit sentir dans la mesure où lorsque nous distinguâmes entre la récitation humaine du Coran et ce qui est récité, c'est-à-dire

---

1 J. Bouman, *op. cit.*, p. 15.

2 Edition de Muhyiddîn 'Abd Al-Hamid, en deux volumes (1950, 1954), Le Caire, 1950, II, 245.

3 J. Bouman, *op. cit.*, p. 15.

4 V. Plus loin sur la question du *dhikr* : § n° 894 et s.

5 J. Bouman, *op. cit.*, p. 75.

6 A. Merad, *op. cit.*, p. 10.

7 J. Bouman, *op. cit.*, p. 26.

l'archétype du Coran, ne risque-t-on pas de rompre ainsi tout lien entre la reproduction humaine du Coran et son archétype ?[1] La question vaut aussi pour la propriété de l'interprète sur sa récitation.

B. Les partisans de la doctrine du « Coran incréé »

70. Consolidation et triomphe de la doctrine du Coran incréé. Il a fallu attendre l'arrivée du règne du Califat d'El-Mutawakkil (847-861), qui succéda à son frère El-Wâthiq (842-847), pour consacrer la doctrine du « Coran incréé » et condamner définitivement la thèse de ses prédécesseurs sur la création du Coran. Le célèbre théologien traditionniste Ahmed Ibn Hanbal (m. 855) défendit sa thèse en faisant valoir que si la science divine est incréée, le Coran doit l'être également[2]. C'est ainsi qu'en raison du fait qu'Allah est incréé et sa création est créée, il va de soi que Sa parole doit être ainsi incréée, tandis que les autres paroles sont nécessairement créées, y compris les *modes d'expressions humaines*. C'est ce que professa Abû Al-Hasan Al-Ash'arî (m. 324/935-6), le fondateur de l'*ash'arisme*, qui se conforma sur ce point à la position hanbalite en défendant la thèse du Coran incréé, lorsqu'il affirma que le Coran est la parole divine, éternelle et incréée, mais que les lettres, les couleurs et les voix sont créées[3].

71. Émergence de la distinction entre le Coran incréé et les modalités d'expression humaine créées. Dans le souci d'établir clairement la distinction entre l'*éternel* et le *temporel*, les théologiens musulmans ne purent nier au fil du temps la distinction entre la parole divine et la lecture humaine[4]. S'il est indubitable que le Coran est incréé de par sa forme divine, la récitation qui le dote d'une forme externe vivante créée cette forme. En d'autres termes, *ce qui est lu* est, par la force des choses, distinct de la *récitation*. C'est dans cette ligne de pensée que le théologien *ash'arite* Al-Qâdî Al-Bâqillânî (surnommé « *qâdî al-qudâh* ») enseigna que : « La *récitation* est autre chose que *ce qui est récité* (*al-qirâ'a ghayru' l-maqrû'*), la *lecture* autre chose que *ce qui est lu*, et l'*écriture* (*kitâba*) autre chose que *ce qui est écrit* (*al-maktûb*) »[5]. Selon une autre formulation, il affirma qu' : « On doit savoir que la récitation est autre chose que ce qui est récité. *La récitation est un attribut de celui qui récite, tandis que ce qui est récité par la récitation est incréé, appartenant à la parole du Créateur* »[6]. Il fallait déduire que la nature de la parole humaine en vertu de laquelle l'homme fait expression, voire interprétation, du Coran, qui est clairement définie comme une forme [créée] temporelle, relative et ayant besoin d'instruments[7], est différente de la nature de la parole divine. Sur le plan

---

1 J. BOUMAN, *op. cit.*, p. 76.

2 J. BOUMAN, *op. cit.*, p. 28. *Cf.* L'opinion du hanbalite IBN BATTA (m. en 387/997) : « de quelque façon que le Coran soit récité…, écrit…, lu, en quel endroit qu'il se trouve…, le Coran est la parole d'Allah, incréée », cité par J. BOUMAN, *op. cit.*, p. 34, note 127.

3 J. BOUMAN, *op. cit.*, p. 41.

4 Comme AL-BAQILLANI à titre d'exemple. V. J. BOUMAN, *op. cit.*, p. 73 et 75. « Dès que, cependant, la doctrine du Coran incréé fut de plus en plus consolidée, on se trouva devant la difficulté de concilier un Coran éternel avec la relativité et la nature temporelle des expressions humaines du Coran. En d'autres termes : ce qui est lu est, par la force des choses, distinct de la récitation, une distinction qui correspond à la distinction entre l'éternel et le temporel » : J. BOUMAN, *op. cit.*, p. 73.

5 J. BOUMAN, *op. cit.*, p. 75.

6 J. BOUMAN, *op. cit.*, p. 78.

7 J. BOUMAN, *op. cit.*, p. 78.

juridique, cet état de choses devait permettre de reconnaître une propriété de l'interprète sur la forme créative d'expression humaine du Coran (en l'occurrence, sa récitation) et de délimiter le périmètre de l'assiette du droit de propriété.

72. Dichotomie forme/support. Il restait à savoir si la Parole d'Allah écrite dans les livres, sous sa forme matérielle verbale, fait référence à la Table conservée *stricto sensu* ou bien au support matériel du Coran. C'est à partir de cette interrogation que la distinction entre la *forme* et le *support* naquit. Pour s'en convaincre, il suffit d'examiner la thèse suivante que posa Al-Bâqillânî selon laquelle :

« On doit savoir que la parole d'Allah est écrite dans les livres sacrés d'une façon véritable (*'alâ haqîqa*). Une fois de plus la preuve en est le Coran, comme 85, 21-22 : "Pourtant ceci est un Coran sublime, sur une Table conservée". Nous savons, poursuit Bâqillânî, "que la parole d'Allah qui est écrite sur la Table Conservée et qui est le Coran, écrit dans nos livres sacrés, est une seule chose, sans distinction ou différence. Mais nous savons également que la Table est autre chose que les feuilles de nos livres sacrés et que le trait (*khatt*) sur la Table est autre chose que les traits dans nos livres, et que le roseau qui a écrit sur la Table est autre chose que nos roseaux" »[1].

73. Vers une conciliation des opinions divergentes. A l'exemple d'Al-Nazzâm, deux disciples d'Abou-Moussa-Aïssa ben Sabih-el-Mezdar[2] essayèrent d'opérer une conciliation entre les différentes opinions en distinguant deux aspects du Coran, l'un *matériel* et l'autre *immatériel*. D'une part, le *livre de Mahomet* en tant que « *support matériel* » qui ne saurait être que la copie du texte *céleste* étant donné qu'il est impossible qu'une seule et même chose se trouve en deux endroits différents. D'autre part, le « *Coran céleste* », en tant que forme éternelle et increée, voire immatérielle, qui est conservé sur la *Table gardée* placée à la droite de Dieu. Dans le prolongement de ces opinions, le fameux philosophe et théologien Al-Ghazâli, surnommé « *Houdjat el-Islâm* » (l'Argument ou la preuve de l'Islam), adopta une solution à peu près identique à la précédente[3] puisqu'il estima que si les copies sont créées et sont l'ouvrage des hommes, il n'en reste pas moins que l'idée originelle du Coran est réellement en Dieu, et par conséquent, qu'elle lui est coessentielle et coéternelle.

74. Doctrine des *Kullâbites*. A partir du moment où les théologiens considérèrent, d'une part, le texte du Coran comme étant une production de l'homme, et d'autre part, le texte articulé par la « récitation » comme étant une *action créée* qui permet aux êtres humains de s'approprier le texte par la répétition, force est de constater que le sens de la parole écrite qui en est l'origine ne saurait être qu' « *increée* ». Cette solution s'explique par le fait que ce que nous entendons et récitons est une imitation de la Parole de Dieu et non pas la Parole, et ce, conformément à la doctrine des *Kullâbites*, les partisans d'Ibn Kullâb. En conséquence, le Coran, sous sa *forme expressive verbale*, doit être considéré comme une reproduction de la parole divine, non point comme s'identifiant à cette parole même, ce qui n'empêche pas que cette parole même, émanation d'Allah, est increée comme lui-même.

75. Nature de la parole éternelle. Après avoir affiné les contours entre la récitation humaine et la Parole divine, il ne resta plus qu'à définir la nature de cette parole éternelle de cet archétype du Coran[4]. Les *Kullâbites* estimèrent que la parole de

---

1 J. BOUMAN, *op. cit.*, p. 76.

2 H. GALLAND, *op. cit.*, p. 71.

3 H. GALLAND, *op. cit.*, p. 71-72.

4 J. BOUMAN, *op. cit.*, p. 78.

Dieu est une idée et/ou expression (*ma'nâ*) éternelle existante en Dieu ; elle est la même qu'elle soit Torah, Évangile, Psaumes, ou Coran. Force est de constater qu'en récitant le Coran, la *forme imitative* de la Parole de Dieu et la *forme divine* de celle-ci ne se sont pas unies en essence, c'est-à-dire leur essence n'est pas une. Selon Ibn Kullâb, « le Coran "terrestre" fut une *'ibâra*, expression, de la parole éternelle, une distinction qui en entraîna une deuxième, selon laquelle la récitation est différente de ce qui est lu »[1]. C'est dans cet esprit qu'il opéra une distinction entre la *lecture humaine* et *ce qui est récité* :

« La récitation (*qirâ'a*) est différente de ce qui est lu (*maqrû'*) ; ce qui est lu est inhérent à Allah. Également l'invocation (*dhikr*) d'Allah est différente d'Allah, car l'objet de l'invocation (*al-madhkûr*) est éternellement existant, tandis que son invocation s'est produite dans le temps (*muhdath*). Ainsi ce qui est lu est, de toute éternité, la parole d'Allah, tandis que la récitation s'est produite dans le temps et créée ; celle-ci est l'acquisition (*kasb*) de l'homme »[2].

76. Dans le même ordre d'idées d'Ibn Kullâb, l'auteur de la « *Wasîyat Abî Hanîfa* » fit une distinction analogue dans l'article 9 de cette « *Confession de foi* » entre le Coran qui est *incréé* et les manières d'expression humaine qui sont *créées* :

« L'écriture, les mots, les lettres et les versets ne sont qu'une indication ou manifestation (*dilâla*) du Coran à l'intention des besoins humains, tandis que *la parole divine, quoique présente dans ces formes d'expression humaine comme l'écriture, la récitation et la mémoire, n'est pas inhérente dans la copie, la langue et la mémoire*, car la parole divine ne se sépare jamais d'Allah »[3].

77. Appréciation critique. Or, si Abû Al-Hasan Al-Ash'arî adopta la théorie d'Ibn Kullâb, il vit, cependant, qu'elle aboutit à affirmer que la parole de Dieu est aussi engendrée puisque l'imitation doit être du même genre que ce qui est imité, il dit que ce que nous entendons est une expression de la parole de Dieu. 'Abd Al-Jabbâr répondit aux *Kullâbites* et à Al-Ash'arî qui estimèrent que la Parole de Dieu est une idée existante par soi, en disant que ce genre de parole qu'ils affirmèrent est inconcevable, car ils parlèrent d'une parole intérieure, qui n'est pas extériorisée, comme si la parole éternelle de Dieu était celle intérieure non exprimée en sons[4]. Par ailleurs, il observa qu'Al-Ash'arî oublia par-là que l'expression doit être du même genre que ce qui est exprimé. Ce qui ne saurait être le cas pour la récitation (la forme vivante) et la parole récitée (la forme divine).

78. Solution d'Ibn Hazm, distinction théologique entre la forme divine increée et les formes créées. D'autres doctrines vont éviter toutes ces difficultés, sinon du moins les plus graves, en prônant pour la distinction classique entre la forme d'essence divine et les autres niveaux de formes superposées dans le Coran strictement imputables à l'homme pour sa communication. C'est ainsi qu'Ibn Hazm, le meilleur théologien *zâhirite*, proposa une solution intéressante qui eut le mérite de montrer que le Coran est un nom équivoque qui désigne *cinq choses* (cf. le schéma ci-dessous) :

a) la vraie parole de Dieu, d'une part ;

---

1 J. BOUMAN, *op. cit.*, p. 74.

2 J. BOUMAN, *op. cit.*, p. 38.

3 J. BOUMAN, *op. cit.*, p. 38.

4 A. BADAWI, *op. cit.*, t. I, p. 254. Un *ash'arite* comme AL-BAQILLANI précisa que le Coran est Parole de Dieu comme expression (*'ibâra*) de la Parole de Dieu. Naîtra peu à peu la théorie de la « Parole intérieure » (*kalâm al-nafs*) aux termes de laquelle la Parole increée (*ghayr makhluq*) est en Dieu Parole intérieure. Quand Dieu parle, c'est par des sons et des lettres du monde créé, par des signes créés. C'est ainsi que Dieu n'a pas « parlé » à Moïse, mais Il a seulement créé une voix qu'il lui a fait entendre.

Et d'autre part,
b) le Coran articulé par la voix humaine ;
c) le sens de ce qui est articulé par cette voix humaine ;
d) le *Mushaf* (l'ensemble de papier écrits du Coran) ;
e) ce qui est mémorisé du Coran.

Figure 2 — Récapitulation des niveaux de formes créées et incréées superposées dans le Coran selon la thèse d'Ibn Hazm

Forme d'essence divine	**Niveaux de formes superposées dans le Coran**
Chose incréée	**Choses créées**
La parole de Dieu	L'articulation du Coran par la voix humaine
	Le sens de l'articulation par la voix
	Le support matériel du Coran (le *Mushaf*)
	La mémorisation du Coran
Niveau de forme sacré fondamental imputable à Dieu	**Niveaux de formes strictement imputables à l'homme pour sa communication**

79. Transposition juridique. Selon cette thèse, les sens b), c), d) et e) sont, sans aucun doute, employés pour désigner des « *choses créées* ». Car, la voix est créée, les sens des mots sont créés, le *Mushaf* est (matériellement) créé[1], et ce qui est mémorisé est créé. Quant au sens a), il désigne la science de Dieu qui n'est pas du tout créée[2], elle est Dieu lui-même, selon cette doctrine. A vrai dire, cette distinction subtile est susceptible de produire des conséquences juridiques importantes quant à la protégeabilité de l'interprétation du Coran dans la mesure où la *forme à interpréter* en tant qu'un « bien créé », quel que soit le régime ou le statut de la parole divine, *existe bien.* C'est ainsi que la vraie parole de Dieu d'essence divine doit être *secondaire* par rapport au régime juridique de ce qui est récité.

80. Récitation du Coran, comme élément faisant partie du patrimoine du *qârî'*. Si le caractère « sacré » du Coran semble être, de prime abord, un obstacle à toutes exploitations commerciales sur ledit texte, il ne paraît pas en être un pour la contractualisation de la récitation ainsi que de la voix des récitants en tant que *valeur immatérielle* qui peut être l'objet d'actes juridiques, comme nous allons le constater. A

---

1 Ce qui pose la question de la distinction du support grossier et de la forme…

2 On ne saurait dire qu'il s'agit d'une « chose incréée », car le terme de « chose » ne convient pas à Dieu, cette notion implique le fait de sous-entendre préalablement un sens impossible pour la Science de Dieu dont la nature est incréée. Par une chose, il faut entendre juridiquement un « objet matériel considéré sous le rapport du Droit ou comme objet de droits ». Quant au bien, il s'agit de « toute chose matérielle susceptible d'appropriation » : G. CORNU (dir.), *Vocabulaire juridique*, coll. « Quadrige », 8e éd., PUF, Paris, 2007, v° « Chose » et « Bien ».

partir de ces différentes opinions et doctrines, rien ne s'opposerait à grever la récitation du Coran d'un droit voisin puisque le fait de prononcer de la bouche ce qui est contenu dans le Coran, écrit dans des livres et conservé dans la mémoire, ne saurait, cependant, nier le fait qu'il est éternel, en tant qu'il subsiste dans l'essence de Dieu. La transmission du Coran dans la mémoire des hommes ou dans les feuillets d'un livre par l'acte de récitation ou de calligraphie n'implique aucune séparation du Coran de Dieu. Ce constat a le mérite de distinguer entre l'*aliénabilité* et la *transmissibilité* de la récitation du Coran après la mort du *qâri*[1] et la subsistance du Coran même en Dieu. On peut donc concevoir, en effet, que la récitation du texte fasse partie assurément du *patrimoine* du *qâri'* et soit transmise en toute liberté comme telle à ses héritiers ou successeurs[2] étant donné que la voix du *qâri'* constitue une *chose patrimoniale* susceptible d'un commerce juridique, comme nous allons le constater dans la troisième section de ce chapitre à l'occasion de l'étude des affaires abondantes sur l'exploitation de la voix des récitants qui ont été soumises à la jurisprudence égyptienne. La récitation est donc un élément du patrimoine. Propos à nuancer, toutefois, car : « *si tous les éléments du patrimoine sont des biens, tous les biens ne sont pas nécessairement patrimoniaux* »[3].

81. Émergence de la distinction juridique entre « *biens créés* » et « *biens incréés* ». En effet, la distinction théologique entre « chose créée » et « chose incréée » qui fut proposée par Ibn Hazm est tout à fait intéressante puisqu'elle renvoie à la distinction juridique établie par Zachariae, Aubry et Rau[4] entre les « biens innés » et les « biens créés ». L'examen du contenu de la nouvelle catégorie des « *droits mixtes incorporels* » proposées par Mme Justine Lesueur[5] nous permet de constater qu'elle distingue entre les droits dits « créés » dont les objets sont des « biens créés » – droit de la personne sur la création, le signe, l'invention et les droits « innés » portant sur des « biens innés » – droit subjectif sur les informations privées, le nom, la voix, l'image. A en contempler l'harmonieuse unité, le droit de l'artiste sur l'interprétation relève bel et bien de la catégorie des « droits mixtes créés »[6].

---

1 V. Plus loin sur cette question : § n° 339 s.

2 Selon l'article 875, al. 1er du C. civ. égyptien : « *La détermination des héritiers et de leurs parts héréditaires et la dévolution des biens successoraux sont régies par les règles du Droit Musulman et les lois qui les concernent* ».

3 Th. Revet, « L'image de la personne est un bien », *RTD civ.* 2009, p. 342, note ss. Civ 1re, 11 déc. 2008, n° 07-19.494.

4 C. Aubry et C. F. Rau, *Cours de droit civil français d'après la méthode de Zachariae*, t. VI, Marchal et Billard, 4e éd., Paris, 1873, p. 241 et s., § 577 ; G. Vacher-Lapouge, *Du patrimoine en droit romain et en droit français*, thèse, Poitiers, Impr. de Marcireau & Cie, 1879, p. 16 et s.

5 V. Sur la catégorie des « droits mixtes incorporels » : J. Lesueur, *Conflits de droits. Illustrations dans le champ des propriétés incorporelles*, thèse, Paris II, 2007, PUAM (Préf. de P.-Y. Gautier), 2009, p. 37 et s., notamm. p. 49 et s. Du même auteur, « Les droits opposés dans le champ des propriétés incorporelles », *Comm. com. électr.* 2008, n° 7-8, étude 15.

6 Selon Mme Lesueur : « Au sein des "droits mixtes créés", le droit d'auteur constitue le prototype de la catégorie », « Les droits opposés dans le champ des propriétés incorporelles », art. préc., n° 9.

Figure 3 — Récapitulation des différents niveaux de formes enchaînées dans la récitation du Coran et les choses que désigne le terme Coran

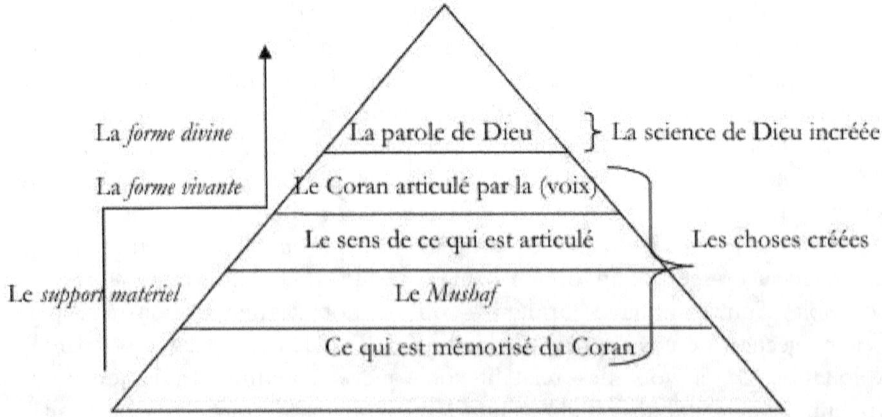

Ce schéma représente les différentes choses que désigne le terme Coran et la flèche supérieure montre la manifestation des différents niveaux de formes enchaînées dans la récitation du Coran, comme nous allons l'analyser plus loin.

82. Question en suspens. Cette distinction nous renvoie au débat primordial, voire à un cercle vicieux, qui consiste à déterminer la nature exacte du Coran au regard des catégories juridiques existantes. Faut-il consacrer un statut et un régime légal spécifique au Coran ? ou cette Parole n'échappe-t-elle pas, au contraire, aux règles propres aux modèles et aux catégories reconnus par le législateur ? Si la réponse à cette question semble insurmontable, de prime abord, rien ne saurait condamner l'analyse car le modèle juridique n'est pas caduc pour autant. Ce qui nous invite à nous interroger sur la question primordiale de la qualification juridique du statut particulier du Coran et s'il peut trouver sa place potentielle au sein des catégories juridiques préexistantes sur lesquelles reposent le droit commun et le droit d'auteur.

§ 2. Les incertitudes de la qualification juridique du statut particulier du Coran

83. Processus de l'opération intellectuelle de qualification. Toute *opération de qualification*[1] juridique suppose, en premier lieu, que l'on définisse avec précision l'*objet à qualifier*. Après avoir effectué cette phase, le juriste et/ou le juge pourra décider, le

---

[1] C. Atias, *Les biens*, 9e éd., Litec, Paris, 2007, n° 31 : « Qualifier une chose, c'est lui reconnaître une qualité, caractéristique de sa nature juridique, qui la fera classer dans une catégorie définie et déclenchera l'application d'un régime juridique particulier ». Comp. G. Cornu (dir.), *Vocabulaire juridique*, *op. cit.*, p. 747, v° « Qualification », I, qui est une : « Opération intellectuelle d'analyse juridique, outil essentiel de la pensée juridique, consistant à prendre en considération l'élément qu'il s'agit de qualifier (fait brut, acte, règle, etc.) et à le faire entrer dans une catégorie juridique préexistante (d'où résulte, par rattachement, le régime juridique qui lui est applicable) en reconnaissant en lui les caractéristiques essentielles de la catégorie de rattachement. Opération de l'esprit consistant à revêtir une donnée concrète, par nature, à la catégorie abstraite dont il possède le critères distinctifs ». V. Selon le doyen H. Batiffol : « Le travail quotidien du juriste consiste à déterminer la catégorie juridique applicable à un cas concret ; c'est qualifier le cas concret » : H. Batiffol, *Traité élémentaire de droit international privé*, 2e éd., LGDJ, 1955, p. 351, n° 298.

cas échéant, s'il s'agit d'un « bien », d'une « chose »[1] susceptible d'appropriation ou d'une « œuvre », d'une « interprétation » protégeable au regard des catégories existantes sur lesquelles reposent le droit commun et la propriété littéraire et artistique. La qualification suppose le *rattachement* et le *classement* de l'objet qui est soumis au juriste et/ou au juge, soit dans une *catégorie* connue par la loi ou bien, soit lui conféré le statut d' « œuvre de l'esprit » ou d' « interprétation » s'il s'agit d'une « *œuvre innommée* », et ce, en l'absence d'une catégorie juridique préexistante[2].

84. Œuvre estampillée comme support de l'interprétation ? A supposer qu'on puisse qualifier la récitation du Coran en tant qu'interprétation protégeable par le droit voisin de l'artiste-interprète, il reste à savoir comment peut-on ériger la récitation du Coran au rang des interprétations protégeables tandis que la doctrine dominante[3] s'accorde sur le fait que l'interprétation doive s'imputer sur une « *œuvre de l'esprit* » au sens de la loi sans pour autant distinguer la forme propre de l'interprétation (en l'occurrence, la forme vivante) dans laquelle gît l'acte créatif de l'interprète par rapport à l'œuvre[4] (la forme inerte) dans le processus de création[5] ? L'interprétation

---

1 « Toutes les choses appropriées ne sont pas des biens » : P. BERLIOZ, *La notion de bien*, LGDJ, t. 489, Paris, 2007, Préf. de L. AYNES, n° 39.

2 En raison de la présence de l'adverbe « notamment » dans l'article 140 du CPI égyptien et l'article L. 112-2 du CPI français et à condition de remplir les deux conditions d'originalité et de forme. Pour des applications jurisprudentielles : Paris, 25 janv. 2006, *Comm., com. électr.* 2006, n° 39, note C. CARON (à propos des parfums) : « L'art. L. 112-2 CPI ne dresse pas une liste exhaustive des œuvres éligibles au titre du droit d'auteur » ; CA Paris, 4e ch., 3 juill. 1975, *RIDA*, janv. 1977, n° 91, p. 108 ; *D.* 1976, somm. 19.

3 A., H.-J. LUCAS, A. LUCAS-SCHLOETTER et C. BERNAULT, *Traité de la propriété littéraire et artistique*, 5e éd., LexisNexis, Paris, 2017, p. 935, n° 1333 : « Bref, c'est bien à l'interprétation d'une œuvre que renvoie, conformément à l'acception courante, la notion d'artiste-interprète » ; M. VIVANT et J.-M. BRUGUIERE, *op. cit.*, p. 1078, n° 1222 s., « L'interprétation suppose une œuvre-source » ; C. CARON, *op. cit.*, p. 484, n° 570 ; P. TAFFOREAU, *Droit de la propriété intellectuelle*, 2e éd., Gualino éditeur, Paris, 2007, p. 356 ; *Le droit voisin de l'interprète d'œuvres musicales en droit français*, thèse, Paris II, 1994 ; P. TAFFOREAU, « La notion d'interprétation en droit de la propriété littéraire et artistique », *Propr. intell.* janv. 2006, n° 18, p. 51 ; A.-E. KAHN, *J.-Cl. Propr. litt., art.*, Fasc. 1425 : « Droits voisins du droit d'auteur. Droits des artistes-interprètes. Définition de l'artiste-interprète (CPI, art. L. 212-1) », 2019, n° 15 ; X. DAVERAT, *J.-Cl. Propr. litt., art.*, Fasc. 1410 : « Droits voisins du droit d'auteur. Nature des droits voisins », 2016, n° 10. V. également : X. DAVERAT, thèse préc., t. I.

4 V. Cependant, le professeur TAFFOREAU qui estime que : « L'interprétation est une création, elle s'incarne dans une forme et cette forme est différente de celle de l'œuvre », *in* P. TAFFOREAU, « La notion d'interprétation en droit de la propriété littéraire et artistique » : art. préc., p. 52. Selon le professeur GAUDRAT : « De ce fait, l'interprétation est, à la fois, dotée d'une forme interne propre et d'une forme externe dont la nature est différente de celle des œuvres (vivante et non inerte). En cela, elle ne peut pas être une œuvre dérivée ; elle est un type créatif qui appartient à un genre différent. Un type créatif à la fois différent et dépendant de l'œuvre. Non seulement elle s'élabore à l'occasion de la communication de la forme externe de l'œuvre, mais l'affect a besoin d'un prétexte pour être artificiellement produit : il ne peut y avoir d'interprétation sans œuvre… Faute d'avoir clairement identifié ce rapport, la doctrine traditionnelle du droit d'auteur opposa une résistance ferme et constante à la reconnaissance d'une propriété intellectuelle des interprétations : la créativité des interprétations passait, pour elle, par une intégration dans la catégorie des œuvres » : Ph. GAUDRAT, « Propriété littéraire et artistique (1° Propriété des créateurs) », *in Rép. civ. Dalloz*, sept. 2007, n° 51.

5 « Aussi difficile soit-elle, l'analyse du rapport des formes est indispensable ; à défaut, aucune construction de la propriété de l'interprète n'est possible » : Ph. GAUDRAT, « Propriété littéraire et artistique (1° Propriété des créateurs) », préc., n° 48.

ne suppose-t-elle pas l'exécution d'une *œuvre de l'esprit* ?[1] La jurisprudence considère que l'attribution de la qualité d'artiste-interprète postule la nécessité d'une *œuvre estampillée*, voire même tombée dans le domaine public, pour que l'interprétation soit protégeable. Le CPI égyptien et le CPI français l'affirment expressément[2]. En un mot, si la récitation se présente comme l' « interprétation », alors le Coran ne sera-t-il pas considéré comme l' « œuvre » en tant que support de l'interprétation ?

85. Nature insaisissable du Coran et son rattachement aux catégories juridiques. Cet état de chose nous renvoie à la question cruciale de savoir si le Coran peut être qualifié en tant qu' « œuvre », préalable indispensable, comme support de l'interprétation. Là se situe le nœud du problème. Est-ce vraiment une *œuvre* (forme, substance) au sens du terme ? voire même pouvant être qualifié de « chose » ou de « bien »[3] au sens du Code civil ? C'est la question clé, voire la première, à laquelle tout juriste doit tenter de répondre. Or, la réponse s'avère d'autant plus délicate après avoir constaté que la doctrine orthodoxe du « Coran increé » remit en cause l'idée que le Coran puisse être qualifié comme étant une « œuvre » ou une « chose » et, corollairement, le dogme de l'*inimitabilité* (*i'jâz*) du Coran[4] semble condamner toute approche *littéraire*[5], *artistique*[6], *historique*[7] et *linguistique*[8] du texte sacré, d'où les difficultés qui peuvent être rencontrées et les incertitudes qui peuvent subsister quant à sa qualification et à l'attribution d'un statut juridique. Dans la mesure où la récitation du Coran se présente comme une *science*, voire même comme un *art*[9], une seule démarche

---

1 V. A.-E. KAHN, *J.-Cl. Propr. litt., art.*, Fasc. 1425, n° 15 s. ; X. DAVERAT, *J.-Cl. Propr. litt., art.*, Fasc. 1410, préc., n° 10.

2 L'article 138, n° 12 du CPI égyptien définit l'artiste-interprète (*fanan el adaa'*) comme : « La personne qui représente, chante, récite, déclame, ou danse dans des œuvres littéraires ou artistiques protégées conformément aux dispositions de la présente loi ou tombées dans le domaine public [...] ». D'ailleurs, l'article L. 212-1 du CPI français précise que : « l'artiste-interprète est la personne qui représente [...] de toute autre manière une œuvre de l'esprit ».

3 Il convient de remarquer que selon la formule classique toutes les choses ne sont pas des biens. « Aussi *tous les biens sont-ils des choses, quoique toutes les choses ne soient pas des biens* » : Ch. DEMOLOMBE, *Cours de Code Napoléon, t. IX, Traité de la distinction des biens ; de la propriété ; de l'usufruit, de l'usage et de l'habitation*, Auguste Durand et L. Hachette et Cie, 2e éd, Paris, 1861, p. 6, n° 9. Par ailleurs, le doyen CARBONNIER précisait dans le même sens que : « Toutes les choses ne sont pas des biens. C'est qu'il faut une possibilité d'appropriation pour faire d'une chose un bien. Or, il est des choses qui, par leur nature, répugnent à toute appropriation. Ce sont les choses communes (*res communes*)... » : J. CARBONNIER, *Droit civil, Les biens*, coll. « Thémis Droit privé », 19e éd., t. 3, PUF, Paris, 2000, p. 48, n° 45 ; F. ZENATI-CASTAING et T. REVET, *Les biens*, coll. « Droit fondamental », 3e éd., PUF, Paris, 2008, n° 13, p. 49.

4 V. Plus loin sur cette question : § n° 798 s.

5 V. Sur cette question : § n° 144 s.

6 V. Sur cette question : § n° 156 s.

7 V. § n° 146 s.

8 V. § n° 143 s.

9 On rappellera qu'un auteur (Abd Allah Tawfiq AL-SABBAGH) avait publié en 1960 en Syrie (Hama) un ouvrage qui portait le titre révélateur de *Fann al-tartîl* (*L'art de la psalmodie*) qu'il a substitué à l'expression classique *'ilm al-tajwîd* (*Science de la psalmodie*), Matba'at Ufsit, 1960, réédition augmentée Dar al-Qalam, Dubaï, 1993. Il en va de même pour l'ouvrage de 'Izzat 'Ubayd AL-DA'AS portant le titre de *Fann al-tajwîd* (*L'art de la psalmodie*) publié à Alep en 1964 ainsi que pour l'ouvrage de K. NELSON, *The Art of Reciting the Qur'an*, University of Texas, Austin, 1985. Rappr. l'ouvrage de 'Atiyyāt

juridique ne saurait, bien entendu, satisfaire à un tel constat… celui de résoudre le conflit. C'est dans cet esprit qu'il faudra examiner l'approche littéraire et linguistique[1] du Coran étroitement liée au caractère inimitable de celui-ci.

86. Plan. Après avoir recensé les différentes catégories juridiques auxquelles les « livres religieux » *lato sensu* (A) sont susceptibles d'appartenir, il convient, ensuite, de s'interroger sur la pertinence et la cohérence, voire le bien-fondé, des *catégories juridiques* sur lesquelles reposent le droit commun et la propriété littéraire et artistique auxquelles il est possible de rattacher et de classifier éventuellement la récitation du Coran *stricto sensu* (B) afin d'explorer toutes les pistes de réflexion.

A. La classification des livres religieux *lato sensu*

87. Catégorisation des livres religieux. Etant donné que la récitation du Coran porte sur un livre qualifié de « *sacré* » qui est difficile à définir et à délimiter les contours, voire à *catégoriser*, il est dès lors indispensable, afin de bien mesurer le débat, de procéder à une classification des *livres religieux* d'une manière générale ayant une valeur particulière par rapport à leur *source*, leur *matière* et leur *destination*. En effet, il existe maints « livres religieux »[2] désignés sous diverses dénominations qui ont fait l'objet de problématiques analogues, à différentes époques, sur le terrain du droit d'auteur et du *copyright* dont le fil conducteur est quasiment le même au regard du droit positif et de la jurisprudence en droit comparé. Il en est ainsi particulièrement des *livres*

'Abd al-Khāliq Khalil et Nāhid Ahmad Hafiz intitulé : *Fann tarbiyat al-sawt wa-'ilm al-tajwîd* (*Art de l'éducation de la voix et science de la psalmodie*) publié au Caire en 1983. V. Ch. Poche, « De l'homme parfait à l'expressivité musicale. Courants esthétiques arabes au XXe siècle », *Cahiers d'ethnomusicologie*, 1994/7, Dossier « esthétiques », p. 61, n° 15.

1 V. Plus loin : § n° 144 s.

2 En Algérie, la loi n° 15-13 du 15 juillet 2015 relative aux activités et au marché du livre définit à son article 3 ce qu'il faut entendre par livre religieux : « ouvrage qui traite des religions, des croyances et de la pratique des cultes religieux ».

canoniques, des *livres sacrés*, voire des *livres saints*[1], des *livres liturgiques*, des *livres d'église*[2], d'*offices*, d'*heures*, de *prières*, etc[3].

88. Plan. Nous nous contenterons ici d'exposer la problématique relative aux textes *canoniques* (1) ainsi que celle relative aux « *Livres saints ou sacrés* » (2) à partir d'exemples jurisprudentiels concrets et du droit positif pour, enfin, s'interroger sur l'émergence d'une nouvelle catégorie juridique consacrée aux Livres dits « *célestes* » (3) et la place potentielle que peut occuper le Coran au sein de cette dernière catégorie.

1. Les textes canoniques

89. Affaire du « *Corpus Iuris Canonici* »[4]. Qu'entend-on par les livres *canoniques*, *protocanoniques* et *deutérocanoniques* ? Il s'agit de « ceux que l'Église a, reconnus, comme divinement inspirés[5] ; ceux qu'elle a admis plus tard dans le canon ou

---

1 Les livres saints ne revendiquent pas d'être la « Parole de Dieu ». Les évangiles sont des récits écrits par des hommes.

2 V. Plus loin : § n° 674 s. Sous le mot générique de « Livres d'église », il faut entendre : « les Mandements, les Catéchismes, les Instructions diocésaines des évêques et Instructions des curés, les Heures, les Missels, les Bréviaires, les Prières ; en un mot, tous les livres qui émanent des évêques, ou qui, par la loi, sont, avant leur impression ou leur réimpression, soumis à l'approbation des prélats » : J. BORIES et F. BONASSIES, *Dictionnaire pratique et code complet de la presse*, t. I, J. Foix (Auch), 1846, p. 556. « Par rapport à leur destination, on appelle livres d'église ou eucologes, livres d'offices, livres d'heures, paroissiens, missels ou livres de messe, ceux qui contiennent les différents offices de l'Église ; livres de chœur ou de lutrin ceux qui servent pour chanter les psaumes, les hymnes, etc » : P. DUPONT, *Histoire de l'imprimerie*, t. 2, Paris, 1854, p. 111. Selon le dictionnaire *Le Robert*, les *Missels* sont un : « Livre liturgique qui contient les prières et les lectures nécessaires à la célébration de la messe pour l'année entière, avec l'indication des rites et des cérémonies qui les accompagnent ». Quant aux *Bréviaires*, c'est un : « Livre de l'office divin, renfermant les formules de prières par lesquelles l'église loue Dieu chaque jour et à toute heure ». RENOUARD s'interrogea, à cet égard, sur la question de savoir qu'est-ce que le bréviaire ? « Est-ce pour l'évêque un travail qui demeure en ses mains après l'accomplissement de l'obligation que lui imposait son auguste ministère, comme un mandement après qu'il est publié, un sermon quand il est prêché, un catéchisme quand il supplée, prépare ou rappelle une instruction orale ? Un bréviaire est toute autre chose ; c'est la règle, la loi de la prière : c'est le texte officiel dont la lecture quotidienne est prescrite à tous les ecclésiastiques sous des peines canoniques. Il est canoniquement impossible, qu'un diocèse reste sans bréviaire, … soit qu'un évêque approuve les bréviaires anciens tacitement ou expressément, soit que reléguant l'ancien bréviaire parmi les lois abrogées, il en promulgue un nouveau, dans tous les cas, la désignation d'un bréviaire est l'accomplissement d'une stricte obligation du ministère de l'évêque et comme le prêtre est obligé de le lire, l'évêque est tenu de lui fournir un texte de lecture » : A.-Ch. RENOUARD, *Traité des droits d'auteur, dans la littérature, les sciences et les beaux-arts*, t. II, J. Renouard & Cie, Paris, 1839, p. 161-162. V. D. SARTORE et A. M. TRIACCA (dir.), *Dictionnaire encyclopédique de la Liturgie*, Adaptation française par H. DELHOUGNE (éd.), Vol. I (A-L.) et II (M-Z.), Berpols, Belgique, 1992 et 2002.

3 Nous allons traiter la question relative aux livres d'église, d'offices, d'heures dans la première section du second chapitre du Titre II.

4 V. Pour une analyse détaillée de cette affaire : la belle thèse de L. PFISTER, *L'auteur, propriétaire de son œuvre ? La formation du droit d'auteur du XVIe siècle à la loi de 1957*, t. I, thèse, Strasbourg III, 1999, p. 134 et s. V. Aussi : QUANTIN, J.-L. « Les institutions de censure religieuse en France (XVIe-XVIIe siècles) », *in* G. FRAGNITO et A. TALLON (éd.), *Hétérodoxies croisées. Catholicismes pluriels entre France et Italie, XVIe-XVIIe siècles*, Publications de l'École française de Rome, Rome, 2015, n° 5.

5 « LOISY a connu les mêmes ennuis que RENAN en ce qui concerne les rapports entre la critique biblique et la notion théologique d'inspiration. […] Comme RENAN, LOISY, parce qu'il découvre que les Livres canoniques sont des livres humains, en déduit qu'ils ne peuvent être inspirés. Pour être inspirés, et divins, il eût fallu, à ses yeux, semble-t-il, qu'ils eussent été des livres inhumains, étrangers …

catalogue des livres sacrés se nomment deutérocanoniques »[1]. L'affaire intéressante du *Corpus Iuris Canonici* illustre bel et bien la problématique théologique de la dissociation entre la *forme* et le *support* dans la qualification juridique des textes canoniques. Elle portait, en l'occurrence, sur l'impression du *Corpus Iuris Canonici* qui fut imprimé à Rome en 1582, réformé de l'autorité du Saint père le Pape Grégoire XIIII qui fit l'objet d'un privilège de Grégoire XIII valable pour dix ans tant dans les États de l'Église qu'au dehors[2]. Le pouvoir pontifical confia la réimpression officielle française de cet ouvrage à un libraire lyonnais, Guillaume Rouillé. Or, l'Université de Paris s'opposa à l'octroi d'un tel privilège qui entrava la liberté commune de reproduire le texte canonique, et s'adressa, ensuite, au Conseil du roi pour que l'ouvrage pût être librement imprimé par ses libraires[3].

90. Proposition de *qualification* et de *catégorisation* du texte canonique. L'intérêt majeur de ce litige qui revêt un *enjeu religieux* réside dans l'argument juridique

---

à la condition humaine, de composition non-humaine. C'est le même présupposé monophysite qui commande, ici, comme chez RENAN, le raisonnement. Dans un livre plus tardif, qui date de 1936, LOISY écrit de même : "L'idée de livres tout divins, qui seraient écrits dans les langues de l'humanité, dans les idiomes de tels peuples et tels temps donnés… est une notion inconsistante et qui implique une contradiction. La profession des auteurs écrivains n'est pas fort ancienne dans l'histoire de notre race… L'on n'a pu imaginer rien de plus indiscret, pour ne pas dire de plus réellement impie, que de ranger Dieu dans cette estimable catégorie, devrait-on lui adjoindre, comme on ne saurait s'en dispenser, des auxiliaires pour la rédaction et la publication de ses œuvres. Les théologiens s'ingénient à nous démontrer comment Dieu peut être, en toute vérité, l'auteur de livres qu'il n'a pas ostensiblement écrits ni dictés mot à mot". L'idée, toujours la même, qui commande le raisonnement, est celle-ci : Si les livres bibliques avaient Dieu pour auteur, alors l'homme, le prophète inspiré, n'y serait pour rien. Il ne serait qu'un secrétaire qui reçoit passivement une dictée, que Dieu lui communique mot à mot. Si Dieu est auteur, alors l'homme est purement passif. S'il y avait une Cause première, alors il n'y aurait pas de cause seconde. Le présupposé qui sous-tend le raisonnement porte sur la théorie de la causalité : il ne peut pas y avoir en même temps deux causalités opérantes. Puisque nous découvrons les causalités humaines, c'est qu'il n'y a pas de causalité divine. Car s'il y avait une causalité divine, il n'y aurait pas de causalité humaine. Ou bien Dieu, ou bien l'homme, mais non les deux à la fois. L'occasionalisme du P. MALEBRANCHE professait que les causes humaines sont inefficaces. C'est Dieu seul qui opère. Au contraire, Thomas D'AQUIN, au XIIIe siècle, avait montré que la gloire de la Cause première, c'est de susciter, de créer des causes humaines consistantes et efficaces en leur ordre, coopératrices, et non passives. LOISY conclut : "Somme toute, l'idée de Dieu auteur de livre est mythique, s'il en fut jamais de telle, et de mythologie magique. Un livre humainement rédigé, qui serait rempli de lumière divine, est aussi inconcevable qu'un cercle carré. Ceux qu'on nous présente comme tout divins ne renferment pas, et tant s'en faut, que des vérités…" » : C. TRESMONTANT, *op. cit.*, p. 44 à 46.

1 P. DUPONT, *op. cit.*, p. 109-110.

2 « Dans la mesure où les textes religieux en général et canoniques en particulier représentent à cette époque la part du marché du livre la plus importante et la plus sûre même en période de crise, les privilèges exclusifs de ces textes sont particulièrement prisés puisqu'ils assurent à leurs bénéficiaires des gains » : L. PFISTER, thèse préc., t. I, p. 135. Il convient de remarquer qu'en Allemagne, le plus ancien privilège date de 1490. Il fut accordé par l'évêque Henri, de Bamberg, pour un missel de son église, rapporté par V. Dr PAPPAFAVA, *De la Consécration par les lois positives du droit de propriété littéraire*, Baratier et Dardelet, Grenoble, 1885, p. 6.

3 V. Un autre arrêt rendu par le Parlement de Paris annulant pour une raison identique un privilège relatif à l'impression de la *Somme théologique* de SAINT THOMAS (*Cf.* L. BOUCHEL, *Recueil des statuts et règlements des marchands libraires, imprimeurs et Relieurs de la ville de Paris*, Paris, 1620, B.N., Ms. Fr. 22061, n° 75, f° 292), cité par L. PFISTER, thèse préc., t. I, p. 134, note 117.

mis en avant par l'avocat Simon Marion[1] pour consacrer victorieusement l'impression libre en France du *Corpus Iuris Canonici*, qui, en raison de sa *double nature*, ne pouvait plus être l'objet d'un privilège. Pour étayer son argument, Marion tenta de qualifier le texte canonique au regard des catégories juridiques pour en déduire le régime applicable. Il conclut que cet ouvrage ne pouvait faire l'objet de commerce juridique dans la mesure où il revêtait un *caractère sacré* et relevait de la catégorie des choses qui sont « *confusément divines et humaines* ». Cette distinction n'est pas sans rappeler la classification romaine des choses qui opposa les « *choses divines* » qui appartiennent à Dieu aux « *choses humaines* », comme nous allons le voir[2].

91. Distinction entre la double nature *temporelle* et *spirituelle* de l'ouvrage. Marion distingua ainsi entre deux aspects du livre litigieux, à savoir le « *livre papier* » considéré comme papier écrit et le « *livre esprit* » considéré comme pensée écrite. Selon une autre formulation employée, la « chose temporelle » et la « chose spirituelle »[3]. Dans sa plaidoirie, Marion s'attarda à mettre en évidence la double nature de l'ouvrage pour convaincre le Conseil du roi : « entant qu'il est corporel, chacun Prince souverain dans le destroict de son domaine temporel y peut mettre police : et entant qu'il est spirituel, l'authorité Apostolique y est universelle, mais gratuitement »[4]. C'est ainsi qu' : « [...] *il y a des livres tellement composez, que si on les estime comme un papier éscrit, c'est chose temporelle qui peut être vendue en toute liberté : mais si on les regarde comme estant l'Ecriture sainte et sacrée, c'est chose spirituelle, qui ne peut admettre ni troque, ni prix* »[5]. Et le droit Canon relevait de cette espèce, c'est-à-dire des livres qui n'étaient pas « purs profanes » mais « composez » à la fois de *corporel* et de *spirituel*.

92. Dans le même ordre d'idées, M. de Lamartine, qui avait été nommé président de la commission chargée de l'examen du projet de loi sur la propriété littéraire, s'est exprimé ainsi dans un rapport présenté devant la chambre des Députés en date du 13 mars 1841 :

> « *Dans un livre il y a deux choses : l'idée et le procédé matériel. L'idée vient de Dieu, sert les hommes, et retourne à Dieu*, en laissant un sillon lumineux sur le front de celui où le génie est descendu, et sur le nom de ses fils. Voilà son seul prix, et quelquefois le martyre avant la gloire, ce qui la rend plus sainte et plus éclatante encore. *Nous ne parlons, devant la loi, que du livre, procédé matériel : celui-là est un capital. S'il doit appartenir à quelqu'un, que ce soit à celui qui l'a créé* »[6].

Comme l'a relevé bel et bien le professeur Laurent Pfister dans son analyse :

> « *Pour illustrer son raisonnement, l'avocat compare le livre à un "calice en tant qu'il est métal". Ainsi envisagé, le livre, comme le calice sont des choses temporelles relevant du droit humain. Par son caractère matériel et temporel, le livre*

1 *Plaidoyez de M. Simon Marion*, Bibliothèque nationale de France, Manus. Fr. 22071, n° 28, f° 62.

2 V. Plus loin : n° 123 s.

3 L. PFISTER, "Author and Work in the French Print Privileges System: Some Milestones", *in* R. DEAZLEY, M. KRETSCHMER and L. BENTLY (dir.), *Privilege and Property: Essays on the History of Copyright*, Open Book Publishers, Cambridge, 2010, p. 124.

4 Nous avons conservé le texte tel qu'il est écrit en ancien français.

5 T. FROMENT, *Essai sur l'histoire de l'éloquence judiciaire en France avant le dix-septième siècle*, E. Thorin, Paris, 1874, p. 247 et s.

6 A. DE LAMARTINE, *La France parlementaire (1834-1851) : œuvres oratoires et écrits politiques*, t. III, A. Lacroix, Verboeckhoven et Cie, éditeurs, Paris, 1865, p. 71. V. Lettre de M. DE LAMARTINE à M. E. DE GIRARDIN (févr. 1941). « Dans un livre il y a deux choses : l'idée et le livre qui la traduit. L'idée vient de Dieu, sert les hommes et retourne à Dieu. Le livre, devenu par l'impression objet de commerce, tombe seul dans la circulation commerciale » : Th. FROMENT, *Essai sur l'histoire de l'éloquence judiciaire en France avant le dix-septième siècle*, thèse, Paris, E. Thorin, Paris, 1874, p. 249.

constitue une chose patrimoniale, susceptible d'un commerce juridique, et peut être "vendu en toute liberté". Mais, le livre n'est pas seulement matière, il est aussi esprit. En effet, l'avocat considère que le contenu intellectuel de l'ouvrage est d'une nature différente du support et soumis par conséquent à un autre régime juridique. De même qu'un calice n'est plus uniquement un objet métallique dès lors qu'il est consacré, de même un livre consacré au droit canon n'est plus uniquement du "papier escrit" : analysé comme "estant l'Ecriture saincte et sacrée", la doctrine canonique est sacralisée et entre dans la catégorie des choses spirituelles. De cette qualification juridique est déduit le régime juridique applicable au texte canonique : il est exclu de tout commerce juridique. [...] Au fond, le résultat de ce raisonnement peut être interprété comme un prolongement du principe médiéval selon lequel le savoir et *a fortiori* tout ce qui a trait à la parole divine est don de Dieu et, en tant que tel, ne peut être vendu »[1].

93. En guise de conclusion : la prohibition du privilège sur le texte canonique. A partir de cette distinction, la question se posa de savoir quel statut juridique fallait-il reconnaître à cet ouvrage ? Etant donné qu'il s'agissait d'un ouvrage ayant un caractère sacré, c'était une *chose spirituelle*, qui ne put guère faire l'objet d'un *monopole*, voire d'un privilège pontifical et de tirer un profit du texte sacré lui-même[2]. C'est dans cet esprit que Marion distingua entre l'autorité spirituelle extraterritoriale du Pape et son autorité temporelle confinée aux terres papales[3]. Si le texte fut « d'autorité pure ecclésiastique », il n'en resta pas moins que « l'Église ne se peut arroger sous ce prétexte aucun privilège en ce qui concerne l'impression du livre, parce qu'elle est de droit purement temporel, et du tout soumis à la police des Princes chacun en son destroit, sans que pour ce regard le Pape non plus que l'un des autres, puisse excéder les fins de sa domination profane et civile ».

« D'autant que la doctrine des choses divines est d'authorité pure ecclesiastique, qui estend ses effects universellement par toute la terre : mais si gratuitement, que l'Église, souz ce pretexte, ne se peult arroger aucun privilege en ce qui concerne l'impression du livre ; par ce qu'elle est de droict purement temporel, et du tout soubzmis à la police des Princes seculiers chascun en son detroit, sans que pour ce regard le Pape, non plus que l'un des autres, puisse exceder les fins de sa domination profane et civile »[4].

94. La plaidoirie de l'avocat de l'Université de Paris ne fut pas en vain puisqu'un arrêt du Conseil du roi du 14 mars 1583 jugea qu'un recueil de droit canon pouvait être réimprimé par tous les libraires de l'Université. En somme, la présente affaire nous montre que lorsqu'il y a une part de *divin* dans l'œuvre, il ne devrait pas être reconnu de *privilège* dessus !

2. Les livres saints ou sacrés : l'exemple de la Bible

95. Dieu en tant que titulaire *ab initio* du *copyright* sur la Bible. *Quid* de la place de la Bible au sein des catégories juridiques préexistantes ? Fallait-il compter la Bible au nombre des choses, *objets sacrés* qui, par nature et destination, échappe à toute appropriation dans le domaine intellectuel au travers du droit de propriété ? L'examen des arguments de la doctrine théologique qui ont été mis en avant afin de justifier

---

1 L. PFISTER, thèse préc., t. I, p. 138.

2 « D'autant que les choses qui font confusément divine et humaines tombent en commerce licite entre les hommes, eu ésgard seulement à ce qu'elles ont de matériel. Comme on peut dans ossense contracter d'un Calice entant qu'il est métal, mais non entant qu'il est consacré. De sorte que s'il s'en trouvait deux pareils en matière, en poids, et en ouvrage, l'un desquels soit commun, et l'autre consacré, et qu'à cause de la consécration on le vouloit vendre d'avantage, ce seroit simonie ». Nous avons conservé le texte tel qu'il est écrit en ancien français.

3 J. C. GINSBURG, "Proto-Property in Literary and Artistic Works: Sixteenth-Century Papal Printing Privileges", *in* I. ALEXANDER and H. T. GÓMEZ-AROSTEGUI (éd.), *Research Handbook on the History of Copyright Law*, Edward Elgar, UK et USA, 2016, p. 258.

4 *Plaidoyez de M. Simon Marion*, *op. cit.*, p. 4-5.

pleinement l'exclusion de la Bible du champ des catégories d'œuvres protégées par le *copyright*[1], comme le relèvent certains auteurs, consistait dans le fait que Dieu est le seul

[1] La *propriété littéraire et artistique* (droit d'auteur) est radicalement différente du *copyright* mais, pour les raisons de nos développements consacrés aux « livres saints ou sacrés », nous avons introduit de développements sur le régime du *copyright* qui existait à l'époque sur la Bible parce que des mesures spéciales relatives à la Bible furent édictées par certaines législations en la matière du XIXe siècle.

apte à être titulaire[1] du *copyright* sur la Bible étant donné qu'il s'agit de la parole de Dieu[2] :

---

1 En ce qui concerne les problèmes d'auteur, LOISY écrivit : « On ne peut déduire... du caractère divin de la Bible, que l'attribution particulière de tel livre à tel auteur soit objet de foi... Les questions d'origine et de composition restent donc, même pour les livres saints, des questions d'histoire littéraire, qui relèvent directement du témoignage historique et de l'examen critique » : A. LOISY, *Études bibliques*, A. Picard et fils, Paris, 1901, p. 17. S'il ne fait aucun doute que Dieu demeure le seul et unique auteur du Livre Révélé, il n'en reste pas moins qu'un auteur Fazlur RAHMAN (1919-1991) fut exilé définitivement du Pakistan après avoir attribué au Prophète la qualité de co-auteur du Coran, c'est-à-dire comme étant collaborateur avec Dieu dans la composition du Coran. Dans cet esprit, la Parole divine d'après lui, prend une certaine *forme humaine* en traversant les couches profondes de la personnalité du Prophète (V. Sur cette question : J.-M. GAUDEUL, « Vers une nouvelle exégèse coranique ? », *Transversalités* (revue de l'Institut catholique de Paris), juill.-sept. 2000, n° 75, p. 28 et s.). Selon les propos de cet auteur pakistanais : « Pendant le IIe et le IIIe siècles de l'ère islamique, cependant, de violentes différences d'opinion, des controverses, en partie causées par l'influence des doctrines chrétiennes, s'élevèrent parmi les Musulmans au sujet de la nature de la Révélation. L'"orthodoxie" islamique émergente qui en était au point crucial de formuler son contenu précis, mit alors l'accent sur l'origine externe de la Révélation Prophétique afin d'en sauvegarder son "Altérité", son "Objectivité" et son caractère verbal. Le Coran lui-même maintenait certainement son altérité vis-à-vis du Prophète. Il déclare en effet : L'Esprit fidèle l'a fait descendre sur ton cœur pour que tu sois au nombre des avertisseurs (Cor. 26,194), et encore : Dis : Qui est l'ennemi de Gabriel (qu'il le soit), car c'est lui qui a fait descendre sur ton cœur... le Livre (Cor. 2,97). Mais il manquait à l'orthodoxie (en fait, à toute la pensée médiévale) d'avoir les instruments intellectuels nécessaires pour allier, dans sa formulation du dogme, l'Altérité et le caractère verbal de la Révélation d'une part, et, d'autre part, son lien intime avec l'œuvre et la personnalité religieuse du Prophète, c'est-à-dire qu'il lui manquait la capacité intellectuelle de dire, à la fois, que le Coran est entièrement la Parole de Dieu et aussi, dans un sens ordinaire, la parole de Mohammed. Le Coran affirme clairement les deux idées, car s'il insiste sur le fait qu'il est descendu sur le "cœur" du Prophète, comment peut-il lui être extérieur ? Ceci, bien sûr, n'implique pas nécessairement que le Prophète ne percevait pas un personnage extérieur, comme la tradition le dit, mais il est remarquable que le Coran lui-même ne fait aucune mention d'un personnage dans ce contexte: ce n'est qu'en lien avec certaines expériences (habituellement liées à l'Ascension du Prophète), que le Coran parle du prophète comme de quelqu'un ayant vu un personnage ou un esprit ou quelque autre objet "à la lointaine limite" ou "à l'horizon" bien qu'ici encore, comme nous l'avons dit, l'expérience soit décrite comme étant d'ordre spirituel. Mais l'orthodoxie, par les hadîth ou les "traditions" transmises du Prophète, en partie interprétées correctement, et en partie inventées, ainsi que par une discipline théologique largement basée sur le hadîth, fit de la Révélation prophétique un phénomène ne frappant que son oreille, uniquement extérieur à lui, considérant l'ange ou "l'esprit qui vient sur le cœur" comme un agent totalement externe. L'image que l'Occident moderne garde de la Révélation prophétique se base largement sur cette formulation orthodoxe plutôt que sur le Coran, d'ailleurs la foi du Musulman ordinaire fait de même. Lorsque la perception intuitive de la morale chez Mohammed atteint son plus haut point et s'identifie avec la morale elle-même, la Parole est donnée avec l'inspiration elle-même. Le Coran est donc la pure Parole divine, mais évidemment, il est également relié intimement à la personnalité interne du Prophète Mohammed, dont la relation au Coran ne peut être conçue mécaniquement comme un disque enregistré. La Parole divine passe par le cœur du Prophète » : F. RAHMAN, *Islam*, Doubleday Anchor Book, New York, 1968, p. 25-28.

2 S'agissant de la nature de la Bible, certains auteurs mettent l'accent sur le fait que : « La Bible est un livre humain, plus exactement un recueil de documents humains qui portent la marque des époques diverses où il a été composé, dans lequel il est possible de déceler des couches successives et superposées, qui n'a aucune prétention à nous communiquer une connaissance historique ou scientifique sans défaut. Les genres littéraires y sont nombreux et aucun concordisme n'est possible. Mais ce qui fait la signification et la valeur théologique de ce recueil composite, c'est l'intention qui

.../

"We conceive the Bible to be in actuality the very Word of God. The divine Author prompted the original thought in the mind of the writers; He then guided their choice of words to express such thoughts... Thus, both thought and language are revelatory and inspired"[1].

96. Mesures spéciales édictées relatives à la Bible. L'examen des législations sur le droit d'auteur et le *copyright*, au début du XIXe siècle, nous permet de constater qu'il exista à l'époque deux tendances législatives opposées s'agissant de la protégeabilité de la Bible, voire des Saintes Ecritures, comme objets possibles du *droit de propriété* et/ou d'un *monopole légal*. Si la législation du royaume des Pays-Bas l'objecta, la législation anglaise l'admit en revanche.

97. Législation du royaume des Pays-Bas. Lorsque la Hollande fut réunie à l'Empire français en 1810, elle se trouva soumise aux dispositions de la législation française. Or, le 24 janvier 1814, les lois et décrets de France sur l'imprimerie, la librairie et les journaux furent abolis pour la Hollande[2]. Deux arrêtés de Guillaume d'Orange-Nassau, prince souverain des Provinces-Unies des Pays-Bas, virent le jour, le premier, fut rendu pour lesdites provinces, en date du 24 janvier 1814, tandis que le second, n'a été rendu que pour la Belgique après sa réunion à la Hollande, daté du

---

affleure, avec plus ou moins de clarté dans ces documents. Ceux-ci veulent être un témoignage rendu à l'action de Dieu s'exerçant dans l'histoire des hommes » : R. MEHL, *La théologie protestante*, coll. « Que sais-je ? », 4e éd., PUF, Paris, 1997, p. 14. « En novembre 1892, LOISY écrit dans sa leçon d'ouverture du cours d'Écriture sainte à la Faculté de théologie catholique de Paris : "Si la Bible est véritablement un livre divin, elle est aussi, et dans toute la force du terme, un livre humain. La pensée divine s'est humanisée dans l'esprit des auteurs sacrés ; elle s'est pour ainsi dire incarnée dans les Livres saints ; elle est devenue analysable. La composition des Écritures et leur conservation se sont accomplies sous une direction particulière de la Providence ; mais ce sont des faits historiques susceptibles d'être examinés. De ce chef, en tant que livre humain dans sa forme, ayant son origine et son histoire dans l'humanité, la Bible, par cela même qu'elle participe à la condition générale de tous les livres, et particulièrement des livres anciens, peut devenir l'objet de la critique" » : A. LOISY, *op. cit.*, p. 11. V. Aussi du même auteur : *Choses passées*, E. Nourry, Paris, 1913 et *Les Origines du Nouveau Testament*, E. Nourry, Paris, 1936.

1 Cité par R. SYN, "Copyright God: Enforcement of Copyright in the Bible and Religious Works", *Regent University Law Review* (Regent U. L. Rev.), Vol. 14/1, 2001-2002, p. 23. Cet argument n'est pas sans évoquer la théorie de MM. DE LAMARTINE, LABOULAYE, J. SIMON, F. PASSY et *tutti quanti* selon laquelle l'Évangile serait « la propriété de Jésus-Christ, l'Église son héritière, les apôtres et leurs successeurs auraient eu le privilège, à perpétuité, de la vente des sermons sur la montagne, des paraboles, en un mot, de tous les dits et gestes du Christ, et tout chrétien, pour lire le Nouveau Testament, aurait dû, jusqu'à la fin des siècles, payer une prime » : P.-J. PROUDHON, *Les majorats littéraires, examen d'un projet de loi ayant pour but de créer au profit des auteurs, inventeurs, et artistes un monopole perpétuel* (*Œuvres complètes* de P.-J. PROUDHON), t. XVI, Librairie Internationale, A. Lacroix, Verboeckhoven & Cie, Paris, 1868, p. 59. Il n'en reste pas moins que les hommes peuvent revendiquer un *copyright* sur la Bible dès lors qu'on accepte la doctrine selon laquelle Dieu inspirait simplement les idées mais Il laissa aux auteurs humains de choisir les mots. Il en va de même lorsqu'il est question de traduction : "*Bible copyright, nevertheless, might belong to humans, if one instead accepts a second school of thought in which God merely inspired the ideas but left the human writers to choose the words. Similarly, unlike the inspired Hebrew, Greek, and Aramaic ancient biblical texts, there is no suggestion that the translators' selection of English words is inspired. Hence, this reasoning may justify claiming property in a Bible translation on the grounds that it is different from claiming ownership of the Bible itself*": R. SYN, art. préc., p. 24. Quant au Coran : « qu'il ne soit pas la création des *Shouyoukh*, ni celle du Prophète, n'empêche qu'il ait un Créateur : Le Créateur ! Il a bien un auteur. Cet Auteur, qui n'est autre que l'Auteur du Monde ; ce qui confère un statut juridique particulier au Coran » : Correspondance avec Ph. GAUDRAT, propos recueillis par Y. OMAR AMINE.

2 A.-Ch. RENOUARD, *op. cit.*, t. I, 1938, p. 247.

23 septembre de la même année[1]. Ce dernier y abrogea toutes les lois émanées du gouvernement français sur l'imprimerie et la librairie, et régla l'imprimerie et les droits de propriété littéraire en Belgique.

98. Annihilation du droit de propriété sur le texte de la Bible. Après avoir accordé aux auteurs la propriété ou le droit exclusif de copie[2] pour leurs productions, l'article 10 de l'arrêté du 24 janvier 1814 prévit que : « *Sont exceptés du droit de propriété les auteurs classiques grecs et romains, en ce qui concerne le texte, les Bibles, les livres de psaumes, d'église et d'école, dont personne ne possède le droit de copie, ainsi que tous les calendriers et almanachs ordinaires* ». Quant aux termes des dispositions de l'article 13 de l'arrêté du 23 septembre 1814[3], aucun *droit de propriété* ne put être reconnu pour la *Bible*[4], voire pour tous les ouvrages sur lesquels aucun habitant de ce gouvernement ne put réclamer un droit de propriété, soit parce qu'ils furent de toutes les nations, soit parce que le terme fixé en l'article 5 consacré à la durée de la propriété littéraire s'écoula. La présente exception ne porta que sur le texte de la Bible lui-même, ce qui n'empêcha pas que le droit de propriété puisse toujours s'exercer sur les *notes* ou *augmentations* que l'éditeur pourrait ajouter[5]. Dans le prolongement de cet arrêté, la loi du 25 janvier 1817 établissant les droits qui peuvent être exercés dans les Pays-Bas relative à l'impression et à la publication d'ouvrages littéraires et de productions des arts (Loi sur le droit de copie)[6], qui était commune à tout le royaume des Pays-Bas, exclut expressément du bénéfice de la protection légale les éditions des bibles, anciens ou nouveaux testaments, les catéchismes, les livres de prières, etc., dans son article 5 aux termes duquel :

> « Dans les dispositions des articles précédents, *ne sont pas comprises les éditions complètes ou partielles des œuvres des auteurs classiques de l'antiquité, du moins pour ce qui en concerne le texte, non plus que les éditions des bibles, anciens ou nouveaux testaments, catéchismes, psautiers, livres de prières, livres scolastiques, et généralement de tous les calendriers et almanachs ordinaires*, sans cependant que cette exception puisse apporter aucun changement aux privilèges ou octrois déjà accordés pour les objets mentionnés au présent article, et dont le terme n'est pas encore expiré. […] ».

99. Fondement de l'exclusion. Cette disposition exceptionnelle s'expliqua par le fait que ces livres ne sont que des livres anciens qui, à cause de leur *caractère d'ancienneté*, n'appartiennent plus à personne ; dont nul ne saurait revendiquer un droit de propriété, voire un droit de copie pour leurs productions, qui doit être réservé aux *productions originales* des auteurs tirant parti de leurs talents. Ainsi, le législateur voulut, semble-t-il, rendre ainsi les livres les plus nécessaires qui y sont tombés depuis

---

1 *Ann. propr. ind.*, 1857, t. III, art. 157, p. 44.

2 Selon l'expression de l'arrêté du 24 janvier 1814.

3 V. E. Blanc, *Traité de la contrefaçon et de sa poursuite en justice*, Raymond, Paris, 1838, p. 263 ; A.-Ch. Renouard, *op. cit.*, t. 1, p. 248 ; J. Delalain, *Législation française et belge de la propriété littéraire et artistique : suivie de la convention conclue entre la France et la Belgique et accompagnée de notes explicatives*, Impr. de J. Delalain, Paris, 1854, p. 31 ; *Nouveau code de la presse en Belgique*, M. Kornicker (Anvers), Borrani et Droz (Paris), Perichon (Bruxelles), 1853, p. 7 ; Ph.-A. Merlin, *Répertoire universel et raisonné de jurisprudence*, t. 3 (Cler.-Conven.), 5e éd., Garnery, Paris, 1827, p. 718 ; *Bibliographie de la France, ou Journal général de l'imprimerie et de la librairie*, t. 4, Chez Pillet, Cercle de la librairie, Paris, 1814, p. 296.

4 V. Cass. de Belgique, 11 août 1856, *B.* 1856, p. 377 ; *Ann. propr. ind.*, 1956, t. III, p. 40.

5 *Journal officiel du royaume des Pays-Bas*, t. 3, p. 155, cité par Ph.-A. Merlin, *op. cit.*, p. 718.

6 *Dr. Aut.*, 15 déc. 1895, n° 12, p. 159.

longtemps accessibles à tout le monde[1] et les maintenir dans le domaine public ainsi que de refuser tout droit exclusif de copie pour l'édition de livres anciens. Quant aux *livres scolastiques*, il fut d'usage d'accorder, pour ces livres, des *privilèges* de librairie ou des *octrois* spéciaux pour leur édition et leur mise en vente.

100. Instauration d'un *copyright* sur les Saintes Écritures en Angleterre. En revanche, dans le souci de protéger l'intégrité du texte officiel de la Bible et d'exercer une *censure* préalable sur les livres saints, la législation anglaise en matière de *copyright* (*Digest of the Law of Copyright*) qui fut élaborée en 1878 par Sir James Stephen, membre de la commission royale de 1878, créa de véritables *monopoles légaux* sur la Bible[2]. A titre d'exemple, l'article 10 du *Digest* prévit qu' :

« Il est dit que Sa Majesté et ses successeurs possèdent le droit d'accorder à leurs imprimeurs de temps en temps, par un brevet, le droit exclusif du texte de la version autorisée de la bible, de la liturgie anglaise et, peut-être aussi, le texte des Actes du Parlement »[3].

101. C'est ainsi que selon ce monopole légal, le droit de reproduction, voire le *copyright* sur les Saintes Écritures, appartint à la Couronne d'après le *Chamber's Journal*. Il convient de rappeler qu'il exista jadis en Angleterre trois sortes de « monopoles » faisant l'objet d'une protection. La première consista en le monopole de la *couronne* et de ses *cessionnaires* (*patentees*), nommée « *prérogative Copyright* » ; la deuxième fut celle qui appartint à certains *collèges* et *universités*[4] et la troisième fut le monopole conféré aux *auteurs* ou à leurs *cessionnaires*. La *prérogative Copyright* fut le droit éternel[5] qui appartint à la reine ou à ceux à qui elle en donne le privilège, d'imprimer ou de faire imprimer[6] :

1° La Bible[7] ;

---

1 V. J.-H.-N. DE FOOZ, *Le droit administratif belge. De l'ordre public et de la police administrative en Belgique*, t. III, P. Lethielleux (Paris), H. Casterman (Tournai), 1859-1866, p. 690.

2 Il convient de remarquer que le monopole fut utilisé, sous l'Ancien Régime, de la même façon (sous Louis XIV) pour garantir l'intégrité de certains textes juridiques contre l'altération…

3 V. *Dr. Aut.* 15 nov. 1894, n° 11, p. 148. V. Sur cette question : W. A. COPINGER, *The Law of Copyright, in Works of Literature and Art: Including that of the drama, music, engraving, sculpture, painting, photography, and ornamental and useful designs*, 2nd ed., Stevens and Haynes Law Publishers, Londres, 1881, p. 274 et s (chapitre IX).

4 À savoir, les universités d'Oxford et de Cambridge, ainsi que les collèges qui en dépendent, les quatre universités d'Écosse et les collèges d'Éton, Westminster et Winchester.

5 Ce droit a été contesté par R. GODSON, *De la propriété littéraire et du droit de copie en général, en Angleterre*, trad. de l'anglais par Th. REGNAULT, Warée, Paris, 1826, p. 137 et s. "*[T]he Bible, and books of Divine Service, do not apply to the present case; they are left to the superintendence of the Crown, as the head and sovereign of the state, upon the principles of public utility. But to prescribe to the Crown a perpetual [copy]right to the Bible, upon principles of property, is to make the King turn bookseller: and if it be true, that the King paid for the translation of the Bible, it was a purchase made for the whole body of the people, for the use of the kingdom*": aff. *Donaldson v. Beckett*, 1 Eng. Rep. 837, 842 (the House of Lords "H.L.", 1774) ; R. SYN, "Copyright God: Enforcement of Copyright in the Bible and Religious Works", art. préc., p. 7 et 8.

6 « Un *Royal Lettres Patent* semblable a conféré à MM. Eyre et Spottiswoode le droit exclusif de publier des exemplaires du Nouveau Testament » : *in Dr. Aut.*, 15 juin 1901, n° 6, p. 67.

7 « Quant au privilège d'imprimer la Bible, c'est aussi, je pense, un motif religieux qui a déterminé cet écart de la loi commune ; en effet, ce privilège ne comprend pas toutes les versions de la Bible ; lord Mansfield a décidé depuis longtemps que chacun avait le droit d'imprimer les livres saints en hébreu et en grec ; c'est seulement la traduction officielle de la Bible faite par des commissaires royaux, qu'il est interdit de reproduire, car le texte anglais est tout à la fois la propriété de l'Etat qui a surveillé la traduction, et la partie la plus considérable des livres sur lesquels s'appuie la foi protestante ! Du reste …

2° La liturgie et les livres du service divin[1] ;

3° Les actes du Parlement, les proclamations, les ordres du conseil, etc.

Ils furent de conséquences naturelles de l'autorité souveraine et spirituelle[2].

102. Justification de la *prérogative Copyright*. Etant donné le caractère particulier de la Bible et de la liturgie anglaise, elles ne purent être imprimées que par les deux Universités d'Oxford et de Cambridge, en tant que *cessionnaires de la Couronne*. Elles partagèrent avec le souverain le droit d'imprimer la Bible et les statuts, en dépit de la consécration législative d'un droit de reproduction (*right of reproduction*) au profit des Universités[3]. Toutefois, ce privilège de la Couronne ne se rapporta qu'à la version autorisée de la Bible en vertu d'une Charte royale, et par les imprimeurs de la Reine, auxquels l'autorisation put être enlevée en tout temps par une ordonnance en conseil[4]. En revanche, la Bible put être réimprimée librement en Ecosse, à condition que les éditions de la Bible soient lues avant la publication et agréées par les autorités.

103. Affaire « *Université d'Oxford c/ Wilmore-Andrews Publishing Company* »[5]. L'illustration intéressante à la question de savoir si l'Université

---

rien n'empêche de publier certaines parties des statuts ou de la Bible avec des notes et des commentaires » : E. LABOULAYE, « De la propriété littéraire en Angleterre », deuxième article : Législation de la propriété littéraire (*Copyright*) en Angleterre, *Revue de législation et de jurisprudence*, 1852, t. 2, p. 290.

1 « On a craint que la liberté ne favorisât l'hérésie ou tout au moins l'altération de la discipline, et c'est par un motif de même nature que, chez nous, le décret impérial du 7 germinal an XIII défend d'imprimer ou réimprimer les livres d'église, les heures et prières sans la permission des évêques diocésains, ce qui crée au profit de l'Église un véritable droit de propriété sur sa liturgie » : E. LABOULAYE, « De la propriété littéraire en Angleterre », art. préc., p. 290.

2 V. E. LABOULAYE, *Etudes sur la propriété littéraire en France et en Angleterre*, Auguste Durand, Paris, 1858, p. 50-51 ; R. LE BARROIS D'ORGEVAL, *La propriété littéraire en France et à l'étranger, son histoire – sa législation*, E. Dentu, E. Thorin, Paris, 1868, p. 124.

3 Selon l'article 11 : « Les Universités d'Oxford, de Cambridge, d'Edimbourg, de Glasgow, de St-Andrew et d'Aberdeen, chaque collège ou établissement d'instruction dans les universités d'Oxford et de Cambridge, le Trinity College à Dublin et les collèges d'Eton, de Westminster et de Winchester possèdent pour toujours le droit exclusif d'imprimer ou de réimprimer tous les livres qui leur ont été ou qui leur seront légués ou donnés ou confiés en dépôt par les auteurs ou leurs représentants, à moins qu'ils n'aient été donnés ou légués pour un délai limité ». Quant à la déchéance de ce droit, selon l'article 12 : « Le droit exclusif mentionné dans l'article précédent ne dure qu'aussi longtemps que les livres ou copies appartenant auxdites universités et auxdits collèges seront uniquement imprimés par leurs propres imprimeries, dans les universités ou collèges précités et pour leur profit et bénéfice exclusif. Si une université ou un collège délègue, transfère, loue ou vend son droit de reproduction ou le droit exclusif d'imprimer des livres ou une partie droit garanti – par la loi de 1755 – ou admet ou autorise quelqu'un à les imprimer ou réimprimer, le privilège accordé par ladite loi devient caduc et sans effet ; toutefois, les universités ou collèges peuvent vendre les droits de reproduction qui leur auront été légués, pour les délais de protection assurés aux auteurs en vertu de la loi de 1709 ».

4 « Or, il y a une quinzaine d'années, les deux universités précitées entreprirent la publication d'une édition révisée, à laquelle travaillèrent les hommes les plus compétents ; cette révision coûta environ un demi-million de francs. Les imprimeurs de la Reine, sollicités par les universités à contribuer à ces frais énormes, répondirent par un refus, de sorte que celles-ci sont restées seules investies des droits relatifs à cette nouvelle édition. Malgré la supériorité incontestable de cette dernière, la vieille a "version autorisée" continue à être presque exclusivement en usage, et même les deux universités en impriment, chaque année, cinq fois plus d'exemplaires que de l'édition révisée » : « Grande-Bretagne : Droit d'auteur sur la Bible », *in Dr. Aut.*, 15 mars 1897, n° 3, p. 35.

5 V. *Dr. Aut.*, 15 mai 1904, n° 5, p. 61-62.

d'Oxford eurent des *copyrights* sur les Bibles qu'elles publièrent connues sous le nom d' « *Oxford Bibles* » et, entre autres, depuis 1876, une édition spéciale qui porte le nom de *Teachers' Bible* fut l'affaire qui opposa l'Université d'*Oxford* à *Wilmore Andrews Publishing Company* dans laquelle la Cour fédérale de circuit de New-York fut amenée à y répondre dans un jugement rendu le 30 avril 1900 par le juge Wheeler. En l'espèce, après avoir constaté que *Wilmore Andrews Publishing Company* fit paraître également une Bible désignée sous la même appellation « *Oxford Bible* », *the S. S. Teachers' Edition*, le chancelier, les maîtres et élèves de l'Université intentèrent une action en vue de faire cesser et interdire l'utilisation illicite du nom d'Oxford. En dépit du fait que les demandeurs firent valoir l'existence de signes distinctifs sur l'œuvre à l'appui de leurs prétentions[1], il est intéressant de remarquer que le juge estima que les demandeurs ne surent revendiquer aucun *copyright* sur leurs publications qui étaient dans le domaine public.

104. Les livres saints comme objets de propriété/*property* aux confins de la notion d'utilité. Derrière ce combat autour de la titularité du droit s'abritait la notion d'*utilité*, c'est-à-dire les qualités par lesquelles la chose est utile à l'homme qui ne font pas partie de l'objet du droit[2]. Cette propriété dont les choses sont grevées est possible dans la mesure où elle existe, se vend, s'achète comme les autres propriétés…[3] Or, comme le souligne le professeur Gaudrat : « *Tout ce qui existe et recèle des utilités ne fournit pas une assiette interchangeable au droit de propriété* »[4]. La question se posa de savoir si les choses qui relèvent de la religion sortaient alors du cercle utilitaire. « […] Était-il conforme à l'esprit de cette révélation d'en répandre le plus possible la connaissance, surtout dans l'idée de ceux qui la regardaient comme absolument nécessaire à l'existence sociale ? Évidemment : c'était là une action conforme aux prescriptions de la règle, une bonne action, un travail méritant et ayant pour résultat un salaire ultra-vital. Dès lors il fallait, pour agir moralement, rationnellement, faciliter la diffusion de cette nouvelle révélation, en en donnant connaissance gratuitement. L'Évangile, la bonne nouvelle, ne pouvait donc pas, relativement à la moralité, être un article de

---

[1] Cependant, le juge fait droit à leur demande en ce que le mot « Oxford » fait partie de leur nom lequel a été donné à leurs œuvres et constitue un moyen d'en indiquer la provenance de sorte qu'il se trouve protégé contre l'usage abusif. Dès lors personne n'a le droit de faire passer une publication qui n'a aucune connexion avec ce lieu ou avec ce nom pour une œuvre émanant des demandeurs et de créer ainsi une confusion avec leurs ouvrages.

[2] « Les utilités ne sont pas un *objet direct* du droit ; seulement un *objet indirect* » : Ph. GAUDRAT, *La propriété intellectuelle : modèle multiple ou pensée unique ?*, Cours spécial : Master 2 « Propriétés Intellectuelles », Université de Poitiers, 2010/2011, p. 51, n° 162. « Ainsi, même si c'est l'*utilité pour l'homme* qui détermine les choses à entrer dans le jeu du droit, c'est *la propriété dont elles sont grevées qui en fait des biens* ! C'est par la propriété, que la *chose utile* accède définitivement au statut de *bien juridique* » : Ph. GAUDRAT, *La propriété intellectuelle : modèle multiple ou pensée unique ?*, Cours préc., p. 31, n° 84. « Les choses deviennent des biens au sens juridique du mot, non pas lorsqu'elles sont utiles à l'homme, mais lorsqu'elles sont appropriées » : M. PLANIOL et G. RIPERT, *Traité pratique de droit civil français*, 2e éd., t. III, *Les biens*, par M. PICARD, LGDJ, Paris, 1952, n° 51.

[3] A. GASTAMBIDE, *Historique et théorie de la propriété des auteurs*, Cosse et Marchal, Paris, 1860, p. 61.

[4] Ph. GAUDRAT, *La propriété intellectuelle : modèle multiple ou pensée unique ?*, Cours préc., p. 35, n° 98.

commerce »[1]. Déjà, Proudhon estima au sujet de l'Évangile et du caractère de vénalité de l'œuvre :

« *Existe-t-il un livre qui se soit débité à un plus grand nombre d'exemplaires que l'Évangile, et dont l'auteur soit demeuré plus pauvre que Jésus-Christ ? Voilà bien le comble du génie et de la vertu, joint au comble de l'indigence. Eh bien, je le demande au plus grossier des mortels, est-ce que l'Évangile pouvait être un article de commerce ? Pourtant, il faut que celui qui annonce l'Évangile vive. Tout d'abord la question se présenta aux apôtres : Maître, que mangerons-nous ? disaient-ils au réformateur de Nazareth. D'après la théorie de MM. de Lamartine, Laboulaye, J. Simon, F. Passy et tutti quanti selon laquelle l'Évangile serait la propriété de Jésus-Christ, l'Église son héritière, les apôtres et leurs successeurs auraient eu le privilège, à perpétuité, de la vente des sermons sur la montagne, des paraboles, en un mot, de tous les dits et gestes du Christ, et tout chrétien, pour lire le Nouveau Testament, aurait dû, jusqu'à la fin des siècles, payer une prime. Jésus ne l'entend pas ainsi.* Il sait, et en cela il est plus profond économiste que les disciples de Malthus, que l'argent et la religion sont valeurs incommensurables, et il répond à ses disciples : Vous mangerez ce que vous trouverez. Ce que vous avez reçu en grâce, donnez-le gratuitement : *Gratum accepistis, gratis date.* Plus positif, plus fier encore, et déjà moins confiant en l'hospitalité des néophytes, Paul prend un parti énergique : donnant ses Epîtres et sa prédication pour rien, il gagne son pain en fabriquant des tentes. C'est le plus beau trait de sa vie. Voilà comment fut résolu, au premier siècle de notre ère, le problème de la rémunération des auteurs ».

105. Or, comme l'a relevé De Potter, il n'était pas question ici de droits d'auteur et il semble confondre entre *propriété* et *privilège*. C'est un grave abus que de confondre la *religion*, base de toute société, avec une *production littéraire*. C'est confondre le nécessaire avec l'utile :

« *Mon Évangile n'est pas chose vénale : telle est la réponse de Jésus-Christ. Et quiconque a le sentiment religieux, abstraction faite de tout dogme et de toute révélation, le comprend comme lui. Vendre l'Évangile, comme l'idée en vint à un économiste de l'époque, Simon le Mage, ce serait un crime contre Dieu, la dernière des indignités. C'est justement le crime que l'Église flétrit du nom de celui qui le premier affirma la propriété spirituelle, la simonie* [...]. Et tous les fondateurs et réformateurs de religions, Bouddha, Confucius, Socrate, firent comme Jésus-Christ, prêchant le royaume de Dieu sur les toits, donnant leur pensée gratis, mangeant ce qu'ils trouvaient, et scellant, à l'occasion, leur doctrine de leur sang. *On a accusé Mahomet de fourberie ; il n'était pas insensible à la gloriole d'écrivain. On n'a jamais dit qu'il eût tiré une obole de la vente de l'Al Coran* »[2].

3. L'émergence d'une nouvelle catégorie juridique des « Livres célestes »

106. Consécration législative de la catégorie des « *Livres célestes* ». Domaine d'exclusion du droit d'auteur. Les livres célestes sont-ils protégeables au titre du droit d'auteur ? En partant du principe codifié selon lequel : « Nul n'est censé s'approprier la loi »[3] (inspiré par l'adage latin *nemo censetur ignorare legem*), il est intéressant de remarquer que le législateur syrien est le seul législateur arabe, voire national, qui ait décidé de créer sur le terrain du droit d'auteur une catégorie juridique spéciale qui englobe les Livres dits « *célestes* » (*al-kutub as-smāwiyya*), c'est-à-dire ceux

---

1 A. De POTTER, *De la propriété intellectuelle et de la distinction entre les choses vénales et non vénales : examen des majorats littéraires de M. P.-J. Proudhon*, Bruxelles, 1863, p. 108.

2 P.-J. PROUDHON, *op. cit.*, p. 58-59.

3 Selon la formule des professeurs M. VIVANT et J.-M. BRUGUIERE, *op. cit.*, n° 141 s. « [...] si nul n'est censé ignorer la loi alors nul n'est autorisé à s'opposer à cette connaissance. En d'autres termes nous pourrions dire : à la fiction de la connaissance doit répondre une fiction de la non appropriation » ; J.-M. BRUGUIERE, *Droit des données publiques*, Étude réalisée pour le Ministère de l'éducation nationale et de la jeunesse, Paris, p. 20.

descendus du ciel, selon la définition donnée par plusieurs dictionnaires[1]. Ces Livres sont au nombre de quatre[2] : le Coran[3], le Pentateuque[4], le Psautier, et l'Évangile.

107. Position du législateur syrien : la non-appropriation des textes célestes. Manifestant la volonté de préserver un *domaine commun*[5] inappropriable et garantir l'usage commun au nom des religions, le législateur syrien prévoit expressément à l'article 4/a de la loi sur la protection des droits d'auteur et des droits voisins, promulguée en 2013 après le printemps arabe, que :

« a. La protection ne s'applique pas aux 1° simples idées, procédures, méthodes de travail, conceptions mathématiques, principes, réalités abstraites, découvertes, données mais la protection s'applique à la forme originale de chacun d'entre eux ; 2° *Livres célestes à l'exception de leur conception et du style de leur écriture*[6] *et de l'enregistrement des récitations*[7] ; 3° Lois, règlements, décisions de justice, décisions des tribunaux arbitraux, conventions internationales, décisions administratives, et autres documents officiels et leurs traductions officielles ; 4° Informations et autres événements différents caractérisés comme étant de simples informations de presse ».

108. Une exclusion à portée limitée. Or, il est intéressant de remarquer que si le législateur syrien a posé la règle de l'exclusion, voire de la non-appropriation, des Livres célestes eux-mêmes, il n'en reste pas moins que cette règle souffre, toutefois, une exception dans la mesure où la protection peut s'appliquer à la conception desdits Livres et au style de leur écriture ainsi qu'à l'enregistrement des récitations. Tout est question de mesure. C'est ainsi que le législateur syrien admet que le droit d'auteur puisse toujours s'exercer sur les différentes *récitations* (que l'on songe à la *tilâwah* du Coran ou à la cantillation de la Bible) que l'interprète pourrait réciter, ou styles d'écritures que l'éditeur pourrait ajouter qui ne changent pas le sens des versets, voire le corpus coranique, et n'en modifient pas l'éventuelle portée normative. La solution est classique puisque le message des Livres célestes est toujours *libre* (le fond) mais les *formes externes* peuvent être appropriées si leur conception est personnelle. Il y a, en

---

1 V. v° « Livres célestes », *in Complément du Dictionnaire de l'Académie française*, Firmin-Didot Frères, Fils et Cie, Paris, 1881, p. 708 ; L.-N. BESCHERELLE, *Dictionnaire national ou Dictionnaire universel de la langue française*, t. 2, Garnier Frères, Paris, 1856, p. 384 ; M. LACHATRE, *Nouveau dictionnaire universel*, t. 2, Docks de la librairie, Paris, 1870, p. 492 ; P. DUPONT, *op. cit.*, p. 110.

2 Nous n'envisageons pas de rentrer dans le débat noué autour du nombre exact des livres célestes qui varie en fonction de plusieurs facteurs et critères qu'il est inutile de s'y atteler.

3 On distinguera même le Coran céleste, la « mère du Livre » (Coran, Sourate III : La famille de *'Imran*, 7 : « C'est lui qui a fait descendre sur toi le Livre. On y trouve des versets clairs – la Mère du Livre – et d'autres figuratifs ») sur la « table bien gardée » (Coran, Sourate LXXXV : Les constellations, 22 : « écrit sur une Table gardée ! »), et les livres terrestres créés. V. F. JOURDAN, art. préc., p. 50.

4 Même si certains auteurs font allusion au fait que le Pentateuque fut écrit par un ou plusieurs auteurs…

5 Mme E. BOUCHET-LE MAPPIAN fait allusion aux choses communes en droit intellectuel, c'est-à-dire, les idées, les informations, les découvertes, les méthodes etc., exclues de toute réservation privative car elles doivent rester à la disposition générale : E. BOUCHET-LE MAPPIAN, *Propriété intellectuelle et droit de propriété en droits anglais, allemand et français*, thèse, Nantes, 2009, p. 242.

6 V. Plus loin pour des applications jurisprudentielles en Égypte sur la protégeabilité du *Mushaf* : § n° 515 s.

7 Tels que les programmes spéciaux dans le contrôle et la coordination des versets du Coran ainsi que l'enregistrement des *tilawats*.

l'occurrence, une *œuvre dérivée* ou une *interprétation* qui se superpose à la chose commune[1].

109. L'exemple de la loi suédoise. A des degrés différents, l'illustration la plus ancienne en droit comparé est celle de l'article 9 de l'ancienne loi suédoise concernant le droit sur les œuvres littéraires et musicales du 30 mai 1919[2] qui exclut, de la protection du droit d'auteur, les actes relevant des « représentations ecclésiastiques » sans apporter aucune précision sur la portée exacte qu'il fallait donner à ce terme. Englobait-il les messes prononcées dans une église à l'occasion d'un culte quelconque ou non ? Il est intéressant de constater que ces actes rentraient dans la catégorie des « actes officiels ». Aux termes de cet article :

« Sont exclus de la protection accordée par la présente loi : 1° les lois, ordonnances, publications officielles, ainsi que les actes, procès-verbaux, décisions et notes (*skrivelser*) des autorités publiques, du *Riksdag*, des commissions préparatoires (*beredninger*) et comités, *comme des représentations ecclésiastiques*, communales et autres corporations publiques, enfin d'autres actes publics ; ».

110. L'exemple de la loi portugaise. Au Portugal, les publications ecclésiastiques (encycliques, bulles, pastorales, etc., et autres documents émanés de chaque religion ou confession) rentrèrent dans la catégorie des « actes officiels » conformément à l'article 4 de la loi portugaise sur la propriété littéraire, scientifique et artistique du 27 mai 1927[3] qui permit à chacun de publier les lois et autres actes publics officiels. Aux termes de cet article :

« Il est permis à chacun de publier les lois, décrets, règlements, ordonnances, circulaires, écrits et tous autres actes publics officiels, pourvu qu'on se conforme rigoureusement à l'original ou à l'édition authentique faite par le Gouvernement, par les corps administratifs ou par des institutions publiques, dans la feuille officielle ou séparément, sauf les réserves expresses faites par l'une quelconque desdites entités. *§ 1er. Sont considérés comme actes publics pour les effets de la présente loi :* [...] *b) les encycliques, bulles, pastorales et autres documents émanés de chaque religion ou confession, dont la publication n'est pas interdite par la loi ou par le Gouvernement ;* [...] ».

111. L'exemple de la loi indonésienne. L'illustration la plus récente est celle de la loi indonésienne n° 28 du 16 septembre 2014 sur le droit d'auteur qui apporte une solution originale à l'instar de la loi syrienne. En effet, l'article 42 de cette loi qui est venue remplacer la loi n° 19 de 2002 sur le droit d'auteur[4] exclut du champ de la protection du droit d'auteur les textes qui constituent des *écritures* et *symboles religieux* (*scriptures* or *religious symbols*) en prévoyant qu' :

---

1 V. Plus loin sur cette hypothèse de « chose commune » : § n° 121 s. « Les textes officiels peuvent être aussi rapprochés de nos choses communes » : J.-M. BRUGUIERE, « Propriété intellectuelle et choses communes », *in* J.-M. BRUGUIERE, N. MALLET-POUJOL et A. ROBIN (dir.), *Propriété intellectuelle et droit commun*, coll. « Institut de Droit des Affaires », PUAM, 2007, n° 18.

2 Cette loi fut publiée sous le n° 381 *in Recueil des lois* (*Svensk Författningssamling*), 1919, n°s 381 à 384, édité le 8 juill. 1919, p. 834. V. *Dr. Aut.*, 15 nov. 1919, n° 11, p. 121 et s.

3 *Diário do Govêrno*, du 3 juin 1927, n° 114, p. 906 et s. ; *Dr. Aut.*, 15 juin 1928, n° 6, p. 78 et s. ; « La nouvelle législation portugaise sur la propriété littéraire, scientifique et artistique », *Dr. Aut.*, 15 sept. 1928, n° 9, p. 112-113.

4 Selon l'article 13 de la loi de 2002 : "There shall be no copyright to: a. any result of open meetings of state institutions; b. laws and regulations; c. state addresses or government official speeches; d. court decisions and judicial orders; or e. decisions of arbitration boards or of other similar agencies".

« Il n'existe pas de droit d'auteur sur les textes suivants : a. Les résultats des réunions publiques des institutions de l'État ; b. Les lois et règlements ; c. Les discours d'État ou discours de fonctionnaires ; d. Les décisions des tribunaux ou celles des juges ; et *e. Les écritures ou symboles religieux* »[1].

112. *Auteur* du Coran, le Créateur. Comment expliquer ou justifier pleinement la solution législative originale en Syrie ? Il est, en effet, possible d'admettre, que Dieu est investi, à l'origine, d'un droit d'auteur sur ces textes sacrés dont l'État est tenu d'assurer l'authenticité, l'accessibilité et la publicité de ce type de textes et d'en protéger l'intégrité dans l'intérêt général[2]. Que le Coran ne soit pas la création des *Shouyoukh*, ni celle du Prophète, n'empêche qu'il ait un *Créateur* : Le Créateur ! Il a bien un auteur. Cet Auteur, qui n'est autre que l'Auteur du Monde. Si Mohammed a donné sa forme externe, quel a été son rôle ? S'il a écrit sous la dictée comme l'atteste la *sourate* « *al-'Alaq* » (ou l'adhérence/le caillot de sang)[3] il n'a eu aucun *rôle créateur*… ; il eut le rôle de *récepteur passif*. « Quoi qu'il en soit, l'auteur du Coran n'est pas le Prophète, c'est Dieu »[4].

« *S'agissant d'un texte, la notion d'auteur a un sens restreint : celui qui compose un ouvrage.* Or, si nous pouvons rapprocher *les plus anciens corans connus de la période où vécut Muhammad, ses hagiographies,* seuls documents disponibles, *indiquent clairement que Muhammad n'a pas écrit de sa propre main le Coran mais l'a seulement dicté. En ce sens, il en est le locuteur, fonction dont le texte coranique témoigne abondamment. Si l'on se place du point de vue musulman, le véritable "Auteur" du Coran est Dieu.* Là encore, la transmission orale l'emporte, car Dieu l'aurait dicté à Gabriel qui l'aurait insufflé ou inspiré à Muhammad, enchaînement que le Coran qualifie de révélation/*nuzûl*, litt. descente, c'est-à-dire descente du message de Dieu vers les hommes par l'intermédiaire d'un messager, véritable sens du terme coranique *rasûl*. Il en découle que l'intention de l'Auteur, c'est-à-dire ce que l'on suppose être le sens véritable du texte, le *tâ'wîl*, est alors inaccessible à la connaissance humaine, ce qui est en soi problématique puisque ledit message divin aurait alors raté l'objectif propre à toute communication »[5].

113. Le Coran en tant qu'expression de la volonté collective du législateur. Ce qui confère un statut juridique particulier au Coran. D'un certain côté, le Coran incréé, c'est la forme interne émanée du *Aql al fa'il* et partagée, *via* Muhammad et son esprit, avec le *aql* de tous les êtres humains. Le fruit de l'expression du *aql al fa'il* ne peut être que de la nature d'une chose universelle et commune… L'universalité de la Parole coranique implique l'universalité de son expression originale arabe et *a fortiori* son discours normatif, c'est-à-dire la chute dans le domaine public[6] de ce texte sacré. Ce qui convient aux lois, décisions judiciaires, et autres documents analogues vaut également *mutatis mutandis* pour le Coran. Il est dès lors inconcevable de grever le Coran d'un monopole d'exploitation ; au demeurant, qui l'exercerait ? La problématique, toutes proportions gardées, est celle de la Loi. Le Législateur étant

---

1 Selon la version anglaise de l'article 42 : "There is no Copyright to works of: a. results of open meetings of State institutions; b. laws and regulations; c. State speeches or speeches of government officials; d. court decisions or judge provisions; and e. scriptures or religious symbols".

2 V. Plus loin sur cette question : § n° 116 et n° 815 s.

3 Sourate XCVI : « Lis au Nom de ton Seigneur qui a créé ! Il a créé l'homme d'un caillot de sang. Lis !.. Car ton Seigneur est le Très-Généreux qui a instruit l'homme au moyen du calame, et lui a enseigné ce qu'il ignorait » : p. 760-761. Le mot « *iqra* » est traduit généralement par « lis » ou bien « récite » … « prêche » selon D. MASSON, *op. cit.*, p. 974.

4 R. ARNALDEZ, *L'Islam*, *op. cit.*, p. 10.

5 C. MORENO, thèse préc., p. 12.

6 Le domaine public désigne : « l'ensemble des biens incorporels qui ne sont pas objets d'un monopole d'exploitation » : Ch. SIMLER, *Droit d'auteur et droit commun des biens*, coll. « du CEIPI », LexisNexis, Préf. de C. CARON et Avant-propos de Y. REBOUL, Paris, 2010, p. 71, note 208.

l'expression de la volonté collective, la loi appartient à tous… donc à personne[1]. Ainsi, la parole de Dieu ne peut être appropriée par personne.

114. Disqualification *de jure* par la loi syrienne sur les droits d'auteur et les droits voisins. Dès lors, la question qui s'impose est de savoir si les Livres célestes ne devraient pas être traités comme des « *actes officiels* ». A l'examen, nous pouvons constater que le fondement de l'exclusion consiste dans le fait que ce qui est transposable pour des lois et règlements de l'autorité civile[2] l'est également des *Livres célestes* qui ne sont autre chose que des *lois religieuses* et *ecclésiastiques* que le public a intérêt à connaître. Ainsi, selon cette lecture, le livre céleste est essentiellement un *acte officiel* de l'autorité divine non protégé en tant que tel dans la mesure où « *Nul n'est censé s'approprier les Livres célestes* » en s'inspirant du principe bien connu[3]. Par conséquent, s'il est vrai que le Coran est une Loi, dont l'observation s'impose (*fard*[4]) à tous les Musulmans, il doit aussi par une conséquence nécessaire appartenir à tous, c'est-à-dire, faire partie du domaine public. Il en découle clairement du critère du *caractère officiel* et *obligatoire* du texte qui, selon les Musulmans, provient du fait que le Coran est d'origine divine. En somme, le Coran serait ici assimilable à la *norme juridique*[5] qui a vocation à s'imposer à tous. Il en va de même pour les autres Livres célestes.

115. Disqualification *de facto* par la Convention islamique sur les droits d'auteur. Certainement conscient de la nécessité de mettre à profit les œuvres qui sont dans le domaine public[6], les rédacteurs du projet de la Convention islamique

---

1 « […] la paternité intellectuelle d'une loi, d'un règlement d'administration publique, d'une ordonnance, d'un décret, reste nécessairement indécise, soit à cause du nombre de ceux qui ont pris part à son élaboration, soit à cause de leur rôle volontairement effacé » : Rapport de H. MAAS GEESTERANUS, « La protection des œuvres orales et leur reproduction au moyen de l'imprimerie », 2e Congrès international de la parole, 6-7-8 sept. 1935, Exposition universelle internationale de Bruxelles, Comité international de la parole, Paris, 1936, p. 29.

2 Selon la théorie de KOHLER (*Urheberrecht an Schriftwerker und Verlagsrecht*, Stuttgart, Enke, 1907, p. 163) les lois échappent à l'application du droit d'auteur en tant qu'ordres de l'autorité. Selon la disposition de l'art. 11 de la loi hollandaise (loi contenant la réglementation nouvelle du droit d'auteur du 23 septembre 1912), il n'existe pas de droit d'auteur sur les lois, décrets ou ordonnances rendus par l'autorité publique, ni sur les décisions judiciaires ou administratives. Selon l'alinéa 2, il n'existe pas davantage de droit d'auteur sur « ce qui est publié par l'autorité publique ou sur son ordre », à moins que ce droit n'ait été réservé, soit d'une façon générale par loi, décret ou ordonnance, soit dans un cas spécial, par une mention sur l'œuvre elle-même, ou bien lors de sa publication.

3 M. VIVANT et J.-M. BRUGUIERE, *op. cit.*, p. 164, n° 141.

4 *Fard 'ayn* et *fard kifâyah*.

5 En effet, « la matière coranique peut être répartie en trois grands ensembles de textes : 1/ … 2/ … 3/ Des textes normatifs, énonçant des principes et des normes d'ordre éthico-juridique. Ces textes constituent le fondement de la "Loi" en Islam » : A. MERAD, *op. cit.*, p. 14-15. V. M. VIVANT et J.-M. BRUGUIERE, *op. cit.*, p. 166, n° 142 : « En bref, le texte officiel serait ici assimilable à la norme juridique, ce qui s'étend, par accessoire, à tout ce qui éclaire sa portée, c'est-à-dire aussi bien en amont, les travaux préparatoires, qu'en aval, une décision de justice ou une circulaire ».

6 Au début de la séance de travail qui a eu lieu le 23 novembre 1994, le Directeur général de l'ISESCO a présenté le projet en indiquant que la protection des droits d'auteur est l'une des conditions essentielles du développement culturel, de l'encouragement de la créativité littéraire et artistique et du rayonnement culturel. V. Le point 3.5 de l'ordre du jour du Rapport final de la 15e session du Conseil exécutif de l'ISESCO, Damas, 19-24 nov. 1994. « La finalité culturelle et économique fut également prise en considération lors des travaux préparatoires du projet de la Convention islamique pour la protection des droits d'auteur » : M. AYROUD, *op. cit.*, p. 323.

pour la protection des droits d'auteur[1], mis en place par l'Organisation islamique pour l'éducation, les sciences et la culture (ISESCO) en 1993 avec la collaboration de l'UNESCO sur le modèle de la Convention de Berne, ont anticipé, dans le préambule, la reconnaissance du statut particulier des *Ecritures* et des *livres sacrés*[2] sans pour autant apporter d'éclaircissements. C'est ainsi que les débats qui ont eu lieu lors de la 17e session du Conseil exécutif se sont orientés vers la distinction dans le corps de la Convention entre les dispositions relatives aux textes islamiques sacrés et les autres textes[3]. En effet, il convient de rappeler que lors de la 15e session du Conseil exécutif, les membres ont émis des observations sur divers aspects dont il faut retenir notamment le passage suivant :

« *En fait, les textes islamiques sous toutes leurs formes, qu'il s'agisse du Saint Coran, de la Sunna, de la Sira, des biographies et des textes narratifs, ont toujours été transmis d'une génération à l'autre et d'un pays à l'autre sans aucune restriction juridique ou revendication de droits d'auteur.* Il serait donc préférable d'élaborer la convention après une étude approfondie de la question sous tous ses aspects, de consulter, à ce propos, les instances compétentes en matière de *Fiqh* et de droit et d'agir avec circonspection en attendant que les expériences nationales et régionales gagnent en maturité afin que la *Oumma* puisse disposer d'une production intellectuelle et culturelle abondante susceptible de lui restaurer toute sa gloire »[4].

116. Suivant un raisonnement par voie d'analogie, les rédacteurs du projet de la Convention islamique reconnaissent que les Ecritures Saintes et livres sacrés font partie *ab initio* du *fonds commun* en les assortissant d'une condition particulière, voire

---

[1] Doc. CE 16/95/3.1. V. Sur ce projet : Y. Omar Amine, « *Quid* de la "conception arabo-musulmane de la propriété littéraire et artistique" ? À la recherche d'une conception perdue », *RLDI*, 2013/93, n° 3101, p. 76. Ce projet, composé de 47 articles, venait établir et mettre en œuvre une politique de protection des droits d'auteur et de sauvegarde de la propriété intellectuelle dans une perspective islamique ! La Convention vise à identifier les moyens d'élaborer à l'intention de la *Oumma* un cadre juridique pour la protection des droits d'auteur, qui soit en harmonie avec les accords internationaux tout en préservant la spécificité islamique. Bien que le professeur Silke Von Lewinski n'ait pas manqué de souligner dans un article intitulé : l'« *Américanisation de la propriété intellectuelle* » (*Propr. intell.* 2004, n° 10, p. 482-491), on assiste dans les pays arabes à une véritable « *islamisation* » (pas au sens du terme !) de la propriété littéraire et artistique ! Selon l'article 13 relatif au droit à la protection des droits d'auteur du projet de la déclaration islamique sur les droits culturels (document : CIMC /8/2014/3.2) adopté par la 8e Conférence islamique des ministres de la Culture qui s'est tenue du 21 au 23 janvier 2014 à *Al Madinah Al Munawwarah* (Royaume d'Arabie Saoudite) : « Étant donné que la protection des droits d'auteur est une reconnaissance du droit des individus de profiter des avantages matériels et moraux découlant de leurs œuvres littéraires et artistiques, et eu égard au fait que le respect de ce droit permet de promouvoir la production intellectuelle islamique en tant que partie intégrante du patrimoine humain et facteur d'enrichissement des divers contenus culturels : - Chaque créateur ou auteur, aussi bien seul qu'en commun, a le droit de protéger ses droits financiers et moraux, conformément aux législations nationales, régionales et internationales en vigueur ; - Les citoyens du monde islamique ont le droit de préserver l'intégralité de leurs droits littéraires, artistiques ou scientifiques conformément aux législations nationales, régionales et internationales en vigueur, y compris la protection du patrimoine populaire ».

[2] Les *livres sacrés* sont souvent désigné sous l'appellation de *'al-kutub 'as-smāwiyya* (الكتب السماوية), qui se traduit littéralement par « les livres célestes ». Par ailleurs, certains livres sont désignés sous l'appellation de « livres divins », c'est-à-dire « ceux que la Divinité elle-même, à différentes époques, a pris le soin de dicter : tels sont les livres de la Bible, c'est-à-dire de l'ancien et du nouveau Testament, qu'on appelle aussi livres sacrés, livres saints » : P. Dupont, *op. cit.*, p. 109.

[3] Doc. CE17/96/R.F. V. Le point 4.2 de l'ordre du jour du rapport final de la 17e session du Conseil exécutif de l'ISESCO, Rabat, 1-6 déc. 1996.

[4] V. Le point 3.5 de l'ordre du jour du Rapport final de la 15e session du Conseil exécutif de l'ISESCO, Damas, 19-24 nov. 1994.

d'un droit moral[1] divin, afin qu'ils ne fassent pas l'objet de déformations ou de dénaturations. Si l'*aspect patrimonial* de la propriété du Coran est, à tous égards, *hors jeu* ; et avec lui, sa dimension rétentrice ; en revanche, le *droit moral* perpétuel, susceptible d'exercice par les pouvoirs publics en cas de déshérence, pourrait conserver une utilité pour lutter contre les *dénaturations*[2]. L'illustration la plus remarquable est celle du Danemark puisqu'une action avait été intentée sur le fondement du droit moral perpétuel pour atteinte à l'intégrité de la Bible[3].

117. Caractère normatif du Coran et des livres célestes et le fondement de l'exclusion. A partir de ce constat, *deux lectures* peuvent en être proposées : soit nous considérons le Coran comme un *texte officiel*, qui, en tant que tel, est non protégeable, voire non appropriable, par le droit ainsi que la traduction officielle de ce texte dont il sera réservé aux législations des pays de l'Union de Berne de déterminer la protection à accorder aux textes officiels d'ordre législatif, administratif ou judiciaire (art. 2, 4 de la Convention de Berne) ; soit nous considérons, au contraire, le Coran comme une *œuvre protégeable* tout étant de *nature divine* dans la mesure où il existe des œuvres qui sont dans le domaine public dès leur divulgation (les lois)[4] ; ce

---

1 Mais si le Coran est incréé comment peut-on admettre qu'il soit l'objet d'un droit moral qui naît du fait créatif !!! S'il est une « chose commune » appartenant au domaine public, ça ne peut être qu'en tant que chose avant le monopole, comme les inventions le deviennent après le monopole !

2 Il s'agit là d'une question d'autorité politique. Pour certains : « On ne saurait, en effet, concevoir qu'un organe législatif eût la faculté, non seulement d'interdire la reproduction d'un texte officiel, mais encore d'en céder l'exploitation à une entreprise privée. Il ne serait pas moins paradoxal que le Parlement ou le Chef de l'État, par exemple, pût invoquer un droit moral d'auteur pour réprimer les modifications "préjudiciables à sou honneur ou à sa réputation » : Rapport préc. de H. MAAS GEESTERANUS, « La protection des œuvres orales et leur reproduction au moyen de l'imprimerie », p. 29.

3 UFR (*Danish Weekly Law Report*), 1990, 856, cité par M. KOKTVEDGAARD, "Moral right - National Report for Denmark", *in The Moral right of the author*, ALAI Congress, Anvers, 1993, p. 118 ; S. NERISSON, « Le droit moral de l'auteur décédé en France et en Allemagne », *Cahiers IRPI*, 2003 n° 4, p. 33. « Par exemple, la loi danoise sur le droit d'auteur prévoit un doit moral perpétuel qui cependant ne s'appliquera que si des intérêts culturels sont violés (voir l'article 75). Il a été précisé que cette règle a pour objet de protéger le patrimoine culturel et qu'elle ne devra appliquée qu'aux œuvres considérées comme faisant partie de ce patrimoine ou aux œuvres d'auteur qui par ailleurs ont créé des œuvres de valeur. Deux cas ont été soumis aux tribunaux à ce jour. Dans le premier cas, la Cour suprême a estimé qu'il y avait eu violation droit moral lors de l'adaptation d'une œuvre musicale tombée dans le domaine public. Dans une autre affaire traitée en 1990, aucune atteinte à l'intégrité de la Bible n'a été décelée dans un film qui avait ajouté un contenu pornographique à la vie de Jésus. La Bible était néanmoins implicitement considérée comme jouissant toujours d'une protection du droit moral en vertu de la loi danoise sur le droit d'auteur (la difficulté consistant à savoir qui est en droit de l'exercer) ! Défendre l'intégrité des œuvres qui sont considérées comme faisant partie du patrimoine culture d'un État est souvent l'objet caché de règles de perpétuité appliquées aux droits moraux » : S. DUSOLLIER, *Étude exploratoire sur le droit d'auteur et les droits connexes et le domaine public*, Comité du développement et de la propriété intellectuelle, OMPI, (CDIP/7/INF/2, OMPI), 4 mars 2011, p. 43.

4 « C'est à cause de leur destination [les actes officiels] qu'ils tombent dans le domaine commun, dès qu'en a eu lieu la publication. Toute entrave qui serait mise à leur diffusion contrarierait le destin des dispositions qui y sont contenues ; grâce à la libre divulgation, les justiciables ne peuvent se récrier, lorsqu'ils s'entendent opposer l'adage : "*nemo censetur ignore legem*" » : H. DESBOIS, *Le Droit d'auteur en France*, 3e éd., Dalloz, Paris, 1978, n° 40.

qui convient assez bien aussi au caractère *normatif* du Coran[1]. Le processus même du *tanzil* est la manifestation de la volonté de Dieu de divulguer le Coran. Mais nous ne croyons ni à l'un, ni à l'autre.

118. Appréciation critique. Il semble que le législateur syrien ait choisi la première lecture qui consiste à englober, dans la catégorie des « *actes officiels* », sans rien forcer, l'ensemble des Livres célestes, et ce, à côté des lois, textes réglementaires, travaux préparatoires et décisions juridictionnelles, etc. A la réflexion, cependant, cette qualification n'est pas pleinement satisfaisante à plusieurs égards. Elle ne permet pas, tout d'abord, de prendre en compte la *nature sacrée* du texte. De plus, cette lecture s'avère finalement en rupture avec l'affaire symbolique du *cheikh* Abdel basset Abdel Samad[2], que nous allons analyser dans les lignes qui suivent, qui s'est pourtant expressément référée à la notion d' « *acte cultuel* » au terme de laquelle la protection de la récitation du Coran par le droit de la propriété littéraire a pu être vivement contestée. Il convient de noter qu'à l'exception de la jurisprudence égyptienne, jusqu'alors aucune jurisprudence arabe en matière de droit d'auteur n'est venue dissiper cette question dogmatique qui rejaillit sur le statut du Coran.

1 V. Sur le discours normatif : A. MERAD, *op. cit.*, p. 42-43.

2 Le *Cheikh* Abdel bâsit Mohammed ABDEL SAMAD (1927-1988) fut un grand maître-récitateur du Coran. Il naquit en 1927 à Quenâ en Haute-Égypte. Le retentissement et la renommée du *Cheikh* Abdel Bâsit dépassa les frontières de l'Égypte. Il récita le Coran dans plusieurs pays à travers les cinq continents dont la Mecque, la Médine, la Syrie, les Émirats Arabes Unis, le Maroc, l'Inde, le Pakistan, l'Indonésie, l'Afrique du Sud, la mosquée d'Al-Quds et la mosquée Ibrahimi en Palestine, la France, le Royaume-Uni, et les États-Unis d'Amérique. Le *Cheikh* Abdel Bâsit laissa plusieurs enregistrements radiophoniques de ses récitations coraniques. Ses enregistrements se diffusèrent dans tout le monde musulman. Il reçut plusieurs prix tels que l'Ordre du mérite de la Syrie, l'Ordre Alarz du Liban, l'Ordre de la médaille d'Or de la Malaisie, des prix en provenance du Sénégal, du Maroc et de l'Égypte. Le *Cheikh* Abdel Bâsit décéda en 1988. V. <http://www.islamophile.org/spip/Sheikh-Abd-Al-Basit-Muhammad-Abd.html>

Figure 4 — Récapitulation de la classification des livres religieux en fonction de leur caractère, nature, auteur, forme, finalité, et leur protégeabilité				
Classification des livres religieux	**Les livres « célestes »**	**Les livres « liturgiques » (patrimoine chrétien)**	**Les livres « canoniques »**	**Les recueils religieux (patrimoine islamique)**
Typologie	Le Coran	Livres d'église (les Mandements, les Catéchismes, les Instructions diocésaines des évêques et Instructions des curés, les Heures, les Missels, les Bréviaires, les Prières)	Livres reconnus/admis par l'Église comme divinement inspirés ou contenus dans le canon des livres sacrés, de l'Écriture sainte. (73 livres dans le cadre de l'Écriture Sainte : (46 pour l'Ancien Testament) et (27 pour le Nouveau Testament)	*Hadîths* (*sunna* ou tradition du Prophète)
	La Torah	Livres d'offices		*Tafsîrs* (exégèses ou commentaires)
	L'Évangile	Livres d'heures		
	Le Psautier	Livres de prières		
	Les feuillets d'Ibrahim	Livres d'usage des diocèses		
	Le Pentateuque	Livres de chant		
		Livres de direction pastorale		
		Livres d'instruction religieuse		
Caractère/nature	Caractère sacré ou saint	Caractère officiel	Caractère sacré ou saint/autorité	Caractère quasi sacré/officiel
Auteur	Parole de Dieu, sauf quelques exceptions	Livres composés par les évêques/église/ autorité épiscopale	Inspiration divine	Livres composés par les tarditionnistes, les spécialistes du *hadîth* et du *tafsîr*
Forme	Forme divine/sacrée	Forme divine	Forme divine/sacrée	Forme divine
Finalité	Cultuel	Cultuel (livres servant à faire connaître ou à suivre les cérémonies du culte)	Cultuel	Non cultuel
Protégeabilité	Exclu du champ de protection	Protégeable	Exclu du champ de protection	Protégeable

B. La qualification du Coran *stricto sensu*

119. Plan. Dans une approche fort *large*, l'assimilation du Coran à la « *chose sacrée* » inappropriable semble pertinente de prime abord (1). Dans une approche plus *étroite*, l'appréhension du Coran en tant qu'objet potentiel du droit de propriété doit-il conduire à considérer la pertinence de la classification du Coran dans une catégorie connue en tant qu' « *œuvre nommée* » (2) ? ou bien, au contraire, doit-il en être absolument exclu ? Ce qui conduirait à susciter une *réflexion* quant à la création d'un statut propre au caractère sacré du Coran qui appelle un traitement juridique *particulier* pour l'intégrer dans la *catégorie innommée*[1].

1. La réception du Coran comme « chose sacrée »

120. Plan. Le texte sacré peut-il être appréhendé comme une « chose »[2] au sens du droit civil tout en étant de *source divine* ? On conçoit bien que le Coran, en raison de sa nature propre, n'appartient à personne, à l'instar des *res communes* « choses communes » qui sont conçues comme des choses[3], par nature, *inappropriables*[4]. Il est donc intéressant de s'interroger sur le possible basculement du Coran dans la catégorie juridique des « *choses communes* » (a) qui se caractérisent par leur inappropriabilité[5] avant de rappeler la *summa divisio* fondamentale des choses appartenant à l'héritage du droit romain (b).

a. La catégorie des « choses communes »

121. Le Coran, une *Res communis* ? En effet, nous avons souligné lors de l'analyse de la position du législateur syrien que lorsque l'éditeur a fait un apport au

---

1 F. TERRE, *Introduction générale au droit*, 7e éd., Dalloz, Paris, 2006, n° 404 : « Sauf exceptions en certains domaines, le nombre des catégories existantes n'est pas limitatif, ce qui permet, le cas échéant, à la volonté individuelle de forger de nouvelles catégories si celles qui existent ne sont pas adéquates [...] [même si] le juriste doit résister à la tentation d'établir un nombre excessif de catégories. Sinon elles deviendraient inutilisables [...]. Inversement, il ne faut pas se contenter de quelques grandes catégories, sinon on est conduit à faire entrer dans une même catégorie des éléments trop différents ».

2 « La catégorie des choses se subdivise ainsi en trois sous-ensembles : la chose commune, la chose vacante et la chose appropriée. Le premier regroupe toutes les choses dont la loi interdit l'appropriation pour les affecter à l'usage de tous. Le second renferme toutes les choses qui n'ont actuellement aucun maître. Enfin le troisième comprend toutes les choses qui font effectivement l'objet d'une appropriation individuelle » : P. BERLIOZ, *op. cit.*, p. 16, n° 36. On ne saurait dire qu'il s'agit d'une « chose » même *incréée*, car le terme de « chose » ne convient pas au Coran, cette notion implique le fait de sous-entendre préalablement un sens impossible pour le Coran dont la nature est incréée. Par une *chose*, il faut entendre juridiquement un « objet matériel considéré sous le rapport du Droit ou comme objet de droits » et un bien est « toute chose matérielle susceptible d'appropriation ». V. v° « Chose » et « Bien » : G. CORNU (dir.), *Vocabulaire juridique*, *op. cit.*, p. 154 et 114.

3 « [...] Si toutes les choses ne sont certes pas des choses communes, toutes les choses communes sont nécessairement des choses » : M.-A. CHARDEAUX, *Les choses communes*, LGDJ, Paris, 2006, Préf. de G. LOISEAU, n° 57.

4 M.-A. CHARDEAUX, *op. cit.*, p. 135. Or, il convient de remarquer que : « [...] les choses communes ne sont pas par nature inappropriables. Tout au contraire, leur inappropriabilité est organisée par le droit afin que leur usage soit commun à tous » : M.-A. CHARDEAUX, *op. cit.*, p. 170.

5 On admet que : « l'inappropriabilité est au cœur de la notion [de chose commune] » : M.-A. CHARDEAUX, *op. cit.*, p. 11. Or, il convient de remarquer que les choses communes ne sont pas à pas tout à fait « inappropriables ». Elles ne le sont *qu'en tant que telles*, mais dès lors qu'on en isole une partie, elle devient privative ! C'est le cas de l'eau, dans la nature, ou de l'air que l'on respire...

niveau du style d'écritures, voire du codex[1] (*Mushaf*), ou l'interprète récite le Coran selon des *maqâmât* particuliers, nous serions en présence d'une *œuvre dérivée* ou d'une *interprétation* qui se superpose à une « chose commune ». A titre prospectif, on peut se demander si l'intervention du récitant (par exemple un *cheikh*) dans la récitation du Coran ne concerne pas une « chose commune »[2] qui appartiendrait à la communauté à laquelle la doctrine française fait recourt pour qualifier le domaine public[3]. *Res communis* du monde extérieur qui n'est pas susceptible d'entrer dans le patrimoine d'un particulier (*res extra commercium*[4]) tombée depuis fort longtemps dans le domaine public

---

1 « Le mot vient du latin et désigne originellement une tablette pour écrire. Support inventé par les Romains, le codex (pluriel codices) est l'ancêtre de nos livres reliés. Il peut être en papyrus ou en parchemin et avoir une couverture en cuir. Il se diffuse à l'époque chrétienne, étant moins coûteux à la fabrication et plus facile à consulter que le rouleau (les écrits de la mer Morte sont écrits sur des rouleaux) » : T. ROMER et S. RAMOND, *La Bible : une encyclopédie contemporaine : origines, archéologie, traduction, découvertes*, Bayard éditions, Paris, 2018, p. 524.

2 V. M.-A. CHARDEAUX, *op. cit., passim* ; J. ROCHFELD, v° « Chose commune (approche juridique) », *in* M. CORNU, F. ORSI et J. ROCHFELD (dir.), *Dictionnaire des biens communs*, PUF, Paris, 2017, p. 176 et s.

3 La qualification a été préconisée pour les éléments qui ne font pas (plus) l'objet d'un droit exclusif, à l'instar des œuvres et inventions tombées dans le domaine public : S. CHOISY, *Le domaine public en droit d'auteur*, IRPI-Litec, Paris, 2002, Avant-propos de P.-Y. GAUTIER ; M.-A. CHARDEAUX, *op. cit.*, n° 147 s. ; S. DUSOLLIER, V° « Domaine public (propriété intellectuelle) », *in* M. CORNU, F. ORSI et J. ROCHFELD (dir.), *Dictionnaire des biens communs*, *op. cit.*, p. 379. Selon JOSSERAND « [...] l'auteur d'une œuvre artistique ou littéraire est investi du monopole d'exploitation, sa vie durant ; à son décès, ce droit passe à ses héritiers qui l'exercent pendant cinquante années, après quoi l'œuvre tombe dans le domaine public ; elle devient un bien commun à tous, une sorte de *res communis* » : L. JOSSERAND, *Cours de droit civil positif français. I Théorie générale du droit et des droits. Les personnes. La famille. La propriété et les autres droits réels principaux*, 3e éd., Recueil Sirey, Paris, 1938, p. 844, n° 1525. M.-A. CHARDEAUX considère que : « Cette classe de choses inappropriables de nature immatérielle est improprement désignée par la doctrine par l'expression de "domaine public". Improprement, en effet, parce que le "domaine public" en la matière n'a rien de commun avec le domaine public du droit administratif et du droit public général. De fait, les éléments appartenant au domaine public de la propriété intellectuelle ne sont pas la propriété de l'Etat et ne sont en aucun cas soumis aux règles du droit administratif relatives à la domanialité publique » : M.-A. CHARDEAUX, *op. cit.*, n° 147. V. Par exemple : G. RIPERT et J. BOULANGER, *Traité de droit civil d'après le traité de Planiol*, t. II, *Obligations, contrat, responsabilité, droits réels, biens, propriété*, LGDJ, Paris, 1957, p. 743, n° 2120, qui disqualifient les œuvres de l'esprit tombées dans le domaine public de la catégorie de « choses communes » en raison d'une impossibilité, à leurs yeux, d'occupation. (J. ROCHFELD, v° chose commune, *in* M. CORNU, F. ORSI et J. ROCHFELD (dir.), *Dictionnaire des biens communs*, *op. cit.*, p. 180). Cependant, il est difficile de faire une analogie entre le domaine public des œuvres et des inventions dans la mesure où les inventions ne sont plus rien puisque le monopole est révolu mais les œuvres sont toujours des *biens* puisqu'elles sont grevées du *droit moral* qui est une composante de la propriété ! Ce n'est que le *droit patrimonial* qui est éteint...

4 Certains relèvent les différences nuances entre l'*extracommercialité* et l'*inappropriabilité*. M. PAUL essaye de démontrer, dans le cadre de son étude, que le contenu de la catégorie des choses hors du commerce procèdent probablement d'une erreur qui « consiste à assimiler l'extracommercialité à l'inappropriabilité. L'assimilation semble impossible tant pour des motifs historiques – l'extracommercialité ayant toujours été de pair avec une appropriation effective – que pour des raisons de technique juridique – la chose étant exclusive de la qualification de personne et le commerce juridique n'intéressant par définition que la sphère patrimoniale » (F. PAUL, *Les choses qui sont dans le commerce au sens de l'article 1128 du Code civil*, LGDJ, Paris, 2002, Préf. de J. GHESTIN, p. 6, n° 7). V. Dans le même sens : F. ZENATI-CASTAING et Th. REVET, *Les biens*, *op. cit.*, p. 67, n° 23 : «

.../..

dont l'usage appartient à tous au sens de l'article 714 du Code civil français[1]. Le Code civil égyptien n'y fait aucune allusion. En observant les deux traits essentiels sur lesquels repose cette notion, nous constatons, d'une part, que l'aspect patrimonial de la propriété sur le Coran est, à tous égards, hors-jeu, dont l'absence de toute propriété[2] postule, d'autre part, par sa nature, la communauté de l'usage par le public de l'œuvre (l'humanité) parce qu'il est « la création de Dieu ».

122. Une approche *réductrice* incompatible avec le caractère incréé du Coran. Il reste, *in fine*, à apprécier la pertinence de la catégorie juridique de « chose commune » et la qualification à offrir pour le Coran *per se*. Or, l'approche réductrice de la notion de « chose commune » gomme la *particularité* du Coran et le caractère *incréé* du Coran ainsi que le caractère *inépuisable* de la parole coranique semble incompatible avec cette extracommercialité collective selon l'article 714 du C. civ. dans la mesure où le Coran rapporte à plusieurs reprises qu' : « Ce qui est dans les cieux et ce qui est sur la terre appartient à Dieu »[3] ; « Dis : "A qui donc appartiennent la terre et ceux qui s'y trouvent ? Si seulement vous le saviez !" Ils [les Polythéistes] diront : "A Dieu !..." Réponds : "Eh quoi ?... Ne vous souviendrez-vous pas ?" »[4] ; « La terre est à Dieu et

---

Pour que le problème de l'extra-commercialité se pose vraiment, on doit se trouver en présence d'un bien. [...] le commerce juridique est un critère de distinction des biens et non pas un critère de distinction des choses non appropriées. Ce dernier critère ne présenterait aucune utilité car les choses non appropriées sont, par définition, étrangères au commerce juridique... ».

1 Art. 714, al. 1er : « Il est des choses communes sont les choses qui n'appartiennent à personne et dont l'usage est commun à tous ». M. CORNU et N. MALLET-POUJOL, *Droit, œuvres d'art et musées*, CNRS, Paris, 2001, n° 267 ; S. CHOISY, *op. cit.*, n° 506 et spéc. n° 598. Le professeur CARON estime qu' : « on a pu soutenir, avec intelligence, que, parce que les œuvres tombées dans le domaine public sont des choses communes dont l'usage appartient à tous au sens de l'article 714 du Code civil, il serait impossible de donner à leur restaurateur un droit d'auteur, sauf à autoriser une appropriation indue sur les éléments originaux de l'œuvre restaurée. [...] Cette argumentation, aussi pertinente soit-elle, ne nous convainc guère. Dans toutes ces hypothèses, y compris dans la présente espèce, on est en présence d'une œuvre dérivée qui est gouvernée par le régime de l'œuvre composite » : « De la restauration des jardins de châteaux considérée comme un des Beaux-Arts » : *Comm. com. électr.* 2002, comm. 112, note C. CARON.

2 Si les choses communes ne peuvent pas faire l'objet d'une *propriété individuelle*, certains auteurs parlent de *propriété divine*. V. À titre d'exemple : A. SERIAUX, « La notion de choses communes, nouvelles considérations juridiques sur le verbe avoir », *in Droit et Environnement, Propos pluridisciplinaires sur un droit en construction*, PUAM, 1995, p. 23, spéc. note 41, sous n° 8, p. 32-33. Pour cet auteur, les choses communes *appartiennent* à Dieu. Il distingue les notions de *chose commune* et de *patrimoine commun* de l'humanité. Tandis que les *choses communes* renvoient à la conception de l'humanité usufruitière : « Dieu est propriétaire des choses communes, l'humanité n'en ayant qu'une sorte d'usufruit ». En revanche, le patrimoine commun de l'humanité indique que « l'humanité est propriétaire fiduciaire du patrimoine commun ».

3 Coran, Sourate II : La Vache, 284. Dans son raisonnement par analogie, l'avocat MARION compara à l'époque la propriété de l'auteur sur son œuvre en tant que maître à l'image de la propriété de Dieu sur sa création dans les termes suivants : « que mesmes parians humainement de la grandeur de Dieu, et de sa puissance sur les choses créées, ils [les hommes] disent le Ciel et la terre luy appartenir, parce qu'ils sont l'œuvre de sa parole, le jour et la nuict estre vrayement siens parce qu'il faict l'aurore et le soleil » : L. PFISTER, thèse préc., t. I, p. 143 et 144.

4 Coran, Sourate XXIII : Les Croyants, 84-85.

il en fait hériter qui il veut, parmi ses serviteurs »[1]. Si les immeubles et les meubles qui appartiennent à l'État ou aux autres personnes morales de droit public sont des biens du domaine public (art. 87 du C. civ. égyp)[2], *quid* du Coran qui appartient à Dieu, voire même subsiste en Lui ?![3] Pour autant, un tel constat ne saurait dénier la qualité d'interprète au récitant car si le Coran n'appartient à personne dont l'usage est commun à tous, cela ne vaut pas pour sa récitation lorsqu'elle est révélatrice de l'empreinte de la personnalité du récitant dont elle est le reflet, comme nous allons le constater.

b. La *summa divisio* des choses en droit romain

123. Statut des choses inappropriables en droit romain. En effet, le fait que le Coran, en tant que chose sacrée d'essence divine, appartienne à Dieu nous invite à nous interroger et à considérer la *summa divisio* romaine des choses, qui opposerait les choses qui *appartiennent à Dieu* « choses divines » aux « choses humaines »[4].

124. Récitation du Coran et l'héritage romain de la classification des choses par rapport à la religion. Faut-il songer à la catégorie des *res nullius divini juris*, ou choses soumises au droit des dieux qui échappent à l'appropriation des hommes « droit humain » *res humani juris* ? En effet, les jurisconsultes romains s'occupèrent d'établir plusieurs distinctions et divisions entre les choses par rapport à leur création, à la religion, à la cité, au propriétaire, à leur nature physique ou juridique, et à leur composition ou agrégation[5] étant donné que toutes les choses n'obéirent pas aux mêmes règles du droit.

---

1 Coran, Sourate VII : *Al 'Araf*, 128. « On ne conçoit pas au Moyen-Âge un droit exclusif sur la terre. En effet, les idées chrétiennes qui dominent le droit médiéval et qui sont imprégnées des principes communautaires des Pères de l'Église ont introduit l'idée que Dieu est le véritable propriétaire de la terre. Le refus chrétien de la propriété corporelle est, en particulier, exprimé par Saint Augustin et Saint Thomas d'Aquin » : M.-A. CHARDEAUX, *op. cit.*, p. 21, note 40.

2 « 1) Sont biens du domaine public, les immeubles et les meubles qui appartiennent à l'État ou aux autres personnes morales de droit public, et qui sont affectés soit en fait, soit par une loi ou un décret ou un arrêté du ministre compétent, à un service d'utilité publique. 2) Ces biens sont inaliénables, insaisissables et imprescriptibles ». Selon l'art. 88 : « Les biens du domaine public perdent leur caractère avec la cessation de leur affectation d'utilité publique. Cette cessation a lieu par une loi ou un décret ou un arrêté du ministre compétent ou en fait, ou si le service d'utilité publique auquel ils étaient affectés a pris fin ».

3 Mme CHARDEAUX estime que : « Mais dans la mesure où seule une personne juridique peut être, en droit, propriétaire, nous ne pensons pas que dieu ou l'humanité soit propriétaire des choses communes » : M.-A. CHARDEAUX, *op. cit.*, p. 67, note 68.

4 J. BART, V° « *Res communes omnium, res nullius, res publicae, res universitatis* », *in* M. CORNU, F. ORSI et J. ROCHFELD (dir.), *Dictionnaire des biens communs*, *op. cit.*, p. 1052 et s. Cette distinction n'est pas sans rappeler le lien de parenté établit par l'avocat Simon MARION « entre les deux formes d'attribution du *dominium* : à l'image de Dieu, propriétaire des choses qu'il a créées précisément parce qu'il les a créées, l'homme est propriétaire des œuvres qu'il a composées parce qu'il les a composées. Le modèle de la propriété de l'auteur sur son œuvre est le *do minium Dei* et le raisonnement par analogie employé par Simon Marion suppose une conception théologique de cette propriété humaine, inspirée probablement en partie de l'enseignement scolastique » : L. PFISTER, thèse préc., t. I, p. 144 ; Du même auteur, "Author and Work in the French Print Privileges System: Some Milestones", *in* R. DEAZLEY, M. KRETSCHMER and L. BENTLY (dir.), *op. cit.*, p. 125.

5 J. ORTOLAN, *Législation romaine*, vol. I. *Histoire de la législation romaine depuis son origine jusqu'à la législation moderne*, par M. E. BONNIER, 10e éd., E. Plon et Cie, Paris, 1876, p. 598, n° 38.

125. Choses de *droit divin* et de *droit humain*. La catégorie qui nous intéresse, au plus haut niveau, en l'occurrence, et revêt un regain d'intérêt, est la principale division des choses par rapport à la religion qui établit une distinction entre les choses de « droit divin » (*res divini juris*), et les choses de « droit humain »[1] (*res humani juris*). Parmi les *choses de droit divin* qui furent à l'abri de toute appropriation humaine, figura, tout d'abord, les *choses sacrées* (*res sacroe*), qui furent réservées, avec le rite religieux et sous l'autorité légale, aux dieux supérieurs, aux dieux du ciel, comme les temples, les objets nécessaires au culte... Quant aux *choses religieuses* (*res religiosoe*), elles furent consacrées aux dieux inférieurs (sépultures), aux dieux mânes : tels les tombeaux, la terre où est inhumé un mort. Enfin, les *choses saintes* (*res sanctae*), placées sous l'égide des dieux à raison de leur importance particulière. Ils ne furent de droit divin que par assimilation (*quodammodo divini juris sunt*), tels les portes et murs, les portes de la cité et bornes des champs[2].

126. À la recherche d'une conception musulmane des biens appartenant à Dieu, le seul donateur de formes. Si le célèbre juriste Ibn Hanbal nous enseigna que : « Le Coran est sorti de Dieu et retournera à Dieu »[3], il est dès lors concevable de dire que toutes les créations religieuses, élevées au rang de *sacralité* (*qudsiyya*), qualifiées de *biens* au sens juridique selon les écoles doctrinales musulmanes (*fiqh*), appartiennent à Dieu (le seul donateur de formes)[4] ; c'est Lui qui les a créés et c'est à Lui qu'elles reviennent. Il a confié aux hommes le soin de peupler la terre et ils sont responsables des biens qu'ils possèdent en tant que *représentants désignés* conformément à la *Sharî'a*[5].

---

1 Elles sont rangées, comme les choses des dieux, en trois sous-catégories : les *res communes omnium* « choses communes à tous », les *res publicae* « choses publiques » et les *res universitatis* « choses d'une université ». V. J. BART, V° « *Res communes omnium* et al. », *in* M. CORNU, F. ORSI et J. ROCHFELD (dir.), *Dictionnaire des biens communs*, *op. cit.*, p. 1052 et s. « Les choses de droit humain s'ordonnent, quant à elles, autour de deux sphères : la sphère publique et la sphère privée. Alors que la sphère privée comprend les choses appropriées et dans le commerce juridique, la sphère publique comprend toutes les choses qu'un acte du droit public a soustrait à l'aire d'appropriation, puis affectées aux citoyens de la cité afin que leur usage soit commun à tous. Ce sont notamment les fleuves, les routes, les places, les théâtres, les marchés et les bains. En somme, à l'instar des choses de droit divin, l'inappropriabilité des *res publicae* ne résulte pas d'une nature propre à cause de laquelle elles devraient nécessairement appartenir à la sphère publique. Leur inappropriabilité est voulue et décidée par le droit » : M.-A. CHARDEAUX, *op. cit.*, p. 16.

2 G. CORNIL, *Ancien droit romain. Le Problème des origines*, Librairie des Sciences juridiques (Bruxelles), Librairie du Recueil Sirey (Paris), 1930, p. 62.

3 Cité par F. JOURDAN, art. préc., p. 50.

4 « Dans le Coran, le terme signifiant "faire, former" (*sawwara*) est synonyme de celui qui veut dire "créer" (*bara'a*). Or seul, Dieu est créateur. On ne peut donc pas concevoir une "création" humaine. "L'œuvre" ne peut donc pas être "création", mais seulement savoir-faire » : A. G. AL ANI, *Le droit d'auteur en Iraq et en Égypte (comparaison avec la France)*, t. I, thèse, Paris II, 1975, p. 13.

5 HCC, 4 mai 1991, n° 23/9e, *Rec.*, vol. 4, p. 335 et s. Il est intéressant de relever que les droits intellectuels ont été reconnus par la *Sharî'a* dans les deux *fatwas* (avis religieux) qui ont été émises en la matière. D'une part, la décision n° 43 (5/5) prise par le Conseil de l'Académie islamique du *fiqh* – qui est l'un des organes subsidiaires de l'OCI – lors de la 5e conférence tenue au Koweït du 10 décembre au 15 décembre 1988 selon laquelle : « *Premièrement : le nom, l'enseigne, la marque de commerce, les droits d'auteur* [en arabe, *al- ta'lif*] *et les brevets d'invention ou la création constituent des droits appartenant exclusivement à leurs propriétaires. Ils ont, dans notre temps contemporain, une valeur patrimoniale effective auprès*

...

127. Imagination d'une catégorie *innommée*. Il s'avère que le Coran suscite une réflexion quant à la *création* d'un statut particulier propre à son caractère *sacré*, voire *super-sacré*. A ce titre, peut-on concevoir que la récitation du Coran relève, par exemple, d'une nouvelle catégorie[1] *sui generis* de « biens increés »[2] par opposition aux « biens créés » qui ne sauraient être grevés d'une propriété, dans lequel la forme (toutes confondues) se trouve non saisie par le droit de la propriété littéraire et artistique, qui, ne peut, en l'occurrence, faire l'objet d'une appropriation[3] dû à son caractère religieux, divin, comme nous allons le voir ? Or, le propos doit être nuancé car même si le Coran est increé, la récitation qui le dote d'une *forme externe vivante créé cette forme* ! Mais on s'éloigne pour les raisons que nous allons avancer.

2. La réception du Coran comme « œuvre »

---

des gens. D'ailleurs, ces droits sont reconnus par la Sharî'a et donc il n'est pas permis d'en abuser. Deuxièmement : puisque ces formes de droits sont considérées comme un bien valorisé, il est permis d'en vendre le nom commercial ou l'enseigne ou la marque de commerce en contrepartie de l'argent à condition d'éviter toute forme d'aléa et de tricherie. Troisièmement : les droits d'auteur et les brevets d'invention ou la création sont protégés par la Sharî'a qui interdit toute tentative d'y porter atteinte. Leurs propriétaires ont la pleine faculté d'en disposer. Et Allah seul le sait par excellence » : *in* revue *Al-Behousse Al-Fiqheya Al-Mouasra* (Revue des recherches doctrinales contemporaines), n° 2, 1re année, août, sept. et oct. 1989, n° 2 ; M.-H. LOUTFI, *Guide pratique de la propriété littéraire et artistique*, Livre IV, Le Caire, 1999, p. 701 (en arabe). D'autre part, le Conseil de *fatwa* du *Dar Al-Ifta'* d'Égypte (une des plus grandes institutions religieuses) a émis une *fatwa*, en date du 27 janvier 2007, n° 426, intitulée : « *Droits de propriété intellectuelle et des marques commerciales d'origine* » qui souligne qu' : « *en Islam, la préservation de la propriété est l'un des cinq objectifs principaux de la Sharî'a* [à savoir la préservation de la vie, de l'honneur, de la raison, des biens et de la foi]. *La propriété intellectuelle, littéraire et artistique, les brevets d'invention et la propriété des noms, des marques et des noms commerciaux figurent parmi les droits reconnus par la Sharî'a et même par coutume. Ces droits sont considérés comme des biens – selon l'avis de la majorité des savants qui stipulent que le profit fait partie des biens – ou des profits ayant le statut des biens puisqu'ils font l'objet d'un contrat eu égard à l'intérêt général (selon l'opinion des prédécesseurs de l'école hanéfite)* [...] ». V. Y. OMAR AMINE, « *Quid* de la "conception arabo-musulmane de la propriété littéraire et artistique" ? À la recherche d'une conception perdue », art. préc., p. 76-77.

1 F. TERRE, *Introduction générale au droit*, *op. cit.*, n° 404 : « Sauf exceptions en certains domaines, le nombre des catégories existantes n'est pas limitatif, ce qui permet, le cas échéant, à la volonté individuelle de forger de nouvelles catégories si celles qui existent ne sont pas adéquates [...] [même si] le juriste doit résister à la tentation d'établir un nombre excessif de catégories. Sinon elles deviendraient inutilisables [...]. Inversement, il ne faut pas se contenter de quelques grandes catégories, sinon on est conduit à faire entrer dans une même catégorie des éléments trop différents ».

2 Mme LESUEUR précise qu' : « En cas de lacune du droit positif, une catégorie innommée correspondant exactement au droit envisagé doit être imaginée » : J. LESUEUR « Les droits opposés dans le champ des propriétés incorporelles », art. préc., n° 3. Quoique la proposition du Professeur BINCTIN soit intéressante s'agissant de la définition des « biens intellectuels », nous ne pouvons pour autant le rejoindre car selon cette définition : « une chose issue de l'imagination humaine dans l'exercice d'une activité créative et susceptible d'appropriation indépendamment de tout support » : N. BINCTIN, *Droit de la propriété intellectuelle*, 1re éd., LGDJ, Paris, 2010, n° 12 ; du même auteur, *Le capital intellectuel*, coll. « Bibl. de droit de l'entreprise », t. 75, Litec, Paris, 2007, n° 20 et s. On réalise tout de suite qu'elle ne prend pas en compte le caractère particulier de la forme divine et n'y convient pas et a vocation à accueillir les formes créatives toutes confondues.

3 Mme E. BOUCHET-LE MAPPIAN s'interroge sur le fait de savoir si « le droit intellectuel connaît la même opposition de l'appropriable et de l'inappropriable que les autres branches du droit ? ». Elle constate que : « le droit intellectuel et les autres branches du droit connaissent des types symétriques de choses inappropriables ; seule la notion de choses communes est beaucoup plus importante en droit intellectuel qu'en droit civil des biens » : E. BOUCHET-LE MAPPIAN, thèse préc., p. 237.

128. Plan. Le texte sacré peut-il être protégeable au titre du droit d'auteur en tant qu' « œuvre » tout en étant de *source divine* dans la mesure où l'œuvre ne *gît* juridiquement que dans la *forme*[1] ? L'analogie du Coran et de l'œuvre n'est-elle pas contradictoire pour toutes les raisons que nous avons avancées ? Pour se pencher sur cette qualification, il convient d'analyser la position jurisprudentielle en Égypte (a) et la position législative unique en Iraq (b) sur cette question dogmatique qui jaillit sur le statut du Coran.

a. Position jurisprudentielle en Égypte : Affaire du « *cheikh Abdel-Basset Abdel-Samad* »

129. Développement technique des procédés d'enregistrement du Coran. Avant d'exposer la première application jurisprudentielle en Égypte et dans le monde arabe relative à la protégeabilité de la récitation du Coran par la propriété littéraire et artistique, un bref rappel du contexte soumis aux fluctuations de l'évolution des procédés techniques d'enregistrement de l'époque s'impose. En effet, les années 1960-1970 vont témoigner un état d'esprit d'ouverture en Égypte en ce qui concerne la laïcisation de la musique. Les différents procédés de reproduction et les techniques d'enregistrement de la voix vont contribuer à accroître le champ de diffusion du Coran, par le moyen de la psalmodie[2], sur le support du disque, puis sur celui de la cassette et enfin du disque compact et l'ont fait également pénétrer dans l'environnement de la propriété littéraire et artistique qui n'était pas le sien. Si ces techniques ont posé des problèmes que les jurisconsultes musulmans ont rapidement cernés, la question est restée, cependant, en suspens pour le droit d'auteur jusqu'à ce que l'exploitation contractuelle par les compagnies de disques de la voix des *shouyoukh* ait pris son essor et ne put rester sans conséquences juridiques. En témoigne, la célèbre affaire du *cheikh* Abdel-Basset Abdel-Samad qui est venue apporter une pierre à l'édifice.

130. Affaire emblématique du « *cheikh* Abdel-Basset Abdel-Samad ». En notre sujet, l'étude de cette célèbre affaire[3] en est l'archétype car c'était la première fois que les juridictions égyptiennes étaient amenées à statuer, dans l'un des plus rares conflits, sur la question de savoir si « *tilâwit le Qur'ân* » était une œuvre protégeable (*musannâf mahmi*) au sens de l'ancienne loi égyptienne n° 354 du 24 juin 1954 sur la protection du droit d'auteur[4]. L'intérêt majeur de ce litige réside dans la problématique

---

1 Non pas en tous ses états.

2 V. F. DEROCHE, *Le Coran*, coll. « Que sais-je ? », 4e éd., PUF, Paris, 2014, p. 88 et 89 ; Ch. POCHE, « De l'homme parfait à l'expressivité musicale. Courants esthétiques arabes au XXe siècle », art. préc., n° 15. À titre d'exemple, des compagnies aériennes arabes diffusent la récitation enregistrée d'un ou de plusieurs verset(s) avant le décollage de l'avion : F. DEROCHE, *Le Coran*, *op. cit.*, p. 95.

3 Cass. civ., 12 mars 1984, pourvoi n° 555/48e A.J., *Recueil du Bureau Technique de la Cour de cassation égyptienne* (ci-après « *Rec.* »), 35e A.J., n° 121, p. 640. V. Pour un premier commentaire : Kh. LOUTFI, *Les lois sur la protection du droit d'auteur et sur la censure des œuvres*, sans éditeur, Le Caire, 1988, p. 19 et s. (en arabe) ; V. M.-H. LOUTFI et al., *Notions fondamentales du droit d'auteur, Recueil de jurisprudence des pays arabes*, L'Organisation Mondiale de la Propriété Intellectuelle (OMPI) avec la coopération du Programme des Nations Unies pour le Développement (PNUD), Genève, 2002, p. 39 et s. (Partie en arabe).

4 V. Sur cette loi : R. LANÇON et J. VILBOIS, « Le droit d'auteur en Égypte », *RIDA* oct. 1954, n° 5, p. 91 et spéc. p. 97 et s. V. Aussi : Y. OMAR AMINE, « Chronique d'Égypte », *RIDA*, janv. 2010, n° 223, p. 269 et s., et, *passim* (pour le développement du droit d'auteur en général).

religieuse qu'il suscita. Compte tenu de la nature « très particulière » de l'objet sur lequel portait l'affaire « *tilâwit* le Coran » en ce qu'elle n'est pas l'interprétation d'une parole d'un homme (*insân*), mais *Kalâm Allah* (La « Parole de Dieu », c'est-à-dire le Coran), on conçoit aisément que sa qualification juridique sera à la fois extrêmement délicate et représentera naturellement un défi pour les juridictions qui ne peut échapper aux pulsions religieuses des juges sans susciter de nombreuses controverses et interrogations en Égypte, notamment dans un pays religieux. Cela peut traduire la réticence dont les juridictions égyptiennes ont fait preuve lorsqu'il était question de se pencher sur la nature du texte récité sur le terrain de la propriété littéraire et artistique. En effet, la doctrine égyptienne a été même déroutée par la question et ne s'aventura jamais dans cette voie audacieuse. Néanmoins, la jurisprudence administrative plus libérale tend, de manière générale, à ne pas s'aligner sur la jurisprudence judiciaire dans les contentieux relatifs à la protégeabilité de la calligraphie coranique, comme nous allons le constater. Dans cette optique, la question mérite sans aucun doute d'être posée et étudiée longuement pour les besoins de nos développements.

131. Faits. En l'espèce, une société (A) conclut un contrat (*'aqd*), en 1976, avec le célèbre *Qâri'*, le *cheikh* Abdel Bâsit Mohammed Abdel Samad aux termes duquel il conféra à la société l'exclusivité de sa voix (*sawte*) dans l'interprétation (récitation) intégrale du Coran *el Karim Mujawâd* sur des cassettes en vue d'une exploitation commerciale. Autrement dit, le Cheikh Abdel Bâsit signa un contrat comportant une clause d'exclusivité d'enregistrements aux termes de laquelle elle interdisait au *cheikh* d'enregistrer le Coran avec sa propre voix pour le compte de tiers tant en Égypte qu'à l'étranger, voire de travailler avec d'autres producteurs phonographiques[1]. Cependant, le *cheikh* méconnut ses obligations contractuelles du fait de l'enregistrement, par la suite, des sourates du Coran pour le compte d'une autre société (B) qui les fixa à son tour sur des cassettes et les diffusa sur le marché[2]. Le litige opposait donc ces deux sociétés. Ces dernières ne parvinrent pas à un accord pour régler ce différend après avoir entamé des négociations.

---

1 "Though his career as a reciter was launched traditionally in Cairo [Sheikh Abdel Basset Abdel Samad], he secured an early recording contract with a French subsidiary in Egypt, Sono Cairo. The key to Sheikh Samad's success was that his recordings circulated widely in markets at both ends of the Mediterranean. Secondarily, Sheikh Samad was one of the first reciters who took advantage of the technologies that would allow Sono Cairo to market entire Qur'an cycles, in other words, the successive performance of chapters, first on LPs, and then on CDs, stretching over the course of the Muslim year. From a marketing standpoint, his recordings were the equivalent of a Gesamtausgabe, or complete edition, the sonic realization of the entire Qur'an. It would not suffice to have a sura (chapter) or two, but rather it became almost a prerequisite to purchase as much of the Qur'an as possible. [...] By the 1980s, Sheikh Samad's recordings formed the canonic repertory of the Qur'an LPs and audiocassettes available in the largely North African and Algerian communities of France", Ph. V. BOHLMAN, *Revival and Reconciliation: Sacred Music in the Making of European Modernity*, The Scarecrow Press, UK, 2013, p. 178-179.

2 V. Kh. LOUTFI, *op. cit.*, p. 20.

Figure 5 — CD Rom du Coran *Mujawâd* avec la voix du *cheikh* Abdel Bâsit Abdel Samad

132. Détour théologique emprunté. La question à régler par les *qâdis* fut naturellement simple. Mais suivant une ordonnance sur requête (n° 75/1976) conformément à l'article 43 de la loi n° 354 de 1954 relative à la protection du droit d'auteur, ayant compliqué les choses, à la demande de la société demanderesse devant le Tribunal de grande instance du nord du Caire, l'affaire prit un autre détour essentiellement *théologique*. En effet, le président ordonna les mesures suivantes :

- La description détaillée des cassettes en cause ;
- L'arrêt de la publication, de la représentation et de la fabrication desdites cassettes ;
- Enfin, la saisie desdites cassettes.

133. La société (B) exerça alors un recours auprès du président du Tribunal ayant rendu l'ordonnance en invoquant notamment que la société demanderesse s'appuyait sur l'article 43 de la loi n° 354 de 1954 (devenu CPI égyptien, art. 179) pour fonder l'ordonnance. Et elle mit en avant le fait que la formule de l'article 43[1] ne permettait

[1] Aux termes de l'art. 43 : « Le Président du Tribunal de Première Instance ordonnera, suivant ordonnance sur requête, à la demande de l'auteur ou de ses ayants cause, les mesures suivantes pour toute œuvre publiée ou représentée sans autorisation écrite de l'auteur ou de ses ayants cause en violation des dispositions prévues aux articles 6 et 7 (1er §) de la présente loi : 1° une description détaillée de l'œuvre ; 2° l'arrêt de la publication, de la représentation ou de la fabrication de l'œuvre ; 3° la saisie de l'œuvre originale ou des exemplaires (livres, gravures, dessins, photographies, disques, tableaux, statues, etc…), ainsi que du matériel servant à la reproduction ou à la confection d'exemplaires, à condition que ce matériel ne puisse être utilisé qu'à la reproduction de l'œuvre ; 4° le constat de l'exécution publique en ce qui concerne les exécutions, représentations, ou récitations faites en public ; l'interdiction de la continuation du spectacle en cours ou toutes exécutions ou représentations de l'œuvre à l'avenir ; 5° la détermination, par un expert désigné à cet effet, le cas échéant, des recettes provenant de la publication ou de la représentation, et dans tous les cas, la saisie de cette recette. Il appartient au Président du Tribunal de Première Instance d'ordonner dans tous

d'appréhender que les œuvres originales relevant du domaine des Lettres, des Arts et des Sciences conformément à l'article premier[1] de la loi de 1954, alors qu', en tout état de cause, le Coran descendait[2] de Dieu, c'est-à-dire que les êtres humains ne l'ont pas créé et donc, la « Parole de Dieu » ne peut être appropriée par personne. C'est pourquoi, le Coran ne saurait en lui-même être une *œuvre protégeable*. Autrement dit, la société défenderesse soutint principalement que la société (A) ne saurait revendiquer aucun *droit d'auteur* sur la *tilâwah*. Selon la société défenderesse, la question fondamentale qui dut être tranchée par le tribunal se borna, en effet, au fait de savoir si le *cheikh* eut ou non le droit d'enregistrer le Coran pour son compte[3]. Comme le relève justement la société défenderesse, la question ne relevait pas du droit d'auteur[4].

134. La société demanderesse porta le litige devant le Tribunal compétent dans les quinze jours de l'ordonnance. Cependant, le Tribunal de grande instance a été trop rigoureux car il donna raison au *cheikh* en dépit du fait qu'il avait violé ses obligations contractuelles au motif que le contrat conclu entre la société demanderesse et le *cheikh* était nul (*bâtil*), *a fortiori*, contraire à l'ordre public (*moukhalef li-el nizâm el 'ame*) car il contenait une clause exclusive interdisant la récitation (l'enregistrement) du Coran pour d'autres sociétés et interdisait l'écoute, voire la diffusion, du Coran au sens large. Par ailleurs, le contrat prohibait un « *culte* ». De même, le Tribunal de grande instance n'a pas manqué de souligner que : « Le Coran *el karim* est la Parole d'Allah (dans sa prononciation et sa signification) qui est descendu sur le Prophète Mohammed par le biais de l'Ange [le Confident : Al Amine] Jibrîl/Gabriel ; *Tilâwit* le Coran et les différentes récitations du Coran sont un culte [*'ibâdâ*] » pour, ensuite, affirmer que : « *Tilâwit* le Coran n'est pas une *création* [*ibtida'*], voire dépourvue d'originalité[5] ».

135. Le Tribunal ne manqua pas de faire référence aux beaux propos de l'*Imâm* Al-Ghazali dans son chef-d'œuvre l'*Ihyâ 'ulûm al-dîn* (*Revivification des sciences religieuses*) selon lesquels :

> « On doit lire le Coran en le méditant et le glorifiant. Car Allah, le Très Haut, est très compatissant à l'égard de ses créatures quand il descend du Trône de sa Majesté, exalté soit-il, pour leur faire comprendre la signification de sa parole qui est un des attributs de son Essence. Comment cet attribut divin s'est traduit sous forme de lettres et de sons ? Et si l'entité de la beauté de sa Parole ne possède une telle multitude de lettres, un Trône ne pourrait jamais supporter d'entendre de telle parole. La Grandeur de sa Puissance et les effets de sa Lumière doivent tout détruire et éclipser. Si Allah n'avait pas affermi Moïse [Musâ], il n'aurait jamais supporté la Parole d'Allah tout comme la Montagne qui n'a pas pu

---

les cas, la désignation d'un expert pour assister l'huissier chargé de l'exécution et d'imposer au requérant le dépôt d'une caution adéquate. Le requérant devra porter le litige au Tribunal compétent dans les 15 jours de l'ordonnance, faute de quoi celle-ci n'aura aucun effet ». V. Cass. civ., 6 déc. 1962, pourvoi n° 144/27e A.J., *Rec.*, 13e année, n° 172, vol. 3, p. 1092-1097.

1 Art. premier : « Bénéficient de la protection instituée par la présente loi, les auteurs des œuvres originales dans le domaine des Lettres, des Arts et des Sciences, quels que soient leur nature, leur mode d'expression, leur importance ou leur destination […] ».

2 Verbe *nâzzala* : faire descendre.

3 Recours n° 408 de 1976. V. Kh. LOUTFI, *op. cit.*, p. 21.

4 V. Par exemple en France : TGI Paris, 4 oct. 1988, *D.* 1990, p. 54, note B. EDELMAN, précise que : « le contrat souscrit par un artiste-interprète pour l'exécution de ses prestations est un contrat de travail et non un contrat relatif à la propriété littéraire et artistique ». V. également : X. DAVERAT, « L'impuissance et la gloire. Remarques sur l'évolution contemporaine du droit des artistes-interprètes », *D.* 1991, p. 93.

5 *Contra* : Cass. civ., 6 janv. 1992, pourvoi n° 1462/54e A.J., *Rec.*, 43e A.J., n° 30, p. 134-137.

supporter les prémices de sa Manifestation de telle sorte qu'elle soit devenue pulvérisée. *Que la glorification du Sujet Parlant soit toujours présente dans le cœur de celui qui lit le Coran et le domine durant toute sa lecture. Il doit croire que c'est Allah qui lui adresse de telle parole. Bien lire* [tilâwit] *le Coran exige alors la participation de la langue, de la raison et du cœur. La langue articule bien les lettres en les psalmodiant, la raison en cherche ensuite la signification et le cœur sera enfin exhorté, affecté et touché. C'est ainsi que la langue psalmodie, la raison interprète et le cœur* [s'affecte] *est exhorté* »[1].

136. La vérité est que le jugement du Tribunal de grande instance ne répond pas à la question posée. Il nous semble que la démarche du Tribunal fut plus *religieuse* que *juridique*. D'une manière générale, on peut observer que lorsque nous sommes en présence d'une question religieuse, les juridictions égyptiennes semblent opposer la plus vive critique et résistance à ces affaires sans raisonnement et elles ont tendance à ne pas s'engager sur le terrain en déplaçant le problème.

137. Qualification d' « œuvre » déguisée. Cependant, nous remarquons qu'il existe, en l'espèce, une contradiction dans la motivation des décisions des juridictions égyptiennes qui, après avoir refusé à la fois d'appliquer au litige la loi relative à la protection du droit d'auteur ainsi que de reconnaître la qualité d' « œuvre » au Coran, avaient néanmoins qualifié implicitement le Coran en tant qu' « *œuvre* » à partir du moment où le président du TGI – suivant l'ordonnance sur requête n° 75 de 1976 rendue à la demande de la société demanderesse (art. 43)[2] – ordonna des mesures provisoires et conservatoires qui ne sont prises, en effet, qu'à l'égard d' « œuvres »[3]. Par ailleurs, en dépit des développements intéressants mis en exergue par la Cour de cassation au regard du droit sur la voix que nous allons analyser dans la troisième section, Maître Khater Loutfi estimait que la Haute juridiction avait considéré le *qâri* du Coran comme un « *auteur* » puisqu'elle n'avait pas infirmé l'ordonnance n° 75 de 1976 rendue par le président du TGI.

138. Or, si les juridictions égyptiennes refusent de qualifier le Coran en tant qu'œuvre, pourquoi les juges dans la jurisprudence Abdel Basset n'ont-ils pas hésité à ordonner, à plusieurs reprises, des mesures conservatoires ? Etant donné que cette

---

1 V. Al-Imâm A. H. AL-GHAZALI, *Ihyâ 'ulûm al-dîn* (*Revivification des Sciences Religieuses*), 1er *Kitâb* (*Kitâb Adâb tilâwit el Qur'ân*), t. 3, Le Caire, Dar El Sha'b, p. 507, 508 et 519 (en arabe). V. Aussi : Kh. LOUTFI, *op. cit.*, p. 24 ; Y. OMAR AMINE, « "*Tilâwit* le Coran" en Égypte, entre droit d'auteur et droits voisins (à propos de l'affaire du Cheikh Abdel Basit Abdel Samad). Contribution à l'étude de la conception arabo-musulmane de la propriété littéraire et artistique », *RIDC* 2014, Vol. 66, n° 4, p. 1048.

2 Si l'ancienne loi ne permettait qu'à l'auteur ou de ses ayants cause de saisir le juge aux affaires provisoires, toutefois, ce droit est désormais ouvert aussi bien à l'auteur et à ses ayants cause qu'à toute personne intéressée (telle que l'éditeur ou l'exploitant licencié de l'œuvre).

3 En effet, il convient de remarquer qu'il ne s'agit pas des seules mesures provisoires et conservatoires ordonnées mais suite à la violation de la voix du *cheikh*, la société de production *Sawt Al-Qahira lil sawtiyat* (SonoCairo), en tant que titulaire du droit exclusif d'exploitation patrimoniale sur le Coran *murattal* et *mujawwad* de la voix du *Cheikh* Abdel Basset, a présenté d'autres demandes d'ordonnance sur requête au juge aux affaires provisoires du Tribunal de première instance du Caire-Sud contre le représentant légal d'une des fondations de presse qui annonça la vente dudit Coran pour obtenir la suspension de la publication, de la représentation ou de la vente des cassettes ainsi que sa saisie. Le juge fait droit à sa demande dans une ordonnance sur requête n° 505 (Caire-Sud) en date du 30 novembre 2002 et ordonne d'une part la suspension de la publication, de la représentation et de la vente des cassettes enregistrées du Coran qui ont été produites par la troisième société et d'autre part, la saisie conservatoire sans demeure des cassettes originales ainsi que le matériel qui a servi à leur publication et à leur reproduction.

protection provisoire s'applique seulement aux œuvres appréhendées et protégées par les règles de la propriété littéraire et artistique. Une telle solution s'écarte ainsi de l'approche croyante de la nature incréée du Coran.

139. Distinction entre le contrat licite sur l'usage de la voix et la clause d'exclusivité restreignant la récitation du Coran considérée comme contraire à l'ordre public. Après avoir été débouté de leurs demandes, la société demanderesse interjeta alors appel en invoquant, d'une part, que le jugement s'était trompé dans le fait qu'il avait considéré l'*objet du contrat* « la récitation du Coran », alors que la récitation du Coran, en elle-même, ne peut faire l'objet d'un contrat et que l'objet de ce dernier consistait dans l'*enregistrement de la récitation avec la voix* du récitateur et, d'autre part, la voix est un moyen d'exprimer un don/talent (*mâlaka*) de l'être humain qu'il peut *exploiter* moyennant rémunération[1]. Or, après avoir mis l'accent sur le fait que la récitation du Coran peut faire l'objet d'un contrat, la Cour d'appel du Caire[2], dans son arrêt du 30 janvier 1978, débouta la société demanderesse de ses demandes et confirma le jugement du TGI en décidant que :

> « Le *tartîl* [la psalmodie] du Saint Coran (*Al Qur'an el Karim*) est un culte [*'itibâ'*] et non pas une création [*'ibtidâ'*], voire dépourvue d'originalité. [...] Attendu que le droit de la personne sur son interprétation ne porte que sur une interprétation d'une œuvre de collaboration créée par des êtres humains [*bâshâr*] et exprimant son effort créatif. Par conséquent, le *qâri'* du Saint Coran n'a pas un droit d'interprétation sur sa récitation, c'est-à-dire un droit d'auteur [*sic* !] et ne bénéficie pas de la protection prévue par la loi n° 354 de 1954 ».

140. Lectures possibles. Il est indéniable que « *tilâwit* le Coran » est un *acte de culte*[3] (*ibâdâ*) pour lequel le musulman reçoit une rétribution (*hasanah*). Elle est une *tradition* (*sunnah*)[4] instituée par l'Islam. Or, en ce qui concerne la conclusion du jugement (*in fine*) selon laquelle : « *Tilâwit* le Coran n'est pas une création [*ibtida'*], voire dépourvue d'originalité », deux lectures peuvent être proposées selon que l'on se situe sur le terrain du droit de la *propriété littéraire et artistique* ou sur celui de la *religion*. Sur le premier terrain, on ne peut adhérer à la conclusion du TGI, selon laquelle il n'y aurait dans la récitation du Coran aucune « *création originale* ». Au contraire, nous estimons que la «

---

1 Kh. LOUTFI, *op. cit.*, p. 25 et 26.

2 CA Caire, 30 janv. 1978, appel n° 139/95, *Revue 'idarit Qadaya El Hekouma* (*Revue de l'Administration du Contentieux de l'État*), avril-juin 1978, 22e A.J., n° 2, p. 193.

3 En l'atteste les versets suivants : « Les incrédules disent : "Si seulement on avait fait descendre sur lui le Coran en une seule fois !" Nous l'avons révélé ainsi, pour que ton cœur en soit raffermi et nous l'avons fait réciter avec soin », sourate XXV, La Loi, verset 32, Le Coran II, p. 445 ; « Et récite avec soin le Coran », sourate LXXIII, Celui qui s'est enveloppé (*Al-Muzzammil*), verset 4, Le Coran II, p. 724 ; « Ne remue pas ta langue en lisant le Coran comme si tu voulais hâter la révélation ۞ Suis sa récitation, lorsque nous le récitons ; », sourate LXXV, La Résurrection (*Al- Qiyâmah*), versets 16 et 18, Le Coran II, p. 730 ; AL-TIRMIDHI rapporte d'après IBN MAS'UD que le Prophète dit : « Celui qui lit une lettre du Livre d'Allah reçoit une *hasanah*, et chaque *hasanah* est déculpée » ; Le Messager de Dieu, paix et bénédictions de Dieu sur lui, a dit : « Récitez ce Coran. Dieu vous récompense par la récitation d'une lettre dix bonnes œuvres (*hasanah*). Je ne vous dis pas que "*Alif. Lam. Mim*" est une lettre. Mais "*Alif*" est une lettre, "*Lam*" est une autre et "*Mim*" est une autre encore », *in* A. CHEHATA, *'Ulûm al-dîn al-islâmi* (*Les sciences de la religion islamique*), 3e éd., *Al-Hay'ah Al-'Ammah Al-Misriyyah lil-Kitâb* (L'Organisation égyptienne générale du livre), Le Caire, 1998, p. 82, 83 et 17, trad. de l'Arabe par M. et A. AL-MURTADA.

4 *Sunnah* – « Le terme *sunna* ou "conduite" est utilisé pour désigner la manière d'agir de Mohammed, consignée dans la Tradition ou *hadîth* et devenue la deuxième source du droit religieux ou *fiqh* après le Coran », *in* D. SOURDEL et J. SOURDEL-THOMINE, *op. cit.*, p. 114. V. A. CHEHATA, *op. cit.*, p. 82.

tilâwah » peut être originale dès lors qu'elle porte l'empreinte de la personnalité de l'interprète, comme nous allons le démontrer dans la sous-section (§3) de la deuxième section[1]. Elle n'est pas dépourvue d'originalité comme l'affirment les juges du fond. Le « *culte* » est une chose et « l'*originalité* de la récitation » en est une autre. Sur le plan religieux, compte tenu de l'objet litigieux « très spécial » de l'affaire, peut-être le TGI voulait-il mettre l'accent sur le fait que la *tilâwah* n'est pas la création des êtres humains. Peut-être la disqualification vise-t-elle également à couper court à toute assimilation ou confusion avec une création humaine. Mais si le Coran n'est pas une création humaine, la psalmodie en est-elle une ? Il nous semble que la réponse soit par l'affirmative dans la mesure où on peut introduire de multiples variantes dans la psalmodie. Ce qui montre que si la forme du Coran est *fixe*, il y autant de *formes interprétatives* que d'interprètes… À vrai dire, le caractère religieux a sans aucun doute motivé la position et la solution des juges. Nous y reviendrons.

141. Affaire « *Nasr Hâmid Abou Zeid* » et la problématique de la qualification du Coran en une parole divine « *humanisée* ». A vrai dire, c'est cette confusion qui a conduit les juridictions égyptiennes à condamner le professeur d'études arabes et islamiques Nasr Abou Zeid (1943-2010) pour *apostasie*, faute d'avoir distingué dans ses propos entre le *Coran* et la *création humaine*, et partant, le roman. Selon les propos du penseur égyptien Nasr Abou Zeid :

« Tout d'abord, il s'agit d'un texte historique. Cela signifie qu'il a été révélé à une époque spécifique, en un lieu spécifique, en une langue spécifique – l'arabe –, en somme, dans un contexte culturel. Bien qu'il soit révélé par Dieu, comme nous tous, musulmans, le croyons, il est incarné en une langue humaine. *J'essaie d'attirer l'attention des musulmans sur l'aspect humain du texte, ce qui ne contredit pas son aspect divin. Depuis le IXe siècle, on a mis l'accent sur la divinité du texte, et bien que, dans les commentaires du Coran, on ait traité des aspects humains dans leur dimension pratique, ils ont été niés au niveau conceptuel. J'essaie d'attirer l'attention sur ceux-ci, afin de traiter le Coran comme un texte ouvert à l'interprétation. C'est ce que je veux signifier quand j'écris que le Coran est un produit culturel* »[2].

142. Rappelons que cette célèbre affaire, qui portait sur l'action publique en préservation des intérêts islamiques (dit « la *hisba* »)[3], intentée par les milieux

---

1 Nous reviendrons sur cette question dans la sous-section (§3) de la deuxième section à l'occasion de l'étude approfondie de la notion d'originalité dans la récitation et son appréciation.

2 Propos recueillis par G. KEPEL, « Le Monde des Livres », 12/04/97, p. V.

3 Loi n° 3 de 1996 portant organisation des procédures de requête directe en *hisba* en matière de statut personnel. La Cour de cassation, dans son arrêt du 30 mars 1966, sur l'affaire n° 20, 34e A.J. définit la *hisba* comme étant « un acte qui satisfait (*yahtasib*) Dieu, c'est-à-dire dont on espère la rétribution. Dans l'usage des jurisconsultes, c'est appeler, à ce qui est convenable (*amr bi-ma'rûf*) quand cela a été abandonné, ou interdire ce qui est répréhensible quand cela est commis. Cela appartient aux obligations collectives (*furûd al-kifâya*) » ; les obligations collectives sont les obligations légales qui, s'imposant à l'ensemble de la communauté, tombent pour tous une fois qu'elles ont été remplies par certains ; si tous la négligent, ils sont collectivement pécheurs. La Cour de cassation fait ensuite une digression formulée comme suit : « La requête en *hisba* intervient pour ce qui constitue le droit de Dieu (*haqq Allâh*) ou pour ce en quoi prédomine le droit de Dieu, comme la requête en établissement du divorce (*talâq bâ'in*) et en séparation des époux quand leur mariage est entaché de vice (*fâsid*) ; la plupart des jurisconsultes concluent ainsi au vice du mariage pour lequel la condition d'autorisation ou de mandat du tuteur (*wâlî al-amr*) n'a pas été remplie ». Il est satisfait à l'obligation collective en matière de *hisba*, selon les termes de la Cour de cassation, « par l'introduction de la requête devant le juge et par le témoignage ou par l'introduction d'une réclamation devant le *muhtasib* ou le commissaire des plaintes, c'est-à-dire par la notification au procureur général », cité par M. S. AL-'AWWA, « Un

intégristes égyptiens, nous intéresse seulement par rapport à la problématique de la qualification du Coran qu'elle suscite et sa relation avec/son incidence sur le terrain du droit d'auteur. L'une des sept argumentations (n° 4) de l'arrêt, rendu le 14 juillet 1995[1] par la 14e chambre de la Cour d'appel du Caire dans l'affaire du professeur Nasr Abou Zeid[2], sur lesquelles se sont fondés les juges du fond pour l'accuser d'être un apostat et le séparer de son épouse, Mme le professeur Ibtihâl Ahmad Kamâl Yûnis, fait allusion au fait que :

« M. Nasr Abû Zayd a démenti les versets coraniques qui stipulent que le Saint Coran est la parole du Dieu Très-Haut et qui se répandent sur ses plus belles et grandes qualités. *Il a dit, en revanche, qu'il s'agissait d'un texte humain et d'une compréhension humaine de la révélation ;* ».

143. La Cour de cassation le confirme en relevant que l'auteur dans ses ouvrages a décrit le Coran comme étant un *texte humain*[3], voire un *produit culturel*, niant son existence et sa conservation *ab initio* sur la Table gardée. Il le considère comme étant un simple *texte linguistique* qui appartient à la culture des êtres humains. Autrement dit, le statut du texte s'est transformé en un texte humain dépourvu de caractère sacré. Or, il convient de remarquer que le professeur Nasr Abou Zeid n'avait pas manqué de souligner qu' : « il n'est pas du tout dans l'intention de l'approche littéraire de porter atteinte au Coran, écrit-il, ni même de mettre en question sa nature divine et sainte »[4].

---

arrêt devenu une "affaire" », *Égypte/Monde arabe* (éditée par le Centre d'études et de documentation économiques, juridiques et sociales "CEDEJ", Le Caire), Première série, 1997/29, n° 17 à 19. « La *hisba* est une obligation pesant sur tout musulman d'ordonner le bien et d'interdire le mal. Elle est devenue un mode de saisine des tribunaux dans certains pays, au nom de la société, dans le but de défendre l'ordre public » : G. BOETSCH, B. DUPRET et J.-N FERRIE (dir.), *Droits et sociétés dans le monde arabe. Perspectives socio-anthropologiques*, PUAM, 1997, note 112.

1 CA Caire, sect. du statut personnel n° 287/111e A.J., confirmé par la chambre civile, commerciale et de statut personnel de la Cour de cassation dans son arrêt du 5 août 1996 (pourvoi n° 475, 478 et 481/65e A.J.)

2 V. Sur cette affaire : M. S. AL-'AWWA, *Le droit d'expression*, 2e éd., Dar Al Shorouk, Le Caire, 2003 (en arabe) ; M. S. AL-'AWWA, « Un arrêt devenu une "affaire" », art. préc., p. 155-173 ; B. DUPRET, « L'affaire Abû Zayd, universitaire poursuivi pour apostasie ; le procès : l'argumentation des tribunaux », *Monde arabe/Maghreb-Machrek*, 1er trim. 1996, n° 151, p. 18-22 ; *Jurisprudence Abû Zayd*, Extraits traduits par B. DUPRET et M. S. BERGER, *Égypte/Monde arabe*, 2e trimestre, CEDEJ, Le Caire, 1998, n° 34 ; S. ARBACHE, « Au risque de l'exégèse historique. Nasr Hâmid Abou Zeid (né en 1943) », *Transversalités*, juill.-sept. 2000, p. 33 et s. ; J.-M. GAUDEUL, « Vers une nouvelle exégèse coranique ? », art. préc., p. 26 et s. ; B. DUPRET et J.-N. FERRIE, « For intérieur et ordre public, ou comment la problématique de l'*Aufklärung* peut permettre de décrire un débat égyptien », *in* G. BOETSCH, B. DUPRET et J.-N FERRIE (dir.), *Droits et sociétés dans le monde arabe : perspectives socio-anthropologiques*, Presses Universitaires d'Aix-Marseille, Aix-en-Provence, 1997, p. 193-215 ; N. BERNARD-MAUGIRON, « Anatomie sociologique d'une affaire égyptienne : le procès de "l'Emigré", de Youssef Chahine », *in* G. BOETSCH, B. DUPRET et J.-N FERRIE (dir.), *Droits et sociétés dans le monde arabe : perspectives socio-anthropologiques*, *op. cit.*, p. 167-192.

3 Selon certains auteurs : « Le plus insultant pour le Coran d'un point de vue dogmatique traditionnel est d'affirmer que son langage et sa structure sont historiquement et culturellement déterminés. De là à dire que le Coran est un texte humain, il n'y a qu'un pas » : J. JOMIER, « Quelques positions actuelles de l'exégèse coranique en Égypte révélées par une polémique récente (1947-1951) », *in Mélanges de l'Institut Dominicain d'Études Orientales du Caire* (MIDEO), t. I, 1954, p. 71.

4 p. 14, cité par F. ZABBAL, « L'islamologie des universitaires musulmans en France, entre exégèse coranique et méthode critique », *in* F. POUILLON et J.-C. VATIN (éd.), *Après l'orientalisme. L'Orient créé par l'Orient*, IISMM, Éditions Karthala, Paris, 2011, p. 188 et 189. V. Pour de plus amples développements : Y. RAHMAN, *The Hermeneutical Theory Of Naṣr Ḥāmid Abū Zayd : An Analytical Study of His Method of Interpreting the Qur'an*, Thesis, McGill University, Montreal, 2001 (en anglais).

144. Réception du Coran comme « *texte littéraire* ». La question soulevée est délicate sur le terrain du droit d'auteur car « *si le texte sacré n'a plus de statut séparé, mais rejoint la grande famille des textes littéraires*, sa [...] [qualification] est par conséquent évaluée à l'aune de cette nécessaire et intime interdépendance entre les multiples niveaux de son contenu et de sa forme »[1]. Il en ressort que le fait de disséquer le texte du Coran comme n'importe *texte littéraire* implique l'application des mêmes méthodes que celles auxquelles sont sujettes les *œuvres littéraires*. Or, le professeur Gaudrat estime que :

> « *Les juridictions qui refusent la qualité d'œuvre au Coran, confondent son appropriation avec sa forme littéraire. Pour éviter l'appropriation, ils le disqualifient.* Ce n'est pas nécessaire : il existe des œuvres qui sont dans le domaine public dès leur divulgation (les lois) ; ce qui convient assez bien aussi au caractère normatif du Coran. *Peut-être la disqualification vise-t-elle également à couper court à toute assimilation à une création humaine. Ne pas confondre le Coran avec un roman ou une pièce de théâtre* »[2].

145. Nature de la forme du Coran. À ce stade, le Coran soulève une question primordiale : celle de la *nature de sa forme*. Est-on en présence d'une *forme littéraire*[3] ou d'une *forme poétique* ? En effet, le Coran descendit sous forme de lettres agencées en mots articulés selon une syntaxe ; cette forme sacrée porteuse d'un message s'adressant à des hommes incline vers une forme littéraire de sorte que « la forme finale du texte est donc parole divine mais "humanisée", adaptée à la créature, insérée dans l'histoire humaine »[4]. Du point de vue d'une *approche littéraire*[5], le Coran est, en grande partie, considéré comme un texte littéraire doué d'un style « inimitable » dépassant les critères linguistiques classiques de l'Arabe (des normes grammaticales), de par sa forme poétique et la rhétorique *balagha* alors que du point de vue de la doctrine de l'*insupérabilité* du Coran, il s'agit d'une forme sacrée qui ne tient pas à la composition littéraire du Coran, mais à ce qu'il contient de révélation de choses cachées. A titre d'exemple, le juge Abû Bakr Al-Bâqillânî, théologien *asharite*, dans son ouvrage : *I'jâz Al Qur'an*, met en exergue trois aspects qui distingue le Coran de tous les autres textes, et le caractérise par sa qualité. Selon lui, le miracle du Coran consiste dans ces trois éléments[6] : le Coran contient des informations concernant l'*invisible* (*al-ghayb*)[7], le deuxième est que le Prophète était *illettré* (*ummî*) ne pouvant pas écrire et

---

1 G. SADEK et S. BASALAMAH, « Les débats autour de la traduction du Coran : Entre jurisprudence et traductologie », Revue *Théologiques*, 2007, vol. 15, n° 2, p. 107.

2 Correspondance avec Ph. GAUDRAT, propos recueillis par Y. OMAR AMINE.

3 « Le texte du Coran se présente comme une dictée surnaturelle enregistrée par le Prophète inspiré ; simple messager chargé de la transmission de ce dépôt, il en a toujours considéré la *forme littéraire* comme la preuve souveraine de son inspiration prophétique personnelle, miracle de style supérieur à tous les miracles physiques. Le Prophète Mohammed, et tous les Musulmans à sa suite vénèrent dans le Coran une *forme parfaite* de la Parole divine » : L. MASSIGNON, *Situation de l'Islam : six causeries*, P. Geuthner, Paris, 1939, p. 9, cité par D. MASSON, *op. cit.*, p. XVII.

4 J.-M. GAUDEUL, « Vers une nouvelle exégèse coranique ? », art. préc., p. 26.

5 V. N. H. ABOU ZEID, « Le dilemme de l'approche littéraire du Coran », 3 févr. 2005 http://www.nawaat.org/portal/2005/02/03/le-dilemme-de-lapproche-litteraire-du-coran/

6 AL-BAQILLANI, *I'jâz Al Qur'an* (*Miracle du Coran*), Dar Al Ma'aref, Le Caire, p. 33 et s. et p. 35 et s.

7 'Abd al-Qâhir AL-JURJANI, dans son ouvrage : *Dalâ'il i'jâz al-qur'ân al-karîm* (*Preuves de l'inimitabilité du Glorieux Coran*), « commence par réfuter l'idée que l'*i'jâz* s'appliquerait au seul contenu et non au style. Sa réfutation est plus solidement fondée que celle de ses prédécesseurs. Si l'*i'jâz* ne portait que sur le contenu, par exemple sur l'invisible ou les événements futurs, l'*i'jâz* serait limitée aux sourates

qu'il pouvait à peine lire, et enfin, le dernier consiste en *badi'* de la construction du Coran. En dépit de l'utilisation de différents procédés métaphoriques et symbolistes, Taha Husayn (1889-1973) écrivait que : « le Coran n'est ni de la poésie, ni de la prose ; c'est du *qorân* »[1].

146. Approche littéraire réductrice et l'art des récits anecdotiques dans le Coran. La question correspondant à la dichotomie entre le texte coranique et le texte littéraire renvoie aux débats sur la doctrine théologique de l'*inimitabilité* du Coran (*i'jâz*). En effet, la thèse de doctorat de Muhammad Ahmad Khalafallah[2] (1916-1998) sur « *L'art des récits anecdotiques dans le Coran* » ou « *Le genre narratif dans le Coran* » (*al-fann al-qasasî fî al-Qur'ân al-Karîm*)[3], 1947, préparée sous la direction du professeur Amîn al-Khûlî, a suscité une tempête de protestations dans l'opinion publique et dans les milieux universitaires azhariens. « *Outre le titre, jugé blasphématoire, la démarche de l'auteur fut accueillie comme une intolérable innovation* »[4]. En partant d'une théorie fondée sur les

---

et versets parlant de ces choses cachées. Il affirme donc que l'*i'jâz* concerne bien chaque verset du Coran, parce que les Arabes étaient mis au défi de proposer quelque chose de semblable à l'une des plus courtes sourates du Coran », rapporté par N. H. ABOU ZEID, « Le dilemme de l'approche littéraire du Coran », art. préc.

1 Cité par A. MERAD, *op. cit.*, p. 37. V. Sur la question de savoir si le Coran est un *texte poétique* (*shi'r*) ou *prosaïque* : *Les prolégomènes d'Ibn Khaldoun*, *op. cit.*, trad. en français et commentés par M. DE SLANE, Troisième partie, Impr. Impériale, Paris, 1863, dans lequel il souligna que : « Le (texte du) Coran est en prose, mais cette prose ne rentre ni dans l'une ni dans l'autre de ces deux catégories ; on ne peut pas dire qu'il soit en prose libre ni en prose rimée. Il consiste en versets séparés, qui se terminent à des points d'arrêt, et c'est au moyen du (sentiment qui s'appelle le) goût qu'on reconnaît où la phrase s'achève. Le discours recommence dans le verset suivant, lequel sert de pendant à celui qui précède ; et cela, sans que (l'emploi d')une lettre (finale) servant à marquer l'assonance ou la rime soit absolument nécessaire. Cela fait comprendre la signification de cette parole divine : Dieu a fait descendre le plus beau des discours, sous la forme d'un livre dont les (phrases) se ressemblent et se répètent ; elles donnent le frisson à la peau de ceux qui craignent leur Seigneur. (Coran, sour. XXXIX, vers. 24.) Dieu a dit aussi : Nous en avons séparé les versets. (Coran, sour. VI, vers. 97.) ». Rappr. Dans sa préface de la traduction du Coran de D. MASSON, M. Jean GROSJEAN a souligné que : « Le Coran malgré ses envoûtantes beautés n'est pas un poème. L'architecture des mots, le heurt des images, la musique puissante et colorée des versets n'y cachent jamais le sens. Il fonde un mode de vie et de pensée. Et, bien qu'il défie parfois ses auditeurs de rien produire de comparable, il répète souvent qu'il parle en claire langue arabe, qu'il est une explication flagrante » : la préface de J. GROSJEAN *in* D. MASSON, *op. cit.*, p. IX. « La poésie a été, en outre, considérée comme le modèle même de l'excellence attestant du caractère insurpassable du Coran. D'ailleurs, GURGANI affirme qu'il étudie la poésie dans le but de l'ériger en modèle de beauté stylistique. Il précise à cet égard : "Je la vise (la poésie) afin de connaître, par sa voie, un trait d'éloquence, la considérer comme un modèle d'excellence, ou pour l'utiliser comme argument dans l'exégèse du Livre et de la tradition [prophétique], et pour comparer sa composition à celle du Coran et fixer le lieu de l'inimitabilité [...]" » : N. KHALFALLAH, *op. cit.*, p. 316.

2 V. J. JOMIER, art. préc., p. 39-72 ; A. FILALI-ANSARY, « Muhammad Ahmad Khalafallah. Peut-on proposer des lectures modernes du Coran ? », *in* A. FILALI-ANSARY, *Réformer l'islam ? Une introduction aux débats contemporains*, La Découverte, Paris, 2005, p. 9-39 ; Y. Y. HADDAD, *Contemporary Islam and the Challenge of History*, State University of New York Press, Albany, 1982, p. 46-53. V. Aussi : Y. Y. HADDAD, "Islamic "Awakening" in Egypt", *Arab Studies Quarterly*, 1987, vol. 9, n° 3, p. 241.

3 Le Caire, 1953. M. A. KHALAFALLAH, *Al-fann al-qasasî fî al-Qur'ân al-Karîm*, commenté et expliqué par K. ABDUL KARIM, 4e éd., Arab Diffusion Company, Beyrouth, 1999.

4 A. MÉRAD, *op. cit.*, p. 92.

genres littéraires[1], Khalafallah propose une nouvelle lecture révolutionnaire du récit coranique[2] en opérant une distinction entre *trois types de récits* coraniques[3] : le « récit historique »[4], le « récit représentatif ou imaginaire ou celui du genre parabolique »[5] et le « récit mythique basé sur des légendes »[6]. C'est ainsi que pour Khalafallah, soucieux de « *saisir le signifié au-delà du signifiant* »[7], le Coran tout en étant de source divine doit être appréhendé comme une *œuvre littéraire* authentique, et comme une véritable *œuvre d'art* qui répond aux critères de la création littéraire. Cet aspect novateur de l'étude n'est pas sans de lourdes conséquences juridiques sur le plan du droit d'auteur dans la mesure où cette qualification implique d'attribuer au Coran la qualité d' « œuvre ». Or, la disqualification du Coran, en tant qu'œuvre, par les juridictions égyptiennes, dans l'affaire du *cheikh* Abdel Basset Abdel Samad, vise à couper court à toute assimilation à une création humaine et à assurer le respect qui doit être dû au texte sacré. Ne pas confondre le Coran avec un *roman* ou une *pièce de théâtre.*

147. Critiques de l'approche littéraire. Or, la thèse de Khalafallah qui s'appuyait sur les théories linguistiques et littéraires contemporaines[8] était impossible de passer sous silence puisqu'elle était incompatible avec l'approche croyante du caractère incréé du Coran étant donné que dans le processus de création littéraire : « Il [l'écrivain] commence par concevoir des idées ; puis, ces idées, il les compose, cherchant l'aménagement, le plan le mieux approprié à les mettre en valeur, à communiquer aux lecteurs sa conviction, ses sentiments, ses émotions, ses sensations. Après avoir choisi le moule approprié, il en vient à l'expression. Idées, composition, expression, voilà le schéma des étapes d'une création littéraire » selon le professeur Desbois[9], alors que le Coran est la parole de Dieu et ne saurait être assujettie au processus de création littéraire qui est le fruit d'une imagination humaine.

---

1 À titre d'exemple, un auteur syrien, Mohammed CHAHROUR, propose dans son ouvrage intitulé : *Le Livre et le Coran - Lecture moderne* [*Al-Kitâb wal Qur'ân – Qirâ'a mu 'âsira* (Damas, 1990)] « une lecture "neuve" du texte coranique où il retrouve tous les genres littéraires possibles : le prescriptif, le narratif, l'eschatologique, l'édifiant, etc. "Et il souligne l'importance de bien les reconnaître pour ne pas confondre les genres et mal interpréter le Livre : il ne faut pas prendre pour des "règles" ce qui n'est qu'une exhortation, par exemple » : J.-M. GAUDEUL, art. préc., p. 27 et 28.

2 V. M. CHARTIER, « L'exégèse coranique selon Muhammad Ahmad Khalaf Allah », *Se Comprendre*, 28 oct. 1974, n° SAU/127, p. 1-9 ; P. BRANCA, « Comment interpréter le Coran (Interview auprès du Dr Muhammad Ahmad Khalaf Allâh) », *Se Comprendre*, 28 mars 1986, n° 86/03, p. 1-6 ; A. FILALI-ANSARY, « 1. Muhammad Ahmad Khalafallah. Peut-on proposer des lectures modernes du Coran ? », *in* A. FILALI-ANSARY, *Réformer l'Islam ? Une introduction aux débats contemporains*, La Découverte, Paris, 2005, p. 9-39.

3 M. CHARTIER, « L'exégèse coranique selon Muhammad Ahmad Khalaf Allah », art. préc., p. 3-5.

4 M. A. KHALAFALLAH, *Al-fann al-qasasî fî al-Qur'ân al-Karîm*, *op. cit.*, p. 153 et s.

5 M. A. KHALAFALLAH, *op. cit.*, p. 182 et s.

6 M. A. KHALAFALLAH, *op. cit.*, p. 198 et s.

7 M. CHARTIER, « L'exégèse coranique selon Muhammad Ahmad Khalaf Allah », art. préc., p. 6.

8 A. MERAD, *op. cit.*, p. 92.

9 H. DESBOIS, *op. cit.*, p. 11, n° 8. H. DESBOIS exposait le processus de création littéraire en distinguant entre « composition » et « expression » : H. DESBOIS, *op. cit.*, p. 32, n° 21.

148. Admettre le contraire conduit à appréhender le Coran comme une *œuvre d'art* (*fann*) littéraire qui laisse entendre que le texte aurait été l'*œuvre du Prophète*[1]. Or, l'Auteur du Coran n'est pas le Prophète, c'est Dieu[2]. Dans le sillage, prétendre que les récits du Coran ne reposent pas sur des *faits historiques* véritables, comme le suggère l'approche littéraire, conduit à qualifier le Coran ni plus ni moins comme étant un simple « livre d'histoire »[3], voire un texte humain. Selon certains, « La démarche de Muh. Ah. Khalafallah étant d'ordre scientifique, elle ne pouvait que heurter la foi de tous ceux pour lesquels le Coran ne saurait être assimilé à aucun "genre littéraire" »[4]. Or, cette manière de raisonner confond, à vrai dire, la *matérialité* du support (la forme externe) avec la nature *incréée* de la forme divine. C'est cette confusion qui a conduit les juridictions égyptiennes à condamner le professeur Nasr Abou Zeid par apostasie, faute de distinction entre le Coran et la création humaine, et partant, un roman.

149. En guise de conclusion. Si « Sa parole ne peut être une expression (*'ibâra*), ni un récit (*hikâya*), et ne peut être qualifiée par aucun des attributs des créatures »[5], il est, dès lors, concevable qu'on ne puisse rattacher le Coran à aucune catégorie ou institution juridique créée par les créatures… Évidemment, le Coran est un texte particulier/singulier… Non la parole d'un homme, mais la parole de Dieu. Là seulement se situe le *particularisme*. On pourrait dériver, spéculer… Par exemple, faire le syllogisme suivant : le monde est la *création de Dieu*, il n'est pas tenu pour une *œuvre artistique* ; donc le Coran ne doit pas être tenu pour une *œuvre littéraire*… Il n'en reste pas moins regrettable que la lecture publique du Coran passât, pour le législateur irakien, par une intégration dans la catégorie des « œuvres », comme nous allons le constater.

b. Position législative en Iraq

150. « Lecture publique du Coran », une œuvre *nommée* par le législateur iraqien. S'il existe des œuvres qui ne relèvent d'aucune catégorie du droit d'auteur désignées par une partie de la doctrine française sous le qualificatif d' « *œuvres atypiques* »[6], il est intéressant de constater que le législateur irakien est le seul législateur arabe qui n'a pas hésité à rattacher la lecture publique du Coran « *tilâwit* le Coran » à une *catégorie nommée* en l'énumérant expressément parmi la liste non exhaustive des

---

1 S'il ne fait aucun doute que Dieu demeure le seul et unique auteur du Livre Révélé, il n'en reste pas moins qu'un auteur Fazlur RAHMAN (1919-1991) fut exilé du Pakistan après avoir attribué au Prophète la qualité de co-auteur du Coran, c'est-à-dire comme étant collaborateur avec Dieu dans la composition du Coran. Dans cet esprit, la Parole divine d'après lui, prend une certaine forme humaine en traversant les couches profondes de la personnalité du Prophète : « […] Le Coran est donc la pure Parole divine, mais évidemment, il est également relié intimement à la personnalité interne du Prophète Mohammed, dont la relation au Coran ne peut être conçue mécaniquement comme un disque enregistré. La Parole divine passe par le cœur du Prophète », *in* F. RAHMAN, *Islam*, *op. cit.*, p. 25-28. V. J.-M. GAUDEUL, art. préc., p. 28 et s.

2 R. ARNALDEZ, *L'Islam*, *op. cit.*, p. 10.

3 N. H. ABOU ZEID, « Le dilemme de l'approche littéraire du Coran », art. préc.

4 A. MERAD, *op. cit.*, p. 93.

5 J. BOUMAN, *op. cit.*, p. 74.

6 M. VIVANT et J.-M. BRUGUIERE, *op. cit.*, n° 225 s.

œuvres protégées par la loi n° 3 de 1971 relative à la protection du droit d'auteur[1]. Aux termes de l'article 2 :

« La protection s'étend aux œuvres dont le mode d'expression est l'écriture, la parole, la peinture, la photographie ou le mouvement, c'est-à-dire : 1° Les œuvres écrites ; 2° Les œuvres destinées à être transmises oralement, telles que les conférences, les cours, les allocutions, les sermons, ou les œuvres de même nature ; 3° … ; … *10° La lecture publique du Coran* ».

151. Une position audacieuse. Une solution que l'on taxera d'audacieuse dans la mesure où elle va directement à l'encontre du courant de certains jurisconsultes musulmans qui ont manifesté leur réprobation au fait que le *qâri'* qui récite le Coran puisse toucher une rémunération en contrepartie de l'accomplissement de l'acte de récitation en tant qu'un *acte de culte*[2] (*ibâdâ*). Cependant, le législateur n'a pas pris en

[1] *JO* (*Al-Waqâ'i al-'iraqia*) n° 1957 du 12 janvier 1971. La présente loi est entrée en vigueur le 21 janvier 1971, date de sa publication dans le *Journal Officiel* de la République d'Irak. V. Le texte de cette loi reproduit *in Dr. Aut.*, août 1972, n° 8, p. 163 et s. Cette loi est venue abroger la loi ottomane du 8 mai 1910 (*Dr. Aut.*, 15 nov. 1910, n° 11, p. 148 et 150) relative à la protection du droit d'auteur en vertu de l'article 50 de la loi de 1971. La loi n° 3 de 1971 a été modifiée par le décret n° 83 de 2004 sans que celui-ci vient, il convient de le noter, supprimer la *lecture publique du Coran* figurant à l'article 2, n° 11 parmi les œuvres protégées par le droit d'auteur.

[2] V. F. Deroche, Le Coran, *op. cit.*, p. 96. Le Comité permanent des recherches scientifiques et de la délivrance des *fatwas* (*Al-Iftâ'*) a émis une *fatwa* (N° de la partie : 4, p. 127-128, *Fatwa* n° 189) au sujet de la possibilité de prendre des honoraires en contrepartie de la récitation du Coran, notamment si une personne qui a mémorisé le Coran et dirige les gens dans la prière ou récite le Coran pour les morts en contrepartie d'honoraires qu'il prend avant d'entamer la récitation (du Coran), cela est-il permis ? Aux termes de laquelle : « La récitation du Coran est l'une des meilleures pratiques cultuelles. Le principe de base dans les actes de dévotions, c'est que ces pratiques doivent être accomplies exclusivement pour l'amour d'Allah, sans rechercher autre chose que cela, serait-ce un profit mondain ou une notoriété quelconque. On ne doit espérer, par cela, que la satisfaction d'Allah et la crainte de Son châtiment. En effet, Allah, Le Très-Haut, a dit : (Adore donc Allah en Lui vouant un culte exclusif.) (C'est à Allah qu'appartient la religion pure.) Sourate *Az-Zoumar*. Il a également dit : (Il ne leur a été commandé, cependant, que d'adorer Allah, Lui vouant un culte exclusif,) Sourate *Al-Bayyina*. Et dans un *hadîth*, d'après 'Omar Ibn Al-Khattab, qu'Allah soit satisfait de lui, a dit : "J'ai entendu le Messager d'Allah, *Salla Allah 'Alaihi Wa Sallam*, dire : (Certes, les actes ne sont récompensés que selon les intentions qui les motivent et chacun sera récompensé conformément à son intention. Celui dont l'émigration a été faite pour Allah et Son messager, elle lui sera comptée ainsi, et celui dont l'émigration a été faite pour chercher un profit mondain ou pour épouser une femme, la récompense de son émigration sera en fonction de son intention.) *Hadîth* rapporté par Al-Boukhari et Mouslim. Il n'est donc pas permis au récitateur du Coran de prendre une rémunération pour sa récitation ni avant ni après la récitation, que cette dernière soit effectuée pendant la prière ou sur un mort. C'est pourquoi aucun savant religieux n'a permis la rémunération pour la récitation du Coran. Mais, ceci ne concerne pas les *Imams* et les *muezzins* (respectivement : les personnes qui dirigent la prière et celles qui font l'appel à la prière) qui reçoivent une rémunération par le Trésor public des musulmans. Ces derniers ne sont rémunérés, ni pour la direction de la prière ni pour la récitation du Coran, mais ils prennent un salaire en échange du délaissement de leurs affaires privées pour consacrer leur temps à une obligation collective, qu'ils remplissent à la place des autres musulmans. La même chose s'applique au calife, qui est rémunéré par le Trésor public, puisqu'il s'occupe des affaires du califat, ce qui l'empêche de s'occuper de son propre travail à travers lequel il gagnerait son pain. En effet, 'Omar Ibn Al-Khattab, qu'Allah soit satisfait de lui, donnait de l'argent aux moudjahidines (ceux qui combattaient dans la cause d'Allah) et ceux qui avaient une présence méritée dans l'Islam, du Trésor Public, chacun selon son apport et ce qu'il offrait en contrepartie aux musulmans. En effet, cela est attesté par le fait qu'Allah a prescrit une part de la *Zakât* (Aumône légale) aux gens chargés de sa collecte et sa distribution, même s'ils étaient riches et

compte ces considérations religieuses à l'instar de la jurisprudence égyptienne pour faire primer, semble-t-il, les principes directeurs régissant le droit d'auteur sur le *motif religieux* conformément à l'article premier de la loi :

« 1) Les auteurs d'œuvres créées dans le domaine littéraire, artistique et scientifique, quels que soient le genre de ces œuvres, leur mode d'expression, leur importance ou leur destination, jouissent de la protection de la présente loi ».

152. Justification de la solution. La solution s'explique notamment par le fait que la récitation du Coran est apparue, aux yeux du législateur irakien, comme un art sacré dans les pays arabo-musulmans qui mérite d'être classé au rang des créations protégeables dans la mesure où la personne qui récite le Coran peut faire preuve d'une activité créatrice révélant sa personnalité dans l'interprétation. De nombreuses questions restaient, cependant, en suspens. Faut-il se demander si la personne qui accomplit l'acte de récitation devrait se voir attribuer, à ce titre, la qualité d'*auteur* ou d'*artiste-interprète*. Pourquoi la lecture publique du Coran figure-t-elle dans la liste de l'article 2 relative aux œuvres de l'esprit mais pas plutôt à l'article 5 qui consacrait les droits connexes (voisins) des artistes-interprètes ? En effet, il semble qu'il faille opter pour la seconde qualification qui implique effectivement l'intervention d'un « artiste »[1] puisque l'interprète est gratifié d'un droit calqué sur le droit de l'auteur…

153. Récitation du Coran, une « *forme orale* » intermédiaire entre le texte et l'interprétation ? Mais faut-il songer à l'hypothèse que le Coran récité pourrait être une *œuvre orale* sous-entendue par une telle énumération ? De prime abord, il semble qu'il y ait une confusion entre les œuvres improvisées… et la lecture publique du Coran qui figure dans l'article 2. Il est difficile de souscrire à l'analyse car la forme qui sert de support à la psalmodie *préexiste* ; elle est arrêtée et écrite. C'est elle, l'œuvre véhiculée par la voix du récitant, dont la *psalmodie* est, juridiquement, la *représentation*. En revanche, la spécificité de l'œuvre orale consiste dans le fait qu'elle est toujours improvisée[2] ; « si elle a déjà été divulguée sous forme écrite pour n'être ensuite que

---

ce, pour avoir consacré leur temps à remplir un devoir religieux en faveur de la communauté, constituée de riches et pauvres, au détriment de leur propre travail pour une certaine période ». « Les revenus d'un *waqf* permettaient en effet de rétribuer les lecteurs, mais aussi le personnel associé à ce rituel ». V. Plus loin pour l'appel à la prière. Dans un *hadîth* rapporté par Othmân IBN 'ABI AL-'ASS : « La dernière recommandation que le Prophète m'a confiée était de choisir un *muezzin* qui ne reçoit pas un salaire en contrepartie de son appel à la prière » (AT-TIRMIDHI, 409-410, n° 209). Par ailleurs, Ibn AL-MONDHIR (in *Al-'Awsatt*, 3/62) a dit qu'il a été établi que le Prophète a dit à Othmân IBN 'ABI AL-'ASS « et désigne un *muezzin* qui ne se fait pas payer pour son *adhân* ». Ces *hadîths* prouvent que le *muezzin* ne prend pas de salaire pour l'appel à la prière qu'il lance. Mais à défaut de trouver un *muezzin* bénévole, pour lancer l'appel à la prière, une *fatwa* n° 20388 émise par le Comité permanent des recherches scientifiques et de la délivrance des *fatwas* (*Al-Iftâ'*) de l'Arabie Saoudite estime qu'il n'y a pas d'inconvénient d'en charger une personne contre une rémunération du trésor public.

1 « En parlant de prestations des artistes, interprètes ou exécutants, la loi cite entre autres "le chant, l'expression dramatique ou musicale, la récitation, la photographie, le mouvement, la danse ou de toute autre manière". On peut ajouter à cette liste la lecture publique du Coran qui est citée à part à la fin de l'article 2 » : G. AL ANI, thèse préc., t. I, p. 100.

2 Selon le professeur GAUDRAT : « La seule véritable spécificité de ce pseudo-genre est donc l'improvisation : la création y est alors concomitante à l'interprétation ainsi qu'à une divulgation limitée. Si l'on admet que l'improvisation est le mode d'expression propre aux œuvres orales, on ne saurait la limiter aux œuvres de langage ; l'œuvre orale vise également les œuvres musicales (jazz, orgue…) ou gestuelles (mimes, danse…), susceptibles, également, d'improvisation. La spécificité est

…/…

dite en public, il s'agira de la représentation (lecture publique d'un rapport édité) ou de l'interprétation d'une œuvre littéraire ou dramatique (lecture d'une pièce de théâtre ou d'un florilège poétique) »[1] tandis que le Coran déclamé ne l'est pas puisqu'il s'agit d'une interprétation d'une forme vivante développée lors ou en vue de la représentation d'une « œuvre préexistante », qualificatif qui mérite d'être nuancé toutefois. C'est ainsi que l'apport du *qâri'* ne pourrait pas se situer sur le plan d'une forme inerte intermédiaire entre le texte du Coran et l'interprétation. En effet, l'improvisation combine les deux. Or, il n'est *pas possible d'improviser* sur le texte du Coran. On ne saurait admettre le fait que le choix du *maqâm* et la manière de passer d'un *maqâm* à l'autre, le choix des mots dans le *maqâm* relève de l'activité d'un *auteur* d'œuvre, alors que la manière de nuancer de la voix appartiendrait au registre de l'*interprète*. Or, il nous semble que la récitation du Coran ne saurait être aisément classée au sein de la liste des œuvres protégées par le droit d'auteur. C'est la raison qui a conduit le législateur irakien à ajouter *in fine* à la liste une catégorie à part[2], semble-t-il, qui rend compte de la spécificité de ce *pseudo-genre* sans vouloir nécessairement forcer les choses.

154. Reconnaissance des droits des artistes-interprètes. En fait, la loi irakienne a apporté une innovation considérable par rapport au projet de loi de la Ligue arabe, qui fut la source d'inspiration de toutes les législations des pays arabes[3], ainsi qu'à

---

la confusion des qualités d'auteur et d'interprète, ce qui ne veut pas dire que l'on ne puisse pas séparer l'œuvre de l'interprétation » : Ph. GAUDRAT, *J.-Cl. Propr. litt., art.*, Fasc. 1134, n° 76.

1 Ph. GAUDRAT, *J.-Cl. Propr. litt., art.*, Fasc. 1134, n° 76.

2 Songeons à la catégorie des œuvres dérivées qui figurent *in fine* dans la liste des œuvres protégées dans la plupart des législations arabes.

3 De son côté, la Ligue arabe élabora un projet destiné à assurer l'unification de la protection dans les pays membres. V. Le projet de la Ligue arabe reproduit *in* M. ABDEL-RAHMAN, *Le droit d'auteur arabe*, cité par A.-R. EL-SANHOURY Pacha, *Traité de droit civil* (*Al-Wassit fi sharh el-qanoun el-madani*), t. VIII (*Le droit de propriété*), mis à jour par A. M. EL-MARAGHY, Etablissement El-Maaref, Alexandrie, 2004, p. 248, n° 167, note 2 (en arabe).

l'ancienne loi égyptienne[1], et ce, en reconnaissant à l'époque, pour la première fois, les droits voisins au profit des artistes-interprètes[2]. Selon l'article 5 de la loi :

« Les artistes interprètes ou exécutants jouissent de la protection instituée par la présente loi ; est considéré comme artiste interprète ou exécutant quiconque représente ou exécute, à l'intention du public, une œuvre artistique d'un tiers par le chant, l'expression dramatique ou musicale, la récitation, la photographie, la peinture, le mouvement, la danse ou de toute autre manière, sans préjudice des droits de l'auteur de l'œuvre originale ».

155. Titre d' « artiste » dans l'acception de la récitation coranique. Dans cet esprit, les récitants du Coran appartiennent-ils à la catégorie des « *artistes* » qui peuvent prétendre aux droits voisins ? En effet, rappelons que ce n'est qu'en 1970 que certains spécialistes (non juristes) témoignant d'un état d'esprit d'ouverture se sont interrogés sur la question de savoir si les grands récitants du Coran pouvaient être considérés comme des *artistes* (*fannān*) à part entière[3]. En témoigne, l'ouvrage du journaliste égyptien Kamal al-Najmī intitulé : « *Voix et mélodies arabes* » (*Aswat wa-alhan arabiyya*), paru au Caire en 1968, qui n'a pas hésité à assimiler les deux célèbres récitants de Coran égyptiens, *cheikhs* Muhammad Rif'at et Mustafa Ismail, à des « artistes », dont leur style de récitation et l'émotion qui en découle peut exprimer une *forme d'art*

---

1 Il convient de souligner que sous l'empire de l'ancienne loi n° 354 de 1954, ni le droit égyptien de la propriété littéraire et artistique ni la jurisprudence égyptienne reconnaissait les droits voisins. En fait, les droits voisins du droit d'auteur (Livre III, art. 138 à 188) ont été introduits tardivement par le CPI égyptien, promulgué par la loi n° 82 du 2 juin 2002, au profit des « auxiliaires de la création » (il s'agit des artistes-interprètes, des producteurs de phonogrammes, et des organismes de radiodiffusion). C'est ainsi que les juges, devant les seules dispositions consacrées aux droits d'auteur, ne sont pas restés immobiles mais ils s'engageaient à régler les litiges sur le seul terrain du droit d'auteur en assimilant les artistes-interprètes aux auteurs. Historiquement, cette solution s'explique par le fait que les droits accordés aux artistes-interprètes prennent leurs sources du droit d'auteur. V. M. SAPORTA, « Les droits dits "connexes" au droit d'auteur », *RIDC*, n° 1-1952, p. 52 et s. Dans cet esprit, la Cour de cassation égyptienne, par un arrêt singulier en date du 6 janvier 1992, n'a pas hésité à reconnaître un droit d'auteur à l'interprète sur son interprétation (V. À titre d'exemple sur la jurisprudence française : Cass. 1re civ., 4 janv. 1964, aff. *Furtwängler*, *D.* 1964, p. 321, note Ph. PLUYETTE ; *JCP G* 1964, II, 13712 ; *RTD com.* 1964, p. 320, obs. H. DESBOIS, cité par A., H.-J. LUCAS, A. LUCAS-SCHLOETTER et C. BERNAULT, *op. cit.*, p. 76, note 67. *Contra* : Cass. 1re civ., 15 mars 1977, aff. *SPEDIDAME*, *RIDA* 3/1977, p. 141 ; *JCP G* 1979, II, 19153, note PLAISANT ; *RTD com.* 1977, p. 501, obs. H. DESBOIS, cité par A., H.-J. LUCAS, A. LUCAS-SCHLOETTER et C. BERNAULT, *op. cit.*, p. 76, note 68). Par ailleurs, l'extrait suivant de l'arrêt de la Cour d'appel du Caire, du 30 janvier 1978, est révélateur à cet égard : « [...]. Par conséquent, le *qâri'* du Coran *El Karim* n'a pas un *droit d'interprétation* sur sa récitation, c'est-à-dire un droit d'auteur [*sic*] et ne bénéficie pas de la protection prévue par la loi n° 354 de 1954 ». Critiquant les lacunes de la loi de 1954 notée au passage de l'examen de la liste qui énumère les co-auteurs de l'œuvre cinématographique, EL-SANHOURY Pacha dans son *Traité de droit civil*, t. VIII, *op. cit.*, Dar Ihya' Al-Turath Al-Arabi, Beyrouth, p. 348, n° 201, estime que : « Les artistes étant écartés expressément par la loi, car leurs prestations ne commencent qu'après l'achèvement de l'œuvre, doivent être considérés comme des contractants des producteurs. Mais, à défaut d'une indication formelle, ils doivent toucher une rémunération selon leur contrat avec le producteur, mais les plus renommés d'entre eux peuvent exiger un pourcentage d'intérêts issu des films, non en tant que co-auteurs, mais en tant que cessionnaires de ces pourcentages », cité par G. AL ANI, thèse préc., t. I, p. 98.

2 G. AL ANI, thèse préc., t. I, p. 98. Ne sont pas visés les fabricants de phonogrammes et les entrepreneurs d'émissions de radio-diffusion ou de télévision.

3 C. POCHE, *Dictionnaire des musiques et danses traditionnelles de la méditerranée*, Fayard, Paris, 2005, p. 363.

comparable à celle qui imprègne un véritable *concert*[1]. Peut-être pour se voir reconnaître des droits voisins… Or, l'exécutant, dans l'acception de la récitation coranique, ne saurait être désigné sous le titre de « *chanteur* »[2] mais il s'agit, au contraire, d'un « *muqri'* », c'est-à-dire un récitant, comme nous allons le constater dans la sous-section (§3), A, 2 de la deuxième section.

156. Sacralité de la récitation coranique et l'œuvre artistique comme support de l'interprétation. Cela posé, une autre difficulté qui peut être source de dérive découle de l'éventuelle qualification de la « lecture publique du Coran » sur le terrain des droits voisins susceptible d'entrer dans la liste des différentes formes d'activité artistique et des genres d'interprétation qui n'est pas limitative[3] comme en témoigne la présence de la phrase « de toute autre manière ». Aux termes de l'article 5, l'attribution de la qualité d'artiste-interprète postule la représentation ou l'exécution d'une « *œuvre artistique* » d'un tiers suivant les différents modes d'expression (le chant, l'expression dramatique ou musicale, la récitation, la photographie, la peinture, le mouvement, la danse ou de toute autre manière)[4]. La prestation de l'artiste-interprète est considérée, selon la loi irakienne, comme étant une *œuvre dérivée*, qui, intégrant en elle une œuvre préexistante[5], ne doit pas porter préjudice aux droits de l'auteur de l'œuvre originale suivant un raisonnement par analogie avec le droit d'auteur[6]. A partir de ce constat, comment peut-on admettre que l'acte de récitation publique du Coran consiste en l'interprétation d'une *œuvre artistique* ? En d'autres termes, la sacralité de la récitation coranique n'est-elle pas en contradiction avec le « *caractère artistique* »[7] que doit prendre l'interprétation au sens du droit voisin de l'interprète ? Certains auteurs mettent l'accent sur le fait que : « la récitation publique du Coran est cependant d'un niveau artistique élevé et suppose une connaissance approfondie du répertoire de *Maqam-s* et des règles *Tadjouid*, de même que la possession d'une voix forte et

---

[1] C. POCHE, art. préc., n° 15. Un concert plutôt sacré (et non profane) qui justifie un statut particulier du *muqri* mais un concert quand même ! C'est une activité humaine, certes supérieure, mais humaine quand même.

[2] V. H. H. TOUMA, *La musique arabe*, Buchet Chastel, Paris, 1996, p. 126.

[3] V. Le *catalogue à la Prévert* proposé par le professeur TAFFOREAU, *op. cit.*, p. 224, n° 238 ainsi que la préf. du professeur C. CARON.

[4] Selon AL ANI, « L'artiste, donc, est celui qui concrétise une œuvre quelle qu'en soit la nature et lui donne un genre artistique par ses moyens propres et selon la nature de l'interprétation » : G. AL ANI, thèse préc., t. I, p. 99.

[5] V. P. TAFFOREAU, « La notion d'interprétation en droit de la propriété littéraire et artistique », art. préc., p. 51 ; G. AL ANI, thèse préc., t. I, p. 99. « On peut, en effet, hésiter à regarder l'interprétation en tant que telle comme une œuvre (par hypothèse dérivée), faute pour l'interprète de donner naissance à une forme propre distincte de la forme de l'œuvre préexistante » : A., H.-J. LUCAS, A. LUCAS-SCHLOETTER et C. BERNAULT, *op. cit.*, n° 56.

[6] L'article 5 de la loi dispose que : « Les artistes interprètes ou exécutants jouissent de la protection instituée par la présente loi […] sans préjudice des droits de l'auteur de l'œuvre originale ».

[7] V. Plus loin sur la question : § n° 1244 s. « L'interprétation protégée […] doit être une création artistique, sans jugement de valeur sur le type d'expression artistique auquel elle appartient […]. Il ne faut pas y voir la recherche d'un mérite mais plutôt une condition similaire à celle du droit des dessins et modèles, lesquels doivent avoir un caractère esthétique ou ornemental alors même qu'il importe peu qu'ils ne soient que de l'art appliqué » : P. TAFFOREAU, « La notion d'interprétation en droit de la propriété littéraire et artistique », art. préc., p. 55.

sonore »[1]. D'autres estiment qu' : « il y a [...] une nette tendance affirmée à considérer la lecture du Coran comme une manifestation artistique »[2]. Pourtant, on enseigne que la récitation du Coran ne doit pas se concentrer sur la *perfection artistique* qui risque de pervertir le sens de cette pratique essentiellement *cultuelle* puisque la source de la beauté réside dans la valeur artistique des lettres coraniques du fait qu'elles se réfèrent elles-mêmes à des sonorités[3]. Sur le terrain de la propriété littéraire et artistique, la question est, cependant, délicate dans la mesure où il faut concilier entre les principes directeurs en la matière et la *fonction sociale de la récitation*[4] du Coran qui ressortit au domaine religieux sans se laisser emporter par un jugement de valeur sur l'interprétation du *qâri'* qui ne serait rien d'autre qu'une prise de position esthétique. Il nous semble que les tenants de cette thèse craignent que, en mettant sur l'accent sur l'art, les *muqri* se laissent aller à des variations et enjolivement hors de propos. La sobriété est de mise ; mais elle n'exclut pas une place pour la *forme vivante originale* ! Or, ce n'est pas simple dans la pratique...

157. Distinction entre la protégeabilité de l'œuvre et sa nature. Par ailleurs, comment peut-on admettre que l'artiste-interprète par son acte de récitation réalise une « œuvre dérivée » à partir d'une œuvre préexistante au sens de la loi irakienne tandis que le Coran ne saurait être qualifié d'*œuvre de l'esprit* ?! Or, rien ne s'oppose à ce que la lecture publique, voire la récitation, porte même sur un *texte préexistant* (texte législatif, décision judiciaire, rapport officiel) qui était dans le domaine public. Selon le professeur Gaudrat, « l'interprétation est une forme vivante développée lors ou en vue de la représentation d'une œuvre préexistante. Que l'œuvre ne soit plus protégée par un droit patrimonial – ce qui est le cas des œuvres du domaine public – n'empêche pas la propriété de l'interprétation ». En d'autres termes, en partant de la doctrine de l'œuvre comme support de l'interprétation, il faut distinguer entre la protégeabilité de l'œuvre et sa nature. Il n'est nullement nécessaire que l'œuvre soit protégée pour que l'interprétation le soit. Quand un musicien interprète une œuvre de Mozart elle est dans le domaine public, non protégée, ce qui n'empêche pas que l'interprétation puisse l'être[5]. Tout le problème consiste alors en l'annexion du terme « *œuvre* » au Coran qui ne lui convient pas, à notre sens, car cette notion implique le fait de sous-entendre préalablement un sens impossible pour le Coran dont la nature est increéée, comme nous l'avons constaté.

---

1 H. H. TOUMA, *op. cit.*, p. 128.

2 C. POCHE, art. préc., n° 15. V. L. MASSIGNON, « Les méthodes de réalisation artistique des peuples de l'Islam », *Syria* (revue d'art oriental et d'archéologie), t. 2, Fasc. 1, 1921, p. 47-53.

3 V. M. S. AL-RAFI'I, *L'ijâz al-Qur'ân wal-Balâghah al-Nabawiyyah* (*Le miracle du Coran et l'éloquence prophétique*), 9e éd., Dar Al Kitab Al Arabi, Beyrouth, 1973, p. 212-213.

4 V. Plus loin : § n° 298 s.

5 Il en va de même pour le traducteur du Coran, qui, en tant que texte sacré non protégeable par la loi, peut être doté d'un droit d'auteur sur la version qu'il a traduite dans une langue déterminée. V. Plus loin : § n° 832 s.

SECTION II.
STRATIFICATION ET ARTICULATION DES *NIVEAUX DE FORMES* DANS LA PAROLE CORANIQUE RECITEE

158. Détermination de la forme à interpréter par rapport au régime de l'objet. Après avoir examiné les incertitudes de la qualification juridique du Coran, il reste à identifier la *forme*[1] *à interpréter*, à réciter, susceptible de servir d'assiette au droit de propriété de l'interprète sur lequel il est greffé et les différents niveaux de formes par rapport au régime de l'objet sacré. La question est importante dans la mesure où « *la distinction forme/idée, les différents niveaux de forme permirent d'élaborer l'objet en distinguant, notamment, ce qui, dans la création échappe à la propriété* »[2], c'est-à-dire la *forme divine* et la *forme profane* (inerte et vivante). Rappelons que le Coran même incréé fut révélé à/et par un homme. Il passa dans le moule d'une langue puisque son message devait toucher et s'adresser à des hommes. Il descendit sous forme de lettres agencées en mots arabes articulés selon une syntaxe particulière inédite. Cette forme porteuse d'un message et douée d'un style *inimitable*[3], le style du Créateur et du Maître de l'univers, Législateur suprême. À ce titre, la *forme* à interpréter, quel que soit le régime de l' « objet à interpréter », *existe bien*[4].

159. Plan. Pour bien appréhender la notion de forme et arriver à saisir son périmètre, il va falloir régler les difficultés pouvant naître tant au niveau de la *forme divine* que de la *forme profane* dans le processus créatif de la récitation en s'inspirant de la *conception saussurienne du signe linguistique*[5] (§ 1), et ce, pour délimiter le domaine de la forme appropriable/inappropriable et combler les lacunes du système en vigueur qui comporte de multiples failles. D'un point de vue juridico-linguistique, au lieu de partir d'éléments artificiellement isolés (lettres-sons, mots, phrases, etc.)[6], il faut considérer la structure de la forme créative dans sa *totalité* en tant que système de relations internes car la mise à nu de la forme protégeable est au niveau de ces relations superposées et interpénétrées (§ 2). Une fois que nous aurons identifié et stratifié les niveaux de forme, il restera à cerner et à apprécier la *forme originale éligible* dans la récitation du

---

1 V. Sur la notion de « forme » en droit de la propriété littéraire et artistique : Ph. GAUDRAT, « Réflexions sur la forme des œuvres de l'esprit », *in Mélanges en l'honneur du Professeur A. FRANÇON*, Dalloz, Paris, 1995, p. 195 et s.

2 Ph. GAUDRAT, « Les modèles d'exploitation du droit d'auteur », *RTD com.* 2009, p. 341, note 41.

3 Coran, Sourate II, La Vache (*Al-Baqarah*), verset 23, *Le Coran I, op. cit.*, p. 6 et 7 : « Si vous êtes dans le doute au sujet de ce que nous avons révélé à notre serviteur, apportez-nous une Sourate semblable à ceci ; appelez vos témoins autres que Dieu, si vous êtes véridiques ». V. Sur le caractère inimitable du style : § n° 797 s.

4 Pour le professeur Ph. GAUDRAT, le régime juridique de ce qui est interprété est assez secondaire : Correspondance avec Ph. GAUDRAT, propos recueillis par Y. OMAR AMINE.

5 V. F. DE SAUSSURE, *Cours de linguistique générale* (publié par C. BALLY et A. SECHEHAYE avec la collaboration de A. RIEDLINGER), éd. critique préparée par T. DE MAURO, Postface de L.-J. CALVET, coll. « Grande bibliothèque Payot », Payot, Paris, 1995, p. 97 et s.

6 Cette approche s'explique par le fait que si l'écriture, les mots et les lettres manifestent le Coran et le rendent compréhensible, il n'en reste pas moins que l'écriture, la prononciation et la récitation sont créées en tant que telle.

Coran et à déterminer le *siège de l'originalité* pour savoir si l'acte de cantillation permet la manifestation d'une certaine créativité qualifiante (§ 3).

§ 1. L'APPROCHE LINGUISTIQUE DE LA FORME CREATIVE : LES FORMES SIGNIFIEES ET SIGNIFIANTES

160. Plan. Cela étant, si l'œuvre nécessite utilement un support matériel, le *signifiant*, sans lequel il ne peut y avoir une forme, le *signifié*, il n'en reste pas moins que la détermination de la forme créative est *indépendante* du contenu. Cette distinction classique entre la forme et le fond n'est pas juridique en soi. En témoigne, le corrélatif d'opposition entre *al-lafẓ* (la forme) et *al-ma'nâ* (l'idée) (A) dont on trouve quelques traces dans la théorie sémantique d'Abd Al-Qahir Al-Jurjani et même abordée par les philosophes grecs. L'opposition fait écho, par ailleurs, à la théorie du signe linguistique de Saussure qui traduit la *double nature* du signe (le signifié et le signifiant) (B). Faute d'avoir clairement identifié ce rapport entre le signifiant et le signifié, la jurisprudence et la doctrine opposa une résistance ferme et constante à la reconnaissance d'une propriété littéraire et artistique des récitations du Coran.

A. Le corrélatif d'opposition « *al-lafz* » (le signifiant) et « *al-ma'nâ* » (le signifié)

161. Émergence de la distinction dogmatique entre *forme* et *contenu* (*al-lafz wa al-ma'nâ*). A vrai dire, la nature de la relation complexe et délicate entre la forme et le support matériel constitue une composante originale qui peut être mis en parallèle avec la problématique de la *complexité lexicale* dont les racines sont fortement ancrées dans la civilisation arabe. Cette opposition ne fut pas acquise sans débat. En effet, la distinction entre la forme et le fond n'est pas juridique en soi. Les développements qui se sont noués sur la complexité lexicale illustrent parfaitement la construction du principe de la séparation de la forme et du support matériel. Pour une illustration concrète, la différence fut perçue dès lors qu'il fut permis au lecteur non arabophone de lire le Coran d'une manière qui enfreint les *règles de la morphologie*[1], voire les *lois objectives* (la matière concrète[2]) sans corrompre pourtant le *sens* (*ma'nâ*)[3] réel révélé en nature et en forme de la part d'Allah. Ce qui signifie que même si le Coran dominé par son caractère incréé peut être *intelligible* dans des langues autres que l'Arabe, toutefois, cela n'a pas pour objet de *déformer* le texte sacré en lui-même et la valeur inhérente dû à son *inimitabilité*. En termes juridico-linguistique, l'acte de lecture du Coran (la forme sonore) perceptible à l'oreille (l'image acoustique) ne modifie que la *forme externe vivante* strictement imputable au sujet récitant pour sa *communication* qui devrait pouvoir être objet de propriété littéraire et artistique, sans toucher à la *forme interne* (le concept) qui à la fois échappe à toute appropriation et relève du domaine inviolable. C'est ainsi que l'*empreinte psychique* et *physiologique* des sons articulés

---

1 Traditionnellement, la *morphologie* est l'« étude des formes sous lesquelles se présentent les mots dans une langue, des changements dans la forme des mots pour exprimer leurs relations à d'autres mots de la phrase, des processus de formation de mots nouveaux, etc. » : G. MOUNIN, *Dictionnaire de la linguistique*, coll. « Dictionnaires Quadrige », 4e éd., PUF, Paris, 2004, p. 221.

2 J. KRISTEVA, *Le langage, cet inconnu : une initiation à la linguistique*, Seuil, Paris, 1981, p. 18.

3 « Le sens de la phrase est en effet l'idée qu'elle exprime ; ce sens est réalisé formellement dans la langue, par le choix, l'agencement des mots, par leur organisation syntaxique, par l'action qu'ils exercent les uns sur les autres » : E. BENVENISTE, *Problèmes de linguistiques générales II*, éd. Cérès, Tunis, 1995, p. 218.

correspondant à la prononciation du Coran (la forme phonique représentée) et les *matériaux phoniques* (l'objet matériel qui est représenté) sont les deux faces inséparables du signe linguistique liées dans la conscience du sujet récitant.

162. Découplage entre la *forme du mot* et son *contenu*. Ainsi, en guise de démonstration, bien qu'il y ait des différences entre les langues, pour autant, le concept (le sens) du Coran n'est lié par aucun rapport intérieur avec les règles de morphologie, à savoir son image acoustique qui lui sert de signifiant[1]. Comme le souligne le linguiste français André Martinet : « En termes simples, il [l'arbitraire du signe] implique que la forme du mot n'a aucun rapport naturel avec son sens : pour désigner un arbre, peu importe qu'on prononce arbre, *tree*, *Baum* ou *derevo* »[2]. Pour illustrer le problème de la distinction entre *lafz* et *ma'nâ*, prenons l'exemple de ce vers de la poésie arabe au sujet de Harb Ibn Oumaya qui est révélateur en la matière[3] :

« Le tombeau de Harb est situé dans un endroit déserté ***
Aucun tombeau ne se trouve à côté de celui de Harb ».
وقَبرُ حَربٍ بمكانٍ قفرٍ *** وليسَ قُربَ قَبرِ حَربٍ قَبرُ

163. Approche linguistique. Les opinions des linguistes arabes sont partagées entre deux lectures. Selon la première *lecture fermée*, il s'agit d'un défaut détériorant la qualité de la langue avec la dissonance des deux lettres de l'alphabet arabe *Qaf* et *Raa'* (القاف والراء). Cette *dissonance lexicale* suffit à refléter l'image négative dans l'usage de la langue. Selon une *lecture ouverte*, ce qui compte le plus c'est la *forme signifiée*[4] (la forme interne de l'objet que l'on conçoit dans l'esprit[5]) et non pas la *forme signifiante*[6] (*al-dalâla*) ou (la forme externe). Dans l'exemple précité, on entend reconnaître qu'Oumaya Ibn Harb fut enterré dans un endroit déserté et il n'y a pas d'indices pour le retrouver. Il est possible que la structure syntaxique soit confuse ; mais le sens, le critère décisif,

---

1 Sauf dans un cas particulier que nous examinerons plus loin s'agissant de la sacralité de la convention d'expression liée à l'*aspect graphique* « *rasm* » othmanienne § n° 840 s. SAUSSURE explique qu'un « même concept prend des réalisations phoniques très variables d'une langue à l'autre. Ainsi "le signifié "bœuf" a pour signifiant *b-ö-f* d'un côté de la frontière et *o-k-s* de l'autre" (CLG, p. 102). On peut supposer que s'il y avait un rapport nécessaire entre signifiant et signifié, il n'existerait qu'une seule langue, ce qui est loin d'être le cas » : D. ZEMMOUR, *Initiation à la linguistique*, Ellipses, Paris, 2008, p. 35.

2 A. MARTINET, *Mémoires d'un linguiste : vivre les langues* (Entretiens avec G. KASSAI et avec la collaboration de J. MARTINET), éd. Quai Voltaire, Paris, 1993. V. Aussi : A. MARTINET, *Glossaire des termes spéciaux ou redéfinis (fonctionnellement)*, 1993, p. 375-378.

3 On se réfère souvent à ce vers en arabe appartenant au patrimoine arabe pour indiquer un défaut rhétorique, à savoir la « dissonance lexicale » تنافر الكلمات.

4 Le signifié est « cette composante d'un signe saussurien à laquelle renvoie le signifiant. Il s'agit d'un concept, résumé de l'intension (ou compréhension) de la classe d'objets évoquée par le signifiant » : G. MOUNIN, *op. cit.*, p. 301.

5 Cependant, il n'est pas nécessaire que l'auteur ait à l'avance une image préconçue de l'œuvre : A., H.-J. LUCAS, A. LUCAS-SCHLOETTER et C. BERNAULT, *op. cit.*, p. 78, n° 57 ; N. WALRAVENS, *L'œuvre d'art en droit d'auteur*, Economica, Paris, 2005, p. 166-167 ; I. CHERPILLOD, *L'objet du droit d'auteur*, Cedidac, Lausanne, 1985, p. 128 et s., n° 216 ; O. LALIGANT, « Problématique de la protection du parfum par le droit d'auteur », *RRJ* 1989-3, p. 607.

6 Dans la théorie saussurienne du *signe*, le signifiant est « la forme concrète, perceptible à l'oreille (l'image acoustique), qui renvoie à un concept, le signifié. C'est donc un son ou une suite de sons, qui peuvent être représentés secondairement par des symboles graphiques. Le signifiant linguistique est toujours linéaire, c'est-à-dire que ses éléments se succèdent et ne sauraient être simultanés » : G. MOUNIN, *op. cit.*, p. 300.

est toujours clair et pénétrant. Cet exemple a, en effet, le mérite de mettre l'accent sur l'importance de la dissociation entre *al-lafẓ* (la forme) et *al-ma'nâ* (l'idée).

164. À la recherche d'un équilibre entre la forme et le fond. Ce qui a conduit Al-Gahiz à chercher à établir un rapport d'équilibre entre la *forme* et le *fond* selon sa formule suivante : « Les idées se trouvent à tous les coins de rue (*matruhatun fi-t-tariq*), donc à la portée de l'Arabe et du non-Arabe (*'agam*), du bédouin et du citadin ; l'important est d'établir la mesure (des vers) (*iqamat al-wazn*), de choisir des mots et des sons ayant des points d'articulation facile (*suhulat al-mahrag*), d'avoir un don poétique inné (*sihhat at-tab'*) permettant de produire une œuvre bien moulée (*gawadat as-sabk*) »[1]. Al-Gahiz détermine ainsi le véritable siège de la créativité qui se situe sur le plan de la *forme* en tant que lieu de manifestation de l'originalité[2]. Selon une autre formulation : « Nous savons que ce genre d'idées se présente comme les perles dans les huîtres ; elles ne se dévoilent que lorsqu'on les ouvre ; comme le seigneur invisible qui ne montre son visage que si on lui en demande l'autorisation. En outre, on n'est pas à même de dévoiler le contenu de toute pensée »[3].

165. Transposition au texte coranique. Il en ressort que ce débat a permis de tracer les frontières nettes entre la nature des *mots coraniques* et celle de leur *sens*, c'est-à-dire ce qui relève du *contenu* et de la *forme* dans la récitation du message coranique par rapport aux exemplaires matériels qui le véhiculent. Naturellement, on ne saurait procéder à l'opération de qualification de la récitation du Coran que si l'on pouvait isoler l'*interprétation*, comme objet de droits voisins, de la *forme* (divine) signifiée (le Coran céleste), qui est incarnée dans la forme (vivante) signifiante (le Coran récité). Il en va de même pour l'appréciation de l'empreinte déposée par l'acte créatif, « l'originalité », comme nous allons le constater dans la sous-section (§ 3).

B. La distinction entre la « forme interne » (le signifié) et la « forme externe » (le signifiant)

166. « *Forme signifiée* » et « *forme signifiante* ». Comme le souligne le professeur Gaudrat : « A quelqu'espèce qu'elle appartienne, l'œuvre de l'esprit est constituée – *a minima* – de l'emboîtement de plusieurs *formes* de nature différentes. Sans même parler du support matériel, la forme de l'œuvre comporte au moins deux niveaux : la *forme interne* et la *forme externe* »[4]. A vrai dire, à s'en remettre, toute forme créative, bilatérale par sa nature, est le résultat d'une association solidaire au moins d'un élément *non perçu*, le « signifié »[5], à savoir la forme interne et d'un élément *perçu*, « le signifiant », la forme externe[6]. Force est de constater, toutefois, que toute œuvre de l'esprit ou interprétation puisse être dotée de diverses formes signifiées et

---

1 *Hayawan*, III, 131-2, cité par M. H. ECHIGUER, *Al Gahiz et sa doctrine mu'atazilite*, éd. Arabian Al-Hilal, Rabat, 1986, p. 248-249.

2 Étant donné que « La forme est le lieu de manifestation de l'originalité » : P. SIRINELLI, *Propriété littéraire et artistique*, coll. « Mémentos », 3e éd., Dalloz, Paris, 2016, p. 15 et 19.

3 *Asrar*, p. 141, p. 297.

4 V. Ph. GAUDRAT, « Réflexions sur la forme des œuvres de l'esprit », art. préc., p. 200. Souligné par nous.

5 Il convient de noter qu'il peut coexister de formes différentes pour un même signifié.

6 Ph. GAUDRAT, « Réflexions sur la forme des œuvres de l'esprit », art. préc., p. 200 et s.

signifiantes[1], voire de « *formes polymorphes* »[2]. Il en est ainsi de la récitation du Coran, comme nous allons le constater.

167. Transposition de la théorie saussurienne du *signe linguistique* à la forme créative. L'opposition est intéressante car elle fait écho à la théorie du signe linguistique de Saussure qui traduit la double nature du signe[3]. Par voie de conséquence, il faut bien distinguer entre le *signifié* (le sens véhiculé) et le *signifiant* (le support matériel de la signification)[4] selon la conception saussurienne [Signe (SI) = le signifié (Sé) + le signifiant (Sa)[5]]. Nous constatons que la théorie du signe « *representamen* » de Saussure est tout à fait transposable à la forme créative en matière de propriété littéraire et artistique. L'équation précédente : Signe (SI) = le signifié (Sé) + le signifiant (Sa) nous invite à adopter une formule identique en la matière pour les besoins de nos développements.

Figure 6 — Transposition du schéma représentant la double nature du signe linguistique de Saussure à la forme créative

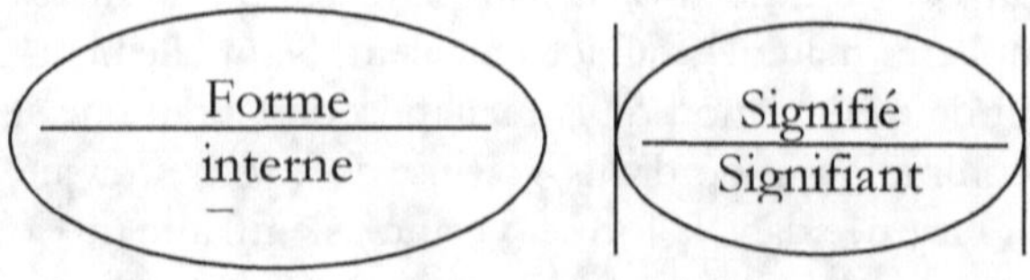

Œuvre = la forme interne + la forme externe

[1] V. Ph. GAUDRAT, « Réflexions sur la forme des œuvres de l'esprit », art. préc., p. 200. « Parler de "la" forme des créations est, on l'aura compris, un peu réducteur … La seule structure basique superpose *forme interne et forme externe* » : Ph. GAUDRAT, *La propriété intellectuelle : modèle multiple ou pensée unique ?*, Cours spécial Master PI, préc., n° 348. Il en va de même pour l'invention. « Ce démembrement n'est pas propre à l'œuvre ; il est de rigueur dans l'invention. Toute invention a une forme interne, qui n'est accessible, comme la forme interne de l'œuvre littéraire, que par une description. Elle peut, aussi, être dotée d'une forme externe représentable sous forme de dessin ou plan. Mais ce n'est pas plus systématique que dans le cas des œuvres. Ce qui sépare ces deux types de créations, ce n'est ni l'existence, ou l'inexistence, d'une forme, ni la structure de celle-ci, mais seulement la nature de la *forme interne : conceptuelle et rationnelle*, dans le cas de l'invention (d'où elle tire son caractère fonctionnel et impersonnel), elle est *imaginative et subjective*, dans celui de l'œuvre (d'où elle tire son caractère non fonctionnel et personnel) » : Ph. GAUDRAT, « Les modèles d'exploitation du droit d'auteur », *RTD com.* 2009, p. 331, note 18.

[2] DE BOOR considère qu'il n'existe pas seulement une *forme externe* et une *forme interne*, mais une « série de formes qui s'échelonnent » : DE BOOR, *Eine ganze Reihe von übereinandergestaffelten Formen*, p. 88, cité par I. CHERPILLOD, *L'objet du droit d'auteur*, *op. cit.*, p. 42, n° 53.

[3] F. DE SAUSSURE, *Cours de linguistique générale*, *op. cit.*, p. 97 et s.

[4] Selon BENVENISTE, le *signifiant* est « la forme sonore qui conditionne et détermine le signifié, l'aspect formel de l'entité dite signe » : E. BENVENISTE, *Problèmes de linguistiques générales II*, *op. cit.*, p. 213.

[5] G. MOLINIE, *Eléments de stylistique française*, coll. « Linguistique nouvelle », 4e éd., PUF, Paris, 2011, p. 15.

168. Le texte sacré du Coran n'échappe pas à cette constatation, comme nous allons le démontrer. En effet, le caractère sacré du Coran, qui ne s'explique que par lui-même, ne découle pas seulement du *contenu matérialisable* par ses lettres, ses mots, ses versets et ses sourates reliés à un certain présent « Coran visible » mais aussi et surtout de sa *forme céleste* doté d'un statut différent « Coran invisible, latent ». La forme interne, le signifié, n'est pas directement *accessible* au lecteur. Cela dit, il n'existe, cependant, aucun rapport interne entre la *face conceptuelle* et la *face matérielle*[1].

169. Distinction entre le Coran *incréé* et la récitation *créée*. Faute d'avoir suffisamment identifié ce rapport complexe entre les niveaux de formes (le signifié et le signifiant), on ne saurait reconnaître la qualité d'artiste-interprète à la personne qui récite le Coran dès lors que son interprétation porte l'empreinte de la personnalité de l'artiste. En termes juridiques, la détermination de la *forme* est *indépendante* du *contenu*[2]. En refusant l'idée d'une propriété sur la récitation du Coran, on ne considère que le mot, on ne veut pas voir la chose ; on confond ainsi le support matériel (le *Mushaf*) avec la forme divine du Coran. « Ainsi, en observant les règles du *tadjwïd*, le lecteur devient le porte-parole et l'interprète des mots et de leur contenu »[3]. La question est importante dans la mesure où cette dissociation permet de distinguer entre le Coran (la forme divine sacrée conceptuelle ou écrite) qui relève de l'*ordre divin* et sa récitation (la forme vivante interprétée) qui appartient à l'*ordre de création humaine* dans laquelle gît la véritable forme créative de l'interprète.

§ 2. LA STRUCTURE DE LA FORME DU CORAN : UNE NOTION AUX MULTIPLES FACETTES

170. Analyse du rapport complexe entre les niveaux de formes. En effet, la *structure de la forme créative* ne doit pas être considérée en soi mais la forme doit être rattachée à l'*ensemble* dans lequel elle se fond, c'est-à-dire dans ses rapports avec les différents niveaux de formes car comme le souligne le professeur Gaudrat : « Aussi difficile soit-elle, l'analyse du rapport des formes est indispensable ; à défaut, aucune construction de la propriété de l'interprète n'est possible »[4]. Il implique donc de dissocier entre les niveaux de formes au risque de ne pas pouvoir identifier la forme protégeable.

171. *Protéiformes* et *méta-formes* du Coran. En partant à la fois de la théorie du signe linguistique et de la théorie centralisée de la forme créative, nous constatons que le Coran possède, en effet, de *multiples facettes*. En témoigne, les *qualificatifs* employés pour désigner le texte sacré. En atteste, par ailleurs, les cinq dimensions du Coran dégagées par Ibn Hazm qui démontra, avec subtilité, que le Coran est un nom équivoque qui désigne *cinq choses*[5] : la parole de Dieu qui est *incréée*, puis quatre

---

[1] Cependant, il convient de remarquer que : « […] BAQILLANI a déterminé qu'il existe un lien entre l'archétype du Coran et le Coran qui se trouve au milieu des créatures, un lien en vertu duquel la parole éternelle est véritablement écrite dans les livres, gardée dans les cœurs et écoutée par les hommes » : J. BOUMAN, *op. cit.*, p. 77.

[2] D. ZEMMOUR, *op. cit.*, p. 35.

[3] A. SHILOAH, *La musique dans le monde de l'Islam. Une étude socio-culturelle*, coll. « Les chemins de la musique », Fayard (trad. de l'anglais par C. POCHE), Paris, 2002, p. 91.

[4] Ph. GAUDRAT, *Rép. Civ. Dalloz*, V° « Propriété littéraire et artistique (1° Propriété des créateurs) », préc., n° 48.

[5] *Cf. Supra* § n° 78.

dimensions *créées* : le Coran récité par l'homme, le sens de ce qui est récité par la voix humaine, l'ensemble de papiers écrits du Coran, ce qui est mémorisé du Livre saint[1]. C'est à partir de cette dernière lecture que nous allons constater que le Coran possède des facettes multiples. Ce constat peut s'expliquer par le fait que : « le Coran n'a pas été révélé en un seul livre au même moment, Dieu n'a pas non plus transmis à Mohammed une copie écrite du Coran au début de sa mission en lui demandant de le publier… La récitation du Coran s'est faite pas à pas, suivant les nécessités des récipients et l'évolution graduelle du mouvement islamique » selon Mawdûdî[2].

172. Plan. En effet, la protégeabilité de la récitation du Coran par les droits voisins pose la question du rapport entre le Coran en tant que *Livre céleste*[3] (B) et le *Mushaf*[4] (A) en tant qu'*objet matériel* créé qui correspond au texte relié contenant la Parole même de Dieu qui ouvre la voie à la dichotomie entre la *forme cachée/forme apparente* (*bâtin* et *zâhir*)[5].

A. La dichotomie entre *Qur'an/Mushaf*

173. Rapport entre le *Livre céleste* et le *mushaf*. La première manifestation de la méta-forme du Coran consiste en la dichotomie entre Coran et *Mushaf*. La question qui se pose est de savoir quelle est la relation entre le Coran en tant que *révélation* (le Coran céleste) et le Coran en tant que *livre* « manifestation dans le monde humain » (*Mushaf*) qui partage la multiplicité et la relativité de la vie humaine[6]. Afin de pouvoir

---

1 A. Badawi, *op. cit.*, t. I, p. 80-82.

2 S. Abul A'la Maududi, *The Meaning of the Qurân I-XVI* (*Tafhîm al-Qur'ân*), Lahore, 1967-1988, I, p. 14 ; *Towards Understanding Qurân*, Lahore, 1980, p. 16 et p. 21, cité par E. Platti, « Le Coran et l'idéologie politique islamiste : Mawdûdî (1903-1979) », *Transversalités*, juill.-sept. 2000, n° 75, p. 62-63.

3 « L'idée d'un Livre Céleste qui s'identifie à l'attribut divin de la parole, *kalima*, et qui comme elle, est subsistant en Dieu » : L. Gardet, *La mystique*, coll. « Que sais-je ? », 2e éd., PUF, Paris, 1981, p. 43 ; D. Clevelot, *Une esthétique du voile*, *op. cit.*, p. 182.

4 Si dans la tradition islamique le terme « *Mushaf* » sert à désigner le Coran, toutefois, il convient de remarquer que ce terme connote l'idée d'un objet matériel dans lequel le texte (*Qur'an*) est concrétisé. Il s'agit de l'ensemble de papier écrits du Coran, c'est-à-dire le support matériel. Ce terme a été fréquemment utilisé après la compilation du Coran dans un seul recueil par Abou-Bakr As-Siddiq, l'an de l'épreuve. V. J. Burton, art. « Mushaf », *in E.I.*[2], t. VII, Maisonneuve et Larose, Paris, 1993 : « Nom donné à un texte complet du Coran, considéré comme objet matériel ». « Ce terme a été emprunté aux Chrétiens d'Éthiopie qui nomment la Bible *mushaf queddus*. Il aurait déjà été suggéré pour les premières recensions coraniques par 'Abd Allāh b. Mas'ud qui "assurait avoir vu en Éthiopie une compilation analogue" » : S. Al Karjousli, « Le Coran, "Parole divine" et "Livre" : entre esthétique, religieux et politique », *in* A. Milon et M. Perelman (dir.), *L'Esthétique du livre*, Presses universitaires de Paris Nanterre, 2010, n° 13. « Quand, un musulman lit le Coran, le volume qu'il a entre les mains ne doit d'ailleurs pas être dénommé ; "Coran" mais *mushaf*, "codex" : la révélation n'est pas confondue avec son support » : M. Chodkiewicz, « Les musulmans et la Parole de Dieu », *Revue de l'histoire des religions*, t. 218, 2001/1 (Les usages du Livre saint dans l'islam et le christianisme), p. 15.

5 Soufian Al Karjousli précise que : « Chez les Musulmans, s'établit progressivement une confusion entre le "Livre" en tant que message révélé et le support matériel (livre) qui fait finalement lui aussi l'objet de nombreuses attentions, non seulement sur le plan esthétique, mais aussi sur le plan identitaire » : S. Al Karjousli, « Le Coran, "Parole divine" et "Livre" : entre esthétique, religieux et politique », *in* A. Milon et M. Perelman (dir.), *L'Esthétique du livre*, Presses universitaires de Paris Nanterre, 2010, n° 14.

6 J. Bouman, *op. cit.*, p. 24.

saisir la problématique, les deux aspects *Qur'an* et *Mushaf* doivent, tout d'abord, être distingués[1]. En effet, en refusant l'idée d'une propriété sur la récitation du Coran, on confond ainsi le support matériel (le *Mushaf*) avec la forme divine du Coran. Faute d'avoir suffisamment identifié ce rapport entre la forme et le support matériel, on ne saurait reconnaître la qualité d'artiste-interprète au récitant.

174. Le Coran en tant que « support matériel ». En fait, le terme « *Mushaf* » renvoie à la *matérialité* du texte qui permettra de restituer la forme divine. Si, dans la tradition islamique, le terme *Mushaf* sert à désigner le Coran, toutefois, il convient de remarquer que ce terme connote l'idée d'un objet matériel dans lequel le texte (*Qur'an*) est concrétisé. Il s'agit de l'ensemble des papiers écrits du Coran, c'est-à-dire le support matériel. Il est communément admis que : « quand, un musulman lit le Coran, le volume qu'il a entre les mains ne doit d'ailleurs pas être dénommé ; "Coran" mais *Mushaf*, "codex" : la révélation n'est pas confondue avec son support »[2]. Cependant, les deux aspects ne sont pas dissociés dans la réalité pratique, comme le souligne Soufian Al Karjousli :

> « *Chez les Musulmans, s'établit progressivement une confusion entre le "Livre" en tant que message révélé et le support matériel (livre)* qui fait finalement lui aussi l'objet de nombreuses attentions, non seulement sur le plan esthétique, mais aussi sur le plan identitaire »[3].

175. Confusion entre le *support* et l'*interprétation*. Cette problématique mise en exergue par Al Karjousli s'explique certainement par la confusion entre les *propriétés intrinsèques du contenu* et la *forme de la création* (et ses différents niveaux) puisque la *forme* peut être, seule, véritable objet de la propriété littéraire et artistique et non pas le contenu des créations protégées[4]. En effet, si cette confusion avait un fondement, le propriétaire corporel du *Mushaf* serait propriétaire du Coran ! Or, symétriquement, ladite confusion s'est progressivement traduite sur le plan juridique à partir du moment où la jurisprudence égyptienne s'est inscrite dans une tendance qui confond, dans l'opération de qualification de la récitation du Coran, entre le *Mushaf* (l'ensemble de papier écrits du Coran) articulé par la voix humaine et le Coran. En effet, le *Mushaf* (le support matériel) et la récitation sont créés tandis que le Coran n'est pas du tout créé. La *révélation* du Coran ne doit pas être confondue avec son *support.* La distinction est importante sur le plan de la qualification de la récitation du Coran au regard du droit. C'est ainsi que la forme créative protégeable *gît* dans la récitation (*forme vivante*) qui peut, seule, être qualifiée au regard du droit voisin de l'interprète tandis que le Coran en soi ne saurait être qualifié d' « œuvre ». C'est à partir de ce plan que la possibilité de fixer directement les formes vivantes, la création d'une interprétation dans laquelle la créativité trouva toujours à se manifester, inscrivirent historiquement

---

[1] F. DEROCHE, « Leçon inaugurale prononcée le jeudi 2 avril 2015 au Collège de France », *in* F. DEROCHE, *La voix et le calame. Les chemins de la canonisation du Coran*, coll. « Leçons inaugurales », n° 255, éd. Collège de France, Paris, 2016, n° 15.

[2] M. CHODKIEWICZ, art. préc., p. 15.

[3] S. AL KARJOUSLI, art. préc., n° 14.

[4] « Le droit d'auteur ne protège que *la forme* », *in* Rapport préc. de H. MAAS GEESTERANUS, « La protection des œuvres orales et leur reproduction au moyen de l'imprimerie », p. 35 ; M. VIVANT et J.-M. BRUGUIERE, *op. cit.*, n° 246 : « Cela signifie que *le droit d'auteur* est indifférent au contenu des œuvres protégées puisqu'il *ne porte*, au final, *que sur la forme.* L'admission d'une remise en cause de l'existence du droit d'auteur au nom de l'ordre public conduirait à contrôler les idées, pourtant en dehors du monopole, ce qui n'est pas acceptable ».

le régime juridique des créations. Dans l'affaire du *cheikh* Abdel basset, il nous semble que le Coran n'était pas clairement *distingué de la récitation.* En d'autres termes, il paraît que le Tribunal confondait le Coran avec sa récitation. Or, une telle confusion est critiquable. Faute d'avoir suffisamment identifié la différence entre le Coran (support[1]) et la récitation (la forme vivante), les juges semblent refuser d'accorder la protection à la récitation.

176. Rapport entre l'*œuvre* et l'*interprétation*. La solution est transposable pour les rapports entre *œuvre* et *interprétation* puisqu'il semble que la confusion entre ces deux notions[2] a conduit les juridictions égyptiennes à ne pas reconnaître un droit voisin sur la récitation du Coran mais plutôt un droit d'auteur sur l'interprétation. Or, comme le souligne le professeur Tafforeau : « *L'interprétation est une création, elle s'incarne dans une forme et cette forme est différente de celle de l'œuvre* »[3]. A s'en tenir là, il apparaît que la *forme externe* de l'interprétation n'est pas nécessairement imbriquée dans celle de l'*œuvre* puisqu'elle est ici d'une autre nature. Le Coran, en tant qu'objet autonome, ne se trouve pas absorbé par son interprétation car comme certains l'ont souligné : « Le Coran ne saurait être ni épuisé, ni banal, ni dépourvu du sens *au cas où il est récité plusieurs fois* ». La complication vient du fait que le Coran est *incorporé* à l'interprétation mais non *inclus* ! On ne peut pas nier qu'il soit incorporé à l'interprétation puisqu'elle se développe « autour de lui », mais elle ne l'absorbe pas puisque l'on peut avoir plusieurs *formes vivantes* différentes développées autour du même Coran ! C'est sur cette absence de distance entre le Coran et la forme vivante que roule la critique… Il faut en déduire que la *forme interprétative*, voire l'interprétation, puisse exister *ab initio* sans s'imputer sur une *œuvre de l'esprit.* Car « à partir de l'instant où l'on exige que l'artiste-interprète exécute une œuvre de l'esprit[4], on exclut d'emblée tous ceux ou celles qui n'interprètent pas une œuvre »[5]. Ainsi, l'inexistence d'une œuvre de l'esprit à interpréter ne doit pas empêcher la personne qui interprète le Coran à revendiquer la qualité d'artiste-interprète[6].

---

1 Le terme *support* est à double sens, il désigne ordinairement le support matériel, étranger à la forme, mais il peut désigner le « prétexte », ce autour de quoi est développée la forme (vivante), qui est donc incorporé à la forme (que, faute de mieux, on dit être une « œuvre », parce que dans la plupart des cas c'en est une…).

2 Selon le professeur GAUDRAT, « De ce fait, l'interprétation est, à la fois, dotée d'une forme interne propre et d'une forme externe dont la nature est différente de celle des œuvres (vivante et non inerte). En cela, elle ne peut pas être une œuvre dérivée ; elle est un type créatif qui appartient à un genre différent. Un type créatif à la fois différent et dépendant de l'œuvre. Non seulement elle s'élabore à l'occasion de la communication de la forme externe de l'œuvre, mais l'affect a besoin d'un prétexte pour être artificiellement produit : il ne peut y avoir d'interprétation sans œuvre… » : Ph. GAUDRAT, *Rép. Civ. Dalloz*, V° « Propriété littéraire et artistique (1° Propriété des créateurs) », préc., n° 51.

3 P. TAFFOREAU, « La notion d'interprétation en droit de la propriété littéraire et artistique », art. préc., p. 52.

4 V. A.-E. KAHN, *J.-Cl. Propr. litt., art.*, Fasc. 1425, n° 13 s. ; X. DAVERAT, *J.-Cl. Propr. litt., art.*, Fasc. 1410, n° 10.

5 A.-E. KAHN, *J.-Cl. Propr. litt., art.*, Fasc. 1425, n° 30.

6 V. Par exemple : TGI Paris, 3e ch., 10 mai 2006, n° 04/00533, aux termes duquel le tribunal de grande instance a refusé de reconnaitre la qualité d'artistes-interprètes à des personnes se produisant lors d'un festival d'arts martiaux au motif qu'ils n'ont pas démontré « avoir exécuté une œuvre

B. La dichotomie entre Coran céleste/terrestre

177. Lien entre l'archétype du « *Coran invisible* » et du « *Coran visible* ». La seconde manifestation des *méta-formes* du Coran consiste en la dichotomie même entre le *Coran céleste* sur la « table gardée » et le *Coran terrestre* créé. Selon cette conception qui puise sa source dans un verset coranique[1], il existe un *Coran invisible* et secret pendant inaugural du *Coran manifeste* que nous connaissons[2] dans le monde matériel de sorte que ce qui est sur les feuillets, ce que récitent les hommes de quelque manière qu'ils le récitent et de quelque façon qu'on le décrive, c'est la parole incréée de Dieu dont l'archétype se trouve sur la « Table Conservée ».

178. Les récitations du « Coran visible » matérialisable par des lettres, des mots, des versets et des sourates ne seraient alors que des *reflets* de l'existence d'un « Coran céleste » intouchable. C'est dans cet esprit que l'auteur de la « *Wasîyat Abî Hanîfa* » mit l'accent sur le fait que :

> « L'écriture, les mots, les lettres et les versets ne sont qu'une indication ou manifestation (*dilâla*) du Coran à l'intention des besoins humains, tandis que la parole divine, quoique présente dans ces formes d'expression humaine comme l'écriture, la récitation et la mémoire, n'est pas inhérente dans la copie, la langue et la mémoire, car la parole divine ne se sépare jamais d'Allah »[3].

179. Distinction entre la *récitation* et *ce qui est récité*. A travers ces différentes *apparences matérielles*, seule la parole spirituelle est parole de Dieu. En effet, cette dernière « [...] n'est pas lettres et sons, elle ne peut être partagée ni divisée, elle n'a pas de parties, les unes autres que les autres, elle est une idée (*ma'nâ*) unique en Dieu et sa trace (*rasm*) est constituée par des lettres, différentes les unes des autres, qui forment la récitation du Coran (*qira'a*) ». Il y a donc une distinction à faire entre la *parole de Dieu* et son *expression matérielle* ; seule cette dernière est liée étroitement à l'espace : les exemplaires du Coran se trouvent tous dans un lieu déterminé, de même que chaque lecteur ou chaque auditeur de la récitation coranique.

180. Après avoir constaté que le Coran "terrestre" fut une *'ibâra*, expression, de la parole éternelle, c'est-à-dire ce que les croyants lisent et entendent réciter c'est bien le Coran, mais ce n'est pas directement la parole de Dieu, c'est une *expression* (*'ibara*) de cette parole[4], Abdallah Ibn Kullâb opéra la distinction entre la *récitation* et *ce qui est récité* :

> « La récitation (*qirâ'a*) est différente de ce qui est lu (*maqrû'*) ; ce qui est lu est inhérent à Allah. [...] Ainsi ce qui est lu est, de toute éternité, la parole d'Allah, tandis que la récitation s'est produite dans le temps et créée ; celle-ci est l'acquisition (*kasb*) de l'homme »[5].

Tout en admettant que la parole de Dieu est éternelle, indépendante de ses modes d'expressions liés à l'espace et au temps, Ibn Kullâb refusa l'identification pure et simple entre cette parole de Dieu et le Coran[6].

---

littéraire ou artistique créée par eux ou autrui, par exemple une chorégraphie, étant relevé qu'une démonstration d'art martial, qui constitue une prestation sportive, ne saurait être assimilée à un numéro de variété ou de cirque », cité par A.-E. KAHN, *J.-Cl. Propr. litt., art.*, Fasc. 1425, n° 35.

1 « Ceci est, au contraire, un Coran glorieux écrit sur une Table gardée ! [*fî lawh maahfûz*] », Coran, Sourate LXXXV : Les Constellations, 21-22.

2 V. M. CHEBEL, *Dictionnaire des symboles musulmans*, Albin Michel, Paris, 2001, p. 115-116.

3 J. BOUMAN, *op. cit.*, p. 38.

4 M. ALLARD, *op. cit.*, p. 150.

5 J. BOUMAN, *op. cit.*, p. 38.

6 M. ALLARD, *op. cit.*, p. 150.

181. La question du *caractère incréé* du Coran y tient évidemment une place importante. Elle apparaît d'autant plus lorsque l'on prend conscience que Hussayn Al-Karabissi distingua, à juste titre, la *nature* du Coran, de son *interprétation* en affirmant que : « *Le Coran est incréé mais la récitation est créée* ». Dans le même sens, Dinar Ibn 'Amr, le disciple de Wassel Ibn 'Ataa' et qui fut révolté contre les *mutazilites*, dit : « Le *Coran* est la *création* d'Allah et la *récitation* est de *notre œuvre*. Allah nous récompense sur la récitation et l'audition du Coran. Nous sommes donc récitateurs et Allah est Créateur »[1].

182. Doctrine d'Al-Juwaini et la distinction entre les niveaux de formes. Une distinction plus subtile fut proposée par la doctrine d'Al-Juwaini concernant la parole divine qui a le mérite de distinguer entre les niveaux de formes enchaînées dans la récitation du Coran. Cette doctrine peut se résumer de la manière suivante. Il distingue entre la *parole intérieure* (la forme divine) et son *expression* en sons et lettres (la forme vivante). Quant à la nature de la parole intérieure, elle est *éternelle*, mais son expression en sons et en lettres est *contingente*. En effet, nous pouvons dire, sans grand risque de se tromper, que la récitation du Coran, selon cette doctrine, peut être qualifiée d'*interprétation* car la récitation portant sur la parole divine qui est écrite dans le Coran, en tant que support, et apprise par cœur, n'habite pas, cependant, le Coran en tant que livre, ni le cœur de celui qui l'a appris par cœur. L'écriture est contingente. Ce qui est compris de l'écriture est éternel. C'est ainsi que ce qui est lu dans la lecture ne saurait habiter le lecteur dans la mesure où ce qui est compris c'est la parole éternelle de Dieu, exprimée par les phrases[2]. En fin de compte, Al-Juwaini résume la différence entre la forme *interne* et *externe*. En ce cas, la forme interne se divise.

183. Œuvre de déconstruction de la forme et les différents niveaux de formes. Que faut-il retenir de ces opinions des théologiens musulmans sur le plan juridique ? A vrai dire, la particularité de la récitation du Coran consiste dans l'emboîtement de plusieurs niveaux de formes auxquels doivent s'appliquer des régimes propres dès lors qu'on concevait qu'il y ait une distinction entre l'*interprétation humaine* (*qirâ'a*) du Coran et *ce qui est interprété* (*maqrû'*). Force est de constater que la particularité ne se situe pas ici ; le Coran, à la différence de toute les œuvres objets du droit d'auteur, est doté d'une forme de nature très particulière reconnue comme « *forme divine* » imperceptible par l'homme, c'est-à-dire le « *Coran muet* ». En d'autres termes, le Coran a une méta-forme[3], c'est-à-dire une forme au-delà d'une forme, voire trois

---

1 V. R. AL KHEYOUN, *Jadal al-tanzil ma' kitâb khalq al Qur'an lil Jahiz* (*Débats sur la révélation avec le livre de la création du Coran d'Al-Jahiz*), Al-Kamel Verlag, Cologne, 2000.

2 Selon la doctrine d'AL-JUWAINI, la parole de Dieu est révélée aux prophètes. L'ange Gabriel a saisi la parole divine, est descendu sur terre et l'a fait comprendre à Muhammad, « sans transmettre la parole elle-même ». La discussion risque d'achopper sur un autre terrain qui tient à la fonction cultuelle de l'acte car selon la doctrine d'AL-JUWAINI la lecture est la voix des lecteurs et leurs tons ; elle est leur acte acquis, qu'ils doivent accomplir en tant qu'actes cultuels. Ainsi, le *qâri'* qui remplit une fonction cultuelle ne saurait prétendre être titulaire d'un droit voisin car sa récitation fait essentiellement partie des « actes de culte » et non pas d'un « acte de création ».

3 Même si le préfixe *méta-* signifie « après, au-delà ».

niveaux de formes, conjointes ou articulées, par rapport aux œuvres de l'esprit qui reposent, en principe, sur une double structuration de niveaux de formes[1].

184. Dissociation entre *forme divine* (hors régime) et *forme créée*. Dans le Coran, la première forme est *sacrée*, voire increéée, qui, au-delà du droit d'auteur échappe à toute appropriation, subsiste en Dieu dont l'originalité au sens du terme juridique ne peut s'y manifester. Il nous semble que ces sous-niveaux de forme théologiques sont *au-delà* du Droit ! Ce qui a un impact juridique c'est la dissociation entre *forme divine* (hors régime) et *forme créée*… En revanche, dans les deux autres niveaux de formes, l'originalité peut se caractériser dans la mesure où il existe une personnalité humaine qui peut s'y manifester… A savoir, la récitation du *qâri'*-interprète qui consiste en la *forme vivante* psalmodiée selon les règles canoniques[2]. Cette forme vivante vit par la co-présence de celui qui *interprète* et celui qui *écoute*. Les soufis ont constaté que les versets du Coran ont un *pouvoir intrinsèque* indépendant de l'acte même de l'interprète[3]. Est-ce une coïncidence ? Non. C'est dans cet esprit qu'il faut bien séparer le divin de l'humain et procéder à une distinction en deux étapes, la part de l'*Auteur* et la part de l'*interprète*[4]. Quand le *qâri'* interprète le Coran, l'interprétation peut se faire sans musique. Là il y a deux niveaux, le *Coran* d'une part et l'*interprétation* d'une autre part.

185. Sur le plan des régimes applicables, la distinction entre les niveaux de formes est susceptible de produire de lourdes conséquences dans la mesure où le statut théologique de *ce qui est récité* doit être secondaire par rapport au *régime juridique (théologique) de la parole divine*.

> « Or, c'est ce mécanisme qui permet la distinction entre l'œuvre et son support, c'est-à-dire entre ce qui sera ultérieurement désigné par les juristes précisément comme le *corpus mysticum* de l'œuvre (ou la création considérée dans sa spécificité et son abstraction, régie par un régime juridique propre, distinct de celui de son substrat) et son *corpus mechanicum*, c'est-à-dire l'objet concret où elle se matérialise à un moment donné sans pourtant s'y épuiser »[5].

186. Cela étant, bien qu'il s'agisse de deux opérations de qualification distincte sur les plans théologique et juridique, il ne convient pas d'aborder séparément chacune d'elles mais d'articuler les rapports entre les formes, dans la mesure où les niveaux de forme(s) viennent s'entremêler et s'interposer. Or, si la théologie doit intervenir c'est uniquement dans son rapport avec le droit car on ne saurait sous-estimer l'influence exercée par la théologie sur l'opération de qualification juridique par l'apparente dépréciation du débat autour de la nature du texte coranique.

---

1 Il convient de remarquer que la *forme interne* peut tout à fait être sujette à ces subdivisions… V. Ph. GAUDRAT, « Réflexions sur la forme des œuvres de l'esprit », art. préc., p. 200 : « A quelqu'espèce qu'elle appartienne, l'œuvre de l'esprit est constituée – *a minima* – de l'emboîtement de plusieurs formes de nature différentes. Sans même parler du support matériel, la forme de l'œuvre comporte au moins deux niveaux : la forme interne et la forme externe ».

2 V. Plus loin sur le respect des règles canoniques dans la récitation du Coran : § n° 286 s.

3 P. RINGGENBERG, *op. cit.*, p. 52.

4 Nous n'envisageons pas les deux fonctions d'auteur et d'interprète dans le *Qari'*. Une seule fonction est attribuée à ce dernier, à savoir la fonction d'interprète.

5 M. BUYDENS, *La propriété intellectuelle : évolution historique et philosophique*, Bruylant, Préf. de D.W. Feer VERKADE, Bruxelles, 2012, p. 122.

Figure 7 — Récapitulation des niveaux de formes enchaînées dans la récitation du Coran à la lumière des multiples facettes du Coran		
Niveaux de formes	Forme divine incréée (Niveau sacré)	Forme créée
Typologie en fonction de la nature et du caractère de la forme	Coran céleste « la table gardée »	Coran terrestre
	Coran « invisible » imperceptible par l'homme	Coran « visible » matérialisable par des lettres, des mots, des versets et des sourates
	Forme cachée	Forme apparente
	« Livre » en tant que message révélé	*Mushaf* « Livre » en tant que support/objet matériel
	La parole intérieure	Modes d'expression matérielle de la parole en sons et lettres
	Eternelle	Contingente
	Sous-niveaux de formes théologiques au-delà du Droit	Formes créatives saisies par le Droit
Dichotomie	Ce qui est récité	L'acte de récitation (*qirâ'a*) articulé par la voix humaine
Approche juridique		
Qualification	Non-œuvre	Forme interprétative « Interprétation »
Protégeabilité	Forme inappropriable (Hors régime/propriété)	Forme protégeable
Originalité	Insusceptible d'être dépositaire de l'empreinte	Forme vivante récitée/psalmodiée

§ 3. LA FORME ELIGIBLE DANS LA RECITATION DU CORAN

187. Plan. Après avoir tenté de se prononcer sur le statut théologico-juridique du Coran et les difficultés suscitées par l'opération de qualification, il reste à répondre à la question de savoir si l'acte de cantillation/récitation du Coran permet la manifestation d'une certaine *créativité* qui attribue au récitant la qualité d'*artiste-cheikh-interprète* en tant que titulaire d'un droit voisin. C'est dans cet esprit qu'il convient, tout d'abord, d'identifier les difficultés auxquelles on se trouve confronté dans l'appréciation de la créativité qualifiante dans la forme vivante récitée, à savoir la *forme originale* (A) avant de caractériser et d'apprécier la *forme éligible* à la protection dans la récitation du Coran et le *siège* de l'originalité (B).

A. La forme originale brouillée

188. Plan. Les difficultés auxquelles nous sommes confrontés dans l'appréciation de la *créativité qualifiante* dans la forme vivante récitée sont bien celles de délimiter les contours et de tracer les frontières brouillées entre la *récitation* (forme musicale sacrée) et le *chant* (forme musicale profane) (1) d'une part et, entre le *travail* et la *création* (2) d'autre part, à partir desquelles l'interprétation de la forme vivante est éligible à la protection.

1. Dialectique religieuse entre forme musicale sacrée et forme musicale profane

189. *Nature* de la forme vivante récitée : les frontières entre *forme musicale religieuse* et de *forme musicale profane*. A vrai dire, la récitation du Coran soulève une question principale : celle de la nature de la forme vivante. Est-on en présence d'une forme vocale de « *chant sacré* » ou d'une *forme musicale* ? *Quid* de la mise en musique, de la modulation du Coran ? La *prédominance* de la parole divine et la prononciation *intelligible* du message coranique sur la forme musicale incline vers une forme divine sacrée mais la référence aux procédés du *tarab* mélodique, en y incluant une certaine dose de *musicalité* manifestée à travers la forme vivante de l'interprétation, la cantillation, et l'embellissement de la voix, va dans un sens inverse. En fait, ce débat soulève une question à part en raison de l'immense problématique qu'elle peut développer : celle du rapport entre la notion [corollaire] d'*art* (la musique) et la *cantillation religieuse* (dans l'Islam et le Christianisme…). C'est dans cet esprit qu'il faut reprendre l'enjeu et le débat qui s'est élevé de savoir s'il fallait souscrire à la qualification de la récitation du Coran comme une *forme musicale* associée à l'idée de composition à rythme cyclique dans la mesure où la confusion entre les deux domaines, celui du *sacré* et celui du *profane* peut bouleverser les données dans ce contexte.

a. Les frontières entre « chant sacré » et « chant profane »[1]

190. Éclaircissements terminologiques. Il est indubitable que la psalmodie du Coran[2] représente le modèle le plus parfait du *chant sacré*. Mais peut-on parler de « musique religieuse » (*ghinâ dinî*) ou de « musique liturgique » pour désigner la *récitation* du Coran ? Si d'aucuns parlent de formes de musiques religieuses, la récitation coranique ne saurait, cependant, être associée au terme de « *fann* » ou désignée par le terme de « *musique* » ou de « *chant* » *per se*[3], totalement entaché de profanité, selon le canon de l'Islam.

191. Une conception de musique sacrée et profane étrangère à l'Islam. D'ailleurs, si « la musique liturgique doit, par définition, servir à la prédication, donc avoir une finalité théologale », force est de constater que l'Islam ne reconnaît pas, en effet, l'existence d'une musique à caractère *liturgique*[4]. Le Coran est déjà la parole de

---

1 V. M. CHEBEL, *L'imaginaire arabo-musulman*, PUF, Paris, 2013, p. 299-300.

2 V. S. H. BOUBAKEUR, « Psalmodie coranique », *in* J. PORTE (dir.), *Encyclopédie des musiques sacrées*, vol. I, Labergerie, Paris, 1968, p. 414-421.

3 Un *hadîth* attribué au Prophète rappelle qu'il a recommandé de « réciter le *Qur'an* sur des mélodies arabes de la région de Najd, en Arabie, évitant tout recours aux mélodies juives et chrétiennes » : A. SHILOAH, *La musique dans le monde de l'Islam. Une étude socio-culturelle*, *op. cit.*, p. 90.

4 V. N. LOSSKY, *Essai sur une théologie de la musique liturgique. Perspective orthodoxe*, Cerf, Paris, 2003, p. 32.

Dieu qui devrait être lue en la *psalmodiant*. S'agissant de la récitation coranique, son champ ne se confond pas avec celui de l'*art*. Jamais donc ne s'appliqueront à cette forme créative les mots « *ghinâ'* »[1] (musique vocale classique), ou « *fann* »[2] (art musical)[3] dans l'acception de la musique. Si la cantillation du Coran n'entre pas dans la catégorie classique d' « *œuvre musicale* », à proprement dit et diffère du *ghinâ'* (chant artistique), il faut bien saisir les frontières entre les deux volets du chant dit « *sacré* » (*kalam al-jidd*) et du chant dit « *profane* » (*kalam al-hazl*) division qui semble incompatible avec l'esprit de l'Islam[4], ce qui n'est pas aisément inextricable.

192. Débat théologique sur la *licéité* du chant du Coran, une « *œuvre de l'esprit du mal* » ?[5] A vrai dire, le débat sur la *licéité* de la musique[6] puise sa source dans la littérature arabe. Comme l'écrivit Ibn Khaldoun au XIVe siècle, le Coran en tant qu'un livre redoutable « qui rappelle à l'homme la mémoire de la mort et de l'au-delà [...] *ne doit pas être un prétexte à faire de la belle musique* »[7]. « En effet, *l'art de la musique n'a rien de commun avec le Coran* : pour lire tout haut le texte de ce livre, il faut ménager sa voix, de manière à pouvoir bien prononcer les lettres, surtout en allongeant les voyelles dans les propres endroits, en appuyant plus ou moins sur les lettres de prolongation, selon le système de lecture que l'on a adopté, et en remplissant quelques autres conditions du même genre »[8]. Des juristes se sont fermement opposés au chant

---

1 Le sens propre de *ghinâ'* est « chant » sert à désigner la musique se réclamant de la théorie pratique arabe ou, tout simplement, la musique. V. H. G. FARMER, art. « Ghinâ' », *in E.I.*, t. II, p. 1097-1100.

2 *Contra* : selon certains « [...] il n'empêche que le *tajwîd* s'assimile à un art (*fann*) », *in* C. POCHE, *Dictionnaire des musiques et danses traditionnelles de la méditerranée*, *op. cit.*, p. 363.

3 V. Sur la problématique : C. POCHE, « De l'homme parfait à l'expressivité musicale. Courants esthétiques arabes au XXe siècle », art. préc., n° 13 s.

4 S. JARGY, *La musique arabe*, coll. « Que sais-je ? », PUF, 3e éd., Paris, 1988, p. 69. Cet auteur souligne que : « Mais, au fur et à mesure de la modernisation occidentalisante, ces formes traditionnelles accusent leurs particularismes et tendent en fait à se constituer en une sorte de musique à usage liturgique bien que, encore une fois, la conception même de musique sacrée et profane soit étrangère à l'Islam » : *La musique arabe*, *op. cit.*, p. 70.

5 Pour reprendre l'expression de S. JARGY, *La musique arabe*, *op. cit.*, p. 18.

6 « On ne trouve rien dans le Coran qui puisse justifier une censure de la musique en soi. On commença cependant, dès la fin du 1er s. de l'Hégire, à discuter la légalité du chant, la pratique des instruments et de la profession de musicien. Les détracteurs de cet art étaient généralement poussés par des préoccupations d'ordre moral. Les peuples du Proche-Orient ont, en effet, toujours considéré la musique comme un plaisir (*malha*), et, de tous les temps, il s'était trouvé chez les sémites des puritains pour s'élever contre la triade : vin-femme-chant, tous trois inséparables dans l'esprit de ces peuples » : rapporté par J. DURING, *Musique et extase. L'audition mystique dans la tradition soufie*, Albin Michel, Paris, 1988, p. 225.

7 IBN KHALDUN, *Discours sur l'histoire universelle* (*Al-Muqaddima*), *op. cit.*, p. 670 : « Donc, avant tout, il faut s'en tenir à la récitation (cadencée) du texte coranique, afin de ne pas s'exposer à altérer le système de lecture que les anciens docteurs nous ont transmis. Il est donc absolument impossible d'employer simultanément la mélodie et le mode de récitation adopté pour la lecture du Coran ». ; P. RINGGENBERG, *L'univers symbolique des arts islamiques*, *op. cit.*, p. 38-39 : IBN KHALDUN, *Discours sur l'histoire universelle* (*Al-Muqaddima*), *op. cit.*, p. 670 : « La récitation du Coran doit passer avant tout, pour éviter tout risque d'altération de la tradition ancienne. Il est donc tout à fait impossible de combiner, pour le Coran, la mélodie avec l'articulation proprement dite ».

8 *Les prolégomènes d'Ibn Khaldoun*, *op. cit.*, trad. en français et commentés par M. DE SLANE, Vol. 2, Deuxième partie, Impr. Impériale, Paris, 1865, p. 415-416. La perfection de l'opéra exige pareillement une parfaite articulation !

du Coran pour des motifs analogues[1]. Par ailleurs, le traditionniste et légaliste andalou Al-Turtushi (m. 1126 ou 1131) récusa de faire appel aux *mélodies* ou à des *procédés similaires* dans la récitation du Coran au risque de dévoyer l'esprit du texte sacré et pervertir les règles du *tajwîd*[2]. Selon Al-Qayrawânî, « il est interdit d'écouter la musique et le chant profane, *ni de réciter le Coran avec des accents cadencés comme dans le chant profane* »[3]. Si l'imâm Mâlik désapprouva de « chanter » le Coran, toutefois, son confrère l'imâm Al-Shâfi'î s'accorda pour dire qu' : « *il n'y a pas de mal à réciter le Coran en des mélodies et à embellir la voix par leur biais, de quelque point de vue que ce soit* »[4]. Cela dit, cette opinion doit être nuancée puisque le *chant* est une chose et l'*embellissement de la voix* en est une autre, comme nous allons le voir[5]. C'est une question de plus et de moins. Le *fann* commencerait peut-être quand l'embellissement est une fin en soi alors que dans la cantillation il est au service de la Parole ! Quant aux hanbalites, ils considérèrent que : « la récitation du Coran sur les mélodies du chant est détestable, tout comme l'audition de la musique soufie »[6]. En revanche, Nusrat Fateh Ali Khan se prononça en sens inverse en partageant l'idée soufie selon laquelle le chant ou la lecture ornée du Coran ne distraient pas de la foi mais facilitent l'accès au sens du texte. C'est ainsi que : « chanter le Coran ou bien le lire, affirmait-il dans un entretien, est une façon de mieux sensibiliser les gens à son contenu. La musique a permis aux soufis de faire apprécier les splendeurs du Coran par ceux qu'ils voulaient convertir ».

193. Récitation du Coran d'après les règles d'art musical profane. Or, si tel est l'avis des oulémas, comment expliquer le fait que la récitation du Coran s'appuie sur les règles d'art musical profane[7], la nature des *maqâms* employés ainsi que le choix de modulations ? Selon l'ethnomusicologue et le musicologue français Christian Poché, « *l'enseignement de la psalmodie coranique relève de règles musicales non explicites qui sont les mêmes que celles régissant le chant profane, qui, pour leur part sont bel et bien énoncées, avec leur*

---

1 Selon IBN AL-JAWZI (*Talbîs*, XX, 6, p. 229) : « Le chant fait sortir l'homme de l'équilibre (*i'tidâl*) et altère (*ghayyara*) l'intelligence, [...] son action est proche de celle du vin pour ce qui est de couvrir (*taghtiya*) l'intelligence » : cité par J. R. MICHOT (éd. et trad. de l'arabe), *Musique et danse selon Ibn Taymiyya. Le livre du Samâ' et de la danse (Kitâb al-Samâ' wa-l-Raqs), complié par le shaykh Muhammad al Manbijî*, Vrin, Paris, 1991 p. 100, note 2.

2 Al-TURTÜSHI 513, cité par A. SHILOAH, *La musique dans le monde de l'Islam. Une étude socio-culturelle, op. cit.*, p. 93. Certes, mais la cantillation se fait quand même sur des *maqâmât* qui sont plus que des gammes des espèces de thèmes…

3 IBN ABI ZAYD AL-QAYRAWANI, *La Risâla ou Epître sur les éléments du dogme et de la loi de l'Islam selon le rite mâlikite*, trad. de L. BERCHER, Ed. J. Carbonel, Alger, 1949, p. 307.

4 'U. AL-SUHRAWARDI, *'Awârif*, t. II, p. 256, cité par J. R. MICHOT, *Musique et danse selon Ibn Taymiyya, op. cit.*, p. 70, note 3.

5 V. Plus loin : § n° 257 s.

6 A.-R. AL-GAZIRI, *op. cit.*, vol. III, p. 44, cité par B. NIALLE, *Le mugannî dans la littérature arabe du IXe et du Xe siècles : Kitâb al-Agânî comme exemple*, thèse, Strasbourg, 2014, p. 292.

7 F. LAGRANGE, *Musique d'Égypte*, Cité de la musique, Actes Sud, Paris, 1996, p. 50. Selon Dawûd HUSNI, compositeur juif converti à l'Islam sur le tard, affirmait qu'il : « *ne concevait aucune inquiétude sur l'avenir de la musique égyptienne tant que demeurerait le Coran, dont les versets sont psalmodiés sur des modes orientaux* » : F. LAGRANGE, *Musiciens et poètes en Égypte au temps de la Nahda*, t. I, thèse, Paris VIII, 1994, p. 404. *Contra* : « Il est intéressant de noter que l'art du *tadjwîd* ne se préoccupe pas des règles qui régissent les paramètres musicaux en tant que telles, parce qu'il les considère tout simplement comme non existantes » : A. SHILOAH, *La musique dans le monde de l'Islam. Une étude socio-culturelle, op. cit.*, p. 92.

vocabulaire technique afférent »[1]. Parmi les principaux *maqâmât* utilisés par les récitateurs du Coran, on y retient les modes usuels *râst*, *higâz*, *bayyâtî*, *'agam*, *sabâ*, *nahâwand*, *sîkâh*. Il est admis que la cantillation coranique ne saurait être isolée du courant de la musique, toutefois, le propos est à nuancer au point de s'immiscer dans le domaine inviolable car si la récitation du Coran repose sur l'une des nombreuses gammes des *mâqams* constituant l'art musical profane arabe, il n'en reste pas moins qu' « *elle se distingue toutefois de la forme profane du maqam en ce que le caractère de la ligne mélodique y est en grande partie conditionné par des règles de récitation préalablement fixées, ce qui exclut toute confusion avec la musique profane* »[2], et ce, en dépit des interactions indéniables entre musique savante et musique de variété dans le domaine de la psalmodie[3] sans jamais y faire allusion ni officialiser ce vocabulaire technique[4].

---

1 C. POCHE, « De l'homme parfait à l'expressivité musicale. Courants esthétiques arabes au XXe siècle », art. préc., n° 13.

2 H. H. TOUMA, *La musique arabe*, *op. cit.*, p. 127.

3 F. LAGRANGE, *Musique d'Égypte*, *op. cit.*, p. 49-50.

4 « La perfection de cette psalmodie a été atteinte en s'appuyant sur les règles musicales et la modalité (*maqâm*) en vigueur au Proche-Orient, sans jamais y faire allusion ni officialiser ce vocabulaire technique afin de ne pas le promouvoir. C'est donc un style qui absorbe la technique musicale et la dissout. Implicite, elle est écrasée par la force du texte qui demeure sa raison d'être. Le *tajwîd* n'est pas un chant particulier et ne s'apparente aucunement au chant, bien qu'ici les changements de registres du grave à l'aigu, comme les modulations, empruntent à cet esprit » : C. POCHE, *Dictionnaire des musiques et danses traditionnelles de la méditerranée*, *op. cit.*, p. 363.

Figure 8 — Récitation du Coran (Syrie), Sourate 2, versets 1-5

Récitation du Coran (Syrie), Sourate 2, versets 1-5[1].

194. Conditions requises pour la récitation du Coran d'après les *mâqams*. Il est intéressant de remarquer que l'Organisation des Affaires Islamiques et des legs pieux aux Emirats Arabes Unis a émis une *fatwa* le 11 février 2010, sous le n° 8845, qui admet de réciter le Coran selon les *maqâmât* arabes à condition d'éviter l'opposition avec la grandeur et la transcendance du Coran. Le récitateur doit ainsi éviter la voie des chanteurs. Par ailleurs, la récitation ne doit transgresser ni la validité de la performance ni le respect des règles de la psalmodie. Le récitateur doit psalmodier le

[1] Source : A. SHILOAH, *La musique dans le monde de l'Islam. Une étude socio-culturelle*, *op. cit.*, p. 108.

Coran en psaumes pour impressionner les cœurs et exhorter les âmes[1]. Il en résulte de cette *fatwa* trois éléments nécessaires auxquels le récitateur ne doit pas déroger :

---

1 Nous implorons Allah pour qu'Il nous fasse parmi ceux qui récitent dûment le noble Coran. Sache que les savants jugent unanimement conseillé l'embellissement de la voix en psalmodiant le Coran. L'embellissement de la voix en récitant le Coran est l'un des éléments qui adoucissent les cœurs et incitent à la crainte d'Allah et à l'orientation des âmes vers le noble Coran. L'objectif de « *taghanni* » en récitant le Coran est l'embellissement de la voix, la méditation des versets, la conformité à leurs prescriptions, la bonne articulation des lettres sans affectation ni exagération, l'application des règles de la psalmodie, le respect des endroits des arrêts et des prolongations. La belle voix donne plus de charme au Coran, et impressionne les cœurs ? Ecoutant la récitation d'Abo-Moussa AL-ACH'ARI, le Prophète – Qu'Allah prie sur lui et le salue – dit : « Vraiment, tu as été muni d'une flûte parmi celle de David » : (V. AL-BOUKHARI et MUSLIM). Les oulémas précisent que l'on entend par la flûte la belle voix. AL-BARAA dit : « J'ai entendu le Prophète à la prière du soir, réciter la sourate "Par le figuier et l'olivier !". Jamais je n'ai entendu quelqu'un qui eût une voix plus belle que le Prophète en récitant le Coran » : (Rapporté par AL-BOUKHARI et MUSLIM). La récitation du Coran selon les tons et les systèmes musicaux tout en respectant les règles de la récitation et de la psalmodie est jugée permise par les uns et reprouvée par les autres : Les malékites et les hanbalites jugent déconseillée la récitation selon les systèmes musicaux qui ressemble au chant même si le récitateur ne déroge pas aux règles de la psalmodie et de la récitation. Dans son ouvrage intitulé : *Manh al-Jalil fi Charh Mokhtasar Khalil*, l'érudit malékite Mohammad 'YLAICH dit : « enseigner la récitation du Coran selon la mise en musique en contrepartie d'une somme d'argent est déconseillé. La récitation du Coran selon la mise en musique signifie la modulation de la voix selon les tons musicaux. La récitation selon les règles de la mise en musique est qualifiée de déconseillée tant qu'il ne dépasse pas le cadre du Coran ; si elle le dépasse, elle sera alors qualifiée d'interdite. Malik a jugé déconseillée la récitation selon les règles de la mise en musique, qu'en va-t-il pour la récitation qui ressemble aux chants ? ». L'érudit AN-NAFRAWI, dans son *Al-Fawakih ad-Dawani*, dit : il n'est pas permis de réciter le Coran selon les règles de la mise en musique qui implique la modulation de la voix comme c'est le cas des chants. Cette défense porte sur ce qui est déconseillé à moins que la récitation ne soit à titre des chants. Dans de telle récitation, le prolongé peut être raccourci et le raccourci peut être prolongé. Comme la récitation du Coran selon les règles de la mise en musique n'est pas permise, il en est de même pour l'entendement. La récitation du Coran doit éviter toute forme d'ajout ou d'omission. Quant à la récitation du Coran avec une belle voix et selon les règles de la psalmodie est un acte permis. La psalmodie permet au récepteur de craindre Allah et de tirer profit de ses exhortations… ». Dans son ouvrage intitulé : *Al-Kafi fi Fiqh Al-Imam Ahmad*, l'érudit Ibn Qodama AL-MAQDESSEY dit : Al-Qadi juge déconseillée la récitation du Coran avec la mise en musique ; d'autres précisent que l'exagération dans la mise en musique de la sorte qui fait de la signe vocale une lettre telle que la récitation qui fait de la *fatha* un *alif*, de la *kasra* un *yaa*, de la *damma* un *waw*. Cette exagération conduit au changement du Coran ; ce qui est interdit. Si, par contre, cette récitation ne conduit pas au changement dans la prononciation des lettres, elle est licite. On rapporte que Prophète récitait le Coran avec la modulation. On rapporte également qu'il a dit : « Allah n'écoute rien comme Il écoute un Prophète doté d'une belle voix en récitant le Coran à voix haute ». Ecoutant la récitation d'Abo-Moussa AL-ACH'ARI, le Prophète dit : « Vraiment, tu as été muni d'une flûte parmi celle de David ». ABO-MOUSSA dit : « Si je savais que tu écoutais ma récitation, je l'aurais embellie comme il faut ». Les hanéfites et les chaféites ont jugé permise la récitation du noble Coran avec les règles de la mise en musique et des *maqâmât* arabes mais à condition de respecter les règles de la récitation et de la psalmodie, d'éviter l'omission d'une lettre et l'exagération dans la nasalisation et la prolongation ; sinon une telle récitation sera jugée interdite et son auteur commettra ainsi un péché pour avoir dérogé aux règles de la récitation. Dans l'ouvrage intitulé : *Fath Al-qadir fi Al-fiqh Al-hanafi*, on lit : « la récitation du Coran avec les règles de la mise en musique est jugée licite par les uns et illicite par les autres. L'avis choisi est celle qui la juge licite à condition de bien articuler les lettres sans exagération ; sinon la récitation sera jugée interdite ». Dans le *Tohfat Al-mohtaj selon le Fiqh Chaféite*, on lit : « la récitation du Coran selon les règles de la mise en musique sans exagération est permise. L'exagération qui fait de la signe vocale une lettre telle que la récitation qui fait de la *fatha* un *alif*, de

En premier lieu, la récitation selon les règles de la mise en musique ne doit pas contredire la grandeur et la transcendance du Coran. Elle doit être accomplie suivant les règles des bienséances et la méditation des versets coraniques. Le récitateur ne doit pas réciter le Coran selon les règles de la mise en musique au détriment de la méditation des versets récités.

En deuxième lieu, le Coran ne doit pas être récité suivant la voie des chanteurs.

En dernier lieu, la mise en musique ne doit prévaloir ni sur la bonne performance ni sur le respect des règles de la psalmodie. Il s'en suit que le récitateur doit respecter minutieusement l'articulation des mots, la bonne performance, le respect des endroits de l'arrêt et de la reprise, la prononciation des lettres selon leurs endroits justes et selon leurs caractéristiques, la prolongation et la nasalisation et les autres règles de la psalmodie.

---

la *kasra* un *yaa*, de la *damma* un *waw* est interdite. Il en est de même pour l'exagération dans l'assimilation ou l'omission des lettres. Le récitateur qui suit une telle manière dans la récitation est pervers et celui qui l'écoute commet un péché. Il est recommandable de psalmodier le Coran selon les règles qui incitent à la méditation et au pleur ». L'érudit AL-MAWARDI, dans son *Hawi*, dit : la récitation selon les règles de la mise en musique fait l'objet de la divergence d'opinion ; certains savants la jugent licite eu égard à la version rapportée ABO-SALÂMA d'après ABO-HORAYRA à laquelle le Prophète dit : « N'est pas de nous celui qui ne psalmodie le Coran ». D'autres savants jugent illicite la récitation du Coran selon les règles de la mise en musique car elle dépasse le cadre de l'exhortation et entre dans celui du chant. De plus, une telle récitation n'est pas conforme à la voie du Prophète et de ses compagnons. La récitation qui affecte l'articulation des mots du Coran à travers l'ajout d'une signe vocale, l'omission d'une autre pour garder les tons, la prolongation d'une voyelle, le raccourcissement d'une autre est sans doute interdite et son auteur est jugé pervers. De même, celui qui l'écoute commet un péché car il laisse la bonne voie pour suivre la mauvaise. Allah - Exalté soit-Il - dit : « قُرآنًا عَرَبِيًّا غَيْرَ ذِي عِوَجٍ » « Révélé en langue arabe, ce Coran ne contient aucune équivoque ». Si la mise en musique n'affecte pas les règles de la prononciation des mots, la récitation est permise car dans ce cas la mise en musique embellisse la récitation ». Les juristes sont tous unanimes pour affirmer l'interdiction de la récitation du Coran selon les règles de la mise en musique qui ne respecte pas les règles de la psalmodie tel que le prolongement du raccourci, le raccourcissement du prolongé, l'emphase des lettres non emphatiques, la clarification de ce qui doit être assimilé, l'assimilation de ce qui doit être clarifié, l'imitation de la voie des chanteurs dans la prolongation, le tremblement, la modulation, la déclamation de la voix comme en poésie. Tout moyen permettant d'embellir la voix en récitant le Coran est permis à condition de ne pas transgresser les règles de la psalmodie. La manière de la récitation du Coran suivie dans les cérémonies est sans doute interdite car elle ressemble au chant qui est en contradiction avec la grandeur et la transcendance du Coran. Si le Coran est descendu sur une montagne, on la verrait s'affaisser et se fendre par crainte du Seigneur. La récitation du Coran de la manière qui ressemble au chant est certainement interdite car elle empêche la méditation des versets coranique. Le maître des récitateurs l'*Imâm* Ibn AL-JAZRI, dans son ouvrage intitulé : *Al-Nashre fi al-Qira'at al-Ashre*, *op. cit.*, dit : « La psalmodie ne signifie pas le prolongement du raccourci, le raccourcissement du prolongé, l'emphase des lettres non emphatiques, la clarification de ce qui doit être assimilé, l'assimilation de ce qui doit être clarifié, l'imitation de la voie des chanteurs dans la prolongation, le tremblement, la modulation ou l'exagération qui contredisent la simplicité de la langue arabe. Abo-Mozahem AL-KHANEQUI dit : « زِنِ الْحَرْفَ لا تُخْرِجْهُ عَنْ حَدِّ وَزْنِهِ فَوَزْنُ حُرُوفِ الذِّكْرِ مِنْ أَفْضَلِ الْبِرِّ » « Prononce justement les lettres sans exagération car la prononciation juste des lettres du Coran est le meilleur acte pieux ». Le récitateur doit éviter ce qui suit : La modulation de la voix surtout lors de la prononciation des lettres prolongées. Pour accomplir le ton, il prolonge la lettre plus que le nécessaire. Le tremblement de la voix surtout lors de la nasalisation et le prolongement. Dans ce cas, la voix du récitateur ressemble à celle de la personne enrhumée. Le Coran doit être psalmodié de la manière qui impressionne les cœurs et exhorte les âmes. Le Prophète dit : « Celui qui récite le Coran le mieux est celui qui le fait de manière à traduire son chagrin » : Rapporté par IBN MAJAH. Allah en sait plus.

A vrai dire, la question reste une affaire de plus et de moins sans critère tout à fait précis.

195. Liens entre l'art musical profane et le *tajwîd*. En effet, il convient de remarquer qu'en raison des liens qui existent entre la *musique* et le *tajwîd*[1], les célèbres chanteurs ont entamé au début de leur vie une carrière de lecteur du Coran afin de bien maîtriser l'élocution de la langue et de garantir une parfaite articulation des mots[2]. Il faut songer à Umm Kulthûm (1900-1975) qui : « [...] fut formée avec son frère Khâlid à la *cantillation coranique* et aux *tawshîh-s* religieux, et connut-elle aussi une enfance de prodige, exhibée de fête en *mawlid* chez les grandes familles du Delta »[3]. Par ailleurs, plusieurs *shouyoukh*, pendant la Nahda, n'ont pas hésité à aller jusqu'à franchir les frontières entre le *chant sacré* et le *chant profane*[4] tels le *cheikh* Yûsuf al-Manyalâwî (1847-1911), *cheikh* Sayyid al-Saftî (1867-1939), *cheikh* Ahmad Hasanayn, *cheikh* 'Alî al-Hârith, *cheikh* Muhammad Abû al-'Ilâ (1878-1927), *cheikh* Salâma Higâzî (1852-1917), et le *cheikh* Sayyid Darwîch (1892-1923)[5]. Cependant, l'interprétation d'une *qasîda* traitée *musicalement* que certains *shouyoukh* composèrent ne saurait être assimilée à une cantillation coranique de sorte qu'il conviendrait de relativiser les obligations de prononciation qui ont court avec le texte sacré comme le soulignent certains auteurs[6].

---

1 F. DEROCHE, Le Coran, *op. cit.*, p. 94.

2 « Les grands chanteurs ont toujours commencé leur carrière par un apprentissage du *tajwîd*, ce qui leur a permis de maîtriser l'élocution de la langue et une parfaite articulation des mots, restant la règle première de la relation entre sémantique et musical dans le monde arabe où ce dernier est inféodé au texte » : C. POCHE, *Dictionnaire des musiques et danses traditionnelles de la méditerranée*, *op. cit.*, p. 363. Il en va de même pour *l'orateur sacré* car « l'étude de la musique aura pour l'orateur le double avantage, de former son oreille à l'harmonie et de lui faire connaître les tons divers que sa voix peut parcourir, en sorte qu'il sache l'élever ou l'abaisser à volonté, suivant les sujets qu'il traite, les sentiments qui l'animent, etc. » : L. BELLEFROID, *Manuel d'éloquence sacrée, à l'usage des séminaires et de ceux qui commencent à exercer le ministère de la prédication*, H. Dessain, 2e éd., Liège, 1847, p. 393 et 394.

3 F. LAGRANGE, *Musique d'Égypte*, *op. cit.*, p. 128.

4 « *Nombreux sont les fuqahâ'* [il désigne ici les psalmodieurs et non les juristes] *au visages déplaisants qui délaissent le Saint Coran pour s'engager dans le chant sans n'y rien comprendre ; on les appelle awlâd al-layâlî* (fils de la nuit) » : K. KULA'I, 1906, p. 88, cité par F. LAGRANGE, *Musiciens et poètes en Égypte au temps de la Nahda*, t. I, thèse préc., p. 37.

5 Ph. VIGREUX, « Centralité de la musique égyptienne », *Égypte/Monde arabe*, 1991, 7, Première série, n° 11.

6 F. LAGRANGE, *Musiciens et poètes en Égypte au temps de la Nahda*, t. I, thèse préc., p. 230 : « les règles du "*madd*" sont plus libres et il est courant que des voyelles courtes soient démesurément allongées. Les modalités coraniques de prononciation du *nûn* et du *tanwîn* (*izhâr*, *idgâm* ou *ikfâ*) ne sont pas systématiquement observées, particulièrement l'*idgâm*, fusion du *nûn* dans une autre lettre. Par contre, la "*gunna*" (vibrato lors de l'articulation sonore des nasales) est fréquente, du fait des possibilités d'ornementation qu'elle ouvre. L'emphatisation hésite souvent entre la "juste prononciation" des *muqri'în* et l'usage égyptien. On entend clairement Salâma HIGAZI, ancien récitant, désemphatiser ses *qâf* quand ils ne sont pas suivis d'une emphatique, contrairement à l'usage courant en Égypte mais contrairement aussi aux préceptes de lecture coranique. Il s'agit possiblement d'un phénomène d'hyper-correction. On remarque dans ses enregistrements que le *Sayk* YUSUF désemphatisait le "*râ*" quand il porte une *kasra* ou lorsqu'il est suivi d'un "*yâ*". Ainsi sa prononciation du mot "*istibâr*" dans le vers de *Magnûn Laylä* (pièce 12) : *sabran °alä mâ qadâhu-llâh fîki °alä marâratin fî-stibârî °anki ukfîhâ* J'endure cette séparation que Dieu m'a imposée Dans une amertume résignée que je tente de te

196. Prédominance absolue de la parole divine sur la forme musicale. Bien que l'*élément musical* soit essentiel dans la technique de la *tilâwah*, l'exercice en soi reste principalement *rituel*. La récitation du Coran est donc admissible et honorable à condition que cela aille dans le sens de la glorification divine, mais en dehors de la proclamation chantée du texte sacré, aucune autre *forme musicale* ou *dansée* n'est admise. En un mot, c'est le critère. La prédominance absolue de la parole sacrée sur la musique sous-tendant la récitation du Coran est l'une des conditions préalables à la récitation mise au service du texte sacré qui distingue l'ensemble des pratiques cantillatoires des religions monothéistes par rapport au « chant » à proprement dit. C'est ainsi que la récitation du Coran en tant que message divin adressé aux hommes a principalement pour objet de mettre en évidence les mots et de faciliter la compréhension du texte et le *cheikh* ne doit pas dépasser le rôle qui lui est assigné au risque de tomber dans le domaine de l'inviolable tandis que la combinaison des sons *per se* dans la lecture est reléguée à un rôle secondaire.

197. Intelligibilité de la parole divine aux dépens du chant profane mesuré. Par conséquent, l'intelligibilité de la parole révélée (la *fonction sociale* de la récitation) doit caractériser la récitation des versets coraniques aux dépens du chant ayant une fonction essentiellement musicale[1]. La question n'est pas propre à la récitation du Saint Coran dans le monde musulman mais elle constitue un point de convergence entre les différentes pratiques cantillatoires cultuelles en Méditerranée qui sont soumises à des *conditions drastiques*. Il en est ainsi dans la cantillation des rituels chrétiens, judaïques qui doit avoir une *finalité théologale*. Selon Solange Corbin, il s'agit d' :

> « [...] un style où la parole aura la prépondérance sur la musique, mais où cette dernière joue un rôle de régulateur et de revêtement solennel [...] aucune "composition" musicale n'est à sa place, *on est en présence d'un acte religieux pendant lequel une transmission solennelle de certaines paroles a lieu, dans des conditions fixées dès l'origine par la nécessité, puis par une tradition millénaire et qui exige des rapports mélodiques déterminés entre parole et son* »[2].

198. Opposition marquée entre la *voix récitée* (la cantillation) et la *voix chantée*. Il s'en suit que la cantillation au cœur de ces cultes est conçue et perçue comme une récitation, voire une « parole mélodisée »[3], et non pas comme *un chant*

---

cacher Le *bâ'* n'étant pas une emphatique et le mot étant au cas indirect, le *râ'* ne peut théoriquement emphatiser une voyelle qui le précède. Cette juste prononciation est en fait contraire à la pratique cairote qui laisserait les deux emphatiques "*sâd*" et "*tâ*" contaminer l'ensemble du mot. Par contre, l'emphatisation coranique du "*kâ*" et du "*gayn*" n'est que ponctuellement observée, les *mutribîn* préférant là suivre le plus souvent l'usage du dialecte ».

1 D'aucuns estiment que : « de toutes façons, la condition préalable à la récitation du Coran consiste en une prononciation intelligible et en une division des versets conformément aux règles énoncées [...] » : H. H. TOUMA, *La musique arabe*, *op. cit.*, p. 126.

2 S. CORBIN, « La cantillation des rituels chrétiens », *Revue de Musicologie*, vol. XLVII, juill. 1961, n° 123, p. 3.

3 Selon S. CORBIN : « Cantillation, manière de chanter sans chanter, ornementation de la parole pour lui donner solennité » : *in* « La cantillation des rituels chrétiens », art. préc., p. 3. CORBIN y définit (p. 8-9) la cantillation comme ce mode de vocalisation employé pour la lecture et les oraisons par l'officiant lui-même, qu'elle distingue du plain-chant comme de la psalmodie et de la musique « religieuse ». « Dans les deux liturgies [judaïque et chrétienne initiale], la parole chantée a valeur mystique. Elle n'est pas un art en soi, elle n'est pas un ornement du culte, mais une sorte de pont

... /

véritable[1]. En d'autres termes, « *le propos premier de la cantillation consiste, en effet, à contribuer à l'ancrage de la prière, de la prédication et de l'enseignement dans le message divin révélé* »[2].

« La cantillation est (ou doit être) étroitement liée à la récitation ou à la tension des mots prononcés, plus qu'elle ne concerne le chant à proprement parler. Elle peut être ornée et mélismatique, mais ces embellissements ne doivent pas être indépendants : ils émanent plutôt du contenu du texte. Cela signifie également que le lecteur doit se considérer comme un transmetteur au service du message exprimé dans le texte »[3].

199. Ainsi, la récitation du Coran n'est pas considérée comme de la musique mais il s'agit d'une *science vocale* qui s'est développée comme une branche autonome « qui suit des règles précises selon les procédés de *tajwîd* nécessitant autant une connaissance approfondie de la phonétique arabe qu'un apprentissage de la technique vocale spécifique du texte sacré »[4].

b. Problématique de l'infiltration de la musique dans la récitation du Coran : l'exemple de l'affaire de « *Marcel Khalifé* »

200. De la nécessité de distinguer entre la *récitation du Coran* et le *chant blâmable*. Il est donc indispensable de distinguer entre la récitation du Coran et la musique/le chant ainsi que de bien tracer les frontières entre les deux champs au risque de tomber dans le cadre blâmable du chant. Le risque qui pourrait en résulter est de déclencher le dispositif législatif de la *censure* lequel peut avoir des répercussions juridiques sur les *conditions d'existence et d'exercice* des droits, y compris sur le terrain de

---

entre l'homme et Dieu. En sorte que, dans le rituel juif, toute parole est plus ou moins cantillée pour recevoir, du son musical, cette ampleur sonore, cette solennité qui la porte jusqu'aux régions instinctives de l'être » : S. CORBIN, *L'Église à la conquête de sa musique*, Gallimard, Paris, 1960, p. 61 ; N. ABOU MRAD, « Formes vocales et instrumentales de la tradition musicale savante issue de la Renaissance de l'Orient arabe », *Cahiers d'ethnomusicologie*, 2004/17, p. 183-215, note 10. « La cantillation désigne une musicalisation traditionnelle de la récitation d'un texte. Il s'agit à la base de la mélodisation d'une prose sacrée, dans le cadre des religions monothéistes (Judaïsme, Christianisme, Islam), mettant en avant la parole révélée, ancrage de la prière, de la prédication et de l'enseignement, ainsi que de la dévotion tant personnelle que collective » : A. SHILOAH, « Ebraismo e Islam: posizioni monoteistiche nei riguardi della musica» [Hébraïsme et Islam : attitudes monothéistes face à la musique], *Enciclopedia della musica*, diretta da J. -J. NATTIEZ III, « Musica e culture », Einaudi, Torino, 2003, p. 316-317), cité par N. ABOU MRAD, « Formes vocales et instrumentales de la tradition musicale savante issue de la Renaissance de l'Orient arabe », art. préc., n° 14.

1 Michel BRENET propose une définition de la *cantillation* selon laquelle il s'agit d'une « forme de mélodie religieuse, de construction primitive et plus proche de la déclamation que du chant proprement dit, bien que pouvant être entremêlée de vocalises » : v° « cantillation », *in* M. BRENET, *Dictionnaire pratique et historique de la musique*, A. Colin, Paris, 1926, p. 54. V. F. PICARD, « Parole, déclamation, récitation, cantillation, psalmodie, chant », *Revue des traditions musicales des mondes arabe et méditerranéen* (*RTMMAM*), éd. de l'Université Antonine, Baabda (Liban), « Musicologie des traditions religieuses », 2008, n° 2, p. 9-24.

2 A. SHILOAH, « Judaïsme et Islam. Les monothéismes face à la musique », *in* J. -J. NATTIEZ (dir.), *Musiques. Une encyclopédie musicale pour le XXIe siècle*, vol. 3, « Musiques et cultures », Actes Sud, 2005, p. 362 ; A. SHILOAH, « Ebraismo e Islam : posizioni monoteistiche nei riguardi della musica » [Hébraïsme et Islam : attitudes monothéistes face à la musique], art. préc., p. 316-317 ; N. ABOU MRAD, « Quelques réflexions sur la cantillation religieuse en Méditerranée », *La pensée de midi*, 2009/2, n° 28, p. 55.

3 A. SHILOAH, *La musique dans le monde de l'Islam. Une étude socio-culturelle*, *op. cit.*, p. 89-90. Ça se rapproche du récitatif, dans l'opéra, qui prépare les grands arias et s'en distingue…

4 S. JARGY, *La musique arabe*, *op. cit.*, p. 70.

l'appréciation de l'originalité de la récitation, comme nous allons le voir. Force est de constater qu'on rencontre aujourd'hui une tendance à « mélodiser » la lecture coranique et à réciter le Coran basé sur des mélodies (*qira'a bi'l-alhan*)[1] à caractère purement mélodieux (modal) ainsi qu'à introduire des formulations plus subtiles chez certains lecteurs qui n'hésitent pas à tort à appliquer à la récitation les *procédés de l'art du chant*[2]. En témoigne, l'affaire emblématique du chanteur libanais Marcel Khalifé que nous allons analyser dans les lignes qui suivent. Cette tendance tient au fait que certains récitateurs essayent, par exemple, d'atteindre le plus haut degré dans leur récitation pour se distinguer des autres, toutefois, à en vouloir trop embellir ils risquent de dépasser les limites imposées par les règles de la récitation. Il s'agit de l'une des formes bien connues de l'*exagération* dans la récitation du Coran telle que l'exagération en prononçant les voyelles nasales, à cause de l'affectation. A titre d'exemple, l'action de mâcher la lettre et l'exagération en prononçant la lettre *hamza* et le halètement[3]. On rapporte que le Prophète dit : « Récitez le Coran conformément aux règles de l'orthoépie chez les arabes ». Ces dernières règles de l'orthoépie ne signifient pas *ipso facto* les *mélodies réprimandées*[4].

201. Exemples de formes musicales blâmables dans la récitation du Coran. Il est possible de dresser quelques styles, techniques et/ou manières de récitations du Coran qui entrent dans le cadre *blâmable* du chant, à savoir : la « mise en musique » (*El Talhin*), le « mouvement mélodique » (*El Tatrib*) et la « modulation » (*El Tarqisse*).

202. La « mise en musique ». Cette notion désigne la récitation du Coran suivant des tons musicaux afin de plaire aux récepteurs[5]. Il en résulte que si la mise en musique a pour objet d'introduire un ajout, un manque ou même porter atteinte à la récitation notoire, cette récitation sera interdite, voire censurée, même si l'on entend

---

1 V. M. TALBI, « La *qira'ā bi-l-alhān* », *Journal of Arabica and Islamic Studies* (*Revue d'études arabes et islamiques*), éd. Brill, t. V, 1958, p. 183-190. Il s'agit d'un « style de cantillation mélismatique et improvisée qui s'inscrit dans les schémas mélodiques de la musique savante de l'Orient arabe » : N. ABOU MRAD, « Convergences et divergences entre les traditions musicales sacrées méditerranéennes », *Annales de philosophie et des sciences humaines*, 2005, t. 2, n° 21, p. 142.

2 A. SHILOAH, *La musique dans le monde de l'Islam. Une étude socio-culturelle*, *op. cit.*, p. 92. Il cite les propos de « l'écrivain et poète IBN 'ABD RABBIH (d. en 940), dans le chapitre consacré à la musique de son anthologie *Al-'Iqd al-farîd* (Le collier unique), [qui] rapporte cette anecdote : un individu, mis aux arrêts pour avoir enfreint la loi en chantant à l'intérieur de la mosquée, fut sauvé inopinément par un noble de la tribu des Quraysh qui attesta qu'il ne faisait que réciter le *Qur'an* d'une façon extrêmement éloquente ».

3 V. A. I. A. EL-TAWIL, *Fan Al-Tartil wa 'eloumouh* (*L'art de la psalmodie et ses sciences*), éd. du Complexe du roi Fahd pour l'impression du Saint Coran avec la coll. du Centre Roi Faisal pour la recherche et les études islamiques (CRFREI), Médine, 1999, p. 179.

4 V. *Al-Wafi fi Kayfeyat tartil Al-Qoraan Al-Kareem* (*Al-Wafi sur la manière de psalmodier le Saint Coran*), compilé et organisé par A. M. ABDEL SAMI' AL-SHAFI, Dar Al-Kotob Al-'elmeya, Beyrouth, 2000, p. 16 (en arabe).

5 V. A. I. A. EL-TAWIL, *Fan Al-Tartil wa 'eloumouh*, *op. cit.*, p. 150. Le premier à réciter le Coran selon la mise en musique et la nasalisation exagérée était Obeidellah IBN BAKRAH. Loin des tons du chant, sa récitation était pleine du chagrin. Son petit-fils Abdullah Ibn Omar IBN OBEIDELLAH a adopté cette façon de récitation connue plus tard sous le nom de « récitation d'Ibn Omar ». Dans l'ouvrage intitulé : *Jamal Al-Qorraa*, AS-SAKHAWI affirme qu'AL-HAYTHAM était celui qui a adopté à haute voix cette façon de récitation. (V. A. I. A. EL-TAWIL, *Fan Al-Tartil wa 'eloumouh*, *op. cit.*, p. 152).

par là éprouver le chagrin et la crainte chez le récepteur. En fait, cette récitation est louable tant qu'elle ne déforme pas le sens[1].

203. Le « mouvement mélodique ». Dans cette forme musicale, le récitateur introduit un *mouvement mélodique* dans sa récitation du Coran. Cette interprétation mélodieuse est considérée comme portant atteinte aux règles de la récitation du Coran et aux principes de la performance au détriment des tons musicaux et des mélodies, et ce, d'après l'ouvrage intitulé : « *Mo'jam 'Ouloum Al-Qur'an* ». Pour réaliser la mise en musique et le mouvement mélodique, le récitateur fait recours à des prolongations excessives pour respecter un système ou un ton musical, ce qui conduit naturellement à ne pas respecter les règles de l'orthoépie. Cette mauvaise interprétation, pour ne pas dire « non originale », est considérée comme un acte interdit[2]. Dans la pratique, le *cheikh* 'Antar Moslim représente l'exemple de ceux qui dépassent les limites à travers l'usage d'un mouvement mélodique lors de la récitation du Coran, ce qui peut être de nature à porter atteinte aux règles de la performance[3].

204. Or, il convient de nuancer le propos dans la mesure où tout mouvement mélodique n'est pas en principe interdit car ce qui compte c'est de respecter les règles de l'orthoépie et de la performance en matière de la récitation du Coran. Il ne va pas sans dire que ce respect ne constitue pas une condition de la protection de la récitation au titre de la propriété littéraire et artistique et de la naissance des droits (leur existence) sur celle-ci. Le Prophète dit : « N'est pas des nôtres celui qui ne psalmodie pas le Coran ». Il dit également : « Enjolivez le Coran avec vos voix, car la belle voix enjolive le Coran de plus en plus ». Il faudra donc apprécier et vérifier la récitation au cas par cas.

205. La « modulation »[4]. Il existe une autre technique dans la récitation du Coran, à savoir la modulation de la voix (le saut/*at-tarqis*) qui fait partie des formes de la mauvaise interprétation. Ce processus consiste à moduler la voix en la baissant lors de la prononciation des lettres non vocalisées puis à l'élever subitement lors de la prononciation des lettres vocalisées. La modulation peut prendre plusieurs formes dont, par exemple, l'existence d'un mot à l'accusatif suivi d'un mot au nominatif suivi, enfin, d'un mot au génitif. Dans cet état, le récitateur essaye de lier ces trois mots en les prononçant d'une manière qui éprouve chez le récepteur une sorte de modulation. Cette attitude représente certainement une atteinte à la sainteté et la transcendance du Coran.

206. Forme de récitation rapide. Dans la foulée, la récitation rapide, contrairement à celle qui est lente et sérieuse, fait partie des formes de la modulation réprimandable des lettres. Dans cette forme de récitation, le récitateur passe rapidement d'une lettre non vocalisée à une autre vocalisée sans avoir regard aux règles de la pause. Cette attitude, fréquente dans plusieurs versets, est inacceptable dans la récitation du Coran, car la raison d'être de la pause apparaît clairement dans

---

1 V. A. I. A. EL-TAWIL, *Fan Al-Tartil wa 'eloumouh*, *op. cit.*, p. 161.

2 I. M. AL-GARMI, *Mo'jam 'Oloum Al-Qor'an* (*Dictionnaire des sciences coraniques*), Dar Al-Qalam, Damas, 2001, p. 94 (en arabe).

3 V. A. I. ABDEL FATTAH AL-QARI', *Sonan Al-Qora' wa Manahej Al-Mojawedine* (*Les traditions des lecteurs et les méthodologies des récitateurs*), Maktabet Al-Dar, Médine, 1995, p. 100 et 101, note 5 (en arabe).

4 V. I. M. AL-GARMI, *Mo'jam 'Oloum Al-Qor'an* (*Dictionnaire des sciences coraniques*), *op. cit.*, p. 92.

l'indication d'une prescription, d'une exhortation ou d'une idée qu'on doit complètement réaliser. Le manque de la pause dans de tels cas pourrait porter atteinte au sens voulu et semer le doute autour le visé dans le verset récité. C'est dans cet esprit que les savants de l'orthoépie assurent et veillent à la nécessité de respecter les prescriptions de la récitation pour protéger le sens du texte sacré. Allah dit : « En vérité, ce Coran conduit vers la voie la plus droite »[1].

207. Statut religieux de la mise en musique, du mouvement mélodique et de la modulation. Les oulémas s'accordent unanimement sur le fait que l'embellissement de la voix en récitant le Coran de la sorte qui éprouve la crainte, le chagrin et l'exhortation chez le récepteur constitue un acte licite. En revanche, il ne va pas de même pour l'*exagération* et l'*affectation* qui portent atteinte à la sainteté du Coran. A titre d'exemple, il est possible de citer la modulation, le frémissement et l'effraction de la voix. Il en est de même pour le mouvement mélodique et l'affectation en vue de respecter un système musical. Selon Ibn Taymeya, les mouvements mélodiques dans la récitation du Coran que les savants jugent réprouvés impliquent le raccourcissement des voyelles longues, la prolongation des voyelles courtes, la vocalisation des lettres non vocalisées et vice-versa. Les récitateurs ont recours à ces mouvements mélodiques pour stimuler le récepteur comme c'est le cas dans les chants. Si ces mouvements ont pour conséquence de changer le rythme du Coran et de transformer les petites voyelles en des lettres, la récitation sera interdite[2].

208. Sans entrer dans les détails, il convient de remarquer que la mise en musique, le mouvement mélodique et la modulation de la voix en récitant le Coran font l'objet d'opinions divergentes auprès des oulémas aussi bien les anciens que les modernes[3].

---

1 ﴿إِنَّ هَٰذَا الْقُرْآنَ يَهْدِي لِلَّتِي هِيَ أَقْوَمُ﴾.

2 V. A. I. A. El-Tawil, *Fan Al-Tartil wa 'eloumouh*, *op. cit.*, p. 160.

3 S'appuyant sur le *hadîth* portant sur les signes précurseurs du jour dernier, les malékites et les hanbalites jugent réprouvée cette récitation. Dans ce *hadîth*, le Prophète dit : « Il y aura une génération récite le Coran selon les règles du chant. Le récitateur est appelé à canter alors qu'il est moins instruit ». D'après Abo-Zarr, le Prophète dit : « Il y aura un peuple qui réciteront le Coran sans qu'il ne quitte jamais leur pharynx. Ils sortiront de la religion comme la flèche s'échappe d'une arbalète. Ni leurs actes de dévotion ni leurs pratiques cultuelles ne leur serviront à rien, à cause de leur ostentation, tout comme la flèche qui traverse le gibier et sort rapidement de l'autre côté, sans laisser aucune trace sur sa chair. Ils sont les plus méchants ». Parmi les opinions les plus connues en matière de l'interdiction de la récitation selon les règles de la mise en musique figure celle de l'*Imâm* Ahmad Ibn Hanbal. Interrogé sur la récitation selon les règles de la mise en musique, Ibn Hanbal a demandé à son interlocuteur : « quel est votre nom ? ». « Mohammad », répondit-il. Alors, Ibn Hanbal lui posa cette question : seras-tu content si l'on prononce votre nom selon les règles de la mise en musique et dire : « *Moo haa med* ». L'*Imâm* Ibn Hanbal entend par là la néologie des sons et des voyelles résultant de la prononciation déformée et prolongée des lettres. Quant au hanéfites et chaféites, ils jugent permise cette forme de récitation en s'appuyant sur une tradition prophétique incitant le récitateur à embellir sa voix lors de la récitation du Coran à condition de ne pas porter atteinte contre le sens ou contre la prononciation correcte des mots. D'après Al-Baraa Ibn 'Azeb, le Prophète dit : « Embellissez vos voix lorsque vous lisez le Coran ». Dans une autre version : « La belle voix donne plus de charme au Coran ». Selon Jabir, le Prophète dit : « Parmi ceux des hommes qui ont la plus belle voix dans la récitation du Coran, il y a celui qui, lorsque tu l'entends faire réciter, tu ressens qu'il craint Allah ». Dans ce contexte, Abo-Horayra rapporte que le Prophète dit : » Allah n'écoute rien comme Il écoute un Prophète doté d'une belle voix en récitant le Coran à voix haute ». Ibn Al-Qayem adopte l'avis affirmant que l'embellissement de la voix en récitant le Coran

.../..

209. Affaire libanaise de « *Marcel Khalifé* »[1]. L'affaire emblématique sur la problématique du chant du Coran et de l'infiltration de la musique en la matière est celle du chanteur libanais Marcel Khalifé qui souleva de furieuses attaques et de vives critiques dans les milieux religieux. Elle peut nous servir de repère sur la problématique de l'appréciation de l'originalité, voire de la protégeabilité de la forme vivante récitée, lorsque l'interprétation coranique repose sur l'*art du chant*. Cette affaire est révélatrice de la problématique délicate de l'infiltration de la musique profane dans le domaine du sacré et de la nécessité de délimiter les contours entre le chant sacré et le chant profane.

210. Faits. En l'espèce, le chanteur Marcel Khalifé avait interprété « mise en chanson » un verset du Coran : « J'ai vu onze étoiles, le soleil et la lune : oui, je les ai vus se prosterner devant moi »[2] dans l'une de ses chansons intitulées : « *Ana Youssef, ya Abi* » « O Père, je suis Joseph » écrite par le poète palestinien Mahmoud Darwish et enregistrée sur cassette dans un album « *The Arabic Coffee Pot* » paru en 1995[3]. Le témoignage du *Mufti* sunnite du Liban à l'époque Muhammed Qabbani pour la presse est révélateur :

> « Khalifé n'est pas un lecteur assidu du Coran qui suit le "*tajwîd*" coutumier dans ses chants. *Il chante des mélodies musicales et y insère des versets coraniques. Et puis, il chante cela comme si c'était de simples paroles pour des chansons modernes…* ».

de sorte que :

> « tout arrangement musical d'un verset coranique est interdit par une *fatwa* émise par Al-Azhar afin d'empêcher toute atteinte à l'Islam »[4].

---

est licite à condition qu'elle soit sans affectation. Il fournit comme preuve la parole d'Abo-Moussa AL-ACH'AREY en s'adressant au Prophète : « Si je savais que tu écoutais ma récitation, je l'aurais embellie comme il faut ». (V. A. I. A. EL-TAWIL, *Fan Al-Tartil wa 'eloumouh*, *op. cit.*, p. 154-156).

1 J. DONOHUE, « L'état de la censure dans le monde arabe : quelques exemples », *Bulletin du Centre d'études pour le monde arabe moderne* (CEMAM), 12 déc. 1999 ; O. LEAMAN, *The Qur'an : an Encyclopedia*, Routledge, Londres, 2006, p. 79-80 ; A. NAJJAR, *Qadiyyat Marcel Khalifé : Intisâr li-l-'adâla* (*L'affaire Marcel Khalifé, une victoire de la justice*), *in* A. MESSARRA, R. JARJOUR et A. ABI HABIB (dir.), *Al-Masâdir al-dîniyya li-huqûq alinsân* (*Les sources religieuses des droits de l'homme*), Conseil des Églises du Moyen-Orient, 2 vol., Beyrouth, 2002 et 2006, vol. 1, p. 311-322 ; W. HEDARI, « Marcel Khalife socio-political life: The case of "Oh My Father, I am Yusuf" (*Marcel Khalife, vida socio-politica : El caso de "Oh My Father, I am Yusuf"*), *Methaodos.revista de ciencias sociales* (*Revue de sciences sociales methaodos*), 2016, 4 (1), p. 113-134.

2 Coran, Sourate XII : Joseph, verset 4.

3 « On trouve même en 1919, dans le catalogue des disques Gramophone, une almée (chanteuse de mariage) glissant son interprétation de la sourate *Yûsuf* entre deux chansons légères intitulées "Mon petit Ibrâhîm" et "Emmène-moi au *hammam*, Maman" » : F. LAGRANGE, *Musique d'Égypte*, *op. cit.*, p. 53.

4 Prenant le contrepied du *cheikh* KABBANI, le *cheikh* Mohammad Hussein FADLALLAH, considéré comme le guide spirituel des intégristes chiites, était lui aussi contre l'action judiciaire. Il argumente sa désapprobation : « l'interprétation (musicale) d'un poème comprenant un verset du Coran ne porte pas atteinte à la sacralité du livre saint lorsque cette interprétation est relative à des considérations humanitaires » et que tel était le cas dans la chanson qui « exprime des préoccupations humanitaires en rapport avec l'homme opprimé » : rapporté par T. CHADI, « Marcel Khalifé poursuivi en justice », L'hebdomadaire marocain *MarocHebdo*, 3 juin 2014. *Adde* « Le tollé s'amplifie dans l'affaire Marcel Khalifé. Des dignitaires chiites prennent la défense de l'artiste », Le quotidien libanais *L'Orient-Le Jour*, 5 oct. 1999 ; « Nouvelles déclarations d'appui au chanteur-compositeur 2000 personnes au rassemblement de solidarité avec Marcel Khalifé », Le quotidien libanais *L'Orient-Le Jour*, 6 oct. 1999.

211. C'est dans ces conditions que le chanteur fut poursuivi en justice à trois reprises, en 1996, en 1999[1] et en 2003, pour *blasphème* et *dénigrement*[2] de la religion musulmane sur la base de l'article 473 et 474 du Code pénal libanais[3]. En défense, le chanteur faisait valoir que : « *La phrase incriminée n'est pas un verset du Coran mais une réécriture d'un verset par un poète, ce qui est chose très courante dans la littérature arabe* ». Or, selon le premier juge d'instruction de Beyrouth, Abdel Rahman Chehab, le chanteur avait « *porté atteinte aux valeurs religieuses pour avoir introduit dans une chanson un verset de la Sourate Youssef du Coran* ».

212. L'orthodoxie s'explique par le fait que la récitation du Coran ne saurait être ni accompagnée par un instrument de musique ni associée à la notion de « *composition musicale* ». Un cas semblable fut déjà présenté en Égypte au cours du XXe siècle. On rapporte que certains compositeurs de musique essayèrent de proposer à l'époque une « composition » du Coran fixée tels que le compositeur Zakariyyâ Ahmad mais ces tentatives furent vouées à l'échec devant l'action d'Al-Azhar qui s'opposa fermement à toute déformation et modification de l'esprit de la *tilâwah* et du *tajwîd*[4].

213. Ainsi, la question qui était posée au juge, en l'espèce, était de savoir si l'interprétation du Coran d'une façon non conforme aux *ahkâmes* peut rentrer dans le champ d'application des articles 473 et 474 du Code pénal[5] qui répriment le blasphème public du nom de Dieu ainsi que l'outrage public à l'un des cultes célébrés en public ou l'excitation au mépris de ces derniers. Cette disposition répressive peut-elle être utilisée pour condamner toute forme d'expression corporelle du sentiment intérieur protégée néanmoins par la propriété littéraire et artistique ? Il semble que

---

1 Décision du juge unique correctionnel du 15 déc. 1999, n° 2190 (dossier n° 1971) : « Dans son jugement de relaxe du 15 décembre 1999, le tribunal avait souligné, fort pertinemment, que le texte visé supposait un outrage ou une excitation au mépris d'une religion déterminée, alors que la poésie incriminée était chantée avec une réserve et une dignité excluant tout outrage. Le jugement soulignait qu'il n'y a pas d'incrimination sans texte (art. 8 de la Constitution) et qu'un comportement quelconque ne saurait être qualifié d'outrageant à une religion déterminée du seul fait qu'il n'était pas conforme à cette dernière », *in* J. EL-HAKIM, « Droit pénal et religion », Colloque présenté par la Faculté de droit et des sciences politiques, Université Saint-Joseph (Beyrouth, Liban), le Centre d'études des droits du monde arabe et l'Institut du monde arabe (Paris, France), 18-20 mai 2000, Beyrouth, Liban.

2 Le terme de « dénigrement » est choisi en référence à l'amendement apporté à l'article 25 de la loi sur les imprimés du 18 mai 1994.

3 L'article 473 réprime « le blasphème public du nom de Dieu ». Quant à l'article 474, il « punit l'outrage public à l'un des cultes célébrés en public ou l'excitation au mépris de ces derniers », rapporté par R. TARHINI, *Le sort de la femme, auteur ou victime d'infractions sexuelles et/ou familiales en droit pénal comparé français et libanais*, thèse, Nancy 2 et Université Libanaise, 2011, p. 9, note 15.

4 F. LAGRANGE, *Musique d'Égypte*, *op. cit.*, p. 55. Selon certains : « Lorsqu'on évoque le style *tajwîd*, on sous-entend la psalmodie coranique telle qu'elle s'est imposée dans l'enseignement officiel d'Al-Azhar au Caire » : C. POCHE, *Dictionnaire des musiques et danses traditionnelles de la méditerranée*, *op. cit.*, p. 363.

5 L'article 98f du Code pénal égyptien sanctionne « l'exploitation de la religion pour propager oralement, par écrit, ou par tout autre moyen des opinions extrêmes dans le but d'attiser des troubles, avilir l'une des religions célestes ou l'une des communautés en faisant partie ou nuire à l'unité nationale » : rapporté par N. BERNARD-MAUGIRON, « La Constitution égyptienne de 2014 est-elle révolutionnaire ? », *La Revue des droits de l'homme*, 2014/6, p. 11. V. N. GEORGES, « Les chrétiens dans le monde arabe et la question de l'apostasie en Islam », *Maghreb - Machrek*, 2011, vol. 209, n° 3, p. 109-119.

cette interrogation remet en cause le principe de la protection sous prétexte de considérations religieuses, morales et introduit la notion d'*ordre public* dans le giron de la propriété littéraire et artistique. A dire vrai, il semble que c'est l'atteinte au *fond* qui est condamné ; certes, la *forme* ne peut plus être diffusée.

214. De plus, certains *shouyoukh* n'ont pas manqué de soulever l'incompétence des tribunaux pour trancher ce litige impliquant des intérêts religieux, et ce, en s'appuyant sur les principes neutres du droit séculier. Tel était l'avis du *cheikh* Chamseddine et du *cheikh* Mahir Hammud[1].

215. Une autre question importante s'est posée dans l'affaire s'agissant de la réception du Coran comme *forme poétique* étant donné que la chanson de Khalifé reposait sur un poème de M. Darwish. En l'espèce, certains estimaient qu'on ne saurait faire abstraction de la pratique très répandue dans l'Islam qui consistait à faire jaillir la *poéticité* du texte coranique. Telle était l'opinion du *Qadi* ja'farite de Beyrouth, Sayyed M. Hassan Al-Amin. Ce raisonnement logique n'était pas pour autant à l'abri de la critique car comme l'écrivait Taha Husayn « *le Coran n'est ni de la poésie, ni de la prose ; c'est du qorân* »[2].

216. Solution du Tribunal. Cependant, le juge unique du tribunal de première instance de Beyrouth, Ghada Abou Karroum, appelé à statuer sur le procès, rejeta la demande du procureur, et prononça une ordonnance de non-lieu en faveur du chanteur en rappelant que :

> « [...] Même si, d'abord, la Cour ne peut dans aucune circonstance se laisser aller à discuter si l'action du défendeur mentionnée ci-dessus constitue une déviation des traditions islamiques et de ses prohibitions, *il est nécessaire de noter que les sociétés humaines ont toujours connu* – depuis l'apparition des religions jusqu'à nos jours – *des comportements qui touchent à différents aspects de la vie et n'observant pas toujours les règles religieuses ou n'étant pas soutenus par elles sans pour autant constituer un viol du caractère sacré des textes religieux desquels ces règles ont émergé* ».

217. L'intérêt du jugement consiste dans le fait que le juge, pour rejeter la demande d'inculpation du chanteur par le ministère public sur le fondement des textes précités, semble avoir distingué entre la *forme vivante* récitée et la *forme divine* sacrée. C'est ainsi que l'interprétation de la phrase incriminée sous une forme musicale ne saurait porter atteinte au caractère sacré du texte coranique étant donné que l'interprétation de Marcel Khalifé est une création à part qui s'incarne dans une forme et cette forme est différente du contenu du texte sacré. Admettre le raisonnement contraire conduirait

---

1 « Le 10 octobre, *cheikh* Chamseddine devait rendre visite au *Mufti* pour discuter avec lui des suites à donner à cette affaire. Le lendemain, il sortait une "*fatwa*" interdisant de mettre en chanson des versets coraniques. Dans son prêche du vendredi 29 octobre, il estimait qu'au fond cette affaire n'était pas du ressort des tribunaux. *Cheikh* Mahir Hammud partageait cet avis estimant lui aussi que Khalifé ne devait pas être jugé par un tribunal » : Rapporté par J. DONOHUE, « L'état de la censure dans le monde arabe : quelques exemples », art. préc.

2 Cité par A. MERAD, *L'exégèse coranique*, *op. cit.*, p. 37. V. Sur la question de savoir si le Coran est un texte poétique ou prosaïque : *Les prolégomènes d'Ibn Khaldoun*, *op. cit.*, trad. en français et commentés par M. DE SLANE, Troisième partie, Impr. Impériale, Paris, 1863, p. 360 et 361. Rappr. dans sa préface de la traduction du Coran de D. MASSON, J. GROSJEAN a souligné que : « Le Coran malgré ses envoûtantes beautés n'est pas un poème. L'architecture des mots, le heurt des images, la musique puissante et colorée des versets n'y cachent jamais le sens. Il fonde un mode de vie et de pensée. Et, bien qu'il défie parfois ses auditeurs de rien produire de comparable, il répète souvent qu'il parle en claire langue arabe, qu'il est une explication flagrante » : la préface de J. GROSJEAN, *in* D. MASSON, *op. cit.*, p. IX.

à confondre le « *Coran* » en tant que message révélé et le *support matériel* (livre) qui peut faire l'objet d'interprétations, non seulement sur le plan esthétique, mais aussi sur le plan musical. Ainsi, l'enseignement à tirer de ce jugement consiste dans le fait que le juge est dans l'obligation de ne pas remettre en cause *l'existence même du droit*, et ce, dans la limite du respect du texte sacré, par référence aux arguments qui appellent à la dénégation de toute sorte de musique devant la nature du texte sacré qui demeure prééminent :

« [...] Ainsi, il est clair en écoutant les cassettes et CD que le défendeur a chanté le poème avec gravité et mesure qui révèle une profonde perception de l'humanisme exprimé dans le poème orné de la phrase sacrée. *Il a accompli dans son œuvre – dans la forme et le contenu – une performance qui ne contient aucune violation du caractère sacré du texte coranique, ni offense de celui-ci ou de son contenu, ni ne révèle aucune volonté d'inciter à la calomnie de celui-ci que ce soit explicitement ou implicitement, ni par les mots, le sens ou la musique* ».

Il semble que les juges se sont laissés emporter par un *jugement de valeur*. Du coup, c'est plutôt une question de *censure théologique* que de *refus de protection*.

Figure 9 — Couverture de l'album de Marcel Khalifé « *Arabic Coffeepot* » (1995)

2. Dichotomie juridique entre forme travaillée et forme créatrice

218. Enjeu de la *créativité* et du *travail*. La question cruciale se pose, notamment, de savoir si la récitation coranique n'est pas adaptée aux manifestations de la créativité dans l'univers du droit de la propriété littéraire et artistique. On enseigne que : « [...] la propriété n'est pas l'unique source de richesse de la société ; elle n'est pas la seule surtout qui ait droit à la protection de la loi. *A côté de la propriété, qui est le repos, se place, comme élément de vie indispensable, le travail, qui est le mouvement.* Sans l'harmonie de ces deux grands ressorts, point d'existence possible. A la propriété il faut l'inviolabilité ; au travail il faut la rémunération. L'une de ces deux conditions sert à l'autre de garantie et de sanction »[1]. Ce faisant, cette cohabitation entre *propriété* et *travail* nécessaire à la création fut consacrée par un ancien arrêt de la Cour d'appel mixte d'Alexandrie rendu le 8 mai 1889, sous la présidence de Giaccone, qui n'a pas manqué de souligner que :

« Le droit de l'auteur sur son œuvre est un véritable droit de propriété ayant pour fondement le travail »[2].

219. De fait, pour créer il faut *une part de travail* : celle nécessaire à la *réalisation de la conception*. Or, cette tendance jurisprudentielle égyptienne et française de l'époque confondait radicalement entre le *travail*, énergie doublée d'une compétente acquise, et la *création*, infusion de personnalité dans une chose intellectuelle, qui tient à la période trouble qui suivit la Révolution française.

220. Plan. Confondre le *travail* avec la *création* (a) eût réduit l'activité du récitant du Coran à un simple *travailleur* de la forme et non en tant que véritable *interprète* d'une forme susceptible d'être dépositaire de l'empreinte de créativité (b).

a. La récitation du Coran, entre « travail » et « création »

221. « Métier de récitateur » et « diplôme de créateur ». En effet, nul doute que la récitation du Coran se présente avant tout comme un « métier »[3] pratiqué par un *muqri'* qui implique l'attribution de la qualité de « travailleur ». On y songe, par exemple, au récitateur du Coran à l'intention des morts (*qāri' 'alā l-mawtā*)[4]. Ce statut

---

[1] Selon les propos de l'avocat-général Th. MASSOT dans l'aff. *Lacordaire c/ Marle*, *in Jurisprudence de la Cour royale de Lyon*, t. XXIII, 1845, p. 134.

[2] CA mixte d'Alexandrie, 8 mai 1889, aff. *Société des Gens de Lettres à Paris c/ A. V. Philip*, *B.* 1.110 ; *Recueil officiel de la jurisprudence des tribunaux de la Réforme en Égypte*, t. 14, Alexandrie, 1889, p. 233 et s.

[3] F. LAGRANGE, *Musiciens et poètes en Égypte au temps de la Nahda*, t. I, thèse préc., p. 48 : « Au Caire, le titre implique un passage, même bref, devant les instances formatrices d'Al-Azhar, et l'agrément du *Sayk masâyik al-muqri'în* qui s'y trouve. Mais les psalmodiants de province devaient se contenter d'une formation locale ou du prestige acquis pendant quelques années au Caire ». *Adde* du même auteur, *Musique d'Égypte*, *op. cit.*, p. 53-54. Ph. GAUDRAT : « la réalisation d'une œuvre implique presque toujours la mise en œuvre d'un savoir-faire, d'une technique ou d'un "métier" » : Ph. GAUDRAT, *J.-Cl. Propr. litt.*, *art.*, Fasc. 1134 : « Objet du droit d'auteur. Œuvres protégées. Notion d'œuvre (CPI, art. L. 111-1, L. 112-1 et L. 112-2) », n° 49.

[4] Une question a été adressée à *Al-Iftâ'* de l'Arabie Saoudite au sujet de la lecture du Coran à l'intention des morts en contrepartie d'une somme d'argent aux termes de laquelle : « Q3 : Chez nous au Maroc, la plupart des Récitateurs de Coran font des invocations pour les gens en contrepartie de sommes d'argent. De même, ils récitent le Coran sur les tombes des morts en se faisant payer. Lors des célébrations, comme les fêtes de mariage, les invocations qu'ils font sont d'autant plus importantes que les sommes qui lui sont données le sont. Il en est de même pour la récitation des versets du Coran qu'ils allongent en fonction de la contrepartie monétaire. Comment peut-on décrire ceux-là et que doit-on leur dire, sachant qu'ils se sont égarés et ont égaré d'autres, et qu'ils évoquent Allah dans un environnement rempli de danse, de tambours et de musique ? Et quel est l'avis religieux relatif à celui qui les invite à assister à sa fête ? ». Aux termes de la *fatwa* n° 18224 (p. 115) émise par le Comité Permanent des Recherches Scientifiques et de la Délivrance des *Fatwas* (*Al-Iftâ'*) de l'Arabie Saoudite : « Il n'est pas permis de lire le Coran et de demander une contrepartie pécuniaire à cela ou d'en faire un métier, parce que la lecture du Coran est un acte d'obéissance et de rapprochement à Allah, or les actes d'obéissance et de rapprochement à Allah ne doivent en aucun cas être utilisés pour parvenir à des fins de la vie d'ici-bas. Allah (Exalté soit-Il) a dit : "Ceux qui veulent la vie présente avec sa parure, Nous les rétribuerons exactement selon leurs actions sur terre, sans que rien

confère donc aux *qâri's* un droit de tirer un salaire approprié qu'ils détiennent du fait de leur activité qui n'ont pas vocation à se voir reconnaître un droit de propriété sur les fruits de leur travail[1]. Cette dimension matérielle ne saurait fonder, ni justifier aucune *propriété incorporelle*. A ce titre, il le rend interchangeable par rapport au travail du créateur d'ordre créatif qui ne peut pas être remplacé par un autre[2]. Or, s'il existe une véritable formation pour les *Muqri'in* (récitants) qui est dispensée dans des établissements supérieurs célèbres comme celui de l'Université cairote d'Al-Azhar en Égypte[3], il n'en reste pas moins qu'il n'existe pas de « diplôme de créateur » en la matière dans la mesure où « *la créativité est* [...] *un trait de la personnalité qui ne s'enseigne, ni ne se transmet ; donc ne peut s'acquérir à l'instar d'un savoir* »[4]. Cette assertion est conforme à la conception selon laquelle la récitation est un don fait à l'homme. On rapporte d'après les *fatwas* d'Ibn as-Salah que :

> « *La récitation du Coran est une faveur que Dieu accorde à l'homme*. C'est un fait que cela n'a pas été donné aux anges et, à cause de cela, ils sont avides de l'entendre de la part des hommes »[5].

222. Récitateur du Coran, entre *travailleur* et *créateur*. « Sans doute, la *forme vivante*, en quoi consiste l'interprétation, est-elle *aussi* le fruit d'un travail. Mais toute création, pour réaliser la conception du créateur, requiert plus ou moins de travail »[6]. Or, le travail se différencie essentiellement de la création même si celle-ci passe souvent par un travail... C'est ainsi que le fait de réduire le récitateur du Coran à l'état d'un *travailleur*, en dépersonnalisant son activité, méconnaît purement et simplement le *processus créatif*[7] de l'acte de récitation ainsi que le *caractère personnel* du fruit de la création.

---

leur en soit diminué". "Ceux-là qui n'ont rien, dans l'au-delà, que le Feu ». Jusqu'à la fin du verset. Il n'est pas permis non plus de mélanger l'évocation d'Allah (*dhikr*) avec les tambourins et les instruments de musique, parce que ceci constitue une insolence vis-à-vis du *dhikr* et un mélange avec les actes illicites. Ceci est l'apanage des Soufis égarés" ». Cette *fatwa* est disponible sur le site internet de (alifta.gov.sa).

1 « Le seul moyen pour le travailleur de bénéficier de l'appropriation des fruits de son travail, est bien d'opter pour l'indépendance, prendre l'initiative de son activité et renoncer au statut de salarié, rejoignant ici le créateur [...] » : A. LALLEMENT, *Travail, création et propriétés*, thèse, Poitiers, p. 152-153, n° 107.

2 V. En ce sens : Ph. GAUDRAT, « Les démêlés intemporels d'un couple à succès : le créateur et l'investisseur », *RIDA* oct. 2001, n° 190, spéc. p. 131 : « [...] les travailleurs sont, à compétence égale, interchangeables, les créateurs ne le sont jamais ».

3 S. JARGY, *La musique arabe*, *op. cit.*, p. 70. « De nos jours, les récitants passent toujours par Al-Azhar mais sont censés suivre huit ans d'études à l'Institut de récitation coranique (*ma'had al-qira'ât*) situé dans le quartier de Shubra et doivent, afin d'être diffusés sur les ondes, passer par un "comité d'examen des récitants" dépendant de l'office de radiodiffusion et comprenant, outre des sommités religieuses qui s'assurent de la parfaite connaissance du texte sacré, des musiciens qui vérifient la justesse et la maîtrise modale des aspirants » : F. LAGRANGE, *Musique d'Égypte*, *op. cit.*, p. 54.

4 Ph. GAUDRAT, *La propriété intellectuelle : modèle multiple ou pensée unique ?*, Cours préc., p. 47.

5 M. LAGARDE, *Le parfait manuel des sciences coraniques* (*Al-Itqān fī ʿulūm al-Qurʾān de Ǧalāl ad-Dīn as-Suyūṭī*), vol. 1, Brill, Leyde, 2017, p. 367.

6 Ph. GAUDRAT, « Pour une propriété intellectuelle épurée », *in Mélanges en l'honneur du professeur A. LUCAS*, LexisNexis, Paris, 2014, p. 341, n° 40.

7 « [...] la valeur incontestable de la création provient de la *rareté* que lui confère sa *singularité*, laquelle est imputable à son ancrage dans la *personnalité*. Chaque personnalité étant unique, elle singularise son fruit, par l'entremise du *processus créatif* irréductible au seul travail » : Ph. GAUDRAT, « Pour une propriété intellectuelle épurée », art. préc., n° 22.

b. La récitation du Coran, un champ ouvert à la créativité

223. La récitation, dépositaire d'une *créativité qualifiante*. Le travail du récitant ne repose pas seulement sur la *compétence* mais bien au-delà sur la *créativité*. En témoigne, la lecture des propos de plusieurs auteurs qui conforte l'idée que la récitation du Coran peut être le siège d'une certaine *créativité qualifiante* pouvant aisément révéler la personnalité du *cheikh* sur le terrain des droits voisins. D'aucuns considèrent que :

> « La récitation du Coran [...] étant une science strictement vocale, son ornementation répond aux règles de l'*istirsal* (l'envoi), du *tefkhîme* (sophistication, embellissement), de la *morâsala* (correspondance), de la *moutâwala* (reprise), du *tefri'* (changement de genre), du *teqdîr el anfâs* (respiration durant les pauses), du *tedrîdj* (maîtrise de la gamme) et de l'*Ikhtira' (créativité)* »[1].

Pour d'autres :

> « En fait, la cantillation coranique mélismatique constitue un exemple d'un art religieux achevé où la *créativité musicale* se déploie à l'infini tout en restant inféodée au *Logos* [*divin*], de fait inspirée par celui-ci »[2].

224. Nous remarquons que le terme de « *créativité* » y est employé dans son acception technique d'une manière telle que la récitation implique nécessairement une *dose d'originalité* qui en est l'expression de la personnalité du récitant dans la forme vivante. En atteste, la très belle récitation et l'embellissement de la voix du *cheikh* Abdel Basset Abdel Samad qui traduit à la fois la *rareté* de la *qualité personnelle*, voire la qualité substantielle, et le *caractère singulier* du résultat qu'elle produit, plaçant d'emblée l'objet créatif, en l'occurrence, la voix du *cheikh*, hors concurrence[3]. Il s'agit de l'une des deux manifestations de la créativité qui confère une très forte plus-value à celle-ci, comme l'indique le professeur Gaudrat. Or, comme nous allons l'analyser de façon détaillée, la *voix* est un élément de sa personnalité. Elle est l'*outil de sa création* mais non sa création en soi.

225. Archétype du caractère créatif. À titre d'exemple, la station de radio égyptienne du Coran (*Idhâ'at al-Qur'ân al-Karîm*), spécialisée dans le répertoire religieux musulman, diffuse régulièrement jusqu'à présent des enregistrements inédits de la récitation du Coran du *cheikh* Abdel-Basset[4], une voix singulière qui est en l'archétype. Il en va de même pour la voix reposante du *cheikh* Mohamed Al-Tablawi qui émane des ondes radio ou des cassettes audio dont « tout le monde reconnaît l'identité de ce récitateur révéré, devenu après un long parcours toujours brillant, le maître d'une

---

1 M. CHEBEL, *L'imaginaire arabo-musulman*, *op. cit.*, p. 300. Rappr. « Les cinq conditions essentielles requises pour un lecteur sont les suivantes : *istirsâl*, la prolongation du son, sans laisser tomber la voix ; *tarkhîm*, l'adoucissement du son sans perdre l'intonation ; *tafkhîm*, l'amplification du son pour l'embellir ; *taqdîr al-anfâs*, le contrôle de la respiration ; *tajrîd*, la parfaite maîtrise de la transition des sons forts aux sons faibles et inversement » : A. SHILOAH, *La musique dans le monde de l'Islam*, *op. cit.*, p. 91-92.

2 N. ABOU MRAD, « Quelques réflexions sur la cantillation religieuse en Méditerranée », art. préc., p. 63.

3 Ph. GAUDRAT, *La propriété intellectuelle : modèle multiple ou pensée unique ?*, Cours préc., p. 48.

4 « [...] l'un des récitants favoris de la radio égyptienne à partir de 1951 et jusqu'à son décès [...] », *in* F. LAGRANGE, « Réflexions sur quelques enregistrements de cantillation coranique en Égypte (de l'ère du disque 78 tours à l'époque moderne) », *Revue des traditions musicales des mondes arabe et méditerranéen* (*RTMMAM*), « Musicologie des traditions religieuses », 2008, n° 2, p. 33.

école distinguée de récitation du Coran »[1]. Maître Khater Loutfi constate lui-même le caractère notable du *qari'* du Saint Coran quand il affirme que :

« C'est la voix du récitateur accompagnée d'une connaissance suffisante de la science des lectures du Coran et de son habileté dans la récitation (la *tilâwah*) [qui est indispensable]. La voix, la science de la récitation (la *tilâwah*), et la connaissance des lectures *moutawatirah* des prédécesseurs (*salafè*) aux successeurs (*khalafè*), doivent être, en même temps, intrinsèquement liées. En effet, le *tajwîd* du Coran *El Karim* est l'art par lequel on apprend à prononcer correctement les lettres du Glorieux Coran en accordant à chaque lettre des caractéristiques nécessaires qui y sont inhérentes et les sentences qui en découlent tels que l'emphatisation, l'adoucissement, la mise en valeur et l'assimilation. On y apprend également les règles (*ahkames*) des arrêts (*el-wakf*) et des commencements (*el-ibtida'*), la manière de faire sortir correctement les lettres de ses postures (points d'articulation). *Cet art est appliqué chez le récitateur, Abdel Bâsit Abdel Samad qui connaît parfaitement la science des lectures et qui est habile à bien perfectionner la prononciation et à ajuster les mesures de la récitation. Cependant, les autres voix ne possèderaient de tels traits, même si elles prononcent bien et jouissent d'une sensibilité raffinée et d'une interprétation fine* »[2].

226. A bien y regarder, le *savoir musical* et *la qualité de la voix* sont nécessaires à la réalisation de la forme vivante. Cette solution s'explique par le fait que : « *la structure musicale de la récitation du Coran dépend en premier lieu des dons musicaux, du savoir musical et de la qualité de la voix du lecteur, ce qui explique pourquoi une seule et même sourate peut revêtir des aspects différents* »[3], comme nous allons le constater. Si la récitation requiert de la compétence, du travail[4] et des choix, la possible identification de la *créativité* infusée dans la récitation du Coran ne souffre pas, cependant, d'objection.

B. La forme originale caractérisée

227. Difficultés basiques à caractériser la créativité qualifiante (l'originalité). Comme le souligne le professeur Sirinelli, « *exiger l'originalité est une chose. Savoir où la rechercher en est une autre* »[5]. La seule difficulté est plutôt de déterminer l'originalité dans la récitation du Coran et le *vrai siège*, comme nous allons le voir, qui, est le seul terrain où la discussion peut achopper : soit que le *cheikh* soit considéré comme n'ayant rien apporté de lui-même, soit que tout dans la psalmodie, soit si

---

1 Y. MOHEB, « Mohamad Al-Tablawi : Le Coran dans l'âme », L'hebdomadaire égyptien *Al Ahram Hebdo*, 5 avr. 2017.

2 Kh. LOUTFI, *op. cit.*, p. 28 et 29.

3 H. H. TOUMA, *La musique arabe*, *op. cit.*, p. 126.

4 Le rapport « *compétence et travail* » (*Skill and labour*) est l'une des caractéristiques de la notion d'*originality* selon le *copyright*. V. Ph. GAUDRAT, *La propriété intellectuelle : modèle multiple ou pensée unique ?*, Cours préc., p. 78.

5 *D.* 2011, Pan. 2164, obs. P. SIRINELLI.

codifié qu'il ne reste aucun *espace d'expression*[1], et ce, au regard de la stabilité des règles du *tajwîd* qui ne varient pas pour la récitation du Coran[2].

228. Forme vivante, le véritable *siège* de l'empreinte de la récitation. D'où la nécessité de cerner la notion d'originalité dans la récitation du Coran pour savoir si l'acte de cantillation permet la manifestation d'une certaine créativité. À ce stade, la question à trancher est seulement le niveau de forme et ses caractères. Comment apprécier l'originalité et dans quoi est-ce qu'on l'apprécie si l'originalité de l'interprétation du Coran peut être discutée pour contester sa « protégeabilité ». L'apport du *cheikh* se situe assurément sur le plan de la *forme vivante* qui constitue le véritable siège de l'originalité dans la récitation. C'est ainsi que la création est à rechercher dans la forme vivante dont il enrobe la forme littéraire du Coran.

229. Plan. La forme éligible dans laquelle on peut rechercher l'originalité de la récitation du Coran consiste, par exemple, dans les *éléments caractéristiques* mis au service de la technique de récitation (1) ainsi que dans les différents *modes/niveaux de récitation* (2).

1. Les éléments caractéristiques de l'originalité de la récitation

230. Champ dévolu à la liberté de création du *muqri'* fruit d'un acte qualifié. De prime abord, il semble que les récitants du Coran ne sont pas totalement *libres* d'aménager les règles du *tajwîd* aux élans de leur *imagination créatrice*. Cette assertion peut effectivement avoir des conséquences sur l'appréciation de la condition d'originalité dans la récitation. C'est ainsi que la question se pose de savoir si la cantillation coranique laisse au *muqri'* sur le plan mélodique une quelconque *liberté* à partir de laquelle il pourra révéler son empreinte. En d'autres termes, l'activité de récitation du Coran peut-elle être le fruit de choix créatifs ou d'une simple dépendance au travail qualifié ?

231. Plan. Pour répondre à cette question, il convient d'examiner le *choix* (a) opéré au niveau du plan mélodique et des *mâqams* pour savoir s'il peut constituer l'un des *indices* ou l'un des *éléments caractéristiques* qui peuvent être pris en compte dans

---

1 Néanmoins, le professeur GAUDRAT ne croit ni à l'un, ni à l'autre. Pour cet auteur, « la psalmodie s'apparente au chant et à la musique ; une partition, même nourrie de symboles codifiant l'interprétation, laisse toujours place à nombre de nuances. Je pense qu'il en est de même pour le Coran. Le choix du *Maqam*, du rythme, de l'intention, des mots mis en valeur, etc… Tout cela devrait jouer en faveur de l'originalité et de la propriété de l'interprète sur son interprétation » : Correspondance avec Ph. GAUDRAT, propos recueillis par Y. OMAR AMINE. V. Y. OMAR AMINE, « "*Tilâwit* le Coran" en Égypte, entre droit d'auteur et droits voisins (à propos de l'affaire du *Cheikh* Abdel Basit Abdel Samad). Contribution à l'étude de la conception arabo-musulmane de la propriété littéraire et artistique », *RIDC* 2014, Vol. 66, n° 4, p. 1062.

2 Du point de vue pratique, les oulémas disent que c'est le Prophète Mohammed qui a mis les règles et les *ahkames* du *tajwîd* puisqu'il a reçu le Coran de l'Ange Jîbril puis les Compagnons l'ont reçu du Prophète, etc… D'un autre côté et du point de vue théorique ou/et scientifique, les oulémas disent que c'est un *faqih* (*Faqîh*, pl. *Fuqahâ* : « Juriste ». Spécialiste du droit religieux : *in* D. SOURDEL et J. SOURDEL-THOMINE, *op. cit.*, p. 36) qui a mis les règles du *tajwîd*. V. Sur ces questions : S. ABDELHAMID, *Taysiir el rahman fi tajwîd el Qur'ân*, Dar El Takwa, Le Caire, 2009, p. 24 (en arabe) ; A. K. NASR, *Ghayit El- Mâriid fi 'ilm al-tajwîd*, 7e éd., Dar El Takwa Le El Nashr We El Tawzii, Le Caire, 1992, p. 34 et s. (en arabe) ; M. A. BASSAH, *El 'Amid fi 'ilm al-tajwîd* (*Le doyen dans la science du tajwîd*), Dar El Akida, Le Caire, 2004, p. 7 (en arabe). Même si les règles du *tajwîd* sont invariables, la récitation peut faire preuve d'originalité.

l'appréciation de l'originalité de la forme vivante (la récitation), et ce, à partir d'illustrations pratiques et jurisprudentielles (b).

a. Le choix, révélateur de la liberté créatrice du récitateur

232. Liberté de création vs. le respect des règles de la récitation. Une grande part de la créativité se manifeste évidemment dans le choix opéré au niveau de l'interprétation sans négliger pour autant l'aspect technique. Le récitateur peut faire recours à ses *capacités personnelles* et *vocales* dans la récitation de sorte qu'il donne à la lecture un *caractère personnel* même s'il dépasse certaines règles de l'interprétation. Cependant, le récitateur ne doit pas déroger aux *prescriptions religieuses* ainsi qu'aux *règles de la récitation*. En dépit du fait que la cantillation coranique doit respecter des règles précises relatives à l'agencement du texte, la prononciation, l'intonation, les silences et les possibilités d'allongement des voyelles qui peuvent être de nature à restreindre la liberté de manœuvre envisageable dans le texte psalmodié, il n'en reste pas moins qu'elle laisse sur le plan mélodique une liberté au *muqri'* étant donné que :

« […] la *stratégie mélodique permet de nuancer les significations, tout en plongeant l'auditoire dans un plaisir parfois purement musical. Ce type de récitation exige des qualités vocales exceptionnelles aussi bien dans la tenue du souffle que dans l'ambitus*, les deux octaves étant parfois dépassées »[1].

233. Le respect des prescriptions de l'orthoépie ne suffit pas à rendre les récitateurs dépendant de cette obligation et ne saurait *a fortiori* étouffer leur personnalité, voire remettre en cause l'acte créatif, dans la mesure où ils peuvent exercer de véritables *choix libres* et *créatifs* de plusieurs manières qui leur permet d'exprimer leur singularité dans la récitation. C'est ainsi qu'une certaine liberté apparaît au niveau de l'interprétation qui permet au récitateur de manipuler ses *compétences artistiques* et *vocales* afin d'aboutir à une récitation unique et distinguée surtout lorsqu'il possède une capacité spécifique lui permettant de se déplacer d'un *mâqam* à un autre pendant la récitation et une longue respiration lui permettant de prolonger, de raccourcir, d'élever ou de baisser la voix de la sorte qui éclairci la beauté de l'interprétation.

234. Récitation selon le type de « *tajwîd* ». Par exemple, la récitation du Coran très ornée selon le type de *tajwîd* est susceptible de révéler des *choix stylistiques* propres au récitant qui privilégie la dramatisation du texte sacré[2]. Il ne fait aucun doute que le récitant dispose d'une *marge de liberté* dans la mesure où :

« *aucune sourate n'est associée à un mode particulier* [utilisés dans la musique égyptienne]. *La déambulation* [mélodique] *est laissée à la seule appréciation du récitant, qui au fur et à mesure de son expérience, "compose" les sourates, dans le sens où il définit des jalons fixes de transitions modales sur tel verset, dans une optique expressionniste* (le *takwîf* par exemple). *Sa "composition" reste personnelle et ne correspond aucunement à un modèle général* »[3].

235. À titre d'exemple, l'originalité de la récitation du *cheikh* Abdel Basset réside notamment dans sa capacité de changer avec subtilité d'échelle suivant un degré de

---

1 F. LAGRANGE, *Musique d'Égypte*, *op. cit.*, p. 55.

2 F. LAGRANGE, *Musique d'Égypte*, *op. cit.*, p. 55.

3 F. LAGRANGE, *Musiciens et poètes en Égypte au temps de la Nahda*, t. I, thèse préc., p. 48 ; du même auteur, *Musique d'Égypte*, *op. cit.*, p. 55-56. Le récitant adopte des schémas d'exécution qui peuvent se répéter partiellement lors de ses interprétations d'une même sourate.

transition inédit[1]. En témoigne, sa récitation d'une sourate dans trois tonalités différentes[2]. Pour parvenir au style de *tajwîd*, il plaçait ses mains sur ses joues derrière l'apparence de la simplicité afin d'obtenir la quintessence sonore de l'effet recherché selon certains[3].

236. Psalmodie selon des *maqâmât* particuliers. En effet, nous avons vu que la récitation du Coran fait l'apanage d'une tradition musicale à travers le recours au canon et/ou à la loi sur les mélodies[4] et au *maqâmât* de la musique qui s'explique par la volonté des récitateurs d'améliorer leurs voix lors de la récitation du Coran tout en respectant sa sainteté. En témoigne, la récitation des grands récitateurs qui se sont évertués à mettre le canon des mélodies au service de la récitation afin de l'améliorer en conformité avec l'usage des *maqâmât* de la musique arabe. Il convient de noter que la récitation selon les *maqâmât* de la musique a pour objectif d'illustrer le sens des versets coraniques et de toucher les cœurs mais à condition de respecter les règles de la psalmodie du Coran. En principe, les *maqâmât* sont des mélodies qui éloignent l'homme de la méditation même s'ils ne sont pas sonores ou rythmiques[5]. C'est à partir de ce constat que la récitation du Coran selon les règles des *maqâmât* de la musique doit s'inscrire dans le cadre du respect des règles de la psalmodie, loin de toute forme d'affectation ou d'exagération qui empêche le récepteur de méditer les versets coraniques.

237. Choix créatif des *mâqams* de la psalmodie. La *forme éligible* dans laquelle on peut rechercher l'originalité peut consister dans la *forme profane* du *mâqam*. Il est intéressant de remarquer que la récitation du Coran repose sur l'une des nombreuses gammes des *mâqams* constituant l'art musical profane arabe et que certains versets

---

1 « On note chez les récitants de la première partie du siècle, qui poursuivaient également une carrière d'hymnode, voire de chanteur profane, une tendance à varier fortement les modes et à introduire des formulations plus subtiles dans leur élaboration. C'est le cas de récitants célèbres tels 'Alî MAHMUD (1880-1943) ou Muhammad RIF'AT (1882-1950) qui, s'il ne se fit connaître publiquement que comme *muqri'*, fréquentait les compositeurs de son temps, se forma au répertoire profane savant et apprit le jeu du *'ûd* » : F. LAGRANGE, *Musique d'Égypte*, *op. cit.*, p. 56.

2 F. LAGRANGE, « Réflexions sur quelques enregistrements de cantillation coranique en Égypte (de l'ère du disque 78 tours à l'époque moderne) », art. préc., p. 44 : « 'Abd al-Basit 'ABD AL-SAMAD change de coloration modale sur un même degré ». Cependant, le fait de regrouper les différentes lectures (*gam'*) dans une seule récitation du Coran n'est pas sans soulever des problèmes : M. LAGARDE, *Le parfait manuel des sciences coraniques* (*Al-Itqān fī ʿulūm al-Qurʾān de Ǧalāl ad-Dīn as-Suyūṭī*), *op. cit.*, p. 361, n° 2/647. « [...] regrouper les lectures (*gam'*) signifie lire le Coran, en comparant les différentes lectures, chaque fois qu'on trouve des variantes, le problème étant de savoir quand s'arrêter dans la lecture pour ce faire » : M. LAGARDE, *op. cit.*, *idem*, note 18.

3 V. C. POCHE, *Dictionnaire des musiques et danses traditionnelles de la méditerranée*, *op. cit.*, p. 363.

4 A. I. A. EL-TAWIL, *Fan Al-Tartil wa 'eloumouh*, *op. cit.*, p. 180. Il est à remarquer que le canon des mélodies n'était pas du vivant des compagnons du Prophète ou de leurs successeurs. Ce canon est apparu après l'époque du Prophète. C'est pourquoi le compagnon qui a vécu longtemps a réprouvé cette manière innovée de récitation (le Prophète dit : toute nouveauté en matière de la religion est une innovation, toute innovation est un égarement et tout égarement conduit à l'Enfer). En revanche, certains savants jugent permise la récitation du Coran selon les règles de la mise en musique mais à condition qu'elle ne soit ni affectée ni artificielle et qu'elle ne contredise pas la grandeur et la sainteté du Coran. V. A. I. A. EL-TAWIL, *Fan Al-Tartil wa 'eloumouh*, *op. cit.*, p. 182.

5 V. A. I. A. EL-TAWIL, *Fan Al-Tartil wa 'eloumouh*, *op. cit.*, p. 181.

sont psalmodiés sur des modes[1] orientaux[2]. Parmi les principaux *maqâmât* utilisés par les récitateurs du Coran, on y retient les modes usuels *râst*[3], *higâz*[4], *bayyâtî*[5], *'agam*, *sabâ*[6], *nahâwand*, *sîkâh*, *huzâm*, *sikah*, *kord*, *husseini*, *'irâq*, *gahârkâh*, etc[7]. Rien n'empêche un autre *qari'* de reprendre les mêmes *mâqams* en modulant de la même façon (*râst*, *sabâ*, *nahâwand*, etc.) mais l'interprète en nuançant sa voix qui de toutes façons aura toujours ses caractères personnels propres. On peut admettre que le *choix créatif* du *mâqam* et la *manière de passer d'un mâqam à l'autre*, le choix des mots dans le *mâqam* relève de l'activité créatrice de l'interprète. Tout cela devrait jouer en faveur de la caractérisation de l'originalité dans la forme vivante.

b. Illustrations pratiques et jurisprudentielles

238. Pour illustrer nos propos théoriques, nous allons prendre deux exemples pratiques de deux célèbres *shouyoukh* qui ont excellé dans les différentes techniques de la récitation du Coran, à savoir le *cheikh* Al-Minchawi et Abdel-Basset, afin de cerner au plus près la manière dont peut se révéler l'originalité.

239. Exemple du *cheikh* Al-Minchawi. Prenons, tout d'abord, un exemple de la récitation du *cheikh* Al-Minchawi de ces versets :

> « Ces idoles [dit Abraham] me sont [que vous adorez et qu'adoraient vos lointains ancêtres] un ennemi et non le Seigneur des mondes, qui m'a créé »[8].

Le *cheikh* Al-Minchawi a récité ce verset en fonction de plusieurs *mâqams* dont *râst*, *bayyâtî* selon la voie de *Warch* d'après Nafi', *sabâ* selon la voie de *Hamza*, et *sabâ* avec *Zamzama* selon la voie de *Hamza*[9]. Cette récitation sert d'un modèle à l'interprétation vocale où se révèle clairement l'*originalité* représentée dans le déplacement très professionnel d'un *mâqam* à un autre suivant de différentes voies de récitation tout en respectant minutieusement les règles de la performance. En dépit de la pluralité des systèmes musicaux qui affecte à son tour les différentes formes de l'interprétation telle que l'arrêt à un mot défini, la liaison, le délaissement de la vocalisation de la lettre finale du mot, la vocalisation de la lettre finale dans le cas de liaison, ces formes de

---

1 Pour certains : « Il serait réducteur de traduire *maqâm* par mode. "Itinéraire" serait un terme plus approprié, car le musicien improvisateur ou le compositeur emprunte des itinéraires musicaux en passant d'un *maqâm* à l'autre. Chaque *maqâm* est vécu comme un chemin d'ouverture allant vers un autre *maqâm*. Une humeur, une émotion, une atmosphère, un climat mène à la porte d'un autre, et ainsi de suite. *Maqâm* veut originellement dire en arabe "station", "position", au sens d'étape, et a longtemps désigné aussi le lieu où la musique se fait et où le poème devient chant. Le *maqâm* est étroitement lié à la prosodie du texte et à son accomplissement vocal » : B. ALBERT-ADWAN, « *Waqfou Soufouf*, la mise en scène chantée d'une histoire palestinienne », *La pensée de midi*, 2009/2, n° 28, p. 153 à 158.

2 F. LAGRANGE, *Musiciens et poètes en Égypte au temps de la Nahda*, t. I, thèse préc., p. 404.

3 *Rast* est le système musical qui incite à l'ardeur.

4 F. LAGRANGE, *Musique d'Égypte*, *op. cit.*, p. 56.

5 *Bayati* est le système de la musique arabe. Il est le système principal des tons.

6 *Sabah* incite au chagrin.

7 Ces systèmes musicaux sont appelés les *systèmes absolus de la mise en musique* car ils ne sont liés ni à un rythme précis ni à des instruments précis.

8 Coran, Sourate XXVI : Les Poètes, 77 ﴿قَالَ أَفَرَأَيْتُم مَّا كُنتُمْ تَعْبُدُونَ أَنتُمْ وَآبَاؤُكُمُ الْأَقْدَمُونَ فَإِنَّهُمْ عَدُوٌّ لِّي إِلَّا رَبَّ الْعَالَمِينَ﴾

9 Comme nous l'avons déjà souligné, le fait de regrouper les différentes lectures (*gam'*) dans une seule récitation du Coran n'est pas sans soulever des problèmes : M. LAGARDE, *Le parfait manuel des sciences coraniques* (*Al-Itqān fī 'ulūm al-Qur'ān de Ǧalāl ad-Dīn as-Suyūṭī*), *op. cit.*, p. 361, n° 2/647.

performance n'ont pas empêché le *cheikh* de respecter les règles de l'interprétation saine.

240. Exemple du *cheikh* Abdel-Basset. S'il était accoutumé par la majorité des récitateurs de commencer selon le *mâqam bayyâtî*, le *cheikh* Abdel-Basset avait pris, cependant, l'habitude de commencer selon le *sabâ* et non pas le *bayyâtî*. Ce choix permettait de provoquer de l'émotion chez le cœur de l'auditeur, le fidèle. Ces différents témoignages des *shouyoukh* révèlent le caractère à la fois *personnel* et *créatif* à partir desquels les récitants opèrent des choix sur le plan mélodique au service de leur récitation :

"*I begin slowly and calmly, then to the middle range, then to the highest register … I don't plan.* If I decide on [maqam] *nahawand*, maybe my voice wouldn't give it. *It comes according to what suits the voice.* If I find myself doing well in *saba* and it seems I can go on to *hugaz*, I do, and if it seems my voice is tired, I go back to *saba* for a while and then to *sika* or *nahawand* (Sayx Fathi Qandil)".

"*I make my choices on the spot, aware of what is coming in the meaning of the text, but I must return to bayati* (Sayx 'Abd al-Bâsit 'Abd al-Samad)".

"*With a low beginning, little by little [the reciter] takes hold of himself … I entered on maqam hugaz with adab* [politely] *not a rude awakening, but a polite knock.* "Who's there?" "Mustafa." "Welcome, etc." This is manners, not rushing in on an open door when madame is sleeping (Sayx Mustafâ Ismâ'îl)"[1].

241. D'après ces propos, il semble que le *choix* du *mâqam* est au cœur des éléments caractéristiques qui traduisent l'activité créatrice du récitant et caractérisent l'originalité de la récitation. C'est ainsi que la bonne performance dans la récitation du Coran apparaît clairement dans la capacité individuelle du récitant de se déplacer entre les différents signes de la déclinaison lors de l'articulation d'un seul mot coranique. Cette capacité s'est bel et bien révélée dans la récitation de ce verset par le *cheikh* Abdel-Basset :

﴿وَغَلَّقَتِ الأَبْوَابَ وَقَالَتْ هَيْتَ لَكَ﴾ « Fermant toutes les portes, elle lui dit : « Viens ! Je suis à toi ».

242. Interprétation selon quatre voies de récitation. Le *cheikh* Abdel-Basset a récité ce verset suivant quatre voies de la récitation. Selon la première voie, il a récité « *hita* هِيتَ » ; pour la deuxième « *hayta* هَيتَ » ; tandis que la troisième « *hayto* هَيتُ » ; et enfin, selon la quatrième « *hi'to* هِئتُ ». L'originalité de l'interprétation apparaît dans la récitation de ce verset selon quatre voies de récitation dans la même séance et en fonction de quatre tons différents. Une telle performance est appelée « arrêt d'attente »[2]. Le récitateur s'intéresse à réunir toutes les voies de la récitation selon le désir du récepteur d'écouter toutes les voies dans la même séance. La réunion des voies de la récitation pourrait avoir pour objet la simple récitation comme c'est le cas du *cheikh* Abdel-Basset, ou l'enseignement comme c'est le cas du *cheikh* Al-Minchawi.

243. Techniques vocales : les ténors. Dans la phonologie, il est bien connu que tout homme possède sept ténors. Dans la plupart des cas, le récitateur commence par le ténor le plus bas chez lui pour arriver au septième qui est le plus élevé. Il commence par les premiers puis par les moyens, et enfin, par les élevés. Il est possible que le récitateur prenne le chemin descendant. En tout état de chose, cette technique qui

---

1 K. NELSON, *The Art of Reciting the Qur'an*, The American University in Cairo Press, 2002, p. 131.

2 V. I. M. AL-GARMI, *Mo'jam 'Oloum Al-Qor'an* (*Dictionnaire des sciences coraniques*), *op. cit.*, p. 320.

glisse d'une catégorie vers une autre a besoin des expériences accumulées afin que le récitateur puisse créer en vue de transformer sa créativité en une *caractéristique (qualité) intrinsèque*. Cette créativité constitue bel et bien le caractère personnel de tout récitateur.

244. La récitation du *cheikh* Abdel-Basset est un exemple. L'examen de son parcourt et sa biographie nous montre qu'il s'intéressait, aussi âgé soit-il, à commencer par le ténor moyen à la fin des cinquante ans. Au début des soixante ans, il commençait par le ténor le plus bas et allait dans une voie ascendante. En témoigne, sa récitation de plusieurs versets. Citons-en :

﴿ذِكْرُ رَحْمَتِ رَبِّكَ عَبْدَهُ زَكَرِيَّا﴾ « Ceci est l'évocation de la grâce que ton Seigneur fit à Son serviteur Zacharie » ; ﴿لَقَدْ صَدَقَ اللَّهُ رَسُولَهُ الرُّؤْيَا بِالْحَقِّ﴾ « C'est ainsi que Dieu confirma le songe par lequel Il avait annoncé à Son Envoyé, en toute vérité » ; ﴿وَإِذْ قَالَ مُوسَى لِقَوْمِهِ يَا قَوْمِ﴾ « Souvenez-vous lorsque Moïse dit : « Ô mon peuple … » ; ﴿الر تِلْكَ آيَاتُ الْكِتَابِ الْمُبِينِ﴾ « Ce sont là les versets du Livre explicite ».

245. Le *cheikh* Abdel-Basset est considéré comme l'un de ceux qui ont mélangé quelques ténors dans une même séance de récitation et même division respiratoire. Cette capacité n'était pas offerte à beaucoup de récitateurs. Le récitateur en se déplaçant d'une voie à une autre ressemble à un oiseau qui, avec ses deux ailes, s'envole de la terre au ciel. Dans ce cas, le récitateur suit la méthode du *cheikh* Mohammad Ref'at, Mostafa Ismâ'îl et bien d'autres, et ce, contrairement à plusieurs récitateurs comme le *cheikh* Chi'icha' ainsi que d'autres qui ont eu l'habitude de réciter selon deux ténors : le plus bas et le plus haut.

246. Il est à noter que chaque maître est doté d'une manière et d'un style propre de récitation. Au sujet des ténors de la voix du *cheikh* Abdel-Basset, nous trouvons qu'ils ressemblent aux ondes houleuses qui finissent par la dissipation. Cependant, le *cheikh* Mostafa Ismâ'îl possède une souplesse et une fluidité singulière dans sa voix. Cette souplesse lui permettait de se déplacer d'un ténor à un autre d'une manière plus rapide que la voix. Cette manière dans la récitation le distingue des autres et confère à chaque récitateur un caractère personnel.

247. Affaire du « *cheikh Sha'ban Abdelaziz Al-Sayâad* ». Il est constant que la récitation (*tilawît*) du Coran est un acte de culte, de piété, comme nous l'avons souligné, mais cela n'empêche pas que la récitation en soi puisse être *originale* car, en effet, chaque *qâri'* a sa voix personnelle, son style propre[1] et sa manière de réciter. Si le *timbre* relève des droits de la personnalité, seule le *style* et la *manière* impriment de l'originalité à l'objet de propriété. Et la stabilité des règles du *tajwîd* ne saurait étouffer la personnalité du récitateur. Au contraire, sa récitation peut faire preuve d'originalité[2]. A ce titre, sur le constat de l'originalité dans la récitation du Coran en fait et en droit, l'affaire du *cheikh* Al-Sayâad en est révélatrice. L'originalité était au cœur de cette affaire, qui, n'est pas moins importante que celle du *cheikh* Abdel-Basset, mérite de retenir notre attention car les magistrats avaient parfaitement compris l'apport créatif des *shouyoukh* dans la récitation du Coran et avaient brillamment montré, pour la

1 Sous réserve que le *style* est exclu de la protection.

2 *Contra* : A. WAFA, *Conflits de lois dans le domaine des droits intellectuels de l'auteur*, Dar El Nahda El Arabia, Le Caire, 1999, p. 19 (en arabe) : qui souligne que le *qari'* du Coran se borne à réciter !

première fois, que la récitation du Coran peut être originale dès lors qu'elle porte l'empreinte de la personnalité de son récitateur.

248. En l'espèce, l'autorité fiscale de la province de Menouf a estimé que les revenus bruts du demandeur au pourvoi provenant de son activité exercée, en tant que récitateur du Coran *El Karim*, qui s'élevaient à 8676 L.E en 1975, 12158 L.E en 1976, et 14440 L.E en 1977, étaient imposables à l'impôt sur les revenus des professions non commerciales. Le demandeur s'y est opposé en portant sa plainte devant le comité de recours compétent qui a décidé de diminuer ces estimations. Cependant, le demandeur a exercé un recours contre cette décision devant le Tribunal de Shebin El Kom[1]. Le Tribunal fait appel à un expert qui émet son rapport suivant lequel le tribunal rejette le recours. Après avoir interjeté appel, la Cour confirme le jugement de première instance.

249. En effet, il convient de rappeler que, dans le prolongement de la loi n° 64 de 1964, la loi n° 36 de 1974 avait exempté au titre de l'impôt sur les professions non commerciales, les revenus que tirent les personnes de leurs activités exercées en tant que « créateur d'œuvres » prévues à l'article 2 de la loi n° 354 de 1954 relative à la protection du droit d'auteur[2]. L'exonération d'impôt était prévue à la hauteur de 25 % des revenus net au bénéfice des personnes exerçant une profession non commerciale qui sont engagées dans le domaine de l'art.

250. C'est dans ces conditions que le demandeur s'est pourvu en cassation en ce que l'arrêt attaqué s'était fondé sur une application incorrecte de la loi en refusant de répondre favorablement à sa demande de bénéficier de l'exonération de 25 % d'impôts sur les revenus des professions non commerciales au sens de la loi n° 36 de 1974 au motif que le récitateur du Coran ne saurait être érigé au rang de ceux qui exercent des activités relevant de la catégorie des « œuvres artistiques » conformément à la loi susmentionnée. Il fait valoir que la manière de réciter le Coran d'une façon originale et distinctive l'investit de ladite qualité pouvant bénéficier, à ce titre, d'une telle exonération.

251. Voilà que le débat contribue à entériner la distinction entre la notion d' « *activité artistique* » et l' « *activité du récitateur* » ainsi qu'à s'interroger sur le fait de savoir si les récitants du Coran pouvaient être attribués la qualité d' « *artiste* » (*fannān*) ou être considérés comme des *exécutants* d'œuvres artistiques, ce qui n'est pas sans ressusciter les deux paramètres d'analyse de l'interprétation : le *travail* ou la *création.* Ce débat n'est pas sans évoquer le mouvement lancé par les *munshidīn* qui prônaient pour la création

---

1 Com. aff. n° 55 de 1980.

2 Art. 2 : « Cette protection s'applique notamment aux auteurs des œuvres suivantes : les œuvres écrites ; les œuvres des arts graphiques : dessin, peinture, sculpture, gravure, architecture ; les œuvres exprimées oralement, telles que les conférences, les discours, les sermons et autres ; les œuvres dramatiques et dramatico-musicales ; les œuvres musicales avec ou sans paroles ; les œuvres photographiques et cinématographiques ; les cartes géographiques et les croquis ; les ouvrages plastiques relatifs à la géographie, à la topographie ou aux sciences ; les œuvres chorégraphiques et les pantomimes, matériellement adaptées pour leur mise en scène ; les œuvres relatives aux arts appliqués ; les œuvres spécialement adaptées ou celles qui sont diffusées au moyen de la radiodiffusion ou de la télévision. La protection s'étend, de façon générale, aux auteurs d'œuvres dont le mode d'expression est l'écriture, la voix, le dessin, la peinture ou le mouvement. La protection s'étend également au titre de l'œuvre si celui-ci se distingue par un caractère original et ne constitue pas une expression courante indiquant l'objet de l'œuvre ».

de leur propre syndicat que dénonça rapidement le ministère égyptien des *awqaf*[1] au motif qu'il existait déjà un syndicat des récitants et des mémorisateurs (*hafiz*) du Coran et que chaque *munshid* était considéré à la fois comme un *hafiz* du Coran et un *récitateur* qui connaît nécessairement le Coran par cœur. Par ailleurs, les *munshidîn* étaient soit membres du premier syndicat, soit membres du syndicat des professions musicales. Ce débat soulève une autre problématique : celle de savoir si le fait que le *munshid* soit membre du Syndicat des récitateurs du Coran lui permettait de se voir attribuer la qualité d'« *artiste* », voire même de « *musicien* », en sa qualité de membre du Syndicat des professions musicales. En fait, ils n'ont à être membre de leur syndicat que pour la *part de travail*... pour la *part créative*, ils devraient en faire apport à une société de perception...

252. Application du régime de *droit d'auteur* et non régime du travail. Par un arrêt en date du 6 janvier 1992, la Cour de cassation a fait droit à la demande du *cheikh* Al-Sayâad en cassant partiellement l'arrêt attaqué sur ce point. Elle estime que la récitation du Coran traduirait plus ou moins de talent, de dons, de compétences du récitateur qui équilibrait les différentes composantes pour exprimer sa personnalité :

« *Dès lors que la façon [tarîqa] de réciter [tilâwit] le Coran el Karim se caractérise par une certaine créativité, faisant ressortir de manière distincte l'empreinte de la personnalité de son créateur, le talent, ses dons, ses sens et ses compétences qui le distinguent des autres ; cette récitation devait être considérée comme une œuvre artistique au titre de l'article 2 de la loi n° 354 de 1954 sur la protection du droit d'auteur [sic]* et par voie de conséquence son auteur bénéficie de l'exonération de 25 % des dividendes net résultant de son activité conformément à l'article premier de la loi n° 36 de 1974 avant qu'elle vienne abroger la loi n° 36 de 1978. Attendu que l'arrêt attaqué s'est mépris ce point et s'est fondé sur le fait que les lecteurs du Coran ne sont pas considérés comme des travailleurs exécutant des œuvres artistiques mentionnés à titre limitatif dans la loi n° 64 de 1964 modifié par la loi n° 36 de 1974, il s'en suit que l'arrêt a fait une application incorrecte de la loi qui est de nature à gommer la défense du demandeur en ce qu'il interprète la récitation du Coran d'une manière originale et distinctive lui permettant d'être considéré comme l'un des exécutants d'œuvres artistiques dont le mode d'expression est le son ; l'arrêt doit être en conséquence cassé »[2].

253. Observations critiques. Que faut-il penser de cet arrêt ? Il appelle deux séries d'observations qui méritent qu'on s'y arrête. La *première* concerne la qualification erronée de la récitation en tant qu'« *œuvre artistique* » ! Il nous semble que cette qualification est surprenante et choquante car si la récitation du Coran se présente comme une science, voire même comme un art, il n'en reste pas moins qu'elle ne saurait être qualifiée d'« œuvre artistique », comme nous l'avons déjà souligné. La *seconde observation* porte sur la « distinctivité » des manifestations de la créativité qui n'est pas une condition de la protection. La Cour de cassation a procédé, semble-t-il, à un petit glissement vers le critère de la *distinctivité* qu'on retrouve dans le droit des marques.

---

1 V. Le dossier consacré à cette question : M. HUSSEIN, *in* Le quotidien égyptien *Al Youm Al Sabi'*, 11 août 2017.

2 Cass. civ., 6 janv. 1992, pourvoi n° 1462/54e A.J., *Rec.*, 43e A.J., n° 30, p. 134-137 ; Revue *Al-Quddât* (*Les juges*, publication mensuelle du Club des juges égyptiens), 25e A.J., n° 2, juill-déc. 1992, p. 582, cité par M.-H. LOUTFI, *Guide*, *op. cit.*, Livre III, p. 25, note 74. M. LOUTFI qualifie cet arrêt de singulier en Égypte en ce qu'il reconnaît un droit d'auteur à l'interprète sur son interprétation. Car, du point de vue international, l'interprète ne bénéficie que d'un droit voisin du droit d'auteur, cité par M.-H. LOUTFI, et al., *Notions fondamentales du droit d'auteur, Recueil de jurisprudence des pays arabes*, *op. cit.*, p. 40 (partie en arabe).

254. Cet arrêt a bien déconcerté l'un de ses commentateurs[1] qui l'avait conduit à penser qu'il ne fallait pas prêter à la solution de la Cour de cassation une portée aussi considérable en matière de propriété littéraire et artistique dans la mesure où la Haute juridiction a pris le soin de dégager, voire de mettre en valeur, dans la récitation un *effort créatif* pour que le *cheikh* Sha'ban Abdelaziz Al-Sayâad puisse bénéficier d'une exonération de 25 % net sur les dividendes de sa récitation prévue par la loi n° 64 de 1964 modifiée par la loi n° 36 de 1974[2] et abrogée par la loi n° 46 de 1978. Selon cet auteur, cet arrêt ne doit donc pas être interprété au regard de la loi sur le droit d'auteur car la question qui se posait, en l'espèce, était de savoir si le *cheikh* pouvait bénéficier d'une exonération de 25 % ou non… Cependant, nous n'en sommes pas convaincus dans la mesure où la Cour de cassation avait raisonné dans le seul cadre du droit d'auteur en affirmant expressément que la *tilâwah* peut faire preuve d'originalité au sens de la loi n° 354 de 1954 sur la protection du droit d'auteur, ce qui explique assurément la qualification d'œuvre artistique. Il semble que la décision ait été motivée par la volonté de ne pas créer de discriminations entre le récitateur du Coran en tant qu'interprète et les créateurs d'œuvres en termes de processus de création aux fins de ne pas soumettre les deux à un statut différent en la matière. Or, ce raisonnement n'est pas à l'abri de la critique car la consécration d'une telle qualification confond vraisemblablement entre le *support* et la *forme vivante* protégeable (la *tilâwah*). La Cour de cassation vise seulement la *tilâwah* comme étant une œuvre et non pas le *Coran* pour éviter toute confusion.

255. Pour raisonner, ce qu'il est sûr c'est que la *protection* est acquise ; ce qui est discuté c'est le *régime*… Les deux lectures se tiennent. La question à trancher est seulement le *niveau de forme* et ses *caractères*… d'une part, l'apport du *cheikh* se situe assurément sur le plan de la *forme vivante*. Mais d'autre part, il pourrait se situer sur le plan d'une *forme inerte intermédiaire* entre le texte du Coran et l'interprétation. En effet, l'improvisation combine les deux. Or, est-il possible d'improviser sur le texte même ? Peut-on admettre que le choix du *mâqam* et la manière de passer d'un *mâqam* à l'autre, le choix des mots dans le *mâqam* relève de l'activité d'un *auteur* d'œuvre ? Alors que la manière de nuancer, de colorer la voix appartiendrait au registre de l'*interprète* ? Ainsi, un autre *qari'* pourrait reprendre la même « œuvre » en modulant de la même façon (*râst*, *sabâ*, *nahâwand*, etc) mais l'interpréter autrement en nuançant sa voix qui de toutes façons aura toujours ses caractères propres… Il est possible que la Cour de cassation ajoute ce niveau de finesse. Dans l'improvisation, se mélangent l'œuvre et la forme vivante. Ainsi, il y aurait trois niveaux de *formes externes* : le *texte coranique* fait de lettre ; l'*œuvre musicale* faite d'une séquence droite de sons et l'*interprétation* de l'œuvre suivant les caractères de la voix avec l'intention dans sa modulation.

256. Originalité dans la récitation coranique, fondatrice d'une *esthétique sonore/musicale*. Suite à la qualification retenue par l'arrêt, la récitation du Coran serait-elle donc une création nécessairement *esthétique*, voire une « œuvre d'art », par la nature de l'effet recherché sur le public ? Frédéric Lagrange constate déjà que : « Dans le cas particulier de l'Islam, la récitation cantillée du Coran dépasse cette dimension proprement liturgique et parvient à fonder une *esthétique musicale* et à s'en nourrir à son

1 M.-H. LOUTFI, *ibid.*

2 V. Le texte de ces lois reproduit en annexe *in* Kh. LOUTFI, *op. cit.*, p. 280 et 282.

tour »[1]. L'évocation de la notion de « *beauté de la voix* » a conduit un auteur à s'interroger sur ce qu'il fallait entendre par là et s'il y avait des critères précis qui la distinguent[2]. Cette question est importante dans la mesure où « *l'embellissement de la voix* » constitue l'un des indices souvent invoqués dans l'appréciation de l'originalité de la forme vivante. En plus, comme nous allons le voir, une partie de la doctrine a tendance à considérer le *caractère artistique* comme un critère nécessaire de l'interprétation protégée[3].

257. Notion de « belle voix/embellissement de la voix » dans l'acception de la récitation du Coran. Cette référence à la notion d' « esthétique sonore » et d' « embellissement de la voix » nous invite à nous interroger sur une question plus technique liée à la condition d'originalité examinée, à savoir la notion de « *belle voix* ». Cette notion s'est imposée dans l'acception de la récitation coranique étant donné que : « les récitations du Coran sont en effet censées révéler la *qualité esthétique* du message à travers la recherche des sonorités, des rimes et des rythmes »[4]. Nous pouvons constater que la récitation du Coran est souvent animée d'un souci esthétique, comme le sous-tend le terme de *tajwîd* (ornementation de la récitation), ce qui a conduit, semble-t-il, le législateur égyptien, avant la promulgation de la loi, à la soumettre à la loi n° 430 de 1955 sur la censure des œuvres artistiques visées par l'article 2[5] en s'inspirant peut-être du principe de la *neutralité esthétique* animant la philosophie du droit d'auteur conforté par l'article 138, 1° CPI égyptien. En effet, la notion de « belle voix » est fréquemment rattachée à l'art de la cantillation du Coran, notamment à l'art du *tajwîd*, en tant qu'empreinte de la personnalité du *cheikh*-interprète révélant sa maîtrise des échelles modales et ses qualités vocales, ce « [...] qui fait parfois penser à une *esthétique expressionniste*, car ce style est extériorisé, contrairement au *tartîl* qui relève de l'intériorité »[6], comme nous allons le démontrer. Parmi les conditions essentielles requises pour un lecteur du Coran, on est censé ajouter, en effet, la notion de « *belle voix* »[7].

258. Notion de « belle voix » au service du texte interprété. Il nous semble que la notion de « belle voix » doit être une part de *qualités naturelles* (timbre agréable, tessiture...) qui au lieu de détourner le message y ramènent l'esprit de l'auditeur mais aussi des *qualités acquises* par le travail (comme pour tout art lyrique...). Ces qualités sont indispensables pour allier la voix aux intentions de l'interprète. L'art de

---

1 F. LAGRANGE, « Réflexions sur quelques enregistrements de cantillation coranique en Égypte (de l'ère du disque 78 tours à l'époque moderne) », art. préc., p. 26.

2 A. SHILOAH, « La voix et les techniques vocales chez les Arabes », art. préc., n° 23.

3 P. TAFFOREAU, « La notion d'interprétation en droit de la propriété littéraire et artistique », art. préc., p. 55.

4 S. AL KARJOUSLI, art. préc., n° 7.

5 Ainsi, le deuxième article de ce décret dispose-t-il que : « Conformément aux objectifs soulignés dans l'article précédent [article premier], il n'est pas permis d'autoriser l'exposition, la production ou la publicité de n'importe quelle œuvre de celle susmentionnée si elle contient notamment l'un des éléments suivants : 1) ... 2) ... 3) L'interprétation déformée des versets du Coran, des *hadîths* du Prophète et tout ce qui est compris dans les livres célestes ou la méconnaissance des règles de la récitation du Coran ou la présentation des rites religieux d'une manière non conforme ».

6 C. POCHE, *Dictionnaire des musiques et danses traditionnelles de la méditerranée*, *op. cit.*, p. 363.

7 V. A. SHILOAH, *La musique dans le monde de l'Islam*, *op. cit.*, p. 92 ; A. SHILOAH, « La voix et les techniques vocales chez les Arabes », art. préc., n° 22 s.

l'interprétation consiste dans la capacité à traduire intentionnellement dans la forme sonore/la voix la *forme interne* conçu par le chanteur à partir de l'œuvre… La beauté est harmonie. Quand la cantillation est en harmonie avec le texte elle est belle… parce qu'elle est soumise au texte tout en étant originale ; elle est au service du texte et traduit en vibrations sonore sa propre beauté. Ce n'est pas une beauté surajoutée et distrayante parce que tournée vers la glorification du chanteur… Le meilleur interprète est celui qui se fond dans ce qu'il interprète. La belle voix est celle qui est au service, pas celle qui se sert du Coran pour attirer l'attention sur elle !

259. Avis des *fuqahas* sur le discours esthétique. Néanmoins, la question ici est autre car les *fuqahas* interdisent, en effet, tout discours mêlant souvent des considérations esthétiques en la matière. Ainsi, une nuance doit être tout de même apportée à cet égard car la notion de « beauté » dans le contexte *religieux* prend le sens de « parure de la récitation » qui est différente du contexte de la *musique savante*[1]. Il faut garder à l'esprit, en effet, l'hostilité des juristes à l'égard du chant. Si la récitation du Coran peut être ornée (*qirâ'a bi-l-alhân*), elle ne saurait être qualifiée d'esthétique car elle risquerait, par sa beauté, de détourner l'auditeur d'une réflexion sur la parole même[2]. Au soutien de pareille idée, on s'appuie sur le fait que les embellissements ne sont pas indépendants des lettres coraniques et de leur articulation avec la voix qui sont la véritable source de la beauté. Autrement dit, l'esthétique est plutôt liée à la beauté sonore du message sacré[3] et c'est en cette beauté qu'il faut rechercher les sonorités, les rimes et les rythmes et en apprécier. Tandis que l'embellissement de la voix dans la récitation du Coran ne relève pas du registre esthétique dans la mesure où elle est destinée à donner l'ampleur nécessaire à la récitation des textes sacrés, et comme moyen de rendre le message plus touchant, la belle voix dans la musique savante est, au contraire, appelée à séduire, à charmer[4].

260. De la qualité des voix recommandées pour la lecture du Coran. En témoigne le fait que certains Compagnons du Prophète s'étaient distingués par la beauté (*al-'asan*) de leur voix lors de la récitation du Coran[5]. Le Prophète recommanda, pour la qualité de leur mémorisation et de leur récitation, quatre individus et il disait : « Faites-vous réciter (ou enseigner) le Coran par quatre individus : 'Abdallah Ibn Mas'ûd, Sâlim l'affranchi d'Abû Hudhayfah, Ubayy Ibn Ka'b et Mu'âdh Ibn Jabal »[6]. Il en va de même pour la belle voix d'Abu Musa Al-Ash'ari dont le Prophète ne

---

1 A. SHILOAH, « La voix et les techniques vocales chez les Arabes », art. préc., n° 22.

2 V. F. LAGRANGE, *Musique d'Égypte*, *op. cit.*, p. 52.

3 V. M. S. AL-RAFI'I, *L'ijâz al-Qur'ân wal-Balâghah al-Nabawiyyah* (*Le miracle du Coran et l'éloquence prophétique*), *op. cit.*, p. 212-213.

4 A. SHILOAH, « La voix et les techniques vocales chez les Arabes », art. préc., n° 23.

5 « Le Prophète, paix et bénédiction de Dieu sur lui, prenait plaisir à entendre le Coran récité par les voix chaleureuses et agréables de certains Compagnons. Il dit de SALIM, l'affranchi d'ABU HUDHAYFAH, qui était un excellent récitateur du Coran : « Louange à Dieu qui a fait surgir dans ma Communauté un homme comme celui-là ». Le Messager fit également l'éloge de la beauté de la récitation de Abû Mûsâ AL-ASH'ARI, que Dieu l'agrée, et dit de Ubayy Ibn Ka'b qu'il était l'un des meilleurs récitateurs du Coran de sa Communauté » : rapporté par Y. OMAR AMINE, « "*Tilâwit* le Coran" en Égypte, entre droit d'auteur et droits voisins (à propos de l'affaire du *Cheikh* Abdel Basit Abdel Samad). Contribution à l'étude de la conception arabo-musulmane de la propriété littéraire et artistique », art. préc., p. 1064, note 73.

6 EL-BOKHARI, vol. 7, p. 81 et MUSLIM, vol. 16, p. 18, cité par A. CHEHATA, *op. cit.*, p. 27.

manqua pas de souligner : « Tu as reçu un des *mizmar* qui appartenaient à David »[1]. Il visa ces personnes en particulier car leurs qualités étaient vantées vraisemblablement en fonction de leur mémoire, des caractéristiques de leurs voix et de la perfection de leur récitation selon les règles prescrites, ce qui n'exclut pas que d'autres l'aient mémorisé aussi[2].

2. L'assiette de l'originalité dans les modes/niveaux de récitation

261. Plan. Avant d'examiner les différents modes ou niveaux (modalités) de récitation pour déterminer si l'originalité peut se manifester dans ceux-ci et son siège (b), il convient, au préalable, de classifier, voire de hiérarchiser, les différentes manières de réciter le Coran (a) en fonction de chaque nuance de styles qui emportent des conséquences sur l'appréciation de l'originalité.

a. Typologie des manières de réciter le Coran

262. Classification et hiérarchie pyramidale des manières d'interpréter le Coran. L'examen de la récitation du Coran nous permet de constater qu'il existe des manières différentes d'interpréter le Coran qui ne sont pas nécessairement traitées/appréciées sur le même plan ou niveau tant du point de vue religieux que juridique. Nous constatons que ces façons de faire, qui entrent dans le domaine de l'interprétation du Coran, se caractérisent par une *diversité terminologique* qui n'implique pas nécessairement une *unité* au niveau de l'appréciation de l'originalité dans la mesure où chacune d'entre elles présente certains éléments caractéristiques.

263. Une diversité terminologique. Il est possible de classifier ces manières en fonction du degré de lecture et du respect des règles de récitation : la simple « lecture » (*al-qira'a*), la « performance/interprétation » (*al-ada'*), la « récitation/cantillation » (la *tilâwah*), l' « orthoépie »[3] (le *tajwîd*) et la « psalmodie » (le *tartîl*). Il ne s'agit pas de hiérarchiser les types de récitation du Coran en fonction d'une prétendue *intensité* de l'originalité ou *faible* mais de rendre compte de ces différentes formes en dressant un inventaire à la Prévert. Pour bien saisir les nuances terminologiques, un éclaircissement de ces différentes notions à contenu variable s'impose.

264. La lecture. Par la « simple lecture », il faut entendre la lecture simple du Coran sans respecter les règles et les *ahkames* du *tajwîd*[4]. Elle peut être assimilée, à notre sens, à la lecture d'un livre, d'un roman.

265. La *tilâwah*. Le terme « *tilâwah* »[5] est utilisé pour décrire l'acte par lequel se fait la récitation rituelle du Coran avec modulation (*tanghîm*).

---

1 A. SHILOAH, « La voix et les techniques vocales chez les Arabes », art. préc., n° 22.

2 A. CHEHATA, *ibid.* Que dire alors de la beauté de la récitation du Prophète lui-même !? Jubayr IBN MUT'IM dit : « "J'entendis le Messager de Dieu, paix et bénédiction de Dieu sur lui, réciter à la prière du coucher du soleil la sourate *At-Tûr* ; je n'avais jamais entendu une voix ni une récitation plus belle que les siennes. Puis, quand je l'entendis réciter dans cette sourate le verset : "Ont-ils été créés de rien ou sont-ils leurs propres créateurs ?" (Sourate LII, Le Mont (*At-Tûr*), verset 35, *in* D. MASSON, *Le Coran II*, p. 653), j'ai eu l'impression que mon âme s'était fendue et que mon cœur allait s'envoler" ». Al-Imâm AL-GHAZALI dit : « Dieu n'a jamais envoyé de Prophète sans qui n'ait une belle voix », *in* A. H. AL-GHAZALI, *Ihyâ'ulûm al-dîn* (*Revivification des sciences de la religion*), *op. cit.*, p. 254.

3 « L'orthoépie du Coran doit être distinguée de la simple lecture (*qira'a*, d'où le nom probable de Coran, Lecture), de la *tilawa*, avec ou sans modulation et surtout sans recours à la Vulgate elle-même, et de l'appel à la prière (*adhân*) » : M. CHEBEL, *Dictionnaire des symboles musulmans*, *op. cit.*, p. 422.

4 *Cf. infra* § n° 286 s.

5 Ce terme est fréquemment traduit par « récitation ».

266. L'orthoépie. Quant au terme « *tajwîd* » (la parure de la récitation), il vient de la racine du mot arabe (*jawwada*) qui signifie littéralement « rendre meilleur », ou « améliorer », voire l'embellissement (*mujawwad*). Pour les oulémas du *tajwîd*, il s'agit avant tout d'une branche des sciences coraniques consacrée à l'art de psalmodier et à la science de réciter le Coran en respectant les règles rythmiques, phoniques particulières et les lois de diction coranique qui permettent la juste prononciation du Coran correctement, avec accentuation des syllabes longues ou brèves et observance des pauses en prononçant chaque lettre convenablement avec son *makhraj* et ses *sifât* qui conviennent, naturellement et sans forcer, afin de préserver la langue de ses erreurs de prononciation du Coran pendant la lecture, conformément à ce qui a été transmis du Prophète et ses Compagnons ainsi que leurs disciples jusqu'à ce qu'il nous soit parvenu *via* le *tawâtur* (transmissions parallèles concordantes et nombreuses)[1]. Certains spécialistes considèrent que : « C'est uniquement la récitation de type *tagwîd*, privilégiée dans les sessions publiques, qui permet de juger de la qualité d'un psalmodiant »[2] considéré comme l'aboutissement le plus parfait du style de psalmodie. C'est ainsi que l'orthoépie du Coran doit être distinguée de la simple lecture (*qira'a*) et de la *tilâwah*, avec ou sans modulation. Il est communément admis que le Coran doit être récité conformément aux règles de l'orthoépie[3]. Par la récitation conformément aux règles de l'orthoépie[4], il faut entendre celle dans laquelle le récitateur donne la meilleure interprétation et se conforme aux principes de l'articulation exacte des lettres tout en respectant la modulation et la prononciation lente selon l'objectif visé. Il s'agit de l'une des formes de la récitation soutenue. Cette récitation constitue le cadre extérieur renfermant la modulation vocale sans excès, sinon la modulation se transforme en un chant reprochable, comme nous l'avons constaté[5].

---

1 V. Sur cette question : Al-Imâm IBN AL-JAZARIYA, *Al-Nashre fi al-Qira'at al-Ashre*, t. 1, Dar Al-Sahaba lil-Terasse, Le Caire, 2002, p. 171 et s. (en arabe). *Adde* du même auteur, *Al-Tamhid fi 'ilm al-tajwîd* (*Prolégomènes à la science du tajwîd*), Mouasaset Kartaba, Le Caire, 2003, p. 19 et s. (en arabe) ; M. M. NASR, *Nehayat al-Kawl almoufid fi 'ilm al-tajwîd*, Mouasaset Kartaba, Le Caire, 2005, p. 19 et s. (en arabe) ; H. C. OSMANE, *Haq al-tilâwah*, 10e éd., Dar Johina, Amman, 2004, p. 59 (en arabe) ; M. K. AL-HUSARI, *Ahkam qira'at el Qur'ân el Karim* (*Les règles de lectures du Saint Coran*), Maktabat El Sunna, Le Caire, 2002, p. 6 et 7 (en arabe) ; A. K. NASR, *Ghayit El- Mâriid fi 'ilm al-tajwîd*, *op. cit.*, ; M. A. BASSAH, *El 'Amid fi 'ilm al-tajwîd* (*Le doyen dans la science du tajwîd*), *op. cit.*, p. 7 et 8 ; S. ABDELHAMID, *Taysiir el rahman fi tajwîd el Qur'ân*, *op. cit.*, p. 23 et s.

2 F. LAGRANGE, *Musique d'Égypte*, *op. cit.*, p. 55.

3 On rapporte que le Prophète dit : « Récitez le Coran conformément aux règles de l'orthoépie chez les Arabes ». Restant bien sûr à savoir ce qu'il faut entendre par les règles de l'orthoépie chez les Arabes. Techniquement, on s'accorde pour dire qu'elles ne signifient pas *ipso facto* les mélodies réprimandées (V. *Al-Wafi fi Kayfeyat tartil Al-Qoraan Al-Kareem* [*Al-Wafi sur la manière de psalmodier le Saint Coran*], *op. cit.*, p. 16). Un *hadîth* rapporte à cet effet que le Prophète recommanda de lire le Coran avec des mélodies arabes de la région de Najd en Arabie et non pas avec celles des mécréants, des Juifs et des Chrétiens.

4 Il est à noter que la récitation lente selon les règles de l'orthoépie est apparue à l'époque omeyade influencée par le chant syriaque où certains récitateurs se sont intéressés de se servir des systèmes musicaux pour améliorer la performance lors de la récitation du Coran. V. A. I. A. EL-TAWIL, *Fan Al-Tartil wa 'eloumouh*, *op. cit.*, p. 185.

5 Même si certains précisent que la récitation du Coran dans les cérémonies du deuil ou dans les festivals ne permet au récitateur de préserver les règles de l'orthoépie. V. A. I. A. EL-TAWIL, *Fan Al-Tartil wa 'eloumouh*, *op. cit.*, p. 179.

267. La psalmodie. Enfin, le *tartîl* (la psalmodie) est un style de lecture non répétitif, aux ornements et aux silences limités, qui respecte « les règles de la récitation, son mouvement, la force et l'emphase marquées par la voix et les pauses »[1].

« La psalmodie est l'embellissement du Coran ; ce qui veut dire restituer aux lettres leur réalité propre et leur agencement, ramener la lettre à son point d'articulation et à sa base, en adoucir la prononciation en fonction de la perfection de sa forme, sans excès ni incurie, sans exagération ni affectation »[2].

Figure 10 — Hiérarchie pyramidale des différentes manières/styles de récitation du Coran

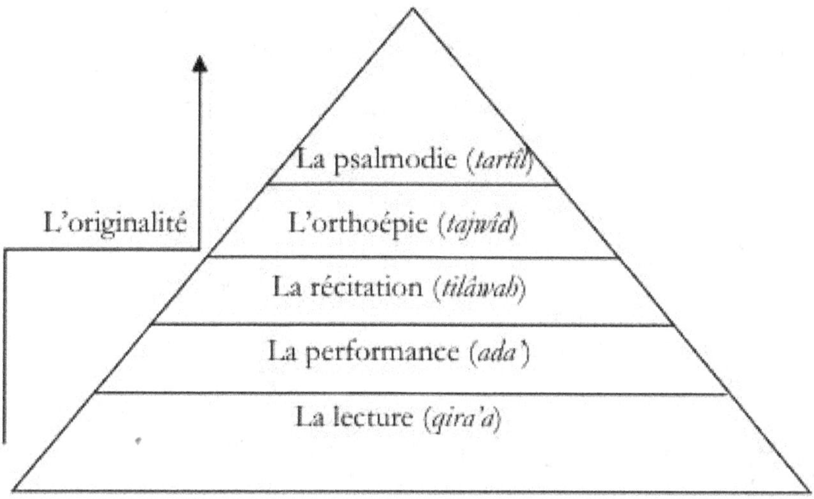

Ce schéma représente la hiérarchie pyramidale des différentes manières de réciter le Coran et la flèche supérieure montre le degré de manifestation/d'intensité de l'originalité en fonction de chaque niveau de lecture, comme nous allons le constater.

268. Phases de création dans l'interprétation du Coran. Après avoir précisé ce que recouvre ces diverses expressions, il convient d'analyser les différentes phases du processus de création dans l'interprétation du Coran pour qu'on puisse apprécier l'existence de l'originalité et l'incidence du degré de maîtrise de la récitation ainsi que la capacité du récitateur sur la manifestation du caractère personnel dans l'interprétation. En effet, il convient de noter que le chemin visant à atteindre une récitation correcte et parfaite est semé d'embûches dans la mesure où le récitateur devrait passer par *trois phases* successives dans le processus de la récitation qui représentent bel et bien le fondement sur lequel repose l'art de la psalmodie du Coran.

269. Première phase. Cette phase a trait à la *prononciation correcte* ou plutôt à l'*articulation* selon les règles suivies dans l'interprétation. Elle consiste dans la capacité de réciter le Coran en prononçant correctement et dûment chaque lettre tout en respectant les points de l'articulation. Ces éléments constituent un indice qui permet de distinguer une lettre d'une autre et d'emblée une forme créative protégeable d'une

---

1 A. SHILOAH, « La voix et les techniques vocales chez les Arabes », art. préc., n° 17.

2 M. LAGARDE, *Le parfait manuel des sciences coraniques* (*Al-Itqān fī 'ulūm al-Qur'ān de Ǧalāl ad-Dīn as-Suyūṭī*), *op. cit.*, p. 356, n° 2/640.

autre qui ne saurait faire l'objet de protection. En fait, la prononciation de deux lettres du même endroit pourrait affecter la construction de la phrase et déformer le sens voulu, ce qui peut aboutir au *frémissement* lequel peut être susceptible d'influer sur l'originalité comme nous l'avons vu.

Mais la problématique ne s'arrête pas là. Une des autres difficultés résulte de la nécessité de respecter les règles de la déclinaison, à savoir le nominatif, l'accusatif, le génitif et l'apocopé. Il y a, en outre, les compétences naturelles ou acquises pour établir la différence entre la prolongation obligatoire et celle normale ; l'arrêt permis et celui défendu. Il nous semble que la commission d'une telle faute suffit à conférer à la récitation un *caractère faible* ou *apparent d'originalité*, selon l'expression du professeur Caron[1], ce qui n'est pas sans remettre en cause la créativité originale.

270. Deuxième phase. Il s'agit de l'une des phases qui a vocation à atteindre une récitation parfaite. En effet, la première phase n'est guère suffisante pour acquérir la compétence requise au besoin d'une récitation parfaite puisqu'il est indispensable de maîtriser, par ailleurs, les règles de l'orthoépie. L'apprentissage de ces règles doit être naturellement accompli auprès d'un *cheikh*. C'est ainsi que ce qui compte ne consiste pas dans le seul fait de prononcer correctement les lettres mais également dans le fait de maîtriser les prescriptions et les caractéristiques accidentelles qui surgissent lors de l'assimilation des lettres et des voyelles sans pour autant négliger les prescriptions de l'arrêt, du commencement, de l'omission, de l'affirmation et les autres prescriptions de l'orthoépie[2].

271. Troisième phase. L'importance donnée à cette phase repose sur le fait que c'est à ce stade que le *talent personnel* du récitateur peut se manifester à travers l'articulation parfaite des lettres et la capacité de réciter rapidement sans commettre des fautes dont la plus fréquente est la confusion entre l'assimilation, la dissimulation et la substitution ainsi que d'ignorer la distinction à établir entre les différentes prolongations et la nasalisation. Le talent personnel consiste dans la capacité créative de déterminer l'arrêt convenable et de méditer le sens sans affectation. Cette étape majeure dans le processus de création de la forme vivante permet de développer à l'intérieur du récitateur un talent particulier lui permettant de réciter le Coran dans une disposition naturelle sans s'occuper des prescriptions de l'orthoépie ni de l'articulation des lettres. C'est dans cette étape où se développe vraiment la *psalmodie*[3].

272. Dans cet esprit, la question qui se pose en matière de propriété littéraire et artistique est de savoir si le fait de commettre quelques *fautes* sur le plan de la

---

[1] C. CARON, *op. cit.*, p. 75 et 76, n° 93. Le professeur CARON distingue entre deux degrés dans l'originalité : l'originalité *forte* et l'originalité *faible*. Il s'interroge sur le fait de savoir si « la notion d'originalité est-elle susceptible de degrés ? Il est évident qu'il existe des œuvres plus originales que d'autres. C'est pourquoi la doctrine a pu qualifier l'originalité de concept à "géométrie variable". […] Il n'en demeure pas moins que l'originalité sera plus forte lorsque l'auteur réalise la création sans s'inspirer d'une œuvre antérieure. Son œuvre sera alors fortement originale, car de première main. En revanche, l'adaptation d'une œuvre préexistante témoignera, par définition, d'une originalité moins forte car plus relative. Il existe donc incontestablement des originalités fortes et des originalités faibles » : *ibid.* Il estime que ces degrés dans l'originalité ont des conséquences sur le plan pratique que ce soit au niveau de l'accès à la protection qu'au niveau de l'exercice du droit.

[2] V. A. I. A. EL-TAWIL, *Fan Al-Tartil wa 'eloumouh*, *op. cit.*, p. 133.

[3] V. A. I. A. EL-TAWIL, *Fan Al-Tartil wa 'eloumouh*, *op. cit.*, *ibid.*

linguistique, de la prononciation, ou de la déclinaison à l'occasion d'une interprétation quelconque du Coran, soit en négligeant, par exemple, un arrêt obligatoire ou une prolongation normale, soit en prononçant deux lettres différentes d'un seul point d'articulation de la sorte qui déforme le sens voulu, peut avoir une certaine incidence sur l'appréciation de l'originalité dans l'interprétation du récitateur[1].

273. Originalité en fonction des types de *tilâwah*, de *tajwîd* et de *psalmodie*. De prime abord, il nous semble que l'originalité pourrait se manifester dans les différentes manières de réciter le Coran tels que la *tilâwah*, le *tajwîd* et la *psalmodie*. Rien ne s'oppose, sur le principe, à ce que la *tilâwah* soit protégée par le droit voisin des artistes-interprètes dès lors qu'elle révèle l'effort de la personnalité du récitateur (porte l'empreinte de sa personnalité) et respecte les différentes règles du *tajwîd*. Or, seule la *tilâwah* et la *psalmodie*, il convient de le noter, peuvent donner prise aux droits voisins dans la mesure où le récitant dans ses deux modalités de la récitation cherche à embellir sa voix pour produire une forme créative particulière sur l'auditeur, et ce, à la différence de la simple récitation coranique[2]. En effet, si bien que toute *interprétation* du Coran soit « *récitation* », alors que toute *récitation* n'est pas forcément érigée au rang de la « *tilâwah* » ou de la « *psalmodie* ». En revanche, il nous semble que la *simple lecture* du Coran ne peut donner prise aux droits voisins, voire elle est banale, dépourvue d'originalité. En somme, l'analyse des caractéristiques de chaque type de récitation nécessitera forcément de la part des juges de les apprécier et les vérifier au cas par cas au gré de chaque espèce.

274. Proposition de définition de l'interprétation protégeable du Coran. Ainsi, l'on peut définir la récitation protégeable par le droit voisin des artistes-interprètes comme : « À l'exclusion de la simple lecture, la récitation est l'interprétation en langue arabe d'une "non-œuvre"[3] qui est dotée d'une forme divine sacrée suivant les règles du *tajwîd* ». Cette définition en des termes particuliers se réfère à une certaine norme et à des impératifs précis qu'il est indispensable de respecter de la part du récitant comme nous allons le constater à l'occasion de l'étude de la difficile conciliation entre la *condition d'originalité* et les *usages*, les règles à respecter.

b. Modes ou niveaux de récitation

275. Différents modes ou niveaux de récitation. Les oulémas distinguent *trois* ou *quatre* modes/niveaux de lecture[4], à savoir la *récitation lente* (*tartîl*), la *réalisation précise*

---

1 Il s'agit certainement d'un défaut. Les savants divisent ce défaut en défaut évident et en défaut caché. Ce défaut est une imperfection qui concerne les expressions, en les rendant défectueuses. Cependant, tandis que le défaut évident rend imparfait de façon visible, ce que les savants lecteurs et d'autres connaissent de conserve, à savoir l'erreur grammaticale, le défaut caché rend imparfait d'une façon que connaissent tout spécialement les savants lecteurs et les *imams* de la performance de la récitation qui prennent cela de la bouche des savants et qui le saisissent de façon de prononcer des spécialistes de la performance de la récitation coranique » : M. LAGARDE, *Le parfait manuel des sciences coraniques* (*Al-Itqān fī 'ulūm al-Qur'ān de Ǧalāl ad-Dīn as-Suyūṭī*), *op. cit.*, p. 356 et 357.

2 V. § n° 264.

3 Le Coran qui est la « Parole de Dieu ».

4 Il convient de remarquer que : « le texte du Coran, recensé sous le calife 'Uthmân vers 650, permettait des "lectures" ou *qira'ât* parfois variées, parce qu'il ne comportait ni points diacritiques (permettant de distinguer certaines consonnes), ni signes vocaliques. Au Xe siècle, selon la tradition, on définit

…/…

(*tahqîq*), la *récitation rapide* (*hadr*) et la *récitation intermédiaire* scansions plus toniques (*tadwîr*)[1]. Le rythme de la récitation varie d'un mode à un autre suivant la capacité du récitateur à accomplir une récitation rapide, lente ou intermédiaire entre les deux tout en respectant les règles de la psalmodie comme l'étendue plus ou moins grande de la prolongation et les autres règles que nous allons étudier brièvement dans les lignes qui suivent. Les oulémas estiment que le Coran doit être lu avec ces quatre modalités de récitation[2].

276. Problématique juridique. Dans cet esprit, il faut donc bien préciser ce qui différencie ces modes de lecture et positionner ces modes par rapport à la notion de *forme* en matière de propriété littéraire et artistique. La question qui se pose est de savoir si l'*originalité* peut se manifester dans ces quatre modes de récitation ou non. Et, dans l'affirmative, il faudra situer le *seuil* de l'apport de l'interprète dans chaque mode. Par ailleurs, une autre question s'impose qui consiste à savoir si l'*augmentation* ou la *diminution de la prolongation*[3] dans un mode précis a une incidence directe sur l'appréciation de l'originalité, et ce, contrairement aux règles fixes qui ne sont susceptibles ni d'augmentation ni de diminution[4] qui pourrait ainsi affecter l'espace de l'expression et restreindre la liberté de l'interprète.

277. Définitions préalables. Afin de répondre à ces questions, il est indispensable de définir, au préalable, le *sens* de chaque mode/niveau à partir duquel les juges pourront apprécier l'originalité de la forme vivante et l'apport du récitateur du Coran.

---

les sept "lectures", dues à sept professeurs de Coran du VIIIe siècle, qui devaient avoir désormais autorité. À l'époque actuelle on n'en utilise plus que deux, celle de 'Asim en Égypte et celle de Nâfi' en Afrique, qui se sont substituées à celles d'Abû Amr, Hamza, Ibn 'Âmir, Ibn Kathîr et al-Kisâ'i » : D. SOURDEL et J. SOURDEL-THOMINE, *op. cit.*, p. 68.

1 V. Sur cette question (nous avons cité notamment les plus importants ouvrages en la matière) : Al-Imâm IBN AL-JAZARIYA, *Al-Nashre fi al-Qira'at al-Ashre*, *op. cit.*, p. 167 et s. *Adde* du même auteur : *Al-Tamhid fi 'ilm al-tajwîd*, *op. cit.*, p. 19 et s. et à la p. 22 ; M. M. NASR, *op. cit.*, p. 34 et s. ; H. C. OSMANE, *op. cit.*, p. 59 ; Certains oulémas estiment que le *tartîl* englobe les trois modes de récitation. V. Sur ces points : IBN AL-JAZARIYA, *op. cit.*, p. 170 et 171 ; H. C. OSMANE, *ibid.*, note 117.

2 V. Sur cette question : A. I. A. EL-TAWIL, *Fan Al-Tartil wa 'eloumouh*, *op. cit.*, p. 125. V. Par ex. IBN AL-JAZARIYA, *Al-Nashre fi al-Qira'at al-Ashre*, *ibid.* V. Pour de plus amples développements sur cette question : M. M. NASR, *op. cit.*, p. 38 et s.

3 Sur le plan terminologique, le mot arabe « *mad* مد » désigne la prolongation de la voix en prononçant l'un des trois voyelles arabes suivantes : (*alif*, *waw*, *yaa*). La prolongation a pour cause l'existence d'une *hamza* avant ou après la voyelle comme le mot « *saharaa* صحراء ». Il est à noter que les types de la prolongation sont au nombre de neuf : (la prolongation normale, la prolongation de la substitution, la prolongation attachée, la prolongation détachée, la prolongation du lien, la prolongation du petit lien, la prolongation du grand lien, la prolongation obligatoire, la prolongation accidentelle à cause de la non vocalisation d'une lettre, et la prolongation flexible).

4 Rappelons qu'il existe des règles fixes qui n'acceptent ni l'augmentation ni la diminution que la récitation soit rapide ou lente comme les règles de la nasalisation et celles de la prolongation normale (cette prolongation est mesurée de deux temps). Il en est de même pour la prolongation obligatoire qui est mesurée de six temps dans tous les modes de la récitation. Par contre, il y a des règles qui acceptent l'augmentation et la diminution comme la prolongation dite « *monfasil* منفصل », celle dit « *lyne* لين », celle dite « *'ared li as-skoun* عارض للسكون ». Ces types de prolongation sont susceptibles d'être raccourcies, d'être allongées ou d'être récitées d'une manière entre les deux précitées selon les modes de la récitation.

278. ***« Tahqîq »***. Le premier niveau est connu sous l'appellation de la *réalisation précise* « *tahqîq* »[1] التَّحْقِيق qui consiste en une récitation lente et précise avec une articulation claire des lettres pour inciter à la réflexion sans augmentation ni diminution[2]. C'est notamment le cas de la récitation du Coran à titre d'enseignement enregistrée dans le *Mushaf* d'Al-Hossari[3]. Il s'agit de la théorie de *Hamza* et de *Warsh*. On fait recours à ce schème plutôt à des fins pédagogiques qui « étudie avec minutie la formation des diverses consonnes de l'appareil phonatoire (poumons, narines, langue, lèvres, etc…) et la maîtrise avec laquelle le lecteur doit refléter dans sa diction toutes les subtilités et les nuances »[4]. Il s'agit donc d'une récitation exécutée avec une très grande précaution en veillant à donner à chaque lettre (consonne), ni plus ni moins, sa mesure exacte, ses caractéristiques et sa pleine valeur lors de son énoncé, c'est-à-dire :

> « le plein allongement, la réalisation de l'occlusive glottale, la complète vocalisation, l'appui sur la prononciation détachée et les redoublements, la clarification des lettres, leur articulation séparée, leur détachement l'une par rapport à l'autre, grâce au silence, au phrasé bien distinct, à la lenteur, à l'observation de ce qui est permis à propos de l'arrêt, sans raccourcissement, ni subreptice soustraction, ni silence vocalisé, ni assimilation »[5].

Nous sommes ainsi en présence du mode de « *tahqîq* » lorsque le récitateur ralentit le rythme de la récitation afin qu'il puisse prononcer chaque lettre selon son endroit et éviter toute forme de confusion. Ce mode de récitation apparaît clairement dans les cérémonies des récitations modulées[6].

279. Sur le *plan juridique*, la question se pose de savoir si le mode de *tahqîq* utilisé à des *fins éducatives* pour enseigner le Coran sans augmentation ni diminution peut révéler l'*empreinte de la personnalité* du récitateur ou faut-il en déduire que ce mode affecte la *liberté de création* du récitateur. En d'autres termes, le récitateur est-il engagé à respecter un rythme particulier qui lui permet de faire faire enseigner et d'apprendre les versets récités au récepteur sans faire appel à tout autre système musical ? A vrai dire, il nous semble que le récitateur ne manque pas en suivant le mode de *tahqîq* de faire appel à ses *propres talents* pour atteindre l'objectif suivi qui peut révéler sa personnalité dans l'enseignement des versets récités au récepteur. Si l'originalité paraît, de prime abord, être *faible* dans ce mode de récitation, rien n'exclut la possibilité qu'elle puisse se manifester sous n'importe quelle forme car le récitateur soumet les règles d'enseignement à sa *personnalité* qui reflète ses propres qualités.

---

1 Le *tahqîq* désigne l'accomplissement parfait d'un acte.

2 Abo-'Amr AD-DANI définit ce mode dit *tahqîq* comme celui qui : « désigne le respect des règles de la psalmodie comme la prolongation, la *hamza*, la prononciation intense d'une lettre, l'assimilation, la vocalisation, l'absence de la vocalisation, l'*Imalah* (statut moyen entre *alif* et *yaa*), la prononciation parfaite du *alif*, sans exagération ni affectation ». V. A. I. A. EL-TAWIL, *Fan Al-Tartil wa 'eloumouh*, *op. cit.*, p. 26). La prolongation est la règle la plus importante dans ce mode. De même, c'est la raison de la prolongation dans la voie de récitation de *Warch* et dans celle de *Hamza*.

3 On rapporte historiquement que le maître-récitateur HAMZA enseignait la récitation du Coran à ses disciples selon le mode dit *Tahqîq*. Cette méthode d'enseignement a pour objectif d'entrainer les disciples à apprendre facilement la récitation et d'éviter l'erreur en cas de la récitation rapide.

4 A. SHILOAH, *La musique dans le monde de l'Islam*, *op. cit.*, p. 91.

5 M. LAGARDE, *Le parfait manuel des sciences coraniques* (*Al-Itqān fī 'ulūm al-Qur'ān de Ğalāl ad-Dīn as-Suyūṭī*), *op. cit.*, p. 354-355, n° 2/636.

6 V. I. M. AL-GARMI, *Mo'jam 'Oloum Al-Qor'an* (*Dictionnaire des sciences coraniques*), *op. cit.*, p. 265.

280. « ***Al-hadr*** ». Le deuxième mode de récitation consiste dans la *récitation rapide* « *al-hadr* » الحَذْر. Il s'agit d'une récitation rapide du Coran, c'est-à-dire au rythme de la parole normale tout en veillant à respecter les règles du *tajwîd* sans affectation, ni exagération, ni négligence des règles de la déclinaison[1]. C'est la théorie d'Ibn Kathir, et d'Abu Ga'far[2]. Ce mode est fréquent dans les voies de récitation d'Ibn Kathir, d'As-Sossy et de Hafs.

281.« ***At-tadwîr*** ». Tandis que le troisième mode dit « *at-tadwîr* » التَّدْوير (l'allure modérée) est une *psalmodie intermédiaire* qui fait référence à un mode de récitation à mi-chemin entre *tahqîq* et *hadr* (niveau intermédiaire). C'est une lecture moyenne conformément aux règles[3]. Il s'agit de la théorie dominante des autres lecteurs adoptée par la majorité des spécialistes de la récitation coranique[4].

282. « ***At-tartîl*** ». Enfin, la *psalmodie*, en arabe « *tartîl* »[5] ترتيل (la modulation), est un style de lecture[6] non répétitif, aux ornements et aux silences limités, qui concerne « les règles de la récitation, son mouvement, la force et l'emphase marquées par la voix et les pauses »[7]. Il s'agit d'un mode de récitation intermédiaire entre le *tahqîq* et le *hadr*. L'art du *tartîl* est l'un des beaux caractères de la récitation du Coran qui regroupe la psalmodie et la récitation correcte selon les règles de l'orthoépie dans le cadre de l'excellence, de la perfection et de la belle voix qui touche les cœurs et incite à la componction. Elle représente le *principe de base* dans la pyramide de la récitation du saint Coran. Le mode dit *tartîl* est le mode du juste milieu selon lequel le Coran fut révélé. Il s'agit de la récitation par laquelle le Coran est descendu sur le Prophète. *Allah* dit :

« *wa rattil il-qur'âna tartîlâ* "Et récite avec soin le Coran" » (LXXIII, 4) ; « [...] nous l'avons fait réciter avec soin » (XXV, 32). ﴿وَرَتِّلِ الْقُرْآنَ تَرْتِيلاً﴾ « Et psalmodie le Coran en psaumes »[8].

---

[1] La récitation rapide pourrait mener à quelques fautes flagrantes sur le plan des règles de la psalmodie. C'est l'étape de la récitation la plus basse et c'est également la plus facile. (V. A. I. A. El-Tawil, *Fan Al-Tartil wa 'eloumouh*, *op. cit.*, p. 128 ; I. M. Al-Garmi, *Mo'jam 'Oloum Al-Qor'an* (*Dictionnaire des sciences coraniques*), *op. cit.*, p. 265-266).

[2] M. Lagarde, *Le parfait manuel des sciences coraniques* (*Al-Itqān fī ʿulūm al-Qurʾān de Ǧalāl ad-Dīn as-Suyūṭī*), *op. cit.*, p. 355, n° 2/637.

[3] Ce mode de récitation convient à la prière car il occupe un rang intermédiaire entre *tahqiq* et *hadr*. L'auteur de *Fan Al-Tartil wa 'eloumouh* précise qu'au niveau de la pratique ce mode de récitation n'a pas lieu car le récitateur ou bien adopte une récitation rapide avec le respect des règles de la psalmodie (mode dit *hadr*), ou bien adopte une récitation lente (mode dit *tahqiq*), ou bien adopte une récitation intermédiaire entre ces deux modes (mode dit *tartîl*). V. A. I. A. El-Tawil, *Fan Al-Tartil wa 'eloumouh*, *op. cit.*, p. 130.

[4] M. Lagarde, *Le parfait manuel des sciences coraniques* (*Al-Itqān fī ʿulūm al-Qurʾān de Ǧalāl ad-Dīn as-Suyūṭī*), *op. cit.*, p. 355, n° 2/637.

[5] La psalmodie du Coran. A. I. A. El-Tawil, *Fan Al-Tartil wa 'eloumouh*, *op. cit.*, p. 133.

[6] Le *tartîl* est l'un des rangs de la récitation du Coran. Cependant, l'auteur du *Mo'jam 'Oloum al-Qor'an* considère le *tartîl* comme faisant partie intégrante des rangs de la récitation. I. M. Al-Garmi, *Mo'jam 'Oloum Al-Qor'an* (*Dictionnaire des sciences coraniques*), *op. cit.*, p. 88 et 89.

[7] A. Shiloah, « La voix et les techniques vocales chez les Arabes », art. préc., n° 17.

[8] Interrogé sur ce verset, l'*Imâm* Ali Ibn Abi Taleb dit : cela signifie qu'Allah l'a bien exposé. La récitation du Coran ne doit être ni éparpillée comme les mauvaises dattes ni modulée comme la poésie (Certains arabes modulaient le Coran comme la poésie. Cette manière de récitation pourrait être la première étape de la dérivation en dépassant de la récitation des ancêtres à celle modulée ...

Allah - Exalté soit-Il – dit :
« وَرَتَّلْنَاهُ تَرْتِيلًا » « Et nous le faisons psalmodier en psaume »

283. Définitions *linguistiques* et *terminologiques*. Au sens *linguistique*, le *tartîl* désigne la bonne harmonie. Il est dérivé de la racine « *rattala* » رتل qui veut dire réciter clairement et avec sérénité. On dit : « *rattala folanon kalamaho* » رَتَّلَ فلانٌ كلامَه, c'est-à-dire parler clairement et lentement. Au sens terminologique, le *tartîl* désigne la récitation claire et lente sans affectation. Il ne peut avoir lieu sans respecter scrupuleusement les prescriptions de l'orthoépie telle que la résignation, l'allongement, la nasalisation, la bonne articulation, et les arrêts, etc. En vérité, la psalmodie du Coran requiert la bonne prononciation, l'articulation correcte des mots et la maîtrise des endroits de l'arrêt, du commencement et de la liaison. La psalmodie du Coran est désigné en arabe par « *tartîl* » car elle ressemble à ce qu'on appelle en arabe « *thaghr morattal* » ثَغْرٌ مُرَتَّلٌ, c'est-à-dire une bouche dont les dents sont espacées.

284. Rapport entre le « *tartîl* » et les autres modes. Après avoir défini ce qu'il faut entendre par « *tartîl* », il faut saisir le rapport entre les différents modes. Le mode *tartîl*[1] est le cadre général qui renferme les trois modes de récitation[2]. La relation entre le *tartîl* et les trois modes de récitation ressemble à celle qui existe entre la *part* et le *tout*. Le *tartîl* porte sur les trois modes de récitation. En effet, tout *tahqîq* est considéré comme *tartîl*. En revanche, le *tartîl* ne fait pas partie du *tahqîq*. Il est à remarquer que les trois modes de récitation (*tahqîq*, *hadr*, *tadwîr*) ne sauraient être accomplis sans faire appel au *tartîl*, voire la psalmodie. As-Sakhawi dit : « tous les modes de récitation adoptés par les récitateurs appartiennent aux champs de la psalmodie et de *tahqîq* ». L'auteur du *Mo'jam 'Oloum Al-Qur'an* précise que les modes de récitation ne sont, en

---

comme c'est le cas des hérétiques en modulant la poésie : A. I. A. EL-TAWIL, *Fan Al-Tartil wa 'eloumouh*, *op. cit.*, p. 152-153). Contemplez ses miracles et éveillez les cœurs. L'objectif de la récitation ne doit se borner à la recherche de la fin des sourates. Interrogé également sur le *tartîl*, l'*Imâm* Ali dit : la récitation correcte désigne la bonne articulation des lettres et la maîtrise des endroits de l'arrêt. IBN 'ABBAS dit : la psalmodie du Coran désigne la récitation claire. ABO-IÇHAQ dit : la récitation claire ne signifie pas celle lente mais elle signifie la bonne articulation des mots en donnant à chaque lettre son dû. AD-DAHAAK dit : réciter veut dire articuler chaque lettre en toute clarté et avec sérénité. Abo AL-ABBAS dit : le mot *tartîl* ne désigne que la récitation maîtrisée du Coran. MOUJAHID dit : le *tartîl* signifie la récitation lente. Il dit également : la parole « psalmodie-le en psaume » signifie récite-le lentement et clairement. AZ-ZAGAG dit : le *tartîl* des mots signifie la prononciation lente. ABO-MANSOUR dit : certains savants précisent le *tartîl* est la récitation lente. Dans le dictionnaire de la langue arabe, on dit en arabe « *thaghr morattal* ثَغْرٌ مُرَتَّلٌ » c'est-à-dire une bouche dont les dents sont espacées.

1 AL-QORTOBI dit : la plupart des savants préfèrent le *tartîl* qui leur permet de comprendre et méditer les versets du Coran. Cet avis est clair dans le dire d'IBN MAS'OUD : « La récitation du Coran ne doit être ni modulée comme la poésie (La récitation rapide sans méditation), ni éparpillée comme les mauvaises dattes (La tombée des mauvaises dattes lors de l'agitation du palmier) ». Contemplez ses miracles et éveillez les cœurs. L'objectif de la récitation ne doit se borner à la recherche de la fin des sourates. La méditation et la réflexion font partie des caractéristiques du *tartîl*. Enfin, l'auteur précise que la récitation d'une petite partie du Coran avec méditation est mieux la récitation rapide ; car le *tartîl* est le moyen de la compréhension. V. A. I. A. EL-TAWIL, *Fan Al-Tartil wa 'eloumouh*, *op. cit.*, p. 129.

2 En réalité, le statut du *tartîl* fait l'objet de la divergence d'opinion. Certains savants assurent que le *tartîl* est un mode de récitation ; d'autres affirment le contraire sous prétexte que si le *tartîl* est un mode de récitation, les trois autres (*tahqîq*, *hadr*, *tadwîr*) ne le seraient pas ; mais cette opinion contredit la réalité et les conventions des savants.

vérité, que de différents *degrés de rapidité*[1]. Chaque récitateur manie son mode selon sa manière et la rapidité de sa performance. Il est à noter que le *tartîl* est considéré comme le *meilleur niveau de lecture*[2], voire le plus sublime, parmi les trois niveaux susmentionnés car il se préoccupe de rendre le texte d'une manière compréhensible et empreinte de foi[3] ne mettant pas en valeur un verset par rapport aux autres. Pour une illustration concrète, le *cheikh* Mahmûd Khalîl Al-Husarî fut connu, par exemple, pour son *tartîl* du Coran, technique qui, de son point de vue, est la plus correcte et la plus légitime. À cet égard, il disait que :

« *Le tartîl donne corps à chaque mot d'une façon univoque, chose qui ne peut se produire dans une pure interprétation "chantée" où les mots sont soumis à une certaine musicalité s'opposant à la nécessaire empreinte sonore indispensable pour la réalisation du sens.* Et si l'on ressent au cours de l'interprétation "chantée" une excitation issue de la saturation mélodique, on ressent à l'opposé pendant le *tartîl* une quiétude et un recueillement issus du rayonnement du message du Saint Coran »[4].

Frédéric Lagrange remarque que dans la modalité de récitation selon le type de *tartîl* :

« La récitation se contente d'un petit nombre de formules mélodiques toujours placées sur le même genre modal et évoluant sur un ambitus restreint inférieur à l'octave »[5].

285. Appréciation de l'*originalité* des modes de récitation. En fin de compte, il convient de remarquer que ces quatre modes précités sont communément *admis* (*jâ'iza*) dans la récitation du Coran par les oulémas[6]. Par conséquent, on ne saurait simplement dénier la qualité d'artiste-interprète au *cheikh* sur le fondement que sa récitation du Coran se fasse, par exemple, au genre de *hadr* ou sur un *même genre modal* ou bien parce qu'il se borne à réciter le texte sacré suivant un *rythme normal.* Les différents modes de récitation explicite l'*assiette de l'originalité* là où il convient de la chercher. Chaque mode peut laisser place à l'originalité même si certains s'y prêtent plus facilement que d'autres… ça implique que l'on ne puisse pas dire : le *tahqîq* n'est jamais *original*, ou le *tartîl* l'est *toujours*… L'originalité peut donc se manifester dans ces quatre modalités de récitation. A chaque fois, elle doit être constatée. C'est seulement son *siège* et sa *probabilité* qui varie. En tout état de cause, l'appréciation de l'originalité relève du pouvoir souverain des juges et doit être appréciée au cas par cas au gré de chaque espèce.

---

1 V. I. M. AL-GARMI, *Mo'jam 'Oloum Al-Qor'an* (*Dictionnaire des sciences coraniques*), *op. cit.*, p. 266.

2 Elle est l'une des caractéristiques de la récitation du Prophète. Il psalmodiait le Coran et récitait verset par verset en prononçant correctement les lettres et les voyelles. D'après 'Abdullah Ibn 'Amr IBN AL-'AS, le Prophète dit : « Le Jour de la Rétribution, on dira à ceux qui récitaient le Coran : "Récite et psalmodie le Coran tout en t'élevant dans les degrés du Paradis ; et ne t'arrêtes dans ton ascension qu'au moment où tu épuiseras la dernière lettre de récitation. C'est à cet endroit que sera ta demeure éternelle ».

3 A. SHILOAH, *La musique dans le monde de l'Islam*, *op. cit.*, p. 91.

4 <http://www.islamophile.org/spip/Sheikh-Mahmud-Khalil-Al-Husari.html>

5 « La récitation se contente d'un petit nombre de formules mélodiques toujours placées sur le même genre modal et évoluant sur un ambitus restreint inférieur à l'octave » : F. LAGRANGE, *Musique d'Égypte*, *op. cit.*, p. 54.

6 Certains oulémas considèrent la récitation sans *tartîl* comme un défaut (M. LAGARDE, *Le parfait manuel des sciences coraniques* (*Al-Itqān fī ʿulūm al-Qurʾān de Ǧalāl ad-Dīn as-Suyūṭī*), *op. cit.*, p. 356-357, n° 2/640. Ils en distinguent entre le défaut évident et le défaut caché).

Figure 11 — Récapitulation des modes de récitation du Coran en fonction du degré d'intensité mélodique	
Moins mélodique	**Plus mélodique**
Tahqîq	*Talhin al-qur'ân*
Tartîl	*Al-qira'ah bi 1-qur'ân*
Tajwîd	*Al-taganni bi l-qur'ân*
	Al-ta.rannum bi l-qur'ân
	Al-qira'ah bi l-tatrib
	Tahsin al-sawt bi l-qur'ân
	Tazyïn al-sawt bi 1-qur'ân
	Tarji' al-sawt bi 1-qur'ân

Source: *The Art of Reciting the Qur'an*, p. 89.

3. La difficile conciliation entre la condition d'originalité et les règles de récitation du Coran

286. À la recherche d'un juste équilibre. En effet, la cantillation du Coran n'est pas une *création* « *libre* ». Elle s'impute sur un texte sacré qui a ses exigences et ses règles, comme nous l'avons constaté, lesquels sont aujourd'hui *codifiés* par le droit positif égyptien pour des considérations d'ordre religieux et des raisons d'ordre public. Comme le souligne un auteur : « *L'interprétation du texte* avec ses périodes de repos et de pauses, leur alternance rythmique appropriée, tout aussi bien que le contrôle de la respiration, *est regardée comme une condition fondamentale de la cantillation* »[1]. A ce titre, le *cheikh*, voire l'interprète, doit en tenir compte. Comme l'interprète d'une œuvre d'art doit respect à l'œuvre ! Sauf qu'ici ce n'est pas du *droit moral classique* qui est en jeu, c'est plutôt une forme d'*ordre public théologique* ! C'est dans cet esprit qu'il est indispensable de trouver un *équilibre* entre les règles de récitation et les conditions de protection (l'exigence d'originalité) sans pour autant se laisser emporter par un *jugement de valeur.*

287. Questions problématiques en suspens. La question se pose de savoir si la méconnaissance des préceptes de récitation coranique peut remettre en cause les *conditions d'existence et d'exercice même du droit* de la propriété littéraire et artistique sur l'interprétation, et par conséquent, son droit d'accéder à la protection. Autrement dit, est-il possible de refuser la protection à une *tilâwah* qui ne respecte pas les *règles de l'orthoépie* ? Est-ce la bonne sanction en la matière ? S'agit-il plutôt d'une question de *censure théologique* que de *refus de protection* ? Par ailleurs, le non-respect des prescriptions religieuses peut-il avoir une incidence sur le terrain d'appréciation de l'originalité ? À titre d'exemple, l'*exagération* dans la récitation du Coran peut-elle faire perdre son *originalité* à la création pour justifier un refus de protection ?

288. Plan. La consécration de l'*obligation de respecter les règles et les normes de la récitation* par le droit positif égyptien (a) demeure un défi à relever en matière de propriété

1 A. SHILOAH, *La musique dans le monde de l'Islam*, *op. cit.*, p. 91.

littéraire et artistique qui semble constituer un *obstacle* à la protégeabilité de la récitation du Coran et à l'appréciation de son originalité. A ce titre, il convient alors de trouver une *conciliation* possible entre les conditions de protection et les règles canoniques ainsi que de relever les principaux enjeux juridiques du respect de la *finalité sociale de la récitation* et les difficultés pratiques de la mise en œuvre du mécanisme de la *censure* (b) sur les conditions d'existence et d'exercice des droits sur la forme vivante récitée.

a. La codification des règles de récitation par le droit positif égyptien

289. Forme interprétative conditionnée par le respect des usages. Dans le souci de prévenir les déviations dangereuses dans la récitation et de protéger l'intégrité du texte sacré contre toute déformation tronquée ou confuse, il est intéressant de remarquer que le législateur égyptien a pris le soin de *codifier* les règles de récitation et ses normes extrêmement rigoureuses ainsi que de sanctionner, voire de censurer, le non-respect desdites prescriptions par le biais de la loi n° 430 de 1955 sur la censure des œuvres artistiques. Comme le souligne le professeur Caron : « [...] *la règle de droit ne saurait se réduire au seul conflit ou aux textes légaux, sauf à en retenir une vision très parcellaire. En effet, la vie quotidienne du droit est très riche et repose, en grande partie, sur des pratiques, usages et habitudes* »[1]. La lecture coranique n'échappe pas à cette règle, qui, est, en effet, à l'origine de nombreux usages et/ou pratiques. En fait, la récitation du Coran est, par excellence, le lieu où se cristallise la rencontre entre les différents sens des *bonnes manières « al-adab* en arabe » (équivalent aux usages) et le droit.

290. Sanction du non-respect des règles de récitation par la loi sur la censure des œuvres artistiques. La nécessité de respecter les règles de récitation trouve ainsi une *assise textuelle* dans les conditions d'application de la loi n° 430 de 1955 sur la censure des œuvres artistiques qui ont été fixées par le décret ministériel n° 220 de 1976 portant sur les règles fondamentales relatives à la censure sur les œuvres artistiques[2]. Ce décret prévoit plusieurs interdits au nombre de vingt sur les œuvres artistiques qui sont liés à la censure. Il faut admettre que le législateur a eu l'intention de protéger, par ces dispositions, les *valeurs religieuses* au détriment de la reconnaissance de la *valeur absolue de l'art*[3]. Ces interdits s'articulent autour d'axes principaux : la religion, le sexe et la politique[4]. Ainsi, le deuxième article de ce décret dispose-t-il que :

---

1 C. CARON, « Les usages et pratiques professionnelles en droit d'auteur », *Propr. intell.* 2003, n° 7, p. 127.

2 *JO* 27 mai 1976, n° 123.

3 « Il faut constater que ce décret ministériel a défini des objectifs assignés au cinéma, n'incluant pas la reconnaissance de la valeur absolue de l'art, mais donnant à la promotion des valeurs religieuses la priorité sur l'art, en plus d'inclure vingt interdits sur les œuvres artistiques, portant tous sur la politique et le sexe » : S. FAWZY HENIEN, « Les droits culturels en Égypte », *in* S. SAAD-ZOY et J. BOUCHARD (dir.), *Les droits culturels au Maghreb et en Égypte*, 1re série d'observations, UNESCO, Rabat, 2010, p. 122.

4 « Les appels à la mécréance, le dénigrement des religions monothéistes, l'exhibition de photographies du prophète, et de la photographie de Jésus-Christ (mais au jour de la rétribution, l'espoir consiste à en référer aux institutions religieuses), la lecture déformée des verstes coraniques, la célébration des funérailles d'une manière contraire à ce qu'Allah prescrit, la photographie de la déliquescence ou l'absolution de ses acteurs, l'exhibition du corps nu (en observant le fait que les acteurs ne portent pas des vêtements moulants), les scènes sexuelles et les gestes suggestifs, les scènes de danse

« Conformément aux objectifs soulignés dans l'article précédent [article premier], il n'est pas permis d'autoriser l'exposition, la production ou la publicité de n'importe quelle œuvre de celle susmentionnée si elle contient notamment l'un des éléments suivants :

1) … 2) … 3) *L'interprétation déformée des versets du Coran, des hadîths du Prophète et tout ce qui est compris dans les livres célestes ou la méconnaissance des règles de la récitation du Coran ou la présentation des rites religieux d'une manière non conforme* ».

291. Les bonnes pratiques/manières (*al-adab*) pour la récitation du Coran[1]. La rédaction du texte de cet article appelle *deux* observations. D'abord, on relèvera la volonté du législateur de donner une valeur juridique aux usages en se référant aux « bons usages », « bonnes manières » (« *adab* ») pour *valider* et *apprécier* la récitation du Coran. La question conduit, d'emblée, à s'interroger sur ce qu'il faut entendre par « *al-adab* ». Le mot « *adab* »[2] au pluriel, qui appartient à l'héritage culturel arabo-musulman, évoque les *bonnes manières*, les *règles de conduite*, les *bons usages à observer*, à respecter dans la récitation du Coran[3]. Dérivé d'une racine renvoyant à l'idée d'usage[4], le terme renvoi à une *pratique souhaitable*. La loi interdit de ne pas respecter les usages que les *shouyoukh* ont mis au point par tradition. C'est ainsi que le législateur renvoi aux *théologiens* la responsabilité de dire quelle est la bonne forme. Il ne serait pas hasardeux d'admettre qu'en l'absence de données objectives « *ce sont les usages professionnels qui fixent, en chaque matière, la frontière entre les bénéficiaires des droits voisins et les exclus*. Ils varient naturellement suivant le domaine d'intervention »[5]. Cette assertion vaut raison pour la récitation du Coran.

292. Portée de l'interprétation. Par ailleurs, il est intéressant de remarquer que le législateur a opéré une distinction entre deux éléments essentiels à respecter pour que la récitation soit canonique, faute de quoi l'interprétation sera considérée comme « *déformée* » d'une part, et elle constituera une dérogation aux règles de la récitation,

---

sensuelle, l'exhibition des scènes de beuverie, de drogue et de jeux de hasard, l'usage de vulgarité verbale et gestuelle, le non-respect de la sacralité du mariage, l'exposition de scènes contraires au respect dû aux parents et de scènes de vengeance, la présentation du suicide comme étant une solution raisonnable aux problèmes de l'humanité, l'exhibition des scènes de meurtres, de violence, de torture et de cruauté sauvage, le dénigrement d'un Etat étranger ou d'un peuple lié à la république d'Égypte, la présentation de faits historiques liés à des personnalités patriotique d'une manière caricaturale ou déformée, la création de conflits ethniques, l'atteinte à l'unité nationale et la création de conflits ethniques ou raciaux » : S. Fawzy Henien, « Les droits culturels en Égypte », *in* S. Saad-Zoy et J. Bouchard (dir.), *Les droits culturels au Maghreb et en Égypte*, *op. cit.*, p. 122, note 101.

1 V. M. Lagarde, « Les bonnes manières (*al-ādāb*) pour la récitation du Coran et pour celui qui le récite », *in Le parfait manuel des sciences coraniques* (*Al-Itqān fī ʿulūm al-Qurʾān de Ǧalāl ad-Dīn as-Suyūṭī*), *op. cit.*, p. 368-396.

2 Ce terme véhicule différentes significations.

3 Il n'est pas possible dans le cadre de nos développements de ventiler les bonnes manières dans la récitation du Coran pour d'établir un répertoire exhaustif des différents usages en matière de récitation coranique ainsi que des pratiques qui dépassent les limites de la récitation, des pièges à éviter pour garantir et préserver l'intégrité d'une interprétation coranique correcte et les difficultés de mise en œuvre relative à l'ordre public.

4 V° « *Adab* », *in* P. Mougin et K. Haddad-Wotling (dir.), *Dictionnaire mondial des littératures*, Éditions Larousse, Paris, 2002, p. 6 et 7.

5 P. Sirinelli, *Propriété littéraire et artistique*, *op. cit.*, p. 263.

d'autre part[1]. On notera, par ailleurs, que le législateur s'est montré très discret sur l'expression utilisée « *interprétation déformée* » qui est suffisamment large pour englober différentes formes d'atteintes en cas de non-respect des règles canoniques ayant trait à la forme vivante. Le texte ne donne aucune précision sur ce qu'il faut entendre par « interprétation déformée ». Comme l'ont remarqué certains auteurs :

« … *la plupart de ces interdits ne sont pas bien définis, élargissant ainsi le champ d'intervention du censeur qui peut donc aisément porter atteinte à l'œuvre créative, sous prétexte qu'elle promeut l'immoralité* »[2].

293. Une bonne « performance /interprétation »[3] de la récitation. Afin d'apporter des éclaircissements sur l'expression utilisée par le décret, il nous paraît judicieux de partir du sens courant auquel elle renvoie, et ce, à partir des principes gouvernant l'interprétation et/ou la performance qualifiée de « *saine* » et/ou de « *bonne* », pour pouvoir être en mesure de délimiter les contours. C'est ainsi que la dérogation à la règle servira de repère sur lequel le juge pourra s'appuyer dans l'appréciation de l'originalité. Il convient de noter que la récitation, comme nous l'avons constaté, est la conséquence naturelle et spontanée d'une *interprétation* « *saine* » de la forme vivante conformément aux bonnes manières. Mais reste-il à identifier les *critères* qui permettent de qualifier une interprétation en tant que « saine » conformément à l'article précité dont la non-conformité pourrait conduire à émettre un jugement de valeur, voire à disqualifier l'interprétation non originale ? Reste à savoir si la sanction est le *défaut d'originalité* ou, à raison de la censure, l'*interdit de publication*.

294. La « bonne interprétation » : l'appréciation déguisée du mérite. La réponse à cette question nécessite d'opérer un rapprochement entre le texte de l'article 138 du CPI égyptien et l'article 2 du décret précité pour interpréter la portée de l'expression « *interprétation saine* » qui doit être en conformité avec les principes gouvernant. Il est futile de rappeler que le juge ne doit pas apprécier le *mérite* conformément à l'article 138 (1), relatif aux définitions de certains termes, qui précise ce qu'il faut entendre par « œuvre » :

« Toute œuvre originale [*mobtakar*] littéraire ou artistique ou scientifique *quels qu'en soient son genre ou son mode d'expression ou son importance ou l'objectif poursuivi par sa création* ».

295. A vrai dire, la notion de « *bonne interprétation* » fait allusion d'une manière indirecte au *mérite* de l'œuvre que la loi interdit de prendre en compte. C'est ainsi que si l'interprétation n'est pas saine, elle sera interdite de protection et/ou de diffusion.

---

1 Dans le texte arabe, la particule de la coordination « *Aw* أو » désigne le choix entre deux choses dont l'union est impossible. Dans le dictionnaire de la langue arabe, on lit cet exemple : « *tazawaj Hind aw okhtaha* تزوج هند أو أختها » qui signifie : « marie-toi avec Hind ou avec sa sœur ». L'usage de la particule de la coordination « *Aw* أو », dans cet exemple, a pour objectif de montrer que l'union dans le mariage entre les deux sœurs est interdite. Il en est de même pour l'impossibilité de l'union entre la mauvaise performance et la dérogation aux principes de la récitation.

2 S. FAWZY HENIEN, « Les droits culturels en Égypte », *in* S. SAAD-ZOY et J. BOUCHARD (dir.), Les *droits culturels au Maghreb et en Égypte*, *op. cit.*, p. 122.

3 Il convient de remarquer que certains ouvrages spécialisés dans les sciences coraniques parlent de « performance » de la récitation tandis que nous allons adopter l'expression d' « interprétation ». V. À titre d'exemple : M. LAGARDE, *Le parfait manuel des sciences coraniques* (*Al-Itqān fī ʿulūm al-Qurʾān de Ǧalāl ad-Dīn as-Suyūṭī*), *op. cit.*, p. 357 ; F. M. DENNY, « Qur'ān Recitation : A Tradition of Oral Performance and Transmission », Journal of *Oral Tradition*, 4/1-2 (1989), p. 5-26 ; A. NEUWIRTH, *The Qur'an and Late Antiquity : A Shared Heritage*, Oxford University Press, New York, 2019, p. 155 et s.

Or, cela ne veut pas dire qu'elle n'est pas *originale*. Elle peut être une *récitation originale interdite*. Ainsi, il n'y a pas de bonnes ou de mauvaises œuvres et/ou interprétations ; les œuvres sont originales ou pas. Or, la situation est particulière en Égypte dans la mesure où la *finalité religieuse* impose au droit de la propriété littéraire et artistique d'accueillir seulement l'interprétation saine du Coran. En effet, le mécanisme extérieur de censure a été mis en place afin que de telles enregistrements des récitations du Coran d'une manière non conforme ne voient pas le jour. Il faut ainsi concilier entre les dispositions du CPI égyptien relatives aux droits d'auteur et aux droits voisins et la loi sur la censure des œuvres artistiques.

296. Multiples facettes de la forme interprétative. A première vue, l'expression « interprétation » recouvre assurément de *formes interprétatives* aux facettes multiples telle que l'interprétation *vocale*, l'interprétation *cinétique*, l'interprétation *émotionnelle*, etc[1]. La question qui s'impose est de savoir : à quelle catégorie l'interprétation du Coran serait-elle susceptible d'être rattachée ? Appartient-elle à une catégorie déterminée ou bien à toutes les formes de l'interprétation ?

297. Interprétation vocale. A première vue, l'examen des différentes formes interprétatives nous permet de constater que l'interprétation du Coran s'analyse parfaitement en une « *forme vocale* », comme nous allons le voir[2]. En témoigne les dits du Prophète : « *Emplissez vos voix en récitant le Coran* » ; « *Toute chose a son point d'ornement. Or la voix belle est l'ornement du Coran* ». Le Prophète affirme cette vérité en disant : « *N'est pas de nous celui qui ne psalmodie le Coran* ». La forme vocale porte sur l'art qui accompagne la prononciation durant la récitation du Coran pour éclaircir le sens et les mots de nature à influencer les sens du récepteur que ce soit sur le plan visuel, acoustique ou émotionnel de manière proportionnée au but poursuivi. Ainsi, le non-respect des règles précitées porterait atteinte à l'*interprétation saine* ; ce qui déformerait le sens, perturberait l'articulation et produirait un effet dégoûtant chez le récepteur[3].

b. Enjeux juridiques du respect de la finalité sociale de la récitation et difficultés pratiques de la mise en œuvre du mécanisme de la censure

298. Fonction « sociale » assumée par la récitation. En effet, les règles qui sont édictées pour la récitation du Coran visent à faire assumer une certaine *fonction* à cette récitation. Dieu dit : « Voici un Livre béni : nous l'avons fait descendre sur toi afin que les hommes méditent ses versets, et que réfléchissent ceux qui sont doués d'intelligence »[4]. Il dit : « Ne méditent-ils pas sur le Coran ? »[5]. La première raison qui explique la récitation du texte concerne la *fonction « sociale »* de la récitation, voire la méditation du sens, au terme de laquelle les cœurs s'ouvrent et les intelligences s'illuminent. Ces règles sont destinées à toucher le cœur pour rendre le message plus profond et en même temps sans susciter trop d'émotion humaine qui pourrait

---

1 Il est impossible d'examiner toutes les *formes interprétatives* dans le cadre de cette étude. Nous nous contenterons d'en retenir celles qui sont en rapport avec le développement de nos propos.

2 V. Plus loin : § n° 311 s.

3 K. BECHR et A.-S. CHAHIN, *Al-Adaa Al-Sawti.*

4 Coran, Sourate XXXVIII : *Çad*, 29.

5 Coran, Sourate IV : Les femmes, 82.

pervertir le message[1]. En considération de la finalité du Coran, il s'agit d'une parole divine destinée à être récitée[2] conformément aux règles de l'orthoépie[3]. Par la récitation conformément aux règles de l'orthoépie[4], il faut entendre celle dans laquelle le récitateur donne la meilleure interprétation et se conforme aux principes de l'articulation exacte des lettres tout en respectant la modulation et la prononciation lente selon l'objectif visé. Il s'agit de l'une des formes de la récitation soutenue. Cette récitation constitue le cadre extérieur renfermant la modulation vocale sans excès, sinon la modulation se transforme en un chant reprochable comme nous l'avons vu[5].

299. Or, la question suscite une problématique en matière de propriété littéraire et artistique dans la mesure où le Coran n'est pas simplement lu mais il est quand même psalmodié, c'est-à-dire qu'il y a ainsi un certain appel au *procédé de l'interprétation* de sorte qu'on utilise même des *ressorts de la musique* au sens étroit, comme nous l'avons constaté, pour communiquer le message. Comment faut-il concilier le *procédé de personnalisation* de l'interprétation avec les *prescriptions religieuses canoniques* ? Comment concevoir la récitation Coran comme une « forme musicale » en détournant sa fonction première, en tant que Message divin, pour le transformer en un véritable chant ? Bien entendu, la forme vocale devrait être au service du message divin, sans qu'il y ait un débordement du *cheikh* d'un seul coup pour s'emparer au profit de sa gloire personnelle.

300. L'*exagération* dans la récitation chasse-t-elle l'originalité ? À titre d'exemple, il est recommandé dans la récitation que l'émission du son soit réalisée sans *effort* ou sans *exagération* pour rendre la parole de Dieu compréhensible et empêcher d'en détourner le sens par autre chose. Cependant, d'aucuns récitateurs essayent de caractériser leur interprétation afin de les distinguer des autres, pourtant ils se laissent tomber dans l'excès en dépassant même les limites imposées dans la récitation au point de venir s'immiscer dans le cadre blâmable du chant. Il s'agit donc d'une des formes bien connues de l'exagération en récitant le Coran telle que

---

1 On dit : « La modulation est recommandée pour la méditation, parce qu'elle manifeste mieux la vénération et le respect et qu'elle a davantage d'influence sur le cœur ; voilà pourquoi elle est recommandée pour le non arabe qui n'en comprend pas le sens » : M. LAGARDE, *Le parfait manuel des sciences coraniques* (*Al-Itqān fī 'ulūm al-Qur'ān de Ǧalāl ad-Dīn as-Suyūṭī*), *op. cit.*, p. 376, n° 2/677.

2 A. MERAD, *op. cit.*, p. 7.

3 On rapporte que le Prophète dit : « Récitez le Coran conformément aux règles de l'orthoépie chez les Arabes ». Il restait à savoir ce qu'il fallait entendre par les « règles de l'orthoépie » chez les Arabes. Techniquement, on s'accorda sur le fait qu'elles ne signifient pas *ipso facto* les mélodies réprimandées. V. *Al-Wafi fi Kayfeyat tartil Al-Qoraan Al-Kareem* (*Al-Wafi sur la manière de psalmodier le Saint Coran*), *op. cit.*, p. 16. À ce sujet, un *hadîth* rapporte que « le Prophète recommanda de lire le Coran avec des mélodies arabes de la région de Najd en Arabie et non pas avec celles des mécréants, des Juifs et des Chrétiens », cité par A. SHILOAH, « La voix et les techniques vocales chez les Arabes », art. préc., n° 15.

4 Il est à noter que la récitation lente selon les règles de l'orthoépie est apparue à l'époque omeyyade influencée par le chant syriaque où certains récitateurs se sont intéressés de se servir des systèmes musicaux pour améliorer la performance lors de la récitation du Coran. V. A. I. A. EL-TAWIL, *Fan Al-Tartil wa 'eloumouh*, *op. cit.*, p. 185.

5 Même si certains précisent que la récitation du Coran dans les cérémonies du deuil ou dans les festivals ne permet au récitateur de préserver les règles de l'orthoépie. V. A. I. A. EL-TAWIL, *Fan Al-Tartil wa 'eloumouh*, *op. cit.*, p. 179.

l'exagération en prononçant les voyelles nasales, à cause de l'affectation[1]. Si la propriété de l'artiste-interprète ne porte, au final, que sur la seule *forme vivante* de sorte qu'on ne saurait remettre en cause l'existence même du droit, toutefois, cette *forme de divertissement*, incompatible avec le respect de l'intégrité de la récitation coranique, semble *paralyser* l'originalité. Prenons l'exemple de l'action de mâcher la lettre et l'exagération en prononçant la lettre *hamza* et le halètement[2]. On y songe au *cheikh* récitant « Tantawi [...] [qui] dépasse [le récitant 'Abd al-Basit Abd al-samad] dans la volonté de déclencher le *tarab*, en multipliant les *qafalāt* extrêmement longues et virtuoses, et en variant les modes, tout en demeurant sur une même corde de récitation, sur un degré élevé (*kardān*) précisément propre à assurer le *tarab* »[3]. Il n'en reste pas moins que le *fait d'être excessif* dans la récitation sur un trait ou sur un autre ne doit pas se traduire par un *défaut d'originalité* dans la mesure où l'*originalité* est une chose et la *validité*, par contre, en est une autre.

301. Canon et/ou loi sur les mélodies. A cet égard, il est possible de distinguer entre deux catégories de récitation du Coran en fonction des règles de la mise en musique, celle qui est licite et celle qui ne l'est pas aux yeux des oulémas. Si la récitation du Coran selon les règles de la mise en musique ne *dépasse* pas le cadre de la psalmodie, elle est *licite* car elle fait partie de l'embellissement de la voix. En revanche, si la récitation du Coran selon les règles de la mise en musique est *au détriment* des prescriptions de la psalmodie et a pour objet la modulation pour la joie, elle est considérée comme *illicite*[4]. La plupart des oulémas mettent l'accent sur le fait que la récitation est, en principe, celle qui est donné à haute voix selon les degrés de récitation sans mélodies affectées[5]. L'originalité se manifeste clairement dans l'interprétation du récitateur lorsqu'il s'appuie sur les *systèmes musicaux* pour caractériser son empreinte personnelle. Le *cheikh* Mostafa Ismaïl est l'une des plus grandes figures qui a pu se distinguer par son style[6] propre dans la récitation. À titre d'exemple, sa compétence technique et l'originalité de sa récitation du Coran se manifestait dans le fait qu':

---

1 Dans *Zawa'idar-Rawda*, Ibn Qadi ALGUN dit : « Il est vrai que l'exagération, selon le point de vue mentionné, est une chose interdite à cause de laquelle le lecteur se corrompt et pèche l'auditeur, parce qu'on abandonne ainsi la juste manière », rapporté par M. LAGARDE, *Le parfait manuel des sciences coraniques* (*Al-Itqān fī ʿulūm al-Qurʾān de Ǧalāl ad-Dīn as-Suyūṭī*), *op. cit.*, p. 380.

2 V. A. I. A. EL-TAWIL, *Fan Al-Tartil wa 'eloumouh*, *op. cit.*, p. 179.

3 F. LAGRANGE, « Réflexions sur quelques enregistrements de cantillation coranique en Égypte (de l'ère du disque 78 tours à l'époque moderne) », art. préc., p. 43.

4 V. A. I. A. EL-TAWIL, *Fan Al-Tartil wa 'eloumouh*, *op. cit.*, p. 183.

5 V. A. I. A. EL-TAWIL, *Fan Al-Tartil wa 'eloumouh*, *op. cit.*, p. 184.

6 Il est communément admis que le style en soi ne peut donner prise à la protection.

« *Il commençait la récitation à voix basse* [...] *ensuite il élevait la voix un degré, puis deux degrés, puis trois degrés dans la note musicale, enfin il baisse la voix jusqu'à la notation minimale*[1]. Il commençait de nouveau à élever la voix un degré, puis deux, puis trois, puis quatre. Ensuite, il baisse la voix jusqu'à la notation minimale »[2].

302. D'où la question se pose de savoir si le non-respect de *l'élément de la notation minimale*, c'est-à-dire l'abaissement de la voix jusqu'au degré le plus bas pour pouvoir distinguer entre la fin d'un verset et le début du verset suivant, pourrait affecter l'*intégrité de l'interprétation*. Il est indéniable que la notation minimale conserve toute sa valeur dans l'interprétation vocale eu égard à son utilité dans la distinction entre une interprétation et une autre. A partir du moment où le récitateur n'arrive pas à utiliser la notation minimale lors de la récitation du Coran, on conçoit bien le désordre occasionné qui en résultera tantôt sur le plan de la compréhension du verset récité, tantôt sur le plan de la distinction entre la fin d'un verset et le début d'un autre. La notation minimale joue un rôle prépondérant dans la détermination du sens visé, ce qui explique le lien qui existe entre la notation minimale et l'arrêt nécessaire que le récitateur est tenu de respecter pour éviter la confusion du sens. La notation minimale est plutôt un acte abstrait pour garder le rythme qui impressionne le récitateur et qui lui permet de bien comprendre le sens des versets récités. Cette notation minimale est, au contraire, de l'arrêt qui dépend des règles de la psalmodie dans lequel le récitateur s'arrête à la fin du verset ou à la fin d'une phrase dont le sens est complet pour éviter la confusion.

303. Etant donné que l'*arrêt* est l'une des règles de la psalmodie, le non-respect de cette règle aura nécessairement une influence indubitablement *négative* aussi bien sur l'intégrité de l'interprétation que sur la compréhension du sens voulu. Il y a une différence entre l'arrêt et la notation minimale qui représente l'un des aspects de la perfection. L'interprétation déformée dans la notation minimale n'aura une influence négative que sur le récepteur et une telle influence ne saurait être prise en considération car dans la plupart des cas elle n'a autant d'influence sur le sens que sur le récepteur. Pourtant, une telle analyse n'est pas évidemment absolue puisque le *cheikh* Abdel-Basset occupait, par exemple, une place distinguée grâce à sa récitation. Il transmettait le charme et la grandeur du Coran au récepteur en trouvant un juste *équilibre* entre la notation minimale et la notation de réponse. C'est ainsi qu'il a pu illustrer aussi bien l'interprétation que le sens visé sans transgresser les règles de la psalmodie.

304. Enjeux du respect de la *finalité sociale* de la récitation sur l'appréciation de l'originalité. Rappelons que la mission qui est donnée au lecteur

---

[1] La *notation minimale* signifie l'abaissement de la voix jusqu'au degré le plus bas. Cet abaissement est nécessaire dans la distinction entre la fin d'un verset et le début du verset suivant. L'incapacité de réaliser cet abaissement de la voix pourrait mener à un désordre dans l'élaboration des fidèles pendant la prière pour recevoir le sens des versets récités ou pour distinguer entre un verset et un autre. L'importance de la performance dans la récitation du Coran apparait clairement à cet effet. Le récitateur qui n'arrive pas à réaliser l'abaissement de la voix jusqu'au degré minimal dérange l'état psychologique des fidèles dans la prière à cause de la différence entre la performance vocale et celle artistique. Dans cette performance, le récepteur ne peut distinguer entre la fin d'un verset et le début d'un autre. Au lieu de s'incliner, le fidèle reste debout sous prétention que la récitation n'a pas encore terminée. La notation de réponse désigne la hausse de la voix avec l'allusion que la récitation n'a pas encore terminée.

[2] V. K. AL-NAJMI, *Mostafa Ismail : sa vie à l'ombre du Coran*, Dar al-Hilal, Le Caire, 1992, p. 43 (en arabe).

du Coran consiste à transmettre une *émotion spirituelle* sans pour autant introduire trop d'*émotion humaine* dans l'émotion spirituelle. À titre d'exemple, la question se pose de savoir si un *cheikh pleurniche* ou *tremblote* pendant la récitation du Coran, cette émotion peut donner une *note personnelle* sans tomber dans l'accès. Est-on en présence d'un *défaut d'originalité* ou d'un *défaut d'interprétation* ? Mais, une fois encore, est-elle *non protégeable* quoiqu'originale ou *non diffusable*, parce que censurée ? La mission qui est donnée au lecteur du Coran est de transmettre une émotion spirituelle et là ça serait introduire trop d'émotion humaine dans l'émotion spirituelle. À vrai dire, la récitation peut être très bien empreinte de la personnalité mais empreinte à tort ; elle manie une personnalité humaine à l'occasion d'un acte qui doit être beaucoup plus restreint, plus pensé. Elle ne poursuit pas donc la *fin sociale de la représentation*. Ce qui ne signifie pas qu'elle ne soit pas originale. Elle est *dysfonctionnelle*. Il y a un mécanisme normal qui conduit à la protection c'est l'*originalité* mais il y a aussi une *fonction sociale* de la récitation qui lorsqu'elle n'est pas remplie, elle n'est saine ce qui bloque la protection. En effet, la protection n'est pas bloquée à cause du *manque d'originalité*, elle est bloquée à cause du fait qu'elle n'a pas respecté la *finalité sociale* de la récitation (les usages) qui interfère avec l'originalité mais ça ne veut pas dire que ça prive l'originalité.

305. Difficultés pratiques d'application et de mise en œuvre. Sur le plan pratique, il importe, avant tout, de savoir comment faut-il interpréter le dispositif de la censure dont la mise en œuvre peut aboutir à quelques difficultés pratiques et comment faut-il concilier ce texte avec les dispositions du CPI égyptien relatives aux droits d'auteur et aux droits voisins s'agissant de la mise en jeu de la censure sur la *protégeabilité* et la *licéité* d'une récitation non canonique ? Sommes-nous en présence d'une *présomption de banalité* qui incline vers le défaut d'originalité ? Il est possible d'envisager une hypothèse dans laquelle un *cheikh* qui revendique la qualité d'artiste-interprète sur sa récitation du Coran après avoir enregistré sa prestation sur des CD d'une manière qui enfreint les règles de la récitation dont il envisage de la commercialiser et de la mettre à la disposition du public. La situation est délicate pour les juges qui sont appelés à statuer sur cette hypothèse. Quelle est en matière de propriété littéraire et artistique la sanction du non-respect des règles de la récitation dont le juge pourrait se prévaloir ? Faut-il admettre que le non-respect desdites règles ne saurait remettre en cause les *conditions d'existence et d'exercice des droits* sur la forme vivante qui, en tant que telle, est susceptible d'être grevée d'un droit de propriété justifiant une protection au titre des droits voisins en dépit du *caractère illicite* ? Faut-il, au contraire, admettre que la récitation a eu lieu sans respecter les règles canoniques en sorte que le juge pourra invoquer le *caractère illicite de l'interprétation*, ou faire appel au *mécanisme d'ordre public*, pour la censurer dans le sens du décret ?

306. Entre la *protégeabilité* et la *licéité*. Il ne fait aucun doute que toutes ces questions ne sont pas sans soulever des difficultés d'*application* et d'*exercice du droit* ainsi que celle de son *existence*[1] en notre matière qui pourrait remettre en cause la notion même d'interprétation, et par conséquent, son droit d'accéder à la protection, à défaut de distinction entre la *protégeabilité* et la *licéité*. N'est-ce pas confondre entre les deux ? Selon un courant doctrinal, si on ne saurait remettre en cause l'existence même du droit malgré le *caractère illicite* de la forme créative, en revanche, la *contrariété* à l'ordre

[1] Certains auteurs distinguent entre l'*existence* et l'*exercice* du droit de propriété littéraire et artistique.

public pourrait *paralyser* l'exercice du droit. L'*existence* est une chose, l'*exercice* en est une autre[1]. La question ressuscite la problématique de la protégeabilité de l'œuvre immorale par la propriété littéraire et artistique… Or, il semble que l'exigence de la conformité à la notion d'ordre public et de bonnes mœurs soit considérée comme une *condition complémentaire*, pour la protégeabilité des œuvres et des interprétations, qui est implicitement consacrée et/ou admis par la plupart des législations arabes en la matière[2].

307. L'ordre public affectant la constitution même du droit. La question de l'invocation de l'*ordre public* en matière de propriété littéraire et artistique face à des créations qui heurtent les valeurs musulmanes et chrétiennes se pose également dans la qualification des créations. Ainsi, même si la notion d'ordre public ne semble pas expressément visée dans les législations relatives à la propriété littéraire et artistique des pays arabo-musulmans afin de se conformer aux conventions internationales qu'il est difficile d'éluder, elle entrera en jeu de plein droit sur le plan pratique. À titre d'exemple, une récitation pourra être jugée *originale* mais *contraire à l'ordre public* ou *aux bonnes mœurs*. La nature même de la création pourrait être contraire à l'ordre public ou aux bonnes mœurs ainsi que l'exploitation de la création. Il ne va pas sans dire qu'une *censure excessive* intervenant dans le domaine de la propriété littéraire et artistique est défectueuse. Cette problématique s'explique certainement par la confusion entre les *propriétés intrinsèques du contenu* et la *forme de la création* (et ses différents niveaux) puisque la *forme* peut être, seule, véritable objet de la propriété littéraire et artistique et non pas le contenu des créations protégées.

308. Affaire de l'enregistrement du Coran en violation des règles de la récitation. Il est intéressant de remarquer que la question s'est déjà posée devant la chambre criminelle de la Cour de cassation égyptienne qui a eu l'occasion de trancher,

---

1 « Sur le terrain du principe de la protection des œuvres, de nombreux arguments conduisent à refouler l'ordre public hors du droit d'auteur. La neutralité esthétique, politique organisée par l'article L. 112-1 CPI est confortée par la philosophie animant le droit d'auteur. Comme les présents développements tendent à le montrer, l'octroi du droit privatif repose sur l'existence d'une forme originale. La condition est une condition nécessaire et suffisante. Cela signifie que le droit d'auteur est indifférent au contenu des œuvres protégées puisqu'il ne porte, au final, que sur la forme. L'admission d'une remise en cause de l'existence du droit d'auteur au nom de l'ordre public conduirait à contrôler les idées, pourtant en dehors du monopole, ce qui n'est pas acceptable. Ainsi, à s'en tenir aux principes du droit d'auteur, la thèse révisionniste ou le film pédophile - évidemment hautement condamnables par ailleurs - peuvent être protégeables au titre du droit d'auteur pour autant que la mise en forme est originale (et même si l'on éprouve quelques difficultés à poser une telle règle). La contrariété à l'ordre public et aux bonnes mœurs, à propos de photos pornographiques, est un élément "inopérant" du point de vue du droit d'auteur. Les anciennes décisions par lesquelles le juge souligne qu'un éditeur a l'obligation de ne pas publier les œuvres qui heurtent l'ordre public ne remettent pas en cause une telle perspective. L'existence du droit n'est pas ici mise en cause ». : M. VIVANT et J.-M. BRUGUIERE, *op. cit.*, p. 250 et s., n° 246. V. M. VIVANT, « Propriété intellectuelle et ordre public », *in* Mélanges J. FOYER, *Auteur et législateur : leges tulit, jura docuit. Écrits en hommage à Jean Foyer*, PUF, Paris, 1997, p. 307-325 ; J.-M. BRUGUIERE, « La propriété intellectuelle au risque de l'ordre public », *in* M. VIVANT (dir.), *Les grands arrêts de la propriété intellectuelle*, Préf. de Ph. JESTAZ, 2e éd., Dalloz, Paris, 2015, n° 5, p. 55 et s. V. Cass. crim., 6 mai 1986, *RIDA*, oct. 1986, p. 149 ; *D.* 1987, Somm. 151, obs. C. COLOMBET, pour la protection de films pornographiques.

2 En vertu de législations spéciales, notamment celles relatives à la censure.

dans un arrêt du 17 novembre 2007[1], un litige similaire relatif à l'enregistrement du Coran sur des cassettes d'une manière *non conforme aux règles de l'orthoépie*. En l'espèce, les demandeurs au pourvoi avaient enregistré le Coran sur des cassettes sans se conformer aux règles de la récitation et sans obtenir l'autorisation de l'autorité compétente[2]. Par la suite, le ministère public traduit les accusés au travers de l'action publique devant la Cour d'assise pour avoir commis des actes réprimés par les articles 1 et 2/1-2 de la loi n° 103 de 1985 portant organisation de l'impression des exemplaires du Coran et des *hadîths*, et l'article 17 du Code pénal ainsi qu'à ordonner la confiscation des cassettes saisies. Il convient de rappeler qu'aux termes de l'article 2 de la loi n° 103 de 1985[3] :

« *Sera puni d'emprisonnement et d'une amende non inférieure à trois mille livres et n'excédant pas dix mille livres, quiconque imprime, publie, distribue, représente ou fait circuler des publications ou des enregistrements visés à l'article précédent sans autorisation ou en violation de ses conditions*, même si l'impression ou l'enregistrement a eu lieu à l'étranger.

La peine sera d'au moins cinq ans d'emprisonnement et l'amende sera doublée en cas de récidive.

Sera puni de travaux forcés temporaires et d'une amende non inférieure à dix mille livres et n'excédant pas vingt mille livres, quiconque déforme intentionnellement un texte du Saint Coran lors de son impression ou de son enregistrement par quelque moyen que ce soit.

La peine sera la réclusion à perpétuité avec travaux forcés et l'amende sera doublée en cas de récidive.

Il n'est pas possible de suspendre l'exécution de l'une de ces peines.

Les personnels spécialisés au sein des départements de l'Académie de recherche islamique, qui sont désignés par décision du ministre de la Justice en accord avec le *cheikh* d'Al-Azhar, ont la qualité d'officiers de police judiciaire concernant l'application des dispositions de cette loi ».

309. La Cour d'assise a condamné les accusés qui se sont ensuite pourvus en cassation. Or, la Cour de cassation ne fait pas droit à leur demande au motif que l'arrêt attaqué a retenu que les faits reprochés aux demandeurs sont établis après avoir constaté la réunion de tous les éléments constitutifs du crime de représentation et de circulation des enregistrements du Saint Coran *en violation* des règles de récitation et sans autorisation, qui sont étayés par des preuves suffisantes puisant leur source dans les déclarations de l'officier de l'incident et dans le rapport de l'Académie de Recherche Islamique d'Al-Azhar.

---

[1] Pourvoi n° 4717/68e A.J., *Rec.*, 58e année, principe n° 135, p. 721.

[2] Un auteur met l'accent sur le fait que : « [...] les récitants les plus portés vers une cantillation extrêmement mélismatique vont à l'encontre de l'orthodoxie *azharite* : *toute cantillation coranique doit recevoir l'approbation de l'institution pour être commercialement diffusée*. Mais le modèle que représente le *šayh al-maqāri'* est naturellement plus sobre dans sa performance, afin d'éviter l'accusation de *tatrīb* » : F. LAGRANGE, « Réflexions sur quelques enregistrements de cantillation coranique en Égypte (de l'ère du disque 78 tours à l'époque moderne) », art. préc., p. 46, note 39.

[3] Selon l'article premier de ladite loi : « L'Académie de recherche islamique est exclusivement compétente du contrôle de l'impression, la publication, la distribution, la représentation et de la circulation du Saint Coran et de son enregistrement pour la diffusion et des *hadîths* prophétiques, conformément au règlement exécutif de la loi n° 103 de 1961 concernant la réorganisation d'Al-Azhar et des organes qu'elle comprend. Le Secrétaire général de l'Académie de recherche islamique ou son représentant est compétent pour autoriser les maisons d'impression et d'édition, les particuliers, les sociétés, les institutions et autres, à imprimer, publier, distribuer, représenter, faire circuler et faire circuler tout ou partie de ce qui précède conformément aux règles et conditions émises par une décision du *Cheikh* d'Al-Azhar. Est exempté de la condition d'obtenir l'autorisation susmentionnée, le ministère des *Awqaf* lorsqu'il entreprend d'imprimer, de publier, d'enregistrer, de distribuer et de faire circuler le Saint Coran et les *hadîths* prophétiques. Le ministre des *Awqaf* ou son représentant de délivrer l'autorisation ».

310. Sur le moyen soulevé par les demandeurs s'agissant du non-respect de la décision du ministère public de présenter les enregistrements saisis à un comité tripartite d'Al-Azhar, la Haute juridiction estime que cela ne peut pas constituer - au total - un reproche à l'enquête qui a eu lieu dans la phase antérieure au procès, en sorte qu'il ne peut pas être un moyen de cassation. Et il ne ressort pas, d'après le procès-verbal de l'audience, que les demandeurs avaient demandé à la Cour de remédier à cette lacune, de sorte qu'il n'était pas en mesure de reprocher à la Cour de mener une enquête qu'elle ne lui avait pas demandée et qu'elle n'a pas estimé nécessaire de mener après avoir été convaincue de la véracité de l'incident.

SECTION III.
REGIME JURIDIQUE DE LA *FORME VOCALE* PROTEGEE DANS LA PAROLE CORANIQUE RECITEE

311. Appréhension du statut technico-juridique de la forme vocale dans la parole coranique récitée. Après avoir constaté que *la forme vocale* et *vivante* peut être dépositaire d'une certaine *créativité qualifiante* qui singularise le récitant, et ce, à travers la « *personnalité psychosomatique* »[1] qui est à la source même de la créativité[2], il convient donc tout naturellement de répondre à la question de savoir si la personnalité du récitant du Coran et ses vertus expressives, en tant que vecteur de la parole divine intérieure, peut faire l'objet d'un véritable droit exclusif comparable à celui de l'auteur et de l'artiste-interprète que l'on se situe sur le terrain technique ou artistique de la voix et ses émissions vocales[3]. Pour ce faire, nous allons creuser et puiser aux sources du fondement de l'appréhension de la « personnalité psychosomatique » du récitant du Coran, en tant qu'objet potentiel de droits, par le droit commun et par la propriété littéraire et artistique qui n'est pas sans soulever de difficultés théologiques et juridiques, non insurmontables, toutefois, et des interrogations sur les *mécanismes « protecteurs »* empruntés aux droits de la personnalité, en tant que complément, qui peuvent s'ajouter pour assurer une *protection complémentaire.*

312. De l'amorce d'un droit potentiel des récitants du Coran. Plan. Il n'est pas douteux que la récitation coranique soit *personnelle* car les éléments de la personne (voix et timbre) sont impliqués. Le récitant du Coran met donc en jeu les *droits de la personnalité.* En effet, c'est au terme d'une longue évolution historique et jurisprudentielle que la voix des récitants du Coran fut dotée d'une *valeur patrimoniale*

---

1 Selon l'expression du professeur GAUDRAT, *Rép. Civ. Dalloz*, V° « Propriété littéraire et artistique (1° Propriété des créateurs) », préc., n° 108.

2 V. Ph. GAUDRAT, *Rép. Civ. Dalloz*, V° « Propriété littéraire et artistique (1° Propriété des créateurs) », préc., n° 112 : « Dans sa dimension dynamique, la personnalité psychosomatique est à la source même de la créativité, pour ne pas dire qu'elle en est la source. La dimension physique du composé, quoique assurément subordonnée, y a sa part : la dextérité de l'artiste, le physique du comédien, la force du sculpteur ne sont pas entièrement indifférents, quoique le siège véritable de la créativité est toujours l'esprit. Et, ce qui, entre les esprits, fait la différence est précisément la dimension psychologique de la personnalité. Tous les hommes sont dotés d'un esprit ; tous, pour autant, ne sont pas créatifs ; et parmi les créatifs, confrontés à une même commande, tous n'auraient pas produit telle création que voilà. L'aptitude à créer comme la singularité de la chose créée reviennent entièrement à la personnalité psychologique. Il serait erroné de limiter cette proposition à la seule création littéraire et artistique. Elle vaut tout autant pour la création technique ou la création scientifique » ; « Siège incontestable du sujet de droit, la personne ne se réduit pas à celui-ci. Elle est (aussi) un complexe psychosomatique dont le droit ne peut pas faire abstraction. Le sujet de droit, point mathématique fictif, nécessaire au raisonnement, est par lui-même vide de volitions et de programmes d'action. Il est, sans doute, potentiellement apte à s'engager, activement comme passivement, mais à s'engager à quoi ? Ce qui en décide, dans la personne, est une entité psychologique appartenant à la personnalité. Il ne s'agit plus d'un concept juridique et abstrait, mais d'une réalité complexe qui, en tant que telle, tombe sous l'empire du droit sans lui être spécifique » : Ph. GAUDRAT, « Propriété littéraire et artistique (1° Propriété des créateurs) », préc., n° 106.

3 V. Sur la voix et les techniques vocales : A. SHILOAH, « La voix et les techniques vocales chez les Arabes », art. préc., p. 85-101.

(§1), et partant, put faire l'objet d'un droit d'exploitation dont la violation peut entraîner une réparation pécuniaire, avant qu'elle ne soit appréhendée comme un « bien commun » à l'instar de la voix des interprètes. C'est ainsi que les récitants du Coran se firent reconnaître un autre droit de source prétorienne, peu à peu apparu avec le temps, façonné sur le modèle de la propriété littéraire et artistique[1] sans être formellement qualifié de « *droit voisin* ». Or, si le droit de la propriété littéraire et artistique peut représenter le modèle le plus parfait sur lequel le droit des récitants peut être construit, force est de constater, toutefois, qu'il est bien encore difficile de reconnaître qu'un véritable « *droit voisin* » puisse exister au profit des *récitants du Coran* (§2) qui fait, semble-t-il, l'objet de grandes hésitations, tant doctrinales que jurisprudentielles.

§ 1. LES PREMISSES DE L'ADMISSION PRETORIENNE DE LA VOIX DU RECITANT DU CORAN COMME VALEUR PATRIMONIALE

313. Plan. Pour comprendre cette évolution prétorienne, il est indispensable de se livrer à un bref survol de l'essor de l'industrie du disque en Égypte et son incidence à la fois sur le marché phonographique de l'époque et l'enregistrement du Coran qui marquera le début de l'*exploitation des voix* des célèbres *shouyoukh* (A). Cette évolution n'est pas, toutefois, sans répercussions juridiques sur l'amorce du mouvement de la *patrimonialisation* de la voix des récitants du Coran (B), en tant que moyen d'identification de l'image sonore, qui suscite des interrogations sur la nature juridique de ce droit sur la voix, voire ce mécanisme « protecteur » emprunté aux droits de la personnalité.

A. L'incidence de l'essor de l'industrie du disque sur l'exploitation des voix des *shouyoukh*

314. Avènement de l'industrie du disque et l'exploitation de la voix des *Shouyoukh*. Au début du XXe siècle, l'essor de l'industrie du disque va marquer le marché proche-oriental des pays sous les occupations britannique et française, avec l'installation des grandes compagnies de disques en Égypte[2], telles que Gramophone-Zonophone, Columbia, Odéon, Baidaphon et Beka qui commencent à signer des contrats avec le *cheikh* Yûsuf al-Manyalâwî[3] (1847-1911) et le *cheikh* Salâma Higâzî[4] (1852-1917). Ce n'est sans doute qu'à partir de 1903 que les *cheikhs* purent mettre librement leur *personnalité psychosomatique* en valeur pour en tirer un profit pécuniaire de leur talent et prêteront leurs voix, en tant que véhicules de la parole divine, à toutes les compagnies (Zonophone/Gramophone, Orphéon, Gramophone, Odéon,

---

1 V. Sur la question des droits-modèles : S. CHATRY, « Les droits-modèles de la propriété intellectuelle », *in Mélanges en l'honneur du professeur A. LUCAS*, *op. cit.*, p. 139-149.

2 V. A. J. RACY, « Record Industry and Egyptian Traditional Music (1904-1932) », *Ethnomusiclogy*, 1976, 20-1, p. 23-48.

3 Il « [...] est le meilleur représentant de ces hymnodes soufis austères (il était formé au *dikr* de la confrérie *Laytiyya*) qui se mirent à travailler comme *mutrib* au cours du règne d'Ismâ'îl, entourés d'instrumentistes viveurs et jouisseurs ne partageant pas leurs réticences devant les alcools et les drogues diverses » : F. LAGRANGE, *Musiciens et poètes en Égypte au temps de la Nahda*, t. I, thèse préc., p. 73.

4 « Le *sayk* Salâma HIGAZI, qui débuta sa vie comme *munsid* pour l'obscure confrérie *Ra'siyya* d'Alexandrie, servit un temps de *mu'addin* pour la mosquée al-Abâsîrî dans le grand port » : par F. LAGRANGE, *Musiciens et poètes en Égypte au temps de la Nahda*, t. I, thèse préc., p. 50. V. spéc., p. 83 et s.

Baidaphon, Pathé, et Columbia)[1]. C'est ainsi que le *cheikh* Hasan Kidr, 'Alî al-Fallâh enregistrent le Coran pour le compte de la compagnie Odéon, le *cheikh* Abd El Hadi Khalil pour les compagnies Pathé et Columbia, le *cheikh* Moustapha El-Baroudi pour la compagnie Gramophone, le *cheikh* Farid Sandioun pour la compagnie Baidaphon tandis que le *cheikh* Muhammad Salîm, « qui parsème de sourates son répertoire profane, vend sa voix à toutes les compagnies »[2]. Il est intéressant de constater que des femmes récitantes de l'époque comme *al-hâjja* Mabrûka et *al-sett* Wadûda al-manyalâwiyya gravèrent des cantillations coraniques pour les firmes Orféon et Gramophone dès les années 1910[3].

315. *Quid* de la *licéité* de l'enregistrement du Coran sur disques ? A partir de cette réalité, nous pouvons constater que la *reproduction mécanique de la voix* des *shouyoukh* au moyen de disques phonographiques représentait pour eux une source de revenus économiques qui a acquis progressivement une véritable *valeur patrimoniale*[4] et l'obtention d'une certaine *notoriété*[5]. Mais la notoriété n'était pas toujours décisive en

---

1 V. L'annexe 2 : Essai de discographie des enregistrements du Coran sur disques 78 tours en Égypte, *in* F. LAGRANGE, « Réflexions sur quelques enregistrements de cantillation coranique en Égypte (de l'ère du disque 78 tours à l'époque moderne) », art. préc., p. 52 et s. « Ceux qui se rendaient au théâtre du *Sayk* SALAMA y allaient pour écouter sa voix. Ceux qui citaient le nom d'une pièce ou d'une autre n'étaient guère intéressés par l'histoire, mais simplement par les chants et les *qasâ'id* qu'allait y interpréter HIGAZI. Sa voix était le seul but recherché. La pièce, le jeu scénique, tout cela était bien accessoire, et le public n'avait que faire que l'on échangeât une pièce pour une autre, pourvu que la voix du *Sayk* en vînt garantir la valeur » : rapporté par F. LAGRANGE, *Musiciens et poètes en Égypte au temps de la Nahda*, t. I, thèse préc., p. 101. « On observera que cette extension est tributaire de la technique : sans fixation directe, l'enjeu disparaît » : Ph. GAUDRAT, « Propriété littéraire et artistique (1° Propriété des créateurs) », préc., n° 110.

2 F. LAGRANGE, *Musiciens et poètes en Égypte au temps de la Nahda*, t. I, thèse préc., p. 132 ; F. LAGRANGE, « Réflexions sur quelques enregistrements de cantillation coranique en Égypte (de l'ère du disque 78 tours à l'époque moderne) », art. préc., p. 39.

3 F. LAGRANGE, *Musiciens et poètes en Égypte au temps de la Nahda*, t. I, thèse préc., p. 48 et 132 ; Suleyman DAWUD & ses fils, Chants d'extase en Syrie : suite sacrée (Nawba) de la Grande Mosquée des Omeyyades à Damas, 1995 (CD Album).

4 « Si la proposition de consacrer un monopole d'exploitation sur les attributs de la personnalité a au départ été fondée sur l'effort créatif du titulaire qui serait "l'auteur" soit de son personnage, soit de sa notoriété, effort créatif qu'il conviendrait de récompenser, la thèse est aujourd'hui défendue selon laquelle la seule valeur patrimoniale que peut acquérir le nom, la voix, l'image ou le récit de la vie privée du sujet justifie à elle seule l'allocation d'un droit exclusif » : A. LUCAS-SCHLOETTER, *J.-Cl. Propr. litt., art.*, Fasc. 1118 : Nature du droit d'auteur. Droit d'auteur et droits de la personnalité, 2015, n° 74.

5 Selon le professeur G. LOISEAU, *Le nom, objet d'un contrat*, LGDJ, Bibl. dr. privé, t. 274, Paris, 1997, spéc. n° 379, p. 375 : « La notoriété constitue une valeur intangible qui ne peut être appréhendée qu'à travers certains supports tangibles de la personnalité, comme le nom, l'image ou encore la *voix* qui font ainsi office de vecteurs de commercialisation » ; « La notoriété attachée à un nom est susceptible de se détacher de l'activité qui l'a fait naître pour devenir un véritable capital perdant tout lien avec sa signification première » : G. LOISEAU, *op. cit.*, p. 374, n° 379. Selon le professeur BRUGUIERE : « la notoriété fonde véritablement cette patrimonialisation et justifie ce nouveau droit de propriété incorporelle » : J.-M. BRUGUIERE, « La patrimonialisation de l'image : état des lieux », *Légicom*, 2009/2, « Les nouvelles frontières de la vie privée », n° 43, p. 22 ; J.-M. BRUGUIERE, « Le droit à l'image, possible objet de contrat », note ss. CA Versailles, 22 sept. 2005, *Légipresse* 2006, n° 232, III, p. 114 : « l'image n'est pas la plupart du temps une création… et à défaut de création

…/

la matière. Il restait encore en suspens la question de savoir si un récitant, dont on aurait imité sa voix dans les conditions susceptibles de créer une confusion[1] ou de lui causer un préjudice[2], pouvait se prévaloir à l'époque de la protection de la propriété littéraire et artistique, pour s'opposer à toute exploitation de sa voix qui pourrait en être faite sans son autorisation[3], que consacra la jurisprudence égyptienne mixte. La réponse à une telle question est fort délicate car il faut, une fois encore, quitter le domaine juridique pour appréhender la *dimension religieuse* de la question qui consiste à savoir si le Coran peut faire l'objet d'un enregistrement sur le support des disques, et ce, en dépit de la *fonction cultuelle* qu'on assigne à la voix. En effet, dès l'apparition des premiers cylindres[4], la psalmodie du Coran fut, d'abord, enregistrée clandestinement par des interprètes anonymes[5].

[dans la logique des propriétés intellectuelles], il n'y a aucune raison de récompenser le titulaire du droit ». V. En ce sens : T. HASSLER, « Quelle patrimonialisation pour le droit à l'image des personnes ? Pour une recomposition du droit à l'image », *Légipresse* 2007, n° 245, II, p. 126 : « outre que les limites de la notoriété sont pour le moins évanescentes, il est notable que le marché de l'image concerne aujourd'hui des personnes non célèbres ». V. Cependant : N. RAYNAUD DE LAGE qui estime que : « la notoriété n'est qu'un instrument de mesure d'une valeur économique et, à ce titre, elle ne peut donc pas être un bien objet de droit. En fait, ce n'est pas la notoriété qui est protégée, mais la valeur économique attachée à cette dernière provenant du niveau de connaissance du public » : N. RAYNAUD DE LAGE, « La notoriété », *D.* 2000, chron. 513.

1 « Il paraît nécessaire de faire la distinction entre l'imitation, en principe licite, particulièrement lorsqu'elle est réalisée à des fins humoristiques et la confusion, illicite lorsqu'elle est sciemment provoquée pour associer la personne à un produit ou à une marque, et ce pour tirer profit de sa notoriété (R. LINDON, note ss. TGI Paris, 3 déc. 1975, *D.* 1977, jurispr. p. 211). À ce titre, l'action en défense de la voix contre l'imitation illicite se rapproche de l'action en défense du nom, en ce que sa recevabilité suppose l'existence d'un risque de confusion. Ce point commun s'explique par le fait que la voix, comme le nom, ne suffit pas forcément à identifier la personne » : H. PELISSIER-GATEAU et C. GUILLEMAIN, *J.-Cl. Civil Code*, Art. 1382 à 1386 - Fasc. 133-10 : « Droit à réparation. Responsabilité fondée sur la faute. Atteintes aux droits de la personnalité. Droits susceptibles d'atteinte », 2002, mis à jour 2022, n° 264.

2 Le Code civil égyptien contient des dispositions pour la protection des droits de la personnalité. Selon l'article 50 du C. civ. égyptien : « Celui qui subit une atteinte illicite à des droits inhérents à sa personnalité peut en demander la cessation et la réparation du préjudice qui en serait résulté ». Par ailleurs, selon l'article 51 : « Celui dont le droit à l'usage d'un nom est injustement contesté ou dont le nom a été indûment porté par un autre peut demander la cessation de ce fait et la réparation du préjudice subi ».

3 V. À titre d'exemple pour une application jurisprudentielle en France : TGI Paris, 3 déc. 1975, aff. *Claude Piéplu c/ Régie française de publicité et Sté Bloquert-Davesne*, *D.* 1977. 211, note R. LINDON ; *JCP G* 1978, II, 19002, obs. D. BECOURT, à propos de la diffusion d'un spot publicitaire télévisé, reposant sur un texte lu par une personne dont « la diction, le débit, le ton et les inflexions de voix […] évoquaient les particularités verbales du comédien Claude Piéplu ». Le TGI de Paris a estimé que : « la voix constitue l'un des attributs de la personnalité ; que toute personne est en droit d'interdire que l'on imite sa voix dans des conditions susceptibles de créer une confusion de personnes, ou de lui causer tout autre préjudice » et qu'en l'espèce, l'acteur avait subi notamment un préjudice moral, « dans la mesure où les téléspectateurs ont pu croire qu'il vantait les qualités d'un produit industriel alors qu'en réalité il n'avait point prêté son concours à cette publicité ».

4 V. A. DU PASQUIER, *Le droit du fabricant sur les disques du gramophone*, thèse, Genève, 1940.

5 Suleyman DAWUD & ses fils, Chants d'extase en Syrie : suite sacrée (Nawba) de la Grande Mosquée des Omeyyades à Damas, 1995 (CD Album). D'après l'anecdote rapporté par Heinrich BUMB, chef de l'expédition Beka de 1905 : « *C'est par le moyen d'un pot de vin que nous parvînmes à apaiser la conscience*

…

316. Volte-face religieuse. Cependant, face aux développements du marché phonographique de l'époque, la question de la *licéité* de l'enregistrement du Coran sur disques phonographiques s'est manifestement imposée dans les milieux religieux. En regard, l'enregistrement du Coran semblait, d'abord, témoigner d'une certaine hésitation. Comme l'illustre l'attitude du *cheikh* Muhammad Al-Hanafi qui fit montre d'hésitations en prônant pour l'interdiction de l'enregistrement du Coran sur disque en 1906 dans la revue *Muqtataf*[1] mais qui publia, plus tard, une *fatwa* autorisant l'enregistrement du Coran, « à la condition que les sons en soient correctement articulés[2] et que les disques soient écoutés dans un état de ferveur approprié »[3].

---

d'un prêtre [sic], *qui consentit finalement à chanter des extraits du Coran. La prise de son eut lieu au milieu de la nuit dans le plus grand secret, derrière les portes verrouillées d'une maison louée spécialement pour l'occasion* » : cité par F. LAGRANGE, *Musiciens et poètes en Égypte au temps de la Nahda*, t. I, thèse préc., p. 132.

1 C. POCHE, « De l'homme parfait à l'expressivité musicale. Courants esthétiques arabes au XXe siècle », art. préc., n° 15.

2 Rappr. La nécessité de respecter les règles de la récitation trouve une assise textuelle dans les conditions d'application de la loi n° 430 de 1955 sur la censure des œuvres artistiques qui ont été fixées par le décret ministériel n° 220 de 1976 portant sur les règles fondamentales concernant la censure sur les œuvres artistiques (*JO* 27 mai 1976, n° 123). Ce décret prévoit plusieurs interdits au nombre de vingt sur les œuvres artistiques qui sont liés à la censure. Il faut admettre que le législateur ait eu l'intention de protéger, par ces dispositions, les valeurs religieuses au détriment de la reconnaissance de la valeur absolue de l'art. Selon certains auteurs, « Il faut constater que ce décret ministériel a défini des objectifs assignés au cinéma, n'incluant pas la reconnaissance de la valeur absolue de l'art, mais donnant à la promotion des valeurs religieuses la priorité sur l'art, en plus d'inclure vingt interdits sur les œuvres artistiques, portant tous sur la politique et le sexe. Il est à noter que la plupart de ces interdits ne sont pas bien définis, élargissant ainsi le champ d'intervention du censeur qui peut donc aisément porter atteinte à l'œuvre créative, sous prétexte qu'elle promeut l'immoralité » : S. FAWZY HENIEN, « Les droits culturels en Égypte », *in* S. SAAD-ZOY et J. BOUCHARD (dir.), *Les droits culturels au Maghreb et en Égypte*, *op. cit.*, p. 122. Ces interdits s'articulent autour d'axes principaux : la religion, le sexe et la politique. Ainsi, le deuxième article de ce décret dispose-t-il que : « Conformément aux objectifs soulignés dans l'article précédent (article premier), il n'est pas permis d'autoriser l'exposition, la production ou la publicité de n'importe quelle œuvre des œuvres susmentionnées si elle contient notamment l'un des éléments suivants : 1) … 2) … 3) L'interprétation déformée des versets du Coran, des *hadîths* du Prophète et tout ce qui est compris dans les livres célestes ou la méconnaissance des règles de la récitation du Coran ou la présentation des rites religieux d'une manière non conforme ». « Les appels à la mécréance, le dénigrement des religions monothéistes, l'exhibition de photographies du prophète, et de la photographie de Jésus-Christ (mais au jour de la rétribution, l'espoir consiste à en référer aux institutions religieuses), la lecture déformée des verstes coraniques, la célébration des funérailles d'une manière contraire à ce qu'Allah prescrit, la photographie de la déliquescence ou l'absolution de ses acteurs, l'exhibition du corps nu (en observant le fait que les acteurs ne portent pas des vêtements moulants), les scènes sexuelles et les gestes suggestifs, les scènes de danse sensuelle, l'exhibition des scènes de beuverie, de drogue et de jeux de hasard, l'usage de vulgarité verbale et gestuelle, le non-respect de la sacralité du mariage, l'exposition de scènes contraires au respect dû aux parents et de scènes de vengeance, la présentation du suicide comme étant une solution raisonnable aux problèmes de l'humanité, l'exhibition des scènes de meurtres, de violence, de torture et de cruauté sauvage, le dénigrement d'un État étranger ou d'un peuple lié à la république d'Égypte, la présentation de faits historiques liés à des personnalités patriotique d'une manière caricaturale ou déformée, la création de conflits ethniques, l'atteinte à l'unité nationale et la création de conflits ethniques ou raciaux » : S. FAWZY HENIEN, « Les droits culturels en Égypte », *in* S. SAAD-ZOY et J. BOUCHARD (dir.), *Les droits culturels au Maghreb et en Égypte*, *op. cit.*, p. 122, note 101.

3 *in Al-muqtataf*, 4/1906, 31, p. 353, cité par F. LAGRANGE, *Musiciens et poètes en Égypte au temps de la Nahda*, t. I, thèse préc., p. 132.

317. Voix de l'interprète érigée en « bien commun » ? Or, si la question de savoir si les droits d'auteur peuvent bénéficier de la protection de la justice en Égypte n'était plus *res integra* et ne pouvait plus être mise en discussion, selon une jurisprudence constante, les ayant placés, à défaut de loi *ad hoc*, sous la sauvegarde du *droit naturel* et de l'*équité*[1], aux termes de l'art. 11 du Code civil mixte[2], il semble, au contraire, que l'émergence de la notion de propriété littéraire et artistique n'était guère encore reconnue au profit des *artistes-interprètes* dans la mesure où l'interprétation de chacun et, partant, la voix en tant que timbre, était considérée comme un « *bien commun* », repris, transformé et retravaillé par d'autres interprètes dans le seul intérêt des compagnies de disques[3] ! Selon certains auteurs :

> « Une œuvre parvenait à maturité quand les grands maîtres en présentaient une version personnelle. Les pièces appartenant désormais aux compagnies, elles sont attachées à un seul interprète et n'entrent pas dans le creuset commun. Le patrimoine partagé, trop limité, finit par lasser l'auditoire et c'en est ainsi fini du classicisme en formation. Les nouvelles compositions entrent à partir des années vingt dans une logique de consommation »[4].

318. Imitation servile des voix d'autrui. En l'absence de reconnaissance d'un véritable droit à et sur la voix, c'est-à-dire un quasi-droit exclusif, il était alors naturel que l'imitation et l'utilisation de la voix des interprètes à des fins commerciales ne fût pas interdite[5]. Jadis, il était d'usage, au courant de ce siècle, d'*imiter servilement* les interprétations et toute exploitation abusive pouvait en être faite[6]. En témoigne le fait que :

---

1 V. Sur la protection jurisprudentielle du droit d'auteur en Égypte par les principes du droit naturel et les règles de l'équité : Y. OMAR AMINE, « Chronique d'Égypte », préc., p. 245 et s. ; Y. OMAR AMINE, « Le droit international privé du droit d'auteur en Égypte : à la croisée des chemins », *Rev. crit. DIP*, janvier-mars 2013/1, p. 77 et s.

2 Il prévoyait qu' : « en cas de silence, d'insuffisance ou d'obscurité de la loi, le juge se conformera aux principes du droit naturel et aux règles de l'équité ».

3 « La compagnie a acheté, souvent pour une somme minime, la composition de tel morceau et s'en réserve le droit d'exploitation exclusif. Ce phénomène a une influence considérable sur les anciennes pratiques. Comme on l'a dit, à l'époque des débuts de la *nahda,* la figure du compositeur n'était pas sacro-sainte. On considérait que telle composition appartenait à la communauté des interprètes fondés à y inscrire leur empreinte » : Ph. VIGREUX, « Centralité de la musique égyptienne », art. préc., n° 26.

4 F. LAGRANGE, *Musique d'Égypte*, *op. cit.*, p. 103.

5 V. À titre d'exemple pour des applications jurisprudentielles en France : Cass. civ. 1re, 30 janv. 1974, n° 72-10.518, aff. *Orane Demazis*, *Bull. civ.* I, n° 33, p. 28 ; *JCP G* 1974, IV, 92 ; rejetant le pourvoi c/ CA Paris, 17 nov. 1971, *RTD com.* 1972, p. 633, obs. H. DESBOIS, arrêt confirmant : TGI Paris, 17 oct. 1970, *RIDA* janv. 1971, p. 187, obs. D. GAUDEL. V. Aussi : TGI Paris, 3 déc. 1975, aff. *Claude Piéplu c/ Régie française de publicité et Sté Bloquert-Davesne*, *D.* 1977. 211, note R. LINDON ; *JCP G* 1978, II, 19002, obs. D. BECOURT : « Toute personne est en droit d'interdire que l'on imite sa voix dans des conditions susceptibles de créer une confusion de personnes ou de lui causer tout autre préjudice » ; CA Pau, 22 janv. 2001, RG n° 99/00051, *D.* 2002. 2375, obs. A. LEPAGE : « La voix constitue l'un des attributs de la personnalité et peut bénéficier de la protection instituée par l'article 9 dans la mesure où une voix caractéristique peut être rattachée à une personne identifiable ».

6 Il convient de noter qu'on assite aujourd'hui à cette tendance d'après le *cheikh* Mohamad AL-TABLAWI : « *Aujourd'hui, malheureusement, nombreux sont ceux qui essayent de copier et d'imiter les récitateurs de notre génération. S'il y a un conseil que je peux donner aux jeunes récitateurs, c'est de ne pas imiter les autres, car ainsi, ils dédient leur effort et leur vie à ceux qu'ils imitent, et non pas au saint Coran. Il est important de trouver sa propre voix, son ton et son rythme personnel* » : Y. MOHEB, « Mohamad Al-Tablawi : Le Coran dans l'âme », L'hebdomadaire égyptien *Al Ahram Hebdo*, 5 avr. 2017.

« Les interprétations de Higâzî furent servilement reprises par ses imitateurs au fur et à mesure des brouilles entre le *Sayk* et ses divers associés, qui cherchaient à le remplacer par une autre voix. Ce sont ses compositions, protégées par aucune sorte de droit d'auteur, qui entraient alors dans un patrimoine commun des œuvres de musique savante, tout comme les *adwâr* de Hâmûlî, 'Utmân ou Husnî. La différence entre ces deux phénomènes de "mise en patrimoine" réside dans le fait que les *adwâr* de la *wasla* furent repris par des artistes novateurs, qui dans la tradition du *takt* ne pouvaient songer à imiter servilement le créateur d'un chant mais devaient au contraire travailler à le transfigurer. Au contraire, ceux qui reprirent des airs de Higâzî (qui fut le seul grand transfuge du *takt* vers la scène à l'époque khédiviale) étaient des acteurs autant que des chanteurs. Ils travaillaient dans le cadre d'un art nouveau dont les bases étaient demeurées occidentales, art dans lequel le respect d'une composition, textuelle ou musicale, était essentielle. L'acteur sert le texte, le *mutrib* s'en sert, pour mettre au-devant sa propre créativité »[1].

319. Apparition de la propriété intellectuelle dans l'histoire de la renaissance musicale égyptienne. Or, suite à l'implantation de la première compagnie Gramophone sur le marché égyptien dès 1903, la situation va vite changer à partir du moment où le mécénat khédivial va céder la place à l'apparition de l'*œuvre réalisée sur commande* et l'utilisation de la voix des artistes au sens large deviendra indirectement répréhensible. Le recours aux contrats de commande liant les compositeurs aux compagnies de disque s'étoffera au fur et à mesure. Cette compagnie *Gramophone Co Ltd.* commencera à forger la notion de « *propriété artistique* » en la matière en apposant la mention « *musaggal* » (enregistrée)[2] sur ses catalogues et sur la vignette des disques ainsi qu'en signalant que tous les droits sont réservés à la *Gramophone Ltd.* (*Al-huqûq mahfûza li-sharikat al-Gramophone limited*). À telle enseigne que d'aucuns y voient la *première mention de la propriété intellectuelle* dans l'histoire de la renaissance musicale égyptienne (*Nahda*)[3].

320. Protection jurisprudentielle des intérêts des compagnies de disques en cas de conflit avec les artistes. C'est dans cet esprit que cette compagnie ne tolérera pas les atteintes portées à ses droits de reproduction phonographique en intentant quelques procès devant les juridictions nouvelles qui furent instituées en 1875[4]. A vrai dire, l'institution des tribunaux mixtes nous montre qu'ils vont jouer un

---

[1] F. LAGRANGE, *Musiciens et poètes en Égypte au temps de la Nahda*, t. I, thèse préc., p. 85.

[2] Ph. VIGREUX, « Centralité de la musique égyptienne », art. préc., n° 20.

[3] F. LAGRANGE, *Musiciens et poètes en Égypte au temps de la Nahda*, t. I, thèse préc., p. 155.

[4] Sous le règne du Khédive ISMAÏL Pacha, une réforme judiciaire est intervenue à partir de 1870 à l'instigation de son ministre des Affaires étrangères NUBAR Pacha (cet esprit réformateur) qui dénonçait la situation et proposait d'y remédier par la création de tribunaux modernes. Ainsi, les *tribunaux mixtes* (*mahâkim mukhtalita*) furent institués en 1875 pour mettre un terme à l'anarchie judiciaire qui régnait auparavant dans le pays constituant ainsi une étape importante de la modernisation judiciaire en Égypte à l'aide de juristes français. Il était donc impérieux de promulguer de nouveaux Codes que les tribunaux mixtes appliqueraient. Cette tâche fut confiée à un jurisconsulte (avocat) français d'Alexandrie, M. MAUNOURY, qui rédigea successivement les six Codes très largement calqués sur l'*œuvre napoléonienne*, à savoir : le Code civil, de commerce, de procédure civile et commerciale, pénal et d'instruction criminelle. D'origine à la fois *égyptienne* jusqu'en ses racines les plus profondes et d'origine *française* par ses codes appliqués, l'Institution mixte est devenue internationale par sa réputation et son influence, qui dépassent nos frontières. À vrai dire, ces tribunaux ont pleinement répondu aux espoirs que le Gouvernement Égyptien avait mis dans leur institution selon le ministre de la Justice, S. E. Ahmed ZULFICAR Pacha. À vrai dire, le choix du droit français n'était nullement une obligation mais s'inscrivait dans la longue tradition juridique que l'Égypte entretient avec la France depuis de longues années. Or, il ne va pas sans dire que la réception

.../..

rôle considérable dans la protection des intérêts des compagnies en cas de conflit avec les artistes[1], notamment dans la célèbre affaire opposant la compositrice égyptienne Behidja Hafez, la plus célèbre vedette du cinéma arabe[2], à la *Columbia Gramophone Company* ainsi que dans l'affaire opposant *Gramophone Co Ltd.* aux sieurs Boutros et Goubran Baida que nous allons examiner successivement.

321. Affaire « *Behidja Hafez c/ Columbia Gramophone Company* »[3]. Dans la première affaire, le Tribunal civil mixte d'Alexandrie a été appelé à se prononcer sur la question de l'étendue des droits du compositeur qui a cédé le droit d'édition et de reproduction phonographique d'une œuvre musicale. En l'espèce, Mlle Behidja Hafez avait concédé à la *Columbia Gramophone Company* le droit d'édition phonographique sur quatre morceaux de musique : deux tangos, une valse et une chansonnette. Après avoir constaté que l'enregistrement de ses œuvres sur des disques avaient fait l'objet d'ajouts, d'altérations, d'additions et de suppressions du chant dans les tangos chantés, qui, suivant elle, dénaturaient complètement ses œuvres, elle a assigné la *Columbia* devant les juridictions mixtes pour que les disques édités soient retirés du commerce ainsi que pour obtenir la destruction des stocks. Il convient de remarquer que le contrat, qui fixait les conditions pécuniaires de l'édition, ne comportait pas de clause spéciale au sujet d'une adaptation ou d'une modification éventuelle.

---

du droit français en Égypte s'est manifestée avant même la création des tribunaux mixtes et nationaux, notamment à l'époque des *majâlis al-tujjâr* en 1856, qui pouvait se référer au Code civil français de 1804 ou « Code Napoléon » s'ils ne pouvaient y trouver une solution à un problème. Sur le modèle des tribunaux mixtes, furent institués les *tribunaux indigènes* auxquels ont été affectés de nouveaux Codes appropriés aux besoins du pays mais d'origine française puisqu'ils étaient inspirés des Codes mixtes. Parallèlement, le Gouvernement khédivial appelait au Caire quatre juristes étrangers dont deux français pour jeter les bases d'une autre institution, le *Comité du Contentieux de l'État*, qui devait être le corollaire et le complément de la réforme en application de l'article 10 du Règlement d'Organisation des Tribunaux mixtes, à savoir M. Antoine-Marie PIETRI, ancien consul-juge de France et délégué technique français à la Commission internationale de 1869 pour la Réforme, et M. Honoré Auguste POUGNET, avocat général à la Cour de Cassation de Paris.

1 « Une Égypte partie intégrante de l'Empire colonial britannique, riche et peuplée, favorisant l'investissement étranger et le protégeant de la concurrence locale par le biais d'un système judiciaire dévoyé (les fameux tribunaux mixtes) permettant par la protection consulaire de soustraire certains indigènes aux législations locales, tout ceci ne pouvait qu'inciter à l'installation du disque. Le Caire et Alexandrie étaient, de plus, dotées d'importantes communautés étrangères, le marché ne pouvait être que fructueux. Il n'est pas sûr que les directions européennes aient d'abord pensé au marché "indigène" : c'est sans doute la colonie européenne qui était visée. C'est ce qui ressort à la lecture d'un courrier envoyé par la direction londonienne de Gramophone au responsable pour l'Égypte. Rechignant à accorder une allocation supplémentaire pour enregistrer les artistes du cru, le directeur commercial anglais estime que le "*nombre de disques européens vendus doit atteindre une bonne proportion*" et demande de "*certifier la proportion de ventes d'artistes locaux par rapport à l'ensemble des ventes*". C'est en réalisant que les disques européens ne représentent en Avril 1907 que 7 % des ventes égyptiennes que la compagnie consentira à se montrer moins regardante sur les cachets des artistes indigènes » : F. LAGRANGE, *Musiciens et poètes en Égypte au temps de la Nahda*, t. I, thèse préc., p. 117.

2 « Il existe un cinéma arabe », *in* Le quotidien français *L'Intransigeant*, du 28 juill. 1936, n° 20720, p. 4 ; « Le parlant inconnu », *in* Le quotidien français *Comoedia*, du 28 juill. 1936, n° 3644, p. 1 ; « Des nouvelles du cinéma égyptien », *in* Le journal politique quotidien *La Dépêche Algérienne*, du 30 juill. 1936, n° 18349, p. 5.

3 V. M. PUPIKOFER, « Lettre d'Égypte », *Dr. Aut.*, 15 oct. 1933, n° 10, p. 117 et s. ; M. PUPIKOFER, « Lettre d'Égypte », *Dr. Aut.*, 15 nov. 1934, n° 11, p. 129 et s.

322. Dans un premier jugement du 1er février 1932, le tribunal d'Alexandrie a décidé que, dans le silence du contrat, la compositrice ne pouvait pas se plaindre du défaut de reproduction phonographique du chant après avoir fait appel à une première expertise musicale suivant laquelle des modifications avaient effectivement eu lieu au quadruple niveau du rythme, de l'harmonie, de la mélodie et de la forme musicale. Par ailleurs, le Tribunal avait ordonné une nouvelle expertise, par un jugement du 27 février 1932, pour que l'expert puisse se prononcer sur la question de savoir si, dans l'ensemble, les changements opérés par l'édition phonographique pouvaient porter atteinte à la *réputation artistique* et à la *renommée*[1] *musicale* de la demanderesse comme musicienne. A cet égard, il est intéressant de constater, selon la Cour d'appel de Versailles, dans l'affaire *Jean Ferrat*, que : « *dès avant la loi du 3 juillet 1985, la jurisprudence avait sanctionné des atteintes à la réputation artistique, ou au droit sur la voix, consacrant ainsi au profit des artistes-interprètes une sorte de droit moral fondé en réalité sur la théorie des droits de la personnalité* »[2].

323. En défense et en se prévalant de certaines observations de l'expert, la *Columbia* justifiait ces suppressions de phrases entières et des répétitions par les nécessités pratiques de l'enregistrement phonographique en vue d'adapter les morceaux à la longueur des disques. Quant aux modifications qui y avaient été apportées, la *Columbia* fit valoir que lesdites modifications avaient été commandées dans l'intérêt même de l'auteur. Pour le surplus, la *Columbia* se prévalait des nécessités de l'orchestration dont elle avait dû nécessairement se charger, la compositrice n'ayant remis que des manuscrits pour piano.

Après que l'expert a émis à deux reprises un rapport d'expertise favorable à la *Columbia*, la compositrice Behidja Hafez s'éleva contre de tels rapports dans la mesure où :

> « *l'œuvre d'un auteur doit être exécutée telle qu'elle a été conçue et remise, et à défaut d'autorisation spéciale, il ne peut appartenir sous aucun prétexte à l'éditeur d'y apporter des modifications ou des suppressions.* Libre à l'éditeur de ne pas accepter une œuvre, s'il la juge insuffisante, sous sa forme originaire, pour répondre aux exigences du public, *mais dès le moment où il a traité en connaissance de cause et où il ne s'est fait autoriser à aucune altération, il viole le droit de l'auteur en procédant, d'autorité, à des changements* »[3].

324. C'est toute la différence entre un approche de *droit français*, que cette compositrice synthétise excellemment, et de *droit américain*. En dépit du fait que le Tribunal, dans son jugement en date du 16 juin 1934, consacre le principe même du droit moral de l'auteur de contrôler et de suivre son œuvre dans l'espace et dans le temps afin de s'opposer à toute déformation, mutilation ou autre modification de ladite œuvre, et même précisé que ce droit s'étend à toutes les formes possibles de reproduction, y compris les plus modernes, telles que le cinéma, la T. S. F. et le gramophone, les juges du fond ne font pas droit à sa demande au motif que le droit moral n'est pas un *droit absolu* susceptible d'être exercé devant n'importe quelle modification de l'œuvre, quelles que soient la forme de l'édition dans laquelle la modification aurait été faite, les circonstances où elle a eu lieu et les conditions de la cession consentie ; il y a voit, au contraire, un droit purement *relatif*, conditionné par

---

1 V. Sur la renommée : D. LEFRANC, *La renommée en droit privé*, Defrénois, Paris, 2004.

2 CA Versailles, ch. soc. réunies, 7 avr. 2004, aff. *Jean Ferrat c/ Universal Music*, *Juris-Data* n° 2004-244043, *Comm. Com. électr.* 2004, n° 9, comm. 100, note C. CARON.

3 M. PUPIKOFER, « Lettre d'Égypte », *Dr. Aut.*, 15 oct. 1933, n° 10, p. 118.

le préjudice que les altérations pourraient porter à l'honneur ou à la réputation de l'artiste. Ce n'est point ce dernier, dit-il, qui peut être à la fois juge et partie : la question de savoir si la modification introduite par un cessionnaire dans une œuvre littéraire ou artistique constitue ou non une atteinte à la réputation de l'auteur doit rester indépendante de la seule appréciation de ce dernier. Elle est soumise, au contraire, à l'appréciation souveraine du tribunal : « comme tout litige où la lésion d'un droit est discutée, avec recours aux lumières d'un homme de l'art, s'il s'agit d'un différend d'ordre technique que le tribunal ne saurait de lui-même trancher en pleine connaissance de cause »[1].

325. Appréciation critique. Maître Maxime Pupikofer (1887-1960), l'une des grandes figures doctrinales de la propriété intellectuelle de l'époque de nationalité suisse[2], critiqua fort heureusement cette position en mettant en avant que :

> « ce jugement, où le Tribunal d'Alexandrie paraît avoir commis une confusion entre les droits du cessionnaire de l'œuvre – tel que le serait un simple acquéreur – et les obligations du concessionnaire du droit de reproduction – tel que l'éditeur – sera sans doute frappé d'appel, et c'est donc à la Cour d'appel mixte d'Alexandrie qu'il appartiendra en définitive de se prononcer sur la valeur juridique d'une théorie qui peut être particulièrement dangereuse et aboutir même pratiquement à réduire à fort peu de chose le droit moral de l'artiste théoriquement reconnu, s'il devait être loisible de substituer à l'appréciation de l'auteur, non point même celle du tribunal, mais celle, toute subjective, d'un expert »[3].

Et de poursuivre :

> « Comment, par contre, pourrait-on contraindre ce dernier [l'auteur] à laisser publier et éditer sous sa signature, et quelle que soit la valeur théorique de l'œuvre ainsi transformée, quelque chose qui ne présenterait – comme cela a été le cas dans l'affaire qui était soumise au Tribunal d'Alexandrie – que des rapports fort lointains avec l'original ? Une chose est sûre : peu importe l'opinion de tel ou tel autre tiers, fût-il musicien et expert ; il n'appartenait pas à autrui de se faire juge des avantages ou des inconvénients des altérations dont la compositrice se plaignait dans la mesure où "seul l'artiste a qualité pour dire si l'œuvre est de nature à nuire à sa réputation" »[4].

326. Affaire « *Gramophone Co Ltd.* ». L'une des premières décisions rendues sur ce sujet fut l'affaire opposant *Gramophone Co Ltd.* aux sieurs Boutros et Goubran Baida[5]. En l'espèce, il s'agissait de savoir si la société demanderesse était en droit d'interdire aux défendeurs de reproduire par le moyen de disques phonographiques une *série de chants arabes* dont elle prétendait avoir acquis la jouissance exclusive en vertu de cessions consenties par les compositeurs ou leurs héritiers. Il s'agissait de compositions musicales primitives créées par des chanteurs dont la forme n'était pas fixée par l'écriture musicale.

---

1 Cité par M. PUPIKOFER, « Lettre d'Égypte », *Dr. Aut.*, 15 nov. 1934, n° 11, p. 130.

2 V. Sur sa biographie, son rôle et son apport prééminent en la matière : Y. OMAR AMINE, *La mémoire oubliée de l'histoire du droit d'auteur égyptien : Les juristes M. Linant de Bellefonds, M. Pupikofer et E. Piola Caselli*, éd. Dar El Nahda El Arabia, Le Caire, 2014-2015, *passim* et not. p. 301 et s.

3 M. PUPIKOFER, « Lettre d'Égypte », *Dr. Aut.*, 15 nov. 1934, n° 11, p. 130.

4 V. Rappelant les conclusions de Substitut Charles Raisin dans l'aff. *Carco et a. c/ Camoin et Syndicat de la propriété artistique* : CA Paris, 1re ch., 6 mars 1931, *Dr. Aut.*, 15 avr. 1932, p. 47. V. Abrégé de ces conclusions in *Dr. Aut.*, 15 janv. 1928, p. 7 et s. *Adde* ses conclusions intéressantes formulées dans l'aff. *Dme Chasles c/ Dlle Soutzo*, Trib. civ. de la Seine, 3e ch., 10 févr. 1926, *Dr. Aut.*, 15 mai 1926, p. 53. Rappr. l'opinion de RENOUARD et de POUILLET s'agissant de la modification de l'œuvre dont l'auteur est en droit de s'opposer même à des rectifications justes et bien fondées : A.-Ch. RENOUARD, *op. cit.*, t. II, 1839, p. 331, n° 192 ; E. POUILLET, *Traité théorique et pratique de la propriété littéraire et artistique et du droit de représentation*, *op. cit.*, p. 363, n° 323.

5 *Bulletin de Législation et de Jurisprudence égyptiennes*, XXXe année, p. 401.

327. La question posée à la Cour d'appel mixte d'Alexandrie était de savoir si les chanteurs-compositeurs qui chantent leur composition en public disposait d'un droit privatif sur leur œuvre, même s'ils n'ont pas manifesté leur volonté de se réserver le droit de reproduction sur la base que la reproduction, que d'autres chanteurs auraient pu tenter, ne pouvait pas être fidèle et n'était pas susceptible de rapporter à ces imitateurs un profit pécuniaire appréciable. Or, « la reproduction mécanique de leur propre voix par des disques phonographiques avait évidemment une autre valeur et pouvait représenter pour eux un intérêt économique véritable » comme l'a souligné un auteur[1].

328. Dans un arrêt en date du 1er mai 1918, la Cour d'appel mixte d'Alexandrie n'a pas fait sienne cette solution, en dépit de la reconnaissance du droit de l'auteur d'une œuvre, d'en interdire toute reproduction dans la mesure où elle subordonna, cependant, l'existence même du droit de reproduction à la condition que l'auteur ait l'intention de se réserver cette faculté exclusive de reproduction de son œuvre[2]. En l'espèce, les circonstances de fait indiquent que cette volonté n'a jamais existé étant donné que l'auteur n'a jamais eu l'intention de se réserver la reproduction de son œuvre. Bien que la Cour ne l'affirme pas expressément, cette volonté à laquelle la Cour subordonna l'existence même du droit, il n'est pas nécessaire évidemment qu'elle soit expressément déclarée ; il est certain même qu'elle doit être présumée.

329. C'est ainsi que la Cour ne fait pas droit à la demande de la société demanderesse au motif que ces chanteurs-compositeurs toléraient que leur chant fût chanté par d'autres chanteurs, car, pour faire accourir le public à leurs auditions, ils ne comptaient pas tant sur le charme de la forme musicale qu'ils avaient ainsi créée que sur leur réputation de maîtrise dans l'art de chanter. Elle en conclut donc que ni les auteurs des paroles, ni les compositeurs de la musique ne se sont jamais préoccupés « de garder la jouissance exclusive de leurs œuvres »[3]. Par ailleurs, la Cour constate que la création de compositions de chants arabes qui sont en somme le produit d'une *création collective* rend bien difficile l'identification des *véritables auteurs des œuvres* en question et son *attribution* à un auteur déterminé. Ils sont, en l'occurrence :

> « *des poésies mises en chant par des compositeurs de musique le plus souvent illettrés et qui ont été écrites par des littérateurs qui se faisaient un point d'honneur de ne pas tirer bénéfice de leurs œuvres* ; Que les modalités du chant arabe étaient créées par des chanteurs en renom, avec parfois la collaboration d'autres chanteurs aussi connus qu'eux et souvent l'aide de musiciens et chanteurs de deuxième plan composant leur orchestre ou leur chœur (*takht*), qui, en remaniant avec leur chef ce chant cherchaient en commun le ton, les notes, le refrain qui devaient satisfaire leurs auditeurs »[4].

---

1 M. Linant de Bellefonds, « À propos d'une législation sur le droit d'auteur en Égypte », *Égypte cont.*, t. XVIII, janv. 1927, p. 94.

2 V. *Contra* : CA mixte d'Alexandrie, 8 mai 1889, aff. *Société des Gens de Lettres c/ The Egyptian Gazette*, *B.* 1.110 ; *Recueil officiel de la jurisprudence des tribunaux de la Réforme en Égypte*, t. 14, Alexandrie, 1889, p. 233 et s. : « Attendu que c'est à tort que A. V. Philip objecte que les auteurs suscités, ou la Société des Gens de Lettres pour eux, ne sauraient faire valoir des droits de propriété sur les œuvres reproduites dans l'*Egyptian Gazette*, puisqu'ils n'avaient pas démontré leur intention de conserver la propriété des œuvres à laquelle il aurait été prétendument porté atteinte, en faisant le dépôt d'un exemplaire des dites œuvres, dépôt dont la loi française fait dépendre le droit aux poursuites ».

3 M. Linant de Bellefonds, « À propos d'une législation sur le droit d'auteur en Égypte », art. préc., p. 93.

4 M. Linant de Bellefonds, « À propos d'une législation sur le droit d'auteur en Égypte », art. préc., p. 93.

330. Reprise des chansonnettes d'autrui. Dans un autre conflit opposant M. Vogel, directeur de Gramophone, à la « *Sultânat al-tarab* » Munîra al-Mahdiyya (1884-1965), il fut reproché à cette chanteuse d'avoir repris lors de concerts publics une chanson d'Umm Kulṯûm, tout en modifiant le mode. La lecture d'un extrait d'un courrier en date de 1929 est révélatrice :

« Un des mobiles de la réclamation est le changement de tonalité de maqâm des chansonnettes. Ce changement de tonalité a permis à la Dame Mounira d'obtenir un succès énorme avec les chansonnettes reproduites par vos disques et constituant votre propriété. Les revues musicales et la presse arabe ont fait le reste […]. La conséquence directe du succès de la Dame Mounira a été une forte demande, par le public, des disques de Dame Mounira et une diminution très sensible de la vente des disques de la Dame Oum Kalsoum. Le Prof. Mansour Awad […] avançait que le public refusait les disques des chansonnettes litigieuses chantées par le Dame Oum Kalsoum, donnant sa préférence à la voix de la Dame Mounira […] Actuellement, la Dame Mounira - aux dires du Prof. Mansour Awad - ne chante plus les chansons réservées »[1].

Cela étant, l'action ne fut guère intentée après que Munîra décida de retirer le titre de son tour de chant[2].

B. La patrimonialisation de la voix, moyen d'identification de l'image sonore des récitants

331. Mouvement de patrimonialisation de la voix. C'est ainsi que le mouvement de la *patrimonialisation*[3] de la voix des récitants du Coran au fil de ces développements prit un tour qui allait dans le sens de la consécration, d'une manière

[1] Gramophone doc 20, cité par F. LAGRANGE, *Musiciens et poètes en Égypte au temps de la Nahda*, t. I, thèse préc., p. 155-156.

[2] F. LAGRANGE, *Musiciens et poètes en Égypte au temps de la Nahda*, t. I, thèse préc., p. 155-156.

[3] La *patrimonialisation* s'entend comme la « tendance, pour un attribut de la personnalité, élément extrapatrimonial de sa nature (nom, image de la personne, etc.), à se charger d'une valeur appréciable en argent issue de la valeur propre de la personne (son savoir-faire, ses compétences, son talent), mais dotée d'une utilité économique qu'il est seul en droit d'exploiter par des conventions avec des tiers (phénomène de contractualisation et de patrimonialisation), comme un droit incorporel de jouissance, le monopole juridique de ce potentiel économique » : v° « Patrimonialisation », *in* G. CORNU (dir.), *Vocabulaire juridique*, *op. cit.*, p. 667. Selon le professeur BRUGUIERE « l'exclusivité fonde la patrimonialisation » : J.-M. BRUGUIERE, « Le droit à l'image, possible objet du contrat », art. préc., p. 112. CA Paris, 6 nov. 2013, aff. *Universal Music c/ Les points cardinaux*, *Légipresse* 2014, n° 319, p. 498, note T. GISCLARD, selon lequel : « le droit exclusif d'exploiter l'image d'une personne et d'en retirer un profit pécuniaire revêt une valeur patrimoniale à la fois appropriable et cessible et constitue un bien au sens du Code civil » ; CA Paris, 2 févr. 1993, aff. *Sté Publicité Communication Langage c/ Baillie, Lefevre et Van de Laar*, *JurisData* n° 1993-020353, *D.* 1993 I.R. 18 : « le droit à l'image revêt, dans le cas particulier d'un mannequin, une valeur patrimoniale et la protection de ce droit a pour but d'éviter une utilisation à titre gratuit ou éventuellement une dégradation de la valeur marchande de son image ». *Contra* : CA Toulouse, 9 sept. 1996, aff. *Sté Éditions Loubatières c/ Chassant*, *JurisData* n° 1996-046419 : « Le droit à l'image (des intimés) n'a pas, de manière intrinsèque, de valeur patrimoniale, (puisqu')ils ne sont ni acteurs, ni modèles et que les cartes postales litigieuses donnent autant de relief aux violettes qu'aux personnages représentés ». V. Sur la patrimonialisation des droits de la personnalité : G. LOISEAU, *Le nom, objet d'un contrat*, *op. cit.*, p. 371 et s. ; . J.-M. BRUGUIERE, « "Droits patrimoniaux" de la personnalité. Plaidoyer en faveur de leur intégration dans une catégorie des droits de la notoriété », *RTD civ.* 2016, p. 1 ; L. MARINO, « La patrimonialisation du nom, de la voix et de l'image », *in* B. BEIGNIER, B. DE LAMY et E. DREYER (dir.), *Traité de droit de la presse et des médias*, LexisNexis, Paris, 2009, p. 997-1049.

prétorienne, d'un « *droit* » *sur la voix* appréhendée comme un « bien »[1] au sens du Code civil sur lequel les récitants disposent d'un droit d'exploitation. La récitation du Coran est devenue ainsi une « *image sonore* »[2] qui permet à la fois d'exprimer des *talents artistiques*[3] et d'identifier les *qualités vocales*[4] des *shouyoukh* au point que les grandes voix ont fait l'objet de plusieurs contrats d'exclusivité pour le plus grand profit des compagnies de disque européennes venues s'implanter sur le sol égyptien, comme nous l'avons constaté. La reconnaissance au *cheikh* d'un véritable *droit sur sa voix*, même si elle est relativement récente, ne saurait plus être mise en doute depuis la célèbre affaire du *cheikh* Abdel-Basset Abdel-Samad[5]. Dans cette affaire, le droit sur la voix, en tant qu'*attribut de la personnalité* et en tant que *moyen d'expression*, sera consacré pour la première fois au point que les magistrats vont grever la voix d'un *droit dualiste* de source prétorienne. L'examen de la jurisprudence postérieure permet, d'ailleurs, de s'en convaincre pleinement. Tel sera le cas des décisions intentées par les héritiers de certains célèbres *shouyoukh* s'opposant à l'utilisation de leurs voix à des fins commerciales.

---

1 « La voix et l'image de l'homme deviennent, dans certaines situations, précieuses et objet de convoitise, condition suffisante pour en faire des biens dont le propriétaire se réserve l'exclusivité et dont il dispose de l'utilité selon son gré » : F. ZENATTI, « L'immatériel et les choses », *Arch. phil. droit*, 1999, t. 43, p. 84. V. Sur la conception répandue selon laquelle tous les biens sont patrimoniaux : Ph. MALAURIE et L. AYNES, *Les biens*, 3e éd., Defrénois, Paris, 2007, n° 10 ; J.-L. BERGEL, M. BRUSCHI et S. CIMAMONTI, *Les biens*, LGDJ, Paris, 2000, n° 2 ; M. FABRE-MAGNAN, « Propriété, patrimoine et lien social », *RTD civ.* 1997, p. 583 ; P. BERLIOZ, *La notion de bien*, Préf. de L. AYNES, t. 489, LGDJ, Paris, 2007 ; Th. REVET, « L'image de la personne est un bien », *RTD civ.* 2009, p. 342.

2 D. BECOURT, note au *JCP G* 1975, II, 19002 ; M. SERNA, « L'image de la voix : du droit de l'image sonore au droit à l'image vocale », *in* P. BLOCH (dir.), *Image et Droit*, L'Harmattan, Paris, 2002, p. 272 et s., n° 38 et s. V. Aussi : M. SERNA, « La voix et le contrat : le contrat sur la voix », *Contrats, conc., consom.* 1999, chron. 9. V. TGI Paris, 19 mai 1982, aff. *Maria Callas*, *JCP* 1983, 19955 ; *D.* 1983, II, p. 147, obs. R. LINDON, qualifiant : « la voix [qui] est un attribut de la personnalité, [comme] une sorte d'image sonore ». *Adde* : CA Paris, 1re ch. A, 29 juin 1998, aff. *Yves Régnier c/ SA Europe 1 Communication et a.*, *Gaz. Pal.* 1999, 1, somm, p. 330, énonçant que la voix constitue, comme l'image, un attribut de la personnalité ; CA Paris, 1re ch. B, 16 févr. 2001, *Juris-Data* n° 2001-137747, aff. *M. de Haut de Sigy c/ Sté The Factory*, *Gaz. Pal.* 15-16 mai 2002, p. 22, jugeant qu' : « Aux termes de l'article 9 du Code civil, chacun a droit au respect de sa vie privée et ce droit permet à toute personne de s'opposer à l'utilisation de son image et de sa voix, qui sont des attributs de la personnalité, sans son autorisation expresse ».

3 D'aucuns considèrent que la voix est un vecteur de la personnalité qui permet d'exercer des talents artistiques : H. PELISSIER-GATEAU et C. GUILLEMAIN, *J.-Cl. Civil Code*, Art. 1382 à 1386 - Fasc. 133-10 : « Droit à réparation. Responsabilité fondée sur la faute. Atteintes aux droits de la personnalité. Droits susceptibles d'atteinte », préc., n° 252.

4 Il s'agit selon certains d'un substitut de la présence physique qui permet d'identifier l'individu : D. HUET-WEILLER, « La protection juridique de la voix humaine », *RTD civ.* 1982, p. 497. Il a pu être jugé que : « la voix constitue l'un des attributs de la personnalité et peut bénéficier de la protection instituée par l'article 9 dans la mesure où *une voix caractéristique peut être rattachée à une personne identifiable* » : CA Pau, 1re ch., 22 janv. 2001, n° 99/00051, *JurisData* n° 2001-139823 ; *BICC* 15 avr. 2002, n° 396 ; *D.* 2002, p. 2375, obs. A. LEPAGE. *Adde* : TGI Paris, réf, 11 juill. 1977, aff. *L. Zitrone*, *D.* 1977, jurispr. p. 700, note R. LINDON ; *RTD civ.* 1979, p. 380, obs. R. NERSON et J. RUBELLIN-DEVICHI.

5 Cass. civ., 12 mars 1984, pourvoi n° 555/48e A.J., *Rec.*, 35e A.J., n° 121, p. 640.

332. Affaire du « *cheikh Abdel-Basset Abdel-Samad* » et la reconnaissance d'un droit sur la voix[1]. Le raisonnement de l'arrêt de la Cour de cassation égyptienne rendu dans cette affaire est fort intéressant à plusieurs égards. Désirant manifestement mettre à l'écart le *droit d'auteur*, voire de qualifier le Coran en tant qu'œuvre qui suppose une intervention humaine originale[2], la Haute juridiction prend le soin de déterminer et d'analyser le véritable *objet du contrat*, en l'occurrence, la *voix originale* du récitant qui participe de son *identité sonore*, voire de ses talents artistiques, en tant qu'*attribut de la personnalité*. Rappelons que les défendeurs invoquaient l'*illicéité* de la convention portant sur la voix du *cheikh* en arguant du caractère cultuel de l'acte de récitation pour échapper au principe de la force obligatoire des contrats. Le TGI accueille l'argument pour écarter ouvertement la *commercialité de principe de la récitation du Coran* dans des termes lapidaires. Il s'agit encore de la position adoptée par la Cour d'appel du Caire, dans son arrêt du 30 janvier 1978[3], qui débouta la société demanderesse de ses demandes et confirma le jugement du TGI, tout en admettant que la récitation du Coran puisse faire l'objet d'un contrat.

333. C'est dans ces conditions que la société demanderesse interjeta appel en invoquant, d'une part, que le jugement du TGI s'était trompé dans le fait qu'il avait considéré l'objet du contrat « la récitation du Coran », tandis que cette dernière en elle-même ne peut jamais faire l'objet d'un contrat et que son objet consiste dans l'enregistrement de la récitation véhiculé par la voix du récitateur et, d'autre part, que la voix est un don/talent (*mâlaka*) de l'être humain qu'il peut exploiter moyennant rémunération[4]. Il est ainsi reproché au jugement du TGI d'avoir considéré comme illicite les conventions relatives à la récitation du Coran dont on ne saurait empêcher un récitant de tirer un profit. La récitation paraît un leurre.

334. Récitation du Coran dans le « commerce juridique »[5] ? À vrai dire, il ressort nettement de la position stricte des juges du fond la volonté d'écarter la récitation du Coran des pratiques contractuelles en tant qu'acte cultuel afin de dissiper

---

[1] V. Sur l'émergence du droit à la voix : D. HUET-WEILLER, « La protection juridique de la voix humaine », préc., p. 497 ; R. NERSON, « Chronique de droit des personnes et de la famille », *RTD civ.* 1979, p. 380.

[2] V. C. CARON, « Les contrats d'exploitation de l'image de la personne », *in L'image*, coll. « Thèmes et commentaires », Dalloz, Travaux de l'Association Henri Capitant, t. VIII, Paris, 2005, spéc., p. 103.

[3] CA Caire, 30 janv. 1978, appel n° 139/95.

[4] Kh. LOUTFI, *op. cit.*, p. 25 et 26.

[5] R. LIBCHABER, V° « Biens », *Rép. Civ. Dalloz*, 2016, n° 111 : « La notion de commerce juridique n'a donc probablement pas pour fonction de tracer la limite entre le licite et l'illicite dans les différents trafics que la société opère ; elle a pour objet de mettre en exergue un certain nombre d'éléments dont le statut privilégié est nécessaire à l'idée que l'on se fait et de l'homme et de la collectivité. Ce qui est en dehors du commerce juridique, c'est ce qui fonde la cohésion d'une société regroupée autour de son droit ; c'est là d'ailleurs une autre façon de dire que le contenu du commerce juridique est changeant avec le temps. Les choses placées en dehors du commerce juridique doivent-elles être considérées comme des biens ? Encore une fois, on se retrouve confronté à une question de définition. Pour ceux qui voient l'appropriation au fondement de la notion de bien, une réponse positive devrait s'imposer puisque aussi bien la plupart de ces choses peuvent être appropriées. Mais objets d'un droit de propriété, ces choses sont placées dans une situation spéciale en ce qu'elles ne doivent pas pour autant être objets de conventions. D'où l'on déduit que ces choses ne peuvent pas non plus être l'objet des désirs d'autrui, en tout cas que ces désirs ne sauraient être légitimement satisfaits ».

tout malentendu. Autrement dit, la clause prohibant au *cheikh* tout enregistrement du Coran à des fins commerciales pour les tiers est *contraire à l'ordre public*. Or, cette analyse des juges du fond qui refuse de reconnaître l'existence d'une chose immatérielle – la voix – distincte du support matériel (le *mushaf*/Coran) confond la *voix* en tant que *valeur immatérielle* qui est dans le commerce et peut être l'objet d'actes juridiques avec le caractère sacré inappropriable des *paroles divines* en soi. Comme nous allons le constater, l'objet visé n'est pas directement la *parole intérieure* éternelle, mais son *mode d'expression* en sons et lettres, véhiculée par la voix du récitant, qui est contingente. Si la faculté de la voix d'aboutir dans sa haute subtilité à un degré lui permettant d'engendrer des émotions n'est qu'un des éléments constitutifs de la personnalité du récitant, il n'en reste pas moins que la voix prise comme une « image sonore » peut être évaluée en argent et, par conséquent, qualifiée de « *bien* » au même titre du nom[1]. L'amorce de ce phénomène de *commercialisation* et de *marchandisation* de la récitation du Coran tributaire de la technique paraît, semble-t-il, éminemment contestable pour les juges du fond au point qu'ils remettent en cause les effets du contrat auquel le récitant a valablement consenti. Mais cette lecture trop fermée, dont l'argument avancé est fragile, n'est pas à l'abri de la critique lorsque nous examinons l'ensemble des données dans le cadre du développement de l'enregistrement du Coran, tous supports confondus, et déterminons l'objet exact du contrat comme l'a joliment démontré la Cour de cassation.

335. En effet, un pourvoi en cassation fut ainsi formé à l'encontre de cette décision[2]. La société demanderesse mit en avant le droit sur la voix du récitant au soutien de la licéité du contrat soumis au régime général des obligations en se fondant d'ailleurs sur la règle « *pacta sunt servanda* » qui implique le respect de la convention valablement consentie entre le récitant et la société de disque. A l'appui de son pourvoi, elle n'a soulevé qu'un moyen unique à l'encontre de la décision attaquée qui ne respecte pas la loi au motif que :

« L'arrêt de la Cour d'appel s'est fondé sur le fait que le Coran ne constitue pas une œuvre au sens de la loi sur la protection du droit d'auteur et que sa récitation est un acte cultuel, voire dépourvu d'originalité qui ne saurait être accaparé par quiconque dont nul ne peut interdire à autrui de réciter le Coran. Ce qui se heurte manifestement aux termes du contrat et constitue une application incorrecte de la loi [...]. *Puisque le qâri' du Coran a bien le droit de le réciter avec sa propre voix et il peut interdire aux tiers d'exploiter cette voix sur le fondement du droit naturel et des règles de l'équité. À ce titre, la tilâwah peut faire l'objet d'une obligation civile qui peut être évaluée en argent. Par conséquent, le droit du défendeur au pourvoi dans l'enregistrement de sa voix dans la récitation du Coran sur des cassettes et CD est un droit de nature patrimoniale qu'il peut l'exploiter par lui-même ou*

---

1 La décision n° 43 (5/5) prise par le Conseil de l'Académie islamique du *fiqh* – qui est l'un des organes subsidiaires de l'OCI – lors de la 5e conférence tenue au Koweït du 10 décembre au 15 décembre 1988 reconnaît déjà au nom une telle valeur patrimoniale : « *Premièrement : le nom, l'enseigne, la marque de commerce, les droits d'auteur* [en arabe, *al-ta'lîf*] *et les brevets d'invention ou la création constituent des droits appartenant exclusivement à leurs propriétaires. Ils ont, dans notre temps contemporain, une valeur patrimoniale effective auprès des gens. D'ailleurs, ces droits sont reconnus par la Sharî'a et donc il n'est pas permis d'en abuser. Deuxièmement : puisque ces formes de droits sont considérées comme un bien valorisé, il est permis d'en vendre le nom commercial ou l'enseigne ou la marque de commerce en contrepartie de l'argent à condition d'éviter toute forme d'aléa et de tricherie.* Troisièmement : les droits d'auteur et les brevets d'invention ou la création sont protégés par la *Sharî'a* qui interdit toute tentative d'y porter atteinte. Leurs propriétaires ont la pleine faculté d'en disposer. Et Allah seul le sait par excellence » (*in* revue *Al- Behousse Al- Fiqheya Al- Mouasra* (*Revue des recherches doctrinales contemporaines*), n° 2, 1re année, août, sept. et oct. 1989, n° 2.

2 Kh. LOUTFI, *op. cit.*, p. 26 et s.

par voie de cessions consenties aux tiers. S'il le cède aux tiers, il doit s'abstenir de le transférer une autre fois conformément aux termes du contrat auquel a consentie […] »[1].

336. Solution originale consacrée par la Cour de cassation. A cet égard, les magistrats, pour couper court aux problèmes qui se posaient quant à la qualification de la récitation du Coran sur le terrain du droit d'auteur, tentent de trouver une solution raisonnable, voire intermédiaire, au litige qui leur est soumis en considérant que l'*objet du contrat* n'était pas le Coran à proprement dit ni la simple récitation de versets coraniques, et que les éléments déterminants (physiques) étaient la *voix du récitant* en elle-même et l'importance de l'auditoire donnant à la voix sa valeur économique, indépendamment des paroles divines qui ne peuvent être appréhendées par le droit. Comme l'a bel et bien souligné D. Huet-Weiller, « *un véritable droit sur la voix,* […], *suppose que la loi ou les tribunaux protègent la voix en soi, en tant qu'expression vocale, indépendamment des paroles émises* »[2]. La Cour de cassation a balayé l'argument du défendeur au pourvoi en déclarant donc valable le contrat d'exploitation portant sur la voix du c*heikh* qui reste soumis simplement à la liberté des conventions. Le fait que le contrat ait pour objet l'exploitation patrimoniale de la voix dans la récitation du Coran *n'est pas contraire à l'ordre public* et est sans influence sur la *force obligatoire des contrats* auxquels le récitant a valablement consenti aux tiers comme il en est accoutumé. Cette circonstance ne saurait interdire au *cheikh* de réciter le Coran avec sa voix dans l'espace et dans le temps ni de l'empêcher d'enregistrer le Coran *mujawwad* en tout ou en partie à d'autres fins que celles de l'exploitation commerciale. La Cour se prononce ainsi en faveur de la reconnaissance d'un *monopole d'exploitation sur la voix* à la fois *appropriable* et *cessible*, en tant qu'attribut de la personnalité du récitant, qui en est pourtant bien détachée de la récitation coranique.

337. Distinction entre la *parole intérieure* et la *voix humaine*. Il semble que la solution de la Cour de cassation a ainsi entériné cette distinction entre la *voix en tant que telle* et les *paroles récitées*[3]. Suivant le raisonnement de la Cour de cassation, on peut déduire que la lecture du Coran est la voix des lecteurs et leurs tons de sorte que si ce qui est lu dans la lecture et ce qui est compris, c'est la parole éternelle de Dieu, exprimée par les phrases, cependant, ce qui est lu ne saurait habiter le lecteur. Cette solution fait sans doute écho à la doctrine d'Al-Juwaini, précédemment analysée, au sujet de la parole divine, selon laquelle il convient de distinguer entre la *parole intérieure* (*kalâm al-nafs*)[4] qui est éternelle et son *articulation par la voix humaine* qui s'exprime en sons et lettres qui est contingente[5]. Le passage de la lettre écrite humainement au sens divin et éternel inhérent au texte récité se produit par « la parole intérieure » : une entité qui réside dans la voix du récitant. C'est ainsi que si la parole divine est articulée par la voix humaine, il n'en reste pas moins qu'elle n'habite pas le lecteur du Coran en tant que récitant. La lecture est contingente. Ce qui est compris de la lecture est éternel. Le caractère sacré du *support* ne se confond pas avec la *valeur de la représentation*

---

1 Cass. civ., 12 mars 1984, pourvoi n° 555/48e A.J., *Rec.*, 35e A.J., n° 121, p. 640.

2 D. Huet-Weiller, « La protection juridique de la voix humaine », préc., p. 499.

3 V. Sur la distinction entre l'image et le support ainsi que la chose et l'image de la chose : S. Raimond, *La qualification du contrat d'auteur*, Litec/IRPI, Paris, 2009, p. 325 et s.

4 La parole de l'âme.

5 A. Badawi, *Histoire de la philosophie en Islam*, *op. cit.*, t. I, p. 375.

de l'œuvre, c'est-à-dire la psalmodie. Par conséquent, il y a une différence entre la parole divine et la parole humaine selon Nazzâm. Il en ressort que la voix humaine est qualifiée de « *chose incorporelle créée* » qui peut faire l'objet d'un droit exclusif comparable à celui de l'auteur par rapport à la parole de Dieu, articulée et véhiculée par cette voix, qui n'est pas du tout créée :

> « La parole humaine est un accident (*'arad*), une articulation de la voix. L'homme ne produit que la lecture et cette lecture est un mouvement distinct du Coran »[1].

338. Il y a par conséquent une différence entre la parole divine et la parole humaine. Cette solution s'explique par le fait que la voix est un *corps* (*djism*) *subtil* ; la parole humaine est une *syllabisation* de la voix. Il s'agit donc d'un accident selon Al-Nazzâm[2]. La voix (ou le son) se transmet dans l'air, heurte l'ouïe et lui fait mal. En somme, la voix est du ressort de l'acte humain.

339. Validité de la convention et le recours au mécanisme de la cession de droits sur la voix. C'est ainsi qu'en tirant toutes conséquences de la patrimonialité du droit sur la voix, et partant, sa cessibilité, cette chose[3] distanciée d'avec la personne elle-même du récitant autorise le recours au mécanisme de cession[4] [5], fut-ce à titre

---

[1] J. BOUMAN, *op. cit.*, p. 21.

[2] V. A. BADAWI, *op. cit.*, t. I, p. 132. Selon AL-NAZZAM, les couleurs, les goûts, les odeurs, les voix, les douleurs, la chaleur, le froid, l'humide et le sec sont des *corps subtils*. V. A. BADAWI, *op. cit.*, t. I, p. 124.

[3] « La liberté d'engager une chose dans un rapport juridique est la conséquence de son appropriation » : Th. REVET, « L'image de la personne est un bien », art. préc., p. 342.

[4] Ph. GAUDRAT met l'accent sur le fait que : « Le contrat en vertu duquel le sujet se fait rémunérer un cliché ou un enregistrement est une convention innommée indépendante, non une cession de droit à l'image ou de droit à la voix ; convention qu'elle ne serait, d'ailleurs, pas empêchée de passer, si les droits de la personnalité n'étaient pas reconnus. Dans les systèmes juridiques où n'existent pas les droits de la personnalité, la commercialité n'est pas moindre ; et, surtout, cette vertueuse argumentation est principalement invoquée par ceux que dérangent les droits de la personnalité, non par ceux qui contestent la marchandisation du droit sous l'influence anglo-saxonne » : Ph. GAUDRAT, *Rép. Civ. Dalloz*, v° « Propriété littéraire et artistique (1° Propriété des créateurs) », préc., n° 111.

[5] Or, la jurisprudence montre que le choix de *noms patronymiques* à titre de marque peut poser des problèmes délicats. En effet, des difficultés peuvent surgir lorsqu'il s'agit de déterminer l'étendue du droit du cessionnaire en cas de cession du nom patronymique. Cette question délicate fut soumise à la Cour d'appel mixte d'Alexandrie, qui, dans l'affaire opposant *Constantin Patellis* à *Charles Bacos* (M. PUPIKOFER, « Lettre d'Égypte », *Propr. ind.*, 30 sept. 1931, n° 9, p. 166), s'est penché sur l'usage du nom patronymique d'autrui à titre de marque dans le cadre de l'acquisition de la dénomination de *Ritz Hôtel* par un particulier. En l'espèce, Constantin PATELLIS avait acquis cette dénomination du propriétaire *César Ritz*, qui, envisageait de fonder un hôtel en Égypte. Par la suite, il découvert qu'un restaurateur exerçait déjà ses activités de restauration sous la dénomination *Restaurant Ritz*. C'est dans ces conditions qu'il faisait valoir ses droits pour revendiquer l'emploi exclusif de la dénomination de *Ritz Hôtel* dans l'intention d'interdire l'usage de celle-ci. Par arrêt du 26 février 1930, la 1re Chambre de la Cour d'appel mixte d'Alexandrie, sous la présidence de M. B. FAVENC, a décidé, à bon droit, que bien que le cédant César Ritz ait aliéné l'usage de son nom patronymique pour une destination commerciale nettement déterminée, il n'en reste pas moins que le propriétaire de la dénomination pouvait en revendiquer l'emploi exclusif, sans toutefois pouvoir faire défense à qui que ce soit de faire usage du nom seul de *Ritz* pour un commerce qui ne serait pas un commerce d'hôtellerie. Selon la Cour, le *nom patronymique*, devenu aliénable par suite de son utilisation commerciale consacrée par l'usage qu'en avait fait le propriétaire lui-même, ne pouvait cependant être acquis au cessionnaire que dans les limites indiquées dans la cession, c'est-à-dire en vue de son emploi dans la seule industrie d'hôtellerie envisagée par l'acquéreur. En dehors de cette limite, le nom était resté la propriété

.../.

gratuit. C'est dans cet esprit que la Cour de cassation consacre un *droit à* et *sur la voix* qui doit permettre au récitant de conclure une convention moyennant rémunération ayant pour objet un élément de sa personnalité, c'est-à-dire sa voix dans la récitation du Coran du seul fait qu'elle est un bien, « convention qu'il ne serait, d'ailleurs, pas empêché de passer, si les droits de la personnalité n'étaient pas reconnus »[1]. Après avoir cédé à un tiers le droit d'exploitation commerciale de la prestation[2], le cédant

---

exclusive de son propriétaire, *César Ritz*, qui, seul, aurait eu le droit de poursuivre l'usage illégal susceptible d'en être fait par un autre commerçant. Comme l'avait souligné Maître Maxime PUPIKOFER, les cessions consenties par le propriétaire du nom doivent être sujettes à une interprétation assez restrictive pour parer aux abus auxquels pourraient se trouver entraînés les cessionnaires au détriment du propriétaire originaire, qui conserve nécessairement son nom. Et à partir du moment que le titulaire de la dénomination *Hôtel Ritz* n'en avait pratiquement pas fait usage en Égypte, même pour un hôtel, on pouvait difficilement prêter au restaurateur une intention de concurrence déloyale à l'égard du titulaire de cette dénomination (M. PUPIKOFER, « Lettre d'Égypte », préc., 30 sept. 1931, p. 166 et 167). Comme la précédente loi de 1939, la loi de 2002 a repris les dispositions relatives à la cession et à la constitution en gage des marques. Or, la question qui se pose est de savoir si la marque doit être cédée isolément ou avec le fonds de commerce dont elle a servi à désigner les produits. S'agissant de la transmission des marques, il a été précisé qu'elles ne peuvent être transmises ni faire l'objet de gage ni de saisie qu'avec le fonds de commerce (Cass., 12 févr. 1996, pourvoi n° 801/51e A.J., *Rec.*, 47e année, n° 1, p. 328. En principe, la marque fait partie du fonds de commerce et sa vente comprend la marque même en l'absence de dispositions dans le contrat de vente en tant que faisant partie intégrante du fonds de commerce, y étant liés et l'une de ses exigences qui maintient la clientèle ; Cass., 30 mars 1981, pourvoi n° 284/46e A.J., *Rec.*, 32e année, n° 1, p. 971. L'ancienne loi de 1939 s'inspirait en cela des principes admis dans les législations les plus récentes, notamment les lois anglaise, suisse et belge, en cette matière : M. PUPIKOFER, « Lettre d'Égypte », *Propr. ind.*, 30 sept. 1933, n° 9, p. 155) ou l'entreprise dont elles servent à distinguer les produits (Si la marque est utilisée pour distinguer les produits de plusieurs fonds de commerce ou entreprises, dont les uns sont en Égypte et les autres à l'étranger, la cession sera considérée comme valable aux termes de l'article 18 de l'ancienne loi de 1939, si elle comprend ceux de ces fonds ou entreprises qui sont situés en Égypte (art. 26 du règlement d'exécution de l'ancienne loi de 1939). Le détachement de la marque de son fonds de commerce est contraire à l'intérêt tant de son propriétaire que du public comme l'a relevé la Cour de cassation (V. Cass., 23 juin 1955, pourvoi n° 101/22e A.J., *Rec.*, 6e année, p. 1279. Par cette disposition, le législateur a voulu protéger le public afin qu'il ne soit pas trompé et induit en erreur quant à l'origine des produits [...]. En effet, la transmission de la propriété d'un fonds de commerce ou d'une entreprise comprend, sauf convention contraire, la cession des marques enregistrées au nom du cédant et pouvant être considérées comme spécialement attachées audit établissement ou audit fonds (art. 88, al. 1er du CPI égyptien). Cependant, rien ne s'oppose à ce que la propriété de la marque puisse être transmise, et faire l'objet de gage ainsi que de saisie indépendamment du fonds de commerce ou de l'entreprise dont elles servent à distinguer les produits (quant à la transmission de propriété d'une des marques associées aux termes de l'article 27 de l'ancienne loi de 1939 : « Ne sera recevable nulle demande de transmission de propriété d'une des marques associées aux termes des articles 6 ou 7 du présent arrêté, si elle ne comporte pas la cession des autres marques associées. Une seule demande suffira pour l'inscription au registre de la cession desdites marques »). Dans l'hypothèse où le fonds de commerce ou l'entreprise est transmis sans la marque, le cédant pourra, sauf convention contraire, continuer la fabrication ou le commerce des mêmes produits que ceux en vue desquels la marque a été enregistrée (art. 88 du CPI égyptien).

1 Ph. GAUDRAT, « Propriété littéraire et artistique (1° Propriété des créateurs) », préc., n° 111.

2 T. ROUSSINEAU, « Droit patrimonial à l'image : encore un rendez-vous manqué », *Légipresse* 2009, n° 262, III, p. 112 : « Il faut considérer que la personne cède non son image, mais une ou plusieurs images déterminées, qui constituent des émanations de sa personnalité, des fruits issus de celle-ci mais qui en sont pourtant bien détachés. Seule cette distanciation d'avec la personne elle-même autorise le recours au mécanisme du droit réel. Il ne faut pas craindre d'affirmer qu'en cédant une

n'était en mesure d'accomplir aucun acte de nature à compromettre l'exercice du droit en question par le cessionnaire dans le respect de la finalité du consentement contractuel. La solution est simple. Si le *droit sur la forme créative*, en tant que vecteur de la pensée, doit permettre à toute personne de défendre sa création en lui conférant le droit de s'opposer à l'utilisation que pourraient faire les tiers, il en va différemment pour le *droit sur la voix*, comme nous allons le constater, en regard de la distinction entre *droits de la personnalité* et *droit moral*[1].

340. C'est dans ces conditions que la Cour de cassation cassa l'arrêt de la Cour d'appel et renvoya l'affaire devant la Cour d'appel du Caire. Comme l'a justement relevé la Haute juridiction dans son arrêt du 12 mars 1984[2] :

> « *Attendu que ce moyen de cassation est juste puisque chaque homme a le droit de mettre à profit de manière licite ses talents et des connaissances que Allah lui a donnés qui le distingue des autres êtres humains, y compris sa voix. Par conséquent, il a le droit d'exploiter sa voix moyennant rémunération. Il peut également céder aux tiers son droit patrimonial sur l'exploitation de sa voix ainsi que son droit de divulgation même lorsqu'il s'agit d'exploiter la voix dans la récitation du Coran étant donné que l'objet du contrat, en l'occurrence, n'est pas le Coran lui-même ou sa simple récitation mais la voix du récitateur et l'importance de l'auditoire.* Dès lors que la personne a cédé aux tiers son droit d'exploitation patrimonial sur sa voix, elle doit s'abstenir de tout acte de nature à entraver l'exercice du droit cédé[3] ou de nature à contredire le droit cédé dans l'exploitation de la voix de la manière à ce qui a été contractuellement convenu dans le contrat de cession »[4].

341. A cet égard, l'utilisation des formules significatives dans cet attendu telles que « droit patrimonial » ou « droit d'exploitation » et « droit de divulgation » suffirait à rendre compte des divers aspects ou factures des prérogatives attachées à la voix, suffisamment autonomes dans leur composante *extrapatrimoniale* et *patrimoniale*.

342. Droit à et sur la voix, un *quasi-droit voisin* ? L'intérêt de cet arrêt consiste dans le fait que la Cour de cassation reconnaît, pour la première fois, au récitant du Coran l'existence d'un droit sur sa propre voix de nature patrimoniale dont la violation donne naissance à une obligation de réparation, et ce, indépendamment de la nature particulière des paroles récitées. Par ailleurs, il en ressort que le droit sur la voix est un droit de nature *dualiste*[5] qui comporte un aspect *extrapatrimonial* et un aspect *patrimonial*

---

image, on exploite une parcelle de soi, une émanation de sa personnalité, et pas simplement une prestation. Mais le droit porte seulement sur cette émanation, et non sur l'image en soi ou dans sa totalité. Il n'y a rien d'illicite ou de répréhensible à exploiter par l'image des aspects de sa personnalité ».

[1] V. Plus loin : § n° 356 s. et n° 362 s.

[2] Cass. civ., 12 mars 1984, pourvoi n° 555/48e A.J., *Rec.*, 35e A.J., n° 121, p. 640.

[3] Reste à savoir si le régime particulier de ces conventions relève de la seule autonomie de la volonté ou bien du régime des contrats de cession du droit d'auteur car les termes employés par l'arrêt inclinent vers le régime spécial de cession consacré par l'article 37 de l'ancienne loi n° 354 de 1954 sur la protection du droit d'auteur. Aux termes de cet article : « L'auteur peut céder aux tiers les droits d'exploitation prévus aux articles 5 (1er alinéa), 6 et 7 (1er alinéa) de la présente loi. La cession de l'un de ces droits n'emporte pas celle d'un autre droit. L'acte de cession doit être constaté par écrit ; il doit déterminer expressément, en détail et distinctement, chacun des droits cédés, en précisant son étendue et sa destination, ainsi que la durée et le lieu de l'exploitation. *L'auteur doit s'abstenir de tout acte de nature à entraver l'exercice du droit cédé* ».

[4] Cass. civ., 12 mars 1984, pourvoi n° 555/48e A.J., *Rec.*, 35e année, n° 121, p. 640-644. V. Les critiques adressées par Me Kh. LOUTFI à l'arrêt de la Cour de cassation : Kh. LOUTFI, *op. cit.*, p. 28 et 29.

[5] En France, « le droit à l'image, le droit sur sa voix, droits de la personnalité, sont devenus des droits dualistes. Par une évolution historique inverse de celle du droit d'auteur, ils se sont patrimonialisés

... / ..

tout en conservant leur aspect moral. Et ce mouvement irrésistible se manifeste non seulement en jurisprudence mais aussi en législation, dans des textes catégoriels : mannequins (C. trav., art. L. 763-1 et s.) ; image collective des équipes sportives (C. sport, art. L. 222-2) ; droit de retransmission télévisuelle des compétitions et manifestations sportives (C. sport, art. L. 337-7) » : P. TAFFOREAU, « L'être et l'avoir ou la patrimonialisation de l'image des personnes », *Comm. com. électr.*2007, étude 9, n° 5, p. 7 et 8. V. Sur le droit sur la voix : D. HUET-WEILLER, « La protection juridique de la voix humaine », art. préc., p. 507 ; M. SERNA, « La voix humaine : de l'extrapatrimonialité de la personnalité à la patrimonialisation d'un objet contractuel », *Contrats, conc. consom.* 1999, n° 9, p. 4-8 ; J. STOUFFLET, « Le droit de la personne sur son image », *JCP G* 1957, I, 1374 ; E. GAILLARD, « La double nature du droit à l'image et ses conséquences en droit positif français », *D.* 1984, chron. p. 161 ; J. ANTIPPAS, « Propos dissidents sur les droits dits "patrimoniaux" de la personnalité », *RTD com.* 2012, p. 35 à 54. *Contra* : considérant qu'il y aurait alors deux droits, l'un patrimonial et l'autre extrapatrimonial : V. notamment : G. LOISEAU, « Des droits patrimoniaux de la personnalité en droit français », *McGill Law Journal*, 1997, vol. 42, p. 319 à 353 ; D. ACQUARONE, « L'ambiguïté du droit à l'image », *D.* 1985, chron. p. 129 ; B. EDELMAN, « Esquisse d'une théorie du sujet : l'homme et son image », *D.* 1970, chron. 119, n° 6 ; G. GOUBEAUX, *Traité de droit civil, Les personnes*, LGDJ, Paris, 1989, n° 315 ; A. BERTRAND, *Droit à la vie privée et droit à l'image*, coll. Responsabilités, Litec, Paris, 1999, p. 136, n° 289 ; Ph. MALAURIE, *Les personnes, Les incapacités*, 3e éd., Defrénois, Paris, 2007, n° 334 ; B. TEYSSIE, *Droit civil, Les personnes*, 16e éd., LexisNexis, Paris, 2014 ; J.-M. BRUGUIERE, « L'image, entre droit civil et droit d'auteur », *D.* 2008, p. 2985 ; C. CARON, « Les contrats d'exploitation de l'image de la personne », art. préc., p. 95 ; F. POLLAUD-DULIAN, « L'utilisation du nom patronymique comme nom commercial », *JCP G* 1992, I, 3618 : « le droit au nom apparaît désormais comme un droit dualiste, dans lequel coexiste un aspect personnaliste et un aspect patrimonial. […] Cette nature dualiste rappelle celle du droit d'auteur et rejoint la conception que se font certains juristes d'un autre attribut de la personne : le droit à l'image ». V. Cependant : T. GISCLARD, *La personnalité humaine comme élément du patrimoine*, thèse, Paris I, 2012, n° 221 et du même auteur : « La protection *post mortem* des droits de la personnalité et le contrat de licence », note ss. CA Paris, 6 nov. 2013, *Légipresse* 2014, n° 319, p. 501, plaidant pour « la nature unitaire des droits de la personnalité, qui ne peuvent être scindés en deux droits dont l'un, moral, serait surprotégé, et l'autre, économique, pourrait être soumis à la loi du marché ». R. OLLARD, « La qualification de droit extrapatrimonial des droits de la personnalité », *in* J.-Ch. SAINT-PAU (dir.), *Droits de la personnalité*, LexisNexis, Paris, 2013, p. 333, n° 549 : « Conformément à l'unicité irréductible de leur objet, les droits de la personnalité peuvent apparaître comme des droits unitaires donnant naissance à deux types de prérogatives distinctes : des pouvoirs de nature extrapatrimoniale, permettant à leurs titulaires de s'opposer à toute immixtion des tiers dans la sphère de leur personnalité ; et des pouvoirs de nature patrimoniale leur conférant tant la possibilité d'exploiter les éléments de leur personnalité que de s'opposer à toute exploitation commerciale non consentie. Si par leur objet principal, par nature en quelque sorte, les droits de la personnalité confèrent des prérogatives défensives extrapatrimoniales, par leur destination, ils peuvent conférer des prérogatives positives pécuniaires ». Th. REVET, « L'image de la personne est un bien », art. préc., p. 342 : « L'image n'est pas l'objet de deux droits, non plus que d'un droit dont les prérogatives seraient de nature ou de facture différentes. L'image est l'objet d'un droit, le droit au respect. Ce traitement unitaire d'une entité unique nous semble des plus justifiés […]. Faire de l'image l'objet de deux ordres de prérogatives ouvre sur une manière de schizophrénie qui, comme toute schizophrénie, ne peut qu'être la source de dérèglements en cascade. L'image étant *une*, comment pourrait-elle être l'objet d'*un* droit patrimonial en même temps que d'*un* (autre) droit extrapatrimonial ? Insondable mystère, que personne n'a jamais levé, ni même tenté de lever, et pour cause : le dédoublement du droit à l'image (E. GAILLARD, « La double nature du droit à l'image et ses conséquences en droit positif français », *D.* 1985, 129 s. ; D. ACQUARONE, « L'ambiguïté du droit à l'image », *D.* 1985, 129) ayant été inventé pour tenter de concilier l'irréductible commercialisation de l'image avec le dogme de sa nature extrapatrimoniale consécutive à sa consubstantialité à la personne, la seule proclamation d'une dualité devrait se suffire à elle-même ; ajout salutaire, autant que miraculeux, elle devrait s'admettre comme on admet les révélations… ».

(droit patrimonial sur l'exploitation de la voix[1] et droit de divulgation pour l'aspect du droit moral[2]) et fait du droit sur la voix un *quasi-droit voisin*. Il semble que la voix en tant qu'élément brut de la *personnalité psychosomatique*[3] est l'objet d'un droit absolu analogue à la *propriété corporelle*[4] (elle est assimilable à un monopole) ; mais dès qu'est pris en considération *ce au service de quoi la voix est mise*, on voit apparaître un *droit duel* corrélat d'une *empreinte de la personnalité psychologique* sur la *forme vivante et interprétative*… C'est alors que l'on voit apparaître la *propriété littéraire et artistique.*

343. Pratiques des contrats d'exploitation de la voix des récitants. Dans la pratique courante, il fut accoutumé que la voix des *shouyoukh*, en tant que l'un des attributs de la personnalité, jouissant d'une certaine notoriété, soit l'objet d'une exclusivité contractuelle afin d'en assurer l'exploitation. A cet égard, les conventions portant sur la commercialisation de la voix se sont multipliées petit à petit. On y songe à la voix des *shouyoukh* Al Naqshabandi[5] et Al Minshawy[6], etc. L'examen de ces

---

1 V. J.-Ch. SAINT-PAU, « Les pouvoirs du juge des référés sur le fondement de l'article 9, alinéa 2, du Code civil », note ss. Cass. civ. 1re, 12 déc. 2000, *D.* 2001, p. 2434, *in fine.*

2 V. À titre d'exemple : l'aff. *Maria Callas* : TGI Paris, 1re ch., 1re sect., 19 mai 1982, aff. *Dames Dimitriadou et Calogeropoulos c/ Sté Radio France*, *RIDA* oct. 1982, n° 114, p. 198 ; *D.* 1983, jurispr. p. 147, note R. LINDON ; *JCP G* 1983, II, 19955, obs. GOBIN, qui consacra le droit au respect et de divulgation de la voix. La solution est unanimement approuvée par la doctrine : J.-M. BRUGUIERE et B. GLEIZE, *Droits de la personnalité*, Ellipses, Paris, 2015, n° 181 ; G. CORNU, *Droit civil, Les personnes*, *op. cit.*, n° 34 ; Ph. MALAURIE, *Droit civil, Les personnes*, *op. cit.*, n° 339 ; F. TERRE et D. FENOUILLET, *Droit civil, Les personnes. Personnalité - Incapacité - Protection*, 8e éd., Précis Dalloz, Paris, 2012, p. 128 et s., n° 114 et n° 116 ; B. TEYSSIE, *Droit civil, Les personnes*, *op. cit.*, n° 82.

3 Pour le professeur GAUDRAT, la voix est un élément de la *personnalité psychosomatique* ; pour cette raison celui dont elle émane est en droit d'exercer un droit absolu dessus. Il peut, s'il le veut, la patrimonialiser. Mais ce n'est qu'un droit sur une *coque vide*. Il est indépendant de ce à quoi est utilisée la voix : pour faire des bruits, émettre des cris, des vocalises, un chant… Or, il lui semble que pour que ce droit ait une structure dualiste, il faut que l'on puisse, dans une partie de son objet, discerner une *empreinte de personnalité*… Ce qui est différent du fait que la voix soit simplement un élément de la personnalité psychosomatique. Cette empreinte on ne la trouvera que si la voix a été utilisée pour former un discours ou un chant ! Si ce n'est que pour grogner ou crier, le droit de la personnalité pourra être invoqué mais non le droit dualiste…

4 La propriété corporelle selon la plupart des civilistes est une sorte de monopole qui s'exerce sur le contenant matériel de la chose ; ils ne conçoivent pas une propriété plus subtile qui porterait sur le contenu de ce contenant…

5 En l'espèce, un certain M. M. BADRY avait intenté une action contre les héritiers du *cheikh* AL NAQSHABANDI (Aff. n° 1477/2016) en violation des dispositions du contrat conclu avec les héritiers du défunt aux termes duquel les héritiers avaient consenti à la cession de tous les enregistrements portant sur les *nashîd*, la récitation du Coran afin de pouvoir l'exploiter pour des sonneries sur téléphones portables et le service *Call Tone via* internet moyennant le paiement de la somme de 30 000 L.E. Il s'agissait en l'espèce d'un véritable contrat de monopolisation (exclusivité contractuelle) conclu pour une durée de cinquante-neuf ans. Le litige fut d'abord soumis à la 7e chambre de la Cour économique du Caire puis l'affaire fut renvoyée devant la 6e chambre qui, par un arrêt du 26 janvier 2017, ne fait pas droit à la demande de M. BADRY.

6 L'affaire du *cheikh* AL MINSHAWY opposait *SonoCairo* aux héritiers du *cheikh* Mohamed Seddik AL MINSHAWY sur les recettes provenant de la commercialisation des cassettes relatives à la récitation du Coran *mujawwad* et *murattal*, SonoCairo invoquait la nullité de toutes les opérations d'engagement des héritiers conclues avec une société concurrente pour l'exploitation de la voix du *cheikh* et sa commercialisation. Elle demandait le paiement de 100 000 L.E de dommages-intérêts en réparation des préjudices moral et financier dont elle se prétendait victime à raison de l'accord litigieux conclu

…/

décisions récentes qui ont été soumises aux juridictions égyptiennes nous convainc que les juges admettent même implicitement la *licéité* de telles pratiques contractuelles qui ne sont pas prohibées en tant que telles.

344. Jurisprudence de la Cour économique du Caire et le contentieux relatif à l'exploitation de la voix des récitants. Le contentieux relatif à l'exploitation de la voix des récitants du Coran et de ses vertus expressives s'est, en effet, considérablement développé au cours de ces dernières années depuis la mise en place des Cours économiques. Ces décisions relativement récentes s'inscrivent dans le prolongement de l'ancienne jurisprudence du *cheikh* Abdel-Basset Abdel-Samad qui a encore une portée aujourd'hui. Ces décisions, dans lesquelles les héritiers des *shouyoukh* se plaignaient d'une commercialisation non consentie, se sont prononcées sur la validité des conventions portant sur la voix des *Shouyoukh* qui leur confère des prérogatives bien définies, ayant acquis, à ce titre, une *valeur vénale*, et leur permet de s'opposer à son exploitation sans leur autorisation. L'intérêt de ces décisions récentes consiste dans le fait qu'elles consacrent d'une part, un *droit d'exploitation* au *cheikh* sur sa *voix* qui n'est que le signe de témoignage que la récitation du Coran implique des *talents artistiques* et d'autre part, qu'elles répondent à la question de savoir si les héritiers des *shouyoukh* sont recevables en leur qualité à solliciter la violation de la voix en tant que monopole d'exploitation de la personnalité du récitant aux fins de défense d'intérêts économiques.

§ 2. LA VOIX ET SES VERTUS EXPRESSIVES COMME UNE MANIFESTATION DE LA PROPRIETE-MODELE DU RECITANT SUR LA FORME VIVANTE

345. Dans le sillage du droit sur la voix, la solution doit-elle valoir pour l'*interprétation* du Coran qui pourrait faire l'objet d'un droit autonome au sens des *droits voisins* ? Bien que la jurisprudence égyptienne ait reconnu au récitant du Coran un *droit à* et *sur sa voix*, comme étant l'une des qualités qui distingue sa *personnalité psychosomatique*, force est de constater que l'admission d'un droit voisin sur l'interprétation du Coran (*tilawit*) demeure encore floue et la jurisprudence la concernant ne s'est guère encore prononcée sur la question. Mais pourquoi les juridictions égyptiennes seraient aptes à reconnaître au *cheikh* un *droit sur sa voix* dans la récitation du Coran tandis qu'il leur serait difficile d'admettre un *droit voisin* ? Ce droit voisin n'est-il pas le prolongement de la reconnaissance jurisprudentielle d'un droit sur la voix en tant qu'élément de sa personnalité ?[1]

346. Plan. S'il ne saurait être question de reproduire plus ou moins fidèlement le schéma de réservation des œuvres littéraires et artistiques, il n'en reste pas moins que la construction des droits des récitants du Coran à partir du droit de la propriété littéraire et artistique comme un *droit-modèle* (A) n'est pas dénuée d'intérêt dont la reconnaissance d'un *droit voisin* au profit des *shouyoukh* peut leur offrir une *nouvelle*

---

avec la société concurrente. Quant aux héritiers, ils insistaient sur le fait que SonoCairo devait leur fournir un état des comptes de la commercialisation des cassettes pour percevoir les recettes correspondant à 15 % provenant de la vente de chaque cassette, avec une astreinte d'un montant de 500 L.E pour chaque jour de retard dans sa remise.

1 Il convient de nuancer notre propos parce que le *droit à la voix* est un droit sur la substance de la voix quelque soit l'usage qui en est fait (pour autant qu'on la reconnaisse) : que l'on crie, hurle, ou vocalise… tandis que le droit voisin est un droit sur un *certain usage* que l'on en fait ; on y *met son empreinte*, à propos d'un message qui est extérieur à la forme vivante comme nous allons le constater.

ressource. Or, il est indispensable de délimiter les contours entre deux approches différentes qui s'entrecroisent et s'entremêlent : *droit de la personnalité* et *droit de propriété littéraire et artistique* (B) dans la mesure où la *voix* et l'*interprétation* (ou l'œuvre), en tant qu'attribut/manifestation de la personnalité, sont la source de deux droits *traités différemment* qui portent sur deux *objets distincts*.

A. La propriété littéraire et artistique comme droit-modèle à la voix du récitant

347. Bien-fondé de la propriété littéraire et artistique en tant que « droit-modèle ». Puisque le *cheikh* peut désormais exploiter sa voix sur la récitation d'une sourate, ne seraient-ils pas judicieux de reconstruire le droit sur la voix, au moins en partie, sur le *modèle de la propriété littéraire et artistique* ?[1] De prime abord, cette voie doit permettre d'ouvrir les portes à la qualification de la récitation du Coran en tant qu'*interprétation protégeable* par le droit voisin dans la mesure où ce droit est construit sur la base du modèle des propriétés incorporelles. Pour conduire cette réflexion, il

---

[1] V. Notamment : C. ARNAUD, *Le droit d'auteur comme modèle*, thèse, Paris I, 2008 ; C. CARON, « Les contrats d'exploitation de l'image de la personne », art. préc., p. 101 : « il est difficile de rattacher le droit patrimonial à l'image à une catégorie existante de droits de propriété intellectuelle [...] Cependant, le droit d'auteur peut servir de guide au droit patrimonial à l'image ». V. Aussi du même auteur : note ss. Cass. civ. 1re, 11 déc. 2008, *Comm. com. électr.* 2009, comm. 12 : « rien n'interdit de s'inspirer du régime des contrats d'auteur pour enrichir celui du contrat d'image. En effet, il existe une certaine parenté entre l'image et l'œuvre qui, toutes deux, sont imprégnées de la personnalité d'une personne [...] Dès lors, sans pour autant s'appliquer, les dispositions des contrats d'auteur auraient pu servir *mutatis mutandis* de guide pour contribuer à construire un régime des contrats d'image. [...] Peut-être convient-il de l'interpréter (arrêt commenté) comme un appel au législateur pour élaborer un régime juridique du contrat d'image qui pourrait prendre place au sein d'un nouveau livre du Code de la propriété intellectuelle ». *Adde* : G. LOISEAU, « Le droit patrimonial à l'image en attente », note ss. Cass. civ. 1re, 11 déc. 2008, *JCP G* 2009, II, 10025 : « La proximité du droit d'auteur associant un droit moral extrapatrimonial et un droit patrimonial d'exploitation invite aux rapprochements que la doctrine encourage depuis longtemps ». V. Cependant : A. LUCAS-SCHLOETTER qui se demande « au nom de quel impératif peut-on transposer le régime du droit d'auteur en matière d'exploitation commerciale des attributs de la personnalité ? Faut-il rappeler que les droits de propriété intellectuelle ont pour objectif de récompenser un effort intellectuel créatif, l'avantage conféré par l'exclusivité reconnue au créateur étant justifié par le service que rend sa création à la société ? Évident en matière de brevets, l'intérêt social existe également pour les œuvres littéraires et artistiques qui enrichissent le patrimoine culturel commun. Or en matière d'attributs de la personnalité, où est l'enrichissement pour la société ? » : A. LUCAS-SCHLOETTER, *J.-Cl. Propr. litt., art.*, Fasc. 1118 : « Nature du droit d'auteur. Droit d'auteur et droits de la personnalité », préc., n° 74. Selon le professeur GAUDRAT « Prenant en compte ces deux approches de l'interprétation, trois lectures de la loi française sont concevables : selon la première, le droit de l'interprète ne serait que l'effet d'une volonté unilatérale du législateur valorisant sa prestation. Sa place serait intégralement dans le code du travail. *Selon la seconde, son droit voisin ne serait que le prolongement de la démarche jurisprudentielle antérieure : en fixant sa "prestation", on fixe un élément de sa personnalité (image ou voix). Mais comment expliquer le droit de l'instrumentiste ou du chef d'orchestre ?* Selon la troisième, l'interprétation est une création dotée d'une forme propre quoique nécessairement entée sur celle de l'œuvre, ce qui conduit, d'une part, à lui appliquer la propriété de droit naturel dont on gratifie le créateur depuis quatre siècles et, d'autre part, à la faire bénéficier indirectement de l'article L. 111-3 du code de la propriété intellectuelle. L'interprétation répond, comme on l'a vu, aux conditions de l'acte créatif pertinent » : Ph. GAUDRAT, « Propriété littéraire et artistique (1° Propriété des créateurs) », préc., n° 44. B. EDELMAN souligne que : « Le droit des artistes-interprètes sur leur interprétation était de même nature que le droit d'une personne sur ces propres attributs, et était protégé par les règles de la responsabilité civile ».

semble nécessaire d'examiner brièvement le *bien-fondé* de la consécration de la propriété littéraire et artistique en tant que « *droit-modèle* » pour la promotion et la protection de la *voix*[1] du récitant en fonction du choix du régime applicable et le raisonnement sous-tendant. En effet, nous constatons que le législateur égyptien, au moyen d'un raisonnement par analogie, a consacré le droit d'auteur, en tant que « droit-modèle », afin de pouvoir profiter de ces droits dont les régimes sont les plus convenables à assurer une protection efficace de l'*image de la personne*, de la *forme vocale* ainsi que du *patrimoine archéologique/pharaonique*[2].

348. Or, si le droit de la propriété littéraire et artistique apparaît comme un *modèle adapté*, façonné à la protection de l'image du patrimoine et de l'héritage culturel[3], force est de constater que l'intégration de la récitation du Coran dans la catégorie des interprétations protégeables qui consiste en l'application du droit voisin comme droit-modèle n'est, toutefois, pas sans soulever des difficultés tant sur le plan *religieux* que *juridique*. A ce titre, il convient alors de relever les principaux enjeux et défis faisant obstacle à l'*imputabilité* des droits-modèles de la propriété intellectuelle sur les formes créatives relevant de la *forme vocale*.

349. Voix de l'interprète en tant que *support occasionnel* de l'interprétation de la forme vivante. On ne peut que se féliciter de telles évolutions sereines au regard de la reconnaissance de l'*image sonore* du *cheikh* qui sont bienvenues pour la qualification de l'interprétation du Coran. Cela posé, si la jurisprudence égyptienne reconnaît aux récitants du Coran un véritable *droit sur leur voix* en soi, en tant qu'*expression vocale*, indépendamment des paroles divines récitées, pourquoi ne saurait-on pas reconnaître par analogie un *droit voisin* au *cheikh*-interprète comparable au droit exclusif d'exploitation dont il dispose naturellement sur sa voix traditionnelle[4]. L'arrêt de la Cour de cassation a déjà mis en lumière la nature *dualiste* du droit à la voix dans lequel coexiste un aspect *patrimonial* comparable aux droits patrimoniaux de l'auteur et un

---

1 V. Sur le droit à l'image en tant que modèle comparable au droit d'auteur : J.-Ch. SAINT-PAU, *J.-Cl. Civil Code*, Art. 9 - Fasc. 10 : « Jouissance des droits civils. Droit au respect de la vie privée. Définition conceptuelle du droit subjectif », 2016, n° 90 ; J.-M. BRUGUIERE, « L'image, entre droit civil et droit d'auteur », préc., p. 2985.

2 V. Déjà pour les *athar* l'article 36 de la loi égyptienne n° 3 de 2010 sur la protection des antiquités portant modification de la loi n° 117 de 1983 et les articles 142 à 161 de son règlement d'exécution. Une partie de la doctrine conteste le fait de « reconnaître au propriétaire le droit d'exploiter son bien sous forme d'image [qui] revenait en effet à admettre, qu'à l'expiration du monopole de la propriété intellectuelle, le droit exclusif du possesseur était susceptible de prendre le relais du droit privatif de l'auteur. Dit autrement, à l'expiration de la durée de protection, le droit de propriété prenait le relais du droit d'auteur mais cette fois-ci de manière perpétuelle (la propriété durant en effet autant que son objet). […] *De la propriété des descendants de Kephren ou de Mykérinos sur l'image des pyramides ? Cette situation n'était pas acceptable.* Elle l'était d'autant moins à rappeler que les droits de propriété intellectuelle visent, par la reconnaissance du monopole, à récompenser un effort créatif. Or qu'a apporté le propriétaire ? » : M. VIVANT et J.-M. BRUGUIERE, *op. cit.*, p. 406-407, note 2.

3 C'est propre à protéger le patrimoine culturel parce que ce n'est pas le seul fait brut de la voix ou de l'image, il y a un plus : il y a l'activité de l'homme autour de ce à quoi on utilise la voix ou plie l'image…

4 D. HUET-WEILLER, « La protection juridique de la voix humaine », préc., p. 499.

aspect *extrapatrimonial* comparable au droit moral[1]. En effet, le droit du *cheikh* sur la voix doit permettre de reconnaître à ce dernier le statut d'artiste-interprète pouvant ainsi interdire les utilisations, voire les exploitations, de ses prestations. Le *cheikh* dispose sur sa voix d'un droit exclusif qui lui permet de s'opposer à sa reproduction sans son autorisation expresse et spéciale, de sorte que chacun a la possibilité de déterminer l'usage qui peut en être fait en choisissant notamment le support qu'il estime adapté à son éventuelle diffusion. Dès lors, on ne pouvait que souhaiter que les juges prissent le relais pour reconnaître à l'interprétation de la *forme vivante* des récitants les mêmes droits que ceux qui sont reconnus sur la voix et les vertus expressives de tout récitant du Coran, lequel dispose d'un droit exclusif comparable aux droits patrimoniaux de l'auteur et de l'interprète.

350. Difficultés de transposition et de mise en œuvre. Cette tentative de rapprochement et d'articulation entre les deux approches ne peut, cependant, conduire à l'adoption d'un *raisonnement par analogie* sans pour autant bien cerner l'*objet du droit sur la voix* reconnue par la jurisprudence par rapport à l'*objet du droit voisin* de l'artiste-interprète.

351. Une unité *absente* entre les objets des deux droits. En effet, bien que le *droit du récitant* sur sa voix et le *droit de l'artiste-interprète* sur son interprétation aient pour trait commun la « *personnalité psychosomatique* »[2] suivant certaines règles ou caractères[3], il ne saurait être déduit une identité d'objets car les deux droits s'en distinguent pour autant par leur objet *stricto sensu*[4]. D'emblée, si le *droit à/sur la voix* protège les spécificités d'un « *son* », le droit des artistes-interprètes protège, au contraire, une

---

[1] V. Cependant : « On voit bien que la consécration d'un droit exclusif sur les attributs de la personnalité serait celle d'un droit non seulement individualiste, mais même totalement égoïste. Il est certes possible d'objecter que les nouveaux monopoles apparus dans le domaine de la propriété intellectuelle sont fondés sur la protection non d'une création mais d'un simple investissement, comme c'est le cas pour le droit des producteurs de phonogrammes et de vidéogrammes, le droit des entreprises de communication audiovisuelle et le droit *sui generis* des producteurs de bases de données. Mais, outre que cette évolution est de toute façon contestable, ces prérogatives ne peuvent servir de modèle à la reconstruction des droits de la personnalité dans la mesure où elles n'ont pas la moindre composante extrapatrimoniale. Aussi faut-il insister sur le caractère "révolutionnaire" qu'aurait la consécration d'un nouveau droit de propriété intellectuelle sur les attributs de la personnalité, lequel emprunterait au droit d'auteur sa double nature morale et patrimoniale, aux droits voisins leur finalité protectrice d'un pur investissement, indépendant de toute création » : A. LUCAS-SCHLOETTER, *J.-Cl. Propr. litt., art.*, Fasc. 1118 : « Nature du droit d'auteur. Droit d'auteur et droits de la personnalité », préc., n° 74.

[2] Selon l'expression du professeur GAUDRAT, « Propriété littéraire et artistique (1° Propriété des créateurs) », préc., n° 108 et s.

[3] V. Cependant : P. ROUBIER, *Droits subjectifs et situations juridiques*, Dalloz, Paris, 1963, p. 44 : Paul ROUBIER avait bien distingué naguère entre les droits de la personnalité qui ne seraient que des situations juridiquement protégées et le droit moral qui aurait les caractères d'un véritable droit subjectif. Sur la nature des droits de la personnalité, le professeur Albert VAUNOIS estimait que : « Le droit que chacun de nous a sur sa personne physique et sur son image n'est pas une propriété, quoique l'expression soit souvent employée, d'une manière impropre, dans le langage commun. C'est un droit spécial » : A. VAUNOIS, « Lettre de France », *Dr. Aut.*, 15 sept. 1933, p. 103.

[4] « En effet, d'une part, ces droits ont pour trait commun d'avoir pour objet soit un attribut de la personne [...], soit l'intégrité morale de l'individu ; *et, d'autre part, ils ont tous un objet immatériel* » : J. ANTIPPAS, *J.-Cl. Communication*, Fasc. 156 : « Les droits de la personnalité opposés aux personnes publiques », 2018, n° 1.

« *interprétation* ». Le droit sur la voix existe même si la voix ne véhicule pas d'interprétations ! Il s'agit d'un droit sur la substance de la voix quelque soit l'usage qui en est fait (pour autant qu'on la reconnaisse) : que l'on crie, hurle, ou vocalise… En revanche, le droit voisin n'existe que s'il y a une *interprétation*, laquelle comporte à la fois une *empreinte intellectuelle* et une *empreinte sonore*. Le droit voisin est un droit sur un *certain usage* que l'on en fait ; on y *met son empreinte*, à propos d'un message qui est extérieur à la forme vivante !

352. Entre dimension *expressive* et dimension *créatrice*. Force est de constater que le droit sur la voix du récitant du Coran n'appréhende pas la *dimension créatrice* en soi à l'instar du droit voisin[1] même si la voix se présente comme un « *mode d'expression artistique* »[2] qui a été fondée au départ sur l'effort créatif du titulaire qui serait l'auteur[3], sauf à confondre le même objet greffé[4]. Nul ne saurait contester que : « *La voix, en tant que timbre, intonation, intervient sans doute dans l'interprétation* »[5]. Ou serait le *choix créatif* sans la voix en tant que l'un de nos caractères physiques ? Le *travail* et le *savoir-faire vocal* traduit, en effet, un choix au niveau de l'interprétation, car « *le maître est censé choisir pour son élève des chants qui s'adaptent le mieux à sa voix et à ses capacités artistiques ; un mauvais choix risque de nuire à la voix du débutant et à son potentiel artistique* »[6]. Or, il convient de remarquer que la voix, indépendamment du rôle important qui lui est assignée dans l'interprétation de la forme vivante, possède un *caractère expressif* en soi[7].

353. Expression de la *singularité* de la personne et l'expression de la *forme interne*. Il faut donc distinguer entre l'expression de la *singularité de la personne* et l'expression de la *forme interne* qu'elle a conçue. Cette *dimension expressive* intimement liée à la personne du récitant met l'accent sur ses qualités vocales ainsi que sur la possibilité de sa voix d'atteindre dans sa haute subtilité un degré lui permettant d'engendrer des phénomènes psychiques divers qui s'intensifient avec l'articulation de la parole divine. L'exemple mis en avant pour illustrer cette dimension expressive est celui des lecteurs du Coran qui arrivent « *à moduler leur voix comme si elle était une flûte ; ils provoquent ainsi de l'émotion à travers l'harmonie qui résulte de leur mode d'expression* »[8].

---

1 « La dimension expressive de l'interprète donne un caractère particulier au support qui ne se contente pas de révéler la forme externe d'une œuvre. En lui insufflant une dimension personnelle, l'interprète, en tant que support vivant, va impacter la délivrance de la forme externe et donc, de la forme interne contenue » : O. PIGNATARI, *Le support en droit d'auteur*, préf. Ph. GAUDRAT, coll. « Création Information Communication », Larcier, Bruxelles, 2013, p. 201.

2 Selon H. PELISSIER-GATEAU et C. GUILLEMAIN, *J.-Cl. Civil Code*, Art. 1382 à 1386 - Fasc. 133-10 : « Droit à réparation. Responsabilité fondée sur la faute. Atteintes aux droits de la personnalité. Droits susceptibles d'atteinte », préc., n° 254.

3 A. LUCAS-SCHLOETTER, *J.-Cl. Propr. litt., art.*, Fasc. 1118 : « Nature du droit d'auteur. Droit d'auteur et droits de la personnalité », préc., n° 74.

4 Par ailleurs, on y ajoute que : « les dispositions du droit voisin sont trop étroites pour englober l'hypothèse des droits sur l'image et sur la voix » : L. MARINO, « La patrimonialisation du nom, de la voix et de l'image », *in* B. BEIGNIER, B. DE LAMY et E. DREYER (dir.), *Traité de droit de la presse et des médias*, *op. cit.*, n° 1733.

5 O. PIGNATARI, *op. cit.*, p. 173 et 174.

6 A. SHILOAH, « La voix et les techniques vocales chez les Arabes », art. préc., n° 36.

7 Dans ce sens : A. SHILOAH, « La voix et les techniques vocales chez les Arabes », art. préc., n° 32.

8 A. SHILOAH, « La voix et les techniques vocales chez les Arabes », art. préc., n° 5.

354. Entre empreinte *sonore* et empreinte *intellectuelle*. De prime abord, l'objet du *droit sur la voix* peut dans une certaine mesure être mis en parallèle avec celui du *droit du chanteur* sur son interprétation en tant qu'artiste-interprète. Or, sur le terrain de la propriété littéraire et artistique, « [...] *le droit ne s'attache nullement à la voix : il procède d'une création de l'esprit dont la voix n'est que le support occasionnel* »[1]. Une *empreinte sonore* ou *digitale* « exprime » la singularité de la personne... sans être sa *création* ! A vrai dire, lorsque le Coran est psalmodié par le récitant, le support matériel de la vibration est *l'air* et non pas la *voix* au sens du terme[2], en tant que caractère physique, qui peut nécessairement s'y retrouver. Ainsi, à la différence de la voix qui ne saurait être qu'un simple attribut individualisable de la personnalité du récitant indépendante de toute création[3], la forme créative de l'œuvre ou de l'interprétation[4], qui est à l'origine de l'acte créatif pris en charge par la propriété littéraire et artistique, s'extériorise par rapport au sujet de droit.

355. Opposition entre caractère *intellectuel* et caractère *réel*. Cela étant, il nous semble que l'opposition entre le caractère *fictif*, voire *intellectuel* (l'apport créatif dans l'interprétation) et le caractère *réel* (la voix, le timbre, la puissance, l'éclat, l'épaisseur et le volume) ne saurait complètement être apte à distinguer l'objet des deux droits. Si la voix du récitant du Coran n'est qu'un simple *attribut individualisable de la personnalité* dans la vraie vie, il ne saurait être question de refuser de lui reconnaître l'*apport créatif* au niveau de la récitation en tant qu'interprète dans la mesure où la *prestation mélismatique* de la voix implique une *interprétation* en soi qui ne doit pas conduire à considérer que l'interprétation n'existe que si elle s'impute sur une œuvre littéraire ou artistique, et partant, la qualité d'artiste-interprète ne saurait être reconnue au récitant au détriment du droit sur la voix.

B. Les interférences entre les droits de la personnalité et la propriété littéraire et artistique

356. Droit sur la voix de l'artiste-interprète, *cumul de protection* ou *source de confusion* ? L'examen de la jurisprudence française nous montre que certaines

---

1 D. HUET-WEILLER, « La protection de la voix humaine », art. préc., p. 497 et s., spéc. p. 500.

2 V. Ph. GAUDRAT, « Du logiciel-support à l'illicéité de la copie privée numérique : chronique d'une subversion annoncée ... (1re partie) », *RTD com.* 2001, p. 890 et s., spéc. p. 895, note 10 : « L'air est un véhicule adéquat à la vibration sonore » ; « Quand une œuvre musicale enregistrée sous forme numérique ou analogique est diffusée, la vibration constitutive de sa forme externe auditive sera en dernier ressort portée par l'air. Elle change *nécessairement* de vecteur matériel » ; O. PIGNATARI, *op. cit.*, p. 173 : « Pour autant, le support d'une forme orale ne semble pas tant être la voix - de l'interprète - que l'air par lequel le son - de la voix - transité ».

3 Certains auteurs proposent des qualificatifs propres aux voix, voire un classement de voix, qui concerne exclusivement le timbre, la puissance, l'éclat, l'épaisseur et le volume à savoir : « affligée ; vacillante ; ronde comme un bassin ; complaisante ; sonore/claire ; puissante ; rugueuse/dure ; douce/lisse/légère ; pure/homogène ; excessive/surabondante ; claquante ; retentissante/métallique ; criarde/perçante ; tremblante ; nasillarde ; tendre/humide ; étouffée ; moelleuse ; obscure/sombre ; menue/délicate ; réverbérante ; suffoquée ; flasque/nonchalante ; agitée/perturbée ; brisée/saccadée ; rauque » : A. SHILOAH, « La voix et les techniques vocales chez les Arabes », art. préc., n° 30.

4 Le professeur TAFFOREAU met l'accent sur le fait que : « Le mot interprétation peut revêtir trois significations : prestation vivante ; conception intellectuelle de la façon d'interpréter ; prestation enregistrée » : P. TAFFOREAU, *J.-Cl. Propr. litt., art.*, Fasc. 1420 : « Droits voisins du droit d'auteur. Durée des droits voisins (CPI, art. L. 211-4 et L. 211-5) », 2015, n° 15.

décisions n'ont pas hésité à opter pour le *cumul* de protection de l'objet par les droits voisins de l'artiste-interprète et les droits de la personnalité (droit à l'image, droit sur la voix…), et ce, pour protéger certains intérêts qui ne se rattachent pas nécessairement à l'œuvre ou à l'interprétation, ce qui accentue la différence avec les droits de la personnalité. Or, le fait que les *caractères physiques* de l'interprète soient le *support de son interprétation* n'implique pas nécessairement l'unité entre les objets de droits[1].

357. Affaire de « *Maria Callas* ». Cette célèbre affaire illustre parfaitement ce propos[2]. En l'espèce, la cantatrice avait procédé à des essais qui ont été enregistrés clandestinement dans la salle du théâtre des Champs-Élysées. Mais un enregistrement de certaines de ces séances avait été opéré à l'insu de l'artiste par le secrétaire général du théâtre qui fut diffusé, ensuite, par Radio-France après son décès. C'est dans ces conditions que la mère et la sœur de la cantatrice ont assigné Radio-France et le secrétaire général du théâtre des Champs-Élysées au motif qu'il s'agissait d' « *une intrusion fautive dans l'intimité de la vie artistique de Maria Callas et une atteinte grave à sa mémoire* ».

358. Après avoir rappelé que : « l'artiste exécutant est fondé à interdire une utilisation de son exécution[3] et il est seul juge des moyens et de l'époque de l'exploitation de son talent », le Tribunal retient une double atteinte au titre du *droit voisin de l'artiste-interprète* et des *droits de la personnalité* de Maria Callas sur sa voix « *qui est un attribut de la personnalité, une sorte d'image sonore dont la diffusion sans autorisation expresse et spéciale, est fautive* ».

359. Appréciation critique. A cet égard, il faut bien délimiter les contours respectifs des *objets* de deux droits car, en l'espèce, la publication, la diffusion, et la divulgation de la voix de la cantatrice étaient illicites dans la mesure où elles pénétraient dans sa vie intime d'une manière indiscrète ou blessante, ou encore attaquaient l'artiste dans sa force-morale[4]. Comme l'a souligné le professeur Daverat :

---

1 À titre d'exemple, le corps du danseur devient un médium qui constitue le support de création : V. Plus loin le chapitre premier du Titre II de la seconde partie. V. L. BREUKER, « Le support de création et le support de commercialisation de l'œuvre », *Comm. com. électr.* 2003, n° 1, chron. 2 ; O. PIGNATARI, *op. cit.*, p. 103. Selon H. PELISSIER-GATEAU et C. GUILLEMAIN : « En tant qu'elle est aussi un moyen d'exprimer et de véhiculer une pensée ou d'exprimer un talent, la voix est protégée au titre de la propriété littéraire et artistique, qu'elle constitue le support d'une création ou qu'elle serve l'interprétation d'une œuvre préexistante » : H. PELISSIER-GATEAU et C. GUILLEMAIN, *J.-Cl. Civil Code*, Art. 1382 à 1386 - Fasc. 133-10 : « Droit à réparation. Responsabilité fondée sur la faute. Atteintes aux droits de la personnalité. Droits susceptibles d'atteinte », préc., n° 257.

2 TGI Paris, 19 mai 1982, *D.* 1983, jurispr. p. 147, note R. LINDON ; *JCP G* 1983, II, 19955, obs. GOBIN ; *RIDA* oct. 1982, p. 198 ; X. DAVERAT, « L'art et la manière », *Cah. dr. auteur* 1984, t. III, p. 85.

3 Il s'agit du même attendu du jugement du Tribunal civil de la Seine, en date du 4 janvier 1956, dans l'aff. *W. Furtwängler c/ Sté Thalia Disques et Sté Urania Records* : « *Attendu que l'artiste exécutant est fondé à interdire une utilisation de son exécution* autre que celle qu'il avait autorisée en contractant ; ». *Adde* : CA Paris, 13 févr. 1957, *JCP* 1957, II, n° 9838, aff. *Sté Thalia Disques et Sté Urania Records c/ consorts F.*

4 V. À titre d'exemple : la Cour d'appel de Kiel, dans un arrêt du 9 juillet 1929, a eu à se prononcer sur une affaire relative à la publication et l'exécution publique d'une pièce théâtre qui prenait pour sujet l'assassinat d'un époux dont sa femme avec son amant s'est vue condamnée. Entravant l'exercice du droit d'auteur, l'arrêt s'est fondé sur le droit général de la personnalité afin d'interdire …

« il s'agissait, encore, d'un motif surabondant, dont la seule présence pouvait faire croire à un doute quant à la portée du principe général rappelé par les juges, puisque ces derniers éprouvent le besoin manifeste de le conforter par un autre type de raisonnement ; *bien plus, la décision introduit un désordre supplémentaire par des considérations douteuses, considérant par exemple la voix comme une "image sonore" et prise comme "attribut de la personnalité". C'était non seulement douter du principe énoncé, mais encore confondre voix et interprétation* »[1].

360. Il s'avère que l'*objet* de la protection *du droit à la voix* n'a rien à voir avec l'*objet du droit voisin* de l'interprète même s'il livre une part de sa *personnalité* dans l'interprétation de la forme vivante. En effet, tout le travail du chanteur vise à se créer une voix ! Mais cette création vise à donner des caractères particuliers à la voix en vue d'en faire un *outil d'interprétation.* Ce n'est pas en soi une forme déterminée véhiculée ponctuellement. C'est, au contraire, une *forme constante* de la voix ! Et par conséquent, une forme qui se retrouvera dans toutes les interprétations !

361. Une identité *absente* entre les droits. C'est ainsi que si la voix des récitants est désormais dotée d'une valeur patrimoniale en raison de leur notoriété, il n'en reste pas moins que la voix n'est pas en soi le résultat d'un *acte créatif*[2] qui se présente comme « *un fait juridique résultant d'une activité humaine consciente qui entraîne une modification de la réalité* »[3], mais il s'agit plutôt d' « *un intérêt patrimonial à caractère personnel objet d'un droit dérivé d'un droit de la personnalité* »[4]. En d'autres termes, Dieu seul dit le Coran ; la participation de l'homme dans la récitation des versets par l'intermédiaire de la voix ne saurait être que totalement passive dans la mesure où la prononciation elle-même est l'œuvre unique de Dieu. Cette conception dogmatique est parfaitement conforme à celle synthétisée par R. Nerson selon laquelle : « *on ne peut avoir un droit d'auteur sur sa physionomie, celle-ci est en réalité une partie de nous-mêmes et non une production de notre esprit : je*

---

la reproduction, au théâtre, d'événements tirés de la vie privée de la famille des demandeurs (en l'occurrence, le tuteur des enfants des deux époux figurant dans le drame), cité par O. DE BOOR, « Lettre d'Allemagne », *Dr. Aut.*, 15 juill. 1931, n° 7, p. 80. V. Aussi : O. DE BOOR, « Lettre d'Allemagne », *Dr. Aut.*, 15 juill. 1930, n° 7, p. 77, 3e col.

1 X. DAVERAT, *J.-Cl. Propr. litt., art.*, Fasc. 1430 : « Droits voisins du droit d'auteur. Droits de l'artiste-interprète. Droit moral (CPI, art. L. 212-1 à L. 212-10) », 2019, n° 63. Mmes H. PELISSIER-GATEAU et C. GUILLEMAIN semblent confondre entre la voix et l'interprétation : « L'actrice [Orane Demazis] ne prétendait pas à un droit sur les paroles, puisqu'elles étaient tirées de l'œuvre de Pagnol, mais bien au droit sur son interprétation et, partant, sur sa voix » : *J.-Cl. Civil Code*, Art. 1382 à 1386 - Fasc. 133-10 : « Droit à réparation. Responsabilité fondée sur la faute. Atteintes aux droits de la personnalité. Droits susceptibles d'atteinte », préc., n° 259. Par ailleurs, « Le Code de la propriété intellectuelle consacre donc un véritable monopole d'exploitation de la voix. L'artiste interprète a ainsi droit au respect de son nom, de sa qualité et de son interprétation » : *J.-Cl. Civil Code*, Art. 1382 à 1386 - Fasc. 133-10 : « Droit à réparation. Responsabilité fondée sur la faute. Atteintes aux droits de la personnalité. Droits susceptibles d'atteinte », préc., n° 260.

2 « Une œuvre de l'esprit ne devient telle qu'en acquérant une existence indépendante de l'existence de son créateur » : P. KAYSER, *La protection de la vie privée par le droit : protection du secret de la vie privée*, 3e éd., Economica et PUAM, Paris et Aix, 1995, n° 95. « Le fait que, à la différence du droit d'auteur, aucun acte créateur ne soit à l'origine de la prérogative de propriété créée importe peu, puisque, précisément, il ne s'agit pas de droit d'auteur mais d'un droit cousin dont il importe de transposer, *mutatis mutandis*, le régime juridique » : T. HASSLER, « Quelle patrimonialisation pour le droit à l'image des personnes ? Pour une recomposition du droit à l'image », art. préc., p. 126.

3 C. CARON, *op. cit.*, p. 48, n° 44.

4 J.-Ch. SAINT-PAU, *J.-Cl. Civil Code*, Art. 9 - Fasc. 10 : « Jouissance des droits civils. Droit au respect de la vie privée. Définition conceptuelle du droit subjectif », préc., n° 90.

ne suis pas l'auteur de mon apparence physique »[1]. Ainsi, si l'*interprétation* est forcément une *création à part* qui s'incarne dans une *forme vivante* indépendante de l'œuvre[2], il n'en est pas de même pour la *voix* qui, en l'absence d'extériorité entre le récitant et les attributs de sa personnalité[3], ne devient protégeable « *en tant qu'émanation de la personnalité que si elle est indissociable de la personne. On peut ainsi affirmer que ce n'est pas la voix en tant que telle qui est protégée, mais bien la personnalité, à travers la voix qui l'évoque* »[4].

362. Interférences entre *droits de la personnalité* et *droit moral*. Cette confusion explique parfois les interférences entre les *droits de la personnalité* et le *droit moral* de l'auteur[5] qui est protégé « *dans ses rapports personnels avec l'œuvre* ». En effet, l'analyse doit nécessairement être menée en contemplation de l'œuvre, voire de l'interprétation, en tant qu'émanation de la personnalité du droit moral de l'auteur et de l'artiste[6], bien qu'il ne porte pas directement sur sa *personnalité*.

---

1 R. NERSON, *Les droits extrapatrimoniaux*, thèse, Lyon, 1939, n° 79.

2 P. TAFFOREAU, « La notion d'interprétation en droit de la propriété littéraire et artistique », art. préc., p. 52.

3 « Comme le droit moral de l'auteur s'exerce sur une œuvre, celui de l'artiste s'exerce sur une interprétation. L'objet de la protection se trouve ainsi extérieur au sujet de droit impliqué, différence essentielle avec les droits de la personnalité. Même si ces derniers protègent des attributs de la personnalité (voix, image, etc.) l'œuvre et l'interprétation sont, bien plus que des simples attributs individualisables, des créations de nature artistique protégées en tant que telles » : X. DAVERAT, *J.-Cl. Propr. litt., art.*, Fasc. 1430 : « Droits voisins du droit d'auteur. Droits de l'artiste-interprète. Droit moral (CPI, art. L. 212-1 à L. 212-10) », préc., n° 58. V. Au sujet de l'*idjtihâd*, en tant qu'une œuvre indissociable de l'esprit et de la personnalité du *Mudjtahid* : M. AYROUD, *op. cit.*, p. 154 et s. « Ce penseur malikite [l'*Imam* Al-Qurâfi (m. 684 H/1285 J.-C)] affirme que le droit que le *Mudjtahid* peut avoir sur son *idjtihâd* ne fait pas partie des *huqûq maliyyah* (droits patrimoniaux), puisque l'*idjtihâd* n'est autre chose que la pensée même du *Mudjtahid*. Il est attaché à son propre esprit et à sa personnalité intellectuelle ; il en fait partie intégrante et ne peut par conséquent en être séparé pour devenir un bien de l'ordre économique, puisque l'intelligence (*al-'aql, al-fikr*) échappe à toute patrimonialisation. Il en ressort que le droit sur l'*idjtihâd* fait donc bien partie des droits de la personnalité et qu'il s'éteint avec le *Mudjtahid* » : M. AYROUD, *op. cit.*, p. 155.

4 H. PELISSIER-GATEAU et C. GUILLEMAIN, *J.-Cl. Civil Code*, Art. 1382 à 1386 - Fasc. 133-10 : « Droit à réparation. Responsabilité fondée sur la faute. Atteintes aux droits de la personnalité. Droits susceptibles d'atteinte », préc., n° 264.

5 V. La thèse de Mme A. LUCAS-SCHLOETTER, *Droit moral et droits de la personnalité. Étude de droit comparé français et allemand*, 2 vol., PUAM, 2002.

6 Il ne va pas sans dire que le droit moral de l'auteur fut parfois érigé au rang des droits de la personnalité et considéré comme une branche dérivée desdits droits : « lesquels sont tous des droits de faire respecter la personnalité en ses divers aspects (droits au respect de la vie privée, de l'intégrité corporelle, de l'image, de la voix, etc.) » : Ph. GAUDRAT, « Propriété littéraire et artistique (1° Propriété des créateurs) », préc., n° 574. V. À titre d'exemple : la proposition d'EL-TANAMLI visant à intégrer le droit d'auteur au sein du *corpus juris* musulman dans la catégorie des droits de la personnalité selon laquelle : « lorsqu'on adopte la théorie plus récente du droit de la personnalité. Et quoi que l'on dise du caractère socialiste du système musulman, il n'y a aucun doute qu'il tend à assurer le respect et la dignité de l'homme. La technique juridique arriverait donc facilement à établir que ce respect et cette dignité exigent, le jour où l'homme se fait auteur, que cette qualité soit prise en considération dans la distinction entre le fond commun et les prérogatives que l'on doit reconnaitre au créateur de l'œuvre originale [...] *En somme, le droit d'auteur peut être incorporé dans le corpus juris musulman à titre de droit de la personnalité* » : A. M. EL-TANAMLI, *Du droit moral de l'auteur sur son œuvre littéraire et artistique, Étude critique des droits positifs français et égyptien comparés. Vers une réforme législative*, préf. de G. RIPERT, Ed. A. Pédone, Paris, 1943, p. 38-39. En Suisse, le droit moral de l'auteur était

363. La *personnalité*, source de deux droits différents. En effet, la *personnalité* se manifeste par des *caractères physiques* (la voix) et à travers le processus de création intellectuelle d'une *forme*. Dans les *caractères physiques*, la personnalité est protégée par les *droits de la personnalité*. Dans la *forme créée*, elle est protégée par la *propriété* ; un élément qui est plus directement en rapport avec la personnalité projetée dans l'œuvre (droit moral). La *personnalité* est la *source* des deux droits mais *traitées différemment* car à travers deux objets différents… une personne ou une chose. Il y existe deux approches différentes : *droit de la personnalité* et *droit de propriété*. Il serait logique que le droit de la personnalité soit absorbé par le droit de la propriété. Ce qui n'empêche pas le droit de la personnalité de survivre à l'absence de propriété.

364. Protection de la voix et droit moral, la *voix* en tant qu'attribut de la personnalité et l'*acte créatif* en tant qu'émanation de la personnalité. A la différence de l'œuvre[1], la *voix*, en tant que valeur patrimoniale, est assimilée à une « *marchandise* » à l'égard de laquelle le cédant se trouve dessaisi de tout droit dès qu'il l'a cédée aux tiers. Cette assimilation à une marchandise n'est pas sans évoquer le critère de « *substituabilité* »[2] au sens du droit de la concurrence propre aux produits sur un marché, ce qui revient à dénier la dimension personnelle et créatrice de la voix. Au contraire, les œuvres de l'esprit ne sauraient être considérées comme des *produits*

---

englobé dans la catégorie des droits de la personnalité tels qu'ils sont définis par le droit commun sans qu'il y ait de droit moral positif. V. *Dr. Aut.*, 15 mai 1932, p. 59 et 60. Or, en l'absence de dispositions techniques spéciales, il n'est pas possible de protéger efficacement le droit moral de l'auteur, surtout après le décès de celui-ci.

1 V. E. PIOLA CASELLI, « À propos de l'article 6*bis* de la Convention de Berne révisée », *Dr. Aut.*, 15 juin 1935, n° 6, p. 67 et 68, selon lequel : « En résumé, l'article 6*bis* ne fait qu'indiquer la nature et fixer la reconnaissance en droit international de ce droit moral, que plusieurs lois, et tout d'abord la loi italienne, avaient déjà reconnu, et que, en l'absence d'une loi, la jurisprudence, surtout la jurisprudence française, avait aussi admis bien qu'avec un contenu imprécis et arbitraire. *L'article 6bis n'a fait, en d'autres termes, que reconnaître et déclarer que l'œuvre intellectuelle n'est pas assimilable à un sac de pommes de terre que l'on achète au marché et dont on peut faire tout usage qu'il plaît à l'acheteur. L'œuvre est rattachée indissolublement à la personnalité de l'auteur et même après la simple cession du droit exclusif patrimonial l'auteur peut conserver des droits sur son œuvre dépendant de ses intérêts personnels* ». Souligné par nous.

2 V. À titre d'exemple : CA Versailles, 9 oct. 2008, *Legipresse* 2009, III, p. 1, note P. TAFFOREAU ; *Propr. intell.* 2009, n° 31, p. 173, obs. J.-M. BRUGUIERE, selon lequel l'artiste « n'a pas créé la voix de ce personnage qui apparaissait dans les films publicitaires depuis 1971 et qui avait donné lieu à des enregistrements sonores réalisés en langue française par plusieurs artistes depuis lors ». En l'espèce, selon une partie de la doctrine : « La voix était substituable comme le sont les produits sur un marché ou ici la prestation de la chroniqueuse. Cette notion du droit de la concurrence revient en réalité à souligner l'absence de personnalité de l'interprétation » : M. VIVANT et J.-M. BRUGUIERE, *op. cit.*, n° 1234. *Adde* : Cass. civ. 1re, 24 avr. 2013, n° 11-20900, *Propr. intell.* 2013, n° 48, p. 299, obs. J.-M. BRUGUIERE.

substituables[1] car l' « *on ne saurait, en effet, assimiler à une marchandise*[2] *quelconque, à l'égard de laquelle le vendeur se trouve dessaisi de tout droit dès qu'il l'a vendue, la production littéraire d'un auteur signée de son nom, qui reflète ses opinions et qui constitue l'émanation de sa personnalité* »[3] comme l'a bel et bien soulignée la Cour d'appel mixte d'Alexandrie, dans son arrêt en date du 30 mai 1923. Il s'agit de la première apparition/consécration du *droit moral* en Égypte[4] en tant que tel, affaire dans laquelle la Cour démontra d'une manière manifeste le *caractère personnaliste* du droit moral et consacra le droit moral des auteurs à côté du droit pécuniaire de l'auteur[5].

365. Applications jurisprudentielles. La jurisprudence française est riche d'enseignements. Elle a eu l'occasion de se pencher sur plusieurs hypothèses où le droit moral n'a pu être invoqué par l'auteur (ou l'interprète) parce que : « *son œuvre (ou son interprétation) n'était pas en cause, mais où d'autres droits de la personnalité lui sont secourables* »[6]. C'est ainsi que le Tribunal de grande instance a jugé que le droit moral

---

1 Th. DESURMONT et C. GUERNALEC, *J.-Cl. Propr. litt., art.*, Fasc. 1560 : « Propriété littéraire et artistique. Sociétés de perception et de répartition des droits. Notions générales », 2002, n° 68 : « Les particularités des œuvres de l'esprit – le lien qui les unit à la personne de l'auteur et le droit moral que la loi reconnaît en conséquence à ce dernier, l'unicité de chaque œuvre et la non-substituabilité d'une œuvre à une autre qui en est la conséquence, l'absence de signification en la matière de la notion de "prix de revient", la spécificité des modes de gestion – interdisent de les traiter comme des produits ou services ordinaires ». V. Cass. com., 29 janv. 2002, aff. *Sté Karcol c/ Sté EMI France, Juris-Data* n° 2002-013529, *Contrats conc. consom.* 2002, comm. 93, note M. MALAURIE-VIGNAL ; *Propr. intell.* 2002, n° 4, p. 60, obs. A. LUCAS. Les conclusions de M. l'Avocat général MAYRAS dans l'aff. *BRT c/ SABAM*, CJCE, 21 mars 1974, aff. C-127/73, *Rec.*, p. 324.

2 « Le Président de la Commission des Communautés européennes, M. Jacques Delors, l'a reconnu à juste titre lors de la clôture des Assises européennes de l'audiovisuel en octobre 1989 à Paris en déclarant :"... *la culture n'est pas une marchandise comme les autres et [...] nous ne pouvons pas traiter la culture comme nous traitons des frigidaires ou même des automobiles*" », cité par Th. DESURMONT et C. GUERNALEC, *J.-Cl. Propr. litt., art.*, Fasc. 1560 : « Propriété littéraire et artistique. Sociétés de perception et de répartition des droits. Notions générales », préc., n° 68.

3 CA mixte, 30 mai 1923, *B.* XXXV. 477, cité par A.-M. EL-TANAMLI, *op. cit.*, p. 74, n° 60. Nous soulignons.

4 Si l'apparition du droit moral de l'auteur remonte effectivement à un arrêt du 30 mai 1923, toutefois, la première fois que les tribunaux mixtes ont eu l'occasion de trancher un litige impliquant le droit moral de façon implicite était dans un arrêt du 26 mai 1910 rendu par la Cour d'appel d'Alexandrie. En l'espèce, il était question du droit de l'auteur à la paternité et au respect de son intégrité de l'œuvre. Mais il convient de remarquer que la Cour s'est focalisée sur les intérêts pécuniaires de l'auteur sans prendre en compte la question du droit moral et le terme « *droit moral* » n'a pas été évoqué à l'occasion de cette affaire, dans laquelle la Cour a conclu : « *que la question litigieuse se réduit ainsi à savoir si l'on peut tenir ou non pour licite, en l'espèce, le fait pour l'administration intimée de s'être appropriée le plan litigieux en l'utilisant pour ses besoins personnels ou par des tirages héliographiques livrés au public...* ». CA mixte, 26 mai 1910, *B.* XXII, 338, cité par A.-M. EL-TANAMLI, *op. cit.*, p. 73, n° 59. Le professeur EL-TANAMLI souligne que : « *dans cette affaire, la question du droit moral n'étant pas posée d'une façon très nette, la Cour l'a passée sous silence* » : A.-M. EL-TANAMLI, *op. cit.*, n° 59. V. Y. OMAR AMINE, Rapport national égyptien établi pour le Congrès organisé à Bruxelles (18 au 19 septembre 2014) par l'Association Littéraire et Artistique Internationale (ALAI) intitulé : « Le droit moral au 21ème siècle – Le rôle changeant du droit moral à l'ère de l'information surabondante », Belgique, sept. 2014, p. 1 et s.

5 C'est ainsi que le droit d'auteur n'est un droit de propriété que dans son aspect patrimonial et présente dans son aspect moral un caractère personnaliste. Ce dernier s'oppose à la qualification du droit d'auteur en tant qu'un droit de propriété qui avait été retenu dans plusieurs arrêts des juridictions mixtes.

6 V. F. POLLAUD-DULIAN, « Droit moral et droits de la personnalité », *JCP G* 1994, I, doctr. 3780.

ne saurait être invoqué par un *acteur* dont on aurait *imité la voix* pour une publicité radiophonique[1], seulement son droit de la personnalité sur sa voix[2]. Dans le même sens, la Cour d'appel de Paris retient que : « Comme tout autre, la personnalité de l'interprète est protégée lorsque des atteintes sont portées à l'un des attributs de celle-ci, tels que notamment son image, son nom ou sa vie privée »[3]. À titre d'exemple, le tribunal civil de la Seine, dans un jugement du 6 mars 1903, fut saisi d'une question sur la licéité de la reproduction de la voix humaine ainsi que des airs accompagnés de paroles. En l'espèce, les demandeurs soutenaient vainement que la loi du 16 mai 1866 concernant la libre fabrication et vente des instruments de musique mécaniques de tout genre n'a pu viser que la reproduction des airs musicaux seuls et ne saurait s'étendre en aucune hypothèse à la reproduction de la voix humaine et des airs accompagnés de paroles, aux chants et aux discours dont les disques phonographiques permettent la reproduction fidèle et intégrale. Or, le tribunal considéra qu'il n'y a pas lieu de distinguer suivant que l'enregistrement s'applique à des airs ou à des paroles dans la mesure où : « *la reproduction sonore, dans un cas comme dans l'autre, n'appartient qu'à l'artiste exécutant, auquel elle emprunte sa voix qui lui est propre, son accent et, pour ainsi dire, sa personnalité même* »[4]. Par ailleurs, il a pu être considéré comme portant atteinte au *droit au respect de l'interprétation* le fait de reproduire la voix d'une interprète altérée par un souffle et un grésillement sur le son des instruments[5]. Or, il faut néanmoins relever une nuance puisqu'il ne s'agit pas précisément des mêmes droits.

366. Affaire du « *cheikh El Menchaoui* ». Un arrêt intéressant de la chambre criminelle de la Cour de cassation française rendu à l'occasion d'une question inédite relative à l'*interprétation psalmodiée du Coran*[6] nous permet de s'interroger sur le fondement même du droit qui pourrait être reconnu aux récitants du Coran sur l'interprétation de la *forme vivante* hors des simples droits de la personnalité. En

---

[1] TGI Paris, 3 déc. 1975, *D.* 1977, p. 211, obs. R. LINDON ; *JCP G* 1978, II, 19002, obs. D. BECOURT ; 11 juill. 1977, *D.* 1977, p. 700.

[2] TGI Paris, 19 mai 1982, D. 1983. 147, note R. LINDON.

[3] CA Paris, 30 nov. 1974, *RIDA* avr. 1975, p. 206, note H. DESBOIS. La jurisprudence française a pu reconnaître certains droits à l'artiste en sanctionnant, en faisant appel aux droits de la personnalité, une « contrefaçon de la personnalité » d'Aristide BRUANT, qu'un interprète avait imité : T. com. Seine, 19 déc. 1896, *D.* 1898, jurispr. p. 509, cité par X. DAVERAT, *J.-Cl. Propr. litt., art.*, Fasc. 1430 : « Droits voisins du droit d'auteur. Droits de l'artiste-interprète. Droit moral (CPI, art. L. 212-1 à L. 212-10) », préc., n° 5.

[4] T. civ. Seine, 1re ch., 6 mars 1903, aff. *Société des auteurs, compositeurs et éditeurs de musique c/ Société des phonographes et a.*, *Gaz. Pal.* 1903, 1, jurispr. p. 468 ; *S.* 1907, 2, p. 114 ; *Dr. Aut.*, 15 mai 1903, n° 5, p. 53. Décision censurée par CA Paris, 1er févr. 1905, *S.* 1907, 1, p. 113. V. Trib. com. Seine, 20 déc. 1905, aff. *Société d'éditions musicales c/ Compagnie Pathé*, *Dr. Aut.*, 15 avr. 1906, n° 4, p. 47 et s., à propos de la reproduction de chansons (paroles chantées) à l'aide de rouleaux phonographiques interchangeables et le mode de reproduction sonore permise par la loi interprétative de 1866. Selon ce jugement : « […] la reproduction sonore de l'œuvre par la voix, le chant, les instruments de musique est licite, sauf le cas où elle a lieu en public, la loi du 13 janvier 1791 donnant, en effet, aux auteurs le droit exclusif de représentation et d'audition publique de leurs œuvres ».

[5] TGI Paris, 3e ch., 3e sect., 22 mars 2006, aff. *Michèle Mercier c/ Sté Universal Music*, *Comm. com. électr.* 2007, chron. 7, obs. X. DAVERAT ; *Légipresse* 2006, n° 233, I, p. 102.

[6] Cass. crim., 11 mai 1989, n° 88-85.120.

l'espèce, une personne avait agi sur le fondement de l'article 426-1 du Code pénal[1] pour s'opposer à une atteinte au respect d'une *interprétation coranique* enregistrée pour des cassettes. C'est ainsi que la partie civile faisait valoir qu'elle avait acquis les droits d'interprétation du Coran par le célèbre *cheikh* égyptien Mohamed Seddik El Menchaoui, non seulement en version lente, mais aussi en version rapide dont la protection de ses droits sur la version rapide n'était pas subordonnée à l'exploitation effective de ceux-ci. Elle s'est rendue compte que plusieurs cassettes, d'après des versions de lecture faite sur rythme rapide, sont vendues par un certain Salhi. Ces cassettes avaient été dupliquées à partir de cassettes fournies par Berkani alors qu'elles n'avaient pas été copiées sur celles de la partie civile.

367. C'est dans ces conditions que la partie civile a déposé sa plainte contre MM. Salhi, Doukrid et Berkani dénommées du chef de contrefaçon d'enregistrement du Coran selon l'interprétation du *cheikh* El Menchaoui au titre des infractions prévues à l'article 426-1 du Code pénal dont le délit de contrefaçon est constitué dès lors que le contrefacteur reproduit ou met en vente un article spécialement protégé. Cependant, la chambre d'accusation de la Cour d'appel de Paris a confirmé, dans son arrêt en date du 8 juillet 1988, l'ordonnance de non-lieu du juge d'instruction prononcée en faveur de Salhi aux motifs qu'il n'existait pas de charges suffisantes contre quiconque d'avoir commis l'infraction reprochée et qu'il n'était pas établi, alors qu'il ignorait la protection dont bénéficiaient les enregistrements litigieux, qu'il ait commis au préjudice de Menebhi le délit de contrefaçon qui lui est reproché.

368. La partie civile s'est pourvue en cassation contre l'arrêt de la Cour sur le fondement de prétendus défaut de motifs et manque de base légale qui ont privé l'arrêt attaqué des conditions essentielles de son existence légale, notamment en ce qu'il ne s'explique pas sur l'articulation essentielle du mémoire de la partie civile tirée de l'étendue et du caractère absolu et opposable à tous de son droit comme étant titulaire exclusif de l'interprétation psalmodiée du Coran par le *cheikh* El Menchaoui qui interdisait à quiconque de reproduire ou de diffuser cette interprétation. Que l'interprétation d'une œuvre par un artiste-interprète est spécialement protégée depuis le 1er janvier 1986, quels que soient le support matériel de l'interprétation et l'origine de ce support. Par ailleurs, l'inculpé Salhi a reconnu, au cours de son audition par le juge d'instruction, savoir que les enregistrements litigieux bénéficiaient d'une protection. Il s'en suit que l'arrêt attaqué ne pouvait sans contradiction affirmer que cet inculpé ignorait la protection dont bénéficiaient les enregistrements qu'il avait dupliqués.

---

1 Selon les deux premiers alinéas de l'ancien article 426-1 de la loi n° 85-660 du 3 juillet 1985 abrogé par la loi n° 92-597 du 1er juillet 1992 : « Est punie d'un emprisonnement de trois mois à deux ans et d'une amende de 6.000 F à 120.000 F ou de l'une de ces deux peines seulement toute fixation, reproduction, communication ou mise à disposition du public, à titre onéreux ou gratuit, ou toute télédiffusion d'une prestation, d'un phonogramme, d'un vidéogramme ou d'un programme réalisée sans l'autorisation, lorsqu'elle est exigée, de l'artiste-interprète, du producteur de phonogrammes ou de vidéogrammes ou de l'entreprise de communication audiovisuelle. Est punie des mêmes peines toute importation ou exportation de phonogrammes ou de vidéogrammes réalisée sans l'autorisation du producteur ou de l'artiste-interprète, lorsqu'elle est exigée ». V. Sur cette loi : Th. DESURMONT, *RIDA* 1986, n° 128, p. 307 et s.

369. C'est ainsi que la partie civile se reporte à la loi du 3 juillet 1985 en vigueur depuis le 1er janvier 1986 pour invoquer l'absence de toute autorisation donnée par l'artiste-interprète[1]. Il s'agit d'un fondement rationnel qui pourrait être invoqué. Par un arrêt du 11 mai 1989, la Cour de cassation rejette cependant le pourvoi au motif qu'il s'agit là d'appréciations de fait et de droit dont la partie civile n'est pas admise à discuter la valeur à l'appui de son seul pourvoi contre un arrêt de non-lieu selon les dispositions de l'article 575 du Code de procédure pénale. Il nous semble que la Cour ne voulait pas toucher au Coran.

370. Détachement souhaitable entre la *parole éternelle* articulée par la voix et la *syllabisation* de la voix. En fin de compte, nul ne saurait contester que la parole de Dieu existe avec toute récitation du Coran ; la parole est un ensemble de lettres qui correspondent aux sons articulés suivant la prononciation des lettres. Celui qui lit la parole divine a sur son palais des lettres qui forment sa lecture, et qui sont différentes des sons. Al-Jubbâ'î estima aussi que si plusieurs lecteurs se réunissent pour lire ensemble, la parole divine se trouvera dans chacun d'eux et ce qui se trouve dans eux

---

[1] Application dans le temps de la loi n° 85-660 du 3 juillet 1985. Dans un arrêt rendu le 10 décembre 2014 (Cass. civ. 1re, 10 déc. 2014, n° 13-19.880, aff. *Greensleeves Records Ltd et a. c/ The Scientist et a.*, *JurisData* n° 2014-030976 ; *Propr. intell.* 2015, n° 54, p. 77, obs. A. LUCAS ; *Légipresse* 2015, n° 326, p. 208, n° 326-12 et p. 227, note G. QUERZOLA ; *LEPI* févr. 2015, n° 029, p. 7, obs. A. LUCAS), la Cour de cassation, approuvant la Cour d'appel de Paris, décide que la loi du 3 juillet 1985 sur le droit d'auteur et les droits voisins est d'application immédiate pour des actes d'exploitation postérieurs à son entrée en vigueur, soit le 1er janvier 1986, même lorsqu'ils portent, comme en l'espèce, sur des prestations enregistrées antérieurement à cette date. Des artistes musiciens jamaïcains – The SCIENTIST, Ras MICHAEL et Johnny OSBOURNE – avaient participé dans leur pays à l'enregistrement de plusieurs albums de musique reggae au cours des années 1970-80. En 1995, deux sociétés avaient importé et commercialisé en France ces phonogrammes sans l'autorisation des artistes-interprètes. L'application dans l'espace de la loi française ne fait pas débat. C'est son application dans le temps qui est en la cause. La Cour d'appel a appliqué l'article L. 212-3 du Code de la propriété intellectuelle, dont la rédaction provient de la loi de 1985. Elle est approuvée par la Cour de cassation en ces termes : « la loi française du 3 juillet 1985 est applicable à des actes de reproduction ou de communication au public sur le territoire français postérieurement au 1er janvier 1986 » (en réalité, l'article 66 de la loi de 1985 dispose qu'elle « *entrera en vigueur le 1er janvier 1986* » et non pas *après* cette date). La loi nouvelle s'applique donc à des actes de contrefaçon portant sur des objets de droits voisins créés avant son entrée en vigueur. Ce qui signifie, *a contrario*, que les actes d'exploitation accomplis avant le 1er janvier 1986 ne sont pas justiciables de la loi de 1985. On doit donc leur appliquer le droit alors en vigueur qui protégeait les utilisations de fixations sans autorisation mais sur le fondement de la responsabilité civile de droit commun (V. Par ex., aff. du chef d'orchestre « *Furtwaengler* » : Cass. civ. 1re, 4 janv. 1964, *Bull. civ.* 1964, I, n° 7 et aff. de la mythique cantatrice « *Maria Callas* » : TGI Paris, 1re ch., 1re sect., 19 mai 1982, aff. *Dames Dimitriadou et Calogeropoulos c/ Sté Radio France*, *RIDA*, oct. 1982, n° 114, p. 198). Malgré une formulation pouvant semer le trouble, la Cour de cassation avait, un mois auparavant, rendu une décision dans le même sens (Cass. civ. 1re, 13 nov. 2014, n° 10-28.023, aff. *SPEDIDAM c/ Idéale Audience International et a.*, *LEPI* janv. 2015, n° 1, p. 5, obs. S. LE CAM ; *Propr. intell.* 2014, n° 54, p. 65, obs. A. LUCAS). C'est encore ce qu'exprimait la Cour d'appel de Paris, dans un arrêt du 11 juin 2014 (CA Paris, Pôle 5, 1re ch., 11 juin 2014, n° 13/01862, aff. « *Kenny Clarke* », *JurisData* n° 2014-014660 ; *Propr. intell.* 2014, n° 53, p. 400, obs. J.-M. BRUGUIÈRE ; *LEPI* oct. 2014, n° 138, p. 3, obs. S. LE CAM ; *RLDI* juill. 2014, n° 3522, p. 20, obs. L. COSTES) : « si la loi du 3 juillet 1985 [...], entrée en vigueur au 1er janvier 1986, n'est pas rétroactive, elle est d'application immédiate et trouve ainsi à s'appliquer aux utilisations, faites après le 1er janvier 1986, de prestations fixées et communiquées au public antérieurement au 1er janvier 1986 ».

tous est la même parole selon l'opinion d'Al-Jubbâ'î[1]. Or, il ne va pas sans dire que le droit du récitateur du Coran sur sa voix subsiste indépendamment du texte récité, comme l'a relevé la Cour de cassation égyptienne dans l'affaire du *cheikh* Abdel-Basset Abdel-Samad arguant d'un détachement des attributs divins (le Coran subsiste en Dieu) par rapport aux attributs de la personnalité du récitant.

371. Distinction entre le *Verbe divin* et le *son* articulé par le *cheikh*. A partir de ce constat, ne doit-on pas transposer une telle solution, par analogie, à la *cantillation du Coran* dès lors qu'il est admis sur le plan théologico-juridique de distinguer entre le support de la récitation ou plutôt de la lecture (le *mushaf* ; la forme vivante) et le Coran (la forme divine) ? Si le support matériel du Coran est susceptible d'être déployé dans une *forme vocale* (en l'occurrence, la voix du *cheikh*), pourquoi ne saurait-on admettre que cette forme, en tant que vecteur du message divin, puisse être également dépositaire d'une *forme vivante* (interprétation) ? Le mouvement jurisprudentiel consacrant un droit sur la voix aux récitants du Coran et l'aménagement y afférent s'explique par le fait que l'objet ne porte, en l'occurrence, que sur l'un des *attributs de la personnalité* du *cheikh* (la voix) tandis que sur le terrain de la propriété littéraire et artistique la qualification porte nécessairement sur l'un des *attributs divins*, à savoir la parole d'Allah, ce qui est inacceptable d'un point de vue théologique. La distinction paraît subtile entre ces deux attributs. En revanche, sur le plan juridique quand un artiste-interprète interprète une chanson, son droit porte sur la *forme interne* dont il nourrit la *forme externe* qui doit être fidèle à celle de l'œuvre. Pour autant son droit n'englobe pas celui de l'auteur. L'*œuvre* et l'*interprétation* sont distinctes. De même le *Verbe divin* et l'*interprétation* n'ont pas de raison de se confondre. La position de la jurisprudence nous conforte dans l'idée que le régime du droit voisin des artistes-interprètes ne, semble-t-il, pas aisément adapté à la *nature incréée* du Coran. Ce qui explique la solution intermédiaire des juges du fond en admettant au *cheikh* un simple *droit sur la voix* ainsi que la consécration législative d'un droit en matière de portraits et d'un droit à/sur l'image de sa propre figure, voire de la personne représentée dans un portrait[2].

---

1 V. A. BADAWI, *op. cit.*, t. I, p. 374. Il rapporte : « l'opinion des *hashawites*, selon laquelle la parole de Dieu est éternelle, qu'elle est formée des lettres et des sons, et que ce qui est entendu de la voix de lecteurs du Coran est identique à la parole de Dieu ; les gens vulgaires parmi eux vont jusqu'à dire que ce qu'on entend (en entendant le Coran) est la voix de Dieu, et que ce qui est vu dans les lignes qui contiennent la parole divine écrite est la Parole éternelle ; même si les lettres sont écrites en fer, elles seront identiques à la parole de Dieu, et que le nom de Dieu, s'il est écrit, l'écrit est Dieu Lui-même » : *ibid.*

2 Sur ce point, la chambre criminelle de la Cour de cassation française a pu rappeler, dans un arrêt du 15 janvier 1864, qu' : « Attendu qu'en principe la propriété des œuvres d'art et le droit exclusif de les reproduire appartiennent à leurs auteurs, et que si, quand il s'agit de portraits, *ce droit fléchit devant celui des personnes dont l'artiste reproduit l'image* » (*Bulletin des arrêts de la Cour de cassation rendus en matière criminelle*, 1864, t. LXIX. n° 13, p. 22 et s. ; *Journal du Palais*, t. 75, 1864, p. 890 et s. ; *Journal du droit criminel, ou Jurisprudence criminelle du Royaume*, 1865, p. 201 et 202, art. 8050 ; *Recueil général des lois et des arrêts*, 2e série, 1864, p. 303). Ainsi, en matière de portraits (au sens large), le droit de l'auteur se trouvait limité par le droit de la personne représentée sur son image (V. R. LANÇON et J. VILBOIS, « Le droit d'auteur en Égypte », *RIDA*, oct. 1954, n° V, p. 117). L'ancienne loi égyptienne de 1954 sur la protection du droit d'auteur contenait, il convient de le noter, une disposition particulière relative au droit à l'image

de la personne représentée dans un portrait. Selon l'article 36 : « Sauf convention contraire, l'auteur d'un portrait n'a pas le droit d'exposer, de publier ou de mettre en circulation l'original ou des exemplaires dudit portrait sans l'autorisation de la personne représentée. Cette disposition n'est pas applicable lorsque la publication du portrait a été faite à l'occasion d'événements qui ont eu lieu en public ou si le portrait concerne des personnages officiels ou des personnes jouissant d'une notoriété mondiale, ou enfin, si cette publication est autorisée par les autorités publiques dans l'intérêt général. Toutefois, dans le cas précédent, un portrait ne pourra être exposé ou mis en circulation s'il en résulte une atteinte à l'honneur, à la réputation ou à la dignité de la personne représentée. La personne représentée a le droit, sauf convention contraire, d'autoriser la reproduction de son portrait dans les journaux, revues ou autres publications de ce genre, même sans le consentement de l'auteur du portrait. Ces dispositions s'appliquent à tout portrait quel qu'en soit le procédé d'exécution : dessin, gravure ou autre procédé ». En effet, cet article s'inspire de l'article 13 de l'avant-projet de loi égyptien sur le droit d'auteur de 1927 : « L'auteur d'un portrait n'a pas le droit d'exposer, publier ou mettre en vente ou en circulation l'original, ou des exemplaires ou copies du portrait sans le consentement de la personne représentée. Cette disposition n'est pas applicable lorsque la publication du portrait est faite en relation avec des événements qui se sont produits en public ou concerne les personnages officiels ou des personnes jouissant d'une notoriété générale, ou enfin si cette publication est faite ou autorisée par les autorités dans un intérêt public. Par contre, et sauf convention contraire, la personne représentée peut autoriser, même sans le consentement du titulaire du droit d'auteur, la reproduction de son portrait dans des journaux, revues ou autres publications analogues. On entend par portrait, aux fins du présent article, toute image commandée ou non commandée, qu'elle soit obtenue par la peinture, la sculpture, la gravure, la photographie ou par tout autre procédé ». A titre d'illustration jurisprudentielle, la Cour d'appel du Caire, dans un arrêt du 15 mars 1972, a déjà consacré que le droit à l'image constitue un droit distinct, cité par A. M. HUSNI, *Moudawwaneh al-tachrî' wa al-qadâ' fi al-mawâd almadaniyyah* (*Bulletin de Législation et de Jurisprudence civiles*), t. 1, Le Caire, 1987, aff. n° 331, p. 118, rapporté par M. AYROUD, *op. cit.*, p. 131. En effet, moult législations sur le droit d'auteur datant du XXe siècle en la matière avait adopté de telles solutions concernant le droit à l'image. Par exemple, l'article 6 de la loi norvégienne concernant le droit sur les œuvres photographiques du 11 mai 1909 prévoyait que : « Les portraits photographiques sur lesquels n'existe aucun droit exclusif ne pourront être reproduits, vendus, autrement répandus ou exposés publiquement qu'avec le consentement de la personne représentée ; toutefois, ils pourront être exposés par le photographe dans un but d'affaires, à moins que la personne représentée ne l'ait interdit. Les autres photographies commandées sur lesquelles n'existe aucun droit exclusif pourront être reproduites, vendues, autrement répandues ou publiquement exposées, à moins que le commettant ne l'ait interdit ». Selon l'article 7 : « Les photographies suivantes pourront être reproduites, répandues et exposées sans le consentement de la personne représentée : 1° Les portraits ayant un intérêt d'actualité ou général ; 2° Les images dans lesquelles les personnes représentées n'apparaissent que comme accessoires ; 3° Les images qui représentent des assemblées, des cortèges en plein air, ainsi que des situations et événements d'un intérêt général ». Selon l'article 8 : « Lorsqu'il s'agit de l'administration de la justice et de la sûreté publique, les portraits peuvent être reproduits, répandus et exposés sans le consentement de l'ayant droit ou de la personne représentée ». En Tchécoslovaquie, la loi relative au droit d'auteur sur les œuvres littéraires, artistiques et photographiques du 24 novembre 1926 (parue dans le *Recueil officiel des lois tchécoslovaques*, du 18 déc. 1926. Elle est devenue exécutoire le 1er mars 1927 ; « L'union internationale au seuil de 1927 », *in Dr. Aut.*, 15 janv. 1927, n° 1, p. 4, 3e col.) consacra une sous-section relative au droit de l'individu sur sa propre image § 34 : « (1) Pour les portraits, les droits réservés à l'auteur ne peuvent être exercés qu'avec l'autorisation de la personne représentée, ou si elle ne peut la donner elle-même, ainsi qu'après sa mort, seulement avec l'autorisation du conjoint et des enfants et, à défaut de ces personnes, avec l'autorisation des père et mère et, à défaut de ces derniers, avec celle des frères et sœurs. (2) Il n'est pas besoin de cette autorisation pour les portraits appartenant à l'histoire contemporaine, pour les reproductions des assemblées publiques, des cortèges et autres événements publics, auxquels la personne représentée a participé, ainsi que pour les portraits qui n'ont pas été faits sur commande et dont la publication ou propagation servent des intérêts artistiques supérieurs.

…/…

Figure 12 — Récapitulation de la distinction entre le droit à et sur la voix et le droit voisin de l'interprète		
Droit	**Droit à et sur la voix**	**Droit voisin de l'interprète**
Trait commun	La « *personnalité psychosomatique* »	
Nature	Attribut individualisable /manifestation de la personnalité	Émanation de la personnalité
Caractère	Dimension expressive Qualités vocales/caractères physiques indépendantes de toute création (la voix, le timbre, la puissance, l'éclat, l'épaisseur et le volume)	Dimension créative Talent artistique, apport personnel
Objet	La voix Les spécificités d'un « *son* »	L'interprétation
Forme	Forme vocale	Forme vivante
Protection	La voix est protégée par les *droits de la personnalité*	L'interprétation est protégée par le *droit de propriété*
Convergences et divergences	La voix ne *véhicule* pas d'*interprétations* La voix en tant *que timbre, intonation* peut intervenir *dans l'interprétation*	L'interprétation comporte à la fois *empreinte intellectuelle* et une *empreinte sonore* La voix en que *support occasionnel* de l'interprétation

(3) Dans tous les cas il est nécessaire de respecter de façon appropriée les intérêts importants ou l'interdiction motivée de la personne représentée ou de ses proches ci-dessus mentionnés. (4) Ces dispositions ne s'appliquent pas à l'utilisation des portraits dans un but officiel » (V. *Dr. Aut.*, 15 mars 1927, n° 3, p. 29 et s).

CHAPITRE II
LE DISCOURS, *VARIATION* INTELLECTUELLE SUR LA FORME DIVINE

372. De la liturgie de la parole intrinsèque de l'âme : la *khutba* et la *prédication*. Le *khatîb* « prédicateur » ou officiant dans les mosquées et le prêtre qui prononce en chaire un discours religieux, à l'occasion des cultes ou dans d'autres buts ecclésiastiques, bénéficient-t-ils d'un droit de propriété sur la *forme oratoire* comme l'orateur[1] qui prononce un discours officiel, ou plaide devant un tribunal[2], ou encore dispense un cours, fait une leçon publique comme professeur de l'enseignement de

---

[1] Me P. OLAGNIER propose une définition de l'orateur comme étant : « [...] un auteur d'œuvres orales exprimées le plus souvent par lui-même, et ayant pour objet d'enseigner ou de convaincre » : Rapport de Me P. OLAGNIER, « Les orateurs interprètes de leurs œuvres », 2e Congrès international de la parole, 6-7-8 sept. 1935, Exposition universelle internationale de Bruxelles, Comité international de la parole, Paris, 1936, p. 17.

[2] V. P. ALLAEYS, « La création de l'avocat », *Légipresse* 2004, n° 217, II, 149. À titre d'exemple, l'article 4, 3° du décret du 23 juin 1916 relatif à la protection des œuvres littéraires et artistiques dans la zone française de l'Empire Chérifien (*Bulletin officiel de l'Empire Chérifien*, Protectorat de la République Française au Maroc, éd. française, du 3 juillet 1916, n° 193, p. 658 à 661) prévoyait que : « Sont également protégés : 3° les discours, conférences, plaidoyers, leçons de professeurs, ou toute autre manifestation orale de la pensée ; ». En revanche, selon l'article 11 de la loi japonaise amendant la loi du 3 mars 1899 sur le droit d'auteur du 14 juin 1910 : « Ne peuvent faire l'objet d'un droit d'auteur : 3° Les discours et plaidoiries prononcés en public devant les cours et tribunaux, ainsi que dans les assemblées délibératives et réunions politiques ».

l'État[1] ? En d'autres termes, le *prêche* dans une église ou la *khutba*[2] « prône ou oraison » en tant que profession de foi de l'Islam, prononcée par le *khatîb* sur le haut du *minbar* « chaire » dans une mosquée (*masjid*, *jâmi'*) qui prend place au début de la Prière rituelle ou *salât* collective solennelle du vendredi, peut-elle être rangée au rang des *œuvres protégeables* au sens du droit d'auteur ? La réponse à de telles questions est délicate dans la mesure où si la liturgie chrétienne et musulmane de la Parole[3] figure par excellence parmi l'*art oratoire*, il n'en reste pas moins qu'elle relève des défis d'autant plus complexes qui sont dûs à des considérations d'ordre religieux, d'une part, la *sacramentalité de la Parole*, en tant qu'« acte de culte », représentée comme une médiatrice entre la forme divine et la forme humaine et, d'autre part, la *particularité des règles* qui régissent le discours sacré au risque de le mettre sur un pied d'égalité avec l'orateur profane comme au barreau ou à la tribune[4].

---

1 La question de la propriété littéraire et artistique qui a été résolue plusieurs fois en faveur des professeurs ne s'était pas encore posée pour les prédicateurs : V. E. Pouillet, *op. cit.*, p. 73, n° 58 ; E. Blanc, *op. cit.*, 4e éd., 1855, p. 46 ; A. Gastambide, *Traité théorique et pratique des contrefaçons en tous genres*, Legrand et Descauriet, Paris, 1837, p. 76 ; A. Rendu et C. Delorme, *Traité pratique de droit industriel, ou Exposé de la législation et de la jurisprudence sur les établissements industriels, les brevets d'invention, la propriété industrielle, artistique et littéraire, les obligations particulières à l'industrie*, Cosse, Paris, 1855, n° 749 ; E. Acollas, *La propriété littéraire et artistique*, C. Delagrave, Paris, 1886, p. 26 ; A. Darras, *Des droits intellectuels. I. Du droit des auteurs et des artistes dans les rapports internationaux*, Arthur Rousseau, Paris, 1887, n° 81. V. Paris, 30 juin 1836, aff. *Héritiers Cuvier c/ Madeleine de Saint-Agy et Crochard*, *Rép. Dalloz de législation, de doctrine et de jurisprudence*, t. XXXVIII, v° *Propr. litt.*, n° 129, p. 464 et 465, note 1 : « Les leçons publiques d'un professeur constituent à son profit une œuvre d'intelligence dont la publication n'appartient qu'à lui ». Confirmé par la Cour Royale de Paris, dans son arrêt en date du 18 juin 1840, aux termes duquel : « Attendu que les leçons qu'un professeur fait en public, et qui sont le fruit de longs travaux et de pénibles et studieuses recherches, constituent bien évidemment une œuvre de l'intelligence ; Que le salaire qu'il reçoit de l'État ne peut pas donner à ses auditeurs le droit de les reproduire par la voie de la presse pour les vendre ensuite à leur profit ; Qu'en effet, ce salaire ne doit être considéré que comme la juste rémunération de l'obligation qu'il a contractée défaire un cours, et du temps qu'il est obligé d'y consacrer ; Que le dépôt n'est exigé que pour les ouvrages imprimés ou gravés… » (*Jurisprudence générale du royaume en matière civile, commerciale et criminelle : ou Journal des audiences de la Cour de cassation et des Cours royales*, 1840, p. 187 ; *Journal du Palais*, 1 juill. 1840, p. 147 et 148). *Adde* Seine, 2 mars 1841, aff. *Andrel c/ Latour*, *Rép. Dalloz de législation, de doctrine et de jurisprudence*, v° *Prop. litt.*, n° 129 ; Seine, 9 déc. 1893, aff. *Esmein c/ Bourdon-Viane*, *D. P.* 1894. 2. 262.

2 V. J. Pederson, art. « Khatîb », *in E.I.*², IV, p. 1141-1142 ; M. l'abbé F.-M. Bertrand, *Dictionnaire des mots employés dans la religion musulmane*, v° « Khutba », *in* L. De Sivry et M. Champagnac, *Dictionnaire géographique, historique, descriptif, archéologique des pèlerinages anciens et modernes et des lieux de dévotion les plus célèbres de l'univers*, publié par M. l'abbé Migne, t. 2, Aux Ateliers catholiques du Petit-Montrouge, Paris, 1851, p. 1414.

3 « La liturgie de la Parole commençait par les lectures bibliques auxquelles on ajoutait les lectures des écrits des évêques, l'assemblée était debout pendant ce temps et entre les différentes lectures des chantres chantaient des psaumes, et l'assemblée participait avec des alléluias. Ensuite il y avait le sermon ou des sermons, vu que chaque prêtre avait le droit de prendre la parole, l'évêque venait en dernier. Après cela le diacre préludait la litanie pour les catéchumènes et pénitents, les non baptisés, les chrétiens sous discipline et autres étaient renvoyés avec la bénédiction de l'évêque » : L. Ferreira, *La prédication comme acte cultuel*, Mémoire, Campus adventiste du Salève, Collonges-sous-Salève, 2011, p. 13, note 32.

4 V. Sur la distinction entre l'*orateur sacré* et l'*orateur profane* : L. Bellefroid, *Manuel d'éloquence sacrée, à l'usage des séminaires et de ceux qui commencent à exercer le ministère de la prédication*, H. Dessain, 2e éd., Liège, 1847, p. 2 et s.

373. Débat religieux et doctrinal sur l'art du discours sacré. De nombreuses hésitations peuvent naître à propos de la protégeabilité de la *khutba* (Allocution rituelle) qui se compose de louanges adressées à Dieu « *hamdala* », de prières sur le prophète, de vœux « *doaa* » pour les fidèles et d'exhortations pieuses à remplir tous les devoirs tracés par la religion mahométane ainsi que renferme des formules qui sont invariables et des citations plus ou moins longues du Coran dont le *khatîb* doit varier le choix. Un parallèle peut être fait avec la *prédication chrétienne* en tant que Parole de Dieu qui peut nous servir de point de repère étant donné que les deux religions monothéistes utilisent le même vecteur et un support identique.

374. Plan. En effet, l'examen du débat qui se noua autour de la qualification du discours religieux nous permet de constater que plusieurs arguments de la doctrine dogmatique furent mis en avant au cours du XIXe siècle afin de disqualifier la forme oratoire et de rejeter l'idée de reconnaître au prêtre un *droit de propriété* sur le discours sacré qu'il prononce[1]. Après avoir rappelé et analysé ces arguments (Section I) qui n'emportent pas, cependant, la conviction, nous présenterons l'état du droit positif comparé de l'époque ainsi que le courant jurisprudentiel inédit, tant français qu'allemand, qui s'est prononcé sur cette question (Section II) ; il adopta des solutions résolument pragmatiques en quête de modèles pour la protection de la *khutba*. Les solutions peuvent être bien aisément transposables à la *khutba*.

1 V. « De la propriété littéraire en ce qui concerne les discours religieux prononcés en chaire et les livres d'Église », Revue *Le Droit catholique*, 1865-1866, 1er vol., p. 32 à 46.

SECTION I
LES ARGUMENTS RELIGIEUX EN DEFAVEUR DE LA PROPRIETE SUR LA FORME ORATOIRE DANS LES LITURGIES CHRETIENNE ET MUSULMANE

375. Plan. Deux arguments de la doctrine chrétienne, qui sont de nature à faire une forte impression, ont été avancés au soutien de la thèse de la *dénégation* de l'attribution de la qualité d'auteur au prêtre sur le genre de discours qu'il prononce. Le premier argument s'attache au particularisme de la *nature* de la forme oratoire (§ 1) tandis que le second argument découlait des nobles *fonctions du ministère* qu'il devait exercer en qualité d'organe dispensateur de la sainte parole (§ 2).

§ 1. L'ARGUMENT ATTACHE A LA NATURE DE LA FORME ORATOIRE SACREE

376. Plan. Le premier argument avancé tient à la *sainteté* même de la parole dûe au *caractère sacré* du discours (A) qui implique de *bannir* tous *ornements esthétiques* (B) afin d'éviter toute profanation de la parole sainte.

A. Le caractère sacré du discours

377. Caractère divin de la parole inspirée et son indépendance des qualités de celui qui l'annonce. Cet argument tient à la nature religieuse, voire au caractère sacré, du discours qui consiste dans le fait que la parole prononcée par le prêtre étant la *parole de Dieu*[1] selon l'ordre de son Divin Maître : *ite et docete* « allez et instruisez (enseignez)[2] ». Il faut, d'abord, s'enquérir de la question du statut de la parole du prédicateur pour savoir si cette parole est bien de Dieu ou non. En d'autres termes, si c'est bien Dieu qui parle ! En effet, le prédicateur se propose d'élever les âmes à Dieu ; l'acte du prédicateur manifesté par la parole liturgique ne débouche pas sur un *acte créatif* dans la mesure où il n'exprime pas ses propres idées mais la *Parole de Dieu* en sa qualité de dispensateur de celle-ci selon le prédicateur éloquent Augustin (354-430)[3]. Cette parole divine renferme, en elle-même, une force invincible qui n'a besoin ni des talents ni même des vertus du prédicateur[4]. Autrement dit, la religion n'est pas son *ouvrage* ; le prédicateur reçoit la parole et il la transmet fidèlement telle qu'il l'a reçue. Il ne saurait être qu'un simple *interprète* des volontés divines, voire le médium entre le Créateur et la créature, et non pas un *auteur* au sens de la propriété littéraire et artistique.

---

[1] V. L. BELLEFROID, *op. cit.*, p. 5. Il en va un peu différemment pour la *khutba* qui ne saurait être qualifiée de « parole de Dieu ».

[2] Selon « Les paroles de Jésus-Christ aux apôtres : *Ite et docete omnes gentes*, renferment le double précepte, et d'instruire directement les nations, et de former une milice pour les instruire. L'enseignement n'est donc qu'un mode de l'apostolat, comme la prédication, comme les instructions pastorales » : M. HELLO, « De la liberté religieuse selon le droit public des français », *Revue de législation et de jurisprudence*, janv.-avr. 1844, t. 3, p. 82.

[3] V. I. BOCHET, « L'expérience spirituelle du prédicateur selon Saint Augustin », *Connaissance des Pères de l'Église* 1999, vol. 74, p. 46-53. « Pour Calvin, la prédication de la Parole de Dieu, c'est la Parole de Dieu, et elle en a l'autorité ; le prédicateur est le premier à s'y soumettre » : O. MILLET, « L'homme de la parole : prédication et exégèse » (ch. 5), *in* O. MILLET, *Calvin : Un homme, une œuvre, un auteur*, Infolio éd., Gollion (Suisse), 2008, p. 96.

[4] L. BELLEFROID, *op. cit.*, p. 26.

378. Pour Elisabeth Parmentier « Prêcher, c'est *parler* de Dieu et avec Dieu[1], de l'auditeur et avec l'auditeur, de l'Église et avec l'Église, en dialogues ininterrompus. C'est redire et refaire le chemin de Dieu vers les humains et ouvrir le chemin des humains vers Dieu. Mais c'est rappeler toujours qu'en fait la Parole de Dieu est celle qui nous *prêche* et nous *interprète* »[2]. Pour Karl Barth et Rudolf Bultmann, la prédication est un discours humain à travers lequel Dieu lui-même *parle*[3], et comme telle, elle exige autorité et apporte le jugement. En revanche, si la parole du *khatîb* permet un transfert de sacré, elle n'est pas, cependant, qualifiée de « sacrée » elle-même[4].

379. Contexte de l'énonciation de l'art du prône. La double qualité d'auteur et d'interprète. A l'examen, la lecture de ces propos nous permet de constater qu'il s'agit donc d'un acte de « parler », de « lire », de « prêcher », d' « interpréter », voire même l'art de la performance d'un discours oral. En effet, M. Louis-Marie Lahaye de Cormenin dans son : *Livre des orateurs*[5] divisa les orateurs en trois catégories : 1° Ceux qui *improvisent* sans trop savoir ce qu'ils vont dire ; 2° Ceux qui *récitent* ce qu'ils ont appris ; 3° Ceux qui *lisent* ce qu'ils ont écrit[6]. Quelle que soit la catégorie dans laquelle on les classe, Me Paul Olagnier constata que les orateurs ont un caractère commun : « c'est que, en principe, ils *interprètent eux-mêmes leurs œuvres*, qu'elles aient été

---

1 « Les prédicateurs remplissent aujourd'hui les fonctions que remplissaient autrefois les prophètes. Ceux-ci ne parlaient au peuple qu'après s'être entretenus avec Dieu. C'est Dieu qui leur disait ce qu'ils devaient annoncer. Ils étaient tenus de le consulter avant de rien dire » : M. l'abbé J.-X. VETU, *Les vrais principes sur la prédication, ou Manière d'annoncer avec fruit la parole de Dieu*, t. 1, Impr. de Simonnot-Carion, Dijon, 1839, p. 307.

2 E. PARMENTIER, « Qui parle dans la prédication ? Chantiers pour une homilétique contemporaine », Revue *Positions luthériennes*, 2002/4, p. 390.

3 Pour K. BARTH, « la prédication est un discours humain dans lequel et au travers duquel Dieu lui-même parle, comme un roi par la bouche de son héraut : elle doit être écoutée et reçue comme un discours dans lequel et au travers duquel Dieu lui-même parle, c'est-à-dire qu'elle doit être écoutée et reçue dans la foi, comme une décision divine qui vient trancher entre la vie et la mort, comme un jugement divin et un divin décret de grâce, comme la loi éternelle et l'évangile éternelle tout ensemble » : K. BARTH, *La Doctrine de la Parole de Dieu. Prolégomènes à la Dogmatique*, t. I, éd. Labor et Fides, Genève, 1953, p. 50.

4 I. FARAG, « Médiateurs du religieux, métaphore du profane (et l'inverse) : le prédicateur et le prône », Revue *Egypte/Monde arabe* (Première série, Médiateur et métaphores 1), 1990/2, n° 35.

5 TIMON (Cormenin), *Livre des orateurs*, Pagnerre éd., 11e éd., Paris, 1842, p. 11.

6 J. SENGER, *L'Art oratoire*, coll. « Que sais-je ? », 4e éd., PUF, Paris, 1967, p. 88. V. Rapport préc. de P. OLAGNIER, « Les orateurs interprètes de leurs œuvres », p. 17 et 18 : « Les Improvisateurs sont assez forts sur l'exorde. Ils savent bien par où commencer, mais ce qui les embarrasse, c'est de savoir par où finir… Ils ne savent pas jeter l'ancre sur le rivage à aborder. Le Récitateur se retire et s'enfonce en lui-même… Le Récitateur a l'œil terne, le col empesé et le geste faux. Il ne sent point le Dieu intérieur. Il est l'homme de l'Art, il n'est pas l'homme de la Nature : c'est un comédien qui ne veut pas le paraître et qui est son propre souffleur. Les Liseurs sont des gens qui prennent leur temps, toussent, crachent, éternuent, posent leurs lunettes, et en nettoient les verres avec le coin de leur mouchoir. M. DE CORMENIN mentionne encore une quatrième catégorie d'orateurs ; une catégorie hors-série, si l'on peut dire : ce sont les Interrupteurs, qui se divisent eux-mêmes en deux sortes, ceux qui ne parlent pas et ceux qui parlent : Les Interrupteurs qui ne parlent pas font beaucoup plus de bruit que ceux qui parlent, car ils imitent avec un bonheur de ressemblance et une vérité d'exécution qui ne laisse rien à désirer, les cris de tous les animaux domestiques ou sauvages, que le Créateur a jetés sur la Terre. Les Interrupteurs qui parlent sont très forts sur l'emploi des monosyllabes et de l'interjection : Eh ! Oh ! Hi ! Ouf ! Quoi ? Qu'est-ce ? Comment ? Dieu ! Ciel ! Ah ! Ils appellent cela, ne pouvoir retenir le cri de la passion ».

improvisées, récitées ou lues. *Par conséquent, ils réunissent deux personnalités : celle de l'Auteur et celle de l'Interprète* »[1]. C'est dans ces conditions qu'ils doivent se voir reconnaître la qualité à la fois d'*auteur* et d'*interprète* dans la mesure où ils créent leur œuvre, et la prononcent[2]. « De cette dualité résulte cette conséquence que les orateurs ont droit à deux sortes de redevances : *celles qui correspondent au travail de création de l'œuvre ; celles qui correspondent à leur travail d'interprétation* »[3].

380. Que la prédication soit prononcée, lue, prêchée, interprétée, improvisée, voire même préparée la veille ou empruntée à un recueil du XIXe siècle[4], il reste à savoir quelle est l'œuvre que le prédicateur interprète s'il y en a une… ? Ce postulat suppose une œuvre personnelle qui a pu être créée par le prédicateur. En revanche, il peut s'agir de l'*improvisation*. Reste à savoir quand il improvise : interprète-t-il son œuvre ou faut-il admettre que cette œuvre lui est « inspirée » par Dieu ? Or, si ces quatre mots susmentionnés visent précisément le cas de la production orale en regard du texte de la loi de 1793[5] qui régissait jadis la matière, force est de constater qu'on n'a pas manqué d'attaquer l'intérêt légal que les prédicateurs auraient eu à la propriété de leurs œuvres en se reportant au texte même de cette loi sous prétexte qu'elle ne saurait protéger seulement que la propriété d'« écrits » en tous genres, et sur l'observation peu convaincante que le mot « discours » ne figure nullement dans le texte en cause.

---

1 V. Rapport préc. de P. OLAGNIER, « Les orateurs interprètes de leurs œuvres », p. 18.

2 « Et comme l'orateur est à la fois l'auteur de son œuvre, puisqu'il l'a créée, et son propre interprète puisqu'il la prononce, il acquiert simultanément un droit pécuniaire et un droit moral en qualité d'auteur, et un droit moral et un droit pécuniaire en qualité d'interprète » : Rapport de DE VILALLONGA et P. OLAGNIER, « Les œuvres orales, les disques et les films parlants », 2e Congrès international de la parole, 6-7-8 sept. 1935, préc., p. 24. « Le Congrès, Emet le vœu que les Lois nationales et les Conventions internationales, sans préjudice de leur droit d'auteurs, protègent les orateurs en tant qu'interprètes, en les mentionnant explicitement en même temps que les artistes interprètes et exécutants lorsque leurs œuvres constituent la matière de disques phonographiques et de films parlants », préc., p. 26 et 27.

3 Rapport préc. de P. OLAGNIER, « Les orateurs interprètes de leurs œuvres », p. 18. « Il en résulte que les orateurs doivent avoir les mêmes droits que les artistes sur leurs interprétations, et doivent profiter des mêmes avantages moraux et pécuniaires qui en résultent », p. 21 ; « Votre rapporteur vous propose donc d'émettre les vœux suivants : Le Congrès Constatant la double qualité de l'orateur à la fois auteur et interprète de ses œuvres ; Considérant que cette double qualité doit lui conférer un double droit : Emet les vœux : I. Que les lois nationales et les Conventions internationales reconnaissent explicitement cette double qualité en attribuant aux orateurs le droit moral et le droit pécuniaire aussi bien sur leurs œuvres orales elles-mêmes que sur leurs interprétations », préc., p. 21.

4 I. FARAG, art. préc., n° 20.

5 L'article 425 du Code pénal incriminait, comme contrefaçon, l'édition non autorisée par l'auteur, non seulement des écrits mais de toute production ; qu'il importe donc peu que le travail intellectuel ait revêtu telle forme plutôt que telle autre, qu'il se soit manifesté par la parole ou par l'écriture, qu'il importe encore moins qu'un discours ait été écrit ou non avant d'être prononcé, qu'il serait déraisonnable de fonder des distinctions, quant aux droits de propriété de l'orateur, sur des procédés particuliers d'élaboration et sur des différences pratiques dans ce travail préparatoire. Selon l'article 425 : « *Toute édition d'écrits ou de toute autre production imprimée ou gravée en entier ou en partie, au mépris des lois et règlements relatifs à la propriété des auteurs, est une contrefaçon, et que toute contrefaçon est un délit* ». V. Trib. corr. Lyon, 10 juin 1845, aff. *Lacordaire c/ Marle*, confirmé par la Cour de Lyon, 17 juill. 1845 : « *Celui qui publie dans un volume les discours prononcés en public par un prédicateur se rend coupable de contrefaçon* ».

381. Droit de divulgation en gestation. Abdication de la propriété de l'orateur au profit du public ? De ce fait, la parole prononcée doit appartenir à tous ceux qui l'écoutent en tant qu'*acte de culte*[1]. Ainsi, à partir du moment où cette parole est livrée, le prêtre ne saurait la ressaisir, puisqu'elle ne lui *appartient* plus, et ne saurait se plaindre si elle a été reproduite. En d'autres termes, par l'*acte de représentation*, le public devenait propriétaire de l'œuvre et la *divulgation* faisait perdre à l'orateur sa propriété sur la parole qui ne pouvait consister qu'en un « travail intellectuel »[2] de sorte :

> « Qu'on a voulu placer le prédicateur dans une catégorie particulière. N'êtes-vous pas, lui a-t-on dit, le ministre du Dieu qui a dit à ses disciples : *ite et docete* ? N'êtes-vous pas le ministre du Dieu[3] qui a chassé les marchands du temple ? Le désintéressement n'est-il pas une vertu chrétienne et votre robe ne vous défend-elle pas l'entrée des Tribunaux pour y réclamer la propriété d'une parole qui ne vous appartient plus, puisque vous nous l'avez donnée, comme on donne du pain à ceux qui ont faim. Tout ici, a dit M. l'avocat-général, s'adresse à la conscience du prêtre, et à Dieu ne plaise que nous ayons la témérité de sonder les profondeurs de la conscience de ce prêtre ; il n'en doit compte qu'à ses supérieurs et à Dieu »[4].

382. Confusion entre « *divulgation* » et « *exploitation* ». A vrai dire, cette manière de raisonner s'inscrivait dans l'idée d'une « propriété du public » développée par Le Chapelier, dans son rapport lu à l'Assemblée en 1791[5], qui crût pour les œuvres profanes que l'*acte de divulgation* entraînerait le transfert de la propriété de l'œuvre au profit du public[6]. C'est ainsi que cet argument confondait bel et bien entre la notion

---

1 Selon John PIPER : « la mission de la prédication est le culte, et le sujet de la prédication est gloire multiforme du Dieu révélé dans l'Ecriture » : J. PIPER, « Preaching As Worship : Meditations on Expository Exaltation », *Trinity Journal*, 1995, 16:1, p. 39.

2 V. J.-H.-N. DE FOOZ, *Le droit administratif belge*, *op. cit.*, p. 688.

3 Certes mais ministre n'est pas prophète ! Le ministre n'est pas un « médium ». Il dit ce qu'il a compris de la Parole…

4 Selon les propos de l'avocat-général Th. MASSOT dans l'aff. *Lacordaire c/ Marle*, *in Jurisprudence de la Cour royale de Lyon*, t. XXIII, 1845, p. 137.

5 Ph. GAUDRAT, « Non-épuisement du droit de divulgation (par donation du support) », *RTD com.* 2019, p. 127 (note 53), note ss. Civ. 1re, 10 oct. 2018, n° 17-18.237, aff. *Frandsen de Schomberg Gervasi c/ Clapton*, inédit : « Le Chapelier, dans son rapport, lu à l'Assemblée, en janvier 1791, soutint que, en livrant son œuvre au public, l'auteur l'en faisait propriétaire… Sauf que, au vu du résultat, il fut bien obligé de remonter à la tribune, deux mois plus tard, pour revenir sur cette imprudente déclaration ! Recourant à une autre analyse, P. RECHT soutint, lui, que le public serait investi du domaine éminent et l'auteur du seul domaine utile. Mais outre que la référence au droit féodal est mal venue pour expliquer une construction révolutionnaire, elle est employée à l'envers : comment le public pourrait-il être investi du domaine éminent sur une création dont il aurait ignoré jusqu'à l'existence sans la volonté de l'auteur de la partager avec lui ? Le sujet ne pouvant investir son seigneur, la divulgation ne peut, à l'évidence, être la cause logique d'une investiture qui, sans elle, devient une mascarade… ». *Adde* du même auteur, « Souple cession », *in Liber amicorum en l'honneur de G. VERCKEN*, éd. du cabinet VERCKEN, Paris, 2016 : « Fort remonté contre la troupe, le jeune rapporteur soutint que la Comédie n'était investie, dans l'exercice de la mission que lui confiait son privilège collectif, que d'une autorisation de représentation contre rémunération proportionnelle, la propriété de l'œuvre ne pouvant, exceptionnellement, lui échoir qu'à la condition qu'elle lui fût transmise par une cession volontaire. Il ajoutait que si l'auteur avait dû être privé de sa propriété, ça n'aurait pu l'être qu'au profit du public, comme un effet naturel de la représentation. Confronté sans délai au chaos suscité par sa référence à la "propriété du public", qui réduisait à néant celle de l'auteur, il corrigea sa bévue dans les deux mois ».

6 Ph. GAUDRAT, *La propriété intellectuelle : modèle multiple ou pensée unique ?*, Cours spécial Master PI, préc., p. 16.

de « *divulgation* » et d' « *exploitation* », deux notions emboîtées et indépendantes[1] à l'intérieur d'une propriété née du seul fait de l'extériorisation de la forme, et ce, à partir du moment où l'action de divulguer un discours religieux dépouillait l'orateur de son droit d'en empêcher la reproduction. Or, « […] *la divulgation de l'œuvre n'emporte aucune renonciation de l'auteur au contrôle de ses communications à un public (droit d'exploitation)* »[2].

383. Consécration de la distinction entre « *divulgation* » et « *exploitation* ». Comme le souligne le professeur Gaudrat : « Il faudra, en revanche, un demi-siècle pour comprendre que la dissémination de l'œuvre dans les esprits, ne consacre pas la transmission au public de la propriété de l'auteur mais caractérise un effet contrôlé de l'exercice de son attribut fondateur (le droit moral de divulgation) »[3]. La première clé de cette diffraction gît dans la distinction entre *divulgation* et *exploitation*[4]. L'on retrouve une telle tendance dans l'arrêt du 7 juillet 1845[5] de la Cour royale de Lyon, qui mérite d'être relaté plus loin, qui manifesta clairement la volonté de ne pas tolérer les atteintes à la pensée du prédicateur et estima que la volonté exprimée de partager son discours ne saurait s'analyser en un *abandon de propriété* au profit du public en confirmant le jugement de première instance :

« Attendu que l'action de prononcer en public un discours religieux n'enlève pas à son auteur le droit d'en empêcher la reproduction ; qu'en effet, l'orateur livre seulement sa parole, sans donner le pouvoir de disposer de sa pensée à l'aide de l'impression ; *qu'il lui importe au contraire de conserver le fruit de son travail, de rester juge de l'opportunité de la publication, et de se mettre en garde contre une altération dangereuse* ».

384. Dans le même ordre d'idées, le Tribunal correctionnel de Paris, dans son jugement du 11 février 1852, perçoit la nécessité de donner aux prédicateurs un contrôle *a posteriori* sur leurs discours :

« Qu'il suit de là que s'il est vrai que le ministre de la religion soit tenu de proclamer sans cesse les vérités révélées par l'Évangile, et d'employer toutes ses facultés pour assurer le triomphe de la morale divine, toutefois, *il est nécessaire qu'il reste juge de l'opportunité et du mode de la publication de ses discours ; qu'il ait le loisir de les revoir, de les méditer, soit pour les supprimer, si ses nouvelles réflexions et les conseils d'hommes graves le conduisent à croire que la lecture en serait dangereuse, soit pour les corriger, modifier, les perfectionner* ; en un mot, donner à la pensée la forme la plus propre à produire une impression salutaire sur le cœur d'un plus grand nombre de lecteurs attirés par les charmes du style ».

---

[1] Ph. GAUDRAT, V° « Public », *in* M. CORNU, F. ORSI et J. ROCHFELD (dir.), *Dictionnaire des biens communs*, *op. cit.*, p. 1023 et s.

[2] Ph. GAUDRAT, V° « Public », *in* M. CORNU, F. ORSI et J. ROCHFELD (dir.), *Dictionnaire des biens communs*, *op. cit.*, p. 1019. « Placée sous la protection de leurs propriétés, du fait que la question ne peut se poser qu'à propos du résultat de l'acte dont naît la propriété, la divulgation devient l'objet de la première des prérogatives propriétaires (droit de divulgation) et, pour cette raison, change de nature: de fait juridique extincteur de la propriété de l'inventeur (en droit des brevets) ou indifférent à la naissance de celle de l'auteur (article L. 111-2, CPI), elle devient l'objet d'un acte juridique unilatéral : la décision souveraine du créateur de partager la forme interne avec les amateurs légitime l'exploitation de la forme externe selon le procédé et les conditions qu'il détermine à cette occasion (article L. 121-2, CPI), sans emporter renonciation au pouvoir de la contrôler (droit d'exploitation) » : Ph. GAUDRAT, V° « Public », *in* M. CORNU, F. ORSI et J. ROCHFELD (dir.), *Dictionnaire des biens communs*, *op. cit.*, p. 1024.

[3] Ph. GAUDRAT et A. ZOLLINGER, « La cession en propriété littéraire et artistique : le modèle du droit d'auteur », *in* E. SAVAUX, R.-N. SCHÜTZ, H. BOUCARD et J. LETE (dir.), *Les recodifications du droit de la vente en Europe*, Presses Universitaires juridiques de Poitiers, LGDJ, 2021, p. 745 et s.

[4] V. Sur cette question : Ph. GAUDRAT, « Le droit moral… et sa destinée européenne », article à paraître, p. 12 et s., n° 56 s.

[5] *D. P.* 1845. 2. 128. V. « De la propriété littéraire en ce qui concerne les discours religieux prononcés en chaire et les livres d'Église », Revue *Le Droit catholique*, 1865-1866, 1er vol., p. 46.

385. Cette solution évidente n'a rien de surprenant dans la mesure où la décision souveraine du créateur de divulguer, voire de partager, la *forme interne*[1] auprès du public ne permet à aucun amateur d'*exploiter l'œuvre* mais l'autorise seulement *à jouir* de la forme interne dans son esprit à partir de la forme externe communiquée.

386. Il va falloir attendre l'affaire emblématique *Lacordaire*, comme nous allons le constater plus loin, pour comprendre que lorsque l'orateur livre sa parole, en sa qualité de propriétaire, il ne confère pas son pouvoir de disposer de sa pensée, voire la produire ou la (re)produire.

B. L'art vs. la sincérité du discours

387. Répandre la *vérité* aux dépens de l'ornementation. L'autre difficulté tient à la question de savoir s'il faudrait exclure les ornements du discours sacré[2] sous prétexte de considérations morales, religieuses ? En effet, nous enseignons que la *clarté*, la *conviction* et la *vérité* doivent emporter le discours prononcé par le prédicateur dans la chaire chrétienne sur l'*aspect esthétique*[3], voire les ornements et les tournures oratoires, car :

« Quels que soient après cela l'ornementation et la pompe de son style, l'éclat et la variété des images, le mouvement et le pathétique des phrases, de l'accent et de l'action qu'il excite vivement l'imagination, émeuve la sensibilité, remue les passions, et fasse vibrer les cordes du cœur, *tout cela est bien, mais comme accessoire, et en tant que ces moyens concourront à la fin dernière, qui est toujours la transmission de la vérité. Toutes ces choses, sans la principale, perdent leur véritable efficacité, ou du moins si elles produisent quelque effet, il ne sera ni profond ni durable, parce qu'il n'y a pas de fond au discours, et que l'orateur qui a beaucoup travaillé au dehors et orné avec soin tout ce qui paraît, n'a rien posé au dedans et n'y laisse rien* »[4].

388. L'orateur chrétien doit se souvenir qu'il parle dans la chaire de la vérité seule, au nom du Seigneur et du souverain Maître, en sa qualité d'*ambassadeur de Jésus-Christ* « *pro Christo legatione fungimur, tanquam Deo exhortante per nos* »[5].

389. Prédication pour la plus grande gloire de Dieu. S'impose ainsi la question de la forme au service ou au détriment du fond. C'est ainsi que le prédicateur se trouvait coupable dès lors qu'il cherchait en vain à *profaner* sa parole sainte, à *satisfaire sa vanité*, à plaire par un *style fleuri* ne prêchant pas pour la plus grande gloire de Dieu (*Ego merces tua magna nimis*[6]) mais pour caractériser son *talent*, sa *capacité*, et sa *réputation personnelle*, voire rechercher l'*originalité*, plus qu'à convertir les âmes en réveillant leur

---

1 « En tant que forme mentale, la forme interne [de l'œuvre] ne vit que dans l'esprit de l'homme : dans l'esprit de l'auteur, qui l'y infuse ; dans l'esprit de l'amateur, ensuite, qui l'y recherche. Tributaire de deux personnes pour se manifester, elle ne se développe pleinement que dans la communication, d'où le fait que tous les actes d'exploitation du droit d'auteur se définissent par rapport à la communication de l'œuvre » : Ph. GAUDRAT, « Réflexions sur la forme des œuvres de l'esprit », art. préc., p. 206.

2 Cette question nous ramènera à la question de savoir s'il faut par analogie bannir les ornements du culte divin et dans les églises.

3 « C'est avoir de l'esprit, dit La Bruyère, que de plaire au peuple dans un sermon par un style fleuri, une morale enjouée, des figures réitérées, des traits brillants et de vives descriptions ; mais ce n'est point en avoir assez. Un meilleur esprit néglige ces ornements étrangers, indignes de servir à l'Évangile ; il prêche simplement, fortement, chrétiennement » : M. l'abbé J.-X. VETU, *op. cit.*, p. 182.

4 M. l'abbé BAUTAIN, *Étude sur l'art de parler en public*, Charles Bouniol, Paris, 1856, p. 133-134.

5 II. Cor. V, 20. *Recueil d'instructions sur l'important ministère de la prédication, à l'usage du grand séminaire d'Amiens*, Impr. de Caron-Vitet, Amiens, 1840, p. 78 ; M. l'abbé J.-X. VETU, *op. cit.*, p. 247.

6 Gen. XV, 1. C'est Dieu lui-même qui doit être notre récompense.

foi[1]. A tel point que selon les canons enseignés : « *Ce ne sont pas les prédicateurs à talent qui ont sauvé le plus d'âmes, mais des hommes d'un talent médiocre, animés d'un grand zèle* »[2]. Le fait de rechercher l'empreinte du talent créateur personnel était donc un acte préjudiciable aux ministres sacrés qui ne respecte pas les fonctions les plus sacrées. Par ailleurs, si l'orateur sacré s'efforce de s'élever à la hauteur des *vérités* qu'il annonce par le *ton de sa voix*, il n'en restait pas moins que le *ton déclamatoire*, *chantant* et perpétuellement *cadencé* devait être laissé au théâtre[3]. Il en va de même pour la *récitation ornée du Coran* qui est admissible et honorable à condition que cela aille dans le sens de la glorification divine, mais en dehors de la *proclamation chantée* du texte sacré, aucune autre *forme musicale* ou *dansée* n'est admise car elle risquerait, par sa beauté, de détourner l'auditeur d'une réflexion sur la parole même[4]. Bien que l'*élément musical* soit essentiel dans la technique de la *tilâwah*, l'exercice en soi reste principalement *rituel*, comme nous l'avons constaté.

390. *Art* vs. *sincérité*. Appréciation critique. A vrai dire, cet argument n'emporte nullement la conviction car l'*éloquence* (le talent de persuader) proprement dite peut bien orner la *vérité* ; c'est cette dernière qui donne de la force à l'éloquence, ou plutôt sa réalité, et le génie ne consiste, à proprement parler, que dans sa découverte comme l'affirment certains auteurs[5]. Revêtir la parole divine de *formes*

---

1 « C'est en vain qu'ils prétendent ne chercher que Dieu et qu'ils font parade d'une modestie qu'ils n'ont pas ; leur genre les trahit et leur vanité perce malgré les voiles dont ils cherchent à l'envelopper » J.-X. VETU, *op. cit.*, p. 182. « Quant à ceux qui, dans leurs prédications, recherchent les éloges humains, ils ne méritent point, et ils n'obtiendront point l'honneur de conquérir des âmes à Dieu. Leurs discours recherchés, fleuris, éloquents peut-être, ne seront qu'un airain résonnant, des cymbales retentissantes, dont le bruit, s'il est harmonieux, pourra flatter les oreilles, mais ne pénétrera jamais au cœur. Cette frivole gloire du monde qu'ils auront ambitionnée, Dieu la leur accordera peut-être ; mais ce sera pour leur ruine. L'orgueil qui inspira leur prédication s'enflera encore des éloges qu'ils en recueilleront ; et leur perte se consommera de ce qui aurait dû faire leur salut » (Consid. sur l'état ecclésiastique), cité par M. l'abbé J.-X. VETU, *op. cit.*, p. 183-184. Rappr. : « Dans les discours de ces prédicateurs, dit le P. L. LALLEMANT, le plan, les pensées, le style, le geste, tout est plein d'imperfections et de fautes du moins vénielles, à cause des vues impures qui les dirigent dans leur travail, et des vaines complaisances qui se mêlent à tout ce qu'ils font. C'est une chose monstrueuse, dit-il encore, de voir un homme appelé à la vie apostolique, porter l'ambition et la vanité dans le sacré ministère de la prédication De là viennent les mécontentements, les chagrins et les chutes funestes. Si un tel prédicateur ne réussit pas, il se trouvera en proie à tant de troubles, de peines, de jalousies, qu'il tombera dans le découragement et finira par abandonner une carrière où il voit bien qu'il ne peut plus espérer de trouver ce qu'il y cherche uniquement. Si au contraire il atteint à cette renommée qu'il ambitionne, le succès le mettra en grand danger de se perdre par l'orgueil, qui se portera alors à un point où sa persévérance même dans la vertu et la fidélité à sa sainte vocation courront les plus grands dangers. Le succès doit le faire trembler ; c'est une preuve que Dieu lui accorde la récompense qui est l'objet de ses plus ardents désirs, et par conséquent il ne doit pas en attendre d'autre. *Amen dico vobis, receperunt mercedem suam*. Ajoutons avec ST-AUGUSTIN : *vani vanam* » : L. BELLEFROID, *op. cit.*, p. 102-103.

2 M. l'abbé J.-X. VETU, *op. cit.*, p. 190.

3 L. BELLEFROID, *op. cit.*, p. 397.

4 V. F. LAGRANGE, *Musique d'Égypte*, *op. cit.*, p. 52.

5 M. l'abbé J.-X. VETU, *op. cit.*, p. 289. « Le génie est ce qui invente, mais on n'invente que ce qui est, comme on ne peut trouver que ce qui existe. Or, qu'est-ce que l'erreur, sinon un fantôme sans réalité, une pure ignorance des choses ? Et qui peut, si ce n'est Dieu, bâtir sur le néant ? Il n'y a donc de réel que la vérité, qui est Dieu même ; et tout ce qui n'est point établi sur ce fondement ne porte sur rien,

créatives ne doit pas nécessairement conduire à la profanation d'une chose aussi sainte, à avilir cette sainte parole ou en faire un instrument de vanité. Mais le prédicateur doit prendre soin, en employant la méthode usitée dans l'éloquence sacrée, de *choisir* les ornements convenables pour la seule gloire de Dieu, l'unique et le véritable but du discours sacré, en tant que récompense éternelle. Le Père Blaise Gisbert s'éleva contre l'argument discutable de l'ornement dans le style dans son : *Éloquence chrétienne*[1] :

« Ne donnez pas, ne donnez pas dans cette erreur populaire qui fait qu'on s'imagine que prêcher en apôtre, c'est penser grossièrement, s'exprimer rustiquement, parler sans méthode, sans but, sans figures, sans ornement, souvent sans raison et contre le bon sens. Dire que c'est là prêcher à l'apostolique, c'est se servir d'un terme bien injurieux aux saints apôtres. Leur manière était en général fort simple et elle devait l'être, comme nous l'avons indiqué ailleurs, parce que les effets devaient être et paraître miraculeux. Mais ce serait tenter Dieu, maintenant que les moyens ordinaires de persuasion suffisent à la grâce pour procurer le salut des hommes par la prédication, que d'exiger qu'il renouvelle les prodiges accordés aux apôtres, et cela pour récompenser la paresse ou une confiance présomptueuse »[2].

391. En un mot, « elle [la parole de Dieu] restera vaine et stérile si elle ne rencontre pas ces qualités dans celui qui est chargé de la dispenser »[3], c'est-à-dire les *qualités personnelles créatives* que sont les talents naturels, les connaissances acquises en la matière et les vertus nécessaires[4]. Et l'une des qualités du style du discours sacré consiste dans le fait qu'il doit être, entre autres, bien *orné*[5]. Sur le terrain de l'appréciation de l'originalité, il faut bien avoir à l'esprit que tout est donc question de mesure dès lors que le prédicateur ne surchargera pas, par exemple, sa parole de vains ornements nuisibles à son succès.

392. De l'adage « *ubi lex non distinguit, nec nos distinguere debemus* »[6]. L'argument religieux nous ramène à la décision du tribunal correctionnel de Lyon du 10 juin 1845, confirmé par un arrêt de la Cour de Lyon du 17 juillet 1845, dans l'affaire relative à la reproduction de conférences prêchées par le R. P. Lacordaire à Lyon et à Grenoble sans l'assentiment du prédicateur. A vrai dire, une reproduction reste une reproduction quelle que soit la matière traitée, qu'elle soit relative à un *discours en général* ou à un *discours sacré*, et dans le cas où elle aurait lieu, elle engendrerait un délit de contrefaçon qui tombe sous le coup de l'article 425 du Code pénal si la forme est, certes, originale. Il n'y a, dès lors, aucune raison de faire échapper l'œuvre du *prédicateur* ou du *khatîb* au droit d'auteur et de la soumettre à la seule *justice divine*. Ainsi, l'adage bien connu *ubi lex*… trouve pleinement son application et joue son rôle. Comme l'a souligné le tribunal, à juste titre, dans le considérant suivant :

« *Attendu que cette violation de la propriété littéraire ne peut trouver son excuse ni dans la nature religieuse de l'œuvre reproduite, ni dans le caractère des fonctions ecclésiastiques de l'auteur*, ni dans la circonstance qu'il s'agirait de la

---

et par conséquent n'instruit pas, mais égare ; n'éclaire pas, mais aveugle ; ne dure pas, mais s'évanouit au moindre souffle. Ce n'est qu'une cymbale retentissante, et rien de plus » : J.-X. VETU, *op. cit.*, p. 290.

[1] B. GISBERT, *De l'éloquence chrétienne dans l'idée et dans la pratique*, Antoine Boudet, Lyon, 1715.

[2] L. BELLEFROID, *op. cit.*, p. 291.

[3] L. BELLEFROID, *op. cit.*, p. 26.

[4] C'est-à-dire la bonne vie et de la vertu en général nécessaire au prédicateur, piété, esprit d'oraison, zèle, prudence, intention droite et humilité : L. BELLEFROID, *op. cit.*, p. 78 et s.

[5] V. Sur les qualités du style : L. BELLEFROID, *op. cit.*, p. 292 et s.

[6] V. Sur cet adage : P.-Y. GAUTIER, « De l'adage *ubi lex non distinguit*… et de quelques autres, en droit d'auteur », *in Mélanges en l'honneur du professeur A. LUCAS*, LexisNexis, Paris, 2014, p. 353 et s.

reproduction, non d'un écrit proprement dit, mais d'un discours, d'un ouvrage non susceptible de dépôt préalable »[1].

393. L'opinion émise par l'avocat-général Th. Massot dans l'affaire *Lacordaire c. Marle* distingua parfaitement entre l'*âme* et l'*œuvre*, voire la forme oratoire et le discours qui en est le support :

« *En interprétant ainsi l'expression écrits* [dont s'est servi le législateur de 1793[2]], *on ne considère que le mot, on ne veut pas voir la chose ; on confond le livre matériel avec le contenu intellectuel du livre. L'écrit, dans le sens de la loi, l'écrit que la loi protège, ce ne sont pas assurément quelques feuilles de papier sur lesquelles un manœuvre ignorant a promené un rouleau maculé d'encre ; les Conférences de M. Lacordaire, ce n'est pas ce volume de 230 pages, sorti des mains du prote de M. Marle ; c'est la parole magnifique, imagée, animée, vivante, que vous avez entendue dans la chaire de St-Jean ; ceci, ce volume, c'est l'instrument ; mais le génie qui le fait parler, il est ailleurs. La pensée, la puissance de la reproduire ne doivent pas être confondues avec cette portion de matière qui sert à faire un volume.* Autant vaudrait dire que la Transfiguration, c'est une toile sur laquelle on a répandu quelques couleurs, que la Basilique de St-Pierre de Rome, ce sont les pierres qui la composent, que l'harmonie qui ruisselait sous l'archet de Paganini, ce sont les quatre planches de son violon, qu'en un mot, le corps et l'âme, c'est une seule et même chose. *L'écrit ici, c'est l'âme, c'est le génie, c'est l'œuvre ; et quelle que soit la forme de cette œuvre, parlée, imprimée, peinte, sculptée, il n'est pas permis de la reproduire au mépris du privilège de l'auteur.* Etrange loi en vérité, s'écrie M. l'avocat général, que celle qui protégerait de toutes ses pénalités la brochure du plus obscur folliculaire et qui livrerait, sans défense, à la cupidité du premier spéculateur, la parole du génie, la parole de Démosthènes ou de Cicéron, la parole de Bossuet ou de Massillon ! *Il faut, dit-on, que l'œuvre ait reçu une première forme, une première façon, pour qu'il puisse y avoir contrefaçon ; soit. Mais la parole n'est-elle pas une forme pour produire la pensée ? n'est-ce pas la plus belle, la plus complète, la plus saisissante ?* L'obligation du dépôt n'est pas une formalité essentielle pour garantir les droits des auteurs ; elle ne s'applique qu'aux œuvres qui en sont susceptibles ; c'est une question irrévocablement jugée »[3].

§ 2. L'ARGUMENT IMPOSE PAR L'EXERCICE DU MINISTERE DE LA PREDICATION

394. Plan. A raison de la *sainteté du ministère* auquel le *khatîb* et le *prêtre* se rattachent (A), ils ne sauraient prétendre en dehors et au-delà de la rétribution qui leur est allouée et se voir reconnaître la *qualité de créateur* (B), étant donné que ces *actes de culte* font essentiellement partie de leurs *devoirs* et de l'exercice de leurs *fonctions* qui en dépendent.

A. La sainteté du ministère de la prédication et son caractère anti-vénal

395. *Khutba* et prédication, à l'origine des fonctions *cultuelles* et *ecclésiastiques*. Le second argument s'attache aux fonctions ecclésiastiques du *prêtre* ou de l'*imâm* que lui imposent la nature et la gravité de son ministère provenant notamment de la nature même de la sainte parole. En annonçant la parole divine, le prédicateur exerce une mission sainte qui lui a été imposée. C'est ainsi que tout se confond, plus ou moins intimement, avec ses fonctions et ses actes qui constitue l'accomplissement d'un devoir général et public, sans avoir le droit de revendiquer la propriété exclusive de sa parole dont chacun peut s'en emparer et la reproduire.

396. *Prêtre* et *khatîb* en tant que salarié de l'État. En effet, selon l'article 50 de la Convention du 26 messidor an IX conclue entre le pape Pie VII et le

---

1 Cité par « De la propriété littéraire en ce qui concerne les discours religieux prononcés en chaire et les livres d'Église », art. préc., p. 43.

2 Selon l'article 1er du décret de 1793 : « Les auteurs d'écrits en tous genres, les compositeurs de musique, les peintres, les dessinateurs qui feront graver des tableaux ou dessins, jouiront leur vie entière du droit exclusif de vendre, faire vendre, distribuer leurs ouvrages sur le territoire de la République et d'en céder la propriété en tout ou en partie ».

3 *Jurisprudence de la Cour royale de Lyon*, t. XXIII, 1845, p. 135 et 136.

gouvernement français, et dont les ratifications furent échangées à Paris le 23 fructidor an IX (10 septembre 1801) : « *Les prédications solennelles appelées sermons*, et celles connues sous le nom de stations de l'Avent et du Carême, *ne seront faites que par des prêtres qui en auront reçu une autorisation spéciale de l'évêque* ». Le prêtre s'adonnant à prédication de la parole de Dieu étant ainsi un *salarié de l'État* qui remplit légitimement un *ministère* auquel il se rattache de sorte que les discours religieux qu'ils prononcent font essentiellement partie des actes qui en dépendent[1].

397. Il en va de même pour la *khutba* qui se présente comme un « *métier* » pratiqué par le *khatîb*[2], placé sous l'autorité du ministère des *Waqf*[3], qui implique le droit d'en tirer un salaire approprié. « En effet, en Égypte, avant comme après 1952, le prêche est contrôlé par l'administration et doit être fidèle à l'ordre établi. Les prêcheurs, notamment ceux des mosquées principales, reçoivent du ministère des affaires

---

1 « Mais on ne peut l'assimiler [le prône] ni à un discours, ni à une conférence ou un exposé : ce n'est pas seulement au niveau de la forme que se situe la différence mais aussi au niveau de la visée. En effet, le prône cherche à exhorter, il ne vise pas à convaincre. Et c'est là le premier paradoxe : le prédicateur sait que son public lui est acquis et le public des fidèles sait que le prédicateur le sait » : I. FARAG, art. préc., n° 15.

2 En effet, il existe une véritable formation pour les prédicateurs qui est dispensée dans des établissements supérieurs célèbres « *kulliyat al-da'wa* » (Faculté de prédication islamique) comme celui de l'Université cairote d'Al-Azhar en Égypte. Par ailleurs, il existe une Académie d'Al-Azhar pour la formation des *imâms* et des prédicateurs des pays du monde qui fut mise en place récemment. V. I. FARAG, art. préc., n° 40 et s. Il convient de remarquer que la Charte du culte musulman en France de 1994 décrit le rôle et la fonction de l'*imâm* : « À l'échelon de chaque mosquée, l'*imam* dirige la prière rituelle (*salât*) cinq fois par jour, organise les prières spéciales et assure la prédication hebdomadaire de la prière du vendredi. Outre la direction de la prière, son rôle est également pédagogique : il veille à l'enseignement du Coran et de la *Sunna*, dispense l'éducation religieuse. Il consacre une attention particulière impliquant un effort constant de réflexion et de recherche, à une autre fonction sensible et précieuse pour les fidèles : trouver des réponses appropriées aux questions liées aux aspects juridiques ou rituels de la vie des musulmans au sein de la société française ; des réponses compatibles avec les exigences de la foi et respectueuses des lois de la République et des réalités de l'environnement social. L'*imam* doit avoir un comportement moral et social exemplaire, posséder une formation reconnue et une bonne connaissance de la langue française, s'informer sur les problèmes sociaux, familiaux et individuels de sa communauté, maintenir en toute circonstance, notamment sur le plan politique, la réserve inhérente à sa charge et à la séparation des cultes et de l'État » (art. 20).

3 « Il n'est pas indifférent que le prédicateur soit fonctionnaire du ministère des *Waqf*, formé à al-Azhar, officiant dans une mosquée cathédrale ou au contraire indépendant, vivant des ressources de la mosquée, d'un métier parallèle ou de sa rente, formé à l'université ou non, et travaillant dans le cadre de la petite mosquée "*Ahli*" du quartier qu'il habite » : I. FARAG, art. préc., n° 44. On ne peut faire abstraction de l'enjeu politique que suscite la *khutba* : « Beaucoup plus qu'une tradition des tribus de l'Arabie, la *Khotba* (le prône) était et reste le lieu privilégié de la confrontation politique » : B. ETIENNE, « La moelle de la prédication. Essai sur le prône politique dans l'Islam contemporain », *Revue Française de Sciences Politiques*, 33e année, 1983, n° 4, p. 716. Certains auteurs soulignent que : « Les exemples de prônes/discours politiques et de prédicateurs/acteurs politiques à part entière ne manquent pas. Parallèlement, le dirigisme de l'État dans ce domaine s'est manifesté à plusieurs niveaux : nationalisation des *Waqf*, étatisation des mosquées, critères policiers de recrutement des *imams* et prédicateurs, articles du code pénal qui sanctionnent l'utilisation des lieux de culte à des fins politiques et, plus caricatural encore, consignes de prêche : "*Al-Dîn wa-l-Hayâ*" (la religion et la vie) transmet aux prédicateurs les consignes du ministère des *Waqf* » : I. FARAG, art. préc., n° 44.

religieuses, le sujet du prêche du vendredi. Aussi les *khutba* ont-elles le plus souvent été étudiées dans une perspective politique, et très rarement pour elles-mêmes »[1].

398. ***Ego merces tua magna nimis***. Les fois chrétienne et musulmane nous enseignent que c'est Dieu lui-même qui doit être notre *récompense*. Il s'agit d'une récompense éternelle dont le prédicateur ou le *khatîb* ne doit pas en attendre d'autre, c'est-à-dire la volonté de se voir reconnaître la *qualité de créateur* pour les fruits de ses travaux, récompense du monde qui, dans l'un comme dans l'autre cas, est vide et défectueuse, voire même périssable. Par conséquent, il ne saurait prétendre à rien en dehors et au-delà de la rétribution qui lui est allouée. Le *khatîb* ou le *prêtre* n'est donc pas un *créateur* puisque sa parole, où tous peuvent puiser, n'est pas un *objet de propriété* mais il s'agit d'un simple *travailleur* qui a droit d'être récompensé, voire de recevoir son salaire et non pas d'être protégé. En somme, il faut donc que le prédicateur se fasse un devoir d'annoncer la Parole de Dieu, selon le don et le talent qu'il a reçu du Seigneur, qui doit être diffusée gratuitement, et il recevra la récompense de son travail ni plus ni moins. A vrai dire, cette question, voire cette dépréciation des droits de ces travailleurs intellectuels, soulève le problème de la rémunération du *travail* et celle de la *créativité* comme nous allons le voir.

B. La créativité temporelle vs. la récompense éternelle

399. Problème de la rémunération du *travail* et celle de la *créativité*. Or, le fait de réduire le statut du prédicateur à l'état de *travailleur*, en *dépersonnalisant* sa parole, qui lui confère un droit de tirer un salaire approprié qu'il détient du fait de son activité, méconnaît purement et simplement le *processus créatif* de l'acte de prédication[2]. Face à cette confusion entre *travail* et *création*, certains réagirent à cette situation inacceptable en mettant l'accent sur le fait que :

> « *C'est à tort, selon nous, qu'on prétend qu'il* [le prêtre] *n'a aucun droit sur son œuvre, parce qu'il en touche en quelque sorte le prix en recevant un salaire de l'État. En effet, s'il en était ainsi, si, par suite de cette rétribution, il était dépossédé de la propriété du discours qu'il a prononcé, qui pourrait profiter de cette dépossession ? Évidemment ce serait l'État, puisque c'est lui qui fournit le salaire, ou plutôt, pour être plus exact, ce serait l'ensemble des citoyens, car ce sont eux en réalité qui remplissent les caisses de l'État au moyen de l'impôt. Cela étant, un individu isolé que guide l'appât du gain, ne peut donc s'emparer exclusivement de l'œuvre et la livrer à l'impression ; ce point nous parait incontestable.* Le droit du particulier étant ainsi écarté, nous nous trouvons en face du droit qui existerait au profit de l'État, ou, si l'on aime mieux, au profit de la généralité des citoyens. Or, il n'est jamais venu dans l'esprit du gouvernement, et encore bien moins dans l'esprit du public, de prétendre avoir droit aux œuvres dont nous nous occupons et d'en revendiquer la propriété. Ces deux droits écartés, que reste-t-il ? Il reste le droit de propriété du prédicateur, auquel les lois doivent accorder une protection d'autant plus grande, que l'œuvre touche à des matières du plus haut intérêt pour la société »[3].

400. Quant au caractère *anti-vénal* du ministère de la prédication, le philosophe Pierre-Joseph Proudhon dans ses « *Majorats littéraires* » s'empressa de réagir à son tour :

> « *Le caractère anti-vénal de l'idée s'étendant à la fonction, il en résulte que le ministère du prêtre, du juge, du philosophe, du savant, est essentiellement gratuit : je veux dire par là qu'ils ne font point métier et marchandise du verbe dont ils sont les hérauts, et que la rémunération qui leur est allouée, de quelque manière qu'ils la recueillent, ne peut pas, en bonne*

---

[1] A. Jomier, « Sermons prononcés à l'occasion d'inaugurations de mosquées au Caire en 1964 par J. Jomier, *Annales islamologiques*, 1969 », *Histoire urbaine*, 2012/2, « Prédications en ville XVIe - XXe siècles », n° 34, p. 112.

[2] De toutes façons, s'il est créateur, il est propriétaire et doit pouvoir contrôler la diffusion de la forme dont il est l'auteur, même si c'est à titre gratuit…

[3] « De la propriété littéraire en ce qui concerne les discours religieux prononcés en chaire et les livres d'Église », art. préc., p. 39 et 40.

économie, être considérée comme salaire. C'est une subvention respectueuse, une indemnité calculée non sur la valeur du service rendu ou de la communication faite, service et communication dont l'effet est inappréciable, au-dessus de toute mercenarité, mais sur les besoins physiques de l'humanité. Partout et dans tous les temps les peuples ont voulu sauver l'honorabilité du sacerdoce, de la magistrature et du professorat, en élevant leur personnel au-dessus des tentations de l'avarice et des angoisses de l'indigence. *La raison universelle a senti que de telles fonctions ne se paient pas, ne se mesurent pas d'après l'unité de valeur employée dans le commerce, or, argent, boisseau de blé, tête de bétail ou journée de travail. Ici la règle utilitaire est abandonnée* : tandis que l'industriel fait entrer dans le prix de son produit, avec ses frais de production, la rareté de l'objet et l'intensité du besoin qu'en ont les autres, et travaille ainsi pour le lucre, ceux que nous avons nommés précédemment producteurs intellectuels ne comptent que leur peine et leur temps ; ils se contentent du pain quotidien, de la portion congrue ; ce sont des hommes de sacrifice, à qui l'agiotage est inconnu. *C'est pourquoi je repousse, comme une offense à la tribune tant sacrée que profane, et un blasphème contre la science, les paroles de la Commission mixte dont je parlais tout à l'heure : "Les professeurs, les prédicateurs ne doivent au public que leur parole ; à eux seuls appartient le droit de la reproduire (en vue du gain) par l'impression." Triste sophisme, qui ne pouvait se produire qu'à une époque de vénalité et de décadence. Le professeur, l'orateur, qui vend ses discours après les avoir débités moyennant indemnité, fait une chose peu digne et positivement injuste.* On ne peut tirer d'un sac deux moutures : je dirai volontiers de cet homme qu'il est plus que simoniaque, il est concussionnaire. Je comprends certaines tolérances ; je puis fermer les yeux sur certains abus : ma conscience se révolte dès qu'on prétend les ériger en principes »[1].

401. Appréciation critique. A l'analyse, aucun de ces deux arguments avancés n'emportent, pour autant, la conviction car la propriété littéraire et artistique s'applique, sans aucun doute, à toute *forme créative* sans opérer aucune distinction, soit à raison de la *nature de la forme*, soit à raison de la *sainteté du ministère* auquel se rattache le créateur, soit à raison du caractère, des *devoirs* et des *fonctions* les plus sacrés du créateur. Conséquemment, selon la maxime précitée « *Ubi lex non distinguit, nec nos distinguere debemus* », il ne faut pas distinguer là où la loi ne distingue pas sous peine de tomber dans l'arbitraire et de violer ainsi son texte. De plus, pourquoi faut-il considérer que le droit d'auteur devrait corrompre les cœurs par appât du gain ?[2]

402. Originalité de la production oratoire, fruit d'une longue méditation. Cela dit, sur le plan de l'appréciation de l'*originalité*, le prédicateur fait certainement appel à son propre talent, aux figures propres à l'ornement pour diriger les âmes dans les voies du salut et édifier les fidèles. Certains auteurs n'ont pas manqué de mettre en évidence le processus créatif de l'art oratoire, bien transposable à la *khutba*, qui est le fruit de la *vive inspiration du moment* mais non pas le résultat du *simple hasard* :

« *Les productions oratoires d'un homme dont l'esprit est cultivé ne sont plus seulement le résultat, d'une inspiration soudaine et d'une émotion subite, mais aussi le fruit d'une longue méditation. La pensée naît d'abord dans l'esprit par l'étude et la réflexion. Elle s'élabore par degré dans l'intelligence, les facultés s'échauffent et s'animent.* Bientôt les idées et les sentiments se produisent au-dehors. Les expressions sont encore incomplètes et confuses ; mais peu à peu elles se perfectionnent, les mots se choisissent et s'arrangent, et les phrases se mesurent avec art. *On ne marche plus au hasard, on se propose un but, on calcule les moyens les plus sûrs d'y atteindre ; on se trace d'avance un plan où sont habilement coordonnées toutes les parties du sujet qu'on veut traiter. On profite de l'expérience de ceux qui ont précédé pour éviter leurs défauts et reproduire leurs beautés* »[3].

403. Expression des *choix créatifs*. Il en va de même pour le *khatîb*, qui, par le *choix libres* et *créatifs* des formules, peut laisser transparaître l'*empreinte de sa personnalité*. Ce qui explique que les *khutab al-dînîya* (allocutions religieuses) figuraient à l'article 1

---

1 P.-J. PROUDHON, *Les majorats littéraires, examen d'un projet de loi ayant pour but de créer au profit des auteurs, inventeurs, et artistes un monopole perpétuel*, in *Œuvres complètes de P.-J. Proudhon*, t. XVI, Bruxelles, 1868, p. 62-63.

2 En supposant qu'il *ne doive rien en retirer* il peut donner son autorisation gratuitement !

3 J.-X. VETU, *op. cit.*, p. 4 et 5, n° 7.

alinéa 2, b, du projet de la Convention islamique pour la protection des droits d'auteur parmi les œuvres orales protégées par le droit d'auteur. Nul doute que :

« La *khutba* (oraison, prône) *est sans doute le genre littéraire qui exprime le mieux cette convergence où se déploie un important effort intellectuel de composition, afin de donner au discours une certaine cohérence et de provoquer quelque agrément chez les destinataires.* En prose comme en poésie, l'art et la manière de "dire" sont aussi importants que le "dit". En effet, Gurgani conçoit la *khutba* comme un exercice de style basé sur le maniement des subtilités du langage. Il dit : "Dans les prônes, on utilise les mètres et la prose rimée, car on les rapporte et on les transmet comme la poésie. Ils ont la place du prologue amoureux en poésie dont le but est uniquement d'exceller dans l'art, de faire montre de son génie et d'indiquer la force [de son style]" »[1].

« *C'est un art complexe où doivent se combiner harmonieusement le choix des paroles, la musicalité, le rythme, les phrases.* Outre cette obligation ou ces obligations stylistiques qui doivent susciter *Atakab*, le *Khatib* doit intéresser son auditoire par le choix d'une thématique appropriée. Tirant la conclusion de la stérilité du discours religieux et son incapacité à mobiliser les croyants, la plupart des prêcheurs esquissent une nouvelle conception de la *Khotba*, qui, sans renoncer aux acquis de la tradition, pose les problèmes de l'heure : les prônes que nous avons étudiés sont pleins d'exemples plus concrets parfois même triviaux »[2].

404. Œuvre de la composition de l'exorde. C'est ainsi que l'*originalité de la production oratoire* ne se situe pas seulement quant à l'*expression*, à la manière de formuler les paroles mais elle se manifeste notamment dans l'acte même de la *composition*, c'est-à-dire l'ordre dans lequel se fait la créativité particulière ou l'invention et la disposition du corps du discours. L'orateur commence ainsi par concevoir le plan du discours sacré, l'idée même de l'exorde, à établir les bonnes divisions originales[3] suivant lesquelles le texte prendra corps et achèvera l'idée de la péroraison.

405. En témoignent les sermons du plus grand orateur peut-être que le monde ait connu[4] Jacques-Bénigne Bossuet dont « *l'érudition étonne, dont l'élocution entraîne, et qui ne laissait à son auditoire ni la volonté ni le pouvoir de lui résister* »[5]. En dépit des *obligations nécessaires par l'usage* et des *prescriptions liturgiques* érigées en lois qui sont imposées à l'orateur sacré[6], il n'en reste pas moins que les principales fonctions du prédicateur

---

1 N. KHALFALLAH, *La théorie sémantique de 'Abd al-Qāhir al-Jurjānī*, L'Harmattan, Paris, 2014, p. 322-323.

2 B. ETIENNE, « La moelle de la prédication. Essai sur le prône politique dans l'Islam contemporain », art. préc., p. 716-717.

3 V. Sur les qualités de la bonne division : L. BELLEFROID, *op. cit.*,p. 153 et s.

4 V. *Dictionnaire des lettres françaises, Le XVII*[e] *siècle*, (dir.) Cardinal G. GRENTE, éd. révisée sous la dir. de P. DANDREY, La Pochothèque, Paris, 1996, p. 174. « Le temps où l'éloquence de la chaire a brillé avec plus d'éclat en France fut celui où prêchèrent Bossuet, Bourdaloue et Massillon. Elle n'a dégénéré qu'après eux » : J.-X. VETU, *op. cit.*, p. 58-59, n° 8.

5 E. P. GORGIAS, *Éloquence et improvisation : art de la parole oratoire au barreau, à la tribune, à la chaire*, Cotillon, 1846, p. 222. « De toutes les magies de l'art, dit un écrivain, la plus difficile est de répandre sur ce qui est généralement connu, les grâces et les attraits de la nouveauté il n'y a point de sujet qui exige autant d'habileté que celui où il ne s'agit ni de donner aux hommes une instruction nouvelle, ni de les convaincre d'une vérité qu'ils ignorent, mais de leur présenter des choses dont ils sont déjà instruits et convaincus, sous des couleurs capables de faire sur leur esprit et sur leur cœur une impression profonde. C'est par cette raison sans doute que quoique y ait un grand nombre de prédicateurs passables, on en voit si peu atteindre à un certain degré de perfection. Que leur manque-t-il ? Cet art de bien dire, qui rajeunit les vérités les plus rebattues, qui donne une couleur agréable aux choses les plus triviales, et qui jette de l'intérêt sur les choses les plus simples » : E. P. GORGIAS, *op. cit.*, p. 227.

6 V. Sur les qualités requises dans l'orateur sacré : L. BELLEFROID, *op. cit.*, p. 26 et s. On rapporte qu' : « en 1917, dans l'encyclique *Humani Generis*, Benoît XV propose une réforme de la prédication et des prédicateurs dans la recherche d'une homilétique capable de porter la Parole de Dieu et il propose un cadre et une éthique pour déterminer comment la Parole de Dieu doit être prêchée. Mais c'est au

étant de toucher et de remuer efficacement les esprits et les cœurs de ceux qui l'entendent. Ce qui compte c'est l'émotion éprouvée et les sensations produites qui représentent la finalité de la forme oratoire et l'objet du travail du prédicateur :

« *Le but de l'orateur sacré doit être, en éclairant, de toucher et d'émouvoir ; il doit dès lors avoir recours au moyen le plus propre de s'assurer ce succès. Son style doit être impétueux et chaud il lui faut de ces expressions originales dont quelquefois une seule représente à l'esprit une masse d'idées.* Qu'il s'abandonne, qu'il ait de ces mouvements qui annoncent qu'il s'oublie et prend parti dans ce qu'il dit ou raconte ; qu'il n'écrive donc pas, mais qu'il parle. Pour lui, le triomphe est là »[1].

Concile Vatican II, en 1961, que s'opère une véritable réforme de la liturgie catholique. Lors de ce concile, l'importance de l'Ecriture dans la liturgie et la prédication fut reconnue et affirmée. Il s'est opéré un développement de l'importance et la sacramentalité de la Parole. L'intention a été de placer ainsi la Parole de Dieu au cœur de la liturgie, à travers la prédication et la Cène pour que la liturgie devienne elle-même un lieu d'accueil de la présence de Dieu. La prédication s'est développée sur une base textuelle ou basée sur les Ecritures » : L. FERREIRA, *La prédication comme acte cultuel*, Mémoire, préc., p. 24. À titre d'exemple, le cardinal de Sourdis, archevêque de Bordeaux, tint le Concile de Bordeaux au mois de septembre l'an 1624. Les évêques, ses suffragants, y assistèrent avec plusieurs chanoines, députés de leurs corps, et plusieurs docteurs en théologie. On y publia un grand nombre de canons renfermés en vingt-deux chapitres dont l'un concerne la Prédication de la parole de Dieu (XII). Il s'agissait des usages de la profession que les prédicateurs étaient amenés à prendre en compte. L'évêque doit instruire son peuple par la prédication, et l'édifier par ses exemples. Aux termes du chapitre XII touchant au contenu de la prédication de la Parole de Dieu : « personne ne prêchera sans une approbation, par écrit, de l'évêque. Tous les prédicateurs seront recommandables par leur science et leurs vertus ; instruits des divers sens de l'Ecriture, des traditions apostoliques, des ouvrages des Pères. Les curés qui n'auront pas le talent de prêcher, se contenteront de lire en chaire le catéchisme du concile de Trente, et d'apprendre à leurs paroissiens les vertus qu'ils doivent pratiquer, et les vices qu'ils sont obligés de fuir. Les prédicateurs s'attacheront principalement à expliquer l'Évangile, le symbole, l'oraison dominicale, la salutation angélique, le décalogue, les sacrements, les cérémonies, les mystères des fêtes solennelles et les devoirs propres à chaque état. Ils ne fixeront point le temps de l'avènement de l'Antéchrist, ni du jugement dernier. Ils ne proposeront point de faux miracles ni rien d'apocryphe. Ils ne s'appliqueront point non plus à faire des discours ornés et recherchés ; ils s'attacheront à parler d'une manière propre à déraciner les vices. Tel est le précis des onze canons du douzième chapitre » : A.-C. PELTIER, *Dictionnaire universel et complet des Conciles tant généraux que particuliers, des principaux synodes diocésains et des autres assemblées ecclésiastiques les plus remarquables*, *op. cit.*, t. I, p. 349 et 352. « Le quatrième contient plusieurs avis touchant la prédication que les prédicateurs doivent prêcher la parole de Dieu de bonne foi et selon la pureté de l'Évangile, sans y mêler des choses inutiles ou de peu d'édification qu'ils doivent prendre garde de ne pas assurer des opinions douteuses comme choses certaines et indubitables ; qu'ils ne doivent point avancer d'histoires apocryphes ; ni publier dans la chaire des choses que l'Église a jugé devoir cacher ; qu'ils n'exposeront point au public des fables comiques, puériles et souvent immodestes plus propres à exciter la risée que les pleurs ; qu'ils enseigneront pacifiquement l'Évangile de paix, sans faire paraître de passion, de haine, d'envie d'intérêt ni d'ambition qu'ils ne se déchireront et ne se réfuteront point mutuellement ; mais que, si quelqu'un » : A.-C. PELTIER, *Dictionnaire universel et complet des Conciles tant généraux que particuliers, des principaux synodes diocésains et des autres assemblées ecclésiastiques les plus remarquables*, *op. cit.*, t. II, p. 1166.

1 E. P. GORGIAS, *op. cit.*, p. 228.

406. De ces propos, le parallélisme avec l'œuvre de l'esprit est fort[1]. Certes, il reste à préciser que la forme oratoire n'est pas protégée au titre des *sensations* qu'elle produit[2] mais au titre de l'*empreinte de la personnalité* du prédicateur laissé dans la « forme ».

407. Originalité apostolique : « l'onction » de la parole improvisée. C'est ce qui caractérise la différence notable entre le simple orateur de la Chaire chrétienne qui *récite* son discours et celui qui *improvise* connue sous l'appellation de « l'onction », le véritable *acte créatif* du genre apostolique, c'est-à-dire « cette manière touchante et persuasive avec laquelle on communique à ses auditeurs la pureté de sa foi et la ferveur de son zèle. L'onction a en effet des attraits particuliers, et elle tient même de plus près aux sources sacrées de la parole divine »[3]. L'originalité se manifestera plutôt dans l'acte de l'orateur improvisant. L'expression de la pensée de l'orateur se réalisera alors par la parfaite harmonie de son regard, son attitude même, son geste jusqu'aux tons convenables de sa voix, voire toute son action, qui conviennent au genre sacré :

> « *Le geste, l'accent, le regard, les attitudes de l'orateur ont alors une puissance irrésistible qui domine ; sa parole facile reproduit la pensée d'une manière nette et vive, la rend présente, pétrit la matière inerte, grave, dessine, colore.* La récitation, au contraire, comprime l'inspiration. Armé de ses souvenirs, enchaîné par sa mémoire, l'orateur ne laisse voir en lui ni grâce, ni liberté. On sent ses efforts à son assurance comme à ses hésitations. Ainsi qu'une machine montée pour un certain nombre d'heures, il va jusqu'à ce qu'un ressort se dérange. Il lui est impossible de ne pas répéter exactement ce qu'il s'est prescrit à lui-même, et si, imprudent, il laisse échapper les rênes, il cherche en vain à les ressaisir. Aussi sa parole est-elle froide, régulière et sans chaleur ; la vie ne circule pas dans son discours pâle et monotone. Dominé par sa mémoire, il n'est pas libre ; on aperçoit les fers qui l'attachent au rocher »[4].

---

1 Le professeur Jean-Christophe GALLOUX souligne que : « L'œuvre de l'esprit, au sens de la législation du droit d'auteur, n'est pas l'enseignement d'un moyen ou d'une technique, elle en est le résultat (esthétique). Ce qui intéresse, ce n'est pas la connaissance des moyens par lesquels le créateur est arrivé à réaliser telle fragrance, c'est la sensation qu'elle produit ; on ne se pose pas la question de savoir comment Léonard de Vinci a peint *La Joconde* (sauf pour les historiens de l'art), on retient l'impression qu'elle produit, son esthétique » : « *Profumo di diritto* - Le principe de la protection des fragrances par le droit d'auteur », note ss. TGI Paris, 26 mai 2004, *D.* 2004, Jur. 2641. Critiquant cet argument, Bernard EDELMAN considère que : « [...] La *Joconde* n'est pas protégée au titre de l'émotion qu'elle produit, mais à celui de sa "forme" : le tableau ! Si l'émotion produite devait être le critère de protection d'une œuvre, on imagine sans peine dans quel imbroglio on serait entraîné ! » : « Fragrance d'un parfum : un arrêt responsable », *D.* 2009. 1182.

2 Rappr. J.-C. GALLOUX, « *Profumo di diritto* - Le principe de la protection des fragrances par le droit d'auteur », *ibid. Contra* : B. EDELMAN, « Fragrance d'un parfum : un arrêt responsable », *D.* 2009, p. 1128.

3 E. P. GORGIAS, *op. cit.*, p. 224.

4 E. P. GORGIAS, *op. cit.*, p. 223.

SECTION II.
LA FORME ORATOIRE SACREE EN QUETE DE RECONNAISSANCE LEGISLATIVE ET JURISPRUDENTIELLE

408. Préservation de la doctrine et le triomphe de la morale divine. Ce débat ainsi posé, la reconnaissance de la propriété du *prédicateur* et du *khatîb* ne saurait faire un doute pour l'intérêt religieux qui demande à être traité avec tant de prudence. La question mérite d'autant plus d'être posée qu'on ne saurait faire abstraction des enjeux importants. En regard de l'intérêt religieux pour assurer le *triomphe de la morale divine*, et dans l'intérêt même de la *préservation des doctrines* chrétiennes et musulmanes, l'orateur sacré doit toujours conserver, par la force des choses, le droit de surveiller la fidèle reproduction de son œuvre et de se mettre en garde contre une altération dangereuse, etc[1]. « Prononcé entre les quatre murs d'une mosquée, le prône se propage dans l'espace du quartier, peut-être publié dans le journal, édité dans un livre, radiodiffusé, télévisé, enregistré sur cassettes ou vidéocassettes et engage à chaque fois des écoutes et des censures différentes. C'est en somme la "médiatisation de la médiation" qui produit ses effets propres, y compris une perversion du sens de la médiation première »[2]. Car le fait de permettre à toute personne de reproduire librement la pensée du *prédicateur* ou du *khatîb* sans lui conférer un droit de propriété risquerait d'imprimer infidèlement son discours et de défigurer sa pensée. Il en résulterait des conséquences fâcheuses qui peuvent dénaturer le sens du discours et donner lieu à des erreurs regrettables. Il s'agissait ainsi d'une sorte de *censure* qui veillait sur l'aspect *religieux* et *spirituel* du discours, tout en luttant également contre la contrefaçon quand celle-ci propageait des idées paraissant dangereuses ou franchement subversives.

409. Développement du procédé de la sténographie des sermons. Jadis, la consécration de la propriété littéraire sur les discours religieux s'avérait d'autant plus légitime lorsqu'on constate qu'avec le développement du procédé très expéditif de la *sténographie*[3] utilisé par le sténographe, il fut souvent contraint de rétablir, avec l'aide de la mémoire et de son imagination, un mot, une phrase, un passage plus ou moins considérable qu'un accident ou l'imperfection de son art ou de ses organes lui a fait omettre :

> « En effet, les sténographes chargés de recueillir des discours ne sont pas familiers avec la science de la théologie ; ils ignorent complètement les termes, les expressions qu'on y emploie le plus vulgairement ; il en résulte que, dans la rapidité de leur travail, ils peuvent et doivent nécessairement omettre telles de ces expressions, ou qu'ils n'ont pas saisies pour n'avoir pu distinctement les entendre, ou dont ils ne comprennent ni tout le sens, ni toute la portée. *Il en résulte donc des lacunes ou des substitutions fâcheuses, qui*

---

[1] « L'élément le plus évident de la modernisation étant l'introduction de hauts parleurs et de l'enregistrement pour les leçons et prônes donc la diffusion des *khotba* par cassettes, à partir des lieux religieux de l'expression politique, les *masjid* et les mosquées "libres" » : B. ETIENNE, « La moelle de la prédication. Essai sur le prône politique dans l'Islam contemporain », art. préc., p. 715.

[2] I. FARAG, art. préc., n° 19.

[3] En effet, « les autorités ecclésiastiques allemandes ont commencé à interdire un autre usage assez invétéré. Afin de faciliter l'apprentissage de la sténographie, il était de coutume de laisser les disciples de Stolze, de Gabelsberger, etc., sténographier les sermons, ceux-ci étant débités, en règle générale, à voix lente. Divers événements ont prouvé que cette coutume présentait des inconvénients. […] » : *Dr. Aut.*, 15 nov. 1911, n° 11, p. 149.

transforment et défigurent la pensée de l'orateur, et vont même quelquefois jusqu'à sembler lui faire commettre quelques erreurs d'orthodoxie »[1].

410. Plan. Il convient, au préalable, de démontrer comment et dans quelle mesure il a pu être légitime à une certaine époque de *disqualifier* la forme oratoire sacré du champ de la protection sur le plan législatif en droit comparé (§ 1) pour, ensuite, instituer une véritable *exception* au droit d'auteur fondée sur la nature religieuse du discours, avant de dégager les solutions jurisprudentielles (§ 2) qui furent adoptées aux XIXe et XXe siècle pour *consacrer* la propriété des prédicateurs sur la forme oratoire.

§ 1. LA DISQUALIFICATION DE LA FORME ORATOIRE A LA PROTECTION EN DROIT COMPARE

411. Variations législatives. En effet, l'analyse du droit positif comparé des XIXe et XXe siècles nous permet de constater la diversité des options, voire des techniques, législatives concernant les dérogations à la protection accordée aux manifestations orales de nature religieuse, et ce, non seulement dans l'intérêt général (religieux) mais aussi dans l'intérêt des auditeurs que ce genre sacré de discours soit répandu, voire accessible, dans la mesure du possible[2].

412. Plan. Si les législations nationales sur le droit d'auteur s'appliquaient non seulement aux écrits de tout genre, mais aussi aux œuvres orales telles que leçons, conférences, allocutions, sermons, discours, ou à toute autre manifestation orale de la pensée[3], cependant, il exista à l'époque une tendance législative visant à *exclure*, d'une façon assez large, les *prédications* prononcées dans les églises et les assemblées ecclésiastiques et autres lieux de culte du champ de la protection (A) ainsi qu'à *tolérer* les emprunts ecclésiastiques pour les faire échapper du périmètre de l'étendue de la protection du droit d'auteur (B) car la protection de ces formes oratoires sacrées serait incompatible avec leur destination.

A. Approche fondamentale : la portée de l'exclusion

413. Fondement de l'exclusion. Avant d'examiner les dispositions restrictives du droit comparé dont les œuvres orales de nature religieuse furent l'objet dans les diverses législations nationales, nous pouvons remarquer que les législations étrangères se sont expressément référées à la catégorie des « *actes officiels* » pour justifier l'exclusion de ces manifestations orales de nature religieuse. On peut alors songer à invoquer des « considérations d'ordre ecclésiastique », des « raisons d'intérêt religieux », ou des « motifs d'intérêt public ». La nature tant *religieuse* que *publique* de

---

1 Paris, 28 mai 1852, aff. *Lacordaire, de Ravignan et a. c/ Lapeyrière et a.*, *Bulletin des lois civiles ecclésiastiques* (journal encyclopédique du droit et de la jurisprudence en matière religieuse et du contentieux des cultes), t. 4, 1852, p. 39.

2 À l'exception de quelques législations. À titre d'exemple, la loi autrichienne modifiant la loi du 26 décembre 1895 concernant le droit d'auteur sur les œuvres de littérature, d'art et de photographie, du 13 juillet 1920 prévoyait à l'Annexe concernant le droit d'auteur sur les œuvres de littérature, d'art et de photographie que : « § 4. – 1. Sont considérés comme œuvres de littérature ou d'art dans le sens de la présente loi : […] 4° les conférences et discours faits dans un but d'édification, d'instruction ou de récréation ; » : *Dr. Aut.*, 15 oct. 1920, n° 10, p. 110.

3 La Convention de Berne révisée à Rome le 2 juin 1928 avait introduit dans la liste des œuvres protégées (art. 2) les conférences, allocutions, sermons et autres œuvres de même nature, en admettant toutefois que la protection de ces œuvres pourrait être restreinte par la législation intérieure des pays de l'Union (art. 2 *bis*).

ces discours justifiait de les inclure dans la catégorie des « actes officiels » qui engloberaient les conférences ou les discours prononcés devant les tribunaux, dans les assemblées représentatives, politiques, communales, ecclésiastiques et dans les réunions politiques et autres réunions semblables. Tandis que certaines lois ne visaient que les discours prononcés du haut de la chaire dans les églises ou, plus spécialement, les discours et débats qui ont lieu dans les diètes, églises, synodes et assemblées ecclésiastiques, d'autres y parlaient de toutes délibérations écrites ou orales des assemblées, conseils ecclésiastiques, ou même toutes discussions prononcées dans les autres lieux de culte public en général.

414. Catégorie des « actes officiels ». En faveur d'une *approche extensive* de l'exclusion des actes officiels, plusieurs législations ont opté pour la catégorie des « actes officiels » en étendant la portée de l'exclusion et appliquant le statut des *actes officiels* à d'autres actes dont ceux prononcés dans les réunions de caractère ecclésiastique ou prononcés dans un *but d'édification* ou dans un *lieu de culte* qui rentraient dans cette catégorie. Il en est ainsi, par exemple, de la Finlande, de l'Islande et des pays scandinaves.

415. Finlande. C'est ainsi que l'arrêté finlandais concernant les droits des auteurs et des artistes sur les produits de leur travail du 15 mars 1880 prévit à l'article 10 que :

> « Sous réserve de l'observation des prescriptions spéciales édictées à cet égard, *chacun a le droit de reproduire par l'impression* les lois et ordonnances générales, les parères, les mémoires rédigés par ordre officiel, les actes des tribunaux et des autorités ainsi que d'autres documents publics de tout genre ».

Selon l'article 11, les sermons prononcés dans un lieu de culte tombèrent sous le coup de la prescription de l'article 10 :

> « [...] *la prescription de l'article 10 s'étend aux discours et débats qui ont lieu dans les diètes, églises, synodes et assemblées ecclésiastiques*, séances communales, assemblées électorales et autres réunions publiques »[1].

La nouvelle loi finlandaise concernant le droit d'auteur sur les productions de l'esprit du 3 juin 1927[2], qui vint abroger l'ordonnance du 15 mars 1880, prévit à l'article § 3 que :

> « Sont exclus de la protection qu'accorde la présente loi : 1° les lois et décrets, et les proclamations faites par l'État, les actes, procès-verbaux, décisions, arrêts ou écrits émanés des autorités publiques, de la Chambre des représentants, des commissions et comités officiels, de même que ceux émanés des tribunaux, *des conseils ecclésiastiques*, municipaux ou communaux ou d'autres conseils publics, et tout autre acte public ; [...] ».

416. Islande. Quant à la loi islandaise concernant le droit d'auteur et le droit d'impression du 20 octobre 1905[3], elle consacra dans son article 8 le droit de :

> « chacun [...] [pour] éditer les lois, ordonnances, publications administratives, les décisions rendues par les tribunaux et tous autres documents publics. *Il en est de même des délibérations de l'Alling, des corporations municipales, ecclésiastiques ou autres corps publics*, ainsi que des discours prononcés dans les réunions publiques, politiques, dans celles qui ont pour but d'éclairer le peuple et autres réunions semblables, ainsi que de toutes autres assemblées publiques ».

417. Pays scandinaves. Royaume de Danemark. Il en va de même pour les pays scandinaves. À titre d'exemple, la loi danoise sur le droit d'auteur du 26 avril 1933 qui introduisit différentes modifications par rapport à l'ancienne loi concernant le droit

---

[1] *Dr. Aut.*, 15 juill. 1915, n° 7, p. 77 et s. Selon l'alinéa premier de l'article 11 : « Les règles applicables aux écrits s'appliquent également au droit de publier des sermons, cours et autres conférences orales analogues prononcés dans un but d'instruction, d'édification ou de récréation ».

[2] *Dr. Aut.*, 15 mars 1928, n° 3, p. 29 et s.

[3] *Dr. Aut.*, 15 oct. 1906, n° 10, p. 121 et s.

d'auteur sur les œuvres de littérature et d'art du 19 décembre 1902[1], qui fut en vigueur pour permettre au Royaume de Danemark de ratifier la Convention de Berne de 1928, notamment en ce qui concerne les dérogations à la protection accordée aux œuvres orales[2]. C'est ainsi que les délibérations écrites ou orales des *assemblées ecclésiastiques* ne firent pas l'objet d'un droit d'auteur conformément à l'article 8 ainsi libellé[3] :

« Ne font pas l'objet d'un droit d'auteur les lois, les décrets administratifs, les décisions rendues par les tribunaux, les communications provenant des autorités publiques, et autres documents publics. *Il en est de même des délibérations écrites ou orales des assemblées constitutionnelles, municipales, ecclésiastiques* ou autres assemblées publiques et des tribunaux ; toutefois l'auteur a le droit exclusif de réunir lesdites œuvres en recueil. Les discours et les allocutions prononcés dans les réunions publiques, politiques et dans celles ayant pour but d'éclairer le peuple et autres réunions semblables, *ainsi que les sermons prononcés au cours des cultes publics*, pourront librement être reproduits par la presse ».

418. Norvège. L'article 8 de la loi sur les droits des auteurs et des artistes du 4 juillet 1893[4], qui fut applicable en Norvège, prévit dans des termes semblables que :

« Ne font pas l'objet d'un droit d'auteur les lois, les ordonnances administratives, les décisions rendues par les tribunaux, et autres documents publics. *Il en est de même des discussions et des documents délibératifs des représentations constitutionnelles, des conseils municipaux, ecclésiastiques ou autres*, des discours faits devant les tribunaux, et de ceux prononcés dans les réunions délibératives de caractère politique et autre ».

La nouvelle loi norvégienne concernant les œuvres de l'esprit du 6 juin 1930[5], qui vint abroger la loi du 4 juillet 1893 concernant le droit d'auteur sur les œuvres littéraires et artistiques, dans la version que lui donna la loi modificative du 25 juillet 1910, adopta la même solution dans l'article 3 :

« *Ne sont pas protégés par la présente loi* : 1° les lois, publications administratives, jugements et autres actes officiels ; 2° les délibérations écrites et orales des assemblées constitutionnelles, communales, *ecclésiastiques* ou autres assemblées représentatives publiques, des tribunaux et des réunions publiques politiques et autres du même genre. Toutefois, l'auteur a le droit exclusif de publier en volume les œuvres de ce genre qu'il a composées ; ».

419. Grèce. Pareille dérogation au droit d'auteur fut consacrée par l'article 10 de la loi grecque n° 2387 concernant la protection de la propriété intellectuelle du 16 juillet 1920[6] qui prévit que :

« *La présente loi ne s'applique pas aux discours prononcés du haut de la chaire dans les églises*, à la Chambre des Députés, dans une assemblée nationale ou dans des congrès, ni aux plaidoyers, qui tous peuvent être librement sténographiés ou publiés en résumé ».

---

1 *Dr. Aut.*, 15 févr. 1903, n° 2, p. 13 et s.

2 *Dr. Aut.*, 15 août 1933, n° 8, p. 85 et s.

3 L'article 8 de l'ancienne loi danoise concernant le droit d'auteur sur les œuvres de littérature et d'art du 1er avril 1912 qui prévoyait que : « Ne font pas l'objet d'un droit d'auteur les lois, les ordonnances administratives, les décisions rendues par les tribunaux, et autres documents, publics. Il en est de même des délibérations écrites ou orales des assemblées constitutionnelles, municipales, ecclésiastiques ou autres assemblées publiques, des tribunaux, ainsi que des discours prononcés dans les réunions publiques, politiques, dans celles qui ont pour but d'éclairer le peuple et autres réunions semblables ».

4 *Dr. Aut.*, 15 mai 1896, n° 5, p. 65 et s. ; « Les pays scandinaves et la protection internationale des œuvres de littérature et d'art », *Dr. Aut.*, 15 juin 1893, n° 6, p. 66 et s. ; *Dr. Aut.*, sept. 1892, n° 9, p. 115.

5 *Dr. Aut.*, 15 avr. 1931, n° 4, p. 37 et s. V. L'étude consacrée à cette loi : « La nouvelle loi norvégienne concernant les œuvres de l'esprit du 6 juin 1930 », *Dr. Aut.*, 15 avr. 1931, n° 4, p. 41 et s. (premier article) et *Dr. Aut.*, 15 mai 1931, n° 5, p. 50 et s. (second et dernier article).

6 *Dr. Aut.*, 15 mars 1921, n° 3, p. 26.

420. Cas particulier de l'Angleterre. En revanche, nous pouvons remarquer d'autres législations qui ont décidé d'exclure par définition les sermons prononcés dans les lieux de culte public du champ de la protection sans les faire rentrer dans aucune catégorie particulière. Il en est ainsi du projet de loi anglais sur le *copyright* (le *Bill* littéraire). Il fallait entendre par la définition du terme « *lectures* », les « morceaux à réciter ou allocutions » qui entrent dans le champ de protection du copyright, à l'exception des discours politiques et *des sermons prononcés dans les églises ou autres lieux de culte public*[1]. Il faut en décider ainsi même pour l'insertion de fragments d'une prédication religieuse, inspirée par le désir de renseigner le public sur cette composition oratoire et sur la cérémonie où elle s'est produite[2].

B. Approche catégorielle : la portée des exceptions

421. Reconnaissance d'une exception relative aux discours prononcés dans les délibérations ecclésiastiques. Si les discours prononcés dans les délibérations ecclésiastiques et dans les lieux de culte ne purent donner prise au droit d'auteur, d'autres questions peuvent se poser à cet égard s'agissant de la mise en œuvre du *droit de citation* en matière « *ecclésiastique* » et ses limites. En effet, une exception formelle fut introduite par certaines législations étrangères – de plus en plus nombreuses – pour la catégorie d'œuvres relatives aux *sermons ecclésiastiques* auxquels le droit d'auteur, voire la contrefaçon, ne s'appliqua pas. Cette exception apportée à la règle générale se justifiait par des considérations d'ordre religieux. Ce choix fut celui des législations de l'Empire d'Allemagne, finlandaise et portugaise qui ont permis soit la reproduction *en général*, soit la seule reproduction d'*extraits*[3]. En revanche, nous pouvons remarquer que la loi prussienne prohiba la reproduction, sans permission, des sermons prononcés dans les « temples »[4] (protestants par exemple) retenant une expression différente des autres pays.

---

[1] V. « La révision de la législation anglaise sur le *copyright* et la Convention de Berne », *Dr. Aut.*, 15 mars 1903, n° 3, p. 29.

[2] V. Paris, 11 déc. 1846, cité par E. BLANC, *op. cit.*, H. Plon, Paris, 1855, p. 179, note 1 ; v° « Propriété littéraire, artistique et industrielle », *in Pandectes françaises : nouveau répertoire de doctrine, de législation et de jurisprudence*, Librairie Marescq, Plon, Paris, 1894, p. 146, n° 1103.

[3] Dans un rapport de M. DE BORCHRAVE présenté à la Chambre des Représentants en Belgique (A. DARRAS, *op. cit.*, p. 120), il s'interrogea sur la question de savoir s'il conviendrait de reproduire en entier n'importe quel discours prononcé en public : « Il est parfaitement inutile, dit-on, de reproduire intégralement un discours pour garantir le libre examen de l'opinion publique. Pour apprécier et critiquer un discours, il n'est pas plus nécessaire de le publier en entier que, pour apprécier et critiquer un livre, il n'est nécessaire d'en reproduire le texte. Dès l'instant où les opinions d'autrui sont rappelées en substance, les droits de la critique seront pleinement sauvegardés. Les limites ordinaires du compte rendu suffiront toujours à cet effet, d'autant plus qu'un simple compte rendu n'exclut nullement la faculté de faire des citations » : *in* Rapport préc. de H. MAAS GEESTERANUS, « La protection des œuvres orales et leur reproduction au moyen de l'imprimerie », p. 32.

[4] V. *Répertoire méthodique et alphabétique de législation, de doctrine et de jurisprudence en matière de droit civil, commercial, criminel, administratif, de droit des gens et de droit public*, t. XXXVIII, Au Bureau de la jurisprudence générale, Paris, 1857, p. 466, n° 134. La loi ne précise pas ce qu'il faut entendre par « *temple* » mais le sens général de temple désigne le lieu où l'on pratique une religion ; mais dans un sens plus précis il désigne les lieux du *culte protestant* par opposition aux églises où se tient le culte catholique. Il convient de remarquer que les œuvres publiées, représentées ou exécutées par les temples shintoïstes ou bouddhiques (personnes juridiques), se déclarant comme auteur de cette

… /

422. Empire d'Allemagne. L'illustration la plus ancienne est la loi allemande concernant le droit d'auteur sur les écrits, dessins et figures, compositions musicales, et œuvres dramatiques du 11 juin 1870. Cette loi disposa, dans son article 7, que :

« Ne sera pas considérée comme contrefaçon : [...] d. *L'impression de discours prononcés dans les tribunaux, dans les assemblées représentatives, politiques, communales et ecclésiastiques*, enfin dans les réunions politiques et autres semblables »[1].

Ayant pris son relais, la nouvelle loi concernant le droit d'auteur sur les œuvres littéraires et musicales du 19 juin 1901, entré en vigueur le 1er janvier 1902[2], modifiée par la loi du 22 mai 1910, qui fut promulguée par Guillaume, Empereur d'Allemagne, Roi de Prusse, etc., vint abroger la loi précitée du 11 juin 1870 pour prévoir, à son tour, à l'article 17[3] une exception à la règle générale de la protection :

« Est licite : 1° La reproduction, dans les journaux ou revues, d'une conférence ou d'un discours englobés dans une délibération publique ; 2° *La reproduction de conférences ou de discours prononcés devant les tribunaux et dans les assemblées représentatives, politiques, communales et ecclésiastiques*. Toutefois, est illicite une reproduction des discours dans un recueil contenant essentiellement ceux du même orateur »[4].

Si, d'après la législation impériale allemande, la reproduction de conférences ou de discours fut seulement licite, lorsqu'ils furent englobés dans une *délibération publique*, il

---

œuvre, le droit d'auteur durera trente ans à partir de sa première publication, représentation ou exécution conformément à l'article 6 de la loi japonaise sur le droit d'auteur du 3 mars 1899. V. « Législation, traités et durée des délais de protection en matière de propriété littéraire et artistique dans tous les pays », *Dr. Aut.*, 15 oct. 1908, n° 10, p. 129.

1 « a. La reproduction textuelle de passages ou petites parties d'ouvrages déjà publiés, ni l'insertion, même intégrale, de petits écrits déjà publiés, dans le corps d'un plus grand ouvrage – pourvu que cet ouvrage, pris dans sa substance, constitue une œuvre scientifique ayant un caractère propre – ou dans le corps de recueils d'ouvrages de divers auteurs, pourvu que ces recueils soient composés pour l'usage du culte ou des écoles, ou dans un but d'enseignement ou dans un but littéraire spécial. La reproduction où l'insertion n'est toutefois admise qu'avec l'indication de l'auteur des pièces reproduites ou insérées, ou de la source d'où elles ont été tirées. b. La reproduction d'articles extraits de publications périodiques ou autres feuilles publiques. Sont exceptés les romans ; nouvelles et travaux scientifiques ; sont également exceptés tous autres écrits d'une certaine étendue, pourvu qu'ils portent en tête une défense expresse de reproduction ; c. La reproduction de lois, codes, décrets officiels, de délibérations et actes publics de tout genre ; ».

2 *Dr. Aut.*, 15 août 1901, n° 8, p. 85 et s. Aux termes de l'article 64 de la nouvelle loi allemande : « La présente loi entrera en vigueur le 1er janvier 1902. Les articles 1 à 50, 01 et 02 de la loi concernant le droit d'auteur sur les écrits, etc., du 11 juin 1870 seront abrogés le même jour ; toutefois, ils subsisteront dans la mesure dans laquelle ils ont été déclarés applicables dans les lois impériales concernant le droit d'auteur sur les œuvres des arts figuratifs, les photographies et les dessins et modèles. En foi de quoi, nous avons signé la présente loi et y avons fait apposer le sceau impérial ».

3 V. « Le droit moral dans les pays de l'Union (deuxième article). Législation d'Allemagne (fin) », *Dr. Aut.*, 15 nov. 1929, n° 11, p. 127.

4 Selon l'article 16 : « Est licite la reproduction de codes, lois, ordonnances, actes et décisions de nature officielle ainsi que d'autres écrits rédigés à l'usage officiel ». L'article 16 du projet de loi allemand concernant le droit d'auteur sur les œuvres littéraires et musicales élaborait pour réformer la loi du 11 juin 1870 prévoyait que : « Ne sera pas considérée comme contrefaçon : 1° La reproduction de codes, lois, actes et décisions de nature officielle. 2° La reproduction d'autres publications officielles ne portant pas la mention d'interdiction de toute reproduction ou une mention de réserve générale des droits. 3° La reproduction des délibérations publiques de tout genre dans les journaux et revues. 4° La reproduction des discours prononcés devant les tribunaux et dans les assemblées politiques, communales et ecclésiastiques. Par contre, est illicite la reproduction des discours dans un recueil contenant essentiellement ceux du même orateur ». V. « Le projet de loi allemand concernant le droit d'auteur sur les œuvres littéraires et musicales. Annexe : Texte du projet.et notes », *Dr. Aut.*, 15 août 1899, n° 8, p. 89 et s.

restait à répondre à la question de savoir si le genre de discours consistant à reproduire dans un quotidien, sans autorisation, un sermon prononcé lors d'un mariage dans une église ne relevait pas de la catégorie de la « délibération publique », et par voie de conséquence, était interdit.

423. Finlande. Selon l'article 9 de l'arrêté finlandais concernant les droits des auteurs et des artistes sur les produits de leur travail du 15 mars 1880 :

« Ne sera pas considérée comme une contrefaçon : [...] *c) L'insertion d'écrits de peu d'étendue, d'extraits, de morceaux de musique ou de dessins et figures, déjà publiés par d'autres auteurs, dans des livres scolaires, manuels, recueils de chants et autres recueils et arrangements destinés à renseignement, à l'édification, à des exercices religieux ou à quelque autre but littéraire spécial ;* [...]

Dans tous les cas ci-dessus indiqués, la source à laquelle l'article ou la communication ont été empruntés doit être clairement indiquée ».

424. Portugal. C'est dans cet esprit que l'article 5 de la loi portugaise sur la propriété littéraire, scientifique et artistique du 27 mai 1927[1] consacra un *droit de citation* pour une certaine catégorie d'œuvres permettant à chacun de publier un *extrait des sermons ecclésiastiques*[2], aussi bien quand ils seront faits dans les journaux que sous toute autre forme[3], et aussi bien d'une manière indépendante que dans un but de critique :

« Pourront être publiés seulement par extraits : a) les discours prononcés dans les Chambres législatives ou au cours des délibérations officielles ; b) les discours et oraisons prononcés devant les tribunaux, dans les commissions, les banquets, les centres politiques, les séances de clubs et associations, les cimetières et autres lieux publics et concernant les intérêts du public, de l'association ou des particuliers ; *c) les leçons et conférences des maîtres, professeurs publics, hommes de lettres et de science, et les sermons ecclésiastiques* ».

425. Questions d'interprétation et enjeux interprétatifs. En dépit de l'adoption de solutions législatives susceptibles d'assurer un meilleur équilibre entre les considérations d'ordre purement ecclésiastique et les droits de l'auteur, force est de constater que le problème ne fut pas entièrement résolu puisque certains textes suscitèrent de nombreuses difficultés d'interprétations tant en Allemagne qu'en France. Il faut donc indubitablement se référer à la jurisprudence comparée qui est riche de multiples enseignements à tirer.

---

1 *Didrio do Govêrno*, du 3 juin 1927, n° 114, p. 906 et s. ; *Dr. Aut.*, 15 juin 1928, n° 6, p. 78 et s. ; « La nouvelle législation portugaise sur la propriété littéraire, scientifique et artistique », *Dr. Aut.*, 15 sept. 1928, n° 9, p. 112-113.

2 Par ailleurs, l'article 4 permettait à chacun de publier les lois et autres actes publics officiels. Les publications ecclésiastiques (encycliques, bulles, pastorales, etc.) rentraient dans cette catégorie. Aux termes de cet article : « Il est permis à chacun de publier les lois, décrets, règlements, ordonnances, circulaires, écrits et tous autres actes publics officiels, pourvu qu'on se conforme rigoureusement à l'original ou à l'édition authentique faite par le Gouvernement, par les corps administratifs ou par des institutions publiques, dans la feuille officielle ou séparément, sauf les réserves expresses faites par l'une quelconque desdites entités. § 1er. Sont considérés comme actes publics pour les effets de la présente loi : [...] *b) les encycliques, bulles, pastorales et autres documents émanés de chaque religion ou confession, dont la publication n'est pas interdite par la loi ou par le Gouvernement ;* [...] ».

3 « § 1er. Les discours et pièces oratoires dont traite cet article pourront être publiés intégralement une seule fois, avec la permission de l'auteur, dans les journaux ou les bulletins des associations respectives, ou séparément. § 2. La reproduction intégrale d'un discours ou d'une pièce oratoire, séparément ou dans une collection de tout ou partie des discours d'un orateur déterminé, ne pourra être faite que par cet orateur, ou avec son consentement, donné gratuitement ou à titre onéreux ; s'il fait défaut, le consentement peut être donné par ses héritiers ou ses représentants. § 3. Le consentement auquel se réfère le paragraphe qui précède est présumé, faute de déclaration contraire expresse, donné pour une édition ou pour le nombre d'exemplaires publiés une première fois ».

§ 2. L'EVOLUTION JURISPRUDENTIELLE DES XIXE ET XXE SIECLES FAVORABLE A LA CONSECRATION DE LA PROPRIETE SUR LA FORME ORATOIRE : DE LA JUSTICE DIVINE A LA JUSTICE SECULIERE

426. Réactions jurisprudentielles. Plan. La consécration de la propriété des prédicateurs sur la forme oratoire a été le fruit d'une évolution jurisprudentielle longue au cours des XIXe et XXe siècles. Il convient d'examiner les solutions de la jurisprudence tant allemande (A) que française (B).

A. Jurisprudence allemande

427. La question fut posée en Allemagne devant le Tribunal de l'Empire, IIIe Chambre pénale[1] de savoir si les discours qui servent à un but d'édification des fidèles et de salut des âmes étaient protégés en tant qu' « œuvre » au sens de la loi concernant le droit d'auteur sur les œuvres littéraires et musicales du 19 juin 1901, modifiée par la loi du 22 mai 1910, à savoir les prédications prononcées dans les églises à l'occasion des cultes ou dans d'autres buts ecclésiastiques. Il s'agissait, en l'occurrence, d'un sermon prononcé par le prédicateur supérieur de la Cour dans le dôme de Braunschweig, à l'occasion du mariage du duc régent, qui avait cédé le droit de publication sous forme de brochure à un éditeur.

428. En l'espèce, le prévenu avait reproduit dans son journal « *Neueste Nachrichten* », paraissant à Braunschweig, sans l'autorisation du prédicateur un sermon prononcé dans une église à l'occasion d'une cérémonie nuptiale. Il se prévalait en défense de l'application de l'exception, relative aux discours prononcés dans les délibérations ecclésiastiques, consacrée par la législation impériale allemande dans son article 17 aux termes duquel :

> « 1° Est licite la reproduction, dans les journaux ou revues, d'une conférence ou d'un discours englobés dans une *délibération publique* ; 2° La reproduction de conférences ou de discours prononcés devant les tribunaux et dans les *assemblées* représentatives, politiques, communales et *ecclésiastiques* »[2].

429. C'est ainsi que, d'après la législation allemande, la reproduction de conférences ou de discours était seulement licite lorsqu'ils sont englobés dans une *délibération publique*. Or, tel n'était pas le cas, en l'espèce, car ce genre de discours, c'est-à-dire le sermon prononcé à un mariage dans une église, n'était en aucun cas englobé dans une délibération publique.

430. La question s'est alors posée de savoir : quelle portée exacte il fallait donner au terme de « délibération » employé par le législateur allemand ? Englobait-il le sermon prononcé dans une église à l'occasion d'un culte quelconque, ou non ? D'après ce terme, le législateur allemand visait le discours ou la conférence destiné à être l'objet d'une discussion de sorte qu'il sera ou pourra être suivi d'une « réponse »,

---

1 1er déc. 1910, *Arrêts du Tribunal de l'Empire en matière pénale*, vol. 44, p. 180 ; *Dr. Aut.*, 15 août 1912, n° 8, p. 111-112 ; *L'Art et le droit* (Bulletin mensuel des actualités judiciaires de la propriété artistique et littéraire), avr. 1912, p. 170.

2 Selon l'article 25 de la loi d'Uruguay du 17 décembre 1937 sur la propriété littéraire et artistique : « Les discours politiques, scientifiques et littéraires et, en général, les conférences sur des sujets intellectuels ne peuvent être publiés qu'avec l'autorisation de l'auteur. Les discours parlementaires pourront être librement publiés. Toutefois, si la publication est faite dans un dessin de lucre, l'autorisation de l'auteur sera nécessaire. Est exceptée la publication faite dans des périodiques en vue de l'information ».

comme cela se passe dans les délibérations parlementaires, judiciaires ou autres analogues.

431. L'interprétation des textes légaux faisait ressortir très nettement la divergence entre les termes « *délibération* », d'une part, et « *assemblées* », d'autre part, de sorte que le sermon prononcé dans une église à l'occasion d'une cérémonie nuptiale ne pouvait faire l'objet d'une libre reproduction au même titre que les conférences et discours prononcés devant les tribunaux, dans les assemblées représentatives, politiques, communales et ecclésiastiques, enfin dans les réunions politiques et autres semblables conformément à l'article 7, d, de l'ancienne loi du 11 juin 1870 qui fut abrogée par la nouvelle loi concernant le droit d'auteur sur les œuvres littéraires et musicales du 19 juin 1901. Selon l'article 5, lettre b, de l'ancienne loi, il prescrivait que l'impression, faite sans le consentement de l'auteur, de conférences données dans un but d'édification, devait être considérée comme contrefaçon.

432. En reconnaissant la propriété littéraire aux discours qui servent à un but d'édification aux termes de l'article 1er, n° 1[1] de la loi du 19 juin 1901, le Tribunal de l'Empire admit, par un jugement rendu le 1er décembre 1910, qu'il fallait entendre par là, en première ligne, les prédications prononcées dans les églises à l'occasion des cultes ou dans d'autres buts ecclésiastiques. En effet, la portée de la loi de 1901 protège les auteurs de discours servant à un but d'édification (art. 1er) et ne considère licite dans l'article 17 que la reproduction des discours prononcés dans les assemblées politiques ou ecclésiastiques, mais nullement ceux prononcés au cours des cultes. Il s'en suit que les prédications de ce genre ne pouvaient être reproduites, par l'impression ou de toute autre manière quelconque, que par l'auteur ou par celui à qui l'auteur a fait cession du droit d'édition (le plaignant-intervenant) pour, ensuite, écarter l'application, en l'espèce, de l'une des exceptions légales par lesquelles la reproduction était déclarée licite même sans le consentement de l'auteur ou de son ayant cause. Le Tribunal condamna ainsi le prévenu au titre de l'infraction commise qui tombait sous le coup de l'article 38, premier alinéa, n° 1[2], de la loi de 1901 déclaré coupable et rejeta le pourvoi en révision formulé par le prévenu contre ce jugement.

B. Jurisprudence française

433. Abandon contentieux opposant les orateurs sacrés aux imprimeurs et libraires. Rappelons qu'une série de recueils et de journaux de l'époque s'adonna à *reproduire* les différents genres de discours sacré (sermons, conférences, prônes, instructions, homélies, panégyriques) des orateurs sacrés les plus célèbres sous prétexte de répandre les *enseignements de la chaire évangélique* ou celle de *vérité* à des milliers de fidèles qui n'auraient pu les entendre dans le lieu même où elles avaient été prononcées. Devant ces arguments de commerçants qui vont développer le contentieux, deux affaires émaillèrent le débat dans lesquelles les orateurs sacrés ne manquèrent pas de tonner contre la spoliation de leur propriété.

---

1 Selon l'art. 1er : « Aux termes de la présente loi sont protégés : 1° Les auteurs d'écrits et les auteurs de conférences ou de discours qui servent à un but d'édification, d'instruction ou de récréation ».

2 Selon l'art. 38 : « Est frappé d'une amende qui peut s'élever jusqu'à 3000 marcs : 1° Quiconque, par intention, reproduit ou répand professionnellement une œuvre sans l'autorisation de l'ayant droit, dans les cas autres, que ceux permis par la loi ».

434. Affaire « *Lacordaire c/ Marle* ». L'affaire emblématique dans laquelle la Cour de Lyon fut appelée à statuer sur la question est celle de l'illustre prédicateur l'abbé Lacordaire. En l'espèce, M. l'abbé Lacordaire ayant prêché à Lyon, pendant le carême de 1845, une suite de sermons qui furent écoutés avec empressement, plusieurs personnes crurent faire une spéculation avantageuse en publiant ces discours sous forme de volume. Après avoir constaté que ses sermons furent reproduits et imprimés dans un volume intitulé : « *Conférences du R. P. Lacordaire, prêchées à Lyon et à Grenoble, précédées de sa biographie* » mis en vente par le sieur Charles-Louis Marle, un imprimeur à Lyon, l'abbé Lacordaire l'assigna devant le tribunal correctionnel de Lyon pour avoir commis le délit de contrefaçon.

Par un jugement remarquable du 10 juin 1845[1], le Tribunal fit droit à la demande de Lacordaire et déclara Marle coupable de contrefaçon en consacrant la propriété littéraire sur les prédications de l'abbé Lacordaire, qui furent le fruit de longues études et de profondes méditations sur les sujets les plus élevés, dans les termes suivants :

« [...] Attendu que, *si l'impression de ses prédications peut être quelque fois pour le prêtre un devoir moral, ce n'est jamais qu'un devoir facultatif dont la conscience seule est l'arbitre, et qui ne saurait donner à personne le droit de s'emparer de son œuvre, pour la reproduire dans un but de spéculation* ; qu'aucune règle ne défend aux ecclésiastiques de choisir un imprimeur et de lui conférer l'exclusif droit de vendre leurs ouvrages [...] Qu'on ne comprendrait pas que, quand l'opuscule le plus léger, l'écrit le plus futile est protégé par la loi, *on eût laissé sans protection des productions oratoires qui peuvent être, comme celles de l'abbé Lacordaire, le fruit de longues études et de profondes méditations sur les sujets les plus élevés* ».

435. Conscient de la délicate nature religieuse de l'œuvre reproduite sans avoir obtenu l'assentiment de l'abbé Lacordaire, le tribunal considéra, d'une part, « qu'au point de vue pécuniaire, il ne peut être permis au premier venu de s'attribuer, sans égard pour les droits du travail et de la création, le profit matériel dont un ouvrage, même religieux, peut être susceptible », et d'autre part, « qu'au point de vue de la personnalité morale, et dans l'intérêt même de ses doctrines, l'auteur doit toujours conserver le droit de revoir et corriger son œuvre, d'en surveiller la fidèle reproduction, et de choisir le moment et le mode de publication ». Ainsi, l'auteur a un double et légitime intérêt à conserver le droit exclusif d'éditer son discours ou d'en céder la propriété, comme celle d'un manuscrit, indépendamment de tout dépôt.

436. Distinction entre la *pensée* (la forme) et la *parole* (le support matériel). Cependant, Marle interjeta appel. Suivant l'analyse originale de la question de l'avocat-général Th. Massot, la chambre correctionnelle de la Cour royale de Lyon, dans son

---

[1] Aff. *Marle c/ Lacordaire*, *D. P.*, 1845.2.128. *Cf.* Lyon, 17 juill. 1846, mêmes parties, *D. P.*, 1845.2.128 ; E. Blanc, *op. cit.*, 1855, p. 49 et s. ; Trib. corr. Seine, 28 janv. 1910, aff. *Carpentier c/ Simon et Samuel*, *Dr. Aut.*, 15 août 1910, n° 8, p. 111 ; *France Judiciaire*, 15 août 1910 ; E. Pouillet, *op. cit.*, n° 22 ; A. Vaunois, H. Geoffroy et M. Darras, *La propriété littéraire et artistique*, divis. L, – Extrait du Juris-Classeur Civil - Annexes, Éditions Godde, Paris, 1929, n° 53 ; P. Olagnier, *Le droit d'auteur*, t. 2 (le droit moderne), LGDJ, Paris 1934, p. 340 ; Trib. corr. Seine, 25 nov. 1905, reproduction d'une thèse sans autorisation, *D. P.*, 1907.6.65. *Contra* : omission du nom : Trib. civ., Seine, 31 déc. 1862, *Ann. Pataille*, 1886.43 ; 24 févr. 1894, *Ann. Pataille*, 1895.279 ; Paris, 8 avr. 1850, *D. P.*, 1852.2.159 ; Trib. civ. Seine, 26 déc. 1876, *Ann. Pataille*, 1877. 106 ; P. Masse, *Le droit moral de l'auteur sur son œuvre littéraire et artistique*, thèse, Paris, 1906, p. 83.

arrêt du 17 juillet 1845[1], confirma le jugement de première instance et consacra le principe selon lequel :

> *« L'action de prononcer en public un discours religieux n'enlève pas à son auteur le droit d'en empêcher la reproduction, qu'en effet l'orateur livre seulement sa parole, sans donner le pouvoir de disposer de sa pensée à l'aide de l'impression ; qu'il lui importe au contraire de conserver le fruit de son travail, de rester juge de l'opportunité de sa publication et de se mettre en garde contre une altération dangereuse ».*

437. C'est ainsi que les juges du fond opèrent une distinction entre la *pensée* (la forme) et la *parole* (le support matériel). Et de poursuivre que celui qui, contre le gré d'un prédicateur, reproduit et imprime les sermons prononcés par ce dernier, se rend coupable de contrefaçon au titre de l'article 425 du Code pénal. Voilà donc la première forme de consécration jurisprudentielle de principe de la propriété littéraire sur la forme oratoire relevant du genre sacré, notamment la reconnaissance du droit moral de divulgation…

438. Affaire « *MM. les abbés Bautain, Lacordaire, et al. c/ Martin, Sallior et Lapeyrère* ». Suivant cette jurisprudence constante, les prédicateurs s'en vantaient trop et se croyaient complètement à l'abri de toute usurpation de leur propriété, cependant, il semble qu'il n'en était rien. Dans une affaire analogue, le Tribunal correctionnel de Paris[2] eut l'occasion de se pencher sur la question de savoir si les prédicateurs avaient la propriété littéraire sur les discours qu'ils prononcent ou si ce droit appartenait à tous. Nous constatons que cette problématique introduit une sérieuse confusion dans la matière puisqu'elle donne l'illusion de confondre entre la *divulgation* et l'*exploitation*.

439. Confusion entre *divulgation* et *exploitation*. Les faits de l'espèce nous intéressent, au premier plan, dans la mesure où en défense on faisait valoir que la parole de Dieu, prêchée par l'orateur sacré, n'appartenait en réalité à personne, et que devant la nécessité de la faire répandre dans les cœurs de tous les fidèles, le prédicateur n'était pas en droit d'en revendiquer la propriété exclusive. Il s'agit de la même problématique particulière que nous avons précédemment évoquée de manière récurrente s'agissant de la protégeabilité de la récitation du Coran. A cet égard, il faut bien distinguer le *Coran* ou l'*Évangile* qui appartiennent à tous parce que dans le domaine public et la « *création* » qui appartient à tous comme un effet de la divulgation laquelle n'empêche pas le droit d'exploitation alors que le domaine public l'éteint.

440. Rappelons qu'après avoir découvert que certains discours, sermons, conférences et homélies prononcés par les requérants[3] dans diverses églises furent

---

1 Lyon, 17 juill. 1845, aff. *Lacordaire, D. P.*, 1845.2.128 ; E. POUILLET, *op. cit.*, n° 58 ; A. HUARD et E. MACK, *Répertoire de législation, de doctrine et de jurisprudence en matière de propriété littéraire et artistique*, Librairie générale de jurisprudence Marchal et Billard éd., Paris, 1895, n° 62, 82, 568 ; A. VAUNOIS, H. GEOFFROY et M. DARRAS, *op. cit.*, n° 34.

2 Trib. corr. Paris, 8e ch., 11 févr. 1852, *Bulletin des lois civiles ecclésiastiques : journal encyclopédique du droit et de la jurisprudence en matière religieuse et du contentieux du culte*, Paris, 1852, t. 4, p. 36 et s. ; *Bibliographie de la France : ou Journal général de l'imprimerie et de la librairie*, Cercle de la librairie, Paris, 1852, p. 66-68 ; *Journal des débats politiques et littéraires*, 12 févr. 1852, p. 3 ; M. l'abbé M. ANDRE, *Cours alphabétique, théorique et pratique de la législation civile et ecclésiastique*, t. IV, L. Gauthier, Lyon, 1869, p. 126-128 ; *L'Ami de la religion et du Roi : journal ecclésiastique, politique et littéraire*, t. 155, janv. 1852, p. 480-482.

3 À savoir : 1° L. BAUTAIN, vicaire-général de monseigneur l'archevêque de Paris ; 2° G. DEGUERRY, curé de la paroisse de la Madeleine de Paris ; 3° C. DEPLACE, chanoine de Paris ; 4° M. F.-H.-D.

… /

reproduits par trois recueils, *la Tribune sacrée*, *l'Enseignement catholique*, et *le Journal des Prédicateurs*, à l'aide de la sténographie[1], les prédicateurs déposèrent une plainte en contrefaçon auprès du tribunal de police correctionnelle (8e ch.) contre les directeurs-gérants de ces divers recueils ci-dessus énoncés.

441. A l'appui, l'avocat des requérants, Me Marie développa les motifs de sa plainte en rappelant l'affaire du père Lacordaire, tout en écartant l'argument qu'on avança pour remettre en cause la légitimité de la propriété des prédicateurs sur leurs œuvres de la façon suivante :

« On m'opposera comme argument que les simples discours ne sont pas spécifiés dans cette loi, dont un article fort positif, au reste, ordonne le dépôt de la composition sur laquelle on veut garantir son droit de propriété et baser ensuite sa plainte en contrefaçon. Il me sera facile de répondre d'avance que j'ai plaidé autrefois une question absolument identique ; il s'agissait de poursuivre la reproduction des leçons et des cours des professeurs de droit ; on me fit les mêmes objections que je prévois : c'étaient de simples discours dont la loi ne parle pas, dont le dépôt n'avait pas été effectué. J'ai néanmoins obtenu gain de cause et en première instance et en appel. En définitive, je soutiens qu'il y a eu dans l'affaire soumise à votre juridiction non pas seulement une simple analyse, mais une reproduction complète et textuelle des sermons des parties plaignantes, frustrées ainsi dans leur droit inattaquable de propriété. En conséquence, je persiste avec confiance dans mes conclusions »[2].

442. Vers la consécration d'une « obligation de parler » ? En défense, Me Laboulie, avocat de MM. Sallior et Lapeyrère y répliqua en *assimilant* l'orateur sacré à la fois à l'orateur parlementaire et l'orateur judiciaire[3], qui sont tenus, dit-il, à une *obligation de parler*, c'est-à-dire qu'ils remplissent leur devoir[4] par la parole qui appartient au public :

LACORDAIRE, provincial des Frères Prêcheurs ; 5° A. LAVIGNE, de la Société de Jésus ; 6° A. LEFEBVRE, de la Société de Jésus ; 7° F.-J. LECOURTIER, archiprêtre de Notre-Dame de Paris ; 8° X. DE RAVIGNAN, prêtre de la Société de Jésus ; 9° J.-B.-B. ROUSSOT, des Frères-Prêcheurs ; 10° M. M.-D. SONAILLARD, des Frères Prêcheurs.

1 Selon l'attendu du jugement du Tribunal correctionnel de Paris du 11 février 1852 : « Que le sténographe est souvent contraint de rétablir, avec l'aide de la mémoire et de son imagination, un mot, une phrase, un passage plus ou moins considérable qu'un accident ou l'imperfection de son art ou de ses organes lui a fait omettre ; Que cependant, dans les matières qui exigent de profondes études, qui demandent à être traitées avec tant de prudence, la substitution d'un mot à un autre, de la pensée d'un homme ignorant à celle d'un homme de science, peut dénaturer le sens du discours et donner lieu à des erreurs regrettables ».

2 *Bulletin des lois civiles ecclésiastiques*, t. 4, 1852, p. 39 et 40.

3 V. J. STAROBINSKI, « La chaire, la tribune, le barreau », *in* P. NORA (dir.), *Les lieux de mémoire*, t. II (La Nation), Gallimard, Paris, 1986, p. 425-485.

4 Il convient de noter que la prédication de la parole de Dieu fut au cœur du premier concile de Milan, sous saint Charles Borromée, l'an 1565. Saint Charles Borromée, cardinal de Sainte-Praxède, et archevêque de Milan, tint ce concile au mois de septembre. Onze évêques y assistèrent, et cinq envoyèrent leurs procureurs. Le saint cardinal en fit l'ouverture par un discours, dans lequel il montra la nécessité des conciles provinciaux, On y accepta d'abord les décrets du concile de Trente, et l'on en fit d'autres qui sont divisés en trois parties ; la première contient ceux qui concernent la foi elles moyens de la conserver ; la seconde, ceux qui regardent l'administration des sacrements, et la troisième, ceux qui touchent les hôpitaux et les monastères. Au regard de la prédication de la parole de Dieu, il fut affirmé que : « La prédication de la parole de Dieu étant le devoir principal des évêques qui ont succédé aux apôtres, ils doivent s'y appliquer de tout leur pouvoir, et faire prêcher des hommes capables à leur place, quand ils ont des empêchements légitimes qui les en dispensent. Dans toutes les églises qui ont charge d'âmes, il y aura sermon les dimanches, les fêtes solennelles, l'avent et le carême. Les prédicateurs ne s'appliqueront pas à faire parade de doctrine et d'éloquence ; ils …

« Mais si l'on persiste à soutenir que la parole du prédicateur est sa propriété exclusive, ne peut-on pas se demander aussi si l'orateur parlementaire, si l'avocat à la barre, n'ont pas aussi le droit de revendiquer la propriété exclusive de leurs paroles et d'en empêcher ainsi la reproduction ? Et cependant, les discours de tribune et les plaidoiries sont reproduits tous les jours, et nul n'a jamais pensé à faire un procès au sténographe ni au journaliste, car son droit de reproduction est incontestable et est resté constamment incontesté. [...]. Si l'orateur parlementaire obéit à un mandat politique, l'avocat à un mandat judiciaire, *le prédicateur, certes, a reçu une mission sainte et encore plus élevée : il s'agit de la parole de Dieu, de l'Évangile qu'il doit publier à tous, parce qu'elle appartient à tous.* [...]. *Le prêtre remplit son devoir par la parole : ce sont les propres paroles du père Lacordaire que je lui opposerai à lui-même. En publiant la parole de Dieu, le prêtre obéit à l'ordre de saint Paul ; il accomplit la mission qui lui a été imposée par ces divines paroles : ite et docete omnes.* Les sermons qu'il prononce dans l'enceinte d'une église trop étroite pour contenir tous ceux qui voudraient les entendre, nous les reproduisons, nous les publions au loin ; loin de nuire au prêtre, nous venons ainsi à son aide. *En annonçant la parole de Dieu, le prêtre paie une dette ; sa parole n'est pas sa propriété, et il n'a rien à réclamer de ceux qui ne s'emparent de sa parole que pour la répandre sur toute la surface du pays.* Voudriez-vous donc, en définitive, que le pain de l'âme devint aussi le pain du corps ? Refuserez-vous quelques miettes de vos tables si splendidement servies à de pauvres Lazares affamés qui se pressent pour les recueillir ? Auriez-vous enfin le courage de leur retirer cette manne céleste dont ils sont si avides de se nourrir ? Non, ce n'est pas possible »[1].

443. Médiatrice entre la part *humaine* et la part *divine* dans l'œuvre du prédicateur. Pour y répondre, l'avocat de la République Sallantin dissocia bel et bien entre la *part humaine* et la *part divine* dans l'œuvre du prédicateur au risque de confondre dans son esprit la nature de la parole dont il est le ministre, voire l'organe, avec la sienne propre. Admettre une telle dissociation conduirait non seulement à ouvrir la porte à la protection de la forme créative, que l'orateur sacré fait prendre à la parole divine, qui est le fruit de son imagination, mais à permettre également à l'auditeur de ne pas perdre de vue le caractère divin de la parole sainte, voire de ne pas la confondre

---

s'attacheront plutôt à expliquer d'une manière claire l'Évangile, le Symbole, l'Oraison dominicale, la Salutation angélique, les Commandements de Dieu, les sacrements et les cérémonies de l'Église. Ils s'élèveront, avec autant de zèle que de charité, contre les vices auxquels les peuples sont le plus enclins, et contre les mauvaises coutumes, mais sans nommer ni désigner personne. Ils ne s'élèveront contre aucun genre de vie reçu dans l'Église, ni contre les évêques, ni contre les magistrats. Ils engageront les peuples à obéir sans murmurer à leurs supérieurs, lors même qu'ils sont difficiles et fâcheux, et à prier pour tous les hommes, spécialement pour les souverains. Ils exciteront les peuples à la douleur de leurs péchés, à la vertu, à la piété, leur enseignant quels sont les devoirs propres de chaque état, ceux des pères, des enfants, des époux, des épouses, des maîtres, des serviteurs, des laïques, des clercs, des magistrats, des personnes privées, etc. Ils leurs apprendront à garder les commandements de Dieu et de l'Église, et la manière de les garder ; à observer les préceptes et à embrasser les conseils, en s'efforçant de faire des progrès continuels dans la perfection. Ils leur enseigneront de quelle manière il faut se servir des biens de l'âme et du corps, de la prospérité et de l'adversité, comme de moyens pour acquérir le ciel. Mais ils prendront surtout bien garde de ne pas détruire par leur conduite ce qu'ils établissent par leurs discours. Ils ne publieront point d'indulgences, et ils ne recommanderont aucun pauvre au peuple, sans la permission par écrit de l'évêque. On ne recueillera point les aumônes à l'église pendant le sermon, qui ne se fera jamais la nuit. Il n'y aura ni messe, ni office dans l'église, tandis qu'on y prêchera ; et les évêques qui ne pourront prêcher eux-mêmes assisteront au moins à la prédication, autant qu'il leur sera possible. Les chanoines de la cathédrale et les autres ecclésiastiques de la ville se rendront aussi assidus aux sermons, les fêtes solennelles, l'avent et le carême, afin d'y attirer le peuple par leur exemple. Les évêques feront en sorte que les hommes et les femmes aient des places séparées les unes des autres, pour entendre le sermon » : A.-C. PELTIER, *Dictionnaire universel et complet des Conciles tant généraux que particuliers, des principaux synodes diocésains et des autres assemblées ecclésiastiques les plus remarquables*, publié par l'abbé MIGNE, t. I, Ateliers Catholiques du Petit-Montrouge, Paris, 1846, p. 1277-1278.

1 *Bulletin des lois civiles ecclésiastiques*, t. 4, 1852, p. 42 et 43.

avec la parole de l'homme, sinon « il ne craindra plus de s'ériger en critique, en juge de cette divine parole ; et dès lors il fera à Dieu la plus grande injure, il se fera à lui-même le plus grand tort. Il fera à Dieu la plus grande injure ; car il méconnaîtra la voix de Dieu dans la bouche de son ambassadeur, et il paiera d'ingratitude l'insigne bienfait de la prédication évangélique, à laquelle il doit et sa foi et tout ce qu'il est dans l'ordre du salut »[1] :

« *C'est un devoir sans doute pour le prédicateur que d'annoncer la parole divine : nul ne le conteste ; mais, en remplissant son devoir, le prédicateur entend-il se dépouiller de la part humaine de son œuvre ? A côté de l'Évangile se trouve encore autre chose, c'est la forme que l'orateur sacré fait prendre à la parole divine, et cette forme est le fruit de ses travaux, de ses veilles, de son génie* ; on ne saurait donc lui en contester la propriété, et nous ne saurions admettre qu'en publiant des sermons qu'il va recueillir à l'aide de la sténographie, un éditeur vienne se parer de ce qui ne lui appartient pas, et fasse ainsi une spéculation, une entreprise littéraire qui ne doit profiter qu'à lui. Avant de publier les œuvres des autres, qu'il traite avec eux de ce qui fait incontestablement leur propriété exclusive ».

444. Consécration de la propriété du prédicateur sur sa parole. A la question de savoir si les orateurs sacrés étaient propriétaires des discours qu'ils prononcent, le tribunal consacra, par son jugement du 11 février 1852, le principe selon lequel le prédicateur est, en effet, le propriétaire exclusif de sa parole. Son droit de propriété est aussi bien fondé que celui du sculpteur sur sa statue, du littérateur sur son livre, du peintre sur son tableau, du graveur sur sa gravure ; aux yeux du bon sens, le droit de propriété étant identiquement le même :

« *Attendu que celui qui assiste au sermon d'un prédicateur, à la leçon d'un professeur de sciences, profite de la parole du prêtre* et du savant, *en ce sens qu'il peut en conserver le souvenir, la méditer, l'appliquer à ce qui le concerne, même en communiquer la substance, mais qu'il n'acquiert aucun droit de propriété sur la totalité des discours qu'il a entendus ; qu'il ne peut donc en faire l'objet d'une spéculation, ni même l'imprimer dans le but de la faire connaître au public ; Attendu que les orateurs de la chaire sont assurément fondés à se prévaloir comme tous les autres auteurs des dispositions de la loi pour revendiquer le droit exclusif d'imprimer et de vendre à leur profit les discours qu'ils ont composés, mais qu'en outre des considérations de l'ordre le plus élevé leur imposent l'obligation d'exercer ce droit dans l'intérêt même de la religion dont ils enseignent les dogmes et la morale.* […]. Qu'il suit encore de là qu'il est indispensable que l'orateur reste maître de choisir son imprimeur et de surveiller son travail ».

445. Le Tribunal condamna ainsi Martin, Sallior et Lapeyrère, chacun à 300 francs d'amende, au motif qu'en imprimant et publiant dans les recueils intitulés : *Le Journal des Prédicateurs*, *la Tribune sacrée*, et *l'Enseignement catholique*, plusieurs discours prononcés par les prédicateurs dans diverses églises sans leur consentement, ils ont violé les lois relatives à la propriété littéraire, commis le délit de contrefaçon et encouru les peines portées par les articles 425 et 427 du Code pénal.

446. En guise de conclusion. Il résulte de l'analyse de ces deux affaires que la jurisprudence française fut constante sur le fait que les prédicateurs étaient propriétaires des discours et des sermons qu'ils prononçaient, quelle que soit la *nature du sujet traité*, quelle que soit la *forme primitive* dans laquelle l'œuvre intellectuelle fut produite de sorte que la reproduction de sermons ou de conférences religieuses sans autorisation de l'auteur constituait une contrefaçon[2]. En conséquence, ceux qui, sans leur consentement, les recueillaient à l'aide de la sténographie, et les reproduisaient dans des ouvrages, non sous la forme d'analyse ou de compte-rendu, mais en entier, et tels que l'orateur les composait, violaient les lois relatives à la propriété littéraire, et

---

1 L. BELLEFROID, *op. cit.*, p. 5.

2 C. de Lyon, 17 juill. 1845, aff. *Lacordaire c/ Marle*, *D.* 45, 2, 128 ; E. BLANC, *op. cit.*, 1855, p. 49 ; C. de Paris, 28 mai 1852, aff. *Lacordaire, de Ravignan et a. c/ Lapeyrière et a.*, E. BLANC, *op. cit.*, p. 50.

commettaient le délit de contrefaçon prévu et puni par les articles 425[1] et 427[2] du Code pénal.

1 Restait à savoir si la protection de l'art. 425 s'étend aux discours prononcés dans les Chambres législatives, aux plaidoyers, aux sermons, aux leçons orales, faites publiquement par les professeurs que l'État salarie. La question fut résolue, en 1841, dans un projet de loi qui n'a pas abouti. L'art. 7 de ce projet portait : « Les droits, spécifiés dans les art. 1er, 2, 3 et 4, sont garantis pour la publication des cours publics, sermons et autres discours prononcés publiquement, lesquels ne pourront être publiés isolément ni en corps d'ouvrage, sans le consentement des auteurs et de leur ayant cause. À l'égard des plaidoyers et des discours, prononcés dans les deux Chambres, ce consentement ne sera nécessaire que pour leur publication en recueil d'auteur », cité par A. BLANCHE, *Études pratiques sur le Code pénal*, vol. VI, Imprimerie et Librairie générale de jurisprudence, Cosse et Marchal et Billard, Paris, 1871, n° 441.

2 Art. 427 : « La peine contre les contrefacteurs ou contre l'introducteur sera une amende de cent francs au moins et de deux mille francs au plus ; et contre le débitant une amende de vingt-cinq francs au moins et de cinq cents francs au plus. La confiscation de l'édition contrefaite sera prononcée tant contre le contrefacteur que contre l'introducteur et le débitant. Les planches, moules et matrices des objets contrefaits seront aussi confisqués ».

TITRE II. CREATIVITE HUMAINE INSPIREE PAR UNE FORME DIVINE/SACREE NON CULTUELLE

447. Calligraphe de l'univers. En effet, le Créateur est conçu comme le *Calligraphe de l'univers* qui créé les formes par son Écriture « *kitâba* », le savoir divin, voire même le Peintre divin. En témoigne, le préambule du décret d'investiture, en date du 24 avril 1522, par lequel le roi safavide Shah Ismail 1er (1487-1524) nomma le peintre Behzâd, le plus grand maître de la miniature persane (1440-1536), chef de la bibliothèque impériale et des ateliers de manuscrits[1], qui commença par affirmer dans les termes suivants :

« De par la volonté du Peintre Figuratif de l'atelier de l'Etre et de l'Existence,
Et de par le désir du Scribe qui traça le palais des calligrammes du Ciel et de la Terre, […] »[2].

448. Calame : l'Acte créateur divin. Cette assertion est corroborée par l'hypothèse de la *création* des lettres par Dieu خلق الحروف qui explique le statut particulier dont jouit la calligraphie, voire l'écriture, en Islam. Tabari (839-923) écrivit : « *La première chose que Dieu créa fut le roseau, et tout ce qu'il voulut créer, il dit au roseau de l'écrire*[3]. Ensuite, lorsque le roseau se fut mis à écrire, Dieu créa les cieux, les terres, le soleil, la lune et les astres, et alors la sphère céleste commença à tourner »[4]. Le schéma ci-dessous représente l'Acte créateur de Dieu, Ecrivain suprême, sur lequel repose l'écriture[5].

---

1 P. RINGGENBERG, *op. cit.*, p. 46 et 47 ; E. BLOCHET, *Les peintures des manuscrits orientaux de la Bibliothèque nationale*, Paris, 1914-1920, p. 280-281, note 1 : « Le décret de Shah Ismaïl est intitulé dans la rédaction de Khondamir : *Nishan-i kalatanri- i kilabkhana-i houmayoun*, et il est dit dans son texte : *houkhm farmoudim ka mansab-i istifa* ou *kalantari-i mardoum-i kitabkhana-i houmayoun… moufawwaz* ou *moutaallik badou bashad...*; je n'ignore point que *kitabkhana* "maison des livres" est généralement traduit "bibliothèque" ; toutefois, il est évident, d'après le détail des attributions de Behzad, qu'il ne s'agissait nullement de la conservation et de la tenue au courant d'un établissement tel que la Bibliothèque Nationale ou le British Muséum, mais bien au contraire de la direction d'un établissement où l'on fabriquait des livres de luxe, quelque chose comme une Imprimerie Royale d'art. Il n'est point question dans le décret que Behzad ait eu sous ses ordres les bibliothécaires chargés de l'inventaire et de la garde des manuscrits confectionnés dans cette officine, et l'on ne voit guère que Behzad ait eu qualité pour remplir ces fonctions. Le texte de ce décret a été imprimé par M. Mohammad Khan al-Kazwini dans la Revue du Monde Musulman de mars 1914 ». V. I. STCHOUKINE, *Les peintures des manuscrits safavis, de 1302 à 1587*, Paul Geuthner, Paris, 1959. *Adde* le Compte rendu par G. GERMAINE, *in* Revue *Arts asiatiques*, vol. 13, 1966, p. 131.

2 M. BARRY, *L'art figuratif en Islam médiéval et l'énigme de Behzâd de Hérât (1465-1535)*, Flammarion, Paris, 2004, p. 273.

3 La *sourate* LXVIII est intitulée : Le Roseau ou le calame et commence ainsi « *Noun.* Par le calame et par ce qu'ils écrivent ! » (Verset 1).

4 TABARI, *Les prophètes et les rois. De la Création à David*, trad. de la version persane par H. ZOTENBERG, Sindbad, Paris, 1984, p. 33.

5 P. RINGGENBERG, *op. cit.*, p. 161.

Figure 13 — Représentation de l'Acte créateur de Dieu sur lequel repose l'écriture

L'Unité divine

•

Crée le

Calame (l'Intelligence divine)

qui écrit sur la

Table Gardée (l'Ame universelle)

Et produit le

Livre du monde

(Cieux, terres)

449. Plan. L'écriture, en tant que matrice de la parole, se présente comme la « langue liturgique de l'Islam » ; elle en est la parole « ésotérique » expliquant le monde caché à l'intelligence humaine. Du fait de l'origine coranique de l'écriture[1], il ne fait aucun doute que la calligraphie est une création spécifique de l'Islam. C'est ainsi que l'*iconoclasme de l'Islam*[2] s'est plutôt manifesté par la représentation des paroles de Dieu au lieu de représenter l'*image de Dieu*, en tant que créateur de toutes les formes[3], niant

---

[1] Cette conception selon laquelle l'écriture est née pour écrire le Coran fait l'objet de débats et d'hésitations. On avance que c'est parce que la langue préexistait à la Révélation et qu'elle était déjà parlée par tous les Arabes qu'elle fut utilisée comme véhicule…

[2] L'*iconoclasme* ou plutôt l'« aniconisme » (l'absence d'images de fait et de droit) niant la possibilité même de l'image dans l'Islam. « La tradition islamique répugne à représenter Allah sous quelque forme que ce soit […]. Cependant, l'interdiction de figurer Allah et son prophète est largement compensée par l'extraordinaire profusion de figurations géométriques et par toutes les abstractions qui occupent l'espace sacral de la mosquée et de ses dépendances, ainsi que la calligraphie du texte saint » : M. CHEBEL, *Dictionnaire des symboles musulmans*, *op. cit.*, p. 40 et 41. V. P. RINGGENBERG, *op. cit.*, p. 215 et s., l'auteur met l'accent sur le fait que : « Contrairement à une opinion encore reprise ici ou là, l'art islamique n'a pas été iconoclaste ni n'a entièrement aboli l'image figurative ». En tous cas, il y a une différence de degré entre l'iconographie chrétienne et l'iconoclasme dans l'Islam.

[3] En disant « Sois ! » *Kun* (Coran, Sourate II : La Vache, 117) ; « Il est Dieu ! Le Créateur ; celui qui donne un commencement à toute chose ; celui qui façonne » (Coran, Sourate LIX : Le Rassemblement, 24).

tout anthropomorphisme[1]. A bien considérer les choses, la Parole divine écrite (Coran) est, en effet, à l'origine de plusieurs arts sacrés de l'Islam. Elle est incarnée par la *calligraphie* (Section I) qui est considérée comme un écho de la Parole divine que l'homme écrit en calligraphiant le Coran d'une part, et d'autre part, elle est véhiculée par les voies multiples de l'*exégèse* et de l'*herméneutique*, c'est-à-dire les compilations et les traductions religieuses (Section II) qui font la richesse du *turâth* islamique interprétant, commentant et analysant à la fois le sens premier de cette Parole et pénétrant en sphère herméneutique « *ta'wil* » les significations ésotériques cachées derrière cette Parole.

1 À titre d'exemple, Abû AL-HUDHAIL' nie toute ressemblance entre Dieu et ses créatures'. AL-KHAYYAT rapporte à ce sujet qu'Abû AL-HUDHAIL « nie toute sorte de ressemblance entre Dieu et ses créatures ; il affirme que Dieu est un, sans corps, ni forme, ni image, ni définition (ou limite ?) : « Rien n'est à Sa ressemblance » (XLII, 11), cité par A. BADAWI, *op. cit.*, t. I, p. 71. Les anthropomorphistes (*Mojassimah* مُجسِّمَة) sont un groupe de jurisconsultes qui se rangent à côté de l'avis attribuant à l'Essence divine un corps, selon lesquels Dieu est assis sur le trône et possède des mains, yeux, oreilles, etc., tout en s'appuyant sur quelques versets du Coran comme : « Le Miséricordieux qui S'est établi sur le Trône », « Lorsque ton Seigneur Se manifestera, que les anges se présenteront en rangs », « C'est vers Lui que monte toute bonne parole », « Seule perdurera la Face de ton Seigneur », « La Main de Dieu est au-dessus des leurs », « Afin que tu fusses élevé sous Mes Yeux », « Qui t'a empêché de te prosterner devant l'être que J'ai créé de Mes mains ? », « Tandis que les Cieux seront ployés dans Sa dextre », « Quel malheur d'avoir été si négligente envers Dieu », « Peut-être s'attendent-ils à voir venir vers eux Dieu et Ses anges, à l'ombre des nuages ? », « S'ils sont trop orgueilleux pour adorer leur Seigneur, qu'ils sachent que ceux qui sont proches de Lui », « Que les anges et l'Esprit gravissent, dans leur ascension, vers Lui », « Puis l'être se laissa glisser et s'approcha, jusqu'à ce qu'il ne fût qu'à une distance de deux portées d'arc ou moins encore ». Les anthropomorphistes sont les partisans de Mohammad IBN KARRAM qui a interprété avec exagération les Attributs divins à tel point qu'il a attribué à Allah un corps ressemblant à celui des êtres humains. Selon lui, Allah est établi au-dessus du Trône ; ce qui n'est possible que pour les corps.

Chapitre I
L'ECRITURE, *SYMBOLE* LISIBLE DE LA FORME DIVINE

450. Symbolisme de l'écriture et l'art de la calligraphie. Le symbolisme de l'écriture, à la fois métaphysique et cosmologique, a conféré à la calligraphie, dès les premiers siècles de l'Islam, un *caractère sacré* lié au fait qu'elle transcrit le Verbe divin de sorte que Grabar qualifie la calligraphie comme l'*âme* de l'art arabo-islamique[1]. Au cœur de l'art arabo-islamique, la calligraphie arabe (*'ilm al-khatt*) occupe une place importante dans le problème théologique de la *Révélation* du Coran dont le Livre saint évoque lui-même le *calame*[2]. En témoigne, les versets suivants rapportés par le Livre saint dans la première révélation au Prophète : « Lis !.. Car ton Seigneur est le Très-Généreux qui a instruit l'homme au moyen du calame [*bi-l-qalam*] et lui a enseigné ce qu'il ignorait »[3]. Ces derniers versets sont articulés symétriquement autour des concepts de « *lecture* », et d' « *écriture* » (calame). En effet, ce statut particulier de la calligraphie a conduit certains législateurs des pays arabo-musulmans à prévoir expressément la calligraphie parmi les *œuvres protégées* par le droit d'auteur, comme nous allons le constater[4].

---

1 Cité par N. Khemiri, *Problématiques de l'image. (In)esthétique des arts de l'Islam ?*, thèse, Paris VIII, 2010, p. 283.

2 Roseau taillé en pointe biseautée utilisé par le calligraphe.

3 Coran, Sourate XCVI : Le Caillot de sang, 3-4.

4 Il en est ainsi de la Syrie et du Liban, de l'Iran, de l'Indonésie et de la Colombie. À titre d'exemple, l'art. 138 de l'arrêté du Haut-Commissaire de la République française en Syrie et au Liban portant réglementation des droits de propriété commerciale, industrielle, littéraire, artistique, musicale, etc. datant du 17 janvier 1924, n° 2385 « les calligraphies » ; art. 2 de la loi iranienne sur la protection des droits des auteurs, des compositeurs et des artistes du 12 janvier 1970 « les calligraphies ornementales » ; art. 40 (1), f, de la loi indonésienne n° 28 du 16 septembre 2014 sur le droit d'auteur (*Copyright Act*) « *calligraphy* » (anciennement, art. 12 (1), f, de n° 19 de 2002 sur le droit d'auteur ainsi que l'article 10 (2)) ; art. 8 de la loi colombienne du 28 janvier 1982, n° 23 sur le droit d'auteur « œuvres de calligraphie ».

451. Rôle de l'*Écriture* et de l'*Icône*, formes symboliques. La problématique de la représentation des images figuratives en Islam[1], quel qu'en soit le support[2], a conduit à la formation d'un art original exclusivement basé sur la *calligraphie coranique* qui représente la matérialité de la présence divine. En revanche, une théologie de l'*art sacré de l'icône* s'est développée au Moyen-Âge, sous l'emprise de l'Église, sur la base du rôle de l'Écriture dans la mesure où s'il appartient à la *parole* de diffuser la vérité, il appartient à l'*image* de la fixer[3]. C'est à partir de cette conception que l'Église admit que l'*icône*, image sacrée, joue le même rôle que l'*Écriture*[4].

452. Formes plastiques et dimension symbolique. Qu'il s'agisse de formes inspirées de la nature (géométrie, motifs décoratifs, floraux ou végétaux) ou d'autres formes, les formes plastiques[5] (la calligraphie, l'icône, etc.) reposant sur des formes divines détiennent une *dimension symbolique* puisqu'elles ne sont la plupart du temps que

---

1 V. P. RINGGENBERG, *op. cit.*, p. 215 et s., l'auteur met l'accent sur le fait que : « Contrairement à une opinion encore reprise ici ou là, l'art islamique n'a pas été iconoclaste ni n'a entièrement aboli l'image figurative ». « Le Coran, lui, n'aborde pas directement la question de l'image et de la représentation ; seuls quelques versets jetant l'anathème sur les idoles peuvent être interprétés comme une condamnation des images, comme ceux-ci : Abraham dit à son père Azar : "Prendras-tu des idoles [*asnâm*] pour divinités ? Je te vois, toi et ton peuple, dans un égarement manifeste" Coran, VI, 74 ; V. Aussi : Coran, V, 90 ; XXI, 57-59 et 66-69 », cité par A. VERNAY-NOURI, « La question de l'image en Islam », *in* A. VERNAY-NOURI (avec la coll. d'A. BERTHIER), *Enluminures en terre d'Islam : entre abstraction et figuration*, (exposition, Bibliothèque nationale de France, site Richelieu, 8 juillet-25 septembre 2011), Bibliothèque nationale de France, Paris, 2011, p. 15-19. L'aniconisme apparaît progressivement dans d'autres textes. À titre d'exemple, dans les *hadîths* rapportés du Prophète, il « y déconseille l'utilisation d'objets décorés de motifs figuratifs » dans la mesure où « ils détournent de la prière et empêchent l'ange de la Révélation de s'approcher » : A. VERNAY-NOURI, « La question de l'image en Islam », art. préc., p. 16. « Un des textes les plus complets et les plus caractéristiques consiste dans cette énumération d'aphorismes attribués à Mahomet. "Les anges n'entreront pas dans une maison où il y a une image ou un chien" [*Al-Sahîh* AL-BUKHARI, LXXVII, 87] "Ceux qui seront punis avec le plus de sévérité au jour du jugement dernier sont : le meurtrier d'un prophète, celui qui a été mis à mort par un prophète, l'ignorant qui induit les autres en erreur et celui qui façonne des images et des statues" », cité par O. GRABAR, *La Formation de l'art islamique*, coll. « Champs », Flammarion, Paris, 2000, p. 112.

2 « Cette absence de figuration caractérise, dès la fin du VIIe siècle, les premiers corans, et s'étend à tous les livres relevant des sciences religieuses : ouvrages de *hadîth*, de droit islamique, d'exégèse coranique ou de théologie » : A. VERNAY-NOURI, *Enluminures en terre d'Islam : entre abstraction et figuration*, *op. cit.*, p. 19.

3 D. MENOZZI, *Les images : l'Église et les arts visuels*, Cerf, Paris, 1991, p. 24. Le théologien Jean DAMASCENE (640-750), l'un des plus fervents défenseur de l'icône, ne manqua pas de faire un parallélisme entre l'*image* et l'*écriture* : D. MENOZZI, *op. cit.*, p. 23-24.

4 « Aux yeux de l'Église, l'icône n'est pas un art illustrant la sainte Écriture ; elle est un langage qui lui correspond, qui lui est équivalent, correspondant non à la lettre de l'Écriture, ni au livre même en tant qu'objet, mais à la prédication évangélique, c'est-à-dire au contenu même de l'Écriture, à son sens, tout comme les textes liturgiques. C'est pourquoi l'icône joue dans l'Église le même rôle que l'Écriture, elle a la même signification liturgique, dogmatique, éducative » : L. OUSPENSKY, *La théologie de l'icône dans l'Église orthodoxe*, Les éditions du Cerf, Paris, 1982, p. 121. Sur l'analogie originelle de l'écriture et de l'image : Ph. MOURON, *Le droit d'exposition des œuvres graphiques et plastiques*, thèse, Paul Cézanne – Aix-Marseille III, 2011, p. 63, n° 55.

5 « Les formes symboliques ne sont que des formes externes fonctionnelles qui ne sont pas protégées pour elles-mêmes, mais au titre du contenu créatif auquel elles donnent accès » : Ph. GAUDRAT et F. SARDAIN, *Traité de droit civil du numérique*, t. I (Droit des biens), éd. Larcier, Bruxelles, 2015, p. 168, note 530.

le reflet d'une réalité transcendante et d'une vision contemplative d'un monde de signes à déchiffrer et d'emblèmes religieux connus et combinés pour représenter d'une manière symbolique, par exemple, la beauté d'un texte sacré[1], une image exposée à la vénération des fidèles d'une église, ou la pensée qui a présidé à la fondation d'une confrérie[2]. Ces signes multiples sont les supports d'un témoignage de la Présence divine.

453. Données du problème. Deux problèmes sont ainsi identifiés :

1° d'une part, les formes créatives plastiques qui représentent un emblème religieux, sont investies d'une *valeur sacramentelle*, qui, en tant que supports sacrés de contemplation et de culte, ne saurait être susceptible de modification, et de surcroît ne peuvent dès lors être l'objet d'une propriété privée ;

2° d'autre part, les *impératifs d'ordre religieux* peuvent priver ces différentes formes plastiques du caractère original nécessaire à leur protection dans la mesure où le calligraphe, l'artiste, l'architecte, tous confondus, sont sujets aux règles exorbitantes régissant la création artistique à caractère religieux devant se conformer aux usages en la matière sous peine de n'être pas compris[3], comme nous allons le démontrer.

454. A vrai dire, comme nous allons le constater, cette manière de raisonner confond, ni plus, ni moins, le *support* et l'*œuvre*.

455. Plan. L'analyse des formes plastiques sacrées dans les religions monothéistes, notamment la *calligraphie* dans la religion musulmane (Section I) et l'*icône*

---

1 C'est bien ce qui apparaît dans l'utilisation coranique du mot « *âya* ». « À plusieurs reprises, le Coran parle des signes (*âyât*) de Dieu. Selon le Coran, la nature, les miracles, les événements, le récit des miracles, les versets mêmes du Coran constituent autant de signes de Dieu. Ces signes sont des symboles, qui démontrent la présence, la puissance et les attributs du Dieu unique. Dispersés au long du Coran, plusieurs versets détaillent le contenu et la fonction de ces signes et offrent comme les prémisses d'une théorie du symbole » : P. RINGGENBERG, *op. cit.*, p. 18. V. Coran, Sourate XLI : Les Versets clairement exposés, 37 : « On voit parmi ses Signes : la nuit, le jour, le soleil et la lune. Ne vous prosternez ni devant le soleil, ni devant la lune. Prosternez-vous devant Dieu qui les a créés, si c'est lui que vous adorez ».

2 Il en est ainsi des maîtres-ès-œuvres, des Francs-maçons, des corporations de maîtres-verriers, des confréries de Frères-Pontifes. V. Pour une application jurisprudentielle en matière de rites et emblèmes maçonniques : C. CARON, « Les rites et emblèmes maçonniques sont-ils appropriables par le droit de la propriété intellectuelle ? », *Comm. com. électr.* 2002, n° 10, comm. 124. V. Plus loin : § n° 969 s.

3 À titre d'exemple, la question se pose notamment pour l'*architecture de la mosquée* qui est dictée par les règles de la prière afin de favoriser la concentration et ne pas distraire de la prière, ce qui explique la relative sobriété de l'ornementation. Il en va de même pour la construction d'une église, d'un autel, d'une chaire, de stalles pour le chœur, de bancs pour les fidèles, de confessionnaux, de buffets d'orgues, de vitraux, etc. Les prescriptions liturgiques exigent que dans l'architecture, l'ameublement, la décoration, la forme et la matière des ornements et des vases sacrés des églises, tout soit conforme aux traditions chrétiennes, aux règles de l'art et du bon goût. Suivant le Canon 1162 et 1164, il fallait en effet prendre l'avis de la Commission diocésaine et de lui soumettre les plans et les devis avant de passer à l'exécution. V. Les communications de l'archevêché : lettre circulaire de son éminence le Cardinal Luçon, Archevêque de Reims au Clergé de son Diocèse prescrivant les mesures à prendre pour la conservation des objets d'art religieux dans nos églises, *Bulletin du Diocèse de Reims*, 10 nov. 1928, n° 45, p. 356. Le Canon 1162 prescrit qu'aucune église ne peut être édifiée sans le consentement, donné par écrit, de l'Ordinaire du lieu ; le Vicaire général ne peut le donner sans une spéciale autorisation. Le can. 1164 précise que les Ordinaires doivent avoir soin, après avoir pris l'avis des experts si cela est nécessaire, que les églises soient édifiées ou reconstruites suivant des formes admises par la tradition chrétienne et les lois de l'art sacré.

dans la religion chrétienne (Section II) renvoie aux débats sur la frontière entre *forme* et *support* qui sont au cœur d'âpres problématiques sur le terrain du droit d'auteur.

SECTION I.
LA SACRALISATION DE LA CALLIGRAPHIE DANS LA RELIGION MUSULMANE

456. La calligraphie, empreint de sacré. En fait, le *caractère sacré* de la calligraphie explique la *tardiveté* de l'introduction de l'imprimerie « la Galaxie Gutenberg »[1] dans le monde musulman qui témoigne de la volonté de conserver et glorifier la parole divine[2] au risque d'ouvrir la porte à la copie, voire à la duplication du Coran, et de favoriser de tels abus[3], qui, en tant qu'*acte spirituel*[4], perdrait sa valeur

---

1 Certains auteurs soulignent que : « C'est avec près de quatre siècles de retard sur l'Europe, que le monde musulman s'est enfin résolu à rejoindre la Galaxie Gutenberg » : A. MERAD, *op. cit.*, p. 110.

2 En témoigne, les quatre exemplaires de la Vulgate d'Uthmân diffusé dans les quatre grandes villes de l'empire, la Mecque, Basra, Kufa et Damas. « Par ce texte officiel qui protégeait de toute corruption la parole révélée, l'écriture des hommes rejoignait l'Ecriture de Dieu, la trace laissée par le *qalam* du calligraphe s'identifiait à celle jaillie du *Qalam* céleste » : D. CLEVELOT, *op. cit.*, p. 177.

3 Mais la copie manuelle est une copie ? Et n'est-il pas pieux de favoriser la diffusion ?

4 Il convient de noter que les *masâyek* hésitèrent d'abord à graver sur cire la parole de Dieu. Il convient de noter que le recours à l'imprimerie dans l'Empire ottoman et ses provinces pour les ouvrages religieux et, *a fortiori*, le Coran resta longtemps frappé de proscription depuis les sultans BAYAZID II en 1485 et SELIM Ier en 1515 qui interdirent aux musulmans d'imprimer des textes en arabe et en turc. Dans le prolongement, un décret du sultan AHMAD III en 1727 vit le jour. V. M. CHODKIEWICZ, art. préc., p. 13-31 ; G. VEINSTEIN, « Les usages du Livre saint dans l'Islam et le Christianisme », *Revue de l'histoire des religions*, t. 218, 2001/1 (Les usages du Livre saint dans l'Islam et le Christianisme), p. 5-12 ; J. BALAGNA, *L'imprimerie arabe en Occident (XVIe, XVIIe et XVIIIe siècles)*, Maisonneuve et Larose, Paris, 1984. D'après A. MERAD, « Les premiers essais d'adoption de la typographie, dans l'empire ottoman (1726-1728), se sont heurtés à la résistance des autorités religieuses, car la nouvelle technique allait nécessairement concerner le texte coranique » : A. MERAD, *op. cit.*, p. 110. « Le pouvoir ottoman en effet, s'il autorisa sur son territoire l'installation d'ateliers typographiques utilisant des caractères non arabes pour les communautés juives et chrétiennes, resta longtemps réfractaire à l'impression d'ouvrages en arabe depuis l'interdiction édictée par le sultan BAYEZID II en 1485. Les juifs furent ainsi les premiers à ouvrir des imprimeries à Constantinople et à Salonique à la fin du XVe siècle et furent suivis tardivement par les Arméniens (1567) et les Grecs (1627). Le décret du Sultan MURAD III promulgué en 1588 donna licence aux marchands européens de vendre des livres non religieux imprimés en Europe et écrits en arabe, en turc et en persan mais la résistance à imprimer dans la langue arabe dura longtemps. Elle fut en grande partie de nature religieuse, certains ulémas craignant que le Livre sacré ne fût altéré par sa reproduction technique. Leur refus et celui du Sultan était aussi fondé sur le fait que le livre imprimé était hérité du monde catholique. Les aspects artistiques et sacrés de l'écriture arabe alimentaient encore l'opposition des ulémas. Des pratiques et des conceptions artistiques s'étaient enracinées chez les musulmans, et il était difficile de les changer brusquement par l'apparition de l'imprimerie. Néanmoins, la plus grande crainte des ulémas était que le Coran perde de sa valeur spirituelle s'il était écrit avec "des caractères en métal". Le fait d'imprimer ce livre était en effet considéré comme une trahison de l'originalité du message du Prophète. Selon Gdoura WAHID, il fallut attendre la promulgation de l'édit religieux (*fatwâ*) de 1726 formulé par le cheikh Islâm et d'une décision du sultan AHMAD III pour que l'impression d'ouvrages en arabe soient autorisée, à condition qu'il s'agisse de livres profanes et que leur contenu soit contrôlé par des savants religieux. Vingt-et-un ouvrages seulement furent publiés par l'imprimerie d'Istanbul, de 1727 à 1787, date de sa destruction » : A. COHEN, « La texture de la page », Revue *Réél-Virtuel*, 2011, n° 1, p. 8 et 9, note 11. Il convient de remarquer que la première et la plus ancienne édition du Coran en arabe fut imprimée à Venise vers 1537. « Dès la fin du XVème siècle,

... /

s'il était écrit en usant des procédés modernes tels que des « caractères en métal », c'est-à-dire selon une *forme non canonique* de diffusion du livre sacré. Ce n'est qu'une question de temps pour que des copies du manuscrit du Coran puissent voir le jour ayant été effectuées par des scribes et des copistes. Pour mener à bien leur œuvre, les copistes ont alors fait recours à la démarche esthétique à travers la calligraphie[1].

457. Répercussions juridiques de la *sacralisation* de l'œuvre calligraphique. Sur le plan de l'opération de qualification tant de l'identification de la forme protégeable que de la reconnaissance de la qualité d'auteur ainsi que de l'individualisation de l'artiste créateur, « *la sacralisation de l'œuvre ne fait qu'annihiler la part attribuable aux artistes* »[2] qui, par leurs actes, contribueraient au culte divin. Si la destination sacrée ou profane est indifférente[3] en matière de droit d'auteur, ce caractère sacré soulève, cependant, des difficultés liées à l'identification du *niveau de forme* affecté dans la mesure où la forme plastique de source humaine repose sur une *forme sacramentelle* d'obédience divine. En effet, l'art de la calligraphie est utilisé aussi bien dans les œuvres architecturales pour décorer notamment les mosquées que dans les textes coraniques. Nous nous attacherons seulement à ce dernier. La solution sera aisément transposable pour les mosquées.

458. Plan. A première vue, il semble que l'art calligraphique se trouve absorbé par le *support*[4] du Coran, (§ 1) révélé en langue arabe claire, qui est de nature à poser

---

les progrès de l'imprimerie mise au point par Gutenberg entraînent une démultiplication des livres et de leur circulation. Et, avec le livre imprimé, le risque de contagion des idées contestataires, qu'elles soient ou non religieuses, fait prendre au Pape des mesures plus systématiques et plus draconiennes encore » : A. TRICOIRE, *La définition de l'œuvre*, thèse, Paris I, 2012, p. 24.

1 S. AL KARJOUSLI, art. préc., n° 18.

2 On assignait à l'acte de l'artiste une *origine divine*. V. Ph. MOURON, thèse préc., p. 61, n° 53 ; R. LAPORTERIE, *Du délit en matière d'art*, thèse, A. Rousseau, Paris, 1898, p. 19 : « L'artiste chrétien ne veut même pas qu'on sache quelle est son œuvre. Comment s'étonner que le principe de la propriété artistique ait été si complètement ignoré à cette époque ». Rappr. E. GAIRAL, *Les Œuvres d'art et le droit*, thèse, Lyon, Impr. Paul Legendre & Cie, Lyon, 1900, p. 64-65 : « L'artiste qui, renonçant au monde, renonçait à tout profit matériel, ne pouvait avoir l'idée de se réserver l'exploitation de son invention, c'est-à-dire ce que nous appelons la propriété artistique. Il ne travaillait pas pour lui-même, mais pour une idée, et, l'œuvre créée, il disparaissait, satisfait d'y avoir collaboré obscurément et pour Dieu seul. Bien loin de signer ses productions et de les marquer ainsi du sceau de sa personnalité, il dissimulait avec soin son identité, et il croyait plutôt s'acquitter d'une dette qu'acquérir un droit, en exécutant une œuvre d'art. D'ailleurs, l'artiste qui appliquait son talent à la représentation des choses religieuses n'était-il pas considéré comme un instrument, comme la main qui produit en obéissant à une impulsion supérieure, sans pouvoir s'attribuer le profit ou même l'honneur de l'œuvre ? […] Cette annihilation de la part attribuable à l'artiste, cet effacement étaient la conception habituelle […] ».

3 Il est intéressant de remarquer la conception de l'art sacré selon l'Ecrit des trois patriarches : « Les patriarches insistent sur la nécessité et l'importance de l'image qui, pour eux comme pour les autres auteurs, doit être un produit non de l'artisanat, mais des beaux-arts. […] Ce n'est pas dans l'optique de l'Église qu'ils analysent l'art, mais du point de vue de la création pure et simple. "L'art des images" est pour eux l'art en général, indépendamment de son caractère ecclésial ou profane » : L. OUSPENSKY, *op. cit.*, p. 313 et 314.

4 Le « support » tout court est une notion relative. Le support est en général corporel. Lorsque le Coran est écrit, le support matériel *lato sensu* c'est le papier. Lorsque le Coran est psalmodié, le support matériel de la vibration est l'air. Par ailleurs, il existe des supports « intellectuels » tels que le langage. Une forme peut servir de support à une autre. V. Pour de plus amples développements sur cette notion : O. PIGNATARI, *Le support en droit d'auteur*, *op. cit.*, *passim*.

problème dans l'opération de qualification de la forme protégeable. Or, la solution aux conflits susceptibles de se manifester autour de la forme peut être trouvée en amont par l'appréhension articulée du rapport fondamental entre la *dimension humaine* de l'écriture et la *dimension divine* de la forme afin de dissocier les niveaux de formes enchaînées (§ 2). Dès lors qu'il est possible de décomposer et de distinguer entre les différents niveaux de formes, il sera aisé d'identifier la *forme interne*, indépendante et imaginative du support, qui peut être *dépositaire de l'empreinte*, dans laquelle gît la véritable *forme plastique originale* de l'œuvre calligraphique (§ 3).

§ 1. L'ABSORPTION DE LA FORME PLASTIQUE CREEE PAR LA FORME DIVINE REVELEE

459. Plan. Si le principe de la protection de l'œuvre calligraphique par le droit d'auteur est aisé à proclamer, il n'en reste pas moins que sa *mise en œuvre* semble délicate compte tenu du *statut particulier* de la calligraphie coranique (A), véhiculée par la langue arabe, en tant que vecteur linguistique, dont il faut d'abord s'enquérir, pour, ensuite, examiner la problématique du *statut esthétique* du Coran (B) qui pourrait être source de nombreuses difficultés sur le plan théologico-juridique.

A. Statut de la calligraphie coranique

460. *Langue naturelle* et statut de la langue arabe révélée. S'il est facile de concevoir l'art de transcrire la parole divine comme un art comme les autres qui mériterait protection, la solution n'est pas, cependant, sans soulever de difficultés d'ordre théologique. A vrai dire, la question de la protégeabilité de l'art calligraphique en tant que *création artistique* par le droit d'auteur ouvre le débat sur le statut de *la langue arabe* coranique[1], en tant que dépositaire et vecteur de la parole divine (forme incréée), qui est le prototype de cet idiome. L'*approche linguistique* met à l'épreuve la problématique théologique de cette Révélation en une *langue naturelle.* Or, si la linguistique ne s'intéresse qu'aux langues dites « *naturelles* »[2] : qui, selon le professeur Maingueneau, « *permettent les échanges à l'intérieur des sociétés et ont pour support physique des sons que l'homme produit en faisant vibrer la colonne d'air de sa respiration* »[3], alors comment appréhender l'art de la calligraphie du Coran, qui ne saurait être récité qu'en *langue Arabe*, comme une œuvre protégeable par le droit d'auteur alors que la langue arabe est considérée *ab initio* comme une langue révélée *ex nihilo*[4], d'origine proprement

---

1 Il semble que la langue arabe existait avant l'Islam… A preuve la poésie de la *Jahiliyyah*. Elle s'écrivait puisque les plus belles poésies étaient « suspendues » (*mo'allaqat*). Que la langue arabe ait été « sanctifiée » par le contenu qu'elle reçut, c'est très admissible dans la mesure où elle a été le véhicule. Mais elle n'a pas été créée par le Coran avec lui. Et quand elle véhicule autre chose que le Coran (la loi, par exemple) à quel titre serait-elle plus sacrée qu'aux autres ? ça peut même se retourner contre elle car on pourrait en déduire qu'il est inutile de l'utiliser à exprimer.

2 « Qualifiée de "naturelle", la langue est censée s'opposer aux langages "artificiels" en ce qu'elle caractérise la "nature humaine" tout en transcendant les individus qui l'utilisent : elle se présente comme une organisation structurelle immanente, dominant les sujets parlants qui sont incapables de la changer, alors qu'il est en leur pouvoir de construire et de manipuler des langages artificiels » : A. J. GREIMAS et J. COURTES, *Sémiotique - Dictionnaire raisonné de la théorie du langage*, Hachette, Paris, 1979, p. 205.

3 D. MAINGUENEAU, *Aborder la linguistique*, Seuil, Paris, 1996, p. 4.

4 « L'arabe du Coran, qui est la langue dans laquelle Dieu s'est adressé aux hommes, est considéré par les musulmans comme un véritable miracle » : R. ARNALDEZ, *Les sciences coraniques : grammaire, droit, théologie et mystique*, J. Vrin, Paris, 2005, p. 16.

céleste, non pas une *langue naturelle*[1] ? C'est dans cet esprit qu'il est difficile d'admettre la calligraphie coranique comme une *œuvre d'art* à part entière dans la mesure où la Parole divine ne saurait être tributaire des limites du langage humain puisque l'écriture de l'homme est issue de la Parole créatrice de Dieu.

461. Conception musulmane de l'art calligraphique. En effet, la calligraphie est considérée comme l'un des arts les plus nobles « parce qu'elle prête une *forme visible* à la parole divine révélée du Coran »[2] de sorte que l'acte calligraphique est appréhendé comme une *forme de prière*. Ce constat n'est pas sans conséquences sur le processus créatif dans lequel est impliqué le calligraphe car « [...] *cela* [l']*oblige* [...] *à être pur spirituellement, c'est-à-dire qu'il doit être en accord avec lui-même et qu'il doit avoir foi en ce qu'il écrit* »[3]. La calligraphie n'y remplit pas seulement la fonction de conservation, mais l'œuvre calligraphique fait *partie intégrante* du Coran : elle en consomme la réalisation et reste *tributaire* du support.

462. C'est ainsi qu'en calligraphiant sur le support (le manuscrit)[4] qu'est le Coran, en tant qu'objet apparent, l'artiste *reproduit* symboliquement un acte divin : l'écriture du Législateur suprême sur la Table gardée. « Mais la calligraphie n'est pas seulement la transcription du message reçu par le Prophète. Utilisant un code graphique lui-même révélé aux hommes par Dieu, un code graphique dont l'archétype se trouve sur la "Table Conservée", elle est ce par quoi le texte coranique renoue par-delà la voix angélique de la révélation, avec son inscription originelle »[5]. Par la calligraphie du Coran, le calligraphe permet au lecteur de *respirer*[6] chaque lettre et *ressentir* la présence de la parole divine immuable en la mettant en valeur. Là se situe le *particularisme* de l'acte de création. À titre d'exemple, on pourrait faire le syllogisme suivant : les *lettres* sont la *création* de Dieu, elles ne sont pas tenues pour une *œuvre littéraire* ; donc la *calligraphie* ne doit pas être tenue pour une *œuvre artistique*...[7]

463. Rapport d'indissociabilité matérielle de la forme divine et de la forme plastique. C'est ainsi que la calligraphie n'est pas considérée comme le simple véhicule de la parole divine, elle est *elle-même* parole divine. « Le geste calligraphique opère donc une remontée de l'écriture humaine vers son archétype divin, cependant, simultanément, il dessine l'espace bidimensionnel d'un partage : signe d'une parole

---

[1] Certains auteurs comme R. Arnaldez ne manquent pas de souligner que la « linguistique ne saurait reconnaître à une langue des caractères qui la qualifieraient comme langue de Dieu », cité par A. Elamrani-Jamal, *Logique aristotélicienne et grammaire arabe : étude et documents*, J. Vrin, Paris, 1983, p. 50.

[2] T. Cherif, *Éléments d'esthétique arabo-islamique*, L'Harmattan, Paris, 2005, p. 24.

[3] P. Ringgenberg, *op. cit.*, p. 50.

[4] Ce support-là est physique. Comme la calligraphie sur la pierre ou sur le papier... La matière de l'exemplaire est aussi le support de la forme externe. C'est même souvent le seul support que reconnaît la doctrine.

[5] D. Clevelot, *op. cit.*, p. 183.

[6] C'est ce souffle que les Chinois cherchent dans leur calligraphie.

[7] Quoi qu'il en soit, ce syllogisme est réducteur. Il est intéressant de remarquer que l'article 8 de la loi colombienne sur le droit d'auteur n° 23, du 28 janvier 1982, toujours en vigueur, prévoit qu' : « Aux fins de la présente loi : a) "œuvres artistiques, scientifiques et littéraires" s'entend, entre autres, des livres, œuvres musicales, peintures à l'huile, aquarelles, pastels, dessins, gravures sur bois, *œuvres de calligraphie* ou de chrysographie, œuvres produites au moyen du découpage, de la gravure, du damasquinage, etc., de métal, de pierre, de bois et autres matériaux, des statues, reliefs, sculptures, photographies artistiques, pantomimes ou autres œuvres chorégraphiques ; ».

qui relie l'homme à Dieu, l'écriture est dans le même temps le signe de l'altérité radicale du divin »[1]. Forme qui sert de support à une autre, cette conception musulmane de l'art calligraphique consiste à lier *indissociablement* l'écriture humaine (la forme plastique) et l'Écriture divine « La Mère du Livre / *umm al-kitâb* »[2] (la forme sacrée)[3] dont l'archétype se trouve sur la « Table Conservée »[4] (*lawh mahfûz*). Bien que difficilement séparables, cette *indissociabilité matérielle* signifie que la forme plastique en tant que support esthétique se trouve absorbée par la forme divine de sorte que l'œuvre calligraphique ne saurait exister distinctement sur le terrain du droit d'auteur. Cette solution s'explique certainement par le fait qu'il n'est pas permis selon les oulémas d'appréhender la Parole d'Allah comme une *forme d'expression* ou *de narration* (littéraire ou artistique). De plus, c'est une banalité de dire que : je suis, selon le Coran, créé ou incréé ; ou de dire : je parle avec la Parole d'Allah[5], *a fortiori*, je calligraphie la parole divine.

B. Statut esthétique du Coran

464. Exigence d'*expressivité* et calligraphie de la Parole en tant que *support esthétique*. Tout le problème est alors de savoir si la nature de cette Parole qui se situe en deçà de la forme peut servir en soi de « support esthétique »[6] à une forme essentiellement humaine, et alors, permettre son *expressivité* au sens du droit d'auteur. Or, il est communément admis que l'écriture est l'une des formes d'expression dont la substance gît dans les lettres. Si le Coran est formé de lettres qui ont pour effet la parole déposée dans un substrat matériel, la calligraphie de la Parole d'Allah, conformément à cette notion, peut-elle être considérée comme une *forme d'expression artistique* ? Autrement dit, dès lors qu'il est indubitable que la Parole d'Allah est en somme une forme divine révélée et non pas créée, la question qui s'impose à ce stade de l'analyse consiste à savoir si cette Parole peut être considérée comme révélée alors que les lettres rattachées sont créées. En partant de cette hypothèse, les lettres doivent avoir un substrat concret pour s'extérioriser et même pour exister, ce qui conduit à la *dénégation* du statut incréé du Coran et à la reconnaissance d'un *substrat matériel* du Coran.

465. Problématique du statut *esthétique* du Coran. En effet, la question du statut esthétique du Coran oscille entre deux conceptions divergentes. Selon la *conception étroite*, les partisans récusent de s'incliner vers la démarche esthétique dans la mesure où le Coran, en tant que message inimitable, contient en son sein sa beauté intrinsèque[7] de sorte que les *mushafs* calligraphiés (manuscrits et livres imprimés) ne sont que des véhicules dont la beauté du support matériel importe peu. En effet, la beauté reste celle attachée au texte lui-même, au sens des paroles divines, dans sa

---

1 D. CLEVELOT, *op. cit.*, p. 183.

2 Coran, Sourate XIII : Le Tonnerre, 39 : « La Mère du Livre se trouve auprès de lui ».

3 D. CLEVELOT, *op. cit.*, p. 180.

4 Coran, Sourate LXXXV : Les Constellations, 22 : « écrit sur une Table gardée ! ».

5 Cette interdiction a pour raison d'éviter toute sorte de confusion.

6 V. Sur cette notion : O. PIGNATARI, *op. cit.*, n° 173.

7 Cette beauté se réfère tant à la dimension *spirituelle* que *littéraire* (beauté des sens, perfection linguistique, dimensions métaphoriques…) du texte sacré.

dimension religieuse et miraculeuse[1] et non pas dans sa dimension esthétique. C'est ainsi que l'édition du Coran, en tant qu'acte spirituel, ne saurait être guidée par la *quête de l'esthétique.* En revanche, selon la *conception large*, rien ne s'oppose au fait d'investir le Coran, dans sa conception matérielle, d'une démarche esthétique pour embellir les lettres et les mots permettant au calligraphe de se réapproprier extrinsèquement le message divin en ajoutant des variations personnelles portant l'empreinte de sa personnalité.

466. Or, comment concevoir le Coran comme une *œuvre artistique* en détournant sa fonction première, en tant que Message divin, pour le transformer en un véritable *objet d'art*, en *livre exhibé* ?

« *Cette souplesse que les uns lui accordent est dénaturation, voire profanation pour d'autres qui condamnent de façon intransigeante l'appropriation du "Livre" dans de nouvelles utilisations*, mais en même temps lui confèrent des vertus sacralisées. *Les condamnations portent notamment sur l'utilisation esthétique qui est faite du Coran* »[2].

467. Reste à savoir pourquoi l'embellissement du véhicule serait-il une « utilisation » ? Le développement de l'esthétique calligraphique du Coran peut être un *signe de respect…*[3] En effet, selon certains oulémas dont Abdallah Ibn Kullâb : « Le Coran est la Parole d'Allah qui ne peut être donnée ni avec des lettres ni avec du son. Il ne pourrait être ni divisible, ni réparti, ni substitué, ni changé. Il constitue un seul sens subsistant en Allah. La consignation du Coran par écrit avec de lettres variables n'est autre que son image »[4].

468. La calligraphie, une *œuvre artistique* de source *divine* ? Dès lors, on conçoit qu'il serait inconcevable de conférer au calligraphe un droit d'auteur sur la *forme plastique* (texte calligraphié) au mépris de la nature particulière du support porteur de la forme incréée dans la mesure où les deux étant *matériellement confondus* à moins que la forme divine soit particulièrement *identifiable.* Mais est-ce bien envisageable ? Même si le calligraphe tente de se réapproprier un *objet sacralisé* par le truchement de l'acte calligraphique, il n'en reste pas moins que la réalité est, en effet, autre chose puisque l'œuvre ne *gît* juridiquement que dans la *forme*, le véritable *archétype* de la création et le véritable *substratum* du droit. Reste à cerner le niveau de forme susceptible d'être saisi par le droit et en délimiter les contours. Pourquoi la calligraphie ne saurait être qualifiée d' « *œuvre artistique* » tout en étant de *source divine* ? Ce qui est d'essence divine c'est bel et bien le Coran, en tant que Verbe incréé, ce n'est ni la *récitation*, ni la *calligraphie* qui sont seulement d'inspiration religieuse. L'acte créatif n'affecte pas son *essence* de source divine. De prime abord, la solution n'est pas contradictoire ; pour autant, sa *mise en œuvre* n'est pas à l'abri de la critique.

---

1 V. Plus loin sur le caractère miraculeux du Coran : § n° 798 s.

2 S. AL KARJOUSLI, art. préc., n° 3.

3 Selon certains : « Le recopiage des mots venant du livre-Coran est considéré comme sacré et la beauté de la calligraphique peut ajouter à la sacralisation, en tout cas pour certains. Parfois, l'esthétique seule, du fait qu'elle provient d'éléments issus du "Livre", peut créer ce sacré » : S. AL KARJOUSLI, art. préc., n° 37.

4 A. H. AL-ASH'ARI, *Maqâlât al-islâmiyyîn wa iktilaf al-musallin* (*Les aphorismes de ceux qui professent l'Islam et les différences entre les fidèles*), t. 2, Al Maktaba Al Asreya, Beyrouth, 2005, *tahqîq* N. ZARZOUR, p. 12 ; I. TAYMIYYAH, *Al-Fatawa al-Kubra* (*Les grandes fatwas*), t. 6, Dar Al-Kotob Al-ilmiyah, *tahqîq*, *ta'lîq* et *taqdîm* M. et M. ABDEL QADER ATAA, Beyrouth, 1987, p. 522.

469. La calligraphie, une « œuvre artistique nommée » par les législations arabo-musulmanes ? En témoigne, la solution de certaines législations nationales qui se sont expressément référées à la catégorie des « œuvres artistiques » pour ériger l'œuvre calligraphique au rang des *œuvres protégées* par le droit d'auteur. L'examen de ces dispositions nous permet de constater que certains législateurs des pays arabo-musulmans ont jugé opportun de protéger expressément la « calligraphie ». Toutefois, il s'agit là de l'acte d'écrire avec art et sentiment, sans référence à un alphabet et à un contenu… calligraphie en syriaque, par exemple, ou en persan de poésies ou œuvres profanes…

470. Cette solution législative s'explique notamment par le fait que la calligraphie est apparue aux yeux des législateurs comme un *art sacré* dans les pays arabo-musulmans qui mérite d'être classé au rang des créations protégeables dans la mesure où la personne qui calligraphie le Coran peut faire preuve d'une *activité créatrice* révélant son empreinte dans sa calligraphie. Il en est ainsi de la Syrie et du Liban, de l'Iran, de l'Indonésie et de la Colombie. En revanche, les lois égyptienne et irakienne n'indiquent pas expressément l'art de la calligraphie parmi les œuvres protégées.

471. Syrie et Liban. La plus ancienne illustration est celle de la Syrie et du Liban lorsqu'ils furent placés sous le mandat français. A l'époque, les droits de propriété littéraire, artistique et musicale furent réglementés par un arrêté spécial n° 2385, en date du 17 janvier 1924, qui constitua une législation propre[1]. Bien qu'inspirée par la loi et la jurisprudence française, cet arrêté du Haut-Commissaire de la République française en Syrie et au Liban, le Général Weygand, portant réglementation des droits de propriété commerciale, industrielle, littéraire, artistique, musicale, etc., admit expressément les *calligraphies* en tant qu'œuvres protégées dans son article 138 aux termes duquel :

> « Le présent arrêté protège toutes les manifestations de l'intelligence humaine qu'elles soient écrites, plastiques, graphiques ou orales. Sans que cette énumération soit en rien limitative, ce sont, par exemple, les livres, brochures, journaux périodiques et tous autres écrits ; les œuvres dramatiques et dramatico-musicales, les compositions musicales avec ou sans paroles ; les œuvres chorégraphiques et les pantomimes ; les dessins, gravures et illustrations, lithographies et *calligraphies*, les cartes, croquis, plans et reliefs géographiques ; les plans, maquettes et croquis architecturaux ; les affiches et cartes postales illustrées ; les peintures, les sculptures, les photographies, les cinématographies ; les rouleaux, disques et cartons perforés pour machines parlantes et instruments de musique mécaniques, toutes les œuvres d'art plastique de toute nature, qu'elles aient ou non un caractère industriel, quel que soient leur mérite, leur importance, leur désignation, la matière dont elles sont faites, la nationalité de leur auteur et le lieu de leur création ».

472. Iran. Par ailleurs, l'article 2 de la loi iranienne sur la protection des droits des auteurs, des compositeurs et des artistes qui fut promulguée le 12 janvier 1970 et entrée en vigueur 15 jours après la date de sa publication dans le *Journal officiel* du 10 février 1970[2] prévit que :

> « Les œuvres protégées par la présente loi sont les suivantes : […] 5. Les œuvres de peinture, de dessin, de lithographie, les cartes géographiques inédites, les écritures et *les calligraphies ornementales* et toutes œuvres décoratives ou figuratives, quel que soit le procédé de réalisation : à partir d'un élément simple ou d'une composition de plusieurs éléments ; ».

---

[1] V. C. CARON, « Le droit d'auteur libanais : entre "copyright" et conception personnaliste », *Comm. com. électr.* 2003, n° 7-8, chron. n° 17 et *Proche-Orient, Études juridiques*, 2003, n° 56, p. 5 s.

[2] *Dr. Aut.*, avr. 1971, n° 4, p. 65 et s.

473. Indonésie. S'agissant des œuvres dont les auteurs sont inconnus, à savoir les « œuvres orphelines », l'ancienne loi indonésienne n° 19 de 2002 sur le droit d'auteur « *Copyright Act* », dans son article 10 (2), conféra à l'État un droit d'auteur sur le folklore ainsi que sur les œuvres de la culture populaire, voire les expressions culturelles traditionnelles, telles que les *calligraphies*, libellé de la manière suivante :

"The State shall hold the Copyright for folklores and works of popular culture that are commonly owned, such as stories, legends, folk tales, epics, songs, handicrafts, choreography, dances, *calligraphies* and other artistic works".

Par ailleurs, l'article 12 (1), f, énuméra la calligraphie parmi les *œuvres artistiques protégées* par le droit d'auteur :

"(1) In this Law, a work that is protected shall be the work in the field of science, arts and literature which includes: [...] f. all forms of art, such as paintings, drawings, engravings, *calligraphy*, carvings, sculptures, collage, and applied arts;".

Désormais, la nouvelle loi en vigueur n° 28 du 16 septembre 2014 sur le droit d'auteur a pris le relais de l'ancienne loi en énumérant à l'article 40 (1), f, les calligraphies parmi les exemples d'*œuvres d'art protégées* tels que les peintures, dessins, gravures, calligraphies, sculptures ou collages :

"(1) Protected Works which include scientific, artistic, and literary Works, comprise: [...] f. fine art works in any forms such as paintings, drawings, engravings, *calligraphy*, carvings, sculptures, or collage;".

474. Colombie. Enfin, il est intéressant de remarquer que l'article 8 de la loi colombienne sur le droit d'auteur n° 23, du 28 janvier 1982, toujours en vigueur, prévoit qu' :

« Aux fins de la présente loi : a) "œuvres artistiques, scientifiques et littéraires" s'entend, entre autres, des livres, œuvres musicales, peintures à l'huile, aquarelles, pastels, dessins, gravures sur bois, *œuvres de calligraphie* ou de chrysographie, œuvres produites au moyen du découpage, de la gravure, du damasquinage, etc., de métal, de pierre, de bois et autres matériaux, des statues, reliefs, sculptures, photographies artistiques, pantomimes ou autres œuvres chorégraphiques ; ».

475. Si le principe de la protection de la calligraphie par le droit d'auteur est aisé à proclamer, il n'en reste pas moins que sa mise en œuvre dans la calligraphie coranique semble délicate dans la mesure où il implique de dissocier entre les deux niveaux de forme enchaînées dans l'œuvre calligraphique, qui reste tributaire du support coranique, pour pouvoir identifier la *forme protégeable* dans laquelle gît la véritable forme créative du calligraphe.

§ 2. INDEPENDANCE DES NIVEAUX DE FORMES : DE LA FORME CACHEE A LA FORME APPARENTE

476. Plan. En effet, faute d'avoir suffisamment identifié les rapports superposés entre les *niveaux de formes* strictement imputables à l'homme pour sa *communication* dans l'œuvre calligraphique qui devraient pouvoir être objets de propriété littéraire et artistique, on ne saurait reconnaître la qualité d'auteur au calligraphe. C'est dans cet esprit qu'il convient de distinguer, tant sur le plan juridique que linguistique[1], entre le *fond sacré* (le signifiant) et la *forme personnelle* (le signifié) (A) d'une part, et d'autre part, entre la *forme interne* « l'acte de création » et la *forme externe intelligible* « l'acte de communication » (B).

---

1 L'approche juridique et linguistique s'entrecroisent et se partagent le terrain.

A. La dissociation entre « *al-lafz* » (la forme divine) et « *al-ma'nâ* » (la forme plastique)

477. Rapport entre le *Livre céleste* et le *Mushaf*. Si le principe de l'indépendance de la propriété incorporelle conférée à l'auteur de l'œuvre et la propriété de l'objet matériel est aisé à proclamer, cette distinction est moins évidente pour la forme divine. La protection de la calligraphie par le droit d'auteur pose la question du rapport entre le Coran en tant que *Livre céleste*[1] et le *Mushaf*[2] en tant qu'*objet matériel* créé qui correspond au texte relié contenant la Parole même de Dieu qui ouvre la voie à la dichotomie entre la *forme cachée/forme apparente* (*bâtin* et *zâhir*)[3]. Sur le plan du droit d'auteur, faute d'avoir suffisamment identifié ce rapport entre le *signifiant* et le *signifié*, on ne saurait reconnaître la qualité d'auteur au calligraphe. En termes juridiques, la détermination de la forme est *indépendante* du contenu[4]. La question est importante dans la mesure où cette dissociation permet de distinguer entre le Coran (la *forme conceptuelle* ou *écrite*) qui relève de l'ordre divin et la calligraphie (la *forme visuelle visible*) qui appartient à l'ordre de la création humaine dans laquelle gît la véritable *forme créative* du calligraphe[5]. C'est ainsi qu'il convient pour y remédier de distinguer dans le support intellectuel (c'est-à-dire, le langage) entre les *mots* dans leur réalité phonétique (*alfaz*) et les *significations* (*ma'ânî*) dans la mesure où les premiers sont *créés* tandis que les secondes relèvent de la *Science incréée*[6].

478. Corrélatif d'opposition « *al-lafz* » (le signfiant) et « *al-ma'nâ* » (le signifié). Cette distinction a, en effet, le mérite de mettre l'accent sur l'importance de

1 « L'idée d'un Livre Céleste qui s'identifie à l'attribut divin de la parole, *kalima*, et qui comme elle, est subsistant en Dieu » : L. GARDET, *La mystique*, *op. cit.*, p. 43 ; D. CLEVELOT, *op. cit.*, p. 182.

2 Si dans la tradition islamique le terme « *Mushaf* » sert à désigner le Coran, toutefois, il convient de remarquer que ce terme connote l'idée d'un *objet matériel* dans lequel le texte (*Qur'an*) est concrétisé. Il s'agit de l'ensemble de papier écrits du Coran, c'est-à-dire le support matériel. Ce terme a été utilisé fréquemment après la compilation du Coran dans un seul recueil par Abou-Bakr AL-SIDDIQ, l'an de l'épreuve. V. J. BURTON, art. « *Mushaf* », *in E.I.*², t. VII, Maisonneuve et Larose, Paris, 1993 : « Nom donné à un texte complet du Coran, considéré comme objet matériel ». « Ce terme a été emprunté aux Chrétiens d'Éthiopie qui nomment la Bible *mushaf queddus*. Il aurait déjà été suggéré pour les premières recensions coraniques par 'Abd Allāh b. MAS'UD qui "assurait avoir vu en Éthiopie une compilation analogue" » : S. AL KARJOUSLI, « Le Coran, "Parole divine" et "Livre" : entre esthétique, religieux et politique », *in* A. MILON et M. PERELMAN (dir.), *L'Esthétique du livre*, Presses universitaires de Paris Nanterre, 2010, n° 13. « Quand, un musulman lit le Coran, le volume qu'il a entre les mains ne doit d'ailleurs pas être dénommé ; "Coran" mais *mushaf*, "codex" : la révélation n'est pas confondue avec son support » : M. CHODKIEWICZ, « Les musulmans et la Parole de Dieu », art. préc., p. 15.

3 Soufian AL KARJOUSLI pécise que : « Chez les Musulmans, s'établit progressivement une confusion entre le "Livre" en tant que message révélé et le support matériel (livre) qui fait finalement lui aussi l'objet de nombreuses attentions, non seulement sur le plan esthétique, mais aussi sur le plan identitaire » : S. AL KARJOUSLI, art. préc., n° 14.

4 D. ZEMMOUR, *op. cit.*, p. 35.

5 Selon un auteur : « Le calligraphe n'est pas le créateur réel du texte écrit. Le texte vient en deuxième lieu dans la composition du calligraphe, car la calligraphie est une création de forme artistique ayant comme particularité le mode d'exécution par l'écriture et non par les traits » : G. AL ANI, thèse préc., t. I, p. 65.

6 V. R. ARNALDEZ, *Les sciences coraniques*, *op. cit.*, p. 13.

la dissociation entre *al-lafẓ* et *al-ma'nâ*[1] précédemment analysée, dont on trouve quelques traces dans la *théorie sémantique* de 'Abd Al-Qahir Al-Jurjani et même abordée par les philosophes grecs. Par conséquent, on doit distinguer entre le signifiant[2] (le support matériel de la signification)[3] et le signifié (le sens véhiculé) [Signe (SI) = le signifié (Sé) + le signifiant (Sa)[4]] selon la *conception saussurienne* même si les deux composantes du signe linguistique sont étroitement solidaires, chacune n'ayant d'existence que par l'autre. En termes juridiques, l'œuvre nécessite utilement un *support*, le *signifiant*, sans lequel il ne peut y avoir une *forme*, le *signifié*.

479. Ce rapport de dépendance nécessaire ne doit, cependant, pas céder à l'illusion de croire qu'il n'y est point établi l'absence, en même temps, de corrélation entre la *forme interne* et la *forme externe*. En réalité, le Coran possède de multiples facettes, comme nous l'avons souligné[5]. Sur le plan des *régimes applicables*, la distinction est susceptible de produire des conséquences importantes dans la mesure où le statut théologique de ce qui est calligraphié doit être secondaire par rapport au régime juridique de la parole écrite.

480. Distinctions délicates : (la) forme *éternelle* et *contingente*. A s'en tenir, il apparaît que la beauté graphique de la forme externe n'est pas nécessairement imbriquée dans la forme contenue du support puisqu'il est ici d'une nature autre. Or, comment peut-on attribuer à une forme de nature divine une *qualité humaine* qui implique la « contingence » (ou l'engendrement), alors qu'il faut éviter tout ce qui pourrait conduire à qualifier la forme divine de « contingent » ? Car, la forme contingente est, soit une substance, soit un accident. Or, la forme divine n'est ni l'un ni l'autre. En tant qu'une *forme éternelle*, elle doit être dépourvue de *contingences*.

481. Distinction entre la *parole intérieure* et son *expression* en lettres. A l'observation, le Coran, en tant qu'objet autonome, ne se trouve pas totalement absorbé par l'art calligraphique car, selon la doctrine d'Al-Juwaini au sujet de la parole divine, il convient de distinguer entre la *parole intérieure* (*kalâm al-nafs*), qui est éternelle, et, son *expression* en sons et lettres qui est contingente[6]. Le passage de la lettre écrite humainement au sens divin et éternel inhérent au texte calligraphié se réalise par la « parole intérieure » : une entité qui réside dans le cœur du calligraphe. La distinction entre la lettre et la signification inhérente à celui qui parle s'avère ainsi le moyen par lequel la parole divine ne se réduit ni à la lettre ni au son qui constituent une manifestation extérieure à la parole éternelle. C'est ainsi que si la parole divine est

---

1 L'intérêt de cette distinction touche aussi à la question de l'inimitabilité du Coran. À titre d'exemple, GAHIZ considère que : « le choix du mot comme support de l'idée est d'une grande importance, car c'est dans ce choix ainsi que dans l'harmonie et la musique des mots, que réside le secret de la beauté incomparable de la littérature coranique » : M. H. ECHIGUER, *op. cit.*, p. 176.

2 Le support matériel est extérieur aux formes. Tout en leur étant nécessaire ; sans papier pas d'écriture. Mais le *signifiant* est plutôt la forme externe des lettres dotée de leurs relations morphologiques et syntaxiques alors que le *signifié* est le message qui peut être compris requiert la connaissance de la convention linguistique.

3 Selon BENVENISTE, le *signifiant* est « la forme sonore qui conditionne et détermine le signifié, l'aspect formel de l'entité dite signe » : E. BENVENISTE, *Problèmes de linguistiques générales II*, *op. cit.*, p. 213.

4 G. MOLINIE, *op. cit.*, p. 15.

5 V. § n° 170 s.

6 A. BADAWI, *op. cit.*, t. I, p. 375.

écrite dans le Coran en tant que livre, il n'en reste pas moins qu'elle n'*habite* pas le Coran en tant que livre. L'écriture est contingente. Ce qui est compris de l'écriture est éternel, comme nous l'avons déjà souligné.

482. Interprétation *Hoûroûfis* du Coran. Cette conception est étayée par l'interprétation coranique des *Hoûroûfis*[1] (les numérologistes) qui estiment qu'il existe un *Coran invisible*, latent, un « Coran muet »[2] qui, sans dire son nom gouverne le rapport au monde matériel, et ce, au-delà du « *Coran visible* », matérialisable par des lettres, des mots, des versets et des sourates[3]. On y attribue même, à Al-As'ari, l'assertion selon laquelle il n'y a pas de Coran dans les feuillets d'un livre[4].

483. Distinction théologique entre la *forme humaine créée* et la *forme divine incréée*. A partir du moment où les théologiens considèrent le texte articulé par la « récitation » comme étant une *action créée* qui permet aux êtres humains de s'approprier le texte par la répétition, le sens de la parole écrite qui en est l'origine ne saurait être qu'*incréé*[5]. Par conséquent, le fait que l'artiste calligraphe *imite* symboliquement la parole de Dieu ne saurait disqualifier le geste calligraphique en tant qu'*acte créatif* protégeable dans la mesure où la parole de Dieu est une idée (*ma'nâ*) éternelle existante en Dieu selon la doctrine des *Kullâbites*, et ce, *indépendamment* du support affecté par la forme divine ; elle est la même qu'elle soit Torah, Évangile, Psaumes, ou Coran. Ce que l'artiste calligraphie, copie, consiste en une imitation de la Parole de Dieu. Que la calligraphie, manifestée par la *forme plastique*, véhicule la parole divine, n'empêche pas qu'il s'agisse bien de *deux niveaux de formes* tout à fait distincts par leurs caractères. Si la calligraphie a deux formes de nature différente : l'une *humaine*, et l'autre *divine*, force est de constater qu'en calligraphiant, les deux formes ne se sont pas unies en essence, de sorte que leur essence n'est pas une. Il implique donc de dissocier entre les deux niveaux de forme au risque de ne pouvoir identifier la forme protégeable.

---

1 « Mouvement cabbalistique fondé vers 1397 après J.-C. par un Ismaïlien du nom de Fadlallah al-Astarabadi, originaire d'Astarabâd (Iran). Les *houroufis* nom connus pour leurs velléités d'interpréter le Coran (*ta'wil*) et parfois de le surinterpréter (*ta'wil at-ta'wil*) en fonction de la valeur numérique des lettres, parfois de mots ou de groupes de mots, composant certains versets en leur donnant une correspondance ésotérique, cosmologique et gématrique propre. Leur système numérologique reprend, sans changements notables, celui des *Ikhwan as-Safa* (Xe s.) » : M. CHEBEL, *Dictionnaire des symboles musulmans*, *op. cit.*, p. 206.

2 V. M. CHEBEL, *Dictionnaire des symboles musulmans*, *op. cit.*, p. 115-116 : « Concept ésotérique selon lequel il existerait un Coran invisible et secret - pendant inaugural du Coran manifeste que nous connaissons - qui ne se livre qu'aux plus grands initiés. Un verset coranique est à l'origine de cette croyance : "Ceci est au contraire un Coran glorieux écrit sur une table gardée" ».

3 M. CHEBEL, *L'imaginaire arabo-musulman*, *op. cit.*, p. 271-272.

4 M. ALLARD, *op. cit.*, p. 82. Rappr. « Quand, un musulman lit le Coran, le volume qu'il a entre les mains ne doit d'ailleurs pas être dénommé ; "Coran" mais *mushaf*, "codex" : la révélation n'est pas confondue avec son support » : M. CHODKIEWICZ, art. préc., p. 15.

5 En témoigne les versets suivants : « Voici, en vérité, un noble Coran [*qur'ân* : lecture » bienfaisante] contenu dans un Livre caché [*fî kitâb maknûn*] » : Coran, Sourate LVI : Celle qui est inéluctable, 76-77 ; « Ceci est, au contraire, un Coran [*qur'ân*] glorieux écrit sur une Table gardée [*fî lawh maahfûz*] » : Coran, Sourate LXXXV : Les Constellations, 21-22.

B. La distinction entre l'« acte de création » (la forme interne) et l'« acte de communication » (la forme externe intelligible)

484. La calligraphie, une *forme d'expression artistique*. La calligraphie coranique, en tant qu'une forme d'expression artistique de foi exprimant la beauté de la Parole divine à travers l'intériorisation de la forme des lettres du Coran, est un signe de Dieu à méditer. La question se pose à propos de l'écriture intégrée dans le Livre sacré et la possibilité de l'isoler pour lui accorder une considération particulière (statut artistique), en dehors de sa position dans l'ensemble visuel (codex[1]). La forme d'expression est-elle réductible à la seule *forme plastique* ? En d'autres termes, resterait-il un espace dans lequel pourrait se développer une *forme interne* indépendante ?

485. Forme véritable de l'œuvre calligraphique. Si l'écriture en tant que forme d'art fait partie intégrante du support, « l'acte d'écrire est indépendant des lettres, des mots ou des caractères employés et, [...], il n'entretient pas de relation avec la signification de ces lettres, mots ou caractères »[2]. Cette assertion est corroborée par le fait que « [...] *dans l'œuvre littéraire,* [...] *la forme de l'œuvre n'est pas celle des lettres, ni du texte. Le texte n'est qu'un moyen d'accéder, par description, à la forme véritable de l'œuvre, laquelle n'existe que dans l'esprit* ; d'abord, dans celui de l'auteur ; ensuite, dans celui du lecteur, de l'amateur »[3], en l'occurrence, dans l'esprit du Créateur de l'Univers. Ce point de vue est conforme à la théorie structuraliste de L. Hjelmslev (la glossématique[4]) qui considère que : « *la forme linguistique est indépendante de la substance dans laquelle elle se*

---

1 « Le mot vient du latin et désigne originellement une tablette pour écrire. Support inventé par les Romains, le codex (pluriel codices) est l'ancêtre de nos livres reliés. Il peut être en papyrus ou en parchemin et avoir une couverture en cuir. Il se diffuse à l'époque chrétienne, étant moins coûteux à la fabrication et plus facile à consulter que le rouleau (les écrits de la mer Morte sont écrits sur des rouleaux) » : T. ROMER et S. RAMOND, *op. cit.*, p. 524.

2 O. GRABAR, *L'ornement. Formes et fonctions dans l'art islamique*, coll. « Champs arts », trad. de l'anglais par J.-F. ALLAIN, Flammarion, Paris, 2013, p. 93.

3 Ph. GAUDRAT, *J.-Cl. Propr. litt., art.*, Fasc. 1134, n° 53. « Les textes littéraires sont l'archétype de la forme conventionnelle donnant accès à une forme intelligible sans aucune autre manifestation sensible. Non protégeable en soi – comme toutes les formes fonctionnelles – cette forme conventionnelle ne doit sa protection qu'aux caractères de la forme interne à laquelle elle donne accès. L'écrit, l'usage de mots ou de lettres ne signent donc, en rien, l'œuvre littéraire ; une forme externe "fabriquée" avec des lettres n'est révélatrice d'une œuvre littéraire qu'à condition qu'elle donne accès à une forme interne aux caractères particuliers » : Ph. GAUDRAT, *J.-Cl. Propr. litt., art.*, Fasc. 1134, n° 114. « C'est le cas de l'œuvre littéraire : la forme interne est "décrite" à l'aide d'une langue notée. Le résultat graphique du processus n'a rien à voir avec la forme mentale conçue par le créateur. Néanmoins, connaissant le code, l'amateur peut reconstituer la forme interne. Ainsi, un non-japonophone peut acheter un recueil de calligraphies (*kanji*) japonais pour la beauté graphique de la forme externe ; mais un japonophone, en recomposant mentalement la forme interne véhiculée par la forme externe, verra des images, éprouvera des affects… bref, il accèdera à l'œuvre littéraire quand le non-japonophone n'avait accédé qu'à son apparence graphique ». V. Sur ces différentes notions : V. Ph. GAUDRAT, « Réflexions sur la forme des œuvres de l'esprit », art. préc., p. 195 et s. ; *J.-Cl. Propr. litt., art.*, Fasc. 1134, n° 44 et s.

4 « Nom que HJELMSLEV a imposé à sa théorie personnelle du langage, pour la distinguer de la linguistique : ce serait la description de la structure formelle des langues, "sans se préoccuper du sens", comme une algèbre » : G. MOUNIN, *op. cit.*, p. 155.

manifeste »[1]. Ainsi, la forme de l'œuvre calligraphique n'est pas celle des lettres, ni du texte sacré. Kalkachandî exprime bien la véritable *forme interne* cachée dans l'esprit[2] :

« La matière ("*madda*") de l'écriture, ce sont les mots que le calligraphe conçoit par son imagination et imagine, de par leur disposition, l'un par rapport à l'autre, une forme cachée dans son âme en puissance. Donc, la calligraphie est celle que le "*kalam*" trace et par laquelle il emprisonne et enchaîne les formes des mots qui deviennent, après avoir été intelligibles et ésotériques, des formes sensibles et apparentes »[3].

486. Forme conventionnelle. La calligraphie, quelle que soit la langue, a ceci de particulier étant donné qu'elle impute un niveau de création sur une « *forme conventionnelle* » ou *codée*. La forme conventionnelle comporte deux aspects. La convention est fixe et intangible car c'est un code social qui ne peut jouer ce rôle qu'à ce prix. Mais les traits intangibles de la convention peuvent être revêtues d'une *forme variable* et *expressive*, à condition que la convention reste reconnaissable. Le Coran a été révélé en Arabe mais celui-ci existant avant, comme code d'expression, probablement avec sa notation et il a continué à exister après comme véhicule de création de forme. Tant que l'on reconnaît les lettres, la convention fonctionne. On peut donc les déformer, les embellir, les enrichir, les vouer, les orner… tant que l'on reste dans la limite de la fonction assumée par la lettre.

487. Rapport entre *fond sacré* et *forme personnelle*. C'est dans cet esprit qu'il faut plutôt distinguer entre le *fond sacré* et la *forme personnelle*. Dans l'écriture, elle-même, il faut distinguer entre la partie « conventionnelle » imposée, sans laquelle le code ne fonctionne pas, et la partie subjective « le souffle » du tracé (*Qi* en chinois)[4] (*Ruh* en arabe) et son organisation souvent écrite en Arabe, qui peut être *empreints de personnalité*, comme nous allons le démontrer dans les lignes qui suivent. Qu'y a-t-il de plus personnel que le *souffle*, l'énergie utile du calligraphe ?

488. « Acte de création » et « acte de communication ». C'est ainsi que par la nature de la Révélation, l'écriture pose la question du rapport entre la *forme interne* conçue par le calligraphe en tant qu' « acte de création » au sens juridique et la *forme*

---

1 J. PERROT, *La linguistique*, coll. « Que sais-je ? », 15e éd., PUF, Paris, 1993, p. 113 et 114. Elle « ne peut être reconnue et définie qu'en se plaçant sur le terrain de la fonction ». V. L. HJELMSLEV, « Les rapports entre forme et substance linguistiques », *Bulletin du Cercle Linguistique de Copenhague* IV, 1937-38.

2 Selon le professeur GAUDRAT : « L'image constituée dans leurs esprits [l'art des calligraphes musulman ou chinois] par leurs "conceptions thématiques" est celle des textes à calligraphier. En tenant compte des obstacles, réels ou supposés, de la feuille et de son sentiment, la conception méthodologique trouve un cheminement à l'écriture quand il forme les lettres ou trace les caractères cursifs. L'art qu'il met à calligraphier aura été lentement exercé et affiné pour atteindre à un équilibre aussi proche que possible de la perfection ou de l'absolue spontanéité ; il comprend, par ailleurs, de nombreuses contraintes car le texte doit (préférablement) être compréhensible ! Cela étant, même incompréhensible, le texte calligraphié reste une œuvre d'art originale. Sans doute est-ce là que l'exercice atteint sa limite : celui qui prétend faire de la calligraphie alors qu'il n'y met aucun art et s'abandonne simplement à des gribouillis spontanés, fait-il œuvre originale parce qu'il l'a seulement décidé ? Nous en doutons » : Ph. GAUDRAT, *Deux cours de doctorat en propriété littéraire et artistique*, n° 1529, à paraître…

3 *Sobh al-a'châ fi sinâ'at al-inchâ*, t. III, p. 43, cité par H. BIDA, *La notion d'imitation de la nature dans l'art arabo-islamique*, thèse, Paris I, 1993, p. 163.

4 En Chine, le *Chi* (*Qi*) 氣 ou *Jingqi* 淨氣 désigne le souffle ou l'énergie qui est au cœur de nombreuses pratiques asiatiques traditionnelles (martiales ou artistiques).

externe communiquée à l'amateur en tant qu'« acte de communication » au sens linguistique.

489. Le Coran et le schéma de communication. D'après l'*approche linguistique*, une langue est un système de signes qui sert à communiquer[1]. Le Coran est considéré comme un texte langagier, qui, en tant que message révélé par Dieu aux hommes par l'intermédiaire du Prophète Muhammad, représente un *modèle de communication* particulier[2] avec un émetteur et un récepteur (selon le schéma de la communication du linguiste russe Roman Jakobson)[3], à travers le code d'un système linguistique synchroniquement[4] *envisagé en lui-même et pour lui-même*[5].

Figure 14 — Schéma de la communication du linguiste Roman Jakobson

message[6]

Destinateur (l'émetteur) → destinataire (le récepteur)

[1] V. F. DE SAUSSURE, *Cours de linguistique générale*, *op. cit.*, p. 26, 32, et 33.

[2] V. M. BEN TAÏBI, *Quelques façons de lire le texte coranique*, Lambert-Lucas, Limoges, 2009, Préf. de F. FRANÇOIS.

[3] R. JAKOBSON, *Essais de linguistique générale, I. Les fondations du langage*, Les Éditions de Minuit, Paris, 1963/2003, p. 214. Selon ce linguiste, « Le destinateur envoie un message au destinataire. Pour être opérant, le message requiert d'abord un contexte auquel il renvoie (c'est ce qu'on appelle aussi, dans une terminologie quelque peu ambiguë, le "référant"), contexte saisissable par le destinataire, et qui est, soit verbal, soit susceptible d'être verbalisé ; ensuite, le message requiert un code, commun, en tout ou au moins en partie, au destinateur et au destinataire (ou, en d'autres termes, à l'encodeur et au décodeur du message) ; enfin, le message requiert un contact, un canal physique et une connexion psychologique entre le destinateur et le destinataire, contact qui leur permet d'établir et de maintenir la communication » : R. JAKOBSON, *op. cit.*, p. 213 et 214. La description du processus de communication linguistique a fait l'objet de nombreuses représentations schématiques, nous n'en retenons que le plus célèbre de JAKOBSON à cause de son succès. Même s'il faut relever à ce titre une nuance relative à l'émetteur, la source du message, qui est Dieu, en l'occurrence. Or, la communication linguistique suppose au moins deux individus, en tant que forme de communication humaine, qui n'est pas compatible avec la parole divine.

[4] Il faut entendre par la « linguistique synchronique » : « *l'ensemble des faits linguistiques qui assurent la communication à un moment donné de l'histoire d'une langue, dans un "état de langue" daté* ». « L'analyse synchronique se fonde sur l'observation des éléments d'une langue à un moment donné de son histoire, indépendamment de toute évolution dans le temps. Le linguiste qui se place dans le cadre de l'analyse synchronique considère la langue comme un système d'éléments simultanés se définissant l'un par rapport à l'autre, et il essaie d'en dégager les structures. Cette analyse permet de décrire le fonctionnement de la langue comme instrument de communication » : G. MOUNIN, *op. cit.*, p. 315.

[5] Selon l'expression de SAUSSURE : D. MAINGUENEAU, *op. cit.*, p. 37.

[6] D'un point de vue *linguistique*, le récepteur peut être à son tour émetteur, ce qui n'est pas le cas concernant la parole de Dieu. D'un point de vue religieux, Dieu adresse sa parole divine aux hommes et à ces derniers de l'accepter. Dans ce schéma, la flèche va dans un seul sens à l'opposé du schéma de la communication de JAKOBSON. (V. À titre d'exemple : la fonction métalinguistique) quand le langage parle de langage. Selon JAKOBSON, il existe six fonctions du langage (de base de la communication verbale) qui coexistent nécessairement dans tout message même si elles peuvent varier en fonction de la situation : fonction référentielle, fonction expressive ou émotive, fonction conative, fonction métalinguistique, fonction phatique et fonction poétique. V. R. JAKOBSON, *op. cit.*, p. 220.

490. Comme le souligne le professeur Gaudrat, le Coran même incréé a été révélé à et par un homme. Il est passé dans le moule d'une *langue*, système de signes, puisque son message devait toucher et s'adresser à des hommes. Il descendit sous forme de lettres agencées en mots arabes articulés selon une syntaxe particulière inédite. Cette forme porteuse d'un message et douée d'un style « *inimitable* »[1], le style du Créateur et du Maître de l'univers, Législateur suprême.

491. Accès à la *forme intelligible*, l'apanage de la calligraphie coranique. A partir de là, deux finalités potentielles doivent être distinguées : d'une part, l'*ornement* et l'*aspect esthétique* du Coran et d'autre part, le *besoin de clarté* du message coranique. Dans cet esprit, « *l'écriture des Corans*[2]*, même celle des "beaux" Corans, garde pour fonction première d'être lisible, de rendre le texte accessible, de faciliter la compréhension de chaque verset* »[3]. C'est ainsi que la forme créative grâce à la calligraphie coranique en tant que medium matériel va pouvoir migrer vers l'esprit du lecteur. La *clarté* doit emporter le travail du calligraphe dans la transcription du Coran sur l'aspect *esthétique* au risque de rendre difficile, voire impossible, la réception du message éternel d'une révélation divine[4]. C'est le seul intérêt qui doit guider l'acte calligraphique final qui en tant que *forme* exclusivement *intelligible* est destinée à être communiquer afin que l'on puisse y accéder[5]. En d'autres termes, la fonction première de la calligraphie n'est pas de rechercher à *satisfaire* les exigences d'un *acte de création* mais elle doit être plutôt conçu comme un *acte de communication* au cœur de ce processus créatif et non par un simple acte passif de perception[6]. Dans cette logique, une chose est sûre les Corans qui ne remplissaient qu'une *fonction esthétique* échapperaient à la qualification.

492. Intelligibilité et la sensibilité de la forme au travers de la dichotomie entre le Coran *qarmate* et le Coran d'Ibn Al-Bawwab. À titre d'exemple, l'écriture

---

1 Coran, II, 23.

2 L'utilisation du pluriel fait référence aux exemplaires du Coran en tant que support matériel puisqu'il n'y a qu'un seul Coran.

3 F. MICHEAU, « La calligraphie du *Kitāb al-diryāq* de la bibliothèque nationale de France : entre sens et esthétique », *in* C. MÜLLER et M. ROILAND-ROUABAH (dir.), *Les non-dits du nom. Onomastique et documents en terres d'Islam, Mélanges offerts à J. SUBLET*, Presses de l'IFPO, Beyrouth, 2013, p. 29-52, n° 18.

4 À titre d'exemple, « Pour le "*Bismillahi*", connu de tous, comme phrase initiale à la gloire du Dieu, le calligraphe peut exalter sa dévotion religieuse par l'écrit devenu forme abstraite. Il choisira donc des tracés fleuris et entrelacés sans se soucier de la lisibilité, alors que les versets qui suivent seront écrits avec une clarté parfaite, car le texte doit être lu sans risque d'erreur ou fausse interprétation ; ensuite, il ornera, encadrera et embellira l'ensemble. C'est pour cela que les plus beaux corans composés au début de ce siècle, en caractère de plomb, et ornés de belles vignettes, nous paraissent pauvres à côté des exubérantes œuvres manuscrites » : R. HAMM, « De la calligraphie à la typographie », Revue *Communication et langages*, 2e trimestre 1980, n° 46, p. 35.

5 Selon l'approche aristotélicienne de la forme : « il est important de savoir qu'une chose existe. Mais n'est-il pas plus important de savoir ce qu'elle est ? En sachant ce qu'elle est, on a davantage accès à sa réalité. En ce sens, la forme qui permet de savoir ce qu'est une chose, est encore plus réelle que la matière. Elle est plus "substantielle" que celle-ci » : B. VERGELY, *Aristote ou l'art d'être sage*, coll. « Les essentiels Milan », Éditions Milan, Toulouse, 2003, p. 25, cité par Ph. GAUDRAT, *La propriété intellectuelle : modèle multiple ou pensée unique ?*, Cours spécial Master PI, préc., p. 104, note 274.

6 GRABAR souligne que : « Les œuvres calligraphiées – au-delà de leur diversité – partagent toutes un trait commun, à savoir que le contenu spécifique du texte (par opposition au message) est obscurci et difficile à lire, ou même sans importance » : O. GRABAR, *L'ornement. Formes et fonctions dans l'art islamique*, *op. cit.*, p. 90-91.

dans le Coran dit *qarmate* dépourvu de forme intelligible, opposé au Coran d'Ibn Al-Bawwab, n'est plus le médiateur du texte mais de quelque chose d'autre ayant une *fonction* essentiellement *esthétique* : à ce niveau l'écriture devient une *œuvre d'art.* Ce Coran se caractérise par la primauté visuelle du texte aux dépens pour autant de l'acte de communication afin de « créer une sensation d'un autre ordre – peut-être le plaisir de contempler des pages qui se suivent selon une cohérence d'ensemble et, occasionnellement, de reconnaître un passage, ou de s'y arrêter un instant pour méditer [...] »[1].

493. Oleg Grabar nous y donne l'exemple d'une écriture intégrée dans un objet précieux soigneusement pensé, à savoir un livre, en mettant l'accent sur le fait qu' : « [...] isoler son écriture pour lui accorder une considération particulière, c'est méconnaître sa position subordonnée dans l'ensemble visuel que constitue un codex. C'est seulement dans le Coran qualifié de qarmate que l'écriture domine visuellement, mais en perdant de sa lisibilité et de sa continuité livresque. Dans ce cas, il paraît légitime de considérer chaque page comme une œuvre d'art [...] »[2] dans la mesure où « chaque page a été pensée comme un objet séparé, traité selon un modèle de base unique imaginé par un maître scribe »[3].

494. En revanche, le manuscrit du Coran d'Ibn Al-Bawwab révèle selon Grabar « une écriture cohérente et bien proportionnée qui facilite la compréhension de chaque verset et rend immédiatement visible chaque pause grammaticale ou sémantique. C'est une écriture qui disparaît presque après avoir transmis son message »[4] pour arriver à une conclusion ferme : « il est évident dans ce cas que l'œuvre d'art est le livre. Le texte écrit a reçu des ajouts qui augmentent le plaisir de livre et l'attrait sensuel de tenir en main le livre de la Révélation, mais ceux-ci encadrent le texte écrit ; ils ne sont pas intégrés à l'écriture ».

« Comme aux premiers temps de l'ère islamique, l'œuvre d'art est dans tous les cas autre chose que la chose écrite ; cela est particulièrement apparent dans les manuscrits du Coran »[5]. En un mot, la forme de l'œuvre calligraphique est indépendante du contenu.

---

1 O. Grabar, *L'ornement. Formes et fonctions dans l'art islamique*, *op. cit.*, p. 110.
2 *Idem*, p. 112.
3 *Idem*, p. 110.
4 *Idem*, p. 107.
5 *Idem*, p. 106.

Figure 15 — Page de texte du manuscrit du Coran d'Ibn Al-Bawwab, daté de l'an 1000-1001 (Chester Beatty Library de Dublin)

§ 3. L'APPRECIATION DE LA FORME PLASTIQUE ORIGINALE

495. Plan. Après avoir distingué entre les différents niveaux de formes, il convient, d'abord, d'identifier et d'apprécier la *forme éligible* (A) qui peut être *siège de l'empreinte* dans la calligraphie coranique, pour, ensuite, examiner les solutions intéressantes qui ont été dégagées par la jurisprudence égyptienne en matière d'édition et de représentation graphique du Coran (B).

A. La forme éligible

496. Plan. Il est indispensable d'apprécier l'*originalité* de l'aspect graphique de la *forme conventionnelle* « la forme écrite » (1) et savoir *où* la rechercher. Pour que la forme soit susceptible d'être *dépositaire* de cette empreinte, elle doit ne pas avoir été *dictée par les fonctions* du support (2).

1. L'originalité de la forme conventionnelle

497. La calligraphie coranique, un simple *art imitatif*? La calligraphie en tant qu' « *art imitatif* »[1] peut soulever des problèmes spécifiques et techniques qui consistent à savoir si l'imitation de la parole divine peut déceler une certaine *originalité*[2], voire même *relative*[3]. L'*acte d'imitation* exclut-il, par sa nature, toute *démarche créative* ? A

[1] V. Sur cette notion : H. BIDA, thèse préc., *passim*.

[2] Il s'agit du même problème pour l'art figuratif. Faut-il être abstrait pour être original ?!

[3] Mais il est classiquement admis que : « le caractère relatif de l'originalité n'est pas exclusif de l'empreinte de la personnalité de l'auteur » : Cass. 1re civ., 17 févr. 2004, *Comm. com. électr.* 2004, comm. 99, note C. CARON.

première vue, la notion d'imitation[1], qui est une nécessité universelle, *n'exclut* pas l'acte de création dans la mesure où « *tout dépend à la vérité de la marge de liberté du copieur* »[2]. La question est déjà débattue par la jurisprudence française relative à la protection des *copies d'œuvres d'art* qui admet l'*originalité relative* de l'œuvre « [...] parce que la personne du copieur n'a pu disparaître dans l'exécution »[3]. Plus anciennement, la jurisprudence avait admis que la ressemblance même parfaite n'exclut pas par elle-même la protection[4].

498. Imitation, une notion ambivalente ? Si l'imitation peut être *licite*, il n'en reste pas moins que : « [...] *l'imitation la plus innocente peut devenir, par spéculation ou par inadvertance, la plus perfide des contrefaçons* », comme le souligne justement Courajod[5], connue sous l'appellation de l' « *imitation déguisée* » (*a colourable imitation* en Anglais). Or, il n'est pas possible d'admettre que tout travail d'imitation puisse constituer une *forme créative*, sauf à méconnaître la théorie générale de la forme créative. La notion d'imitation se révèle alors *ambivalente*. Dès lors, il convient d'opérer une distinction entre le cas où l'imitation est « *créatrice* » (le processus de re-création) et celui où il ne s'agit que d'une imitation « *banale* » (manque de créativité).

499. Du simple *acte imitatif* à l'*acte créatif*. Dans la calligraphie coranique, le calligraphe doit, au-delà du respect des instructions de l'Académie des recherches islamiques (*Majmaa al-bouhouth al-islamiyya*) d'Al-Azhar concernant la vocalisation, le registre religieux et la contrainte de la fidélité au texte sacré, faire preuve d'une *démarche*

---

1 V. P. TREFIGNY, *L'imitation : contribution à l'étude juridique des comportements référentiels*, CEIPI, PU Strasbourg, 2000.

2 A., H.-J. LUCAS, A. LUCAS-SCHLOETTER et C. BERNAULT, *op. cit.*, n° 135.

3 V. « Les copies d'œuvres d'art jouissent de la protection légale dès lors qu'exécutées de la main même de leur auteur, elles portent l'empreinte de leur personnalité, malgré le caractère relatif d'une telle originalité » : Cass. civ. 1re, 9 nov. 1993, aff. *Gieules*, *RIDA*, 1994/3, p. 273 ; *JCP* 1994, IV, 80, arrêt confirmé par Cass. civ. 1re, 5 mai 1998, *JCP* 1998, IV, 2438. Selon le professeur Claude COLOMBET : « Une copie d'œuvre d'art est nécessairement originale, parce que la personnalité du copieur n'a pu disparaître dans l'exécution (un étudiant copiant un tableau dans un musée) ; cependant, la copie s'inspire du modèle, dont elle fait un usage intellectuel ; la copie est donc seulement une œuvre relativement originale : c'est une œuvre dérivée » : C. COLOMBET, *Propriété littéraire et artistique et droits voisins*, 8e éd., Dalloz, Paris, 1997, p. 64. V. Par exemple, s'agissant de l'adaptation des œuvres anciennes tombées dans le domaine public d'une manière personnelle : « [...] les tapisseries peintes en cause sont de simples reproductions, exclusives de toute originalité, d'œuvres réalisées au Moyen Age et à la Renaissance, tombées dans le domaine public et conservées dans les musées nationaux. Elle [la Cour] en déduit que, ne présentant pas ainsi le caractère d'une œuvre de l'esprit, elles ne sont pas protégeables au titre de la loi du 11 mars 1957 » : cité par F. et P. GREFFE, *J.-Cl. Marques – Dessins et modèles*, Fasc. 3230 : « Objets protégés. La condition de nouveauté », 2008, n° 91. V. CA Paris, 4e ch., 28 juin 1984, aff. *Parmentier SA c/ Pansu SA et J.-P. Laurent*, *PIBD* 1984, III, n° 358, 297 et s., aux termes duquel : « Les sérigraphies de cette société ne sont pas des reproductions serviles des tapisseries anciennes. Eu égard au procédé adopté, elles sont réalisées nécessairement après réduction du dessin aux mesures choisies, suppression et adjonction de motifs et détails divers, analyse des couleurs et adaptation de celles-ci avant constitution de cadres correspondant à chacune des couleurs. Par rapport à l'œuvre authentique, la tapisserie peinte, ainsi réalisée, est une œuvre originale reflétant la personnalité de l'équipe qui a participé à son élaboration sur l'initiative de la société Pansu qui l'édite, la publie et la divulgue sous sa direction et son nom et est de ce fait investie des droits d'auteur ».

4 Trib. civ. Saumur, 29 janv. 1902, *D.* 1904.2.137, note CLARA.

5 L. COURAJOD, *L'imitation et la contrefaçon des objets d'art antiques aux XVe et XVIe siècles*, Ernest Leroux éditeur, Paris, 1889, p. 44.

créative par le *choix* subtil des *styles cursifs* selon l'effet esthétique recherché, marqué par le souci de la compréhension pour répondre aux exigences de l'acte créatif. Le fait que le calligraphe reproduit *symboliquement* et *fidèlement* un acte divin ne doit pas faire obstacle à la résurrection d'un droit d'auteur sur le *mushaf*, appartenant au domaine public, dans la mesure où l'imitation de la parole divine n'est pas une simple *opération technique de copiage* du texte sacré mais elle peut être le fruit d'une *activité créatrice* qui résulte d'une *perception esthétique* délibérément opérés par le calligraphe au niveau même de la lettre de la révélation divine selon son propre regard et d'une *reconsidération* de la relation entre le sujet percepteur et l'objet perçu et leur union structurelle, et spirituelle. La personnalité du calligraphe ne s'efface pas nécessairement devant la *majesté* de l'œuvre. Ainsi, « *l'imitation consiste en une affirmation de l'âme parlante, cogitative et imaginative, de par son acte créateur. Cet acte s'unit à l'acte créateur de la Nature et s'assimile à lui en tant qu'acte divin.* [...] »[1].

500. Parenté de la calligraphie avec la *musicalité* et l'appréciation de l'originalité. La fonction assumée par le support coranique et les impératifs liés notamment à la *lisibilité* du texte ne doivent pas pour autant être un obstacle à la *caractérisation* de l'originalité, voire témoigner d'une intervention créative, dans le travail du calligraphe. L'originalité de l'acte calligraphique peut résider certainement dans son *exécution personnelle* manuelle[2]. La parenté de l'acte créatif du calligraphe avec la *musique* est révélatrice. Il suffit, pour s'en convaincre, de se reporter à Ar-Râfi'î qui écrit au sujet de la sonorité des lettres coraniques, support de la calligraphie, que :

> « *La valeur artistique des lettres réside dans le fait qu'elles se réfèrent à des sonorités.* Or, le son est un mode d'expression, il porte en lui les frémissements de la mélodie, les troubles de la frayeur et des murmures qui n'ont d'autre explication que de les écouter. *Les sonorités des lettres sont de même nature que les accords entre les différentes intonations musicales. C'est en créant une certaine harmonie entre elles qu'on arrive à produire une composition musicale* »[3].

En effet, la démarche du calligraphe est souvent mise en parallèle avec l'apport créatif du *chanteur* reflétant l'originalité de son interprétation. Jean During met en évidence cette assertion aux termes de laquelle :

> « *sous les courbes de la calligraphie se devine la trame, tout comme sous les mélodies dites "libres" (âzâd) on perçoit un rythme, un flux, une respiration. Le chanteur respire au rythme du vers, comme le calligraphe retient et relâche son souffle au rythme du trait.* Le calame lui-même n'est pas sans analogie avec la pointe de l'ongle ou le plectre frappant les cordes des luths *setâr* ou *târ*. Le travail d'enluminure aussi a son équivalent dans l'ornementation musicale : on tourne autour de la note, on suit le chant avec un léger décalage, comme en écho, à la façon des calligraphes qui brodent leur ligne d'écriture »[4].

501. Siège de l'originalité. Cela nous conduit tout naturellement à cerner le *siège de l'empreinte* de la personnalité du calligraphe qui peut se manifester de différentes manières. À titre d'exemple, dans le fait de choisir l'*enluminure*[5] qui apparaît autour du

---

[1] H. BIDA, thèse préc., p. 344.

[2] Ph. GAUDRAT, « Réflexions sur la forme des œuvres de l'esprit », art. préc., p. 201 : « Dans les arts plastiques, elle [la forme] est élaborée directement par la main de l'auteur ».

[3] M. S. AR-RAFI'I, *L'djâz al-Qur'ân*, p. 213.

[4] J. DURING, « *Hand Made.* Pour une anthropologie du geste musical », *Cahiers de musiques traditionnelles*, 2001, vol. 14, p. 49.

[5] Selon le dictionnaire *Larousse de la peinture*, « le terme d'*enluminure* désigne le décor des manuscrits en même temps que l'art de créer ce décor. Le mot *miniature* est parfois employé dans un sens analogue,

.../

texte et décore les premières pages du Coran, les *encadrements*, les *arabesques*[1], les *médaillons*, les *motifs décoratifs géométriques* ou *floraux*, les *éléments végétaux stylisés*, la grandeur des lettres avec l'éventuelle *combinaison de styles*, les *couleurs* envahissants totalement l'espace devraient s'inscrire dans un processus d'enrichissement de la forme qui pourraient être *créatifs*[2]. Il faut ainsi distinguer l'*apport créatif* à la forme des lettres et les *apports informatifs* à la lecture à l'instar des symboles informatifs sur une carte géographique[3]. A bien considérer les choses, le fait que le calligraphe dispose d'un répertoire de différents *styles cursifs* (*thulouth*, *naskhî*, *muhaqâq*, *rayhânî*, *riqa'* et *tawqî*) devrait également jouer en faveur de l'appréciation de l'originalité dont il jouit d'une liberté d'en faire le choix selon l'effet esthétique recherché. L'originalité peut donc résulter de la *composition* et la *juxtaposition de plusieurs styles* dans un même manuscrit. Le *cheikh* Abû Hayyân Al-Tawhîdî Ibn Mohamed Ibn Al-Abbâs Al-Tawhîdî Al-Sûfi Al-Baghdâdî, dans son *Epitre de la science de la calligraphie* (*Risalat fi 'ilm al-kitaba*), mettait l'accent sur les sept principes sur lesquels repose l'essence de la calligraphie :

« la calligraphie abstraite par le "*tahkîk*" (la clarté), embellie par le "*tahdîlk*" (l'égaiement), perfectionnée par le "*tahwîk*" (l'encerclement), ornée par le "*takhrîk*" (la percée), parfait par le "*tashkîk*" (l'arrangement), excellée par le "*tadkîk*" (la précision) et distinguée par le "*tafrîk*" (la séparation) »[4].

Tout cela ne devrait-il pas jouer en faveur de l'originalité ? La réponse est affirmative.

502. *Quid* de la protégeabilité de la police de caractères ? Reste à savoir s'il est possible de protéger la police de caractères, les polices et le lettrage, connue sous

---

mais est, en fait, très ambigu : si la miniature est d'abord le résultat du travail du *miniator* (peintre chargé de rehausser au rouge *minium* les lettrines et les passages importants d'un texte), elle est aussi (sous l'influence du latin *minus*) une peinture de dimensions extrêmement réduites (décorative ou narrative – portrait, scène de genre ou paysage –, exécutée sur parchemin, carton ou ivoire, ou émaillée) et le plus souvent destinée à décorer un bijou ou le couvercle d'une boîte ou d'une tabatière. Ce dernier sens du mot *miniature* incite, pour éviter toute confusion, à réserver celui d'*enluminure* au seul décor des manuscrits ».

1 Selon le dictionnaire *Larousse de la peinture*, il s'agit d' « ornements composés de figures géométriques (réseaux de losanges, champs d'étoiles), de motifs végétaux généralement stylisés (guirlandes de fleurs, branches, palmettes, volutes, entrelacs, rinceaux) et de divers autres motifs (rubans enlacés, draperies), à l'exclusion de la figure humaine et de la représentation animale. Les arabesques [...] doivent leur nom aux Arabes, qui les employèrent pour orner leurs édifices, en évitant systématiquement de leur adjoindre des figurations animales ou humaines ». Selon le dictionnaire *Le Robert*, il s'agit d' « ornement formé de lettres, de lignes, de feuillages entrelacés ».

2 En effet, il a pu être jugé protégeable au titre du droit d'auteur : « *le modèle d'un foulard comportant autour d'un motif central constitué par une vue de La Mecque divers symboles inspirés du Coran* : en effet, la loi de 1957 permet d'invoquer la protection de modèles qui comportent des dessins tirés d'éléments du domaine public, dès lors que leur choix, leur présentation et leur agencement témoignent d'une recherche personnelle et d'un esprit créatif, l'originalité protégeable ne dépendant pas du mérite ou de la destination de l'œuvre. Constituent la contrefaçon d'un tel modèle l'importation et la commercialisation en France de foulards représentant le dessin protégé » : CA Paris, 4e ch., 11 mai 1987, aff. *Mamou c/ Micosancho*, *Ann. propr. ind.* 1988, p. 311, cité par F. GREFFE, *J.-Cl. Dessins et modèles*, Fasc. 3410 : « Contrefaçon. Définition et caractères généraux », 2011, n° 113 ; F. et P. GREFFE, *J.-Cl. Marques - Dessins et modèles*, Fasc. 3410 : « Contrefaçon. Définition et caractères généraux », 2011, n° 132.

3 D'ailleurs, les éditeurs prétendent avoir un droit d'auteur sur les cartes !

4 H. BIDA, thèse préc., p. 76 et s.

l'appellation d' « *œuvres typographiques*[1] », qui sont souvent utilisés pour créer des œuvres calligraphiques. Par la police, il faut entendre : « *un ensemble de lettres, de chiffres ou d'autres caractères avec des éléments de conception répétitifs destinés à être utilisés dans la composition de texte ou d'autres combinaisons de caractères, y compris la calligraphie* ». S'agissant de leur protection et de leur enregistrement auprès du *U.S. Copyright Office*, selon le circulaire 33 de l'Office, le *copyright* ne protège pas les caractères ni les simples variations d'ornementation ou de lettrage typographiques. C'est ainsi que si une personne revendique un *copyright* sur certains types de police de caractères, de lettres ou de calligraphies ou de simples variations d'ornementation ou de lettrage typographique, que la police de caractères soit couramment utilisée ou unique, l'Office en général ne peut pas l'enregistrer, sauf dans certains cas très limités[2].

2. Une forme dictée par les fonctions du support calligraphique ?

503. « Œuvre affectée » et la *finalité utilitaire* du décor coranique. Si la calligraphie participe à l'ornementation du texte coranique, elle est également affectée à un projet qui semble étranger au champ d'application du droit d'auteur et destinée à des *fonctionnements utilitaires* dans la mesure où la calligraphie a pour fonction principal d'améliorer la compréhension, la représentation graphique et la diffusion du texte. Il s'agit bien d'une « *œuvre affectée* »[3] qui est imposée par la *finalité utilitaire* de l'objet dont on recherche la protection. Si le décor coranique a pour fonction de signaler au lecteur les différentes divisions du texte et d'assumer d'autres fonctions utilitaires, cependant, la forme protégeable ne doit pas avoir été *dictée* par les fonctions du support[4]. Comme le souligne le professeur Gaudrat :

> « *L'objet utilitaire peut être innovant quoique non protégé, breveté ou, le plus souvent, banal et dans le domaine public. Il reste étranger à la forme de l'œuvre et, conséquemment, à l'empreinte dont elle peut être dépositaire.* Mieux, pour que la forme soit susceptible d'être dépositaire de cette empreinte, elle doit ne pas avoir été dictée par les fonctions du support »[5].

504. Processus de restitution de la forme externe et objectif de fidélité. En effet, l'acte d'imitation pure et simple de la part du calligraphe exige de *recréer*

---

1 L'article L. 112-2, 8° du CPI français mentionne expressément les « œuvres typographiques » à la liste non exhaustive des œuvres protégées au titre du droit d'auteur. V. Cass. civ. 1re, 15 juill. 1993, pourvoi n° 91-17442, aff. *Levi Mano c/ Monti*, *Bull. civ.*, I, n° 260, p. 179, *D.* 1994, somm. 90, obs. C. COLOMBET ; *RIDA* 1994/1, p. 316, selon lequel les œuvres typographiques doivent être considérées comme des œuvres de l'esprit « dès lors que leur création réalisait sous une forme originale la conception de leur auteur ».

2 Il faut alors rechercher l'originalité dans chaque lettre répétée et non dans leur utilisation dans le recopiage de l'œuvre. On pense que l'on peut la rechercher dans la liberté avec laquelle le créateur évoque les caractères pertinents de chaque lettre.

3 Ph. GAUDRAT, *J.-Cl. Propr. litt., art.*, Fasc. 1134, n° 99. L'affectation étant réalisée par incorporation, les niveaux de formes sont fusionnés.

4 V. La jurisprudence est constante sur le fait que : « La protection conférée par le droit d'auteur ne peut s'appliquer à la forme d'une œuvre de l'esprit qu'à condition que cette dernière ne soit pas entièrement dictée par sa fonction » : Cass. civ. 1re, 28 mars 1995, n° 93-10.464, *RIDA*, juill. 1995, p. 327 ; Cass. com., 23 juin 1987, n° 85-15.308, *Bull. civ.* IV, n° 156, *JCP* 1987. IV. 304 ; Cass. crim., 8 mars 1962, *D.* 1962. 502, note GREFFE ; CA Paris, 12 juill. 1974, *Ann. propr. ind.* 1975. 182 ; 22 janv. 1973, *D.* 1973. 217, note X. L., cité par Ph. GAUDRAT, *Rép. Civ. Dalloz*, V° « Propriété littéraire et artistique (1° Propriété des créateurs) », préc., n° 120.

5 Ph. GAUDRAT, *Rép. Civ. Dalloz*, V° « Propriété littéraire et artistique (1° Propriété des créateurs) », préc., n° 119.

rigoureusement la *forme externe* à l'identique pour mettre les caractéristiques de celle-ci en accord avec les règles de la vocalisation et de la calligraphie dans le but de conserver et de préserver la forme divine incarnée dans le *mushaf* et d'éviter le moindre changement du sens du Texte Saint[1].

505. Cantonnement par le support et indices utiles à l'amélioration de la compréhension et de la représentation graphique du Coran. Songeons, par exemple, aux marques de vocalisation, de prosternations rituelles (*sajda*) et aux autres indications () qui figurent, soit dans le corps même du texte coranique, soit dans la marge. C'est ainsi que l'embellissement du livre sacré doit respecter les *exigences* différentes (les fins de versets sont signalées par de petits signes, à savoir une rosette et d'autres motifs décoratifs)[2]. Il s'agit de *symboles conventionnels* dont la disposition est entièrement *codifiée* par une autorité religieuse. En tant que tels, ils ne donnent droit à aucune protection de celui qui les introduit. Seule protection possible est celle du *graphisme original*, voire du symbole lui-même. Sur ce point, l'apport de l'homme à l'écriture divine n'est pas sans soulever des problèmes sur le plan de la protection de l'œuvre et de l'appréciation de son originalité dans la mesure où ces *normes imposées* peuvent être de nature à dénier tout *caractère personnel* au travail de restitution…

506. Intervention des autorités chargées de réviser et de contrôler l'impression et l'édition du support coranique. En effet, le contrôle de la *conformité* et de l'*authenticité* du texte sacré est assuré en Égypte par le Comité de Révision des exemplaires du Saint Coran au sein d'Al-Azhar qui a pour objectif de lutter contre les *dénaturations*. Même s'il est inconcevable de grever le Coran d'un *monopole d'exploitation* ; au demeurant, il n'en reste pas moins que le support matériel de la communication véhiculant la conception du calligraphe reste soumis à la plus haute autorité religieuse en Égypte, l'Académie des recherches islamiques d'Al-Azhar, qui exerce un pouvoir de *censure*, sur le modèle du *droit moral perpétuel*, susceptible d'exercice par les pouvoirs publics en cas de déshérence, qui pourrait conserver une utilité pour lutter contre les dénaturations. L'intervention de cette autorité s'explique par le fait que la forme calligraphique reste interdépendante du support affecté d'une *dimension sacrée* qui le rend *vénérable* de sorte que la communication de la forme ne peut se réaliser que par celle du support.

507. Égypte. Cette autorité est l'Administration générale des recherches, de l'écriture (*al-ta'lif*) et de traduction au sein d'Al-Azhar, qui, est placée sous l'égide de l'Académie des recherches islamiques, est la seule compétente et chargée de contrôler l'impression, l'édition, la diffusion, la distribution et la représentation (ou enregistrements) des exemplaires du Coran[3] d'Al-Azhar, du Coran des imprimeries

---

[1] « […] les exigences spirituelles et éthiques attachées au métier ou à certaines formes d'art (calligraphie, poésie, musique, etc.) induisent une attitude intérieure en harmonie avec l'esprit du Coran et des traditions » : P. RINGGENBERG, *L'univers symbolique des arts islamiques*, *op. cit.*, p. 54.

[2] Selon Oleg GRABAR, « un changement de couleur et la curieuse incorporation en marge d'un médaillon allongé et feuillu marquent le titre d'une nouvelle sourate, tandis que les petits caractères au-dessus du titre donnent des indications factuelles sur la sourate à venir ; ils ne font pas partie du texte révélé » : O. GRABAR, *L'ornement. Formes et fonctions dans l'art islamique*, *op. cit.*, 1996, p. 49.

[3] V. Le règlement d'exécution de la loi n° 103 de 1961 sur la réorganisation d'Al-Azhar.

d'*Al-Amireya* ainsi que de délivrer les autorisations pour l'impression et la diffusion du Coran des différentes maisons d'édition après l'examen et la révision des exemplaires originaux conformément à la loi n° 102 de 1985 portant réglementation de l'impression du Coran et des recueils de *hadîth*[1]. Selon l'article premier de ladite loi :

« *L'Académie de recherche islamique est exclusivement compétente du contrôle de l'impression, la publication, la distribution, la représentation et de la circulation du Saint Coran et de son enregistrement pour la diffusion et des hadîths prophétiques*, conformément au règlement exécutif de la loi n° 103 de 1961 concernant la réorganisation d'Al-Azhar et des organes qu'elle comprend [...] ».

508. Arabie Saoudite. La plupart des législations arabes s'inscrivent dans cette lignée[2]. Le Comité Académique chargé de la révision de l'édition coranique de la Cité Prophétique (*Madinah*) prend charge de la révision de l'édition coranique de Médine avant et après la vérification avec la confrontation aux ouvrages de base des sciences des lectures coraniques, de point de vue de calligraphie, de vérification, des signes graphiques, et de l'exégèse. Le comité scientifique continue de procéder à la révision dans toutes les étapes de préparation jusqu'à la délivrance de l'autorisation d'imprimer les exemplaires coraniques. Le comité assume également la révision des manuscrits coraniques et des exemplaires imprimés qui sont délivrés au complexe de l'intérieur et de l'extérieur du Royaume.

509. Maroc. Au Maroc, la Fondation Mohammed VI pour l'édition du Saint Coran[3] a été créée par le *Dahir* n° J-09-198 du 23 février 2010 portant création de la Fondation Mohammed VI pour l'édition du Saint Coran[4], afin de veiller à garantir l'exactitude des copies du Livre Saint en circulation dans le Royaume, et ce, en autorisant leur impression ou leur distribution pour s'assurer qu'elles sont exemptes de toute erreur ou falsification. Aux termes de l'article 2, elle est chargée de :

« 1) reproduire, sur ordre de Notre Majesté, le Saint Coran sur la base de la narration de *Warch* tenue de Nafiâ selon les règles adoptées dans les sciences des transcriptions et des lectures ; 2) superviser l'impression du Saint Coran et œuvrer à sa diffusion et à sa distribution ; 3) superviser l'enregistrement de la lecture du Saint Coran, notamment selon la narration de *Warch* tenue de Nafiâ en utilisant les diverses formes de supports multimédias ; 4) délivrer des autorisations aux personnes physiques ou morales désirant imprimer ou distribuer le Saint Coran ; 5) effectuer les travaux de contrôle et de vérification des copies imprimées ou enregistrées du Saint Coran pour s'assurer qu'elles ne renferment pas d'erreurs et qu'elles ont obtenu l'autorisation visée au 4) ci-dessus et prendre éventuellement les mesures prévues par la loi aux fins de les saisir et d'en interdire la circulation, sans préjudice du droit de la Fondation à engager les poursuites judiciaires nécessaires conformément aux lois en vigueur ; 6) instaurer des liens de coopération avec les établissements et les organismes publics ou privés, aux niveaux national et international, pour l'assister dans la réalisation de ses objectifs ».

510. Algérie. À titre d'exemple, l'article 14 de la loi algérienne n° 15-13 du 15 juillet 2015 relative aux activités et au marché du livre prévoit que :

« *Les copies du Saint Coran, qu'elles soient imprimées, éditées ou importées, doivent se conformer à l'authenticité du texte coranique et de sa transcription* ».

---

1 *JO* du 4 juill. 1985, n° 27 « suite ». V. À ce sujet : R. JACQUEMOND, « Quelques débats récents autour de la censure », *Égypte/Monde arabe*, Première série, 1994, n° 20, p. 25-42.

2 Il n'est pas question de dresser un inventaire desdites législations, mais nous nous contenterons d'examiner quelques-unes.

3 La Fondation est une institution nationale supérieure de référence dans le domaine de l'élaboration scientifique, matérielle et artistique de la reproduction, de la diffusion et de l'enregistrement du Saint Coran sur tous supports multimédias.

4 *Bulletin Officiel*, 20 mai 2010, n° 5840, p. 1363.

Conformément à l'article 5 du cahier des charges relatif à l'autorisation préalable d'édition, d'impression, de commercialisation ou d'importation du Saint Coran sur tous supports en Algérie[1] :

---

[1] V. Le décret exécutif n° 17-08 du 4 janvier 2017 fixant les conditions et les modalités d'autorisation préalable d'édition, d'impression et de commercialisation du Saint Coran sur tous supports (*JO* de la république algérienne, 11 janv. 2017, n° 2, p. 13-17). Un nouveau décret relatif aux activités du marché du livre, fixant notamment les nouvelles modalités d'impression et de commercialisation du Saint Coran est publié dans le dernier journal officiel. Dans son chapitre premier, il est stipulé que : « Les dispositions du présent décret s'appliquent à toute personne physique ou morale de droit algérien qui exerce des activités relatives à l'édition, l'impression, la commercialisation et l'importation du Saint Coran ». Dans l'article 3 du décret, il est ainsi prévu que : « le recueil du Saint Coran à introduire par les organismes étrangers, les représentations diplomatiques et consulaires accréditées, ainsi que les centres culturels étrangers, est soumis à l'accord préalable des services des affaires religieuses et des *wakfs*, après avis des services des affaires étrangères, au niveau desquels s'effectue le dépôt des demandes ». Le chapitre 2 précise aussi dans son article 2 que désormais : « Aucune procédure ne peut être entamée par des personnes désirant éditer, imprimer, commercialiser ou importer le Saint Coran, sans l'obtention d'une autorisation au préalable ». Et dans l'article 5, il est indiqué également que : « Le recueil du Saint Coran ou toute partie du recueil destinés à l'édition, l'impression, la commercialisation ou l'importation, sur tous supports, sont soumis à l'autorisation préalable du ministre chargé des Affaires religieuses et des *wakfs*. Un modèle-type d'autorisation préalable est annexé au présent décret ». Dans le chapitre 3, il est question des modalités d'autorisation préalable. Ainsi, on peut lire dans l'article 8 qu' : « Il est créé, auprès du ministère des affaires religieuses et des *wakfs*, une commission d'audit et de vérification du Saint Coran. Elle a pour mission de statuer en matière de demandes d'autorisation préalable relative à l'édition, l'impression, la commercialisation ou l'importation du Saint Coran ». Cette commission est notamment chargée « d'effectuer l'audit et la vérification des recueils du Saint Coran destinés à l'édition, l'impression, la commercialisation ou l'importation ; de s'assurer de la conformité des recueils avec la version (*Riwaya*) officielle *Warsh* selon l'Imâm Nâfi' conformément à la calligraphie d'Othmane ; de veiller au respect de l'application des normes techniques appliquées dans son domaine d'activité, afin de garantir que les recueils du Saint Coran soient exempts d'erreurs et qu'ils soient aptes à être diffusés ». La composition et le fonctionnement de la commission sont fixés par arrêté du ministre chargé des affaires religieuses et des *wakfs*. Dans l'article 9, il est prévu que : « La commission, citée à l'article 8 ci-dessus, peut faire appel à des experts compétents en matière d'audit et de vérification, afin de s'assurer de la conformité des recueils du Saint Coran destinés à l'édition, l'impression, la commercialisation ou l'importation avec les conditions exigées ». Quant à l'article 10, il est fait référence aux indemnités qui sont accordées aux experts auxquels la commission d'audit et de vérification fait appel. Leur montant est fixé par arrêté conjoint du ministre chargé des affaires religieuses et des *wakfs* et du ministre chargé des finances. Un décret exécutif fixant les conditions et les modalités d'autorisation préalable d'édition, d'impression et de commercialisation du Saint Coran sur tous supports, a été publié dans le dernier numéro du Journal officiel. Ce décret, outre qu'il s'applique à toute personne physique ou morale de droit algérien qui exerce des activités relatives à l'édition, l'impression, la commercialisation et l'importation du Coran, concerne toutes personnes ou tous organismes qui importent le Coran sur tous les types de supports, dédiés à la lecture, à l'écoute, au don ou à l'exposition. Le recueil du Coran à introduire par les organismes étrangers, les représentations diplomatiques et consulaires accréditées, ainsi que les centres culturels étrangers, est soumis à l'accord préalable des services du ministère des Affaires religieuses et des *wakfs*, après avis des services des Affaires étrangères, au niveau desquels s'effectue le dépôt des demandes. Aucune procédure ne peut être entamée par des personnes désirant éditer, imprimer, commercialiser ou importer le Coran, sans l'obtention d'une autorisation au préalable. Le recueil du Coran ou toute partie du recueil destinés à l'édition, l'impression, la commercialisation ou l'importation, sur tous supports, sont soumis à l'autorisation préalable du ministre chargé des Affaires religieuses et des *wakfs*. L'obtention de l'autorisation préalable relative à l'édition, l'impression, la commercialisation

« *L'autorisation préalable d'impression du Saint Coran sur tous supports*, selon la version (*Riwaya*) de Warsh d'après l'Imam Nâfi', *est soumise aux conditions suivantes* : [...] *l'écriture du Saint Coran doit respecter les règles appliquées en matière des sciences du Saint Coran, telles que les différentes lectures, la calligraphie, la ponctuation Ethabti, les Sadjadat (ou prosternations), les débuts des différents chapitres, les moitiés, les quarts et les huitièmes* [...] ».

L'article 6 du cahier des charges relatif à l'autorisation préalable d'édition, d'impression, de commercialisation ou d'importation du Saint Coran sur tous supports ajoute que :

« [...] il [le recueil du Saint Coran] *ne doit pas contenir de dessins et de motifs préjudiciables* ou *de couleurs abondantes dans la même édition* ; ».

511. La calligraphie coranique, entre *contrainte* et *liberté*. C'est ainsi que l'acte de calligraphie destiné à imiter la Parole révélée doit posséder des qualités particulières lui permettant de conserver le Message divin véhiculant la Révélation, faute de quoi le calligraphe risque de tomber dans le domaine inviolable et de porter atteinte au texte divin, voire à l'architecture du Coran, et ce, dès lors qu'il s'éloigne des normes imposées. Ainsi, le calligraphe ne saurait être amené à apporter une « *touche personnelle* » au-delà du niveau de la forme plastique, seule, susceptible d'être grevée d'un droit de propriété justifiant une protection par le droit d'auteur. Le calligraphe œuvrerait, en principe, pour le *culte* et non pas pour sa *touche personnelle*[1]. Ce qui signifie qu'il ne reste plus de *marge de liberté* au calligraphe qui peut être de nature à poser problème sur le terrain de la caractérisation de l'originalité puisque cette contrainte liée à un objectif de *fidélité*[2] peut détruire le libre choix dont il dispose. Il est admis, en vertu d'une jurisprudence constante, que :

---

ou l'importation du Coran sur tous supports est conditionnée par l'absence d'erreurs dans le texte coranique et la conformité, avec la transmission (*Riwaya*) de *Warsh* d'après l'*imâm* Nâfi'. Concernant les modalités d'autorisation préalable, il est créé, auprès du ministère des Affaires religieuses et des *wakfs*, une commission d'audit et de vérification du Coran, qui a pour mission de statuer en matière de demandes d'autorisation préalable relative à l'édition, l'impression, la commercialisation ou l'importation du Coran. A ce titre, elle est chargée notamment d'effectuer l'audit et la vérification des recueils du Coran destinés à l'édition, l'impression, la commercialisation ou l'importation, de s'assurer de la conformité, des recueils avec la version (*Riwaya*) officielle *Warsh*, selon l'*imâm* Nâfi', conformément à la calligraphie d'Othmane, de veiller au respect de l'application des normes techniques appliquées dans son domaine d'activité, afin de garantir que les recueils du Coran soient exempts d'erreurs et qu'ils soient aptes à être diffusés. Les demandes d'autorisation préalable d'édition, d'impression, de commercialisation ou d'importation du Coran sont déposées auprès des services compétents du ministère des Affaires religieuses. En cas de constat par les services compétents, de non-respect des termes du cahier des charges exigés, la commission d'audit et de vérification retire à l'intéressé, l'autorisation et prend les mesures suivantes : notification de la décision de retrait motivé à l'intéressé et aux services de sécurité compétents, lorsqu'il s'agit d'autorisation d'édition ou d'impression du Coran, notification de la même décision aux services de douanes, lorsqu'il s'agit d'autorisation d'importation ou de commercialisation du Coran. Tout recueil du Coran diffusé, sur tous supports, non autorisé, fera l'objet d'une saisie et/ou destruction. En cas de destruction, le contrevenant assume les sujétion et frais y afférents.

1 L. PFISTER, thèse préc., t. I, p. 4 ; E. GAIRAL, *op. cit.*, p. 64-65.

2 Cette fidélité a la même portée dans l'ensemble des pays arabo-musulmans mais il en va un peu autrement pour la traduction. V. Plus loin : § n° 852 s.

« *Lorsque la réalisation d'un objet a été déterminée par des considérations techniques, par des règles ou par d'autres contraintes, qui n'ont pas laissé de place à l'exercice d'une liberté créative, cet objet ne saurait être regardé comme présentant l'originalité nécessaire pour pouvoir constituer une œuvre* »[1].

512. Si le travail du calligraphe ne tend qu'à *restituer* exactement la *forme externe*, il est bien difficile d'y déceler une originalité. D'où s'imposent les questions suivantes : le calligraphe imitateur qui reproduit l'acte divin (la forme originelle) est-il un créateur d'une création de forme originale comme il a été dit plus haut ? ou, en tant que serviteur, ne fait-il que mettre en œuvre son véritable « savoir calligraphique » non protégeable dicté par la *fidélité absolue* au service de la majesté divine ? Si celui qui crée la forme en est l'auteur, il convient de savoir si le calligraphe peut affecter la forme même de l'objet sacré par son acte de re-création dépassant ainsi les simples *contraintes religieuses* et *techniques* de son travail ou bien les contraintes l'emportent alors sur l'acte créatif.

513. La *fidélité* rime avec l'*originalité* de la forme. De prime abord, la fidélité peut sembler *incompatible* avec l'exigence de l'originalité. Cependant, le professeur Gaudrat estime : « que le copiste ait fait le choix de la fidélité au modèle, indique une *discipline de la personnalité* qui n'exclut pas l'*empreinte*… »[2]. Par ailleurs, le professeur Caron dénonce les « solutions systématiques : fidélité ne rime pas avec banalité. *Il arrive donc que des créateurs fidèles soient considérés comme des auteurs parce que leur création exprime une originalité relative* »[3]. Selon cet auteur, il apparaît :

---

1 CJUE, 1er mars 2012, aff. *Football Dataco*, aff. C-604/10, point 39. V. En ce sens : CJUE, 12 sept. 2019, aff. *Cofemel*, C-683/17, EU:C:2019:721, pt. 31 ; CJUE, 11 juin 2020, aff. *Brompton Bicycle Ltd c/ Chedech/ Get2Get*, aff. C-833/18, pt. 24.

2 Ph. GAUDRAT, « Les créations et le droit : balade dans l'espace et dans le temps », art. préc., p. 47, note 158. *Contra* : CA Paris, 5 oct. 1994, aff. *Champreux c/ Gaumont & Cinémathèque*, *LPA*, 7 juin 1996, n° 69, p. 9, note C. CARON ; *RIDA* 1995, n° 166, p. 302 ; *D.* 1996, jurispr. p. 53, note B. EDELMAN, à propos de l'aff. de la restauration du film « Vampires » de Louis Feuillade dans laquelle il a été jugé que : « la restauration implique la fidélité la plus stricte à l'image et à l'esprit de l'œuvre d'origine, sa reconstitution ; […] aucune part n'est laissée à l'arbitraire, dès lors précisément que la restauration a pour but de faire revivre l'œuvre telle qu'elle était à l'origine… ». *Adde* : TGI Paris, 3e ch., 2e sect., 10 mai 2002, *Juris-Data* n° 2002-180008, aff. *Duchêne c/ SA Mauboussin et al.*, *Comm. com. électr.* 2002, comm. 112, note C. CARON ; *Propr. intell.* 2002, n° 5, p. 40, note A. LUCAS ; *LPA* 2003, n° 105, p. 6, obs. X. DAVERAT ; *RIDA* oct. 2002, n° 194, p. 332 ; *D.* 2002, p. 3257. CA Paris, 11 févr. 2004, *D.* 2004, jurispr. p. 1301, note S. CHOISY ; *Propr. intell.* 2004, n° 12, p. 766, note A. LUCAS ; *RIDA* 2004, n° 201, p. 303, note F. PERBOST ; CA Paris, 20 nov. 1996, *JCP G* 1997, II, 22937, note F. POLLAUD-DULIAN ; TGI Paris, 28 mai 1997, *RIDA* 1998, p. 329. Une partie de la doctrine semble hostile à l'égard de l'attribution de la qualité d'auteur aux restaurateurs : V. A., H.-J. LUCAS, A. LUCAS-SCHLOETTER et C. BERNAULT, *op. cit.*, p. 156 et s., n° 136 ; M. CORNU et N. MALLET-POUJOL, *op. cit.*, n° 263 s. V. En matière de photographie d'œuvre d'art : CA Paris, 4e ch. B, 24 juin 2005, n° 03/11140, *JurisData* n° 2005-279386, aff. *L'Hoir et SNADI c/ Sté Éditions Larousse et al.*, *Comm. com. électr.* 2005, comm. 131, note C. CARON, à propos de l'appréciation de l'originalité de la photographie fidèle d'un tableau. Selon la Cour, « la mission confiée au photographe consistait à effectuer une reproduction fidèle des œuvres d'art […], ce qui exclut *a priori* toute subjectivité ou interprétation de la part du photographe ». CA Aix-en-Provence, 2e ch., 20 janv. 2004, aff. *M. Dayez c/ M. Davin de Champclos et Sté Rétif*, *Juris-Data* n° 2004-234781, *Comm. com. électr.* 2004, comm. 37, note C. CARON, à propos de photographies qui sont la reproduction fidèle d'objets ; CA Paris, 4e ch., 14 janv. 2005, *RTD com.* 2005, p. 717, obs. F. POLLAUD-DULIAN ; plus ancien : CA Amiens, 27 mai 1969, *RTD com.* 1969, p. 982, obs. H. DESBOIS.

3 « De la restauration des jardins de châteaux considérée comme un des Beaux-Arts », *Comm. com. électr.* 2002, comm. 112, note C. CARON.

« préférable de vérifier, au cas par cas, si le copiste a bien fait œuvre originale. *Il faut avoir conscience que la fidélité qu'il doit respecter rend bien suspecte l'existence d'une originalité et que son exécution personnelle, aussi talentueuse soit-elle, n'exprime bien souvent qu'un solide savoir-faire.* [...] *Les copies qui seront des œuvres originales prendront généralement quelques libertés avec l'œuvre copiée* »[1].

514. Tant qu'il existe une *forme interne*, indépendante et imaginative du support, qui en est le *siège de l'empreinte*, rien ne doit freiner la protection de l'œuvre calligraphique. En revanche, moins il y a d'intérêt à concevoir une *forme interne*, qui peut être dépositaire de l'empreinte, indépendante du support (Coran), moins il y a de chance qu'elle existe[2]. Tout est alors question d'espèces, comme nous allons le voir à l'occasion de l'examen des solutions jurisprudentielles dégagées par les juridictions égyptiennes en matière de protégeabilité de l'édition et de la représentation graphique du Coran par le droit d'auteur[3].

B. Les solutions de la jurisprudence égyptienne

515. Développement du marché d'édition et de représentation graphique du Coran. L'édition et la représentation graphique du Coran est devenue un fertile terrain pour les éditeurs[4] spécialisés dans l'édition et la diffusion du patrimoine islamique.

---

1 C. CARON, *op. cit.*, p. 117-118, n° 150. V. également dans le même sens : F. POLLAUD-DULIAN, *Le droit d'auteur*, 2e éd., Economica, Paris, 2014, p. 205 et 206, n° 235 ; P.-Y. GAUTIER, *Propriété littéraire et artistique*, 5e éd, PUF, Paris, 2004, p. 12.

2 « En effet, l'absence de forme interne exclut l'originalité, parce qu'elle établit l'absence de création ; si empreinte il y a, le siège de l'originalité ne peut être, par conséquent, que la forme interne » : Ph. GAUDRAT, *Rép. Civ. Dalloz*, V° « Propriété littéraire et artistique (1° Propriété des créateurs) », préc., n° 118.

3 V. À titre d'exemple en France : un copiste a pu être considéré comme un auteur : Cass. civ. 1re, 9 nov. 1993, *RIDA* 1994, n° 161, p. 273.

4 V. S. EL ALAOUI, *op. cit.*, p. 97-128. En témoigne le nombre abondant des éditions spéciales du Coran proposées par la seule maison d'édition *Dar Al-Maarifah* (Syrie), l'éditeur du titre litigieux, sous différentes formes qui propose 44 titres : Coran *Al-Tajwîd* « Quart *Yâsin* » (Sourates *Yassine* 36 à *An-Nas* 114) ; Coran *Al-Tajwid* (*'Amma, Tabâraka, Qad Sami'a*) ; Coran *Al-Tajwîd* (Les sept sourates salvatrices) ; Coran *Al-Tajwîd* : avec règles de lecture – *Juz' 'Amma* ; Coran *Al-Tajwîd* : *Juz'* Tabâraka ; Coran *Al-Tajwîd* complet en 30 livrets dans une pochette (cartable) cuir (Hafs) ; Coran *Al-Tajwid* et *Tahfiz* (*Tajweed* et Apprentissage) - Hafs ; Coran *Al-Tajwîd* selon la lecture de Qaloon ; Coran *Al-Tajwîd warch* (*Warsh* Reading) ; Coran *Al-Tajwîd* pochette (Lecture hafs) - Format de poche ; Coran avec règles de *tajwîd* (Lecture *Warche*) ; Coran avec règles de *tajwîd* – (Lecture *Warch* - *Tajweed* Quran) ; Coran avec règles de *tajwîd* (Lecture Hafs) ; Coran avec règles de *tajwîd* : Format moyen (Lecture Hafs) ; Coran avec règles de *tajwîd* : Grand format (Lecture Hafs) ; Coran avec règles de *tajwîd* : *Juz'* 'Amma + *Juz'* Tabarak ; Coran avec règles de *tajwîd* : *Juz' Amma* (Sourates 78 à 114) avec traduction des sens en français + phonétique (transversion) ; Coran avec règles de *tajwîd* : *Juz' Tabaraka* « Version *Warsh* » ; Coran avec règles de *tajwîd* : Pack de 30 livres des 30 parties du Saint Coran (grande taille de caractères) ; M. HAMIDULLAH, Coran avec règles de *tajwîd* : Version Hafs avec traduction des sens en français - 4 couleurs au choix ; Coran avec règles de *tajwîd* Hafs avec fourreau (étui) ; Coran Hafs avec règles de *tajwîd* de sourate 46 « *Al-Ahqâf* » jusqu'à la dernière sourate 114 « *An-Nâs* » ; Coran *tajwîd* avec stylo lecteur et carte - *Tajweed Quran With Read Pen and Smart Card* ; Coran *tajwîd* et mémorisation avec stylo et carte - *Tajweed and Memorization Quran with Read Pen and Smart Card* ; Coran *tajwîd Juz' Tabaraka* (*Al-Wâdih*) ; Coran *tajwîd* selon la lecture d'Al-Douri ; le Quart Yâsin du Saint Coran avec les règles de *tajwîd* - Lecture *Warche* ; le Quart *Yâsin* du Saint Coran avec les règles de *tajwîd* - Lecture *Warche* ; le Saint Coran avec les 10 récitations (*Al-Qiraât Al-'Achr*) ; le Saint Coran avec règles de *tajwîd* - Lecture *warch* - Complet en 30 livrets dans pochette-cartable ; le Saint Coran avec règles de *tajwîd* avec Stylo lecteur électronique (6 récitateurs) ; le Saint Coran avec règles de *tajwîd* en très grand format (Lecture Hafs) ; le Saint Coran *tajwîd* avec traduction française et écriture

... /

Depuis un certain temps, l'édition des exemplaires du Coran donne lieu à des *appropriations* sous forme de pratiques diverses qui incitent les éditeurs à protéger leurs droits sur les versions qu'ils impriment tant sur le plan de la création *utilitaire* qu'*identitaire*[1]. En effet, moult éditeurs mettent en place des *éditions spéciales* du Coran qui incluent des variantes d'écritures, de couleurs, de reliures, de couvertures, d'ornementations considérées comme des moyens pédagogiques contribuant à l'amélioration de la compréhension et/ou à la diffusion du Coran, en tant que spiritualité du message, plus qu'à une beauté esthétique participant à l'embellissement de l'objet « livre »[2]. Il semble que le choix de cette forme n'est pas lié à une démarche esthétique mais plutôt à la *fonction* strictement *utilitaire* de la création.

516. Jurisprudence disparate. En Égypte, cette pratique a suscité au cours de ces dernières années un contentieux pas moins abondant autour de la protégeabilité des éditions spéciales du Coran, de sa représentation graphique et des apports très diversifiés des éditeurs. L'examen et l'analyse de la jurisprudence égyptienne tout à fait inédite tant *administrative* que *judiciaire* seront l'occasion de répondre à la fois à la question de savoir si le fait d'éditer et d'imprimer des *mushafs* (Corans) qui incluent des variantes d'écritures, de couleurs, de reliures, de couvertures, d'ornementations, etc., peut donner naissance à un droit d'auteur au profit de l'éditeur, et si celui-ci en tant *fabriquant lato sensu* des exemplaires du Coran[3] peut revendiquer en sa *qualité d'auteur* des droits sur lesdits exemplaires et non pas celui qui *crée la forme* au sens du terme ainsi que de cerner, le cas échéant, la nature de l'apport créatif.

517. Plan. Nous allons analyser deux affaires inédites qui présentent en quête de repère une particularité intéressante quant à la problématique de la qualification des œuvres infusées dans une *forme divine* ou *dérivées* du texte sacré qui se heurte à plusieurs limites. La première affaire est relative au « Coran *Al Tahajjud* » (1) tandis que la seconde concerne le « Coran *Al Tajwîd* » ou le « Coran coloré » (2).

1. L'Affaire du « Coran *Al Tahajjud* »

518. Exposé du problème. Dans cette affaire, la jurisprudence administrative a eu l'occasion de se pencher sur la question centrale de la protégeabilité d'un *mushaf* par

---

phonétique et son stylo lecteur ; le Saint Coran *tajwîd* en couleur (Petit format en 6 parties) *warch* ; Saint Coran Zip avec règles de lecture *tajwîd* - Grand format ; Saint Coran « *tajwîd* » Hafs *Juz' Amma Tabaraka* et *Qad Sami'a* ; Saint Coran « *tajwîd* » selon la lecture de Khalaf d'après Hamza - Khalaf *Reading* ; Saint Coran : *Juz' Amma* « Lecture *Warch* » - *Amma* Part « *Warsh Reading* » ; Saint Coran *Al-Tajwîd* bilingue avec la transcription phonétique - De la sourate *Al-Moulk* à la Sourate *Al-Nâss* ; Saint Coran *Al-Tajwîd* bilingue avec la transcription phonétique - De la sourate *Al-Mûjadalah* à la Sourate *Al-Nâss* ; Saint Coran *Al-Tajwîd* « *Juz' Tabark* » bilingue avec la transcription phonétique ; Saint Coran *Al-Tajwîd* - arabe avec traduction des sens en français et transversion (transcription phonétique) - foureau 5 volumes ; Saint Coran *Juz' Amma* avec règles de *tajwîd* lecture Hafs version arabe - Très grand format ; Saint Coran pour *Tahajjud* avec règles de *tajwîd* (Un quart de *hizb* par page).

1 Certains affirment qu' : « [...] il n'existe qu'une maison d'édition au monde détentrice des droits d'auteur du Coran *Warsh* : Dār al-Mūsa aš-Šarīf, une société égyptienne installée au Caire » : A. COHEN, « Le livre du Coran à Rabat et à Casablanca », *Archives de sciences sociales des religions*, 2010/2, p. 175-195, n° 7. Elle met l'accent sur le fait que la grande majorité des corans vendus sur le territoire marocain sont piratés.

2 S. AL KARJOUSLI, art. préc., n° 25.

3 V. Plus loin sur les compilations religieuses. C'est l'arrivé du *copyright*. Nuance à faire car celui qui fabrique ne peut avoir qu'un monopole et non pas une propriété !

le droit d'auteur, plus particulièrement des œuvres qui sont *dérivées* du Coran selon la formulation de la Haute Cour administrative, et sur l'appréciation de l'*apport créatif* de l'éditeur, en l'occurrence, une maison d'édition spécialisée dans les livres du patrimoine islamique. Dans un jugement en date du 21 décembre 2004[1], le Tribunal du contentieux administratif a été amené à répondre à la question de savoir si le fait d'éditer un Coran en imprimant chaque quart – la moitié du *hizb* (section)[2] – sur des doubles-pages qui se font face pouvait être considéré comme un *acte de création originale* protégeable. Seule la question de l'*originalité* retiendra ici notre attention laissant de côté l'aspect réglementaire.

519. Faits. En l'espèce, il s'agissait d'une édition spéciale du Coran[3] qui a été conçue spécifiquement pour l'exécution de la *prière nocturne* (*salat al tahajjud*) et de la *prière de la nuit* (*qiyam al-layl*) conformément à la sourate XVII : « Veille en prière, durant la nuit : ce sera pour toi une œuvre surérogatoire »[4]. La particularité de ce Coran se situe dans l'originalité prétendue au niveau des unités de lecture ou d'enseignement, c'est-à-dire les fractions du texte, soit un trentième (*guz'*), ou soit un soixantième (*hizb*) ainsi que leurs subdivisions, en quarts et moitiés, indications qui sont signalées dans la marge de l'exemplaire. Rappelons que le Coran est scindé en 30 *juz'* (partie, fraction) et en 60 *hizb*. Chaque *hizb* est à son tour subdivisé en quarts dont le total est de 240 quarts. C'est ainsi que la division de l'édition en cause permettait de fixer un programme de lecture complète du Coran sans faille, notamment au cours du mois de Ramadan dans la mesure où chaque page imprimée contenait un quart de *hizb*. Cette subdivision d'ordre liturgique et utilitaire a pour avantage d'éviter de tourner à plusieurs reprises les pages et tout mélange de celles-ci lors de l'exécution de la prière ainsi que d'achever la lecture du Coran dans le plus bref délai selon les convenances de chacun. C'est ainsi que cette édition permettait aux adorateurs et aux récitants du Saint Coran d'accomplir les rituels de prière et de lecture d'une manière qui atteint l'objectif de l'innovation.

520. Créativité d'ordre *utilitaire* plutôt qu'*identitaire*. L'acte créatif selon *Dar Al Safwa*, l'éditeur du Coran *al tahajjud*, consistait dans la mise au point d'un Coran spécial répondant aux besoins de l'exécution de la prière nocturne en comblant les lacunes potentielles que recèlent la lecture d'un *Coran ordinaire* afin que le *muhtajed* puisse exécuter la prière aisément. Le Coran ordinaire est composé d'environ 600 pages tandis que cette *édition spéciale* n'est composée seulement que de 245 pages (22 lignes/par page). Par conséquent, cette édition présentait des *caractéristiques essentielles* qui ont pour objectif final de ne pas distraire le priant afin d'atteindre l'état de recueillement dans la prière. La société *Dar Al Safwa* avait procédé au dépôt légal de cette édition spéciale du Coran auprès de la Bibliothèque et des Archives nationales (*Dar El Kotob*) sous le n° 8034/1992.

---

1 TCA, 1re ch., 21 déc. 2004, aff. n° 23285/56e A.J., inédit.

2 Le terme désigne une « part » ou une « portion ». Il s'agit d'unité valant le 1/60 e du Coran. C'est donc la moitié d'un *juz'* (les trentièmes). Chaque *juz'* est divisé en deux sections ou *hizb* (les soixantièmes). Chaque *hizb* est divisé à son tour en quatre quarts ou *rub'* (ربع, quart) : unité qui vaut le quart d'un *hizb*, donc le 1/240 e du Coran. V. B. MACDONALD DUNKAN, art. « *hizb* », *in E.I.*, t. III, Paris, Maisonneuve et Larose, 1971.

3 Autorisation n° 649/1992. V. L'autorisation n° 117/2009 (*Dar Al Safwa*).

4 Coran, Sourate XVII : Le Voyage nocturne, verset 79.

521. A la suite, l'éditeur du Coran *al tahajjud* découvre qu'un autre éditeur *Dar Al Manâr* diffusait des exemplaires *similaires* du Coran, pour lesquels il avait obtenu l'autorisation de l'autorité compétente, qui était conçu également pour l'exécution du *tahajjud à la manière* du premier. C'est ainsi que l'éditeur *Dar Al Safwa* décide de porter plainte devant le Comité de Révision des exemplaires du Saint Coran pour contester la délivrance de cette autorisation. Il y était reproché à l'éditeur *Dar Al Manâr* d'avoir publié une autre édition du Coran qui reprend la même *méthode didactique* reposant sur la fraction du texte coranique à la façon du premier Coran.

522. Après cette tentative de plainte vouée à l'échec, *Dar Al Safwa* forme un recours devant le Tribunal du contentieux administratif tendant simultanément à la suspension de l'exécution de la décision attaquée portant autorisation d'imprimer le Coran de l'éditeur *Dar Al Manâr* et à l'annulation de ladite décision, tout en revendiquant la saisie des exemplaires contrefaits du Coran sur le fondement des dispositions du droit d'auteur pour avoir violé son « *idée originale*[1] », selon la formulation maladroite du requérant, laquelle consiste à écrire chaque quart du Coran sur des doubles-pages en face qui faisait l'objet d'une prétendue protection juridique.

---

1 « Idée ingénieuse » plutôt.

Figure 16 — Edition du Coran pour *tahajjud* avec règles de *tajwîd* édité par Dar Al-Maarifah (Syrie)

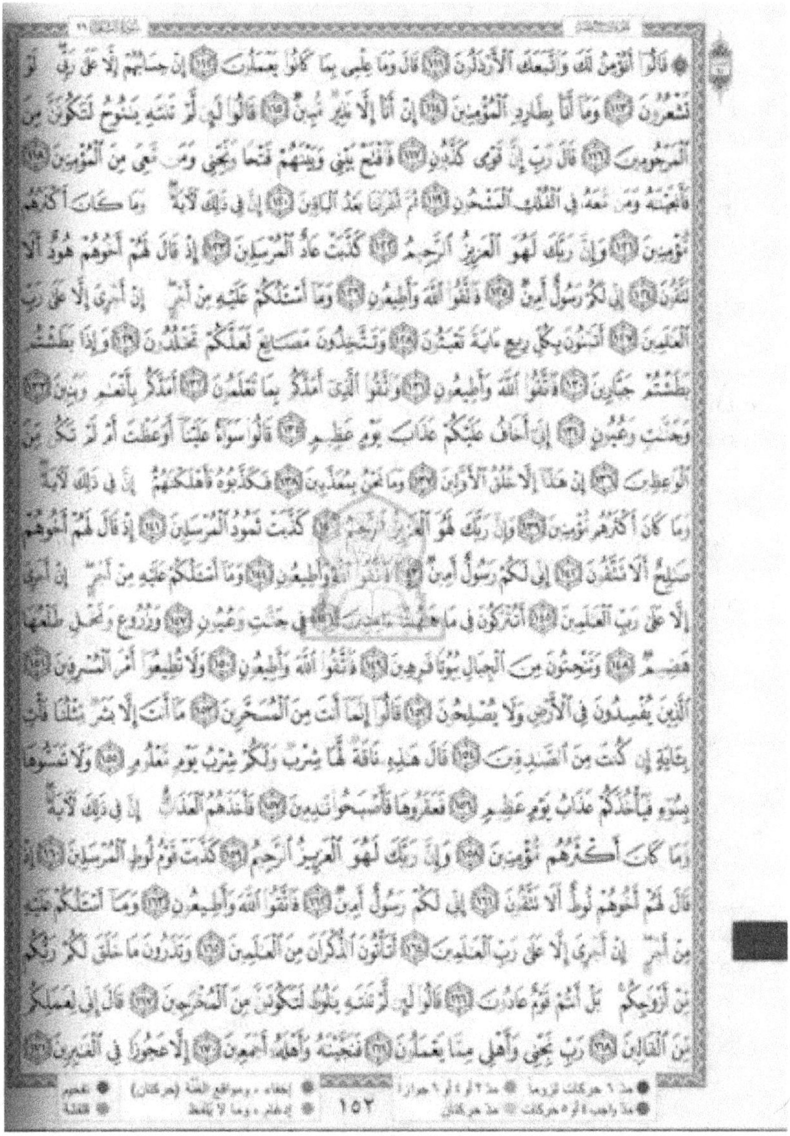

Le Coran pour *tahajjud* avec règles de *tajwîd* édité par *Dar Al-Maarifah* (Syrie) de 260 pages ; chaque page composée de 22 lignes contient un quart de *hizb*.

523. Solution du Tribunal du contentieux administratif. Après avoir rappelé que l'article 49 de la Constitution[1] impose à l'État de garantir aux citoyens la liberté

---

[1] Il convient de noter que la nouvelle Constitution de 2014 garantit désormais expressément, pour la première fois dans l'histoire constitutionnelle égyptienne, les droits de propriété intellectuelle à l'article 69. Selon cet art. : « L'Etat s'engage à protéger les divers droits de propriété intellectuelle

… /

de la recherche scientifique et de la création littéraire, artistique et culturelle, et d'assurer les moyens de l'encourager ainsi que d'assurer au créateur le remboursement de ses frais, son temps et son argent investi dans la concrétisation de sa création et l'obtention de la protection juridique ainsi que l'article premier de la loi n° 102 de 1985 réglementant l'impression du Saint Coran et des *hadîths* prophétiques et l'article 40 du règlement exécutif de la loi n° 103 de 1961 sur la réorganisation d'Al-Azhar, le Tribunal se penche sur une question importante relative à la délimitation des compétences attribuées à Al-Azhar dans la mesure où l'autorité compétente avait outrepassé ses prérogatives et ses compétences.

524. Selon la 1re chambre du Tribunal, si le législateur a confié à Al-Azhar (l'Académie des recherches islamiques) la charge de contrôler l'impression, l'édition, la diffusion, la distribution et la représentation (ou enregistrements) des exemplaires du Coran conformément à la loi n° 103 de 1961 sur la réforme d'Al-Azhar, toutefois, cette compétence se cantonne au rôle promoteur d'Al-Azhar dans la préservation du livre de Dieu descendu sur le prophète face à toute forme entachée d'hérésie (*bid'a*) ou tout dicton qui sape la majesté du Coran et sa grandeur en tant que constitution permanente et inclusive qui rassemble la vraie religion. La réalisation de ce rôle et sa nécessité se fait sous la supervision exclusive d'Al-Azhar qui contrôle l'impression du Saint Coran. L'exercice de ce rôle qui incombe à Al-Azhar conformément aux dispositions de la loi ne saurait faire échapper les compétences attribuées à l'institution en la matière à la *censure* du Tribunal dès lors que les droits des individus, leurs obligations, leurs créations et les efforts déployés y sont impliqués, pour diffuser le Livre de Dieu au public, dans une forme qui réalise l'objectif de l'acte de création. La consécration de cette dernière n'est pas en contradiction avec le fait que l'*objet de la création* porte sur le Livre de Dieu dès lors que l'avis d'Al-Azhar a conclu à l'intégrité de l'édition imprimée.

525. En réalité, le fait que l'édition litigieuse du Coran ait été autorisée par l'autorité compétente ne suffit pas à lui conférer le *statut d'œuvre de l'esprit* ou à conclure à l'*absence de contrefaçon*. Il appartient aux juges du fond d'apprécier l'originalité des créations sur lesquelles il existe une contestation qui relève de leur pouvoir souverain[1]. C'est dans cet esprit que le Tribunal condamne, à juste titre, le fait que l'autorité compétente d'Al-Azhar s'était transformée en juge en portant d'appréciation d'*ordre juridique* réservée au pouvoir souverain du juge. En l'espèce, le rapport établi par

---

dans tous les domaines et mettre en place un organisme chargé de veiller sur les droits de propriété intellectuelle et leur protection juridique ; tel que prévu par la loi » (trad. officielle). V. L'article d'A. ABDEL-LATIF, « L'Égypte et la Tunisie soulignent l'importance de la propriété intellectuelle », *Magazine de l'OMPI*, août 2014/4, p. 38-40. Si le texte de cet article ne renferme pas les objectifs de politique publique et de développement qui sous-tendent la protection des droits de propriété intellectuelle, cependant il convient de noter que la rédaction initiale de cet article proposée par le professeur H. EL-SAGHIR était conçue dans une perspective de développement (V. La lettre du 5 oct. 2013 envoyé à l'ancien secrétaire général de la Ligue arabe, M. A. MOUSSA, alors président de la commission des 50 chargée de l'amendement de la constitution). Or, cette version n'a pas été retenue. En tout état de cause, il convient de noter que selon la jurisprudence constante de la Haute Cour constitutionnelle égyptienne l'ensemble des dispositions de la Constitution doivent être interprétées systémiquement comme formant un tout indivisible, et cohérent en insistant sur son unité organique.

1 Il semble que la Cour de cassation française se montre de plus en plus exigeante sur la motivation : A., H.-J. LUCAS, A. LUCAS-SCHLOETTER et C. BERNAULT, *op. cit.*, p. 165, n° 144.

l'Académie des recherches islamiques faisait ressortir qu'il n'y avait point de *ressemblance* entre les deux éditions du Coran dans la mesure où ces dernières présentaient de *divergences* au niveau du nombre des lignes, et de l'écriture, et sur le plan de la qualification de la création au sens du CPI égyptien tandis que le Livre III de la loi n° 82 de 2002 portant promulgation de la loi sur la protection des droits de propriété intellectuelle réglemente cette question dont la protection juridique s'étend à « toute œuvre originale [*mobtakar*] littéraire, artistique ou scientifique quels qu'en soient son genre, son mode d'expression, son importance ou l'objectif poursuivi par sa création »[1].

526. Le Tribunal considère que les conclusions tirées dudit rapport ne sauraient justifier l'autorisation d'imprimer et de diffuser le Coran de l'éditeur *Dar Al Manâr* au motif qu'il a violé l'*idée originale* enregistrée au nom de *Dar Al Safwa*. Le Tribunal décide ainsi d'annuler la décision de l'autorité compétente portant autorisation de *Dar Al Manâr* d'imprimer et de diffuser le Coran qui repose sur l'idée d'écrire chaque quart sur des doubles-pages étant donné qu'elle n'était pas fondée ni en fait ni en droit.

527. Recours devant la Haute Cour administrative. Cependant, mécontent de cette décision qui lui semble entachée d'erreur dans l'application de la loi, *Dar Al Manâr* forme un recours le 9 février 2005 devant la Haute Cour administrative[2] tendant à suspendre l'exécution de la décision attaquée et, au fond, à l'annuler ainsi qu'à rejeter l'action. La Haute Cour devait répondre à la question de savoir si le rôle du département de la recherche et de l'édition d'Al-Azhar se limite à réviser le Saint Coran, à autoriser son impression et sa diffusion, ou bien s'il étend à assurer le respect des dispositions de la loi n° 82 de 2002 portant promulgation de la loi sur la protection des droits de propriété intellectuelle lorsqu'il est question de la protégeabilité des formes *innovantes* ou *créatives* du Livre de Dieu lors de la délivrance de l'autorisation d'imprimer et de le diffuser. Par ailleurs, il restait à savoir si les droits des individus qui portent sur leurs idées originales et leurs créations, selon la formulation de la Haute Cour, ayant trait au Saint Coran font partie des droits dont jouit le titulaire du droit d'auteur conformément aux dispositions de la loi précitée n° 82 de 2002 ou non.

528. Une *idée nouvelle* plus que d'une *forme originale*. En l'espèce, *Dar Al Manâr* estime que l'affirmation de *Dar Al Safwa* selon laquelle elle avait eu l'idée d'écrire tous les deux quarts (la moitié d'une partie) du Saint Coran sur deux pages opposées est incorrecte dans la mesure où il s'agit d'une *vieille idée* des justes prédécesseurs commune et constante depuis plusieurs siècles qui a été reprise et attribuée injustement à *Dar Al Safwa*. A l'appui de son recours, *Dar Al Manâr* met en avant un certain nombre d'exemplaires manuscrits du Coran datant de plusieurs siècles déposés à la Bibliothèque d'Al-Azhar et à l'Autorité générale des livres et des archives dont certains d'entre eux contiennent deux quarts (la moitié d'une partie) du Saint Coran sur deux pages opposées, et d'autres contiennent un nombre plus grand qui peut atteindre sept quarts d'une partie sur chaque page. C'est, notamment, le cas d'un Coran qui a été écrit depuis plus de deux cents ans en 1200 de l'hégire avant que *Dar Al Safwa* ait imprimé l'édition litigieuse dont chaque page contient une partie (*hizb*) complète, et le cas d'un autre Coran qui a été écrit en 1313 H. en 19 feuilles

---

1 Art. 138 (1).

2 HCA, 1er janv. 2011, Recours n° 5738/51e A.J.

dont chaque page contient les septièmes des quarts. Par conséquent, cette idée ne saurait être considérée ni comme une *invention* ni comme une *innovation* de *Dar Al Safwa* mais elle consiste plutôt en une *idée ancienne* du juste prédécesseur qui a été reprise et injustement revendiquée par *Dar Al Safwa* dans l'intention d'en tirer un profit.

529. Solution de la Haute Cour administrative. Par un arrêt du 1er janvier 2011, la Haute Cour administrative ne suit pas le raisonnement du Tribunal du contentieux administratif et infirme sa décision. Elle semble dégager un principe selon lequel les *œuvres dérivées du Saint Coran* sortent du champ d'application des dispositions de la loi relative à la protection du droit d'auteur au motif qu'elles ne sont pas dérivées d'une œuvre qui est une *création humaine*[1]. A ce titre, la Haute Cour rappelle que le Saint Coran est la parole de Dieu, l'Exalté, le miraculeux, qui a été révélé au cœur de Son Messager Muhammad par le biais du Messager de la révélation Gabriel, dans la langue des Arabes dans les *mushafs*, transmis par *tawâtur* (par un grand nombre de transmetteurs), et récité par l'adorateur.

530. La Haute Cour estime que le Saint Coran est la lumière de Dieu et ses paroles claires qui transcende le champ d'application de la loi n° 82 de 2002. Par ailleurs, il n'y a pas lieu d'affirmer que les œuvres dérivées du Saint Coran sont soumises aux dispositions de la loi précitée parce qu'elles ne sont pas dérivées d'une œuvre considérée comme une création humaine. C'est ainsi que la protection de toute idée innovante dérivée du Saint Coran lui-même en lui faisant naître un droit d'auteur fait obstacle à la diffusion du Coran car l'auteur monopolise le droit de divulgation selon la formulation de la Haute Cour.

531. Pour étayer son raisonnement, la Haute Cour estime qu'il ressort de l'examen des dispositions de la loi n° 82 de 2002 qu'elle encadre la protection législative des droits d'auteur sur les œuvres créées, les droits protégées, et les sanctions prévues. Le champ d'application de la protection juridique est limité aux œuvres qui sont le *produit* de l'*esprit humain*, quelque que soit leur genre, qu'elles soient écrites, figuratives, sculpturales, manuscrites ou orales, et quels que soient leur importance, leur forme ou leur destination. Le seul critère de la protection consiste dans l'originalité de l'œuvre qui doit revêtir un caractère original. Ainsi, la protection se limite à protéger les auteurs d'œuvres originales qui sont les fruits de la créativité intellectuelle, soient-elles caractérisées d'une *originalité absolue* comme celles qui sont le produit intellectuel humain d'un type nouveau et original, ou d'une *originalité relative* comme les œuvres dérivées d'œuvres antérieures qui bénéficient également de la protection du droit d'auteur.

532. C'est ainsi que *Dar Al Safwa* ne pouvait pas reprocher au département de recherche et de révision d'Al-Azhar d'avoir délivré une autorisation pour imprimer et diffuser le *mushaf* de *Dar Al Manâr* même si celui-ci était basé sur la même idée du *mushaf* de *Dar Al Safwa* écrit de manière particulière en imprimant chaque quart du Saint Coran sur deux pages opposées comme l'a confirmé la décision attaquée au

---

[1] Il convient de remarquer qu'une tentative de codification législative de cette jurisprudence fut proposée dans le cadre de la modification des dispositions du livre III du CPI égyptien relatif aux droits d'auteur et droits voisins qui n'a pas encore vu le jour, et ce, afin d'exclure expressément les œuvres dérivées du Coran du champ de la protection juridique en ajoutant la phrase suivante : « Ces dispositions ne s'appliquent pas aux œuvres dérivées du Coran » à la fin de la définition de l'œuvre composite prévue par l'article 138/6° du CPI égyptien. Il ne s'agit de que propositions préliminaires.

terme de laquelle cette prétendue idée étant considérée comme une *forme créative* et *innovante* protégée par la loi n° 82 de 2002.

533. En examinant ainsi si la décision attaquée était correcte en droit, la Haute Cour estime que la décision rendue par l'autorité administrative portant autorisation d'imprimer et de diffuser le Coran qui repose sur l'idée évoquée n'était pas entachée d'une erreur d'un point de vue technique/religieux, et n'implique aucune violation juridique car il n'existe aucune disposition légale qui prohibe ou fait obstacle à la délivrance d'une autorisation pour imprimer et diffuser un Coran ayant fait l'objet d'une révision par l'autorité administrative compétente qui a conclu qu'il est exempt d'erreurs et de distorsion.

534. La Haute Cour *écarte* ainsi l'application de la loi n° 82 de 2002 aux faits de l'espèce car il ressort clairement de la portée et de l'étendue de la mission confiée au département de la recherche et de la diffusion qu'elle se limite uniquement aux travaux techniques de révision et qu'il n'a rien à voir avec l'application d'autres loi. La Haute Cour ajoute que le législateur ne lui impose pas de prendre en compte les dispositions d'une autre loi. Le préambule de la loi n° 102 de 1985 ne fait référence à aucune loi et son article 3 prévoit l'abrogation de toute disposition contraire à la présente loi. Par ailleurs, cette loi renvoie aux dispositions du règlement d'exécution de la loi n° 103 de 1961 s'agissant des modalités d'application de ses dispositions en tant que partie intégrante ayant acquis force de loi, et ce, en vertu du renvoi explicite prévu à cet égard. Ainsi, la décision de l'administration rendue sous sa juridiction, conformément aux dispositions de la loi n° 102 de 1985, concernant la demande de délivrance d'une autorisation pour imprimer et diffuser le Coran, est *contraignante* en tant qu'organe compétent qui prend la décision à sa discrétion.

535. C'est ainsi qu'il incombe à tous ceux qui souhaitent imprimer le *mushaf* d'obtenir l'autorisation de l'autorité compétente en application des dispositions de la loi n° 102 de 1985 afin de s'assurer qu'il est exempt d'erreurs et pour qu'il n'y ait pas de chaos dans la diffusion du Saint Coran, que ce soit sous sa forme traditionnelle ou sous l'une des formes électroniques introduites par le progrès scientifique, qu'il s'agisse d'un Coran électronique portable, ou d'un Coran écrit en braille destiné aux aveugles, déficients visuels et mal-voyants, ou d'un *mushaf* en arabe en langue des signes destiné aux sourds-muets.

536. Appréciation critique. Si le jugement du Tribunal mérite d'être approuvé sur certains points que nous allons évoquer, toutefois, la décision n'est guère satisfaisante en ce qu'elle manque de rigueur terminologique en faisant référence à la notion d' « *idée originale* »[1], ce qui signifie *a contrario* qu'il existe une « *idée banale* »[2] non protégeable par le droit d'auteur. Cette confusion entre une *idée originale* qui aurait droit

---

1 Mme le professeur BERNAULT souligne que : « Or, il est relativement fréquent que les juges affirment qu'une idée est protégée parce qu'elle est originale, ou au contraire qu'elle échappe à la protection en raison de sa banalité » : C. BERNAULT, *J.-Cl. Propr. litt., art.*, Fasc. 1267 : « Droit des auteurs. Contrefaçon et étendue du droit d'auteur (CPI, art. L. 122-4) », 2014, n° 69. Nous pouvons trouver quelques traces de la notion d' « *idée originale* » dans la jurisprudence comparée depuis près d'un siècle. V. À titre d'exemple en Allemagne : Tribunal de l'Empire, IIIe Ch. pénale, 30 nov. 1908, *Arrêts du Tribunal de l'Empire en matière pénale*, vol. 12, p. 83 ; *Dr. Aut.*, 15 mars 1911, n° 3, p. 34-35, à propos de la reproduction non autorisée de photographies sur des cartes postales ; CA Berlin, 10e ch. civ., 11 janv. 1908, aff. *Jabeuf et Rouard c/ Sté Lachmann*, *Dr. Aut.*, 15 nov. 1908, n° 11, p. 150-151, à propos de la prétendue reproduction d'une œuvre de sculpture française. Aux États-Unis : Cour suprême de New-York, division d'appel, 25 janv.1907, aff. *Dutton et cie c/ Cupples et léon, publishers weekly*, 2 févr. 1907, n° 1827 ; *Dr. Aut.*, 15 juill. 1907, n° 7, p. 87, à propos de l'imitation frauduleuse de l'aspect extérieur (innovation de forme) d'une publication par une publication concurrente. En Italie : CA Gênes, 14 août 1914, aff. *Watts c/ Nicodemi*, *Monitore dei Tribunali*, 6 févr. 1915, n° 6 ; *Dr. Aut.*, 15 août 1915, n° 8, p. 93 et s., concernant une statue commandée d'après un modèle et selon diverses indications. En France, la notion d'*idée originale* est de plus en plus présente dans beaucoup de décisions : T. com. Paris, 4e ch., 23 janv. 1997, *JurisData* n° 1997-057136, aff. *Sté Giacomini c/ GIE climatisation et développement* ; CA Paris, 14e ch., sect. A, 15 oct. 1997, *JurisData* n° 1997-024387, aff. *Lancon c/ Fagadau* ; CA Nîmes, 1re ch., 9 déc. 1987, *JurisData* n° 1987-030061, aff. *Paoli, Jouty* ; Cass. civ. 1re, 22 mars 2012, n° 10-18.491, inédit, *JurisData* n° 2012-006714, aff. *Orenn SA Ellipsanimé productions* ; CA Paris, Pôle 5, ch. 2, 11 déc. 2015, n° 15/05062, *JurisData* n° 2015-027962, aff. *Sté Artustee carrières et développement, Mme Sylvie Guillem Mme Catherine N'Diaye dite Shan, Opera national de Finlande* ; CA Nîmes, 1re ch. civ., 15 nov. 2011, n° 10/01400, *JurisData* n° 2011-032799, *L'office du tourisme de la ville d'Avignon, La ville d'Avignon Monsieur Philippe Medard* ; CA Paris, Pôle 5, ch. 1, 24 janv. 2017, n° 15/12109 ; Cass. com., 8 oct. 2013, n° 12-26.148 ; CA Paris, 4e ch., sect. B, 10 oct. 2008, n° 07/14433, *Rashid Masharawi, SARL CRM - 114, SARL Cined Productions Monsieur Najib Ghallale* ; CA Paris, Pôle 5, 1re ch., 3 nov. 2015, n° 14/12756 ; CA Paris, Pôle 1, 2e ch., 5 sept. 2012, n° 11/21599, *JurisData* n° 2012-019931, *SARL Fire Design Sarl Mace Dixxon, SARL Cema-Distribution* ; CA Paris, Pôle 5, 1re ch., 31 mars 2010, n° 08/16242, *JurisData* n° 2010-004601, *Orenn Sté Ellipsanime Productions* ; TGI Paris, 3e ch., 2e sect., 15 oct. 2010, n° 09/01123 ; CA Versailles, 12e ch., sect. 2, 12 janv. 2006, *JurisData* n° 2006-307746, aff. *SA Miniplus c/ SAS Kappa Siemco* ; Cass. crim., 10 mai 2000, n° 99-86.914 ; CA Paris, Pôle 2, 2e ch., 29 janv. 2016, n° 14/08891 ; CA Paris, Pôle 5, ch. 1, 26 juin 2013, n° 11/04861 ; CA Paris, Pôle 5, 8e ch., 15 janv. 2013, n° 11/12435.

2 V. B. EDELMAN, « Création et banalité », *D.* 1983, chron. p. 73, qui propose de distinguer entre les « *idées banales* » et les « *idées originales* » ; du même, « Le "Paradis" de la Nouvelle Eve dans l'enfer du droit d'auteur », *D.* 2006. 2610 : « [...] si une idée originale pouvait être protégée, on aboutissait inéluctablement à une privatisation du fonds commun, ce qui était encore irrecevable ». Maître B. EDELMAN dénonce cette pratique : « Nous sommes, aujourd'hui, à un tournant : si nous acceptons de protéger, par le droit d'auteur, certaines formes d'art contemporain où l'idée originale est au cœur de la création, nous risquons de subvertir tout notre système - ce qui est peut-être, inconsciemment ou pas, le but recherché par les artistes. Alors, tout le monde pourra se proclamer auteur, tout le monde aura le droit d'être un auteur. Il me suffirait, par exemple, d'empiler des codes Dalloz dans un parallélépipède transparent et d'inscrire - en lettres d'or ou d'argent - "Bonheur" pour avoir créé une œuvre ! Les tribunaux risqueront, à court terme, d'être submergés par les demandes les plus incongrues. Soit nous prenons ces œuvres pour ce qu'elles sont - et, parfois, prétendent être -, c'est-à-dire pour des marchandises d'un nouveau type, et nous les protégeons par les moyens de droit qui leur correspondent : le parasitisme, par exemple [...] Le choix est ouvert ». Le professeur G. LOISEAU se demande si : « Mais, vraiment, est-ce la forme qui est ainsi l'expression d'une création originale ou l'idée originale qui est en impression dans une forme qui n'était pas, pour l'essentiel, le fait de l'artiste ? » : G. LOISEAU, « Protection par le droit d'auteur d'une œuvre conceptuelle », *JCP G* 2008,

à la protection et une *idée banale* non protégeable est d'autant plus surprenante puisqu'il est inutile de rappeler que le droit d'auteur protège seulement les œuvres de l'esprit et non pas la reprise des idées ou concepts conformément à l'article 141, al. 1er du CPI égyptien[1]. La propriété littéraire et artistique ne protège donc pas les idées elles-mêmes ou concepts mais seulement la forme originale sous laquelle ils sont exprimés selon la jurisprudence constante[2]. Pour reprendre la célèbre formule du professeur Desbois, les idées sont de « *libre parcours* ». Maître Edelman dénonçait cette pratique dangereuse, à l'occasion de la célèbre affaire « *Paradis* » relative à la protection d'une œuvre d'*art conceptuel*[3], au motif que : « [...] *si une idée originale pouvait être protégée, on aboutissait inéluctablement à une privatisation du fonds commun, ce qui était encore irrecevable* »[4]. Or, s'agissant des décisions qui protègent l'idée originale, Mme le professeur Bernault est d'un autre avis puisqu'elle estime qu' :

> « [...] *il ne faut pas systématiquement condamner les décisions qui admettent la protection d'une idée originale.* Certes, si on veut se montrer rigoureux, il faut considérer que c'est la forme originale qui est protégée. *Mais en*

II, 10204 ; E. TREPPOZ, « "La nouvelle Eve" au "Paradis" du droit d'auteur, suite et fin ! », *D.* 2009. 266 ; B. EDELMAN, « La création dans l'art contemporain », *D.* 2009. 38 ; Ph. GAUDRAT, « De l'enfer de l'addiction au paradis des toilettes : tribulations judiciaires au purgatoire du droit d'auteur... », Observations sur Civ. 1re, 13 nov. 2008, *RIDA*, avr. 2009, n° 220, p. 81. V. Par ailleurs : Y. CHERPILLOD, *L'objet du droit d'auteur*, *op. cit.*, p. 25, n° 43.

1 Si le principe de l'exclusion des idées est aisé à proclamer, il s'avère que sa mise en œuvre en Égypte est délicate face à la prolifération des idées qui ne cessent pas de frapper brutalement les portes du droit d'auteur. V. À titre d'exemple : l'affaire emblématique de la « *butte publicitaire* » : Y. OMAR AMINE, « Une "butte publicitaire" est-elle considérée comme une œuvre protégeable par le droit d'auteur en Égypte ? », *RLDI* 2011/77, n° 2573, p. 111-114 ; Y. OMAR AMINE, « L'affaire de la "butte publicitaire" : les enseignements de la jurisprudence récente de la Cour économique du Caire en matière de droit d'auteur », *Auteurs & Média* 2014/5, p. 326-335 ; « Pour un Nouveau roman judiciaire d'un droit d'auteur égyptien tourmenté : suite et presque fin de la saga de la "butte publicitaire" », *RFPI* 2016/2, p. 28-43. L'examen de la jurisprudence égyptienne nous montre que la Cour économique du Caire a eu à trancher des questions les plus controversées s'agissant de la protégeabilité des idées et du style par le droit d'auteur. L'examen d'un grand nombre des affaires soumises à la Cour économique du Caire nous montre que ces éléments risquent d'entrer dans le champ du droit d'auteur, qui est en perpétuelle expansion, sous prétexte de l'obtention d'un simple certificat de dépôt en dépit de son rôle qui consiste seulement, dans le cadre d'un contentieux, en une mesure de précaution qui permet d'assurer une date certaine de la création de l'œuvre et de rapporter la preuve de la paternité de celle-ci.

2 Cass. civ. 1re, 17 juin 2003, n° 01-17.650, *JurisData* n° 2003-019454, *Comm. com. électr.* 2003, comm. 80, note C. CARON ; *D.* 2003, p. 2014, à propos de la reprise du concept imprécis de l'aménagement intérieur d'un magasin. V. également : TGI Paris, 17 janv. 2001, aff. *Th. Lenain c/ Sté Hachette Livre et a.*, *Légipresse* 2001, n° 180, I, p. 39, au sujet de la reprise du thème d'un roman pour une adaptation sous forme de téléfilm ; CA Paris, 4e ch. sect. A, 6 mars 2002, n° 2000/10724, aff. *Lahbib c/ Sté DDB*, *JurisData* n° 2002-169428, *Légipresse* 2002, n° 191, I, p. 55, à propos de la reprise, dans une œuvre publicitaire, de loups hurlants sur un piton rocheux entouré de neige, dominant les gratte-ciels d'une ville ; TGI Paris, 3e ch., 4e sect., 28 mai 2009, aff. *Jérôme S. c/ Assoc. Lexeek*, à propos de la reprise, par un site Internet, du mécanisme des questions/réponses utilisé par un autre site Internet. Il a pu être jugé qu'il n'est pas contrefaisant dans la mesure où il ne s'agit que d'un concept et de la mise en œuvre d'un savoir-faire d'informaticien ; TGI Paris, 24 mai 2013, *RTD com.* 2013, p. 705, obs. F. POLLAUD-DULIAN, qui retient que la thèse ne contrefaisant pas une autre thèse sur le même sujet étant donné que les points communs relevant des seules idées et non pas de la forme.

3 V. Par exemple : N. WALRAVENS, « De l'art conceptuel comme création et sa protection par le droit d'auteur », *RIDA*, avr. 2009, n° 220, p. 3-73.

4 B. EDELMAN, « Le "Paradis" de la Nouvelle Eve dans l'enfer du droit d'auteur », *D.* 2006, 2610.

réalité, lorsque les juges protègent une idée originale, c'est alors une idée concrétisée, précise, donc mise en forme et dans ce cas, il n'est plus choquant de rechercher si elle est originale ou non. En revanche, si on n'a pas dépassé le stade de la "simple" idée, de l'idée "brute", là, effectivement, la référence à l'originalité n'a pas sa place »[1].

537. Il nous semble que la « *concrétisation* » ne suffit pas à *transformer* l'idée en *œuvre*. Il est possible de décrire en mot l'idée qui compte à diviser le Coran selon le modèle évoqué. L'idée est concrétisée dans un texte mais alors ? Elle n'est toujours pas protégeable. En l'occurrence, il s'agit plutôt d'une « idée ingénieuse » qui relève du registre des *créations techniques* sans rapport avec la création du texte. C'est plutôt une *caractéristique utilitai*re du support (*mushaf*) et non expressif… de même que le livre est une caractéristique du support divisé en feuillets indépendants contrairement au rouleau (comme la Torah) le livre divisé en pages peut encore se subdiviser en section avec une table des matières… Il s'agit d'une *fonction très utile*. Cette *ingéniosité* n'est pas de l'*originalité*.

538. Il semble que l'originalité se trouve absorbée, en l'espèce, par la structure du texte sacré qui est dictée par une *fonction utilitaire*. En effet, les éléments mis en avant par l'éditeur pour démontrer cette prétendue originalité ne sont pas convaincant si on les considère isolément, à savoir : « la facilité de l'exécution de la prière, de la lecture, de tourner les pages », voire la mise en page et son caractère didactique. Reste à savoir en quoi consistait le prétendu *apport créatif* de l'éditeur du Coran *al tahajjud* ? La réponse semble avoir échappé aux mailles du filet. Il nous semble que l'apport requis pour l'expression fait défaut quand la présentation du Coran se borne à subdiviser le texte qui n'implique pas un *acte de conception* au sens du terme. Il paraît difficile d'admettre que le fait de circonscrire la moitié du *hizb* sur des doubles-pages en face du Coran puisse révéler la personnalité de l'éditeur [*sic*] pour bénéficier de la protection au titre du droit d'auteur lui conférant des droits exclusifs sur les exemplaires.

539. Nous ne voyons pas comment la *personnalité* de l'éditeur pourrait s'exprimer dans la démarche consistant à découper le texte coranique en unités de longueur homogène qui permettrait de créer une *œuvre de l'esprit*. A vrai dire, l'originalité ne doit pas être établie en considération du simple découpage en unités de longueur du texte, ni de la facilité de la lecture mais en fonction des *choix créatifs* opérés par l'auteur au niveau de la *forme interne* traduisant une activité créatrice en précisant les éléments caractérisant son originalité. Le critère de découpage en unités de longueur du texte n'est pas en soi « suffisant » pour établir l'originalité[2]. En revanche, la question est

---

1 C. BERNAULT, *J.-Cl. Propr. litt., art.*, Fasc. 1267, 2014, n° 69.

2 Sans pour autant faire abstraction au fait que : « *L'originalité, dit-on, ne se pèse pas. Il suffit qu'elle existe* » : A., H.-J. LUCAS, A. LUCAS-SCHLOETTER et C. BERNAULT, *op. cit.*, p. 159, n° 139 ; Ph. GAUDRAT, *Rép. Civ. Dalloz*, V° « Propriété littéraire et artistique (1° Propriété des créateurs) », préc., n° 132 : « On peut quantifier un apport, non une empreinte : il y a ou il n'y a pas d'empreinte. Pour rester dans une métaphore explicite : le sable est vierge ou marqué de pas ; les objets sont nets ou maculés d'empreintes. On bascule, sans étape intermédiaire, de la *virginité* à l'*empreinte*. Puisque c'est l'empreinte qui cause la protection, on ne peut ni ne doit *hiérarchiser les genres* en fonction d'une prétendue *intensité de l'originalité*. On n'aboutirait qu'à déguiser l'arbitraire. Parler de *faible* ou *forte* originalité est, de ce point de vue, trompeur, car on donne à penser que l'originalité, elle-même, est susceptible d'intensités différentes. L'empreinte relève d'une problématique de "présence", non de "mesure". Elle partage ce caractère avec la *forme interne*, qui en est le siège ».

différente lorsque l'originalité de la forme créative se situe dans l'apport de ce que le professeur Gaudrat appelle la « *conception méthodologique* »[1] requis pour l'expression.

540. Enfin, il reste à savoir si la subdivision du Coran, en tant que forme qui fait partie de la structure même du texte coranique pour en être indissociable, peut être qualifiée d'œuvre de l'esprit. Peut-elle exister comme *œuvre en tant que telle* ? On pouvait en douter. La subdivision existe comme une *méthode didactique* censée faciliter la lecture du Coran qui suit des critères uniquement quantitatifs. Dans le sillage, nous pouvons trouver des exemplaires du Coran pourvus d'un commentaire (*tafsîr*) dans le corps du texte qui propose des interprétations des versets[2]. Rien ne doit faire obstacle à la manifestation de l'originalité dans ces éditions commentées.

541. En effet, comment peut-on admettre qu'un éditeur ait pu marquer le Coran de son empreinte en y apportant une touche qui lui est personnelle pour satisfaire la condition d'originalité, alors que le texte sacré, en tant que forme divine, devrait être dépouillé de tout atour et considéré comme hérétique s'il était utilisé en dehors des normes imposées ? Or, comment l'éditeur, par ses choix prétendument créatifs, peut-il révéler sa personnalité tandis que le Coran ne saurait faire l'objet de modifications ?! La réponse de la Haute Cour administrative est négative qui semble condamner le raisonnement juridique prônant pour la protection au titre de la propriété intellectuelle. Chacun des éléments du texte sacré présente un caractère purement rituel, voire un tout indivisible, imposé par les normes de sorte que leur forme et leur disposition sont asservies à la seule *fonction cultuelle*. La réponse à cette question cruciale nous montre que tout dépend de la distinction entre la *forme* et le *contenu*. Dans ce cas, il suffirait de caractériser le siège de l'originalité dans la seule forme susceptible d'être dépositaire de l'empreinte humaine qui se détache du fond de l'œuvre.

542. L'analyse du jugement nous montre que les juges du fond font primer la *conception matérielle* du support sur la *conception surnaturelle* de la forme divine éternelle. Il faut en déduire que quelle que soit la nature du support matériel, porteur de la forme créée dans laquelle s'est incorporée l'œuvre, il n'en demeure pas moins un support d'une œuvre protégée selon le jugement. Le fait que le Coran appartienne au domaine public devrait rester indifférent. Seul compte le fait que son édition soit une *création originale* ou non. Sur ce point, le Tribunal du contentieux administratif constate que l'écriture de chaque quart (la moitié du *hizb* du Coran sur deux pages en face) est considérée comme une création répondant à l'exigence d'originalité qui fait l'objet de la protection au motif que cette mise en page permet aux priants et aux lecteurs du Coran d'exécuter les rituels de la prière et de la lecture sans la peine de tourner à chaque fois les pages de sorte que l'objectif de la création s'y trouve clairement satisfait.

543. Si l'on peut approuver le jugement du Tribunal du contentieux administratif en ce qu'il refuse de tenir compte de la *nature du support* puisant sa source dans le registre religieux indépendamment de l'apport personnel qu'il incarne, toutefois, tel n'est pas le cas pour le raisonnement adopté par la Haute Cour administrative. La motivation et le raisonnement adopté par le Tribunal et la Haute Cour prêtent,

---

1 Ph. GAUDRAT, *Rép. Civ. Dalloz*, V° « Propriété littéraire et artistique (1° Propriété des créateurs) », préc., n° 29 et s.

2 V. Plus loin : § n° 688 s.

néanmoins, à la critique en ce qu'ils se méprennent sur la distinction entre la *part humaine* et le *Coran* qui lui sert de support d'une part, et, sur l'appréciation saugrenue de l'*originalité* d'autre part. En effet, « *le support est indépendant de la forme créative. Il ne saurait être dépositaire de l'empreinte* »[1]. L'appréciation de l'originalité par ce cantonnement par le support devrait conduire les juges, en l'espèce, à distinguer les niveaux de formes enchaînés. Ce raisonnement est justifié par le fait que l'originalité dans les formes créatives imputées sur des formes divines est dotée désormais d'une *double fonction* : elle *sépare* l'humain du divin et elle est la *cause* de la propriété de l'humain sur la forme.

544. Si les juges ne respectent pas toujours le principe de l'indifférence du mérite et de la destination dans les affaires à connotation religieuse et qu'ils font état parfois de leur propre jugement de valeur, croyance, cependant, en l'espèce, le Tribunal semble avoir écarté les arguments tirés de la *finalité religieuse* et du *caractère sacré* du Coran sur lequel portait l'acte créatif de l'éditeur. Il n'en va pas de même pour le *raisonnement religieux* adopté par la Haute Cour. En effet, la valeur religieuse reconnue à une œuvre constitue un indice fréquemment retenu pour étayer la disqualification de l'œuvre au sens du droit d'auteur.

2. L'Affaire du « Coran *Al Tajwîd* »

545. Exposé du problème. Il est intéressant de remarquer que, dans une autre affaire singulière soumise aux juridictions égyptiennes, la Cour économique du Caire a été amenée à examiner en 2014, pour la première fois, la question de savoir si la *reprise* et l'*utilisation* des *caractéristiques* essentielles dans l'impression du Coran *al tajwîd* (en l'occurrence, l'utilisation de code de couleurs d'autrui pour mettre en valeur tel ou tel composant) pouvait tomber sous le coup du droit d'auteur et/ou sur le terrain du droit des brevets à l'occasion d'un procès opposant deux éditeurs d'exemplaires imprimés du Coran[2] dans lequel la Cour s'est penchée sur des questions délicates et intéressantes en la matière. En l'espèce, il s'agissait d'une technique innovante utilisée dans l'édition du Coran afin de faciliter et d'assurer la bonne lisibilité du texte sacré et une vocalisation correcte selon le type de *tajwîd.*

546. Rappelons, tout d'abord, que le *tajwîd*[3] du Saint Coran est, comme nous l'avons souligné, l'art par lequel on apprend à prononcer correctement les lettres du Coran en accordant à chaque lettre des caractéristiques nécessaires qui y sont inhérentes et les sentences qui en découlent telles que l'emphatisation, l'adoucissement, la mise en valeur et l'assimilation. On y apprend également les règles (*ahkames*) des arrêts (*el-wakf*) et des commencements (*el-ibtida'*), la manière de faire sortir correctement les lettres de leurs postures (points d'articulation).

547. En réalité, cette affaire a le mérite de susciter des interrogations intéressantes sur le terrain du droit d'auteur : la restitution des attributs de la calligraphie coranique en procédant à la *coloration des lettres* peut-elle présenter un caractère original ? Tout dépend si ça exprime la personnalité ou il s'agit d'un simple code, un geste nécessaire.

---

1 Ph. GAUDRAT, *Rép. Civ. Dalloz*, V° « Propriété littéraire et artistique (1° Propriété des créateurs) », préc., p. 21, n° 119 ; H. DESBOIS, *Le droit d'auteur en France*, *op. cit.*, p. 11, n° 8 : « *L'originalité dans la forme qui constitue la pierre de touche des droits d'auteur* […] ».

2 V. I. AZAB, Le quotidien égyptien *Al Ahram* du 10 mars 2013 et des 14 et 15 juin 2014.

3 V. *Supra* sur le style de *tajwîd* : § n° 266 s.

Par ailleurs, l'utilisation d'une telle méthode qui touche directement le substrat dans la calligraphie peut-elle être autorisée par l'Administration générale des recherches, de l'écriture (*al-ta'lîf*) et de traduction d'Al-Azhar, et ce, après le contrôle de ladite édition exercé par le Comité de Révision des exemplaires du Saint Coran ? ou, au contraire, l'idée même de l'utilisation des couleurs est-elle en contradiction avec les normes imposées en matière de calligraphie et de la vocalisation dans l'impression du Coran ?[1]

548. Technique des codes couleurs mis au service de la récitation du Coran. En retraçant l'histoire de l'apparition de cette technique, nous remarquons qu'elle est née du besoin ultime de « réciter le Coran en le psalmodiant »[2] avec soin et de perfectionner sa prononciation ainsi que d'ajuster les mesures de la récitation. Cette technique même est l'aboutissement d'un long cheminement jalonné par des étapes différentes forgées depuis des siècles. En effet, la transcription et la calligraphie du Coran a évolué au fil du temps sur le plan linguistique (au niveau des signes diacritiques et de la vocalisation) afin d'éviter tout risque d'erreur dans la lecture du Coran[3]. Tout d'abord, les signes de vocalisation furent ajoutés et ils ont été mis sous forme de points pour introduire, ensuite, les points diacritiques placés en dessus ou en dessous des lettres permettant de distinguer les unes des autres ainsi que les voyelles.

549. Cependant, face au progrès technique, la nécessité se fit sentir d'introduire une technique innovante qui aboutirait à la reconnaissance d'une nouvelle esthétique/utilité calligraphique, à savoir la *coloration calligraphique* qui consiste à mettre la science des couleurs au service de l'impact visuel des lettres du texte coranique. Oscillant entre la dimension humaine de la forme infusée et la dimension divine de la forme représentée, les grands oulémas tels qu'Al-Ghazali, Al-Nawawi et Al-Souyouti s'accordaient sur cette approche esthétique ouvrant la voie à l'utilisation d'une telle technique utile sans pour autant qu'ils aient trouvé dans celle-ci les moindres contre-indications religieuses qui s'opposeraient éventuellement à la *codification colorée*.

550. A vrai dire, s'il est toujours recommandé de se référer à la psalmodie des célèbres *shoyoukh* pour exceller dans la récitation du Coran[4], force est de constater que cette technique vise à simplifier la psalmodie du Coran en définissant un code de couleurs et une légende qui permettent d'attirer l'attention du lecteur et de mettre en valeur les lettres soumises à des règles de récitation, et même parfois les différences entre les *qira'at*. Ainsi, l'application d'une telle technique répond à un besoin tant *religieux* que *pédagogique*. Il semble que la forme acquière un caractère plutôt *utilitaire* qu'*esthétique* contraint par la *finalité de la création*. La mise en œuvre de cette technique est très simple ; chaque couleur, dans l'exemple ci-dessous, a une signification et indique une règle de récitation différente ainsi que la durée de la prononciation de la

---

1 Conformément à la loi n° 102 de 1985 portant réglementation de l'impression du Coran et des recueils de *hadîth*. À titre d'exemple, en Algérie, l'article 6 du cahier des charges relatif à l'autorisation préalable d'édition, d'impression, de commercialisation ou d'importation du Saint Coran sur tous supports prévoit que : « [...] il [le recueil du Saint Coran] ne doit pas contenir de dessins et de motifs préjudiciables ou *de couleurs abondantes dans la même édition* ; ».

2 « Et récite avec soin le Coran » : Coran, sourate LXXIII, « Celui qui s'est enveloppé », verset 4.

3 D. CLEVELOT, *op. cit.*, p. 191.

4 V. § n° 267 et n° 282 s.

lettre qui varie en fonction de l'intensité de la couleur. Par exemple, le *rouge* indique la prolongation en fonction de plusieurs nuances (prolongation nécessaire, obligatoire, permise ou normale), le *vert* indique la nasalisation de deux voyelles, le *bleu* (bleu marine indique le [R] emphatisé et bleu ciel indique les consonnes emphatiques) et le *gris* indique les lettres écrites et non prononcées.

Figure 17 — Edition du Coran *al tajwîd* édité par Dar Al-Ma'rifah (Syrie)

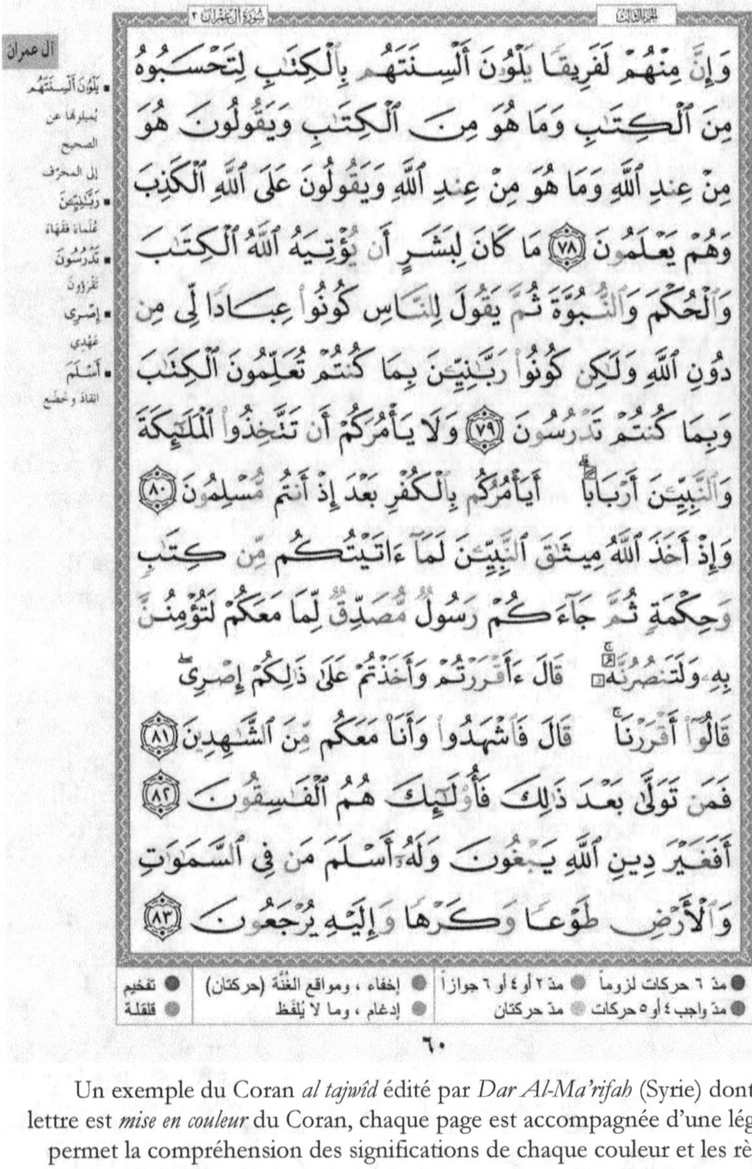

Un exemple du Coran *al tajwîd* édité par *Dar Al-Ma'rifah* (Syrie) dont chaque lettre est *mise en couleur* du Coran, chaque page est accompagnée d'une légende qui permet la compréhension des significations de chaque couleur et les règles de récitation différente ainsi que la durée de la prononciation de la lettre qui varie en fonction de l'intensité de la couleur afin d'assurer une vocalisation correcte.

551. Faits. En l'espèce, l'affaire opposait un ingénieur et un éditeur syrien, M. Subhi Taha Ibn Saleh, propriétaire de la maison d'édition *Dar Al-Ma'rifah*, à un confrère égyptien M. Mohamed Ahmed Akl Radwane, propriétaire de *Dar Al Safwa*, toutes les deux maisons d'édition sont spécialisées dans l'impression et la publication des éditions du Coran, toutes éditions confondues. L'éditeur syrien avait réalisé une édition (spéciale) du Coran intitulée : « *Mushaf Al tajwîd* » relevant certaines caractéristiques représentant les règles de *tajwîd* d'après la codification durée/couleur (*al tarmiz al zamani wa al laouni*) pour faciliter la psalmodie du Coran[1].

552. Accomplissement de formalités : la qualification du *mushaf* par le dépôt. S'agissant des formalités prises par l'éditeur syrien, il est intéressant de remarquer qu'il avait obtenu un *brevet d'invention* en Syrie, sous le n° 4474/4557, en 1994 sur cette méthode intitulée : « *la manière de la codification durée/couleur et sa mise en œuvre dans la transcription des lettres soumises aux règles du tajwîd du Coran* »[2]. Par ailleurs, il

---

1 En effet, il convient de remarquer que l'édition du Coran *Mujawwad* de l'éditeur syrien avait été approuvée le 6 septembre 1999 par l'Administration générale des recherches, de l'écriture et de traduction, après l'examen de ladite édition par le Comité de Révision des exemplaires du Saint Coran. Il en va de même pour la méthode adoptée par la maison d'édition qui a été appliqué correctement et sans erreurs selon l'autorisation délivrée dont l'idée de l'application de la codification colorée et ses motifs étaient clairement expliqués à la fin de la copie. Par ailleurs, le Comité de Révision avait attesté que l'édition est correcte en ce qui concerne la calligraphie et la vocalisation, et que l'idée de la codification durée/couleur (*al tarmiz al zamani oua al laouni*) était nouvelle et unique en son genre et n'est point en contradiction avec la calligraphie et la vocalisation. Bien au contraire elle facilite aux récitateurs la compréhension des règles de la psalmodie en se référant au décodage au bas de chaque page.

2 Il convient de remarquer que Subhi TAHA et Adnan TAHA avait également déposé une demande de brevet auprès de l'Office européen des brevets ayant pour titre : « *Idée et exécution d'un dispositif électrique et électronique qui montre les sourates du coran illuminées et imprimées sur un rouleau plastique semi-transparent* » (EP1371504). La demande est désormais réputée retirée. Selon la description de cette invention : « Les pages du Coran sont illuminées pour démontrer la clarté et la beauté et la facilité de lecture. La page coranique devant le lecteur est réglable pour être confortable pour les yeux et pour augmenter la clarté de vision des bois d'*Allah* Glorieux afin d'aider le lecteur à lire le Saint Coran pacifiquement et avec révérence. Le changement des pages du Saint Coran, le passage à la sourate requise du Coran se fait automatiquement et électroniquement *via* le panneau de commande en appuyant doucement sur certains boutons pour déplacer un fichier en plastique (sur sa surface, toutes les pages du Saint Coran sont imprimées) d'un côté à l'autre et vice versa. Afin de montrer les pages du Saint Coran devant le lecteur selon sa demande en séquence, le bouton de retournement de page doit être doucement enfoncé. Il est possible de passer directement à la sourate souhaitée en appuyant sur le bouton correspondant ». "The innovation required to be protected consists of automatic electronic device projecting the pages of Holly Koran in front of the reader upon request without manual touching. The Koran pages are illuminated to demonstrate clarity and beauty and ease of reading Koranic page in front of the reader is adjustable to be comfortable for eyes, and to increase the vision clarity of the woods of GLORIOUS ALLAH in order to help the reader to read Holly Koran peacefully and reverencely. Changing of Holly Koran pages, movement to the required Koran sora is done automatically and electronically through control panel by gentle touch of certain button leads to move a plastic file (on its surface the entire pages of Holly Koran are printed) from side to side and vice versa. In order to show the pages of Holly Koran in front of the reader according his demand in sequence button of page flip is to be gently pushed. It is possible to move directly to the required sora by pushing the respective button". (https://worldwide.espacenet.com/patent/drawing?channel=espacenet_channel-9f5715f1-b5f0-4a57-bc69-60c221ce99a4) (https://translationportal.epo.org/emtp/translate/?ACTION=abstract-

…/

avait obtenu le 4 janvier 2003 un *certificat de dépôt* au titre de son prétendue œuvre intitulée : « *Mushaf Al tajwîd* » auprès de l'Administration de la protection des droits d'auteur au sein du Ministère syrien de la Culture qui consiste en l'application des règles du *tajwîd* par trois catégories de couleurs pour qu'elles puissent être interprétées d'une manière conforme. Selon ce certificat, le genre de l'œuvre est une « œuvre écrite/religieuse ». En Égypte, il avait réussi à obtenir le 7 juillet 2005 un certificat de dépôt d'une prétendue œuvre écrite intitulée : « *méthode originale pour codifier les règles du tajwîd du Coran via le codage temps-couleur* » auprès du ministère égyptien de la Culture (plus précisément à l'Administration des droits d'auteur), sous le n° de registre 1996. Le résumé de cette méthode consistait en la « facilitation de la récitation du Saint Coran par la colorisation de certaines lettres soumises aux règles du *tajwîd* de sorte que les sentences qui en découlent soient perceptibles par la vue permettant aux lecteurs de prononcer et non pas par sa mémoire directe » selon la formule employée par le déposant. Par ailleurs, M. Subhi Taha avait procédé à l'accomplissement de formalités dans d'autres pays arabes (tels que la Syrie, l'Oman, et le Qatar).

553. Par la suite, il a découvert que les *caractéristiques* de son édition du Coran ont été reproduites sans son autorisation par l'éditeur égyptien *Dar Al Safwa* qui utilisait l'*idée* et la *technique de code couleurs* à la suite de l'impression d'un exemplaire d'un Coran « *moujawwad* »[1] de la même façon que l'exemplaire édité. C'est dans ces conditions que l'éditeur syrien avait assigné l'éditeur *Dar Al Safwa* et le *cheikh* d'Al-Azhar ainsi que l'Administration générale des recherches, de l'écriture (*al-ta'lif*) et de traduction au sein d'Al-Azhar devant la Cour économique du Caire en violation de ses droits de propriété intellectuelle au motif qu'il a subi un préjudice moral et matériel du fait de la délivrance de l'autorisation portant publication de cet exemplaire pour le compte de l'éditeur égyptien[2]. Il demandait, notamment de condamner *Dar Al Safwa* à lui verser la somme de 5 millions de L.E en réparation du préjudice matériel et moral qu'il a subis du fait de la diffusion sans son consentement de cette édition.

554. L'affaire retient particulièrement l'attention sur deux points : pour décider si l'idée en cause, plutôt ce style de *tajwîd*, était éligible à la protection du CPI égyptien, la Cour devait ainsi s'interroger sur la question de la *protégeabilité* des *caractéristiques* du Coran de l'éditeur syrien en tant que « *création identitaire* » ainsi que de leurs *brevetabilités* en tant que « *création utilitaire* ». Sur l'accès à la protection du style de *tajwîd*, il s'agissait, en l'espèce, de vérifier si ce style est créatif/original susceptible d'être protégé par les dispositions du CPI ou non. Reste à savoir qu'est-ce qui pourrait être *créatif* ? *Choisir* le vert à la place du bleu ? N'est-ce pas un *simple choix*, rien de plus ? De toutes façons, un *style* n'est pas protégeable…

555. En outre, la Cour a été interrogée sur la question de savoir s'il existe des *ressemblances* ou des *divergences* entre les deux exemplaires publiés notamment sur le plan du style de chaque *tajwîd*. Il s'agit alors d'apprécier s'il existe une répétition des mêmes

---

retrieval&COUNTRY=EP&ENGINE=google&FORMAT=docdb&KIND=A1&LOCALE=en_EP&NUMBER=1371504&SRCLANG=en&TRGLANG=fr)

1 Le terme « *Moujawwad* » est un adjectif qualificatif qui vient du mot *tajwîd* lequel signifie la prononciation de chaque lettre et mot du Coran correctement selon l'arabe classique. Il s'agit d'un style de récitation du Coran.

2 Nous ne pencherons pas sur cet aspect qui relève de la compétence des juridictions administratives.

vocalisations et une reproduction du code de couleurs. L'appréciation des ressemblances dépend dès lors de l'éventuelle protection de la technique en soi par le droit d'auteur, c'est-à-dire du fait qu'elle soit considérée comme une œuvre de l'esprit.

556. En l'espèce, l'éditeur syrien reprochait à son confrère d'avoir repris « sa technique » qui consiste à mettre en valeur les règles de *tajwîd* à partir des codes de couleurs préalablement définis dans la légende figurant en bas de chaque page de l'édition litigieuse et facilitant en tant que méthode didactique au lecteur la cantillation du Coran selon les règles canoniques prescrites. En défense, *Dar Al Safwa* faisait valoir que les caractéristiques de cette édition ne sauraient être protégées en tant que telles étant donné qu'elles échappent à toute appropriation en démontrant l'absence de la prétendue originalité.

557. Solution de la Cour économique du Caire. C'est ainsi que la Cour économique du Caire, par un arrêt en date du mois de juin 2014, déboute, à bon droit, M. Subhi Taha Ibn Saleh de ses demandes au motif que la protection revendiquée par l'éditeur syrien ne portait que sur des éléments non protégés par les dispositions du CPI. Selon la Cour, cette technique appartenait au « *fonds commun* ». Ce constat se confirme à la lecture de la motivation de la Cour selon laquelle l'idée de l'éditeur syrien, consistant à utiliser la technique du codage de couleur, en l'occurrence, quatre couleurs (noir, bleu, rouge, vert) avec quelques nuances[1], dans la lisibilité des règles du *tajwîd* permettant d'indiquer la sentence de celui-ci ainsi que son codage destinée à faciliter la récitation du Coran, est une *idée fort ancienne* qui a été mise en évidence par les grands oulémas et a déjà été utilisée dans les Corans imprimés au Maroc, au Soudan et en Turquie.

558. Une idée appartenant au « fonds commun » ? S'agissant de la reprise de cette technique par l'édition litigieuse, les juges du fond retiennent, à juste titre, qu'elle ne saurait être appropriée par personne. Sur ce point, la Cour s'appuie sur les propos de l'*Imâm* Abi Amr Al-Dani (371-444 H.), pour rejeter l'argument du demandeur, qui avait confirmé à l'époque que les voyelles, la nounation (*tanwin*) des voyelles brèves (prononciation « *ann* », « *unn* », « *inn* »), la *chadda* (signe qui signifie le doublement de la lettre), la *soukoune* (l'absence de voyelle sur la lettre arabe), la prolongation (du son de la voyelle) sont en *couleur rouge* tandis que les *hamazat* (émission « piquée » d'une voyelle longue initiale) sont en *couleur jaune*.

559. Ainsi, la Cour considère que l'éditeur syrien n'était pas arrivé à démontrer son *apport personnel* en fonction de la technique litigieuse et à partir des documents versés aux débats pour codifier les règles et *ahkames* de lecture (*tajwîd*) du Coran car le fait d'admettre que cette technique puisse être protégée par le droit d'auteur reviendrait à offrir la possibilité d'*accaparer* les idées au détriment du progrès technique.

560. Appréciation des ressemblances des éléments caractéristiques. En l'espèce, la question à régler par la Cour était celle de savoir si l'édition litigieuse de

---

[1] Comme l'a souligné M. le professeur CARON que : « le seul choix d'une couleur ne suffit pas à exprimer une originalité, d'autant plus qu'il serait dangereux, alors que le droit d'auteur ignore le principe de spécialité, d'investir un peintre d'un monopole sur une nuance de couleur » : C. CARON, *op. cit.*, p. 118, n° 151. V. CA Paris, 22 mai 1996, *Gaz. Pal.* 1997, 1, somm. p. 264, à propos de la « reprise de la couleur dominante des collections d'une société de haute couture par un concurrent, pour ses sacs d'emballage, constitue un comportement parasitaire », cité par Ph. LE TOURNEAU, « Folles idées sur les idées », *Comm. com. électr.* 2001, n° 2, chron. 4, n° 17.

l'éditeur syrien était contrefaite par la *seule reprise* de ces *éléments caractéristiques* indépendamment de l'ensemble ou des éléments protégés. En d'autres termes, ces éléments mis au service du Coran pouvaient-ils être protégés par le droit d'auteur ou bien relevaient-ils du *fonds commun* de sorte qu'ils sont librement reproductibles ?

561. A vrai dire, l'appréciation de la reproduction des deux éditions en cause s'avérait délicate dans la mesure où nous risquons de quitter le terrain de la *forme* ou de la *réalisation* pour se déplacer vers le *domaine inviolable* du droit d'auteur, c'est-à-dire des idées, techniques, styles qui ne sont pas susceptibles d'appropriation[1]. Nous sommes confrontés à cette impasse notamment lorsque nous tentons de décomposer l'œuvre afin de déterminer les éléments caractéristiques des deux éditions. Il nous semble que la description de l'idée de l'application de la codification colorée et ses motifs, en l'espèce, ne pouvait pas jouer en faveur d'une éventuelle qualification de reproduction car la décomposition tombera essentiellement sur des éléments non protégés par le droit d'auteur.

562. Il est constant, en vertu de la jurisprudence, que la contrefaçon étant subordonnée à la condition que l'objet litigieux soit une *œuvre de l'esprit* protégeable au sens de la loi, c'est-à-dire « originale ». La contrefaçon est, en effet, constituée par la reprise des caractéristiques de l'œuvre qui sont au fondement de son originalité. L'appréciation de la contrefaçon ne peut, toutefois, être retenue lorsque les ressemblances relèvent de la *reprise* d'un *style*, d'un *genre*, des *idées* et non de la reproduction de caractéristiques spécifiques de l'œuvre première.

563. En l'espèce, la Cour décide de faire appel à un expert en matière de propriété intellectuelle[2], par un jugement préliminaire, afin d'apprécier les éventuelles

---

[1] La reprise d'une idée peut constituer un acte de concurrence déloyale ou de parasitisme. V. Sur la reprise du concept des émissions télévisées « la nuit des héros » et des « marches de la gloire » : CA Versailles, 11 mars 1993, *JCP G* 1994, II, 22271, note J.-C. GALLOUX ; Cass. com., 7 févr. 1995, *JCP G* 1995, II, 22411, note Ph. LE TOURNEAU. Sur la reprise du concept d'un film : T. com. Nanterre, 25 juin 1996, *D.* 1998, somm. p. 127, obs. Th. HASSLER et V. LAPP. Sur la reprise d'une idée publicitaire : CA Paris, 25 oct. 1989, *D.* 1989, inf. rap. 300.

[2] Il convient de noter que le recours à l'expertise est devenu de plus en plus courant dans les affaires soumises aux Cours économiques dans lesquelles les juges recourent souvent à des experts en matière de propriété intellectuelle. Les juges demandent aussi à l'expert de se prononcer sur le caractère original ou non de l'œuvre. Par ailleurs, la Cour ne manque pas de s'appuyer fortement sur le rapport de l'expert. V. M. VIVANT et J.-M. BRUGUIERE, *op. cit.*, p. 284 et 285, n° 283, qui soulignent : « puisque la condition d'originalité est une notion de droit, le juge ne saurait déléguer sa caractérisation à un expert qui n'est pas fondé à dire le droit […] Autrement dit, l'expert ne doit pas dire si l'œuvre est ou non originale, il doit dire au juge si tout conduit ou non à la reconnaître originale ! ». Il revient à l'expert de vérifier les faits, la qualification appartient au juge. Ce n'est pas le cas dans la pratique en Égypte. V. Cependant : CA Paris, Pôle 5, 1re ch., 10 mars 2015, aff. *S. Briolant c/ Sarl Artnet France Sarl*, RG n° 10/15719, *Propr. intell.* 2015, n° 55, p. 194, obs. J.-M. BRUGUIERE : « Mais considérant que ces deux rapports ne sauraient être retenus par la cour comme pertinents ; qu'en effet cet expert qui, dans son rapport complémentaire se réfère pourtant à l'article 238 du Code de procédure civile selon lequel un expert "ne doit jamais porter d'appréciation d'ordre juridique", méconnaît totalement cette disposition puisqu'il reconnaît expressément en page 6 de son rapport initial qu'il lui a été demandé "d'évaluer l'originalité" des fichiers finaux post-produits qui [lui] sont soumis et annoncés comme la production du photographe S. Briolant alors que l'appréciation de l'originalité des photographies revendiquées par S. Briolant au titre du droit d'auteur est une analyse d'ordre juridique réservée au juge et qu'ainsi l'expert – qui au demeurant n'est pas un juriste – n'est pas habilité à dire le droit à la place du juge et donc de qualifier l'originalité d'une création ».

ressemblances ainsi que de trancher les questions y afférentes et déterminer les formalités prises par chacune des parties afin de protéger leur droit (en l'occurrence, l'enregistrement auprès de l'Administration des droits d'auteur ou l'acte de dépôt).

564. En effet, il semble que les idées avant leur matérialisation représentent le plus grand nombre qui font l'objet de dépôts auprès de l'Administration des droits d'auteur en Égypte. Or, une telle tendance risquerait de *paralyser* la création[1]. Il n'est pas judicieux d'admettre de déposer de simples idées qui relèvent nécessairement du « *fonds commun* »[2] ne pouvant pas ainsi faire l'objet d'une appropriation privative. N'importe qui doit pouvoir, sans encourir une condamnation pour violation du droit d'auteur, librement utiliser l'idée litigieuse. Ne pas l'admettre reviendrait à octroyer à M. Subhi Taha un *monopole* sur la technique. Or, celle-ci appartient à tous, autant que la faculté de l'utiliser dans le cadre de l'édition du Coran. Ainsi, la seule existence d'un certificat de dépôt ne saurait suffire à revendiquer un droit d'auteur exclusif sur la technique en question dont le rôle de ce certificat consiste seulement, dans le cadre d'un contentieux, en une *mesure de précaution* qui permet d'assurer une date certaine à la création de l'œuvre et de rapporter la preuve de la paternité de celle-ci. En pratique, si nous avons intérêt à déposer les créations, toutefois, ce dépôt « *n'institue au profit du déposant qu'une présomption de propriété qui peut être combattue par la preuve contraire et il ne constitue pas une présomption de création* »[3].

565. En réalité, il nous semble que les formules employées par le demandeur semblent s'inscrire sur le terrain du *parasitisme*[4] méconnu en Égypte[5] qui permet d'assurer la protection de celui qui ne peut pas se prévaloir d'un *droit privatif*, comme

---

1 V. Y. OMAR AMINE, note ss. Cass. civ. et com., 28 mars 2019, pourvoi n° 7133/88e A.J., aff. *Sté Panorama Media Production c/ Mohamed Salah A. Nada, in* « Contentieux des créations intellectuelles en Afrique » (Chronique ss. la dir. Y.-L. NGOMBE), *CPI*, oct. 2022, Vol. 34, n° 3, p. 1010-1018, à propos de la protégeabilité de l'idée d'« *Al-Fawazir* de Shahriar et de Shéhérazade ».

2 Les professeurs VIVANT et BRUGUIERE préfèrent : « [...] l'expression de fonds commun à celle de domaine public. Pour beaucoup, le domaine public évoque très souvent, à tort, les seules œuvres qui chutent dans le fonds commun au terme de la protection. Or notre fonds commun est beaucoup plus large puisqu'il intègre à la fois les œuvres tombées dans le domaine public, les idées, les créations ne pouvant accéder à la protection ..., en un mot tous "matériaux" ayant vocation à être utilisés dans le cadre d'un processus créatif » : M. VIVANT et J.-M. BRUGUIERE, *op. cit.*, p. 164, note 1.

3 CA Paris, 4e ch., 5 mars 1990, aff. *La Pérugina c/ Daisy*, *Cah. dr. auteur* 1990, n° 30, p. 17 ; *D.* 1991, somm. 92, obs. C. COLOMBET. *Adde* : CA Paris, 4e ch., 28 sept. 1988, aff. *Metrop c/ Florelli*, *Cah. dr. auteur* 1988, n° 10, p. 32 : « Le dépôt ne peut priver le titulaire de la possibilité d'établir par d'autres moyens que la création et la publication de l'œuvre remonte à une date antérieure ».

4 V. Ph. LE TOURNEAU, *Le parasitisme*, Litec, Paris, 1998 ; du même auteur, « Folles idées sur les idées », art. préc., n° 34 ; P.-Y. GAUTIER, *op. cit.*, n° 46 ; A., H.-J. LUCAS, A. LUCAS-SCHLOETTER et C. BERNAULT, *op. cit.*, n° 21. Mais il convient de noter que l'extension de la protection en soi par la théorie du parasitisme n'est pas très satisfaisante et n'apparait guère logique. V. J. PASSA, « Propos dissidents sur la sanction du parasitisme économique », *D.* 2000, chron. 297 ; « Première réfutation de la notion de parasitisme économique », *D.* 2001, p. 850 ; J. HUILLIER, « Le parasitisme parasite-t-il la propriété intellectuelle ? », *Gaz. Pal.* 2001, 2, doctr. p. 1630-1633.

5 À vrai dire, c'est à bon droit que la jurisprudence égyptienne n'a pas suivi une évolution comparable dès lors qu'en Égypte, les personnes souhaitent s'approprier l'inappropriable. V. Par ex. CEC, 4e ch., 26 déc. 2010, aff. n° 3099/2009, à propos de l'éventuelle protection d'une « butte publicitaire » par le droit d'auteur, *RLDI* 2011/77, n° 2573, note Y. OMAR AMINE et Cass. civ. et com., 24 nov. 2014, pourvoi n° 11357/83e A.J, *Auteurs & Média*, 2014/5, p. 326-335, note Y. OMAR AMINE et *RFPI* avr. 2016, n° 2, p. 28-43, note Y. OMAR AMINE.

nous allons le voir dans la seconde partie à l'occasion de l'analyse de la pratique du Yoga[1]. En l'espèce, il est question de la *reprise des caractéristiques* essentielles de l'œuvre d'autrui ou d'une édition qui *imite* de la même manière l'idée litigieuse[2]. Toutefois, pourrait-on envisager, au lieu de dénaturer la *conception égyptienne du droit d'auteur* en protégeant des objets et des choses *inutiles*, l'*action en concurrence déloyale* comme une autre voie ouverte ?! En l'occurrence, ce sont des concurrents.

566. Notion d'« *ibtikar* » : flottements terminologiques. Force est de constater que la décision manque de rigueur terminologique et on s'aperçoit de certains flottements regrettables dans l'utilisation de termes très généraux par la Cour notamment l'imprécision du périmètre et du sens qu'il faut donner à la notion floue d'« *ibtikar* »[3]. Quelle portée faut-il donner à ce terme ?[4] Oscillant entre la *création*, l'*innovation* et l'*invention*, le sens de ce terme peut varier au gré de ses usages. En effet, ce concept est souvent le siège de toutes les confusions dans la jurisprudence égyptienne qui explique sans nul doute le glissement du terrain du *droit d'auteur* à celui du *droit des brevets*[5]. En matière de *propriété littéraire et artistique*, le législateur égyptien

---

[1] V. Plus loin : § n° 1084 s.

[2] V. Sur la protection de l'*idée artistique* par le parasitisme : N. WALRAVENS, *L'œuvre d'art en droit d'auteur*, Economica, Paris, 2005, p. 403 et s. et n° 366. V. À titre d'exemple : CA Paris, Pôle 5, 2e ch., 23 sept. 2011, n° 10/11605, aff. *William Klein c/ Sté M6 WEB et a.*, inédit, confirmant TGI Paris, 3e ch., 7 mai 2010, *RLDI* 2010/61, n° 2002, obs. L. COSTES ; *RLDI* 2011/70, n° 2293, comm. N. WALRAVENS-MARDARESCU ; *RLDI* 2011/71, n° 2337, note A. MAFFRE-BAUGE ; N. WALRAVENS-MARDARESCU, « Les contacts peints de William Klein parasités et non contrefaits », *RLDI* 2011/78, n° 2587.

[3] Dans la doctrine musulmane, certains utilisent même ce terme : V. F. AL-DARINI (éd.), *Haqq al-Ibtikar fi al-Figh al-Islami al-Muqaran*, Beyrouth, 1984. La loi libanaise n° 75 de 1999 sur la protection de la propriété littéraire et artistique prévoit à l'article 5 : « La personne qui crée une œuvre littéraire ou artistique jouit, du seul fait de la création de l'œuvre, du droit absolu de propriété sur l'œuvre et de la protection de ses droits sans aucune formalité ». La version arabe emploi le verbe « *yabtakir* » comme synonyme de *création*.

[4] G. CORNU, « Les définitions dans la loi », *in Mélanges J. VINCENT*, Dalloz, Paris, 1981, p. 77 et s., spéc. p. 81. Le Doyen CORNU distingue entre les définitions « réelles » et les définitions « terminologiques ». Alors que les premières visent la généralité, les secondes se bornent à préciser le sens déterminé d'un mot employé dans un texte particulier.

[5] On retrouve les termes « *inventer* » ou « *créer* » dans les deux disciplines du brevet ou du droit d'auteur. V. À titre d'exemple : Cass. civ. com., 24 nov. 2014, pourvoi n° 11357/83e A.J. : « Aux termes des dispositions des articles 1, 2 et 3 de la loi relative à la protection de la propriété intellectuelle n° 82 de 2002, qui prévoient les conditions que doivent remplir l'invention pour que puisse être délivré le titre de brevet, l'invention doit porter sur une création [*ibtikar*] qui mérite d'être protégée, c'est-à-dire qu'elle doit être nouvelle et impliquant une activité inventive dépassant l'évolution de l'art industriel traditionnel et qu'elle ne doit pas être connue auparavant [...], voire n'ayant été divulguée dans aucun pays ; c'est ainsi que la condition de nouveauté absolue que doit remplir la création [*ibtikar*], objet de l'invention, n'est pas une condition nécessaire pour la protection juridique de l'œuvre. Par ailleurs, il faut que l'invention soit susceptible d'application industrielle, ce qui signifie l'exclusion des idées abstraites, des créations [*ibtikar*] théoriques simples connues sous l'appellation de domaine public. Or, l'invention doit contenir une application de ces créations [*ibtikar*] puisque le brevet est délivré à un produit industriel, et enfin, l'invention ne doit pas porter atteinte à la sécurité nationale, à l'ordre public, aux bonnes mœurs ou à l'environnement [...] ». Elle conclut qu': « En conséquence, l'utilisation des rideaux publicitaires pour couvrir les façades des immeubles ne constitue qu'une simple idée ne pouvant être qualifiée de création [*ibtikar*] et ne pouvant faire l'objet de la protection prévue par le législateur dans le CPI » ; et « qu'en statuant ainsi, après avoir considéré

définit l'*ibtikar*[1] (synonyme de l'*originalité*[2]) dans l'article 138 (2) comme étant : « Le caractère créatif [*ibda'ii*] qui caractérise l'originalité de l'œuvre ». Sur le terrain de la *propriété industrielle*, le législateur égyptien n'a pas défini le terme « invention » (« *Ekhter'a* » en arabe). Seul le décret présidentiel n° 1053 du 10 avril 1967 concernant « les stimulants pour les inventions, les rationalisations et les distinctions de travail » l'avait envisagé (*Ibtikar*) comme : « *toute idée nouvelle ou tout essai de création dans le domaine de la science ou de la recherche, ayant pour but un projet, une adaptation, un développement ou une découverte* »[3].

567. Si les termes d'*ibtikar*, d'originalité et de création sont employés indistinctement, cependant, les trois termes désignent, en réalité, le *même type d'acte* mais pris en compte dans différents systèmes de protection…[4] À vrai dire, cette confusion terminologique est entretenue tant par le vocabulaire employé par le législateur que dans les applications jurisprudentielles qui rendent l'identification de l'objet saisi par le droit d'autant plus délicate et nous révèle que les juges procèdent plutôt à une *généralisation* des droits de propriété intellectuelle[5], voire des critères de

---

que l'idée avait un caractère original [*ibtikari*], d'où la condamnation au paiement des dommages-intérêts, l'arrêt attaqué a privé sa décision de base légale, ce qui implique sa cassation sans qu'il y ait lieu de statuer sur les autres griefs du pourvoi ». *Adde* : Cass. com. éco., 10 sept. 2013, pourvoi n° 13285/80e A.J. Ce qui n'est pas rappeler le même problème qu'on trouve en Anglais avec « *original* » qui peut être utiliser pour une *invention* comme pour un *work*. Ça tient au fait que les *patents* comme en *copyright* sont des monopoles légaux et l'*originality* consiste dans le surplus de travail caractéristique imputable à celui à qui doit revenir le monopole…

1 Ce terme figure six fois dans le CPI égyptien tant dans le Livre I relatif aux brevets d'invention que dans le livre III relatif aux droits d'auteur et aux droits voisins. À titre d'exemple, la Cour de cassation égyptienne, dans un arrêt du 6 décembre 1971, a décidé que « l'*ibtikar* et la nouveauté sont les deux conditions principales dans chaque invention et modèle industriel… » (Cass., 6 déc. 1971, pourvoi n° 665/41e A.J.). Par ailleurs, elle a décidé qu' : « aux termes de l'article premier de la loi n° 132 de 1949 sur les brevets d'invention et dessins et modèle la condition principale dans l'invention consiste dans le fait qu'il y ait *ibtikar* méritant la protection […] ». *Adde* : Cass., 18 févr. 1973, pourvoi n° 1190/42e A.J., 24e année, p. 206 ; HCA, 30 janv. 1965, pourvois n° 950, 954/7e A.J.

2 Selon un courant doctrinal.

3 Y. Omar Amine, « Lettre d'Égypte - Protection des brevets d'invention en Égypte : premier bilan sur l'Office égyptien des brevets (EGPO) : 60 ans après… », *Propr. intell.* 2012, n° 44, p. 362, note 28. En effet, l'article 1er de l'ancienne loi n° 132 de 1949 sur les brevets d'invention et les dessins et modèles industriels disposait : « Il sera accordé, en conformité des dispositions de la présente loi, un brevet d'invention, pour toute invention nouvelle susceptible d'une exploitation industrielle, soit qu'il s'agisse de produits industriels nouveaux, ou de moyens ou procédés industriels innovés, ou d'une application nouvelle de moyens ou procédés connus ». Il convient de remarquer que la version arabe de la loi parle d' « *ibtikar* » tandis que la version officielle française parle d' « *invention* ». Toutefois, les deux termes ne sont pas équivalents et ne correspondent pas à la même réalité dans la mesure où ils ne désignent pas le même type d'acte.

4 Le terme « *Ibtikar* » connote la singularité de toute création. Mais en droit d'auteur, cette singularité est source de propriété. En droit des brevets elle sert de critère pour donner à *quelqu'un d'autre* un monopole sur cette chose singulière ! Comme la singularité ne fait pas remonter vers l'auteur, elle est appréciée de l'extérieur : on recherche, pour donner le monopole, si l'invention est « nouvelle » ou si elle a été antériorisée… Dans le système anglo-saxon comme *copyright* et *patent* relève du même mécanisme ; le même mot est utilisable avec le même sens. Mais en droit égyptien du fait que les deux types de création sont protégés par des méthodes différentes, comme en droit français, il faut chercher des sens différents au même mot…

5 V. Déjà : N. Binctin, *op. cit.*

protection, sans en *tracer les frontières* et à bien *saisir l'objet du droit* et elle est révélatrice de l'ambiguïté qui existe encore sur ce point.

568. Créativité de la *forme utilitaire* et caractéristique du Coran. A l'examen des deux affaires évoquées, il nous semble qu'elles se déplacent du terrain du *droit d'auteur* pour se glisser vers celui du *droit des brevets* dans la mesure où la *finalité* de la création consistait, en l'occurrence, pour les éditeurs à concevoir la *forme utilitaire* qui permettra d'infuser dans le support matériel du Coran, en tant que *corpus mechanicum*, des propriétés extrinsèques. Les *formes utilitaires*[1] ont pour fonction de conférer à une chose préexistante des *caractéristiques* que celle-ci n'a pas spontanément. Ces formes ne sont donc pas recherchées pour elles-mêmes, mais pour les *utilités* qu'elles confèrent à un support[2]. Ce qui correspond parfaitement à la forme utilitaire infusée dans le substrat dans les deux cas d'espèce soumis aux juridictions égyptiennes. Dans la *première affaire*, le découpage affecte l'utilité du support physique tandis que dans la *seconde* la couleur affecte la convention de lecture. La *forme* exclusivement *fonctionnelle*[3] est dépourvue d'originalité à moins que son caractère fonctionnel ne soit mis au service de l'édition protégée.

569. Pour autant, la *forme utilitaire* n'exclut pas la *création*, mais elle relève d'un *autre registre*. Ces créations utilitaires ne font de place à la personnalité qu'à travers la *nouveauté* de la solution. Le critère relevait donc de la *nouveauté* en droit des brevets, non de l'*originalité*[4]. En effet, l'éditeur syrien avait obtenu un brevet d'invention en 1994, sous le n° 4474/4557, en Syrie portant sur cette technique intitulée « la manière du codage temps-couleur et sa mise en œuvre dans la transcription des lettres soumises aux règles du *tajwîd* du Coran »[5]. L'éditeur s'appuyait ainsi sur une invention en Syrie qui n'avait pas fait l'objet d'un dépôt auprès de l'Office égyptien des brevets.

---

1 « Les *formes utilitaires* ne véhiculent pas de message, pas de contenu. Elles sont directement utilisables. Certes, elles peuvent nécessiter un mode d'emploi adventice ; mais ce mode d'emploi n'est ni le contenu, ni la "forme interne" de la forme utilitaire ; c'est un discours accessoire (et utilitaire) sur cette forme. Les formes utilitaires ne s'adressent donc qu'à des consommateurs (par exemple, les produits brevetés). Cette utilisation finale n'étant, d'ailleurs, pas constitutive de leur "exploitation". Leur exploitation se fait par fabrication ou mise en œuvre industrielle. Seules les formes que l'exploitation destine à des "amateurs" constituent des œuvres » : Ph. GAUDRAT, *J.-Cl. Propr. litt., art.*, Fasc. 1134, n° 66.

2 Selon le professeur GAUDRAT, « Affecter l'œuvre consiste, certes, à l'utiliser ; mais utiliser l'œuvre n'implique pas, pour autant, qu'elle devienne utilitaire. L'affectation n'engage que la forme externe ; elle n'implique nullement que la forme interne intègre un caractère utilitaire » : Ph. GAUDRAT, *J.-Cl. Propr. litt., art.*, Fasc. 1134, n° 99.

3 « Lorsque la forme est fonctionnelle elle sort irrémédiablement du champ du droit d'auteur mais peut, en revanche, intégrer, le champ du brevet (en tant qu'aspect de l'invention)… si invention il y a » : Ph. GAUDRAT et F. SARDAIN, *Traité de droit civil du numérique*, t. I, *op. cit.*, p. 172, note 550.

4 V. À titre d'exemple : CA Paris, 27 févr. 1979, *Ann. propr. ind.* 1981, n° 157, qui refusa la protection du droit d'auteur à un modèle de planche à voile ; Cass. com., 23 juin 1987, *Juris-Data* n° 1077.

5 Il convient de noter qu'un certain ingénieur Mohamed Hassan EL-HAMSY avait réalisé une édition concurrente du Coran publiée par la fondation *El Iman* en 2005 au Liban. Il avait même réussi à obtenir un brevet d'invention au Liban sur ladite technique par un acte de dépôt effectué le 2 octobre 1995, n° 5775 (décision n° 71/1/A, du 11 oct. 1995), qui fut, par la suite, annulé par un arrêt de la Cour d'appel civile de Beyrouth (9e ch.), rendu le 9 juin 2005 (aff. n° 1034/2005). L'autorité de la protection de la propriété intellectuelle au sein du ministère d'économie libanais y procéda à la …

570. Cependant, la Cour, en s'appuyant sur le rapport de l'expert, conclut que la prétendue invention n'est pas protégeable, en l'absence manifeste de nouveauté résultant du fait que l'idée de l'utilisation des couleurs par l'éditeur arabe pour apprendre les règles de *tajwîd* n'a guère ajouté de nouveau par rapport à l'état d'apprentissage sans couleur en reprenant les propos de l'éditeur syrien figurant dans le Coran que l'idée de colorer certaines lettres dans le Coran n'empêche pas l'apprentissage des règles du *tajwîd* sans un enseignant.

---

radiation du brevet d'invention par la décision en date du 29 décembre 2005 (n° 6868 du 29 nov. 2005). Par ailleurs, l'administration générale des affaires du Coran au sein du ministère des *Awqafs* libanais avait interdit d'imprimer ou de diffuser l'édition litigieuse au motif que l'édition de Hassan EL-HAMSY contenait de fautes graves dans les règles de *tajwîd* après avoir appliqué erronément l'idée de M. Subhi TAHA, qui, était la seule approuvée sur l'ensemble du territoire.

SECTION II.
LA THEOLOGIE DE L'ICONE DANS LA RELIGION CHRETIENNE

571. L'icône en tant que confession de la vérité et profession de foi. Comme l'a souligné Ouspensky : « L'image visible équivaut à l'image verbale. *Tout comme la parole, l'Écriture est une image, l'image peinte est une parole* »[1]. En se référant à saint Basile le Grand, les Pères conciliaires dirent que : « ce que la parole communique par l'ouïe, la peinture le montre silencieusement par la représentation »[2]. A l'instar de la parole,

---

[1] L. OUSPENSKY, *La théologie de l'icône dans l'Église orthodoxe*, Les éditions du Cerf, Paris, 1982, p. 121.

[2] L. OUSPENSKY, *op. cit.*, p. 121. « Ainsi par la liturgie et par l'icône l'Ecriture vit dans l'Église et dans chacun de ses membres. C'est pourquoi l'unité de l'image liturgique et de la parole liturgique a une importance capitale, car ces deux modes d'expression constituent une sorte de contrôle l'un pour l'autre ; ils vivent la même vie et ont, dans le culte, une action constructive commune. Le renoncement à l'un de ces modes d'expression amène la décadence de l'autre. C'est ce qui eut lieu chez les iconoclastes des VIIIe-IXe siècles : une décadence complète de la vie liturgique et par conséquent de la vie spirituelle fut le résultat du renoncement à l'image sacrée », *ibid.*, p. 122. « Pour justifier sa prise de position, il [le pape Grégoire le Grand] affirme que les images aident à mémoriser les événements de la vie du Christ et des saints et favorisent l'adoration, non au sens - désormais courant en Orient - où la puissance sacrée de l'image permet d'accéder au surnaturel, mais parce que le fait de voir les scènes représentées suscite chez le fidèle une émotion qui favorise l'expérience religieuse » : D. MENOZZI, *op. cit.*, p. 20. C'est ainsi que le pape saint Grégoire le Grand (590-604) expliqua dans une lettre 105 adressée à l'évêque Serenus de Marseille (599-600) : « On nous a rapporté qu'enflammé d'un zèle inconsidéré, tu avais brisé les images des saints, sous prétexte qu'on ne devait pas les adorer. Et certes, que tu aies interdit qu'elles fussent adorées, nous l'avons tout à fait approuvé, mais que tu les aies brisées, nous le blâmons [...]. Une chose est en effet d'adorer une peinture, une autre d'apprendre par une "histoire" (historia) peinte ce qu'il faut adorer. Car ce que l'écrit procurent aux gens qui lisent, la peinture les fournit aux incultes (*idiotis*) qui la regardent : parce que les ignorants y voient ce qu'ils doivent imiter, ceux qui ne savent pas lire y lisent ; c'est pourquoi, surtout chez les païens, la peinture tient lieu de lecture. Tu aurais dû y faire attention, toi qui habite au milieu des païens, de peur d'engendrer le scandale dans ces esprits sauvages, par cette flambée d'un zèle honnête, mais imprudent. Il n'aurait donc pas fallu briser ce qui a été placé dans les églises non pour y être adoré mais seulement pour instruire les esprits des ignorants. Et puisqu'un usage a permis, non sans raison, de peindre les histoires des saints dans des lieux vénérables, sans aucun doute, si tu avais agrémenté ton zèle de discrétion, tu aurais pu obtenir sainement ce que tu désirais et, au lieu de disperser le troupeau rassemblé, tu aurais rassemblé le troupeau dispersé [...]. Il te faut en effet convoquer les fils dispersé de l'Église et leur démontrer à l'aide de témoignages scripturaires qu'il n'est permis d'adorer aucune œuvre de main d'homme. [...] ensuite, tu ajouteras que, voyant devenir des objets d'adoration les images peintes qui avaient été faites pour édifier un peuple sans savoir (*imperitus*), afin que ceux qui ne savent pas lire, en voyant l'image narrative (*historia*), apprennent ce qui a été dit, tu as été secoué d'une émotion qui t'a fait ordonner de briser ces images. Puis tu leur diras : "si vous voulez avoir dans l'église des images pour des fins d'enseignement (*instructio*) pour lesquelles elles ont été faites anciennement, je permets qu'on en fasse et qu'on en possède sous toutes leurs formes". Et fais-leur remarquer que ce n'est pas la vision d'une histoire (*historia*) qui se déployait selon le témoignage de la peinture, qui t'avait déplu, mais cette adoration, qui avaient été adressées aux peintures d'une manière inconvenante. Et par ces paroles, en apaisant leurs esprits, rappelle-les à la concorde avec toi. Enfin, si quelqu'un veut faire des images, garde-toi de le lui défendre ; mais évite de toutes les manières qu'on adore les images. Mais que ta fraternité les avertisse avec sollicitude pour qu'à la vision de l'histoire (*res gesta*) ils ressentent l'ardeur de la componction et qu'ils se prosternent humblement dans l'adoration de la seule Trinité » (PL 77, col. 1027-1028), rapporté par D. MENOZZI, *op. cit.*, p. 75-77. Le troisième canon du IVe Concile de Constantinople (VIIIe

l'*icône*[1] est au cœur de la doctrine chrétienne ; elle est un moyen de connaître Dieu en tant que l'une des voies de contact avec Lui :

« *Aux yeux de l'Église, l'icône n'est donc pas un art illustrant la sainte Écriture ; elle est un langage qui lui correspond, qui lui est équivalent, correspondant non à la lettre de l'Écriture, ni au livre même en tant qu'objet, mais à la prédication évangélique, c'est-à-dire au contenu même de l'Écriture, à son sens, tout comme les textes liturgiques. C'est pourquoi l'icône joue dans l'Église le même rôle que l'Écriture, elle a la même signification liturgique, dogmatique, éducative* »[2].

572. En effet, « *l'icône* n'est pas une simple image, ni une décoration, ni même une illustration de la sainte Écriture. Elle *est quelque chose de plus : un équivalent du message évangélique, un objet cultuel qui fait partie intégrante de la vie liturgique*. L'icône, image sacrée, est une des manifestations de la Tradition de l'Église, au même titre que la tradition écrite et la tradition orale »[3]. En un mot, l'icône est une *confession* de la vérité, voire une *profession de foi*.

573. La création artistique, une *forme d'idolâtrie* infusée dans l'église ? En effet, le débat théologique et dogmatique qui jaillit sur le statut du culte des saintes images[4] n'est pas propre à l'Islam. Une véritable théologie de l'art sacré de l'icône[5] fut développée au Moyen-Âge, sous l'emprise de l'église, qui fut dotée du seul pouvoir[6] en termes de *représentation iconographique* au mépris de la marge de création des artistes

---

Œcuméniques) en date du 28 février 870 (10e session) est consacré au culte des icônes aux termes duquel : « Nous décrétons que l'image sacrée de notre Seigneur Jésus-Christ, libérateur et sauveur de tous les hommes, doit être vénérée avec autant d'honneur que le livre des saints évangiles. Car de même que, grâce aux paroles que contient ce livre, nous arrivons tous au salut, de même, grâce à l'action qu'exercent ces images par leurs couleurs, tous, savants ou ignorants, en tirent un utile profit. En effet, ce qui est dit par les mots, l'image nous l'annonce et nous le fait voir par des couleurs. Il est convenable, conformément à la raison et à la plus ancienne tradition, puisque l'honneur est reporté sur le sujet principal, d'honorer et de vénérer les images qui en dérivent, comme le livre sacré des saints évangiles et comme l'image de la précieuse croix » : *in* G. ALBERIGO (dir.), *Les Conciles Œcuméniques*, t. II-1 : *Les Décrets de Nicée I à Latran V*, Ed. du Cerf, Paris, 1994, p. 371 ; G. DUMEIGE (dir.), *Histoire des conciles œcuméniques*, Vol. 5, Éditions de l'Orante, Paris, 1967, p. 280. V. C. PAUL-LAURENT, « Le mystère de Dieu et le culte des images dans la nouvelle alliance : L'enseignement conciliaire (suite) : Constantinople IV (869-870) », *Divus Thomas*, juill.-déc. 1989, Vol. 92, n° 3/4, p. 280-316.

1 V. L. OUSPENSKY, *op. cit.* ; A. GRABAR, *Les voies de la création en iconographie chrétienne, antiquité et moyen âge*, Flammarion, Paris, 1979 ; A. GRABAR, *Le Premier Art chrétien (200-395)*, coll. « L'univers des formes », Gallimard, Paris, 1966 ; A. GRABAR, *L'iconoclasme byzantin*, coll. « Champs arts », Flammarion, Paris, 2011 ; P. PRIGENT, *L'art des premiers chrétiens. L'héritage culturel et la foi nouvelle*, Desclée de Brouwer, Paris, 1995 ; F. TRISTAN, *Les premières images chrétiennes. Du symbole à l'icône, IIe siècle-VIe siècle*, Fayard, Paris, 1996 ; P. DU BOURGUET, *La peinture paléo-chrétienne*, R. Laffont, Paris, 1965 ; L. REAU, *Iconographie de l'art chrétien*, t. II (Iconographie de la Bible), vol 1. : Ancien Testament, PUF, Paris, 1956, p. 83-86 ; A. BESANCON, *L'image interdite. Une histoire intellectuelle de l'iconoclasme*, coll. « Folio essais », Gallimard, Paris, 2000 ; D. MENOZZI, *op. cit.*.

2 L. OUSPENSKY, *op. cit.*, p. 121.

3 L. OUSPENSKY, *op. cit.*, p. 9.

4 Nous utilisons le terme « image » dans son acception large. Par ce terme, nous désignons les *images sacrées* en général, quelle que soit la technique utilisée, que ce soit des peintures sur planches, des fresques, des mosaïques ou des sculptures.

5 Le mot « icône » est d'origine grecque : *eikôn* qui signifie « image », « portrait ». V. L. OUSPENSKY, *op. cit.*, p. 11.

6 « Cet art dénote une direction ecclésiastique générale très nette et un contrôle serré du travail des artistes. Rien n'est laissé au hasard ni au caprice du peintre. Tout est concentré sur l'expression de l'enseignement de l'Église » : L. OUSPENSKY, *op. cit.*, p. 56.

qui se trouva réduite à néant[1]. L'Église lutta pour la *pureté* de l'image sacrée afin d'éviter tout risque de *pénétration* d'éléments étrangers propres à l'art profane au sein de l'église. Elle s'opposa ainsi aux images par *crainte de l'idolâtrie* qui put y pénétrer par le biais de la *création artistique*[2] en mettant en place une série de *bornes* à la liberté d'expression et de création de l'artiste.

574. Canon iconographique comme *obstacle* à la liberté créatrice des artistes. Il semble que la soumission entière des artistes aux règles religieuses ainsi qu'aux directives de l'église « *leur imposaient ce désintéressement absolu qui explique l'absence de toute prétention à un droit exclusif de reproduction* »[3]. Si les règles et canons[4] auxquels les artistes furent soumis eurent pour objet d'assurer la transmission fidèle de la vérité, quelle que soit la mesure de la participation personnelle de l'artiste, les artistes conçurent le canon iconographique comme un *obstacle* à leur liberté créatrice. Ces canons rigoureux imposés par la hiérarchie ecclésiastique, d'ordonnances conciliaires, de manuels, etc., asservirent la création des artistes en exigeant d'eux une obéissance passive aux modèles existants[5]. « Dans cette optique, la création canonique [fut] [...] comprise par le peintre non comme une *expression de la conception individuelle* qu'il a du monde et de la foi, mais comme une *transmission de la foi et de la vie de l'Église*, comme une diaconie »[6].

575. Données du problème. La création artistique à la hauteur de l'iconographie authentique ? Sur le plan du droit d'auteur, la question se pose ainsi de savoir si la théorie générale des formes créatives a un rôle à jouer pour résoudre les difficultés théologiques qui ont été à l'origine de la genèse de la querelle dogmatique de la représentation des saintes images dans l'église ainsi que pour dissiper la confusion idéologique fréquemment entretenue sur l'objet du droit lié à la création artistique religieuse. Etant donné que dans l'image sacrée tant le *contenu* que la *forme* sont définis par le prototype représenté, il convient de s'interroger sur le fait de savoir comment quelqu'un pourrait-il peindre l'image d'une forme si incompréhensible d'essence divine si spirituelle ? dans la mesure où « [...] *une telle image peut correspondre à l'enseignement de l'Église ou ne pas lui correspondre, elle peut tromper au lieu d'enseigner. Autrement dit, l'enseignement de l'Église peut être faussé par l'image tout autant que par la parole.* C'est pour cela que l'Église a toujours lutté non pour la *qualité artistique* de son art, mais pour son

---

1 « La création artistique de l'Église était jusqu'à ces derniers temps [...] considérée par les historiens de l'art comme "liée par les dogmes de l'Église", soumise à un canon rigoureux. Ce canon est compris comme une somme de règles extérieures imposées par la hiérarchie ecclésiastique, d'ordonnances conciliaires, de manuels, etc., qui asservissent la création du peintre, exigent de lui une obéissance passive aux modèles existants. Bref, on oppose l'art libre de la peinture à l'iconographie "liée par les canons" » : L. OUSPENSKY, *op. cit.*, p. 478.

2 L. OUSPENSKY, *op. cit.*, p. 12.

3 E. GAIRAL, *op. cit.*, p. 62. V. Cependant, plus loin : n° § 654 s.

4 « Dans l'Église tout se définit non par le "style", mais par le canon : toute création, si elle est ecclésiale, s'inclut inévitablement dans le canon » : L. OUSPENSKY, *op. cit.*, p. 479.

5 L. OUSPENSKY, *op. cit.*, p. 478.

6 L. OUSPENSKY, *op. cit.*, p. 480.

authenticité, non pour sa *beauté*, mais pour sa *vérité* »[1]. Par ailleurs, *quid* de la qualification de la véritable icône en tant que quelque chose qui doit être identique à son prototype suivant la *théorie de l'image consubstantielle à son prototype* ? Reste à savoir si les *impératifs d'ordre religieux* qui furent imposés aux artistes dans le domaine de l'*imagerie religieuse* pouvaient-ils priver celle-ci du *caractère original* requis dans la mesure où l'artiste devait respecter certaines *données* relatives aux *formes usuelles* des sujets religieux. Quels sont, en effet, les changements que pourra apporter un artiste moderne aux scènes de la vie du Christ ou de la Vierge, aux figures du Christ en croix, portraits des saints ou figurations de leurs martyres, etc. ? Nul ne saurait dès lors contester les enjeux et les répercussions juridiques de ce débat théologique et de la crise de l'*iconoclasme*[2] (725-843) sur la protection de la création artistique par le droit d'auteur qui pourrait être source de nombreuses difficultés.

576. La consécration de la *doctrine aniconique* par le droit positif égyptien. En effet, il ne va pas sans dire que le conflit politico-religieux provoqué par la crise de l'iconoclasme et le discours juridique musulman sur la figuration eurent des répercussions sur l'ordre juridique séculier dont le droit positif égyptien consacra la *doctrine aniconique*. C'est pourquoi la législation égyptienne, étroitement unie au *sentiment religieux*, interdit, par crainte de l'*idolâtrie*, de représenter certains personnages tels que l'*image du Prophète*, que ce soit de façon explicite ou symbolique, les *images d'un des califes*, des *gens de la maison de Mahomet*, et des *dix annonciateurs du paradis*, ainsi que celle de *Jésus-Christ* ou des *prophètes* en général conformément à l'article 2 du décret ministériel n° 220 de 1976 portant sur les règles de la censure sur les œuvres artistiques. Il dispose, dans son premier article, que le contrôle des productions artistiques vise à élever le niveau de l'art et à ce qu'il soit un moyen d'affirmer les valeurs religieuses, spirituelles et morales de la société, de développer la culture générale et de sauvegarder les mœurs, l'ordre public et la jeunesse de la déviance.

577. Plan. À l'analyse de la problématique de la représentation iconographique au Moyen-Âge, nous constatons qu'elle trouve son fondement à double facette dans la confusion à la fois entre les *objets greffés* au sein de l'image sainte, l'*image sacrée* et l'*objet matériel* (§ 1), qui en supporte un niveau sacré[3] matériellement irreprésentable selon la *doctrine iconoclaste* (la sainte image) d'une part, et d'autre part, dans la confusion de la *vénération* et de l'*adoration des images* : le *support* et la *forme* qui y est incorporée (§ 2). Cette confusion dans l'attitude envers l'image sacrée est due sans doute, en grande partie, à la difficile *dissociation* entre l'étagement complexe des différents *niveaux de formes* enchaînées dans la création artistique religieuse. Afin de bien situer le cadre de cette

---

[1] L. OUSPENSKY, *op. cit.*, p. 10. « L'icône étant avant tout la représentation d'une personne (que ce soit la Personne divine du Christ ou une personne humaine) indiquée par son nom propre, sa vérité est conditionnée par son authenticité : l'authenticité historique parce que "l'image est une imitation portant les signes distinctifs du prototype" et l'authenticité charismatique » : L. OUSPENSKY, *op. cit.*, p. 461.

[2] L'*iconoclasme* désigne la doctrine officielle consacrée sous certains empereurs de l'Empire byzantin qui s'éleva contre les icônes, voire les images saintes. Il existe deux périodes iconoclastes : la première allant de 726/730 à 787 et la seconde de 815 à 843. V. M. BRATU, « Quelques Aspects de la Théorie de l'Icône de S. Théodore Stoudite », *Revue des Sciences Religieuses* 77, 2003, n° 3, p. 323, note 1.

[3] V. Sur l'intégration des œuvres d'art dans la catégorie des *res sacrae* : O. THUILLIER, « Les œuvres d'art des *res sacrae* ? », *RRJ* 1998-2, p. 513 et s.

confusion théologique et juridique envers l'image, nous allons examiner le *statut de l'icône* qui nous permettra de comprendre la portée de ce débat théologique pour la théorie générale des formes créatives qui a certainement un rôle à jouer pour résoudre les *difficultés* sur le plan théologique ainsi que pour dissiper la *confusion idéologique* entretenue sur l'objet du droit[1]. Nul ne s'étonnera que les débats qui se sont noués autour du statut de l'icône ont eu des répercussions juridiques sur la consécration théorique et jurisprudentielle de la dichotomie entre la forme et le support matériel dans la création artistique religieuse (§ 3).

§ 1. LA CONFUSION ENTRE LES OBJETS GREFFES : L'IMAGE SACREE ET L'OBJET MATERIEL

578. Problématique de la représentation des saintes images et la naissance de la « querelle iconoclaste des images ». Pendant plusieurs siècles se développa au sein de l'Église chrétienne la querelle dogmatique de la représentation des saintes images dans l'église qui opposa les *iconophiles* aux *iconoclastes*. Les *premiers* les approuvèrent tandis que les *seconds* s'élevèrent contre cet usage. A vrai dire, l'interdiction même de la représentation iconographique, et de l'usage des icônes s'expliqua plutôt par une certaine confusion dans l'attitude à l'égard de l'image créée par l'homme qui est le support de l'image idéale et divine, confusion due sans doute à la difficile dissociation entre les différents niveaux de formes enchaînées dans l'art chrétien au risque de le *dévier de sa pieuse origine*. L'une des raisons principales qui conduisirent les évêques à ne pas admettre dans leurs églises l'usage des images[2] est d'éviter qu'elles purent être un sujet d' « *adoration* »[3], qui, en tant que « *culte de latrie* »[4],

---

1 À titre d'exemple, Mme TRICOIRE souligne que : « Comprendre sur quelles théories les interdits représentationnels sont fondés permet donc, en creux, de dessiner une définition de l'œuvre » parmi lesquels elle aborde la crise de l'iconoclasme (725-843) : A. TRICOIRE, thèse préc., p. 20 ; Ph. MOURON, « L'icône et l'œuvre de l'esprit : De l'un des fondements religieux du droit d'auteur », *Annuaire Droit et religions*, 2014, vol. 7, t. 1, p. 49-66 : « Au-delà des principes, le statut des icônes permettra d'élaborer une conception cohérente de la notion d'œuvre de l'esprit, applicable à tous les genres de création artistique. L'idée sera enfin reprise par les juristes, déjà bien avant les lois révolutionnaires relatives au droit d'auteur ».

2 Il convient de noter que pendant le règne de l'empereur byzantin Léo III il interdit en 725 par décret les images dans les églises. En revanche, Saint Grégoire le Grand, évêque de Marseille, mettait en exergue l'intérêt que représente l'exposition des images dans l'église afin que ceux qui ne savaient pas lire pussent, en voyant ces peintures, apprendre ce qu'ils ne pouvaient lire dans les livres mais il n'accepta point d'adorer les images. V. A.-C. PELTIER, *Dictionnaire universel et complet des Conciles tant généraux que particuliers, des principaux synodes diocésains et des autres assemblées ecclésiastiques les plus remarquables*, *op. cit.*, p. 229.

3 En effet, « […] le terme d'adoration se prend en deux manières dans l'Ecriture : l'une, qui convient à Dieu seul, l'autre, qui n'est qu'en l'honneur que nous rendons aux amis de Dieu, à cause de lui-même, ou que les hommes se rendent mutuellement, comme lorsque Jacob adora son frère » : A.-C. PELTIER, *op. cit.*, p. 100. En effet, « Mais l'Ecriture voulant nous instruire dit : Tu adoreras le Seigneur ton Dieu et le serviras lui seul. Elle met l'adoration indéfiniment, comme un terme équivoque qui peut convenir à d'autres et avoir plusieurs significations : mais elle restreint à lui seul le service que nous ne rendons qu'à lui, et que nous appelons latrie » : A.-C. PELTIER, *op. cit.*, p. 113. Ce qui réconcilie partiellement cette pratique avec l'Islam !

4 Comme nous allons le voir, le terme de « *culte de latrie* » du grec « *latreia* » signifie dans la théologie chrétienne le culte d'adoration qui convient à Dieu seul par opposition au « *culte de dulie* » (honneur) qui est réservé aux saints.

n'est dû qu'à la seule *forme divine* « Dieu »[1]. On s'aperçoit que cet état de chose amena les autorités ecclésiastiques à *rejeter* formellement toute *représentation iconographique*, faute de distinction entre l'*image sacrée* (le prototype représenté) et l'*objet matériel* (le support).

579. Plan. Afin de bien situer le cadre du débat théologique et dogmatique qui jaillit sur le statut de l'icône, source de confusion entre l'*œuvre* et le *support matériel*, il faut s'enquérir, d'abord, du statut du culte rendu aux *saintes images* (A), représentant le Christ, la Vierge et les Saints, en faisant un bref survol historique de la genèse de la querelle de la représentation des images sacrées dans les églises entre les *iconophiles* et les *iconoclastes*, pour, ensuite, se pencher sur le statut de l'*icône du Christ* (B), en tant que fondement de l'iconographie chrétienne reflétant le dogme de l'incarnation divine, à savoir les deux natures du Christ, qui suscita de vifs débats théologiques et d'âpres conflits.

A. Le statut théologique de l'icône

580. Approche *linguistique* de l'icône. En effet, l'icône, en tant que *signe*, est nécessairement d'une nature *sémantique*. D'un point de vue linguistique, on dit d'un signe qu'il est une « *icone* »[2] lorsqu'il existe une *similitude de fait* entre le *représentant* (l'objet ou le support matériel) et le *représenté* (le prototype ou le sujet)[3]. Le concept même d' « icône » est fondé sur celui de « *ressemblance* »[4] :

> « *Une image* [...] *entretient une relation d'analogie* [...] *avec son modèle, dans la mesure où elle constitue elle-même une représentation du modèle.* Autrement dit, la relation d'analogie se confond, dans un cas comme celui-ci, avec la relation de référence. [...] *La relation commune est bien sûr prioritairement une relation de ressemblance visuelle : l'image ressemble à ce qu'elle représente* »[5].

581. Approche *théologique* de l'icône. Ce lien entre l'*image* et son *prototype* ne fut pas sans soulever des difficultés d'ordre théologique dans la qualification de l'icône entre les iconophiles et les iconoclastes qui puisent leur source dans la confusion entre l'*œuvre* et le *support matériel*. La notion même d' « icône » fut comprise de façon différente par les iconoclastes et par les orthodoxes. Pour les *iconoclastes*, la rupture de cette relation entraîna la *disqualification* de l'image en tant que véritable icône suivant la *théorie de l'image consubstantielle à son prototype*. Autrement dit, les iconoclastes ne purent considérer comme une *véritable icône* que quelque chose qui soit *identique* à son prototype. En revanche, pour les *orthodoxes* non seulement l'icône ne fut pas *consubstantielle* ou *identique* à son prototype, mais aussi la notion même correspondant

---

1 L'Ancien Testament interdit expressément de représenter Dieu selon la formulation suivante : « Tu ne te feras pas d'idole, ni rien qui ait la forme de ce qui se trouve au ciel là-haut, sur terre ici-bas ou dans les eaux sous la terre » (Exode XX, 4 –5) : traduction œcuménique de la Bible, rapporté par A. VERNAY-NOURI, « La question de l'image en Islam », art. préc., p. 15. De ce point de vue l'iconographie ne respecte pas toujours cette règle dans la mesure où on trouve souvent dans les églises catholiques Dieu représenté comme un vieux monsieur coiffé de la tiare papale.

2 Le terme « *icone* » figurant dans le dictionnaire de la linguistique est écrit sans un accent circonflexe. V. G. MOUNIN, *Dictionnaire de la linguistique*, *op. cit.*, p. 167.

3 V. G. MOUNIN, *op. cit.*, p. 167.

4 Ph. MONNERET, *Essais de linguistique analogique*, ABELL, Dijon, 2004, p. 95. L'icône est définie comme « signe qui renvoie à l'objet qu'il dénote simplement en vertu des caractères qu'il possède [...] » : Ch. S. PEIRCE, *Écrits sur le signe*, rassemblés, traduits et commentés par G. DELEDALLE, Seuil, Paris, 1978, p. 140.

5 Ph. MONNERET, *op. cit.*, p. 45.

au mot « icône » d'origine grecque (*eikôn*)[1] contint une *différence* essentielle entre l'image et son prototype « *car autre chose est la représentation et autre chose est ce qui est représenté* »[2]. Selon une autre formulation, « l'icône, donc, est ressemblance, modèle, représentation montrant par elle-même celui dont elle est l'icône. L'icône, par ailleurs, n'est pas le prototype même, c'est-à-dire celui qui est représenté. Autre est l'icône, autre le sujet »[3]. C'est cette distinction entre l'*icône* et le *sujet représenté* qui exposa les iconophiles à l'accusation d'idolâtrie[4]. Cette compréhension de ce lien dans la création artistique montre combien l'artiste fut soumis à des exigences élevées et l'ampleur de la responsabilité qui lui incomba :

> « *Le peintre doit avoir une conscience très nette de la responsabilité qui lui incombe lorsqu'il crée une icône. Son œuvre doit être à la hauteur du prototype qu'elle représente* pour que son message devienne une force vive et agissante, forme la mentalité des hommes, leur conception du monde et de la vie. *Un iconographe véritable doit être en communion avec le prototype représenté, non seulement par son appartenance au corps de l'Église, mais encore par sa propre expérience de la sanctification* ; il doit être un peintre créateur qui perçoit et révèle la sainteté d'un autre à travers son expérience spirituelle propre. C'est de cette expérience spirituelle du peintre, de son degré de communion avec le prototype que dépend la puissance d'action de son œuvre »[5].

582. Approche *matérialiste* des iconoclastes. L'examen de l'argument et de l'idéologie des iconoclastes nous permet de constater que l'*exigence d'identité* faisait dépendre la sainteté de l'image de l'objet qui supporte ces images. En d'autres termes, cette approche matérialiste subordonnait la valeur de l'image à celle de l'objet matériel qui la porte. La notion même de l'icône telle que la conçut la pensée iconoclaste fut diamétralement opposée. Ainsi, l'idéologie iconoclaste fut en désaccord avec l'enseignement de l'Église orthodoxe sur ce point essentiel. Cette confusion entre l'image en tant que « *support matériel* » et l'image en tant que « *forme* » engendrera des répercussions néfastes sur la position des iconoclastes qui, par le biais des Conciles, interdirent catégoriquement le culte de représenter les images sacrées, voire même les détruire, par crainte de tomber dans l'idolâtrie.

583. Ère des Conciles et la position iconoclaste de la représentation des saintes images. Par la voix de ses *conciles*, l'Église adopta des attitudes différentes envers les images. En effet, plusieurs conciles eurent lieu pour se prononcer sur la *légitimité* du culte des images dans les églises. Nous n'en retiendrons que les plus décisifs. La première prise de position officielle de l'église en faveur de l'image remonta au célèbre canon 82 du *Concile Quinisexte*[6], convoqué en 692 à Constantinople

---

1 « *eikôn* » signifie « image », « portrait ». V. L. OUSPENSKY, *op. cit.*, p. 11.

2 Selon saint Jean DAMASCENE, rapporté par L. OUSPENSKY, *op. cit.*, p. 105.

3 J. DAMASCENE, *La foi orthodoxe*, suivie de *Défense des icônes*, Préf. de Mgr. J. KOVALEVSKY, trad., introduction et notes du Docteur E. PONSOYE, Institut Orthodoxe Français de Théologie, Paris, 1966, p. 227-228.

4 Ph. MONNERET, *op. cit.*, p. 100.

5 L. OUSPENSKY, *op. cit.*, p. 242.

6 V. L. OUSPENSKY, *op. cit.*, p. 71 et s. ; A. GRABAR, *L'iconoclasme byzantin*, *op. cit.*, p. 113 et 114. Le can. 82 nous montre le contenu de l'image sacrée tel que le comprend l'Église : « Sur quelques peintures (*graphais*) on trouve l'agneau montré par le doigt du Précurseur ; cet agneau a été placé là comme type de la grâce, faisant voir d'avance pour nous, à travers la loi, l'Agneau véritable, Christ notre Dieu. Honorant assurément les figures (*tupous*) et les ombres en tant que symboles de la vérité et ébauches données en vue de l'Église, nous préférons (*protimômen*) la grâce et la vérité, en recevant cette vérité comme l'accomplissement de la loi. Nous décidons donc que désormais cet

dans lequel la question de l'art sacré fut examiné. Le canon 82 n'évoqua qu'une seule catégorie de ces images, celles du Christ. Dans le prolongement, la décision, qui se révéla négative, du *Concile d'Elvire* (Espagne) tenu dès le début du IVe siècle (v. 313) s'opposa fermement à l'usage de représentations iconographiques dans l'Église espagnole en affirmant dans son canon XXXVI : « *Il ne doit y avoir aucune image dans l'église de peur que ce qui est objet de culte et d'adoration ne soit peint sur les murs* »[1]. On retrouve un écho de cette problématique lors du *Concile œcuménique d'Hiéra* en 754, convoqué par l'empereur Constantin V à Constantinople[2], qui condamna formellement l'utilisation des icônes et des images de fabrication humaine ainsi que la représentation du Christ. Dès lors, nous constatons que le véritable objet de cette prohibition durant la période iconoclaste s'expliquait par la confusion engendrée entre la *forme représentée* et la *forme infusée* dans le support.

584. Concile de Nicée II et l'amorce de la distinction entre l'*image* et le *prototype représenté*. En réaction contre ces derniers conciles, il fallut attendre l'an 787 pour que le *Concile œcuménique de Nicée II*[3], convoqué par l'impératrice Irène, se tienne qui trancha, après plusieurs sessions, cette question théologique en faveur de la représentation iconographique[4] et confirma la *licéité* des icônes. Par ailleurs, il s'attarda à la relation que l'*image* entretient avec son *modèle*. C'est à l'occasion de la VIIe session qui eut lieu le 13 d'octobre 787 que le décret touchant le rétablissement du culte des icônes vit le jour après la première période iconoclaste allant de 717 à 775. La lecture des termes de ce décret conforte la nature différente entre l'*image* (la représentation matérielle), qui n'est digne d'aucune adoration, et le *sujet qui y est représenté* (le prototype), qui reçoit l'adoration due à son prototype, selon lequel :

---

accomplissement soit marqué aux regards de tous dans les peintures, que soit donc érigé à la place de l'agneau antique, sur les icônes, selon Son aspect humain (*anthrôpinon charactera*), celui qui a ôté le péché du monde, Christ notre Dieu. Par cela nous comprenons l'élévation de l'humilité de Dieu le Verbe, et nous sommes conduits à nous remémorer Son habitation (*politeias*) dans la chair, Sa passion, Sa mort salvatrice et, par là même, la délivrance (*apolutrôseos*) qui en a résulté pour le monde » : L. OUSPENSKY, *op. cit.*, p. 72 et 73.

1 Selon une autre formule : « Il nous a plu de décider que les peintures ne doivent pas être dans l'Église et que ce qui est vénéré et adoré ne doit pas être peint sur les murs » (*Placuit, picturas in ecclesiis esse non debere, ne quod colitur aut adoratur, in parietibus depingatur*) : L. OUSPENSKY, *op. cit.*, p. 16. Sur la controverse autour de l'utilisation du terme général de *peinture* et la portée qu'il faut donner à ce terme : Lettre de Monseigneur D. Baltazar DE BAFTERO, *Journal de Trévoux*, Vol. 2, p. 812 et s. ; L. OUSPENSKY, *op. cit.*, p. 16 : « En effet, il ne s'agit que de peintures murales qui font corps avec l'édifice de l'église, alors que les autres genres d'images sont passés sous silence ».

2 Selon la déclaration finale (le horos) de ce synode iconoclaste : « [...] toute image doit être rejetée de l'Église chrétienne comme étrangère et haïssable, de quelque matière et couleur que l'art maléfique des peintres l'ait fabriquée... Celui qui ose à partir de maintenant fabriquer une image, se prosterner devant elle, l'installer dans une église ou dans une maison particulière, ou qui la cache, s'il est évêque, prêtre ou diacre, qu'il soit déposé, s'il est moine ou laïc, qu'il soit justiciable des lois de l'empire, comme opposant aux commandements de Dieu et ennemi des doctrines des Pères » : D. MENOZZI, *op. cit.*, p. 99.

3 A. CHASTEL, « Le concile de Nicée et les théologiens de la Réforme catholique », *in* F. BOESPFLUG et N. LOSSKY, *Nicée II, 787-1987. Douze siècles d'images religieuses*, Actes du colloque international Nicée II tenu au Collège de France les 2, 3, 4 octobre 1986, Le Cerf, Paris, 1987, p. 333-338.

4 Il convient de remarquer que le Concile de Palestine, tenu à Jérusalem, vers l'an 763 se prononça également en faveur du culte des images.

« Ayant employé tout le soin et l'exactitude possible, nous décidons que les saintes images, soit de couleur, soit de pièces de rapport, ou de quelque autre matière convenable, doivent être exposées comme la figure de la croix de Notre-Seigneur Jésus-Christ, tant dans les églises sur les vases et les habits sacrés, sur les murailles et les planches, que dans les maisons et dans les chemins c'est à savoir l'image de Jésus-Christ, de sa sainte mère, des anges et de tous les saints ; car plus on les voit souvent dans leurs images, plus ceux qui les regardent sont excités au souvenir et à l'affection des originaux. On doit rendre à ces images le salut et l'adoration d'honneur non la véritable latrie que demande notre foi, et qui ne convient qu'à la nature divine. Mais on approchera de ces images l'encens et le luminaire, comme on en use à l'égard de la croix, des Évangiles et des autres choses sacrées le tout suivant la pieuse coutume des anciens car l'honneur de l'image passe à l'original et celui qui adore l'image adore le sujet qu'elle représente. Telle est la doctrine des saints Pères, et la tradition de l'Église catholique, répandue partout. Nous suivons ainsi le précepte de saint Paul, en retenant les traditions que nous avons reçues. Ceux donc qui osent penser ou enseigner autrement qui abolissent, comme les hérétiques, les traditions de l'Église qui introduisent des nouveautés, qui ôtent quelque chose de ce que l'on conserve dans l'église, l'Évangile, la croix, les images, ou les reliques des saints martyrs ; qui profanent les vases sacrés ou les vénérables monastères nous ordonnons qu'ils soient déposés, s'ils sont évêques ou clercs et excommuniés, s'ils sont moines ou laïques »[1].

585. Appréciation critique de l'approche matérialiste. C'est ainsi que l'image comme *forme*, véritable objet du droit de propriété incorporelle, est *indépendante* de son *support matériel*. « *Une photographie, au plan matériel, n'est qu'une feuille de papier qui ne ressemble pas, bien entendu, à l'être ou à l'objet représenté* »[2]. Comme l'a souligné Léonce, évêque de Naples, dans le Dialogue entre le juif Simon et le chrétien Théophile, rédigé au VIIe siècle : « *tout comme on n'honore pas les éléments matériels du livre quand on vénère la Bible, ainsi, lorsqu'on vénère les images, on n'honore pas la matière les constituant, mais les saints personnages qui sont peints* »[3]. Comme l'affirma saint Basile le Grand dans ses paroles qui furent reprises par le Concile : « *l'honneur rendu à l'image va à son prototype et celui qui vénère l'icône, vénère la personne qui y est représentée* ». Voilà, tout est dit. L'*objet matériel* transmis dans l'icône de façon visible doit être ainsi distingué de l'*objet intellectuel* qui est transmis à la lumière de l'expérience spirituelle. Dans sa définition de l'image, saint Jean Damascène (675 env.-741), célèbre iconodoule, expliqua que : « L'image est une ressemblance qui figure son modèle (prototype) tout en étant différente de lui en quelque chose »[4]. Répondant ainsi aux iconoclastes, saint Jean Damascène écrivit : « *Je n'adore pas la matière, mais j'adore le Créateur de la matière, qui est devenu matière à cause de moi, qui a voulu habiter la matière et qui, par la matière, a fait mon salut* »[5]. Conscient de la distinction entre la *forme* et la *matière*, les orthodoxes estimèrent que :

« *L'icône est une ressemblance du prototype, ou une imitation du prototype et son reflet, mais par sa nature* (*tè ousia kai tô hypokeiménô*) *elle se distingue de son prototype.* L'icône est semblable à son prototype grâce à la perfection de l'art imitateur, mais elle est distincte du prototype par sa nature. Et si elle ne se distinguait en rien de son prototype, ce ne serait pas une icône, mais le prototype lui-même »[6].

---

1 A.-C. PELTIER, *op. cit.*, p. 111-112. Nous soulignons. Cette définition fut suivie d'une lettre du concile à l'Empereur et à l'Impératrice, ainsi que d'une lettre circulaire à tous les évêques. Les actes de ce concile furent portés à Constantinople par les évêques qui en firent le rapport à l'Empereur et à l'Impératrice et des extraits furent envoyés en France.

2 Ph. MONNERET, *op. cit.*, p. 46.

3 D. MENOZZI, *op. cit.*, p. 21.

4 J. DAMASCENE, « Discours apologétique contre ceux qui rejettent les images saintes », I, 9 : J. DAMASCENE, *Le visage de l'invisible*, trad. du grec par A.-L. DARRAS-WORMS, Migne, Paris, 1994, p. 42.

5 L. OUSPENSKY, *op. cit.*, p. 111.

6 L. OUSPENSKY, *op. cit.*, p. 105.

586. A vrai dire, c'est à partir de la confusion entre *nature* et *personne*[1] que les iconoclastes n'admirent pas la représentation de l'image du Christ unissant en elle les deux natures, à savoir le dogme du Dieu-Homme.

B. Le statut de l'image du Christ

587. Représentation de l'image du Christ. En effet, l'image est propre à l'essence même du Christianisme, au point qu'elle n'en est pas inséparable[2], car celui-ci est la révélation non seulement du Verbe de Dieu, mais aussi de l'*Image de Dieu* manifestée par le Dieu-Homme. L'Église enseigna que l'icône est une conséquence de l'*incarnation divine*[3], qu'elle est fondée sur cette incarnation[4], voire sur l'incarnation de la deuxième Personne de la Trinité. Dans cet esprit, l'*image du Christ* constitue la base de l'iconographie chrétienne.

588. Dogme de la *double nature* du Christ : nature divine et humaine[5]. L'idée d'une nature géminée de la chose, voire la distinction entre *corpus mysticum* et *corpus mechanicum*[6], n'était guère nouvelle puisque le débat remonta aux deux natures du Christ. Selon Simon de Tournai, « *le Christ a deux corps : le corps matériel humain, qu'il reçut de la Vierge, et le corps collégial spirituel, le collège ecclésiastique* »[7]. De prime abord, la nature divine se trouvait absorbée car les images, en tant que substrat matériel (ou *corpus mechanicum*), ne pouvaient exprimer que l'humain de sorte qu'elles s'avéraient ainsi inadéquates à *représenter pleinement* la nature du Christ. L'image du Christ impliquait illégitimement la *séparation* de sa nature humaine et de sa nature divine

---

1 C'est-à-dire qu'une véritable icône doit être de même nature que celui qu'elle représente, elle doit lui être consubstantielle (*omoousion*).

2 « Dès le début de l'iconoclasme, les orthodoxes comprirent le danger qu'il présentait pour le dogme fondamental du christianisme. En effet, si l'existence même de l'icône se fonde sur l'incarnation de la deuxième Personne de la Sainte Trinité, cette incarnation, à son tour, est affirmée et prouvée par l'image. Autrement dit, l'icône est un gage de la réalité non illusoire de l'incarnation divine. C'est pourquoi, aux yeux de l'Église, la négation de l'icône du Christ équivaut à la négation de Son incarnation, à la négation de toute l'économie de notre salut. Voilà pourquoi, en défendant les images sacrées, ce n'est pas seulement leur rôle didactique, ni leur aspect esthétique que défendait l'Église ; c'est la base même de la foi chrétienne. C'est ce qui explique la fermeté des orthodoxes dans la défense de l'icône, leur intransigeance et leur acceptation de tous les sacrifices » : L. OUSPENSKY, *op. cit.*, p. 103.

3 L. OUSPENSKY, *op. cit.*, p. 12.

4 « Ce qui signifie que le dogme de l'incarnation est une théorie de l'image, de l'image naturelle, consubstantielle, qui fournit à l'homme le modèle de l'image artificielle, non consubstantielle, mais fondée sur une ressemblance formelle efficiente » : Ph. MONNERET, *op. cit.*, p. 100.

5 La problématique du rapport entre le *divin* et l'*humain* a été mise en parallèle par le professeur et le penseur égyptien Nasr Hâmid ABOU ZEID au sujet de la double nature divine et humaine du texte coranique et la double nature du Christ, homme et Dieu selon la doctrine chrétienne, dans ses travaux *Critique du discours religieux* (*Naqd al-khitâb ad-dînî*), éd. Dâr Sîna, Le Caire, 1993, p. 204-205. Il fut condamné pour ses travaux exégétiques d'apostasie par les juridictions égyptiennes (V. § n° 141 s.). V. N. ABOU ZEID, *Al-tafkîr fî zaman al-takfîr (Pensée en période d'excommunication)*, Le Caire, 1990.

6 V. M. BUYDENS, *op. cit.*, p. 118 et s. : « Cette double évolution va engendrer, dans le domaine du droit, le concept d'entité abstraite, de corps intellectuel, immortel par nature, qui se dépose dans un substrat matériel sans s'épuiser en lui. Nous verrons que cette théorie nouvelle (qui ne peut se ramener à une simple application de la théorie platonicienne des Idées) opère une mutation dans l'univers du droit qui permettra ultérieurement aux juristes de distinguer, dans la création littéraire ou technique, le *corpus mysticum* de l'œuvre de son *corpus mechanicum* ».

7 Cité par M. BUYDENS, *op. cit.*, p. 119.

tombant ainsi dans l'*hérésie nestorienne* qui n'admit pas l'union hypostatique en Christ des natures divine et humaine. C'est l'*image du Dieu-Homme* que ne purent comprendre les iconoclastes, comme nous allons le constater, qui les conduisirent à rejeter naturellement toutes les autres icônes aussi, celles de la Vierge et des saints.

589. Argumentation iconoclaste sur l'impossibilité de représenter le Christ. En d'autres termes, selon la *pensée iconoclaste*, l'image était seulement admise lorsqu'elle était *identique* « *consubstantielle* » à ce qu'elle représentait. Sans *identité*, il n'y avait pas d'image. C'est ainsi que lorsque le peintre fait une image pour représenter le Christ, elle ne pouvait pas être qualifiée d' « icône » dans la mesure où il était impossible de représenter les deux natures du Christ, nature divine et nature humaine. En partant de cet argument, les iconoclastes prétendirent que la *seule image* possible du Christ consiste en l'*Eucharistie*. Par conséquent, les iconoclastes y virent un double blasphème à partir du moment où l'artiste tente de représenter la Divinité qui n'est absolument pas *représentable* ainsi que de représenter la nature divine et humaine du Christ qui conduit à leur confusion dans les termes suivants :

« *Vous répondez que vous représentez seulement la chair du Christ, Sa chair visible et palpable. Mais cette chair est humaine et vous représentez par conséquent seulement l'humanité du Christ, Sa seule nature humaine. Or dans ce cas vous la séparez de la Divinité qui s'est unie à elle et ceci est du nestorianisme.* En effet, la chair de Jésus-Christ est la chair de Dieu le Verve : elle a été entièrement assumée et déifiée par Lui. Comment donc ces impies, dit la décision du concile iconoclaste, osent-ils séparer la Divinité de la chair du Christ et représenter cette chair seule, tout comme celle d'un homme ordinaire ? *L'Église croit en Christ qui unit en Lui la Divinité et l'humanité inséparablement et sans mélange. Si vous représentez seule l'humanité du Christ, vous séparez Ses deux natures, en attribuant à Son humanité une existence propre, une vie indépendante, voyant en elle une personne séparée et introduisant par là une quatrième personne dans la Sainte Trinité* »[1].

590. Ainsi, comment pourrait-on représenter ce qui est immatériel et indescriptible ? Aux yeux des iconoclastes, puisqu'une icône ne saurait exprimer la relation qui existe entre les deux natures du Christ, il est évidemment impossible de faire une icône, voire de représenter *par des moyens humains* le Dieu-Homme[2].

591. Appréciation critique du caractère irreprésentable même. Or, cette confusion dans la pensée iconoclaste entre le « spirituel » et le « sensible » ainsi qu'entre l'Eucharistie et l'image ne fut pas à l'abri de critiques par les orthodoxes, les défenseurs des images (les iconodoules), qui selon certains[3], l'icône ne représente non pas la *nature*, mais la *personne* ; car elle reflète l'image d'une Personne divine incarnée, elle transmet les traits du Fils de Dieu venu dans la chair, devenu visible et, par conséquent, représentable par les moyens humains. A partir de ce constat, l'icône n'était pas liée à son prototype parce qu'elle est identique à ce qu'elle représente mais dans la mesure où elle représente sa personne et porte son nom, la Personne du Dieu-Homme, unissant en Elle les deux natures humaine et divine sans mélange ni division. En effet, ce qui est peint n'est ni la *nature humaine* ni la *nature divine* du Christ qui est peinte, c'est plutôt la *personne*.

« *Autrement dit, si pour les iconoclastes il n'y a que deux possibilités : l'identité de deux objets ou leur différence, pour les orthodoxes, par contre, même lorsqu'il y a différence de nature, il y a un certain lien entre deux objets qui peuvent être à*

---

1 L. OUSPENSKY, *op. cit.*, p. 106 et 107.

2 L. OUSPENSKY, *op. cit.*, p. 107.

3 L. OUSPENSKY, *op. cit.*, p. 107. "*perigraptos ara o Christos kat hypostasin kan tè Theotèti aperigraptos*", explique saint Théodore STUDITE. « La nature n'a pas d'existence propre, explique saint Jean Damascène, mais apparaît dans les personnes » : L. OUSPENSKY, *op. cit.*, p. 109.

la fois distincts et identiques : les Personnes de la Sainte Trinité sont distinctes l'une de l'autre, mais consubstantielles c'est-à-dire identiques en nature. Dans l'icône, par contre, il y a différence de nature et identité de personne. Saint Théodore Studite l'exprime ainsi "Dans la Trinité, le Christ diffère du Père par Sa Personne. Dans les icônes. Il diffère de Sa propre représentation par la nature" »[1].

592. Raisonnement par analogie. Double nature *divine* et *humaine* du texte coranique ? La problématique du rapport entre le divin et l'humain fut mise en parallèle par le professeur et le penseur égyptien Nasr Hâmid Abou Zeid[2] (1943-2010) au sujet de la double nature divine et humaine du *texte coranique* et la double nature du *Christ*, homme et Dieu selon la doctrine chrétienne. Il écrivit :

« Sans exagérer, on peut affirmer qu'il s'agit dans les deux cas d'une structure formelle identique malgré la diversité des éléments qui les composent. *Le Coran est la Parole de Dieu, de même 'Isâ* - la paix soit sur lui - *est l'envoyé de Dieu et sa Parole* (Cor. 4, 171). L'annonce faite à Marie est rapportée ainsi : Dieu t'annonce une Parole venant de Lui, nommée le Messie *'Isâ* fils de Marie (Cor. 3, 3). Et de même que le Coran est une Parole jetée vers Mohammed, la paix soit sur lui, de même *'isâ* est la Parole de Dieu qu'il a jetée vers Marie et un Esprit de Lui (Cor. 4, 171). Cela signifie que Mohammed, la paix soit sur lui, correspond à Marie. L'intermédiaire dans les deux cas est l'ange Gabriel qui s'est manifesté à Marie sous la forme d'un "humain droit" (Cor. 19, 17), tandis qu'il se manifestait à Mohammed sous l'apparence d'un bédouin. *Dans les deux cas il est possible d'affirmer que la Parole de Dieu s'est incarnée (tajassada) sous une forme sensible dans les deux religions : en christianisme, incarnation dans une créature humaine qui est le Messie ; et en Islam, incarnation sous forme de texte linguistique, dans une langue humaine, la langue arabe.* Dans les deux cas, le divin devient humain ou, en d'autres termes, le divin s'est humanisé (*ta'ansana*). Dans la révélation musulmane, la langue arabe représente l'intermédiaire par lequel et en lequel s'est effectuée la transformation et dans le christianisme, le corps et le sang – Marie – sont l'intermédiaire par lequel et en lequel s'est effectuée la transformation. *Mais quand la pensée musulmane rejette comme illusion la doctrine chrétienne d'une double nature (humaine et divine) du Seigneur Messie, et ne retient que sa nature humaine, et quand en même temps elle enseigne la double nature du texte coranique et des textes religieux en général, elle tombe en réalité dans cette même illusion* ».

593. Renouveau iconographique : la *licéité* de la représentation de l'image du Christ. Or, lors de la sixième session, le Concile de Nicée II se prononça en faveur de la *licéité* des représentations du Christ, en réponse à la thèse iconoclaste, en avançant un argument selon lequel :

« [...] *l'image de Jésus-Christ ne le représente que selon la nature par laquelle il a été visible, que l'image n'a que son nom, et non sa substance qu'ainsi les catholiques, en faisant peindre Jésus-Christ, ne divinisent pas pour cela les deux natures ; puisque l'image de l'humanité rappelle en nous l'idée de Jésus-Christ entier, c'est-à-dire du Verbe incarné, comme l'image d'un homme ordinaire rappelle l'idée de son âme avec celle de son corps.* En effet tout homme de bon sens, en voyant l'image d'un homme, ne s'est jamais imaginé que le peintre ait séparé l'homme de son corps »[3].

Les Pères du Septième Concile Œcuménique l'expliquèrent dans les termes suivants :

« *Quoique l'Église catholique représente par la peinture le Christ dans Sa forme (morphè) humaine, elle ne sépare pas Sa chair de la Divinité qui s'y est unie* [...]. De même que celui qui représente par la peinture un homme ne le rend pas par là inanimé, mais l'homme au contraire demeure animé et l'image est appelée son portrait à cause de sa ressemblance, de même nous, *lorsque nous faisons l'icône du Seigneur, nous confessons Sa chair déifiée et ne reconnaissons dans l'icône rien d'autre qu'une image représentant une ressemblance du prototype. C'est pour cela qu'elle reçoit son nom ; c'est uniquement en cela qu'elle y participe et pour cela qu'elle est vénérable et sainte* »[4].

594. Raisonnement par analogie : la figure de la croix. Partant, rien ne saurait s'opposer à orner l'église de telles images dans la mesure où les deux natures sont présentes, mais chacune de *manière distincte*. Les exemples peuvent être enrichis en

---

1 L. OUSPENSKY, *op. cit.*, p. 110.

2 Comme nous l'avons vu, il fut condamné pour ses travaux exégétiques d'apostasie par les juridictions égyptiennes ! V. *Al-tafkîr fî zaman al-takfîr*, *op. cit.*

3 A.-C. PELTIER, *op. cit.*, p. 109.

4 L. OUSPENSKY, *op. cit.*, p. 143.

vertu d'un raisonnement par analogie, à l'instar des images, « [...] Il y a beaucoup d'autres choses parmi les chrétiens, qui sont saintes par leur nom seul, sans consécration ni prières : *telle est la figure de la croix que nous adorons, et dont nous marquons le signe sur notre front, ou en l'air avec le doigt, pour chasser les démons. Il en est de même des images nous les honorons à cause du nom qu'elles portent, et de ce qu'elles représentent* »[1].

595. À la suite, les Pères du Concile provincial de Sens, tenu à Paris l'an 1528, dressèrent seize articles concernant la foi dont l'un concerna la doctrine sur le culte des images dans l'Église :

« 14. L'honneur qu'on rend aux images dans l'Église, ne peut être taxé d'idolâtrie. Car le catholique qui honore une image de Jésus-Christ, ne pense pas que ce soit une divinité, et il ne l'honore pas comme Dieu. Il lui témoigne seulement du respect en l'honneur du Fils de Dieu ; et à la présence de cette figure, il se sent excité à l'amour de ce divin Sauveur. Il faut dire à proportion la même chose des images de la bienheureuse Vierge et des saints. Aussi toute l'antiquité les a-t-elle consacrées, révérées, défendues contre leurs ennemis ; et ceux qui les rejettent aujourd'hui sont dans la même erreur que les Vaudois »[2].

596. Support de vénération, de culte. Dans ce décret, les pères du Concile distinguèrent bel et bien entre l'*image matérielle* ordinaire et l'*image affectée* d'une *dimension sacrée*. Ils l'approuvèrent car l'honneur que l'on rendait aux images se reportait sur la *personne* qu'elles représentaient (la forme signifiée) et n'allaient pas au *support* même (la forme signifiante). Ils réalisèrent donc que les images représentant Jésus-Christ, la Vierge et les Saints ne sont qu'un support, voire des images ordinaires, qui ne font que représenter l' « *original* »[3] *sans le contenir* et qui ne sont en aucun cas attaché au statut spécifique de l'objet représenté. Il ne s'agit donc que d'un *simple support* et non pas de Jésus lui-même. Autrement dit, « [...] *De même si nous y apercevons une image du Christ, c'est l'objet sacré (sur lequel elle se trouve) et non pas l'image (du Christ) que nous vénérons, et par conséquent ne doit pas être vénérée l'icône qui serait indépendante de ces objets* »[4]. A l'image de la nature increée du Coran, le respect dû au *Mushaf* ne saurait conduire à le considérer comme étant de nature créée étant donné qu'il se trouve affecté à un support matériel. Le *Mushaf*, sans perdre sa nature et ses attributs, est une chose et la *Parole de Dieu véhiculée* en est une autre ; la nature de la Parole de Dieu n'est pas du tout créée, elle est Dieu lui-même[5].

---

1 A.-C. PELTIER, *op. cit.*, p. 110-111. Les Pères du Septième Concile Œcuménique y répondent : « Beaucoup d'objets que nous considérons comme sacrés ne sont pas sanctifiés par des prières spéciales parce qu'ils sont pleins de sainteté et de grâce rien que par leur nom. C'est pourquoi nous considérons les objets de ce genre comme dignes de vénération et nous les baisons. Ainsi la croix vivifiante elle-même quoiqu'elle ne soit pas sanctifiée par une prière spéciale, est considérée par nous comme digne de vénération et nous sert de moyen pour acquérir la sanctification. Ainsi donc les iconoclastes doivent ou bien reconnaître la croix elle-même comme un objet ordinaire et indigne de vénération puisqu'elle n'a pas été sanctifiée par une prière spéciale, ou bien ils doivent considérer l'icône également comme sacrée et digne de vénération » : L. OUSPENSKY, *op. cit.*, p. 111 et 112.

2 A.-C. PELTIER, *op. cit.*, p. 288. Nous soulignons.

3 Le terme « *original* » doit être nuancé à bien des titres. Il ne s'agit pas de savoir si l'image des saints est originale, voire authentique, conforme à la réalité mais si elle contient l'original, qui, en tant que tel, n'est pas apte à être représenté, concrétisé.

4 A. GRABAR, *L'iconoclasme byzantin*, *op. cit.*, p. 244.

5 Rappr. Ph. MOURON qui souligne que : « Les tenants du culte des images affirmaient l'existence d'un "monde céleste", dont les œuvres ne seraient que des reflets » : Ph. MOURON, « L'icône et l'œuvre de l'esprit : De l'un des fondements religieux du droit d'auteur », art. préc., p. 8. La problématique concerne également la distinction entre le *Mushaf* (le Coran visible) en tant que *support matériel* et la *Table gardée* (le Coran appartenant au monde céleste).

597. Avènement et consécration de la notion d'« œuvre de l'esprit » immatérielle. En fin de compte, cette approche matérialiste réductrice qui subordonna la valeur de l'image à celle de l'objet matériel qui la porte fut définitivement condamnée au profit de l'avènement de la notion d'*œuvre de l'esprit immatérielle.* Le statut des icônes, plus particulièrement celui de l'image du Christ, permettra de distinguer dans la création artistique entre la dimension *matérielle* et *immatérielle* qui va engendrer dans le domaine du droit d'auteur la notion d'œuvre de l'esprit, construction théorique fondée sur la dichotomie entre l'*œuvre* et la *matière.* Comme l'a constaté Mme le professeur Buydens au sujet du développement de la distinction des Deux Corps du Christ (*corpus personale* et *corpus mysticum*) :

« *Cette double évolution va engendrer, dans le domaine du droit, le concept d'entité abstraite, de corps intellectuel, immortel par nature, qui se dépose dans un substrat matériel sans s'épuiser en lui.* Nous verrons que cette théorie nouvelle (qui ne peut se ramener à une simple application de la théorie platonicienne des Idées) opère une mutation dans l'univers du droit qui permettra ultérieurement aux juristes de distinguer, dans la création littéraire ou technique, le *corpus mysticum* de l'œuvre de son *corpus mechanicum* »[1].

598. Certains juristes ont déjà constaté les enjeux juridiques de la crise de l'iconoclasme (725-843) et ses répercussions bénéfiques sur l'évolution de certaines notions propres au droit d'auteur[2] :

« *Au-delà des principes, le statut des icônes permettra d'élaborer une conception cohérente de la notion d'œuvre de l'esprit, applicable à tous les genres de création artistique. L'idée sera enfin reprise par les juristes, déjà bien avant les lois révolutionnaires relatives au droit d'auteur* ».

---

1 M. BUYDENS, *op. cit.*, p. 118 et s.

2 Il convient de noter que dans l'affaire *Muret* ayant donné lieu à l'arrêt du Parlement de Paris du 15 mars 1586 il n'y a aucune référence directe à l'icône mais il est clair que la notion d'œuvre incorporelle est sous-jacente ; du reste l'arrêt est fondé sur une analogie avec la création divine.

Figure 18 — Récapitulation du statut du culte des icônes (images sacrées) suivant les approches théologiques, linguistiques et juridiques		
Approche théologique	**Approche des iconoclastes**	**Approche des iconodoules**
Idéologie/Nature	Exigence d'identité entre la sainteté de l'image et l'objet matériel qui l'en supporte	Ressemblance entre l'icône et le prototype (l'objet représenté) et tout en étant de nature différente
Conséquence	Confusion entre l'image en tant que « support matériel » et l'image en tant que « forme »	Distinction entre la forme « objet intellectuel » et la matière/l'image « objet matériel »
Honneur, vénération et adoration des images	Confusion entretenue sur l'objet de la vénération et l'honneur rendu au sujet qui y est représenté (le prototype) et l'image (la représentation matérielle)	Distinction entre la vénération des saints personnages qui y sont représentées (le prototype) qui reçoit l'adoration et la matière (l'image) qui n'est digne d'aucune adoration
Vénération de la Bible (Raisonnement par analogie)	Distinction entre la vénération de la Bible et l'objet matériel du livre	
Approche linguistique	Ressemblance visuelle et similitude de fait entre le représentant (l'objet ou le support matériel) et le représenté (le prototype ou le sujet)	
L'image du Christ	Exigence d'identité « consubstantielle » entre l'image du Christ (Dieu-Homme) et ce qu'elle représente. la seule image possible du Christ consiste en l'Eucharistie	Différence de nature entre l'icône et son prototype et identité de la Personne du Dieu-Homme, unissant en Elle les deux natures humaine et divin
Objet de la représentation	La seule nature humaine du Christ	La Personne du Dieu-Homme et non pas sa nature
Conséquence	Impossibilité de représenter les deux natures (divine et humaine) du Christ	Possibilité de représenter par des moyens humains l'image du Christ manifestée par le Dieu-Homme
Approche juridique	Indépendance de l'image comme forme de son support matériel	

§ 2. La confusion de la veneration et de l'adoration des images : la forme et le support

599. Vénération des icônes en tant que dogme de la foi chrétienne. Cela étant posé, le débat théologique porta sur le dogme même de la *vénération* des images de la créature. En effet, la vénération des icônes représentant le Christ, la Vierge, les Anges et les Saints est un dogme de la foi chrétienne qui fut formulé au Septième Concile Œcuménique connu sous le nom de « Concile de Nicée II » ; elle découla du dogme fondamental de l'Église : sa confession du Dieu devenu Homme[1]. Dès lors, il n'était plus question de savoir si les images purent faire l'*objet de représentations* dans les églises mais la discussion se déplaça autour du *caractère sacré* des images et du *sens* qu'il fallait donner au terme « *adoration* », c'est-à-dire au fait de savoir si les images devaient être « adorées » pour ce qu'elles représentent ou si elles devaient être « *vénérées* » ou *honorées* pour elles-mêmes[2]. Si la décision du Concile de Nicée mit fin à la querelle des images dans l'empire byzantin et fut une première victoire de l'Église orthodoxe, il n'en reste pas moins que les réactions dans le monde chrétien ne furent guère unanimes[3] entraînant le grand schisme d'Occident entre l'Église catholique et l'Église orthodoxe. En effet, il a fallu attendre le Concile de Trente convoqué, par le pape Paul III, le 22 mai 1542, pour trancher la question de la confusion de la *vénération* et de l'*adoration des images*, c'est-à-dire l'attitude qu'il fallait avoir envers les images en termes de vénération et d'adoration. Or, les iconoclastes nièrent la vénération des saints et de leurs reliques et, plus généralement, tout ce qui fut matériel. A vrai dire, comme nous allons le constater, cette manière de raisonner confond, ni plus, ni moins, la *forme* qui appartient au monde spirituel et le *support* qui est tributaire du monde matériel.

600. Plan. Par le dogme de la vénération des icônes, la conscience catholique de l'Église condamna le refus de l'image, comme une hérésie, qui présenta deux faces opposées, l'une *matérielle* et l'autre *immatérielle*, en consacrant la dichotomie entre l'*image* « la sphère matérielle » et le *sujet représenté* « la sphère spirituelle » (A) d'une part, et la distinction fondatrice entre le « *culte de latrie* » et le « *culte de dulie* » (B) d'autre part.

A. La dichotomie entre l'image « la sphère matérielle » et le sujet représenté « la sphère spirituelle »

601. Image matérielle en tant que *lieu de contact* avec le monde spirituel ? Lors des controverses sur la vénération de l'image, les iconoclastes avancèrent toute une série d'arguments qui s'inscrivent dans un mouvement de *dévalorisation* de la matière pour ne pas vénérer les icônes et, plus généralement, tout ce qui fut matériel, au risque d'être divinisées et adorées. Ils dirent qu' : « *il n'y a pas non plus de prière consacrant les icônes pour en faire des objets sacrés. Les icônes restent ainsi des objets non sacrés, sans*

---

1 L. Ouspensky, *op. cit.*, p. 9.

2 « En effet, il [le concile de Trente] permet d'établir une distinction entre le monde temporel et le monde spirituel, les saintes images n'étant que la jonction entre les deux. Cette conception se comprend également au regard de la hiérarchie établie au niveau de la vénération des images : celles-ci ne peuvent faire l'objet que du "salut", de "l'adoration d'honneur", encore appelés "culte de *dulie*", et non de la "véritable *latrie*", réservée à la "nature divine", autrement dit au monde spirituel » : Ph. Mouron, thèse préc., p. 61, n° 52.

3 Au concile de Francfort tenu l'an 794, on condamna toute sorte d'adoration ou de culte des images mais les images furent tolérées pour leur valeur décorative.

aucune valeur autre que celle que leur a conférée le peintre »[1]. C'est ainsi que les *iconoclastes* y virent les images, en tant que dépositaire de la matière, comme étant *indignes de vénération* étant donné qu'ils ne furent pas sanctifiés par une prière spéciale. A leurs yeux, le monde matériel ne pourrait pas refléter la gloire du monde intelligible. Dans la lignée de cette pensée, sans pour autant adopter la voie iconoclaste, les Livres carolins[2], connu sous le nom de « *Libri Carolini* », luttèrent contre le sacré de l'image matérielle en réfutation du Concile de Nicée II. En s'inspirant de la conception augustinienne qui sépara entre le monde spirituel et le monde matériel, ces Livres sans proscrire les images les *désacralisèrent* et repoussèrent la théorie néoplatonicienne transférant au prototype l'honneur rendu à la représentation pour discréditer l'image en affirmant que :

> « L'image faite de main d'homme est un signe qui renvoie seulement aux aspects physiques de ce qui est représenté. *L'image n'a donc et ne peut avoir aucun rapport avec la réalité spirituelle du sujet que l'on représente. De cette manière, on soutient que l'objet purement matériel produit par l'artiste n'a pas* – contrairement aux *res sacratae* (l'eucharistie, la croix, les reliques des saints, les vases sacrés) – *de vertu le liant en quelque sorte à la sphère du divin* »[3].

602. En revanche, pour les *orthodoxes*, l'image en tant que support matériel ne sert que de moyen pour atteindre le salut qui est lié précisément à la matière, car il est réalisé par l'union hypostatique de Dieu avec la chair humaine. Ce qui signifie que le salut a été opéré et s'opère toujours par le corps, voire la matière[4]. C'est dans cet esprit que le grand penseur de l'image saint Jean Damascène, pour justifier le culte des images, écrivit bel et bien : « *Je n'adore pas la matière, mais j'adore le Créateur de la matière qui s'est fait matière pour moi* [...] *et par l'intermédiaire de la matière a accompli mon salut ; et je ne cesserai de vénérer la matière par laquelle mon salut a été réalisé* »[5]. C'est dans cet esprit que l'image implique le respect, voire la valorisation, de la matière du fait de son rôle dans la dispensation du salut.

603. Dichotomie entre la *matérialité* des images et la nature *spirituelle* de la prière. Faute de pouvoir cerner la distinction entre la *forme* et le *support matériel*, force est d'admettre, toutefois, que le fait d'exposer des saintes images qui sont le produit de la fantaisie des artistes ne contribuent qu'à infiltrer ni plus ni moins l'idolâtrie au sein de l'Église en tant que « lieu de culte » selon la *pensée iconoclaste*. Or, cette manière

---

1 L. OUSPENSKY, *op. cit.*, p. 111.

2 Ces Livres furent composés probablement entre 792 et 794 par le théologien Théodulfe, évêque d'Orléans, pour l'empereur Charlemagne contre le concile des Iconoclastes et contre les actes du concile de Nicée II.

3 D. MENOZZI, *op. cit.*, p. 26.

4 L. OUSPENSKY, *op. cit.*, p. 462. « Non seulement le christianisme ne dématérialise pas la matière, mais au contraire il est résolument matérialiste. Dès son origine, il ne se contente pas de réhabiliter le corps, il affirme qu'il est salutaire, il affirme la transfiguration de la nature humaine et sa résurrection dans son corps, dans la matière » : L. OUSPENSKY, *op. cit.*, p. 462, note 45.

5 L. OUSPENSKY, *op. cit.*, p. 462 ; J. DAMASCENE, *Le visage de l'invisible*, *op. cit.*, p. 46-47 et 105. « Il fut un temps, écrit Saint Jean DAMASCENE, où Dieu, n'ayant ni corps ni forme, ne pouvait être représenté d'aucune façon. Mais puisque, aujourd'hui, Dieu s'est incarné et a vécu parmi les hommes, je peux représenter ce qui est visible en Dieu. Je ne vénère pas la matière mais je vénère le créateur de la matière, qui s'est fait matière pour moi, qui a pris la forme de la vie dans la matière et qui, par le moyen de la matière, a réalisé mon salut » : O. POPOVA, E. SMIRNOVA et P. CORTESI, *Les icônes. L'histoire, les styles, les thèmes des origines à nos jours*, trad. de l'italien par E. SCHLSTRAETE, Éditions Solar, Paris, 2002, p. 10.

de raisonner qui confondait la *matérialité* des images (la forme externe) avec la nature *spirituelle* de la prière (la forme interne) ainsi que les niveaux de culte doit être relativement nuancée car « *l'intention de celui qui prie doit se porter vers la chose, signifiée, au lieu de s'arrêter à la matière ou au signe extérieur, qui n'entend, ne voit et ne sent en aucune sorte* »[1]. A vrai dire, cette affirmation n'est que le prolongement de la théorie du père fondateur de la linguistique moderne Ferdinand de Saussure qui avait établi la distinction entre la *forme signifiée* et la *forme signifiante*. En effet, « *dans l'image proprement moderne et chrétienne, le signifiant matériel n'est que le véhicule d'un signifié qui lui est incommensurable, qui est de l'ordre du mystère, mais qui se laisse néanmoins reconnaître et honorer par ce canal matériel* »[2].

604. Vénération du prototype représenté et non pas la représentation matérielle. En effet, assumant une fonction liturgique, l'image, en tant que *support de la prière*, est avant tout un point de contact avec le monde divin dans la mesure où l'Esprit Saint habite dans l'icône[3]. En s'adressant à toutes les facultés de l'homme, le contenu de l'image est transmis sous la forme spirituelle et de façon vivante :

> « *Ainsi, les icônes servent d'intermédiaires entre les personnes représentées et les fidèles qui prient, les faisant communier dans la grâce. Entre les saints et les fidèles s'établit ainsi un certain lien, un contact. Dans une église, pendant la liturgie, l'assemblée des fidèles entre, par l'intermédiaire des icônes et des prières liturgiques, en communion avec l'Église céleste pour ne former avec elle qu'un tout unique.* Dans sa liturgie, l'Église est une. Elle y participe avec toute sa plénitude : les anges et les hommes, les vivants et les défunts, enfin le monde créé tout entier. Et lorsque le célébrant encense, il englobe dans son geste les saints représentés et l'assemblée des fidèles dans l'église, exprimant par là l'unité de l'Église terrestre et de l'Église céleste »[4].

605. C'est ainsi qu'on doit vénérer les icônes en raison de leur lien avec les prototypes car la *vénération* de l'icône *remonte à son prototype*[5]. Cette vénération ne vise pas l'*œuvre d'art* en tant que support matériel mais *Celui qu'elle représente*[6]. L'icône ne

---

1 A.-C. PELTIER, *op. cit.*, p. 445.

2 M. FUMAROLI, « Les jésuites et l'apologétique des images saintes », *in* A. TAPIE (dir.), *Baroque, vision Jésuite : du Tintoret à Rubens*, Catalogue d'exposition : Musée des Beaux-Arts de Caen, Somogy éditions d'art, Paris, 2003, p. 18, cité par T. GHEERAERT, « Port-Royal et les images : entre idolâtrie et iconoclasme », *in* T. GHEERAERT, *Port-Royal et les images : un accès aux textes ?*, Mont-Saint-Aignan, 2013, p. 9, note 41.

3 D. MENOZZI, *op. cit.*, p. 21.

4 L. OUSPENSKY, *op. cit.*, p. 122-123.

5 « Voici que la vénération de l'icône remonte à son prototype, et dans les icônes et par elles on vénère et adore la vérité » : L. OUSPENSKY, *op. cit.*, p. 240.

6 « Le prototype n'est pas en substance dans l'image. S'il y était, on pourrait appeler "prototype" l'image, et l'"image" le prototype – ce qui serait inadmissible puisque la définition de la nature de chacun lui est particulière. Mais le prototype est dans l'image par ressemblance avec l'hypostase, ce qui ne constitue pas un autre principe de définition. Que l'image ne soit pas l'égale de son prototype et qu'elle lui soit inférieure en gloire, cela ne vient donc pas de la ressemblance, mais d'une différence de substance. Car ce n'est pas la substance de l'image qui est objet de vénération, alors même que l'on vénère Celui qui y est représenté. Il ne s'introduit donc pas là une autre vénération, mais uniquement la vénération de l'image, adressée au prototype d'après l'identité de ressemblance. Ce n'est pas la substance de l'image qui est vénérée, c'est l'empreinte du prototype qui est imprimée sur elle, car la substance de l'image n'est pas vénérable. Ce n'est pas la matière qui est vénérée, mais le prototype dans son empreinte et dans sa substance, et si c'est l'image [qui est vénérée], la vénération qu'elle reçoit ne fait qu'une avec celle qui s'adresse au prototype, de même que la ressemblance est la même. Il ne s'introduit donc pas là une vénération de l'icône distincte de celle due au prototype » : Saint Theodore (STUDITES), saint Théodore STOUDITE, *L'image incarnée : trois controverses contre les adversaires des saintes images*, précédées d'une introduction d'A. JEVTITCH : Défense et illustration des saintes icônes (trad. de J.-L. PALIERNE), L'Age d'homme, Lausanne, 1999, p. 104.

saurait être considérée que comme un moyen de communication pour parvenir à l'invisible par le biais du visible. « *Autrement dit le fidèle ne vénère pas l'image en tant qu'objet visible et tangible, en tant que substance, mais ce qu'elle représente, c'est-à-dire une figure invisible du divin* »[1]. C'est dans cet esprit que saint Basile le Grand développa une thèse intéressante selon laquelle l'honneur rendu à l'image *passe* au prototype, c'est-à-dire au modèle, en affirmant que : « *l'honneur rendu à l'icône va à son prototype et celui qui vénère l'icône vénère la personne de celui qu'elle représente* »[2]. C'est ainsi que « les saintes images seraient affectées d'une dimension sacrée qui les rend vénérables, non pour elles-mêmes, mais pour les Saints qu'elles représentent »[3]. À titre d'exemple, lorsqu' « *on prie devant l'icône du Christ* [on prie] *comme devant le Christ lui-même* »[4]. La contemplation de l'image, reflet de Dieu, permet « *à l'homme de refaire le parcours de la hiérarchie selon un sens ascendant en partant de la sphère matérielle pour accéder à celle qui est spirituelle* »[5]. Cette opération s'opère par l'honneur rendu à la *représentation matérielle* (l'image) qui passe à *ce qui est représenté* (le prototype). C'est dans cet esprit que Saint Thomas distingua entre l'image en tant que « *chose* » (support matériel), qui *n'est digne d'aucune adoration*, et l'image en tant qu' « *image* » (forme), qui *reçoit l'adoration* due à son prototype[6].

606. La *forme*, le véritable objet de l'acte d'adoration. C'est ainsi que le culte des images de Jésus-Christ et de la Vierge, celles des Anges et des Saints fut admis parce que l'honneur et le respect qu'on leur rend passe à leur objet, et que ceux qui les respectent, respectent ceux qu'elles représentent. En revanche, la vénération des images saintes, en tant qu'intermédiaire entre les croyants et Dieu, n'était pas l'*acte d'adoration* véritable (la forme), qui est réservée à Dieu seul, mais le *moyen d'une adoration*[7] (le support), comme nous allons le constater. Le passage de Léonce, évêque de Néopolis en Chypre, qui fut lu à la requête des légats, établit clairement le culte extérieur des images, et rejeta tous les mauvais sens que l'on pourrait en donner, montrant que : « *ce culte est absolument différent de celui que nous rendons à Dieu qu'il ne se rapporte pas précisément à l'image, mais à la chose qu'elle représente comme l'honneur que nous rendons à l'image de l'empereur n'est point relatif à l'image même, mais à l'empereur qui y est représenté* »[8]. A partir de ce moment, nous constatons que le Concile de Nicée eut le mérite de consacrer l'indépendance entre *forme* et *fond*, c'est-à-dire la forme divine sacrée dans laquelle gît le véritable acte d'adoration du simple support matériel affectée. Cette conclusion se confirme à la lecture des propos de Jean, évêque de Thessalonique, qui enseigna dans l'un de ses discours que l'on peignait dans les églises

---

1 Ph. MONNERET, *op. cit.*, p. 99.

2 L. OUSPENSKY, *op. cit.*, p. 122.

3 Ph. MOURON, « L'icône et l'œuvre de l'esprit : De l'un des fondements religieux du droit d'auteur », art. préc., p. 49-66.

4 Cité par Ph. MONNERET, *op. cit.*, p. 100.

5 D. MENOZZI, *op. cit.*, p. 21.

6 Saint Thomas d'AQUIN, *Somme théologique*, p. I, q. 45, a. 7, cité par T. GHEERAERT, « Port-Royal et les images : entre idolâtrie et iconoclasme », art. préc., p. 9, note 41.

7 « Contrairement à l'idole, l'icône n'est donc pas un corps opaque qui localiserait en lui le divin, mais elle est le lieu d'une transparence, c'est une ouverture qui permet à l'homme d'atteindre le divin : le regard la traverse, traverse sa beauté, pour contempler la Beauté de son prototype, Dieu » : D. CLEVELOT, *op. cit.*, p. 82.

8 A.-C. PELTIER, *op. cit.*, p. 106.

les images des Saints, et que ce n'étaient point les images que les chrétiens adoraient, mais ce qu'elles représentent ; qu'ils ne les adoraient pas comme des dieux, mais comme les serviteurs et les amis de Dieu, et que s'ils peignaient les anges sous des figures humaines, c'était parce qu'ils ont souvent apparu sous cette forme à ceux à qui Dieu les a envoyés »[1].

B. La doctrine de la distinction entre le « culte de latrie » et le « culte de dulie »

607. Dogme de la vénération des icônes, dichotomie entre le *culte d'adoration* (latrie) de Dieu et la *vénération* (proskynèse) des images. En effet, l'une des raisons principales qui conduisirent les évêques à ne pas admettre dans leurs églises l'usage des images[2], afin qu'elles ne pussent être un sujet d' « adoration »[3] qui n'est dû qu'à la seule forme divine, c'est-à-dire à « Dieu »[4]. La question de la vénération fut ainsi posée au Septième Concile Œcuménique de Nicée sur le point de savoir comment convenait-il de *vénérer* les icônes ? Le Concile de Nicée II ne céda pas à la tentation de l'iconoclasme et établit le dogme de la vénération des icônes pour souligner justement que notre attitude envers l'icône doit être celle de l'*hommage de la vénération*, mais non la *vraie adoration* (*latreia*) qui, en tant que « culte de latrie », convient à Dieu seul[5]. C'est ainsi que le concile, pour éviter toute forme d'idolâtrie, consacra la distinction fondamentale entre le culte d'*adoration* (latrie) et la *vénération* (*proskynèse*) aux

1 A.-C. PELTIER, *op. cit.*, p. 108.

2 Il convient de noter que pendant le règne de l'empereur byzantin Léo III il interdit en 725 par décret les images dans les églises. En revanche, Saint Grégoire le Grand, évêque de Marseille, mettait en exergue l'intérêt que représente l'exposition des images dans l'église afin que ceux qui ne savaient pas lire pussent, en voyant ces peintures, apprendre ce qu'ils ne pouvaient lire dans les livres mais il n'accepta point d'adorer les images. V. A.-C. PELTIER, *op. cit.*, p. 229.

3 En effet, « [...] le terme d'adoration se prend en deux manières dans l'Ecriture : l'une, qui convient à Dieu seul, l'autre, qui n'est qu'en l'honneur que nous rendons aux amis de Dieu, à cause de lui-même, ou que les hommes se rendent mutuellement, comme lorsque Jacob adora son frère » : A.-C. PELTIER, *op. cit.*, p. 100. « Mais l'Ecriture voulant nous instruire dit : Tu adoreras le Seigneur ton Dieu et le serviras lui seul. Elle met l'adoration indéfiniment, comme un terme équivoque qui peut convenir à d'autres et avoir plusieurs significations : mais elle restreint à lui seul le service que nous ne rendons qu'à lui, et que nous appelons latrie » : A.-C. PELTIER, *op. cit.*, p. 113.

4 L'Ancien Testament interdit clairement de représenter Dieu selon la formulation suivante : « Tu ne te feras pas d'idole, ni rien qui ait la forme de ce qui se trouve au ciel là-haut, sur terre ici-bas ou dans les eaux sous la terre » (Exode XX, 4 –5) : Traduction œcuménique de la Bible, rapporté par A. VERNAY-NOURI, « La question de l'image en Islam », art. préc., p. 15.

5 Dans la foulée, les voix de certains s'élevèrent contre la distinction même entre l'*image* et la *chose représentée par l'image* dans la mesure où l'adoration de l'image et celle de la chose représentée par l'image ne sont point deux adorations mais une seule. Cet argument fait valoir que l'adoration prend la qualité de l'objet final : si par le moyen de l'image j'adore Dieu, c'est une seule adoration de Latrie. Et si par le moyen de l'image, j'adore le Saint, c'est une seule adoration de Dulie, mais on ne saurait prétendre que celle de l'image soit « Dulie », et celle de l'imaginé ou représenté, soit « latrie », parce que ce n'est qu'une (A. RIVET, *Échantillon des principaux paradoxes de la Papauté, sur les points de la religion controversez en ce temps*, Les héritiers de H. Hauttin, La Rochelle, 1603, p. 183-184). C'est ainsi que, selon cette conception, la distinction entre la forme et le support ne fut admise. Il existe une autre hypothèse qui met en valeur l'approche selon laquelle lorsqu'on adore nécessairement l'image de la même adoration que la chose représentée, il s'agit d'une adoration par accident dans la mesure où celui qui adore quelqu'un, adore aussi tout ce qui est conjoint avec lui, comme celui qui adore le Roi, adore aussi ses robes : A. RIVET, *Échantillon des principaux paradoxes de la Papauté, sur les points de la religion controversez en ce temps*, *op. cit.*, p. 197.

termes de laquelle les images font l'objet d'une « respectueuse vénération (*proskynèsis*) : non pas l'adoration (*latreia*) véritable propre à notre foi, qui convient à la nature divine seule ». Ainsi, « *l'icône doit être l'objet de notre vénération, non pas de la vraie adoration* (*latreia*) *qui ne revient qu'à Dieu seul, mais précisément de la vénération* (*proskunèsis*) *que nous témoignons à la croix et à l'Évangile* ; autrement dit, nous devons vénérer l'image visible à l'égard de l'image verbale »[1]. Cet enseignement reprend celui de saint Jean Damascène qui ne manqua pas d'établir la distinction entre le culte réservé à Dieu seul et la vénération dont les icônes peuvent faire l'objet qui ne concerne non seulement les images du Christ, mais aussi celles de tous les personnages qui participent à la nature divine, y compris celles de Marie, des Anges et des Saints[2].

608. Concile de Trente : la distinction des niveaux de culte « *latrie* » et « *dulie* ». C'est dans cet esprit que naquit la distinction fondatrice[3] entre le « *culte de latrie*[4] » et le « *culte de dulie*[5] », à l'occasion du célèbre Concile de Trente[6] (1545-1563) qui se tint vers l'an 1562, dans le prolongement de Nicée II. Il aborda dans sa Session XXV la question des images en réaffirmant la doctrine de Nicée II. S'il s'inscrit dans la *continuité* du concile de Nicée, il a le mérite d'établir la distinction entre les deux *niveaux de culte*, à savoir le « culte de latrie » et le « culte de dulie ». Si le concile de Nicée

---

1 L. OUSPENSKY, *op. cit.*, p. 120.

2 D. MENOZZI, *op. cit.*, p. 24.

3 Pour les théologiens catholiques, il ne s'agit pas d'une différence de *degré* mais de *nature*.

4 Le *culte de latrie* est celui qui est réservé uniquement à Dieu lequel consiste dans l'adoration, par opposition au culte de dulie (honneur) rendu aux saints. V. Code de droit canon de 1917, can. 1255, paragr. 1 : « §1. A la Très sainte Trinité, à chacune de ses trois personnes, au Christ Seigneur, même présent sous les espèces sacramentelles, est dû un culte de latrie ; à la bienheureuse Vierge Marie le culte d'hyperdulie ; à tous les autres qui règnent avec le Christ dans les cieux, le culte de dulie ».

5 « Dans le langage théologique, le culte de dulie est celui que l'on rend aux saints : il est fait de respect, de confiance, d'attachement, exprimés par des « services », des prières et des gestes de dévotion ; les fêtes et les divers actes liturgiques qui honorent les saints constituent des manifestations de dulie. On parle d'hyperdulie pour le culte marial. Un tel culte se distingue essentiellement du culte qui ne peut être rendu qu'à Dieu seul : le culte de latrie, qui est l'adoration » : Dom R. LE GALL, *Dictionnaire de liturgie*, Éditions CLD disponible sur le site internet :https://liturgie.catholique.fr/lexique/dulie/#:~:text=Un%20tel%20culte%20se%20distingue,prend%20parfois%20des%20proportions%20excessives.

6 P. SARPI, *Histoire du concile de Trente*, Trad. française de P.-F. LE COURAYER, éd. M. VIALLON et B. DOMPNIER, Honoré Champion, Paris, 2002 ; E. ANDRE et Y. VANDEN BEMDEN (dir.), *Les jésuites à Namur, 1610-1773. Mélanges d'histoire et d'art publiés à l'occasion des anniversaires ignatiens, ch. VIII : Le concile de Trente et l'art*, Presses universitaires de Namur, Namur, 1991 ; E. MALE, *L'art religieux après le concile de Trente. Etude sur l'iconographie de la fin du XVIe siècle, du XVIIe et du XVIIIe siècles. Italie, France, Espagne, Flandres*, Armand Colin, Paris, 1932 ; Ch. DEJOB, *L'influence du concile de Trente sur la littérature et les Beaux-arts chez les peuples catholiques*, E. Thorin, Paris, 1884. *Adde* : J.-L. VIEILLARD-BARON, « Le statut de l'image dans l'iconographie chrétienne après le concile de Trente », *Nouvelle revue d'esthétique*, 2014/1, n° 13, p. 121-131. Le Concile Vatican II se contenta de reprendre la doctrine du Concile de Trente. À titre d'exemple, la constitution sur la sainte liturgie « *sacrosanctum concilium* » indique, dans son art. 111, que : « Selon la tradition, les saints sont l'objet d'un culte dans l'Église, et l'on y vénère leurs reliques authentiques et leurs images ». Par ailleurs, selon l'art. 125 : « On maintiendra fermement la pratique de proposer dans les églises des images sacrées à la vénération des fidèles ; mais elles seront exposées en nombre restreint et dans une disposition appropriée, pour ne pas susciter l'étonnement du peuple chrétien et ne pas favoriser une dévotion mal réglée ».

préféra l'« *adoration* » des Saints dans leurs images[1], le Concile de Trente enjoignit seulement de les « *vénérer* ». Selon le texte du décret approuvé par la XXVe session du Concile de Trente, en date du 3-4 décembre 1563[2], intitulé : *Décret sur l'invocation, la vénération et les reliques des saints et sur les saintes images*[3] :

« Le saint concile enjoint à tous les évêques et à tous les autres ayant la charge et le devoir d'enseigner que, conformément à l'usage de l'Église catholique et apostolique, reçu dès les premiers temps de la religion chrétienne, et conformément au sentiment unanime des saints pères et aux décrets des saints conciles, ils instruisent diligemment les fidèles, particulièrement sur l'intercession des saints et leur invocation, les honneurs dus aux reliques et le légitime usage des images. [...]

De plus, on doit avoir et garder, surtout dans les églises, les images du Christ, de la Vierge Marie Mère de Dieu, et des autres saints, et leur rendre l'honneur et la vénération qui leur sont dus. Non pas parce que l'on croit qu'il y a en elles quelque divinité ou quelque vertu justifiant leur culte, ou parce qu'on doit leur demander quelque chose ou mettre sa confiance dans des images, comme le faisaient autrefois les païens qui plaçaient leur espérance dans des idoles, mais parce que l'honneur qui leur est rendu renvoie aux modèles originaux que ces images représentent. Aussi, à travers les images que nous baisons, devant lesquelles nous nous découvrons et nous prosternons, c'est le Christ que nous adorons et les saints, dont

---

1 Les évêques dans l'assemblée de Paris qui se tint l'an 825 : « veulent donc que l'on continue à mettre des images dans les églises, mais ils défendent de les adorer et, afin que l'on ne se méprenne point au terme d'adoration ils l'expliquent et montrent qu'elle n'est due qu'à Dieu, sans toutefois désapprouver un certain culte modéré envers les images, comme serait de les placer en un lieu décent, de les orner et de les tenir proprement. Ils font une distinction entre les images et la croix, soutenant qu'on doit adorer cette dernière, parce que Jésus-Christ y a été attaché, quoique la plupart des raisons sur lesquelles ils se fondent contre le culte des images combattent celui de la croix. Ils accusent d'erreur le second concile de Nicée, pour avoir dit qu'il est non-seulement permis de rendre un culte aux images et de les adorer, mais encore qu'elles sont saintes et qu'elles sanctifient ceux qui s'en approchent. Enfin, ils reprochent au pape Adrien d'avoir confirmé les décrets de ce concile et approuvé le culte superstitieux des images. Si l'on peut excuser les évêques de cette assemblée dans la manière dont ils se sont opposés aux abus du culte des images on ne peut nier qu'ils aient manqué d'attention pour les décrets de Nicée, soit parce qu'ils n'en comprenaient pas bien le sens, soit parce qu'ils ne le regardaient pas comme un concile général » : A.-C. PELTIER, *op. cit.*, p. 228-229. La France joua un grand rôle dans les destinées du Christianisme.

2 Le Premier concile de Milan, sous saint Charles Borromée, cardinal de Sainte-Praxède, et archevêque de Milan, se tint vers l'an 1565. Dans ce concile, on y accepta les décrets du concile de Trente, et l'on en fit d'autres qui sont divisés en trois parties. La première contient ceux qui concernent la foi et les moyens de la conserver parmi lesquels figure ce qu'il faut observer dans la gravure des saintes images : « Le saint concile de Trente ayant défendu de placer de nouvelles images dans quelque lieu que ce soit, même exempt, sans la permission des évêques, et leur ayant recommandé de n'en permettre aucune de fausse, de profane, d'indécente, ils auront soin de prohiber toutes celles qui présenteraient quelque chose de contraire à la vérité des Ecritures saintes, de la tradition et de l'Histoire de l'Église. Ils feront venir tous les peintres et les sculpteurs de leurs diocèses y pour leur intimer leurs ordres sur ce point ; et ils puniront les transgresseurs avec ceux qui les auront employés. Les curés avertiront les évêques de ce qui pourra souffrir quelque difficulté dans les images de leurs paroisses. Des représentations saintes. La méchanceté des hommes étant cause que l'on ne peut représenter la passion de Notre-Seigneur, ni les combats des martyrs et les actions des autres saints, sans les exposer aux moqueries et aux mépris de plusieurs, on s'abstiendra dorénavant de ces sortes de représentations. De la vénération des saintes reliques. On gardera religieusement les reliques des saints dans des lieux honnêtes et des vases propres. On les fera voir au peuple avec des cierges allumés, sans les tirer de ces vases et sans rien exiger pour cela » : A.-C. PELTIER, *op. cit.*, p. 1276 à 1279. Par ailleurs, Milan (IVe Concile de), l'an 1576. Saint Charles tint ce concile le 10 mai. On y fit plusieurs décrets divisés en trois parties. La première en contient vingt-six sur la foi et sur plusieurs autres points de doctrine (dont II. Des reliques, des miracles et des images) : A.-C. PELTIER, *op. cit.*, p. 1302.

3 *Decretum de invocatione, veneratione et reliquiis sanctorum, et de sacris imaginibus.*

elles portent la ressemblance, que nous vénérons. C'est ce qui a été défini par les décrets des conciles, spécialement du deuxième concile de Nicée, contre les adversaires des images.

Les évêques enseigneront avec soin que, par le moyen de l'histoire des mystères de notre rédemption représentés par des peintures ou par d'autres moyens semblables, le peuple est instruit et affermi dans les articles de foi, qu'il doit se rappeler et vénérer assidûment. Et l'on retire aussi grand fruit de toutes les images saintes, non seulement parce que sont enseignés au peuple les bienfaits et les dons que lui confère le Christ, mais parce que, aussi, sont mis sous les yeux des fidèles les miracles de Dieu accomplis par les saints et les exemples salutaires donnés par ceux-ci : de la sorte, ils en rendent grâces à Dieu, ils conforment leur vie et leurs mœurs à l'imitation des saints et sont poussés à adorer et aimer Dieu et à cultiver la piété. Si quelqu'un enseigne ou pense des choses contraires à ces décrets : qu'il soit anathème.

Si certains abus s'étaient glissés dans ces saintes et salutaires pratiques, le saint concile désire vivement qu'ils soient entièrement abolis, en sorte qu'on n'expose aucune image porteuse d'une fausse doctrine et pouvant être l'occasion d'une erreur dangereuse pour les gens simples. S'il arrive parfois que l'on exprime par des images les histoires et les récits de la Sainte Écriture, parce que cela sera utile pour des gens sans instruction, on enseignera au peuple qu'elles ne représentent pas pour autant la divinité, comme si celle-ci pouvait être vue avec les yeux du corps ou exprimée par des couleurs et par des formes.

On supprimera donc toute superstition dans l'invocation des saints, dans la vénération des reliques ou dans un usage sacré des images ; toute recherche de gains honteux sera éliminée ; enfin toute indécence sera évitée, en sorte que les images ne soient ni peintes ni ornées d'une beauté provocante. [...]

Pour que cela soit plus fidèlement observé, le saint concile statue qu'il n'est permis à personne, dans aucun lieu ni église, même exempte, de placer ou faire placer une image inhabituelle, à moins que celle-ci n'ait été approuvée par l'évêque. [...] »[1].

609. En somme, l'enseignement qu'il fallait tirer de ces développements et de la thèse iconophile de la vénération est que les images en soi doivent être *honorées*, mais d'un honneur *moindre* que l'exemplaire représenté [*accipitur loco exemplaris*], et par conséquent, nulle image ne doit être *adorée* de « *latrie* »[2], qui, en tant que telle, est *réservée* à Dieu seul.

610. En fin de compte, il est intéressant de remarquer que cet antique débat ait eu une incidence sur la *formation de l'objet* de la propriété intellectuelle...

---

1 G. ALBERIGO (éd.), *Les conciles œcuméniques : histoire et décrets*, t. II-2 : *Les décrets de Trente à Vatican II (1545-1965)*, Ed. du Cerf, Paris, 1994, p. 1573 et s. Nous soulignons.

2 Les papistes faisaient mention de trois sortes d'honneurs qu'ils appelaient « *Latrie* », « *Dulie* » et « *Hyperdulie* ». C'est ainsi que selon une opinion : « Cependant l'honneur de l'image en soi n'est pas un de ces trois, mais un service proportionné a chacun de ces trois, selon la qualité de l'image dont est question. Si c'est l'image de Dieu, elle doit être adorée de latrie, mais non pas de latrie propre, ainsi d'une inférieure & analogique, laquelle toutefois est réduite à la vraie latrie, comme l'imparfait au parfait, & ainsi des autres selon leur espèce. Tellement qu'alors Christ est adoré en l'image, mais en tant qu'il est considéré en son image, non pas droitement, mais obliquement & de biais. Et si là-dessus on dit : Mais l'adoration de latrie convient à Christ, si donc cette adoration de l'image se termine aussi à Christ, c'est la vraie adoration divine, il répond que la vraie latrie convient à Christ comme il est en soi même, & non quand il est adoré, comme étant en l'image par participation » : A. RIVET, *op. cit.*, p. 198-199. Tenant compte de l'honneur différent dû aux divers prototypes, THOMAS établit d'abord que seules les représentations du Christ et de la croix feront l'objet d'un « culte de latrie » tandis que les images de Marie et des saints feront respectivement l'objet d'un culte d' « hyperdulie » et de « dulie ».

Figure 19 — Récapitulation des niveaux de culte des images sacrées suivant les approches théologiques, linguistiques et juridiques

Niveaux de culte en fonction de l'objet, la nature de vénération et d'adoration	Culte de latrie	Culte de dulie
Sujet du culte (le prototype)	Dieu	Le Christ, la Vierge, les Anges et les Saints
Nature	Adoration	Vénération
Approche des iconoclastes	Images indignes de vénération en tant que dépositaire de la matière	
Approche des orthodoxes	Images dignes de vénération et d'adoration en tant que support matériel qui ne sert que de moyen pour atteindre le salut qui est lié à la matière Distinction entre l'œuvre d'art en tant que support matériel et Celui qu'elle représente (objet de vénération et d'adoration) Distinction entre la vénération de l'icône en tant qu'objet matériel visible et son prototype représenté en tant qu'objet invisible	
Approche linguistique	Distinction entre le signifié (support de la prière) et le signifiant matériel (la matière/l'image) dont l'honneur rendu passe par ce canal/lien matériel	
Approche juridique	Distinction entre la forme (objet de vénération/adoration) et le support matériel (l'image)	

§ 3. LES REPERCUSSIONS JURIDIQUES SUR LA DISTINCTION ENTRE L'ŒUVRE ET LE SUPPORT MATERIEL

611. Prémisses de la consécration de la dichotomie entre la *forme* et le *support*. Nul ne s'étonnera qu'à l'issue de ces développements, l'objet du débat fut traduit en *termes juridiques* et eut des répercussions à la fois sur la consécration théorique de la dichotomie entre la *forme* et le *support* ainsi que sur la protection jurisprudentielle de la création artistique, y compris les saintes images, les signes et tous les emblèmes matériels destinés à propager les dévotions canoniquement instituées qui appartiennent à la foi religieuse et au domaine de la catholicité. A partir du moment où les juges ont pu distinguer entre les différents niveaux de formes enchaînées dans l'image sacrée (la forme sainte et la forme plastique), ils sauraient être en mesure de reconnaître l'image comme *forme*, qui, véritable objet du droit de propriété incorporelle, est *indépendante* de son *support matériel*. Tout au plus, selon cette nouvelle réflexion, la création artistique religieuse saurait être grevée d'un droit de propriété sur la forme indépendamment du support et, de surcroît, cette forme peut y être *dépositaire* de l'empreinte de la personnalité de l'artiste, comme nous allons le constater, selon la conception même de l'art sacré.

612. Conception de l'art sacré et la reconnaissance du principe de la neutralité esthétique. Cette solution s'expliqua par le fait que la lutte de l'Église contre les iconoclastes ne fut pas sans conséquence à la fois sur la promotion dans les églises de la « noble beauté » et sur la conception de l'art sacré qui s'inspira du principe de la *neutralité esthétique* animant la philosophie du droit d'auteur. L'Écrit des trois patriarches qui data du XVIIe siècle en fut révélateur :

> « Les patriarches insistent sur la nécessité et l'importance de l'image qui, […], doit être un produit non de l'artisanat, mais des beaux-arts. […] *Ce n'est pas dans l'optique de l'Église qu'ils analysent l'art, mais du point de vue de la création pure et simple. "L'art des images" est pour eux l'art en général, indépendamment de son caractère ecclésial ou profane* »[1].

613. Plan. Il convient de remonter préalablement aux origines de l'encadrement de la représentation des saintes images et de l'iconographie des médailles religieuses pour comprendre la problématique de la représentation des formes usuelles des sujets religieux (A) et les impératifs d'ordre religieux qui étaient imposés aux artistes dans la création avant d'examiner l'évolution jurisprudentielle du XIXe siècle qui consacra la protégeabilité de la création religieuse et fit émerger l'originalité (B).

A. La problématique de la représentation des formes usuelles des sujets religieux et le respect des « données conventionnelles »

614. Incidence de la soumission des artistes aux règles religieuses sur l'appréciation de l'originalité. En réalité, l'encadrement strict de l'exposition et de la représentation des figures saintes selon des *données religieuses* ne pouvait guère contribuer à un environnement propice pour que les artistes puissent disposer d'une marge de *liberté de création*[2]. Il en résulte que : « *L'artiste n'ayant guère la possibilité de manifester un talent créateur, son œuvre présentera forcément beaucoup d'analogie avec celle d'un autre, représentant le même sujet* »[3]. C'est ainsi que l'avocat Eugène Gairal s'est rendu compte de cette difficulté lorsqu'il écrivit il y a plus d'un siècle que :

> « L'originalité dans les types anciens est une chose assez rare. Le plus souvent, les mêmes sujets sortaient indéfiniment des mains des artistes. L'origine religieuse de l'art lui assigna longtemps un caractère hiératique incompatible avec l'innovation ; de là le canon antique dont les artistes ne devaient pas s'écarter […] *La nécessité de se conformer aux "canons" forçait tous les artistes à exécuter de même les mêmes sujets, et écartait, par conséquent, la possibilité de s'approprier un type spécial, d'autant qu'alors rien ne paraissait plus digne d'éloges que ce qui se rapprochait le plus des productions antérieures. En un mot, l'artiste antique, loin de rechercher l'originalité, devait la repousser le plus possible. Ainsi, la permanence des sujets mythologiques ou légendaires, à poses ou attributs traditionnels, ne permettait guère d'innover et, par suite, de réserver à tel ou tel artiste le monopole de créations qui faisaient, pour ainsi dire, partie du domaine public* »[4].

615. Il semble que la soumission entière des artistes aux directives de l'église ainsi qu'aux règles exorbitantes régissant la création artistique à caractère religieux auxquelles ils devaient se conformer sous peine de n'être pas compris eut des répercussions sur le terrain de l'appréciation de l'originalité d'une part, et « leur

---

1 L. OUSPENSKY, *op. cit.*, p. 313 et 314.

2 V. Ph. MOURON, thèse préc., p. 58, n° 50.

3 E. GAIRAL, *op. cit.*, p. 177.

4 E. GAIRAL, *op. cit.*, p. 25-26.

imposaient ce désintéressement absolu qui explique l'absence de toute prétention à un droit exclusif de reproduction »[1] d'autre part.

616. Formes religieuses fonctionnelles. À titre d'exemple, la représentation de sujets religieux, de figures religieuse, historiques ou mythologiques fut limitée par certaines *données* et par certaines *traditions*, à l'instar de la calligraphie coranique, que l'on est souvent contraint de respecter dont il est impossible de s'éloigner complètement. La question est d'autant plus ressentie notamment pour la construction d'une église, d'un autel, d'une chaire, de stalles pour le chœur, de bancs pour les fidèles, de confessionnaux, de buffets d'orgues, de vitraux, etc. Les prescriptions liturgiques exigent que dans l'architecture, l'ameublement, la décoration, la forme et la matière des ornements et des vases sacrés des églises, tout soit conforme aux traditions chrétiennes, aux règles de l'art et du bon goût[2]. Il en va de même pour l'architecture de la mosquée qui est dictée par les règles de la prière afin de favoriser la concentration et ne pas distraire de la prière, ce qui explique la relative sobriété de l'ornementation.

617. Questions problématiques en suspens. C'est dans cet esprit que la question se posa de savoir si les impératifs d'ordre religieux qui étaient imposés aux artistes dans la création artistique à connotation religieuse pouvaient priver celle-ci du caractère original requis dans la mesure où l'artiste doit respecter certaines données relatives aux formes usuelles des sujets religieux. En d'autres termes, lorsqu'un artiste aura été contraint de respecter certaines règles rigoureuses et *données religieuses* et se sera conformé à des types plus ou moins connus, plus ou moins consacrés, cela pourrait-il empêcher l'originalité ? La *restitution des attributs* et de l'image d'un Saint, consacrés par l'Église, peut-elle présenter un *caractère original* selon la nature de cette forme ? Reste à savoir quels sont, en effet, les *changements* que pourra apporter un artiste moderne aux scènes de la vie du Christ ou de la Vierge, aux figures du Christ en croix, portraits des Saints ou figurations de leurs martyres, etc. ? Jadis, la question n'était pas encore débattue s'agissant de savoir si l'artiste, dans la réalisation de son œuvre, était contraint de respecter et de se conformer à ces données religieuses en fonction des types[3] plus ou moins connus, plus ou moins consacrés, sans qu'il y ait lieu d'émettre un jugement de goût.

618. Encadrement officiel de la représentation et l'iconographie des Saints. En effet, après les conciles postérieurs à celui de Nicée, la représentation des statues

---

1 E. GAIRAL, *op. cit.*, p. 62.

2 Par ex. suivant le can. 1162, 1164, il faut en effet prendre l'avis de la Commission diocésaine et de lui soumettre les plans et les devis avant de passer à l'exécution. V. Les communications de l'archevêché : lettre circulaire de son éminence le Cardinal Luçon, Archevêque de Reims au Clergé de son Diocèse prescrivant les mesures à prendre pour la conservation des objets d'art religieux dans nos églises, *Bulletin du Diocèse de Reims*, 10 nov. 1928, n° 45, p. 356. Le Canon 1162 prescrit qu'aucune église ne peut être édifiée sans le consentement, donné par écrit, de l'Ordinaire du lieu ; le Vicaire général ne peut le donner sans une spéciale autorisation. Le can. 1164 précise que les Ordinaires doivent avoir soin, après avoir pris l'avis des experts si cela est nécessaire, que les églises soient édifiées ou reconstruites suivant des formes admises par la tradition chrétienne et les lois de l'art sacré.

3 Le terme « *type* » désigne la : « norme qui peut être définie et proposée comme nécessaire pour la création d'objets, chacun d'entre eux constituant une variante du type » : O. GRABAR, *L'ornement. Formes et fonctions dans l'art islamique*, *op. cit.*, p. 15.

et images de Notre-Seigneur, de la Sainte Vierge ou des Saints sur certains supports fut strictement encadrée, normée, voire même relativement limitée, afin de prévenir d'éventuelles dérives. À titre d'exemple, dans la XXVe session du Concile de Trente, il a été souligné dans le canon VI que la représentation des saintes images, en tant qu'acte spirituel, ne saurait être guidée par la *quête de l'esthétique* :

« Quand on fera faire quelque figure ou quelque tableau des histoires contenues dans la sainte Écriture [...] on aura soin de le bien instruire qu'on ne prétend pas par là représenter la Divinité comme si c'était quelque chose de visible. [...] *on exclura des saintes images toutes les recherches indécentes d'une beauté profane* »[1].

619. Suivant les normes du canon 1279, il n'était permis à personne, d'installer ou de faire installer dans les églises, sans l'autorisation préalable de l'Ordinaire du lieu, une image qui représente une forme inusitée, c'est-à-dire, on ne doit pas en adopter un type nouveau, non encore consacré par l'usage[2]. Il fallait veiller à ce que dans les traits et l'expression du visage, dans les vêtements et draperies, dans la pose ou le geste, dans la polychromie, il n'y ait rien qui choque le sens religieux, la piété et le bon goût.

620. Codification canonique de la représentation iconographique. En principe, l'autorité ecclésiastique, c'est-à-dire le curé ou desservant dans la paroisse était seul juge pour apprécier la convenance des objets d'art ou objets religieux placés dans l'église pour exciter les fidèles à la piété et pour la commodité du service du culte[3]. Il s'ensuit que personne ne saurait y exposer une image quelconque qui n'aurait

---

1 Le P. S. PALLAVICINO, *Histoire du Concile de Trente*, t. 3, Au Petit-Montrouge de l'impr. de Vrayet de Surcy, Paris, 1845, p. 634.

2 V. E. JOMBART, *Manuel de droit canon conforme au code de 1917 et aux plus récentes décisions du Saint-Siège*, Beauchesne et ses fils, Paris, 1958, p. 424, n° 783. Ce canon fait quand bien penser au *Taqlid* et à la prohibition de la *Bid'ah* en Islam...

3 En effet, la question s'est posée au sujet de l'exécution d'œuvres musicales ayant lieu dans les édifices religieux à l'occasion des mariages, enterrements et concerts spirituels pour savoir s'ils sont soumis aux droits d'auteur. V. Sur l'exécution de morceaux de musique religieuse dans une église : E. POUILLET, *op. cit.*, n° 816. La question n'a guère suscité de débats auprès de l'autorité ecclésiastique qu'à partir du XIXe siècle puisqu'il fut accoutumé jadis une large tolérance de la part des musiciens qui abandonnaient la propriété de leurs compositions au profit des cathédrales, collégiales ou monastères qui avaient utilisé leurs talents (*La musique sacrée* « Revue mensuelle de plain-chant et de musique religieuse », mai 1911, p. 19). C'est dans ces conditions que les œuvres musicales exécutées au cours des cérémonies religieuses n'ont jamais donné lieu à une perception. Or, très soucieuse de défendre les intérêts de ses membres et de chercher des bénéfices dans toute audition publique, la Société des auteurs, compositeurs et éditeurs de musique a lutté pour préserver les droits d'auteur et les percevoir auprès des édifices religieux. La SACEM a entrepris de soumettre à ses perceptions toutes les auditions de musique, fût-elle gratuite, qui sont données dans des lieux publics, y compris celles exécutées dans les églises et au cours des cérémonies religieuses. C'est dans cet esprit que de nombreuses assignations furent lancées par les agents de la SACEM à MM. les Curés et aux Fabriques pour les obliger à verser des redevances au titre des droits d'exécution publique ainsi que pour signer de contrats relatifs à l'exécution de morceaux de musique dans les lieux du culte (V. « Avis important concernant l'autographie et l'exécution des œuvres musicales », *in La musique sacrée*, avril-mai 1905 ; p. 17). Les représentants de la SACEM ont même procédé à une démarche auprès de S. E. le Cardinal Archevêque de Paris (« La question des droits d'auteurs sur la musique exécutée dans les Églises », *Bulletin du Diocèse de Reims*, 12 mai 1928, n° 19, p. 149). De même, ils ont réclamé en Hollande des droits pour l'exécution publique d'œuvres musicales dans les églises (*Dr. Aut.*, 1913, p. 43). En s'appuyant sur le droit de propriété des auteurs sur leurs œuvres consacré par la loi des 19-24 juillet

1793 (La loi des 19-24 juillet 1793, modifiée par celle du 11 mars 1902, stipulait que les auteurs « d'écrits en tous genres, les compositeurs de musique jouiront, leur vie durant, du droit exclusif de vendre, faire vendre, distribuer leurs ouvrages et céder la propriété, en tout ou en partie ». Il s'agit des compositions musicales de tout genre avec ou sans paroles, y compris les grandes partitions d'orchestre pour théâtre, église et concerts !), la SACEM a dressé un barème de tarifs des droits d'auteur (V. « Les droits d'auteur à l'église et dans les patronages », *in Le Grand écho du Nord de la France*, 16 nov. 1927, n° 320, p. 5 ; « Les droits d'auteur dans les cérémonies religieuses », *in Le Ménestrel* (journal de musique), 4 nov. 1927, p. 451) en fonction des édifices religieux afin de percevoir : 1° un droit forfaitaire annuel sur les offices ordinaires du culte (messes, saluts et toutes cérémonies dont le programme comporte de la musique moderne ou de la musique non encore tombée dans le domaine public) ; 2° un pourcentage sur les concerts spirituels ; 3° un pourcentage sur les mariages et services funèbres avec musique moderne, chants ou instrumentistes. Face à cet état de choses considéré comme inacceptable par l'autorité religieuse, on est allé jusqu'à s'interroger si la SACEM ne dépassait pas les droits que lui confère la loi à partir du moment où elle prétend que l'exécution dans une église d'un morceau d'orgue, d'une messe, d'un motet qui ne sont pas du domaine public était interdite sous peine d'amende (« Les droits des compositeurs de musique », *La musique sacrée*, mai 1911, p. 18). V. Pour une application jurisprudentielle en matière d'exécution d'œuvres musicales : D'après un jugement du juge de la paix de Liancourt (Oise), du 20 mai 1891, une église, constituant un lieu public, le curé doit, pour pouvoir y faire exécuter des œuvres faisant encore l'objet de droits privatifs, obtenir préalablement l'autorisation des compositeurs ou de leurs ayants cause ; il importe peu que ces auditions musicales n'aient eu d'autre but que de rehausser l'éclat des cérémonies du culte et d'exciter la foi des fidèles ou tout au moins leur empressement à venir à l'église assister aux offices, rapporté *in Dr. Aut.*, 15 déc. 1892, n° 12, p. 152 ; *Bulletin de la SACEM*, p. 84. Parallèlement à la SACEM, l'Association suisse pour la perception des droits d'exécution (Gefa) (V. *Dr. Aut.*, 1924, p. 127 ; *Dr. Aut.*, 15 avr. 1926, p. 45 et 46) avait, par ailleurs, manifesté l'intention d'exiger une redevance pour les morceaux de musique religieuse exécutés dans les cultes (*Dr. Aut.*, 1926, p. 45. Cette réclamation n'a pas reçu de forte protestation au sein des milieux ecclésiastiques. En effet, la Fédération des Églises protestantes de Suisse chercha une entente avec les auteurs d'après la *Neue Zürcher Zeitung* du 4 juillet 1926). C'est dans ces conditions qu'elle réclamait aux organistes du canton de Berne une redevance. Saisi de cette question, le Conseil de la Fédération des Églises protestantes de Suisse était hostile à cette revendication et l'a trouvée injustifiée, voire même exagérée, dans la mesure où les productions de l'organiste font partie intégrante du culte et ne sauraient être assimilées à un concert ou un spectacle. Or, l'église contestait le caractère public de la séance organisée dans les lieux de culte. La question qui se posait consistait à déterminer le critérium fixant les conditions devant faire considérer l'exécution de l'œuvre musicale dans une église comme public ou au contraire comme privé. À quelles circonstances fallait-il s'attacher pour apprécier le caractère public ou privé d'une réunion ? La doctrine et la jurisprudence était constante sur le fait que « pour déterminer la nature d'une réunion, il convient de tenir compte à la fois du nombre des assistants et de la nature des relations existant entre eux et des conditions de leur admission » (BARBIER, t. 1, p. 256, Dalloz S. R. n° 476-479). V. La décision rendu par le Tribunal civil de Senlis, dans son jugement du 28 janvier 1913, dans l'affaire opposant la Société des Auteurs et Compositeurs dramatiques à la « Jeunesse de Crépy », *in L'Art et le droit* « bulletin mensuel des actualités judiciaires de la propriété artistique et littéraire », Imprimerie et librairie générale de jurisprudence Marchal & Godde, janv. 1913, p. 174-175. Le critère de la détermination du caractère public ou privé d'une réunion, en tenant compte à la fois du nombre des assistants, de la nature des relations existant entre eux et des conditions de leur admission, est à rapprocher des solutions adoptées par la jurisprudence égyptienne. En effet, la Cour de cassation égyptienne (Cass. ch. civ. et com., 25 févr. 1965, pourvoi n° 244/30e A.J., Rec., p. 227-238, *RIDA* LI 1966, p. 14 et s. ; M.-H. LOUTFI, *Notions fondamentales du droit d'auteur*, *op. cit.*, p. 72 et s. V. Aussi : H. EL BADRAWY, « Rôle des autorités judiciaires dans l'application des droits de propriété intellectuelle », OMPI, Comité consultatif sur l'application des droits (Deuxième session) Genève, 28 - 30 juin 2004, WIPO/ACE/2/6, p. 10 et 11) a eu l'occasion d'apporter une pierre à l'édifice dans une célèbre affaire qui opposait le Bureau égyptien du droit d'auteur (BEDA) et la SACEM à l'hôtel San Stéfano à Alexandrie. Rappelons les faits. Un Night

… /

Club fut fondé au premier étage de l'hôtel dénommé « San Stéfano Night Club » qui avait exécuté publiquement, sans autorisation et sans paiement des droits d'auteur dus, des œuvres faisant partie du répertoire de la BEDA au cours des périodes du 25 juillet 1949 au 15 avril 1950, et du 3 mars 1951 à fin janvier 1952, et du 1er mars 1952 à fin décembre 1952. Après plusieurs tentatives vouées à l'échec afin de régulariser un contrat avec le Night Club pour régler les droits d'exécution publique (V. M. H. LOUTFI, *Le droit d'exécution publique des œuvres musicales, étude comparée entre les lois françaises et égyptiennes et les conventions internationales de Berne et de Genève (Acte de Paris 1971)*, thèse, Paris XI, 1983) dus, le BEDA et la SACEM ont intenté une action devant le Tribunal de première instance d'Alexandrie, en date du 5 mars 1953, pour réclamer le paiement de la somme de 4083,750 L.E au titre des droits d'exécution publique des auteurs et compositeurs membres ainsi que des dommages-intérêts pour le préjudice matériel et moral subi par les ayants droit. La question essentielle que soulève cette affaire était de savoir si les exécutions des œuvres musicales données dans le Night Club San Stéfano présentaient un caractère public ou non. Le Tribunal de première instance, dans son jugement du 14 janvier 1956, déboute les demandeurs de leur action au motif que les éléments puisés dans les pièces produites aux débats ne permettaient pas de remettre en cause le caractère privé de ce Night Club, et considère que le San Stéfano Night Club est un établissement privé conformément à son acte de constitution et à son règlement. Qu'il s'ensuit que les œuvres musicales qui y étaient exécutées ne sauraient revêtir le caractère d'exécutions publiques. C'est dans ces conditions que les demandeurs interjettent appel de ce jugement devant la Cour d'appel d'Alexandrie. Or, cette dernière confirme le jugement de première instance, par un arrêt du 17 avril 1960, en adoptant les motifs du jugement de première instance. Les demandeurs se sont ainsi pourvus en cassation contre l'arrêt attaqué en se basant sur trois motifs dont la violation de la loi et sa mauvaise interprétation. Par un vénérable arrêt du 25 février 1965, la chambre civile et commerciale de la Cour de cassation a pris le soin de préciser les critères retenus permettant de déterminer le caractère public ou privé d'une représentation ou exécution, une question qui relève du domaine des questions de qualification soumises au pouvoir de contrôle de la Haute juridiction, dans un attendu de principe : « *Attendu que ce qui est déterminant en matière de publicité de l'exécution d'une œuvre protégée n'est pas le genre ou le caractère du lieu de l'exécution, mais plutôt le caractère de la réunion ou de la séance au cours de laquelle ces exécutions sont effectuées. Si elles ont un caractère public, alors les exécutions sont réputées publiques, même si l'établissement est privé de par sa nature ou de par ses statuts. Il ne saurait y avoir de rapport entre le caractère du lieu où ces séances sont organisées et le caractère même de ces séances, au point de vue de la qualité publique ou privée des exécutions. En effet, une séance publique peut être tenue dans un établissement privé où le public peut être admis. Comme il se peut qu'une séance privée soit tenue dans un établissement public. Ceci étant et attendu que l'arrêt attaqué a estimé que pour déterminer le caractère public ou privé des exécutions effectuées, il faut définir si le San Stéfano Night Club, où les exécutions musicales ont eu lieu, est un Club privé ou public. Que cet arrêt ait conclu que ces exécutions n'avaient pas un caractère public en se basant sur le simple fait que ce Club est un Club privé aux termes de son acte constitutif, de son Règlement et de son assujettissement aux dispositions de la loi régissant les clubs privés. Que l'arrêt a ainsi commis une erreur de droit* ». C'est ainsi que la Cour de cassation censure-t-elle l'arrêt attaqué qui avait commis une erreur en qualifiant, à tort, les séances organisées par le San Stéfano Night Club comme étant « privées », après avoir mésestimé la valeur des pièces produites par les demandeurs aux termes desquelles le San Stéfano Night Club annonçait régulièrement dans les journaux quotidiens les séances qu'il organisait, annonces dans lesquelles il invitait à assister à ces séances et précisait que l'entrée y était libre moyennant un droit d'entrée fixé. Qu'il résulte des pièces auxquelles l'arrêt attaqué s'est référé que le Club organisait ces séances d'une façon régulière et que les annonces qui étaient publiées dans les journaux constituaient une réclame formelle pour ces séances et un appel général pour y assister. Que certaines de ces annonces contenaient une invitation aux clients du Casino pour venir terminer leur soirée au Night Club, et ce sans aucune distinction entre les membres du Club et les non membres. Comme l'a souligné M. DE LEUSSE : « Le caractère privé d'une réunion suppose qu'il y a exclusion volontaire d'auditeurs possibles et qu'il existe entre l'organisateur et l'auditeur un certain lien préexistant » ; « Si l'organisateur choisit les assistants par lui-même ou par ses délégués, la réunion est privée ; s'il ne les choisit pas, s'il s'adresse à tout venant, à n'importe qui, elle est publique » (*L'auteur et la radiodiffusion*, p. 34 et 21, cité par P. BERTHIER, *La protection légale du compositeur de musique*, thèse, Dijon, 1936, p. 78). Il en ressort que la nature du lieu où …

point été agréée par elle. Par exemple, lorsque Jules cardinal de la Rovère, archevêque de Ravenne, tint vers l'an 1569 le concile provincial de Ravenne avec ses suffragants, il y publia de nombreux décrets dont l'un ordonnait de « *ne placer aucune image dans les églises sans l'agrément des évêques ou des curés* »[1]. A ce sujet, on rapporte qu' : « un peintre de la Suisse romande eut un jour la curiosité de revoir un de ses tableaux qui décorait une église. Il eut la surprise plutôt désagréable de le retrouver transformé au goût d'une paroisse ennemie des plus chastes nudités »[2].

621. Vers un *droit de police* intérieure de l'église ? En effet, une décision ministérielle du 21 pluviôse an xm (10 fév. 1805), avait reconnu formellement au curé un *droit de police intérieure* de l'église et de ses dépendances[3]. Ce droit de police n'était que le prolongement de la féroce bataille nouée entre les iconoclastes et iconophiles qui a abouti, en fin de compte, à dissocier la *forme* du *support* militant en faveur du maintien de l'exposition des saintes images dans les lieux de culte mais en exigeant que celles-ci soient « exposées en nombre modéré et dans un ordre convenable ». À titre d'exemple, le Code de droit canonique, dans son titre IV, réglementait le culte des Saints, des saintes images et des reliques (Cann. 1186 – 1190). C'est ainsi que le Canon 1188 stipulait :

« *La pratique qui consiste à proposer dans les églises des saintes images à la vénération des fidèles sera maintenue ; toutefois ces images seront exposées en nombre modéré et dans un ordre convenable, pour ne pas susciter l'étonnement du peuple chrétien et de ne pas donner lieu à une dévotion plus ou moins sûre* »[4].

622. Par ailleurs, dans le prolongement de ce dernier, l'autorisation de l'Ordinaire fut exigée pour l'exposition des images sacrées au titre du Canon 1279 du Code de droit canonique (*Codex Iuris Canonici*) promulgué en 1917[5], sous le pape Benoît XV, qui est entrée en vigueur pour l'Église latine le 19 mai 1918 :

« § 1 Nul ne peut placer ou faire placer, tant dans les églises que dans les autres lieux sacrés, même exempts, aucune image insolite, à moins qu'elle n'ait été approuvée par l'Ordinaire du lieu ; § 2 L'Ordinaire ne doit pas autoriser l'exposition publique des images sacrées qui ne sont pas en harmonie avec l'usage approuvé par Église ; § 3 L'Ordinaire ne doit jamais permettre, dans les églises ou les autres lieux sacrés, de présenter des images d'un faux dogme ou qui n'offrent pas la décence et l'honnêteté voulues, ou qui soient une occasion d'erreur dangereuse pour des gens peu instruits [...] ».

---

se trouve l'œuvre, ou s'exécute l'interprétation ne doit pas être pris en compte par le juge dans l'appréciation du caractère de publicité de l'exécution et l'affection de la forme créative à un lieu de culte ne doit pas échapper aux règles légales qui relève de l'assiette du droit d'exploiter que l'auteur conserve en dépit de la communication de la forme externe.

1 V. A.-C. PELTIER, *Dictionnaire universel et complet des Conciles tant généraux que particuliers, des principaux synodes diocésains et des autres assemblées ecclésiastiques les plus remarquables*, *op. cit.*, t. II, p. 479 : « On rendra aux images et aux reliques le culte prescrit par le concile de Trente. On défend toute représentation de sujets pieux, tels que la passion de Jésus-Christ ou les actions des saints, non seulement dans les églises, mais même dans les couvents et dans les lieux profanes ».

2 V. *Dr. Aut.*, 15 janv. 1933, n° 1, p. 7. À titre d'exemple, le can. 100 du concile Quinisexte, tenu dans le palais impérial en 691-692 prescrit : « que les peintures trompeuses exposées au regard et qui corrompent l'intelligence en excitant les plaisirs honteux – que ce soient des tableaux ou toutes autres choses analogues, ne soient représentées en aucune façon, et si quelqu'un entreprend d'en faire, qu'il soit excommunié ».

3 V. *Bulletin des lois civiles ecclésiastiques*, janv. 1856, p. 99.

4 V. Ph. MOURON, « L'icône et l'œuvre de l'esprit : De l'un des fondements religieux du droit d'auteur », art. préc., p. 49-66.

5 Ce Code a été abrogé par le Code latin « *Codex Iuris Canonici* » (CIC) promulgué le 25 janvier 1983 qui est entré en vigueur le 27 novembre de la même année.

623. Dans cet esprit, on ne saurait refuser à un curé ou desservant, dont la police de l'église[1] à la fois religieuse et matérielle leur appartient, le *droit de déplacer un tableau* dans son église, de le *changer*, ou de le *remplacer* par un autre objet plus en état de remplir le but ecclésiastique qu'elle se propose. Cependant, la solution est loin d'être évidente dans la mesure où le tableau peut se trouver placé dans des conditions qui ne permettent pas son *déplacement*. Dans cette hypothèse, ce tableau était qualifié d' « *immeuble par destination* » puisqu'il est attaché à l'église à perpétuelle demeure au sens du Code civil[2].

624. Conciliation entre le *respect de la destination* de l'œuvre et le *droit de police intérieure* de l'église. C'est ainsi qu'une autre question surgit qui était celle de savoir si l'Église, en tant que propriétaire du support, est tenue de ne pas *remplacer* l'œuvre par une autre ou si elle peut librement *a fortiori* détruire le tableau lorsqu'il lui semble *grotesque* au mépris du droit au respect de l'œuvre, par exemple[3]. Le curé de son église doit-il informer l'auteur du tableau ou le conseil de fabrique[4] au cas où il envisage un aménagement ? Dans la première hypothèse d'*immeuble par destination*, on s'accordait sur le fait que le curé doit obtenir le consentement du conseil de fabrique pour le déplacer et le remplacer par une statue. En cas de désaccord, il y aurait lieu d'en référer à l'évêque qui déciderait. En revanche, lorsque le tableau n'est pas devenu un immeuble par destination mais plutôt un « *meuble* » ou « *objet de sainteté* » ou d' « *ornementation* », il était convenu que le curé pût disposer du droit de déterminer l'usage et la place, parce que c'est à lui qu'il appartenait de présider à toutes les dispositions intérieures de l'église[5]. Selon une opinion :

> « *il est certainement convenable que le curé s'entende avec la fabrique pour le déplacement de ce tableau et son remplacement par une statue ; mais il s'agit ici d'une chose qui rentre tellement dans les attributions de son ministère, que le consentement du conseil de fabrique ne lui est nullement nécessaire pour opérer ce changement, lorsque d'ailleurs le tableau n'est que déplacé, qu'il reste en la possession de la fabrique,* et qu'en définitive tout cela se fait aux frais du curé, et par conséquent sans aucune dépense pour l'église »[6].

625. Iconographie des médailles religieuses représentant l'image de Saint Benoît. Par ailleurs, dans le prolongement de cette réglementation, le décret du pape Benoît XIV, donné à Rome le XXIII Décembre de l'année MDCCXLI (1742), est venu renouer avec ce passé qu'on croyait révolu en encadrant l'*image de Saint Benoît*. Il octroya, à l'ordre des Bénédictins de Bohême, de Moravie et de Silésie, la faculté particulière de bénir les Médailles connues sous le nom de « Croix de Saint Benoît », et dont une face représente l'image du même Saint Benoît, et l'autre une Croix avec

---

1 V. *Bulletin des lois civiles ecclésiastiques*, janv. 1856, p. 100.

2 Selon l'article 82 du C. civ. égyptien : « 1) Toute chose ayant une assiette fixe et immobile qui ne peut être déplacée sans détérioration, est une chose immobilière. Toutes les autres choses sont mobilières. 2) Toutefois, est considéré comme chose immobilière par destination, la chose mobilière que le propriétaire a placé dans un fonds qui lui appartient, en l'affectant au service de ce fonds ou à son exploitation ».

3 V. Sur la question délicate de l'obligation de conservation de l'œuvre : M. VIVANT et J.-M. BRUGUIERE, *op. cit.*, p. 517 et s., n° 588.

4 V. Le décret du 30 décembre 1809 concernant l'organisation et l'administration des Fabriques des Églises.

5 V. *Bulletin des lois civiles ecclésiastiques*, janv. 1856, p. 213.

6 V. *Bulletin des lois civiles ecclésiastiques*, janv. 1856, p. 213.

des lettres ou caractères à sa circonférence[1], et de les distribuer aux fidèles, en attribuant aux médailles ainsi bénites et distribuées le don des indulgences pour toutes les personnes qui les porteront avec dévotion.

626. Ce décret constata l'état et les signes matériels des médailles qui peuvent être admises à la bénédiction dont l'une des faces doit représenter l'image du Saint Benoît, et l'autre une croix portant à sa circonférence et sur ses branches les lettres canoniques qui sont les initiales de plusieurs versets des saintes écritures. Par ailleurs, « il sanctionna la formule présentée pour servir à la bénédiction qui doit lui être appliquée, et accorda de nombreuses indulgences à ceux qui la porteraient sur eux » selon le R. P. Dom Prosper Guéranger. Par l'image et l'auréole du Saint (la longue tunique, la main droite portant la croix ; aux pieds de l'image, à droite, la mitre et la crosse, et à gauche, l'oiseau portant le pain symbolique), on ne peut entendre que l'effigie complète du patriarche, avec les attributs de sa dignité épiscopale et le costume particulier de son ordre. D'après, le R. P. Dom Prosper Guéranger, Abbé de Solesmes, dans son *Essai sur l'origine, la signification et les privilèges de la médaille ou croix de Saint Benoît* :

> « [...] l'effigie de Saint Benoît est nécessaire sur la médaille. Il ne suffit donc pas qu'on y lise les caractères C. S. P. B., *Cruxsancti Patris Benedicti* ; elle doit encore reproduire expressément l'image du Saint Patriarche des moines d'Occident »[2].

[1] Chaque lettre est le sigle, ou l'initiale d'un mot latin qui sont au nombre de trente-et-un mots latins. Signifiant respectivement ce qui suit : à droite, les caractères suivants remplissent l'ovale, ou le cercle de la médaille : V. *Vade.* B. *retro.* S. *Sathana* (Retire-toi, Satan !). N. *nunquam.* S. *suade.* M. *mihi.* V. *Vana* (Ne viens pas me conseiller tes vanités). S. *sunt.* M. *mala.* Q. *quæ.* L. *libas* (Le breuvage, que tu verses, est mortel). I. *ipse.* V. *venena.* B. *bibas* (Bois toi-même ton poison). Quant à la croix, sur la ligne verticale de la croix elle-même, il figure : C. *Crux.* S. *sacra.* S. *sit.* M.*mihi.*L. *lux* (Que la Croix Sainte soit ma Lumière). Sur la ligne horizontale de la même croixx : N. *Non.* D. *Draco.* S. *sit.* M. *mihi.* D. *dux* (Que le Démon ne soit pas mon guide) ; et enfin aux quatre côtés de la croix : C. *Crux.* S. *sancti.* P. *Patris.* B. *Benedicti* (La Croix de notre Saint Père Benoît). V. À ce sujet : M. L'abbé J.-B. COFFINET, « Médaille de Saint Benoît vulgairement & improprement appelée la médaille des sorciers », *in Mémoires de la Société d'agriculture, sciences, arts et belles-lettres du département de l'Aube*, t. XXIX, Troyes, 1865, p. 253 et s.

[2] P. GUERANGER, *Essai sur l'origine, la signification et les privilèges de la médaille ou croix de Saint Benoît*, H. Oudin, Poitiers, 1862, p. 128-129. *Adde* Dom F. L. ZELLI-JACOBUZI (moine du Mont-Cassin), *Origine et effets admirables de la Croix, ou Médaille de saint Benoît*, trad. de l'italien par A. d'AVRAINVILLE, A. Le Clere, Paris, 1860 ; Dom P. PIOLIN, « Recherches sur les origines de la médaille de saint benoît », *Revue de l'art chrétien*, t. XIII (2e série), Juill.-Sept. 1880, p. 5-58.

Figure 20 — Médaille ou Croix de Saint Benoît (face et revers)

627. Or, à l'époque, un grand nombre de médailles fut frappé en France sans l'effigie de Saint Benoît qui diffèrent essentiellement de celles qui ont été frappées avant et depuis le Bref de Benoît XIV de sorte qu'elles étaient impropres à recevoir la bénédiction selon Dom Guéranger. À titre d'exemple, les médailles qui ont été frappées où le Saint Patriarche est affublé d'une robe serrée d'une corde à la façon des Franciscains, au lieu d'être revêtu de la coulle qui est son signe indispensable. Par ailleurs, l'autre exemple est le type de médaille en circulation à Paris, en plusieurs modules, et qui est déjà très répandue notamment chez Madame veuve Saudinos-Ritouret[1], comme nous allons le constater, dans l'affaire qui l'opposait à Marquis. Ce

1 « Il faut donc regarder comme altérés certains exemplaires de la médaille publiés en Allemagne, d'un grand module, et sur lesquels on a placé une amulette désignée sous le nom de médaille de saint Zacharie. Cette médaille n'a rien de commun avec celle de saint Benoît qui fait le sujet de cet écrit. Elle porte, il est vrai, l'effigie du saint Patriarche, et on lit autour dix-huit caractères, mais qui ne sauraient former un sens qu'à la condition d'être chacun l'initiale d'un mot, comme l'*Ictus* des premiers chrétiens, ou les conjurations inscrites en abrégé sur la médaille de saint Benoît. On a prétendu expliquer ces caractères, en les donnant chacun comme initiale, dans une suite de formules qui ont pour but de demander à Dieu la préservation du fléau de la peste. Il est au moins bizarre qu'une lettre soit employée pour signifier une phrase entière, surtout quand cette phrase est composée d'un grand nombre de mots. Une seule de ces formules n'en présente pas moins de cinquante-un. Leur réunion, telle qu'elle est exposée dans le commentaire de cette médaille, forme un ensemble confus et décousu, et dans lequel tout est arbitraire. On ne s'explique pas non plus la présence de saint Benoît sur cette médaille : rien n'y fait allusion dans l'explication des caractères dont elle est entourée. Sur la véritable médaille, au contraire, tout ce qui n'est pas relatif à la sainte Croix a rapport au Patriarche. Il est permis de douter que le Saint-Siège consentit jamais à approuver une œuvre aussi indigeste. Les propagateurs de cette médaille prétendent en faire remonter l'origine jusqu'au pape saint Zacharie qui monta sur le Saint-Siège en 741 ; mais ils ont été jusqu'ici dans l'impuissance complète de donner même l'ombre d'une preuve à cette assertion. En écrivant ceci, nous n'avons l'intention de contrister qui que ce soit ; mais il nous semble utile de dire quelques mots sur une médaille dont les conditions très hasardées pourraient, appeler les sévérités de la critique, et nuire à la considération et au respect auxquels a droit la véritable médaille de saint Benoît. Il y aurait peut-être lieu de protester ici contre un autre abus qui s'est introduit sur un nombre

qui montre qu'à l'époque tous ces détails étaient perdus et primait le souci de faire du *business*... C'est dans cet esprit que Dom Guéranger poursuit :

« Il importe d'instruire les fidèles à ce sujet, et de leur faire comprendre que tous les exemples que l'on pourrait citer ne sauraient en aucune façon légitimer une altération essentielle. *La médaille a été consacrée dès l'origine en l'honneur de la sainte Croix et de Saint Benoît ; dès l'origine, l'un et l'autre y ont toujours été représentés ; et c'est sous cette forme seulement que l'Église la recommande. De même que l'on ne pourrait, sans altérer essentiellement la médaille, en retrancher l'effigie de saint Benoît, ainsi l'on doit se garder d'y ajouter quelque autre détail que ce soit* ».

« [...] Nous ne voudrions pas décider qu'une telle incorrection suffirait à rendre incomplète la médaille ; mais tout au moins il est permis d'y signaler une grave inconvenance. Le maintien des attributs que la tradition ecclésiastique a assignés à chaque Saint est de rigueur, sous peine d'irrévérence ; et c'est un devoir de veiller aux inconvénients que peuvent entraîner le caprice ou l'ignorance des artistes. Heureusement, la médaille que nous dénonçons ici commence à s'épuiser, et l'on doit s'en féliciter ; car, en outre du travestissement, le personnage y était représenté d'une façon ignoble [...] ».

B. L'évolution jurisprudentielle du XIXe siècle favorable à la reconnaissance de l'originalité de la création artistique religieuse

628. Prémisses jurisprudentielles. En effet, la jurisprudence française a eu l'occasion de se prononcer à l'époque, à maintes reprises, sur la protégeabilité des *médailles*, *statuettes religieuses*[1], et des productions de l'*imagerie religieuse* ainsi que sur l'appréciation de l'originalité. A l'époque, la protection de la création artistique religieuse ne fut pas, cependant, simplement acquise dans la mesure où les juges avaient tendance à ne pas distinguer entre les deux niveaux de formes greffées, à savoir l'*image* représentant la sainte Vierge et le *support matériel*, ce qui n'était pas sans soulever des difficultés sur la reconnaissance du caractère personnel dans la forme plastique. C'est au terme d'une longue évolution que la jurisprudence a pu admettre qu'une œuvre artistique, telle qu'une statuette religieuse, puisse constituer une création et, par suite, une propriété protégée par la loi de 1793 et valider l'originalité, bien qu'elle ne soit que la reproduction[2] d'un *type connu* ou d'une gravure tombée dans le domaine public ou même représentant des *types légendaires* ou *hiératiques*, figés en des *types consacrés*, dont les données conventionnelles appartiennent au domaine public. L'analyse de la jurisprudence de l'époque nous permet de constater qu'elle a contribué à faire émerger l'*originalité*[3].

629. Affaire « *Saudinos c/ Marquis* ». La problématique de la contrefaçon des médailles religieuses était courante à l'époque. En effet, le Tribunal civil de la Seine a

---

considérable de médailles actuellement en circulation. Une ignorance inouïe au sujet de l'habit des divers Ordres religieux a donné lieu à des représentations de saint Benoît qui lui enlèvent totalement le costume de son Ordre » : P. GUERANGER, *op. cit.*, p. 129 à 131 .

1 V. En matière de propriété artistique, pour la sculpture religieuse : Cass., 13 févr. 1857, aff. *Fontana*, *Ann.*, 57.33 ; Paris, 29 nov. 1873, aff. *Casciani*, *Ann.*, 74.49 ; Angers, 26 janv. 1880, aff. *Raff*, *Ann.*, 80.209 ; Cass., 27 déc. 1884, aff. *Verrebout*, *Ann.*, 85.7 ; Paris, 25 janv. 1887, aff. *Lapayre*, *Ann.*, 88.186 ; Douai, 13 mai 1891, aff. *Bertagne*, *le Droit*, 10 sept. ; Trib. civ. Seine, 28 mai 1897, aff. *Bouasse-Lebel et Massin c/ Deschamps*, *Gaz. Trib.*, 20 sept.

2 Il ne s'agit pas d'une reproduction servile par surmoulage mais d'une création manuelle suivant le même canon.

3 C'est le nœud du problème. Si la fixation d'un cahier des charges, n'empêche pas la créativité, on peut aller jusqu'à estimer que la recréation à l'identique n'empêche pas l'originalité ! On saisit la difficulté : les *formes externes sont identiques* ; en se basant sur elle, il n'y a aucun moyen de distinguer... Ce qui fait la différence c'est la connaissance du procédé de création : fut-il *simplement mécanique* ou fit-il intervenir un *créateur humain* qui se soumit à toutes les exigences requises de la forme ?

été amené, dans son jugement en date du 21 avril 1869[1], à se pencher sur la question de la protégeabilité des médailles à caractère purement religieux, en l'occurrence, la médaille de Saint-Benoît[2] évoquée plus haut pour savoir si la restitution des attributs et du costume d'un Saint, consacrés par l'Église et précédemment altérés, pouvait, néanmoins, présenter un caractère original en tant que « création artistique » au sens de la loi française de 1793.

630. En l'espèce, la veuve Saudinos, fabricante d'objets de piété, avait gravé en 1863 la médaille de Saint-Benoît d'après un dessin original du R. P. Guéranger, abbé de Solesmes, qui lui aurait cédé ses droits sur laquelle elle revendiquait la propriété. A la différence des signes et caractères décrits au bref pontifical précité, elle n'avait pas manqué d'ajouter au costume du prélat une sorte de tunique supérieure qui aurait le nom de coulle et qui serait le signe indispensable du costume de l'ordre. Ces additions n'étaient pas conformes, il convient de le noter, aux descriptions connues et relevées dans le passage de R. P. Dom Guéranger. Après avoir découvert que M. Mayaud, également fabricant d'objets de piété à Paris, et chez M. Marquis, son correspondant à Lyon, avait procédé à la reproduction de cette médaille, elle fait saisir aux mains de Mayaud, Marquis et de Bussières, des médailles et poinçons arguées de contrefaçon, et ce, aux termes de la loi du 19 juillet 1795 sur la propriété littéraire. Or, les défendeurs faisaient valoir que la médaille serait tombée dans le domaine public du fait qu'elle est destinée à propager les dévotions canoniquement instituées qui appartiennent à la foi religieuse et au domaine de la catholicité.

631. Après avoir rappelé que la loi de 1793 ne s'applique qu'aux ouvrages de littérature, de gravure ou d'autres productions de l'esprit ou du génie qui appartiennent aux Beaux-arts, le Tribunal de la Seine, par son jugement datant du 21 avril 1869, débouta la veuve Saudinos de ses demandes au motif que : « *cette simple addition, fût-elle due à l'invention de l'auteur, ne suffirait pas pour attribuer à la médaille le caractère d'une œuvre d'art* ». Il s'en suit que les différences revendiquées par la veuve Saudinos ne sont qu'une restitution aux médailles de Saint-Benoît des attributs et du costume consacrés par l'Église, et qui avaient été récemment altérés de sorte qu'une telle restitution, en attestant une connaissance plus complète et plus attentive des traditions historiques ne fait que constater la propriété ancienne du domaine public, et ne constitue pas une création artistique protégée par la loi de 1793. Le Tribunal la condamna ainsi à payer à Mayaud, Marquis et de Bussières une somme de 200 francs chacun à titre de dommages-intérêts.

632. Appréciation critique. Il est incontestable que la solution du tribunal n'était guère satisfaisante car une œuvre de sculpture du domaine public, telle qu'une médaille ancienne, peut être grevée d'un droit de propriété par les changements apportés à la forme primitive. Or, l'addition au costume du prélat d'une sorte de tunique supérieure qui aurait le nom de coulle et qui serait le signe indispensable du costume de l'ordre, en méconnaissance du décret du pape, ne suffisait pas selon les juges à attribuer à la

---

1 Trib. civ. Seine, 21 avr. 1869, aff. *Veuve Saudinos c/ Mayaud et Marquis*, *Ann.*, 1870, t. XVI, p. 40 ; *Bulletin des lois civiles ecclésiastiques*, 1869, t. 21, p. 185 et s.

2 V. Le R. P. Dom P. GUERANGER, *Essai sur l'origine, la signification et les privilèges de la médaille ou croix de saint Benoît*, *op. cit.*, 3e éd., Librairies H. Oudin et Victor Palmé, Poitiers, Paris, 1864 ; Ph. BEITIA, *La médaille de saint Benoît, Histoire et spiritualité*, Pierre Téqui éd., Paris, 2005.

médaille le caractère d'une *œuvre d'art*. Il nous semble que la démarche du tribunal était plus *religieuse* que *juridique* puisque le tribunal n'a vu, dans un tel travail, que la preuve d'une connaissance plus complète et plus attentive des traditions historiques, que la constatation d'une propriété ancienne du domaine public, et nullement une *création artistique*.

633. Affaire « *Saudinos c/ Marquis* ». Il fallut attendre la seconde affaire pour voir triompher le droit de propriété sur la création artistique religieuse. En l'espèce, cette seconde affaire qui opposait également Saudinos à Marquis ne portait pas seulement sur une médaille mais également sur la contrefaçon d'une notice intitulée : « *Explications sur la médaille dite de Saint-Benoît* » éditée en 1861 et 1863 par la maison Saudinos. Ultérieurement, Marquis a fait reproduire cette notice par un imprimeur à Lyon, en y ajoutant seulement une antienne et une prière en se fondant sur le fait que la médaille dite de Saint-Benoît étant dans le domaine public, la notice, qui n'en est que l'accessoire, ne peut pas faire l'objet d'une propriété particulière au profit de la veuve Saudinos. C'est dans ces conditions que cette dernière avait intenté une action pour contrefaçon de la notice. Par un arrêt du 15 mai 1867, la chambre correctionnelle de la Cour de Lyon donna gain de cause à Saudinos après avoir constaté, d'abord, que les modifications et les changements, opérés avec le concours et sous la direction des Bénédictins de l'abbaye de Solesmes, ont eu pour résultat de faire de la notice une *œuvre originale* et *nouvelle*, susceptible d'une *propriété privée*, en se fondant, entre autres motifs :

> « sur ce que, *s'il était vrai que la médaille de Saint-Benoît fût depuis longtemps connue et appartînt au domaine public, rien n'empêchait que, par des changements ou améliorations notables, un particulier n'acquît sur une médaille du même nom un droit exclusif*, et qu'il devait en être évidemment de même de la notice dans laquelle ces changements avaient été reproduits »[1].

634. Sur les griefs de contrefaçon, la Cour rejeta l'argument avancé par Marquis en constatant qu'il y avait contrefaçon dans le fait de reproduire servilement une pareille notice alors d'ailleurs que l'éditeur a procédé à un dépôt légal prescrit par l'article 8 de l'ordonnance du 24 octobre 1814 pour s'assurer de la conservation de ses droits et condamna alors Marquis à payer à Saudinos 1,000 francs à titre de dommages-intérêts.

635. Mécontent de cet arrêt, les défendeurs se sont pourvus en cassation mais le pourvoi fut rejeté par arrêt du 22 novembre 1867 de la chambre criminelle de la Cour de cassation. Après avoir rappelé que la loi du 19 juillet 1793 n'ayant pas défini ce qu'il faut entendre par « création de l'esprit », la Cour de cassation confirma l'arrêt attaqué tout en relevant que les juges du fond disposent d'un pouvoir discrétionnaire de décider, sans qu'aucun recours ne soit possible contre l'arrêt rendu, qu'une médaille imprimée avec notice explicative de la vie d'un Saint, soit qualifiée d'une *création de l'esprit*, susceptible d'un droit de propriété[2].

---

1 *Ann.*, 1867, t. XIII, p. 356.

2 Cass., 22 nov. 1867, aff. *Vve Sandinos c/ Marquis* (*Pat.*, 1867, p. 356), cité par A. HUARD et E. MACK, *Répertoire de législation, de doctrine et de jurisprudence en matière de propriété littéraire et artistique*, *op. cit.*, 1891, p. 376.

636. Affaire « *Bernaud c/ Mayaud et Marquis* ». Dans le même ordre d'idée, le Tribunal civil de la Seine (3e ch.), dans une autre affaire[1], adopta une solution semblable qui ouvrit la voie à la protection des signes et emblèmes matériels destinés à propager les dévotions canoniquement instituées appartenant à la foi religieuse et au domaine de la catholicité. Cette fois-ci, l'affaire opposait un certain Bernaud à Mayaud et Marquis qui avaient fabriqué et déposé au secrétariat du conseil des prud'hommes le modèle d'une médaille destinée à symboliser la pensée et le but de l'association de la garde d'honneur du Sacré-Cœur de Jésus « médaille de la garde d'honneur du Sacré-Cœur de Jésus ». Cette médaille représentait, en l'occurrence, sur une de ses faces, au centre d'une couronne d'épines, un cœur blessé, enflammé et surmonté d'une croix, et sur le revers les initiales des noms de Jésus et de Marie : J. M. A. S., telles que François de Sales les fit graver sur le cachet de son ordre. L'M et l'A sont enlacés et surmontés d'une croix. Ce monogramme est entouré d'une couronne d'olivier et de laurier. Cette médaille a pour légende ces mots : « Gloire ! amour ! réparation ! au cœur de Jésus ! »[2].

637. Mayaud et Marquis avaient procédé à la fabrication et à la reproduction dans leurs principaux éléments ainsi qu'à la vente desdites médailles. C'est dans ces conditions que Bernaud estimait que lesdits actes portaient une atteinte préjudiciable à ses droits. Par un jugement du 25 août 1869, le Tribunal estima que ces dévotions, se traduisant aux yeux des fidèles par des signes et emblèmes matériels destinés à les propager, peuvent être susceptibles d'une *propriété artistique* ou *industrielle* et condamna alors les défendeurs solidairement à payer à Bernaud la somme de 500 francs.

638. Affaire « *Fontana c/ Norest et al.* ». Par ailleurs, la jurisprudence a eu l'occasion de se prononcer sur les contrefaçons par reproductions, moulages et surmoulages de *statuettes religieuses* dans plusieurs affaires. Dans cette célèbre affaire qui a défrayé la chronique judiciaire, la question fut posée de savoir si une œuvre artistique, telle qu'une statuette représentant un « type connu » la sainte Vierge, pourrait être considérée comme appartenant au domaine public du seul fait que dans la pose, l'expression et les détails principaux du costume elle n'aurait été que la reproduction d'un type connu, bien qu'il fût constaté qu'il y avait eu exécution nouvelle de la part de l'artiste. La chambre correctionnelle de la Cour impériale de Paris, dans un arrêt du 28 juin 1858, a répondu par l'affirmative.

639. En l'espèce, M. André-Joseph Fontana, éditeur de statuettes et objets d'art avait acquis en 1847 la propriété du sculpteur M. Yadell sur deux modèles de statuettes représentant la sainte Vierge dans deux attitudes complètement différentes, sous les noms de la Vierge aux mains jointes, ainsi que de la Vierge immaculée. Après avoir appris que certains fabricants d'ivoire de Dieppe et de Paris avaient reproduit en ivoire lors de l'Exposition universelle de 1855 tous les modèles de sculpture, il porta plainte en contrefaçon contre MM. Norest, Percepied, Vancorps et Garnot, fabricants de tabletterie. C'est dans ces conditions qu'il procéda à la saisie des statuettes arguées de contrefaçon tant à l'Exposition de l'Industrie que chez différents débitants.

---

1 Trib. civ. Seine, 25 août 1869, aff. *Bernaud c/ Mayaud et Marquis*, *Ann.* 1870, t. XVI, art. 1718, p. 44 et s.

2 *Ann.* 1870, art. 1718, p. 45.

Cependant, le Tribunal correctionnel de la Seine, dans son jugement rendu le 24 avril 1856, débouta M. Fontana de ses demandes au motif que :

« *la pose, l'assiette, l'expression, le costume des deux Vierges dont il s'agit sont les mêmes que ceux des Vierges représentées par l'art religieux, de temps immémorial ; qu'elles ne s'en distinguent que par des détails peu importants, et qui ne peuvent être considérés comme susceptibles de constituer une invention* ; qu'il résulte [...] *que l'idée qui a présidé à l'exécution desdites statuettes est depuis longtemps tombée dans le domaine public, et que les légères différences qui existent ne peuvent les faire assimiler à un produit industriel nouveau* ».

640. M. Fontana interjeta appel mais la Cour de Paris, dans son arrêt du 28 juin 1856, confirma le jugement en se fondant uniquement sur le fait que les statuettes saisies ne furent que la reproduction, non pas de tel ou tel modèle déterminé, mais d'un « *type religieux et immuable, existant de temps immémorial* », d'où l'arrêt tire la conséquence que :

« l'exécution des modèles [...] ne présente dès lors aucun caractère de création, [qui ne saurait] [...] consacrer en faveur de l'une des parties un droit qui ait pour résultat de faire considérer ces objets comme n'étant pas dans le domaine public ».

641. Appréciation critique. L'arrêt n'échappait guère à la critique dans la mesure où le raisonnement de la Cour reposait uniquement sur le fait que les deux modèles de statuettes ne seraient pas revêtus du *caractère de création* par leur pose, leur expression et par les détails principaux de leur costume, puisqu'ils n'étaient que la reproduction d'un *type religieux* et *immuable*, existant du temps immémorial. C'est ainsi que la Cour ne tenait pas compte du travail personnel de l'artiste, des différences de détail et du mérite de l'exécution, alors que le caractère religieux en soi ne saurait dénier ou empêcher l'empreinte déposée par l'acte créatif dans la forme, qui peut dès lors être grevée d'une propriété privée. En l'espèce, il y avait bien une exécution à la main indépendante... La généralité de la formule employée par la Cour ne cesse pas d'intriguer car il semble, à la lecture des termes employés par la Cour, qu'elle ait la volonté de consacrer un véritable principe en la matière au-delà de la présente affaire. C'est dans cet esprit que Maître A. Huguet critiqua, à juste titre, l'arrêt en soulignant :

« [...] *que l'on se borne à dire que par leur pose, leur expression et par les détails principaux du costume, ils sont la reproduction d'un type connu, c'est-à-dire d'une généralité vague et insaisissable. M. Fontana, en effet, comme étant aux droits de l'artiste Vadell, ne revendiquait pas la propriété vague et indéterminée d'un type, il ne prétendait pas avoir seul le droit d'éditer des statuettes de Vierges ayant une pose, une expression et un costume plus ou moins semblables. Non ! il revendiquait deux modèles spéciaux et déterminés, avec des différences de détail et une finesse d'exécution qui en faisaient des œuvres distinctes, et portant, quoi qu'en aient dit les prévenus, la signature de l'artiste et l'estampille de l'éditeur* »[1].

642. Par ailleurs, l'arrêt a méconnu le principe tutélaire de la loi de 1793 qui reconnaît un droit de propriété à tous ceux qui ont produit et exécuté une œuvre littéraire ou artistique, sans distinguer entre la nature, le mérite et l'importance des œuvres produites, par cette raison toute simple que cette reconnaissance du travail individuel ne nuit à personne, puisque chacun reste libre de reproduire les mêmes pensées, les mêmes sujets, les mêmes types, à la charge seulement de respecter le travail personnel des tiers, lorsqu'il n'est pas tombé dans le domaine public. Comme le souligna A. Huguet :

« Qu'il nous soit d'abord permis de faire remarquer tout ce qu'il y a d'inexact dans cette prétendue immuabilité de certains types religieux. Chaque siècle, en effet, chaque école a eu ses types, et il n'est pas notamment de sujet saint qui ait donné lieu à des créations aussi nombreuses et aussi variées que la

---

1 Le commentateur tend à confondre la nouveauté et l'originalité. La question est délicate et nous ramène à la « disputation » entre DESBOIS et PLAISANT : pour l'un la copie à l'identique d'une œuvre d'art était originale tandis que pour l'autre elle ne l'était pas !

représentation de la sainte Vierge. Le procès lui-même en fournissait une preuve éclatante, puisque, d'une part, les deux modèles de Vierge dont M. Fontana revendique la propriété n'ont aucune ressemblance entre eux et répondent à deux pensées religieuses complètement distinctes ; et que, d'autre part, la Vierge immaculée, qui a les bras étendus et dont la pose est la plus répandue de nos jours, a été représentée par de nombreux artistes un bras posé sur la poitrine et l'autre étendu, et par une foule d'autres, notamment par Murillo, les deux bras croisés sur la poitrine… Voilà donc déjà quatre types et non pas un seul ! Si Phidias, Michel-Ange ou Raphaël venaient créer leurs chefs d'œuvre aujourd'hui, leur en dénierait-on la propriété, parce qu'ils auraient respecté les traditions mythologiques et religieuses acceptées avant eux ? Evidemment, non. Et pourquoi faire à ce point de vue une distinction entre eux et leurs imitateurs ? N'a-t-il pas été jugé mille fois, et par la Cour de Paris elle-même, qu'il n'appartient pas aux tribunaux d'apprécier le plus ou moins d'importance et de mérite des œuvres artistiques ? Non ! dans les arts, et principalement dans celui de la sculpture, qui n'est que la représentation plus ou moins fidèle, plus ou moins poétisée de la nature, c'est l'exécution seule qui sert de base à la propriété »[1].

643. Fontana se pourvut alors en cassation pour violation des articles 1 et 2 de la loi des 19-24 juillet 1793, en ce que la Cour avait dénié le caractère de création et de propriété privée aux deux modèles de statuettes produits, en se fondant uniquement sur le fait que ces modèles ne seraient, par leur pose, leur expression et par les détails principaux de leur costume, que la reproduction d'un type, sans tenir compte du *travail personnel* de l'artiste, des *différences de détail* et du *mérite de l'exécution*, alors qu'il était constaté et non dénié qu'il y avait eu *exécution nouvelle.*

644. Solution de la Cour de cassation. Dans son arrêt en date du 13 février 1857, la chambre criminelle de la Cour de cassation cassa l'arrêt de la Cour impériale de Paris au motif que : « pour écarter le délit dans l'espèce, il ne suffisait pas de constater que les statuettes de Fontana étaient prises sur un type commun, ce qui n'excluait aucune des modifications qu'a pu apporter le génie de l'artiste, mais que, pour déclarer les modèles non susceptibles d'être contrefaits, il devait être expressément reconnu que, dans leur exécution, ils n'offraient *rien qui fût propre à leur auteur* et pût lui assurer un droit exclusif »[2], et ce, après avoir rappelé que :

« quelque connus que soient les traits d'un type commun, et quoique la tradition impose à toute copie la nécessité de les respecter, *cette fidélité indispensable n'en laisse pas moins place au talent de l'artiste, lui permet de créer une œuvre marquée d'un caractère spécial, et qui devient, à ce litre, une propriété que la loi protège ; que, dès lors, la reproduction illicite de cette œuvre peut constituer le délit de contrefaçon* »[3].

---

[1] *Ann.* 1855-1856, t. I et II, art. 146, p. 368-370. « C'est au point qu'il est admis dans l'usage et qu'il a été jugé plusieurs fois que le marcottage, c'est-à-dire la réunion et l'arrangement de figures ou de parties de figures qui sont dans le domaine public peut néanmoins constituer une propriété privée. Il en est de même de la simple réduction d'un modèle antique ; c'est ce qui a été notamment jugé au sujet des réductions de MM. Collas et Barbedienne, parce qu'en effet, il en est en sculpture d'une copie réduite comme de la traduction d'un livre classique, chacun peut copier ou traduire le même modèle, mais non s'emparer par une reproduction servile du travail du précédent copiste ou traducteur » : *idem*, p. 370.

[2] Cass. crim., 13 févr. 1857, *D.* 1857, 1, 111 ; *Bulletin des arrêts de la Cour de cassation rendus en matière criminelle*, 1857, t. 62, n° 2, p. 101-102 ; *Journal du droit criminel, ou Jurisprudence criminelle du Royaume*, 1857, 29e année, p. 111-112 ; *Ann.* 1855-1856, t. I et II, art. 146, p. 364 et s. ; *Journal du Palais*, 1857, p. 725-728 ; *Recueil général des lois et des arrêts : en matière civile, criminelle, commerciale et de droit public*, 2e série, 1857, p. 289 et s. ; *Mémorial du commerce et de l'industrie : répertoire universel, théorique et pratique, législatif et judiciaire de la science commerciale*, t. XIX, 1863, 2, p. 552-556 ; A. BLANCHE, *Études pratiques sur le Code pénal*, VI, *op. cit.*, p. 501 et s.

[3] Statuant sur renvoi qui lui a été fait par arrêt de la Cour de cassation en date du 13 février 1857, la Cour impériale d'Orléans a rendu son arrêt du 1er avril 1857 aux termes duquel : « Attendu qu'il y a

645. Affaire « *Spicq c/ Casciani et Nau* ». Dans une autre affaire qui opposait M. Spicq, mouleur et éditeur de statuettes religieuses à Paris, à Casciani et Nau (mouleurs), la Cour de Paris a eu l'occasion de se prononcer sur la protégeabilité des *statuettes religieuses* bien qu'elles ne soient, dans son ensemble, que la reproduction d'un *type connu* et du *domaine public*[1]. En l'espèce, Spicq se prétendant propriétaire de trois modèles de statuettes, l'une dite de Saint Louis de Gonzague, l'autre dite de la Vierge à la présentation, d'après Overbeck, la troisième dite de la Vierge gothique, du père Jean Gourbillon ou Jean de Solesmes. Après avoir découvert divers exemplaires en plâtre de ces statuettes, qui ne seraient, selon lui, que des contrefaçons de ses modèles, il a fait, en vertu de l'article 3 de la loi du 19 juillet 1793, saisir le 7 juin 1875 chez Casciani et Nau et chez Giuntini, trois statuettes arguées de contrefaçon.

646. Il avait versé à l'appui des certificats du sculpteur Delorme qui attestent que ce sculpteur a exécuté pour le compte de Spicq, à qui il en a cédé aussitôt la propriété exclusive, la statuette dite de Saint Louis de Gonzague et celle dite de la Vierge à la présentation, d'après Overbeck. En défense, MM. Casciani et Nau soutenaient que le demandeur ne justifiait pas de son prétendu droit de propriété au motif qu'il s'agissait, en l'espèce, de statuettes dont le type était connu et tombé dans le domaine public, et que chacun avait dès lors le droit de reproduire d'une part, et d'autre part, ils estimaient que c'étaient des *œuvres différentes* et non des *surmoulages*[2].

647. Par un jugement rendu le 25 juillet 1875, le Tribunal correctionnel de la Seine (10e Ch.) condamna Nau et Casciani à payer solidairement à Spicq la somme de 100 francs à titre de dommages-intérêts en se fondant sur le fait que personne ne pouvait reproduire ces statuettes, en quelque matière que ce fût, sans l'autorisation de Spicq ; que, si chacun a le droit de s'inspirer du même modèle pour créer une statuette nouvelle peut, en reproduisant par la sculpture, dans une certaine dimension, créé une œuvre présentant des détails nouveaux, ayant un caractère spécial, portant le cachet de son talent et dont la loi lui garantit la propriété, on ne saurait, cependant, sans se rendre coupable de contrefaçon, reproduire, par surmoulage ou par une imitation servile, la statuette exécutée par un autre.

648. Le Tribunal estima que les statuettes dites de la Vierge à la présentation ont été obtenues, non à l'aide d'un modèle nouveau, mais par le surmoulage de celles faites d'après les statues de Delorme, dont le plaignant, comme il a été déjà souligné, a la propriété exclusive. Il en est de même des statuettes dites de Saint Louis de Gonzague,

---

dans la pose, dans l'assiette et dans le costume des deux Vierges dont il s'agit, quelque chose dû à l'esprit et au génie de l'auteur, qui les distingue par des détails importants du type généralement connu et tombé dans le domaine public ; Que les modifications apportées au type commun sont des ouvrages de l'esprit et du génie, dans le sens de la loi de 1793, qui a eu pour but de conserver à tous les auteurs de pareils ouvrages leur droit de propriété, et qu'elles constituent une œuvre spéciale facile à reconnaître, susceptible d'un droit privé de propriété, et que, par conséquent, s'il est permis à chacun de travailler sur le type commun et de le reproduire, parce qu'il a cessé d'être une propriété privée, il ne saurait être permis de le reproduire avec les modifications, quelles qu'elles soient, qu'un tiers a créées » : *Mémorial du commerce et de l'industrie : répertoire universel, théorique et pratique, législatif et judiciaire de la science commerciale*, t. XIV, 1858, 2, p. 86-88.

1 C. Paris, 29 nov. 1873, *Ann.*, 1874, t. XIX, p. 49 ; C. Paris, 25 févr. 1875, aff. *Casciani et Nau c/ Panichelli et Calais*, *Ann.*, 1875, t. XX, p. 130 ; C. Paris, 2 juin 1876, aff. *Casciani et Nau c/ Panichelli*, *Ann.*, 1876, t. XXI, p. 175.

2 Voilà la différence : le moyen mécanique.

lesquelles ont été coulées dans un moule à lui prêté par les prévenus ; et obtenues également à l'aide d'un surmoulage sur des exemplaires dont le modèle appartient exclusivement au plaignant.

649. En ce qui touche la statuette dite la Vierge gothique, de Jean Gourbillon ou Jean de Solesmes, le tribunal renvoya sur le chef de la contrefaçon les prévenus des fins de la plainte car le plaignant ne justifie pas suffisamment qu'il était le propriétaire du modèle de cette statuette au titre d'un écrit signé d'un sieur Augustin Ménégault, se prétendant lui-même cessionnaire légitime des droits de l'auteur qu'il n'en avait lui-même de Jean Gourbillon, et donnant à Spicq, l'autorisation de reproduire concurremment avec un sieur Pierrié la statuette dont s'agit.

650. Le plaignant et les prévenus interjetèrent respectivement appel mais la Cour confirma, dans un arrêt en date du 29 novembre 1873, le jugement et déclara Casciani et Nau coupables du délit de contrefaçon, qui leur est imputé de ce chef et élève à 300 francs le chiffre des dommages-intérêts, sauf en ce qu'il a renvoyé Nau et Casciani des fins de la plainte sur ce chef.

651. Affaire « *Lapayre c/ Delin* ». Par ailleurs, il a pu être jugé par la Cour de Paris (7e ch. corr.), dans son jugement en date du 21 décembre 1893, que le fait de s'inspirer de la légende qui s'attache à la vie de Saint Christophe et d'une idée religieuse qui est dans le domaine public, malgré des données assez étroites pour entraîner presque fatalement des traductions similaires, permet pourtant à l'artiste de créer une œuvre qui lui est essentiellement personnelle (en l'occurrence, St-Christophe portant l'Enfant Jésus), et dont l'exécution présente un caractère d'originalité exclusive, qui la différencie des modèles antérieurement traités, par une conception individuelle de l'ensemble ou des détails, qui empêchera de confondre cette œuvre avec toute autre traitant le même sujet[1].

652. Il en va de même pour les Vierges de Lourdes[2] et de Fourvière[3]. Dans cette dernière affaire, les dessins reproduisant tous les attributs consacrés des Vierges de Fourvières et de la Délivrande, attributs que l'on retrouve nécessairement dans toutes les reproductions destinées à la vente dans ces lieux de pèlerinage, peuvent, cependant, dans leur ensemble aussi bien que dans le détail des traits du visage de la Vierge, dans les attitudes des anges groupés aux pieds de la Vierge, présenter un caractère de *nouveauté* suffisant pour assurer le droit privatif du fabricant en vertu

---

1 C. de Paris, 7e ch. corr., 21 déc. 1893, aff. *Lapayre c/ Delin*, *Ann.* 1894, t. 40, p. 69 : « Considérant qu'il est constant, d'une part que tout en s'inspirant de la légende qui s'attache à la vie de Saint Christophe et d'une idée religieuse qui est dans le domaine public, Lapayre a créé une œuvre qui lui est essentiellement personnelle, dont l'exécution présente un caractère d'originalité exclusive qui la différencie des modèles antérieurement traités ; Que, d'autre part, l'œuvre acquise de contrefaçon, envisagée soit dans son attitude d'ensemble soit dans ses détails, est la même ; Qu'ainsi la manière dont le saint porte l'enfant Jésus sur l'épaule, la direction de son visage et de son regard lorsqu'il se sent fléchir sous un poids dont il ne peut se rendre compte, l'inflexion et la pose de la jambe offrent les analogies les plus saisissantes ; Que les draperies sont servilement copiées ; Qu'il est manifeste que l'auteur a recherché par son travail à provoquer aux yeux du public la confusion de son œuvre avec celle de Lapayre ».

2 Paris, 10 juill. 1886, *D.* 1887, 2, 132.

3 Cass. crim., 18 mai 1899, aff. *Talabot c/ Mauvillin frères et a.*, *Ann.*, 1899, t. 45, p. 88 ; Trib. corr. Seine, 13 janv. 1898 ; C. de Paris, 29 juill. 1898.

de la loi du 18 mars 1806. Dans d'autres affaires, la Cour de Paris avait décidé, dans un arrêt datant du 13 février 1884, que :

« […] *la loi du 19 juillet 1793 protège l'auteur de toute œuvre de statuaire, soit qu'elle ait un caractère purement artistique, soit que, comme dans l'industrie de l'imagerie religieuse, elle soit destinée à être reproduite par voie de fabrication industrielle, et quelle que soit d'ailleurs sa valeur esthétique ; qu'à la vérité, les productions de l'imagerie religieuse représentant des types légendaires ou hiératiques, sont obligées de suivre certaines données conventionnelles qui personnifient chaque type* ; que, sans doute, les données propres à chacun de ces types sont dans le domaine public, *mais qu'en dehors de leurs parties communes les représentations d'un même type sont susceptibles d'appropriation privée lorsque le travail personnel de l'artiste les a nettement individualisées, que tel est le cas des œuvres soumises par le plaignant à l'appréciation de la Cour* »[1].

C'est ainsi que la Cour distingua bel et bien « le sujet commun à tous de la forme personnelle que l'artiste a pu lui donner en l'exécutant »[2].

653. Consécration de la propriété personnelle incorporelle sur la forme usuelle des productions de l'imagerie religieuse. A partir de ce constat, la forme usuelle dans les productions de l'imagerie religieuse[3] était susceptible d'appropriation privée lorsque le travail personnel de l'artiste les avait nettement individualisées, bien que représentant des types légendaires ou hiératiques, figés en des types consacrés, dont les données conventionnelles appartiennent au domaine public. À titre d'exemple, le tribunal de la Seine, aux termes d'un jugement en date du 28 mai 1897, décida qu' : « *une statuette religieuse peut constituer une œuvre artistique, bien qu'elle soit conforme à un type connu, dès lors que certains détails d'exécution la rendent susceptible d'appropriation privative* »[4].

654. Affaire « *Delle Franck c/ Rain* ». Avant que le principe d'indépendance de la propriété incorporelle de l'objet matériel fut officiellement consacré par la loi du 9 avril 1910[5], pour les originaux d'œuvres d'art, la 3e chambre du Tribunal civil de la Seine, dans une affaire emblématique qui opposa la demoiselle Franck à Rain[6], a été

---

1 Paris, 13 févr. 1884, *Ann.*, 1885, 7.

2 L. PFISTER, thèse préc., p. 587. Il est intéressant de remarquer qu'on voit naître les prémisses de la loi de 1910 sur les modèles industriels (théorie de l'unité de l'art).

3 E. GAIRAL, *op. cit.*, p. 229 : « D'abord les exigences de certains sujets dont le cadre général est à peu près toujours le même. Beaucoup d'artistes spécialistes se cantonnent dans une branche de l'art, l'imagerie religieuse par exemple. Ils sont, par conséquent, amenés à traiter à peu près toujours les mêmes sujets, suivant une donnée qui ne varie guère. Les diverses images de tel ou tel saint le représentent nécessairement sous un aspect qui change peu d'une œuvre à l'autre. Dès lors, rien d'étonnant il ce qu'on voie toujours des types très voisins sortir d'un même atelier. L'acquéreur devra s'estimer satisfait si l'artiste a pu, par une légère modification, créer une œuvre qui se distingue sensiblement des précédentes ». Il convient de remarquer que cet auteur parle de l'existence d'un « droit de répétition » qui appartient à l'artiste à l'égard de ses œuvres personnelles déjà vendues en distinguant quatre hypothèses (répétition servile ; répétition avec variantes manifestes ; emploi des formes usuelles ; permanence du style personnel). V. Notamment : *idem*, p. 228 et s.

4 Aff. *Bouasse-Lebel et Massin c/ Deschamps*, *Gaz. trib.*, 21 sept. 1897 ; *Annales de droit commercial français, étranger et international*, 1897, p. 456. Ce qui n'est pas sans nous ramener à l'idée que le respect d'un cahier des charges détaillé n'empêche pas l'originalité…

5 V. Loi du 9 avril 1910 relative à la protection du droit des auteurs en matière de reproduction des œuvres d'art (*JO*, du 11 avr. 1910), *DP*, 1911, IV, p. 32-35 (avec annotations) ; *Bull. Dalloz*, 1911, p. 224 ; *Ann.*, 1910, III, p. 46-84 (avec les travaux préparatoires).

6 Trib. civ. Seine, 16 avr. 1879, aff. *Delle Franck c/ Rain*, *Ann.*, 1879, p. 302, *D. P.* 1880. 3. 31 ; *Journal des tribunaux de commerce : contenant l'exposé complet de la jurisprudence et de la doctrine des auteurs en matière commerciale*, t. 28, 1879, n° 9533, p. 541 et s.

amenée à répondre à la question de savoir si la reproduction photographique d'une œuvre d'art qui se trouve à l'intérieur d'une église sans l'autorisation de l'auteur constitue une contrefaçon par le fait seul qu'elle était placée à l'intérieur d'une église, en l'occurrence, un édifice public.

655. En l'espèce, Mlle Méniane Franck, supérieure du couvent de Saint-Joseph du Rocher, à Latresne, près de Bordeaux, réalisa une statue de Notre-Dame de Lourdes faisant le signe de la croix, dont l'original se trouvait dans l'église de Latresne et dont une copie était placée dans l'église Notre-Dame de Lourdes. L'exemplaire de cette statue avait été déposé, le 15 février 1876, à la préfecture de la Gironde, conformément à la loi. Souhaitant tirer profit de son œuvre pour subvenir aux dépenses de sa communauté et de l'orphelinat que Rain dirige, celui-ci reproduisit par la photographie cette statue et vendit des exemplaires photographiques représentant cette statue, et ce, après avoir obtenu l'autorisation du préfet de la Gironde.

656. En défense, Rain se prévalut de plusieurs moyens notamment que l'église de Lourdes est un *monument public*, et que tout le monde a le *droit de reproduire* les œuvres d'art qui s'y trouvent placées, soit à l'aide de la photographie, soit à l'aide de tout autre procédé. D'ailleurs, le fait que la demoiselle Franck ait offert sa statue à l'église de Lourdes la prive de la qualité d'auteur pour en poursuivre les contrefacteurs.

657. Après avoir rappelé que la propriété d'une œuvre d'art assure à son auteur le droit exclusif d'en opérer, soit par lui-même, soit par ses cessionnaires, la reproduction et que toute atteinte portée à ce droit, à savoir la réduction photographique apposée sur les boutons, est une contrefaçon complète non seulement de l'œuvre de la demoiselle Franck, mais encore de la photographie qu'elle en a fait tirer, le Tribunal, par un jugement du 16 avril 1879, estima que : « *rien n'établit au procès que la demoiselle Franck ait eu l'intention de se dépouiller de ses droits d'auteur et de les transmettre à l'église de Lourdes, en lui donnant une copie de la statue* ». Au regard des circonstances, il résulte clairement, au contraire, que l'artiste n'avait pas entendu se dessaisir des bénéfices tirés de la reproduction : « *elle a voulu conserver l'entière propriété de son œuvre pour en tirer profit, et enfin l'objet d'une spéculation commerciale* ».

658. C'est ainsi qu'en procédant à la reproduction photographique d'une statue placée à l'intérieur d'une église, Rain s'est ainsi rendu coupable de *contrefaçon* et le Tribunal le condamna à payer à la demoiselle Franck la somme de 300 francs à titre de dommages-intérêts pour le préjudice causé en relevant que :

> « La loi ne punit pas seulement le contrefacteur, mais aussi celui qui débite des objets contrefaits, et *qu'en admettant que Rain n'ait point fait procéder par lui-même à la réduction des épreuves photographiques qu'on lui avait adressées, il est certain qu'il a mis en vente des boutons confectionnés par lui, représentant la statue de Notre-Dame de Lourdes faisant le signe de la croix, et qui ne sont que la contrefaçon de l'épreuve photographique que ladite demoiselle a fait tirer de sa statue* ».

Enfin, pour conclure joliment :

> « *qu'il n'est pas démontré pour le Tribunal que l'église de Lourdes soit un monument public, et que cette démonstration, fût-elle faite, il n'est pas possible d'admettre que les œuvres d'art qui se trouvent dans l'intérieur d'une église, tombent à partir du jour où elles y sont placées dans le domaine public et qu'il appartient à tout le monde de les reproduire et de les contrefaire ; qu'une pareille prétention est contraire à toutes les règles sur le régime de la propriété en matière d'œuvres d'art et notamment à l'esprit de la loi du 19 juillet 1793* ».

659. Les églises, lieu sacré entre le spirituel et le matériel. C'est ainsi que les œuvres d'art ne tombent pas dans le domaine public par le seul fait qu'elles se trouvent dans l'intérieur d'une église. Quand bien même l'église serait un *monument public*, il est contraire à toutes les règles relatives à la propriété des œuvres d'art et à l'esprit de la loi du 19 juillet 1793 que tout le monde puisse les reproduire et les contrefaire à partir du moment où elles sont placées dans un lieu public[1]. La règle doit s'appliquer naturellement à la matrice de l'œuvre d'art exposée dans les lieux de culte. Ne pas l'admettre reviendrait à *dépouiller* l'auteur de sa propriété spirituelle sur l'œuvre d'art, étant le corollaire de la faculté créatrice, dès lors qu'elle se trouve à l'intérieur d'un lieu de culte, qui, en tant que *chose corporelle*, existe en dehors du sujet de droit qui la convoite selon cette conception étroite.

660. Voie de la confusion entre la *pensée spirituelle* et la *forme temporelle*. Cette manière de raisonner confondait purement et simplement entre la *propriété incorporelle* et la *propriété matérielle* car la simple possession ou l'acquisition[2] de l'Église de la propriété du support de l'œuvre signifiait que celle-ci tomberait, par ce fait seul, dans le domaine public, et sa reproduction ne saurait constituer une contrefaçon dans la mesure où l'auteur était présumé dépouiller de son droit de reproduction, voire l'ayant même abandonné. Dans ce cas, n'étant plus attaché à la personne de l'auteur, le droit de reproduction se trouvait associé à la détention du support de l'œuvre et la suivait aux mains du propriétaire. L'ancien doyen de la Faculté de droit de Poitiers de 1840 à 1860, le professeur Emile-Victor Foucart (1799-1860), considéré comme l'un des pères du droit administratif moderne[3], s'est parfaitement rendu compte de la confusion qui régnait entre la *pensée* et sa *forme* selon les termes suivants :

« *On objecte que la pensée ne peut être l'objet de l'appropriation exclusive comme les choses corporelles ; qu'elle n'appartient à celui qui l'a conçue que tant qu'elle reste enfermée dans son intelligence ; qu'aussitôt qu'elle est publiée, chacun a le droit de s'emparer et de la reproduire ; que l'auteur lui-même, par cette publication, associe le public à sa propriété, ou plutôt la lui transmet tout entière ; qu'ainsi le droit exclusif qui peut exister à l'égard de l'exemplaire d'un livre, chose matérielle, ne peut subsister pour le livre lui-même, considéré comme produit de l'intelligence. Ce système confond deux choses bien distinctes, la pensée et sa forme. Sans doute la pensée promulguée n'est pas susceptible d'un droit exclusif ; aussitôt qu'elle est rendue publique, elle devient la propriété de tous ceux qui savent la comprendre et l'ajouter à la masse de leurs connaissances. Mais il n'en est pas de même de la forme extérieure sous laquelle on l'a mise au jour, c'est-à-dire, quand il s'agit d'un écrit, de la liaison des idées et du style dont on les a revêtues : toutes ces choses, qui sont spéciales à l'écrivain, donnent lieu par la reproduction à des bénéfices qui doivent appartenir à l'auteur, parce qu'il est juste qu'il profite des avantages pécuniaires résultant de son travail.* Il y a donc ici une chose susceptible d'une propriété, c'est le droit de reproduction qui appartient à l'auteur, à l'exclusion de tous autres, et que la loi positive doit protéger comme tous les droits légitimes. *La propriété littéraire consiste donc, non pas dans la propriété des pensées, qui ne sont pas susceptibles d'un droit privatif ; non pas dans la propriété des exemplaires des ouvrages, qui est régie par les règles du droit commun, mais dans le droit de reproduction. L'aliénation de la pensée, qui est la conséquence de la publication,*

---

1 A. HUARD et E. MACK, *Répertoire de législation, de doctrine et de jurisprudence en matière de propriété littéraire et artistique*, *op. cit.*, 1891, n° 1044, p. 378.

2 Selon le professeur GAUDRAT, les modes d'acquisition de la propriété sont *limités* et rationnellement *prédéfinis* : pour les choses corporelles, ce sont : l'occupation, l'invention, l'accession, l'usucapion, la mutation. Pour les incorporelles, c'est la création, seulement. Or, le fait créatif est le mode par excellence d'acquisition de la propriété des choses incorporelles, comme le souligne le professeur GAUDRAT. Par conséquent, « il est entièrement juste que la personne à qui l'existence de la chose [incorporelle] est imputable en soit réputée propriétaire. L'injustice serait, au contraire, de la postuler *commune* parce qu'utile à tous ! ».

3 V. M. TOUZEIL-DIVINA, *Éléments d'histoire de l'enseignement du droit public : la contribution du doyen Foucart (1799-1860)*, coll. de la Faculté de droit et des sciences sociales de Poitiers, LGDJ, Paris, 2007 (Préf. d'E. GOJOSSO). *Adde* : G. J. GUGLIELMI, « E.-V. Foucart, ou le sacerdoce du droit public et administratif », *Revue du Droit Public et de la Science Politique*, 1996, p. 1291-1318.

l'aliénation des exemplaires par suite d'une convention particulière, n'entraînent pas l'aliénation du droit de reproduction. Celle-ci ne peut avoir lieu que par suite d'une convention spéciale »[1].

661. Or, plus on devient habile à dissocier nettement la *forme* du *support matériel*, plus il devient aisé de grever celle-ci d'un droit de propriété même s'il a fait l'objet d'une *aliénation*[2]. Ce n'est que la reconnaissance du principe de l'indépendance des propriétés *corporelles* et *incorporelles*[3]. Comme l'a souligné bel et bien le jugement du Tribunal mixte du Caire, siégeant en matière commerciale, en date du 16 mai 1896 :

---

[1] É.-V. FOUCART, *Éléments de droit public et administratif, ou Exposé méthodique des principes du droit public positif avec l'indication des lois à l'appui*, t. I, 3e éd., Videcoq père et fils, Paris, 1843, p. 492-493.

[2] À titre d'exemple, la Cour d'appel mixte d'Alexandrie, sous la présidence de GIACCCONE, a rendu un arrêt important du 27 mars 1889 qui n'a pas manqué de souligner que le fait d'avoir acheté de l'éditeur la partition d'un opéra (Gioconda) ne confère à l'acheteur que la seule jouissance personnelle de l'ouvrage sans lui donner le droit de faire représenter et jouer l'opéra sur une scène publique dans un but de lucre, sinon l'acte doit être considéré, suivant la jurisprudence, comme portant atteinte aux droits de propriété de l'auteur ou de ses ayants-droits (CA mixte d'Alexandrie, 27 mars 1889, aff. *P. Puthod c/ Tito di Giovanni Ricordi*, *B.* I. 77 ; *Dr. Aut.*, 15 juill. 1922, n° 7, p. 83 ; *Recueil officiel de la jurisprudence des tribunaux de la Réforme en Égypte*, t. 14, Alexandrie, 1889, p. 164 et s.). Rappr. pour la reproduction d'une œuvre littéraire dans le journal *The Egyptian Gazette* reprenant les mêmes termes : CA mixte d'Alexandrie, 8 mai 1889, aff. *Sté des gens de lettres à Paris c/ A. V. Philip*, *B.* 1,110 ; *Recueil officiel de la jurisprudence des tribunaux de la Réforme en Égypte*, t. 14, Alexandrie, 1889, p. 233 et s. : « Attendu qu'on objecterait vainement que l'achat d'un exemplaire d'une œuvre littéraire donne droit à l'acheteur de la reproduire ; que ce dernier n'acquiert qu'un droit de jouissance personnelle, et non pas celui de reproduction, dans un but de lucre, de l'ouvrage acheté ». *Adde* : CA mixte d'Alexandrie, 11 mai 1904 (confirmant et réformant en partie le jugement du tribunal mixte de 1re instance du Caire, ch. com., 5 déc. 1903), aff. *Vincenzo Granato Mezzacapo c/ Enoch et Cie*, *B.* XVI, p. 249 ; *Revue de droit international privé et de droit pénal international*, t. 1er, 1905, p. 182 et s., à propos de la vente de certains exemplaires de la musique de la valse intitulée : « Amoureuse » imprimée en fraude à Bucarest et débitée par le défendeur en Égypte au mépris des droits de l'auteur et de son éditeur cessionnaire ; Tribunal mixte de 1re instance d'Alexandrie, 28 févr. 1920, aff. *Hoirs Audran c/ Simos & Cie*, à propos de la représentation non autorisée en Égypte d'une œuvre dramatico-musicale française.

[3] L'article L. 111-3, al. 1er du CPI français dispose : « *La propriété incorporelle définie par l'article L. 111-1 est indépendante de la propriété de l'objet matériel* ». Si le législateur égyptien n'a pas posé expressément le principe d'indépendance de la propriété incorporelle de la propriété de l'objet matériel qui en est le support (V. À titre d'exemple pour les législations des pays arabes : art. 15 du CPI syrien n° 12 de 2001 ; art. 13 de la loi fédérale n° 7 de 2002 des Émirats Arabes Unis), toutefois, on pourrait déduire des dispositions de l'article 152 du CPI égyptien que le législateur a bien voulu distinguer entre la propriété du *support matériel* (l'exemplaire original) et la *propriété incorporelle*. V. L. BREUKER, « Le support de création et le support de commercialisation de l'œuvre », *Comm. com. électr.* 2003, chron. n° 2 ; J. GINSBURG, « Droit d'auteur et support matériel de l'œuvre d'art en droit comparé et en droit international privé », *in Mélanges A. FRANÇON*, Dalloz, Paris, 1995, p. 245 ; P. KAMINA, « De l'indépendance des propriétés corporelles et intellectuelles », *RRJ* 1998, n° 3, p. 881 ; E. TREPPOZ, « La détermination du propriétaire du support d'une œuvre », *Comm. com. électr.* 2006, n° 17. V. Sur la distinction de l'*âme* et du *corps* selon une approche philosophique : B. EDELMAN, « L'"image" d'une œuvre de l'esprit tombée dans le domaine public », note ss. CA Paris, 4e ch., 31 mars 2000, aff. *Panisse Passis c/ Soc. Nouveaux Loisirs*, *D.* 2001, comm. p. 772 ; P.-Y. GAUTIER, *ibid.* Rien ne justifie, sur un plan théorique, de faire une différence entre l'interprète et l'auteur. Symétriquement, il va de soi que le même d'indépendance de la propriété incorporelle de la propriété de l'objet matériel s'applique naturellement à l'interprétation ainsi qu'à la matrice d'enregistrement de l'interprétation. V. Pour une application jurisprudentielle : CA Paris, 12 mai 1999, *Juris-Data*, n° 024093 : « Selon l'article L. 212-2 du code de la propriété intellectuelle l'artiste-interprète a droit au respect de son interprétation. Ce droit de propriété incorporelle, comme le droit d'auteur, est indépendant de la propriété de l'objet matériel qui en est le support. En conséquence, ne commet pas de faute la société radiophonique qui

« Attendu que la propriété de l'artiste sur son œuvre comprenant un double élément, présente un double bénéfice à exploiter, savoir : le prix de la vente originaire et le prix des reproductions ; Que, dans le silence des conventions, *il y a lieu d'admettre que, lorsqu'un amateur achète un tableau, il achète une œuvre qu'il prend plaisir à voir et à montrer, qu'il achète un objet matériel, mais que le droit de reproduction, qui est distinct de l'objet matériel, qui dérive non de la propriété, mais de la création de l'inventeur, reste la propriété de l'auteur ; Qu'on ne peut admettre qu'un peintre, parce qu'il aura vendu une de ses œuvres, la voie jetée dans le public, dénaturée par la photographie ; qu'il a donc le droit de s'opposer à toute reproduction* ; que, par conséquent, c'est abusivement que Lekizian a reproduit le tableau de Schiffi, sans en avoir reçu l'autorisation du peintre et qu'il doit être condamné au payement d'une indemnité pour réparation du préjudice causé par cette violation du droit de l'artiste »[1].

---

transmet à la société organisatrice de la finale d'un concours la propriété matérielle du support de l'enregistrement des artistes-interprètes lors de cette finale sans avoir sollicité l'autorisation des artistes-interprètes, n'étant pas allégué qu'elle ait entendu transmettre un quelconque droit de reproduction ». « Selon les dispositions de l'article L. 212-2 du code de la propriété intellectuelle, l'artiste-interprète a droit au respect de son interprétation ; en conséquence, il est recevable à agir en réparation d'un préjudice moral pour la détérioration ou la perte de bandes d'enregistrement. Est fondé en sa demande en restitution de bandes matrices d'enregistrement, l'artiste-interprète qui a recouvré la possibilité d'exploiter l'enregistrement dans le monde entier à l'exception de quelques pays. Le producteur de phonogramme n'acquiert aucun droit de propriété sur les bandes d'enregistrement en tant qu'objet matériel indépendamment du droit cédé de distribuer et commercialiser les albums ». V. Ph. GAUDRAT, *Rép. Civ. Dalloz*, V° « Propriété littéraire et artistique (1° Propriété des créateurs) », préc., n° 58 et 59. Il convient de noter que le principe de l'indépendance de la propriété incorporelle de la propriété de l'objet matériel qui en est le support a été affirmé par la Cour de cassation égyptienne, dans un arrêt de principe en date du 12 mai 1966, qui s'était penchée sur l'incidence de la règle de l'acquisition des meubles par la simple possession sur les droits d'auteur. C'est ainsi que la Haute juridiction a décidé, dans l'affaire qui lui était soumise, que les exemplaires d'un ouvrage, en l'espèce, peuvent être pris en possession en tant que meuble corporel tandis que le droit moral ne peut faire l'objet d'une possession et on ne peut lui appliquer la règle de l'acquisition des meubles par la simple possession qui existe dans le Code civil (art. 976). Cette dernière règle s'applique seulement pour les exemplaires de l'ouvrage. Selon l'article 152/1 du CPI égyptien : « *L'aliénation par l'auteur de l'exemplaire original de son œuvre de quelque nature qu'elle soit, n'implique pas le transfert des droits patrimoniaux* […] ». S'il est préférable de parler du transfert des droits d'auteur et non des seuls droits patrimoniaux, toutefois, cette disposition vaut, en effet, pour les deux prérogatives du droit d'auteur, c'est-à-dire y compris le droit moral du fait de son caractère personnaliste étant intimement attaché à la personne de l'auteur. En effet, il convient de noter que l'article 41 de l'ancienne loi de 1954 parlait du « transfert du droit d'auteur » et non des seuls « droits patrimoniaux » dans les termes suivants : « *Le transfert de la propriété de l'original d'une œuvre, de quelque nature qu'elle soit, n'emporte pas cession du droit d'auteur.* Néanmoins, l'acquéreur de l'original d'une œuvre ne peut être tenu de permettre à l'auteur d'en reproduire des exemplaires, de le copier ou de l'exposer ; le tout sauf convention contraire ».

1 Aff. *Schiffi c/ Lekizian, in La France judiciaire* ; *Dr. Aut.*, 15 déc. 1898, n° 12, p. 141. En l'espèce, E. SCHIFFI, artiste peintre italien, avait assigné en payement de 2,000 francs de dommages-intérêts Gabriel LEKIZIAN, artiste photographe, sujet indigène, pour avoir, sans autorisation, reproduit, par la photographie, un tableau qui avait été vendu par le peintre à un amateur et dont il avait fait, en outre, deux répliques également vendues à deux autres amateurs. Le Tribunal, pour fixer le montant de cette indemnité, estime qu' : « […] il y a lieu de retenir que, si l'acheteur d'un tableau n'a pas le droit de le reproduire, il peut toutefois empêcher l'auteur de faire lui-même des reproductions à sa guise, qu'évidemment, à moins de conventions contraires, il a acheté un objet afin de le posséder à titre exclusif ; qu'entre le vendeur et lui est intervenu un contrat précis et que le peintre le violerait s'il ôtait au tableau son originalité et sa valeur en le banalisant par le fait de répandre sa composition ; Attendu que, dans ces conditions, le préjudice occasionné par les reproductions photographiques de LEKIZIAN l'a été surtout au détriment des acheteurs des tableaux de SCHIFFI qui ne sont pas en cause ; Que, si ces tableaux ont subi une diminution de leur valeur vénale, cette perte atteint surtout leurs acheteurs et non le peintre qui en a touché le prix intégral avant leur, dépréciation et qui a subi

… /

662. Il en va de même pour la *propriété ecclésiastique* de l'Église. Le droit inaliénable reconnu à l'auteur au respect de son œuvre d'art ainsi que son droit patrimonial doivent lui permettre de s'opposer à toute *reproduction* de celle-ci et la dépendance de la forme créée (la propriété incorporelle) à l'esprit du créateur, quand bien même se trouverait-elle dans une église considérée comme un « monument public ».

663. Fondement de la reconnaissance du principe de l'indépendance des propriétés *corporelles* et *incorporelles*. A l'époque, la plus grande difficulté de protéger les créations artistiques qui représentent un emblème religieux résidait certainement dans le fait qu'elles ne sauraient être, en tant que formes créatives dotées d'une forme sacramentelle, susceptibles dès lors de faire l'objet d'une propriété privée la déviant de sa pieuse origine. En effet, la confusion entre la *forme sacramentelle* et la *forme plastique* suffisait à déclencher le débat relatif à l'indépendance de la propriété incorporelle de l'œuvre de l'objet matériel qui devait postuler celle de leurs objets[1], à savoir la « forme » sur laquelle porte la véritable propriété de l'auteur, visée à l'article L. 111-1, alinéa 1er du CPI français, qui continue de grever le support.

---

plutôt un préjudice moral ; Que, vu le nombre minime des reproductions photographiques vendues par LEKIZIAN, l'indemnité à arbitrer au profit de SCHIFFI pour violation de ses droits doit être fixé *ex aequo et bono* à la somme de 100 francs pour le passé ; Par ces motifs, etc. ».

1 V. À titre d'exemple en droit espagnol : F. BONDIA ROMAN, « L'achat-vente d'une œuvre d'art en droit espagnol », *RIDA* avr. 2006, n° 208, p. 20 et s., spéc. p. 26: « Bien que l'indépendance et la compatibilité entre ces deux droits apparaissent clairement, il est impossible de ne pas constater une nette prééminence voire suprématie de la propriété intellectuelle sur la propriété ordinaire […] Ainsi, nombreuses sont les dispositions qui mettent en évidence la prépondérance, le caractère dominant ou, si l'on veut, l'existence d'un droit spécial de la propriété intellectuelle, hiérarchiquement supérieur à celui de la propriété ordinaire ou possession ».

CHAPITRE II
L'INTERPRETATION, *APPROFONDISSEMENT* DU SENS DE LA FORME DIVINE

664. Compilations et traductions religieuses, formes interprétatives sacrées. Dans la *religion musulmane*, le Coran, Parole de Dieu, qui est à l'origine de l'Islam incarne une *sûra* (forme) parfaite qui révèle un *ma'nâ* (message). Ce message traduit un discours divin qui est *commenté* et *interprété* par les *Tafsîrs*[1] (exégèses) et *complété* par la parole humaine du Prophète, à savoir le *Hadîth* (*sunna*)[2] ainsi qu'incarné dans une substance linguistique différente de l'Arabe à la portée des non arabophones, et ce, par le truchement de la *traduction*. Tandis que dans la *religion chrétienne*, la sainte liturgie imprégnée des paroles divines s'est manifestée par de nombreux textes religieux, plus particulièrement les « *livres liturgiques* », qui servent de base à l'enseignement des principes et des mystères de la foi que l'Église a invariablement fixés pour les besoins de son culte.

665. Plan. Le fil conducteur qui lie ce *corpus religieux* de « formes interprétatives » à la fois le « *turâth islamique* » et le « *patrimoine chrétien* liturgique » consiste dans le fait qu'il se situe depuis longtemps dans une hypothèse de *dérivation* suite à la prolifération des œuvres créées à partir de ce corpus primaire. C'est dans cet esprit qu'il convient, dans le cadre de la théorie générale de la forme créative, de déterminer exactement le niveau de forme affecté quant à sa protégeabilité suivant les *modes de dérivation* par le recours progressif, à la fois, à la *revivification* de la forme originelle par le processus d'*adaptation*[3] (Section I) et à la *réification* de la forme initiale par le processus de *transformation* (Section II).

---

[1] Le *tafsîr* désigne l'exégèse du texte coranique.

[2] Soulignant l'importance de la *Sunna* : « Ce n'est que par le *hadîth* que nous connaissons Dieu, son prophète, le Coran, le bien et le mal, l'ici-bas et l'au-delà. Le Coran a davantage besoin de la *Sunna* que la *Sunna* du Coran » : *Tabaqât al-hanabila*, II, 25, cité par M. ALLARD, *op. cit.*, p. 107. Par ailleurs, BARBAHARI met en évidence le principe de cette primauté : « La science n'est pas dans l'abondance des *hadîths* et des livres, le savant est celui qui met en pratique (*atba'a*) la science et la *Sunna* » : *Tabaqât al-hanabila*, II, 31. IBN HANBAL précise : « La *Sunna* commente (*tufassir*) le Coran et l'explique (*tubayyin*) » : *Tabaqât al-hanabila*, I, 252, cité par M. ALLARD, *op. cit.*, p. 109. V. Sur la question de savoir si la parole humaine du prophète peut compléter la parole divine, comme ses ordres et son exemple : M. ALLARD, *op. cit.*, p. 108.

[3] Il convient de noter que s'agissant du droit de l'auteur de modifier ou de transformer l'œuvre artistique, la Cour de cassation égyptienne a décidé, dans un arrêt en date du 16 janvier 1979, qu'en dépit du fait que l'article 7 de la loi n° 354 de 1954 relative à la protection du droit d'auteur conférait à l'auteur le droit exclusif d'apporter à l'œuvre toute modification ou transformation dont aucune autre personne n'est autorisée à se prévaloir de ce droit sans l'autorisation écrite de l'auteur ou de son ayant cause, il n'en reste pas moins, cependant, que la portée du droit reconnu à l'auteur ou à son ayant cause est limitée en cas d'adaptation et autres impératifs de même nature. Si l'adaptation de l'œuvre (par exemple, une pièce destinée à être radiodiffusée) est autorisée, l'auteur ou son ayant cause ne saurait s'opposer aux transformations ou aux modifications indispensables pour l'adaptation de l'œuvre originale ; dans ce cas, son consentement doit être présumé (Cass. civ., 16 janv. 1979, pourvoi n° 533/46e A.J., *Rec.*, 30e année, n° 53, p. 224-236), Rapporté par H. EL BADRAWY, « Rôle des autorités judiciaires dans l'application des droits de propriété intellectuelle »,

…/…

SECTION I.
LE PATRIMOINE ISLAMIQUE ET LITURGIQUE, FORME SIGNIFIANTE REVIVIFIEE PAR L'ADAPTATION

666. Naissance d'un marché de la production et de l'édition religieuses et la revivication du *turâth* islamique. Depuis un certain temps, les travaux de « reconstitution », de « restitution », de « restauration », de « transcription », de « revivication » (*ihya'*), de « réédition », de « réimpression », de « réactualisation », de « recension », de « recensement » et d' « adaptation »[1] de l'ensemble du *turâth* islamique[2] ont progressivement animé le monde de l'édition du livre religieux dans les pays arabo-musulmans. Cette tendance récurrente qui s'est dessinée auprès de nombreux éditeurs d'ouvrages dans le champ religieux a pour but de faire *revivre* le corpus qui constitue le patrimoine islamique commun telle qu'il était à l'origine, notamment les recueils canoniques de la tradition « *Sahîh* »[3], textes authentifiés par la tradition suivant le principe de l'*isnâd*[4] dans la tradition musulmane ainsi que les *tafsîrs*. Il s'agit d'une *reconstitution artificielle* de la propriété sur les œuvres de l'esprit

---

OMPI, Comité consultatif sur l'application des droits (Deuxième session) Genève, 28 - 30 juin 2004, doc. WIPO/ACE/2/6, p. 11.

1 Les termes « reconstitution », « restitution », « revivication », « réédition », « réactualisation » ou « transcription » sont souvent employés à mauvais escient ou confondus.

2 Selon un arrêt en date du 1er décembre 1990 rendu par la Haute Cour administrative, elle confirme le rôle de l'Université islamique Al-Azhar dans « la préservation de l'héritage intellectuel (*Turâth*) islamique par l'étude, l'interprétation et la publication » (Les arrêts n° 3068/30e A.J. et n° 2104/31e A.J.). Il convient de remarquer que la notion de *turâh* a une forte connotation qui renvoie d'une part aux œuvres de l'esprit et d'autre part au patrimoine culturel. V. Sur l'appropriation du vocable « *turâth* » par le droit des biens culturels : J. CHEDOUKI, *La protection du patrimoine culturel dans les pays arabes*, thèse, Poitiers, 2015, notamment p. 63 et s. et p. 70 et s. Selon cet auteur : « Le juge administratif est resté fidèle à la dimension immatérielle de la notion ainsi que l'avait conçue les intellectuels arabes depuis l'ère de la Renaissance (*Nahda*). Cette notion est également citée dans la loi n° 82 de 2002 concernant la protection des droits de la propriété intellectuelle sous l'appellation de "patrimoine populaire traditionnel" (*al-turath al-Sha'bi al-Taqlidi*) servant à définir l'expression de folklore national. De ce fait, le folklore selon les termes de l'article 138 de ladite loi "est toute expression qui présente des éléments distinctifs du patrimoine populaire traditionnel qui a été créé et développée en République Arabe d'Égypte". Le législateur énumère dans le même article les différentes expressions qui constituent le folklore national : les contes, les poésies populaires, les charades, les danses, les chansons populaires, etc. Il précise également que toutes ces expressions qui composent le folklore national sont la propriété de la nation égyptienne et il revient au ministère de la culture de veiller à sa protection par l'application des droits patrimoniaux et moraux. De ce fait, on est loin du sens originaire de la notion de *Turath* telle qu'elle était comprise au XIXe et XXe siècles comme étant l'ensemble des savoirs intellectuels accumulés pendant mille ans. Toutefois, il convient de noter que dans les deux cas le *Turath* a une forte charge immatérielle en ce qu'il renvoie à des œuvres de l'esprit » : J. CHEDOUKI, thèse préc., p. 100 et 101.

3 Recueil authentifié renvoyant aux paroles dites par Muhammad et transmises par des témoins « certifiés ».

4 « Ce principe consiste à remonter la chaîne de témoins auditifs qui va du rapporteur d'une parole prophétique au compagnon qui a vu faire ou a entendu le prophète s'exprimer sur un sujet, ou agir dans une situation déterminée » : M. YOUNES, *op. cit.*, p. 90.

appartenant au domaine public, comme le soulignent certains auteurs[1]. Ce mouvement fera, semble-t-il, légitimer la revendication d'un droit d'auteur au profit du (ré)éditeur sur le simple acte de réédition, de réimpression et de recensement des vieux livres aux dépens du domaine public. Force est de constater que ces actes purement commerciaux sans plus ne prédisposent à la protection.

667. Un *corpus* officiel faisant autorité *quasi sacralisante*. La protégeabilité des compilations religieuses, en tant qu'une *création dérivée* à caractère scientifique, appartenant à l'ensemble du *turâth* islamique et/ou du patrimoine liturgique par le droit de la propriété littéraire et artistique pose quelques difficultés dans la mesure où les institutions religieuses (*Al-Azhar* et l'Église) confèrent à ce « corpus officiel », plus ou moins hiérarchisé, une autorité *quasi sacralisante* faisant de lui un texte second après la parole divine. Ainsi, les dires et les paroles prophétiques sont considérés comme des commentaires valables de la parole de Dieu, voire même d'*inspiration divine*. Quant aux *tafsîrs*, exégèses, ils cherchent à pénétrer le *sens* de la parole de Dieu et à apporter une interprétation appropriée au texte révélé sans pour autant remettre en cause leur caractère *quasi sacré*. Il en va de même pour les *livres liturgiques* qui, formant le patrimoine spirituel, sont autant de règles, d'enseignements, de lois particulières que l'Église a fixée en tant que *Code de procédure*. Ce caractère sacré et/ou officiel n'est pas sans soulever des difficultés de mise en œuvre sur le terrain de l'existence et l'exercice du droit d'auteur sur la compilation[2] et le rassemblement de textes religieux (*hadîths*[3], *tafsîrs*[4], prières, etc.) dans un recueil ou dans une anthologie dont la publication reste subordonnée à l'obtention d'une autorisation préalable auprès de l'autorité religieuse compétente, comme nous allons le constater.

668. Problématiques de l'adaptation de la forme originelle d'inspiration religieuse. Or, le caractère sacré en soi des *hadîths* et de certains *tafsîrs* ainsi que des

---

1 V. Sur les privatisations abusives du domaine public et ses enjeux actuels : P. NOUAL, « Le domaine public à l'épreuve des revendications abusives », *Juris art etc.* 2014, n° 18, p. 38.

2 Si nous parlons des « compilations », nous n'allons pas cependant parler, en droit français, du « droit des base de données ». Nous allons nous limiter aux anthologies du fait qu'en Égypte ce droit spécial d'origine européenne n'a pas été introduit…

3 Le *hadîth*, qui constitue la *sunna* ou tradition du Prophète rapportant les dires et les paroles prophétiques, en tant qu'une source fondamentale de la loi musulmane reflète le souci permanent de certains législateurs dans les pays arabo-musulmans à réglementer l'édition, l'impression et la commercialisation de tels Recueils. En témoigne, la promulgation de la loi égyptienne n° 103 de 1985 portant organisation de l'impression des exemplaires du Coran ainsi que des *hadîths* qui marque la volonté très ferme du législateur d'élaborer un cadre normatif stricte la question au risque.

4 Il en va de même pour l'interprétation et le commentaire du Coran connu sous l'appellation de « *tafsîr* » qui se présentent comme une réflexion sur le dévoilement des sens coraniques. Au Pakistan, le législateur a promulgué une loi visant à encadrer la publication et l'enregistrement du Saint Coran. La particularité de cette loi se situe dans le fait que l'*Act* réglemente la question de l'interprétation et les commentaires du Coran contrairement aux croyances des musulmans. Selon l'article 7 du *Punjab Holy Quran (printing and recording) Act* 2011 (Act XIII of 2011, publié dans la *Punjab Gazette* "extraordinaire", 2 mai 2011, p. 38643-46) : "*Where, in a copy or record of the Holy Quran, or in any extract thereof published in a text book, a prayer book, a religious treatise or any other book, an Ayah is translated, interpreted or commented upon by a non-Muslim contrary to the belief of Muslims, the author, the printer or publisher, or the person who prepared the record, whether or not registered under this Act, shall, unless he proves that such translation, interpretation or commentary occurred only owing to a printing or mechanical error, be liable to punishment provided for in section 9*".

livres d'église et de prières n'empêche nullement que leur compilation puisse devenir la substance d'une *forme créative*[1]. L'enjeu est, toutefois, de saisir le statut du rapport entre la quête de la parole religieuse, prophétique, canonique ou liturgique et sa *réappropriation humaine* en fonction de la nature de l'acte créatif au regard du droit d'auteur.

669. Données du problème. De nombreux problèmes sont ainsi identifiés :

1° d'une part, sans cette *sacralisation*, que vaut cette forme, puisqu'elle ne permet pas la *fonction cultuelle* par laquelle elle est recherchée ;

2° d'autre part, si la forme est *fonctionnelle*, dans quelle mesure peut-elle être *originale* ? En d'autres termes, les différents actes susmentionnés peuvent-ils donner lieu à une forme créative originale distincte ? Le travail de rassemblement des *hadîths*, des *tafsîrs* et de compilation de prières, de messes et d'offices, aussi simple soit-il à première vue, s'inscrit-il dans un *acte de production* d'une forme originale ? ou bien il ne s'agit nullement de la création intellectuelle mais d'une pure opération essentiellement commerciale de *production* et de *fabrication lato sensu* des ouvrages appartenant au patrimoine islamique et liturgique. Par ailleurs, comment peut-on situer le *seuil* de l'apport de l'auteur dans le processus de reconstitution, de réactualisation et de revivication desdits ouvrages tant au niveau du *fond* que de la *forme* ?

670. Telles sont les principales questions que nous nous proposons d'examiner. Pour répondre à toutes ces questions, il est indispensable de s'interroger à la fois sur la *nature de la forme sacrée* dans le patrimoine islamique et liturgique et la *qualification juridique* des textes liturgiques et des recueils de *hadîths* et de *tafsîrs* ainsi que sur la *fonction de l'évêque* et celle des *spécialistes* du *hadîth* et du *tafsîr*, pour bien délimiter les frontières entre le statut d' « auteur » et d' « éditeur » afin de ne pas confondre entre le véritable *acte de création* qui a vocation à être objet de droit d'auteur et le simple *acte commercial* qui ne saurait donner naissance à un droit de propriété littéraire.

671. Plan. Après avoir rappelé et analysé les arguments défavorables à l'extension et la reconstitution artificielle de la propriété sur la *forme revivifiée* (§ 1) qui n'emportent pas, cependant, la conviction, nous allons examiner les premières décisions intervenues dans la jurisprudence comparée qui nous montrent qu'aux termes d'une vieille construction jurisprudentielle un véritable droit de propriété littéraire fut consacré, pour la première fois, sur les compilations à connotation religieuse (§ 2).

§ 1. Les arguments en defaveur de l'extension et la reconstitution artificielle de la propriete sur la forme revivifiee

672. Plan. Deux arguments peuvent être avancés en défaveur de la thèse prônant l'attribution de la qualité d'auteur à celui qui *reconstitue* et *restitue* les textes anciens pour les faire *revivre*. Le premier argument s'attache à la *nature* même de la forme sacrée (A) qui, par définition, devrait exclure tout « acte de création » au sens du terme tandis que le second argument découle de la *fonction* de l'évêque ainsi que celle des spécialistes du *hadîth* et du *tafsîr* (B) qui ne sauraient se voir attribuer la qualité d'auteur.

---

[1] Ph. Gaudrat, *J.-Cl. Propr. litt., art.*, Fasc. 1134, n° 121 : « La possible créativité de l'adaptation ne souffre pas d'objection : il y a production d'un objet nouveau et expression dans sa forme. La difficulté est plutôt de dessiner la limite à partir de laquelle la transformation de la forme interne est si profonde qu'il ne reste plus rien de la forme originelle (Cass. 1re civ., 4 févr. 1992 : *D.* 1992, p. 182, note P.-Y. Gautier) ».

A. L'argument imposé par la nature de la forme sacrée

673. Plan. Deux types de textes relevant du patrimoine liturgique chrétien et islamique sont à distinguer suivant le terrain sur lequel on se situe, à savoir les *textes liturgiques* (1) d'une part et les *recueils* de *hadîths* et de *tafsîrs* (2) d'autre part.

1. Les textes liturgiques

674. Plan. En Europe, les termes de la question furent posés quant à la protégeabilité des textes liturgiques[1] composés par les évêques destinés à l'usage des fidèles[2] qui vont faire l'objet d'un âpre travail de compilation et d'adaptation notamment au XIXe siècle. Avant de se pencher sur la qualification juridique desdits textes et leur caractère protégeable (b), il convient, tout d'abord, de définir ce qu'il faut entendre par ces livres de cette nature (a) dont il est si important de garantir l'authenticité, d'assurer l'exactitude, dans l'intérêt des doctrines religieuses et de leur unité selon certains auteurs[3].

a. Essai de définition et de classification

675. Proposition de classification des *ouvrages pieux*. Dans ses observations sur le projet de loi concernant la propriété littéraire relativement aux livres d'usage des diocèses, Jacques Curasson tenta de définir les « livres d'usage des diocèses » en proposant une classification de ces livres qui sont, selon lui, de trois espèces : les livres de liturgie et de chant ; les livres de direction pastorale ; et les livres d'instruction religieuse, dont l'autorité épiscopale prescrit l'usage aux fidèles.

676. À la *première classe* appartiennent les Missels, Antiphonaires, Graduels, Offices notés, tant in-folio, pour le lutrin, qu'en d'autres formats portatifs, les Eucologes, Paroissiens, livres d'Heures et autres, qui comprennent tout ou partie des offices de l'Église.

677. Dans la *deuxième classe* figurent les Rituels, Manuels, Sacerdotaux, Pastoraux, et autres ouvrages, qui retracent les rites et signalent les devoirs des pasteurs, ainsi que les dispositions exigées des fidèles, dans la concession, l'administration et la réception des sacrements. Ils rentrent aussi dans cette classe les Statuts et Ordonnances, soit provinciales, soit synodales.

678. La *troisième catégorie* renferme les Catéchismes, grands et petits, sur l'ensemble du dogme et de la morale ; les Catéchismes spéciaux sur certaines parties, telle que la confirmation ; les explications adaptées à ces mêmes Catéchismes, d'une manière plus étendue, que publie, d'autorité, le premier pasteur instruisant son peuple ; les Formulaires ou livres de Prières, donnés aux fidèles par l'évêque, qui, d'après les canons, est non-seulement le régulateur de la prière publique, mais aussi demeure chargé d'instruire les fidèles sur la prière privée. Les Mandements, Instructions pastorales, Lettres circulaires au clergé ou aux fidèles sur des matières d'instruction,

---

[1] Il convient, tout d'abord, de préciser ce qu'il faut entendre par « livre liturgique ». Est *liturgie*, selon le dictionnaire *Le Robert*, le « culte public officiel institué par une église ».

[2] V. La classification des d'usage des diocèses proposée par J. CURASSON, *Observations sur le projet de loi concernant la propriété littéraire, relativement aux livres d'usage des diocèses*, Outhenin-Chalandre fils (Besançon), 1841, p. 2-3.

[3] J. CURASSON, *op. cit.*, p. 2-3.

sur la direction soit des pasteurs, soit des ouailles, appartiennent également à cette dernière classe[1].

679. Livres d'église soumis au décret du 7 germinal an XIII. Cette classification ne doit pas faire abstraction des ouvrages qui furent régis par le décret du 7 germinal an XIII (28 mars 1805)[2], désignés sous le nom de « *livres d'Église, d'Heures et Prières* », dont les évêques seuls purent autoriser l'impression dans un intérêt d'ordre public, voire de police. Ces livres à l'usage ordinaire et public de l'église furent rangés suivant trois classes[3] :

1° Les livres qui renferment l'exposition de la *doctrine de l'Église Catholique* enseignée par les Prêtres, avec l'autorisation des Evêques : ce sont les *Catéchismes* ;

2° Les livres liturgiques qui contiennent les formes et les cérémonies prescrites pour l'administration des sacrements et l'ordre du culte, c'est-à-dire les *Rituels*, les *livres de Prières* spécialement destinés aux Prêtres, tels que les *Missels*, où sont contenues les Prières pour la célébration de la Messe ; les *Bréviaires*, qui renferment les Offices, les *Leçons de l'Écriture et des Pères*, et les *Canons* dont la récitation quotidienne est prescrite aux Prêtres ; les *Livres de chant*, composés pour l'usage des Églises et les Offices solennels ; le *cérémonial*, le *processionnal*, l'*antiphonaire*, et généralement ceux qui contiennent en tout ou en partie les offices et les prières usités et consacrés par l'Église. On doit ranger dans cette catégorie, indépendamment des livres ci-dessus indiqués, les *paroissiens*, *eucologes* et les *livres d'heures* qui ne contiennent que des extraits du missel à l'usage du diocèse[4].

3° Enfin, les *livres de Prières* à l'usage des laïques, et qui sont extraits du Bréviaire, du Missel, du Rituel, et quelque fois des livres de chant, avec ou sans traductions en langue vulgaire.

680. Champ d'application du décret. Il résulte que le décret de l'an XIII concernant l'impression des livres d'église, des heures et des prières fut applicable, non pas à tous les *livres religieux* qui ne sont pas nécessairement des livres d'église

---

1 J. CURASSON, *op. cit.*, p. 2-3.

2 Critiquant ce décret le professeur Émile ACOLLAS : « Nous considérons, quant à nous, le décret de germinal comme absolument incompatible avec la loi, qui a consacré, sous le régime républicain, la liberté pour chacun de publier sa pensée, et en vain alléguerait-on qu'il est de règle que "les lois générales ne dérogent pas aux lois spéciales", nous répondrions que cette règle d'interprétation n'a, dans le cas présent, nulle application possible, car la loi du 30 juillet 1881 n'a fait que déclarer un principe essentiel de l'État républicain, et l'on ne concevrait pas plus l'État républicain conférant un droit de censure aux évêques, dans l'intérêt de l'unité des doctrines religieuses, c'est-à-dire ici catholiques, qu'aux philosophes patentés dans l'intérêt de l'unité des doctrines philosophiques » : E. ACOLLAS, *op. cit.*, p. 106. V. *Contra* : « Il y a là, indépendamment du droit des auteurs, le droit de surveillance légitime des évêques, dont on ne peut pas les dépouiller et qui est conforme à la justice et à la raison. Il est aisé de concevoir, en effet, combien il importe que les livres liturgiques et tous ceux compris dans celte dénomination de livres d'église ne soient pas soustraits à l'autorité et à l'examen de l'évêque sans courir le risque de subir des interpolations hérétiques ou malveillantes au détriment de la religion et à la corruption des fidèles » : R. LE BARROIS d'ORGEVAL, *op. cit.*, p. 118.

3 Ch.-P. DEHANSY, A. LE CLERE, et J.-A. TOULOUSE, *Observations présentées par les libraires propriétaires des livres d'Église à l'usage du diocèse de Paris, à l'occasion du projet de loi adopté par la Chambre des Pairs sur la propriété littéraire*, Adrien Le Clère et Cie, Paris, 1840, p. 5.

4 V° « Cultes », *in* L. BEQUET, *Répertoire du droit administratif*, t. IX (avec le concours de P. DUPRE), Paul Dupont éd., Paris, 1891, p. 65.

soumis audit décret[1], mais aux *livres officiels du dogme* ou *de la doctrine*[2]. Si les uns désignés dans ce décret sous le nom de « *livres d'Église* » sont à l'usage des *ministres du culte* ou des *officiers de l'église* comme le Bréviaire[3], le Missel[4], le Pontifical, le Propre[5], le Rituel, l'Antiphonier[6], le Graduel[7], le Vespéral, le Processionnal, le Cérémonial, le formulaire diocésain pour le prône et rituels pratiques du diocèse, etc., c'est-à-dire les rituels ne contenant que les formules d'administration des sacrements, bénédictions et autres fonctions pastorales ou sacerdotales, le pontifical, le bréviaire, le diurnal, et le cérémonial propre à une église ou à un diocèse ; les autres désignés sous le nom d'« *Heures et Prières* » sont à usage des *simples fidèles*, comme les Paroissiens, les Eucologes[8], les Heures, les Offices complets, l'Office de la Quinzaine de Pâques, Journée du chrétien et les autres livres de même nature contenant en entier ou en partie les prières que l'on fait publiquement et qui font partie de la liturgie propre au diocèse[9].

681. Distinction entre les ouvrages de *liturgie* et les ouvrages de *piété*. D'après cette classification, on peut constater qu'il existe *deux types* d'ouvrages destinés à faciliter l'accomplissement du devoir religieux, ceux qui sont *obligatoires* et ceux qui sont simplement *facultatifs*. Les premiers sont qualifiés d'« *obligatoires* » car ils figurent au rang des obligations de l'évêque que lui impose son ministère à l'accomplissement des *devoirs religieux*, c'est-à-dire en l'absence desquels l'exercice du culte serait rendu impossible ; tels sont, par exemple, le missel ou le bréviaire suivant leur nature et le caractère épiscopal de leur auteur (l'évêque qui en est le ministre de la parole divine). Au contraire, les autres ouvrages de simple piété ont une valeur toute différente car ils *ne sont nullement obligatoires*. À titre d'exemple, les livres d'édification, ou même

1 C. de Lyon, 5 août 1819, aff. *Rusand c/ Rivoire*, *Journ. de l'impr. et de la libr.*, 1820, p. 68.

2 V° « Cultes », *in* L. BEQUET, *op. cit.*, p. 65.

3 V° « Bréviaire », *in* M. l'abbé J.-H.-R. PROMPSAULT, *Encyclopédie théologique, Dictionnaire raisonné de droit et de jurisprudence en matière civile ecclésiastique*, t. 1, A-CU, Éditeur de la Bibliothèque Universelle du Clergé, Paris, 1849, p. 602.

4 V° « Missel », *in* J.-H.-R. PROMPSAULT, *op. cit.*, t. 2, DA-OU, p. 928-929.

5 « En liturgie, le propre du temps, le propre des Saints, est l'office particulier de certains jours, de certaines fêtes ; le propre d'une église est l'office particulier à cette église » : *in* M.-N. BOUILLET, *Dictionnaire universel des sciences, des lettres et des arts*, Hachette, Paris, 1896, p. 1365.

6 V° « Antiphonier » *in* J.-H.-R. PROMPSAULT, *op. cit.*, t. 1, A-CU, p. 220.

7 V° « Graduel », *in* J.-H.-R. PROMPSAULT, *op. cit.*, t. 2, DA-OU, p. 543.

8 V° « Eucologe », *in* J.-H.-R. PROMPSAULT, *op. cit.*, t. 2, p. 331.

9 V° Livres « Livres d'église », *in* J.-H.-R. PROMPSAULT, *op. cit.*, t. 2, p. 800-801 : « Il faut mettre au nombre des heures et prières la Journée du chrétien, l'Ange conducteur, le Formulaire des dames Ursulines et les autres livres de ce genre, dans lesquels les règles de conduite, les instructions chrétiennes et les méditations ne sont qu'un accessoire, la partie essentielle étant l'office public et les prières de l'Église. Mais c'est donner trop d'extension aux mots que d'étendre la qualification de livre d'Église, Heures et Prières 1° au catéchisme 2° à tout livre contenant la prière du matin et celle du soir en usage dans le diocèse, l'Ordinaire de la messe et les Vêpres du dimanche, ainsi qu'a cru pouvoir le faire Mgr Affre, archevêque de Paris. (Instr. past. du 4. déc. 1842, p. 67, circul. du 22 déc. 1844). L'Imitation de Jésus-Christ, le Pensez-y bien, le Combat spirituel, les Visites au saint sacrement, les recueils de méditations et autres livres ascétiques, auxquels un éditeur aura joint la prière du matin et celle du soir, l'ordinaire de la messe et les Vêpres communes du dimanche ne sont pas devenus, à raison de cela, des livres d'Heures et prières, et encore moins des livres d'Église ».

d'instruction chrétienne, tels que mandements, catéchismes[1], etc., sont considérés comme *facultatifs*, dans la mesure où ils ne sont nullement indispensables à l'accomplissement des fidèles de leurs *devoirs religieux*. Un fidèle peut assister à la messe et la suivre, sans livre de messe : un prêtre ne peut pas la dire sans missel. Ce qui s'inscrit bel et bien dans la distinction capitale proposée par Renouard qui ne manqua pas de distinguer entre la valeur différente des *livres de liturgie* proprement dits, d'une part, et des *livres de simple piété* destinés aux fidèles, d'autre part[2]. « En d'autres termes, [...], *si le livre liturgique est un Code de procédure, loi promulguée et que vous appliquez dans son texte sans pouvoir rien y changer, le livre de pitié en est un résumé et un commentaire à l'usage du public* »[3]. En effet, cette distinction, entre les ouvrages qui sont obligatoires et ceux qui sont simplement facultatifs, entraîne de lourdes conséquences au regard de l'obligation imposée aux évêques par son ministère, comme nous allons le constater.

b. Essai de qualification

682. Caractère officiel des livres liturgiques et l'analogie avec la loi civile. Selon l'article premier de la loi du 19 juillet 1793, celle-ci ne s'appliqua pas aux *actes officiels* de l'autorité publique, ni aux documents qui leur sont annexés qui ne sont point susceptibles d'appropriation privée. Partant de ce constat, on y soutint que ce qui est transposable pour des lois et règlements de l'autorité civile l'est également des *textes liturgiques* qui ne sont autre chose que des *lois ecclésiastiques*[4]. Ces textes sont l'œuvre du pouvoir ecclésiastique exerçant une de ses fonctions les plus essentielles. Les livres liturgiques deviennent ainsi la *propriété de l'Église* en l'adoptant, tout comme l'État fait sien un projet de loi en l'adoptant. L'Église est donc *propriétaire* des ouvrages au même titre que l'État l'est de ses lois et de ses règlements :

> « *La propriété littéraire des livres d'Église appartient à l'Église,* [...], *et ne peut appartenir qu'à elle, parce que seule elle a le droit de faire ses livres et l'autorité pour les publier et les faire adopter. L'évêque ne peut donner de permission que pour son Église, dont il est le représentant naturel et le tuteur.* [...] »[5].

683. Qualification d' « actes officiels ». En effet, cette assertion convient au *caractère officiel* des livres liturgiques, c'est-à-dire les livres réglant l'espèce et l'ordre des cérémonies et des prières qui constituent le *service divin* et qui renferment l'*enseignement de la doctrine* dont le règlement et la surveillance relèvent du ministère des évêques. Tel est le cas du *bréviaire* dont la lecture quotidienne est prescrite à tous les ecclésiastiques sous des peines canoniques. Il en va de même pour le *catéchisme* dont la propriété littéraire appartient au *siège épiscopal*, et non pas à la personne de l'évêque en sa qualité d'auteur, comme la propriété littéraire des actes publics et administratifs d'un ministre appartiendrait à son ministère et non pas à lui personnellement, si elle était susceptible d'être réclamée[6]. Suivant un raisonnement par voie d'analogie, la liturgie est au dogme ce que la procédure est à la loi civile selon certains auteurs :

> « *Ainsi le livre liturgique est une loi, et de même que le législateur civil ne saurait être propriétaire de la loi qu'il fait, de même le législateur ecclésiastique doit faire son devoir de législateur*, et, quelque travail que lui coûte la confection

---

1 V. Cass. crim. 56 therm. an 12 ; 30 avr. 1825, *Jur. gén.*, v° « Propriété littéraire », n° 136 et 137.

2 *Pandectes françaises périodiques* (Recueil mensuel de jurisprudence et de législation), 1890, t. 5, p. 141.

3 Trib. civ. Lyon, 3e ch., 13 mars 1890, *Pandectes françaises périodiques*, 1890, t. 5, p. 142.

4 *Jurisprudence générale du royaume en matière civile, commerciale et criminelle : ou Journal des audiences de la Cour de cassation et des Cours royales*, 1895, p. 153 ; *Gaz. Pal.*, 1894, p. 752.

5 V° « Livres d'église », *in* J.-H.-R. PROMPSAULT, *op. cit.*, t. 2, DA-OU, p. 809.

6 V° « Catéchisme », *in* J.-H.-R. PROMPSAULT, *op. cit.*, t. 1, A-CU, p. 728.

de sa loi, il n'a pas droit, pour ce travail, à une rémunération, parce qu'il n'a pas le droit de laisser son clergé et ses fidèles dans l'anarchie »[1].

684. Analogie avec le *fonctionnaire*. En tant que *Code de procédure* de l'Église, les livres de liturgie proprement dits sont des textes de droit étroit imposés et approuvés par l'autorité suprême du Souverain Pontife ; ils contiennent des textes qui sont promulgués par lui comme loi de l'Église ; rien n'est laissé dans ces livres à l'arbitraire ou à l'initiative individuelle. Dès lors que la forme spirituelle sous-jacente assure la fonction même à l'évêque, sa finalité est accomplie par *l'utilisation* de l'objet aux *besoins du culte.* En tant que *forme* purement *fonctionnelle*, lorsqu'un évêque, notamment, rédige ou adopte un texte liturgique obligatoire pour lui et nécessaire à l'exercice de son ministère, il accomplit un acte de son *pouvoir sacerdotal* en vue de subvenir aux besoins du culte, c'est-à-dire d'un *service public* dont il a la charge. Ainsi, selon ce courant doctrinal, un texte liturgique est essentiellement un *acte officiel* de l'autorité publique.

685. Usages d'une église ou d'un diocèse dans le domaine public des fidèles. Par conséquent, s'il est vrai qu'un texte liturgique soit une *loi*, dont l'observation s'impose à tous, il doit aussi par une conséquence nécessaire *appartenir à tous*, c'est-à-dire, faire partie du domaine public. Ainsi, l'évêque diocésain, par l'ordre et les soins duquel a été composée une liturgie nouvelle, ne saurait devenir, en aucun cas, *propriétaire* de cette liturgie qui tombe par sa nature de plein droit dans le *domaine public.* « *Une liturgie ne peut être accaparée par un particulier qui s'en prétend auteur et propriétaire. Elle ne peut être revendiquée après lui par ses héritiers qui ne seront peut-être pas les continuateurs de ses idées ; elle appartient à tous, parce qu'elle s'impose à tous, elle fait partie du domaine public* »[2]. C'est ainsi que les livres liturgiques, lorsqu'ils ont été approuvés, étaient tombés dans le domaine public, et que, par mesure de police, l'État pouvait régler leur publication et surveiller la production et la reproduction des livres par le biais des pouvoirs des évêques et de leur juridiction spirituelle. Faut-il rejoindre M. Dumesnil quand il soutint que :

> « *Ces livres, sont autant de règles, de lois particulières transmises d'âge en âge par la tradition, comme des institutions propres à l'Église à laquelle, elles sont inséparablement attachées. Dès lors, on le comprendra, les Usages ne peuvent devenir la propriété de personne en particulier : mais ils doivent évidemment appartenir à la communauté des fidèles composant l'Église ou le diocèse duquel ils forment comme le patrimoine spirituel ?*
>
> [...]
>
> *En effet, si l'on admet, comme nous croyons l'avoir démontré, que les livres d'église à l'usage du diocèse sont dans le domaine public des fidèles, dont ils composent le patrimoine spirituel, on sera forcé de reconnaître que la matière de ces livres ne peut être l'objet d'aucune propriété privée. Dès lors on devra convenir également que le droit des évêques ne peut être qu'un droit de haute surveillance, d'examen et de censure, établi dans l'intérêt général de la religion et du culte.* Dès lors aussi on sera amené à conclure que l'exercice de ce droit doit être dégagé de toute acception de personnes, de

---

1 *Pandectes françaises périodiques*, janv. 1890, t. 5, p. 142.

2 *Ann.* 1895, t. XLI, art. 3786, p. 146. Il s'agit de l'opinion de l'avocat général AUZIERE dans l'aff. « *Zech et fils c/ Vitte et Pérussel* ». Il soutint que la liturgie Romano-Lyonnaise, imposée par bref du pape Pie IX, en date du 17 mars 1864, était une loi religieuse, non susceptible d'appropriation privée. Certains offices des saints pouvaient avoir été composés par Mgr de Bonald personnellement, mais la Congrégation des rites les avait révisés, expurgés de toutes nouveautés, consacrés définitivement, promulgués comme une règle de doctrine et de culte, émanant du chef suprême de l'Église. « Mgr de Bonald, prince de l'Église, n'a certainement pas eu la prétention de rester propriétaire d'une loi, dont les éléments avaient été recueillis par lui, mais qui devenait l'œuvre nécessaire du Pape et du Pape seul ».

toute idée de spéculation privée, de toute restriction qui n'aurait pas pour objet unique d'assurer l'impression et la vente de livres complètement orthodoxes et conformes de tous points aux anciens livres d'usages approuvés »[1].

686. Il faut en déduire, selon cette tendance, que les ouvrages de liturgie, consistant en des compilations et de recueils de prières et d'offices tombées dans le domaine public, ne sauraient être qualifiés de « *créations de l'esprit ou du génie* » que la propriété littéraire et artistique entendit protéger au profit de leur auteur lorsque leur usage est un des éléments nécessaires du *culte public*, c'est-à-dire en l'absence desquels l'exercice du culte serait rendu impossible.

687. Une forme fonctionnelle ? En effet, cette dépendance soulève une autre question celle de savoir si la forme ne devient pas « *fonctionnelle* ». Il y a, en effet, un caractère fonctionnel dans la « prière » ou le « rituel ». Il s'agit d'un *mode d'emploi* pour fléchir la divinité ou en obtenir quelque chose destiné au culte public. Il existe une espèce de *fidélité utilitaire* qui requiert d'être validée par une autorité ; il s'agit d'une espèce de protocole scientifique. Ce qui évidemment soulève la question du rôle de cette autorité et de la protégeabilité de la forme.

2. Les recueils de *hadîths* et de *tafsîrs*

688. Plan. En Égypte, les termes de la question furent déjà posés quant à la protégeabilité des recueils de *hadîths* et de *tafsîrs* compilés par les *imâms*, voire les maîtres prédécesseurs (*salaf*), et leurs successeurs. Avant de se pencher sur la qualification juridique desdits textes et leur caractère protégeable (b), il convient, tout d'abord, de définir ce qu'il faut entendre par ces recueils de cette nature (a) dont il est si important de reconstituer et de retranscrire le texte ancien aussi fidèlement que possible dans toute son intégrité.

a. Définition

689. *Sunna* et *tafsîr* au cœur du *turâth* islamique. Les deux ouvrages du patrimoine islamique qui tiennent la première place par ordre d'importance sont les recueils de *hadîths* ou la *sunna* et les *tafsîrs* (commentaires) du Coran. La *sunna* ou la tradition prophétique constitue la deuxième source du droit musulman. Il s'agit de récits ou de propos qui rapportent les paroles et les comportements du Prophète, ou son approbation tacite de paroles ou d'actes effectués en sa présence. Ces paroles dites et faits du Prophète furent transmis par les compagnons et leurs successeurs pour, ensuite, être rassemblés dans des *recueils authentifiés*. Au fil du temps, la *sunna* aboutit à la constitution de recueils de *hadîths* contenant les traditions les plus sûres et dont l'authenticité comporte des degrés divers, soigneusement déterminés. Il existe six recueils de *hadîths* dits « canoniques ». Parmi ces recueils les plus connus faisant autorité dans le monde sunnite, les *Sahîhs* (*L'Authentique*) des deux *imâms* Al-Bukhârî (810-870), et de Muslîm (816-875) compilés au IXᵉ siècle. Ces deux grands recueils ont fait l'objet de nombreuses études au fil du temps sous forme de *réécriture* et de *rééditions*, voire de *réactualisation* du texte ancien, à savoir d'explication (*sharh*), de commentaire (*ta'lîq*), d'authentification, de vérification (*tahqîq*), de résumé (*ikhtisâr*), de correction (*taslîh*), d'introduction (*moukadema*)… Quant au *tafsîr*, il désigne les commentaires, voire l'exégèse, du Coran, et la science même de son interprétation qui

---

1 DUMESNIL, « Du droit des évêques sur les livres d'église », *Revue étrangère de législation et d'économie politique (Revue de droit français et étranger)*, 1847, t. 4, p. 175-176 et p. 183.

s'appuie sur un travail de recherches d'ordre *paléographique* et *philologique* et sur divers recueils de traditions :

« Le *tafsîr* ou le commentaire conjugue l'interprétation suivie du texte dans son état originel avec la recherche du sens premier à travers les concepts du texte arabe. Par le biais de la grammaire et de la syntaxe, et indépendamment de sa composition historique, le commentateur du texte sacré, analyse les concepts fondamentaux qui encadrent le texte du point de vue de sa nature, de son mouvement et de sa fonction. Une méthode qui confère au commentaire une autorité quasi sacralisante, faisant de lui un texte second [...] »[1].

690. Rappelons qu'il existe plusieurs exégèses du Coran. Les plus connus sont le *Tafsîr* Al Tabari (839-923) dans son *Jami' albayân 'an ta'wîl al-Qur'ân*, le *Tafsîr* Ibn 'Abbas (m. 687), le *Tafsîr* Al-Baydawi (m. 1315), Razi (1209), Alusi (1854), le *Tafsîr al-Kashâf* de Zamakhchari (1075-1144), le *Tafsîr al-Qur'ân al Karîm* d'Ibn Kathîr (1300-1373), et le *Tafsîr al-Jalâlayn* d'Al-Mahallî (1389-1459) qui fut continué et achevé par son élève Djalâl ad-dīn as-Suyûti.

691.Variétés des typologies des modes de reconstitution d'œuvres du patrimoine islamique. Pour désigner l'apport intellectuel spécifique aux registres religieux, soient-il d'ordre *quantitatif* ou *qualitatif*, qui fait revivre ces ouvrages tombés dans le domaine public, il fut accoutumé d'utiliser une large variété d'appellations, dans la langue arabe, qui s'inscrivent dans le processus créatif de *composition* et d'*expression* du discours religieux pour l'adapter au fil du temps à des besoins nouveaux par lesquels la pensée effectue ses propres opérations intellectuelles telles que *Haqaqa* (vérifier avec exactitude), *dabata* (ajouter la ponctuation, vocaliser), *murāja'a* (révision et vérification), *sharh* (commentaire), *fahrasa* (faire un index), *ikhtisâr* (résumé), *taqdîm* (présentation), *tansîq* (agencer, organiser un récit), *ta'lîq* (annotation, explication), *taslîh* (correction, rectification)[2]. Il ne fait aucun doute que *tout travail intellectuel* n'est pas *créatif*, par principe. On remarquera que ces différentes *appellations* que recouvre le processus de reconstitution et de dérivation dans le but de vulgariser ce type de savoir religieux et scientifique *n'appellent pas forcément toutes le même traitement* pour se voir attribuer la qualité d'auteur. En effet, ce processus de reconstitution et de dérivation se situe au carrefour de plusieurs créations : la *restauration* (la recherche de fidélité), la *création littéraire* (les commentaires et les introductions), la *base de données* (l'index), et l'*anthologie* (l'agencement et la sélection). Sous cet angle de vue, il convient d'en mesurer les conséquences et d'en cerner le périmètre de protection en fonction de la nature de l'acte créatif concerné qui peut entrer dans le processus créatif pour caractériser l'originalité.

b. Fondement de la disqualification

692. Des textes appartenant au *fonds commun* de la communauté musulmane. Etant donné que ces recueils ne consistent qu'en des *simples compilations* de *hadîths* prophétiques honorables qui furent soigneusement rassemblées et vérifiées selon les chaînes de transmission (*asanid*), soumises à un examen d'authenticité et à une évaluation de fiabilité, par des *Imâms* depuis des milliers d'année dont d'autres compilateurs de *hadîths* ont pris le soin de reprendre ces compilations depuis plus de cent ans, ils seraient donc assimilés aux *recueils d'œuvres tombées dans le domaine public* ainsi

---

1 M. YOUNES, *op. cit.*, p. 97.

2 V. S. EL ALAOUI, Chap. 4 : « Les livres », *in* S. EL ALAOUI, *Les réseaux du livre islamique : Parcours parisien*, CNRS Éditions, Paris, 2006, p. 97-128, n° 19, note 16.

qu'aux *recueils de documents officiels*, tels que les textes de lois, décrets, règlements, conventions internationales, décisions judiciaires et autres actes officiels. Les textes des *hadîths* peuvent être aussi rapprochés des « choses communes » à l'instar des œuvres du domaine public[1].

693. Au soutien de cet argument, on avance le texte de l'article 4 de l'ancienne loi n° 354 de 1954 (devenu art. 141 du CPI égyptien) qui disposait que :

« Sans préjudice des dispositions de l'article 19, la protection ne s'étend pas :

1° aux recueils d'œuvres tels que les morceaux choisis de poésie, de prose, de musique et autres recueils, et ce sans préjudice des droits de l'auteur de chaque œuvre ;

2° *aux recueils d'œuvres tombées dans le domaine public ;*

3° aux recueils de documents officiels, tels que textes de lois, décrets, règlements, conventions internationales, décisions judiciaires et autres actes officiels.

Cependant, les recueils ci-dessus désignés bénéficient de la protection s'ils se distinguent par leur originalité ou leur ordre ou par un effort personnel justifiant la protection ».

694. Impossible *recomposition* d'un monopole sur le domaine public. C'est ainsi que, si l'on s'en tient à l'*acception subjective* de l'originalité, la protection au titre du droit d'auteur ne saurait s'étendre à ces ouvrages car ils ne feraient que *restituer* un ouvrage ancien tombé dans le domaine public devenu la propriété de la communauté musulmane sans que l'auteur de l'œuvre dérivée puisse en être le créateur. C'est ainsi que cette restitution ne fait que *constater* la propriété ancienne du domaine public. Il est ainsi impossible de donner naissance à un droit d'auteur du seul fait de la *recomposition* d'un monopole sur le domaine public. Certains auteurs spécialistes des sociétés arabo-musulmanes n'hésitent pas à souligner l'absence de droits d'auteur sur les livres de *turâth* puisqu'il s'agit de la réimpression d'ouvrages anciens du patrimoine islamique, ce qui est de nature à inciter les éditeurs spécialisés dans l'édition des livres religieux à s'emparer de tous les livres du *turâth* à leur gré : « De cette manière, les éditeurs, essentiellement libanais et égyptiens, ont la possibilité, selon ses termes, de "porter une partie des investissements financiers sur la reliure de façon à accroître la valeur symbolique et matérielle de ces ouvrages" »[2]. En revanche, si l'on s'en tient à une *acception plus objective* de l'originalité, la situation peut être différente, comme nous allons le constater[3].

B. L'argument attaché à la fonction de l'évêque et des spécialistes du *hadîth* et du *tafsîr*

695. Plan. Cet argument tient à la *fonction cultuelle* même de l'évêque et des spécialistes du *hadîth* et du *tafsîr* qui, par nature, ne sauraient se voir attribuer la qualité d'auteur. D'une part, l'*évêque*, en composant les ouvrages de liturgie destinés à l'usage

---

1 S. Choisy, note ss. CA Paris, 11 févr. 2004, *D.* 2004, p. 1301. V. Aussi : S. Choisy, *op. cit.*, n° 103 et s. Rappr. en matière de *restauration* : « L'on est donc amené à se demander si, dans cette hypothèse, il ne convient pas d'écarter l'octroi de droits d'auteur au restaurateur en vertu de l'article 714 C. civ., qui interdit l'appropriation totale d'une chose commune. [...] En vertu de l'article 714 C. civ. la reconnaissance d'un droit d'auteur au bénéfice du restaurateur doit donc être écartée lorsqu'elle est effectuée sur le support original de l'œuvre, puisqu'elle conduit en pratique à lui conférer un droit de propriété sur la totalité du domaine public » : S. Choisy, *op. cit.*, p. 230, n° 473.

2 F. Mermier, « Les habits neufs de l'édition arabe », *in* F. Mermier (dir.), *Nouveaux médias et mondialisation dans l'espace arabe*, Maisonneuve et Larose, Paris, 2003, p. 409-424, cité par A. Cohen, « Le livre du Coran à Rabat et à Casablanca », *Archives de sciences sociales des religions*, 2010/2, n° 150, p. 175-195.

3 V. Plus loin : § n° 718.

des fidèles, accomplit un *acte de son pouvoir sacerdotal* que lui impose *l'exercice de ses fonctions ecclésiastiques* (1) en vue de subvenir aux besoins du culte, et d'autre part, le rôle des *spécialistes* du *hadîth* et du *tafsîr* (2) se limite à résumer le patrimoine islamique qui ne saurait donner naissance à un *acte de création* mais implique un *acte* plutôt *matériel* qu'intellectuel ayant pour seul objectif de restituer à une œuvre préexistante tombée dans le domaine public sa *forme primitive* ou *première*, ce qui implique de bien cerner une telle fonction en la mettant en parallèle avec la fonction de l'éditeur et du restaurateur.

1. La nature de la fonction épiscopale

696. Fonctions ecclésiastiques de l'évêque en tant que gardien de la pureté doctrinale des livres d'Église. Dans la mesure où l'ensemble des ouvrages de liturgie renferment l'enseignement de la doctrine ecclésiastique qui est essentiellement du ministère des évêques, et l'ordre des cérémonies à observer pour l'administration des sacrements et l'exercice du culte, ces ouvrages ne peuvent être rédigés et publiés que par l'*évêque diocésain*[1], de même qu'ils ne peuvent être enseignés que par ses ordres et sous sa surveillance[2]. Etant donné que les évêques sont les *ministres de la parole divine*, il leur appartient exclusivement de l'enseigner ou d'en déléguer, d'en diriger, d'en surveiller l'enseignement. Cette surveillance sur les livres nécessaires au culte est l'un de leurs devoirs les plus importants puisqu'elle veille au maintien de la foi et de la discipline et garantit la pureté de la doctrine contre les atteintes de tout genre qui

1 « La condition à laquelle est subordonnée toute impression ou réimpression de livres d'église, à savoir la permission de l'évêque diocésain, lui confère virtuellement la faculté de l'accorder ou de la refuser, en vertu d'une appréciation souveraine, sans qu'il soit tenu d'en décliner les motifs, sous la seule qualité inhérente au caractère dont il est revêtu et à la mission de haute surveillance que ce caractère lui impose ; ce qui entraîne, par voie de conséquence, le libre choix de l'imprimeur ou des imprimeurs préposés sous sa direction à toutes les publications liturgiques réclamées par les besoins de son diocèse » (Cass., 5 juin 1847, cité par J. DELALAIN, ***Législation de la propriété littéraire et artistique : suivie d'un résumé du droit international français et de la législation des pays étrangers***, Paris, 1862, p. 14, note 1). Les évêques ont un droit absolu de surveillance et de censure sur les livres nécessaires au culte, droit assimilé, quant à ses effets et à sa sanction, au droit de propriété des auteurs, et qui n'est soumis à aucun contrôle et à aucune restriction en ce qui concerne, soit le libre choix des imprimeurs, soit les conditions auxquelles l'impression peut être autorisée. Lyon, 15 juill. 1891, sous Cass., 7 nov. 1894, aff. *Zech et fils*, *S.* et *P.* 96.1.337 (et la note de M. LACOINTA, *D.* 93.1.153). V. En ce sens : S. T.G., n° 7 ; P. R., D° 17 ; S. 1re T.D., n° 5 ; P. 1re T.C, n° 5, cité par V° « Livres d'église », *Recueil général des lois et des arrêts : en matière civile, criminelle, commerciale et de droit public*, 1 janv. 1891, p. 938.

2 La Cour de cassation, dans son arrêt du 30 avril 1825, posa le principe suivant : « Un évêque est légalement, non seulement le surveillant, mais encore l'auteur exclusif et nécessaire du catéchisme de son diocèse, qui ne peut être rédigé et publié que par lui, comme il ne peut être enseigné que par ses ordres et sous sa surveillance. Il peut donc concéder le droit exclusif de l'imprimer, et le concessionnaire est recevable à poursuivre quiconque le reproduit sans autorisation » : Cass., 30 avr. 1825, aff. *Tanquerey c/ Voisin*, Dalloz, *Prop. litt.*, n° 137, cité par A. HUARD et E. MACK, *op. cit.*, p. 26, n° 88.

peuvent l'altérer dans ces livres[1], qui, émanés de l'évêque, ont toujours un caractère officiel[2].

697. Exemple du *catéchisme* et du *bréviaire*. En effet, le « *catéchisme* » d'un diocèse est le livre qui sert de base à l'enseignement des principes et des mystères de la foi que l'Église a invariablement fixée et par cela même émane de la chaire épiscopale[3]. L'évêque est chargé de l'enseigner dans le diocèse qui seul a droit de le faire. L'évêque fait son catéchisme en sa qualité d'évêque. C'est pour son siège aussi qu'il le publie, et nul autre que lui ou son Église ne peut le publier. Le véritable *auteur* et *publicateur* du catéchisme est donc le *siège épiscopal* comme le véritable auteur des circulaires, instructions d'un ministre, est son ministère[4]. Quant au « *bréviaire* », il renferme les offices et prières que les ecclésiastiques d'un diocèse doivent réciter chaque jour de l'année. Il appartient essentiellement à l'évêque de désigner les offices et les prières dont le bréviaire de son diocèse doit être composé. En s'interrogeant sur le fait de savoir si le bréviaire est pour l'évêque un travail qui demeure en ses mains après l'accomplissement de l'obligation que lui imposait son auguste ministère, à l'instar d'un mandement après qu'il est publié, d'un sermon quand il est prêché, d'un catéchisme quand il supplée, prépare ou rappelle une instruction orale, Renouard constata à cet égard qu' :

> « [...] *Un bréviaire est toute autre chose ; c'est la règle, la loi de la prière : c'est le texte officiel dont la lecture quotidienne est prescrite à tous les ecclésiastiques sous des peines canoniques.* Il est canoniquement impossible, qu'un diocèse reste sans bréviaire, ... soit qu'un évêque approuve les bréviaires anciens tacitement ou expressément, soit que reléguant l'ancien bréviaire parmi les lois abrogées, il en promulgue un nouveau, *dans tous les cas,*

---

1 M. LAFERRIERE met l'accent sur le fait que : « Le but de la loi est la surveillance et la doctrine. La permission s'applique donc au livre et non à tel imprimeur plutôt qu'à tel autre. Chaque exemplaire reproduisant le permis d'imprimer porte avec lui son certificat de fidélité à la doctrine de la foi. Si un imprimeur faisait une édition inexacte du livre autorisé, il s'exposerait au péril d'un jugement qui ordonnerait à son préjudice la saisie et la destruction de l'édition fautive. Ainsi donc, point de propriété littéraire pour l'évêque, à l'égard des livres dont il n'est pas personnellement l'auteur ; point de privilège et de monopole pour un imprimeur à l'égard des livres d'Église ; liberté pour tous d'imprimer, en rapportant l'approbation donnée au livre. Par-là se concilient le droit public et les droits individuels » : F. LAFERRIERE, *Cours de droit public et administratif*, 2e éd., Joubert, Paris, 1841, p. 88 et 89. V° « Livres d'église », *in* J.-H.-R. PROMPSAULT, *op. cit.*, t. 2, DA-OU, p. 809.

2 Ch.-P. DEHANSY, A. LE CLERE, et J.-A. TOULOUSE, *op. cit.*, p. 6 : « On remarque que plusieurs conciles de France, en rappelant aux Evêques ce devoir, leur prescrivent surtout de retrancher des livres d'Église les légendes fabuleuses "ou les cérémonies qui pourraient favoriser" la superstition, et d'avoir soin qu'on n'y insère rien que d'édifiant et d'utile pour ceux qui doivent réciter l'Office divin ».

3 « Qu'un catéchisme ne peut être enseigné que lorsqu'il émane de la chaire épiscopale qu'il ne peut être rédigé et publié que par l'évêque diocésain, comme il ne peut être enseigné que par ses ordres et sous sa surveillance, elle en concluait qu'il en est dès lors l'auteur exclusif et nécessaire » : Arrêt du 30 avr. 1825.

4 V° « Catéchisme », *in* J.-H.-R. PROMPSAULT, *op. cit.*, t. 1, A-CU, p. 727-728. « Après lui [l'évêque], il ne sera plus question de sa personne : ce seront ses successeurs qui maintiendront, de leur propre autorité, le livre à l'usage du diocèse, sauf les modifications suggérées par l'expérience. Ce droit de maintenir le livre d'usage, il n'a point été transmis au successeur, comme à l'héritier d'un auteur ordinaire : ici le successeur tient ce droit, non de l'individu, mais du siège qu'il occupe. Cette première considération suffit déjà pour démontrer que les livres d'usage d'un diocèse appartiennent au siège épiscopal » : J. CURASSON, *op. cit.*, p. 18.

la désignation d'un bréviaire est l'accomplissement d'une stricte obligation du ministère de l'évêque et comme le prêtre est obligé de le lire, l'évêque est tenu de lui fournir un texte de lecture »[1].

698. Objet de propriété littéraire ? Dans ces conditions, ces livres ne peuvent être l'objet d'une propriété littéraire. C'est ce que confirma une décision ministérielle du 29 novembre 1810 ainsi conçue : « On entend par livres d'Église, dont les évêques seuls peuvent autoriser l'impression, les livres à l'usage ordinaire et public de l'Église, et *on ne peut pas comprendre sous ce titre des ouvrages particuliers composés par des tiers, et qui peuvent être, comme tous les autres livres, l'objet d'une propriété littéraire* »[2]. « L'auteur d'un livre ordinaire se propose un double but, celui de développer les mystères de la science ou d'en étendre le domaine, mais surtout de recevoir la juste récompense de son travail. Cette récompense, et la gloire qui peut en résulter, sont individuelles. Au contraire, *l'évêque qui rédige ou fait rédiger un livre, à l'usage de son diocèse, et qui doit émaner de son autorité, ne travaille ni pour lui, ni pour ses héritiers, ni même pour la gloire que procure la manifestation de la science ; il n'agit que pour le siège épiscopal* »[3]. C'est ainsi que dans un arrêt rendu par la Cour de cassation, en date du 28 mai 1836, sur les conclusions conformes du procureur général Dupin, elle jugea que :

« *Le décret du 7 germinal an XIII*, en disposant que les livres d'église, les heures et prières, ne pouvaient être imprimés ou réimprimés sans la permission de l'évêque diocésain, *n'a pas conféré aux évêques la propriété de ces livres : il n'a fait qu'établir, dans l'intérêt des doctrines religieuses et de leur unité, un droit de haute censure épiscopale*, duquel résulte pour les évêques celui de porter plainte, et pour le ministère public le droit et le devoir de poursuivre, même d'office, les imprimeurs qui contreviendraient à sa disposition. Il suit de là que les évêques, ou les imprimeurs auxquels ils ont accordé la permission d'imprimer ou de réimprimer les livres de cette nature, sont sans qualité pour intenter l'action résultant de la loi du 19 juillet 1793 et des art. 425, 427 et 429 du Code pénal »[4].

699. Cette solution s'explique par les *intérêts religieux*, dont l'évêque seul peut être juge que la loi lui a confié afin de veiller au maintien de la foi et de la discipline, qui ne sauraient être confondus avec l'*intérêt public*, d'ordre purement civil, dont il n'est pas fondé à se prévaloir dans la mesure où la garde appartient exclusivement au ministère public. Ainsi, le droit de censure et de surveillance ne confère pas aux évêques le droit de poursuivre directement les infractions commises[5].

« *Or ni ce décret* [du 7 germinal an XIII], *ni la loi du 19 juillet 1793 à laquelle il renvoie, n'ont voulu attribuer aux évêques la propriété des livres d'église, d'heures et prières à l'usage de leurs diocèses. Le décret ne leur confère qu'un droit de haute surveillance, d'examen et de censure ecclésiastique sur la publication de ces livres, pour en maintenir l'orthodoxie, et assurer leur complète conformité avec les livres précédemment approuvés.* La première conséquence de

---

1 A.-Ch. RENOUARD, *op. cit.*, t. II, p. 161-162.

2 V° Livres « Livres d'église », *in* J.-H.-R. PROMPSAULT, *op. cit.*, t. 2, DA-OU, p. 801.

3 J. CURASSON, *op. cit.*, p. 17-18.

4 Cass., 28 mai 1836, aff. *Caron-Vitet c/ Ledien* (A.-Ch. RENOUARD, *op. cit.*, t. II, p. 165), *Sirey-Devilleneuve*, 1836, 1, 479, cité par A. HUARD et E. MACK, *op. cit.*, p. 24, n° 83 et p. 28, n° 93. V. Dans le même sens : les arrêts rendus par la Cour royale de Colmar, 6 août 1833 (*Sirey-Devilleneuve*, 1834, 2, 137) ; par celle d'Amiens, 14 déc. 1835 (*idem*, 1836, 2, 84) ; par celle de Caen, 11 févr. 1839 (*idem*, 1839, 2, 245) ; et par celle de Paris (V. le journal *la Presse*, du 7 févr. 1847).

5 Selon l'avocat général AUZIERE : « la répression du délit appartient au ministère public seul et ne peut donner ouverture à une action civile au profit de l'évêque. Il estime que l'évêque a le droit préalable d'examen avant la publication, mais le ministère public a seul le droit de poursuite ; la matière touche en effet à l'ordre public et non à des intérêts personnels ; le Parquet seul a qualité pour agir comme dans les cas prévus par les articles 261 et 262 du Code pénal, qui ont pour objet la protection du culte. L'intérêt moral, dont peut exciper l'évêque, ne lui est pas personnel et ne lui ouvre pas d'action » : *Ann.* 1895, t. XLI, art. 3786, p. 147.

ce principe, c'est que les évêques ne peuvent céder à qui que ce soit leur droit de surveillance et d'inspection, qui dépend essentiellement de leur caractère épiscopal et de leurs attributions sacrées comme pasteurs des fidèles. Encore moins pourraient-ils en traiter à prix d'argent, en vendant ou cédant à un ou plusieurs libraires, à l'exclusion de tous autres, le droit d'imprimer et de vendre les livres à l'usage du diocèse. *Cette cession, cette vente, ce privilège, ce monopole, de quelque dénomination que l'on veuille appeler une semblable convention, serait contraire au texte comme à l'esprit du décret du 7 germinal, et ne pourrait, en aucun cas, attribuer soit aux évêques, soit aux éditeurs ainsi privilégiés, le droit de poursuivre la confiscation des ouvrages non autorisés* »[1].

700. C'est ainsi que le *catéchisme* ou le *bréviaire*, servant à l'exercice et à la pratique des devoirs de la religion, ne saurait être assimilé aux *productions littéraires* en tant que « livre d'imagination » composé à dessein d'obtenir la gloire à laquelle les auteurs aspirent :

« *Les livres d'Église proprement dits, les Bréviaires, Missels, Pontificaux, Rituels, etc., ont été composés par l'Église ou par son ordre. Ils lui appartiennent et ne peuvent appartenir qu'à elle. Les règles de la discipline et les principes du catholicisme ne permettent pas d'en attribuer la propriété à l'État, qui du reste n'élève aucune prétention à cet égard ; encore moins pourrait-on l'attribuer à celui qui les a faits ou rédigés, puisqu'il a travaillé pour l'Église et non pour lui-même. L'Église ne possède pas autre chose que son enseignement et son culte. Son enseignement est dans le catéchisme, son culte dans les livres d'Eglise.* A quoi lui servirait d'être reconnue par l'État, d'être personne civile, si les lois étaient impuissantes à lui garantir la libre jouissance de ce qu'elle a, de ce qui la constitue, si le premier venu pouvait s'emparer de son catéchisme et de sa liturgie pour s'en servir contre elle ; si un abbé Châtel quelconque pouvait prendre le catéchisme de Paris, la liturgie de l'Église de Paris, et se constituer en dehors de cette Église, à l'aide de sa doctrine et de son culte propre, pour égarer les fidèles et établir une secte nouvelle ? Il n'y a aucun livre d'Église dont l'Église elle-même ne doive être l'éditeur sérieux, puisque ce n'est que de sa main que les fidèles peuvent les recevoir. Elle seule peut leur donner la qualité de livres d'Église, et elle ne la donnerait à aucune production dont la propriété ne serait pas abandonnée par son auteur. *Le droit qu'a eu l'État de se réserver la faculté de confier exclusivement à un imprimeur de son choix l'impression du Bulletin des lois*, droit dont il s'est garanti l'exercice, en prononçant la peine de mort contre tout contrefacteur, Décr. du 14 frimaire an II (4 déc. 1793), sect. 1, a. 2, et sect. 5, a. 9, *l'Église doit l'avoir pour ses livres dont elle est tenue de surveiller l'exactitude, l'intégrité avec tout autant de sollicitude que l'État s'est cru obligé d'en montrer pour la publication de ses actes législatifs* »[2].

701. Des ouvrages *non transmissibles* aux successeurs de l'évêque. Il résulte de l'obligation imposée aux évêques au titre de leurs ministères de maintenir dans toute leur pureté les livres qui sont la base de la religion catholique dans le but d'empêcher les prêtres et les fidèles de leur diocèse de tomber dans des erreurs qui nuiraient à la foi[3]. On ne conçoit pas, en effet, que ce texte, dont la publication est imposée par sa fonction même à l'évêque, fasse *partie* du patrimoine de ce dernier et soit *transmis* comme tel à ses héritiers ou successeurs, ce qui serait inadmissible. On avança l'argument selon lequel : « *le droit d'éditer le bréviaire ou le missel d'un diocèse tomberait ainsi entre les mains d'un parent très éloigné de l'évêque, d'un mineur peut-être, voire même d'une personne étrangère à la foi catholique. Et il dépendrait de cette personne d'accorder ou de refuser la permission d'éditer et de reproduire un ouvrage indispensable à l'exercice du culte* »[4]. Cette position

---

1 DUMESNIL, « Du droit des évêques sur les livres d'église », *Revue étrangère de législation et d'économie politique (Revue de droit français et étranger)*, art. préc., p. 199 et 200.

2 V° « Livres d'église », *in* J.-H.-R. PROMPSAULT, *op. cit.*, t. 2, DA-OU, p. 801.

3 V. Trib. corr. Seine, 11 févr. 1830, aff. *Gauthier c/ Leclère*, etc., *Jurisprudence générale du royaume en matière civile, commerciale et criminelle : ou Journal des audiences de la Cour de cassation et des Cours royales*, 1830, p. 364 ; *Journal du Palais*, 1830, p. 82 ; *Répertoire méthodique et alphabétique de législation, de doctrine et de jurisprudence en matière de droit civil, commercial, criminel, administratif, de droit des gens et de droit public : jurisprudence générale*, 1857, t. XXXVIII, p. 468.

4 *Ibid*, *Jurisprudence générale du royaume en matière civile, commerciale et criminelle : ou Journal des audiences de la Cour de cassation et des Cours royales*, 1 janv. 1895, p. 153.

fut consacrée par le Tribunal correctionnel de la Seine, dans son jugement du 11 février 1830, aux termes duquel :

« Attendu que les évêques sont propriétaires des livres d'Église, des Heures et Prières de leur diocèse, puisque, conformément à la loi du 19 juillet 1793, le décret du 7 germinal an XIII défend la publication de ces livres sans la permission de l'évêque, droit qui n'existe qu'en faveur de celui qui possède la propriété littéraire d'un ouvrage ; que ce décret, en modifiant la disposition de la loi du 19 juillet 1793, relativement à la durée de la propriété des auteurs, la rend, de temporaire qu'elle est dans cette loi, perpétuelle en faveur des archevêques et évêques et de leurs successeurs, ou plutôt de leur siège, pour les livres d'Église, Heures et Prières, puisque ces livres ne peuvent jamais être imprimés ou réimprimés sans la permission de l'évêque diocésain, et que ceux qui le font sans cette permission sont exposés à être punis des peines que la loi du 19 juillet 1793 prononce contre ceux qui attentent à la propriété littéraire des auteurs, etc. ».

702. Appréciation critique. Or, ces deux arguments avancés au soutien de la *non-transmission* de la propriété des ouvrages de l'évêque à ses successeurs ainsi que l'intérêt de conserver la pureté des textes ne furent pas à l'abri des critiques par l'ancienne doctrine. S'agissant du *premier argument*, l'archevêque de Toulouse, dans une lettre, répliqua que :

« Tout le monde convient que, si un livre liturgique, un bréviaire, un catéchisme surtout, est entièrement l'ouvrage d'un évêque, la propriété lui en appartient. *Mais pourquoi cet évêque ne pourrait-il pas transmettre à son successeur cette propriété, comme l'auteur d'un ouvrage profane en laisse la propriété à ses enfants 20 ans après sa mort ? Il doit pouvoir même la transmettre pour un temps indéfini,* attendu que les considérations qui ont fait limiter la durée de la propriété des autres ouvrages n'ont aucune application aux livres liturgiques. Ceux-ci ne perdent rien de leur utilité avec le temps ; je dis plus, ils ne perdent rien de leur nécessité. On ne peut donc craindre qu'ils cessent d'être reproduits par la presse, s'ils ne tombent pas dans le domaine public »[1].

703. Par conséquent, lorsqu'un évêque, auteur d'un catéchisme ou de tout autre livre liturgique en usage dans son diocèse, n'a pas pris le soin d'assurer à ses successeurs ou à la mense épiscopale la propriété de ses œuvres, ses héritiers pourraient, après son décès, revendiquer cette propriété[2]. Ce fut la proposition prônée par l'illustre publiciste Portalis, dans son rapport qui précéda le décret de germinal an XIII, qui a bien voulu garantir aux successeurs des évêques un droit de propriété lorsqu'il estima que :

« L'article 1er de la loi du 19 juillet 1793 accorde aux auteurs la propriété de leurs écrits pendant leur vie entière. Cette disposition doit être indéfinie relativement aux livres d'Église et de prières. *Les droits résultant de la propriété ne doivent pas seulement appartenir aux évêques auteurs de ces livres, mais, sous le rapport de la surveillance, ces droits doivent s'étendre à tous les évêques successeurs.* Il est ici question d'instruction, de doctrine :

---

1 *L'Ami de la religion et du Roi* (journal ecclésiastique, politique et littéraire), 20 mars 1841, n° 5413, p. 534.

2 C'est ainsi qu'un arrêt de la Cour de Paris, en date du 25 novembre 1842, confirmant un jugement du tribunal civil de Versailles du 22 juin 1842, a déclaré qu'un sieur Dufaure, qui avait réimprimé le catéchisme du diocèse de Versailles, avait commis un délit de contrefaçon, attendu que ce catéchisme avait été composé par le précédent évêque de cette ville ; qu'il ne s'était pas écoulé dix ans (délai qui, à cette époque, fixait la déchéance du droit de propriété littéraire) depuis la mort de cet évêque ; que l'évêque actuel était légataire universel de son prédécesseur, et que, par conséquent, ce catéchisme était encore sa propriété, cité par L. BEQUET, *op. cit.*, p. 65-66, v° « Cultes ». Le décret de germinal an XIII, conférant aux évêques un droit qui n'existe qu'en faveur de celui qui possède la propriété d'un ouvrage, modifie à l'égard des livres d'église, dont ils sont ainsi reconnus propriétaires, la disposition de la loi du 19 juillet 1793, relative à la durée de la propriété des auteurs. De temporaire qu'elle est aux termes de cette loi, le décret la rend perpétuelle en faveur des archevêques et évêques qui n'ont, d'ailleurs, qu'un droit attaché à leur siège, qui se transmet à leurs successeurs. C. de Paris, 11 mai 1830, et C. de Cass., Rej., 23 juill. 1830, aff. *Gauthier c/ Leclère*, Dalloz, *Prop. litt.*, n° 137.

les évêques en sont juges et ils sont toujours et successivement l'un après l'autre responsables de celle qui se répand sous leur juridiction ; dès lors ils doivent conserver inspection sur la réimpression des livres d'église de leur prédécesseur, afin de ne pouvoir échapper à la responsabilité »[1].

704. Quant au *second argument* avancé au soutien de la conservation de la pureté des textes, l'une des doctrines anciennes les plus autorisées le critiqua. En distinguant entre la *pureté des textes* et la *propriété littéraire*, Renouard écrivit que : « La pureté des textes est chose spirituelle et de foi ; lui chercher des garanties temporelles, comme le monopole et la censure, c'est tout confondre. La pureté des textes a sa garantie spirituelle dans l'approbation des textes purs et officiels, dans l'absence d'approbation des textes non officiels, dans l'improbation et les peines canoniques contre les textes impurs »[2]. C'est dans cet esprit qu'il distingua entre *deux types* d'ouvrages : les ouvrages dont les évêques sont auteurs, et ceux dont ils ont seulement l'approbation et la surveillance. A l'égard des premiers, Renouard, affirma : « je pense qu'il faut reconnaître aux évêques les mêmes droits qu'à tous les autres auteurs ; mais à l'égard des seconds, je crois que ces prélats n'y ont point un droit exclusif, et que ces ouvrages n'appartiennent ni à la personne des évêques, ni au siège épiscopal, mais à la personne des auteurs, et, si les droits personnels des auteurs sont expirés, au domaine public ». Cette distinction étant faite, Renouard en conclut que si l'évêque a, comme tout particulier, le droit de composer des ouvrages pieux sans y être d'ailleurs obligé, en

---

1 J. CURASSON, *op. cit.*, p. 13 ; *Recueil périodique et critique de jurisprudence, de législation et de doctrine en matière civile, commerciale, criminelle, administrative et de droit public*, 1895, p. 154 ; V° « Livres d'église », *in* J.-H.-R. PROMPSAULT, *op. cit.*, t. 2, DA-OU, p. 802. Critiquant le rapport de PORTALIS, M. DUMESNIL estima que : « Malgré tout le respect qu'inspirent à juste titre le caractère, les vertus et la sagacité habituelle de l'illustre publiciste, l'un des principaux rédacteurs du Code civil, nous sommes forcés de déclarer que ce rapport n'est rien moins que clair, et que même il renferme les erreurs les plus graves. Ainsi ce document considère les évêques comme auteurs des livres qui traitent de la doctrine ecclésiastique, assertion erronée quant aux livres d'usages, puisque ces livres, on l'a vu, ne sont que la copie, l'abrégé ou le choix des prières et cérémonies anciennement approuvées dans chaque diocèse, prières qui n'appartiennent privativement à personne, pas plus à l'évêque qu'au dernier des fidèles, mais qui sont le patrimoine de tous ceux qui croient les vérités de la religion et qui pratiquent les cérémonies publiques particulièrement admises dans l'église à laquelle ils sont attachés. Ensuite, comment la disposition de l'article 1er de la loi de 1793, qui accorde aux auteurs la propriété de leurs écrits pendant leur vie entière, serait-elle indéfinie relativement aux livres d'église et de prières, et attribuerait-elle cette propriété non-seulement aux évêques auteurs de ces livres, mais, sous le rapport de la surveillance, à leurs successeurs ? N'est-il pas évident que si les évêques sont indéfiniment propriétaires, ils sont beaucoup plus que des surveillants ecclésiastiques ? Mais, d'ailleurs, comment concilier cette explication avec le véritable sens de la loi de 1793 ? Cette loi n'a pas seulement en vue les auteurs auxquels elle confère la propriété exclusive de leurs ouvrages pendant leur vie entière ; elle s'occupe aussi, dans son article 2, de leurs héritiers et cessionnaires, qui doivent jouir du même droit durant l'espace de dix ans après la mort des auteurs. Que résulterait-il de la combinaison de ces deux dispositions, si l'opinion que l'on infère du rapport de M. PORTALIS était admise ? D'une part, que les évêques considérés comme auteurs et propriétaires indéfinis, pourraient s'opposer à l'impression et réimpression des livres d'église approuvés par leurs prédécesseurs ; tandis que, d'autre part, les héritiers naturels de ces derniers ou leurs cessionnaires, armés de l'article 2 de la loi, viendraient victorieusement réclamer leur droit de propriété, à titre privé, durant dix ans après la mort des évêques approbateurs, ou auteurs et propriétaires, suivant le rapport de M. PORTALIS, des livres d'église et de prières à l'usage du diocèse : il suffit de signaler une semblable conséquence pour prouver que l'opinion que l'on croit trouver dans le rapport de M. PORTALIS est inadmissible » : DUMESNIL, « Du droit des évêques sur les livres d'église », art. préc., p. 188 et 189.

2 A.-Ch. RENOUARD, *op. cit.*, t. II, p. 161.

matière de livres liturgiques il n'a pas de droits, il n'a que des obligations. Il est facile de justifier cette solution que Renouard envisagea puisqu'elle découle logiquement des principes universellement admis en matière de propriété littéraire et artistique.

705. Cette solution vaut-elle raison pour les ouvrages du *turâth* islamique, à savoir les compilations et les recueils de *hadîths* et de *tafsîrs* ?

2. La fonction des spécialistes du *hadîth* et du *tafsîr*

706. Fonction de *pseudo-auteurs* « éditeurs » et « tailleurs »[1]. Dans le domaine des sciences du *hadîth*, le rôle des traditionnistes modernes, à savoir les spécialistes du *hadîth* (*'oulama' al-hadîth*), se limite le plus souvent, en cherchant à lui être le plus fidèle possible, à introduire une édition critique du texte ancien, une présentation (*taqdîm*), insérer un index (*fahras*), et à procéder à l'agencement différent du texte (*tansîq*)[2] en fonction d'une perspective personnelle. Le travail des spécialistes du *hadîth* procède d'une démarche rigoureuse faite à partir de recherches approfondies dans la chaîne des transmetteurs ainsi que de la reconstitution et la retranscription aussi fidèlement que possible du texte ancien dans toute son intégrité et à l'accompagner parfois de l'apparat critique, de notes historiques, d'index, de glossaires, pour publier *in fine* un ouvrage en un langage simplifié à la portée du public. Il s'agit d'un travail de *retranscription* et d'*adaptation* qui a pour objectif d'adapter les textes dans la langue arabe actuelle.

707. Reconstitution des textes anciens en tant que « forme de restauration ». Ce travail d'adaptation qui consiste à rétablir les textes anciens dans leur pureté primitive peut être désigné sous plusieurs appellations telles que la « reconstitution », la « restitution », la « restauration », la « revivication », le « déchiffrement », la « réédition », la « réactualisation » ou la « transcription ». L'examen de ces différents actes nous permet de constater que ce travail consiste à *restaurer*, à *reconstituer* et à *restituer* simplement à l'œuvre sa forme originelle pour la faire revivre telle qu'elle était à l'origine en cherchant à lui être le plus fidèle possible, et non d'en tirer une œuvre originale en termes de droit d'auteur. En effet, la reconstitution d'œuvres préexistantes est une forme de *restauration*[3] qui a « pour finalité de restituer à une œuvre originale son état ancien ou sa forme première, de faire revivre l'œuvre telle qu'elle était à l'origine »[4].

708. Restauration *à l'épreuve* du droit d'auteur. Pouillet estima, à cet égard, qu' : « il s'agit d'un simple travail de révision, travail tout matériel, n'empruntant à celui qui le fait rien de sa personnalité. [...] Le travail [...] consiste [...] à ne rien mettre du sien »[5]. Dans le même sens, Mme Choisy estime que : « L'on s'aperçoit donc que, dans tous les cas, la restauration est principalement un travail technique qui suppose, certes, une grande patience, mais qui ne permet pas au restaurateur d'effectuer des

---

1 Selon l'expression de S. EL ALAOUI, *op. cit.*, n° 27 et 54.

2 « Certains ouvrages du patrimoine islamique continuent de subir des augmentations comme le *sharh* (explication) ou le *ta'lîq* (commentaire) mais ils sont rares » : S. EL ALAOUI, *op. cit.*, n° 20.

3 V. Sur les enjeux juridiques de la restauration des œuvres d'art : Les actes du colloque sur « la restauration des œuvres d'art et le droit », Organisé par l'Institut Art et droit à l'Institut National d'Histoire de l'Art, Paris, 9 avr. 2018.

4 C. BERNAULT, « Le droit d'auteur à l'épreuve de la restauration des œuvres », *CPI* 2007, vol. 19, n° 3, p. 761 et 762.

5 E. POUILLET, *op. cit.*, n° 42, p. 61.

choix »[1]. C'est ainsi qu'au regard de l'*obligation de fidélité* de l'œuvre restituée à laquelle reste soumis le restaurateur, il ne disposera pas généralement de *liberté* suffisante pouvant lui permettre d'exprimer sa personnalité dans l'œuvre restaurée. C'est dans cet esprit que la Cour d'appel de Paris, dans son arrêt du 5 octobre 1994, refusa d'attribuer la qualité d'auteur au *restaurateur* d'une œuvre composite à propos de la restauration de la copie du film de René Feuillade intitulé "Les Vampires" au motif que :

> « La création d'une œuvre nouvelle, que ce soit une adaptation ou une œuvre composite, suppose un apport original, *alors que la restauration implique la fidélité la plus stricte à l'image et à l'esprit de l'œuvre d'origine, sa reconstitution ; qu'aucune part n'est laissée à l'arbitraire, dès lors que précisément la restauration a pour but de faire revivre l'œuvre telle qu'elle était à l'origine* » et que « si sa personnalité s'est manifestée dans l'orientation de ses recherches, dans ses supputations, au terme de ses efforts le résultat lui échappe »[2].

709. Épuration des textes tombés dans le domaine public. A l'époque, la question fut soumise au Tribunal correctionnel de la Seine (10e ch.) à propos de l'édition des œuvres complètes de Bossuet publiées d'après les imprimés et les manuscrits originaux purgés des interpolations et rendues à leur intégrité. Par un jugement en date du 7 mars 1878, le Tribunal décida que la *seule épuration d'un texte tombé dans le domaine public n'est pas, au sens légal, une production de l'esprit, protégée par la loi*, de telle sorte que le texte épuré soit censé émaner de celui qui l'a restitué ; autrement, il suffirait, pour faire sortir successivement du domaine public toutes les grandes œuvres qui constituent le patrimoine commun, d'en épurer le texte, ce qui équivaudrait peu à peu à une véritable confiscation du domaine public au profit d'intérêts particuliers[3]. C'est ainsi que le texte purgé des additions ou interpolations qui y avaient été faites, en l'espèce, jusqu'alors et ramené à son intégrité primitive ne

---

1 S. CHOISY, *op. cit.*, p. 227, n° 466. Elle estime qu' : « envisager la question de savoir si la restauration de l'œuvre engendre un droit d'auteur peut étonner. Dans la grande majorité des cas, le travail du restaurateur n'est qu'un travail technique. La restauration de tableaux se réduit bien souvent à un rentoilage et un nettoyage. Ce qu'on appelle la remasterisation des disques consiste souvent à simplement nettoyer les bruits de fond, les défauts, les grattements. Le travail d'un restaurateur de films commence par une identification (support, générique, résumé…) et s'achève par le transfert du film sur un nouveau support. À cette fin, l'on part du négatif et, si une anomalie apparaît, elle est marquée par un fil. L'on se réfère alors aux copies intermédiaires pour sélectionner les plans de meilleure qualité de chaque support afin de les dupliquer. En dernier lieu, il est opéré une suppression des rayures et des moisissures » : S. CHOISY, *op. cit.*, p. 226 et 227.

2 CA Paris, 4e ch., 5 oct. 1994, *RIDA* 1995/4, p. 302 et 299, obs. A. KEREVER ; *D.* 1996, p. 53, note B. EDELMAN ; *LPA*, 7 juin 1996, p. 9, note C. CARON. Elle retient, par conséquent, que : « M. Champreux à la différence d'un adaptateur n'a pas cherché à modifier le plan, le montage, la composition de l'œuvre antécédente ; que la rédaction des intertitres et plans d'insert et la détermination de leur emplacement proviennent non de son imagination mais selon sa conviction du choix de l'auteur lui-même; que sa personnalité s'est manifestée dans l'orientation de ses recherches, dans ses supputations mais qu'au terme de ses efforts le résultat lui échappe; que le travail consistant à retrouver l'ordre dans lequel doivent s'enchaîner les différentes bobines du film est un travail de technicien et non une création originale ; … ; que si Champreux a indéniablement effectué un long travail de recherches et d'analyse pour reconstituer le film tel qu'il devait être selon lui à l'origine tout comme le restaurateur d'un tableau recherche les couleurs et les traits effacés, souillés ou détruits pour lui redonner son éclat premier, il n'en demeure pas moins qu'il ne peut revendiquer aucun droit d'auteur sur le résultat final ».

3 Trib. corr. Seine, 7 mars 1878, aff. *Vives c/ Berche et Tralin*, *Gaz. des trib.*, 10 mars 1878, cité par E. POUILLET, *op. cit.*, p. 62 et 63 ; A. HUARD et E. MACK, *op. cit.*, p. 13, n° 44 ; *Ann. propr. ind.*, t. XXIV, 1879, art. 2545, p. 232 et s.

saurait être acquis en propre à un éditeur quelconque aux dépens du domaine public[1]. Il ne fait aucun doute que l'éditeur[2] qui rassemble spontanément plusieurs œuvres préexistantes tombées dans le domaine public ne saurait bénéficier de la *qualité d'auteur* d'une œuvre dérivée puisqu'il accomplit un *acte* plutôt *matériel* qu'intellectuel, faute d'effort intellectuel, de choix ou de dispositions des matières[3]. Quel qu'en soit le mérite, il est indéniable que le travail d'édition s'inscrit dans une activité essentiellement commerciale, même quand il s'applique à la publication d'ouvrages anciens, plus particulièrement à la fabrication *lato sensu* des livres qui ne concerne que les *auxiliaires de la création*, à savoir les *éditeurs* et non pas les *auteurs*.

710. Distinction entre le *travail* d'édition et l'*activité* de création. C'est ainsi qu'il est indispensable de délimiter les frontières entre les deux statuts d' « auteurs » et d'« éditeurs » pour ne pas confondre entre le véritable *acte de création* et le simple *travail de réédition*[4]. On ne saurait ainsi assimiler l'activité de l'*éditeur* à celle de l'*écrivain* comme l'écrit le professeur Frédéric Pollaud-Dulian[5] puisque l'apport de l'éditeur relève plutôt de la prise de risques financiers et des compétences techniques ou commerciales. En témoigne, l'arrêt rendu sur renvoi par la Cour d'appel de Versailles, dans l'affaire opposant Lucien Mazenod à S.A. Éditio, aux termes duquel les juges du fond n'ont pas manqué de souligner que :

---

1 M. CHATAIN, *De la Propriété littéraire*, A. Cotillon, Paris, 1880, p. 57.

2 V. F. FRANCA, « Les éditeurs et le droit d'auteur », *Dr. Aut.*, juin 1987, n° 6, p. 222-225. En France, le premier privilège est attribué par Louis XII en 1507 à l'éditeur Antoine VERARD pour une édition des *Épîtres de Saint Paul* : M.-C. DOCK, *Contribution historique à l'étude des droits d'auteur*, thèse, LGDJ, Paris, 1962, p. 63-64.

3 Il en va différemment lorsque le rééditeur reprenant un ouvrage tombé dans le domaine public le publiait de nouveau en faisant un apport au niveau des ajouts, modifications, notes, commentaires ou du classement. Il y a, en l'occurrence, un travail personnel. V. À titre d'exemple : les arrêts de la Cour royale de Paris des 9 décembre 1851 et 8 novembre 1835, et celui de la Cour de cassation du 27 février 1845. Reste à savoir si l'éditeur peut être un auteur.

4 Le projet de loi allemand concernant le droit d'édition distinguait entre *Auflage* (réédition), qui est une nouvelle édition sans aucun changement, et *Ausgabe* (nouvelle édition) qui est une édition à laquelle des modifications de format ou de contenu ont été apportées, de façon à créer une édition dans un genre différent, par exemple, une édition de luxe (*Dr. Aut.*, 1892, p. 24 et 25). « Toutefois, les éditeurs allemands et anglais présents au Congrès ont fait remarquer que, dans les usages suivis dans leur pays, il n'existait pas des mots correspondant à édition et à tirage. Déjà en 1892 nous avons, en réunissant les "éléments et documents" relatifs au contrat d'édition, exposé, dans un chapitre spécial intitulé "définitions", les divergences dans l'acception des termes "*Auflage*, *Ausgabe*, réédition, nouvelle édition". Il est heureux qu'en vue de la convocation d'une commission internationale mixte d'auteurs et d'éditeurs, on soit obligé de serrer de plus près la terminologie en usage dans chaque pays et d'arriver ensuite à une entente positive sur l'acception réelle de chaque expression. C'est dans ce même ordre d'idées qu'on a exprimé le désir au Congrès de Bruxelles de voir traduites en français les publications spéciales du *Börsenverein*, afin de connaître plus à fond les institutions, les us et coutumes, les traditions et les revendications du commerce allemand de la librairie. Et on peut ajouter que, à en juger par le *Börsenblatt*, les délégués allemands ont été très sensibles à l'hommage rendu ainsi aux efforts de leur association » : IIe Congrès international des éditeurs, tenu à Bruxelles du 23 au 26 juin 1897, *in Dr. Aut.*, 15 juill. 1897, n° 7, p. 75.

5 *JCP G* 1990, II, 21545, note F. POLLAUD-DULIAN sous Cass. com., 27 févr. 1990.

« *Si le concours de l'éditeur et son talent sont un élément non négligeable dans la diffusion des œuvres, son apport*, quel qu'en soit le mérite, *constitue une activité essentiellement commerciale et non de création*, même quand elle s'applique, comme en l'espèce, à la publication d'ouvrages artistiques de qualité »[1].

711. Transcription paléographique de textes médiévaux. Plus récemment, la Cour d'appel de Paris[2] a eu à répondre, dans l'affaire de la Librairie Droz que nous allons analyser plus loin de façon détaillée, à la question de savoir si le fait de *retranscrire* des manuscrits médiévaux par un paléographe était susceptible de bénéficier de la protection par le droit d'auteur. En l'espèce, le Tribunal de grande instance[3] et la Cour d'appel de Paris répondent par la négative au motif que le travail de « *restauration* et de *reconstitution* » entamé sur les textes médiévaux, même s'il mobilise des connaissances scientifiques approfondies, s'était borné à *retranscrire fidèlement* les manuscrits dans la langue originelle du Moyen Âge tel qu'il était *sans révéler aucun travail créatif* et d'adaptation dans la langue française actuelle.

712. Parallélisme entre le travail *paléographique* et *philologique* et le travail des *copistes*. Certes, le droit de la propriété littéraire et artistique n'a pas vocation à appréhender tout *travail intellectuel* ou *scientifique* mais uniquement celui qui repose sur un *acte* (apport) *créatif* qui est le reflet de la personnalité de son auteur. Il ne fait aucun doute que : « L'édition d'un manuscrit nécessitait une véritable science. La lecture des textes, le déchiffrement des écritures anciennes exigeaient avant la lettre des *connaissances paléographiques*. Il fallait étudier le manuscrit, le comparer avec d'autres afin de déceler s'il n'avait pas été tronqué ou altéré, établir la meilleure version »[4]. C'est ce qui ressort de l'arrêt du 11 janvier 1942 rendu par la Cour d'appel nationale d'Égypte, dans l'affaire des commentaires « *tafsîrs* » du Coran d'Al Qurtubi, comme nous allons le voir, aux termes duquel la réédition de *tafsîrs* même tombés dans le domaine public, assure un droit de propriété au *rééditeur* qui y a apporté des ajouts, des modifications, un classement ou des commentaires, quelle que soit l'étendue et l'importance de ces

---

1 CA Versailles, Ch. réunies, 6 mars 1991, *JurisData* n° 1991-040755, *Ann.* 1991, 154 ; *JCP G* 1990, II, 21545, note F. POLLAUD-DULIAN. L'arrêt rendu par la chambre commerciale de la Cour de cassation dans cette affaire censura l'arrêt de la Cour d'appel pour violation des articles 1 et 3 de la loi du 11 mars 1957 au motif que : « L'édition d'une collection d'ouvrages, présentant un certain nombre de caractéristiques communes, ne constitue pas en soi la création d'une œuvre distincte de ces ouvrages eux-mêmes et dont l'éditeur pourrait être considéré comme l'auteur » : Cass. com., 27 févr. 1990, pourvoi n° 88-19194, *JurisData* n° 1990-000618, *Bull. civ.* 1990, IV, n° 58 ; *RTD com.* 1990, p. 208, obs. A. FRANÇON ; *JCP G* 1990, II, 21545, note F. POLLAUD-DULIAN ; *JCP G* 1990, IV, 165 ; *JCP N* 1991, II, 286 ; *RIDA* juill. 1990, n° 145, p. 331 ; *D.* 1990, IR. 79 ; *Gaz. Pal.* 28 déc. 1990, n° 362-363, p. 220 et 222. Rappr. CA Paris, 4e ch., sect. A, 15 mars 1994, *JurisData* n° 1994-020777 ; *Gaz. Pal.* 27 janv. 1995, n° 27, 15, selon lequel : « N'est pas protégeable par la loi du 11 mars 1957 une collection littéraire médicale destinée à l'entourage de maladies (d'Alzheimer). En effet, l'édition d'une collection d'ouvrages ne constitue pas en soi la création d'une œuvre distincte des ouvrages eux-mêmes et les orientations données à une collection, le choix de thèmes et de sujets relèvent du domaine des idées ».

2 CA Paris, Pôle 5, ch. 2, 9 juin 2017, n° 16/00005, *JurisData* n° 2017-013234 ; *Propr. intell.* 2017, n° 65, p. 53, obs. A. LUCAS ; *LEPI* oct. 2017, p. 2, obs. A. LUCAS ; *RLDI* 2017, n° 143, p. 8, obs. Ph. MOURON ; *Juris art etc.*, 2017, n° 50, p. 13, note P. NOUAL ; *JCP E* 2018, 1406, n° 3, obs. A. PORTRON.

3 TGI Paris, 3e ch., 27 mars 2014, RG n° 11/01444, aff. *Librairie Droz c/ Sarl Classiques Garnier et a.*, inédit, *Propr. intell.* 2014, p. 256, obs. A. LUCAS ; *RLDI* 2014/104, 3452, obs. L. COSTES ; *RTD com.* 2014, p. 799, obs. F. POLLAUD-DULIAN ; *Gaz. Pal.*, 17 juill. 2014, n° 198, p. 14, note L. MARINO ; *JAC* 2014, n° 15, p. 9, note P. NOUAL.

4 M.-C. DOCK, *op. cit.*, p. 77.

commentaires. En fait, ce travail *paléographique* et *philologique* qui consiste à étudier les écritures manuscrites anciennes peut être mis en parallèle avec celui des *copistes* qui ont transcrit le texte coranique[1] et celui des *spécialistes* du *hadîth* qui interviennent le moins possible tendant « vers le plus grand conservatisme admissible »[2] en fonction d'un type de savoir religieux et scientifique.

713. Apport limité des spécialistes du *hadîth*. Au premier abord, il semble que l'activité des spécialistes du *hadîth* exclut l'*originalité* requise en matière de propriété littéraire et artistique dans la mesure où l'apport des auteurs contemporains se limite, de manière générale, à des changements au niveau de la *forme*, comme le remarquent certains auteurs, à savoir l'insertion d'un index (*f'ahras*), l'agencement différent du texte (*tansîq*) ou l'introduction d'une présentation (*taqdîm*)[3], ce qui peut être de nature à ne pas donner naissance à une *œuvre originale* qui porte l'empreinte de la personnalité de l'auteur au profit d'un simple travail de *compilation* et de *reconstitution*. A suivre, on songerait à refuser la protection du droit d'auteur à l'auteur de ce « genre littéraire », selon la formule de certains, qui :

> « [...] *participe non pas à la création d'un livre mais à un nouveau produit éditorial. Le rôle de ces pseudo-auteurs, voire "tailleurs" se limite à résumer le patrimoine islamique*. La forme de résumé la plus fréquente est de faire disparaître l'*isnâd* (chaîne des transmetteurs), véritable accumulation de marques d'authentification. On ne cite que le premier maillon de l'*isnâd* ou alors on ne cite que le compilateur (Al-Bukhârî et Muslîm) »[4].

714. *Choix par abstention* dans le processus créatif. À titre d'exemple, l'examen du travail accompli par Murrakuchi dans son ouvrage *Libanatou al qaryei*[5] nous montre qu'il a procédé au *choix* de certains *hadîths* 509 (*matn* sans *isnâd*) eu égard à leur importance et leur brièveté parmi les 7 397 traditions compilées par Al-Bukhârî dans son *Sahîh*. C'est ainsi que le *matn* (le fond), c'est-à-dire le texte même du *hadîth*,

---

1 V. Notamment le travail du professeur François DEROCHE, paléographe et titulaire de la nouvelle chaire « Histoire du Coran. Texte et transmission » au Collège de France, qui est l'un des plus grands spécialistes de l'histoire des manuscrits arabes et de l'histoire du texte coranique. V. A. FEDELI, « La transmission écrite du Coran dans les débuts de l'islam. Le codex parisino-petropolitanus », *Bulletin d'études orientales*, t. LIX, 2010, p. 149-157 ; F. DEROCHE, *Les manuscrits du Coran. Aux origines de la calligraphie coranique*, Bibliothèque Nationale, Paris, 1983 (Catalogue des manuscrits arabes. Deuxième partie : Manuscrits musulmans, t. I, 1).

2 THOMAS, *Les fragments du Roman de Tristan : poème du XIIe siècle* (édités avec un commentaire par B. H. WIND), Librairie Droz (Genève), Librairie Minard (Paris), 1960, p. 11.

3 S. EL ALAOUI, *op. cit.*, n° 20. À titre d'exemple : « *As-sîra an nabawiyya li ibn Hisham, haqaqaha wa dabataha wa wada'a fihârasaha mustafa as Saqâ, Ibrahim al Abyâri, 'Abd al Hafid Shalabi ; Mukhtasar sirat ibn Katir..., ikhtisâr wa sharh 'Ali Qutb ; Tahdîb sirat ibn Hisâm. 'Abd Salâm Harûn ; Al bidâya wa an nihâya li ibn Katir, a'adda fihârasahu 'abd Allâh Anis at Taba', bi ishtirâk ma'a 'abd al Fattâh Muhammadal Hilw ; Tafsir al 'âli al qadir li ikhtisâr tafsir ibn Katîr, ihtasarahu wa 'allaqa 'alayhi wa akhtara asahha riwâyatihi Nasib ar Rifâ'î ; Mukhtasar tafsîr at Tabarî, lil imâm al mufassirîna abî Ga'far Muhammad bnu Garîr at Tabarî al Musammâ 'Gami 'al bayân 'an ta 'wil 'ây al Qur'ân", ikhtisâr wa tahqîq Muhammad as Sâbunî ; Tafsir al qur'ân al karîm, li ibn 'Arabi, tahqîq wa taqdîm Mustafa Gâlib ; Mukhtasar tafsir al Qurtubi, ashrafa 'alâ nashrihi Tawfiq al Hakîm ; Tafsîr al galâlarni, lil imâmayni Galal ad dîn al Mahalî wa Galal ad dîn as Suyutî, i'dâd wa tansîq* » : S. EL ALAOUI, *op. cit.*, p. 97-128, note 17.

4 S. EL ALAOUI, *op. cit.*, n° 27.

5 *Libanatou al qaryei*, p. 8 : « Il m'est venu à l'esprit de transmettre ce dont on a besoin incessamment du *Sahîh al-Bukhârî* qui renferme tout ce qu'un lecteur doit savoir des règles religieuses. Pour cette fin, j'ai extrait de son contenu – comme de l'or pur – les plus importants de brefs *hadîth-s*, pour être à la portée du lecteur et à la disposition de quiconque cherche à apprendre. Je lui ai donné le nom "Le désir du lecteur, extrait du *Sahîh al-Bukhârî*" », rapporté par S. EL ALAOUI, *op. cit.*, n° 28.

est reproduit scrupuleusement en faisant abstraction de l'*isnâd*. En effet, les *hadîths* rassemblés, n'étant pas transformés, ils ne peuvent être tenus pour *créés* par celui qui les *collecte*[1] d'autant plus qu'aucune part n'est laissée à l'arbitraire à l'instar de l'épuration des textes qui ne peut pas créer un droit d'auteur. Son ouvrage constitue donc un extrait *ikhtisâr* (résumé) du contenu du *Sahîh* Al-Bukhârî et la sélection à laquelle il procède exprime une « option » sous-jacente à la renonciation. En l'état, il ne s'agit que d'un *choix scientifique* qui n'est pas *créatif* « en soi » ! Un autre auteur n'aurait pas nécessairement adopté le même choix selon les données scientifiques qu'il a acquises. On ne saurait ainsi en déduire le caractère nécessairement *interchangeable* du travail du spécialiste du *hadîth*, dès lors, du moins, que la reconstitution de la forme varie donc selon les types de créations que l'on est en présence, comme nous allons le constater.

715. Cela étant posé, il reste, cependant, à savoir si ce *choix par abstention*[2] consistant à détacher d'un ensemble (*Sahîh* Al-Bukhari et Muslîm) certains *hadîths* pour les reproduire littéralement dans un ouvrage, tel que le travail accompli par Murrakuchi, élabore suffisamment une *forme interne* propre et distinctive par rapport à l'œuvre primitive. Ce travail aurait-il constitué une forme donnant naissance à un droit de propriété littéraire permettant de déceler et de caractériser l'originalité au sein de cette forme ? Ce seul *choix* de *hadîths* saurait-il conférer à la forme la qualité d'œuvre de l'esprit de la nouvelle édition[3] ? Ce choix est-il agencé selon une « *disposition* » propre à son auteur ? Ce serait à vérifier au cas par cas, comme le montre la jurisprudence égyptienne.

716. Science du *hadîth* aux confins du droit d'auteur. Au-delà du simple choix de certains *hadîths*, il convient de noter que la branche de la science du *hadîth* (*'ilm al-hadîth*) « *al-isnâd* » est assez complexe et vaste ; elle requiert diverses connaissances, compétences et spécialisations qu'il n'est pas question d'examiner. Il faut retenir que cette science n'est pas à la portée de tous mais elle met en évidence la complexité et l'originalité (voire la « nouveauté » le plus souvent) du travail des spécialistes ; ce qui explique la spécialisation de plusieurs auteurs dans cette science autonome. En effet, un tel *choix* ne prive pas nécessairement l'acte créatif du *caractère personnel* dans la mesure où ce choix repose sur la mise en œuvre de plusieurs méthodes possibles (la

---

[1] « À rebours de l'anthologie, un simple rassemblement d'objets préexistants ne peut, en aucun cas, constituer une création. Le travail de collecte, aussi pénible ou onéreux soit-il, reste une prestation non qualifiante : collecter des fonds, des ordures ou des archives n'est pas un acte créatif » : Ph. GAUDRAT, *J.-Cl. Propr. litt., art.*, Fasc. 1134, n° 129.

[2] V. A. PORTRON, *Election et création. Réflexions sur l'influence de la technique en propriété littéraire et artistique*, Mémoire pour le Master II Droit des propriétés intellectuelles, Université de Poitiers, 2013, p. 33 et s. : « Renoncer, postule la préexistence de plusieurs hypothèses entre lesquelles choisir. Élire l'une d'entre elles se fait dans la poursuite d'un but. Ce but *peut* être d'exprimer sa personnalité, mais ce n'est pas toujours le cas : le mathématicien n'a aucun but d'expression, son but est de résoudre un problème. Le fait que le choix du NON soit une fonction mathématique implique qu'elle ne fait que traiter des données. Lorsque le choix est animé par un but d'expression des éléments de la personnalité de l'auteur, le résultat de la fonction, une fois déposé dans une forme : donne naissance à une œuvre. C'est bien le résultat du choix à visée expressive de la personnalité, qui remplit les exigences ; et non le choix en lui-même ».

[3] Est envisagée comme nouvelle édition toute réimpression nouvelle avec ou sans changements.

chaîne de transmission *isnâd* et d'attribution[1]) afin de vérifier l'authenticité de chaque *hadîth* et la fiabilité des transmetteurs[2], les trier, les classifier puis de décider d'y intégrer chacun selon des critères préalablement définis. Il existe, en effet, plusieurs procédés appliqués aux traditions auxquels se sont attelés les spécialistes du *hadîth.* À titre d'exemple, le procédé que l'on désigne communément sous le terme de « *takhrîg* » (de l'*istikhrag* qui signifie l'extraction) qui consiste à rechercher des *hadîths* épars aussi bien dans des recueils de *hadîths* que dans des ouvrages relevant d'autres disciplines religieuses, dans le but de les référencer et, le cas échéant, de les réunir suivant un ordre déterminé, dans des monographies spécialisées[3]. Force est de constater que le travail assez chronophage de vérification de l'authenticité du *hadîth* est indispensable et implique en fin de compte une *renonciation* à certains *hadîths* dans la mesure où :

> « le *hadîth* représente un effort privé[4], et chaque collection, et même chaque récit dans les collections individuelles, ne mérite confiance que dans la proportion des qualités et des capacités des narrateurs et des compilateurs individuels ; on doit aussi tenir compte des circonstances et du contexte : l'âge de l'auteur lors de l'événement rapporté ; ses capacités intellectuelles, sa mémoire, son caractère, s'il est ou non digne de foi, les soins apportés par ses successeurs à la conservation de ses narrations, etc. »[5].

717. Activité créative et savoir-faire. Que l'activité soit *chronophage* et exige beaucoup d'*attention* n'implique pas qu'elle soit *créative* ! Il n'est alors question, en l'occurrence, que de la mise en œuvre d'un *savoir-faire*, d'une *méthode de travail* ou d'un *procédé de choix* opérés en fonction de critères objectifs qui serait de nature à dénier tout caractère personnel au simple travail de compilation de traditions relevant de la science du *hadîth* et à traduire la *démarche passive* du compilateur. Même si le caractère scientifique d'un choix peut donner lieu à une *forme créative*, il n'en reste pas moins qu'il

---

1 V. Sur le respect de la paternité intellectuelle corroboré par la science du *hadîth* « *al-isnad* » : M. AYROUD, *op. cit.*, p. 39, n° 15 et p. 201, n° 199 et p. 338, n° 338. Selon cet auteur : « Les manifestations en faveur du respect de la paternité intellectuelle sont maintenues, avec plus de force encore, dans la science du *hadith* appelée "*al-isnâd*". Selon certains auteurs, cette science a pris de l'ampleur au point de devenir une méthode de recherche extensible aux domaines historique et littéraire. Pour eux, il semble logique d'admettre que si la vérification de la paternité intellectuelle était devenue une science dans la société musulmane, il y avait des chances pour que le respect du droit moral de l'auteur fût très grand. Ceci explique que, même si les méthodes de transmission avaient prioritairement pour objet d'assurer l'authenticité des *hadiths* du Prophète, l'idée de protéger l'authenticité et l'intégrité de l'œuvre n'était pas étrangère à la littérature musulmane » : *op. cit.*, p. 39, n° 15.

2 Dans cette étude, il ne sera pas question d'examiner la théorie de l'authenticité du *hadîth.* Il convient de noter que : « Le concept de l'*isnād*, la chaîne des transmetteurs d'une information, est central. Chaque information, qu'il s'agisse d'un *hadîth*, de l'interprétation d'un verset coranique par un compagnon ou d'un jugement juridique, est classée selon la fiabilité, la continuité et le nombre des transmissions » : R. VIMERCATI SANSEVERINO, « L'hagiographie dans la tradition islamique », *in* R. VIMERCATI SANSEVERINO, *Fès et sainteté, de la fondation à l'avènement du Protectorat (808-1912) : Hagiographie, tradition spirituelle et héritage prophétique dans la ville de Mawlāy Idrīs*, Centre Jacques-Berque, Rabat, 2014, p. 44-53, n° 16. IBN HAYR nous enseigne que personne ne pouvait transmettre une tradition du Prophète tant qu'il n'en a pas une chaîne de rapporteurs, même s'il en avait l'autorisation (*igaza*) selon le consensus général, rapporté *in* Ğalāl ad-Dīn AS-SUYUTI, *Le parfait manuel des sciences coraniques* (*al-Itqān fī 'ulūm al-Qur'ān*), p. 364, n° 2/651. Pour les aspects techniques et juridiques d'*al-igaza* : *E.I.*, III, 1971, p. 1046-1047.

3 L. DAAÏF, « L'extension du domaine du *sahih.* Les procédés d'*istihrāg* et d'*istidrāk* dans les sciences du *Hadith* », *Annales islamologiques*, 2016/50, p. 310-311.

4 Il convient de noter que le droit d'auteur ne paie pas l'effort !

5 M. HAMIDULLAH, « La rédaction du *hadîth* aux premiers temps de l'Islam », *Le Musulman*, 15 décembre - mars 1991, n° 17, p. 13.

s'agit d'une forme créative *utilitaire non* « *expressive* » dont la protection est douteuse. En dépit du fait que la fonction de spécialiste du *hadîth* suppose l'acquisition d'un important *savoir-faire*, force est de constater que le savoir-faire ne fut jamais érigé au rang des critères d'application du droit d'auteur, comme le souligne Mme le professeur Carine Bernault[1]. En effet, la jurisprudence française est constante sur le fait que le droit d'auteur ne peut *naître* de la simple mise en œuvre d'un savoir-faire. Or, comme le souligne le professeur André Lucas, « *il faut toutefois se garder de pousser trop loin le raisonnement, car toute œuvre de l'esprit implique une part de savoir-faire* »[2] qui n'exclut pas nécessairement l'*activité créatrice*[3]. En témoigne, le travail du « *"restaurateur" d'une œuvre graphique ou plastique* [qui] *met en œuvre un savoir-faire, des connaissances, une sensibilité artistique.* Il n'empêche qu'il s'interdit, s'il est fidèle à l'éthique de son métier, de mettre si peu que ce soit de lui dans l'œuvre restaurée, ce qui exclut toute empreinte de sa personnalité. Bien entendu, la question se pose d'une manière différente si, faute d'indication permettant de reconstituer l'œuvre première, la restauration implique des choix créatifs »[4]. En pratique, il faut bien avoir à l'esprit que tout dépend en fonction de chaque cas d'espèce pour apprécier l'originalité, c'est-à-dire selon que l'auteur disposait ou non d'une certaine *marge de liberté*[5].

718. Appréciation critique. Or, sur le terrain du droit d'auteur, le critère n'est pas à rechercher dans la prise en compte du *mérite* et de ce *genre historico-religieux*, qu'ils soient exprimés dans un registre religieux ou profane, car le travail du compilateur de *hadîths* et de *tafsîrs* ainsi que du restaurateur, aussi savant et minutieux soit-il, peut dans une certaine mesure revêtir sa restitution d'une *empreinte personnelle* qui lui est propre, si l'on s'en tient à une *acception plus objective* de l'originalité[6], en tant qu'auteur d'œuvre originale bénéficiant de la protection instituée par la loi, quels que soient la nature, le mode d'expression, l'importance ou la destination desdites œuvres. C'est dans cet esprit que l'article 3 de l'ancienne loi égyptienne n° 354 de 1954 sur le droit d'auteur prévoyait que :

> « Bénéficie de la protection, sans préjudice du droit de l'auteur de l'œuvre originale, celui qui aura traduit une œuvre en une autre langue, celui qui aura transformé une œuvre d'un genre littéraire, artistique ou scientifique en un autre, *celui qui l'aura résumée, arrangée, modifiée, expliquée ou commentée de façon à la présenter sous une forme nouvelle* ».

Il est intéressant de citer, à cet égard, le texte de l'article 4 de la loi iraquienne n° 3 de 1971 sur la protection du droit d'auteur qui disposait au sujet de l'œuvre dérivée que :

> « *Quiconque* arabise une œuvre, la traduit, la révise ou la transforme d'un genre en un autre dans le domaine littéraire, artistique ou scientifique, ou *entreprend de la résumer, de l'abréger, de la modifier, de l'expliquer, de la commenter ou de l'inclure dans un recueil en lui donnant une forme nouvelle de quelque manière que ce soit, jouit de la protection instituée par la présente loi,* sans préjudice des droits de l'auteur de l'œuvre originale ».

719. C'est dans le même esprit qu'il faut admettre la protection de la compilation des *hadîths* et des *tafsîrs* car même si le texte des *hadîths* et de *tafsîrs* est toujours *libre* (le

---

1 C. BERNAULT, « Le droit d'auteur à l'épreuve de la restauration des œuvres », art. préc., p. 760.

2 A., H.-J. LUCAS, A. LUCAS-SCHLOETTER et C. BERNAULT, *op. cit.*, p. 73, n° 55.

3 Ph. MOURON, « La restitution d'un manuscrit du Moyen Âge n'est pas une œuvre originale », *RLDI* 2017, n° 143, p. 12.

4 *Propr. intell.* 2014, p. 256, obs. A. LUCAS.

5 A., H.-J. LUCAS, A. LUCAS-SCHLOETTER et C. BERNAULT, *op. cit.*, p. 157, n° 136.

6 Pas tout à fait dans le sens du logiciel.

fond), il n'en reste pas moins que les *formes externes* peuvent être appropriées si leur conception est *personnelle*. Il y a, en l'occurrence, une œuvre dérivée qui se superpose à la chose commune. L'originalité pourra être décelée à partir des *choix créatifs* opérés par le spécialiste du *hadîth* en fonction des différentes méthodes mises en œuvre à cette fin qu'implique une telle compilation.

§ 2. LA CONSECRATION JURISPRUDENTIELLE D'UN DROIT DE PROPRIETE SUR LA FORME REVIVIFIEE ET REEDITEE DES COMPILATIONS RELIGIEUSES

720. Illustrations jurisprudentielles. Ce débat ainsi posé, il convient de s'interroger sur les solutions jurisprudentielles qui ont été adoptées en matière de compilations religieuses et de discuter la légitimité, voire le bien-fondé, de cette *reconstitution artificielle* de la propriété sur ces formes pour savoir si elles peuvent être qualifiées de « *créatives* ». En effet, l'examen de la jurisprudence comparée, que l'on taxera peut-être d'audacieuse, nous montre qu'il existe de nombreuses décisions jurisprudentielles en Belgique, en Égypte ainsi qu'en France qui se sont montrées favorables à l'idée de consacrer un *droit de propriété* sur les livres religieux. Comme nous allons le constater, l'une des questions principales posées par ces affaires qui en constitue le fil d'Ariane est bien évidemment de savoir si les compilations religieuses tomberaient, par la nature de leur forme sacrée même, dans le domaine public et ne sauraient être qualifiées *a fortiori* de *créations protégeables*[1].

721. Plan. Nous allons examiner successivement les solutions dégagées par la jurisprudence tant belge, française (A) qu'égyptienne (B).

A. Les solutions de la jurisprudence belge et française

722. Plan. La consécration de la propriété des compilateurs sur les livres d'église, d'heures et de prières, etc., a été le fruit d'une longue évolution jurisprudentielle au cours des XIXe et XXe siècles. Il convient d'examiner les solutions dégagées par la jurisprudence tant belge (1) que française (2).

1. Jurisprudence belge

723. En Belgique, la jurisprudence au début du XXe siècle eut à connaître une affaire relative à la reproduction illicite d'ouvrages religieux, en l'occurrence, des livres d'église, de messes et de prières[2]. Il s'agit, en l'espèce, de la reproduction indûe et de la mise en vente des ouvrages intitulés : *Proprium sanctorum ad usum diocoeseos Luxemburgensi* et *Missae propriae in diocoesi Luxemburgensi celebrandae* sans l'autorisation préalable de l'auteur. C'est dans ces conditions que ce dernier intenta une action sur le fondement de la loi du 22 mars 1886 sur le droit d'auteur[3], promulgué sous le règne de Léopold II, Roi des Belges, pour obtenir la réparation du préjudice moral et matériel qu'il subissait. Les défendeurs contestèrent la propriété du demandeur sur les

1 Aff. *United Christian Scientists v. Christian Science Board of Directors, First Church of Christ, Scientist*, 829 F.2d 1152, 1159 (D.C.Cir.1987): "*Normally, a grant of a copyright on a religious work poses no constitutional difficulty. Religious works are eligible for protection under general copyright laws*". Trib. corr. Lyon, 10 juin 1845, *D*. 1845, 2, 128 : « Qu'au point de vue pécuniaire, il ne peut être permis au premier venu de s'attribuer, sans égard pour les droits du travail et de la création, le profit matériel dont un ouvrage, *même religieux*, peut être susceptible », cité par L. PFISTER, thèse préc., t. II, p. 658, note 244.

2 V. *Dr. Aut.*, 15 oct. 1907, n° 10, p. 128 ; *Journal du droit international privé et de la jurisprudence comparée*, 1907, t. 34, p. 1164 et s.

3 V. Sur cette loi : notice et notes par Ch. LYON-CAEN, *Annuaire de législation étrangère*, LGDJ, Paris, 1887, p. 453 et s.

ouvrages litigieux en faisant valoir un *argument historique* selon lequel la loi de 1886 était inapplicable, en l'espèce, sous prétexte que les ouvrages litigieux étaient des *compilations de prières* tombées dans le domaine public et ne participaient en rien aux créations de l'esprit ou du génie que ladite loi de 1886 entendit protéger.

724. En effet, il convient de rappeler que l'argument invoqué par les défendeurs n'était pas sans fondement historique puisque sous l'influence religieuse qui régnait à l'époque, l'article 5 de l'ancienne loi du 25 janvier 1817[1], relative aux droits exercés dans les Pays-Bas par rapport à l'impression et à la publication d'ouvrages littéraires et de productions des arts (Loi sur le droit de copie)[2], n'accordait pas le bénéfice de la propriété littéraire aux *simples éditeurs*[3], c'est-à-dire à ceux qui imprimaient ou faisaient imprimer un livre qu'ils ne composaient pas, sur les œuvres classiques de l'antiquité, non plus que les éditions des Bibles, Ancien ou Nouveau Testament, les livres de prière ou plutôt les livres d'église (*kerkboeken*), tels que les missels, bréviaires, et les calendriers ou almanachs ordinaires. Le droit de copie était exclusivement réservé à l'auteur par les articles 1er à 4 de ladite loi. Aux termes de cette disposition exceptionnelle (art. 5) qui fut introduite pour provoquer, par la concurrence de l'impression, les plus bas prix possibles, elle s'appliquait aux livres anciens qui, depuis longtemps, n'appartenaient plus à personne :

« Dans les dispositions des articles précédents [1 à 4], ne sont pas comprises les éditions complètes ou partielles des œuvres des auteurs classiques de l'antiquité, du moins pour ce qui en concerne le texte, *non plus que les éditions des bibles, anciens ou nouveaux testaments, catéchismes, psautiers, livres de prières, livres scolastiques, et généralement de tous les calendriers et almanachs ordinaires*, sans cependant que cette exception puisse apporter aucun changement aux privilèges ou octrois déjà accordés pour les objets mentionnés au présent article, et dont le terme n'est pas encore expiré.

Il est libre au surplus de faire connaître au public dans les journaux et ouvrages périodiques, au moyen d'extraits et de critiques, la nature et le mérite des productions littéraires ou autres qui sont mises au jour par la voie de l'impression ».

725. Désirant, de plus, encadrer et garantir les droits que les auteurs peuvent exercer sur leurs productions, deux arrêtés du prince souverain des Provinces-Unies des Pays-Bas, Guillaume d'Orange-Nassau virent le jour, le premier, pour lesdites provinces, en date du 24 janvier 1814, tandis que le second, pour la Belgique, date du 25 septembre de la même année. Il convient de noter que l'article 13 de l'arrêté du 23 septembre 1814, refusa également tout droit de propriété pour la Bible, les livres d'église ou d'école, les auteurs classiques, les ouvrages de sciences ou de littérature

---

1 V. Son art. 5, § 1er. Rapp. l'arrêté du 23 septembre 1814.

2 *Dr. Aut.*, 15 déc. 1895, n° 12, p. 159. Par ses articles 1er à 4, la loi du 25 janvier 1817 réserva exclusivement aux auteurs le droit de copie, c'est-à-dire, le droit de faire imprimer et de vendre toutes leurs productions littéraires ou artistiques, et leur garantit l'efficacité de ce droit en prononçant des peines contre les contrefacteurs et contre les vendeurs d'œuvres contrefaites.

3 « Attendu que l'article 5 de la même loi [...] statue seulement que ce droit n'appartiendra pas aux simples éditeurs des livres dont il s'agit, pour lesquels on avait accordé anciennement certains privilèges de librairie ou des octrois spéciaux emportant en faveur de tiers le droit exclusif de les imprimer et de les vendre ; Attendu que cette interprétation résulte manifestement du texte même de l'article 5 ; que, d'abord, les expressions : les éditions, qui s'y trouvent deux fois, indiquent clairement que le législateur s'occupe de l'édition, et non de la composition des livres y mentionnés, et qu'il se borne à refuser au simple éditeur, c'est-à-dire à celui qui imprime ou fait imprimer un livre qu'il n'a pas composé, le droit de copie exclusivement réservé à l'auteur par les articles précédents » : Cass. de Belgique, 2e ch., 11 août 1856, aff. *Chapsal c/ Parent et Deprez-Parent*, *Ann.* 1857, t. III, art. 157, p. 43.

étrangère, les almanachs, et en un mot, tous les ouvrages sur lesquels aucun habitant de ce gouvernement ne peut réclamer un droit de propriété, soit parce qu'ils sont de toutes les nations, soit parce que le terme fixé en l'article 5 consacré à la durée de la propriété littéraire s'est écoulé. La présente exception ne porta que sur le texte et le droit de propriété put toujours s'exercer sur les *notes* ou *augmentations* que l'éditeur pourrait ajouter.

726. C'est ainsi que les dispositions précitées des arrêtés des 23 janvier et 24 septembre 1814 ainsi que de la loi du 25 janvier 1817 eurent pour objet de maintenir dans le domaine public des livres qui y sont tombés depuis longtemps. Cette solution s'expliquait par le fait que ces livres n'étaient que des *livres anciens* qui, à cause de leur caractère d'ancienneté, n'appartenaient plus à *personne* ; dont nul ne saurait revendiquer un droit exclusif, voire un droit de copie pour des éditions de livres anciens, qui doit être réservé aux productions de leurs talents. Ainsi, le législateur voulut, semble-t-il, maintenir dans le domaine public des livres qui y sont tombés depuis longtemps et refusa tout droit exclusif de copie pour l'édition de livres anciens. Quant aux *livres scolastiques*, il fut d'usage d'accorder des privilèges de librairie ou des octrois spéciaux pour leur édition et leur mise en vente.

727. Cependant, le Tribunal civil de Tournai (1re ch.), par un jugement du 7 mai 1907, rejeta l'argument avancé par les défendeurs en faveur de l'inapplicabilité de la loi et estima que les ouvrages religieux n'échappaient pas aux règles générales que la loi du 22 mars 1886 sur le droit d'auteur édicta, qui eut pour but de protéger toutes les œuvres de la pensée, sous quelque forme qu'elles se produisissent, et qu'elle s'appliqua aux écrits de tous genres, y compris les livres d'église et de prières que la loi hollandaise de 1817[1] exclut du bénéfice de la protection légale.

728. Et de poursuivre que la protection de la loi de 1886, selon le Tribunal, s'étendit à tout travail intellectuel, fût-il seulement un travail de coordination, pourvu que l'intelligence ait eu la part prépondérante dans l'œuvre, que celle-ci est due au travail personnel de l'auteur et ne consiste pas simplement en un travail matériel de compilation. Sur ce point, rappelons que conformément à l'article 10 : « Le droit d'auteur s'applique non seulement aux écrits de tout genre, mais aux leçons, sermons, conférences, discours, ou à toute autre manifestation orale de la pensée. [...] ». C'est ainsi qu':

> « *en révisant, en coordonnant et en réunissant dans les deux recueils ci-dessus cités les offices propres au diocèse de Luxembourg, en y ajoutant les leçons ou lectures relatives aux saints honorés spécialement dans ce diocèse, ainsi que des prières et oraisons absolument originales, en fixant enfin les rites ou les solennités des différentes fêtes, l'auteur a dû se livrer à un travail nécessitant des recherches spéciales dans les archives et manuscrits du diocèse et s'inspirer des traditions locales* ; *que, dans ce travail, l'intelligence a eu évidemment la part prépondérante* ; Attendu, au surplus, que les ouvrages édités par le demandeur ne sont pas la reproduction textuelle d'une édition antérieure de cet ouvrage ;

---

1 « En ce qui concerne la Belgique, rappelons que la propriété intellectuelle a été régie jusqu'en 1886 par une loi hollandaise de 1817, qui portait le droit à vingt ans, après le décès de l'auteur. Grâce à l'influence des nombreux congrès qui eurent lieu tant chez nous qu'à l'étranger, le gouvernement a fini par proposer aux Chambres un projet de loi qui fut voté en 1886. Cette loi, qui présente à coup sûr de notables avantages et a été élaborée avec une grande largeur de vue, fait durer pendant cinquante années, après la mort de l'auteur, le droit exclusif de reproduction et de traduction, en assimilant les œuvres étrangères aux œuvres nationales sans aucune condition de réciprocité » : G. ABEL, « Quelques notes historiques sur la propriété littéraire et artistique », *in La France judiciaire* (revue bimensuelle de législation, de jurisprudence et d'éloquence judiciaire), janv. 1893, p. 164.

qu'il est établi que l'édition actuelle a été complètement remaniée et changée, et qu'elle renferme plusieurs offices et messes qui n'existaient pas dans l'édition antérieure des Propres du Luxembourg ».

729. Dans cet esprit, la propriété sur les deux ouvrages litigieux édités par le demandeur ne sut, selon le tribunal, être niée en l'espèce, et durent obtenir la protection de la loi de 1886. Les juges n'eurent pas à examiner quelle peut être, au point de vue de la discipline religieuse, la surveillance qu'exerça sur les écrits soumis à sa juridiction la Commission des rites à Rome. Celle-ci n'est pas substituée à l'auteur anonyme du livre ; qu'au prescrit de la loi de 1886, seul point de vue auquel il faille se placer, en l'espèce, il est certain que l'éditeur d'un écrit anonyme fût réputé, à l'égard des tiers, en être l'auteur ; l'article 7 de la loi du 22 mars 1886 le décida formellement[1]. Selon le tribunal, il ne fut pas contesté, dans l'espèce, que le demandeur soit l'éditeur des ouvrages en cause et que l'auteur de ceux-ci ne s'est pas fait connaître, pour, ensuite, condamner les défendeurs à réparer le préjudice qu'ils ont causé au demandeur.

2. Jurisprudence française

730. Problématique. Dès le début du XIXe siècle, la jurisprudence française se prononçait, à maintes reprises, sur la protégeabilité des livres d'église, d'Heures et de prières, voire des livres liturgiques, tous domaines confondus, en tant que *création de l'esprit* par la propriété littéraire et artistique, lesquels étaient régies par des lois spéciales, et ce, en dépit de la promulgation de la loi du 19 juillet 1793, à savoir le décret précité du 7 germinal an XIII[2]. La question délicate qui était en jeu à l'époque consistait à savoir si l'évêque qui composait un livre liturgique en conserve la propriété littéraire comme toute *œuvre de l'esprit*, ou bien si cet ouvrage tombait, par sa *nature même*, dans le *domaine public*. De prime abord, les ouvrages qui traitent des matières religieuses[3] ne devaient évidemment pas échapper à la loi de 1793 dans la mesure où celle-ci reconnaissait aux auteurs d'écrits « *en tout genre* » un droit sur leurs œuvres[4]. Ces

---

1 Selon l'art. 7 : « L'éditeur d'un ouvrage anonyme ou pseudonyme, est réputé, à l'égard des tiers, en être l'auteur. Dès que celui-ci se fait connaître, il reprend l'exercice de son droit ».

2 V. § n° 679 s.

3 Sous l'ancien droit, il n'était pas question du droit de la propriété littéraire, mais c'était le droit d'imprimer sans privilège et approbation qui était revendiqué par les évêques en faveur des livres d'église. V. J. BORIES et F. BONASSIES, *op. cit.*, p. 557. Tous les livres religieux ne sont pas des livres d'église, soumis au décret impérial du 7 germinal an XIII. Une décision ministérielle du 29 novembre 1860 détermine la sphère d'application du décret 7 germinal an XIII : « On entend par livres d'église les livres à l'usage ordinaire et public de l'église. On ne peut comprendre sous ce titre des ouvrages particuliers composés par des tiers et qui peuvent être, comme tous les autres livres, l'objet d'une propriété littéraire ».

4 Selon les termes les plus absolus, l'article 1er de la loi du 19 juillet 1793 dispose que : « les auteurs d'écrits en tout genre… jouiront, durant leur vie entière, du droit exclusif de vendre, faire vendre, distribuer leurs ouvrages… ». Il en va de même pour la législation anglaise (le statut de la reine Anne) qui protège également les livres et autres écrits : « *Books and other Writings* ». V. O. LALIGANT, « La révolution française et le droit d'auteur », *RRJ* 1989, n° 2, p. 357. RENOUARD écrivit que : « C'est donc avec raison que la loi a étendu des garanties égales sur les écrits en tout genre. Ce sont les termes dont se sert la loi de juillet 1793. La jurisprudence les a constamment interprétés dans un sens fort large ; et a considéré comme légitime objet de privilège tout écrit qui suppose l'intervention d'un travail quelconque de l'esprit » : A.-Ch. RENOUARD, *op. cit.*, t. II, n° 47, p. 96. V. également n° 53, p. 113. Dans l'arrêt du 10 juillet 1854, la Cour d'Orléans déclara que la loi de 1793 protège « les

dernières pouvaient donc faire au profit de leur auteur l'objet d'une propriété, lorsque, indépendamment des prières généralement adoptées, et d'autres éléments du domaine public, ils étaient en grande partie le *fruit du travail* et d'une *conception d'esprit*, et contenaient des instructions et des idées qui étaient bien propres à leur auteur[1]. C'est ainsi que bien que le fond en fût emprunté à des publications antérieures, les livres liturgiques étaient susceptibles de propriété privée lorsque les éléments empruntés étaient *choisis avec discernement et disposés dans un ordre nouveau*[2].

731. Or, le sujet ne fut pas encore débattu s'agissant de la qualification des compilations en tant qu'œuvres de l'esprit ou du génie[3] qui confèrent à son auteur des droits de propriété littéraire. A l'époque, tout était à construire, à savoir la *propriété*, son *critère* (l'originalité) et la *manifestation de la créativité*. C'est dans cet esprit qu'il convient d'examiner les affaires les plus célèbres relatives aux compilations religieuses qui ont apporté une pierre à l'édifice.

732. Affaires des « *Lectures chrétiennes* ». Dans cette célèbre affaire, la chambre criminelle de la Cour de cassation fut amenée à répondre à la délicate question de savoir si les dispositions de l'article 7[4] de la loi du 19 juillet 1793 s'étendaient aux recueils, compilations, et aux autres ouvrages de *nature religieuse*, lorsque ces derniers exigeaient dans leur exécution le discernement du goût, le choix de la science, ou le travail de l'esprit.

---

publications de tous genres *sans acception de l'effort plus ou moins énergique* » de génie et d'intelligence (CA Orléans, 10 juill. 1854, *D.* 1855, 1, 44 ; *DP*, 1855, II, p. 157 et *S.* 1855, II, p. 50). « Cette loi accordant aux auteurs d'écrits en tout genre la propriété de leurs ouvrages durant leur vie entière, et à leurs héritiers ou cessionnaires l'exploitation de ces mêmes ouvrages pendant six ans après la mort des auteurs, nous ne comprenons pas comment a pu naître la question de savoir si les évêques ont la propriété exclusive des ouvrages écrits, composés, publiés par eux. On essaierait en vain de distinguer, entre les œuvres d'un prélat composées en dehors de ses fonctions, par exemple un traité de théologie, et celles qui ne seront, si l'on veut même, que l'accomplissement d'un des devoirs de son ministère, par exemple un Catéchisme. La loi du 19 juillet 1795 est absolue, elle s'applique à toutes les productions de l'esprit » : J. BORIES et F. BONASSIES, *op. cit.*, p. 359-360. Le procureur général MERLIN souligne que : « [...] l'art. 1er de la loi du 19 juillet 1793 embrasse dans sa disposition les auteurs d'écrits en tout genre ; que ces termes en tout genre sont absolus et illimités ; et qu'ils s'appliquent aux écrivains qui ne font que compiler, comme aux écrivains qui inventent. Mais il ne faut pas séparer, dans cet article, les mots écrits en tout genre, de l'expression auteurs, et la propriété dont cet article déclare que les écrits en tout genre sont susceptibles, ne peut évidemment être réclamée que par ceux qui en sont auteurs, dans la véritable acception de ce terme » : Ph.-A. MERLIN, *op. cit.*, 4e éd., t. XV, 1815, v° « contrefaçon », § XI, p. 151.

1 Cour de Lyon, 5 août 1819, aff. *Rusand c/ Rivoire*.

2 Seine, 5 août 1874, cité par M. PELLETIER et H. DEFERT, *Procédure en matière de contrefaçon industrielle, littéraire et artistique avec formules*, A. Rousseau, Paris, 1879, p. 210, n° 583.

3 Selon certains auteurs, la compilation « est le choix de diverses productions de l'esprit, empruntées à différents auteurs, et classées dans un ordre particulier » : J. BORIES et F. BONASSIES, *op. cit.*, t. I, p. 128. Selon ces derniers, « il ne nous paraît pas douteux que la compilation, dans la véritable acception du mot, est le fruit du génie ou du travail de l'esprit, car elle exige, dans son exécution, l'idée de son utilité elle-même, de longues et coûteuses recherches, la conception d'un ordre et d'un arrangement des matières, du discernement et du goût ».

4 Selon cet article : « Les héritiers de l'auteur d'un ouvrage de littérature ou de gravure, ou de toute autre production de l'esprit et du génie qui appartiennent aux beaux-arts, en auront la propriété exclusive pendant six années ».

733. Il s'agissait, en l'espèce, d'un ouvrage du Sieur Cardon ayant pour titre : « *Lectures chrétiennes* », en forme d'Instructions familières, sur les épitres et évangiles des dimanches et des principales fêtes de l'année, mis à jour par le Sieur Leclère. Cet ouvrage, qui comportait divers extraits des prônes de l'abbé Cochin, des passages des sermons de Bossuet, de Fénelon, et de quelques prédicateurs, fut, par la suite, réimprimé par des imprimeurs à Lyon, Villeprent et Brunet, pour le compte du libraire Savy. Cités au tribunal correctionnel de Lyon comme prévenus du délit de contrefaçon, ils prétendirent vainement en défense que cet ouvrage ne saurait être la propriété exclusive du Sieur Leclère, n'étant qu'une copie des prônes de Cochin et d'autres fragments d'ouvrages anciens du même genre qui étaient tombés depuis fort longtemps dans le domaine public.

734. Par un jugement du 10 août 1812, le Tribunal correctionnel fit droit à la demande des défendeurs. Pour justifier leur refus, les juges du fond rappelèrent le principe consacré par l'arrêt de la Cour de cassation, du 5 brumaire an XV, selon lequel les avantages accordés aux auteurs par la loi du 19 juillet 1793 ne pouvaient être réclamés que par ceux qui en étaient véritablement les auteurs ; autrement dit, par ceux auxquels appartenait la première conception d'un ouvrage soit de littérature, soit des arts, et non par ceux qui ne firent que copier l'ouvrage d'autrui pour aboutir ensuite à la conclusion selon laquelle le sieur Cardon, en l'espèce, ne pouvait guère être regardé que comme un « copiste ». Rappelons-le, les juges s'appuyaient, en l'espèce, sur l'avertissement figurant en tête de l'ouvrage attribué au sieur Cardon aux termes duquel il déclarait que les lectures relatives aux dimanches sont tirées, en grande partie, des Prônes de M. Cochin, dont elles contenaient la substance, à quelques changements près qu'on croyait nécessaires ; et que celles qui avaient rapport aux fêtes étaient puisées dans les meilleures sources, telles que le Pastoral de Paris, les ouvrages de Bossuet, Fénelon, Bourdaloue, Massillon, Berthier, Baudrand et Duquesne, etc. Ainsi, d'après la vérification et l'examen qu'en fit le tribunal, il se convainquit que :

> « [...] *le sieur Cardon n'a fait que copier, presque mot pour mot et à peu de différence près, les morceaux qu'il a pris dans les divers ouvrages qui viennent d'être rapportés, ouvrage dont les auteurs étaient décédés depuis assez longtemps, et qui formaient déjà une dépendance du domaine public* ; qu'à la vérité il paraît que de sieur Cardon à fait quelques changements, notamment en, convertissant en prières les péroraisons des prônes de M. Cochin, et certains passages par lui tirés des ouvrages précités ; mais qu'il y a employé les mêmes idées et à peu près les mêmes expressions ou des termes synonymes ; *de sorte qu'à cet égard, il ne saurait guère mériter le titre d'auteur dont on le décore ; qu'il paraît aussi qu'il y a fait quelques additions, mais que ces additions sont peu considérables ; qu'il faudrait qu'elles formassent au moins un quart de l'ouvrage, pour que de sieur Cardon eût pu le faire imprimer sous son nom, conformément à la disposition de l'art. 2 du règlement du Conseil d'état du 30 août 1777*, et qu'il est difficile de trouver le quart en sus dans l'ouvrage dont il s'agit ; que dès que les additions n'excédaient pas le quart de l'ouvrage, elles ne doivent être regardées que comme un accessoire ; que la majeure partie attirait à elle la moindre, suivant la règle de droit, *pars major trahit ad se minorem* ; et que celle-là se trouvant déjà être une propriété publique, faisait participer celle-ci à la même condition ; qu'il suit de là que le sieur Cardon n'ayant fait que copier, en majeure partie, les ouvrages d'autrui dans ses Lectures chrétiennes, il ne pouvait pas les faire imprimer sous son nom, ni réclamer le droit de propriété garanti aux auteurs par la loi du 19 juillet 1793, et conséquemment qu'il n'a pas pu céder ni transférer au sieur Leclère un droit qu'il n'avait pas lui-même... ; ».

735. On remarque que les juges appliquèrent, en l'espèce, le règlement relatif aux privilèges et le traduisirent en propriété. Saisi de cette question, la Cour royale de Lyon, dans son arrêt du 29 août 1814, confirma, à tort, la décision des premiers juges au motif que la compilation publiée sous le titre de « *Lectures chrétiennes* », composée d'extraits de sermons et de livres de piété, appartenait au domaine public, et ne saurait être la propriété exclusive du Sieur Leclère ni que celui-ci ne saurait être considéré comme l'auteur d'une œuvre quelconque.

736. Mais un pourvoi en cassation fut formé par le sieur Leclère. Par arrêt du 2 décembre 1814, la Cour de cassation cassa l'arrêt attaqué et considéra qu'une simple compilation des ouvrages tombés dans le domaine public constituait tout de même un travail intellectuel dès lors qu'il était exécuté avec choix et discernement selon les termes suivants :

« *Attendu que la loi de 1793 s'applique, d'après ses expressions littérales, aux auteurs d'écrits en tous genres ; que si elle énonce particulièrement les ouvrages qui sont le fruit du génie, elle énonce aussi expressément les productions de l'esprit ; qu'elle s'étend donc aux recueils, aux compilations, et autres ouvrages de cette nature, lorsque ces ouvrages ont exigé dans leur exécution le discernement du goût, le choix de la science, le travail de l'esprit ; lorsque, en un mot, loin d'être la copie d'un ou de plusieurs autres ouvrages, ils ont été tout à-la-fois les produits de conceptions étrangères à l'auteur, et de conceptions qui lui ont été propres et d'après lesquelles l'ouvrage a pris une forme nouvelle et un caractère nouveau* ; attendu 1°... 2° qu'il a été déclaré par la cour royale de Lyon que l'ouvrage intitulé Lectures chrétiennes n'était que la copie des prônes de Cochin et d'autres ouvrages anciens, et que ce qui y avait été ajouté par Cardon ne formait pas le quart de l'ouvrage ; mais qu'il n'a pas été jugé par cette cour que cette copie fût purement matérielle, que les parties copiées eussent été rassemblées et enchaînées[1] les unes aux autres sans que cette réunion eût exigé ni science, ni discernement, ni intelligence ; qu'en un mot la cour n'a pas jugé que les Lectures chrétiennes, telles qu'elles avaient été mises au jour par Cardon, ne constituassent pas une production de l'esprit dudit Cardon ; que sur les faits, tels qu'ils ont été déclarés par la cour de Lyon, cette cour n'a donc pu juger que l'impression par les sieurs Villeprent et Brunet de l'ouvrage de Cardon, sans la permission du sieur Leclère, cessionnaire du sieur Cardon, ne présentait pas le délit de contrefaçon ; qu'elle a donc contrevenu aux articles cités de la loi du 19 juillet 1793 ; Casse »[2].

737. Or, force est de constater que cet arrêt n'échappe pas à la critique car il semble que la Cour mélangea le *goût*, la *science* et le *travail* ! Logiquement, le goût est là pour faire « joli ». C'est le travail et la science... Autrement dit, le « travail utile » qu'elle protège ! C'est-à-dire une sorte de « propriété scientifique ». Du reste, le critère qu'elle met en avant est la *nouveauté*, pas l'*originalité*.

738. Conclusions de Merlin. En réalité, la Cour suprême a rendu son arrêt, sur les conclusions conformes du procureur général Merlin, qui joua, à l'époque, un rôle

---

1 La Cour semble esquisser ce qui sera repris par la loi de 1957 : l'idée qu'il faut *choix* et *disposition* cumulativement mais elle ne met pas l'idée en avant...

2 *S.* 15, I, 60 ; *Bulletin des arrêts de la Cour de cassation rendus en matière criminelle*, janv. 1814, n° 9, p. 94 et s. ; A.-Ch. RENOUARD, *op. cit.*, t. II, p. 97-98, n° 48 ; Ph.-A. MERLIN, *op. cit.*, 4e éd., t. XV, 1815, v° « contrefaçon », § XI, p. 150 et s. ; *La Décentralisation littéraire et scientifique*, oct. 1863, n° 1, p. 165 ; J.-A. ROGRON, *Code pénal expliqué*, Henri Plon, Paris, 1865, p. 357-358 ; J. BORIES et F. BONASSIES, *op. cit.*, t. I, p. 128 et s. ; A. BLANCHE, *Études pratiques sur le Code pénal*, VI, *op. cit.*, p. 469 et s. ; A. DURAND-SAINT-AMAND, *Manuel des courtiers de commerce, ou exposé complet de la législation et de la jurisprudence concernant les courtiers de marchandises, les courtiers d'assurances, les courtiers interprètes et constructeurs de navires*, Renard, Paris, 1845, p. 380. Il convient de remarquer que cette jurisprudence de la Cour de cassation fut adoptée par le tribunal correctionnel de la Seine dans une affaire relative à une compilation intitulée : *Les Jeunes Voyageurs en Europe* (Trib. de la Seine, 4 févr. 1835, *Gaz. des Trib.*, 8 févr. 1835 ; A. GASTAMBIDE, *Traité théorique et pratique des contrefaçons en tous genres*, *op. cit.*, p. 61). Par ailleurs, il a pu être jugé qu'une compilation qui avait pour titre : Tarif commercial des Douanes françaises, et qui se composait de documents tombés dans le domaine public, constituait en faveur de son auteur une propriété littéraire, garantie par la loi du 19 juillet 1793 (Cour royale de Rouen, 25 oct. 1842, *S.* 1843, 2, 85). Cette jurisprudence s'est étendue aussi jusqu'aux abrégés. Il fut jugé qu'un Nouvel Abrégé de Géographie constituait une propriété (Trib. de la Seine, 22 mars 1834 ; *Gaz. des Trib.*, 23 mars 1834).

considérable[1]. Pour justifier son raisonnement, ce bel esprit distingua d'une part entre les « *compilations d'ouvrages littéraires* » qui, par l'immensité des recherches qu'elles supposèrent, par le discernement et le goût qu'elles exigèrent, purent et durent passer pour de véritables productions de l'esprit, et qu'il ne fut pas plus permis de contrefaire que si elles furent réellement des compositions originales, et d'autre part, les *compilations* qui se firent, comme on le dit vulgairement « *avec des ciseaux* », qui n'exigèrent qu'un travail de manœuvre, et qui, pour cette raison, ne purent pas mériter à leurs artisans le titre d'auteurs. Pour s'en convaincre, il donna un exemple des compilations qui s'inscrivaient dans la première hypothèse :

« […] les Pandectes de Pothier ne sont, à peu de chose près, qu'une compilation des Institutes, du Digeste, du Code et des Novelles de Justinien, c'est-à-dire, de recueils qui, depuis plusieurs siècles, sont incontestablement dans le domaine public. Cependant si Pothier vivait encore, et qu'un imprimeur s'avisât de publier une édition de ses Pandectes, sans sa permission, qui est-ce qui oserait contester à Pothier le droit de le poursuivre comme contrefacteur ? Qui est-ce qui oserait dire que Pothier, en compilant à sa manière les Institutes, le Digeste, le Code et les Novelles de Justinien, n'a, pas fait un ouvrage qu'il n'appartenait qu'à un jurisconsulte du premier ordre d'entreprendre et d'achever ? Qui est-ce qui oserait dire qu'un simple copiste eût pu, comme lui, tirer tous les textes du, droit romain de l'espèce de chaos dans, lequel, ils sont dispersés, les ranger dans un vaste cadre où, enchaînés les uns aux autres, ils s'expliquent mutuellement, rapprocher de chaque règle générale toutes les exceptions qui la limitent, placer à côté, de la loi ancienne, la loi moderne qui la modifie, et la loi plus moderne encore qui l'abroge, en un mot, substituer l'ordre à la confusion, la lumière à l'obscurité, la facilité d'étudier et d'apprendre, aux dégoûts et aux épines qui arrêtent, dès leurs premiers pas, tous les aspirans à l'exacte connaissance des lois romaines ? ».

Pour, ensuite, parvenir, avec un peu d'audace, à ce résultat :

« Compiler de cette manière, ce n'est pas copier, c'est créer ; c'est faire ce que ferait un architecte qui, après avoir démoli un édifice gothique, en emploierait tous les matériaux pour élever un superbe palais, un temple majestueux »[2].

739. Il s'en suit donc que toute compilation, lorsqu'elle n'est pas une simple copie purement matérielle d'un ou de plusieurs autres ouvrages, mais que l'arrangement des matières et le groupement des documents a été tout à la fois le produit de conceptions étrangères à l'auteur et de conceptions actives qui lui ont été propres, avec une certaine dose de discernement, d'intelligence, et de science, et d'après lesquelles l'ouvrage a pris une forme nouvelle et un caractère nouveau, confère à son auteur des droits de propriété littéraire.

740. Une jurisprudence constante. Cinq ans plus tard, cette solution fut reprise par la Cour royale de Lyon, qui jadis adopta la solution inverse, dans un arrêt du 5

---

1 V. Sur le rôle de MERLIN à la Cour de cassation : C. DURAND, « L'exercice de la fonction législative de 1800 à 1814 », *Annales de la Faculté de droit d'Aix-en-Provence*, 1955, n° 48, notamment p. 149, cité par L. PFISTER, thèse préc., t. II, p. 557, note 203.

2 Ph.-A. MERLIN, *op. cit.*, 4e éd., t. XV, 1815, v° « Contrefaçon », § XI, p. 155. « […] Partant du principe que la loi du 19 juillet 1793 ne s'applique qu'aux ouvrages qui sont le fruit de la conception du génie, principe très-faux, puisque cette loi met expressément à côté des productions du génie, les ouvrages qui ne sont que des productions de l'esprit ; elle range toutes les compilations sur la même ligné ; elle confond la compilation qui est le fruit du goût, de l'intelligence, de combinaisons fines, de rapprochements ingénieux, avec la compilation qui ne suppose que du temps, des recherches, et la patience infatigable de copier mot-à-mot. Enfin, d'après la manière dont elle s'exprime, une compilation telle que les Pandectes de POTHIER, ne serait pas une propriété, elle serait abandonnée au premier occupant ; et c'est assurément une très grande erreur de droit, c'est assurément une contravention manifeste aux art. 1er et 7 de la loi du 19 juillet 1793. Par ces considérations, nous estimons qu'il y a lieu de casser et annuler l'arrêt qui vous est dénoncé » : *ibid.*, p. 156.

août 1819 à l'occasion d'un livre d'église puisant de nombreux éléments à des ouvrages antérieurs. Il fut jugé que ce livre ne pouvait être compris dans le domaine public dans la mesure où il fut le « *fruit du travail et d'une conception d'esprit* »[1]. Aux termes de cet arrêt :

« Attendu qu'il est constant que l'abbé Bonardet a cédé, en l'an VIII, à la veuve Rusand un ouvrage intitulé : Dévotion au sacré Cœur de Jésus ; … que cet ouvrage ne saurait être compris dans le domaine public, parce qu'il ne contient pas la copie matérielle et suivie d'autres ouvrages ; *mais qu'il est le fruit du travail et d'une conception d'esprit, pour la plus grande partie ; ce qui en attribue la propriété à l'auteur* ; qu'on ne peut le considérer, non plus, comme livre d'église, d'heures et prières, quoiqu'il contienne des prières généralement adoptées par les catholiques, *parce qu'il contient d'ailleurs des instructions, des idées et un travail qui sont encore le fruit du génie et de la conception de l'auteur* ».

741. Il est intéressant de remarquer d'un côté l'avènement de la « *réalisation de la conception de l'auteur* » et l'exigence de « *choix et disposition* ». Dans le même sens, la Cour de Toulouse, dans un arrêt du 2 juillet 1857, à propos d'un ouvrage de liturgie consistant dans une compilation de prières et d'offices, décida qu'il pouvait faire l'objet d'une propriété littéraire, indépendamment de sa « pieuse destination », au motif qu'il exigeait de son auteur « du discernement et de l'intelligence »[2]. Il en va de même à propos d'un recueil de sujets religieux encadrés dans des vignettes gothiques qui furent composées[3].

742. Plus tard, le Tribunal de Lyon affirma également que les évêques avaient un droit de propriété sur les ouvrages relatifs au culte (en l'occurrence, livres de prières), composés par eux-mêmes à l'usage des fidèles de leur diocèse[4]. Par ailleurs, ce droit leur appartenait aussi sur les ouvrages composés sous leur direction par une commission ecclésiastique dont ils s'appropriaient le travail[5]. En conséquence, ils pouvaient exercer des poursuites contre les tiers qui agissaient en fraude de leurs droits selon la Cour de cassation dans son arrêt en date du 9 juin 1843[6].

743. Affaire « *Zech et fils c. Vitte et Pérussel* ». La question trouve, en outre, un ancrage jurisprudentiel notamment dans la célèbre affaire retentissante, opposant Zech et fils (imprimeurs-éditeurs belges) ainsi que Marius Beaumont leur représentant en France aux libraires Vitte et Pérussel, qui a fait grand bruit dans le monde religieux

---

1 Aff. *Rusand c/ Rivoire* (*Journ. de l'impr. et de la libr.*, 1820, p. 68) ; A.-C. RENOUARD, *op. cit.*, n° 48, p. 98. Le sieur RIVOIRE s'était pourvu en cassation ; mais un arrêt du 7 octobre 1819 l'a déclaré non recevable pour défaut de consignation d'amende.

2 Toulouse, 2 juill. 1857, *D.* 1857, 2, 206, cité par L. PFISTER, thèse préc., t. II, p. 564 : « Dans son rapport, le représentant du ministère public soutient que "la part personnelle de l'archevêque d'Albi dans la composition du propre de son diocèse aurait consisté à faire un choix de prières et d'offices" et que cette compilation de liturgie remplissait par conséquent les conditions nécessaires et suffisantes pour faire l'objet d'une propriété, indépendamment de sa "pieuse destination" ».

3 C. Royale de Paris, 2 août 1828. Ainsi, « l'artiste qui, puisant, soit dans la nature, soit dans des compositions antérieures et livrées au domaine public, compose un ensemble nouveau, devient propriétaire exclusif de cette compilation nouvelle, et, bien que les diverses parties, les matériaux qu'il a ainsi groupés puissent être [isolément et séparément] reproduits par tout autre, nul ne pourra imiter sa combinaison, car c'est là ce qui constitue son invention, son idée personnelle, sa propriété » : E. BLANC, *op. cit.*, p. 259.

4 Trib. Lyon, 13 mars 1890, *Monit. jud. Lyon* du 7 mai 1890.

5 Lyon, 15 juill. 1891, *Rec. arr. Lyon*, 1891, p. 463.

6 *Bull. Cass. crim.*, n° 139 ; Lyon, 15 juill. 1891, préc.

dont la presse française s'est fait l'écho[1]. En l'espèce, le cardinal de Bonald composa un livre d'heures et de prières intitulé : « *Paroissien complet, ou Heures à l'usage du diocèse de Lyon, selon le rite romano-lyonnais* » destiné aux fidèles du diocèse de Lyon qui donna lieu à un travail de compilation et d'adaptation. Il en confia la vente à un éditeur Vitte et Pérussel, ses cessionnaires qui obtinrent de l'autorité diocésaine la concession d'un droit exclusif à son impression et à sa publication. Par la suite, un autre éditeur Zech et fils ainsi que son représentant Beaumont imprimèrent et mirent en vente, sans l'autorisation de l'archevêque, un paroissien (un autre livre d'heures) intitulé : « *Nouvelles Heures de Lyon, selon le rite romano-lyonnais* » qui consista en la reproduction identique du premier, au moins dans sa partie essentielle, à savoir l'extrait de textes liturgiques constituant le Propre du diocèse à l'usage duquel il était destiné. C'est dans ces conditions que MM. Vitte et Pérussel assignèrent MM. Zech et fils et Beaumont en contrefaçon devant le Tribunal civil de Lyon.

744. Deux questions délicates furent soumises aux juges du fond : la *première* consistait à savoir si l'évêque composant un *ouvrage liturgique* devait être considéré, comme en conservant la propriété, ou bien si cet ouvrage ne tombait, par sa *nature même*, dans le domaine public. La *seconde*, que nous laisserons de côté, était de savoir quelle était la nature et l'étendue exacte du *droit d'imprimatur* conféré aux évêques à l'égard des livres d'église, d'heures ou de prières ?[2]

745. La demande de MM. Vitte et Pérussel fut accueillie par le Tribunal civil de Lyon (3e ch.), dans un jugement fortement motivé en date du 13 mars 1890[3], qui retint que la publication du livre de prières : « *Les Nouvelles Heures de Lyon* » par les défendeurs était entachée de contrefaçon et les condamna à verser des dommages-intérêts à titre de réparation du préjudice causé. Après avoir posé le principe selon lequel le livre liturgique pouvait créer au profit de son auteur un droit de propriété littéraire, que cet auteur soit l'évêque diocésain lui-même ou tout autre selon les termes suivants :

> « Attendu que s'il peut être soutenu que l'évêque diocésain, par l'ordre et les soins duquel a été composée une liturgie nouvelle, c'est-à-dire les livres réglant l'espèce et l'ordre des cérémonies et des prières qui constituent le service divin, livres spécialement destinés au clergé, obligatoires pour lui, nécessaires à l'exercice de son ministère, approuvés par le Souverain Pontife et promulgués par lui comme loi de l'Église, ne saurait devenir, en aucun cas, propriétaire de cette liturgie, qui tombe par sa nature de plein droit dans le domaine public, et peut être imprimée et vendue par quiconque se conformera aux lois spéciales sur la matière, *on ne peut mettre en doute que l'évêque diocésain a le droit de propriété reconnu par la loi à tout auteur, sur les livres qu'il compose pour l'instruction religieuse de son diocèse, pour l'usage des fidèles, mettant dans leurs mains les prières qu'il croit les meilleures, mais qu'il n'impose pas* ».

746. Confusion entre travail/création, monopole/propriété et originalité/nouveauté. Le Tribunal se prononça, ensuite, sur la protégeabilité de ce livre en tant que création au sens de la loi de 1793. Pour ce faire, le Tribunal rechercha si, en fait, le livre intitulé : « *Heures à l'usage du diocèse de Lyon, selon le rite Romano-Lyonnais*

---

[1] Selon *Le Temps*, 18 juill. 1891, n° 11018, p. 3 ; *Journal des débats politiques et littéraires*, 17 juill. 1891, p. 4 ; *L'Univers*, 20 juill. 1891, n° 8587, p. 4 ; *La Lanterne*, 19 juill. 1891, p. 4.

[2] V. Sur le décret de germinal an 13 qui confère aux évêques, sur les livres nécessaires au culte, un droit absolu de surveillance et de censure. « En fait, l'évêque peut investir les éditeurs d'un monopole en n'autorisant personne autre à imprimer des livres d'Église. Mais en droit, est-il fondé à créer un privilège de cette nature, à donner à un éditeur une situation juridique régulièrement opposable aux tiers ? » : *Ann.* 1895, t. XLI, art. 3786, p. 147.

[3] *Jurisprudence de la Cour d'appel de Lyon et des tribunaux du ressort*, Éditions du Moniteur judiciaire de Lyon (Lyon), 1890, t. 19, p. 202 et s.

» revêtait les caractères voulus par la loi pour qu'il puisse constituer une *propriété littéraire*. Le Tribunal estima qu' :

« Or, *la création de ce livre a nécessité un travail de compétence, un travail d'extraction et de condensation, un travail de traduction, un travail de classement. Son auteur a recherché et choisi dans les livres liturgiques les prières qu'il convenait d'insérer dans un paroissien destiné aux fidèles, et non pas spécialement aux prêtres du diocèse de Lyon* ; il a traduit du latin certaines de ces pièces, alors que beaucoup d'entre elles n'avaient jamais été insérées dans les anciennes Heures de Lyon ; *il a donné à l'ensemble de son œuvre un ordre approprié au service qu'elle devait rendre. Le résultat de ses efforts intellectuels est une chose nouvelle* »[1].

747. MM. Zech et fils et Beaumont interjetèrent appel de ce jugement en faisant valoir que MM. Vitte et Pérussel ne pouvaient se prévaloir d'aucun droit de propriété littéraire étant donné que leur livre était un simple extrait de documents mis à leur disposition par la Sacrée Congrégation des Rites et appartenant au domaine public.

748. Or, la Cour de Lyon rejeta cet argument, contrairement aux conclusions de l'avocat général Auzière qui tenta d'écarter successivement l'application de la loi de 1793 ainsi que celle du décret du 7 germinal an XIII, et confirma la décision des premiers juges, dans un arrêt en date du 15 juillet 1891, et ce, après avoir reconnu à l'évêque d'un diocèse sur les livres de liturgies qu'il composa, ou dont il réunit et coordonna les documents, un droit privatif analogue au droit de propriété littéraire au sens de la loi du 19 juillet 1793 selon les termes suivants :

« Considérant, d'autre part, *qu'indépendamment de ce droit de surveillance et de censure qui est par sa nature incessible et inaliénable, les évêques ont incontestablement la propriété des ouvrages dont ils sont les auteurs et spécialement de ceux qui sont relatifs au propre de leur diocèse, soit qu'ils les aient eux-mêmes composés, soit qu'ils aient été faits sous leur direction par une commission ecclésiastique dont ils se sont approprié le travail ; que ce droit de propriété leur est garanti par la loi et que rien ne peut en faire présumer l'absence* ; qu'il ne saurait disparaître par le fait de l'approbation qui est donnée au propre diocésain par le souverain pontife et la congrégation des rites ; que cette approbation, purement doctrinale, loin de changer la nature du droit civil des évêques, en est au contraire la reconnaissance, et n'a pour effet que d'en autoriser exceptionnellement l'usage ».

749. C'est dans ces conditions que la Cour conclut que : « *La composition* [du nouveau Propre du diocèse de Lyon] *avait été le résultat d'un travail considérable de compilation et de choix, qui a conservé une partie de l'ancienne liturgie lyonnaise*, et qu'à ce titre elle a été légalement constitutive de propriété au profit de son auteur », de telle sorte que la publication totale ou partielle de ces textes sans la permission de l'évêque ou de ses ayants cause constitua une contrefaçon.

750. Les éditeurs Zech et fils et Beaumont se pourvurent en cassation contre l'arrêt attaqué en ce qu'il retenait, en reproduisant le Propre du diocèse de Lyon, la violation des droits privatifs du cardinal de Bonald et de ses cessionnaires considérés comme propriétaires *jure communi* de ces textes liturgiques, alors qu'une liturgie approuvée par la Congrégation des rites[2] et officiellement imposée aux fidèles tomba

---

[1] « Si certains mots sont remplacés par leurs synonymes, si certaines tournures de phrases sont modifiées, ces faits, absolument accessoires, cherchés par l'intention de se soustraire à une action judiciaire, devant échapper au lecteur, ne sauraient modifier le fait principal, la reproduction de l'œuvre dans son ensemble, ses matières, la forme et l'ordre dans lequel elles sont présentées, tout ce qui la caractérise, constitue son individualité, la distingue du paroissien Romain et des paroissiens spécialement en usage dans les diocèses autres que le diocèse de Lyon ; ».

[2] La Congrégation des rites (*Congregazione dei Riti*) ou la Sacrée Congrégation des rites fut une institution de la Curie romaine créée en 1588 par le pape Sixte Quint avec la Bulle (la constitution apostolique) « *Immensa æterni Dei* » du 11 février 1588 dans le sillage du concile de Trente. Elle fut chargée de

... / ...

nécessairement dans le domaine public, sans pouvoir conférer à ses auteurs ou compilateurs aucun droit de propriété littéraire. Il s'agit donc, à leurs yeux, d'un simple extrait de la liturgie romano-lyonnaise destiné à l'usage des fidèles[1]. Par ailleurs, ils reprochèrent à l'arrêt attaqué d'avoir considéré les évêques comme investis, quant à l'impression des livres d'église, d'un droit assimilable au droit de propriété des auteurs, leur permettant de conférer à un imprimeur déterminé un monopole et les autorisant, de même que leurs cessionnaires, à intenter contre tous autres imprimeurs une action en dommages-intérêts, et ce, en méconnaissance des droits conférés par le décret du 7 germinal an XIII à l'évêque diocésain et aux imprimeurs, ses permissionnaires.

751. La chambre civile de la Cour de cassation, dans un arrêt du 7 novembre 1894[2], rejeta ces deux arguments avancés à l'appui de leur pourvoi et confirma l'arrêt attaqué, ayant fait une juste application de la loi du 19 juillet 1793, au motif qu'on prétendrait vainement qu'un Propre diocésain, ouvrage liturgique, cesse d'être la propriété de son auteur, lorsque son usage est un des éléments nécessaires du *culte public*[3], alors qu'il s'agit, en l'occurrence, d'un livre d'Heures, c'est-à-dire d'un extrait du Propre, compilé et adapté, et destiné à l'usage des fidèles. C'est ainsi que la compilation de ces textes tombés dans le domaine public, leur agencement et leur adaptation dans un ordre

---

contrôler la liturgie et d'assurer le respect des normes liturgiques, des rituels ainsi que de revoir, entre autres, les livres liturgiques, à savoir : le Bréviaire, le Diurnal, le Missel, le Rituel, le Pontifical, le cérémonial des évêques et ceux qui servent au clergé, y compris la musique sacrée. V. Pour de plus amples développements sur cette institution et son rôle régulateur majeur de la liturgie et de la sainteté : A. DELFOSSE, « La congrégation des rites et la sainteté antique », *in* B. DOMPNIER et S. NANNI (dir.), *La mémoire des saints originels entre XVI*e *et XVIII*e *siècle*, Publications de l'École française de Rome, Rome, 2019, p. 127-141 ; A. MAZUREK, « La régularisation de la liturgie après Trente : entre local et universel », *Rechtsgeschichte/Legal History* (Journal of the Max Planck Institute for European Legal History), 2012, n° 20, p. 371-372.

1 « Au point de vue de l'espèce, les conditions particulières dans lesquelles la liturgie romano-lyonnaise a été créée rendent même invraisemblable l'idée d'une propriété littéraire au sens de la loi du 19 juill. 1793. En 1864, pour se conformer à l'ordre du Saint-Siège, le cardinal de Bonald, archevêque de Lyon, dut substituer dans son diocèse le rite romain à l'ancienne liturgie lyonnaise. Toutefois le Saint-Siège ayant autorisé l'église de Lyon à conserver certaines cérémonies de son ancien rite, il était nécessaire de coordonner ces éléments avec les dispositions du rite romain. Une commission d'ecclésiastiques, désignée par le cardinal de Bonald, fut chargée de rédiger un calendrier diocésain et un Propre du temps et des saints, selon les formes du missel et du bréviaire romains combinées avec celles du rite lyonnais. Le travail de cette commission, revu et corrigé par la Congrégation des Rites, reçut l'approbation du souverain pontife aux termes d'un décret du 3 mars 1864 et devint le rite romano-lyonnais. Le Propre diocésain, dont le cardinal de Bonald aurait, d'après les juges du fait, conservé le droit de reproduction et qu'il aurait transmis *jure communi* à ses successeurs, sur le siège archiépiscopal par l'intermédiaire de légataires, est, on le voit, l'œuvre du Saint-Siège bien plus que de l'archevêque de Lyon. Comment aussi ne pas se demander ce qu'il fût advenu de ce Propre diocésain, au cas où l'un des intermédiaires entre le cardinal de Bonald et l'archevêque actuel de Lyon eût refusé de transmettre les droits de propriété littéraire qu'il tenait de son auteur. Le diocèse de Lyon aurait-il été privé de sa liturgie ? Telle est cependant la conséquence logique du système de la cour de Lyon ».

2 Cass., 7 nov. 1894, aff. *Zech et fils et Beaumont c/ Vitte et Pérussel*, *Ann.* 1895, t. XLI, art. 3786, p. 132 ; *Pandectes françaises*, 1896, t. 11, p. 29 ; *S.* et *F.* 96, 1, 337, note M. LACOINTA ; *Gaz. Pal.*, 91.2.195 ; *Semaine religieuse du Diocèse de Lyon*, 30 nov. 1894, p. 130-131.

3 V° « Livres d'église », n° 4, *in (Jurisprudence du XIX*e *siècle) Recueil général des lois et des arrêts : en matière civile, criminelle, commerciale et de droit public*…, 1891, p. 938 et *Répertoire général alphabétique du droit français*, t. XXVI, p. 580.

particulier, ayant donné lieu à un *travail intellectuel* qui en fait une *œuvre individuelle*, purent faire l'objet d'une *propriété littéraire*[1] :

> *« Lorsqu'il est constaté qu'un livre d'heures, composé d'extraits d'une liturgie particulière, a donné lieu à un travail de compilation et d'adaptation qui en fait une œuvre individuelle, la reproduction identique de cet ouvrage dans sa partie essentielle constitue une contrefaçon, qui doit être réprimée par les lois relatives à la propriété littéraire.*
>
> En présence de cette constatation relative au caractère de l'ouvrage contrefait, *il n'échet d'examiner si, en principe, un ouvrage liturgique cesse d'être la propriété de son auteur lorsque son usage est un des éléments nécessaires du culte public* »[2].

752. Cela étant, il restait, cependant, à savoir si ce travail consistant à *détacher* d'un ensemble (en l'occurrence, le Propre du diocèse) certains *fragments* (notamment le Missel) pour le reproduire littéralement dans un paroissien, rédigé à l'usage des fidèles qui, pour le surplus, ne contient que des *prières* tombées dans le domaine public, pourrait constituer une *œuvre de l'esprit* donnant naissance à un droit de propriété littéraire[3]. En d'autres termes, cette compilation d'extrait de la liturgie propre au diocèse élabore-t-elle suffisamment une *forme interne* propre et distinctive par rapport à l'œuvre primitive ? La solution de la Cour de cassation ne put échapper aux critiques[4] formulées par certains auteurs au motif que ce fractionnement, selon leur opinion, n'ajoutait rien à l'œuvre primitive. L'on ne concevait pas comment une personne pouvait avoir, quant à la publication des fragments, un droit privatif qui ne lui appartiendrait pas quant à la reproduction de l'ouvrage entier.

753. Affaire « *Mingardon c. Repos* ». Dans une autre affaire, le Tribunal civil de la Seine (1re ch.), dans un jugement du 5 août 1874[5], a eu l'occasion de se pencher

---

1 POUILLET dit : « Il importe peu que l'auteur ait puisé les principaux éléments sinon tous les éléments de son travail dans le domaine public ou dans les ouvrages de ses devanciers ; le choix de ses éléments, l'ordre, la méthode avec lesquels ils sont présentés, constituent incontestablement une production de l'esprit, la création d'un ouvrage qui n'existait pas auparavant, et par suite donnent naissance au droit privatif » : E. POUILLET, *op. cit.*, p. 47, n° 22.

2 *Revue générale d'administration*, 1895, t. I, p. 63 ; *Le Moniteur de la papeterie française*, oct. 1895, vol. XXXI, n° 7, p. 110.

3 À titre d'exemple, la Cour de cassation a pu juger qu'un requérant « avait accompli un effort de recensement et de compilation, et [...] ce travail de recherche et de documentation ne constituait pas, dans la forme sous laquelle il était présenté, une création intellectuelle de nature à lui donner la qualité d'auteur » : Cass. civ. 1re, 5 oct. 1994, *RIDA* janv. 1995, n° 163, p. 205. 34 ; C. CARON, « Chronique de jurisprudence », *LPA* juin 1996, n° 69, p. 9. Cass. com., 23 mars 1965, *Bull. civ.* IV, n° 28 : « La protection par le droit d'auteur a été refusée pour un ouvrage qui n'est qu'une simple compilation de renseignements connus, l'originalité se manifestant dans le choix et la disposition des matières ». *Contra* : S'agissant d'une encyclopédie des bonnes histoires, la Cour d'appel a retenu que : « même si les histoires drôles émanent d'un fonds commun, l'auteur en les sélectionnant, en les narrant suivant une expression qui lui est propre, en les classant dans un ordre qu'il a lui-même choisi et qui n'est nullement nécessaire et en donnant une structure particulière au récit, a fait œuvre créatrice ».

4 *Recueil périodique et critique de jurisprudence, de législation et de doctrine en matière civile, commerciale, criminelle, administrative et de droit public*, 1895, p. 153-154.

5 Aff. *Mingardon c/ Repos.*, *Ann.*, t. XX, 1875, p. 250. Rappr. Cass., 27 nov. 1869, *S.* 1870, I, 928 : « Les compilations de documents appartenant au domaine public, mais disposés méthodiquement, et dont l'arrangement a exigé, de la part de l'auteur, du discernement, du goût, un certain travail d'esprit, l'emploi de connaissances spéciales ». La loi du 19 juillet 1793 s'applique aux productions de l'esprit telles que recueils, compilations, et autres ouvrages de cette nature, lorsque ces ouvrages ont exigé dans leur exécution le discernement du goût, le choix de la science, le travail de l'esprit ; lorsqu'en

… /

sur la contrefaçon de livres de liturgie et de chants romains. En l'espèce, une commission ecclésiastique, instituée par ordonnance de l'évêque de Digne du 15 février 1858, pour la composition, la publication et la propagation d'une nouvelle édition de livres de liturgie et de chants romains conclut un acte sous seing privé avec Repos, imprimeur-libraire à Digne dans le but d'imprimer l'ensemble des travaux entrepris précédemment ainsi que de nouvelles éditions d'ouvrages de liturgie. S'agissant de la propriété des ouvrages en question et de leur vente, il fut convenu que la commission s'en réserverait formellement la propriété littéraire ainsi que la vente tandis que Repos s'interdisait formellement, aussi longtemps qu'il serait l'imprimeur de la commission, de participer à toute publication qui put faire concurrence aux livres édités par elle.

754. En juillet 1872, Mingardon, libraire-éditeur à Marseille, prétendit que les cinq ouvrages publiés clandestinement par M. Repos (à savoir le *Vespéral* ; la *Semaine sainte* ; l'*Office des Morts* ; le *Cantus diversi* ; le *Graduel* et *Vespéral*) n'étaient que la contrefaçon pure et simple du *Gradus romain*, du *Vespéral romain* et du *Rituel romain*, dont la propriété musicale, scientifique, littéraire et matérielle du chant romain traditionnel lui fut cédée par la commission ecclésiastique de Digne suivant l'acte du 24 octobre 1851. C'est dans ces conditions que Mingardon assigna Repos en contrefaçon devant le Tribunal civil de la Seine.

755. Le Tribunal fit droit à sa demande après avoir constaté que Repos publia comme propriétaire éditeur les cinq ouvrages susmentionnés qui furent la contrefaçon des trois ouvrages de Mingardon, dont la propriété, appartenant à la commission ecclésiastique, lui fut cédée suivant acte sous seing privé, en date du 24 octobre 1871.

756. Après avoir relevé que l'édition nouvelle de livres liturgiques se distinguait des autres par le perfectionnement dans la division des mots, par l'indication plus précise, en tête de chaque chant, du mode de plain-chant adopté, par l'ordre apporté dans la pose des notes et dans l'indication des points d'arrêt, et par un système de reproduction de la forme des caractères anciens, le Tribunal ne manqua pas de souligner que :

« *La propriété littéraire* ne s'applique pas seulement aux créations entièrement originales, qu'elle *s'étend aussi aux ouvrages dont les éléments, bien qu'empruntés à des publications antérieures, ont été choisis avec discernement et disposés dans un ordre nouveau, et ont reçu ainsi une forme et une appropriation nouvelle* ».

B. La jurisprudence égyptienne

757. Plan. En Égypte, la protégeabilité des compilations religieuses, à savoir les recueils de *hadîths* et de *tafsîrs* du Coran, trouve une assise jurisprudentielle à travers deux célèbres affaires qui précisent d'une part, la portée des droits des *(ré)éditeurs* sur la reconstitution des ouvrages du *turâth* au regard du droit d'auteur, et d'autre part, la portée des droits des *spécialistes* de la science du *hadîth* sur la reconstitution des ouvrages en la matière. La première affaire est relative au « *tafsîr* du Coran du savant Al Qurtubi » (1) tandis que la seconde concerne l'un des plus célèbres recueils de

---

un mot, loin d'être la simple copie d'un ou de plusieurs autres ouvrages, ils ont été tout à la fois le produit de conceptions étrangères à l'auteur et de conceptions qui lui ont été propres, et d'après lesquelles l'ouvrage a pris une forme nouvelle et un caractère nouveau : Cass. crim., 2 déc. 1814, aff. *Leclère c/ Villeprent et a., Dalloz, Rép.*, v° *Prop. litt.*, n° 88 ; C. de Lyon, 5 août 1819, aff. *Rusand c/ Rivoire, Journ. de la librairie*, 1820, p. 68 ; Trib. Seine, 5 août 1874, aff. *Commission ecclésiastique de Digne c/ Repos, Gaz. des Trib.*, 6 août 1874, cités par A. HUARD et E. MACK, *op. cit.*, p. 8, n° 26.

hadîths de l'Islam, à savoir le « *Sahîh Muslîm* » (2). L'examen et l'analyse de ces deux affaires seront l'occasion de répondre à la fois à la question de savoir si le fait d'éditer et d'imprimer un recueil de *hadîths* ou de *tafsîrs* du Coran, notamment de rééditer les opinions diverses que les célèbres commentateurs du Coran et les grands compilateurs du *hadîth* avaient réunies dans leurs recueils, peut donner naissance à un *droit d'auteur* ainsi que de cerner la *nature* de l'apport créatif et d'y identifier le *siège de la créativité.*

1. L'Affaire des « commentaires du Coran d'Al Qurtubi »

758. Problématique. La Cour d'appel d'Égypte eut à connaître une affaire célèbre qui opposa le ministère de l'Instruction publique[1] (*Wizârat al-ma'âref al-'omumîya*) à Abdel Moneim Abdel Maksoud à propos de la reproduction d'une édition moderne des commentaires « *tafsîr* » du Coran du savant Al Qurtubi[2] publiée par la Bibliothèque Nationale (*Dar El Kotob*). La question délicate à laquelle devait répondre la Cour d'appel était de savoir si l'acte de reconstitution, de restauration (*tarmîm*) et de vérification (*tahqîq*) des ouvrages anciens relevant du patrimoine islamique pouvait être considéré comme une *forme créative* éligible à la protection au titre du droit d'auteur.

759. Faits. En l'espèce, la Bibliothèque Nationale chargea une équipe de ses fonctionnaires de recourir à plusieurs exemplaires manuscrits (*makhtût*) du célèbre *tafsîr* (exégèse) coranique d'Al Qurtubi intitulé en arabe : « *Jâmi lî Ahkâm al-Qur'an* : *Tafsîr* Al Qurtubi » et de les vérifier afin de procéder à une nouvelle édition, et ce, avant que le travail du copiste ne se tournât vers la production mécanisée de livres. Ce travail de recherches d'ordre *paléographique* et *philologique* consistait notamment dans la reconstitution, la vérification, la révision des exemplaires et de la comparaison entre les différentes versions manuscrites comme l'indiquait l'introduction de la nouvelle édition[3].

---

1 Devenu « ministère de l'Éducation nationale ».

2 Rappelons qu'il existe plusieurs exégèses du Coran. Les plus connus sont *Tafsîr* AL TABARI (839-923) dans son *Jami' albayân 'an ta'wîl al-Qur'ân* ; *Tafsîr* IBN 'ABBAS (m. 687) ; *Tafsîr* AL-BAYDAWI (m. 1315) ; RAZI (1209) ; ALUSI (1854) ; *Tafsîr al-Kashâf* de ZAMAKHCHARI (1075-1144), *Tafsîr al-Qur'ân al Karîm* d'IBN KATHIR (1300-1373) ; *Tafsîr al-Jalâlayn* d'AL-MAHALLI (1389-1459) qui fut continué et achevé par son élève Djalâl ad-dīn AS-SUYUTI.

3 « Ces œuvres sont bien entendu tombées dans le domaine public, mais leur publication exige certaine connaissance en la matière. L'érudit qui s'avise de faire cette publication, choisit entre plusieurs versions, tout en faisant des recherches relatives à l'origine des mots » : G. AL ANI, thèse préc., t. I, p. 124. Comp. Concernant la reconstitution de textes anciens, DESBOIS envisageait le cas d'un « érudit » qui, « en comparant les diverses copies d'un texte qui a disparu, et dont l'authenticité a été mise à rude épreuve tant sont profondes les divergences entre les multiples versions qu'il a sous les yeux, [...] propose de considérer comme fidèle tel manuscrit à l'exclusion des autres, ou même de combiner l'un avec l'autre. Fait-il œuvre personnelle, sous le signe de l'originalité relative ? Quelle qu'ait été l'utilité du résultat de ses découvertes, il n'est pas fondé, dira-t-on, à invoquer la qualité d'auteur : il n'a pas modifié, à la manière d'un adaptateur, le plan, la composition de l'œuvre antécédente, et les expressions, qu'il a substituées à celles des éditions antérieures ou à l'aide desquelles il a comblé les lacunes du parchemin mutilé, proviennent non de son imagination, mais selon sa conviction, du choix de l'auteur de l'antiquité lui-même. Loin d'imprimer à l'ouvrage la marque de sa personnalité, il s'est contenté de purifier le texte, de rétablir les développements dans leur intégrité et leur authenticité. Il est le premier, d'ailleurs, à situer son apport hors du cercle des droits d'auteur, puisqu'il se défend d'avoir obéi aux impulsions de son imagination et est convaincu d'avoir découvert une réalité préexistante » : H. DESBOIS, *op. cit.*, n° 27, p. 37.

760. Or, prétendant que cet ouvrage, ne sous-traitant que la *dimension matérielle*, était tombé dans le domaine public, une autre maison d'édition exploita commercialement sans coup férir les exemplaires du premier volume de cette édition pour son propre compte sans y apposer le nom du ministère de l'Instruction publique ou celui de *Dar El kotob*[1], et la reproduisit tel quel par la technique de la zincogravure, y compris la table des matières et l'introduction. C'est dans ces conditions que la Bibliothèque fit saisir les exemplaires et clichés et en demanda la confiscation ainsi que deux cents livres à titre d'indemnité.

761. Au soutien de sa demande, la Bibliothèque avança que cette nouvelle édition de l'ouvrage était le résultat d'un travail rigoureux pour prélever la *forme créative*, selon l'introduction, dont l'édition était faite à partir de dix manuscrits qui furent collationnés après les avoir vérifié minutieusement et dans lesquels furent corrigées (les erreurs de copie) tout ce que le copiste déforma de l'esprit de l'auteur de l'œuvre initiale, ainsi que les interpolations après référence aux ouvrages compilés par l'auteur, tout en s'appuyant sur des arguments historiques. Par ailleurs, les rééditeurs vérifièrent l'exactitude des termes et ajoutèrent des gloses, des notes dans les marges à la fin de chaque page, une table des matières spéciale, y compris une introduction sous la plume d'un auteur spécialiste de haute renommée connu pour sa classification et indexation des ouvrages anciens, à savoir Sayed Mohamed El Biblawi, alors chef de la section de la renaissance de la littérature arabe à la Bibliothèque nationale.

762. Originalité dans la restauration du manuscrit. On réalise, comme le souligne le professeur Pfister, que : « *ce type de publications nécessite non seulement la recherche des manuscrits mais également et surtout un travail philologique, afin notamment de corriger les imperfections commises par les copistes* »[2]. Le but est de proposer le *meilleur manuscrit*, aussi proche que possible de l'original, et, qui, toutes impliquent de nombreux *choix* et des *connaissances* très diverses. Certes, comme le relève Mme Dock : « *Il y a dans ces faits, non seulement le résultat des efforts d'un érudit pour restaurer un texte altéré par des éditions antérieures mais aussi le déploiement de toute une activité présentant un caractère personnel. L'originalité apparaît à la fois dans la composition et dans l'expression. L'éditeur a donc la qualité d'auteur* »[3]. En opérant une distinction entre la *découverte* d'un objet et la *restauration* (la reconstitution) d'un manuscrit, Desbois constatait déjà que celui qui complète ou corrige le texte d'un manuscrit endommagé par le cours du temps faisait *acte de création* dans la mesure où le fait de :

---

1 S'agissant du droit de revendiquer la paternité de l'œuvre et d'exiger la mention du nom de l'auteur sur tous les exemplaires et dans tous les documents publicitaires, en l'absence de tout accord préalable, la Cour de cassation égyptienne, a conclu, dans un arrêt du 7 janvier 1987, que l'auteur a toujours droit à la mention de son nom sur chaque exemplaire qu'il publie lui-même ou par l'intermédiaire d'un tiers, ainsi que sur toute publicité se rapportant à l'œuvre, sans que l'accord de cette autre personne soit nécessaire, et ce, après avoir rappelé le premier alinéa de l'article 9 de la loi n° 354 de 1954 relative à la protection du droit d'auteur qui prévoit que l'auteur a le droit exclusif de s'attribuer la paternité de son œuvre dont il lui appartient de défendre ce droit contre toute atteinte. Il a en outre le droit d'interdire toute omission ou modification dans son œuvre (Cass. civ., 7 janv. 1987, pourvoi n° 1352/53e A.J., *Rec.*, 38e année, n° 21, p. 78-80), rapporté par H. EL BADRAWY, « Rôle des autorités judiciaires dans l'application des droits de propriété intellectuelle », préc., p. 12.

2 L. PFISTER, thèse préc., t. I, p. 97.

3 M.-C. DOCK, *op. cit.*, p. 77.

« Découvrir, exhumer un objet matériel, qui est enfoui depuis des siècles dans les couches du sous-sol, c'est tout autre chose que de proposer un mot, une locution pour combler la lacune d'un parchemin, ou de substituer à la phrase d'un interpolateur un développement, que le raisonnement conduit à considérer comme plus proche des intentions de l'auteur. La découverte d'un papyrus, réalisée au prix de fouilles méthodiquement conduites, n'a rien de commun avec la suggestion proposée pour compléter ou corriger le texte d'un manuscrit endommagé par le cours du temps. Car l'épigraphiste propose une lecture, tandis que l'archéologue révèle, exhume un objet qui existait réellement loin des regards. *L'expression proposée est personnelle au savant, qui, par de patientes lectures et de fertiles comparaisons, en est venu à la sous-entendre ou la substituer à une autre ; il ne l'a pas découverte, mais inventée, tirée de son propre fonds grâce à une imagination mise au service de l'érudition et de l'esprit scientifique. Dans le domaine des expressions, il a donc fait acte de création* »[1].

763. Travail de « recréation » visible et invisible. Or, la question reste de savoir si ce résultat relève du droit d'auteur. Une des difficultés gît dans le fait que ce travail de « recréation » de l'original recherché est par hypothèse « invisible » ! Ce à quoi on va aboutir consiste dans la sélection de passage déjà connu et dans le domaine public… Il est difficile de fonder une propriété sur une absence. Comme en matière de restauration, on risque d'asseoir la propriété sur les « *recréations visibles* », c'est-à-dire, les passages plus ou moins réécrits ; ce qui n'est pas tout à fait satisfaisant… En termes de travail scientifique, admettre une propriété du savant sur un texte du domaine public parce qu'il a beaucoup travaillé à le vérifier n'est pas non plus satisfaisant !

764. Notion de *service public* et l'*acte de création*. C'est dans cet esprit que le Tribunal de première instance[2], dans son jugement du 7 mai 1940, débouta la Bibliothèque de ses demandes au motif que d'une part, la Bibliothèque se borna à *recueillir* les différentes parties de l'ouvrage et à les ordonner, à *rééditer* les opinions diverses qu'Al Qurtubi réunit dans son livre en y ajoutant les siennes ; ce travail, quelle que soit son importance, ne peut donner naissance à un *droit d'auteur* sur l'ouvrage aux yeux des juges. Et d'autre part, en admettant l'existence d'un droit d'auteur, du moment que ce droit appartient à l'État, il fait partie du domaine public, et que tout particulier ayant le droit de réédition, parce que les ouvrages édités par l'État étaient, de par leur nature même, destinés au service du public. Le Tribunal estima que la base d'une demande en indemnité étant le caractère commercial, celle-ci ne saurait concorder avec la qualité publique de l'appelant ni avec son devoir d'éduquer le public et de répandre l'instruction.

765. On déduit de la solution du Tribunal qu'à supposer que ces œuvres répondent aux critères de la protection, il n'en reste pas moins que ce sont des *œuvres créées par des fonctionnaires de l'État* dans l'exercice de leurs fonctions. C'est ainsi que le jugement du Tribunal souleva, pour la première fois, la question de la titularité des droits sur l'œuvre créée par les fonctionnaires dans le cadre du service public que nous allons mettre en exergue dans les lignes qui suivent.

---

1 H. DESBOIS, *op. cit.*, n° 27. V. Dans le même sens : « La reconstruction hardie tendant à compléter l'œuvre et à la présenter telle qu'elle avait dû être composée par l'auteur […] doit être protégée comme étant l'effet de l'activité intellectuelle de l'auteur » : N. STOLFI, *Traité théorique et pratique de la propriété littéraire et artistique*, t. 1, M. Giard et E. Brière, Paris, 1916, p. 452, cité par Ph. MOURON, « La restitution d'un manuscrit du Moyen Âge n'est pas une œuvre originale », art. préc., p. 8.

2 TGI d'Égypte, *Recueil officiel des tribunaux indigènes et shar'ii*, 1943, 42e année, n° 88, p. 143.

766. Consécration de la propriété sur la réédition de livres anciens. Cependant, par un arrêt du 11 janvier 1942[1], la Cour d'appel nationale d'Égypte infirma, à juste titre, le jugement des premiers juges en décidant que la protection littéraire et artistique s'étend à toute *œuvre si petite* qu'en soit la *valeur* ; tout *effort*, si petit soit-il, mérite la protection de la loi, comme la propriété de tout objet, si petite que soit sa valeur. A plus forte raison la protection de la loi n'est-elle pas réservée à la composition des livres. Il est admis, d'ailleurs, que la réédition de vieux livres, en l'occurrence, les *tafsîrs* même tombés dans le domaine public, assure un droit de propriété au rééditeur qui y a apporté des ajouts, des modifications, un classement ou des commentaires, quelle que soit l'étendue et l'importance de ces commentaires. C'est ainsi que la Cour fit référence à une décision française qui reconnut la propriété exclusive de l'auteur sur une table des matières ajoutée à un vieux livre[2].

767. Et de poursuivre s'agissant de savoir si la Bibliothèque Nationale avait fourni un *travail intellectuel* en publiant l'ouvrage litigieux, la Cour estima qu'il ressortait de l'examen dudit ouvrage que le rôle de la Bibliothèque Nationale ne se *limitait* pas à l'édition critique du texte des manuscrits pour en faciliter l'accès, mais qu'elle y avait ajouté des éléments d'utilité certaine empruntés à des livres cités par l'auteur ou écrits après son époque ou même imprimés en Égypte, aux Indes, en Europe des siècles plus tard… Ces nombreuses notes ajoutées au texte de l'auteur demandèrent un véritable travail de la part des fonctionnaires de la Bibliothèque nationale. Il n'en reste pas moins que cette référence au *travail* n'est pas sans doute satisfaisante car le *travail* n'est pas la *création* !

768. S'il est indéniable que l'ancienne loi égyptienne n° 354 de 1954 relative à la protection du droit d'auteur interdit de fonder l'appréciation sur le genre, le mérite, la forme d'expression, ou la destination (art. premier), on ne saurait pour autant admettre que tout *travail intellectuel*, voire incorporation, doive être considéré comme une *forme créative* protégée. Il en va différemment ainsi dans le cas de la réédition de livres anciens, lorsqu'elle a donné lieu à des modifications, ajouts, commentaires ou classements qui peut discerner une activité intellectuelle protégée par le droit d'auteur.

769. L'éditeur et la qualité d'auteur. La jurisprudence française se prononça déjà dans ce sens. À titre d'exemple, la Cour royale de Paris, par des arrêts en datent des 9 décembre 1851 et 8 novembre 1835, considéra que de simples notes, mises par un éditeur sur un ouvrage tombé dans le domaine public, étaient la propriété de cet éditeur, et ne pouvaient être reproduites, même en partie, sans son consentement[3]. Par ailleurs, la Cour de cassation considéra, dans un arrêt du 27 février 1845, que le fait de rééditer un ouvrage tombé dans le domaine public, avec des additions qui ne

---

[1] CA d'Égypte, 11 janv. 1942, *Revue Al Mohamah* (*L'Avocat*), 22e année, n° 8, 9, 10, p. 667 ; *Gaz. Trib. M.*, juin 1944, p. 202 ; *Dr. Aut.*, 1944, p. 141. V. Aussi : CA mixte, mai 1910, n° 22, p. 338. *Adde* : M.-C. DOCK, *op. cit.*, p. 77, note 2.

[2] V. *Dalloz Pratique*, v° *Prop. litt.*, n° 11, 12, 21 ; S. MESSINA, *Code civil mixte II*, p. 42, n° 22.

[3] Cité par A. BLANCHE, *op. cit.*, p. 481, n° 443. *Contra* : Dans l'affaire *Lectures chrétiennes*, la Cour de Lyon, dans son arrêt du 29 août 1814, décida : « qu'en droit, un ouvrage ancien ne doit être considéré comme propriété de celui qui le reproduit, qu'autant qu'il se trouverait augmenté avec des changements ou additions qui pussent le faire considérer comme ouvrage nouveau pour le plan et pour son objet ; ».

seraient pas moins dans le domaine privé de celui qui les a faites, tombait sous le coup de l'article 425 du Code pénal[1] dans la mesure où :

« *La loi du 19 juillet 1793, les art. 425 et suiv., C. pén., protègent toutes les productions de l'esprit et du génie, sans distinguer entre les œuvres, qui sont entièrement nouvelles et celles qui consistent dans l'augmentation et le remaniement d'un ancien ouvrage, déjà tombé dans le domaine public.* A l'égard de ces dernières, aucune loi n'oblige l'auteur à séparer du texte ancien ses additions ou changements, sous peine de les voir, par une sorte d'accession, devenir propriété publique ».

770. Flottements terminologiques. Cette question ressuscite la problématique nouée autour du sens du mot « *auteur* », qui pourrait en revendiquer la *propriété*, qu'il fallut retenir à l'époque. Selon le *Dictionnaire de l'Académie française*, l'auteur fut défini comme : « *celui qui est la première cause de quelque chose* ». En adoptant ce sens, l'avocat à la Cour royale, A. Durand-Saint-Amand, n'hésita à considérer que tout auteur de tout écrit en est légalement propriétaire au sens de la loi du 19 juillet 1793 dans ces termes suivants :

« Ainsi, c'est là un premier problème qu'il faut considérer comme définitivement résolu, à savoir qu'il n'est pas nécessaire que l'auteur d'un écrit soit à proprement parler un écrivain, qu'il ait conçu une pensée jusqu'alors inconnue, qu'il ait produit cette pensée à l'aide de son propre style, par un procédé semblable à celui de l'inventeur d'un objet industriel, fabricant à l'aide d'instruments, d'outils qu'il a façonnés et adaptés pour la réalisation de son idée ; en un mot, ce n'est pas l'invention, dans le sens littéraire de l'expression, qui constitue la propriété. *Il suffit d'avoir composé, même à l'aide de matériaux et d'éléments appartenant au domaine public, un écrit quelconque ; il suffit enfin d'être la première cause de quelque chose, c'est-à dire de faire quelque chose qui n'ait pas encore été fait, pour être élevé, aux yeux de la loi, au rang d'auteur, pour être fondé à en revendiquer souverainement la propriété* »[2].

---

1 Par un jugement du 18 mai 1836, le tribunal de la Seine a jugé qu'il y avait contrefaçon d'une compilation lorsqu'on prend à un ouvrage de ce genre quelque chose qui lui est propre, par exemple, le choix et l'ordre des matières ; mais qu'il n'y avait pas contrefaçon lorsque, d'une part, les matériaux sont dans le domaine public, et que, d'autre part, l'ordre suivi dans leur arrangement est le seul possible. V. A. GASTAMBIDE, *op. cit.*, p. 106.

2 A. DURAND-SAINT-AMAND, *op. cit.*, p. 381. La publication d'un prix courant général et légal de marchandises, faite par une compagnie de cour tiers, peut-elle constituer à son profit une propriété dont les droits et les effets soient garantis par les lois sur la propriété littéraire ? Il estime que la publication faite par les courtiers de commerce de Lille (le bulletin du Prix courant général et légal des marchandises en gros) pourrait constituer une propriété privée à leur profit critiquant l'arrêt qui a été rendu, le 21 avril 1842 par la Cour royale de Douai (confirmé par arrêt de la chambre criminelle de la Cour de cassation rendu le 12 août 1845). Cet arrêt refusa de reconnaître aux courtiers de commerce la propriété exclusive au motif qu'on ne saurait attribuer un caractère d'écrit à une constatation de prix courants, résultat d'un simple calcul, qui ne saurait être assimilé à une production de l'esprit. L'auteur estime que : « Les consultants rédigent le prix courant des marchandises. Pour arriver à cette rédaction, ils rapprochent et combinent ensemble toutes les transactions dans chaque espèce de marchandises conclues par leur ministère, ou notoirement parvenues à leur connaissance ; de cette combinaison et de ce rapprochement ressort un taux définitif ou moyen qu'ils adoptent comme le prix légal. Qui peut nier qu'il y ait là un travail de l'esprit, et que le résultat n'en soit un écrit quelconque ? Vainement voudrait-on équivoquer sur l'appréciation à donner à un tel travail, et demander, au nom des règles de l'art, dans quel genre doit être classé un tel écrit. La loi, qui règle la propriété littéraire, ignore et veut ignorer à quels degrés plus ou moins élevés, plus ou moins infimes, peuvent tour à tour atteindre ou descendre la science ou l'industrie littéraire. Là où est le travail, quels qu'en soient les produits, est pour elle le droit. A ceux qui d'un ton hautain viendraient demander où est la conception littéraire dans un écrit contenant l'énumération de toutes les marchandises connues, et l'attribution d'un prix déterminé pour chacune d'elles, on répondra en rappelant la jurisprudence sur les compilations. Où donc était la conception littéraire de M. Cardon réunissant des fragments empruntés aux œuvres immortelles des grands prédicateurs ? Mais la réunion même de ces fragments

… /

771. C'est d'ailleurs le même argument qui fut avancé par Merlin dans l'affaire relative à la contrefaçon de l'édition de l'an VI du *Dictionnaire de l'Académie française* dans laquelle le Tribunal de cassation fit droit à la demande des éditeurs de l'édition originale[1] au motif que :

« *Le mot "auteur" n'a pas, dans la loi, une signification aussi restrictive qu'on a voulu le prétendre. Il désigne non seulement ceux qui ont composé par eux-mêmes un ouvrage littéraire, mais encore ceux qui l'ont fait composer par d'autres, et qui en ont pris la composition à leur compte* [...] les droits qui appartiennent à la nation lui appartiennent parce que c'est la Nation elle-même qui a institué, qui a salarié l'Académie française pour composer ce dictionnaire »[2].

772. Cependant, cette assertion ne saurait échapper à la critique car, outre qu'elle est remise en cause par l'article L. 111-2 du CPI français, il ne suffit pas d'être la *première cause* de quelque chose pour accéder au *statut d'auteur*, voire de créateur, ce qui reviendrait à attribuer la qualité d'auteur à celui qui se contente de *découvrir* n'importe quel objet existant dans la nature ou à celui qui se propose de *rééditer* simplement un texte ancien tombé dans le domaine public. Comme le souligne le professeur Frédéric Pollaud-Dulian, « *à trop étendre la notion d'auteur ou celle d'œuvre, on court le risque de banaliser, de dénaturer et d'affaiblir le droit de la propriété littéraire et artistique* »[3].

773. L'État dispose-t-il d'un droit de propriété littéraire et artistique ? Une autre question délicate fut posée à la Cour d'appel d'Égypte qui était de savoir si le *caractère administratif* nécessaire à l'accomplissement d'une mission de *service public* privait l'État d'un *droit d'auteur* sur les ouvrages édités. La Cour rejeta clairement le raisonnement adopté par le Tribunal arguant des nécessités exorbitantes du service public pour mettre en échec l'action de la Bibliothèque nationale. Dans un attendu de principe, la Cour rétorqua pour fonder le droit d'auteur de l'État en consacrant le

---

avait nécessité un travail de l'intelligence, comme l'attribution de prix certains et déterminés des marchandises en nécessite un également. [...] Que la publication périodique d'une mercuriale ou d'un prix courant exigeant des recherches, des démarches, du discernement dans le choix du taux moyen des divers prix auxquels les marchandises ont été vendues, constitue à la fois un travail matériel et un travail intellectuel, base d'une propriété certaine » : A. DURAND-SAINT-AMAND, *op. cit.*, p. 369 et s.

[1] T. cass., 28 floréal an XII, aff. *Bossange c/ Moutardier*, Dev. et Car. 1791, an XII, 1, 971, J. Pal. an XI, floréal an XII, 747 : « Il est dans le texte, comme dans l'esprit de la loi, que le véritable propriétaire à indemniser par le contrefacteur est le propriétaire de l'édition originale, c'est-à-dire l'éditeur, puisque dans le délit de contrefaçon il n'y a que l'éditeur dont les intérêts sont lésés par la contrefaçon de l'édition originale ».

[2] Cité par Ph. GAUDRAT, *Rép. Civ. Dalloz*, V° « Propriété littéraire et artistique (2° droits des exploitants) », préc., n° 495, p. 68 et 69. « Les arguments invoqués par Merlin sont non avenus : celui qui fait composer n'est qu'un *maître d'ouvrage* – fût-il la Nation – ; qu'il paie la création n'en fait pas un créateur ; pas plus, d'ailleurs, que le collectivisme du maître d'ouvrage ne fait tomber l'œuvre dans le domaine public ! La "création" à laquelle se réfèrent, dans leur décision, les magistrats et à laquelle Merlin donne son aval, est une *pure opération de production.* Il ne s'agit nullement de la *création intellectuelle* du dictionnaire (qui eût renvoyé vers les académiciens) mais de la *fabrication lato sensu* du livre, qui ne concerne que les éditeurs. Par un curieux jeu du sort, l'instrumentalisme collectiviste révolutionnaire ramène aux solutions induites par les privilèges avant reconnaissance du droit d'auteur ! Inutile de préciser que la conception soutenue par cette décision isolée a été fermement, clairement et définitivement révoquée par le droit postérieur. Elle n'en a pas moins constitué un précédent » : Ph. GAUDRAT, *Rép. Civ. Dalloz*, « Propriété littéraire et artistique (2° droits des exploitants) », préc., n° 496.

[3] *JCP G* 1990, II, 21545, note F. POLLAUD-DULIAN. V. A. FRANÇON, « L'avenir du droit d'auteur », *RIDA*, avr. 1987, n° 132, p. 9.

principe selon lequel l'État pouvait *jouir* d'un droit de propriété littéraire ou artistique et l'exploiter commercialement, dans les termes suivants :

« Attendu que rien *a priori* n'interdit à l'État de jouir d'une propriété privée : de fait, il possède un domaine privé, qu'il exploite comme n'importe quel particulier, et des entreprises comme les chemins de fer, les téléphones et les télégraphes qu'il exploite comme les sociétés ; l'État n'est qu'une personne morale, comme toute personne morale particulière ; attendu qu'il peut paraître à première vue que si l'État peut posséder des biens matériels, il ne peut jouir de propriété littéraire ou artistique et l'exploiter commercialement, car il ne peut faire commerce de la culture alors que son premier devoir est de la répandre ; *mais qu'il convient de relever que l'exploitation par l'État de sa propriété littéraire est, comme son exploitation de sa propriété matérielle, dans l'intérêt public, parce que les sommes retirées de cette exploitation vont au Trésor et sont dépensées par le service du public ;* ».

774. Qualification d' « œuvre collective ». Si l'État fournit des efforts, par l'intermédiaire de ses fonctionnaires appointés par le Trésor, pour la publication d'un ouvrage, pourquoi serait-il *privé* de la propriété du fruit de ces efforts et lui serait-il interdit de l'ajouter au Trésor qui ne dépense que dans l'intérêt public, tout en permettant aux particuliers d'exploiter cet effort dans leur propre intérêt et sans aucune contrepartie de leur part ? A vrai dire, ce n'est pas l'*effort*, la *cause de la propriété* ! Au contraire, c'est *l'empreinte de personnalité* ! C'est cette empreinte de ce qu'il y a de plus personnel et « propre » chez l'individu, qui *cause* la « propriété » ! Il semble que la Cour ait choisi de reconnaître à l'œuvre litigieuse créée par les fonctionnaires de la Bibliothèque la qualification d' « *œuvre collective* »[1] mais il restait à savoir si l'arrêt n'a pas, en effet, investi l'État des droits d'auteur à titre originaire *ab initio* ou par cession des créateurs des œuvres.

775. Remise en cause du statut du droit moral des créateurs fonctionnaires[2]. Du reste, il restait à s'interroger sur le statut du *droit moral* des œuvres

---

1 Le professeur GAUDRAT souligne que : « Sans parvenir davantage à arracher la qualité d'auteur, les *éditeurs* se firent tout de même attribuer les *droits de l'auteur* sur *l'œuvre collective*, ce qui est une rare absurdité » : Ph. GAUDRAT, « Les créations et le droit : balade dans l'espace et dans le temps », préc., p. 59. C'est cette qualification qu'a retenu la Cour de cassation égyptienne, comme nous l'allons le voir, dans les affaires relatives aux compilations religieuses. V. Ph. GAUDRAT, « Les démêlés intemporels d'un couple à succès : le créateur et l'investisseur », *RIDA* oct. 2001, n° 190, p. 71 et s. *Adde* : *Rép. Civ. Dalloz*, « Propriété littéraire et artistique (2° droits des exploitants) », préc., n° 535 et s.

2 Le professeur GAUDRAT avait soutenu, avec J.-E. SCHOETTL, l'idée que la propriété du fonctionnaire est paralysée par la mission de service public dans toute la mesure où elle le requiert. Une telle proposition évite que l'État ait un droit moral par exemple. V. Ph. GAUDRAT et G. MASSE, *La titularité des droits sur les œuvres réalisées dans les liens d'un engagement de création*, Rapport à Mme la ministre de la Culture, 2000, p. 109. « Il est permis de penser que cette conciliation entre l'intérêt général et le droit d'auteur n'obligeait le Conseil d'État ni à dénier à l'agent public auteur tout droit sur sa création, s'agissant en particulier de cette création détachable du service public, ni à ajouter à la loi de 1957 en admettant la naissance d'un droit d'auteur dans le chef d'une personne morale, alors que le législateur s'est toujours montré réticent à cet égard. Une conciliation plus exacte des dispositions et principes en présence eût, semble-t-il, consisté à reconnaître, sauf si l'on se trouvait en présence d'une œuvre collective, qu'un droit de propriété naissait bien sur la tête du ou des agents publics auteurs et non dans le chef de l'administration, mais que l'exercice de ce droit était paralysé dans toute, mais dans la seule, mesure nécessaire au bon fonctionnement du service public. Cette théorie justifierait par exemple que le droit de divulgation soit inhibé par le secret administratif ; ou que l'auteur d'un rapport administratif ne puisse s'opposer à sa publication à la Documentation Française, cette publication dictée par des considérations d'intérêt général de la part du Premier Ministre, étant

… /

créées par l'intermédiaire desdits fonctionnaires de l'État dans l'exercice de leurs fonctions, en l'occurrence, la création d'une nouvelle édition du *tafsîr* d'Al Qurtubi par la Bibliothèque nationale. La Cour n'a pas répondu à cette question. Il est admis qu'en fonction de chaque secteur, de la nature de la forme créative et de la qualité de son auteur, le *régime du droit moral* peut parfois donner lieu à des *applications nuancées* et à certains *aménagements*[1]. La question se pose ainsi de savoir si le droit moral peut faire

---

inséparable de la mission confiée au rapporteur ; ou encore qu'un enseignant soit tenu de rédiger un cours écrit et ne puisse en interdire la distribution à ses étudiants, la remise de polycopiés étant indétachable du service public de l'enseignement. La même théorie expliquerait que ce même enseignant publie librement chez un éditeur privé le contenu de son cours ou que ce même rapporteur reprenne librement, au cours d'une conférence, tout ou partie du rapport publié ; de telles utilisations sont, en effet, sans incidence sur le bon fonctionnement du service public dans le cadre duquel l'œuvre a été créée. Cette théorie aurait un autre mérite : celui de transposer à des droits incorporels des principes depuis longtemps admis en matière de domanialité. On sait en effet que la domanialité publique n'exclut pas l'exploitation industrielle et commerciale. La protection du domaine public conduit seulement le juge administratif à paralyser autant qu'il est besoin l'application des textes ayant pour objet la protection des activités privées » : J.-E. SCHOETTL, « L'administration dispose-t-elle d'un droit d'auteur ? », *Dr. informatique et télécoms* 1988, n° 4, p. 12.

1 V. N. BINCTIN, « Le droit moral en France », *CPI*, 2013, vol. 25, n° 1, p. 338 et s., selon cet auteur : « On le constate, le droit moral est substantiellement adapté par le législateur à de multiples reprises et pour différentes composantes de ce dernier, sans pour autant écarter l'existence du droit d'auteur, tout simplement parce que le droit moral est un élément de celui-ci et non pas son essence ». À titre d'exemple, le législateur français a choisi de restreindre l'exercice du droit moral par les agents publics et ce depuis l'entrée en vigueur de la loi du 1er août 2006 transposant la directive du droit d'auteur et droits voisins dans la société de l'information de 2001 (V. L'avis Ofrateme « Office français des techniques modernes d'éducation » du Conseil d'État du 21 novembre 1972, Avis n° 309721, *in* Y. GAUDEMET, B. STIRN, T. DAL FARRA, et F. ROLIN, *Les grands avis du Conseil d'État*, Dalloz, 2002, p. 110). L'article L. 121-7-1 du CPI dispose que : « Le droit de divulgation reconnu à l'agent [...] qui a créé une œuvre de l'esprit dans l'exercice de ses fonctions ou d'après les instructions reçues, s'exerce dans le respect des règles auxquelles il est soumis en sa qualité d'agent et de celles qui régissent l'organisation, le fonctionnement et l'activité de la personne publique qui l'emploie. L'agent ne peut : 1° s'opposer à la modification de l'œuvre décidée dans l'intérêt du service par l'autorité investie du pouvoir hiérarchique, lorsque cette modification ne porte pas atteinte à son honneur ou à sa réputation ; 2° Exercer son droit de repentir et de retrait, sauf accord de l'autorité investie du pouvoir hiérarchique ». V. Sur l'ensemble de la question : C. MALWE, *J.-Cl. Collectivités territoriales*, Fasc. 793 : « Droits d'auteur des fonctionnaires », 2011, n° 21 s. Du même auteur, *J.-Cl. Propr. litt., art.*, Fasc. 1187 : « Objet du droit d'auteur. Titulaires du droit d'auteur. Agents publics (CPI, art. L. 111-1, al. 3) », 2016 ; J. MEL, « Les créations de fonctionnaires », *Comm. com. électr.* 2006, n° 11, étude 31 ; V. J.-M. BRUGUIERE, « Les fonctionnaires et agents publics : un statut particulier ? », *in Créations et inventions de salariés. Rompre avec les schémas reçus*, IRPI-Litec, Paris, 2010, p. 95 ; Ph. GAUDRAT, « Le droit moral dans la création liée », Dossier moral, SGDL, Paris, 2004 ; Ph. GAUDRAT, « Projet de loi de transposition de la directive du 22 mai 2001 sur le droit d'auteur dans la société de l'information : quand le numérique permet tout », *RTD com.* 2004, p. 496 et s. ; F. POLLAUD-DULIAN, « Loi n° 2006-961 du 1er août 2006 relative au droit d'auteur et aux droits voisins dans la société de l'information », *RTD com.* 2006, p. 779 ; P. RENAUDIN, « Situation des agents publics au regard de la propriété artistique », *EDCE* 1958, p. 29 ; J.-E. SCHOETTL, « L'Administration dispose-t-elle d'un droit d'auteur ? », art. préc., p. 9 ; Ph. GAUDRAT et G. MASSE, *La titularité des droits sur les œuvres réalisées dans les liens d'un engagement de création*, rapport préc., n° 122 ; M. GAUTREAU, « Un principe contesté : le droit d'auteur salarié ou fonctionnaire », *RIDA* 1975, n° 84, p. 129 ; *Gaz. Pal.* 1978, Doctr., p. 50, obs. P. FREMOND ; *RIDA* 1981, n° 93, p. 110, A. KEREVER ; A. TOUBOUL, « Les droits d'auteur des agents publics issus de la loi DADVSI : entre rupture et continuité », *Légicom* 2011, n° 47, p. 75-84 ; J.-D. DREYFUS, « Brèves remarques sur le droit d'auteur des agents publics après la loi du 1er août

l'objet d'une *cession* ou d'une *renonciation*[1] dans le cadre des contrats conclus avec les ministères concernés, en l'occurrence, le ministère de l'Instruction publique.

776. Si le droit moral est, en principe, d'*ordre public*, et par conséquent, l'auteur ne saurait en aucun cas *renoncer* à l'exercice de son droit moral ou *céder* ses droits moraux, toutefois, la Haute Cour administrative égyptienne, dans un arrêt étonnant, en date du 18 mai 1968, pour ne pas dire saugrenu, adopta la solution inverse qui n'échappe pas à la critique. Elle *réduisit à néant* le droit moral de l'auteur dans le domaine des *contrats administratifs* en admettant la validité de la clause insérée dans le contrat conclu entre le ministère de l'Education et de l'Enseignement et l'auteur d'un ouvrage en vertu de laquelle il était interdit à l'auteur *d'exercer son droit moral* (*sic*), plus particulièrement son droit de s'opposer à la révision dudit ouvrage[2], et ce, en sa qualité

2006 », *AJDA*, 2006, p. 2179 ; M. CORNU, *Les créations intellectuelles des agents publics et fonctionnaires de la recherche, de l'enseignement supérieur et de la culture, La numérisation pour l'enseignement et la recherche. Aspects juridiques*, janv. 1999 - sept. 2002, Éd. Maison des sciences de l'homme, Paris ; du même auteur, « La création des agents publics dans l'avant-projet de loi relatif au droit d'auteur et aux droits voisins dans la société de l'information », *Légipresse* 2003, n° 199, III, p. 35 ; « Droits d'auteur des fonctionnaires : le périmètre contenu de l'exception de service public », *D.* 2006, p. 2185 ; C. BLAIZOT-HAZARD, *Les droits de propriété intellectuelle des personnes publiques en droit français*, thèse, LGDJ, Paris, 1991 ; C. MALWE, *La propriété publique incorporelle : au carrefour du droit administratif et du droit de la propriété intellectuelle*, thèse, Nantes, 2008 ; J.-M. BRUGUIERE, « Droit d'auteur et service public, Plaidoyer en faveur d'une union harmonieuse », *Propr. intell.* 2003, n° 7, p. 117 ; A. KEREVER, « Le droit d'auteur français et l'État », *RIDA* oct. 1981, p. 85 ; M.-G. CALAMARTE-DOGUET, « Les fonctionnaires en quête de droit d'auteur… Pirandello au pays de la propriété intellectuelle des fonctionnaires », *AJDA*, 2003, p. 1968 ; D. FROCHOT, « Le nouveau droit d'auteur des agents publics et les travaux de recherche », *Bulletin des bibliothèques de France* (BBF), 2006, n° 5, p. 32-35. V. Pour une étude de droit comparé : A. LUCAS-SCHLOETTER, « Le droit d'auteur des fonctionnaires en Europe continentale », *Propr. intell.* juill. 2004, n° 12, p. 757. V. Sur le droit d'auteur des universitaires : L. PFISTER, « Quand l'État renonça à attribuer à l'Université des droits sur la production de leurs enseignants (1721) : une leçon pour le présent », *Comm. com. électr.* 2005, étude 39 ; M. VIVANT, « De l'art de faire de la propriété intellectuelle un instrument de démobilisation », *RLDI* 2005, oct., p. 1 ; A. GRANCHET, « Droit d'auteur des universitaires : chronique d'une mort annoncée », *Légipresse* 2005, n° 225, I, p. 149 ; C. CARON, « Menaces sur le droit d'auteur des universitaires », *Comm. com. électr.* 2005, étude 28 ; GUILLEMAIN et A. LALLEMENT, « La réforme du droit d'auteur des agents publics, Difficultés d'application aux enseignants chercheurs », *D.* 2005, p. 1418 ; C. BERNAULT, « Le droit d'auteur des enseignants. L'enseignant est-il un fonctionnaire "comme les autres" ? », *Comm. com. électr.* 2010, étude 6 ; J. CEDRAS, « L'universitaire et le droit d'auteur », *Mélanges en l'honneur d'A. Françon*, Dalloz, Paris, 1995, p. 43 ; S. DURRANDE, « Internet et les professeurs d'université », *Propr. intell.* juill. 2002, n° 4, p. 21 ; G. PELISSIER, « Les droits d'auteur des enseignants du supérieur avant la loi du 1er août 2006 », *AJDA*, 2007, p. 918 ; M. CORNU, « À propos des productions intellectuelles de la recherche, entre logique privative et nécessités publiques », *Propr. intell.* juill. 2006, n° 20, p. 270 ; M. CORNU et N. MALLET-POUJOL, « Droit d'auteur des universitaires et des chercheurs : l'expropriation sans cause d'utilité publique », *D.* 2005, 3025 ; J.-L. PIOTRAUT, « Le juge administratif et les droits de propriété intellectuelle », *RFDA*, janv.-fév. 1997, p. 105.

1 V. La question n° 3 du rapport national égyptien établi par Y. OMAR AMINE pour le Congrès organisé à Bruxelles (18-19 septembre 2014) par l'Association Littéraire et Artistique Internationale (ALAI) intitulé : « Le droit moral au 21ème siècle – Le rôle changeant du droit moral à l'ère de l'information surabondante », Belgique, sept. 2014, publié sur le site internet de l'ALAI (<http://www.alai2014.org>).

2 *Contra* : TGI Paris, 1re ch., 20 nov. 1991, aff. *Roland Barthes*, *RIDA*, janv. 1992, p. 340, obs. A. KEREVER (confirmé par la CA Paris, 24 nov. 1992, *RIDA*, janv. 1993, n° 155, p. 191, obs. A.

…/…

d'agent. Confrontée à l'appréciation de la portée de cette clause, la plus Haute juridiction de l'ordre administratif conclut, en effet, que :

« *Bien que cette clause porte atteinte aux droits moraux de l'auteur, il s'agit clairement d'une clause exceptionnelle qui peut être autorisée parce qu'elle contribue aux progrès de l'éducation et que l'auteur bénéficie des redevances qui lui sont versées* [sic] »[1].

777. Droit moral *morcelé* et *édulcoré*. Il est choquant de donner *effet* à une telle clause. Comment faut-il admettre une telle solution, alors que : « *Les formes du droit moral tendent à maintenir une parfaite harmonie entre la personnalité de l'auteur et son œuvre* [...] *et à* [...] *assurer le respect dû à la personnalité de l'auteur, puisque le fait de rendre licite la modification de l'œuvre est préjudiciable à ce respect et constitue une atteinte à la souveraineté de l'auteur sur ses idées et sa production intellectuelle, lorsque cette production prend la forme d'une œuvre matérielle* » comme l'indiqua bel et bien l'exposé des motifs de l'ancienne loi égyptienne de 1954.

778. Cet arrêt va clairement à l'encontre des dispositions de l'article 38 de l'ancienne loi de 1954 sur la protection du droit d'auteur, alors en vigueur, qui prévoyait l'*inaliénabilité* du droit moral de l'auteur[2]. En dépit de cet arrêt inédit, le

---

KEREVER) dans laquelle le tribunal a considéré que : « *La production orale du professeur ne saurait revêtir un caractère administratif du seul fait qu'elle est assurée dans le cadre d'un enseignement public* ». V. Cass. civ. 1re, 1er mars 2005, n° 02-10.903, *Bull.* 2005, I, n° 107, p. 93, *D.* 2005, AJ 1353, note Ph. ALLAEYS ; *AJDA* 2005, 1905, note J.-M. BRUGUIÈRE ; *RTD com.* 2005, p. 302, obs. F. POLLAUD-DULIAN ; *RIDA* juill. 2005, p. 439 ; *Propr. intell.* 2005, n° 15, p. 160, obs. P. SIRINELLI ; *Comm. com. électr.* 2005, comm. 64, note C. CARON ; *Comm. com. électr.* 2006, chron. 3, n° 9, obs. X. DAVERAT ; *JCP* 2005, IV, 1822 ; *JCP* 2005, 1216, obs. LE MESTRE ; *RIDA* juill. 2005, p. 371, note A. KEREVER ; *RLDI* 2005, n° 7, p. 182, obs. J.-M. BRUGUIERE, à propos des droits des artistes-interprètes fonctionnaires ou agents publics, aux termes duquel : « le statut d'agent public ne peut faire obstacle aux dispositions de ce texte [l'article L. 212-3 du Code de la propriété intellectuelle] que dans les strictes limites de la mission de service public à laquelle l'agent public participe ». C'est ainsi que l'utilisation, à des fins publicitaires, d'un enregistrement musical d'un orchestre national n'entre pas dans la mission de cet ensemble et requiert, en conséquence, l'autorisation des interprètes.

1 HCA, 18 mai 1968, pourvoi n° 127/13e A.J., *in Recueil des principes juridiques de la Haute Cour administrative, Bureau technique du Conseil d'État*, p. 953 s. Même si l'ancienne loi de 1954 faisait primer les intérêts de l'auteur sur ceux de la société, il n'en reste pas moins que l'exposé des motifs reconnaissait : « que la Société a le droit d'encourager la culture et de s'instruire en profitant du fruit du travail intellectuel des hommes. Il ne faut donc pas que des droits absolus d'auteurs soient un obstacle à la réalisation de ces buts ». Les aménagements du droit moral : « [...] sont aussi le signe d'un droit pratique et non d'un pouvoir absolu fondé sur cette prérogative » selon le professeur BINCTIN (N. BINCTIN, « Le droit moral en France », art. préc., p. 338). Dans cet esprit, une question se pose de savoir si les droits moraux sont tellement absolus en Égypte. À titre d'exemple, dans un jugement du Tribunal civil d'Alexandrie du 16 juin 1934, il a été jugé que : « *le droit moral n'est pas un droit absolu (sinon) le cessionnaire dépendrait du bon vouloir de l'auteur et toute cession de son droit serait donc précaire, ce qui serait certainement inadmissible devant la reconnaissance du principe de la cessibilité des droits d'auteur, et serait contraire aux intérêts des auteurs eux-mêmes* » : Trib. civ. Alexandrie, 16 juin 1934, *Gaz. Trib. M.* XXV, p. 81, col. 3, cité par A.-M. EL-TANAMLI, *op. cit.*, p. 126 et 130, n° 98 et 101. V. Aussi : Trib. somm. Caire, 15 févr. 1933, *Gaz. Trib. M.* XXIII, p. 344, n° 324. Mais il convient cependant de noter que ce jugement date de 1934, donc avant la promulgation d'une loi en la matière.

2 V. R. SAVATIER, *Le droit de l'art et des lettres – Les travaux des muses dans les balances de la justice*, LGDJ, Paris, 1953, n° 125 : « l'inaliénabilité du droit moral n'a jamais existé que dans les nuages », et n° 156. Art. 38 : « Est nulle toute cession des droits prévus aux articles 5 (1er alinéa), 7 (1er alinéa) et 9 de la présente loi ». L'article 9 susvisé concerne les attributs du droit moral selon lequel : « L'auteur a le droit exclusif de s'attribuer la paternité de son œuvre. Il lui appartient de défendre ce droit contre toute atteinte. Il a en outre le droit d'interdire toute omission ou modification dans son œuvre. [...] ».

principe de l'inaliénabilité du droit moral fut toujours reconnu par la jurisprudence égyptienne[1] depuis longtemps, notamment celle des tribunaux mixtes, avant la promulgation d'une loi sur le droit d'auteur, qui ont décidé, à plusieurs reprises, d'une manière constante que, nonobstant toute cession, l'auteur *conserve* toujours les prérogatives attachées à son droit moral. Il est possible de raisonner comme suit. Le droit moral sert à l'*intérêt général*. Il ne peut être altéré au profit d'un *intérêt particulier*. Mais quand le fonctionnaire agit dans le cadre d'un *service public*, il agit aussi pour l'*intérêt général*. Dans ce cas, une balance peut être faite. C'est différent dans la mesure où ce n'est pas le contrat qui est la cause de la limitation.

779. C'est ainsi que la 1re chambre civile du Tribunal du Caire, sous la présidence du juge M. Falqui-Cao, dans la célèbre affaire opposant l'un des premiers caricaturistes à œuvrer en Égypte, à savoir le dessinateur espagnol Juan Sintès à Soliman effendi Fawzi (propriétaire du journal « *El Kachkoul* »), décida, dans un jugement du 20 mars 1933, que :

« Le principe prévaut à présent dans la doctrine que la propriété de l'employeur, État ou administration privée, sur la production intellectuelle de l'employé, est limitée à l'utilisation aux seules fins prévues dans les conditions d'emploi. Le contrat de louage de service régi par les règles propres à l'édition journalistique n'acquiert au propriétaire du journal que le droit à la reproduction et diffusion des dessins par son journal. *L'engagement que contracte un artiste en louant ses services ne confère à l'employeur – pas plus que la cession d'un cliché au cessionnaire, ou la vente d'une œuvre d'art à l'acquéreur – sauf stipulation expresse, un jus abutendi illimité ; car toute production artistique se rattache à son auteur par le droit moral de l'artiste à sauvegarder sa personnalité, droit qui lui permet d'agir en justice contre toute atteinte à son œuvre* »[2].

Le droit moral ne peut pas être jamais cédé à autrui et aucune clause de renonciation ne peut figurer dans un contrat sous peine de nullité. L'article 145 du CPI égyptien dispose clairement qu' : « *Est frappé d'une nullité absolue, toute cession qui porte sur n'importe quel droit moral prévu aux articles 143 et 144* ». Force est de constater que cette disposition est d'ordre public et se justifie par le caractère personnel incontestable du droit moral. Aux termes de l'article 143 du CPI égyptien : « L'auteur et ses ayants-droit jouissent sur l'œuvre de droits moraux perpétuels imprescriptibles, inaliénables [...] ». Par ailleurs, l'article 153 du CPI égyptien prévoit qu' : « *Est frappé d'une nullité absolue, toute cession par l'auteur de l'ensemble de ses œuvres intellectuelles futures* ». L'article 40 de l'ancienne loi de 1954 disposait que : « *La cession globale des œuvres futures est nulle* ».

1 V. Par exemple, l'arrêt rapporté *infra* de la Cour de cassation égyptienne du 12 mai 1966, pourvoi n° 356/32e A.J., *Rec.*, 17e année, n° 151, p. 1114-1120.

2 Trib. civ. Caire, 20 mars 1933, aff. *Juan Sintès c/ Soliman Fawzi*, inédit, *in* M. PUPIKOFER, « Lettre d'Égypte », *Dr. Aut.*, 15 oct. 1933, n° 10, p. 117. Aux termes de ce jugement : « La simple collaboration rétribuée à l'œuvre d'autrui, comme celle des employés et des ouvriers, n'implique pas association, celle-ci n'étant caractérisée que par l'apport, serait-ce même du seul travail personnel, à une opération commune dans le but d'en partager les bénéfices. La question de savoir si les droits d'auteur peuvent bénéficier de la protection de la justice en Égypte n'est plus *res integra* et ne peut plus être mise en discussion, une jurisprudence constante les ayant placés, à défaut de loi *ad hoc*, sous la sauvegarde du droit naturel et de l'équité, aux termes de l'art. 11 C.C. S'il n'est pas contestable que par les dessins satiriques publiés dans un journal l'auteur a exprimé, avec des créations toujours originales, sa propre personnalité artistique, on ne saurait lui contester le droit à la protection de la loi, malgré que le contrat de louage de service, qui lui imposait de fournir ces dessins à la revue, impliquât leur cession [...]. En rapprochant les caricatures fournies par l'artiste pendant sa collaboration, de celles publiées après son licenciement, s'il est constant que dans ces dernières il ne s'agit pas d'une simple imitation du style de l'artiste, mais de la reproduction servile de ses caricatures, sur les mêmes personnages, - les légères variations y apportées n'arrivant pas à modifier les originaux par un cachet différent et personnel de manière à éviter toute confusion, - il y a là une atteinte aux droits de l'artiste, engageant la responsabilité du propriétaire du journal. Il n'y a pas lieu à publication

... /

2. L'Affaire des « recueils de *hadîths* de *Sahîh Muslîm* »

780. Rappelons, tout d'abord, que le célèbre recueil de *hadîths* de *Sahîh Muslîm* a fait l'objet de nombreuses publications au fil des siècles sous forme de *réécritures* et de *rééditions*, voire de *réactualisation* du texte ancien, à savoir d'explication (*sharh*), de commentaire (*ta'lîq*), d'authentification, de vérification (*tahqîq*), de résumé (*ikhtisâr*), de correction (*taslîh*), d'introduction (*Moukadema*)… À titre d'exemple, ce recueil fit l'objet d'un commentaire en dix volumes par l'Imâm Al Nawawî (1233-1277), l'un des grands commentateurs de *hadîth*, connu sous le nom de « *Sahîh Muslîm bi sharh Nawawî* (Le *Sahîh* de Muslîm avec commentaire d'Al Nawawî) » qui fut, par la suite, *vérifié* par un spécialiste du *hadîth*, Fouad 'abd al-Bâqî (1882-1967)[1].

781. Faits. En l'espèce, l'œuvre litigieuse portait sur une certaine édition nouvelle du recueil *Sahîh Muslîm* avec le commentaire d'Al Nawawî. Elle fut préparée et imprimée sous une *forme nouvelle* n'ayant jamais été précédemment réalisée dans laquelle l'auteur investit un *effort considérable*. À cette fin, il mit au point des *taragîms* (biographies) à la fois des Imâms Muslîm et Al Nawawî dans des ouvrages d'origine très ancienne auquel il puisa. Par ailleurs, il disposa l'ouvrage selon un ordre (*tartîb*) original, le classifia (*bawaba*) ; il le révisa minutieusement, le rectifia, et enfin, l'imprima à partir d'outils spéciaux et de caractères typographiques importés de l'extérieur.

782. Après avoir découvert que sa nouvelle édition était reproduite par le biais de la technique d'impression « la zincogravure » utilisant des clichés sur zinc afin de tirer plusieurs épreuves de l'ouvrage, y compris même la conclusion de l'ouvrage qui était un poème (*qasîda*) de l'un des grands oulémas figurant en sorte de *taqriz* de l'ouvrage (un post face de louange ou d'éloge), l'auteur de l'édition contrefaite assigna le contrefacteur devant le Tribunal de grande instance du Caire[2] le 18 janvier 1955 pour le condamner à verser la somme de 7000 L.E. à titre de dommages et intérêts provisionnels.

783. Tandis que l'auteur revendiquait un droit d'auteur sur la nouvelle édition qui lui conférait le droit exclusif d'exploiter l'œuvre et d'en disposer, le défendeur fit valoir

---

du jugement, s'il ne s'agit pas de la contrefaçon d'un produit industriel contre la vente duquel il soit nécessaire de mettre le public en garde, ou d'une accusation publique et calomnieuse à démentir dans l'intérêt de la bonne renommée de la personne attaquée » : rapporté par R. MERCINIER, *L'enregistrement en Égypte, de la propriété industrielle et intellectuelle*, Librairie judiciaire "Au bon livre,", Alexandrie, 1933, p. 158-159, n° 7. Dans un arrêt du 21 février 1934, la 1re chambre de la Cour d'appel mixte, sous la présidence de M. C. VRYAKOS, confirma la solution du Tribunal du Caire et a décidé que : « *La reproduction partielle par le journal El-Kachkoul après le renvoi de son employé (Sintes) d'un grand nombre de ses dessins, notamment des types créés par Sintès qui ont été détachés du dessin originaire pour servir comme parties intégrantes d'autres dessins*, constitue une atteinte flagrante au droit moral de l'artiste de protéger sa propriété artistique contre de pareilles déformations » : CA mixte, 21 févr. 1934, *B.* LXII, 176 ; *Dr. Aut.*, 15 nov. 1934, n° 11, p. 129, note M. PUPIKOFER. Nous soulignons.

1 Il est notamment l'auteur d'un ouvrage intitulé : « *Al lou'lou wal marjane* » *Recueil des Hadîths Unanimement Authentiques Rapportés par AL-BOUKHARI et MOUSLIM*, dans lequel il a compilé les *hadîths* qui se trouvent dans les deux recueils authentiques des deux imâms AL-BOUKHARI et MUSLIM. Il en va de même pour *sahîh* AL-BUKHARI. Il a fait l'objet de plusieurs commentaires/résumés par AL AYNI (1361-1451) dans son *'Umdat al-kârî lî sharh al-Bukhârî*, par IBN HADJAR AL-ASKALANI (1372-1449) dans *Al-Fath al-Bârî*, AL-KASTALLANI (1448-1517) dans *Irshâd as-sârî fisharh al-Bukhârî*, AL-KARMANI dans *Sharh Sahîh al-Bukhârî*, AS-SINDI dans *Sahih al-Bukhari bi Hashiyat as-Sindi*, ZUBAYDI *Tajrid as-sarih Mukhtasar Sahih al-Bukhari*, Shaykh Qâsam SHAMA'I RIFA', *Tahqiq Sahih al-Bukhari.*

2 TGI Caire, ch. com. (*Koli*), 18 janv. 1955, aff. n° 217/1955.

que l'auteur de l'ouvrage prétendument contrefaisant ne ferait que *restituer* un ouvrage ancien tombé dans le domaine public devenu la *propriété de la communauté musulmane* sans en être le créateur. A ce titre, l'auteur fut, selon le défendeur, irrecevable en sa demande soulevant la fin de non-recevoir tirée de son défaut de qualité à agir.

784. S'agissant du délai pour agir, le défendeur considéra que le délai pour invoquer l'exercice du droit d'auteur était dépassé, après qu'il s'écoula une période allant de 1930, date de la publication de l'édition du demandeur à 1947, date de la parution de l'édition du défendeur[1], outre que le fait préjudiciable fût survenu avant la promulgation de la loi de 1954, laquelle n'eut pas d'*effet rétroactif*. Ainsi, les règles du droit commun de la *prescription extinctive* étaient applicables, en l'espèce, selon le défendeur. Il s'appuyait notamment sur l'article 208 du Code civil égyptien[2] selon lequel les obligations et les créances se prescrivent par quinze ans[3] en arguant que le droit d'auteur, n'étant pas un *droit de propriété imprescriptible* au sens juridique du terme, s'éteint à l'instar des autres *droits personnels et réels* qui se prescrivent par quinze ans, faute d'usage[4].

---

1 Concernant *in fine* les dispositions transitoires de l'ancienne loi de 1954, l'article 50 disposait : « Sans préjudice des dispositions de l'article précédent, la présente loi s'applique à toutes les œuvres existant au moment de son entrée en vigueur. Néanmoins, en ce qui concerne le calcul du délai de la protection des œuvres existantes, il sera tenu compte de la période écoulée depuis la date de l'événement faisant courir ce délai jusqu'à l'entrée en vigueur de la présente loi. Les dispositions de la présente loi s'appliqueront à tous les faits ainsi qu'à toutes les conventions postérieures à son entrée en vigueur, alors même qu'ils se rapporteraient à des œuvres publiées, exposées ou représentées en premier lieu avant cette date. Les conventions passées antérieurement à l'entrée en vigueur de la présente loi ne seront pas régies par ses dispositions et continueront à être régies par les dispositions des lois qui étaient applicables au moment de la conclusion desdites conventions ».

2 L'article 2270-1 du C. civ. français dispose que : « Les actions en responsabilité civile extra contractuelles se prescrivent par 10 ans à compter de la manifestation du dommage ou de son aggravation ».

3 Rappr. Cass. civ. 1re, 3 juill. 2013, F-P+B+I, n° 10-27.043 : « Si le droit moral de l'artiste-interprète est imprescriptible et son droit patrimonial ouvert pendant cinquante ans, les actions en paiement des créances nées des atteintes qui sont portées à l'un ou à l'autre sont soumises à la prescription du droit commun », et ce, depuis l'entrée en vigueur de la loi n° 2008-561 du 17 juin 2008. V. É. LAUVAUX et E. EMILE-ZOLA-PLACE, « La prescription des créances de redevances dans les secteurs de l'édition et de la production depuis la loi du 17 juin 2008 », *Comm. com. électr.* 2009, n° 10.

4 Par un arrêt en date du 24 novembre 2014, la chambre civile et commerciale de la Cour de cassation égyptienne se penche, pour la première fois, sur le casse-tête de la célèbre affaire de la « *butte publicitaire* » pour mettre un terme à une tendance tourmentée du droit d'auteur égyptien. La Haute juridiction rappelle d'abord la nature du droit de l'auteur et de l'inventeur et ne manque pas de souligner que le droit d'auteur est un droit réel principal indépendant du droit de propriété : « Attendu que s'il est convenu – selon la jurisprudence de cette juridiction – sur la signification de l'expression des droits de propriété intellectuelle qui confirme que le droit d'auteur ou de l'inventeur mérite d'être protégé comme le mérite le propriétaire puisque ces deux droits sont le fruit de la pensée et de la création, toutefois, *en raison de l'incompatibilité de la nature de la propriété avec celle de la pensée, il ne saurait être un droit de propriété ; or, il s'agit d'un droit réel principal indépendant du droit de propriété par ses caractères qui résulte du fait qu'il porte sur une chose incorporelle ; par conséquent, il s'agit d'un droit réel principal sur un meuble* » : Cass. civ. et com., 24 nov. 2014, pourvoi n° 11357/83e A.J. Pour un commentaire : Y. OMAR AMINE, « Une "butte publicitaire" est-elle considérée comme une œuvre protégeable par le droit d'auteur en Égypte ? », (note ss. CEC, 4e ch., 26 déc. 2010, dans l'aff. n° 3099/2009, *Tarek M. Wafaa Abdel-Moati Hegazy c/ Coca-cola et al.*), *RLDI* 2011/77, n° 2573, p. 111-114 ; Y. OMAR AMINE, « L'affaire de la

…/

785. Position des premiers juges. Or, le TGI, dans son jugement du 16 mai 1957, ne fit pas droit à la demande du défendeur. A l'appui de son raisonnement, le TGI s'inspira des principes forgés avant la promulgation de l'ancienne loi n° 354 de 1954 ainsi que du texte législatif consacré plus tard par cette loi, à savoir l'article 4 qui disposa que :

« Sans préjudice des dispositions de l'article 19, *la protection ne s'étend pas* :

1° aux recueils d'œuvres tels que les morceaux choisis de poésie, de prose, de musique et autres recueils, et ce sans préjudice des droits de l'auteur de chaque œuvre ;

2° aux recueils d'œuvres tombées dans le domaine public ;

3° aux recueils de documents officiels, tels que textes de lois, décrets, règlements, conventions internationales, décisions judiciaires et autres actes officiels.

Cependant, les recueils ci-dessus désignés bénéficient de la protection s'ils se distinguent par leur originalité ou leur ordre ou par un effort personnel justifiant la protection ».

786. Ce texte ne fut que la traduction législative de la rare jurisprudence intervenue en la matière. Le Tribunal examina, ensuite, l'apport du demandeur dont il releva que celui-ci réalisa un effort considérable dans l'ouvrage *Sahîh Muslîm bi sharh Al Nawawî* au niveau de l'acte de vérification avec exactitude (*tahqîq*), de sa disposition selon un ordre particulier, sa présentation (*taqdîm*) des *taragîms* des deux imâms dont il puisa leurs sources dans les ouvrages intitulés : *Tahzib al-asmaa w al moualafat* (Synthèse des noms et des ouvrages) et *Tadhkirat al-huffaz* (La mémoire des Maîtres du *Hadîth*) du savant du *hadîth* Adh-Dhahabī (1274-1348) pour le faire rectifier (*taslîh*), et réviser (*murâja'a*) par des oulémas spécialistes ainsi que d'établir un index (*fahrasa*), imprimé à partir de caractères typographiques spéciaux. Au vu des éléments propres à l'espèce, tout cela dut *jouer* en faveur de l'*originalité* et de l'*effort personnel* réalisé par le demandeur pour mettre à la disposition du public un ouvrage d'une lecture agréable à la fois à la vue et en un langage à leur portée selon le Tribunal. A suivre le Tribunal, dans la mesure où les œuvres protégées par le législateur ne se bornaient pas à des œuvres originales *de première main* mais comprenaient également toutes les *formes de réification* des œuvres existantes sous une *forme nouvelle*, cette édition fut digne de protection.

787. Moyens de cassation. Par un arrêt du 18 novembre 1958, la Cour d'appel du Caire[1] confirma le jugement de première instance. Le défendeur se pourvut en cassation. Il fit grief à l'arrêt attaqué, outre d'avoir écarté la fin de non-recevoir tirée de la prescription que nous allons examiner, d'avoir fait une application inexacte de la loi en ce que *Sahîh Muslîm* ne saurait être qu'une *simple compilation* de *hadîths* prophétiques honorables qui furent soigneusement rassemblés et vérifiés selon les chaînes de transmission (*asanid*) par l'Imâm Muslîm depuis des milliers d'année et que l'Imâm Al Nawawî prit le soin d'expliquer depuis plus de cent ans. Par conséquent, le défendeur au pourvoi ne saurait être titulaire de *droit d'auteur* ni sur la compilation de *Sahîh Muslîm* ni sur le commentaire d'Al Nawawî dans la mesure où la qualité d'auteur ne saurait être attribuée juridiquement qu'à celui qui effectue un *effort intellectuel* revêtant un *caractère original* ; l'effort du défendeur au pourvoi dans la reconstitution de

---

"butte publicitaire" : les enseignements de la jurisprudence récente de la Cour économique du Caire en matière de droit d'auteur », *Auteurs & Média*, 2014/5, p. 326-335 ; Y. OMAR AMINE, « Pour un nouveau roman judiciaire d'un droit d'auteur égyptien tourmenté : suite et presque fin de la saga de la "butte publicitaire" », *RFPI* avr. 2016, n° 2, p. 28-43.

1 Le premier inscrit sous le n° 279/74e A.J. et le second sous le n° 364/74e A.J.

l'ouvrage prétendument contrefaisant n'étant qu'un simple *effort matériel* puisqu'il se borna à utiliser du bon papier, des caractères typographiques importés pour imprimer l'ouvrage sans qu'il lui revienne la création de ces caractères ou l'art (*tafanun*) de les concevoir. Son travail se *limita*, dit-il, à rassembler et à disposer lesdits caractères à l'aide de *travailleurs techniciens*.

788. Solution de la Cour de cassation. Face à cet argument, la Cour de cassation écarta le premier moyen de cassation en ce que :

« Attendu que si les juges du fond ont relevé, et dans les limites de leur pouvoir discrétionnaire, que le défendeur au pourvoi a mis au point, dans son livre, une introduction sous sa plume qui comprend des *taragîms* des imâms Muslîm et Al Nawawî dont il a puisé leurs éléments dans des ouvrages d'origine ancienne qui n'ont pas d'équivalent dans l'édition originale empruntée et que le livre du défendeur se distingue de l'édition originale par un ordre particulier unique en son genre, par un index organisé et qu'il a introduit à l'édition originale des mises à jour entreprises par des oulémas spécialisés ; *d'où il suit qu'il ne saurait être reproché aux juges du fond, en se prononçant ainsi, d'avoir reconnu au défendeur au pourvoi la protection au titre du droit d'auteur après avoir relevé le caractère original de l'apport personnel du propriétaire* »[1].

C'est ainsi que les magistrats de la Cour de cassation, par un vénérable arrêt en date du 7 juillet 1964, rejetèrent le pourvoi et consacrèrent le principe selon lequel :

« Attendu que si, en règle générale, le propriétaire des compilations d'œuvres anciennes qui sont tombées dans le domaine public à l'expiration de leur durée de protection ne saurait se voir reconnaître un droit d'auteur sur la nouvelle édition qu'il a réimprimée et rééditée, *il n'en reste pas moins que lorsque cette édition se distingue de l'édition originale empruntée, par l'originalité* [la création], *par la coordination ou la disposition des matières dans un ordre ou par n'importe quel autre effort intellectuel qui revêt un caractère personnel, le propriétaire de cette nouvelle édition jouira d'un droit d'auteur sur celle-ci et bénéficiera de la protection prévue à ce titre*. Attendu que la protection ne saurait être reconnue qu'aux seules œuvres créées par leur auteur puisqu'il suffit que le travail conçu soit nouveau dans son genre et caractérisé par un caractère personnel propre qui fait preuve d'originalité »[2].

789. Si la solution de la Cour de cassation est bienvenue en ce qu'elle admet que le rôle fondateur du *fait créatif*[3] qui investit le créateur d'une propriété et a le mérite de consacrer la reconnaissance d'un droit d'auteur sur les *œuvres tombées dans le domaine public* appartenant au patrimoine islamique, il n'en reste pas moins que l'allusion au critère de « *nouveauté* », quoiqu'il en soit, n'est pas en soi le *critère de la création*.

790. La tolérance ne vaut pas *renonciation* au droit d'auteur. Sur la difficulté relative à la prescription du droit d'auteur selon les règles de droit commun et la question de savoir s'il fallut déduire du *silence* de l'auteur une quelconque *renonciation* à

---

1 Cass. civ., 7 juill. 1964, pourvoi n° 13/29e A.J., *Rec.*, 25e année, n° 141, p. 920-936.

2 H. El Badrawy, « Rôle des autorités judiciaires dans l'application des droits de propriété intellectuelle », préc., p. 10.

3 V. Pour de plus amples développements : A. Portron, *Le « fait de la création » en droit de la propriété littéraire et artistique. Une proposition de lecture réaliste de l'article L. 111-2 du code de la propriété intellectuelle*, thèse, Poitiers, 2019 (*Le fait de la création en droit d'auteur français. Étude de l'article L. 111-2 du Code de la propriété intellectuelle*, LGDJ, t. 606, Paris, 2021, Préf. de Ph. Gaudrat). Selon le professeur Gaudrat, le fait créatif « désignant simultanément l'engendrement de l'objet et du droit réel qui le grève, le fait créatif est le mode par excellence d'acquisition de la propriété des choses incorporelles. *A contrario* ne peuvent donc être *objets de propriété* que les formes *créatives*. La condition est suffisamment conséquente pour mériter d'être clarifiée. En tant que source de la propriété incorporelle, le fait créatif est un phénomène *entièrement* tributaire du composé psychosomatique en quoi consiste la *personne physique* : à travers des récepteurs corporels spécialisés, l'esprit *perçoit* son environnement. Par le truchement du corps, il *exprime*, en retours, ce qu'il conçoit sur le fondement de ses acquis. L'*unité* de créativité est la *personne physique* et *rien d'autre*. La forme conçue doit être *extériorisée* pour accéder au statut de chose » : Ph. Gaudrat, « Droit moral » (non publié).

son droit d'auteur pour faire cesser l'atteinte, la Cour de cassation prit le soin de préciser :

« Attendu que le défendeur au pourvoi a intenté l'action durant sa vie aux fins d'obtenir des dommages et intérêts du fait de la violation du demandeur au pourvoi de son droit d'exploitation pécuniaire sur l'œuvre, d'où il suit que son droit d'agir en justice étant bien reconnu et constitutif sans contredit[1]. *Ne saurait y faire obstacle le fait que le défendeur au pourvoi n'ait pas exercé son droit lorsque Mohamed Tawfik publia son édition en 1934 et soit resté silencieux face à cette violation pendant une durée dépassant plus de quinze ans avant qu'il n'intente sa présente action qui serait de nature à éteindre son droit par prescription* dans la mesure où le demandeur au pourvoi est un ayant cause de Mohamed Tawfik qui peut soulever la prescriptibilité ».

Et de poursuivre :

« Puisque le droit d'exploiter pécuniairement l'œuvre est réservé à l'auteur seul, nul ne saurait l'exercer sans son autorisation préalable ou celle de ses ayants cause. L'auteur dispose seul du droit de céder aux tiers l'exercice des droits d'exploitation qui lui sont conférés, en tout ou en partie, et de déterminer, en l'occurrence, la durée de l'exploitation des tiers en contrepartie du transfert de ses droits. *Il s'en suit que l'auteur est libre d'autoriser ou d'interdire à quiconque de publier son œuvre ainsi que de rester silencieux ou pas sur la violation de son droit en cas de réitération de l'atteinte par la même personne ou par n'importe qui, sans que ce silence dans la première fois puisse empêcher l'auteur d'exercer son droit pour faire cesser cette deuxième atteinte tant que ce droit lui est reconnu* ».

791. D'où il suit que le moyen tiré de la prescription du droit d'auteur[2] selon les règles du droit commun doit être écarté. Il faut donc en tirer un principe du présent arrêt de la Cour de cassation selon lequel la *tolérance*, qui fut due, en l'espèce, à la *négligence* de l'auteur de faire cesser l'atteinte[3], quelque prolongée qu'elle ait pu être, ne

---

[1] V. Dans la célèbre affaire *Guino c/ Renoir*, la première chambre civile de la Cour de cassation, par un arrêt du 13 novembre 1973, a décidé qu' : « un auteur ayant le droit d'exploiter sa vie durant les œuvres qu'il a exécutées seul ou en collaboration, la cour d'appel, tout en estimant que GUINO avait renoncé à ses droits patrimoniaux jusqu'au jour de l'assignation, a rejeté, à bon droit, l'exception de prescription opposée par les consorts RENOIR » : Civ. 1re, 13 nov. 1973, n° 71-14.469, *Bull. civ.* I, n° 302, p. 269 ; *D.* 1974, 533, obs. C. COLOMBET ; *JCP* 1975, II, 18029, obs. M.-C. MANIGNE. En l'espèce, « l'artiste s'était abstenu d'invoquer ses droits pendant plus de trente ans et même sa qualité de coauteur jusqu'après la mort de Renoir et se voyait opposer l'article 2262 du Code civil » : F. POLLAUD-DULIAN, « De la prescription en droit d'auteur », *RTD civ.* 1999, p. 585. La Cour de cassation répondit qu' : « *un auteur ayant le droit d'exploiter sa vie durant les œuvres qu'il a exécutées seul ou en collaboration, la Cour d'appel, tout en estimant que GUINO avait renoncé à ses droits patrimoniaux jusqu'au jour de l'assignation, a rejeté, à bon droit, l'exception de prescription opposée par les consorts RENOIR* ».

[2] V. Sur l'ensemble de la question : V. E. EMILE-ZOLA-PLACE, *La prescription extinctive en droit d'auteur*, thèse, Paris II, 2005 ; F. POLLAUD-DULIAN, « De la prescription en droit d'auteur », art. préc. *Contra* : P.-Y. GAUTIER, *Propriété littéraire et artistique*, 11e éd., PUF, Paris, 2019, n° 550 et s., et n° 779.

[3] V. À titre d'exemple en France : Req. 31 oct. 1927, *S.* 1928, I, 46, l'auteur peut revendiquer le droit dont il a été spolié ou qu'il a longtemps négligé d'invoquer, cité par F. POLLAUD-DULIAN, « De la prescription en droit d'auteur », art. préc, note 34 ; Aix-en-Provence, 27 oct. 1953, *D.* 1953, Jur. 704. La question s'est posée dans la jurisprudence française de savoir si l'imprescriptibilité du droit moral pouvait s'étendre à l'action en contrefaçon ou bien cette dernière se prescript selon les termes du droit commun. Cependant, il faut distinguer la prescription du droit moral et la prescription de l'action en justice fondée sur un droit moral. *Adde* : Cass. civ. 1re, 17 janv. 1995, aff. *Blaise*, *Bull. civ.* I, n° 39 ; Cass. civ. 1re, 6 mai 1997, *RIDA* oct. 1997, 231 ; *D.* 1998, Somm. 192, obs. C. COLOMBET : dans un attendu de principe, la première chambre civile décide que : « *l'exercice par l'auteur du droit* de propriété intellectuelle qu'il tient de la loi et qui est attaché à sa personne en qualité d'auteur *n'est limité par aucune prescription* ». En l'espèce, le droit de Mme PERREIN de se prévaloir de la qualité de coauteur du film « La Vérité » n'étant pas soumis à la prescription trentenaire. Paris, 13 nov. 1996, aff. *Pecnard*, *D.* 1997, 95, obs. C. COLOMBET ; *RIDA* avr. 1997, 288. *Contra* : CA Paris, 4e ch. B, 16 mai 2008, n° 06/4646, aff. *Galvez c/ Assoc. Fédération hospitalière de France*, inédit, *Propr. intell.* 2008, p. 434,

saurait être considérée naturellement comme une *cause d'extinction du droit d'auteur*, voire une *renonciation* du titulaire du droit à son droit exclusif d'exploitation, qui ne s'éteint pas[1]. L'auteur ne sera en aucun cas *présumé avoir renoncé à son droit* en dépit de l'ensemble de faits et de circonstances le dénotant clairement. A partir du moment où ce droit d'auteur étant reconnu, l'exercice par l'auteur de son droit ne saurait être limité par aucune *prescription* et ne saurait donc être affecté par la circonstance qu'une autre édition vint le jour sans que le titulaire se soit imminemment opposé à la reconstitution de l'œuvre et sa mise en vente. La Cour de cassation ne put voir dans l'*inaction du titulaire du droit* pendant tout le temps où un autre avait publié une nouvelle édition, une *renonciation à son droit* qui lui est reconnu et non ainsi acquis au sens du droit des signes distinctifs. Il devait être dès lors légitimement autorisé à s'opposer à une telle édition et toute nouvelle atteinte portant sur son droit peut être sanctionnée étant donné que la qualité d'auteur (ou d'artiste-interprète) ne se *perdait* pas par le *non-usage*[2].

---

obs. A. LUCAS ; *RTD com.* 2008, p. 553, obs. F. POLLAUD-DULIAN, critiquant la solution de cet arrêt selon lequel : « si, selon l'article L. 121-3 du CPI, l'auteur jouit du droit au respect de son nom, de sa qualité et de son œuvre, et que ce droit est perpétuel, inaliénable et imprescriptible, le tribunal a exactement relevé qu'il convient de distinguer la prescription du droit lui-même, qui est imprescriptible, de la prescription de l'action visant à sanctionner une atteinte à ce dernier ; Que l'action en contrefaçon qui vise à sanctionner l'atteinte aux droits d'auteur tant moraux que patrimoniaux se prescrit selon les règles du droit commun ; s'agissant d'une action en responsabilité civile extra-contractuelle, la prescription décennale prévue à l'article 2270-1 du code civil s'applique, le point de départ de la prescription courant à partir du jour où l'auteur a pris connaissance de l'édition reprochée et ainsi de la manifestation du dommage ». En l'espèce, Hubert Galvez, alors qu'il était élève-directeur d'hôpital à l'Ecole Nationale de la Santé Publique, a rédigé un mémoire de fin d'études retraçant l'histoire de l'association la Fédération Hospitalière de France depuis cinquante ans, mémoire qu'il a soutenu en octobre 1973. Après avoir attendu vingt-huit ans depuis la rédaction de son mémoire qui fut par la suite intégralement publié dans le n° 267 de la *Revue hospitalière de France relative aux cinquièmes Assises Nationales de l'Hospitalisation Publique* sans son autorisation, M. Galvez avait décidé d'assigner, par acte du 15 novembre 2002, en contrefaçon de ses droits d'auteur l'association la Fédération Hospitalière de France devant le TGI de Paris. Ayant eu connaissance de la publication de son mémoire en 1974, il expliquait en première instance son inaction par le fait qu'il était jeune élève et qu'il lui était difficile d'affronter une institution telle que la Fédération ; que néanmoins, cette explication n'est pas une cause d'interruption du délai de prescription. V. Pour une critique détaillée de cette jurisprudence : E. EMILE-ZOLA-PLACE, thèse préc., n°s 280 à 291. Selon ce dernier auteur : « L'autonomie de l'action en contrefaçon dans son rapport au temps au regard des attributs du droit d'auteur et des droits voisins implique que l'imprescriptibilité de ces derniers n'emporte pas celle de l'action. Une chose est d'être titulaire d'un droit absolu, opposable à tous et imprescriptible ; une autre est de pouvoir se prévaloir judiciairement et à n'importe quel moment d'une atteinte déterminée à ce droit » : E. EMILE-ZOLA-PLACE, « Imprescriptibilité des droits et prescription de l'action en contrefaçon », *Dalloz actualité*, 18 juill. 2013. *Adde* : CA Paris, Pôle 5, ch. 2, 24 janv. 2014, n° 13/00103.

1 V. Par exemple : défavorable à la cession dite tacite ou implicite en droit d'auteur : TGI Paris, 3e ch., 3e sect., 21 juin 2013, aff. *Jean G. c/ Sté Labbé Simon*, *RLDI* 2013, n° 95, p. 23 et 2014, n° 101, p. 22, note Y. OMAR AMINE, *Légipresse* 2014, n° 312, p. 45, note Ph. MOURON, selon le Tribunal la vente d'un tableau n'emporte pas cession tacite des droits de reproduction ou de représentation, quand bien même l'auteur aurait fait montre quelques années durant d'une tolérance vis-à-vis de ces exploitations.

2 Aux termes de l'article 143, al. 1er du CPI égyptien : « *L'auteur et ses ayants-droit jouissent sur l'œuvre de droits moraux perpétuels imprescriptibles, inaliénables* ». Il en va de même pour le droit moral des artistes-

… /

SECTION II.
LA TRADUCTION DES LIVRES RELIGIEUX, FORME SIGNIFIANTE REIFIEE PAR LA TRANSFORMATION

792. Traduction du Coran, une médiation entre la *forme divine* et la *forme humaine*. Dans le souci de répandre le message divin, le monde musulman fût contraint de traduire le Coran qui ne fut pas acquis sans débats théologiques. « *Si les musulmans durent traduire le Livre sacré, la question primordiale était de savoir si ces traductions étaient encore parole divine.* Elles l'étaient sans l'être puisque c'était une parole humaine, soit une parole dont les *ma'nâ* (sens) venaient de Dieu, mais les *lafẓ* (expression) venaient des hommes »[1]. La traduction (*tarjama*) du Coran en tant qu'*œuvre dérivée* se présente non seulement comme un instrument de « dialogue intime »[2] entre l'œuvre divine et l'œuvre humaine mais comme une *forme intermédiaire* entre la préhension de la notion de forme comme « attribut divin » et la compréhension de celle-ci comme « attribut humain ». L'enjeu majeur de la pensée musulmane sur la traductologie porta sur le *statut coranique de la traduction.* En effet, si on traduisait le Coran dans une langue étrangère afin de permettre aux non arabophones de comprendre directement les significations de la Parole de Dieu, il n'en reste pas moins que le Coran traduit ne saurait être l'*œuvre de Dieu* (œuvre transcendantale et inaltérable en soi) puisque comme le souligna Roger Arnaldez :

---

interprètes (art. 155, al. 1er). L'article L. 121-1 du CPI pose l'imprescriptibilité du droit moral et l'art. L. 212-1 CPI pour les artistes-interprètes. V. Y. OMAR AMINE, Le rapport national égyptien établi pour le Congrès organisé à Bruxelles (18-19 septembre 2014) par l'Association Littéraire et Artistique Internationale (ALAI) intitulé : « Le droit moral au 21ème siècle – Le rôle changeant du droit moral à l'ère de l'information surabondante », Belgique, sept. 2014, publié sur le site internet de l'ALAI (<http://www.alai2014.org>). Le professeur GAUDRAT souligne bel et bien que : « Le créateur peut toujours revendiquer activement sa qualité, que ce soit sur un terrain simplement informatif (se faire connaître comme tel) ou sur un terrain juridique (quand les droits qui en découlent ont été méconnus). Pourrait-il tout aussi activement se dépouiller de cette qualité ? Quelque volonté qu'il en ait, le créateur ne peut, par un acte unilatéral de volonté, abandonner cette qualité : outre qu'il ne peut renier la personnalité dont il a marqué la création, la qualité de créateur est porteuse d'une responsabilité sociale qui est le pendant exact du droit inaliénable à la faire reconnaître. Le seul moyen de s'en dépouiller est de détruire la création avant que des tiers ne constituent des droits sur son support ou sa forme externe. Au demeurant, une démarche d'abandon requerrait un acte positif qui aurait l'effet fâcheux d'établir par ricochet la qualité qu'il récuse ! En revanche, il peut s'en désintéresser ou ne pas la rendre publique. Lorsqu'il s'en désintéresse, il ne renonce nullement à la revendiquer. Il est seulement inactif : il ne fait rien pour la défendre, ni la faire connaître, au point qu'il peut même la laisser usurper. Pour autant, et contrairement à la propriété corporelle, cette passivité ne peut jamais être constitutive de droits pour autrui, car la substance de l'œuvre comme de l'interprétation appartient à la personnalité du créateur, quand la chose corporelle lui est absolument étrangère. Tout au plus se charge-t-elle du travail au moyen duquel elle devient productive ; d'où la préférence accordée au possesseur diligent sur le propriétaire négligent » : Ph. GAUDRAT, *Rép. Civ. Dalloz*, V° « Propriété littéraire et artistique (1° Propriété des créateurs) », préc., n° 656.

1 S. VARLIK, « Le Coran et la question de la traduction humaine d'une parole divine », *in* F. MANZARI et F. RINNER (dir.), *Traduire le même, l'Autre et le soi*, Presses Universitaires de Provence, 2011, p. 175 et 176.

2 A., H.-J. LUCAS, A. LUCAS-SCHLOETTER et C. BERNAULT, *op. cit.*, n° 129.

« [...] *mais entre eux* [les peuples qui apprennent l'arabe] *et le Dieu qui parle s'interposera le traducteur humain et son œuvre. La conformité parfaite, qui existe dans l'arabe de la révélation entre les mots et leur sens, n'existera plus.* Pour rendre un mot, il faudra choisir entre plusieurs mots de l'autre langue, dont chacun n'aura qu'une correspondance incomplète ou approximative avec le mot arabe. *L'œuvre linguistique et littéraire de Dieu sera saccagée* »[1].

793. Données du problème *théologique, traductologique* et *juridique*. « Les écrits sacrés et les traductions ont ceci de commun qu'ils ne se suffisent pas à eux-mêmes, si tant est qu'un texte le puisse »[2]. Ce rapport de parenté et de continuité entre le *discours théologique* et le *discours traductologique* n'est pas sans soulever des problèmes sur le plan de la qualification juridique de la traduction du Coran au regard du droit d'auteur. Comment peut-on admettre la traduction du Coran au rang des œuvres protégeables tandis que le processus de création (en l'occurrence, la dérivation par transformation) s'applique à des œuvres créées et imputées sur une « œuvre préexistante » au sens de la loi ?[3] Cet état de chose nous renvoie à la question cruciale de savoir si le Coran saurait être qualifié d' « *œuvre première* » comme nous l'avons déjà analysée. En effet, le droit d'auteur du traducteur naît à partir de la prédominance de la *conception méthodologique*[4], comme nous allons le constater, qui relance le débat autant théologique que juridique sur le *statut de l'arabe coranique* et le *changement de convention* pour faire apparaître une œuvre dérivée : la traduction est-elle une *interprétation* de l'arabe, donc humaine et imparfaite, d'un *Coran céleste* ? ou bien le *Mushaf* en tant que support matériel *reproduit-il* un Coran, écrit de toute éternité, dans cette langue originelle ?[5] Si la révélation du Coran fut en langue arabe claire[6], sa traduction dans une autre langue n'emportera pas des conséquences juridiques sur la *réification* de sa forme dès lors qu'il sera récité par exemple ?! La forme divine en soi ne se trouvera-

---

1 R. ARNALDEZ, *Les sciences coraniques*, *op. cit.*, p. 17.

2 A. NOUSS, « Présentation : Traduire le sacré, sacraliser le traduire », Revue *Traduction, Terminologie, Rédaction* (TTR), vol. 3, n° 2, 1990, p. 7. Il souligne qu' : « En amont, toute traduction renvoie évidemment au texte de départ. Quant à l'écrit sacré, émanant d'un destinateur dont l'immédiate définition est la transcendance (non entamée par la délivrance du texte qui devient dès lors révélation, trait qui assure sa sacralité), il porte la marque d'une transformation – d'une traduction – qui transfère dans le langage humain un message dont les données relèvent d'une réalité le dépassant ».

3 Le CPI égyptien et le CPI français l'affirment expressément. Aux termes de l'art. 138 (6) : "*Derivative work: A work which is derived from an existing one, such as translations, musical re-arrangements, compilations of works, including readable databases, from the computer or otherwise, and collections of expressions of folklore, which, by reason of the arrangement and selection of their contents, are considered as created works*" (traduction officielle). Selon l'article L. 113-4 CPI français : « l'œuvre composite est la propriété de l'auteur qui l'a réalisée, sous réserve des droits de l'auteur de l'œuvre préexistante ». Rappr. : l'article L. 112-3 dispose que : « Les auteurs de traductions, adaptations, transformations ou arrangements des œuvres de l'esprit jouissent de la protection instituée par le présent code sans préjudice des droits de l'auteur de l'œuvre originale. Il en est de même des auteurs d'anthologies ou de recueils d'œuvres ou de données diverses, tels que les bases de données, qui, par le choix ou la disposition des matières, constituent des créations intellectuelles. On entend par base de données un recueil d'œuvres, de données ou d'autres éléments indépendants, disposés de manière systématique ou méthodique, et individuellement accessibles par des moyens électroniques ou par tout autre moyen ».

4 Ph. GAUDRAT, *Rép. Civ. Dalloz*, V° « Propriété littéraire et artistique (1° Propriété des créateurs) », préc., n° 27 et s., spécialement, n° 34.

5 M. YOUNES, *op. cit.*, p. 88.

6 V. Plus loin : § n° 805 s. « nous les avons fait descendre sur toi en un Coran arabe. – Peut-être comprendrez-vous ! – » : Sourate XII : Joseph, 2.

t-elle pas *disloquée* par la nouvelle *forme externe* de nature humaine produite par le traducteur ? En réalité, saisir la traduction du Coran en tant qu'œuvre dérivée par le droit d'auteur fait jaillir des interrogations tant sur le plan de la *forme* que du *contenu*. Il ne faut pas, cependant, aller trop loin car en distinguant le niveau de forme affecté, « *la traduction ne modifie que la forme externe, sans toucher à la forme interne* »[1] qui relève du domaine inviolable. Pour répondre à toute ces questions, il faudra s'enquérir de la *nature* et des *propriétés* de la langue[2] arabe dans laquelle le Coran fut révélé pour savoir si le Coran dominé par son caractère incréé peut être intelligible dans des langues autres que l'arabe, sans déformer le texte en lui-même et la valeur inhérente dû à son inimitabilité.

794. Enjeux juridiques. L'opération de traduction, en tant qu'interprétation en langage humain, et réflexion intellectuelle sur le sens des versets, donne accès à la *forme divine* du Coran (au sens étroit) par le truchement de la production d'une nouvelle *forme externe* du Coran. Il s'agit de la compréhension « tautologique »[3] qui ne fait que *retranscrire* la volonté de Dieu « le vouloir-dire divin », par nature inimitable, à partir des possibilités de la *convention d'expression* offertes au traducteur. Ce qui semble, à première vue, en contradiction avec la théologie musulmane qui distingue catégoriquement entre la *forme divine* et la *forme humaine*[4]. Il faut bien donc faire la part de ce qui revient à la *théologie* et de ce qui revient au *droit d'auteur* car la notion d' « œuvre » n'est pas *théologique* mais *juridique*... L'enjeu juridique est de saisir le statut du rapport entre la parole divine et son appropriation humaine par l'acte de traduction, voire d' « interprétation », afin d'articuler les *rapports d'interdépendance* entre les niveaux de formes.

795. Plan. En effet, l'examen du débat théologique qui se noua autour du statut de la traduction du Coran et la question de sa légitimité nous permet de constater que plusieurs arguments religieux de la doctrine dogmatique furent mis en avant, qui n'emportent pas, cependant, la conviction, afin de *condamner* l'idée même de traduction du texte sacré et de *disqualifier* la traduction du Coran en tant qu' « *œuvre de l'esprit* » qui ne pourrait prétendre se *substituer* au « Coran original » (§ 1). Il nous semble que l'origine de ce débat puise sa source dans la confusion entre les *objets greffés* au sein de la traduction du Coran, son contenu d'inspiration divine (la Parole de Dieu), matériellement intraduisible, et la *forme arabe*, en tant que vecteur linguistique, dans laquelle fut révélée le Coran dont il est *légitime* de traduire le *sens* des versets (§ 2). Une chose est sûre, si la traduction n'est pas le « *Coran original* », elle n'en contient pas moins

---

1 Ph. GAUDRAT, *J.-Cl. Propr. litt., art.*, Fasc. 1134, n° 121.

2 SPINOSA, dans le chapitre VII de son *Traité théologico-politique*, souligne qu' : « On doit premièrement expliquer la nature et les propriétés de la langue dans laquelle les livres saints ont été écrits, et qui a été parlée par leurs auteurs. A cette condition seule, on pourra découvrir tous les sens que chaque passage peut admettre, d'après les habitudes du langage ordinaire. Or, comme tous les écrivains, tant de l'Ancien Testament que du Nouveau, sont juifs, il s'ensuit que l'histoire de la langue hébraïque est nécessaire avant toute autre, non seulement pour l'intelligence des livres de l'Ancien Testament, qui ont été écrits dans cette langue, mais même pour celle du Nouveau, par la raison que les livres de l'Évangile, bien qu'ils aient été répandus dans d'autres langues, n'en sont pas moins pleins d'hébraïsmes » : *Œuvres de Spinoza*, t. II, trad. de E. SAISSET, Charpentier, Paris, 1861, p. 129.

3 M. YOUNES, *op. cit.*, p. 126.

4 V. § n° 45.

le « *sens de la Parole divine* ». Une fois que nous avons saisi ce débat théologique, traductologique et linguistique sur le statut de la traduction du Coran, il convient de se lancer à un *exercice pratique* pour apprécier l'*originalité* de la nouvelle forme externe, à savoir la traduction du Coran, pour savoir si la *conception de fidélité* inhérente au texte religieux/sacré peut avoir une certaine incidence sur la manifestation d'une certaine *créativité qualifiante* (§ 3).

§ 1. LES ARGUMENTS RELIGIEUX EN DEFAVEUR DE LA PROTEGEABILITE DE LA TRADUCTION DU CORAN

796. Plan. Deux arguments de la doctrine musulmane, qui sont de nature à faire une forte impression, peuvent être avancés *en défaveur* de la protégeabilité de la traduction du Coran (et de la Bible[1]) par le droit d'auteur. Le premier argument s'impose par le *particularisme* même du texte sacré qui, est par nature, *inimitable* (A) tandis que le second argument s'attache au *caractère illicite* de la traduction (B) laquelle ne saura jamais être *fidèle* au texte sacré dans l'incantation de la langue originelle.

A. L'argument imposé par le caractère inimitable du texte sacré

797. Plan. Si le principe de la protection de la traduction du Coran par le droit d'auteur est aisé à proclamer, il n'en reste pas moins que sa *mise en œuvre* reste délicate. Le premier argument avancé tient à la *sacralité* même de la parole coranique dû au *caractère inimitable* du texte sacré qui implique de distinguer entre le « *texte coranique* » et le « *texte littéraire* » afin d'éviter toute *profanation* de la parole divine. Afin de bien situer le cadre du débat théologique et dogmatique qui rejaillit sur le statut de la traduction du Coran, source de confusion entre l'*œuvre* et le *support matériel*, il faut s'enquérir, d'abord, du statut « *inimitable* » du texte sacré (1), véhiculé par la langue arabe, qui ne vise pas seulement sa *perfection externe*, mais également sa *perfection interne*, pour examiner, ensuite, le problème théologique du statut *ontologique* du Coran traduit (2). La doctrine de l'*inimitabilité* du Coran impliquerait de dissocier, tant sur le plan de la *forme* que du *contenu*, entre le statut du Coran comme « *texte sacré* » et sa traduction appréhendée comme « *texte littéraire* » au risque de les mettre sur un pied d'égalité qui pourrait être source de nombreuses difficultés sur le plan théologico-juridique.

1. Le statut inimitable du Coran

798. Doctrine de l'*insupérabilité* « *i'jâz* » de la Parole coranique. En effet, la problématique de la traduction du Coran et de sa *licéité*[2] puise sa source dans le dogme de l'inimitabilité (*i'jâz*)[3] du Coran[4] qui confère au texte une *unicité* tant dans la *forme* que dans le *fond*. Les éléments constitutifs de ce dogme sont inscrits expressément dans le Coran même :

---

[1] Il convient de noter qu'il n'est pas possible de transposer la question de la traduction du Coran en tant que parole révélée à la problématique de la traduction de la Bible en tant que parole inspirée dans la mesure où le statut théologique des deux textes divergent.

[2] V. Sur cette question nos développements plus loin § n° 810 s. V. M. AZAB, « Problématique de la traduction du Coran », *in* Revue *Islam de France*, L'Harmattan, 1999, n° 4. *Adde* : M. COOK, *The Koran: A Very Short Introduction*, Oxford University Press, 2000, p. 88-94 ; A. KHAN, "Islam as Intellectual Property: "My Lord! Increase Me in Knowledge"", *Cumberland Law Review*, 2001, vol. 31, p. 631.

[3] La racine de *I'jâz* est *'ijz* qui signifie « impossibilité », du verbe *'âjaza* « échouer ». Le terme « *i'djâz* » est traduit par les expressions françaises telle que « insupérabilité » ou « inimitabilité » du Coran.

[4] G. SADEK et S. BASALAMAH, art. préc., p. 102.

« Dis : certes, si les hommes et les *jinns* s'unissaient pour produire une [révélation] pareille à cette Prédication, ils ne sauraient produire rien de semblable, fussent-ils les uns pour les autres des auxiliaires » (XVII, 88) ; « Apportez une sourate qui lui soit comparable [à Notre Révélation] » (2 : 23) ; « Dis [-leur] apportez donc une sourate qui lui soit comparable [au Livre] » (10 : 39) ; « Apportez dix sourates qui lui soient comparables [à la Révélation] » (11 : 13).

799. Ce concept d'*i'jâz* constitue la clef de voûte pour être en mesure de saisir le débat juridique de la théorie de la forme et les éventuelles *dysfonctions* du concept de « forme créative ». Sur le plan du droit d'auteur, l'opération de traduction consiste en la production d'une nouvelle *forme externe*[1]. Cette modification débouche sur un *acte autonome de conception* au niveau de l'expression[2] qui n'exclut pas la *créativité* dans la mesure où :

« *L'art du traducteur ne consiste pas à substituer un mot à un autre* – un logiciel peut le faire –, *mais à recréer l'œuvre à l'identique dans une substance linguistique différente. Pour obtenir ce résultat, l'opération exige du traducteur qu'il engendre dans son esprit la forme interne originelle et mette à profit tous les échos vécus attachés aux mots de la langue d'accueil, afin de reconstruire une forme externe donnant accès aux mêmes visions, aux mêmes émotions, aux mêmes sensations.* Il y a, incontestablement, tous les ingrédients d'un possible acte de conception méthodologique ; ce qui ne veut pas dire que toutes les traductions mettent à profit cette possibilité »[3].

800. Vertus de la conciliation du caractère *reproductible* et *inimitable* de la forme. Or, la question qui se pose est de savoir comment il faut concilier le *caractère reproductible* de la nouvelle forme externe et l'*acte personnel de conception* dans l'expression avec l'insupérabilité du Coran au niveau du style « *mu'arada* »[4], de l'éloquence et de la composition[5] littéraire (*nazm*[6]) incarnant l'inimitabilité du Coran. A l'exception d'Al-Nazzâm[7] (m. 846), plusieurs *mu'tazilites* soutinrent que l'insupérabilité du Coran réside

---

1 Ph. GAUDRAT et F. SARDAIN, *op. cit.*, t. I, p. 35, note 84 : « Les *traductions, adaptations, arrangements* etc. sont aussi des niveaux (*substitués* plus encore que *surajoutés*) de forme externe, aux fins d'ouvrir de nouvelles exploitations à la création initiale ; la production de ces formes est, toutefois, l'occasion d'un *acte créatif second*, générateur d'une *forme interne* propre, contrairement aux *formes techniques* ».

2 C. CARON, *op. cit.*, p. 99, n° 123 : « […] certaines œuvres ne sont originales que par leur expression. C'est le cas de la traduction qui, tout en respectant la composition de l'œuvre traduite, l'exprime différemment dans une autre langue », et P. TAFFOREAU, *op. cit.*, p. 74, n° 69 : « Dans le domaine littéraire, les œuvres dérivées peuvent être originales par l'expression seulement, c'est le cas des traductions […] ».

3 Ph. GAUDRAT, *J.-Cl. Propr. litt., art.*, Fasc. 1134, préc., n° 122.

4 « Initialement, ce terme signifiait l'imitation du style coranique. GURGANI relie ce concept à l'incapacité des Arabes *musrikun* (polythéistes) à imiter le style du Coran alors qu'ils devaient relever le défi. *Mu'arada* a par la suite pris une acception plus technique désignant "l'imitation stylistique de certains passages dans le dessein de surpasser un prédécesseur" » : N. KHALFALLAH, *La théorie sémantique de 'Abd al-Qāhir al-Jurjānī*, *op. cit.*, p. 304.

5 On notera le passage suivant : « […] celle-ci est une œuvre de l'esprit dans laquelle l'aptitude d'expression linguistique est subordonnée à l'aptitude mentale à enchaîner les idées » : N. KHALFALLAH, *op. cit.*, p. 164.

6 GURGANI dans son ouvrage *Dala'il al-i'gaz* en faisant référence au concept du « *nazm* » utilise plusieurs appellations qui s'inscrivent dans le processus de composition du discours par la mise en œuvre de toutes les possibilités syntaxiques offertes par une langue quelconque telles que *damm* (combinaison), *tartib* (mise en ordre), *ta'lif* (disposition), *nasg* (tissage), *hiyata* (couture), *naqs* (gravure), *naht* (sculpture), *sabg* (teinture), *siyaga* (joaillerie), *bina'* (maçonnerie) : N. KHALFALLAH, *op. cit.*, p. 161-162.

7 Pour lui, la composition du texte sacré n'est absolument pas un miracle. Il en va de même pour de Hisham AL-FUWATI et de 'Abbad b. SULAIMAN. Selon l'opinion de NAZZAM, qui est considérée comme l'une des plus audacieuse et courageuse : « La composition du Coran et la beauté de sa prose ne sont pas un miracle du Prophète, ni une preuve de la vérité de sa mission prophétique. Mais ce

dans la *composition littéraire*[1] (en l'occurrence, la reproduction ou l'expression de la parole intérieure[2]) dont Al-Gahiz (m. 255 h.)[3], Abû 'Abdullâh Muhammad Ibn Yazîd Al-Wâsitî (m. 306, ou 307 h.)[4], Abû Bakr Ahmad Ibn 'Alî Ibn Manjûr Al-Ahshâdi (m. 326 h.)[5] et Abû Al-Hasan 'Alî Ibn 'Isa Al-Rummânî (276-384 h.)[6].

801. Double sacralité du Coran dans la *forme* et dans le *fond* : une parole increéée intraduisible. C'est ainsi qu' : « *avec le dogme de l'inimitabilité du Coran vu comme une parole éternelle et incréée, il devient impossible de traduire un texte dont Dieu lui-même est censé être l'auteur* »[7]. L'intraductibilité du texte sacré repose donc sur la doctrine du *Coran incréé* en tant que parole divine directement « descendue » du ciel. En effet, la *forme inimitable*, à la fois sensible et transcendante, ne concerne non seulement l'*aspect formel*, la forme linguistique du Coran, mais aussi son *contenu*[8]. On avança au soutien de ce

---

qui prouve la vérité de cette mission c'est ce que le Coran contient de révélation des choses cachées. Quant à la composition et la beauté de sa prose, les hommes sont capables d'en produire de semblables et même de plus beau en composition » : A. BADAWI, *op. cit.*, t. I, p. 109-110 et M. H. ECHIGUER, *op. cit.*, p. 172-173 ; BAGDADI, *Farq*, 128 ; SAHRASTANI, *Milal* I, 56-7. Selon la théorie de « *sarfa* » (ou détournement) développée par NAZZAM, il estime : « que ce qui est miraculeux dans le Coran c'est seulement ce qu'on y trouve de révélation de choses cachées. Quant à la composition littéraire, il était possible pour les hommes d'en faire une pareille, mais Dieu les en a empêchés par un empêchement et une impuissance qu'Il avait produits en eux » : A. BADAWI, *op. cit.*, t. I, p. 115. Cependant, GURGANI objecta la théorie de *sarfa*, répandue chez les *mu'tazilites* car, selon lui, « le caractère miraculeux du Coran ne peut s'imposer qu'au sein d'une communauté en mesure de rivaliser avec le texte, c'est-à-dire parmi les arabophones, capables de percer les mystères du langage de la Révélation et de composer des textes semblables. Mais, même si ces derniers n'ont pas réussi à produire un seul texte qui soit identique ou proche d'un seul verset, alors qu'ils en possèdent les moyens et maîtrisent les techniques de l'éloquence. Si GURGANI rejette en bloc l'ensemble de ces hypothèses, c'est pour avancer une théorie basée sur la spécificité de la composition (syntaxique et rhétorique) du Coran » : N. KHALFALLAH, *op. cit.*, p. 314. *Adde* : AL-GAHIZ, *Hugag al-nubuwwa*, *in Rasa'il al-Gahiz*, III, A. HARUN, Le Caire, 1964, p. 277. Quant à 'ABD AL-GABBAR, « il défend l'excellence intrinsèque du Coran et démontre l'inutilité de la *sarfa*, [*Al-Mugni fi al-tawhid wa-al-'adl*, vol. XVI, A. AL-HULI, Le Caire, 1960, p. 322]) » : N. KHALFALLAH, *op. cit.*, p. 314, note 1. Plus audacieux fut le penseur musulman AL-RAZI qui « [...] rejette surtout là l'insupérabilité (*i'jâz*) du Coran, que ce soit par suite de son style ou par son contenu, affirmant qu'il est possible d'écrire un meilleur livre en un meilleur style. Il préfère les livres scientifiques aux livres sacrés, car les livres scientifiques sont plus utiles aux hommes dans leur vie que tous les livres sacrés. Les livres de médecine, dit-il, de géométrie, d'astronomie et de logique sont plus utiles que la Bible et le Coran. Les auteurs de ces livres scientifiques ont découvert les faits et les vérités par leur propre intelligence, sans l'aide d'aucun prophète. La science dérive de trois sources : le raisonnement, selon les règles de la logique ; la tradition scientifique, des prédécesseurs aux successeurs selon un témoignage sûr et précis, comme en histoire ; et l'instinct qui guide l'homme sans avoir besoin de beaucoup de raisonnement » : A. BADAWI, *op. cit.*, t. II, p. 591. V. J. BOUMAN, *op. cit.*, p. 22.

1 V. A. BADAWI, *op. cit.*, t. I, p. 115. La théorie de « *nazm* » puise sa source dans la théologie et les sciences coraniques. V. Parmi les premiers partisans de l'inimitabilité du Coran, le théologien *as'arite* AL-BAQILLANI, *Kitab I'gaz al-Qur'an* ; le même, *Tamhid* ; 'Abd al-Qahir AL-GURGANI, *Dala'il al-I'gaz w asrar al-balaga* ; 'Abd AL-GABBAR, *Mugni*, XVI ; H. SAMMUD, *Tafkir*.

2 N. KHALFALLAH, *op. cit.*, p. 163.

3 *Nazm al-Qur'an*.

4 *Kitab i'gaz al-Qur'an fi nazmihi wa ta'lifihi*.

5 *Nazm al-Qur'an*.

6 *An-Nukat fi I'gaz al-Qur'an*.

7 S. VARLIK, art. préc., p. 175.

8 G. SADEK et S. BASALAMAH, art. préc., p. 101.

statut même que le caractère inimitable du Coran ne vise pas seulement sa *perfection externe*, mais également sa *perfection interne* ; tous les deux étant indissociables[1]. « *L'impossibilité de la traduction du Coran est donc tributaire de la conception théologique du Coran comme divin dans sa forme aussi bien que dans son contenu* »[2]. Doté d'une forme inimitable, le Coran est, *a fortiori*, intraduisible. C'est dans cet esprit que les oulémas musulmans considérèrent que la parole de Dieu ne saurait être traduite[3].

2. Le statut ontologique du Coran traduit

802. Appréhension du statut *ontologique* du Coran traduit comme « texte sacré » et/ou « texte littéraire ». En effet, la protégeabilité de la traduction du Coran par le droit d'auteur pose la problématique théologique de l'appréhension du statut ontologique du Coran traduit en tant que « *texte sacré* » ou en tant que « *texte littéraire* ». La question se pose de savoir si la protection de la traduction est réservée à celle qui appréhende le statut du Coran comme texte « Sacré », « Saint », « Immaculé », « Inviolable » et « Inimitable » (canonisation) tant sur le plan de la forme que du contenu ou bien celle par laquelle le traducteur est en mesure d'imprimer sa *touche personnelle* dans une certaine mesure, c'est-à-dire tels que les « essais d'interprétation », « de traductions » du Coran, qui en tant que tel, sont appréhendés comme un « *texte littéraire* » ?[4] La protection semble, *a priori*, devoir être acquise, si l'on s'en tient au principe de *l'indifférence de la destination de la forme.*

803. Vers la dichotomie entre « texte coranique » et « texte littéraire » ? Or, la question soulevée est délicate car, comme le soulignent certains auteurs, « *si le texte sacré n'a plus de statut séparé, mais rejoint la grande famille des textes littéraires, sa traduction est par conséquent évaluée à l'aune de cette nécessaire et intime interdépendance entre les multiples niveaux de son contenu et de sa forme* »[5]. Ce constat impliquerait l'*égalitarisme* entre les deux textes, c'est-à-dire à placer les deux sur un strict plan d'égalité, en dépit du caractère sacré du Coran. Comme nous l'avons déjà constaté, c'est cette confusion qui a conduit les juridictions égyptiennes à condamner le penseur égyptien Nasr Abou Zeid d'apostasie, faute d'avoir distingué, dans ses propos, entre le *Coran* et le *texte humain.* Il en va de même pour l'approche littéraire prônée par Muhammad Ahmad

---

[1] « Les notions de *lafẓ* et de *naẓm* montrent ici dans quelle mesure les dimensions de perfection et d'inimitabilité conférées au Coran ne se limitent pas au seul contenu, mais touchent également la forme, tant dans l'expression de l'idée que dans l'agencement formel des idées entre elles » : S. VARLIK, art. préc., p. 178.

[2] S. VARLIK, art. préc., p. 177.

[3] Ce qui condamne le texte à ne se répandre que dans les pays arabophones !

[4] Le rapport du comité d'Al-Azhar sur la traduction controversée du Coran faite par Jacques BERQUE est révélateur de cette problématique concernant les essais d'interprétation, etc. Il semble pour certains auteurs que : « Le fait d'établir des rapports entre l'incompréhension du Coran et la recherche intellectuelle du traducteur est une analyse partiale et inadmissible car si la traduction de Berque peut comprendre quelques "interprétations", elle comprend surtout des versets bien traduits » : Ch. SAINT-PROT (dir.), *Jacques Berque, artisan du dialogue des civilisations*, Cerf, Paris, 2018. « Dans le cas présent, la traduction de Berque – comme toutes les autres traductions – reflète l'esprit d'un chercheur qui vise à faire découvrir le Coran dans une autre langue. Le problème réside non seulement dans les outils linguistiques que le traducteur utilise, mais également dans sa formation dogmatique et dans sa méthode » : Ch. SAINT-PROT, *op. cit.* . V. Plus loin : § n° 816 s.

[5] G. SADEK et S. BASALAMAH, art. préc., p. 107.

Khalafallah dans sa thèse sur *L'art des récits anecdotiques dans le Coran* ou *Le genre narratif dans le Coran* (*al-fann al-qasasî fî al-Qur'ân al-Karîm*).

« *D'autant que le Coran n'est pas un simple texte littéraire.* Considéré par des millions d'individus comme parole divine, il est, à divers degrés, présent dans le quotidien de ces gens. Dès lors, la quête du vrai sens devient d'autant plus essentielle que ce dernier est le fruit de multiples formes de stratégie de constructions idéologiques du sens. *Le risque est alors de substituer aux propos de l'auteur les idées du traducteur, parfois nourri par les plus belles intentions* »[1].

804. Vers la production d'une *forme semblable* par la traduction ? Juridiquement, la modification de la *forme externe* aboutit alors à un Coran de « *forme interne semblable* » par laquelle le traducteur cherche volontairement à *transposer* le message divin, et à *imiter* cette forme sacrée[2] (non d'une reproduction à l'identique). C'est la problématique théologique mise en évidence par certains auteurs lorsqu'ils écrivent que : « *vouloir traduire le Coran, c'est prétendre produire quelque chose d'équivalent au verbe révélé* »[3]. A vrai dire, « le pouvoir que les gens peuvent exercer sur le Coran dans leur récitation, leur écriture et leur mémoire n'est qu'un pouvoir qu'ils ont sur une "imitation". Néanmoins – Al-Khayyât nous l'a dit *expressis verbis* – cette idée d'imitation n'implique pas que les hommes ne possèdent le Coran que par métaphore. L'idée de l'imitation veut exprimer la réalité du Coran dans le monde humain, sans nuire à ce type "céleste" qui, en tant que première création d'Allah, est au-dessus des hommes »[4]. Œuvre humaine par dérivation en matière de droit d'auteur, aucune traduction ne saurait être tenue pour *équivalente* de la parole divine[5].

805. Argument de la *forme originale arabe* et la *sacralisation* de la langue. Le discours hostile à la traduction s'appuya, d'ailleurs, sur un autre argument relatif au *statut de l'arabe coranique*, langue même de la révélation, qui se voit attribué *une sacralité quasi divine*. Dans la mesure où la Parole de Dieu est, par sa nature, liée à la langue arabe en tant que vecteur linguistique dans laquelle elle fut révélée, les oulémas estimèrent qu'une traduction du Coran ne saurait être qualifiée de « *Coran original* »[6] :

« *Quel que soit leur degré d'exactitude et leur valeur littéraire, les traductions ne remplacent pas le Coran original* ; elles ne peuvent servir à usage liturgique ; *elles ne se suffisent pas à elles-mêmes, et doivent être accompagnées du texte original et, autant que possible, assorties de commentaires* »[7].

806. Difficulté de recréer la *forme intelligible* à partir d'un autre système conventionnel. Il n'existe aucune traduction qui pourrait donc prétendre se *substituer* au texte original et à se voir attribuer une quelconque dimension de *sacralité* dans la mesure où la traduction « supprime le miracle de l'*i'gâz* (inimitabilité) du Coran, qui

---

1 S. VARLIK, art. préc., p. 185.

2 « Outre le fait que le Coran soit inimitable, en raison même de sa perfection interne, le voilà inaccessible, invisible, dépassant de si loin l'entendement humain qu'il est vain de chercher à l'imiter. Le Coran, *Lawh mahfoûz*, fonctionne ainsi comme une projection idéale d'un texte établi, tangible, matérialisable par le Livre saint dans l'incommensurabilité divine » : M. CHEBEL, *L'imaginaire arabo-musulman*, *op. cit.*, p. 110.

3 A. MERAD, *op. cit.*, p. 116.

4 J. BOUMAN, *op. cit.*, p. 24.

5 A. MERAD, *op. cit.*, p. 113.

6 « On ne peut pas traduire le Coran », *in* M. CUYPERS et G. GOBILLOT, *Idées reçues sur le Coran : entre tradition islamique et lecture moderne*, Éditions Le Cavalier Bleu, Paris, 2014, p. 39-46.

7 A. MERAD, *op. cit.*, p. 118.

réside d'abord dans sa perfection littéraire en arabe »[1]. Pour Ladmiral, « il n'y a de véritable Coran qu'en langue arabe, celle de la Révélation »[2]. Le Coran lui-même insiste, à maintes reprises, sur son *caractère arabe* en donnant à cette langue une dimension *sacrée* et *consubstantielle* au texte :

« Voici un Livre dont les versets sont clairement exposés ; un Coran arabe, destiné à un peuple qui comprend » (Sourate XLI : Les Versets clairement exposés, 3 ; « en un Coran arabe » (Sourate XII : Joseph, 2 ; Sourate XX : *Ta. Ha*, 113 ; Sourate XLI, 3 ; Sourate XLII : La Délibération, 7) ; « Nous avons ainsi révélé en arabe une Sagesse » (Sourate XIII : Le Tonnerre, 37) ; « dans un Coran arabe, exempt de tortuosité » (Sourate XXXIX : Les Groupes, 28) ; Sourate XLIII : L'Ornement, 3) ; « c'est une Révélation en langue arabe claire » (Sourate XXVI : Les Poètes, 195) ; « Mais celui-ci est un Livre confirmant les autres, écrit en langue arabe » (Sourate XLVI : *Al 'Ahqaf*, 12).

807. Vers la disqualification du Coran qui n'est pas en langue arabe ? Ainsi, l'un des principaux arguments qui furent avancés pour condamner l'idée même de la traduction du livre sacré consista dans le fait que si le Coran n'est pas en arabe, il ne saurait être désigné par le nom consacré au livre saint de l'Islam. Autrement dit, « *ces traductions ne sont plus le Coran lui-même* »[3] étant donné que le Coran qui n'est pas en langue arabe n'est pas le Coran[4]. Ces arguments s'articulent autour de trois éléments essentiels[5] :

a) L'*identité* arabe du Coran ;

b) Le Coran insiste sur son *caractère arabe* ;

c) L'*universalité* de la Parole coranique implique l'universalité de son expression originale arabe.

En somme, si le Coran n'est pas en langue arabe, il cesserait, *ipso facto*, d'être qualifié de « Coran ».

808. La Bible, traduite, n'est-elle pas toujours la Bible ? Il était donc légitime de s'interroger, fût-ce par analogie, sur le fait de savoir si la Bible, parce qu'elle fut imprimée en hébreu, en grec et en latin, n'est pas toujours la Bible :

« Le droit de l'auteur sur son œuvre comprend le droit de traduction. Vérité bien simple, qui semble n'avoir pas besoin de démonstration, et qu'on conteste encore ! *Et pourtant est-ce que la Bible, parce qu'elle est imprimée en hébreu, en grec et en latin, n'est pas toujours la Bible ? Qu'on lise la Divine Comédie dans la langue*

---

1 S. VARLIK, art. préc., p. 177. Pour AL-ZARKASHI (m. 1391), de l'école shaféite : « il est obligatoire de le lire [le Coran] dans sa forme originale qui préserve son caractère d'inimitabilité (*i'jâz*) qu'aucune traduction ne peut exprimer » : AL-ZARKASHI, *Al-Bahru'l-muhît*, I, Dar al-Kutûb, Le Caire, 1994, p. 447, cité par S. VARLIK, art. préc., p. 176-177.

2 J.-R. LADMIRAL, « Pour une théologie de la traduction », *Traduction, Terminologie, Rédaction*, 1990, vol. 3, n° 2, p. 131.

3 R. CASPAR, « Parole de Dieu et langage humain dans le christianisme et l'Islam », *in* G.R.I.C., *Sens et niveaux de la Révélation*, IIe Rencontre islamo-chrétienne (Carthage, 30 avril – 5 mai 1979), Tunis, Université de Tunis, 1980, p. 121-122, cité par S. VARLIK, art. préc., p. 177.

4 G. SADEK et S. BASALAMAH, art. préc., p. 100 : « De fait, ce sont surtout les tenants de l'opposition à la traduction du Coran qui font le plus grand éloge de la langue arabe. Pour ces derniers, la preuve de la supériorité de la langue arabe tient dans le seul fait que Dieu l'a choisie pour révéler son dernier message à l'humanité. La valeur de l'arabe ne provient pas seulement de ce choix divin (*a posteriori*) mais également du fait qu'elle est supérieure en elle-même par ses propres qualités (*a priori*) ».

5 A. MERAD, *op. cit.*, p. 115.

harmonieuse de Dante ou dans toute autre langue, est-ce que ce n'est pas la pensée du poète qui nous pénètre ? Est-ce que ce n'est pas son âme qui passe dans les nôtres et les fait vibrer ? »[1].

Cependant, certains auteurs ne manquent pas de mettre l'accent sur le fait que :

« [...] *l'identité de la Bible est inséparable du fait linguistique sémitique (hébreu, araméen), même si la version grecque des Septante, puis la Vulgate latine, ont été déterminantes dans le modelage de la physionomie actuelle de la Bible* »[2].

809. Sacralité de la récitation coranique liée à la *convention d'expression*. Cette sacralité de de la convention d'expression croise une autre question, à savoir celle de la récitation coranique. En effet, certains auteurs mettent en avant que l'inimitabilité du Coran tienne aussi à la beauté des traits sonores des *mots coraniques*[3] dans la récitation du texte aussi bien qu'à « la combinaison des sons articulés correspondant parfaitement à leur prononciation »[4]. Cette solution s'explique par le fait que le caractère sacré de la récitation coranique est *inhérent* même à la convention d'expression (langage arabe), voire au support formel, en tant qu'une manifestation privilégiée du Verbe :

« Les choix opérés dans l'expression sont ceux de la Volonté principielle (*mashî'a*) d'Allâh. Leur perfection et leur excellence relèvent, non de la Science sacrée, mais de la foi ».

Cela dit, force est de constater que les modalités coraniques de prononciation et les obligations y afférentes qui ont cours avec le texte sacré se trouvent relativisés à l'occasion de la récitation et l'interprétation du Coran traduit car comme le constatent certains auteurs :

« A *la vérité, le critère de la beauté inhérente au verbe coranique n'a de sens que pour un lecteur (ou un auditeur) arabophone. Ce critère ne peut donc être pris en compte pour les musulmans qui n'ont accès au Coran qu'à travers des traductions.* L'argument de l'émotion esthétique tombe dès lors qu'en l'absence de la musicalité particulière

---

1 Il convient de noter que : « l'Association [littéraire et artistique internationale] a aussitôt inscrit sur son drapeau cette première revendication [la pensée d'une union internationale pour la protection de la propriété littéraire et artistique] qui contient en germes toutes les autres : *le droit de l'auteur sur son œuvre comprend le droit de traduction. Vérité bien simple, qui semble n'avoir pas besoin de démonstration, et qu'on conteste encore ! Et pourtant est-ce que la Bible, parce qu'elle est imprimée en hébreu, en grec et en latin, n'est pas toujours la Bible ?* Qu'on lise la Divine Comédie dans la langue harmonieuse de Dante ou dans toute autre langue, est-ce que ce n'est pas la pensée du poète qui nous pénètre ? Est-ce que ce n'est pas son âme qui passe dans les nôtres et les fait vibrer ? » : *Compte-rendu du 14e Congrès de Milan 1892*, ALAI, Paris, 1892, p. 4-5.

2 A. MERAD, *op. cit.*, p. 114. V. Pour de plus amples développements sur l'identité de la Bible : J. A. SANDERS, *Identité de la Bible. Torah and Canon*, trad. de l'américain par P. MAILHE, Cerf, Paris, 1975.

3 Il convient de remarquer que GURGANI réfuta la thèse de l'explication phonétique de l'excellence coranique selon laquelle « la beauté des traits sonores des mots est à l'origine de l'inimitabilité du Coran qui n'utilise que des mots exempts d'anomalies phonétiques qui rendraient la récitation du texte malaisée. Ces mots coraniques sont agréables à la récitation aussi bien qu'à l'écoute, la combinaison des sons articulés correspondant parfaitement à leur prononciation. [...] GURGANI récuse, en démontrant qu'il est inconcevable (*muhal*), que les traits phonétiques des signes soient inimitables du fait de leur seule appartenance au Coran. L'harmonie ou l'anomalie consonantique du discours ne font pas la beauté du texte. Seules les correspondances sémantiques donnent aux mots leur fluidité (*salasa*), d'où l'invalidité de l'argument appuyé sur le critère phonétique » : N. KHALFALLAH, *op. cit.*, p. 313.

4 N. KHALFALLAH, *op. cit.*, p. 313. IBN SINAN, *Sirr al-fasaha*, 'Abd al-Muta'ali al-Sa'idi, Le Caire, 1969, p. 163 et IBN RASIQ, *Al-'Umda fi mahasin al-si'r wa-adabi-hi wa-naqdi-hi*, t. I, M. M. 'ABD AL-HAMID, Le Caire, 1981, p. 261, « considèrent l'harmonie consonantique comme un aspect inimitable ». GURGANI réfute l'hypothèse postulant que le caractère inimitable du Coran réside dans la succession harmonieuse de voyelles et de quiescences (*tatali al-harakat wa-al-sakanat*) qui crée un rythme musical agréable (*ibid.*).

de l'expression originale du verbe coranique, l'"effet" linguistique tient uniquement aux performances littéraires de chaque traducteur »[1].

B. L'argument attaché au caractère illicite de la traduction

810. Plan. Après avoir examiné le premier argument, il faut examiner, ensuite, le débat dogmatique qui s'éleva sur la *licéité* de la traduction du texte sacré allant jusqu'à l'*interdiction* de sa publication (1) qui a principalement pour objet de veiller à préserver l'*intégrité* du texte coranique (2), et ce, afin de bien situer le cadre de la problématique de la traduction du Coran qui suscita de vifs débats théologiques et d'âpres conflits dans les milieux orthodoxes musulmans.

1. Le débat sur la licéité de la traduction

811. Problématique de la traduction du Coran[2] et l'interdiction de la publication. Depuis de nombreuses années, la traduction du Coran dans les milieux orthodoxes musulmans fut considérée comme une *œuvre irréligieuse*, voire « une audace irréligieuse ». En effet, lorsqu'on annonça la tentative de traduction du Coran en turc pour que le peuple pût le lire et en saisir le sens des prescriptions, cela ne fut pas sans susciter de vives polémiques[3]. En Égypte, les grands oulémas furent appelés à se prononcer sur la question de savoir si le Coran pouvait, suivant la loi religieuse, être ou non traduit. Après une longue étude, les oulémas conclurent, dans un rapport qui fut présenté au recteur de l'Azhar[4], à l'inadmissibilité de la traduction du texte sacré[5]. En Turquie, le *cheikh Al Islam* s'opposa fermement à la publication d'une traduction turque du Coran. À cette fin, il s'adressa au grand vizir en lui demandant d'interdire, sous peine de punitions sévères, la traduction en question. Il expliqua qu'il considérait comme un *crime* que l'Ecriture Sainte de l'Islam soit traitée si légèrement ! Qu'une traduction du Coran ne saura jamais être fidèle au texte sacré dans l'incantation de la langue originelle. Le gouvernement s'empressa d'y faire droit et donna suite à la réclamation du *cheikh Al Islam* et interdit la publication de la traduction du Coran en turc que certaines personnes avaient entreprise[6].

812. Traduction du Coran, une innovation religieuse « *bid'ah* » ? C'est ainsi que le fait que la traduction soit imputée sur une œuvre de nature humaine a pour objet d'ériger l'acte de conception comme une « innovation religieuse » (*bid'ah*) qui expose le statut particulier du Coran aux *écueils* « périlleux » de la qualification d'*œuvre de l'esprit*, c'est-à-dire, à la guise de la conception méthodologique produite par le traducteur. Or, « s'en remettre à sa traduction, c'est [risquer de] tenir sa religion d'après ce qu'aura *compris* le traducteur, et non d'après le *Coran même*, tel qu'il a été

---

1 A. MERAD, *L'exégèse coranique*, *op. cit.*, p. 94.

2 V. Sur la question controversée de la traduction du Coran : A. MERAD, *op. cit.*, p. 110 et s.

3 Cela dit, il y eut les mêmes réticences dans le monde chrétien avec la réforme qui voulait traduire la Bible pour que le peuple pût s'y référer directement et la comprendre sans passer par l'Église.

4 Le *cheikh* Mahmoud SHALTUT (m. 1963), recteur de l'Université d'Al-Azhar, encouragea les traductions dans la mesure où « même les traductions contiennent le sens de la Parole de Dieu » : M. CUYPERS et G. GOBILLOT, « On ne peut pas traduire le Coran », *in Le Grand Livre des idées reçues - Insolite et grandes énigmes*, Le Cavalier Bleu, Paris, 2010, p. 467.

5 « Le Coran en turc », *Correspondance d'Orient*, août 1932, n° 416, p. 88.

6 V. La note n° 2 du § 814. À ce sujet : l'intitulé révélateur de l'article : « Pas de Coran en Turc ! ou tous les Cléricalismes sont les mêmes », *L'Humanité* du 10 mars 1914, n° 3614, p. 4 ; *Le Figaro* du 23 févr. 1914, n° 54, p. 1.

révélé par Dieu à son envoyé Muhammad »[1]. C'est dans cet esprit que le *cheikh Al Islam* « *Şeyhülislam* », Mustafa Ürgüplü Hayri Efendi, fut convaincu qu'une traduction qui rendrait d'une façon absolument *fidèle* le sens du texte arabe du Coran, avec la même force d'expression, fût impossible[2], et qu'il considéra comme un crime toute interprétation infidèle de l'écriture sainte de l'Islam[3].

813.Appréciation critique. Cette opposition formelle du *cheikh Al Islam* qui reposa bien évidemment sur des facteurs purement canoniques et religieux fera l'objet de vives critiques dans la presse francophone dans la mesure où l'accès au Coran pour les non-arabophones se fait nécessairement par le biais de traductions[4] (c'est-à-dire, la *forme externe* accessible à un public différent) :

« Il y a de grandes chances pour que, de toutes les religions, l'islamisme soit la plus durable, celle aussi que ses sectateurs turcs pratiqueront le mieux en la discutant le moins. La raison en est qu'ils ne pourront jamais la connaître, et qu'ainsi elle ne risque point de perdre à leurs yeux son prestige. Savait-on, en effet, que les Turcs ne peuvent pas lire le Coran ? Je parle des Turcs qui ne parlent que le turc. Ils sont obligés, pour connaître les prescriptions de leur livre saint, qui est en même temps leur code, de se fier aux ulémas qui, eux, parlent et lisent l'arabe. Il n'existe pas de traduction turque du Coran. Voilà une anomalie. Comment se fait-il qu'elle se soit perpétuée jusqu'à nos jours ? L'explication est simple. Tout récemment encore, des savants voulurent entreprendre l'indispensable traduction, mais ils se heurtèrent à la volonté formelle du *Cheik-ul-Islam*, qui est une sorte de pape mahométan sous les ordres du Commandeur des Croyants. Traduire le Coran ! Mettre les fidèles, qui doivent adorer sans comprendre, à même de connaître les sources de leur religion autrement que par le canal de leurs prêtres ! Quel scandale. Ce serait bientôt la fin de tout. *Naturellement, le Cheik-ul-Islam a fait valoir d'autres motifs, par exemple l'impossibilité d'une traduction fidèle du Coran. Or, interpréter l'écriture sainte d'une façon infidèle serait un crime.* Le grand vizir a ratifié l'opinion du *cheik*. Et les Turcs continueront à ne pas pouvoir lire le Coran. Ah !

---

1 A. MERAD, *op. cit.*, p. 116.

2 *Les Nouvelles* (Alger), 27 févr. 1914, n° 5003, p. 2. V. « Pas de Coran en Turc ! ou tous les Cléricalismes sont les mêmes », *L'Humanité* du 10 mars 1914, n° 3614, p. 4 ; *Le Figaro* du 23 févr. 1914, n° 54, p. 1. *Le Journal du Caire* du 22 mars répond au quotidien français *Le Temps* et *Le Figaro* qui avaient dit qu'une tentative de traduction du Coran s'était heurtée à Constantinople à l'opposition du *Cheikh Al Islam* et des *oulémas* : « Nos confrères parisiens ne semblent pas avoir puisé leurs renseignements à bonne source. L'érudit égyptien, S. E. Ahmed Pacha ZAKI, nous disait hier en substance que rien dans la loi n'empêchait de traduire le Coran dans telle ou telle autre langue et que personnellement il avait eu entre les mains des traductions turques manuscrites. Toutefois, a-t-il ajouté, par déférence pour le texte sacré on n'a pas l'habitude de donner la traduction en un volume séparé. Généralement, ces traductions sont faites en marge ou entre les lignes du texte arabe. Nous ajouterons, cependant, que nous avons sous les yeux un Coran où la traduction turque se trouve en marge et dont l'impression lithographiée est des plus soignées », *Le Semeur algérien* du 22 mars 1914, n° 151, p. 2.

3 V. Le quotidien *Le Figaro* du 22 févr. 1914, n° 53, p. 1, sous le titre révélateur : « Le Coran intraduisible » : « Quelque invraisemblable que cela puisse paraître, les Turcs, qui ne connaissent que le turc, ne peuvent pas lire le Coran. Ils sont obligés, pour connaître les prescriptions de leur livre saint, qui est en même temps leur code, de se fier aux ulémas qui parlent et lisent l'arabe, car il n'y a pas de traduction turque du Coran ». Dans le même sens : le journal parisien *La Lanterne* (du 23 févr. 1914, n° 13.456, p. 1 « Les Propos du Lanternier »), y prend le relais.

4 « Déjà en 1908, le journal arabe *al-Manar* publiait la *fatwa* de Muhammad Rashid RIDA qui interdisait la traduction du Coran, même aux peuples pour qui l'arabe est incompréhensible (RIDA 1326/1908). Il y propose plutôt de traduire une interprétation simplifiée du Coran et de la leur communiquer, pour leur permettre de le comprendre, tout en ne mettant pas en danger l'unité des musulmans autour d'une référence unique » : G. SADEK et S. BASALAMAH, art. préc., p. 99. *Adde* : M. A. M., ABOU SHEISHAA, « A Study of the Fatwa by Rashid Rida on the Translation of the Qur'an », *Journal of the Society for Qur'anic Studies*, Oct. 2001, Vol. 1, n° 1.

penseront les prêtres chrétiens, si nos fidèles avaient été logés à la même enseigne vis-à-vis de la Bible ! »[1]. C'était exactement la problématique de la Réforme !

814. Avis des *fuqahâ'*. Si certains juristes ont récusé *catégoriquement* le fait de traduire le Coran pour des raisons d'ordre public, force est de constater que les *fuqahâ'* (les juristes) de l'école hanafite ont non seulement admis sa traduction, mais également sa récitation dans la langue de traduction durant la *prière*[2] !

---

1 Le journal parisien *La Lanterne* du 23 févr. 1914, n° 13.456, p. 1 « Les Propos du Lanternier ».

2 Le juriste ABU HANIFA acceptait la lecture de la version persane durant la prière (V. F. DEROCHE, *Le Coran*, *op. cit.*, p. 92 et 104). S'agissant de la prière en langue turque, on rapporte que : « Durant la première moitié du mois de ramadan de cette année [1926], l'imam et prédicateur de la mosquée de Goez-tepé, Hadji Djemaleddin efendi a pris l'initiative de faire les prières en question [cinq prières rituelles de la journée (dites *namaz*, en persan et en turc] en langue turque. Il a dû y renoncer devant l'opposition d'une partie de ses ouailles. Le *Milliyèt* du 11-4, se plaçant au point de vue des droits de la langue turque, approuve l'imam réformateur, le *Vakèt* du 7-4 et l'*Ikdam* estiment qu'un imam, vu sa qualité officielle, ne pouvait prétendre réformer les usages sacerdotaux sans autorisation des autorités qualifiées. Telle a été également l'opinion de ces dernières, puisque le directeur des affaires Essad Bey, a pris, après un voyage à Angora, la décision de suspendre Djemalledin Efendi, étant entendu qu'une innovation comme la sienne ne saurait être introduite qu'après la traduction du Coran en turc par une Commission compétente. D'après les déclarations du directeur des affaires religieuses Rifaat Efendi au Vakét (12-5), la traduction turque du Coran a été confiée au poète Mehemed Akif, pour la version turque du texte, et à Hamdi Efendi pour le commentaire qui doit l'accompagner. Chacun des collaborateurs recevra 6.000 livres, et on espère que le travail sera terminé dans deux ans » : *Bulletin périodique de la presse turque*, du 7 déc. 1925 au 13 juin 1926, n° 45, p. 12. *Adde* : *Bulletin périodique de la presse turque*, du 11 oct. 1932 au 31 déc. 1932, n° 94, p. 19. « Le Coran pour le peuple », *Le Temps*, 23 févr. 1914, n° 19225, p. 4, qui signale de Constantinople un fait d'une grande importance, à savoir la publication d'une traduction du Coran en langue turque par un certain Ibrahim HILMI bey : « C'est la première fois que le livre saint de l'Islam est mis directement à la portée de la masse du peuple turc dans sa langue. Jusqu'ici la traduction du Coran dans l'idiome populaire avait été considérée comme une audace irréligieuse. Les fidèles particulièrement dévots, ceux qu'on appelle *hafis*, et qui ont appris les versets du Coran par cœur, en comprennent souvent aussi peu le sens" que les dévots catholiques qui récitent les psaumes et les prières en latin. La traduction d'Ibrahim Hilmi bey est, à dire d'experts, d'une langue claire et accessible à tous. Jusqu'à présent son initiative n'a soulevé aucune protestation ». *Adde* : « Le Coran en langue turque », *L'Echo d'Alger* du 23 févr. 1914, n° 710, p. 2. En effet, lorsqu'on annonça la tentative de traduction du Coran en turc pour que le peuple pût le lire, le *cheikh Al Islam* en Turquie s'opposa fermement à la publication d'une traduction turque du Coran. Le *cheikh Al Islam* s'est adressé au grand vizir en lui demandant d'interdire sous peine de punitions sévères la traduction en question. Il expliqua qu'il considérait comme un crime que l'Ecriture Sainte de l'Islam soit traitée si légèrement ! Le gouvernement s'empressa d'y faire droit et donna suite à la réclamation du *cheikh Al Islam* et interdit la publication de la traduction du Coran en turc que certaines personnes avaient entreprise. V. À ce sujet : l'intitulé révélateur de l'article : « Pas de Coran en Turc ! ou tous les Cléricalismes sont les mêmes », *L'Humanité* du 10 mars 1914, n° 3614, p. 4 ; *Le Figaro* du 23 févr. 1914, n° 54, p. 1. Dans une étude exhaustive publiée en 1932, Muhammad Mustapha AL-MANGHI, un maître *hanafite* d'Al Azhar adopta la thèse que « pour un musulman qui ne connait pas l'arabe, la récitation dans une traduction convenable des textes kuraniques prescrits pour la prière, est absolument obligatoire (*wadjib*) : l'important dans la prière est le sens du texte non le caractère d'*ijaz*, et le sens réel est, en tout cas, transmis par une traduction ; de plus il n'est pas raisonnable de demander à la grande masse des musulmans, habitant les territoires où l'arabe n'est point parlé d'apprendre cette langue uniquement à cause du *Kur'an*, et il est plus désirable et indispensable [...] qu'ils adoptent des traductions même tout à fait n dehors de leur utilisation dans la prière. La thèse selon laquelle, dans une traduction, le *Kur'an* cesse d'être la parole de Dieu (*Kalam Allah*), n'est selon MARAGHI, valable qu'avec des réserves, car la traduction n'est pas simplement la parole de l'homme (*Kalam alnâs*), mais,

...

2. La préservation de l'intégrité du texte sacré

815. Vers la protection de l'intégrité du texte sacré contre les dénaturations ? A vrai dire, l'interdiction de traduire le Coran s'expliqua plutôt par le souci des savants musulmans de veiller à préserver la lettre coranique contre les éventuelles dénaturations. À ce stade, une autre question juridique surgit qui est de savoir s'il existe un *droit de contrôler* la communication de la nouvelle *forme externe* au public afin de protéger l'intégrité du texte ? *Quid* des traductions non « révisées », voire qui n'ont pas été cautionnées, par les autorités religieuses (Médine, Al-Azhar, etc.) ? A l'instar de la Bible, le Coran est-il la *propriété de l'État* qui doit surveiller sa traduction ? Même si la question paraît loin d'être évidente, il est possible de partir d'un postulat... Créé et divulgué en amont de la prophétie, le prophète Muhammad est, en quelque sorte le *légataire universel* de l'œuvre de Dieu ; non l'*auteur* de l'œuvre. Comme, en l'occurrence, le créateur de l'œuvre n'est pas une créature mais le Créateur de toutes les créatures auxquelles il adresse son Coran, l'idée d'un contrôle de l'exploitation par le moyen d'un droit exclusif à caractère patrimonial n'a aucun sens. En revanche, l'effet de la *divulgation* conserve, lui, tout son sens ainsi que l'idée, qui en découle, d'un *droit moral* grevant l'œuvre. Le public de l'œuvre (l'humanité), par l'effet de la divulgation, en a la jouissance intellectuelle pleine et entière. Non grevée d'un droit d'exploitation, pour la raison susdite, la création est *ab initio* dans le domaine public. Mais, lorsqu'il y a chute au terme d'un délai, le domaine public, n'éteint que le droit d'exploitation, non le *droit moral*. A ce titre, en tant que légataire universel, le prophète Muhammad avait la charge de veiller à la *transmission intègre* du Coran. Par délégation, cette tâche est, après lui, échue à tous ceux qui le remplacent (les *Khulafa'* et après la chute de l'empire ottoman les pouvoirs civils légitimes). Le *droit moral* perpétuel, susceptible d'exercice par les pouvoirs publics en cas de déshérence, pourrait conserver une *utilité* pour lutter contre les dénaturations. Probablement y-a-t-il une compétence résiduelle du Ministre ? Il serait logique qu'il statue sur conseil de l'autorité religieuse ; mais ça n'implique pas qu'il renonce à ce pouvoir. Il est toujours dangereux de transférer un pouvoir à l'autorité religieuse !

816. Caution intellectuelle. À titre d'exemple, la traduction du Coran effectuée par Jean Grosjean fut revue et corrigée suivant les indications de l'Institut de Recherches Islamiques d'Al Azhar[1]. La traduction de M. Hamidullah fut, par ailleurs, revue et agréée par le Complexe du Roi Fahd en Arabie Saoudite pour l'impression

---

bien que ne contenant pas directement la parole de Dieu, elle n'en renferme pas moins le sens de cette parole » : J-D. PEARSON, art. « Kur'an », *in E.I.*, t. V, Leiden 1986, p. 432, cité par S. TRABELSI, *Le Coran et ses traduction en France du XVIe au XXe siècle*, Mémoire de D.S.B., Ecole nationale supérieure des bibliothécaires, Villeurbanne, 1985, p. 58. En faveur de la « licéité » de la traduction du Coran, le *cheikh* Muhammad Mustaphâ AL-MARAGHI publia une étude sur la traduction du Coran en 1932 intitulée : « *Bath fi tarjamat al-Qur'an al-karim wa-ahkâmihâ* », dans laquelle il se référa à l'avis de l'école *hanafite* pour étayer ses arguments. Il aborda à la fois le problème de la traduction du Coran ainsi que le problème de l'utilisation de la traduction dans la prière. V. Sur cette question : F. COSTET-TARDIEU, *Un réformiste à l'université al-Azhar. Œuvre et pensée de Mustafâ al-Marâghî (1881-1945)*, Éditions Karthala et CEDEJ, Le Caire, Paris, 2005, p. 238 et s. *Adde* : G. SADEK et S. BASALAMAH, « Les débats autour de la traduction du Coran : Entre jurisprudence et traductologie », art. préc., p. 104.

1 J. GROSJEAN, *Le Coran*, trad. de l'arabe, en coll. avec le *Higher Institute of Arabic and Islamic Studies* (Le Caire), Éditions Philippe Lebaud, Paris, 1979, p. 6.

du Noble Coran à Médine[1]. Cette approbation engendre sans doute des conséquences importantes puisqu'elle confère une certaine *légitimité* au sein de la communauté musulmane. En revanche, une traduction comme celle de Jacques Berque provoqua un remous, sans pareil, en Égypte et dans le monde musulman. Par l'arrêté n° 402 de 1995, daté du 26 juin 1995, le Grand *Imâm* d'Al-Azhar mit en place un Comité chargé de réviser cette traduction du Coran composé de MM. Mostapha El-Chak'ā Muhammad Badr, Ahmadein Khalil, Muhammad Mehanna et Mme Zeinab Abdelaziz[2]. Le rapport collectif émis par ce comité en est révélateur et montre à quel

---

1 Par ailleurs, la traduction du Coran effectuée par M. T. D. Al Hilali et M. M. Khan (*Interpretation of the Meanings of The Noble Qu'ran*. A translation into modern English language, King Fahd Complex for the Printing of the Holy Quran) fut agréée par le gouvernement saoudien.

2 Au sujet de la traduction du Coran faite par J. Berque, Mme le professeur Zeinab Abdelaziz précise que ce rapport en est représentatif et révèle à quel point on peut dire que le *Qur'ān* n'a jamais été présenté avec probité par les orientalistes, dans aucune langue européenne, ni d'une façon qui le rende véritablement compréhensible. D'après le rapport collectif qui fut publié le 21 mars 1997 dans le journal *Al-Cha'b* quinze remarques sont à souligner : 1° Ignorance de la langue arabe : Saisissant mal les profondeurs de la langue arabe et ses possibilités uniques, lisant mal les voyellisations, il se permet d'aboutir à des résultats avec lesquels il critique le *Qur'ān* ou fait de l'exégèse, alors qu'il n'en possède pas les données élémentaires ; 2° Incompréhension du texte qur'ānique : Vu son ignorance de la langue arabe, de ses règles de grammaire, de sa rhétorique, et par-là : la lecture correcte, il commet des erreurs, controuve, formule de faux arguments pour prouver que le *Qur'ān* renferme des fautes linguistiques impardonnables et injustifiables ! 3° Manque de Probité scientifique : Il mutile les références des anciens exégètes, remet en cause l'historicité du texte pour le mettre à pied d'égalité avec les Évangiles et aboutir, par-là, à la conclusion que le *Qur'ān* est écrit par des humains et n'est point Révélé par *Allah*. De même, il a recours à des citations amputées, qu'il place hors de leur contexte, pour prouver ses propres fabulations, tel ce fameux « pour tout Ecrit un terme » (p. 787) ; 4° Traduction erronée : Il a recours à des mots et des expressions qui n'expriment point le sens du *Qur'ān*, qui révèlent une ignorance scandaleuse de la langue arabe et une mauvaise intention préméditée, à ne citer que la traduction du nom de la *Sūrah* 30 « *Al-Rūm* » par « Rome », la capitale d'Italie, alors que le terme désigne les Romains ! Et de surcroît, il ajoute au bas de la page : « Nous disons pour des raisons d'euphonie "Rome" où il faudrait bien sûr "les Byzantins" (p. 431) ! VIII ; 5° Le mot "*Qur'ān*" : Il ne suit même pas les règles élémentaires de la traduction en ce qui concerne un seul et même mot, mais a recours à des variations pour le mot *Qur'ān*. Ce qui déroute le lecteur et révèle un manque de sérieux ; 6° "Allah dans le Coran" : Il présente *Allah* sous une forme terrifiante, toute de contradictions, en précisant : "dans le Coran", comme s'il s'agissait d'une théorie quelconque ! Et par comble de ridicule, il ajoute : "Il possède une sorte de bilarité dans ses rapports avec la créature : Il est heureux d'être loué, Il prie, il se repent" ! (p. 791) ; 7° Le recensement du *Qur'ān* : Il s'évertue à prouver que le *Qur'ān* a été falsifié lors du recensement, et de la voyellisation, et qu'il porte, jusqu'à nos jours, les traces de ces manipulations ! 8° L'aspect humain du *Qur'ān* : Il assure à plusieurs endroits que le *Qur'ān* est écrit par le Prophète, influencé par la poésie antéislamique, la pensée grecque et les Psaumes de David ; 9° Le *Qur'ān* "poésie ancienne" : Il trouve que le *Qur'ān* est une sorte de poésie ancienne, fait le rapprochement avec Parménide duquel, dit-il, le Prophète s'est inspiré pour écrire la *Sūrah* de l'Unicité d'*Allah*, puis assure que si le *Qur'ān* était soumis à la linguistique moderne et ses théories, de nombreuses Suwar perdraient leur valeur ! 10° Critique et évaluation du *Qur'ān* : Il use des données erronées pour dire que le *Qur'ān* est venu en une place déterminée, pour une époque déterminée, et pour des conditions humaines précises. Et comme ces conditions changent et évoluent, on se doit de changer et faire évoluer le texte du *Qur'ān*, car sa "fixité" à travers le temps est une de ses tares ! 11° Critique des *hadiths* et de la *Sunna* : Il voit que les *hadiths* et la *Sunna* du Prophète ne sont que des analogies d'événements historiques antécédents et propose de les délaisser, étant pleins de lacunes, d'imprécisions, et manquant de véracité ! 12° Accusations des savants musulmans : Il essaye de prouver qu'ils fraudèrent afin de faire

point les polémiques que déclenchèrent cette traduction[1]. Naturellement, il ne devrait pas y avoir dans ce cas d'incidence sur la communication, ni la publicité. Or, tel n'est pas toujours le cas. À titre d'exemple, il faut reproduire le Saint Coran au Maroc sur la base de la narration de Warch tenue de Nafiâ selon les règles adoptées dans les sciences des transcriptions et des lectures[2]. Or, comment retranscrire alors dans la version traduite destinée à un public non arabophone les rimes et les assonances musicales du Coran ayant vocation à être psalmodié[3] ?

817. Interdiction de reproduction de la traduction officielle de la Bible et la législation anglaise sur le *copyright*. En Angleterre, il convient de remarquer que sous l'empire de la législation sur la propriété littéraire (*Copyright*) du 1er juillet 1942, il fut interdit, par exemple, de reproduire la traduction officielle de la Bible qui était faite par des commissaires royaux afin de protéger l'*intégrité* du texte officiel[4]. Cette solution

---

prévaloir certains sens dans le *Qur'ān*, alors que les orientalistes mettent à nu leurs subterfuges ! 13° Réfutation qu'il y ait une loi dans le *Qur'ān* : Il assure que le *Qur'ān* est un mélange obscur de religion, de morale, et le peu qu'il contient de juridiction est obscur ou pris de Justinien ou d'autres ; 14° Séparation de la Religion de l'État : Il mésinterprète le sens des Versets pour dire que le *Qur'ān* prohibe le pouvoir politique aux religieux musulmans, alors qu'en vérité le *Qur'ān* prohibe la divination ou la prétention à la divinité. 15° Ce à quoi il incite: Avançant que l'Islam est une religion obscure, qui désigne la soumission, qu'elle abonde de contradictions, il incite les musulmans à rectifier le texte qur'ānique, à rechercher d'autres ressources pour la tradition, basées sur la nature et non sur le "mystère", répétant une dizaine de fois, la nécessité de soumettre le *Qur'ān* à la critique historique, et à l'analyse de la linguistique moderne, non seulement pour le débarrasser des falsifications qui s'y trouvent – à son avis – mais pour lui faire une transposition dans le présent, qui puisse permettre son intégration dans le monde moderne ! ». V. Aussi : H. ABOU AL-'ILA, *Le Coran et les illusions d'un orientaliste*, Al Maktab Al Arabi Lil Maaref, Le Caire, 1991 (en arabe) ; M. AL-AZAB, *Problématiques de la traduction des sens du Coran*, Nahdet Masr lil teba'a wal nashr wal tawzi', Le Caire, 2006 (en arabe).

1 Ce rapport fut jugé par certains comme étant « polémique et excessif » : Ch. SAINT-PROT, *op. cit.*.

2 Art. 2 du *Dahir* n° 1-09-198 du 23 février 2010 portant création de la Fondation Mohammed VI pour l'édition du Saint Coran (*BO*, 20-5-2010, n° 5840, p. 1363).

3 « Une dénaturation d'un ordre voisin à celui de l'interprétation pourrait se rencontrer dans le cas de la traduction. Un traducteur, qui a scrupuleusement suivi la progression de l'œuvre, pourrait néanmoins dénaturer l'œuvre par de mauvais choix expressifs ne permettant pas aux amateurs, dans la langue d'accueil, d'accéder à la forme interne conçue par l'auteur originaire. L'appréciation n'est pas facile ; outre qu'elle requiert un parfait bilinguisme, il ne faut pas confondre la désapprobation subjective avec une véritable dénaturation de l'œuvre. Un premier signe serait une perte de sens ; mais, sauf à en constater l'impossibilité absolue, ne pas rechercher une musicalité, une élégance, un rythme équivalents au regard du génie de la langue d'accueil, devrait également être pris en compte » : Ph. GAUDRAT, *Rép. Civ. Dalloz*, V° « Propriété littéraire et artistique (1° Propriété des créateurs) », préc., n° 675.

4 À titre d'exemple, WLADISLAS, roi de Bohême, avait exprimé au pape GREGOIRE VII le vif désir de son peuple de pouvoir lire les Livres saints dans la langue nationale, cependant, GREGOIRE s'y opposa formellement dans une lettre qu'il adressa à WLADISLAS, en date du 9 janvier 1080, au motif que : « L'Écriture possède, en elle-même, une telle majesté qu'une traduction ne pourrait qu'en rendre le sens plus difficile. Il ne faut pas alléguer cette excuse, que plusieurs hommes pieux ont toléré ou laissé impuni ce que le peuple réclame maintenant dans sa simplicité. La première Église, en effet, a passé sur beaucoup de choses, que les Pères ensuite ont examinées soigneusement et améliorées, une fois qu'elle a acquis plus de consistance et d'extension. Aussi, de par l'autorité du saint apôtre Pierre, nous défendons ce que vos sujets se sont permis imprudemment de réclamer et ordonnons. *Unde ne id fiât, quod a vestris simpliciter exposcitur, auctoritate B. Petri inhibemus, teque ad honorem*

…/…

s'expliquait par le fait que le texte anglais était tout à la fois la *propriété de l'État* qui surveillait la traduction, et la partie la plus considérable des livres sur lesquels s'appuie la foi protestante. Quant aux livres saints en hébreu et en grec, chacun eut le droit d'imprimer ces livres[1]. En Ecosse, la Bible put être réimprimée librement, mais, pour devenir licites, les éditions devaient avoir été lues avant la publication et agréées par les autorités[2].

818. Encadrement canonique de la traduction des textes liturgiques[3] et des livres des Saintes Écritures. En effet, il convient de remarquer qu'en matière de sainte liturgie qui dépend uniquement de l'autorité de l'Église la traduction en langues vernaculaires[4] des livres liturgiques faisait l'objet d'une réglementation juridique précise par le Code de droit canonique. A ce titre, il revenait au Siège Apostolique d'organiser la sainte liturgie de l'Église tout entière, d'éditer les livres liturgiques, de reconnaître leurs traductions en langues vernaculaires et de veiller à ce que les règles liturgiques soient fidèlement observées (Canon 838, § 2)[5]. Il en va de même pour la publication des traductions en langue vernaculaire des livres des Saintes Écritures[6] qui ne sauraient être publiés sans l'approbation du Siège Apostolique ou de la conférence des Évêques[7] et qu'en même temps elles soient munies d'explications nécessaires et

---

omnipotentis Dei huic vanæ temeritati, totis viribus, resistere præcipimus. » (Gregor. VII, lib. 7, Ep, xt, ad ducem Bohemorum), cité par E. PETAVEL, *La Bible en France, ou Les traductions françaises des saintes Ecritures : étude historique et littéraire,* Librairie française et étrangère, Paris, 1864, p. 19.

1 E. LABOULAYE, *op. cit.*, p. 51.

2 *Dr. Aut.*, 15 mars 1897, n° 3, p. 36.

3 V. Sur la traduction des textes liturgiques : D. LEBRUN, « Les traductions liturgiques : statut et enjeux », *LMD*, 202, 1995/2, p. 19-33 ; M. KLÖCKENER et R. KREMER, « À la recherche d'un "langage liturgique approprié" », Perspectives pour un problème non résolu », *Recherches de Science Religieuse*, 2013/1, t. 101, p. 69-85.

4 V. Congrégation pour le culte divin et la discipline des sacrements, « De l'usage des langues vernaculaires dans l'édition des livres de la liturgie romaine », Cinquième instruction "pour la correcte application de la constitution sur la sainte liturgie" du Concile Vatican II (*Sacrosanctum Concilium*, const. art. 36), du 28 mars 2001, Rome, DC 98, 2001, 684-703.

5 Can. 826 : § 2. « Pour rééditer des livres liturgiques, leurs traductions en langue vernaculaire, ainsi que des parties de ces livres, leur concordance avec l'édition approuvée doit être certifiée par une attestation de l'Ordinaire du lieu où ils sont publiés ».

6 Le Concile provincial de Sens tenu à Paris, l'an 1528 dressa quarante décrets dont le trente-troisième concernait « [...] parce que les hérétiques, pour répandre plus facilement leur mauvaise doctrine, donnent en français des traductions des livres sacrés, et y mêlent, avec les explications des Pères, des notes marginales très dangereuses, il sera défendu à tous libraires de vendre et d'imprimer aucun livre, soit l'Ecriture sainte ou quelque traité de la foi ou de la morale, sans une permission des évêques sous peine d'excommunication ; et que, comme depuis vingt ans, les hérétiques ont fait imprimer plusieurs petits livres, tant en latin qu'en français, les curés auront soin de publier dans leurs proues, quatre fois l'année, la défense que fait te présent concise à tous fidèles de tire et de garder ces livres, sous peine d'excommunication » : A.-C. PELTIER, *Dictionnaire universel et complet des Conciles tant généraux que particuliers, des principaux synodes diocésains et des autres assemblées ecclésiastiques les plus remarquables*, *op. cit.*, p. 295.

7 Le can. 447 définit la conférence des Évêques et sa finalité comme suit : « La conférence des Évêques, institution à caractère permanent, est la réunion des Évêques d'une nation ou d'un territoire donné, exerçant ensemble certaines charges pastorales pour les fidèles de son territoire, afin de mieux promouvoir le bien que l'Église offre aux hommes, surtout par les formes et moyens d'apostolat adaptés de façon appropriée aux circonstances de temps et de lieux, selon le droit ». Can. 448 : « § 1.

suffisantes (Canon 825, § 1). C'est ainsi que la traduction des livres liturgiques fut confiée aux conférences des Évêques afin de les adapter de manière appropriée dans les limites fixées par ces livres liturgiques, et de les publier après reconnaissance par le Saint-Siège.

819. Concile œcuménique du Vatican II et la traduction liturgique. A cet égard, les travaux du IIe concile œcuménique du Vatican (1962-1965)[1] en matière de traductions sont révélateurs. A l'occasion de ce concile, une réforme liturgique a été entreprise et fut approuvée à la quasi-unanimité la Constitution sur la sainte Liturgie « *Sacrosanctum Concilium* » par les Pères conciliaires le 4 décembre 1963[2]. Selon l'article 36 de la Constitution liturgique :

« *§ 1. L'usage de la langue latine, sauf droit particulier, sera conservé dans les rites latins* ».

820. En réalité, lors de ce concile, il est apparu indispensable de puiser à la bonne source d'une liturgie à la fois soigneusement préservée et plus authentique en réfléchissant de nouveau sur la notion de « traduction liturgique »[3], comme une manifestation des réalités théologiques et de l'unité ecclésiale, de telle sorte que les traductions de la sainte Liturgie en langues vernaculaires soient d'une manière certaine

---

La conférence des Évêques comprend en règle générale les chefs de toutes les Églises particulières d'une même nation, selon le can. 450. § 2. Si cependant, au jugement du Siège Apostolique après qu'il ait entendu les Évêques diocésains concernés, les situations des personnes et les circonstances le demandent, une conférence des Évêques peut être érigée pour un territoire plus ou moins étendu, de telle sorte qu'elle comprenne seulement les Évêques de certaines Églises particulières constituées dans le territoire donné ou les chefs des Églises particulières situées dans des nations différentes; il revient au Siège Apostolique lui-même de fixer pour chacune d'elles des règles particulières ».

1 V. Sur le Concile du Vatican II : C. THEOBALD, *La réception du concile Vatican II, I. Accéder à la source*, Cerf, Paris, 2009 ; du même auteur (dir.), *Histoire du concile Vatican II (1959-1965)*, Cerf, Paris, 2005 ; G. ROUTHIER, *Cinquante ans après Vatican II, que reste-t-il à mettre en œuvre ?*, Cerf, Paris, 2014 ; G. MARTELET, *Les Idées maîtresses de Vatican II*, Cerf, Paris, 1985 ; J. FAMEREE (dir.), *Vatican II comme style*, Cerf, Paris, 2012 ; Ph. BORDEYNE et L. VILLEMIN (dir.), *Vatican II et la théologie, Perspectives pour le XXIe siècle*, Cerf, Paris, 2006 ; G. ALBERIGO et J.-P. JOSSUA, *La réception de Vatican II*, Cerf, Paris, 1985 ; G. ALBERIGO (dir.), *Histoire du Concile Vatican II, 1959-1965*, I. *Le catholicisme vers une nouvelle époque, L'annonce et la préparation (janvier 1959 - octobre 1962)*, version fr. sous la dir. d'E. FOUILLOUX, Cerf/Peeters, Paris/Louvain, 1997.

2 « La Constitution sur la liturgie, De sa préparation à sa mise en application I et II », *LMD* 155, 1983/3 et *LMD* 156, 1983/4 ; Deuxième Concile du Vatican, *La Constitution sur la Liturgie*, Texte officiel, traduction française, notes et index, *LMD* 76, 1963/4 et 2e Concile du Vatican, *La Constitution sur la Liturgie*, Commentaire complet par J. GELINEAU, P.-M. GY, P. JOUNEL, A.-M. ROGUET, X. SEUMOIS, *LMD* 77, 1964/1. Certains auteurs notent que la Constitution sur la liturgie, qui fut pourtant le premier texte achevé par le Concile Vatican II, est demeurée le parent pauvre des travaux sur Vatican II. V. Sur cette question : P. PRETOT, « La place de la Constitution sur la liturgie dans l'herméneutique de Vatican II », *Recherches de Science Religieuse*, t. 101, 2013/1, p. 13-36 ; du même auteur, « La Constitution sur la liturgie : une herméneutique de la tradition liturgique », *in* Ph. BORDEYNE et L. VILLEMIN (dir.), *Vatican II et la théologie, Perspectives pour le XXIe siècle*, « Cogitatio fidei » 254, Cerf, Paris, 2006, p. 19-34. V. Dans le même sens : M. FAGGIOLI, *True reform : liturgy and ecclesiology in Sacrosanctum Concilium*, Liturical Press/Pueblo Book, Collegeville/Minnesota, 2012, p. 15.

3 V. Sur cette question : M. KLÖCKENER et R. KREMER, « À la recherche d'un "langage liturgique approprié" », Perspectives pour un problème non résolu », art. préc., p. 69-85. Selon le point n° 47 de l'instruction pour la traduction des textes liturgiques *Liturgiam authenticam* : « Une traduction liturgique qui transmet l'autorité et l'intégrité du sens des textes originaux, sert à former une langue sacrée vernaculaire, dont le vocabulaire, la syntaxe et la grammaire sont appropriés au culte divin, sans pour autant perdre la force et l'autorité qu'ont ces éléments dans le langage quotidien, comme cela fut le cas dans les langues des peuples d'antique évangélisation ».

la voix authentique de l'Église de Dieu. Cette solution se justifie par la volonté de faire face aux omissions et aux erreurs qui ont affecté la traduction des textes liturgiques en langues vernaculaires depuis la promulgation de la Constitution sur la Sainte Liturgie.

821. C'est dans cet esprit qu'ils ont édicté des normes, voire des principes généraux, régissant chaque traduction, contenues dans la *Cinquième Instruction pour la correcte application de la Constitution sur la Sainte Liturgie du Concile Vatican II* qui doivent être prises en compte dans la traduction des textes liturgiques, spécialement pour le Missel Romain, publiée le 7 mai 2001[1]. Par voie d'analogie, ces normes peuvent être comparés aux usages qui ont fait l'objet de « codes » dans le domaine de la littérature tels que le Code des usages pour la traduction d'une œuvre de littérature générale » de 1993[2].

§ 2. LA CONFUSION ENTRE LES OBJETS GREFFES : LE CORAN (LE SUPPORT) ET LE SENS DE LA PAROLE DIVINE (LA FORME)

822. Problématique de la traduction du Coran, source de confusion entre la *forme* et le *support*. A l'analyse du débat théologique et de la problématique qui se noua sur le statut de la traduction du Coran et la question de sa *licéité*, nous constatons qu'elle trouve son fondement dans la confusion à la fois entre les *objets greffés* au sein du Coran, le texte sacré matériellement intraduisible selon la doctrine de l'inimitabilité et la *forme linguistique arabe* d'origine humaine dans laquelle fut révélée le Coran d'une part, et d'autre part, entre la *Parole divine* « le Coran original » et le *sens* de cette Parole dont il est légitime de traduire : le support et la forme qui y est incorporée. Une chose est sûre, si la traduction n'est pas le « Coran original », elle n'en contient pas moins le « sens de la Parole divine ».

823. Plan. En effet, faute d'avoir suffisamment identifié les rapports superposés entre les niveaux de formes strictement imputables à l'homme pour sa *communication* dans la traduction du Coran qui devraient pouvoir être objets de propriété littéraire et artistique, on ne saurait reconnaître la qualité d'auteur au traducteur. C'est dans cet esprit qu'il convient de distinguer, tant sur le plan *juridique* que *linguistique*[3], entre le *contenu sacré* (*al-lafz*/le signifiant) et la *forme externe* (*al-ma'nâ*/le signifié) (A) d'une part,

---

[1] Congrégation pour le culte divin et la discipline des sacrements, *Liturgiam authenticam*. De l'usage des langues vernaculaires dans l'édition des livres de la liturgie romaine. (*Sacrosanctum Concilium*, art. 36) du 28 mars 2001, DC 98, 2001, 684-703. Le Concile Vatican II a mis en place l'Instruction sur la traduction des textes liturgiques publiée en 1969.

[2] Le « Code des usages pour la traduction d'une œuvre de littérature générale » de 1993 a été mis en place « dans le souci de promouvoir la qualité de la traduction des ouvrages étrangers publiés en France et d'améliorer la situation matérielle, morale et juridique des traducteurs ». V. M. VIVANT et J.-M. BRUGUIERE, *op. cit.*, p. 65, n° 43 ; X. PRES, *Les sources complémentaires du droit d'auteur français*, PUAM, 2004, n° 228 s. et n° 237 ; *J.-Cl. Propr. litt.*, art., Fasc. 1016 : « Documentation pratique. Code des usages pour la traduction d'une œuvre de littérature générale », 2010. V. Sur les usages du droit d'auteur : X. PRES, *Les sources complémentaires du droit d'auteur français*, *op. cit.* ; A. BERNARD, *Les usages en droit d'auteur français*, thèse, Poitiers, 2017 ; C. CARON, « Les usages et pratiques professionnels en droit d'auteur », *Propr. intell.* 2003, n° 7, p. 127 ; P.-Y. GAUTIER, *op. cit.*, n° 28 s. V. La Charte du traducteur adoptée par le Congrès à Dubrovnik en 1963 et modifiée à Oslo le 9 juillet 1994, *in* S. BASALAMAH, *Le droit de traduire : Une politique culturelle pour la mondialisation*, Les Presses de l'Université d'Ottawa, Ottawa, 2009, p. 471-476 (Annexe III).

[3] L'approche juridique et linguistique s'entrecroisent et se partagent le terrain.

et, entre le *Coran original* intouchable, voire irremplaçable, « la forme interne sacrée » et la *traduction du sens* de la Parole divine exprimé dans une autre langue « la forme externe intelligible » (B) d'autre part.

A. La dissociation entre « *al-lafz* » (texte sacré) et « *al-ma'nâ* » (texte traduit)

824. Plan. A vrai dire, l'interdiction même de la traduction du Coran s'expliqua plutôt par une certaine confusion dans l'attitude à l'égard de l'œuvre humaine créée par l'homme qui est le support de la parole divine, confusion due sans doute à la difficile dissociation entre le *contenu* du Coran et la *forme arabe* ainsi qu'entre les multiples niveaux de formes enchaînées dans la traduction du Coran au niveau de son contenu et de sa forme (2). C'est à partir de la distinction entre le *sens* (*ma'nâ*) et son *expression linguistique* (*lafz*) que certains théologiens purent développer une argumentation favorable à la traductibilité du Coran (1). Ce qui est d'essence divine c'est le *Coran en tant que Verbe incréé*, ce n'est pas sa traduction humaine qui est seulement d'inspiration religieuse. L'acte créatif *n'affecte* pas son *essence* de source divine. De prime abord, la solution n'est pas contradictoire ; pour autant, sa *mise en œuvre* n'est pas à l'abri de la critique.

1. La construction d'une argumentation théologique favorable à la traductibilité du Coran

825. Distinction entre le *sens* (la forme) et son *expression linguistique* (le fond) et la démonstration d'Abû Hanîfa. En réalité, « les notions de *lafz* et de *nazm* montrent [...] dans quelle mesure les dimensions de perfection et d'inimitabilité conférées au Coran ne se limitent pas au seul contenu, mais touchent également la forme, tant dans l'expression de l'idée que dans l'agencement formel des idées entre elles »[1]. Le *choix* du mot (*al-lafz*) comme support de l'idée (*al-ma'nâ*) du Coran est d'une grande importance, car « *c'est dans ce choix ainsi que dans l'harmonie et la musique des mots, que réside le secret de la beauté incomparable de la littérature coranique* », comme le montra le grand écrivain Al-Gahiz[2] (m. 869) en examinant le *fond* et la *forme*. Force est de constater que c'est à partir de la distinction entre le sens (*ma'nâ*) et son expression linguistique (*lafz*) que les théologiens purent construire une argumentation favorable à la traduction du Coran. En témoigne, la démonstration d'Abû Hanîfa (m. 767), fondateur d'une des quatre grandes écoles juridiques sunnites, qui s'appuya sur cette distinction. Pour Abû Hanîfa, « *le Coran traduit est toujours le Coran. Le texte en arabe n'est qu'une version de l'archétype céleste, la Mère du Livre, au même titre que les versions précédentes révélées dans d'autres langues. La divinité porte donc surtout sur les significations et non dans leur expression dans une langue, qui s'avère être accidentelle. C'est donc uniquement dans la mesure où il est traduction de la volonté divine en langage humain que le Coran est lui-même traductible dans d'autres langues* »[3]. A vrai dire, la distinction entre *lafz* (l'expression) et *ma'nâ* (le sens) s'inscrit dans la thèse de la création du langage par les hommes et non par Dieu comme le montra Abou Zeid[4]. Ainsi, « *le fait que le Coran soit en arabe n'empêche pas que*

---

[1] S. VARLIK, art. préc., p. 178.

[2] M. H. ECHIGUER, *op. cit.*, p. 176. En examinant le *fond* et la *forme*, AL-GAHIZ met l'accent à la fois sur le mot (*al-lafz*) et l'idée (*al-ma'na*) du Coran.

[3] S. VARLIK, art. préc., p. 181.

[4] N. H. ABOU ZEID, « Le dilemme de l'approche littéraire du Coran », art. préc.

les traductions soient aussi le Coran. D'ailleurs, les versets disant que le Coran est descendu en arabe n'impliquent pas que les Coran dans une autre langue ne soient pas Coran ».

826. Doctrine *mu'tazilite* du « Coran créé » et la relativité de la doctrine de l' « *i'jâz* ». En effet, la problématique de la traductibilité du Coran croise une autre question qui touche à l'essence même du texte divin et la façon dont il faut concevoir la traduction réalisée de main d'homme. La doctrine *mu'tazilite* du « Coran créé »[1], évoquée plus haut, a le mérite d'éviter toutes les difficultés soulevées en la matière en inclinant, en effet, vers la *traductibilité* du texte sacré dans la mesure où les *mu'tazilites* distinguèrent entre le *contenu* du Coran qui appartient, certes, à Dieu et la *langue humaine*, véhiculée par le support, qui appartient aux hommes. Les *mu'tazilites* ne manquèrent pas de défendre l'idée d'une *origine humaine* de la langue arabe :

> « *La doctrine mutazilite du Coran créé permet en effet de désacraliser la langue-source. La lettre coranique devient simple véhicule de transmission d'un message divin, qui aurait pu être transmis dans une autre langue, comme avec les révélations précédentes.* Dieu ne crée pas lui-même des mots, ni une langue déterminée, "mais il crée plutôt ce qui détermine la créature à parler, c'est-à-dire l'idée qui sera exprimée par la langue du prophète inspiré". *La distance ontologique séparant Dieu de sa parole rend donc possible une distance sémiotique entre le signifiant et le signifié* »[2].

L'approche des *mu'tazilites* consista à opérer « ainsi une distinction entre la *lettre* et l'*esprit*, qui peut se manifester dans des formes différentes » selon S. Varlik. C'est ainsi que selon Al-Nazzâm, il fallait distinguer le contenu du Coran, de la forme arabe, car si le premier a une dimension *miraculeuse*, la seconde est, en revanche, *contingente*.

827. Dichotomie entre l'archétype métaphysique du Coran et le support traduit. Un autre argument fut avancé en faveur de la traductibilité du Coran, déjà évoqué plus haut, qui consiste dans la distinction entre le « Coran terrestre » et le « Coran céleste ». En effet, le refus de traduire le Coran dans d'autres langues renvoie à la *transcendance* du *Livre éternel* par rapport au *Mushaf*[3]. On s'accorde sur le fait que ce support matériel (en l'occurrence, le *Mushaf*) ne saurait être qu'une simple *version* adressée aux hommes qui renvoie à un archétype céleste intouchable du Coran avec lequel il entretient un rapport de dépendance :

> « *Ainsi, le Coran en arabe tel que le lisent les hommes serait une version de l'archétype céleste*, dont les révélations antérieures représentaient d'autres versions. *Le texte coranique est donc, dans une certaine mesure, la traduction d'une parole divine dans un langage humain.* [...] *c'est précisément le fait qu'il est déjà une traduction du divin en de l'humain que le Coran sera lui-même traductible en d'autres langues* »[4].

828. La traduction du « Coran visible » matérialisable par des lettres, des mots, des versets et des sourates ne serait alors qu'un *reflet* de l'existence d'un « Coran céleste » intouchable.

2. La hiérarchisation des niveaux de formes : la Parole divine et le Coran traduit

829. Niveaux de formes éclatées et morcelées alignés sur le modèle saussurien. Il faut s'inspirer de la conception saussurienne du signe linguistique[5] pour régler les difficultés d'ordre théologique, linguistique et juridique pouvant naître tant

---

1 V. *Supra* § n° 57 s.

2 S. VARLIK, art. préc., p. 179.

3 M. YOUNÈS, *op. cit.*, p. 89.

4 S. VARLIK, art. préc., p. 180.

5 F. DE SAUSSURE, *Cours de linguistique générale*, *op. cit.*, Petite Biblio Payot, Payot & Rivages, Paris, 2016, p. 151 et s.

au niveau de la *forme divine* que de la *forme profane*. D'un point de vue juridico-linguistique, au lieu de partir d'éléments artificiellement isolés (lettres-sons, mots, phrases, etc.), il faut considérer la structure de la forme de l'œuvre dans sa totalité en tant que *système de relations internes* car la forme créative protégée est au niveau de ces relations superposées et interpénétrées. En effet, la traduction du Coran nous révèle les rapports intrinsèquement étroits et complexes entre les différents niveaux de formes qui s'empilent et s'élaborent les unes à partir des autres, se trouvant parfois affectés, dans la mesure où « la forme première *supporte* bien celle qui en dérive. L'idée qu'un niveau de forme en supporte un autre est un fait […] »[1]. La situation devient plus complexe lorsqu'il est question de la récitation du Coran dans la mesure où nous sommes en présence ainsi de trois niveaux de formes, conjointes ou articulées, à distinguer : la récitation du *cheikh*-interprète qui consiste en la *forme vivante*, psalmodiée selon les règles canoniques et la nouvelle *forme externe* que le traducteur a forgée à partir de la traduction du Coran qui se présente comme une *forme intermédiaire* imparfaite entre l'œuvre humaine et l'œuvre divine, et enfin, la *forme divine* parfaite, qui, au-delà du droit d'auteur échappe à toute *appropriation*, subsiste en Dieu.

830. Distinction entre la *forme divine* et la *forme externe*. Sur le plan du droit d'auteur, faute d'avoir suffisamment identifié le rapport entre le *signifiant* et le *signifié*, on ne saurait reconnaître la qualité d'auteur au traducteur. En termes juridiques, la détermination de la forme est *indépendante* du contenu. La question est importante dans la mesure où cette dissociation permet de distinguer entre le *Coran* (le texte sacré) qui relève de l'ordre divin et la *traduction* (la forme externe) qui appartient à l'ordre de la création humaine dans laquelle gît la véritable forme créative du traducteur. C'est ainsi qu'il convient pour y remédier de distinguer dans le support intellectuel (c'est-à-dire, le langage) entre les *mots* dans leur réalité phonétique (*alfaz*) et les *significations* (*ma'âni*) dans la mesure où lorsque le traducteur traduit le Coran, il ne traduit que le *sens* des versets sans remettre en cause l'*inimitabilité* du texte sacré. C'est ainsi que si l'œuvre humaine de traduction *n'est pas le Coran*, elle n'en contient pas moins *le sens de la Parole divine*. Le recours à la hiérarchisation des niveaux de formes a sans doute le mérite de délimiter pertinemment les contours entre la nature de la forme protégeable, voire appropriable, et celle inappropriable, c'est-à-dire de séparer l'humain du divin. En effet, le Coran traduit[2] se prête aisément à distinguer cinq choses : la vraie parole de Dieu (c'est la science de Dieu qui n'est pas du tout créée) d'une part, et d'autre part, la traduction littérale, la traduction du sens du Coran, l'interprétation simplifiée du

---

[1] Ph. GAUDRAT, *La propriété intellectuelle : modèle multiple ou pensée unique ?*, Cours préc., p. 116, n° 353.

[2] V. « Comment lire le Coran aujourd'hui ? », *in* M. ARKOUN, *Lectures du Coran*, Albin Michel, Paris, 2016, p. 63-96. V. La traduction d'E. MONTET, *Le Coran*, 2 vol., Payot, Paris, 2001, Préf. de M. CHEBEL. « Cette traduction, qui a eu un grand succès étant donné le contexte de sa publication, ne comporte cependant pas d'innovation fondamentale par rapport aux traductions présentées précédemment. Elle inclut néanmoins une intéressante préface de Malek CHEBEL, qui présente une nouvelle méthodologie pour interpréter le sens de ce texte sacré. Il resitue ainsi le Coran dans son contexte historique, pose la problématique de l'évolution de la signification de certains de ses concepts dans le temps, et dégage quelques pistes de réflexion sur la façon d'aborder et de lire le Coran dans nos sociétés d'aujourd'hui » : A. NEUVE-Église, « Les traductions françaises du Coran : de l'orientalisme à une lecture plus musulmane ? », *La revue de Téhéran*, oct. 2006, n° 11, note 10.

Coran, la traduction sous forme de commentaire accompagnant le texte arabe préjugé séculaire de ce qui est traduit (qui sont employés pour désigner des choses créées).

831. Entre l'approche théologique/linguistique et juridique. À ce stade, deux hypothèses doivent être soigneusement distinguées. La première hypothèse à envisager est celle où le *langage* du Coran dans lequel il fut conçu est considéré comme celui qui fonde son *inimitabilité* et fait naître le sentiment de la religion, de la morale et de la conscience dont il serait absurde d'admettre sa traduction par le biais d'un langage humain imparfait qualifié de « *langue naturelle* » selon l'*approche linguistique*[1]. La seconde hypothèse, opposée, n'exclut pas que la traduction du Coran puisse être qualifiée d' « œuvre dérivée » selon l'*approche juridique*, car si le contenu du Coran est d'*inspiration divine*, il n'en reste pas moins que la langue arabe, langue théologique autant que juridique, dans laquelle il est révélé est de *création humaine*. C'est ainsi que la Parole de Dieu s'est incarnée sous forme de texte linguistique, dans une langue humaine, la langue arabe.

832. Analogie avec les « textes officiels ». Or, rien ne s'oppose à ce que la traduction porte même sur un *texte préexistant* (texte législatif, décision judiciaire, rapport officiel) qui était dans le *domaine public*[2]. Il en va de même pour le traducteur du Coran, qui, en tant que texte sacré non protégeable par la loi, peut être doté d'un droit d'auteur sur la *version* qu'il a traduite dans une langue déterminée. Soit nous considérons le Coran comme un « *texte officiel* », en tant que tel, non protégeable par le droit ainsi que la traduction officielle de ce texte dont il sera réservé aux législations des pays de l'Union de Berne de déterminer la protection à accorder aux textes officiels d'ordre législatif, administratif ou judiciaire[3], soit nous le considérons, au

---

[1] V. *Supra* § n° 447.

[2] V. T. civ. Seine, 20 févr. 1908, cité par Ch. CLARO, *D.* 1918, II, 49. V. Aussi : TGI Lyon, 16 févr. 1961, aff. *Kouznetsov c/ E. Vitte et Chaleil*, *Gaz. Pal.* 1961, 1, 284 ; *RIDA* 1961, n° 32, p. 124. Selon le comité d'experts gouvernementaux de l'OMPI/UNESCO pour les œuvres imprimées a adopté deux principes visant à synthétiser les droits des traducteurs : « Principe PW24. 1°) Une traduction de caractère original devrait être protégée en tant qu'œuvre littéraire sans préjudice du droit d'auteur sur l'œuvre originale qui a été traduite. 2°) La traduction visée à l'alinéa 1er devrait être protégée indépendamment du fait que l'œuvre originale soit déjà tombée dans le domaine public ou soit exclue de la protection pour une autre raison, par exemple en tant que texte officiel, de caractère législatif, administratif ou juridique. Principe PW25. L'auteur d'une traduction de type visé à l'alinéa 1er du principe PW24 devrait jouir des mêmes droits [y compris le droit d'autoriser la traduction de sa traduction], pour la même durée et aux mêmes conditions, que les auteurs des œuvres originales, sans préjudice des droits des auteurs des œuvres originales en cause » : *Dr. Aut.*, févr. 1988, n° 2, p. 98 ; *Bull. du droit d'auteur*, Vol. XXI, 1987, n° 4, p. 42-43. Selon l'article 4 de la loi de la République Orientale de l'Uruguay réglant le droit de propriété sur les œuvres littéraires et artistiques du 15 mars 1912 : « Les traducteurs sont propriétaires de l'œuvre traduite, à la condition que la traduction ait été faite avec le consentement du titulaire du droit sur l'œuvre originale. *De même ils sont propriétaires de la traduction d'une œuvre tombée dans le domaine public, mais ils ne pourront s'opposer, dans ce cas, à la publication d'autres traductions de l'œuvre en la même langue* » : *Dr. Aut.*, 15 janv. 1913, n° 1, p. 2.

[3] Selon l'article 2 alinéa 2 de la Convention de Berne qui apporte une limite aux droits des traducteurs de textes officiels. À titre d'exemple, nous pouvons remarquer que le législateur syrien a expressément prévu à l'article 4 de la loi sur la protection des droits d'auteur et des droits voisins en 2013 que la protection ne s'applique pas aux *2° Livres célestes à l'exception de leur conception et le style de leur écriture et l'enregistrement des récitations.* Nous constatons que le législateur syrien considère les livres célestes comme des textes officiels non protégés en tant que tel. « *Nul n'est censé s'approprier les livres*

contraire, comme un *œuvre protégeable* tout étant de *nature divine*[1]. L'analogie avec les textes officiels est intéressante quoique ceux-ci soient généralement qualifiés d'« œuvres »... A l'exception de la jurisprudence égyptienne, jusqu'alors aucune jurisprudence arabe en matière de droit d'auteur n'est venue dissiper cette question dogmatique qui rejaillit sur le statut du Coran.

833. Argument de la *double nature* du texte coranique. A partir de ce constat, pourquoi ne pas considérer dès lors, comme y invitent certains, que nous serions en présence de deux textes de nature différente en avançant l'argument de la *double nature* divine et humaine du texte coranique de sorte que la nouvelle *forme externe* ne saurait porter que sur la *nature humaine* du texte qui s'est incarné (*tajassada*) sous une forme à la fois *sensible* et *intelligible* à l'homme, c'est-à-dire sous forme de texte linguistique, dans une langue humaine ? En revanche, la vraie substance de la parole de Dieu qui relève de la science de Dieu n'est pas du tout traduisible, voire créée, dans la mesure où la Parole divine ne saurait être *tributaire* des limites du langage humain puisque l'écriture de l'homme est issue de la Parole créatrice de Dieu.

B. La distinction entre le « Coran original » et la traduction du « sens de la Parole divine »

834. Plan. Il est indispensable de distinguer entre les types de traduction du Coran dans la tradition musulmane (1) pour, ensuite, déterminer laquelle prend en charge la dimension miraculeuse, *inimitable*, du texte sacré telle qu'elle fut exposée dans la doctrine de l'*i'jâz* (2) sans qu'il y ait un risque de *confusion* et de *substitution* de la traduction au Coran original.

1. Les types de traduction du Coran « *tafsirî* » et « *harfî* »

835. Choix entre la « traduction *tafsirî* » et la « traduction *harfî* ». Afin d'éviter toutes les difficultés suscitées par la question de la traduction du texte sacré qui ne saurait être désigné, *ontologiquement*, sous le titre de « Coran », la question se pose de savoir pour quel type de traduction il faut opter ? Le traducteur doit-il choisir celle qui met l'accent sur la *signification* « le *ma'nâ* » du texte ou bien doit-il respecter la *lettre* « le *lafz* » du texte-source ? Il convient de rappeler qu'il existe dans la tradition musulmane deux types de traduction du Coran[2]. La première est intitulée : « *ma'nawî* » qui fait allusion à la traduction de la *signification*, du *sens* et de l'*esprit* du texte (*ma'nâ*). Elle est connue sous l'appellation de traduction « *tafsîrî* » (qui signifie « interprétation »). La seconde est dite « *lafzî* » qui met l'accent sur l'*expression linguistique* (*lafz*). Elle consiste en une traduction *littérale* « à la lettre », connue d'ailleurs sous l'appellation de « traduction *harfî* »[3].

836. Appréciation critique de la traduction littérale. A y regarder de plus près, on s'aperçoit que certains auteurs reprochent à ce dernier type de *traduction littérale*

---

célestes ». Deux lectures peuvent être proposées. La première lecture consiste à englober dans la catégorie des actes officiels, l'ensemble des livres célestes à côté des lois, textes réglementaires, travaux préparatoires et décisions juridictionnelles. V. Déjà sur cette question : *supra* § n° 118 s.

1 Selon le professeur GAUDRAT, le Coran peut être une « œuvre » tout étant de *source divine*. Ce n'est pas contradictoire. Or, le problème est ailleurs, semble-t-il. On ne saurait approuver l'annexion du terme « œuvre » au Coran, car cette notion implique le fait de sous-entendre préalablement un sens impossible pour le Coran dont la nature est increée.

2 S. VARLIK, art. préc., p. 182.

3 *Harf* signifie lettre.

d'être nécessairement insuffisante et imparfaite étant donné qu'elle fait abstraction à la dimension *miraculeuse* du Coran et ne prend pas en charge la dimension *poétique* du Coran, la richesse du *contenu* (sens) et la beauté de la *forme* (style) telles qu'elles furent exposées dans la doctrine de l'inimitabilité[1]. A en croire, la traduction littérale peut conduire à une impasse s'il s'avère, ensuite, qu'entre l'amateur et le Dieu qui parle s'interposera l'œuvre humaine du traducteur. C'est l'une des problématiques de la traduction littérale des textes sacrés[2] qui peut avoir des incidences sur le terrain de l'appréciation de l'*originalité* où la discussion peut achopper dans la mesure où :

« … *il ne suffit pas, lorsqu'on fait une traduction destinée à la liturgie, d'exprimer dans une autre langue le contenu littéral et les idées du texte original.* Mais il faut s'efforcer aussi de communiquer fidèlement à un peuple donné et dans son propre langage ce que l'Église a voulu communiquer par le texte original à un autre peuple et dans une autre langue »[3].

837. « Traduction du Coran » ou « traduction du sens des versets » ? La sacralité de la lettre du Coran a conduit les oulémas à privilégier les « *traductions interprétatives* » (*tafsîrî*) du sens et de l'esprit du texte sacré au détriment de la *traduction littérale* afin qu'il n'y ait aucun risque de substitution de la traduction à l'original[4] :

« *Ainsi, avec la traduction tafsîrî, le texte-cible ne prétendra pas être plus qu'une interprétation et ne pourra donc jamais se substituer au texte original. Le principal souci des savants musulmans se trouve dans cette volonté de préserver le Coran en arabe et d'être sûrs qu'aucune traduction ne puisse la remplacer.* La traduction interprétative assume donc pleinement voire même revendique les distances qu'elle prend par rapport au texte-source »[5].

838. A vrai dire, les traductions du texte sacré ne se présentent pas comme des traductions *complètes* et *définitives*[6] qui pourraient prétendre se *substituer* à l'original mais elles se présentent, d'emblée, comme des traductions du *sens* des versets, voire comme une « interprétation » :

« […] l'impossibilité de rendre compte de la parole de Dieu dans aucune langue rend possible la translation du Coran dans toutes les langues. *Une telle considération conduit à envisager la transcription du Coran dans toutes les langues, y compris l'arabe, comme une interprétation et non une traduction adéquate* »[7].

---

1 S. VARLIK, art. préc., p. 182.

2 V. À titre d'exemple : O. NABIL, « Le Saint Coran entre la traduction littérale et l'interprétation - Sourate *al Zûmar*. Étude de trois Traductions », *Revue de la faculté de Langues et de Traduction* (Université d'Al-Azhar), Le Caire, 2001, p. 1-70.

3 V. L'*Instruction sur la traduction des textes liturgiques* publiée par le *Consilium* en 1969, *in* Revue *LMD*, Centre de pastorale liturgique de Paris (CPL), 98, 1969/2, p. 143-155 ; P. GELINEAU, « Quelques remarques en marge de l'Instruction sur la traduction des textes liturgiques », *LMD*, 98, 1969, p. 156-164 et *in Enchiridion documentorum instaurationis liturgicae* (EDIL), p. 1200-1242.

4 S. VARLIK, art. préc., p. 184 et 185.

5 S. VARLIK, art. préc., p. 183.

6 « La traduction se trouve ainsi prise dans un double jeu dialectique entre le texte de départ, auquel elle ne cesse de renvoyer, et toute future traduction étant donné qu'"aucune n'est définitive mais toujours inscrite dans une histoire". Il y a donc dans le théologique comme dans le traductologique l'expérience d'une altérité "perpétuellement reconduite", qui rend impossible l'idée d'une ultime traduction. À travers l'obligation de préserver l'original en arabe, le Coran invite à la perpétuelle retraduction de même que tout discours symbolique appelle toujours une nouvelle interprétation » : S. VARLIK, art. préc., p. 185.

7 M. YOUNES, *op. cit.*, p. 89. Dans le même sens : « L'exposé des "idées" (*ma'ânî*) coraniques dans les langues autres que l'arabe, c'est chose souhaitable, eu égard aux nécessités de la catéchèse parmi les musulmans non arabophones, mais aussi en prévision de l'action missionnaire. Ce point semble si bien établi dans l'usage islamique actuel que le terme traduction tend à y être évincé par le mot interprétation, jugé plus adéquat au regard du texte coranique » : A. MERAD, *op. cit.*, p. 116.

839. Dimension *poétique* du Coran, la musicalité et le sens. L'impossibilité que la traduction du Coran puisse prendre pleinement en charge la dimension poétique du Coran, la richesse du sens et la beauté du style n'est pas sans susciter le problème qui se pose au sujet de la traduction de la poésie étant donné qu'il y a la *musicalité* et le *sens*. A vrai dire, « *la traduction parfaite n'existe pas et n'existera jamais, surtout lorsque s'engage une esthétique qui fait également sens, notamment en poésie. Et là, les traducteurs sont les premiers à reconnaître qu'il est impossible de traduire la poésie en tant que telle puisque celle-ci repose précisément et pour l'essentiel sur l'exclusive euphonie de la langue de création* »[1]. En effet, la musicalité est perdue, il ne reste plus que le sens. Or, parfois, le sens est pauvre… Comment « traduire » par exemple la musicalité de Verlaine ? Si on ne traduit que le sens ça peut être insuffisant. Or, il se dégage de la psalmodie, un effet hypotique qui est recherché par les fidèles, qui fait partie de l'émotion religieuse et de la réception du sens. En changeant de langue, il faut le retrouver… mais ce n'est plus le système historique. Comment apprécie sa « Validité ».

840. Forme conventionnelle et le respect de la graphie othmanienne. Reste à cerner la question relative à l'*aspect graphique* « *rasm* » othmanienne qui est attaché au support matériel (Vulgate)[2]. La nouvelle *forme externe* produite par le travail du traducteur du Coran doit-elle prendre en compte la transcription graphique « *rasm* » othmanienne, c'est-à-dire la convention d'écriture décidée par un pouvoir temporel à un moment donnée (en termes juridiques, « les usages ») ? En d'autres termes, la traduction du Coran en d'autres langues étrangères doit-elle se conformer à la graphie othmanienne en tant qu'une condition préalable à la qualification du *Mushaf* gémellé de deux formes ?

841. À titre d'exemple, il faut reproduire le Saint Coran au Maroc sur la base de la narration de Warch tenue de Nafiâ selon les règles adoptées dans les sciences des transcriptions et des lectures[3]. Comment faut-il retranscrire alors dans la version traduite destinée à un public non arabophone les rimes et les assonances musicales du Coran ayant vocation à être psalmodié[4] ?

---

[1] *La Bible : une encyclopédie contemporaine : origines, archéologie, traduction, découvertes*, Bayard éditions, Paris, 2018, p. 247.

[2] Il s'agit d'une *forme conventionnelle* que l'on fixe sur la Vulgate. Il convient de noter que : « La seule modification de la convention de notation de la forme conventionnelle ne donne pas non plus naissance à une œuvre dérivée car, déjà hétérogène à la convention d'expression, elle l'est *a fortiori* à l'œuvre : le turc n'a pas cessé d'être le turc du jour où il est passé d'une notation en caractères arabes à une notation en caractères latins. D'où la modification de l'aspect graphique de la forme conventionnelle ne produit jamais une œuvre dérivée car, en réalité, il n'y a pas de modification de la forme externe ; le fait de copier manuellement une œuvre littéraire ne fait pas apparaître une œuvre dérivée ; la réédition en caractères latins d'une œuvre turque antérieurement éditée en caractères arabes n'en fait pas une adaptation » : Ph. GAUDRAT, « Réflexions sur la forme des œuvres de l'esprit », art. préc., p. 212.

[3] Art. 2 du *Dahir* n° 1-09-198 du 23 février 2010 portant création de la Fondation Mohammed VI pour l'édition du Saint Coran (*BO*, 20-5-2010, n° 5840, p. 1363).

[4] « Une dénaturation d'un ordre voisin à celui de l'interprétation pourrait se rencontrer dans le cas de la traduction. Un traducteur, qui a scrupuleusement suivi la progression de l'œuvre, pourrait néanmoins dénaturer l'œuvre par de mauvais choix expressifs ne permettant pas aux amateurs, dans la langue d'accueil, d'accéder à la forme interne conçue par l'auteur originaire. L'appréciation n'est

… /

842. En effet, il convient de noter que la conformité avec la graphie othmanienne porte sur la seule *forme externe* qui supporte la *forme vivante* qui en dérive, en l'occurrence, l'interprétation, elle-même dotée d'une forme externe. A partir du moment où l'opération de traduction est en soi incapable de transmettre et transposer cette forme qui est étroitement liée à la graphie othmanienne, on ne saurait considérer la nouvelle forme externe qu'a forgée le traducteur ni comme *Mushaf* ni *a fortiori* comme Coran.

843. En effet, la traduction du *Mushaf* othmanien (codex-maître)[1] portera uniquement sur *al ma'na* de ses versets et non pas sur l'énoncé des *lafz*. C'est ainsi que la traduction ne transmet ni les connotations ni les sensations qu'exprime l'énoncé, et ce, faute de la réunion des deux conditions relatives à l'accord, à la fois, avec la graphie othmanienne et avec les règles de la langue arabe. Etant donné que la nouvelle forme externe forgée par le traducteur ne remplit pas ces deux conditions, il ne sera pas possible de qualifier ladite traduction comme *Mushaf* othmanien car Allah dit que Son Livre fut révélé en langue arabe : « C'est une révélation en langue arabe claire » « بِلِسَانٍ

---

pas facile ; outre qu'elle requiert un parfait bilinguisme, il ne faut pas confondre la désapprobation subjective avec une véritable dénaturation de l'œuvre. Un premier signe serait une perte de sens ; mais, sauf à en constater l'impossibilité absolue, ne pas rechercher une musicalité, une élégance, un rythme équivalents au regard du génie de la langue d'accueil, devrait également être pris en compte » : Ph. GAUDRAT, *Rép. Civ. Dalloz*, V° « Propriété littéraire et artistique (1° Propriété des créateurs) », préc., n° 675.

1 Le *Mushaf* othmanien est ainsi appelé par rapport au calife 'Othman IBN 'AFFAN. On entend par le *Mushaf* othmanien l'exemplaire doté de la mise au point des lettres et des signes de la vocalisation afin qu'on puisse bien articuler les mots selon les sens voulus pour éviter la confusion et réciter le Coran selon les règles adoptées avant l'époque othmanienne. C'est pourquoi il est indispensable de s'appuyer sur l'exemplaire othmanien en tant que moyen pour dissiper les aspects de différence à cause des manières différentes de l'écriture. Ces manières d'écriture ont été la cause des voies variées de la récitation et par conséquence le désaccord de la communauté musulmane. On rapporte que la voie des gens de *Cham* dans la récitation est mieux que celle des gens de *Koufa* car les premiers ont reçu le Coran d'après la récitation d'al-Miqdad alors que les autres ont reçu le Coran d'après Abo-Moussa AL-ACH'ARI. V. A. I. A. EL-TAWIL, *Fan Al-Tartil wa 'eloumouh*, *op. cit.*, p. 34 et 35. Le *Mushaf* othmanien représente le codex-maître agréé par la communauté musulmane de génération en génération. V. A. I. A. EL-TAWIL, *Fan Al-Tartil wa 'eloumouh*, *op. cit.*, p. 37. En dépit de la fréquence de ce codex dans les quatre coins du monde musulman grâce à la recommandation de 'Othman IBN 'AFFAN qui incitait les gens d'apprendre oralement le Coran, les voies de la récitation se sont multipliées par égard à l'état des gens de chaque province. C'est ainsi qu'on récitait le même *Mushaf* selon des voies variées de récitation selon l'état des gens de chaque province comme la récitation de *Hafs* d'après *'Assem* transmise par les maîtres-récitateurs et agréée par les gens eu égard à sa simplicité. En fait, la récitation de *Hafs*, contrairement à toute autre voie de récitation comme celle de *Warch* d'après *Nafi'* et autres récitations, s'est propagée dans le monde arabe. Il est à noter que la compilation du Coran dans un seul recueil s'est passée par trois étapes. La première était du vivant du Prophète - qu'Allah prie sur lui et le salue - cette étape était basée sur la mémorisation et l'enregistrement sur des supports d'écriture tels que les feuilles de palmiers, les pierres plates, les os et ce que l'on trouvait comme feuillets. La deuxième étape est celle d'Abo-Bakr AS-SEDDIQ où la compilation fut nommée « codex-maître ». Dans cette étape, Abo-Bakr AS-SEDDIQ a ordonné de regrouper les supports d'écriture et d'arranger les versets selon son emplacement sans points ni signes de vocalisation. Quant à la troisième étape, elle a eu lieu à l'époque de 'Othman IBN 'AFFAN. C'est dans cette étape qu'on s'est intéressé à mettre les points et les signes de vocalisation en vue de garder la forme et le fond de la récitation d'une part et de mettre terme à toute forme de divergences à cause de l'absence des points et des signes de vocalisation d'autre part. V. A. I. A. EL-TAWIL, *Fan Al-Tartil wa 'eloumouh*, *op. cit.*, p. 38 et 39.

عَرَبِيٍّ مُبِينٍ » Il y a, par ailleurs, d'autres versets qui recommandent d'écrire le Coran en arabe, la langue du peuple auquel le Coran fut révélé.

844. La récitation récurrente. En effet, cette question croise une autre question importante liée au support d'interprétation, à savoir la *récitation récurrente.* Il convient de rappeler que les oulémas ont mis en place *trois critères cumulatifs* pour encadrer la qualification de la récitation récurrente « *Al-Qira'a Al-Moutawatirah* », voire authentique, à savoir : la chaîne de transmission doit être récurrente. Ensuite, la récitation doit être conforme à l'une des versions transcrites du *mushaf* othmanien. Enfin, elle doit être conforme aux règles de la langue arabe. Si la conformité avec la graphie othmanienne et les règles de la langue arabe sont deux conditions essentielles pour l'intégrité de la récitation récurrente, il s'en suit que l'absence de l'une des conditions entrainera l'irrégularité de la récitation « *Qira'a chadha* »[1], qui affectera sans doute l'intégrité de la *forme vivante* interprétée, ce qui aura pour conséquence une incidence directe sur le processus de qualification à la fois théologique et juridique de la traduction du Coran. En fait, il est indispensable que la récitation des *ayats* du Coran soit interprétée validement et en conformité avec les fondements de la récitation en vertu du texte de l'article 2 du décret ministériel n° 220 de 1976 portant sur les règles de la censure sur les œuvres artistiques.

845. Nous pouvons ainsi constater que la condition de l'originalité dans l'interprétation d'un Coran traduit sera affectée sur deux plans :

Le *premier* concerne la qualification de l'interprétation du point de vue de la *matrice.* Si l'on ne saurait point qualifier la Vulgate, support de l'interprétation, en tant que *mushaf*, comment l'originalité se manifestera-t-elle dans l'interprétation (la forme vivante) pour qu'elle soit protégée ?

Le *second* tient à la qualification de la forme vivante du point de vue de la *récitation.* Si la qualification préalable de la Vulgate nous paraît impossible, de prime abord, comment peut-on procéder à la qualification de l'objet de l'interprétation en tant qu'une récitation du Coran ?

846. En examinant les conditions de la récitation à la lumière des observations précédentes, nous pouvons assurément déduire que l'appréciation de la première condition relative à la récitation récurrente est entièrement suffisante sans qu'il soit nécessaire de s'interroger sur les deux autres conditions. La raison en est simple car naguère un Coran récurrent n'a vu le jour dans l'histoire de la récurrence dérogeant aux règles de la langue arabe ou à la graphie othmanienne à l'exception de la traduction.

847. Certains oulémas abandonnent la condition de la récurrence sous prétexte que l'authenticité de la chaîne de transmission est suffisante pour que la performance soit valide. Pour réfuter cet avis, nous pouvons dire qu'il est injuste pour la simple raison qu'il met le Coran et toute œuvre humaine sur un pied d'égalité. Cet avis

---

1 Dans son ouvrage intitulé : *Al-Nashre fi al-Qira'at al-Ashre*, *op. cit.*, IBN AL-JAZRI dit : « toute voie de récitation conforme à l'une des versions des règles de la langue arabe et à l'une des versions du *Mushaf* othmanien et dont la chaîne de transmission est authentique, cette voie de récitation est indéniablement permise et personne ne peut la récuser. Ces voies représentent les sept voies selon lesquelles le Coran fut révélé. L'absence de l'un des fondements de ces voies entraine l'irrégularité et la nullité de la récitation. C'est l'avis authentique reconnu aussi bien par les anciens savants que par les modernes. C'est également l'opinion des ancêtres que personne ne la contredit pas ».

transgresse le caractère spécifique du Coran qui est la Parole d'Allah révélée selon une voie précise et selon une manière précise. Il ne suffit pas de s'appuyer uniquement sur l'authenticité de la chaîne de transmission sans les autres conditions. Il est possible que la chaîne de transmission d'une récitation soit valide mais ne suit pas les fondements de la récitation correcte. La récitation pourrait être à titre d'interprétation ou d'enseignement.

2. Les « traductions interprétatives » du sens et de l'esprit du texte sacré

848. Consensus sur les « traductions interprétatives ». Les savants musulmans furent unanimes à autoriser les traductions interprétatives. À titre d'exemple, le *cheikh* Muhammad Mustaphâ Al-Marâghî, l'une des figures majeures de l'Islam égyptien du courant réformiste de l'entre-deux-guerres, qui, militant pour la traduction du Coran[1], estima que :

« *L'inimitabilité du Livre de Dieu ne concerne que le style (nazm) et qu'il est donc légitime de traduire le sens.* Bien que cette traduction ne puisse témoigner de l'inimitabilité du texte arabe, elle ne saurait la remettre en cause »[2].

849. C'est notamment dans une étude que le *cheikh* Al-Marâghî publia sur la traduction du Coran en 1932 intitulée : « *Bahth fi tarjamat al-Qur'an al-karim wa-ahkâmihâ* », qu'il se prononça en faveur de la « licéité » de la traduction du Coran, dans laquelle il se référa à l'avis de l'école *hanafite* pour étayer ses arguments. Al-Marâghî considéra que :

« *L'on ne peut défendre la théorie selon laquelle le Coran, une fois traduit, cesse d'être la Parole de Dieu. Si la traduction n'est pas le Coran, elle n'en contient pas moins le sens de la Parole divine et il ne s'agit donc pas d'une parole humaine (ma'ânî kalâm Allah laysat Kalâm al-nâs).* Comment peut-on penser que le sens du Coran exprimé dans une autre langue n'est plus que la parole de l'homme, tout simplement parce qu'il a revêtu un autre aspect ? Cela revient à dire que la seule chose qui compte, c'est la forme arabe du Livre saint ! »[3].

850. Rappelons que lorsqu'Al-Azhar décida d'entamer la publication d'une « traduction du Coran en collaboration avec le gouvernement égyptien en 1936, il privilégia la « traduction des sens » du Coran. Après avoir consulté les plus grandes autorités religieuses, rien ne permettait de s'opposer, selon leur avis, à la traduction des sens du Coran. En effet, la plupart des traductions du Coran sont plutôt des *traductions interprétatives*. À titre d'exemple, la traduction du Coran en français de Muhammad Hamidoullah est intitulée : « *Le saint Coran et la traduction en langue française du sens de ses versets* ». En fin de compte, « le maître de la parole sait mieux ce qu'il veut dire »[4].

851. Question en suspens. Force est de constater que : « Si une traduction est possible, et peut même être considérée comme l'équivalent du Coran, il demeure le problème de la *fidélité à l'original* sur le plan des significations. La difficulté est alors de prendre pleinement en charge la richesse du sens, sacrifié par la traduction littérale »[5]. L'obligation de fidélité qui s'impose au traducteur du Coran sera examinée dans les

---

1 Dans le même ordre d'idées, l'érudit égyptien, S. E. Ahmed Pacha ZAKI, dit en substance que rien dans la loi n'empêchait de traduire le Coran dans telle ou telle autre langue.

2 Son étude sur la traduction du Coran, p. 9-10, cité par F. COSTET-TARDIEU, *Un réformiste à l'université al-Azhar. Œuvre et pensée de Mustafâ al-Marâghî (1881-1945)*, Éditions Karthala et CEDEJ, Paris, Le Caire, 2005, p. 240.

3 (p. 22), cité par F. COSTET-TARDIEU, *op. cit.*, p. 241.

4 « *Rabbu'l kalâmi a'lamu bi murâdihi* », cité par S. VARLIK, art. préc., p. 183 et 184.

5 S. VARLIK, art. préc., p. 182.

lignes qui suivent à l'occasion de l'appréciation de l'originalité de la traduction du Coran.

Figure 21 — Récapitulation des niveaux de formes dans la traduction du Coran		
Hiérarchisation des niveaux de formes en fonction des différentes approches	**Approche théologique**	**Approche linguistique**
Nature	La Parole divine	Le sens de la Parole divine
Caractère	Incréé « texte sacré »	Créé « texte littéraire »
Inimitabilité	Au niveau de la forme et du fond « Coran original » intouchable et intraduisible	Forme arabe traduisible (vecteur linguistique)
Langue arabe	Langue sacrée (originelle) Sacralité de de la convention d'expression	Langue naturelle (la forme linguistique)
Traductibilité	« Coran original » matériellement intraduisible	Traduction du « sens » de la Parole divine (interprétation)
Approche juridique		
Forme	Forme interne sacrée (forme divine)	Forme externe intelligible
Protégeabilité	Non	Protégeable (œuvre dérivée)
Originalité	Non	Forme externe (la traduction) Forme vivante psalmodiée du Coran traduit

§ 3. L'APPRECIATION DE L'ORIGINALITE DE LA NOUVELLE FORME EXTERNE

852. Exigence d'*expressivité* et le respect de la forme divine. A l'instar de la calligraphie coranique, l'appréciation de l'originalité dans la traduction du Coran n'est pas aisée à caractériser au regard de l'*obligation de fidélité* à laquelle le traducteur reste rigoureusement soumis dans le respect de l'intégrité de la forme divine suite à son travail de modification affectant la forme externe. La question se pose de savoir si le traducteur est en mesure d'imprimer sa *touche personnelle* dans une certaine mesure dans les « essais d'interprétation » ou « de traductions » du Coran. Il est nécessaire de trouver un juste *équilibre* entre la notion d'originalité et l'obligation de fidélité.

853. Plan. Il semble que l'appréciation de l'originalité et de la contrefaçon est fortement mise en question à la lumière de la *conception de fidélité* (A) qui traduit le souci du traducteur de *restituer* aussi « fidèlement » que possible les textes religieux et de traduire *littéralement* le texte original. Pour illustrer cette problématique théologique, traductologique et linguistique sur le plan juridique, nous allons nous référer à l'affaire de la « *Somme théologique* » de Saint Thomas d'Aquin (B) qui apporte des précisions importantes sur la notion de *fidélité* en matière de traduction religieuse, l'appréciation de la contrefaçon et la problématique des « ressemblances forcées ».

A. À la recherche d'un juste équilibre entre la condition d'originalité et l'obligation de « fidélité »

854. Problèmes liés à la nature de l'œuvre traduite et la conception de fidélité religieuse[1]. Al-Gahiz, dans son *kitâb al-hayawân* (*Le Livres des animaux*)[2], rendait compte déjà des difficultés que soulève toute traduction, notamment celle concernant le domaine religieux. Il mettait en relief les méfaits de certains traducteurs et copistes (*warraqun*) sans scrupule[3]. Il semble que la traduction, notamment en matière d'ouvrages religieux, fait preuve de plus de *sévérité* face à la fidélité religieuse, ce qui peut être de nature à ne pas laisser de place à la *créativité* requise pour donner prise à la protection du droit d'auteur compte tenu des « ressemblances forcées » entre le texte sacré et le texte traduit qui découlent de l'essence même de la nature du sujet[4]. Il en va de même en matière scientifique.

855. Critères d'appréciation des traductions du Coran. Comme le soulignent certains auteurs : « *La polémique de la fidélité à la forme et de la fidélité au fond reste toujours une question majeure en traductologie, à laquelle même la typologie des textes n'a su apporter une réponse définitive. En ce qui concerne la traduction des textes de type religieux, la question devient*

---

1 C. GLASSÉ, *New Encyclopedia of Islam*, AltaMira Press, 2001, at 267 : « The substance of the Koran is completely wedded to its Arabic form. Because the Koran is what is called in Sanskrit *shruti* ("primarily revelation" or God Himself speaking) - unlike much of the New Testament which is (*smriti* "secondary revelation") - and because of the nature of Arabic as a sacred language, a language capable of transmitting *shruti*, it is completely impossible to translate the Koran in its *reality* into another language. Translations are therefore unusable for ritual and liturgical purposes. The sound itself, of inimitable sonority and rhythmic power, is numinous and sacramental ».

2 AL-GAHIZ, *Kitâb al-hayawân*, I, 76-9.

3 M. H. ECHIGUER, *Al Gahiz et sa doctrine mu'atazilite*, *op. cit.*, p. 178, note 1.

4 V. H. DESBOIS, *op. cit.*, p. 754, n° 638. Il semble que le traducteur disposera d'une moindre marge de liberté dans son travail pour créer dans la mesure où « le traducteur, lié par un devoir de stricte obédience, ne peut prendre fantaisie d'omettre le moindre passage ou d'ajouter un développement de son cru, fût-ce de quelques phrases : il est asservi, non seulement aux idées, mais aussi à la composition de l'ouvrage qu'il traduit ». En effet, si le genre littéraire de la traduction suppose une certaine fidélité au texte, que faut-il penser alors du genre religieux ? Sur le plan pratique, l'appréciation du respect de l'œuvre antécédente n'est pas une tâche tout à fait aisée. Le Professeur DESBOIS met l'accent sur le fait que : « l'auteur de l'œuvre traduite élève une légitime protestation, à la découverte d'un contresens, car sa pensée a été déformée par son cocontractant, qui avait le strict devoir d'en conserver la signification à travers la diversité des expressions. Mais il manifesterait une exigence inadmissible, si, entre deux expressions qui sont équivalentes, il reprochait au traducteur d'avoir choisi l'une plutôt que l'autre, en objectant par exemple que celle qui a été laissée de côté aurait été plus agréable à l'oreille que celle qui a été retenue ; sa remontrance ne pourrait être entendue que si le texte était essentiellement destiné à une lecture à haute voix, s'il s'agissait d'une poésie » : H. DESBOIS, *op. cit.*, p. 754 et 755, n° 638.

plus épineuse, vu le caractère sacré des termes et de la formulation du message »[1]. En réalité, il existe quelques critères d'appréciation des traductions du Coran pour qu'elles soient à la hauteur du texte sacré parmi lesquels figurent le *degré de fidélité* tant sur le plan de la *forme* que du *fond*. Ali Mérad met l'accent sur le fait que :

« [...] *l'appréciation des traductions du Coran se fonde sur deux critères* : a) leur aspect littéraire pur (qualité de l'écriture) ; *b) à leur degré de fidélité au sens originel. Cette dernière qualité requiert une vaste érudition englobant les incontournables monuments de l'exégèse coranique classique, et les grands traités de "sciences coraniques". Elle suppose également une sensibilité linguistique habilitant le traducteur à saisir dans sa plénitude le message qu'il entend transposer dans sa langue de travail* »[2].

856. S'il est communément admis que le traducteur d'une œuvre littéraire dispose d'un « choix entre une large variété de termes et de structures grammaticales pour exprimer la pensée de l'auteur de l'œuvre originale »[3] pour reconstituer la même *forme intelligible*[4] à partir des possibilités de la *convention*[5], il n'est pas question pour le Coran de recréer cette forme intelligible à partir d'un *autre système conventionnel* des particularités linguistiques et expressives du langage de la Révélation. Cette problématique met en exergue les difficultés liées à l'écart *sociolinguistique*. À titre d'exemple, « une des traductions modernes les plus scrupuleuses, celle de l'Allemand Rudi Paret, est parsemée de parenthèses et de points d'interrogation, laissant bien entendre au lecteur que sa traduction n'est qu'un choix obligé entre divers sens possibles »[6]. Nous professons qu'on ne saurait « *point appliquer les règles de grammaire et les procédés d'analyse d'une langue sur une autre langue, surtout les disciplines d'une langue latine sur une langue sémitique* »[7]. Or, les procédés adoptés par la plupart des traducteurs se

---

1 L. MOTAMEDI et A. NAVARCHI, « Étude critique de la traduction des textes religieux », *Plume* (Revue semestrielle de l'Association iranienne de Langue et Littérature française "AILLF"), 12e année, n° 27, Printemps-Eté 2018, p. 144.

2 A. MERAD, *op. cit.*, p. 118.

3 A. R. BERTRAND, *Droit d'auteur*, 3e éd., Dalloz, Paris, 2010, p. 158, n° 104.38. « Le traducteur gardera une certaine liberté dans sa démarche intellectuelle puisqu'il est exclu de procéder à une traduction automatique, chaque langue ayant ses propres règles grammaticales et linguistiques, ses propres tournures de phrases » : F. ZERAOUI-SALAH, « Les traductions : le régime de protection par le droit d'auteur. Étude comparative droit algérien-droit français », *Propr. intell.* 2013, n° 46, p. 32.

4 « La forme de l'œuvre littéraire est une forme qui *se reconstitue* dans l'esprit du lecteur à partir du véhicule du langage. C'est *une forme intelligible.* Cette particularité découle, à l'évidence, de ce qu'il faut avoir acquis la lecture et le langage pour accéder à l'œuvre littéraire [...] » : Ph. GAUDRAT, « Réflexions sur la forme des œuvres de l'esprit », art. préc., p. 208.

5 Ph. GAUDRAT, « Réflexions sur la forme des œuvres de l'esprit », art. préc., p. 212.

6 « On ne peut pas traduire le Coran », *in* M. CUYPERS et G. GOBILLOT, *Idées reçues sur le Coran : entre tradition islamique et lecture moderne*, p. 39 et s. « Il est, d'ailleurs, nécessaire de ne pas passer sous silence la précision des ponctuations dans le Coran. Les linguistes savent bien que les ponctuations jouent un rôle important dans la bonne compréhension des versets coraniques. Entre l'interrogation et l'exclamation, le sens diffère profondément » : Ch. SAINT-PROT (dir.), *Jacques Berque, artisan du dialogue des civilisations*, *op. cit.*

7 Z. ABDELAZIZ, *Le Qur'ān, Traduction du sens de ses Versets*, 2014, p. X. Mme le professeur Zeinab ABDELAZIZ explique dans son introduction sa tentative de sa nouvelle traduction du *Qur'ān* en langue française qu'elle livre qui s'impose face à toutes les traductions du Coran qui existent déjà laissent à désirer « L'éventail des égarements s'étend de la simple inattention jusqu'aux altérations préméditées, en passant par toutes les difficultés que la langue arabe présente au traducteur. Il ne s'agit pas de reproches inutiles, fussent-ils fondés, ou de discussions stériles, mais de remarques objectives que

... /

réfèrent aux méthodes d'analyse s'inscrivant semble-t-il dans un contexte sociolinguistique[1] non arabe[2] autres que celles relatives à la langue d'accueil[3].

857. Si le traducteur est censé de respecter la « *forme intelligible de son mieux pour l'habiller d'une enveloppe, la forme externe, accessible à un public différent* »[4], Edouard Montet, à titre d'exemple, n'a pas manqué de mettre l'accent, dans sa préface de sa traduction du Coran, sur la difficulté pour le traducteur du Coran de rendre de manière absolue la forme intelligible et les pièges y afférents à éviter lorsqu'il écrit qu' :

« [...] il est particulièrement malaisé d'allier l'élégance à l'exactitude. *Telle version, remarquable par sa forme littéraire, n'est, comparée au texte original, qu'une "belle infidèle". Ce qui rend très difficile la traduction du Coran, c'est, sans parler de la haute poésie orientale qui l'inspire, le décousu fréquent du texte, l'absence de transitions, l'ordre*

---

chacun peut constater dans leurs grandes lignes : un manque de respect dû au *Qur'ān* et à sa particularité de Texte Révélé, chez les uns ; un Manque de probité scientifique, chez d'autres, qui va jusqu'à dénaturer le texte et avoir recours à une terminologie avilissante, surtout quand le choix se présente, telle la traduction d'A. CHOURAQUI ; l'incapacité, chez certains, de saisir le sens du *Qur'ān* ou les grandes affinités de ses nuances et leurs variations ; la plupart des traducteurs ont recours à une sorte de commentaire ou de rajout qui vient doubler la traduction, ce qui submerge le texte de périphrases des fois sans rapport avec le *Qur'ān* ; le grand écart qui se trouve entre l'étendue des deux langues, les caractéristiques de l'arabe lui permettant d'être des dizaines de fois plus vaste que le français. Ce que l'on verra un peu plus loin » : *op. cit.*, 2014, p. II. « L'Occident n'arrive pas à saisir cet état de chose, ayant lui-même souffert d'une expérience juste à l'opposé, avec ses textes sacrés, qui n'ont cessé de subir des manipulations jusqu'à nos jours, à ne citer que les tentatives de Jean Paul II de "remanier" 70 strophes ou versets afin de réaliser cette union de toutes les églises, qu'il veut sous l'égide du catholicisme vaticanais, pour ne rien dire des contradictions que renferment les Évangiles et qui sont carrément insurmontables », p. IX. Sans oublier que les Évangiles ne sont pas *divins*.

1 Dans une approche *sociolinguistique*, c'est-à-dire l'étude de la langue dans son contexte social, il faut montrer comment la « langue arabe » ainsi que la « traduction » en tant qu'opération linguistique peut s'avérer extrêmement complexe au niveau de la qualification des formes créatives. V. Notamment sur la sociolinguistique : W. LABOV, *Sociolinguistique*, Minuit, Paris, 1976 ; L.-J. CALVET, *La sociolinguistique*, coll. « Que sais-je ? », PUF, 6e éd., Paris, 2009 ; H. BOYER, *Introduction à la sociolinguistique*, Dunod, Paris, 2001.

2 « Chaque langue a ses systèmes linguistiques qui conviennent à sa propre culture. Il est difficile d'appliquer les procédés d'analyses occidentales sur un contexte différent comme le Coran et comprendre toutes les théories et les méthodes d'analyses faites par les musulmans à travers l'Histoire » : Ch. SAINT-PROT (dir.), *Jacques Berque, artisan du dialogue des civilisations, op. cit.*. Au sujet de la recherche d'un langage liturgique approprié, certains auteurs ont mis l'accent sur cette approche sociolinguistique, c'est-à-dire l'étude de la langue dans son contexte social, appliqué à la langue liturgique : « Cela étant, le langage existe sous les formes les plus diverses, ce qui est dû, d'une part au grand nombre de langues parlées dans le monde et, d'autre part, au fait que chaque langue contient en elle des formes d'expression différenciées, liées à l'histoire, à des caractéristiques régionales, à des couches sociales, à des conditions culturelles, à des contextes concrets, entre autres facteurs. Chaque langue implique une multiplicité de langages, y compris dans le domaine religieux, où la langue liturgique représente à son tour une "langue spécialisée" propre. Étant donné ces présupposés, quelles perspectives peut-on tracer pour une langue appropriée dans la liturgie romaine ? » : M. KLÖCKENER et R. KREMER, « À la recherche d'un "langage liturgique approprié", Perspectives pour un problème non résolu », art. préc., p. 70-71.

3 Langue source.

4 Ph. GAUDRAT, *J.-Cl. Propr. litt., art.*, Fasc. 1214 : « Droit moral. Droit au nom (CPI, art. L. 121-1, L. 113-6, L. 123-3) », 2002, n° 19.

souvent défectueux des versets ; ce sont les membres de phrases de toute évidence sous-entendus, les ellipses, les anacoluthes, etc. »[1].

858. Ces difficultés inhérentes à la *forme intelligible* de la traduction du Coran expliquent le fait que certaines traductions du Coran sont plus célèbres[2] que d'autres et mettent en exergue les problèmes posés par le dialogue *interreligieux* et *interculturel*.

859. Portée juridique de l'obligation de fidélité. C'est ainsi que l'*originalité* du travail du traducteur sera, en l'occurrence, plus difficile à apprécier dans le domaine religieux au regard de l'*obligation de fidélité* à laquelle le traducteur reste rigoureusement soumis[3]. Songer à résoudre ces difficultés, pourquoi ne pas admettre alors que la traduction du Coran puisse être *créative*, tout en restant fidèle à l'original ? On ne saurait déduire du fait que c'est « fidèle », l'idée que *ce n'est pas créatif*... On doit pouvoir être fidèle dans la *(re)création*. Cela étant posé, que faut-il entendre par « l'obligation de fidélité » ? Pour tenter de répondre à cette question, il faut se référer à un jugement rendu par le Tribunal de Naples, en date du 3 avril 1911, par lequel les juges du fond ont mis en évidence cette obligation[4] qui doit guider, en substance, l'esprit du traducteur :

---

1 E. MONTET, *Le Coran*, Payot, Paris, 1925, p. 8. Traduit dans toutes les langues de l'Orient et de l'Occident, selon le quotidien *Vakit*, du 24 : « La traduction du Coran demande, en outre, de la part du traducteur, une certaine science et une certaine culture. Il faut commencer par pénétrer à fond le sens qui se dégage de ce livre et comprendre les règles et la morale qu'il prêche, et les lois, coutumes et traditions entre lesquelles il lutte. La traduction réalisée par des gens possédant la culture scientifique et littéraire nécessaire à cet effet remporterait un éclatant succès » : *Bulletin périodique de la presse turque*, du 20 déc. 1931 au 8 févr. 1932, n° 90, p. 17.

2 Il existe plusieurs traductions françaises du Coran (devenues célèbres qui varient en fonction de l'approche adoptée par le traducteur) telles que celles réalisées par R. BLACHERE, H. BOUBAKEUR, M. CHEBEL, A. CHOURAQUI, J. GROSJEAN, A. KAZIMIRSKI, D. MASSON, E. MONTET, M. SAVARY, H. MUHAMMAD et K. SALAHEDDINE. À titre d'exemple, Louis MASSIGNON dans la préface (*Le Coran*, Le club français du livre, 1977, p. III-IV) de la traduction du Coran effectuée par Muhammad HAMIDULLAH souligne que : « L'intérêt majeur que cette traduction du Coran présente, c'est qu'elle est l'œuvre réfléchie et mûrie d'un musulman, d'un penseur et d'un croyant : que ce Livre Saint concerne personnellement. Il en vit, il veut le transposer en français comme il le récite en arabe ; avec une Foi nue. Ses phrases françaises sont un calque aussi strict que possible de la structure grammaticale arabe, particulièrement indépendante et capricieuse, du texte sacré ; son vocabulaire français ne cherche pas à élucider les termes ambivalents dont il est parsemé, car c'est au lecteur de "faire élection", entre le consentement ou le refus, de cet appel eschatologique. Le traducteur n'a pas essayé de "parer" les mots les plus saisissants de l'original arabe, afin d'éviter aux lecteurs français de buter dans le piège de la "poésie pure", de l'idolâtrie idéaliste et gnostique ; - au moment où il l'introduit au seuil de la Transcendance pure, brisant aussi bien les icônes orfévrées que les entités vénérées ; là où il ne faut plus porter attention qu'à l'action pure, incessante et imprévisible, souveraine, de Dieu ».

3 C. CARON, *op. cit.*, p. 103, n° 129 : « Certes, plus que tout autre auteur, le traducteur a normalement une obligation de fidélité. Cela implique que sa personnalité ne puisse pas s'exprimer dans la composition. En revanche, sa fidélité n'est pas du tout incompatible avec la manifestation de sa personnalité dans l'expression », et S. GREGOIRE, *J.-Cl. Prop. litt., art.*, Fasc. 1214 : « Exercice des droits des auteurs, droit moral – droit au nom », 2002, n° 19, p. 6 : « le traducteur respectera la forme intelligible de son mieux pour l'habiller d'une enveloppe, la forme externe, accessible à un public différent ». V. La fidélité à l'œuvre originale comme un obstacle à la qualification d'œuvre : A. FORNEROD, « Les fac-similés de biens culturels : entre droit du patrimoine et propriété intellectuelle », *Propr. intell.* 2008, n° 27, p. 183 et s.

4 V. Sur cette notion : A. HURTADO ALBIR, *La notion de fidélité en traduction*, Didier érudition, Paris, 1990.

« S'il est exact que les traductions peuvent également donner naissance à un droit d'auteur, *le traducteur doit rester absolument fidèle au texte original ; il ne peut y apporter des modifications, des variantes, même pour l'améliorer, mais il doit présenter aux lecteurs de la traduction la succession des idées qui se trouve dans l'original et constitue la manière particulière de penser, de composer et de s'exprimer de l'auteur. Ont droit à la fidélité de la traduction l'auteur et les lecteurs de l'œuvre traduite ; le premier, afin de ne pas se voir attribuer des conceptions et des jugements qu'il n'a pas énoncés et afin que son travail ne soit pas mutilé et estropié au préjudice de sa propre réputation ; les seconds, afin de ne pas être induits en erreur au sujet des idées de l'auteur et de sa façon spéciale de les concevoir et de les manifester* »[1].

860. La fidélité *rime* avec l'originalité. A vrai dire, l'obligation de fidélité peut bel et bien *rimer* avec la forme originale puisqu'elle touche particulièrement l'esprit de l'œuvre. Comme l'a remarqué le professeur Gaudrat, « [...] *cette fidélité n'est due qu'à l'esprit de l'œuvre (forme intelligible) car, par hypothèse, le texte sera différent dans sa forme (externe conventionnelle)* »[2]. « Certes, plus que tout autre auteur, *le traducteur a normalement une obligation de fidélité*. Cela implique que sa personnalité ne puisse pas s'exprimer dans la composition. En revanche, *sa fidélité n'est pas du tout incompatible avec la manifestation de sa personnalité dans l'expression* »[3].

861. Appréciation de l'originalité dans la traduction « littérale » des textes sacrés. A en croire, la *traduction littérale* peut conduire à une impasse s'il s'avère ensuite qu'entre l'amateur et le Dieu qui parle s'interposera l'œuvre du traducteur humain. C'est l'une des problématiques de la traduction littérale des textes sacrés qui peut avoir quelques incidences sur le terrain de l'appréciation de l'*originalité* où la discussion peut achopper dans la mesure où :

« ... il ne suffit pas, lorsqu'on fait une traduction destinée à la liturgie, d'exprimer dans une autre langue le contenu littéral et les idées du texte original. *Mais il faut s'efforcer aussi de communiquer fidèlement à un peuple donné et dans son propre langage ce que l'Église a voulu communiquer par le texte original à un autre peuple et dans une autre langue* »[4].

862. Originalité de la traduction « mot à mot » ou la traduction dite « déconcertante ». Reste à savoir si la traduction littérale, voire mécanique, est apte à témoigner de l'originalité en dépit du fait qu'elle exigerait, dans les deux langues, de très fortes analogies sur trois niveaux, celui de la *sonorité*, celui de la *grammaire* et celui des *traditions culturelles*[5]. En observant les différentes traductions du Coran, certains auteurs remarquent que les traductions par leur rapport à la littéralité du texte : « *Les unes s'attachent au sens littéral, au point de prendre une allure "algébrique", sans nullement se préoccuper d'effet de style* »[6]. Ils donnent l'exemple de la traduction de R. Blachère des versets suivants :

a) 5 : 57 – « Tu vois ceux au cœur de qui est un mal... » (p. 141) ;

b) 79 : 26 – « En vérité, en cela est certes un enseignement pour qui redoute [Allah] ! » (p. 635).

---

1 Rapporté *in* M. AMAR, « Lettre d'Italie », *Dr. Aut.*, 15 sept. 1913, n° 9, p. 127-128, à propos de la contrefaçon d'une traduction d'œuvres tombées dans le domaine public, mais résumées arbitrairement.

2 Ph. GAUDRAT, *J.-Cl. Prop. litt., art.*, Fasc. 1213 : « Droit moral. Droit au respect (CPI, art. L. 121-1) », 2002, n° 46.

3 C. CARON, *op. cit.*, p. 103, n° 129.

4 V. L'Instruction sur la traduction des textes liturgiques publiée en 1969.

5 A. KIBEDI VARGA, « Pragmatique de la traduction », *in* « Les traductions dans le patrimoine français », *Revue d'histoire littéraire de la France*, mai-juin 1997, n° 3, p. 431.

6 A. MERAD, *op. cit.*, p. 119.

Tandis que : « *Les autres sont plus sensibles aux valeurs métaphoriques, et tâchent d'adoucir les rugosités d'un mot-à-mot sans grâce* »[1]. En témoigne, les différences entre les deux traductions de R. Blachère et de J. Berque pour les versets 78 : 20-21 :

a) « Les montagnes, mises en marche, seront un mirage. / En vérité, la Géhenne [alors] sera guettant » (p. 633) ;

b) « Les montagnes s'émeuvent et deviennent mirage. / Sûr que la Géhenne se tient aux aguets ! » (p. 657).

863. Rapports complexes entre la *polysémie* et la traduction du Coran. En effet, c'est l'un des problèmes que pose la *polysémie* inhérente au texte sacré auquel est confronté le traducteur. Ce « choix expressif » de vocables connu sous le nom de « *polysémie* » n'est pas sans poser de problèmes dans un domaine aussi délicat qu'est la traduction du Coran. La complexité des concepts coraniques du point de vue philosophique, théologique, linguistique semble être au cœur de la problématique de la traduction du Coran.

864. Acte d'élection du *lafz* et du *ma'na* comme support de traduction. Cette référence au *choix* du mot (*al-lafz*) comme support de l'idée (*al-ma'na*) du Coran est d'une grande importance, car « c'est dans ce choix ainsi que dans l'harmonie et la musique des mots, que réside le secret de la beauté incomparable de la littérature coranique » comme le montra le grand écrivain Al-Gahiz[2] (m. 869) en examinant le fond et la forme. S'il est communément admis que l'*acte d'élection* ne saurait en soi engendrer une *forme créative*[3], cependant, exercer des choix pour produire un objet nouveau peut bien relever du processus créatif. L'*acte de conception* ne porte alors que sur *la manière d'exprimer*. Dans ce cas, il faut que ces choix puissent être « *qualifiants* »,

---

1 A. MERAD, *op. cit.*, p. 119.

2 M. H. ECHIGUER, *op. cit.*, p. 176. En examinant le fond et la forme, AL-GAHIZ met l'accent à la fois sur le mot (*al-lafz*) et l'idée (*al-ma'na*) du Coran.

3 Ph. GAUDRAT, « Réflexions sur la forme des œuvres de l'esprit », art. préc., p. 205 : « En tous cas – quel que soit le genre de l'œuvre – le choix préalable du sujet *lato sensu* ne relève pas de la conception. Il semble bien que ce sont la nature de l'acte, plutôt que la chronologie des faits, qui l'exclut du champ de la création. Choisir est un acte de volonté guidé par l'intellect qui n'engendre pas, en soi, une forme. [...] Le moteur de l'acte créatif n'est pas – et ne peut pas être – le choix, car il est un acte négatif qui s'exerce nécessairement sur un acte positif antérieur de proposition des formes entre lesquelles choisir... C'est cet acte antérieur qui recèle tout le dynamisme de la création et peut même l'absorber sans aucun choix conscient. Le choix volontaire peut donc – mais pas nécessairement – participer à l'acte de conception lorsque, dans le for intérieur de l'auteur, il est associé à cet acte dynamique primaire ; » ; Ph. GAUDRAT, « Pour une propriété intellectuelle épurée », art. préc., p. 337 et s. : « Il est vrai que le choix peut s'inscrire à l'intérieur d'un acte créatif ; la conception méthodologique en est l'illustration : le traducteur choisit des mots ; le peintre, les couleurs ; le photographe, l'instant du déclic. Mais, qu'il puisse "s'inscrire dans" ne veut pas dire "qu'il soit assimilable à". Réduire la création à l'élection d'une chose déjà réalisée, c'est oublier la moitié de la définition de l'article L. 111-2 du Code de la propriété intellectuelle » ; A. TRICOIRE, *La définition de l'œuvre*, thèse préc., p. 207 et 208. V. En ce sens : I. CHERPILLOD, *L'objet du droit d'auteur*, *op. cit.*, note 27, n° 218 ; A., H.-J. LUCAS, A. LUCAS-SCHLOETTER et C. BERNAULT, *op. cit.*, p. 69 et s., n° 53 ; P.-Y. GAUTIER, *op. cit.*, 4e éd., 2004, p. 66, n° 52 ; Ph. GAUDRAT, *J.-Cl. Propr. litt., art.*, Fasc. 1134, préc., n° 16 ; X. LINANT DE BELLEFONDS, *Droits d'auteur et droits voisins*, coll. « Cours », 2e éd., Dalloz, Paris, 2004, n° 74. Pour une analyse de cette question : V. A. PORTRON, *Election et création. Réflexions sur l'influence de la technique en propriété littéraire et artistique*, Mémoire pour le Master II Droit des propriétés intellectuelles, préc.

c'est-à-dire être de nature *expressive*[1]. La Cour d'appel de Grenoble l'a justement souligné, dans son arrêt en date du 1er décembre 1981, aux termes duquel :

« L'article L. 112-3 range au nombre des œuvres protégées les traductions dans lesquelles *l'originalité de l'auteur se manifeste par le choix des termes et des expressions*[2] *destinées à rendre au mieux en une langue le sens du texte écrit en une autre langue* »[3].

865. En revanche, rien ne permet d'exclure une *dénaturation* de la traduction lorsqu'on se trouve en présence de *mauvais choix expressifs* qui ne permettent pas aux amateurs, dans la langue d'accueil, d'accéder à la *forme interne* conçue par l'auteur originaire comme le démontre le professeur Gaudrat dans les termes suivants :

« Une dénaturation d'un ordre voisin à celui de l'interprétation pourrait se rencontrer dans le cas de la traduction. Un traducteur, qui a scrupuleusement suivi la progression de l'œuvre, pourrait néanmoins dénaturer l'œuvre par de mauvais choix expressifs ne permettant pas aux amateurs, dans la langue d'accueil, d'accéder à la forme interne conçue par l'auteur originaire. L'appréciation n'est pas facile ; outre qu'elle requiert un parfait bilinguisme, il ne faut pas confondre la désapprobation subjective avec une véritable dénaturation de l'œuvre. Un premier signe serait une perte de sens ; mais, sauf à en constater l'impossibilité absolue, ne pas rechercher une musicalité, une élégance, un rythme équivalents au regard du génie de la langue d'accueil, devrait également être pris en compte »[4].

---

1 Ph. GAUDRAT, *J.-Cl. Propr. litt., art.*, Fasc. 1134, préc., n° 16.

2 En effet, « la polysémie représente, par conséquent, un véritable piège, car elle permet aux "ignorants" d'inventer des sens inexistants, sans cohérence avec les credo de l'Islam, elle crée l'ambiguïté et elle laisse planer des doutes sur les intentions réelles du locuteur » : N. KHALFALLAH, *La théorie sémantique de 'Abd al-Qāhir al-Jurjānī*, *op. cit.*, p. 284-285. V. Sur les rapports complexes entre la polysémie et le sacré : S. AL KARJOUSLI, *La polysémie et le Coran*, thèse, Rennes II, 2005. Il souligne que : « […] la traduction est porteuse d'enjeux dans la mesure où le choix de l'équivalent a forcément une retombée sur la compréhension du texte coranique » : thèse préc., p. 193 ; « Les enjeux du choix des équivalents nous semblent donc décisifs pour la compréhension actuelle du texte coranique et les orientations philosophiques et religieuses de la pensée musulmane dans le monde francophone pris à titre d'exemple. Nous allons repérer quelques-unes de ces influences créées par le choix des équivalents sur la compréhension courante de l'Islam » : thèse préc., p. 229.

3 CA Grenoble, 1re ch., 1er déc. 1981, *Gaz. Pal.* 1982, 1, somm. 100.

4 Ph. GAUDRAT, *Rép. Civ. Dalloz*, V° « Propriété littéraire et artistique (1° Propriété des créateurs) », préc., n° 675.

866. Même si la traduction « mot à mot »[1] peut parfaitement répondre à l'exigence d'originalité selon la jurisprudence française[2], force est de constater que la solution n'est pas aisément transposable à la traduction du Coran[3] compte tenu des différents facteurs que nous avons avancés.

B. Illustration jurisprudentielle : l'affaire de la « *Somme théologique* » de saint Thomas d'Aquin

867. Problématique des « ressemblances forcées » dans la traduction religieuse. Dans le sillage de nos propos, l'affaire de la *Somme théologique* de Saint Thomas d'Aquin doit retenir particulièrement notre attention dans la mesure où elle soulève des questions intéressantes relatives à l'œuvre majeure, en l'espèce, un ouvrage de théologie, du célèbre dominicain saint Thomas d'Aquin portant le titre de la :

---

1 MOUNIN met en avant l'idée de l'impossibilité d'une traduction mot à mot car « les mots n'ont pas la même surface conceptuelle dans différentes langues » : G. MOUNIN, *Les problèmes théoriques de la traduction*, Gallimard, Paris, 1976, p. 27. Au sujet de l'expression de *qur'anan 'arabiyyan* « *Inna anzalnahu qur'anan 'arabiyyan la'allakum ta'qilun* » (Coran, 12/2). Une traduction mot à mot donne : « *Nous l'avons descendu un Coran arabe, afin que vous le compreniez* » tandis qu'une traduction du sens nous donne : « *Nous l'avons révélé dans une lecture facile, afin que vous le compreniez* ». Nous remarquons ici que l'expression de *qur'anan 'arabiyyan* sert à exprimer le sens d'une lecture claire. « Il est important de faire deux distinctions. D'une part, de ne pas mélanger entre "Coran arabe" et "Coran exprimé à travers la langue claire des Arabes", et ensuite entre les vocables *qur'an* et *Kitab*. La formule *qur'anan 'arabiyyan* n'est employée que comme une expression. Sa compréhension mot à mot en "un Coran Arabe" est une interprétation qui réduit le Coran à la dimension arabe. L'expression de *Kitabun fussilat ayatuhu* introduit l'idée d'un message divin dont les versets ont été facilités. A partir de cette proposition, la compréhension dite "miraculeuse", qui est souvent acceptée dans le sens d'un Coran difficile et compliqué, n'a plus de raison d'être. Le miracle coranique ne tirerait pas sa force du fait que le Coran est en arabe, ni qu'il est difficile et qu'on ne peut pas l'imiter, mais du fait qu'il est à la fois facile et clair. C'est pourquoi certains théologiens affirment que le Coran est miraculeux du point de vue de sa prononciation et de la finesse de ses sens, *mu'giz min haytu lafzihi wa ma'nahu* » : S. AL KARJOUSLI, *La polysémie et le Coran*, thèse préc., p. 25.

2 A., H.-J. LUCAS, A. LUCAS-SCHLOETTER et C. BERNAULT, *op. cit.*, p. 148, n° 129, note 484 ; TGI Paris, réf., 13 oct. 1992, aff. *Qentel c/TEM*, *Gaz. Pal.* 14 févr. 1993, p. 17 ; *RIDA* 1/1993, p. 163 : « Bien au contraire, la recherche et l'utilisation du mot propre, eu égard à la richesse de la langue, exige un choix reflétant la personnalité et la sensibilité propres du traducteur. Un tel choix confère à l'évidence le caractère d'originalité à la traduction qui en est issue ». En revanche, la Cour d'appel de Paris, dans un arrêt du 2 avril 2014, a rejeté la protection de la traduction du titre de « *Fifty shades of Grey* » en « *Cinquante nuances de Grey* » au motif qu'il s'agissait, en l'espèce, d'une simple traduction littérale mot à mot du titre anglais : Paris (Pôle 5, 1re ch.), 2 avr. 2014, aff. *SNC éditions J-C. Lattes c/ SA ED18 et a.* ; *Légipresse*, n° 317, p. 329. Selon la Cour royale de Rouen, le fait de traduire en espagnol les leçons de chimie publiées par un professeur c'est commettre le délit de contrefaçon, si, d'ailleurs, on a suivi mot à mot le plan, les idées de l'ouvrage original » : C. royale de Rouen, 7 nov. 1845, *Droit, Bulletin des Tribunaux*, 2 déc. 1845, cité par J. BORIES et F. BONASSIES, *Dictionnaire pratique de la presse, de l'imprimerie, de la librairie*, t. I, J. Foix (Auch), 1847, p. 192, n° 42.

3 Certains auteurs mettent l'accent sur le débat religieux opposant ceux qui donnent la priorité à la langue-source et ceux qui privilégient la langue-cible : « Ce débat a été tout particulièrement difficile lorsqu'il s'agissait, grâce à la traduction, de convertir des mécréants, de leur offrir le salut éternel après la vie : quelle est en effet la meilleure traduction des grands livres sacrés comme la Bible et le Coran, une traduction mot à mot du texte sacré ou plutôt une qui tienne compte des spécificités culturelles de la langue-cible ? La traduction dans la langue-cible ne doit jamais complètement effacer le contexte culturel de la langue-source ; si elle le fait, la traduction a échoué puisqu'elle s'intègre entièrement dans les traditions littéraires de la langue-cible et ne lui apporte rien de nouveau. La traduction littéraire exige une double fidélité » : A. KIBEDI VARGA, « Pragmatique de la traduction », *in* « Les traductions dans le patrimoine français », art. préc., p. 430.

« *Somme théologique* » qui jouissait aux yeux de l'Église catholique d'une *autorité* considérable. Etant considéré comme le commentaire le plus exact du texte sacré, il était rapporté que cet ouvrage fut placé au milieu de la table de l'assemblée du dernier concile écuménique, le concile de Trente, et ce, en face de la Bible et à côté des écrits apostoliques.

868. L'intérêt de cette affaire consiste dans les enseignements qu'il faut en tirer puisqu'elle apporte des précisions importantes sur la *notion de fidélité* en matière de traduction religieuse et l'appréciation de la contrefaçon[1] en fonction des « ressemblances forcées » qui peuvent coexister entre le texte religieux (original) et le texte traduit.

869. Affaire « *Belin c/ Vivès* »[2]. En l'espèce, il était question de la contrefaçon de traduction de la *Somme* écrit en latin qui a fut traduit en français par M. l'abbé Drioux en 1851 et publié en huit volumes par l'éditeur M. Belin. Ce dernier découvre qu'un autre éditeur, M. Vivès, fit apparaître une nouvelle traduction du même ouvrage faite par M. Lachat en seize volumes. Il estime que cette traduction n'était qu'un *plagiat déguisé*, voire la reproduction des mêmes expressions, des mêmes phrases, par l'addition des mêmes détails, par la même interprétation donnée à des passages obscurs comportant une autre traduction, de celle de l'abbé Drioux. C'est dans ces conditions que M. Belin assigna M. Vivès en contrefaçon pour avoir copié servilement la traduction ainsi que pour ordonner la confiscation de tous les exemplaires de la traduction Lachat.

870. En contre-attaque, l'éditeur M. Vivès forma une demande reconventionnelle en demandant des dommages-intérêts au titre du préjudice qu'il a subi par son accusation de contrefaçon.

871. C'est ainsi que le Tribunal civil de la Seine a été amené à répondre à la question de savoir si les « *ressemblances forcées* » d'une deuxième traduction peuvent constituer une *contrefaçon* d'une traduction antérieure du même ouvrage, alors surtout qu'il s'agit, en l'espèce, d'un *ouvrage religieux*, tel qu'un livre de théologie, dont le langage particulier ne permet pas au traducteur de s'écarter du texte au détriment de la « *fidélité religieuse* ». Dès lors, les ressemblances nécessaires des traductions dans le domaine religieux pourraient-elles être *tolérées* dans la mesure où ces ressemblances font partie de l'essence même du sujet ? *Quid*, à titre d'exemple, de la similitude entre deux traductions qui sont la simple reproduction du texte coranique et présentent les mêmes sourates, dans le même ordre, et souvent rendues avec les mêmes expressions ? Doivent-ils être pris au même degré en considération ?

872. Par un jugement en date du 4 mai 1860, le Tribunal civil de la Seine débouta M. Belin de sa demande et le condamna à payer à Vivès 500 francs de dommages-

---

1 V. F. RIDEAU, "Commentary on the Rouen Court of Appeal on translations (1845)", *in* L. BENTLY & M. KRETSCHMER (eds), *Primary Sources on Copyright (1450-1900)*, n° 5, disponible sur le site internet: www.copyrighthistory.org

2 Trib. civ. Seine, 3e ch., 4 mai 1860 ; Cour impériale de Paris, 2e ch., 17 juill. 1862, *Le Technologiste ou Archives des progrès de l'industrie française et étrangère…*, 1861, t. XXII, Librairie encyclopédique de Roret, Paris, p. 108 et s. ; *Annuaire de la Société des auteurs et compositeurs dramatiques*, 1869, p. 92, note 140 ; *La Décentralisation littéraire et scientifique : moniteur des sociétés savantes et de la librairie française*, oct. 1863, p. 102-103 ; *Annales de la propriété industrielle, artistique et littéraire*, 1862, Art. 841, p. 330 et s. ; *Le Droit*, 8 juin 1860, 23 juill. 1862 ; *Gaz. des tribunaux*, 24 juill. 1862, n° 11015, p. 715-716.

intérêts. Après avoir rappelé que la traduction d'un livre écrit dans une langue étrangère constitue une propriété qui appartient au traducteur ou à son cessionnaire, de la même manière qu'une œuvre originale appartient à son auteur, cependant, il affirme qu'il est permis à tout le monde de traduire un livre tombé dans le domaine public, bien qu'il ait été déjà traduit, pourvu que la seconde traduction ne soit pas une contrefaçon de la première. Le Tribunal poursuit que les caractères généraux auxquels peut se reconnaître la contrefaçon d'une œuvre originale, c'est-à-dire l'identité ou la similitude du sujet, des pensées et de l'expression, ne peuvent, quand il s'agit d'une traduction, être pris au même degré en considération, puisque, entre deux traductions, il y des ressemblances nécessaires, l'une et l'autre étant la reproduction du même texte et présentant les mêmes idées dans le même ordre et souvent rendues dans les mêmes expressions.

873. Tenant compte de la nature particulière de l'œuvre contrefaisante, le Tribunal prend le soin de relever la particularité de l'œuvre de théologie, objet de la traduction contrefaite, qui, en tant que tel, ne saurait laisser au traducteur qui veut respecter exactement la forme liturgique le choix entre plusieurs tournures de phrases ou plusieurs expressions[1], pour, ensuite, décider :

« *Que lorsque la nature du sujet ne permet pas au traducteur de suivre son imagination, mais l'oblige à rester attaché au texte de son auteur, il y a des tournures de phrases et des expressions commandées par le sens et qui doivent naturellement se trouver sous sa plume, à moins que, de parti pris, il ne les ait évitées ;* [...] ».

874. Il s'en suit que, pour qu'une seconde traduction soit une contrefaçon de la première[2], il faut qu'elle représente autre chose que ces ressemblances forcées qui sont de l'essence même du sujet sur lequel ont travaillé les deux traducteurs. A partir de ce constat, le Tribunal débouta Belin de sa demande au motif :

« *qu'on ne trouve pas autre chose que ces ressemblances dans l'ensemble de la traduction de la Somme, de saint Thomas d'Aquin, publiée par Vivès, postérieurement à la traduction publiée par Belin* ; Attendu que si le rapprochement de certains passages, notamment du passage tiré des saintes Ecritures, donne lieu de supposer que le traducteur de la Somme publiée par Vivès avait sous les yeux la Somme publiée par Belin, et qu'il a eu le tort d'en profiter dans une certaine mesure ; *cependant les passages ne sont ni assez nombreux ni assez importants pour faire considérer comme étant le produit de la contrefaçon une traduction en plusieurs volumes dans laquelle quelques citations des textes saints auraient été plus ou moins empruntées à une traduction antérieure* ».

875. Les deux parties ont interjeté appel de ce jugement. Or, par un arrêt du 17 juillet 1862, la 2e chambre de la Cour impériale de Paris confirma le jugement du tribunal en adoptant les motifs des premiers juges sur les conclusions de M. Sapey, l'avocat général à la Cour de Paris. Dans ses propos, celui-ci démontra bel et bien le *devoir de fidélité* qui s'impose au traducteur en matière religieuse et la difficulté de caractériser la contrefaçon d'une traduction d'une œuvre théologique en ces termes :

« Dans les grandes œuvres d'imagination, s'il s'agit de graver dans notre langue rebelle l'inimitable poésie de Virgile ou les sombres beautés de Dante ou de Milton, une lutte s'établit entre le traducteur et

---

1 « Que cette ressemblance, qui, dans une traduction est absolue en ce qui touche le sujet et les idées, peut et doit se rencontrer dans l'expression, surtout lorsqu'il s'agit de deux traductions littérales d'une œuvre scientifique qui a sa langue particulière, telle qu'une œuvre de théologie, et qui ne laisse pas au traducteur qui veut être exact le choix entre plusieurs tournures de phrases ou plusieurs expressions ; ».

2 Cependant, la contrefaçon est flagrante si le second traducteur reproduit presque littéralement la première version, à la seule exception de mots changés et de quelques membres de phrases omis où transposés : Trib. corr. de la Seine, 28 janv. 1824 ; Cour royale, 2 et 30 avr. 1824 ; Cass. (sect. crim.), 23 juill. 1824, aff. *Goetz de Berlichingen*, pièce de Goethe, *l'éditeur Bobée c/ l'éditeur Ladvocat.*

le modèle comme entre le génie des deux langues ; au milieu de la multiplicité des tours qui peuvent exprimer une même pensée et rendre quelque chose de la grâce ou de l'énergie du poète, celui que le traducteur a choisi est vraiment à lui, et la traduction est presque une création nouvelle ; *mais il est des œuvres plus sévères, où une liberté moins grande est laissée au traducteur, où la fidélité scientifique et religieuse, qui est son premier devoir, lui trace d'avance un cercle infranchissable, et, dans de nombreux passages, lui impose des tours et des expressions consacrés. — Telle est l'œuvre de saint Thomas d'Aquin. Entourée du respect de l'école, oracle des théologiens, la Somme théologique est encore aujourd'hui le trésor où va puiser la science de nos docteurs ; mais la traduction de cet ouvrage célèbre est moins une œuvre de littérature qu'une œuvre de doctrine. — C'est ce qu'il ne faut pas oublier dans le procès que vous avez à juger et dont il importe de bien poser la question.*

Lorsque, de 1854 à 1859, l'éditeur Vivès publiait en seize volumes une traduction nouvelle, par M. Lachat, de la Somme, de saint Thomas d'Aquin, que M. l'abbé Drioux avait traduite peu d'années auparavant, vous n'avez pas à rechercher, pour résoudre la question de contrefaçon, si une seconde traduction était nécessaire, si elle était inspirée par une idée de concurrence : dans cette enceinte, où tout part de la loi et vient y aboutir, c'est la loi seule que nous devons faire parler. Par conséquent, c'était un droit pour M. Lachat de faire, pour M. Vivès de publier, une traduction nouvelle de l'œuvre déjà traduite ; c'était un droit pour le nouveau traducteur de s'aider de la version de son devancier, et pour que la seconde traduction doive être considérée comme une contrefaçon de la première, il ne suffit pas qu'elle lui ressemble ; il faut, […] qu'il y ait plagiat d'une partie importante, remarquable, originale, de la première traduction ; il faut, […] que les emprunts soient importants, notables, et que la partie empruntée forme une portion essentielle de l'ouvrage du plaignant. *Voilà ce qui est nécessaire pour caractériser la contrefaçon de toute traduction ; mais il faut, de plus, dans une œuvre théologique, où chaque mot doit être pesé, où il y a des formules cons crées et nécessaires pour l'exactitude de la doctrine, que les emprunts ne portent pas sur ces formules inévitables, qui ne sauraient être considérées comme des larcins, parce que si elles ont des équivalents dans la langue littéraire, elles n'en ont point dans la langue théologique* »[1].

Statuant sur l'appel incident formé par Vivès en vue d'augmenter les dommages-intérêts de 9,500 fr., la Cour déclara la demande mal fondée.

1 *Annales de la propriété industrielle, artistique et littéraire*, 1862, Art. 841, p. 334-335.

SECONDE PARTIE
MANIFESTATIONS FORMELLES INDUITES PAR L'INTERIORISATION D'UNE PRATIQUE SPIRITUELLE

876. Notion de « *forme spirituelle* », un oxymore ? Il faut, d'abord, s'enquérir de la notion de « *forme spirituelle* » et cerner en quoi consiste exactement cette forme qui pourrait être source de nombreuses difficultés sur le plan de l'opération de qualification juridique. Est « spirituel », selon le dictionnaire *Le Robert*[1], ce qui est « de l'ordre de l'esprit, considéré comme distinct de la matière », « propre ou relatif à l'âme en tant qu'émanation et reflet d'un principe supérieur (notamment) divin », mais aussi ce qui est « d'ordre moral, [qui] n'appartient pas à la mesure sensible, au monde physique », c'est-à-dire non physique, voire ce qui est spéculatif à l'esprit. Il en est ainsi, par exemple, des *exercices spirituels*, de l'application à la *méditation*, à la *contemplation* des choses divines, aux *exercices de piété* selon le *dictionnaire universel* de Furetière[2].

877. Essai de définition « *forme mentale* »/« *forme surnaturelle* ». L'on peut définir la « forme spirituelle », dans son acception la plus large, comme une « *forme mentale* »[3] et/ou une « *forme surnaturelle* »[4]. « *Forme mentale* » que conçoit un orant, un pratiquant à partir d'une expérience qui ne l'est pas. « *Forme surnaturelle* » en ce qu'une définition particulière de l'esprit permettrait de percevoir comme un objet extérieur. La « forme spirituelle » est porteuse d'éléments de *spiritualité* qui se développent et se transforment par *intériorisation* et *individualisation* de l'acte créatif, c'est-à-dire par la méditation, la concentration, entre autres, voire même par le truchement de la

---

[1] Le dictionnaire y propose comme synonyme : intérieur, moral, mystique, métaphysique, religieux, intellectuel, mental, immatériel, abstrait, incorporel…

[2] A. FURETIERE, *Dictionnaire universel, contenant généralement tous les mots français tant vieux que modernes, et les termes de toutes les sciences et des arts*, A. et R. Leers, La Haye et Rotterdam, 1690, p. 1951. En ce sens, il s'oppose à mondain, charnel, temporel : « Les Capucins ont des Peres spirituels, & des Peres temporels. Cet Abbé est Seigneur spirituel & temporel dans son Église. On se met en retraitte pour vacquer aux exercices spirituels. Les Hermites menent une vie spirituelle & contemplative. On distingue le spirituel d'avec le temporel dans les Benefices ». Le dictionnaire propose comme première acception la définition suivante : « Estre qui n'a point de corps, qui ne tombe point sous les sens. Dieu est un Estre spirituel. Les substances creées se divisent en spirituelles, comme les Anges, & l'ame raisonnable ; & en corporelles, comme les animaux, les metaux, & les mineraux » : *ibid.*

[3] « Un concept, une théorie, un raisonnement, une loi naturelle etc. sont des formes mentales exclusivement élaborées par l'intellect. Il en va de même de l'idée qui est toujours le fruit de l'induction ou de l'information qui n'est qu'un enchaînement de concepts appréhendé dans une opération de communication. L'intellect procédant toujours par analyse, soustraction de ce qui est hétérogène – c'est-à-dire, au sens propre, par "abstraction" –, il en résulte des formes mentales épurées de tout accident lié à la perception du sujet ou au particularisme de l'objet. Ayant perdu en "réalité" ce qu'elles ont gagné en "généralité", ces formes deviennent des outils impersonnels, collectifs, destinés à classer les phénomènes et à agir sur la réalité » : Ph. GAUDRAT, « Réflexions sur la forme des œuvres de l'esprit », art. préc., p. 214.

[4] Déjà l' « incorporel » en droit prête à difficulté, alors le « surnaturel » !

communication spirituelle avec les esprits ![1] Tous ces actes sont le fruit de la *pensée* et de l'*expérience mystique* du créateur laquelle n'a pas de *forme.*

878. Identification de la forme spirituelle à l'acte d'intérioriser. Autrement dit, le créateur « *ne travaille pas seulement sur la matière, il travaille également des symboles, il œuvre sur des signes* [en l'occurrence, la *forme interne*]. Les matériaux, les objets et les outils maniés par l'artisan, l'instrument joué par le musicien, le calame et l'encrier employés par le calligraphe sont ainsi revêtus d'un sens à la fois cosmologique et spirituel »[2]. L'acte créatif, s'il y en a, débouche alors sur l'*action liturgique intériorisée*, et non pas sur l'*action de créer*[3] au sens du terme, telle que la concentration, la méditation, la contemplation (*moshâhada*), l'enstase, la visualisation (*rû'ya*), la mémoration, et la révélation, entre autres. Ces *manifestations formelles*, tant spirituelles et corporelles que mondaines et ultra-mondaines, pour se rapprocher de Dieu forment la *matrice* de cette créativité spirituelle investies par le pratiquant dans son œuvre. Le problème fondamental est que tous ces caractères sont *au-delà* de la forme. L'esprit n'a pas de forme propre. Ce que développe l'*activité spirituelle* n'a pas de forme propre… même si l'imagination lui en donne.

879. Procédure de « création par le cœur » en tant que *force créatrice* de la forme spirituelle. Le cœur, en tant que « faculté spirituelle », est la clef de voûte de cette action[4]. L'examen des pratiques mystiques et des méthodes spirituelles d'adoration dans la mystique musulmane dans une approche comparatiste nous montre que l'élément caractéristique dans lequel gît la création est le *cœur*[5], comme nous allons le voir, qui forme la *matrice de la spiritualité* avant même la *langue* et le *corps*[6]. L'œuvre est donc par essence « *intérieure* » ; « cette réalisation intérieure » est inhérente à la conception cosmologique de l'auteur dans la mesure où le créateur est souvent *tributaire* et *dépendant* d'un *état* ou d'une *relation mystique* privilégiée où l'âme s'unit directement à Dieu ; ce voyage spirituel de la forme « sur-activité » appartient à un

---

1 La forme peut être *spirituelle* parce que guidée par un esprit extérieur (médium) !

2 P. RINGGENBERG, *L'univers symbolique des arts islamiques*, *op. cit.*, p. 45.

3 Ph. GAUDRAT, *J.-Cl. Propr. litt., art.*, Fasc. 1134 : « Objet du droit d'auteur. Œuvres protégées. Notion d'œuvre (CPI, art. L. 111-1, L. 112-1 et L. 112-2) », n° 14 : « Dans un premier sens, la création s'identifie à l'action de créer. On en déduit que le droit ne peut naître, d'une part, que lorsque l'action de créer est consommée et, d'autre part, sur le produit de cette action seulement. *A contrario*, il faut admettre que le donné préliminaire à partir duquel s'opère la création ne saurait y donner prise, même si l'on en retrouve l'image, la trace ou la substance dans l'œuvre, car ce donné se situe en deçà de l'acte créatif qui fait apparaître le droit ».

4 À titre d'exemple, AL-GHAZALI affirme que la beauté intérieure : « est l'objet propre et exclusif d'une faculté spéciale, d'un sixième sens, qui est le cœur, ou encore la raison, à condition que l'on n'entende pas par ce dernier terme la faculté ordinaire du raisonnement et des obligations juridiques », cité par F. JABRE, *La notion de la ma'rifa chez Ghazali*, Institut de Lettres Orientales de Beyrouth, t. VIII, Beyrouth, 1958, p. 55.

5 Dans une approche différente, on pourrait remarquer que le Prophète dit : « Dieu n'accepte pas du serviteur une œuvre s'il est présent par son corps alors que son cœur est absent ». V. M. GLOTON, « Les secrets du cœur selon l'Islam », Revue *Connaissance des religions*, janv.-sept. 1999, n° 57-58-59, p. 123, selon lequel le mot *qalb* reçoit de nombreuses significations : « conversion, revirement, permutation, inversion, versatilité, cœur, esprit, âme, centre, noyau, moelle ».

6 Selon G. RACHET : « Si la volonté s'exprime par la langue, c'est du cœur qu'elle provient » : *Dictionnaire de la civilisation égyptienne*, Larousse, Paris, 1988, p. 63.

monde distinct des réalités du *monde sensible* pour atteindre le Monde des *réalités intelligibles* et *spirituelles*.

880. Gestation intérieure[1]. À titre d'exemple, pour favoriser l'état d'extase « la forme extatique » s'il y en a une, le *soufi* n'a plus besoin du *support* d'une œuvre[2] (la forme signifiante), mais d'un *support d'extase* (la forme signifiée), c'est-à-dire d'une *forme interne spirituelle* dans laquelle s'incarnent la pensée et la volonté de l'âme qui sont le fruit d'une *gestation intérieure*. Cette pratique exige une spiritualité profonde et une conception cosmologique de l'orant susceptible d'ouvrir l'âme à une perception contemplative et symbolique. Toutes les formes spirituelles (*rûhiyya*) sont des créations de l'*Imagination*, voire l'expression de la Présence divine (*hadra*). Le processus de création mène, en définitive, à Dieu. « *Tous les indémontrables, les invisibles, les inaudibles, seront classés comme des créations de l'Imagination, c'est-à-dire comme des produits de cette faculté qui secrète en propre l'imaginaire, l'irréel* »[3]. Si la *forme interne* est le reflet mental d'une forme physique, alors *quid* de la *forme spirituelle* ? Là gît le problème. C'est une *autre sphère intérieure*... La *forme interne* de l'œuvre est *mentale* ; le mental est une « *couche* » de l'esprit qui est en consonnance avec le monde (à dire vrai... qui le créé). Mais l'activité spirituelle relève d'une autre sphère, intérieur au mental ! Sans rapport avec le monde... Du reste, elle ne se double d'aucune *forme externe* dans le monde... De ce fait, elle ne peut constituer une « œuvre » au sens légal.

881. Finalité de la forme spirituelle : une *forme fonctionnelle*[4] ? La forme spirituelle faisant partie du tissu (structure) de la forme interne qui ne repose pas seulement sur une forme à la fois *intelligible* et *imaginative*[5] mais également sur la *saisie contemplative* et la *révélation spirituelle*. Cette dimension spirituelle de la forme interne

---

1 Selon le professeur Jacques LARRIEU : « Il ne suffit pas qu'il y ait conception, *un temps de gestation est nécessaire*... et parfois même un accouchement... » : J. LARRIEU, « Les frontières de la propriété : les idées », *in* D. TOMASIN (éd.), *Qu'en est-il de la propriété ? L'appropriation en débat*, Presses de l'Université Toulouse 1 Capitole, 2006, p. 129-145, n° 9. « [...] le processus de création artistique ne serait autre qu'un enfantement, analogue à celui de l'être humain : l'œuvre est conçue – c'est l'"idée" ; puis intervient la gestation : préparation assemblement, coordination (plan) croissance – c'est la "composition" ; enfin, l'œuvre vient au monde : écriture du roman, de la pièce, du scénario – c'est l'"expression" ; l'art. L. 112-1 CPI, employant les mots "forme d'expression", irait en ce sens » : P.-Y. GAUTIER, *Propriété littéraire et artistique*, *op. cit.*, p. 53 et 54, n° 38. « La forme matérielle, durable ou non, est la forme externe ; la forme mentale qui sous-tend la forme externe est la forme interne. Ce processus d'expression d'une forme mentale dans une forme matérielle est précisément celui à compter duquel la loi date la création de l'œuvre – et donc sa protection –, non qu'il résume à lui seul tout l'acte créatif, mais il en marque le seuil de juridicisation » : Ph. GAUDRAT, « Réflexions sur la forme des œuvres de l'esprit », art. préc., p. 200.

2 Ph. GAUDRAT, *J.-Cl. Propr. litt., art.*, Fasc. 1134 : « Objet du droit d'auteur. Œuvres protégées. Notion d'œuvre (CPI, art. L. 111-1, L. 112-1 et L. 112-2) », n° 1 : « ... objet du droit, l'œuvre synthétise les repères qui bornent le champ d'application matériel de la propriété des auteurs... Or, c'est dans cette seconde fonction que la notion d'œuvre manifeste à la fois le plus d'intérêt pratique et la plus grande faiblesse de son élaboration face à une sollicitation toujours croissante de la protection des investissements intellectuels ».

3 H. CORBIN, *L'imagination créatrice dans le soufisme d'Ibn 'Arabî*, *op. cit.*, p. 195.

4 V. Sur la notion de *forme fonctionnelle* : F. POLLAUD-DULIAN, « Les mystères de la forme fonctionnelle », *Mélanges en l'honneur de J. BEGUIN*, LexisNexis, Paris, 2004, p. 657-680 ; C. BERNAULT, « La protection des formes fonctionnelles par le droit de la propriété intellectuelle », *D.* 2003, p. 957-962.

5 Ph. GAUDRAT, « Réflexions sur la forme des œuvres de l'esprit », art. préc., p. 207 et s.

(conception et perception intuitive, extatique) a pour fonction de conduire le croyant sur l'une des *voies* de Dieu et renvoie également au concept du *fanâ*[1] (l'annihilation ; l'anéantissement) en tant que point final de tout itinéraire mystique qui ramène le créateur vers son véritable Créateur. Les formes spirituelles, pour ne pas dire créatives, ne sont que des *formes fonctionnelles* qui n'expriment le plus souvent rien et ne laissent pas place à la *personnalité* du pratiquant au sens du droit d'auteur et des droits voisins puisqu'elles tendent à l'union avec Dieu et au salut individuel ni plus ni moins. « Si ces productions intellectuelles échappent au droit d'auteur, ce n'est pas parce qu'elles *ne sont pas des formes*, ce n'est pas – à proprement parler – *parce qu'elles n'expriment rien*, c'est parce que ce qu'elles expriment ne sont que les caractéristiques utiles de la réalité objective, non une personnalité. Elles sont fonctionnelles en ceci qu'elles sont entièrement dédiées à une fonction d'asservissement du réel aux besoins de l'homme »[2].

882. Toute *forme externe* n'est pas nécessairement l'*expression* d'une *forme interne* conçue. A ce titre, on sort de *l'intention créative* ; on constate bien l'existence d'une *forme externe*, susceptible d'être perçue par autrui (sans quoi il n'y a pas de rapport social) ; c'est en quoi il y a une *manifestation*. A défaut, il n'y aurait qu'un *processus spirituel* ou *psychologique*. Mais cette *forme externe* n'est pas l'expression, à destination d'un public, d'une *forme interne* conçue dans ce but. Elle n'est que le résultat *non recherché* d'une démarche intérieure. Le caractère symbolique inhérent à la forme spirituelle peut être exprimé dans une forme matérielle[3] (parole, danse, etc.). Or, si toute forme façonnée par l'esprit de l'homme est dotée d'une *forme interne*, force est de constater que toute forme interne n'est pas *nécessairement* le fruit d'un *acte créatif* protégeable par le droit d'auteur. À titre d'exemple, les *formes divines*, comme nous

---

1 « Pour les soufis, il s'agit de l'anéantissement de la personne en Dieu (*fanâ' fillâh*), c'est-à-dire de la perte de conscience de toutes choses et de son remplacement par une pure conscience de Dieu, ou encore de l'annihilation des attributs humains remplacés par les attributs parfaits octroyés par Dieu » : N. CLAYER et Th. ZARCONE, « Petit dictionnaire du soufisme et des confréries », *in* A. POPOVIC et G. VEINSTEIN (dir.), *Les Voies d'Allah. Les ordres mystiques dans le monde musulman des origines à aujourd'hui*, Fayard, Paris, 1996, p. 622.

2 Ph. GAUDRAT, « Réflexions sur la forme des œuvres de l'esprit », art. préc., p. 214.

3 « De même qu'une forme matérielle (un paysage, un visage) peut se refléter dans l'esprit d'un sujet et y constituer une forme mentale (perception, souvenir), une forme mentale peut être exprimée dans une forme matérielle (parole, message, œuvre plastique). Tout en conservant leur différence de nature, les formes matérielles et mentales peuvent donc s'emboîter, se superposer - sans jamais se confondre, ni perdre totalement leur identité. Lorsqu'une forme matérielle se reflète dans une forme mentale perçue, les deux formes demeurent distinctes dans leur caractère et leur existence : la forme matérielle continue d'exister objectivement, offerte à la perception de tous jusqu'à sa destruction, et la forme mentale perçue et gardée en mémoire, vit sa vie propre jusqu'à l'oubli. De la même façon, lorsqu'un sujet exprime une forme mentale dans une forme matérielle, la forme mentale ne perd ni sa nature ni son identité : elle reste une forme mentale déterminée à ne vivre que dans l'esprit d'un autre homme mais, momentanément déposée dans une forme matérielle, la forme mentale en adopte passagèrement les caractères : elle devient objective et figée ; elle n'y est plus vivante mais en puissance d'intelligibilité. [...]. La forme matérielle, durable ou non, est la forme externe » : Ph. GAUDRAT, « Réflexions sur la forme des œuvres de l'esprit », art. préc., p. 199 et 200.

l'avons vu[1], les *formes de la nature*[2] sont de formes non qualifiées, et par voie de conséquence, non protégeables. Reste à savoir *quid* des créations reposant sur/ou naissant à partir des *formes spirituelles* ? La forme créative protégeable s'y trouve le plus souvent absorbée par la forme spirituelle de sorte que l'analyse de la démarche créative de l'orant nous montre que le seuil requis de maîtrise intellectuelle du processus créatif[3] n'est pas parfois atteint. La question devient très compliquée.

883. Articulation entre *forme spirituelle* et *forme protégeable*. Plusieurs pratiques nous offrent des exemples où peuvent se mêler, à des degrés divers, la forme spirituelle et la forme créative. La difficulté d'appréhender ce genre de méthodes, techniques, pratiques religieuses, ou de rites, synonyme de perfectionnement intérieur et de recherche personnelle de Dieu, par la propriété littéraire et artistique se révèle à double titre : *métaphysique*, par la création, et *spirituelle*, par l'appel divin des âmes. Ainsi, la perception de ces créations religieuses, élevées au rang de quasi *sacralité* (*qudsiyya*), ne s'arrête guère à l'aspect *artistique*, *musical* et *folklorique* mais elle est *en-deçà* ; étant donné que l'art islamique est lié en soi à une perception spirituelle et symbolique propre au monde arabo-musulman. L'imbrication entre la *métaphysique* et la *mystique*[4] est forte dans ces créations.

884. Problématique de la protégeabilité des formes spirituelles « *processuelles* ». L'examen des différentes mystiques musulmanes, chrétiennes et juives dans une approche comparatiste nous montre qu'il existe une grande variété de techniques contemplatives, de pratiques mystiques, et de méthodes spirituelles qui *symbolisent* à la fois l'union intime et expérimentale avec Dieu « *unio sympathetica* »[5]. L'appréhension de ces méthodes initiatiques, voire ces « *formes processuelles* »[6], en tant

---

1 V. *Supra* § n° 45.

2 Comme le souligne Me A. R. BERTRAND : « "les choses de la nature" sont normalement exclues du champ du droit d'auteur, les "produits fortuits", c'est-à-dire les choses dont la forme n'a pas été façonnée par l'homme comme, par exemple les pierres, galets, branches et racines, autres éléments naturels "travaillés" par la nature […] » : A.-R. BERTRAND, *Droit d'auteur*, 3e éd., Dalloz, Paris, 2010, p. 103, n° 103.16. « Si elle [la forme] a été engendrée par la nature, elle n'est créative à aucun titre » : Ph. GAUDRAT, V° « Public », *in* M. CORNU, F. ORSI et J. ROCHFELD (dir.), *Dictionnaire des biens communs*, *op. cit.*, p. 1021. V. Sur ces formes : A. PORTRON, *Election et création. Réflexions sur l'influence de la technique en propriété littéraire et artistique*, Mémoire préc., p. 18 et s.

3 V. Sur la conscience du résultat à atteindre dans le processus créatif de l'œuvre : A., H.-J. LUCAS, A. LUCAS-SCHLOETTER et C. BERNAULT, *op. cit.*, p. 77, n° 57 et N. ENSER, *Conscience de la création de droit d'auteur*, coll. du CEIPI, LexisNexis, Paris, 2021.

4 « Nous prendrons ici en un sens fort (et général) : expérience fruitive d'un absolu. "Expérience", et donc connaissance par connaturalité ; "fruitive", qui a sa complétude en elle-même. Etymologiquement, le mot évoque mystère et initiation au mystère. Mais en philosophie et phénoménologie de la religion, mysticisme et mystique connotent beaucoup moins une initiation ésotérique, au sens des religions à mystères de l'Antiquité, que la saisie intérieurement vécue d'une réalité totale et comblante » : L. GARDET, *La mystique*, *op. cit.*, p. 5.

5 Selon l'expression employée par H. CORBIN, *op. cit.*, p. 139 et s., p. 147 et 148.

6 Les *formes processuelles* sont destinées à être mises en œuvre par un pratiquant pour obtenir une transformation (mentale ou physique) qui peut être d'ordre religieux, spirituel ou simplement qualitatif ; il peut, sans arrière-plan métaphysique, d'une simple quête de bien-être physique ou mental. Dans une optique religieuse, répond à cette définition, la prière (individuelle et collective), du *dhikr*, du chant choral (grégorien, *satsangs* indiens, louanges au Prophète, etc.). Dans une optique spirituelle et parfois simplement qualitative, répondent à cette définition : les asanas ou pranayamas du yoga, les exercices du *Qi gong*, du *Dai ji quan*, voire la sophrologie sinon les gymnastiques *new age*…

qu'*objet de droit*, par la propriété littéraire et artistique n'est pas, toutefois, sans susciter des difficultés dans la mesure où elles sont manifestées sous une forme spirituelle dépassant le monde sensible qui s'inscrivent dans la voie mystique en tant qu'un chemin vers Dieu. La logique de ces pratiques qui s'inscrit dans un *état de mystique surnaturel* semble même à l'opposé de la logique de la notion juridique de « *création* ». C'est dans cette perspective qu'il convient de se demander si ces méthodes peuvent être le *siège* d'une certaine *créativité* susceptible d'appropriation juridique ou bien elles ne sont pas éligibles à la protection puisqu'elles relèvent du monde des idées. Par ailleurs, il reste à savoir s'il existe une place pour l'*expression* dans ces pratiques religieuses qui sont entièrement déterminées par la forme conçue mentalement et par des contraintes mystiques naturelles et surnaturelles.

885. Entre conception *spiritualiste* de la création et exclusion du mérite. S'interroger sur l'éventuelle protégeabilité de ces formes (créatives) spirituelles en tant qu'objet de la propriété littéraire et artistique nous amène à nous interroger sur le fait de savoir si les caractéristiques de l'activité spirituelle ne conduiraient pas à l'exclure, par principe, du champ de la protection. Cette dimension spirituelle n'exclut pas par principe de la sphère du droit d'auteur d'une part, tant que la fonction ne *dicte* pas la forme et, d'autre part, tant que la forme est *originale*. L'œuvre doit être protégée indépendamment de son mérite. Comme le souligne le professeur André Lucas : « *l'œuvre ne saurait être exclue au motif qu'elle aurait été dictée par l'Au-delà* »[1].

886. Motif d'ordre *mystique*. C'est ainsi que le juge ne saurait exclure les formes (créatives) spirituelles de la protection sur le fondement d'une appréciation d'ordre mystique. Peu importe que la *perception* dans ces formes soit *mystique*, *spirituelle* ou relevant d'un autre ordre. Or, le problème c'est précisément la « perception mystique » du public… en quoi consiste-t-elle ? Si la *perception mystique* est celle du « créateur » elle ne compte pas dans la mesure où ça se passe *en interne* ! Le juge n'a pas à exclure la création pour un motif d'ordre « mystique » mais il peut tout à fait l'exclure s'il n'y a pas distinction entre un *créateur* et un *public*… La finalité consistant dans le fait que l'œuvre de l'esprit ou l'interprétation a pour objet de susciter ou faciliter chez les participants une *forme de méditation*, *extatique* ne doit pas non plus y être un obstacle. Certes, mais une fois encore si tout se passe entre l'auteur et l'auteur, il manque la *dimension objectivée* propre à la création… Tout ce que nous avons décrit n'est-il pas dépourvu d'objectivité ? Ce serait donc à vérifier et à apprécier au cas par cas.

887. À la découverte de deux mondes *opposés* et *déconnectés*. Le monde *intérieur* (celui de l'esprit d'un individu) et le monde *extérieur* (celui des rapports entre individus) sont *déconnectés* l'un de l'autre. Intentionnellement, le pratiquant *engendre* des

---

1 A., H.-J. LUCAS, A. LUCAS-SCHLOETTER et C. BERNAULT, *op. cit.*, p. 65, n° 52. V. À titre d'exemple pour une application jurisprudentielle : *Oliver et al. v. St. Germain Foundation*, 41 F. Supp. 296 (S.D. Cal. 16 sept. 1941), à propos de révélations à l'auteur par l'esprit tibétain ; I. BICH-CARRIERE, « Communication spirituelle et droit d'auteur : à qui les droits d'une œuvre littéraire dictée depuis l'Au-delà ? », *CPI*, 2007, n° 19, p. 775-794 ; Aj. P.-H. KARLEN, « Spiritual and Non-Human Creation », 123 *Copyright World* (sept. 2002), p. 16-21 ; B. LEE, « Copyright of Automatic Writing », (1926-1927) 13 *Virginia Law Review* 22, p. 24-25. V. W.E. COUSINS, "Writer, Medium, Suffragette, Spy? The Unseen Adventures of Geraldine Cummins", *Paranormal Review*, 2008 45, p. 3-7.

formes choisies dans son esprit (méditation contemplative[1]) ou, à l'inverse, abolit celles qui se forment spontanément (méditation concentrative par interruption du flux des pensées[2]). Il peut en résulter des manifestations corporelles ; il n'est pas exclu, non plus, que l'effet intérieur recherché soit obtenu grâce à des positions (asanas, *mudras*) ou des mouvements corporels (danses des *derviches tourneurs* « *darawish* », paneurythmie, salutation au soleil). Ces manifestations extérieures ne sont ni recherchées pour elles-mêmes (puisque le but est intérieur) ni, par conséquent tournées vers les tiers. C'est là que se situe la différence. Ce n'est pas un signe d'infériorité de ces formes, mais seulement le signe du manque d'une *forme expressive* perceptible par un public... Le problème vient du fait que le processus de la création semble être inversé !

888. Plan. C'est dans cet esprit qu'il convient de distinguer, d'une part, entre les *manifestations inexpressives* (Titre I) au sens de *non consciemment* produites pour transmettre une *forme interne*... en tant que méthodes destinées à modifier les états d'être, et d'autre part, les *manifestations spectaculaires* (Titre II) qui reposent sur une *dynamique corporelle* susceptible de fixation (enregistrement) ou d'observation (spectacle) même si leur finalité n'est pas d'exprimer quoique ce soit à destination d'un public.

---

1 Caractéristiques sont notamment les méditations du bouddhisme tibétain qui requièrent des visualisations très élaborées. Ces formes symbolisent des vertus de l'esprit. Les générer puis les absorber est un moyen de les développer. Pour soutenir ces pratiques se développa l'art des *Thangkas* qui sont des peintures détaillées représentant les déités à visualiser. Dans la doctrine bouddhique, ces déités ne sont pas des divinités puisque loin d'exister en soi, elles sont volontairement générées puis résorbées. Mais le populaire a tendance à objectiver et donc diviniser ces déités...

2 Méditation-concentration (*Dhyana*, en Sanscrit, qui donna *Chan* en Chinois, puis *Zen* en Japonais). Le processus consiste à fixer le mental tantôt en l'attachant à la répétition (*japa*) d'un même son (*mantra*), tantôt en fixant sur la respiration, tantôt en le retournant vers lui-même pour l'amener à prendre conscience de lui-même ce qui tarit son incessante production... Si l'on en croit PATAÑJALI, c'est aussi le but du yoga. Il le définit comme : *yogaçcittavrittinirodha* (le yoga est l'extinction des vagues qui agitent incessamment le mental) : V. PATANJALI, *Yoga-sutras*, trad. de F. MAZET, spiritualités vivantes, Albin Michel, Paris, 1991. *Mantra* vient de *manas* (mental) et *traya* (ce qui retient). C'est donc ce qui fixe le mental...

TITRE I. MANIFESTATIONS INEXPRESSIVES DEVELOPPEE A PARTIR D'UNE FORME MEDITATIVE/CONTEMPLATIVE

889. Manifestations inexpressives en tant que « formes processuelles ». *Inexpressives*, au sens de non consciemment produites pour transmettre une forme interne... Ces manifestations se présentent comme des *formes processuelles* qui sont destinées à être *mises en œuvre* par un pratiquant pour obtenir une *transformation* (mentale ou physique) qui peut être d'ordre *religieux*, *spirituel* ou simplement *qualitatif* ; il peut s'agir, sans arrière-plan métaphysique, d'une simple quête de bien-être physique ou mental. Dans une optique *religieuse*, répond à cette définition, la prière (individuelle et collective), le *dhikr*[1], le chant choral (grégorien, satsangs indiens, louanges au Prophète etc.). Dans une optique *spirituelle* et parfois simplement *qualitative*, répondent à cette définition : les asanas[2] ou pranayamas du yoga, les exercices de *Qi gong*[3], de *Dai ji quan*[4], voire de la sophrologie[5], sinon les gymnastiques *new age*...

890. Faculté extra-rationnelle comme support de création méditative. Ces formes processuelles auxquelles nous faisons allusion sont le résultat d'une *énergie créatrice* produite par la concentration du *cœur* et du *mental*[6]. Ces créations du cœur sont des manifestations sensibles de formes intelligibles et psychiques. La véritable œuvre ne réside pas dans la *forme externe* mais, au contraire, elle gît dans le fait d'être appréhendée comme *support de méditation imaginative*. Le fil conducteur qui lie toutes ces formes consiste dans le fait qu'elles reposent sur un acte de *méditation* (*tafakkur*), de *conception*, d'*imagination*, ainsi que le sous-tend le mot grec « *enthymesis* » (*ἐνθύμεσις*), dans lequel gît la véritable *forme interne* (inerte et/ou vivante) qui est le fruit de l'imagination (*al-khayâl*) et de la concentration spirituelle. C'est ainsi que la forme interne de cette opération de l'esprit confère, à ces pratiques et techniques de méditation, son identité et son unité. C'est ainsi que les formes spirituelles peuvent *véhiculer* des méthodes de prière, des techniques de concentration, de contemplation, des exercices de méditation, de visualisations de l'image d'une divinité, etc.

---

1 Selon le dictionnaire *Larousse*, il s'agit de la « glorification d'*Allah* par un rituel phraséologique ». « Le *dhikr* s'entend toujours au sens religieux du terme comme une pratique de l'invocation au moyen d'une formule ou d'un mot sacré exprimé soit verbalement, et c'est le *dhikr jali* ou *jahri* (à haute voix), soit mentalement, et c'est le *dhikr khafi* ou muet » : A. AISSA, *Les vertus du dhikr*, trad. de L. OMAR, Éditions Iqra, Paris, 1996, p. 7.

2 Mot sanskrit signifiant « siège, posture » selon le dictionnaire *Larousse*. A tel point qu'il ne désigne pas que les postures, mais aussi le linge dont on couvre le siège sur lequel s'assied un maître indien !

3 Selon le dictionnaire *Le Robert*, il s'agit d'une « discipline traditionnelle chinoise fondée sur la libération de l'énergie vitale, associant mouvements fluides, exercices respiratoires et concentration de l'esprit ».

4 Selon le dictionnaire *Le Robert*, le « *taï-chi-chuan* » ou « *taï-chi* » est une « gymnastique chinoise consistant en un enchaînement lent de mouvements ».

5 Selon le dictionnaire *Le Robert*, il s'agit de l' « ensemble de pratiques visant à dominer les sensations douloureuses et de malaise psychique » ou « Méthode fondée sur l'hypnose et la relaxation, utilisée en thérapeutique et pour la préparation à l'accouchement » selon le dictionnaire *Larousse*.

6 Les concepts de « cœur » et de « mental » sont déjà très artificiels à cerner en eux-mêmes !

891. Créativité du *cœur* et forme mentale. L' « imagination créatrice »[1] dans la tradition mystique de l'Islam (le soufisme) gît essentiellement dans la créativité du cœur (*qalb*)[2] qui forme la *matrice de la spiritualité.* Le cœur se présente alors comme le *foyer générateur de l'énergie spirituelle créatrice*, voire le noyau de la « physiologie mystique ». Cette puissance créatrice du cœur où s'opère la concentration est désignée par le « Grand Maître » (*al-Shaykh al-Akbar*) Ibn 'Arabî (Murcie 1165-Damas 1240) sous l'appellation de « *himma* », la volonté ou l'aspiration spirituelle. A vrai dire, le cœur dans les mystiques musulmanes et chrétiennes occupe une place considérable. Il existe plusieurs pratiques dans les mystiques de tous les temps qui reposent sur la force de l'énergie spirituelle afin de *générer* des expériences ascétiques, extatiques et contemplatives. Nous songeons à la pratique du *dhikr* dans la mystique musulmane, à la méthode de la *Prière du cœur*[3] dans la mystique chrétienne et même aux techniques du *Yoga*, « mystique naturelle »[4] de l'Inde.

892. Problématique d'appréhension de l'aspect psychologique, métaphysique et spirituel de l'acte créatif par le droit. Une difficulté pourrait surgir, en premier lieu, quant à l'accueil de ces pratiques au sein de la propriété littéraire et artistique mêlant *activité physique* et *dimension spirituelle.* Or, pour que ces actes puissent être saisis par le droit d'auteur et les droits voisins, ils doivent, d'une façon ou d'une autre, *s'inscrire dans la réalité*[5]. En outre, la créativité de ces formes atypiques de dimension psychologique et spirituelle sont moins aisément acquises. Ils illustrent les difficultés métaphysiques et juridiques d'articuler entre le *monde des réalités spirituelles* et le *monde visible sensible.* Le Droit ne saurait guère appréhender l'aspect *psychologique* et *spirituel* de l'acte créatif[6].

---

1 Selon H. CORBIN, *op. cit.*, p. 148.

2 V. Sur la question de la *créativité du cœur* : V. H. CORBIN, *op. cit.*, p. 229 et s.

3 « L'organe de la Prière, c'est le cœur, l'organe psycho-spirituel, avec la concentration de son énergie, sa *himma* » : H. CORBIN, *op. cit.*, p. 260-261.

4 Selon l'expression de G.-C. ANAWATI et L. GARDET, *Mystique musulmane, Aspects et tendances – Expériences et techniques*, J. Vrin, Paris, 1961, p. 90 et s.

5 Ph. GAUDRAT, *Rép. Civ. Dalloz*, « Propriété littéraire et artistique (1° Propriété des créateurs) », préc., n° 33.

6 Selon le professeur GAUDRAT, il est très périlleux d'entrer dans un domaine qui peut être taxé de métaphysique ou spirituel ; déjà le « philosophique » est limité pour certains. À titre d'exemple, pour le professeur A. LUCAS, la théorie de DESBOIS qui analyse la divulgation en une émission de volonté est « psychologique » doit être abandonnée au profit de la théorie du « fait matériel » : A., H.-J. LUCAS, A. LUCAS-SCHLOETTER et C. BERNAULT, *op. cit.*, p. 447 et s., n° 516 et 517. Selon le professeur GAUDRAT, « la divulgation, en droit d'auteur, est l'acte juridique unilatéral en vertu duquel le créateur autorise les amateurs à accéder à la forme interne de l'œuvre à partir de la forme externe. N'ayant pas de rapport contractuel direct avec les amateurs, l'auteur octroie cette autorisation par une émission de volonté tournée vers cet effet de droit (acte juridique unilatéral), antérieure ou concomitante à la conclusion du contrat en vertu duquel il autorise un exploitant à diffuser la forme externe. Cette autorisation confère à l'amateur une sphère de jouissance intellectuelle et de liberté d'accès à la forme interne qui entre en contradiction absolue avec l'impossibilité matérielle d'y accéder » : Ph. GAUDRAT et F. SARDAIN, *Traité de droit civil du numérique*, t. I, *op. cit.*, p. 165, note 521. *Adde* : Ph. GAUDRAT, *Rép. Civ. Dalloz*, V° « Propriété littéraire et artistique (1° Propriété des créateurs) », préc., n° 578 s. Par ailleurs, « le droit *de divulgation* est la prérogative en vertu de laquelle le propriétaire *réifie* la forme qu'il a conçue, puis exprimée. Son exercice se concrétise par l'émission

893. Plan. C'est dans ces conditions qu'il convient de pénétrer dans la tradition mystique de l'Islam afin d'analyser la pratique mystique du *dhikr* « la prière répétitive » (Chapitre I), et dans la foulée de la *muraqaba* (la méditation), en tant qu'éventuel *objet* de propriété littéraire et artistique, et ce, en la comparant à d'autres techniques et méthodes à travers la dimension historico-religieuse (Christianisme, Islam, Judaïsme) qui pourront nous servir de points de repère différentiels pour la pratique du *dhikr* telles que le *Yoga* (*japa-yoga*) de l'Inde et la *Prière de Jésus* chez les chrétiens (Chapitre II) qui reposent sur la même procédure de création par le cœur et poursuivent la même finalité ascétique spirituelle[1]. Cette finalité découle de la fonction à la fois *cosmique* et *cultuelle* de ces pratiques.

---

d'un *acte juridique unilatéral.* Si le grief de "psychologisme" adressé à la théorie de Desbois était fondé, c'est en Faculté de psychologie qu'il faudrait enseigner la théorie de l'acte juridique… » : Ph. GAUDRAT, « Droit moral » (non publié). Selon Maurice HAURIOU : « Derrière toute physique, il y a une métaphysique : le Droit n'échappe pas à cette loi » : M. HAURIOU, *Précis de droit constitutionnel*, 2e éd., Librairie du Recueil Sirey, Paris, 1929, p. 29.

1 Cette finalité est destinée au sujet, pas à son public !

CHAPITRE I
LA PRATIQUE DU *DHIKR*, FORCE DE L'ENERGIE SPIRITUELLE DANS LA MYSTIQUE MUSULMANE[1]

894. « Voie du cœur » en tant que créativité spirituelle. La pratique du *dhikr*, connue sous l'appellation de la « voie du cœur », qui date du XIIe siècle s'inscrit dans le giron de la « créativité du cœur » et occupe une place pionnière dans la tradition soufie. Elle puise sa véritable source dans le Coran[2] et dans de nombreux *hadîths*[3]. Le texte sacré nous recommande et nous incite même à Invoquer Dieu : « Les cœurs ne s'apaisent-ils pas au souvenir de Dieu ? »[4] « *ala bi dhikr Allah tatma'en al qouloub ?* » et incite l'homme à s'adonner au *dhikr* : « Invoque ton Seigneur, quand tu oublies »[5] ; « Souvenez-vous de Moi, je me souviendrai de vous »[6] ; « Glorifie-le une partie de la nuit et au déclin des étoiles »[7] ; « … pour ceux qui pensent Dieu, debout, assis ou couchés »[8], etc. Quant aux *hadîths*, le Prophète disait à ses Compagnons : « Les cœurs rouillent comme rouille le fer ». L'un d'eux demanda : « Et qu'est-ce qui les fait briller ? ». Il répondit : « L'invocation de Dieu et la lecture du Coran »[9]. « Que ta langue soit toujours souple (en mouvement) par la mention (le souvenir) de Dieu ».

895. Forme d'*adoration* de Dieu. La pratique du *dhikr* se présente ainsi comme l'une des plus hautes formes d'adoration de Dieu concrétisée sous la forme d'une *activité mémorielle* à laquelle le terme arabe y renvoie « rappel », « mention », « invocation », « souvenir », « remémoration »[10]. Cette pratique consiste en la *répétition* et l'*invocation* des différents Noms divins ou d'un certain nombre de ces noms, selon des techniques et des rythmes respiratoires ainsi qu'à travers de postures physiques particulières (balancement du corps et de la tête)[11]. Cette répétition conduisant à

---

1 L. GARDET, « Un problème de mystique comparée : la mention du nom divin (*dhikr*) dans la mystique musulmane », Revue *Thomiste*, 1952, n° III, p. 642-679 ; Revue *Thomiste*, 1953, n° I, p. 197-216 ; G.-C. ANAWATI et L. GARDET, *op. cit.*, *passim*.

2 V. A. AISSA, *Les vertus du dhikr*, *op. cit.*, p. 9 et p. 22 à 24.

3 V. A. AISSA, *op. cit.*, p. 26 à 34.

4 Coran, Sourate XIII : Le Tonnerre, 28.

5 Coran, Sourate XVIII : La Caverne, 24.

6 Coran, Sourate II : La Vache, 152.

7 Coran, Sourate LII : Le Mont, 49.

8 Coran, Sourate III : La Famille de 'Imran, 191 ; Coran, Sourate XXXIX : Les Groupes, 22 : « Malheur à ceux dont les cœurs sont endurcis au Rappel de Dieu ! » ; Sourate XLIII : L'Ornement, 36-37 : « Nous assignons un Démon, comme compagnon inséparable, à quiconque se détourne du souvenir du Miséricordieux. Ils s'éloignent du droit chemin, et ils se croient dans la bonne direction » ; Sourate LXIII : Les Hypocrites, 9 : « Ô vous les croyants ! Que vos richesses et vos enfants ne vous distraient pas du souvenir de Dieu ! ».

9 E. GEOFFROY, *Initiation au soufisme*, Fayard, Paris, 2003, p. 244.

10 A. AISSA, *op. cit.*, p. 8.

11 *Dhikr* (pl. *adhkâr*) : « Exercice de piété consistant en la "mention" du nom d'*Allah* et pouvant en certains lieux et circonstances, notamment par la répétition rythmée et le balancement du corps (*tafqîr*), conduire à un état de transe » : Ph. VIGREUX, « Centralité de la musique égyptienne », art. préc., p. 30 ; *dikr* (*adkâr*) : « cérémonie musicale musulmane, confrérique ou non, au cours de laquelle

… / .

l'*extase* est soit exprimée *mentalement* (c'est le *dhikr khafi* ou muet), soit *verbalement* (c'est le *dhikr jali, jahri* ou à haute voix)[1]. Le *dhikr* est pratiqué aussi bien en *solitude* (*khalwati*) dans le cadre de la retraite spirituelle que *collectivement* dans des assemblées des fidèles[2]. Il s'agit, avant tout, d'un *acte spirituel* qui vise à purifier le cœur et l'âme de celui qui le pratique. D'aucuns considèrent qu'il s'agit d'un véritable concert spirituel qui « *comporte des exercices rythmiques et des techniques récitatives de formules liturgiques caractérisées par le contrôle respiratoire, le contrôle de postures et de gestes spectaculaires* »[3].

896. Codification des règles de la pratique. En effet, chacune des confréries a établi ses propres règles pour le déroulement de la pratique. Ces règles touchent « à la taxinomie des prières et des pièces chantées, aux mouvements à exécuter, à la tenue vestimentaire, au contrôle du souffle, à la respiration, à la montée d'un râle, indice de la transe, aux exercices physiques à entreprendre (jeu des épaules, des bras, du buste, du cou, ou du talon, saut ou interdiction de sauter), en vue d'atteindre la plénitude divine. Elles régissent aussi l'apport des instruments de musique qui peuvent être totalement absents, se restreindre à l'emploi de membranophones, ou constituer une impressionnante panoplie d'instruments, groupés en vents et percussions (chez les *Aissaoua* du Maroc) »[4].

897. Tentative préliminaire de qualifications du *dhikr*. A l'examen de ces propos, nous constatons, à première vue, que le *dhikr* consiste, semble-t-il, en une *procédure* en vue d'obtenir un *état* qui pourrait y donner naissance à une *œuvre musicale.* Or, rien n'est moins sûr. C'est dans cet esprit que la question se pose de savoir si l'art de se *remémorer* qui a pour dessein de se rapprocher de Dieu pourrait s'analyser en une *forme créative* protégeable par la propriété littéraire et artistique. En d'autres termes, s'agit-il d'une véritable « *forme interprétative* »[5], imputable sur une *œuvre de l'esprit* au sens du terme, qui est destinée à *transmettre* à un public une *émotion* ?

---

le nom de Dieu est évoqué en vue de création d'une transe. Un *insâd* en fait partie », F. LAGRANGE, *Musiciens et poètes en Égypte au temps de la Nahda*, t. I, thèse préc., p. 573.

1 J. DURING, « Musique et rites : le samâ' », *in* A. POPOVIC et G. VEINSTEIN, *Les Voies d'Allah*, *op. cit.*, p. 162 et 163.

2 « Les pratiques cultuelles en groupe sont celles qui sont les plus recommandées par Dieu. Elles sont plus méritoires que les pratiques individuelles. Dans une assemblée, les cœurs se rencontrent bénéficient de l'esprit de l'harmonie et de la coopération. Le faible puise chez le plus fort, celui qui est obscur chez celui qui est illuminé, celui qui est grossier chez celui qui est subtil et l'ignorant de l'érudit etc. Et le *dhikr* ne fait pas exception » : A. AISSA, *op. cit.*, p. 64. « L'érudit IBN 'ABIDIN a dit, dans ses gloses sur l'invocation collective de Dieu : "L'imâm AL-GHAZALI a comparé le *dhikr* d'un homme seul et le *dhikr* en groupe qui rassemble plusieurs personnes à l'appel à la prière par un seul individu et celui effectué en chœur. A cet effet, il a dit : Les voix en chœur des *muezzins* déchirent l'espace beaucoup plus que ne le ferait la voix d'un seul d'entre eux. Il en est ainsi du *dhikr* collectif, il exerce un effet plus intense sur la levée de l'épais voile qui couvre les cœurs, que le *dhikr* d'une seule personne" » : A. AISSA, *op. cit.*, p. 69.

3 S. ANDEZIAN, « Dire la transe en Islam mystique. De l'expérience au langage autorisé », *Archives de sciences sociales des religions*, juill.-sept. 2000/3, n° 111, p. 25-40.

4 C. POCHE, *Dictionnaire des musiques et danses traditionnelles de la méditerranée*, *op. cit.*, p. 144.

5 De prime abord, la réponse à cette question s'avère délicate dans la mesure où la forme interprétative est une forme destinée à transmettre à un public une émotion. A première vue, il semble que le *dhikr*, en l'occurrence, soit une procédure spirituelle qui peut engendrer une forme externe mais celle-ci n'est que l'indice d'une expérience. Elle découle de la finalité ascétique spirituelle qui est destinée au

898. Plan. S'interroger sur la qualification de cette pratique hautement spirituelle au regard de la propriété littéraire et artistique impose de *décomposer* le processus mental créatif[1] du *dhikr* (Section I) avant de s'intéresser à la complexité de l'*opération de qualification* (Section II) à la lumière des catégories juridiques les plus adéquates (d'œuvre ou d'interprétation) à la nature de la forme spirituelle et son appropriation dans le sens d'en être investi.

---

sujet, et non pas aux autres ou à son public ! De nombreuses hésitations peuvent naître quant à sa qualification en tant qu'interprétation protégeable par le droit voisin des artistes-interprètes, comme nous allons le voir.

1 Le professeur GAUDRAT souligne, à juste titre, que : « S'interdire toute incursion dans le fonctionnement de l'organe mental sous prétexte que la démarche n'est pas juridique, c'est renier l'invitation du législateur et se priver des seuls moyens véritables de distinguer les objets de protection » : Ph. GAUDRAT, *La propriété intellectuelle : modèle multiple ou pensée unique ?*, Cours spécial : Master 2 « Propriétés Intellectuelles », Université de Poitiers, 2010/2011, préc., p. 81. Selon le professeur GAUDRAT, cette incursion dans le mental doit se faire à partir d'une forme externe qui est le versant indissociable de la forme interne, laquelle ne se développe qu'à l'intérieur. Si la « forme externe » est indépendante et sans relation, ça ne vaut plus…

SECTION I.
LA DECOMPOSITION DU PROCESSUS CREATIF DU *DHIKR*

899. Délimitation de la forme protégeable. Tout dans la *forme* n'est pas susceptible d'être *protégé* et *a fortiori* de porter l'empreinte comme l'a observé le professeur Gaudrat[1] : « *Toute forme n'est pas protégeable par la propriété littéraire et artistique.* Faute d'avoir suffisamment cerné la nature de la forme protégeable, on tend à y accueillir de plus en plus volontiers des formes étrangères à l'esprit de sa protection »[2].

900. Plan. Afin de pouvoir cerner donc la *forme protégeable* dans cette pratique, il convient d'analyser le processus mental de l'activité énergique de cette pratique même par lequel l'orant produit dans son *for intérieur* l'acte de conception (§1), intime, qui repose essentiellement sur la procédure de « *création par le cœur* », et ce, en amont de l'*acte d'invocation* de l'un des noms divins (§2), comme *forme externe.*

§ 1. L'ACTE MENTAL DE CONCEPTION DE L'ORANT

901. Conception *qualifiante* et *disqualifiante* de la création. Comme le souligne le professeur Gaudrat : « L'accès à la réalité est conditionné par la réalisation. Cheville entre l'acte de conception (qui est un acte productif exclusivement mental) et l'acte productif *stricto sensu* (qui implique la matière), la "réalisation" fait le pont entre l'intérieur et l'extérieur, le mental et le réel. Ce faisant, elle est, tout à la fois, l'essence de l'expression et l'étape critique de la création »[3]. « Il y a deux raisons pour lesquelles une forme ne satisfait pas à l'exigence indispensable de "conception" : soit parce qu'elle *préexistait* à la création ; soit parce que la nature de l'acte mental qui l'a produite n'est pas un acte de conception[4] ». Ainsi, toute *production mentale* n'est pas

---

1 Ph. GAUDRAT, *Rép. Civ. Dalloz*, « Propriété littéraire et artistique (1° Propriété des créateurs) », préc., n° 117.

2 Ph. GAUDRAT, « Réflexions sur la forme des œuvres de l'esprit », art. préc., p. 195.

3 Ph. GAUDRAT, *Rép. Civ. Dalloz*, « Propriété littéraire et artistique (1° Propriété des créateurs) », préc., n° 33. « La réalisation de la création ne consiste pas seulement dans le travail extérieur et visible nécessaire pour transformer la matière. Elle comporte aussi une face cachée et mentale, qui joue un rôle primordial dans l'acte créatif, appartient, par nature, à la conception, mais, par chronologie, à la réalisation. Cette variété de conception n'est, en effet, requise que pour réaliser ; non pour développer mentalement ce que l'on veut exprimer… Une fois que l'on a engendré dans son esprit ce qui est à exprimer, il reste à concevoir la manière d'y parvenir : il y a bien, de ce point de vue, deux étapes conceptrices majeures dans l'acte créatif, qui n'ont de commun que l'outil mental. La première appartient à l'imagination, la seconde, à l'artifice, sinon à l'art tout court. Entre le fruit de l'imagination et son expression objectivée, il y a bien un espace créatif particulier ; celui qui permet, en conscience, de plier une technique d'expression à la projection dans une chose extérieure d'une forme conçue mentalement. On peut qualifier de « méthodologique » cette conception-là par opposition à la « thématique », qui développe le thème par l'imagination. Ces deux modes sont nécessairement successifs ; pour autant, ils peuvent marcher de conserve. Il n'est pas rare que la conception thématique s'affine ou évolue avec la conception méthodologique » : *idem*, n° 34.

4 Selon le professeur GAUDRAT : « la conception est un acte mental complexe auquel l'imagination apporte la fécondité et l'intellect, la discrimination » : Ph. GAUDRAT, *La propriété intellectuelle : modèle multiple ou pensée unique ?*, Cours spécial : Master 2 « Propriétés Intellectuelles », préc., p. 82. « La "conception" est un acte de production mentale dont la matière ouvrée n'est autre que la substance …

nécessairement assimilable à un *acte de conception*. *Quid* de la nature de l'acte mental produit par le *souvenir*[1] et la *concentration* du cœur de l'orant dans la pratique du *dhikr* ? Afin de répondre à cette question, il convient de savoir de quelle manière l'orant produit *mentalement* l'acte de conception au sein du processus créatif pour faire le lien entre la forme spirituelle et l'acte de réalisation de cette *création mémorielle*.

902. Plan. L'analyse du processus créatif de cette pratique qui se développe entièrement dans l'esprit de l'orant nous invite à creuser, d'abord, la procédure de « *création par l'imagination et la concentration* » (A) qui est le résultat de la méditation imaginante laquelle se réalise par le *cœur* (B) comme nous allons le constater.

A. La procédure de « création par l'imagination et la concentration »

903. Articulation de quatre concepts. A l'analyse, l'on peut observer que la pratique du *dhikr* articule quatre concepts : l'imagination, le souvenir, la méditation, et l'invocation. Le *dhikr* est, avant tout, un acte de faire remonter le souvenir qui se nourrit de l'imagination de la « forme épiphanique et théophanique » (*mazâhir*) des Noms de Dieu dans l'esprit de l'orant. Cet acte mental, c'est-à-dire le pouvoir imaginant de concevoir l'image visible d'une réalité appartenant aux mondes de l'invisible, est le fruit de la *méditation imaginante* qui se réalise par le *cœur* (qui en est le réceptacle) avant la *langue*[2]. Dans cet organe, gît l'élément caractéristique de la création, où s'opère la concentration qui se concrétise *in fine* par la mention orale du souvenir à travers la répétition inlassable d'une oraison jaculatoire[3].

904. Résorption des formes internes. En l'occurrence, c'est la *forme interne* que conçoit l'orant dans son esprit à travers ses capacités corporelles et spirituelles qui engendre dans l'esprit les images, les souvenirs, les péripéties à exprimer une incantation rythmée du nom de Dieu dans le dessein d'atteindre cet état d'annihilation (le *fanâ*). Il s'en suit que tout se passe à l'*intérieur de l'esprit* de l'orant. Il suscite des formes internes pour les *résorber* dans une sorte de *vacuité* d'un au-delà de la forme. Il ne reste que son contenu. Dans tout cela, il semble qu'il n'y a rien qui *donne prise* à la propriété littéraire et artistique.

905. Une *forme mentale* emprisonnée dans l'esprit de l'orant. En effet, si la pratique a pour finalité de mener l'orant vers Dieu, elle n'en reste pas, néanmoins, un *acte* purement *mental* faisant appel à l'imagination dans une certaine mesure. *Emprisonné dans l'esprit*, elle n'est qu'un phénomène mental, voire une *forme mentale*. Un approfondissement rigoureux de l'opération conduit, de prime abord, à considérer l'acte en soi de se remémorer, de méditer qui produit des *formes mentales* dans l'esprit comme *insuffisant* ; pour que la pratique puisse être éligible à la protection, il faut qu'il y ait une *œuvre* dans le *dhikr* au-delà du seuil de l'esprit, voire une forme *imaginée* par le

---

de l'esprit du créateur. Sa particularité tient à ce qu'il est entièrement internalisé : le sujet en est le seul témoin, à la fois agent et patient – comme l'est l'interprète, quoique de manière externalisée » : Ph. GAUDRAT, *Rép. Civ. Dalloz*, « Propriété littéraire et artistique (1° Propriété des créateurs) », préc., n° 28. « La conception est un acte secret, mental sinon psychologique, qui se déroule à l'insu de tous et ne puise sa substance que dans les matériaux mentaux du sujet » : *idem*, n° 27.

1 Selon le professeur GAUDRAT, toutes les formes ne sont pas *réifiées* (les souvenirs de chacun ne sont que des phénomènes mentaux) et, même *nouvelles*, toutes ne sont pas nécessairement *créatives*…

2 En l'occurrence, il s'agit du *dhikr* de la langue, comme nous allons le voir.

3 IBN MANZUR, *Lisân al-Arab* (« *La langue des Arabes* »), t. II, p. 1071 ; *al-Mu'jam al-Wasît*, p. 313.

créateur, même si l'œuvre y est *intérieure* selon certains[1]. Or, si elle est intérieure, il lui manque sa *dimension externe* et *objective* ! Il semble que *l'œuvre à créer soit l'orant*, pas une *chose* qui en sort ! En supposant que le pratiquant atteigne son but, il n'y a rien à divulguer, rien à protéger ! En termes juridiques, la forme conçue doit être *extériorisée* pour accéder au statut de *chose de l'esprit*[2].

906. Relativité de la *forme mémorisée*. En réalité, l'activité du *dhikr* est, en grande partie, *mémorielle* en ce que l'imagination évoque des souvenirs de Dieu en tant qu'*empreintes mentales*. Mais cette activité qui consiste à extérioriser la forme mémorisée est-elle suffisamment *créatrice* ? ou bien la conception semble-t-elle privée d'*objet mental* car l'inspiration, voire l'imagination, fait défaut dans le processus créatif ? Comme le souligne le professeur Gaudrat : « Mais, puisque l'esprit *reçoit* autant qu'il *exprime*, la condition n'est pas suffisante : celui qui se contente d'extérioriser la forme qu'il a mémorisée n'en est pas le créateur ! La forme extériorisée doit avoir *trouvé son origine* dans l'esprit qui l'exprime par le truchement du corps qui lui est associé »[3]. La problématique est autre car, comme nous allons le voir, la forme extériorisée dans cette pratique puise sa source dans le *cœur* de l'orant et non pas dans l'*esprit* au sens du terme.

907. Expression de la conception et la dimension productive[4]. A vrai dire, il ne saurait y avoir de droit d'auteur sans identifier un *acte de production*. « Si l'acte créatif requiert la production d'une chose, ce qui est dépourvu de dimension productive ne peut pas répondre aux exigences d'un acte créatif »[5]. Le *dhikr* ne se suffit donc pas d'une *production mentale*, *spirituelle* issue de l'activité imaginative de la *himma* qui consiste dans le souvenir vivant, la « mise au présent » *ex nihilo* des Noms de Dieu ; il requiert nécessairement un *acte créatif* pour accéder à la protection. L'opération intellectuelle même du *dhikr* qui commence par le souvenir, l'imagination et se termine par l'invocation des noms divins soulève certaines difficultés. Technique mentale de prière, de méditation et de concentration, cette pratique échapperait au droit d'auteur *si rien n'est produit*. En effet, l' « *expression* » requise en matière de droit d'auteur[6] semble être le contraire de la « *concentration* ».

908. Hypothèse de la *forme interprétative*. Cela ne va pas sans dire que « l'*acte de production* peut tout aussi bien modeler la *corporéité d'un être vivant* » comme le souligne

---

[1] E. GEOFFROY, *Le soufisme en Égypte et en Syrie*, Institut Français d'études arabes de Damas (Préf. de M. CHODKIEWICZ), Damas, 1996, p. 407 et s., n° 7 (Chapitre XXI : « Les débats doctrinaux »).

[2] Ph. GAUDRAT, « Droit moral » (non publié) : « aussi élaborée soit la forme imaginée par le créateur, elle n'est en l'état qu'un phénomène mental. Pour présenter un enjeu social, la première condition à remplir est l'extériorisation de cette forme ; opération que la loi décrit comme la réalisation de la conception. Réputée valoir création par l'article L.111-2 CPI, sauf à ce que l'absence d'originalité soit démontrée, elle est le fait juridique générateur de la propriété ».

[3] Ph. GAUDRAT, « Droit moral » (non publié).

[4] V. Ph. GAUDRAT, *Rép. Civ. Dalloz*, V° « Propriété littéraire et artistique (1° Propriété des créateurs) », préc., n° 16 s.

[5] Ph. GAUDRAT, *Rép. Civ.*, V° « Propriété littéraire et artistique (1° Propriété des créateurs) », préc., n° 16.

[6] « L'expression de la conception s'opérant par la réalisation, la "réalisation" est bien le pivot autour duquel s'articulent la production et l'expression, dimensions complémentaires de l'acte créatif » : Ph. GAUDRAT, *Rép. Civ. Dalloz*, V° « Propriété littéraire et artistique (1° Propriété des créateurs) », préc., n° 15.

le professeur Gaudrat[1]. A observer, l'acte de production se manifeste, en effet, dans le *concept de l'invocation* et non pas dans le simple souvenir, ou la méditation qui n'est pas en soi suffisant au regard du *critère de la création.* Il s'agit, en l'occurrence, de la *forme vivante interprétée* que produit l'orant qui est le résultat de l'acte de *réalisation de la forme externe.* À ce stade, la question qui doit être tranchée, comme nous allons l'examiner plus loin, est de savoir si cet acte peut être qualifié d'*interprétation* protégée dans lequel l'orant peut exprimer ses affects. Or, la forme assumée par les attitudes du corps exprime-t-elle véritablement la méditation de l'orant ? Il y a, certes, une *causalité*, mais il s'y même de l'*aléa*…

B. La procédure de « création par le cœur »

909. Le « cœur » en tant que support de la créativité. En fait, le processus mental créatif de cette pratique soulève une autre question : existerait-il une *faculté* autre que *l'imagination* qui permette de créer ?[2] Pourquoi ne pas l'admettre ? En effet, il est communément admis que « dans le processus de création, tous les éléments constitutifs de la personnalité (sens, mémoires, savoirs, culture, sensations, désirs, corps, etc.) participent dynamiquement »[3]. Le cœur comme *propriété de l'âme, de l'esprit*, est déjà considéré comme le *siège des facultés intellectuelles* de l'homme, principe générateur de toute pensée créatrice[4]. C'est ainsi que l'architecture mentale de la pratique du *dhikr* repose principalement sur le cœur, qui, semble être doté d'une *force*

---

1 Ph. GAUDRAT, *Rép. Civ. Dalloz*, V° « Propriété littéraire et artistique (1° Propriété des créateurs) », préc., n° 19.

2 Il convient de remarquer que toutes les anciennes civilisations l'ont admis : le *Ib* des Égyptiens anciens, le *Xīn* (心) des Chinois. A. PIANKOFF, *Le "cœur" dans les textes égyptiens depuis l'Ancien jusqu'à la fin du Nouvel Empire*, Paul Geuthner, Paris, 1930. V. B. ZISKIND et B. HALIOUA, « La conception du cœur dans l'Égypte ancienne », *M/S : médecine sciences*, 2004, vol. 20, n° 3, p. 367-373. Selon la conception égyptienne du cœur, elle englobe trois concepts : le *cœur-haty*, (le cœur en tant que muscle cardiaque considéré comme le centre du système anatomique et physiologique de l'homme), le *cœur-ib* (connu sous l'appellation *intérieur-ib* regroupant les structures de l'organisme responsable de la fonction vitale dans son ensemble), et le *cœur spirituel* (symbolisant le centre de la pensée, de l'intelligence et de la mémoire, voire le siège des facultés intellectuelles de l'homme). À titre d'exemple, la théologie Memphite de l'Égypte ancienne (H. JUNKER, *Die Götterlehre von Memphis* (*Traité de théologie memphite*), Berlin 1940) nous enseigne que le dieu Ptah créa le monde en le concevant d'abord dans son cœur et en prononçant ensuite le nom des choses qu'il voulait créer. « *car il se trouve que le cœur et la langue ont pouvoir (sur) tous les autres membres, en raison du fait que l'un est dans le corps, l'autre dans la bouche […] de tout ce qui est animé – l'un concevant, l'autre décrétant tout ce que veut le premier* » : S. SAUNERON et J. YOYOTTE, *La naissance du monde*, Edition du seuil, Paris, 1959, p. 63. V. Sur cette question : F. HAIKAL, « Performativité du nom divin en Égypte de l'Antiquité à nos jours », *Quaderni di acme*, Congrès International Congress Egyptian Archives / Egyptological Archives, n° 1, *in* P. PIACENTINI and Ch. ORSENIGO (eds.), *Egyptian archives : proceedings of the first session of the International Congress Egyptian Archives*, Milano, Italie, 2009, n° 111, p. 197-217.

3 Ph. GAUDRAT, *J.-Cl. Propr. litt., art.*, Fasc. 1211 : « Droits des auteurs. Droits moraux. Droit de divulgation (CPI, art. L. 121-1 à L. 121-9) », 2001, n° 18.

4 Selon certains, « Dans l'acte créateur se manifeste l'unité du désir, de la volonté et de la pensée, c'est-à-dire l'unité du "désir", du "vouloir", du "pouvoir" et du "savoir". Une "pensée créatrice", dans la mesure où elle contient le "désir / l'amour créateur" et la "volonté créatrice", ne peut être considérée comme production du cerveau mais plutôt du cœur » : M. BILOLO, *Le Créateur et la création dans la pensée memphite et amarnienne : approche synoptique du "document philosophique de Memphis" et du "grand hymne théologique" d'Echnaton*, éd. Publications universitaires africaines, Kinshasa – Libreville – Munich, 1988, p. 59.

créatrice ; si pour la plupart des gens, des juristes en tous cas, le cœur n'est qu'un *muscle*, il ne se présente plus dans le soufisme comme un simple *organe de chair* à la forme conique mais comme « *l'organe par lequel est produite la vraie connaissance, l'intuition compréhensive, la gnose* (*ma'rifa*) *de Dieu et des mystères divins* » selon Ibn 'Arabî[1]. Or, l'objet de la propriété littéraire et artistique est une *œuvre* ou une *interprétation*, et non pas la *ma'rifa* laquelle dans sa forme la plus haute est *ineffable*… non susceptible d'expression.

910. Des *images intérieures* associées. Dans cette pratique, le cœur comme organe subtil devient le « support de la créativité » en concentrant l'énergie spirituelle de la *himma.* C'est la fonction essentielle du cœur, qui, engendrant l'imagerie et la perception mentale du nom divin, est doté d'une *puissance créatrice.* Cette conception particulière de la connaissance s'explique par le fait que la connaissance (*ma'rifa*), de l'être de Dieu dans ses diverses manifestations ne relèverait plus de la faculté intellectuelle mais elle émanerait du cœur selon Ibn 'Arabi[2]. Comme le souligna le grand mystique Jalâl al-Din al-Rûmi : « *Les soufis polissent leurs poitrines avec l'invocation et la méditation afin que le miroir du cœur puisse refléter des images vierges (du Monde Invisible)* »[3]. A cet égard, le théologien sunnite Ibn al Qayyim al-Jawziyya (m. 1350) souligna :

> « Nul doute que le cœur s'expose à la rouille comme le cuivre, l'argent et d'autres métaux. Son polissage se fait au moyen du *dhikr.* En effet le *dhikr* ne se cesse de polir le cœur jusqu'à le rendre comme un miroir brillant. Ainsi, s'il néglige le *dhikr* il se rouille et s'il le pratique celui-ci le polit. La rouille du cœur est provoquée par deux choses : l'insouciance et le péché, et son polissage s'effectue au moyen de deux choses : la demande du pardon et le *dhikr.* Aussi, chez celui qui passe la plupart de son temps dans l'insouciance, la rouille ne cesse de s'accumuler dans son cœur »[4].

911. Le cœur pivot indispensable de l'acte créatif invocateur se présente dès lors comme la condition *sine qua non* de cette pratique sans lequel cet *exercice vocal* n'a pas de valeur. Grâce à l'Imagination active (*al-wahm*), le cœur du gnostique crée par sa *himma* quelque chose qui existe en dehors du siège de la faculté représentative (*wahm*)[5], qui fait son apparition dans le monde sensible comme ayant une réalité extérieure.

912. Identification de l'action créatrice du cœur dans l'ordre spirituel. Dans son ouvrage : *Revivification des sciences de la religion*, l'*Imâm* Ghazali, surnommé l'*Argument de l'Islam*, mit en évidence l'action créatrice du cœur dans la pratique du *dhikr* :

> « Après s'être assis dans la solitude, il (le *sufi*) ne cesse de dire de bouche Dieu (Allah), continuellement, et avec la présence du cœur. Cela, jusqu'à ce qu'il parvienne à un état où il abandonne le mouvement de la langue, et voie le mot comme coulant sur celle-ci. Puis il en vient au point d'effacer la trace du mot sur la langue, et il trouve son cœur continuellement appliqué au *dhikr* ; il y persévère assidûment jusqu'à ce qu'il en arrive à effacer de son cœur l'image de la locution, des lettres et de la forme du mot, et que le sens du mot demeure seul en son cœur, présent en lui, comme joint à lui, et ne le quittant pas. Il est en son pouvoir de parvenir à cette limite, et de faire durer cet état en repoussant les tentations ; par contre, il n'est pas en son pouvoir d'attirer à lui la Miséricorde de Dieu Très Haut »[6].

913. A l'examen de ces propos, il semble que tout se passe à *l'intérieur de l'esprit de l'orant.* Il suscite des formes internes pour les résorber dans une sorte de vacuité d'un

---

1 H. Corbin, *L'imagination créatrice dans le soufisme d'Ibn 'Arabî*, *op. cit.*, p. 233.

2 S. Louati Koubaji, *L'esthétique de l'abstrait et les enjeux mystiques dans l'art musulman*, L'Harmattan, Paris, 2016, p. 104.

3 Rumi, I, 3154.

4 A. Aissa, *op. cit.*, p. 12 et 13.

5 H. Corbin, *op. cit.*, p. 234 et 235.

6 *Ihya' 'ulam al-din*, III, éd. du Caire, p. 16-17, cité par G.-C. Anawati et L. Gardet, *op. cit.*, p. 188-189.

au-delà de la forme. Il ne reste que son contenu[1]. Ibn 'Ata' Allâh y distingue deux étapes[2] : le *dhikr du cœur* produit *avec effort* une « mystique naturelle » et celui qui se fait *sans effort* « mystique surnaturelle ». Dans le *premier cas*, « le Nom divin est présent au cœur spirituel, d'une présence qui imbibe tout entier le sujet resté conscient, mais, cette fois, sans qu'un état réflexif de conscience soit comme le medium où il saisisse le Mentionné » tandis que dans le *second cas*, cette présence du Mentionné « s'exprime en une sorte de martèlement de la prière par le battement du cœur charnel, et la pulsation du sang dans les artères et les veines, sans aucune prononciation, même mentale, des mots, mais où les mots cependant demeurent »[3].

914. Conception surnaturelle de la création et la créativité du cœur comme objet de droits ? Or, cette *créativité par le cœur* ne s'oppose-t-elle pas à la *créativité* qu'accueille la propriété littéraire et artistique ? Autrement dit, cette conception surnaturelle de la création par le cœur ne doit-elle pas, de prime abord, *disqualifier* la pratique du *dhikr* faute de pouvoir répondre à l'*exigence d'expressivité* en la matière ? En effet, la *himma* est avant tout une *faculté créatrice* qui « est cette capacité du gnostique de projeter, dans l'ordre des réalités sensibles, ce qui est dénué d'existence sensible. C'est l'activité poétique, réglée par la théophanie, qui donne corps à ce qui n'en a pas, qui donne forme à ce qui est esprit »[4], c'est-à-dire l'acte de donner une image sensible, matérielle. Ce pouvoir créateur qui produit des représentations formées perceptibles renvoie à un concept bien connu de la propriété littéraire et artistique, à savoir la « *forme externe* ». « La prise en compte de la dimension expressive dans l'acte générateur de la propriété oblige à identifier la forme comme l'objet du droit : la forme seule recèle l'expression du créateur »[5]. Or, tout dans la *forme* n'est pas susceptible d'être *protégé* et *a fortiori* de porter l'*empreinte*.

§ 2. L'ACTE INVOCATEUR DES NOMS DIVINS

915. Plan. Après avoir analysé l'opération intellectuelle qui se déroule dans le *for intérieur* de l'orant, il convient de décrire et d'examiner les différentes étapes qui scandent le processus du *dhikr* (A) avant d'envisager les diverses formules d'invocation et leurs modalités (B) qui se déploient au cours de ces phases.

A. Les phases du processus d'invocation du *dhikr*

916. Différentes étapes du *dhikr*. Il est communément admis que cette pratique comporte trois étapes[6] ou degrés de *dhikr* pour atteindre *in fine* le but de cette pratique. Certains maîtres vont jusqu'à distinguer parfois cinq à huit étapes[7]. D'une manière générale, l'opération intellectuelle du *dhikr* est la succession de plusieurs phases qui doivent s'apprécier *séparément* au regard du droit d'auteur pour savoir si la forme (originale) créative peut se manifester dans l'une ou l'autre. L'orant doit, d'abord,

---

1 C'est là que toutes les spiritualités se rejoignent…

2 G.-C. ANAWATI et L. GARDET, *op. cit.*, p. 222.

3 *Ibid.*

4 S. AYADA, *L'Islam des théophanies. Structures métaphysiques et formes esthétiques*, thèse, Poitiers, 2009, p. 276.

5 Ph. GAUDRAT, *Rép. Civ. Dalloz*, V° « Propriété littéraire et artistique (1° Propriété des créateurs) », préc., n° 39.

6 L. GARDET, art. « *Dhikr* », *in E.I.*^{2}, t. II, p. 232.

7 E. GEOFFROY, *Initiation au soufisme*, *op. cit.*, p. 248 et 250.

imaginer le nom divin comme présent. Il doit, en second lieu, parvenir à la *visualisation* de la forme du nom dans le centre subtil qui est le *cœur*, et ce, par la *concentration* de cet organe et du *mental* au préalable avant de le *scander* par la langue. Sans cette première phase, l'incantation ne sera qu'une *simple exécution d'une forme musicale* dénuée de tout intérêt. C'est ainsi que « le nom de Dieu est prononcé à haute voix, puis répété dans le cœur afin que la fileuse soit absorbée dans sa concentration pour Dieu »[1].

917.*Dhikr* de la langue. La première étape est connue sous l'appellation (*dhikr al-lisân*). Il s'agit du *dhikr* de la langue qui consiste en la *répétition* de formules qui est accompagnée par une attention au cœur même si elle n'est pas caractérisée par la concentration. C'est par cet acte que le mystique *accède* à l'ordre spirituel. En effet, « les mots et les syllabes qui sortent des lèvres dans cet exercice vocal n'ont de valeur que s'ils sont accompagnés au fond du cœur de l'intention droite (*niyah*). À une étape ultérieure, le *dhikr* est articulé par le cœur (*qalb*) même, jusqu'à ce que finalement le soufi laisse pénétrer le *dhikr* dans son être le plus profond (*sirr*), atteignant un état de beauté spirituelle (*ihsan*) et même d'union avec Dieu (*tawhîd*) »[2]. Dans cette étape, on remarque qu'il s'agit d'une *forme codée*, *fixe*, qui n'a de valeur spirituelle que par l'articulation du cœur qui en cherche la concentration. Le but est, certes, *l'opposé de l'expression* !

918.*Dhikr* du cœur. La deuxième étape consiste en le *dhikr* du cœur (*al-qalb*) qui se présente comme une *invocation silencieuse* pratiquée par les *Naqshbandis*, confrérie fondée au XIVe siècle, par laquelle le disciple médite sur les signes et la portée des noms. A cet égard, l'*imâm* Al-Nawâwî a dit : « Le *dhikr* se pratique soit par le cœur, soit par la langue. Ce qui est le mieux, c'est le *dhikr* de la langue et du cœur à la fois. Toutefois, s'il y a à choisir entre ces deux, il est bien évident que le *dhikr* avec le cœur est meilleur. Ce n'est pas, pour autant, une raison de renoncer aux deux méthodes parce qu'on craint d'être accusé de duplicité. Passant outre, l'invocateur s'adonnera à la fois aux deux, tout en ayant à l'esprit qu'à travers son invocation, il ne recherche que la Face de Dieu »[3]. Il semble que puisque que le *dhikr* de la langue est *facultatif*, le *chant* ne peut pas être l'expression de l'expérience de l'orant…

919.*Dhikr al-sirr*. Enfin, la dernière étape consiste en l'invocation de la *conscience intime* (*dhikr al-sirr*). Le mentionnant dans ce niveau étant annihilé dans le Mentionné[4] (Dieu en tant que mot) atteint le but ultime de cette pratique. Là, il n'existe plus de *forme externe* et c'est là le but atteint par le pratiquant. En fin de compte, « que la pratique du *dhikr* soit d'emblée intériorisée comme chez les *Naqchabandiyyas* ou qu'elle commence à voix haute, "par la langue", dans la plupart des autres ordres, son sens doit pénétrer de plus en plus profondément dans l'être, vers le cœur, puis vers le secret intime (*sirr*) et le "secret du secret", siège de l'Esprit et de la communication avec le Divin »[5]. Certes, ce « siège de l'Esprit », par où l'orant communique avec le divin, n'est pas l'esprit déployé de la loi par lequel il s'épanche à l'extérieur en œuvres…

---

1 P. RINGGENBERG, *L'univers symbolique des arts islamiques*, *op. cit.*, p. 49.

2 R. GOULET, art. « *Dhikr* », *in Dictionnaire de l'Islam, religion et civilisation*, Encyclopædia Universalis France, 2019.

3 A. AISSA, *op. cit.*, p. 61.

4 E. GEOFFROY, *Initiation au soufisme*, *op. cit.*, p. 250.

5 D. GRIL, « La Voie », *in* A. POPOVIC et G. VEINSTEIN, *Les Voies d'Allah*, *op. cit.*, p. 93.

920. Il semble quand même qu'il y ait deux choses qui se déroulent dans l'esprit/cœur de l'orant : il y a la *production spirituelle*, à partir du cœur, laquelle influence la *forme interne* du chant, sans quoi cette forme interne, qui se concrétise en une *forme externe musicale*, serait purement profane.

B. Les formules d'invocation du *dhikr*

921. Formules du *dhikr*. Il existe plusieurs *formules d'invocation* qui varient en fonction du temps et de l'espace. « Chacune d'elles produit un effet particulier sur le cœur et détermine une réaction psychologique appropriée »[1]. Les formules sacrées les plus couramment répétées et psalmodiées à l'excès durant les séances collectives sont les suivantes : la *shahâda* « *Lâ ilâha illâ Llâh* » (« il n'y a de divinité que Dieu ») et « *Allâh* ». Il peut s'agir du *dhikr* de Dieu en formulant le Nom singulier « *Allah* »[2], l'un des Noms divins ou l'un des attributs divins, ou même le nom du Prophète, ou l'un de ses attributs, etc. Ces formules sont décomposées au fur et à mesure en *Allâh*, *llâh*, avec les vocables de liaison et de répétition « *hû* » qui signifie *Allah* et « *hây* » (le Vivant). Quant au choix de la formule, Anawati et Gardet précise qu'une *liberté* très grande semble être laissée aux pratiquants[3].

922. Énonce du seul Nom d'*Allah*. S'agissant de l'énoncé du Nom d'*Allah* d'une manière isolée, d'aucuns s'opposent à une telle formulation sous prétexte qu'il n'est pas possible de construire une phrase significative avec un seul mot, comme c'est le cas si on dit : « Dieu le majestueux » (*Allah Jalil*). On y rétorque que : « L'invocateur, qui recourt à l'énoncé de ce Nom d'une manière isolée, ne s'adresse pas à une créature. Aussi, la parole, qu'il prononce ne doit pas nécessairement revêtir un sens aussi complet qu'utile. C'est parce qu'il mentionne Dieu qui connaît bien l'âme de l'invocateur et Il est informé sur son cœur »[4]. Il nous semble que cette assertion aille

---

1 A. AISSA, *op. cit.*, p. 95 et 96. « Les guides spirituels, s'érigent en médecins des cœurs et se constituent en héritiers de l'Envoyé de Dieu sur le plan de la *da'wa*, de l'orientation et de l'éducation. Ils font découvrir à leurs disciples les invocations précises qui correspondent à leurs états et à leurs besoins. Ils les assistent dans leur marche ascendante vers l'agrément de Dieu. Ils jouent, en quelque sorte, le rôle du médecin des corps qui donne aux malades divers médicaments, leur prescrit un traitement approprié à leurs maux, puis change la nature du médicament en fonction de leur cheminement vers la guérison » : *op. cit.*, p. 96.

2 A. AISSA, *op. cit.*, p. 97 et s. « Il n'y a aucun texte légal qui interdise la mention du Nom "*Allah*" d'une manière isolée » : *op. cit.*, p. 98. Les versets à ce sujet sont bien clairs : « Invoque le Nom de ton Seigneur ; consacre-toi totalement à Lui » (Coran, Sourate LXXIII : Celui qui s'est enveloppé, 8) ; « Invoque le Nom de ton Seigneur à l'aube et au crépuscule » (Coran, Sourate LXXVI : L'Homme, 25).

3 G.-C. ANAWATI et L. GARDET, *op. cit.*, p. 200.

4 A. AISSA, *op. cit.*, p. 99. « Sidi Abû'l 'Abbâs AL-MURSI a dit : "Que ton *dhikr* se résume à "*Allah* ! *Allah* !". Ce Nom est le sultan parmi les autres Noms. Il possède une étendue où il évolue et un fruit qu'il récolte. La science est son étendue. La lumière en est le fruit. Ce n'est pas l'essence de la lumière elle-même qui est visée mais c'est ce qu'elle dévoile. Aussi, convient-il de mentionner Son Nom d'une manière abondante et d'accorder sa préférence à ce procédé de *dhikr* parce qu'il renferme en lui tout ce qu'il y a dans "Il n'y a de dieu que Dieu", tous les dogmes, toutes les sciences, les morales, et les vérités etc. Le connaisseur de Dieu IBN 'AJIBA a dit : "Le Nom singulier "*Allah*" est le sultan des Noms. C'est le Nom Suprême de Dieu. Le disciple continuera à le mentionner et à être remué par lui jusqu'à ce qu'il se mêle et s'intègre à sa chair et à son sang et que ses lumières coulent dans toute sa totalité et dans ses moindres parties. Le *dhikr* se transporte ensuite au cœur, puis à l'âme, puis à son secret intime. À ce moment, la langue devient muette et ainsi il accède au dévoilement et à la vision oculaire" » : *op. cit.*, p. 102 et 103.

dans le contresens de la *forme interprétative* qui est une forme destinée à transmettre à un public une émotion. En l'occurrence, le *dhikr* est une *procédure spirituelle* qui peut engendrer *une forme externe* mais celle-ci n'est que l'*indice d'une expérience.* Elle semble ne pas être destinée aux autres…

923. Modalités d'invocation. Il n'en reste pas moins que ces formules obéissent à des modalités d'invocation qui touchent au rythme, à la prononciation et à la phonétique au sens linguistique et musicologique. Prenant l'invocation de « *Lâ ilâha illâ Llâh* » à titre d'exemple. Nous enseignons que : « Le disciple doit accentuer le contraste entre la négation initiale et l'affirmation résolutive, en renforçant l'attaque phonétique au début de chaque membre de phrase : *Lâ ilâha… Illâ Llâh.* Parfois, il prononce *Lâ ilâha* en se déplaçant intérieurement du nombril vers l'épaule droite, puis *illâ Llâh* en descendant vers le cœur, centre du "secret" spirituel »[1]. C'est ainsi que la pratique n'est pas à l'abri des *règles musicales*, comme nous allons le constater. Il suffit de savoir que les formules chantées suivent les règles du *maqâm* pour le Proche-Orient et celui du *tab'* pour l'Afrique du Nord selon Christian Poché[2].

924. Variation en fonction des confréries. Ces modalités d'invocation (le nombre de leurs répétitions et/ou les mouvements d'ensemble) varient d'une *tarîqa* (« chemin » ou « sentier ») à l'autre et selon les confréries qui imposent à leurs adeptes une ou plusieurs formules arrêtées[3]. À titre d'exemple, la récitation de la formule dans le *dhikr shadhili* selon Ibn Iyad :

---

1 E. GEOFFROY, *Initiation au soufisme*, *op. cit.*, p. 247. « Le *dhâkir* (celui qui pratique le *dhikr*) passe à "la négation et à l'affirmation" représentées par la formule *Là 'ilâha 'illâh-Llâh* = "Pas de Dieu si ce n'est le Dieu" (Absolu et Universel). La méthode d'emploi de cette formule est la suivante : Le *dhâkir* collera sa langue au palais de la gorge et, après avoir inspiré, il retiendra son souffle. Alors il commencera la prononciation par le vocable *là* (= "Pas" ou "non") en se l'imaginant […] placé sous son nombril ; de là il tirera ce vocable vers le milieu des centres subtils où se trouve le centre appelé "le-plus-caché" et le prolongera jusqu'à ce qu'il atteigne le point qui correspond au centre subtil de l'"âme logique" ou "raisonnable" ; ce dernier centre est situé symboliquement dans la première enceinte du cerveau appelée le "chef". – Ensuite le *dhâkir* procédera à l'articulation du mot *'ilâha* (= "Dieu") en commençant imaginativement avec l'élément phonétique appelé *hamzah* […] depuis le cerveau et le faisant descendre jusqu'à l'épaule droite pour le faire couler vers le point correspondant au centre subtil appelé l'"esprit". – Enfin le *dhâkir* procédera à la prononciation de *'illâ-Llâh* (= "si ce n'est le Dieu"), en faisant partir imaginativement le *hamzah* de *'illâ* depuis l'épaule (droite) et en l'étendant vers le "cœur" où le *dhâkir* frappera avec la parole finale *Allah.* […] ; la force du souffle retenu frappera ainsi le "petit point noir du cœur" pour en faire sortir l'effet et la chaleur vers le reste du corps et pour que cette chaleur brûle toutes les parties corrompues du corps, alors que les parties pures de celui-ci seront illuminées par la lumière du nom *Allah* […]. À la fin de cette formule, il fera imaginativement un arrêt en un nombre impair (de temps) […]. Ensuite il relâchera son souffle lorsqu'il sentira la nécessité de le faire et il s'"arrêtera" selon un nombre impair (de temps) : trois ou cinq ou sept, etc. jusqu'à vingt et un. C'est ce qu'on appelle chez nos maîtres l'"arrêt compté" […]. Une fois le souffle expulsé, il reprendra un autre souffle qu'il utilisera de la même façon que le premier mais entre une expiration et une inspiration, il observera cette attitude imaginative (pour le décompte des "temps") » : F. PRUVOST, « Stanislavski en quête d'une méthode : la prière du cœur et la pensée hésychaste », Revue *Russe*, 2007, n° 29, p. 61-62. Il est intéressant de remarquer, outre qu'il dissocie bien le Cerveau centre de l'âme logique du cœur, qui paraît indispensable, qu'il souligne l'importance de l'imagination et l'association au souffle et au rythme (comme en Kriya Yoga). Le souffle et le rythme déterminent une manifestation externe ; mais est-elle suffisamment élaborée pour constituer une forme externe ? Il faudrait qu'elle se mêle à un *maqâm*…

2 C. POCHE, *Dictionnaire des musiques et danses traditionnelles de la méditerranée*, *op. cit.*, p. 145.

3 G.-C. ANAWATI et L. GARDET, *op. cit.*, p. 200.

« […] commence du côté gauche, sous le nombril, en prolongeant longuement la prononciation de la particule négative la ; puis on fait ressortir distinctement le î (de *ilâh*) du fond de la gorge, et on prononce le h vocalisé *ha*, en le faisant suivre d'un profond temps d'arrêt, tout en inclinant le cou vers l'épaule […]. On dit ensuite *illa Allah*, en faisant ressortir distinctement du fond de la gorge le i de la particule d'exception (*illa*, "excepté"), en se frappant le cœur au côté droit à la suite de l'émission de la voix. On s'appesantit alors sur le mot de gloire (*Allah*), en affectant le a d'un allongement profond et étendu »[1].

925. Distinction entre l'acte de conception, intime, et l'acte de récitation des noms de Dieu, comme forme externe. Peut-on dire qu'il y ait une corrélation exacte entre l'acte de conception et l'acte d'émission pour en déduire que la récitation serait une œuvre protégeable ? Une corrélation aussi intime qu'entre le sens que veut donner l'auteur ou l'interprète et l'émission du verbe ? Il nous semble qu'il n'y a pas de corrélation intime entre la forme interprétative et l'expérience intérieure ! Il y a, certes, la forme interne correspondant à la forme externe émise par la voix, mais dans le même temps la méditation de l'orant peut se placer sur d'autres objets et courir d'objet en objet ou, au contraire, rester fixe.

926. Après avoir recensé les différentes phases du *dhikr* et ses formules d'invocation, il convient, ensuite, de s'interroger sur la pertinence et la cohérence des catégories juridiques sur lesquelles reposent la propriété littéraire et artistique auxquels il serait possible de rattacher et de classifier éventuellement le *dhikr* afin d'explorer toutes les pistes de réflexion en la matière.

---

1 *Mafakhir*, p. 111, cité par G.-C. ANAWATI et L. GARDET, *op. cit.*, p. 202.

SECTION II.
LA COMPLEXITE DE LA QUALIFICATION DU *DHIKR*

927. Imbroglio du *dhikr*, une *œuvre complexe* aux multiples facettes. La pratique du *dhikr* varie d'un ordre soufi à un autre, mais comporte généralement des *incantations*, des *récitations*, des *chants* et des *danses*. Il existe autant d'éléments qui semblent caractériser la pratique du *dhikr*, tels que : la répétition verbale des formules d'invocation, formes mélodiques, accompagnements de techniques et d'exercice de respiration, poses ou attitudes corporelles. La complexité de la qualification tient au fait que la pratique du *dhikr* se compose d'éléments de nature diverse qui mettent en cause différents genres, tels que *méditation*, *paroles*, *musiques* et *mouvements* dans lesquelles s'exprime la forme spirituelle. C'est ainsi que la pratique du *dhikr* se situe au carrefour, à l'intersection, de plusieurs *catégories*[1] qui peuvent laisser dubitatif. Mais que le pratiquant *produise* des *sons* et des *mouvements* comme conséquence de son *activité intérieure* ne veut pas dire qu'on est nécessairement en présence d'*œuvres* ou d'*interprétations*...[2] C'est dans cet esprit qu'il faut s'interroger sur les catégories juridiques sur lesquelles reposent la propriété littéraire et artistique qui pourraient éventuellement accueillir la pratique du *dhikr* et en distinguer les éléments protégeables de ceux qui relèvent de la technique, de surcroît d'en apprécier l'*originalité* s'il y en a.

928. Plan. À première vue, quatre catégories (de l'œuvre ou de l'interprétation) sont envisageables, les deux premières catégories *résorbent* la forme spirituelle (§1) en limitant la pratique à la seule dimension *physique* et *sonore*, alors que les deux autres semblent plus *adaptées* à la dimension *spirituelle* et/ou *folklorique* de la pratique (§2).

§ 1. LES QUALIFICATIONS REDUCTRICES : LA RESORPTION DE LA FORME SPIRITUELLE

929. Plan. De prime abord, la pratique peut être tantôt rattachée à la catégorie d'*œuvre chorégraphique* (A), tantôt rattachée à celle d'*œuvre musicale* (B).

A. La forme chorégraphique

930. L'allure chorégraphique[3] du *dhikr*. Comme le souligne Jean During, « les mouvements, généralement codifiés, qui accompagnent cette scansion peuvent conférer au *dhikr* collectif l'allure d'une chorégraphie »[4]. En dépit du fait que le *dhikr*

---

1 V. Les œuvres relevant de plusieurs catégories proposées par une partie de la doctrine comprend les œuvres « *transversales* », les œuvres « *carrefour* » (carrefour de genres), et les œuvres « *réceptacles* » : M. VIVANT et J.-M. BRUGUIERE, *op. cit.*, p. 209 et s, n° 202 s.

2 « Mais ne retenir l'esprit que comme source de la création est encore insuffisant. Tout ce que la personne humaine manifeste prend origine dans son esprit : un son articulé, des mouvements, un comportement, un caractère, une personnalité, une information, un savoir-faire, une invention etc... Si l'on s'arrête au seuil de l'esprit, toutes ces manifestations sont des œuvres de l'esprit par leur origine mentale ! ... » : Ph. GAUDRAT, *La propriété intellectuelle : modèle multiple ou pensée unique ?*, Cours spécial : Master 2 « Propriétés Intellectuelles », préc., p. 81.

3 V. Sur la protection des *œuvres chorégraphiques* par le droit d'auteur : O. BOZZONI, *Le droit d'auteur du chorégraphe*, thèse, Paris II, 1997 ; M. ALSNE, « Chorégraphie et droit d'auteur », *RIDA* oct. 1994, n° 162, p. 3.

4 J. DURING, « Musique et rites : le *samâ'* », *in* A. POPOVIC et G. VEINSTEIN, *Les Voies d'Allah*, *op. cit.*, p. 163 ; M. SALEH, « Les danses d'Égypte », *in* D. HENNI-CHEBRA et C. POCHE (dir.), *Les danses dans le monde arabe ou l'héritage des almées*, L'Harmattan, Paris, 1996 p. 123.

n'a pas l'esprit d'un spectacle et c'est très monotone, la question se pose de savoir s'il y aurait lieu de protéger ainsi l'*action chorégraphique* de la pratique du *dhikr* qui constituerait dans son ensemble une véritable œuvre au même titre que les enchaînements chorégraphiques. La réponse n'est guère évidente.

931. Plan. L'examen de la pratique du *dhikr* nous permet de constater qu'elle se caractérise par la formation de *cercles concentriques* (1). L'analyse de ce mouvement circulaire dans la spécificité du contexte du *dhikr* et de ses déploiements chorégraphiques rituelles n'est pas sans ressusciter la problématique de la protégeabilité des *danses circulaires* par le droit d'auteur (2).

1. Le mouvement circulaire du *dhikr*

932. Formation et image des cercles concentriques. En effet, il convient de remarquer que plusieurs formes géométriques se retrouvent dans tous les arts islamiques représentées, soit sous la forme d'un *cercle unique*, soit sous la forme de *cercles concentriques*, soit par des *carrés*, etc[1]. A l'analyse de la pratique du *dhikr*, nous remarquons que les mouvements s'y caractérisent par la formation de cercles (*halqa*) concentriques hiérarchisés. Ces cercles symbolisent le rapprochement du cœur vers le Centre divin puisque le cœur est le centre de l'être (de l'âme) où se réalise l'union de l'homme à Dieu, et partant, le centre de la conscience de l'unité divine. Dieu est « l'Initial et le Final »[2] ; Il est le Centre à partir duquel jaillit la Création, d'où tout rayonne, et le Point vers lequel tout conflue[3]. Ainsi, la création et les créatures sont issues de Dieu et reviennent à Lui. Quant à la signification, « chaque cercle est un type d'oraison, et à chaque changement de prière, on se rapproche de l'ineffable, en un mouvement centripète, jusqu'à parvenir au centre, à "Lui" (*Hu*) »[4].

933. Symbolisme du cercle « *Au début était le Point. À la fin fut le Cercle* ». Le schéma suivant[5] illustre bel et bien cette signification par le truchement du symbolisme du cercle qui renferme le concept de l'Unité divine (le Point) vers lequel tout converge. C'est par la méditation de l'homme que les noms divins se font exister et se manifestent par son invocation. Si le support premier de la création n'est autre que la personne de l'auteur[6], c'est, toutefois, par sa composition matérielle que l'homme devient le support d'une activité énergique spirituelle[7].

---

1 V. P. RINGGENBERG, *L'univers symbolique des arts islamiques*, *op. cit.*, p. 364. V. Sur la présence et l'importance de la *géométrie* dans l'art islamique : P. RINGGENBERG, *op. cit.*, p. 363.

2 Coran LVII : Le Fer, 3, trad. de J. BERQUE. Selon la trad. de D. MASSON : « Il est le Premier et le Dernier ».

3 P. RINGGENBERG, *op. cit.*, p. 68.

4 P. RINGGENBERG, *op. cit.*, p. 496.

5 *Ibid.*

6 O. PIGNATARI, *op. cit.*, p. 51.

7 S. LOUATI KOUBAJI, *op. cit.*, p. 110.

Figure 22 — Représentation du mouvement circulaire du *dhikr* qui renferme le concept de l'Unité divine (le Point) vers lequel tout converge

Pas de divinité si ce n'est Dieu — Dieu — le Vivant — Lui

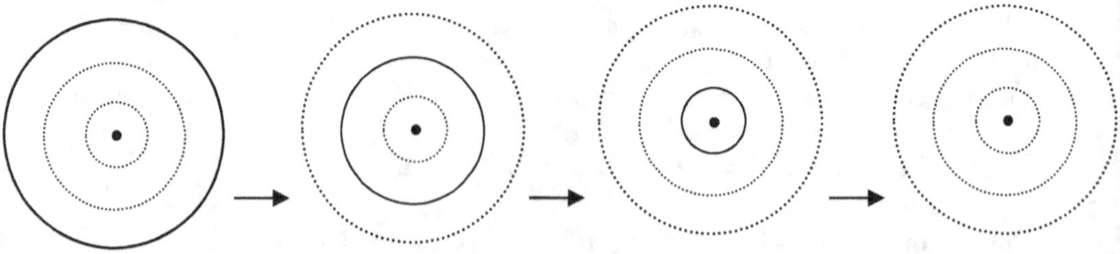

Lâ ilâha illâ'llâh — *Allâh* — *Hay* — *Hu*

Patrick Ringgenberg explique cette progression spirituelle mis en évidence par le mouvement qui commence :

« [...] de l'affirmation du néant du monde et de l'Unité divine (*shahâda*), pour arriver au seul nom de Dieu (*Allâh*), puis à la Vie divine éternelle (*Hay*), et enfin à l'Essence insondable de la Divinité (*Hu*). [...] On passe du cercle de l'existence au point de l'Essence, du mouvement à l'immuable, de la parole au silence. Cette progression est exactement traduite par la longueur et le rythme des formules employées dans les prières. En effet, on passe de la *shahâda*, prononcée sur un rythme à quatre temps, à *Hu*, qui est un seul point sonore presque évanescent »[1].

C'est dans cet esprit que Nezâmi emploie une formule, dans son roman : *Les Sept portraits*, qui fait allusion à cette conception : « *Au début était le Point. A la fin fut le Cercle* »[2].

934. Exemple du *dhikr-i devrânî* issu de la pratique des Khlavetis. Prenons, à titre d'exemple, la pratique du *dhikr* collectif des Khalvetis (*Khalwatiyya*)[3] qui repose fréquemment sur le *dhikr-i devrânî* (*dawrân*). Selon un auteur, « *les derviches exécutent une partie du rituel assis, puis se lèvent et, se tenant en cercle, effectuent un mouvement de rotation d'ensemble* »[4] qui est assimilé à une *danse.* Ainsi, « le mouvement circulaire est un motif qui, par sa récurrence même, révèle une filiation entre forme rituelle et forme

---

1 *Ibid.* En effet, « le point central symbolise toujours le Divin, son Unité et son Intellect, alors que chaque cercle correspond à un niveau de l'univers créé par Dieu : les trois mondes (angélique, imaginal, terrestre), les sept cieux et les sept terres. Les cercles proches du centre évoquent des mondes spirituels proches de Dieu, alors que les cercles périphériques représentent des mondes plus contingents (monde de l'Imagination, terres) » : P. RINGGENBERG, *op. cit.*, p. 68. Ce dernier ouvrage dit que : « HALLADJ employait également l'image des cercles concentriques et du point central pour suggérer la relation entre l'Unique réalité (le point central) et les différents degrés de la création ou les différents degrés de signification (les cercles concentriques) » : *op. cit.*, p. 68-69. Il en va de même pour IBN ARABI.

2 NEZAMI, *Le pavillon des sept princesses*, trad. du persan par M. BARRY, Gallimard, Paris, 2000, p. 490. *Adde* SHABESTARI, *La roseraie du mystère*, trad. du persan par D. MORTAZAVI et E. DE VITRAY-MEYEROVITCH, Sindbad, Paris, 1991, p. 24 et 33.

3 V. Sur cette confrérie : A. POPOVIC et G. VEINSTEIN, *op. cit.*, p. 484 et s.

4 A. POPOVIC et G. VEINSTEIN, *op. cit.*, p. 490.

artistique et spectaculaire […] »[1]. Nous trouvons-nous alors devant une œuvre qui relèverait des *arts d'expression corporelle* dans sa dimension spirituelle, fondés sur « une succession de mouvements rythmiques en cercle du corps et de la tête destinés à produire un état d'extase particulier » ?

935. *Motif circulaire* dans les œuvres de danse. En effet, il convient de remarquer qu'il existe plusieurs pratiques qui reposent sur la formation d'un cercle dans la danse[2] qui ne saurait l'exclure, en principe, du champ potentiel de la protection. Nous n'en retiendrons que la pratique culturelle afro-brésilienne, connue sous l'appellation du « *cercle de capoeira* », qui illustre bien cette figure géométrique.

936. Exemple du *cercle de capoeira*. Le cercle de capoeira, en tant que patrimoine culturel du Brésil, est un espace rituel où les danses et les chants sont exécutés et transmis de maîtres à disciples au moyen de la formation et de l'imitation. Cette pratique a été inscrite en 2014 sur la liste représentative du patrimoine culturel immatériel de l'humanité de l'UNESCO[3]. Elle repose sur la formation d'un cercle par les capoeiristes au centre duquel deux d'entre eux s'affrontent dans un *combat* mêlant de la *danse*. « Les mouvements exécutés exigent une grande souplesse du corps. Les autres capoeiristes autour du cercle chantent, tapent des mains et jouent d'instruments à percussion »[4]. A l'instar du *dhikr* pratiqué sous l'auspice du *cheikh*, la *capoeria* est pratiquée sous l'impulsion du *maître* (le gardien des connaissances contenues dans le cercle) qui est chargé de maintenir la cohésion du groupe tout en veillant au respect d'un *code rituel*. Mais à la différence du *dhikr*, la capoeira est un *art martial* unique en son genre qui conjugue la *chorégraphie* et le *spirituel*. Par ailleurs, elle utilise des moyens d'expression différents tels que le chant, la danse, et la musique. Il y a une part de *spectacle* assumée dans la *capoeira* : elle se pratique à deux (antagonistes) et en public. Il y a peut-être une *dimension sacrée*, mais l'essentiel du *dhikr* est spirituel ! Et même s'il se pratique en groupe (avec éventuellement un public), c'est toujours une *addition d'expériences individuelles*… En effet, le droit d'auteur pourrait dans une certaine mesure naître sur le cercle de capoeira dans la mesure où il « n'a rien de monotone. En dehors des mouvements et des chants traditionnels, l'espace du cercle est ouvert à

---

1 A. THURIES, « Le mouvement circulaire, du rite au ballet », *Déméter* (Revue électronique du Centre d'Étude des Arts Contemporains de l'Université de Lille 3), Actes, Textes, Journées d'étude, *in Le Mandala et ses figures dans la modernité artistique*, n° 7 (en ligne).

2 V. À titre d'exemple : A. THURIES, « Le mouvement circulaire, du rite au ballet », art. préc.

3 Décision du Comité intergouvernemental de sauvegarde du patrimoine culturel immatériel : 9.COM 10.8 dans sa neuvième session qui s'est tenue au Siège de l'UNESCO, à Paris, du 24 au 28 novembre 2014. V. Le document ITH/14/9.COM/10+Add.3.

4 « Tous les participants du cercle doivent pouvoir jouer des instruments (berimbau, pandeiro, agogô, caxixi, atabaque et reco-reco), chanter un répertoire commun de chants, improviser des mélodies et des chants, connaître et respecter les rites, les cosmologies, les hiérarchies et les codes d'éthique de conduite, fabriquer un berimbau et d'autres instruments et exécuter un ensemble de mouvements, de déplacements, de gestes d'attaque et de contre-attaque » : Dossier de candidature du Brésil pour l'inscription sur la liste représentative du patrimoine culturel immatériel de l'humanité en 2014, n° 00892, p. 4. V. http://www.unesco.org/culture/ich/fr/decisions/9.COM/10.8?dec=decisions&ref_decision=9.COM

l'improvisation, à l'exercice de la créativité »[1]. Ce qui pose la question de l'originalité des « *performances sportives* » que nous allons analyser plus loin[2] à l'occasion de l'étude de la danse des derviches tourneurs.

2. La problématique de la protégeabilité des danses circulaires

937. Protégeabilité des mouvements de danses sacrées ? Sur le plan du droit d'auteur, la question qui se pose est de savoir si ce *mouvement en cercle* sous forme de représentations géométriques pourrait en soi recéler un *caractère original*, et partant, porter l'empreinte de la personnalité. En d'autres termes, saurait-on prétendre que ces *chorégraphies rituelles* sont dépourvues d'originalité étant donné que les mouvements utilisés sont trop simples et inhérents aux danses sacrées ? Certes, le mérite n'a pas à être apprécié en la matière…

938. Degré de *liberté de création* et le fonds traditionnel des mouvements. D'une manière générale, la danse sacrée a pour espace le cercle ou les deux lignes parallèles[3]. Il ne fait aucun doute que certains gestes et mouvements dans ce genre de danses, dictés uniquement par leur *caractère* purement *technique*, ne laissent pas de place à des *variantes personnelles*. En témoigne, le style particulier de mouvements développés par chaque confrérie qui la caractérise mais :

> « elles se rejoignent toutes, par l'action du balancement de l'avant à l'arrière, ou latéral, qui s'avère l'un des traits les plus pertinents du sacré. Cette attitude du corps en balancier qui facilite et prépare le détachement, l'envolée, la fusion avec le divin, s'arc-boute foncièrement au monde terrestre. Elle frappe l'observateur de manière très générale par cette hantise du lien au sol qui agit comme une sorte d'aimant et l'impossibilité matérielle de s'en détacher »[4].

939. Cette caractéristique essentielle de la pratique ne relève donc que du *fonds commun* des mouvements. Il faut donc s'interroger sur le fait de savoir si ces mouvements laissent place à la manifestation d'une *liberté créative* au sens de la propriété littéraire et artistique hors des *règles* et des *contraintes* liées à la pratique du *dhikr* puisque « *toute contrainte qu'elle soit liée à la technique ou à la finalité de la création, si elle détruit le libre choix esthétique du créateur, ruine l'originalité* »[5].

---

1 V. Le dossier de candidature du Brésil pour l'inscription sur la liste représentative du patrimoine culturel immatériel de l'humanité en 2014, n° 00892, p. 6-7.

2 V. Plus loin : § n° 1208 s.

3 C. POCHE, « La danse arabe : quelques repères », *in* D. HENNI-CHEBRA et C. POCHE (dir.), *Les danses dans le monde arabe ou l'héritage des almées*, *op. cit.*, p. 38. « Le motif circulaire est éminemment associé dans la danse à des origines sacrées […] » : A. THURIES, « Le mouvement circulaire, du rite au ballet », art. préc. « Grands astrologues, les égyptiens simulent dans leurs danses le cercle zodiacal ainsi que le rythme du soleil traversant les Signes astrologiques. Les prêtres, pour cette occasion, revêtent des habits éclatants et effectuent une danse majestueuse autour de l'autel qui, comme ce sera le cas dans le christianisme, représente le Soleil, donc la divinité » : E. ZANA, *La danse et le sacré. Voyage dans la danse des origines à nos jours*, Dervy, Paris, 1996, p. 39 ; « Datant du 3e millénaire av. J.C., on retrouve des danses rituelles funéraires qui accompagnent l'âme du défunt dans son élévation vers le Divin. Ces danses, exécutées sous forme de farandoles, sont symboles de protection pour l'envol de l'âme » : E. ZANA, *op. cit.*, p. 43. V. À ce sujet : H. WILD, « Les danses sacrées de l'Égypte ancienne », *in* J. CAZENEUVE, *Les Danses sacrées : anthologie Égypte ancienne, Israël, Islam, Asie centrale, Inde, Cambodge, Bali, Java, Chine, Japon*, Éditions du Seuil, Paris, 1963, p. 33 à 118.

4 C. POCHE, « La danse arabe : quelques repères », *in* D. HENNI-CHEBRA et C. POCHE (dir.), *op. cit.*, p. 38.

5 M.-E. LAPORTE-LEGEAIS, *J.-Cl. Commercial*, Fasc. 710 : « Objet des droits d'auteur et titularité », 2009, n° 33.

940. Affaire des « *danses sacrées* ». Pour répondre à cette question, nous pouvons nous référer à une décision importante du Tribunal de grande instance de Paris rendue le 13 mai 2016[1] pour en tirer quelques enseignements. Les faits sont simples. En l'espèce, Mme Khemtemourian a créé neuf chorégraphies à la demande de la société Kairu qui les a commercialisées par la suite sous la forme d'un coffret de DVD sans régulariser un contrat de cession des droits. C'est dans ces conditions que Mme Khemtemourian a assigné la société Kairu devant le TGI afin de faire valoir sa qualité d'auteur des chorégraphies, ainsi que de constater l'exploitation illicite de celles-ci.

941. A l'appui de sa demande, Mme Khemtemourian verse au débat une pièce qui présente le processus d'élaboration et de création de chaque chorégraphie née à partir d'une méditation sur les musiques d'un compositeur en précisant par des pictogrammes, des mots et des photographies les mouvements à effectuer. Elle décrit, en outre, comment elle a procédé au choix et à la combinaison de certains mouvements pour parvenir à créer telle ou telle impression sans pour autant contester que les chorégraphies en cause s'inspirassent des danses sacrées.

942. En défense, la défenderesse mettait en avant le *défaut d'originalité*, voire de création, étant donné que les chorégraphies litigieuses, inspirées de danses sacrées réalisées en groupe, ne reflétaient aucune création artistique puisqu'elles étaient issues d'une démarche méditative. Il nous semble que cet argument eût gagné s'il s'agissait, en l'occurrence, d'un exercice spirituel. Mais là, il s'agit plutôt du spectacle « *dans le style de…* ».

943. Ecartant l'argument avancé par la défenderesse, le TGI retient la protection des neuf chorégraphies par le droit d'auteur, bien qu'elles soient composées de *mouvements simples* et *communs* tels que, par exemple, des *mouvements de marche en cercle*, vers le centre, des *mains tendues*, paumes ouvertes, des mains jointes en signe de prière, des *bras tendus vers le haut* puis *vers le bas*, des pas chassés, qui sont aisément réalisables par des personnes de toutes conditions, […] au motif que : « *chaque chorégraphie résulte de choix d'une combinaison de ces gestes et d'un rythme propre en harmonie avec la musique sélectionnée pour les accompagner, qui est également à l'origine de l'inspiration de la chorégraphe* ». Il s'ensuit ainsi que les chorégraphies reflètent bel et bien la *personnalité* de son auteur et bénéficient de la protection au titre du droit d'auteur. En ce cas, il n'y avait aucun doute que l'objectif de la créatrice était un spectacle…

944. Une qualification critiquable : la forme instrumentalisée au service de l'orant en tant que véritable œuvre à créer. Or, le fait que la pratique soit composée ou fondée sur des *mouvements circulaires* n'implique pas nécessairement de retenir la qualification d'*œuvre chorégraphique* qui n'échappe pas à la critique. Dans la pratique du *dhikr*, on voit bien que la forme est *instrumentalisée* pour exercer un effet sur l'orant et non pas sur le public. Il suffit pour s'en convaincre de lire le passage suivant :

> « Les mouvements varient en fonction des cadences mais aussi des groupes. Tantôt les participants sautillent sur place, fléchissant les genoux, balançant le torse d'avant en arrière, jusqu'à plier parfois le bassin en deux. Ils finissent alors en sautant, la tête relevée et comme aspirant à l'air libre, car l'âme-esprit cherche à décoller, à échapper au monde de la matière. Tantôt ils tournent le torse de la gauche vers la

---

[1] TGI Paris, 3e ch., 13 mai 2016, n° 14/05221. V. E. PIERRAT et L. KRUGER, « La protection et la conservation des œuvres chorégraphiques », *in* L. PIGNOT et J.-P. SAEZ (dir.), « Le droit d'auteur sous toutes ses facettes », *L'Observatoire* 2020/1, n° 55, p. 80 à 82.

droite, puis l'inverse, dans un mouvement de balancier de plus en plus rapide ; les bras restent libres, et suivent naturellement l'oscillation »[1].

945. Effet psycho-corporel et spirituel du *dhikr*. Même si « ces mouvements peuvent s'amplifier au point de ressembler à une danse, assise ou debout »[2], « encore faut-il dire que le mouvement opéré au moment du *dhikr* n'est pas considéré comme de la danse. Il est donc reconnu parce qu'il stimule le corps et aide à amener le cœur à être présent avec Dieu. Si l'intention est bonne, chaque chose étant évaluée selon l'intention qui l'anime »[3]. En effet, l'examen des séances collectives de *dhikr* révèle que le mouvement de la tête et du corps n'est pas l'une des caractéristiques essentielles de la pratique puisqu'il n'est que le signe d'une expression involontaire plus profonde traduisant l'expérience que vit l'orant et l'exacerbation du lien spirituel du cœur avec Dieu « *taqarrub rûhânî* », c'est-à-dire l'âme est en état d'extase spirituelle. L'engagement *corporel* dans la pratique du *dhikr* ne doit pas être trompeur dans la mesure où « *tout le corps est engagé dans la prière afin d'augmenter, selon les soufis, l'effet psycho-corporel et spirituel du dhikr* »[4].

946. Finalité ascétique obtenue grâce aux mouvements corporels. C'est ainsi que le mouvement est l'expression de l'engagement corporel de chacun et de cette *expérience extatique*, il n'y aurait pas pour autant « *volonté délibérée de créer une œuvre de l'esprit qui révèle* [...] *l'empreinte de la personnalité de l'auteur* »[5]. Il nous semble que ce n'est pas tant la *simplicité* du mouvement que *l'expression consciente de la personnalité* qui fait défaut : le but de la pratique étant de la *dissoudre*... Ces mouvements ne traduisent qu'une *conception expressive passive* qui, en tant que tel, ne saurait être infusée dans l'acte créatif. Lesdits mouvements ne sont finalement qu'un aspect de la pratique du *dhikr*. Certains auteurs remarquent que les poses et les mouvements résultant de la pratique du *dhikr* dépendent de la prononciation des formules selon les traditions des confréries. C'est le cas notamment du *dhikr* des *Rahmaniyya*. À titre d'exemple, quand on prononce la formule *lâ ilah illâ Allâh* :

« il remue la tête en la baissant du côté du nombril. En prononçant le mot *lâ*, il la relève vers le haut. Ensuite, il penche la tête à droite en traçant un cercle dont le point de départ est le nombril, et le centre le cœur. En prononçant le mot *ilah*, il la relève jusqu'à la moitié du cercle, du côté droit. En disant *illâ Allah*, il la baisse du côté gauche jusqu'à la moitié du cercle (formé à partir) du cœur, vers le nombril des secrets ».

S'agissant de la deuxième formule, le Nom divin seul, *Allah* :

« il faut, ô novice [...], faire deux mouvements : le premier consiste à frapper (de la tête) la poitrine à la place du cœur matériel, qui a forme pinifère, en disant *Allâh*, la tête (penchée) sur le nombril ; le deuxième mouvement consiste à relever la tête en prononçant le *hamza* ("esprit doux") du nom d'*Allah* (*'A*), et à porter la tête depuis le nombril jusqu'à la hauteur du cerveau, puis à prononcer le reste de la formule (*ilâh*) sur le nombril des secrets »[6].

---

1 E. GEOFFROY, *Initiation au soufisme*, *op. cit.*, p. 253 et 254.

2 J. DURING, « Musique et rites : le *samâ'* », *in* A. POPOVIC et G. VEINSTEIN, *Les Voies d'Allah*, *op. cit.*, p. 164.

3 A. AISSA, *op. cit.*, p. 112.

4 P. RINGGENBERG, *op. cit.*, p. 425.

5 Rappr. TGI Paris, 25 sept. 2014, RG n° 13/07755, aff. *Héritiers Picasso c/ Richard Pesce*, *Propr. intell.*, juill. 2015, n° 56, p. 269, obs. J.-M. BRUGUIERE, à propos de la signature d'un artiste qui n'est pas une œuvre de l'esprit protégeable par droit d'auteur.

6 *Kitab al-minah*, p. 79 et 80.

947. L'*aspect corporel* peut être considéré comme un point de départ, mais n'en constitue pas l'essence. En témoigne la séance collective du *dhikr* pratiqué par les mevlevîs. Elle est décrite par A. Gölpinarli de la façon suivante : « [...] Sur un signe du *shaykh*, le nom "*Allah*" est scandé avec des émissions de souffle et sur un rythme de plus en plus rapide. Il n'y a pas de mouvement énergique du corps et de la tête de gauche à droite, comme dans les autres confréries, mais une très légère inclinaison du corps [...] »[1]. Ils se distinguent sur plusieurs aspects des autres confréries dans leur pratique du *dhikr*. Bien qu'à peu près unifiés au sein d'une même assemblée, « ces mouvements n'ont rien d'artificiel : certains bougent beaucoup, d'autres à peine » selon un auteur[2]. Ce témoignage inclinerait à exclure la qualification de la pratique en tant qu'une *œuvre chorégraphique*. Or, rien n'exclut qu'on soit en présence d'une cérémonie d'ordre sacré représentée sur une *scène de spectacle* qui réunit les *éléments caractéristiques* d'une chorégraphie protégeable au titre du droit d'auteur.

948. *Mise en scène* du corps dans la danse des derviches. En revanche, la situation se présente différemment pour la danse extatique qui repose en grande partie sur une *mise en scène du corps*, comme nous allons le voir dans les pages qui suivent. En témoigne, la danse des derviches qui se donnent en spectacle :

> « Les derviches impriment à leur corps des mouvements rythmiques qui augmentent en tempo et en véhémence, leur voix atteignant une note de plus en plus haute. Certains effectuent un cercle avec la tête, partant d'un genou, passant à la position verticale et redescendant vers l'autre genou ; d'autres balancent leur torse en avant jusqu'à ce que leur tête touche presque le sol, puis d'une secousse la redressent à nouveau ; d'autres encore inclinent leur corps sur la droite, le relèvent en position verticale, puis l'inclinent sur la gauche. Ensuite, la formule est raccourcie, phrase par phrase, jusqu'à ce qu'il ne reste qu'un seul mot à répéter. Il s'agit fréquemment de *hû*, le pronom "Il", qui désigne Dieu. La ferveur de la récitation et du mouvement s'accroît ; certains exécutent un saut, d'autres battent des bras, tandis que d'autres encore poussent un hurlement »[3].

B. La forme musicale

949. Le *dhikr*, une forme musicale ? Ahmad Amîn constatait que la religion musulmane est elle-même : « *pénétrée par le chant : l'appel à la prière*[4], *le dhikr et la récitation du Coran sont chantés* [...] »[5]. Cette assertion nous invite à nous interroger sur la *forme musicale* en tant qu'élément caractéristique de la pratique du *dhikr* susceptible de recevoir la protection au titre du droit d'auteur.

950. Plan. Dans cet esprit, il est judicieux d'envisager l'hypothèse de la qualification de la pratique du *dhikr* en tant que *création musicale* (1) qui n'est pas, cependant, à l'abri des polémiques au risque de l'assimiler à la pratique du *samâ'* et de la concevoir comme une simple *forme d'audition musicale* (2).

1. L'hypothèse de l'œuvre musicale

---

1 A. GÖLPINARLI, *Mevlana'dan...*, p. 411-413, cité par A. F. AMBROSIO, E. FEUILLEBOIS-PIERUNEK et Th. ZARCONE, *Les derviches tourneurs : doctrine, histoire et pratiques*, Cerf, Paris, 2006, p. 117-118.

2 E. GEOFFROY, *Initiation au soufisme*, *op. cit.*, p. 253.

3 G. BÖWERING, « Règles et rituels soufis », *in* A. POPOVIC et G. VEINSTEIN, *Les Voies d'Allah*, *op. cit.*, p. 151.

4 En effet, les appels à la prière sont modulés sur des *maqâms* différents.

5 « *Al-mûsîqâ wa-l-ghinâ'* », *in* A. AMIN, *Dictionnaire des coutumes, des traditions et des expressions égyptiennes* (*Qâmûs al-'adât wa-l-taqâlîd wal-ta'âbîr al-misriyya*), Lajnat al-ta'lîf wa-l-tarjama wa-l-nashr, Le Caire, 1953, p. 384.

951. ***Dhikr*** **appréhendé comme** ***création musicale*** ? Il est communément admis que la musique et le rythme *interfèrent* avec la pratique du *dhikr* qui s'opère à divers degrés. En témoigne les séances collectives du *dhikr* qui prennent d'emblée une forme musicale pure[1], « sous-tendue par un pur *dhikr* mental, c'est-à-dire par la conscience de l'objet du *dhikr*, sans substrat verbal »[2]. Selon During, « [...] dans la plupart des ordres, des éléments musicaux se superposent au *dhikr*, le précèdent ou le suivent à titre d'introduction ou de conclusion, ce qui se fait par des chants souvent accompagnés d'instruments rythmiques[3] et parfois mélodiques »[4] même si certains *cheikhs* s'opposent à l'usage d'instruments de musique[5] lors de la pratique. C'est ainsi que : « les formules de *dhikr* sont parfois modulées sur plusieurs notes, constituant ainsi des formes mélodiques minimales. Afin d'accentuer la scansion, de parfaire l'unisson des participants et de dynamiser l'exécution, on a souvent recours à des percussions »[6].

952. ***Dhikr al-Qadiriya*** **d'Alep**. En effet, l'audition musicale peut porter sur la cantillation du Coran, ou la récitation de poèmes au contenu édifiant ou lyrique[7], ou d'autres instruments. Songeons, par exemple, à la pratique du *dhikr qâdiris* baloutches qui mêle le chant et la percussion, et ce, à la différence des « chamanes » *qâdiris*[8]. À titre d'exemple, plusieurs genres musicaux sont interprétés pendant la pratique du *dhikr al-Qadiriya* d'Alep[9], à savoir : *muwashshah* (poésie), *qudud*, *madhat*, etc. Certains relèvent que : « Des odes spirituelles (sing. *Qasîda*) et des poèmes [...] sont chantés pendant le *dhikr* par des *munshidîns* (chanteurs), accompagnés par le *nây* (la flûte), le *mazhar* (grand tambourin), la *baza* (paire de timbales de taille différente), des *sagât tûra* (cymbales) »[10].

953. ***Dhikr qâdirî khâlwatî***. Par ailleurs, l'examen du déroulement de la cérémonie du *dhikr qâdirî khâlwatî* de la *Zâwiya Hilaliya* à Alep qui a été enregistrée au

---

1 Selon Habib Hassan TOUMA, la cérémonie du *Zikr* est une forme musicale importante qui englobe toute une série de genres caractéristiques de la musique savante arabe : H. H. TOUMA, *La musique arabe*, *op. cit.*, p. 135.

2 J. DURING, « Musique et rites : le *samâ'* », préc., *in* A. POPOVIC et G. VEINSTEIN, *Les Voies d'Allah*, *op. cit.*, p. 164.

3 À titre d'exemple, la *bandîra* (une timbale utilisée lors des *dhikr*-s). Elle consiste en « un morceau de peau tendu sur un récipient en cuivre, de la taille de la pièce de vaisselle appelée *sulWâniyya* (bol), sur lequel ils frappent à l'aide de lanières en cuir des rythmes variés lors des *dhikr*-s » : A. AMIN, « Bandîra », *in Dictionnaire des coutumes, des traditions et des expressions égyptiennes*, *op. cit.*, p. 97.

4 J. DURING, « Musique et rites : le *samâ'* », préc., p. 167.

5 « Contrairement aux pratiques de la *Shâdhiliyya* en Tunisie, la confrérie *Khal-watiyya* en Égypte accompagne son *dhikr* d'instruments de musique, tels que la flûte et le tambourin » : K. BOISSEVAIN, « Corps d'adeptes, paroles de Dieu et visions de Saints. Pratiques rituelles masculines et féminines dans deux sanctuaires de Tunis », *Revue des mondes musulmans et de la Méditerranée*, 2006, 113-114, n° 22, p. 179-193.

6 J. DURING, « Musique et rites : le *samâ'* », préc., p. 163.

7 J. DURING, « Musique et rites : le *samâ'* », préc., p. 164.

8 J. DURING, « Musique et rites : le *samâ'* », préc., p. 172, note 1.

9 V. Sur cette cérémonie : « L'Etat des Lieux National en matière de Sauvegarde du Patrimoine Culturel Immatériel en République Arabe Syrienne (Projet MEDLIHER – Phase I) », préparé sous la responsabilité du Ministère syrien de la culture, mars 2010.

10 M. SALEH, « Les danses d'Égypte », *in* D. HENNI-CHEBRA et C. POCHE (dir.), *Les danses dans le monde arabe ou l'héritage des almées*, *op. cit.*, p. 123.

cours d'un concert donné à la Maison des Cultures du Monde le 22 mars 2001 nous révèle que la cérémonie comporte plusieurs étapes dans lesquelles se manifestent des formes musicales diverses. Elle commence par une glorification du Sublime (ouverture) qui « se poursuit par un intermède musical avec tambours sur cadre *daf* qui a pour fonction de consolider la construction du *dhikr* »[1] (*Rakza*). Les mouvements de torse des officiants commencent à partir de l'étape *Mussaddar* qui va de la droite vers la gauche, exprimant le *Maqsûm* puis *At-taraqqî* la répétition du nom d'*Allah* avec accompagnement des tambours *daf* (*As-sawî*) pour atteindre l'étape du *Khummarî* dans laquelle les officiants atteignent en principe le *summum* de la pureté spirituelle, le *wajd*. La séquence du *dhikr* progresse. Et enfin la cérémonie se termine par l'invocation de Dieu et de ses noms la « *Dandana* » en se balançant alternativement d'avant en arrière.

954. Difficultés d'*identification* de l'œuvre musicale protégeable. Mais la véritable question à laquelle il faut répondre est de savoir si la pratique du *dhikr* peut donner naissance à une œuvre musicale *propre*, *distincte* et *identifiable* par rapport à la forme initiale (rituelle/spirituelle). Les difficultés qui peuvent naître à l'égard de la qualification de cette pratique tiennent au problème d'identification et de détermination de l'œuvre musicale protégeable au titre du droit d'auteur car l'interférence de plusieurs genres musicaux dans la pratique du *dhikr* n'implique pas *nécessairement* la présence d'une œuvre en soi. Il nous semble à l'examen de ces différentes cérémonies du *dhikr* que la plupart des formes musicales qui s'y superposent ne sont pas pour autant qualifiées d'œuvres de l'esprit, en l'absence d'*éléments constitutifs* et *caractéristiques de l'œuvre musicale*. A partir du moment où nous sommes en présence de *phénomènes sonores*, de *sons* en tant que tel, et de simples éléments musicaux qui sont le résultat de la *participation active* du pratiquant qui se met dans un état extatique et d'instruments de musique limités habituellement à des percussions, aux *qanun*, *oud*, *nay*, *riqq* et *duff*[2], et non devant une *création de forme* au sens du terme, le droit d'auteur n'a pas lieu d'entrer en jeu. Comme le souligne Mme le professeur Kahn : « *Mais il faudrait au moins qu'il ait eu une conscience suffisante du résultat sonore à atteindre, c'est-à-dire de la construction générale de son œuvre, donc qu'il ait eu la maîtrise intellectuelle du processus créatif* »[3].

955. Interprétation de l'œuvre musicale. Par ailleurs, il convient de noter que l'interprétation de genres musicaux ou d'un répertoire (fonds) commun de chants

---

[1] Chant soufi de Syrie *dhikr qâdirî khâlwatî* de la *Zâwiya Hilaliya*, Alep, Maison des Cultures du Monde, 2002, inédit.

[2] « Le soufisme a développé des pratiques mystico-musicales particulières, perpétuées par les diverses confréries de derviches, reposant souvent sur un chant collectif accompagné par diverses percussions comparables à de grands tambours sur cadres (*mazhâr-s*, *bandîr-s*), par des clochettes et par des flûtes orientales obliques (*nay-s* ou *ney-s*) ou même, en Turquie, par des instruments à cordes plus classico-profanes, comme le *tanbûr* ou même le *ûd*. Variables selon les pays ou les sectes, les cérémonies "soufies" des derviches reposent sur les mêmes structures modales ou rythmiques que les musiques classiques, mais elles revêtent des formes spécifiques dont les principales sont le *dhikr* ou *zikr* consistant en la scansion lancinante du nom d'*Allah*, et l'*ayîn* ou le *sema'*, danses des astres perpétuées par les derviches tourneurs dont les plus connus sont les "mevlevis" de Turquie » : v° « islamique (musique) », *in* M. VIGNAL (Dir.), *Dictionnaire de la musique*, Larousse, Paris, 2001, p. 497.

[3] A.-E. KAHN, *J.-Cl. Propr. litt., art.*, Fasc. 1138 : « Objet du droit d'auteur. Notion d'œuvre musicale (CPI, art. L. 112-2) », 2013, n° 88.

pendant la pratique du *dhikr* n'est pas une œuvre en soi dans la mesure où « *l'interprète ne donne pas naissance à une nouvelle forme musicale, distincte de la forme initiale ; il la communique au public, selon des codes établis et avec son talent d'interprétation* »[1]. Par ailleurs, il nous semble difficile de concevoir, en dehors des mouvements et des chants traditionnels, une *improvisation* à partir d'une pratique qui obéit à des codes et des règles bien précises ne laissant pas une certaine *liberté d'interprétation* et *d'improvisation*. En revanche, la situation peut s'avérer différente lorsque l'*inshâd*[2] est pratiqué par le soliste principal (*munshid* attaché à la confrérie) lors d'une cérémonie de *dhikr* « au cours duquel des chants propres à la *tarîqa* sont interprétés, puis des chants improvisés et composés. [...]. Le *dhikr* garde ici sa fonction initiale de « cérémonie mystique collective visant à amener le croyant à l'union avec Dieu. La cérémonie atteint son but à travers diverses techniques psychophysiologiques, et par la récitation, le chant et le jeu instrumental »[3].

956. C'est ainsi que l'œuvre musicale est « extérieure » au *dhikr* ! Elle l'accompagne, au sens propre, mais n'est pas le *dhikr*... Dans la mesure où la musique *se développe* « à côté », elle n'a aucune raison d'interférer. A notre sens, il y a deux choses qui se déroulent en même temps : la *musique* et le *dhikr*, mais la musique « n'exprime pas ce qui se passe à l'intérieur du pratiquant »...

2. De la distinction entre le *dhikr* et le *samâ'*

957. Délimiter les contours entre le *dhikr* et le *samâ'*. Or, si les frontières ne sont guère étanches, la pratique du *dhikr* ne relève pas du chant cultuel au sens du terme. Selon During, « il y a cependant une différence entre *samâ'* et *dhikr* au niveau de la participation du sujet : *passive* dans l'audition mais *active* dans la remémoration, avec ses litanies, ses mouvements, sa respiration et ses rythmes. Dans la pratique rituelle, bien entendu l'audition est aussi une remémoration et une invocation active qui incite souvent au mouvement et à la danse, tout comme le *dhikr* est aussi l'écoute de l'invocation »[4]. Dès lors que la musique *interfère* dans les séances du *dhikr*, on relègue le *dhikr* au point de l'assimiler à la pratique du *samâ'* (au sens d'écoute ou d'audition divine)[5] ; toutefois, même s'ils ont un but commun, il faut bien *délimiter* les contours entre les deux[6] au risque de concevoir le *dhikr* en une simple *forme d'audition musicale*. C'est ainsi que l'intention (*niyya*) est primordiale pour le pratiquant afin d'éviter les distractions[7]. Les milieux orthodoxes rejettent toute sorte d'assimilation de cette

---

[1] A.-E. KAHN, *J.-Cl. Propr. litt., art.*, Fasc. 1138, préc., n° 3.

[2] Ce terme générique désigne « le chant religieux musulman, en dehors de la récitation coranique », *in* F. LAGRANGE, *Musique d'Égypte*, *op. cit.*, p. 159.

[3] F. LAGRANGE, *Musique d'Égypte*, *op. cit.*, p. 60.

[4] J. DURING, « Audition et entendement dans la gnose musulmane », Revue *Insistance*, 2005/1, p. 85-92.

[5] Selon le *Petit dictionnaire du soufisme et des confréries* : « [...] ce terme a fini par désigner la danse, accompagnée de musique, que les derviches pratiquent pour faciliter leur fusion avec le divin » : A. POPOVIC et G. VEINSTEIN, *Les Voies d'Allah*, *op. cit.*, p. 632.

[6] V. Sur les contours entre le *dhikr* et le *samâ'* : J. DURING, « Musique et rites : le *samâ'* », préc., p. 162 et s.

[7] G.-C. ANAWATI et L. GARDET, *op. cit.*, p. 215.

pratique à une forme d'audition musicale tel que le *samaâ*[1] ou de *devrân* pratiqué par les Halvetis durant leur *dhikr*[2].

« *Certes, il y a un groupe d'étrangers au soufisme* – ils s'assimilent aux soufis bien que ceux-ci les désavouent – *qui ont altéré la beauté des cercles de dhikr à cause des innovations répréhensibles qu'ils ont introduites et des actes détestables que la sharî'a interdit sans conteste. Il en est ainsi des instruments de musique prohibés, des réunions animées par des palabres sans but et des chants pervers.* Ces procédés ne peuvent pas être considérés comme un moyen pratique en vue de la purification du cœur de ses défectuosités ni comme un moyen pour être en contact avec Dieu. Au contraire, le *dhikr* est devenu chez eux un moyen de distraction qui encourage l'insouciance, l'indifférence et la réalisation de vils desseins »[3].

958. Vers une mystique soufie organisée et réglementée ? Il est intéressant de rappeler, à cet égard, que le khédive Tawfîq interdit en 1881, sous la pression de Muhammad 'Abduh, certaines pratiques rituelles dont la *forme musicale* intervient dans les *dhikr*, qui fut cantonné à l'évocation des noms de Dieu[4]. « *Ce n'est donc pas le dhikr lui-même qui est critiqué, mais plutôt la manière dont il est pratiqué.* La danse, la musique, le surplus d'émotion qu'il engendre parfois, sont relégués par certains juristes (*fuqahâ'*) ou ulémas au rang des *bid'a-s* (innovations blâmables) »[5]. Il nous semble que la qualification d'œuvre musicale risque ainsi de déclencher la *censure étatique*[6] conformément à la loi n° 118 de 1976 sur les confréries soufies[7]. Il serait ainsi difficile de concevoir cette pratique comme une *œuvre musicale* à proprement dit.

---

1 N. CLAYER, « La Khalwatiyya (Khalvetiye) », *in* A. POPOVIC et G. VEINSTEIN, *Les Voies d'Allah*, *op. cit.*, p. 490.

2 G. VEINSTEIN et N. CLAYER, « L'Empire ottoman », *in* A. POPOVIC et G. VEINSTEIN, *Les Voies d'Allah*, *op. cit.*, p. 338.

3 A. AISSA, *op. cit.*, p. 114-115.

4 P.-J. LUIZARD, « Le Moyen-Orient arabe », *in* A. POPOVIC et G. VEINSTEIN, *Les Voies d'Allah*, *op. cit.*, p. 352 ; P.-J. LUIZARD, « Le soufisme égyptien contemporain », Revue *Égypte/Monde arabe*, 1990, Première série, 2, p. 36-94.

5 K. BOISSEVAIN, « Corps d'adeptes, paroles de Dieu et visions de Saints. Pratiques rituelles masculines et féminines dans deux sanctuaires de Tunis », préc., n° 21.

6 À titre d'exemple, le Comité Permanent des Recherches Scientifiques et de la Délivrance des *Fatwas* (*Al-Iftâ'*) du Royaume d'Arabie Saoudite a émis une *fatwa* n° (2139) au sujet du *Wird* (type de *dhikr* pour un nombre et dans un ordre donné) de la *Tariqa* (voie, doctrine soufie) *Tidjane* et de l'observer comme pratique cultuelle vouée à *Allah* en mettant l'accent sur le fait que la *Tariqa Tidjane* (*At-Tidjaniyya*) est une doctrine abhorrée qui ne se conforme pas aux enseignements du Messager d'*Allah* ni à sa *Sunna*. Elle comprend des innovations en matière de religion (*bid'as*) qui entachent celui qui les pratiquent de polythéisme et le font sortir de l'Islam, qu'*Allah* nous en protège. Ses *wirds* comportent eux aussi des *bid'as* qu'il ne faut aucunement considérer comme des actes d'adoration voués à *Allah*. En effet, le *dhikr* est une pratique cultuelle, et toutes les pratiques cultuelles sont jugées *Tawqifiyyas* (ce qui est déjà déterminé par la Révélation (Coran ou *Sunna*) et où le raisonnement humain n'a pas sa place). De ce fait, il est impératif de se référer exclusivement au Livre d'*Allah* et à ce qui fut authentiquement transmis d'après le Messager d'*Allah* aussi bien au niveau de la récitation du Noble Coran qu'à celui du *dhikr* et des invocations que le Messager d'*Allah* incita les musulmans à observer. Ceci est enregistré dans les recueils des compilateurs de la *Sunna* et dans les livres de *Hadîths* dont : "*Riâdh As-Sâlihîn*" d'AN-NAWAWI, "*Al-Kalim At-Tayyib*" d'IBN TAYMIYA, "*Al-Wâbil As-Sayyib*" d'IBN AL-QAYYIM, "*Al-Adhkâr*" d'AN-NAWAWI et d'autres livres de *Hadîths* de référence.

7 Il s'agit d'une *mystique organisée* au sens du terme. « L'Égypte est le seul pays où ces associations aient une base légale, la loi 118 de 1976 et le décret de 1978. Ces lois ont abrogé les règlements de 1903 et 1905. La nouvelle législation augmente de façon spectaculaire les pouvoirs du conseil supérieur des confréries soufies. Ce corps cumule aujourd'hui les pouvoirs législatifs, judiciaires et exécutifs dans le domaine de la mystique organisée. Il a le droit exclusif d'approuver toute activité mystique publique

... / ...

§ 2. LES QUALIFICATIONS EXTENSIVES : L'INTRUSION DE LA FORME SPIRITUELLE

959. Plan. Il existe deux autres terrains d'exploration à partir desquels on peut s'interroger sur l'opportunité de la qualification ou de la protégeabilité de la pratique du *dhikr* en tant qu' « *expressions du folklore* » (A) d'une part, et en tant qu' « *interprétation* » (B) d'autre part.

A. La forme folklorique

960. Le *dhikr*, une pratique rituelle ancestrale de la confrérie soufie. La pratique du *dhikr* se distingue par une série de rites puisant leurs sources dans la tradition soufie. Avec le *dhikr* lui-même, on retombe sur un terrain de connaissance. Il nous semble que, sans rien forcer, le *dhikr* peut entrer dans le champ de la protection des œuvres du *folklore*, qu'on appelle les « *expressions du folklore* », qui comprennent, entre autres, les mouvements traditionnels, les mouvements sacrés (les prières, les danses traditionnelles), les rituels, etc. En tant que *pratique ancestrale* qui date du XIIe siècle, sa qualification et sa catégorisation ne sont pas forcément faciles à opérer en raison de l'appartenance historique à la confrérie soufie.

961. Propriété des formes traditionnelles ou folkloriques. Dans ce cas-là, si propriété il y a, on voit que ça ne peut pas être une propriété intellectuelle classique ; c'est, au mieux, une *propriété collective* d'un type à définir de la collectivité qui s'y adonne. C'est caractéristique de la *propriété des formes traditionnelles* ou *folkloriques*. « Soit on considère que ça ne peut pas être approprié par le droit d'auteur, parce que c'est une expression qui est vieille déjà, qui vient de temps ancestraux et qui est transmise de génération en génération, dans une certaine fidélité. Justement, par rapport au folklore c'est précisément cette tradition, cette fidélité de transmission qui est assurée à travers le folklore, les gens qui expriment ce folklore à un moment donné, n'en sont que les dépositaires, et n'en sont pas les créateurs. À cette enseigne, ils ne peuvent pas avoir de droits d'auteur sur le folklore, parce que le folklore dépasse la création individuelle de ceux qui interprètent à un moment donné. Il existe avant, il existera après, il est permanent, il est immanent »[1].

---

ou privée, de contrôler et de superviser la mystique sur l'ensemble du territoire égyptien. Il a d'autre part les moyens légaux pour exercer ces droits. La composition du nouveau conseil a été modifiée : à côté de onze *cheikhs* soufis siègent des représentants de certains ministères et d'al-Azhar. Un premier résultat fut une nouvelle réduction de l'autonomie et du pouvoir des cheikhs de confréries. Cette nouvelle législation, intervenue sous Sadate, était l'aboutissement des efforts du régime nassérien pour intégrer les confréries, afin de les utiliser dans les objectifs politique du régime, en dotant ce dernier d'un soutien islamique contre les fondamentalistes musulmans. Le régime nassérien a mobilisé les confréries comme véhicule de sa propagande, comme base populaire, et pour exploiter le caractère supranational de quelques confréries dans des buts de politique extérieure […] » : P.-J. LUIZARD, « Le Moyen-Orient arabe », *in* A. POPOVIC et G. VEINSTEIN, *Les Voies d'Allah*, *op. cit.*, p. 354. On trouve en Égypte environ 12 confréries importantes : *Al-Réfaïya*, *Al-Qadiriya*, *Al-Badawiya*, *Al-Dessouqiya*, *Al-Akbariya*, *Al-Chazliya* (qui attire beaucoup de personnes importantes dans la société), *Al-Qadiriya Al-Erqiya*, *Al-Naqchabandiya*, *Al-Mawyliya*, *Al-Baktachiya*, *Al-Malatiya* et *Al-Tiganiya*. À titre d'exemple, la *Husayniyya Châdhiliyya* obtint du ministère des *Waqf* les autorisations de pratiquer le *dhikr*.

1 V.-L. BENABOU et S. DUSOLLIER, « Du droit d'auteur sur les mouvements, de l'interprétation du droit d'auteur », *Journal des Laboratoires*, mai-août 2012, p. 32.

962. Plan. Cela dit, si les pratiques soufies, y compris le *dhikr*, peuvent être grevées d'une propriété collective d'un type à définir de la collectivité qui s'y adonne, en tant que *forme rituelle* relevant des expressions du folklore, il n'en reste pas moins que leur protection soulève des problématiques (1) et se heurte à des incertitudes (2).

1. La problématique de la protégeabilité des formes rituelles

963. Définition du folklore et classification quadripartite des formes d'expression. La question se pose de savoir si on peut qualifier de folklore et considérer comme protégeable, à ce titre, la pratique du *dhikr* qui fait clairement partie de l'*héritage culturel des confréries soufies*. Avant de répondre à cette question, il est indispensable, tout d'abord, de définir ce qu'il faut entendre par le « folklore »[1]. L'article 138, 7° du CPI égyptien définit le folklore national[2] comme : « toute expression qui consiste en des éléments distinctifs reflétant l'héritage populaire traditionnel, ayant eu lieu [originaire] ou continuer en Égypte, y compris notamment les expressions suivantes […] ». L'article dresse des exemples des expressions du folklore qui sont scindées en *quatre groupes* en fonction des différentes *modalités d'expression*, à savoir :

(a) Les *expressions orales* telles que les contes populaires, la poésie, les charades, et autres traditions ;

(b) Les *expressions musicales* telles que les chansons populaires accompagnées de musique ;

(c) Les *expressions du mouvement* telles que les danses populaires, les pièces de théâtre, les formes artistiques et les rituels ;

---

1 Le *folklore* est considéré comme étant une sous-catégorie des savoirs traditionnels. « L'absence de définition est source d'incertitude quant à la forme de la protection à accorder. L'éventail de la matière recensée à des fins de protection ne fait qu'accentuer le besoin de définir l'expression savoirs traditionnels. Les éléments suivants ont été définis comme objets de la protection : l'utilisation traditionnelle de fruits, plantes et animaux à des fins médicales ; la guérison par des moyens spirituels ; les méthodes traditionnelles de pêche ; les méthodes traditionnelles d'accouchement ; les techniques traditionnelles de rebouter ; le patrimoine culturel ; les chants folkloriques, les danses et le théâtre ; les rites et rituels ; la psychiatrie traditionnelle ; la religion ; les techniques de piégeage, de chasse et de pêche ; les cultures vivrières et techniques de conservation traditionnelles ; l'artisanat ; les méthodes traditionnelles de protection et de conservation de l'environnement ; les langues » : « Savoirs traditionnels : besoins et attentes en matière de propriété intellectuelle », Rapport de l'OMPI sur les missions d'enquête consacrées à la propriété intellectuelle et aux savoirs traditionnels (1998-1999), WIPO_PUB_768, Genève, 2001, p. 210.

2 Quant à la loi tunisienne du 24 Février 1994, elle définit, dans son article 7, le folklore comme « tout patrimoine artistique légué par les générations antérieures et qui soit lié aux coutumes et aux traditions et à tout aspect de création populaire telles que les histoires populaires, les lettres, la musique et la danse ». « Excepté la loi algérienne qui vise "les œuvres de l'héritage culturel traditionnel", toutes les lois nationales adoptées récemment en matière de droit d'auteur dans les pays africains et arabes utilisent d'ailleurs le terme de folklore ou d'expression du folklore (V. en Afrique les lois de Papouasie Nouvelle Guinée (2000), du Maroc (15 févr. 2000), du Cameroun (19 déc. 2000), du Mozambique (27 févr. 2001), d'Égypte (3 mars 2002), du Ghana (15 mai 2005), de l'Ouganda (31 mai 2006) et pour les pays arabes, celles de Jordanie (19 mars 1992, amendée en dernier lieu en 2001), du Qatar (8 juin 2002), des Émirats Arabes Unis (1er juill. 2002) et d'Arabie Saoudite (30 août 2003) » : A. LUCAS-SCHLOETTER, *J.-Cl. Propr. litt., art.*, Fasc. 1962 : « Protection juridique du folklore », 2009, n° 7. Il convient de remarquer que les travaux du Comité intergouvernemental de l'OMPI utilisent les notions d' « expressions culturelles traditionnelles » (ou leur acronyme ECT) et d' « expressions du folklore » qui sont considérées comme synonymes.

(d) Les *expressions tangibles* telles que les produits d'art plastique populaire, en particulier les dessins aux lignes et aux couleurs, gravures, sculptures, céramiques, poteries, boiseries, motifs incrustés, mosaïques, métal ou bijoux, sacs tissés à la main, couvertures, textiles, tapis et les vêtements ;

Les instruments de musique ;

Les formes architecturales.

964. Il s'avère que le folklore est susceptible de prendre différentes formes telles que les croyances, les pratiques, les rituels, les contes légendes, etc[1].

965. Propriété étatique des formes traditionnelles ou folkloriques. Il convient de noter que le folklore ne figure pas parmi la liste des œuvres susceptibles d'être protégées par le droit d'auteur égyptien[2]. En effet, selon l'article 142 du CPI égyptien, le folklore national est considéré « comme faisant partie du domaine public appartenant au peuple »[3]. C'est ainsi que le législateur égyptien a confié à l'État, représenté par le ministère compétent, le soin d'exercer les droits moraux et patrimoniaux de l'auteur sur le folklore et d'en assumer sa protection ainsi que sa promotion[4].

966. *Dhikr* soufi en tant que « forme rituelle ». L'examen de la catégorie et des sous-catégories des expressions relevant du folklore et les œuvres qui en sont dérivées nous permet de constater que cette catégorie semble la voie la plus *adaptée* aux rites afférents à la pratique du *dhikr* en tant qu'*expression corporelle* reposant sur un *rituel soufi* ;

---

[1] N. BELMONT, art. « Folklore », *in Encyclopaedia Universalis*, t. IX, Éditions de l'Encyclopaedia Universalis, Paris, 1995, p. 601.

[2] Mme Agnès LUCAS-SCHLOETTER souligne qu' : « La plupart des pays arabes qui se sont récemment dotés d'une nouvelle loi sur le droit d'auteur ont quant à eux fait le choix de ne pas mentionner le folklore parmi les œuvres protégées, mais de confier à l'État le soin de le protéger, une incertitude subsistant dans certains cas sur le point de savoir si la protection relève ou non du droit d'auteur » : A. LUCAS-SCHLOETTER, *J.-Cl. Propr. litt., art.*, Fasc. 1962, préc., n° 46.

[3] Certains auteurs soulignent que : « puisque les ressources du domaine public ne sont pas, théoriquement, soumises à une protection du droit d'auteur, quelle qu'elle soit, il peut sembler paradoxal que l'État exerce les droits d'auteur moraux et patrimoniaux sur des ressources considérées comme appartenant au domaine public » : B. AWAD, M. EL-GHERIANI et P. ABOU ZEID, « Chapitre 2 : L'Égypte », *in* C. ARMSTRONG, J. DE BEER, D. KAWOOYA, A. PRABHALA et T. SCHONWETTER (dir.), *L'accès au savoir en Afrique : le rôle du droit d'auteur*, trad. de l'anglais par G. DESCHAMPS, Presses de l'Université Laval, 2011, p. 48.

[4] « En Arabie-Saoudite (art. 7 de la loi sur le droit d'auteur du 20 août 2003 selon lequel le folklore est la propriété de l'État et le ministre exerce le droit d'auteur correspondant) et au Qatar (art. 32 de la loi n° 7 sur le droit d'auteur du 8 juin 2002 selon lequel le folklore national est la propriété de l'État [al. 1], lequel doit le protéger par tous moyens et agir en tant qu'auteur des œuvres du folklore en s'opposant à toute déformation, modification ou exploitation commerciale). En Jordanie en revanche, l'interprétation du système mis en place par le législateur (L. n° 22 sur le droit d'auteur du 19 mars 1992, amendée en dernier lieu en 2001) est plus difficile. Il exclut expressément de la protection du droit d'auteur "les œuvres tombées dans le domaine public" et dispose que "les œuvres du folklore national étant considérées comme faisant partie du domaine public, le droit d'auteur afférant à celles-ci est exercé et peut être invoqué par le ministre pour s'opposer à toute déformation ou transformation de ces œuvres, ou à toute autre atteinte qui porterait préjudice à la culture" (art. 7 c). Il semble possible de déduire de cette formulation que l'utilisation du folklore n'est pas soumise à une autorisation préalable, c'est-à-dire qu'il n'existe pas de droits patrimoniaux sur le folklore, et que la protection est limitée aux intérêts extrapatrimoniaux des communautés concernées » : A. LUCAS-SCHLOETTER, *J.-Cl. Propr. litt., art.*, Fasc. 1962 : « Protection juridique du folklore », 2009, n° 46.

ces rites appartenant au fonds commun des confréries sont nécessairement dans le « domaine public » et ne sauraient être susceptibles d'appropriation par quiconque. La pratique du *dhikr* est traitée avant tout comme étant un exercice rituel, voire un rite en soi[1], qui obéit à des règles précises. Mais que faut-il entendre par « *rite* » ? Selon le dictionnaire *Le Robert*, le rite est défini comme l' « ensemble des cérémonies en usage dans une communauté religieuse ; organisation traditionnelle de ces cérémonies ». Il en est ainsi, par exemple, des rites catholiques, protestants. Par ailleurs, il s'agit d'une « cérémonie réglée ou geste particulier prescrit par la liturgie d'une religion » comme les rites d'initiation. Par analogie, on y songe aux rites maçonniques.

967. Le rite, une *forme fonctionnelle* créée collectivement ? Ces formes rituelles, qui ont un caractère sacré, sont bien des formes, souvent très élaborées, colorées, bruyantes, donc très spectaculaires, au sein desquelles, on peut être *acteur* ou *spectateur* ; leur finalité n'est pas le spectacle mais elles en offrent parfois un ! Si l'on s'en tient à l'étymologie sanscrite (*Rita* : ordre), le but de tout rituel est de préserver l'harmonie cosmique (ou, au moins locale, ou encore de la communauté, voire de la famille). Le rituel consiste lui-même en un *ordre* puisqu'une forme dont la fonction est de préserver l'ordre du système dans lequel on vit. A ce titre, il ne poursuit aucun but *esthétique* (même s'il peut être beau), ni *expressif* ; c'est une *forme* strictement *fonctionnelle* ! Il peut être laid et immoral (par exemple, sacrifice d'un être vivant, voire humain) mais il est perçu par la communauté (qui y participe) comme devant être fait tel qu'il a été reçu de la tradition… Au regard de la propriété littéraire et artistique « privée », cette *forme* sort de la protection, puisqu'il s'agit d'une *forme fonctionnelle* créée collectivement…

968. Protégeabilité des formes rituelles originales. Cela dit, « *a priori*, rien ne s'oppose à ce que, par principe, un rite soit protégé par le droit d'auteur du moment qu'il est exprimé dans une forme originale, par exemple écrite. Il importe cependant d'avoir conscience que le droit d'auteur ne protégera pas le "fond" du rite, notamment les idées. […] Dès lors, un éventuel droit d'auteur ne pourrait appréhender qu'une mise en forme particulière du rite. En d'autres termes, ne seraient contrefacteurs que ceux qui reproduiraient indûment la seule forme protégée du rite, lequel pouvant d'ailleurs éventuellement s'exprimer par différentes formes » comme le souligne le professeur Caron[2].

969. Affaire des « *rites et emblèmes maçonniques* ». En effet, la jurisprudence française a eu déjà l'occasion de se pencher sur la protégeabilité, voire l'appropriation, des rites et emblèmes maçonniques dans une affaire importante qui peut nous servir de point de repère. En l'espèce, l'Association Grand Prieuré des Gaules-Ordres Unis revendiquait des droits de propriété intellectuelle sur le Rite Écossais Rectifié (RER) et tendait à l'interdiction de la pratique du RER et de

---

1 Comme le précise Denis GRIL, le *dhikr* « devient rite initiatique lorsqu'il est pratiqué sous la direction d'un *cheikh* comme méthode de réalisation spirituelle » : D. GRIL, *La Risāla de Safī al-Dīn Ibn Abī l-Manṣūr : biographies des maîtres spirituels connus par un cheikh égyptien du VIIe/XIIIe siècle*, IFAO, Le Caire, 1986, p. 46, cité par R. VIMERCATI SANSEVERINO, « Sainteté et pratique initiatique », *in Fès et sainteté, de la fondation à l'avènement du Protectorat (808-1912) : Hagiographie, tradition spirituelle et héritage prophétique dans la ville de Mawlāy Idrīs*, Centre Jacques-Berque, Rabat, 2014, note 2005.

2 C. CARON, « Les rites et emblèmes maçonniques sont-ils appropriables par le droit de la propriété intellectuelle ? », *Comm. com. électr.* 2002, n° 10, comm. 124.

l'utilisation des rituels, décors et emblèmes s'y rapportant par les associations, qui trouve ses fondements dans les origines de la maçonnerie dont sa pratique a été codifiée au XVIIIe siècle. Elle les assigne alors en contrefaçon à la fois de droit d'auteur et de dessin ou modèle.

970. Revendication de droits d'auteur sur le Rite Écossais Rectifié. L'association prétendait être titulaire d'un droit d'auteur. Elle se prévalait, à ce titre, des dépôts d'enveloppes Soleau auprès de la Société des Gens de Lettres. Cependant, la Cour d'appel de Paris, dans un arrêt du 21 mai 2002[1], rejette cet argument au motif que :

> « ceux-ci [les dépôts] ne sont pas créateurs de droits et n'instituent qu'une présomption simple de titularité de droits d'auteurs sur les documents déposés, laquelle peut être combattue par tous moyens, et notamment par la preuve de l'antériorité de la création ; que le Grand Prieuré des Gaules-Ordres Unis ne peut opposer ces dépôts aux sociétés appelantes dans la mesure où, comme le font remarquer celles-ci, n'est pas connu le contenu exact des dites enveloppes dont l'intitulé seul, faisant référence à *des "rituels" essentiellement maçonniques, laisse au demeurant entendre que les écrits concernés ne seraient pas susceptibles d'appropriation* ».

971. Et de poursuivre que : « le Grand Prieuré des Gaules-Ordres Unis ne détenant aucun droit de propriété intellectuelle sur les œuvres de l'esprit utilisées par l'ensemble du mouvement maçonnique, étant rappelé que les rituels observés dans le RER ont été rédigés par Jean-Baptiste Willermoz à la fin du XVIIIe siècle, au moment de l'élaboration et de l'adoption à Lyon, en 1778, du Code maçonnique des loges réunies et rectifiées ainsi que du Code des règlements généraux de l'ordre des chevaliers bienfaisants de la cité sainte » pour conclure que les rites sont « *dans le domaine public et non susceptibles d'appropriation* »[2].

972. La Cour estime qu'un tel rite, de même que les emblèmes et signes et décors y afférents, codifiés depuis plusieurs siècles, sont dans le domaine public et non susceptibles d'appropriation. La solution peut être aisément transposable au rite soufi du *dhikr*.

2. Les incertitudes de la protection des pratiques soufies

973. Remise en cause des notions traditionnelles. Si la notion d'expression du folklore permet de saisir les multiples facettes de la pratique du *dhikr* (mouvement, musique, rituel, etc.), il n'en reste pas moins que la protection des formes rituelles issues des pratiques soufies par le droit d'auteur ne manque pas de soulever des difficultés spécifiques, faute de la consécration des conditions de protection reconnues en la matière ainsi que de l'impossibilité d'identifier un auteur connu. En effet, l'analyse de l'article 138, 7° du CPI égyptien nous montre que le législateur a mis en place des critères saugrenus de qualification des expressions folkloriques en tant

---

1 CA Paris, 1re ch., sect. A, 21 mai 2002, *Juris-Data* n° 2002-191050, aff. *Association Grande loge nationale française et al. c/ Association Grand prieuré des Gaules Ordres Unis*, *Comm. com. électr.* 2002, comm. 124, note C. Caron ; *RIDA* janv. 2003, p. 257, obs. A. Kéréver ; *Propr. ind.*, 2003, comm. 6, note P. Kamina.

2 S'agissant des dépôts à titre de dessins et modèles, l'association avait procédé aux dépôts de 12 dessins et modèles qui portent sur des emblèmes maçonniques à l'INPI après la rupture de ses relations avec les associations Grande loge nationale française et le Grand Prieuré d'Helvétie. Cependant, la Cour décide d'annuler les dépôts de dessins et modèles étant donné qu'ils sont « dépourvus de caractère nouveau et propre au sens de l'article L. 511-2 du Code de la propriété intellectuelle, permettant leur protection, [...], et qui révèlent des dessins appartenant tous au fonds commun de la maçonnerie, et ne différant de dessins tombés dans le domaine public que par des détails insignifiants ; [...] ».

qu'œuvre de l'esprit rompant ainsi avec la tradition du droit d'auteur. Cette solution s'explique semble-t-il par le souci du législateur d'adapter le dispositif à la nature *sui generis* de l'œuvre folklorique, et ce, en dégageant des critères supplémentaires.

974. Critères cumulatifs de la qualification des expressions folkloriques. Or, l'examen et l'interprétation de ces critères de qualification des expressions folkloriques nous révèlent qu'ils sont de nature à engendrer des contradictions avec les *notions cadres*, y compris même la notion d'œuvre définie à l'article 138, 1° du CPI égyptien[1]. En effet, les critères retenus ne vont pas sans susciter des problématiques dans l'opération de qualification dans la mesure où ils sont en rupture avec les principes directeurs du droit d'auteur et semblent limiter la portée de la protection. A la lecture de la définition du *folklore national*, nous pouvons déduire trois critères cumulatifs qui limitent considérablement le champ de protection des expressions folkloriques : le *premier critère* porte sur le caractère spatial de l'expression en question tandis que le *deuxième* a trait au caractère temporel et le *troisième* est relatif au caractère distinctif.

975. Critères spatio-temporels. Pour s'en convaincre, il suffit d'examiner les deux critères spatio-temporels. S'agissant du *caractère temporel*, le législateur a employé le verbe « continuer » en tant que condition nécessaire pour qualifier l'expression folklorique qui dépend de sa continuité dans le pays d'origine. Quant au *caractère spatial*, le législateur a employé le verbe « avoir lieu » pour exprimer la nécessité que l'expression soit attachée au pays d'origine. A vrai dire, il s'avère que ces deux critères spatio-temporels constituent un obstacle majeur à la qualification juridique des expressions folkloriques au regard de la propriété littéraire et artistique.

976. C'est dans ces conditions que la question se pose de savoir si les « pratiques des soufis », en tant qu'expression du folklore populaire, sont éligibles à la protection. En effet, la plupart de ces pratiques soufies puisent leur origine dans plusieurs civilisations telles que la civilisation grecque, la civilisation indienne, etc. Ainsi, si certaines pratiques soufies ne cessent pas d'être pratiquées de nos jours sur le territoire égyptien, force est de constater qu'elles sont originaires d'autres territoires. À titre d'exemple, la danse extatique a été instituée à Konya[2] (Turquie) mais elle continue à être pratiquée aujourd'hui en Égypte. Il en va de même pour la pratique du *dhikr* qui n'est pas originaire de l'Égypte.

977. Lectures et interprétations possibles. Deux interprétations sont envisageables s'agissant de la qualification juridique : soit nous prenons en compte l'existence de la conjonction de coordination arabe « ou أو » dans la qualification, soit nous optons pour la conjonction d'une proposition dont le verbe est supprimé.

978. Première hypothèse. Dans la première hypothèse, l'existence de la conjonction de coordination entre les deux verbes « continuer » et « avoir lieu » révèle à son tour deux interprétations différentes. La première exprime le choix entre deux

---

[1] L'article 138, relatif aux définitions de certains termes, précise ce qu'il faut entendre par « œuvre » : « (1) Toute œuvre originale [*mobtakar*] littéraire ou artistique ou scientifique quels qu'en soient son genre ou son mode d'expression ou son importance ou l'objectif poursuivi par sa création ». À notre avis, il ne s'agit pas d'une définition proprement dite puisqu'elle n'apporte rien de nouveau.

[2] L'ordre ou la confrérie des derviches tourneurs a son siège à Konya qui a été fondé par Jalâl al-Dîn RUMI (1207-1273). V. v° « Derviches tourneurs », *in* M. CHEBEL, *Dictionnaire des symboles musulmans*, *op. cit.*, p. 134.

choses dont le cumul est absurde tandis que la seconde permet de prôner en faveur de la volonté d'introduire le sens de la conjonction d'une proposition dont le verbe est supprimé. La question qui s'impose à ce stade est la suivante : la volonté du législateur entend-t-elle quelle interprétation ?

979. La réponse est importante dans la mesure où si le législateur entend la première, c'est-à-dire le « choix entre deux choses dont le cumul est absurde », il vise par-là deux volets. Le *premier volet* ne portera que sur l'origine de l'expression folklorique sans prendre en compte le caractère temporel. En l'occurrence, moult expressions folkloriques ne seront pas protégées par le droit d'auteur puisque l'origine de leur apparition n'a pas eu lieu en Égypte. Le *second volet* ne concerne que le caractère temporel sans prendre en considération l'origine de l'apparition, ce qui permettra d'accueillir au sein du droit d'auteur les différents rites qui continuent d'être pratiqués sur le territoire, indépendamment de leur lieu d'origine.

980. Seconde hypothèse. En revanche, si la volonté du législateur entend la seconde hypothèse ; là encore, faut-il distinguer entre deux volets. Selon le *premier*, il porte uniquement sur l'usage de la particule de la conjonction « ou أو ». Quant au *second volet*, il porte sur la conjonction d'une proposition dont le verbe est supprimé. Sur ce, la proposition sera comme suit : « … qui a eu lieu ou qui a eu lieu et a continué نشأ أو نشأ واستمر ». En tout état de cause, que l'on adopte la première ou la seconde solution, force est de constater que les pratiques des soufis se trouveront exclues de la portée de la protection car l'apparition de ces pratiques n'a pas eu lieu en Égypte d'une part, et d'autre part, ces pratiques sont apparues en dehors du territoire égyptien mais elles ne cessent d'y exister.

981. Critère de « distinctivité ». Par conséquent, nous nous trouvons dans l'embarras dans la mesure où il n'existe aucun moyen qui nous permette de dévoiler la volonté du législateur à cet égard. Par ailleurs, nous nous trouvons confronté à un troisième critère de « *distinctivité* » auquel le législateur fait allusion dans le préambule de l'article 138, 7° du CPI égyptien. Il nous semble que ce critère ait été érigé comme une condition *sine qua non* de la protection des œuvres folkloriques qui est en contradiction avec les deux conditions fondatrices du droit d'auteur, à savoir la *forme* et l'*originalité.*

982. Perspectives d'avenir. Devant cet état de chose, il est nécessaire que le législateur intervienne pour mettre un terme à ces interprétations divergentes et remettre les choses dans la bonne voie. En effet, l'examen de la loi tunisienne n° 36 de 1994 relative à la propriété littéraire et artistique nous montre que le législateur définit le folklore dans l'article 7 comme : « *tout patrimoine artistique légué par les générations antérieures et qui soit lié aux coutumes et aux traditions et à tout aspect de création populaire telles que les histoires populaires, les lettres, la musique et la danse* ». Cette définition large est bienvenue puisqu'elle est dépourvue de critères faisant obstacle à la qualification juridique du folklore. Le législateur égyptien doit prendre le relais.

B. La forme interprétative

983. Une pratique forgée sur l'interprétation ? A l'analyse, la pratique du *dhikr* évoque plusieurs expressions qui nous conduisent à raisonner sur le terrain du droit voisin de l'interprète. À titre d'exemple, le *dhikr* se présente comme une « invocation », « scansion », « incantation », « mention » et « récitation », voire même une « psalmodie ». D'où l'interrogation de savoir si la pratique de la remémoration et la scansion des formules liturgiques pourrait s'analyser en une *interprétation* au regard de la définition d'artiste-interprète et si l'orant en tant que simple pratiquant pourrait se voir attribuer la qualité d'artiste-interprète.

984. Plan. De nombreuses hésitations peuvent naître quant à la qualification de la pratique du *dhikr* en tant qu'interprétation protégeable par le droit voisin des artistes-interprètes qui tiennent à la *nature* et aux *caractères de la prestation* de l'artiste-interprète (1) et à la *finalité ascétique* de la pratique (2) qui se trouve aujourd'hui détournée.

1. L'appréciation de la nature et des caractères de la prestation

985. Objet de l'interprétation : une « œuvre ». L'article 138, n° 12 du CPI égyptien définit l'artiste-interprète (*fanan el adaa'*) comme : « La personne qui représente, chante, récite, déclame, ou danse dans des œuvres littéraires ou artistiques protégées conformément aux dispositions de la présente loi ou tombées dans le domaine public [...] ». Il y inclut le fait d'interpréter « des expressions du folklore »[1]. Une partie de la doctrine française estime que l'interprétation est protégée dès lors qu'elle *s'impute* sur une œuvre de l'esprit[2], même si cette dernière n'est pas protégée, soit parce qu'elle est tombée dans le domaine public, soit parce qu'elle n'est pas originale.

986. Critères jurisprudentiels retenus pour apprécier la prestation de l'artiste. Or, il ne suffit pas d'être en présence d'une œuvre de l'esprit pour reconnaître la qualité d'artiste-interprète mais il faut encore que l'artiste-interprète fasse preuve d'un *engagement personnel* et *artistique* dans sa prestation[3]. Pour ce faire, la jurisprudence française s'est accoutumée à mettre en avant quelques *critères*[4] afin de déterminer l'apport de l'artiste-interprète dans sa prestation telles que l'importance de son rôle, la durée de la prestation, sa contribution personnelle et identifiable.

987. Notion d'interprète et la récitation de la forme des Noms divins : prestation exclue de la protection. Si la *brièveté* des formules jaculatoires psalmodiées à haute voix par les membres de la confrérie et le *procédé de répétition* des formules ne doit pas, de prime abord, faire obstacle à la qualification, voire à la protection, toutefois, la question se pose de savoir si la prestation qui consiste en la scansion, la psalmodie de formules sacrées d'une grande concision sur des modalités d'invocation et selon des tons différents constitue une *interprétation protégée*, en tant qu'objet d'un droit voisin, permettant d'exprimer la personnalité de l'orant. Rappelons que le *dhikr* repose le plus souvent sur un procédé technique mis en avant consistant

---

1 V. L'article 2 du Traité de l'OMPI sur les interprétations et exécutions et les phonogrammes (WPPT), adopté à Genève le 20 décembre 1996, dispose qu' : « Aux fins du présent traité, on entend par : a) "artistes interprètes ou exécutants" les acteurs, chanteurs, musiciens, danseurs et autres personnes qui représentent, chantent, récitent, déclament, jouent, interprètent ou exécutent de toute autre manière des œuvres littéraires ou artistiques ou des expressions du folklore ; ».

2 A., H.-J. LUCAS, A. LUCAS-SCHLOETTER et C. BERNAULT, *op. cit.*, p. 1040 et 1041, n° 1333 ; F. POLLAUD-DULIAN, *Le droit d'auteur*, *op. cit.*, p. 1501 et s., n° 2281 et 2283 ; A.-E. KAHN, *J.-Cl. Propr. litt., art.*, Fasc. 1425 : Droits voisins du droit d'auteur. Droits des artistes-interprètes. Définition de l'artiste-interprète (CPI, art. L. 212-1), préc., 2010, n° 15 ; P. TAFFOREAU, « Un an de droits voisins », *Comm. com. électr.* 2011, n° 10, chron. 9, n° 1.

3 A.-E. KAHN, *J.-Cl. Propr. litt., art.*, Fasc. 1425, préc., 2019, n° 41.

4 A.-E. KAHN, *J.-Cl. Propr. litt., art.*, Fasc. 1425, préc., 2019, n° 65.

en la répétition du seul nom *Allâh* ainsi que de la *Shahâdah*. En effet, plusieurs artistes ont déjà enregistré la récitation rythmée des noms divins dont le plus célèbre est celle du chanteur Hisham Abbas[1]. Certains auteurs ne manquent pas de remarquer que :

« la pratique de l'invocation, en particulier lorsqu'elle est répétition rythmée d'une formule, d'un nom divin, et surtout du nom *Allâh*, voire du seul pronom *Huwa* (Lui), n'est pas un exercice à la portée de tous. Elle requiert de la part de celui qui veut en tirer profit des qualifications sérieuses, qui ne s'obtiennent que par une discipline constante, du corps et de l'âme, et une éducation spirituelle que ne peut donner qu'un guide ayant déjà parcouru lui-même le chemin de la réalisation »[2].

988. Entre la qualité d' « artiste-interprète » et de « simple pratiquant » du *dhikr al-Qadiriya*. À titre d'exemple, la pratique du *dhikr al-Qadiriya* d'Alep[3] nécessite le concours d'un certain nombre de personnes dans l'exécution de la pratique. Il existe trois principaux *acteurs* qui jouent un rôle important, à savoir :

1. Le *cheikh héréditaire* qui ouvre et supervise la cérémonie afin qu'elle soit pratiquée selon les règles. Il s'agit d'un rôle de *supervision* et non d'*interprétation* ;

2. Le *maître du dhikr* (*ra'is al-dhikr*), qui est l'*interprète principal*, dirige plusieurs chanteurs qui sont entourés par un cercle de *murids* (disciples), fonctionnant comme chœur d'accompagnement[4], qui aspire à l'unité spirituelle avec Dieu. Ils jouent un rôle choral d'arrière-plan, psalmodiant et invoquant Dieu, tout en balançant rythmiquement le haut de leur corps. Il ne s'agit pas d'un rôle d'*interprétation* au même titre du *chef d'orchestre*[5] qui dirige ses musiciens ;

3. Enfin, le *maître du cercle* (*ra'is al-halaqa*) qui dirige ces *murids*.

---

1 V. La note précédente n° 1 du § n° 620 au sujet de la problématique de la perception des droits d'exécution publique dans les lieux de culte.

2 J.-L. MICHON, *Le Soufi marocain Ahmad Ibn Ajiba et son mi'raj*, J. Vrin, Paris, 1989, p. 25.

3 V. « L'état des lieux national en matière de sauvegarde du patrimoine culturel immatériel en République Arabe Syrienne », Rapport de la République arabe syrienne pour la Phase I du projet MEDLIHER, mars 2010 (Partie B, Étude de cas : le *dhikr al-Qadiriya* d'Alep).

4 « Dans tous les cas les formules jaculatoires sont psalmodiées à haute voix par les membres de la confrérie. Le chant du soliste comprend une *qasîda* ou un *muwwashshah* religieux dénommé *tawshîh* qui entre dans la catégorie générale de l'hymnologie (*madîh*). Dans ce cas il est interprété par un petit chœur (*munshidîn* ou en Tunisie, *musammi'înà* avec ou sans percussions (tambour sur cadre) » : C. POCHE, *Dictionnaire des musiques et danses traditionnelles de la méditerranée*, *op. cit.*, p. 144.

5 Il convient de noter que la loi autrichienne du 9 avril 1936 concernant le droit d'auteur sur les œuvres littéraires et artistiques et les droits connexes (*Dr. Aut.*, 15 juin et 15 juill. 1936, n° 6 et 7, p. 61 et 74) et la loi tchécoslovaque sur le droit d'auteur du 22 décembre 1953 attribuaient aux chefs d'orchestre, aux solistes, aux metteurs en scène, aux acteurs, des droits sur leur interprétation d'une œuvre. Les membres de l'orchestre et du chœur en sont exclus. Quant à la loi italienne pour la protection du droit d'auteur et des autres droits connexes à l'exercice de celui-ci du 22 avril 1941-XIX, n° 633, elle considérait les directeurs d'orchestre ou de chœur et les ensembles orchestraux ou choraux, mais elle accordait ces droits à ces derniers si leur rôle n'est pas limité à l'accompagnement (*Dr. Aut.*, 15 sept. 1941, n° 9, p. 97). V. TROLLER, sous le titre de « Das Recht der Dirigenten und Solisten an den Interpretationen des Musikwerkes », *in Schweizerische Mitteilungen über gewerblichen Rechtsschutz und Urheberrecht* (n° 2, 1955). Aux termes de l'art. § 66 (2) de la loi autrichienne du 9 avril 1936 concernant le droit d'auteur sur les œuvres littéraires et artistiques et les droits connexes : « S'agissant de récitations, de représentations et d'exécutions qui – comme la représentation d'une œuvre dramatique, l'exécution d'un chœur ou d'une composition musicale pour orchestre – impliquent le concours de plusieurs personnes sous une direction unique, le droit de disposition (al. 1) appartient au dirigeant et aux personnes qui ne se bornent pas à apporter leur concours dans le chœur, dans l'orchestre ou d'une autre manière analogue, mais se distinguent par une activité de soliste ».

989. Dans ces conditions, les exécutions et les expressions des participants à une pratique de *dhikr* peuvent-elles être regardées comme des *œuvres de l'esprit* ? A l'analyse, même s'ils chantent et psalmodient tous en chœur, leur rôle n'implique pas nécessairement une *interprétation personnelle* de l'interprète car le but est de se *fondre*. Ils ne donnent pas un *concert* au sens du terme. Exiger que l'interprétation doive s'imputer sur une œuvre de l'esprit signifie dès lors que le simple fait d'*invoquer* l'un des noms divins ne saurait conférer ni la qualité d'auteur, ni celle d'artiste-interprète, faute d'œuvre. Dans la mesure où la prestation de l'orant n'implique aucune *interprétation* d'une œuvre, la qualité d'artiste-interprète ne pourra lui être reconnue.

990. Exclusion de ceux qui ne font prêter que leur état d'extase. La qualification d'artiste-interprète doit ainsi être écartée à propos de simples *pratiquants* ayant participé à une pratique de *dhikr*. On ne saurait alors qualifier les officiants d'artistes-interprètes dans la mesure où les soufis dans l'exercice de leur pratique n'*interprètent* pas une œuvre de l'esprit ; leur prestation, qui consiste à répéter plusieurs formules liturgiques et remémorer Dieu, n'est pas l'*exécution*, de quelque manière que ce soit, d'une œuvre littéraire ou artistique. L'orant n'est pas un *interprète* parce qu'il n'interprète pas une œuvre proprement dite mais y figure comme un *objet du dhikr* ou un *sujet d'extase*, voire l'œuvre à créer.

991. Absence de « volonté créative »[1]. A défaut de *volonté de créer* une œuvre, l'orant se met en pratique pour *générer* des expériences ascétiques et extatiques. Par conséquent, sont exclus tous ceux qui, sans interpréter une œuvre, se contentent de *prêter leur état d'extase* où les mouvements sont spontanés excluant toute créativité[2] puisqu'ils s'inscrivent dans l'exercice de leur culte car, comme le souligne Gimaret, « mémoriser, réciter la liste de ces noms, les méditer, invoquer Dieu par eux, conformément à la recommandation qui en est faite dans le Coran (7,180) est une des expressions privilégiées de la piété musulmane »[3]. A notre sens, l'orant peut être assimilé aux *participants à une émission de télé-réalité* intitulée : « *L'Île de la tentation* » qui, comme l'a relevé la Cour de cassation française, « [...] *n'avaient aucun rôle à jouer ni aucun texte à dire, qu'il ne leur était demandé que d'être eux-mêmes et d'exprimer leurs réactions face aux situations auxquelles ils étaient confrontés et que le caractère artificiel de ces situations et de leur enchaînement ne suffisait pas à leur donner la qualité d'acteurs* »[4]. Comme le souligne le professeur Pollaud-Dulian, pour qu'il y ait *interprétation*, il faut qu'il y ait une *œuvre à interpréter*, ce qui suppose de jouer un rôle et non de se borner à être soi-même dans son activité quotidienne[5]. « *Cela étant, les candidats qui participent à un tel programme*

---

1 V. Sur la question : A. BENSAMOUN et J. GROFFE, *J.-Cl. Propr. litt., art.*, Fasc. 1134 : « Objet du droit d'auteur. Œuvres protégées. Notion d'œuvre (CPI, art. L. 111-1, L. 112-1 et L. 112-2) », 2019, n° 40s. ; F. POLLAUD-DULIAN, *Le droit d'auteur, op. cit.*, p. 124 et 125, n° 131 et 132.

2 V. En ce sens : C. CARON, note ss. CA Paris, 4e ch., 29 mars 2006, *Com. com. électr.*, 2006, comm. 77 : « C'est la première fois, à notre connaissance, que la Cour de cassation affirme haut et fort que la création susceptible d'entraîner la réalisation d'une œuvre originale exige une conscience de créer, ce qui n'est pas le cas lorsque des mots s'échangent de façon entièrement spontanée ».

3 D. GIMARET, *Les noms divins en Islam. Exégèse lexicographique et théologique*, Cerf, Paris, 1988, p. 7.

4 Cass. civ. 1re, 24 avr. 2013, n° 11-19.091, 11-19.168, *JurisData* n° 2013-007958 ; *Comm. com. électr.* 2013, comm. 75, note C. CARON ; *JCP G* 2013, 731, note X. DAVERAT.

5 F. POLLAUD-DULIAN, note ss. Civ. 1re, 13 nov. 2008, *RTD com.* 2009, p. 128.

audiovisuel ne sont pas pour autant des artistes-interprètes : ils n'interprètent pas une œuvre et ne pourront même pas passer pour des figurants »[1].

992. Affaire du film documentaire « *Être et avoir* ». Suivant un raisonnement par analogie, la problématique de la revendication des droits d'auteur ou des droits voisins d'interprète au profit des pratiquants ayant participé à une pratique de *dhikr* peut être mise en parallèle avec ceux qui se contentent de *prêter leur image* en apparaissant dans un simple documentaire excluant comme tel toute interprétation[2]. La saga judiciaire de la célèbre affaire du documentaire offre un apport important à la notion d'interprète en droit voisin et une illustration intéressante pour répondre à la question de savoir si le fait d'être filmé dans le cadre d'un documentaire durant l'exercice de sa profession permet au personnage principal de ce film (en l'occurrence, l'instituteur) de revendiquer la qualité d'artiste-interprète.

993. En l'espèce, Nicolas Philibert avait réalisé un film documentaire intitulé : « *Être et avoir* » qui relate la vie quotidienne d'une école de village de moyenne montagne à classe unique, regroupant autour de l'instituteur, Georges Lopez, une dizaine d'élèves, de la maternelle au CM2. Après que ce film ait connu un grand succès inattendu, l'instituteur revendiquait, d'une part, des droits d'auteur sur son cours oral reproduit dans le documentaire en sa qualité à la fois d'auteur et de coauteur de l'œuvre audiovisuelle que constitue le film du fait de sa participation à la création du documentaire, et d'autre part, des droits voisins en sa qualité d'artiste-interprète sur l'exécution qu'il a faite de l'œuvre orale constituée par son cours, outre l'atteinte portée à ses droits de la personnalité (droit à son image, à son nom et à sa voix). C'est dans ces conditions que l'instituteur a assigné les producteurs du film et exploitants en contrefaçon et en paiement de dommages-intérêts.

994. Cependant, les juges du fond déboutent l'instituteur en tant qu'objet du tournage de l'intégralité de ses demandes tant sur le terrain du droit d'auteur que sur celui des droits voisins. Confirmant le jugement du Tribunal de grande instance de Paris, la Cour d'appel de Paris, dans un arrêt en date du 29 mars 2006, a refusé de reconnaître à l'instituteur la qualité d'artiste-interprète au motif que :

> « *M. Lopez n'a été filmé que dans l'exercice de son activité professionnelle et dans le cadre de l'interview [...], où il évoquait ses origines familiales et les bases de sa vocation d'enseignant, ces données qui reflètent un exercice professionnel et un statut social, relèvent du fait documentaire qui, de par son rapport au réel, tel qu'il est conçu dans les arts cinématographiques, exclut la notion d'interprétation [...]* »[3].

995. Comme l'a relevé le TGI de Paris : « *le seul fait d'être filmé ne confère pas à celui qui l'a été la qualité d'artiste-interprète* ; [...] toute œuvre documentaire implique, à l'instar des autres œuvres scientifiques ou artistiques, une « construction » mais l'existence de ce processus de construction ne permet aucunement d'assimiler documentation et fiction, pas plus que la personne filmée dans le documentaire à un artiste-interprète ».

---

1 F. POLLAUD-DULIAN, note ss. Soc., 3 juin 2009, *RTD com.* 2009, p. 723.

2 Dans le même ordre d'idées, la question s'est posée de savoir si les participants à une émission de télé-réalité pouvaient être considérés comme des artistes-interprètes.

3 CA Paris, 4e ch., sect. A, 29 mars 2006, n° 04/22172, aff. G. *Lopez c/ Philibert et a.*, *JurisData* n° 2006-297713 ; *Comm. com. électr.* 2006, comm. 77, note C. CARON ; *Propr. intell.* 2006, p. 52, P. TAFFOREAU. Confirmant : TGI Paris, 3e ch., 1re sect., 27 sept. 2004, *JurisData* n° 2004-254455 ; *Comm. com. électr.* 2004, comm. 153, note C. CARON ; *D.* 2005, p. 92, note B. EDELMAN ; *RTD com.* 2005, p. 76, obs. F. POLLAUD-DULIAN ; *JCP E* 2004, 1898, obs. A. LALLEMAND.

Il convient donc de distinguer le *film de fiction* qui peut être interprété par des acteurs et le *documentaire*, qui, rendant compte de la réalité factuelle, exclut par nature l'interprétation de rôles comme l'a écrit bel et bien le professeur Pollaud-Dulian[1]. Dans le même ordre d'idées, Me Edelman relève la différence entre les *films de fiction* et le *film documentaire* :

> « *Dans un documentaire, [...] le statut de la réalité cinématographique change du tout au tout : il ne s'agit plus d' « inventer » le réel mais de l'exposer [...] Ainsi, on doit en déduire que les personnes qui apparaissent dans un documentaire ne sont pas des "personnages" ; elles ne jouent aucun "rôle", sinon, peut-être, leur rôle social ; elles n'interprètent rien, sinon encore leur propre fonction.* En d'autres termes, elles existent devant la caméra comme elles existent dans leur vie quotidienne. Et si l'on pouvait parler de "jeu", il ne s'agirait que de ce "jeu" que nous jouons tous dans l'espace d'une fonction, quelle qu'elle soit »[2].

996. Par un arrêt du 13 novembre 2008, la première chambre civile de la Cour de cassation confirme la solution des juges du fond qui « ayant ainsi relevé que *l'instituteur apparaissait exclusivement dans la réalité de son activité sans interpréter, pour autant, au service de l'œuvre, un rôle qui ne serait pas le sien*, la Cour d'appel a décidé à bon droit que *la qualité d'interprète ne pouvait pas lui être reconnue, s'agissant d'un simple documentaire excluant comme tel toute interprétation* »[3].

997. Affaire « *J.-M. Michaud c/ Sunset Productions* ». Il reste, cependant, à savoir si la prestation consistant en l'invocation de formules sur plusieurs tons peut s'analyser en une *œuvre littéraire* ou *artistique* au sens du droit d'auteur. La question s'est posée différemment devant la Cour d'appel de Paris, dans l'affaire *Jean-Marc Michaud c/ Sunset Productions*, qui, s'est penchée sur la lecture d'une phrase courte, composée de deux mots, sous différentes intonations[4]. Cette affaire opposait la société Sunset production qui exerce une activité de prestations techniques de l'audiovisuel à M. Jean-Marc Michaud, connu sous le nom de « Lancelot », qui avait été embauché par la société pour un contrat à durée déterminée en qualité d'artiste musicien pour intervenir sur des bandes annonces diffusées sur la station de radio Europe 1. Par nature temporaire, la prestation consistait, en l'occurrence, à lire la phrase « parlons-nous », composée donc de deux mots, sur plusieurs tons, en un trait de temps et n'était pas destinée à être renouvelée.

998. En effet, il est d'usage constant dans le secteur de l'audiovisuel et de l'édition phonographique de ne pas recourir à des contrats de travail à durée indéterminée pour l'enregistrement de phonogramme surtout en ce qui concerne des prestations artistiques concises. Tel était le cas en l'espèce ; M. Michaud revendiquait le paiement d'une rémunération de droits voisins au titre de sa qualité d'artiste-interprète. En

---

1 F. POLLAUD-DULIAN, note ss. TGI Paris, 27 sept. 2004, *RTD com.* 2005, p.78.

2 B. EDELMAN, « Être et paraître : la réalité est gratuite », *D.* 2005, 92.

3 Cass. civ. 1re, 13 nov. 2008, pourvoi n° 06-16.278, FS-P+B, aff. *Lopez c/ Philibert et a.*, *JurisData* n° 2008-045785 ; *D.* 2008. AJ. 3009 ; *RIDA* avr. 2009. 405, obs. P. SIRINELLI ; *Propr. intell.* avr. 2009. 172, obs. A. LUCAS ; *Comm. com. électr.* 2009, comm. 2, note C. CARON et chron. 6, « Un an de droit de l'audiovisuel », B. MONTELS, spéc. n° 4 ; *RTD com.* 2009, p. 128, obs. F. POLLAUD-DULIAN ; *Légipresse* 2009, n° 258, II, p. 12, obs. L. MARINO ; *RLDI* janv. 2009, n° 1501, note M. SCHAFFNER, A. ABELLO et G. SROUSSI ; *RLDI* mars 2009, n° 1533, note A. ROBIN.

4 CA Paris, Pôle 6, 5e ch., 17 mars 2011, n° 09/05882, aff. *Jean-Marc M. c/ Sunset Productions*, *JurisData* n° 2011-006045, *EDPI*, mai 2011, p. 4, n° 095, obs. C. BERNAULT ; *PA* 2011, n° 254, p. 18, obs. X. DAVERAT ; *Comm. com. électr.* 2011, chr. n° 9, § 1, obs. P. TAFFOREAU ; *RLDI* 2011, n° 2302, obs. M. TREZEGUET.

défense, la société Sunset production estimait que M. Michaud ne pouvait se prévaloir que d'une qualité d'artiste de complément pour avoir prononcé la seule phrase « parlons-nous ».

999. Après avoir rappelé que l'article L. 212-1 du CPI exclut les « artistes de complément » de la qualification d'artiste-interprète au titre des droits voisins, la Cour d'appel, dans un arrêt en date du 17 Mars 2011, déboute M. Michaud de ses demandes relatives à la reconnaissance de ses droits voisins et fonde sa décision sur quatre motifs qu'en premier lieu « *cette phrase en raison de sa banalité, de sa construction grammaticale, de son utilisation consensuelle ne peut s'analyser en une œuvre littéraire et artistique* ». En deuxième lieu, la phrase « parlons-nous » est intégrée dans une bande annonce composée de dizaines d'autres éléments sonores et qu'elle représente seulement 4,7 secondes sur 1832 secondes, soit 0,26 %. En troisième lieu, le fait de lire une phrase d'une grande banalité et concision sur des tons différents ne constitue pas une interprétation originale. Enfin, la personnalité de M. Michaud bien qu'étant un artiste avec une expérience et une qualité certaine dans ce milieu n'était pas identifiable à l'écoute de la phrase « parlons-nous ».

1000. C'est dans cet esprit que la Cour refuse d'attribuer la qualité d'artiste-interprète à M. Michaud pour lui reconnaître, en revanche, celle d'un *simple artiste de complément* qui se distingue de l'artiste-interprète en ce que sa prestation est complémentaire ou accessoire, que sa personnalité ne transparaît pas dans sa prestation, et que son interprétation n'est pas originale[1].

1001. Affaire « *Uncle Ben* ». Par ailleurs, dans une affaire célèbre relative au droit sur la voix d'un artiste professionnel utilisée dans une publicité télévisuelle « Uncle Ben's », la Cour d'appel de Versailles[2], dans un arrêt du 9 octobre 2008, a refusé de reconnaître le statut d'artiste-interprète à M. Garrett au motif que : « *La phrase prononcée par M. Garrett "c'est toujours un succès", qui n'est pas ni ne peut être protégée au titre du droit d'auteur, ne peut s'analyser, en raison de sa concision, de sa banalité, de sa construction grammaticale ou de l'absence d'empreinte de la personnalité de l'auteur du texte, en une œuvre littéraire ou artistique* […] » vu qu'il a réalisé une simple prestation d'artiste de complément.

1002. Absence d'une *œuvre à interpréter*. Si nous transposons le raisonnement de la jurisprudence française à l'hypothèse de l'invocation des noms divins, plusieurs arguments pourraient être invoqués, de prime abord, en faveur de la disqualification du *dhikr* en tant qu'interprétation protégée comme objet d'un droit voisin. Nous constatons, tout d'abord, que les noms divins prononcés dans un esprit d'adoration et de cheminement vers Dieu consistent en des *qualificatifs* (*sifât*) vénérés décrivant Dieu qui, en raison de leurs *caractères sacrés*, ne peuvent s'analyser en une *œuvre* au sens du droit d'auteur. Dès lors, le simple fait de se souvenir ne saurait conférer ni la qualité d'auteur, ni celle d'artiste-interprète, faute d'*œuvre*.

1003. Appréciation de l'*originalité* dans la forme interprétative. D'ailleurs, il serait difficile dans le cadre de la pratique d'identifier la *personnalité* de l'orant à l'écoute des formules… Comme le souligne le professeur Gaudrat, ce n'est pas la *forme*, en soi,

---

1 V. Dans ce sens : CA Paris, 18 févr. 1993, *D.* 1993, 2, p. 397, note I. WEKSTEIN-STEG.

2 CA Versailles, 15e ch., 9 oct. 2008, aff. *Randall Garrett*, n° 06/03959, *Propr. intell.* 2009, n° 31, p. 173, obs. J.-M. BRUGUIERE ; « Uncle Ben's, c'est toujours un succès », *RLDI* avr. 2009, n° 1566, p. 14, note J.-M. GUILLOUX ; *Légipresse* 2009, III, p. 1, note P. TAFFOREAU.

qui est protégeable ; mais ce qui, *dans la forme*, est marqué de l'empreinte de la personnalité de l'auteur. En effet, il est communément admis que le *dhikr* est avant tout une « *œuvre intérieure* »[1]. Si l'originalité s'apprécie dans la *forme interne* de l'œuvre[2], il reste à savoir si l'originalité pourrait se manifester dans cette pratique qui consiste en la réitération des noms divins (qui sont à l'origine du monde et de son apparition selon Ibn Arabi[3]) ? En d'autres termes, y aurait-il dans le *dhikr* un *espace créatif* particulier, « entre le fruit de l'imagination et son expression objectivée, [...] ; celui qui permet, en conscience, de plier une technique d'expression à la projection dans une chose extérieure d'une forme conçue mentalement »[4] ? ou, au contraire, cette pratique ne saurait s'analyser en somme qu'en une simple répétition du nom[5].

1004. Un simple *procédé de répétition* mécanique ? Tout d'abord, le propos doit être nuancé puisque la répétition est l'un des éléments qui caractérisent l'esthétique de l'art islamique[6] sans que cela puisse représenter, par principe, un obstacle à leur protection. Elle est très manifeste dans les pratiques religieuses par le truchement de la répétition d'une prière, de rites, de la récitation du Coran, de l'*adhân* ou de thèmes mélodiques. Mais pourquoi alors ce principe de répétition priverait-il de créer une atmosphère spirituelle qui traduirait l'originalité de l'interprétation de la pratique du *dhikr* ? Elle n'est pas en soi dépourvue de sens dans la mesure où :

> « la répétition d'unités identiques ou analogues pourrait en effet faire écho à l'unité de Dieu présente en tout, à la puissance unifiante de l'Un, laquelle sous-tend ou se réfléchit, à divers degrés et selon différents modes, dans l'unité du cosmos, de l'espace, du temps, des Révélations prophétiques, de la communauté des croyants ou de chaque individu »[7].

1005. C'est donc par cette répétition « exécutée en aspirant et expirant très profondément, que les disciples de nombreuses *Tariqa-s* atteignent l'état de transe »[8]. En effet, la répétition de la formule occupe une place importante dans la pratique puisqu'elle conduit à la captation de la pensée, voire du cœur, puis de l'intime par le signifié de la formule qui peut impliquer un engagement de la personnalité de l'orant. Or, pour que cette captation totale puisse se produire, selon certains auteurs, il faut que la répétition de la formule puisse remplir certaines conditions :

> « Avant tout selon un certain rythme verbo-moteur, qui déclenche à son tour, implicitement ou explicitement, l'adjuvant de rythmes respiratoires, puis circulatoires. A mesure donc que se poursuivrait cette répétition inlassable, il se produirait, entre cette répétition même et les influx nerveux qui parcourent l'organisme humain, des connexions étroites par où serait comme indirectement rejointe la totale maîtrise recherchée en yoga sur tous les appétits et instincts, même inconscients »[9].

---

1 E. GEOFFROY, *Le soufisme en Égypte et en Syrie*, *op. cit.*, n° 7.

2 Ph. GAUDRAT, « Réflexions sur la forme des œuvres de l'esprit », art. préc., p. 207.

3 *Al Foutouhat Al Maqquia*, t. 1, p. 102.

4 Ph. GAUDRAT, *Rép. Civ. Dalloz*, V° « Propriété littéraire et artistique (1° Propriété des créateurs) », préc., n° 34.

5 « Il ne s'agit donc ni de litanies, simple répétition indéfinie d'un certain Nom divin [...], ni moins encore des séances collectives de *dhikr* comportant certaines pratiques ressortissant à la technique du Yoga » : H. CORBIN, *op. cit.*, p. 262.

6 V. P. RINGGENBERG, *op. cit.*, p. 136 et s.

7 P. RINGGENBERG, *op. cit.*, p. 139.

8 H. H. TOUMA, *La musique arabe*, *op. cit.*, p. 137.

9 G.-C. ANAWATI et L. GARDET, *op. cit.*, p. 242.

1006. Une *forme fonctionnelle* dépourvue d'originalité. Or, la véritable problématique consiste dans le fait que la *personnalité* de l'orant dans la pratique du *dhikr* n'est pas le plus souvent *identifiable* à l'écoute des formules, et ce, à la différence de la récitation du Coran (la *tilâwah*) et de l'appel à la prière (l'*adhân*). Dans la mesure où si la pratique du *dhikr* peut être considérée comme un moyen d'expression, elle puise, cependant, sa source dans la force spirituelle de l'orant qui ne saurait être qualifiée en une *activité créatrice* au sens du terme qui détermine la forme de l'œuvre et sa croissance. Il semble que la pratique du *dhikr* n'exprime pas la *personnalité* du *dhakir* mais elle n'exprime que des *caractéristiques utiles* de la réalité objective et spirituelle et non le reflet de la personnalité. Cette pratique, qui se borne à rechercher par des *procédés techniques* perfectionnés une *concentration intérieure*, ne saurait faire l'objet d'aucun droit privatif, attendu qu'elle n'exige aucun *acte créatif original* de la pensée ; elle ne constitue qu'une *simple invocation* des noms divins. Cela s'explique par la répétition passive de formules de prières courtes, incantatoires s'appuyant sur une technique respiratoire très proche du yoga. De sorte qu'elle ne forme pas davantage une production originale de l'esprit par la nature des choses dans laquelle s'infuserait une *forme interprétative* dans la mesure où « *aucune interprétation ne peut être la répétition mécanique et servile d'aucune autre, chacune d'elles émanant de moyens d'expression personnels* »[1].

2. La finalité ascétique de la pratique

1007. Le *dhikr*, une forme fonctionnelle. A vrai dire, le *dhikr* n'est effectivement qu'une *forme fonctionnelle* relevant du domaine purement religieux dont la *finalité* est *in fine* de *symboliser* le Pacte (*mîthâq*) scellé avec Dieu dans la pré-éternité incitant l'homme à évoquer le nom de Dieu tant par la *langue* que par le *cœur* dans un ordre particulier et selon un rythme harmonieux. Il semble que la forme n'est pas séparée de la *fonction* en ce que le *dhikr* est entièrement dédié à une *fonction spirituelle*, ce qui exclurait toute fonction créatrice.

1008. *Dhikr* en tant que système liturgico-technique non protégeable « en tant que tel ». Au regard de la propriété littéraire et artistique, cette pratique de dimension mystique et cosmologique sort de la protection puisqu'il s'agit purement et simplement d'une *méthode intellectuelle*, appliquée à la production d'une *forme fonctionnelle* représentative. Elle s'analyse le plus souvent, en un procédé, une méthode, une technique mentale de prière, de méditation et de concentration[2]. Les soufis font

---

1 H. Desbois, note ss. Paris, 24 déc. 1940, *JCP* 1941, II, 1649.

2 Faut-il rappeler, à cet égard, que la protection conférée par le droit d'auteur « *ne peut s'appliquer ni à une technique, ni à une méthode, ni à un procédé, ni à un système, mais seulement à une création de l'esprit au sens de la loi sur la propriété littéraire et artistique, à condition qu'elle soit indépendante de l'obtention d'un résultat industriel* » selon une jurisprudence constante (CA Paris, 12 juill. 1974, *Ann. propr. ind.* 1975, p. 182). L'article 141, alinéa 1 du CPI égyptien s'inscrit parfaitement dans la lignée de cette jurisprudence lorsqu'il prévoit expressément que : « La protection ne s'applique pas aux simples idées, procédures, méthodes de travail, moyens de fonctionnement, concepts, principes, découvertes et les données (informations), même s'ils sont exprimés, décrits, illustrés ou inclus dans une œuvre ». Rappr. La traduction anglaise de l'article 141 du CPI égyptien selon laquelle: « *Protection shall not cover mere ideas, procedures, systems, operational methods, concepts, principles, discoveries and data, even when expressed, described, illustrated or included in a work* » avec l'alinéa (b) du paragraphe § 102 du US Code relatif au « *Subject matter of copyright: in general* » qui exclut de la protection « *any idea, procedure, process, system, method of operation, concept, principle, discovery, regardless of the form in which it is described, explained, illustrated, or embodied in such work* ».

de l'invocation de Dieu et de ses noms une « *technique* » de sorte que : « *d'une simple méthode de prière, non exclusive des prières canoniques, le dhikr devient un système liturgico-technique visant aux plus hauts états mystiques* »[1]. Pour s'en convaincre, il suffit d'examiner la littérature soufie qui s'accorde sur le fait que : « *la scansion des formules de dhikr, accompagnée de mouvements et de rythmes respiratoires,* [...] *constitue jusqu'à un certain point une technique* » selon certains[2]. Dans leur ouvrage, Gardet et Anawati consacrent la quatrième partie[3] à la question de savoir si l'expérience du *dhikr* consiste en une « méthode » ou une « technique ». C'est ainsi que cette pratique se borne à rechercher par des procédés techniques perfectionnés une concentration intérieure, notamment par le biais de la technique de la répétition verbale rythmique.

1009. Expression de la *conception qualifiante* dans la forme interprétative. Par ailleurs, la forme interprétative est une forme destinée à *transmettre* à un public une *émotion*. Or, il semble que le *dhikr*, en l'occurrence, est une *procédure spirituelle* qui peut engendrer une *forme externe* mais celle-ci n'est que l'indice d'une *expérience*. Elle découle de la *finalité ascétique* spirituelle qui est destinée au sujet, et non pas aux autres ou à son public ! A vrai dire, il n'y a pas d'*expression* à destination d'un public. Il s'agit plutôt d'une opération à destination du sujet ; une opération de concentration, voire même « une méthode qui est à la disposition du soufi dans son effort pour atteindre l'union avec Dieu »[4] dont le but est de se *fondre*. A ce titre, c'est différent de la *tilâwah*... Celui qui psalmodie, le fait pour un *public*, même s'il en tire un profit spirituel (et pécuniaire) pour lui... En revanche, cette finalité est destinée au *sujet*, pas à son *public* !

1010. Dévoiement du sens de la pratique et de sa finalité. En fin de compte, lorsque la pratique du *dhikr* est *collective*, des tiers sont présents ; mais, centrés sur leur propre pratique, ils ne sont pas témoins de celle des autres ! Il y a bien un groupe, mais il n'y a pas de public. Néanmoins, il peut arriver que la pratique, tantôt par fixation sur un support, tantôt en présentiel soit érigée en *spectacle* pour des tiers non pratiquant. C'est un *dévoiement* du sens de l'exercice, mais ce n'est pas impossible et ça se fait... Les pratiquants du *dhikr* et les *derviches tourneurs* se donnent en spectacle ; des initiations sont filmées, etc... Toutes peuvent donc être données en spectacle, même si c'est un *détournement* de leur finalité qui n'est pas d'exprimer quoique ce soit à destination d'un public. Pour autant, toutes ne sont pas également *spectaculaires* ! Plus spectaculaires sont les techniques qui reposent sur une *dynamique corporelle* comme nous allons le voir à l'occasion de l'analyse des enchaînements d'asanas (yoga physique) et de la danse giratoire des derviches tourneurs.

1011. En guise de conclusion. La protégeabilité conduit simplement à pouvoir exiger une autorisation du *dhakir* pour reproduire le *dhikr*. Mais qu'entend-on par « reproduire » ? Est-ce seulement filmer ou enregistrer la *forme externe* ? Ou est-ce réitérer à titre individuel la *technique spirituelle* ? Il nous semble que cette hypothèse est à exclure car la technique relève des *savoir-faire exclus* : en droit, elle est dans le domaine public.

---

[1] S. ANDEZIAN, « Dire la transe en Islam mystique. De l'expérience au langage autorisé », art. préc. Le livre intitulé : Un moine de l'Église d'Orient, *La prière de Jésus*, Chevetogne/Seuil, Paris, 1963, (appendice I, « Méthode psycho-physiologique de la prière), p. 101-103.

[2] A. POPOVIC et G. VEINSTEIN, *op. cit.*, p. 166.

[3] G.-C. ANAWATI et L. GARDET, *op. cit.*, p. 185.

[4] R. GOULET, art. « *Dhikr* », *in Dictionnaire de l'Islam, religion et civilisation*, *op. cit.*

En somme, tout ce qui relève de la technique spirituelle (y compris ses manifestations) est dans le domaine public. Le problème est non juridique, il se situe plutôt au niveau d'une juste transmission … En effet, le *dhikr* n'est pas protégeable parce que l'essentiel se développe sur un *plan spirituel inaccessible*, qui échappe aux catégories de la loi. Il s'en dégage, comme la partie émergée de l'*iceberg* (dans certaines phases) des éléments musicaux qui pourraient être protégés mais, outre, que ce n'est pas l'essentiel du *dhikr*, peut-on parler d'*originalité* ? Plus l'orant s'enfonce dans la profondeur de sa méditation en Dieu, moins il exprime sa « personnalité » ! Il va vers un *Soi transpersonnel…* Le *fana'* est une extinction du *Nafs…*

Figure 23 — Récapitulation de la qualification de la pratique du *dhikr* à l'épreuve des catégories juridiques suivant les éléments caractéristiques

Qualification du *dhikr* en fonction des catégories juridiques (œuvre/interprétation)	Œuvre chorégraphique	Œuvre musicale	Œuvre folklorique	Interprétation
Éléments caractéristiques de la pratique	Danses, mouvements, poses ou attitudes corporelles, exercices et techniques de respiration, méditations	Sons, paroles, musiques, chants, formes mélodiques	Rituels, mouvements traditionnels et sacrés, prières, danses traditionnelles	Incantations, récitations, invocations et répétition verbale de formules
Dimension	Corporelle et sonore		Mixte (corporelle, sonore, rituelle, etc.)	
Protégeabilité	Non	Non	Incertaine	Incertaine

CHAPITRE II
LA PRATIQUE DU YOGA ET LA PRIERE DE JESUS, FORCE DE L'ENERGIE SPIRITUELLE DANS LES MYSTIQUES INDIENNES ET CHRETIENNES

1012. Liens entre la pratique du *dhikr* et les méthodes ascétiques de pacification du mental dans la mystique indienne et chrétienne. La pratique du *dhikr* soufi qui vise à trouver la clé de la paix intérieure ressemble d'une manière ou d'une autre à la technique du *Yoga*[1] indien dont les *effets psychophysiologiques* des deux peuvent se rapprocher mais aussi se nuancer[2]. Il existe d'autres pratiques religieuses orientales et asiatiques qui relèvent du même genre[3] telles que les méthodes d'oraison de l'*hésychasme*[4] chez les moines du Sinaï et du mont Athos, de la *prière de Jésus*[5] dans les Églises russes, du *japa-yoga*[6] hindou, ou encore de la pratique bouddhique du *nembutsu*[7]

---

[1] M. ELIADE, *Le Yoga. Essai sur les origines de la mystique indienne*, Paul Geuthner, Bucarest-Paris, 1936 ; du même auteur, *Le Yoga : Immortalité et liberté*, Payot, Paris, 1954 ; *Technique du Yoga*, coll. « La Montagne Sainte-Geneviève », Gallimard, Paris, 1948 ; *Patanjali et le Yoga*, Seuil, Paris, 1962 ; P. MASSON-OURSEl, *Le Yoga*, coll. « Que sais-je », PUF, Paris, 1954 ; P. FEUGA et T. MICHAËL, *Le Yoga*, coll. « Que sais-je », 2e éd., PUF, Paris, 2003 ; J. PAUL, « Influences indiennes sur la *naqshbandiyya* ? », *Cahiers d'Asie centrale*, « Routes du commerce, route des idées », 1996, 1-2, p. 210-211.

[2] « [...] la place du cœur ne correspond pas exactement à celle du plexus solaire où les yogis situent le principe universel du *prana* (le "souffle vital") » : F. PRUVOST, « Stanislavski en quête d'une méthode : la prière du cœur et la pensée hésychaste », art. préc., p. 61.

[3] G.-C. ANAWATI et L. GARDET, *op. cit.*, p. 189 et s.

[4] La pratique dite de l'*hésychasme* (du grec *hésychia* qui signifie le « repos », la « paix », la « vie contemplative », l' « impassibilité », la « quiétude ») présente des points de ressemblance avec les techniques yogiques, surtout avec le *prânâyâma* (M. ELIADE, *Patanjali et le Yoga*, *op. cit.*, p. 66. V. Aussi du même auteur : *Le Yoga. Essai sur les origines de la mystique indienne*, *op. cit.*). Elle est une méthode mystique de la spiritualité de l'Église orthodoxe qui consiste à invoquer le nom de Jésus avec l'inspiration et l'expiration du souffle afin de faciliter la concentration du priant. Cette pratique qui est née au Sinaï se développa ultérieurement au Mont Athos en Grèce. L'hésychaste est « celui qui cherche à circonscrire l'incorporel dans son corps » selon St Jean CLIMAQUE, *in Échelle Sainte*, XXVII. V. F. HAIKAL, « Performativité du nom divin en Égypte de l'Antiquité à nos jours », art. préc. ; I. HAUSHERR, *La Méthode d'oraison hésychaste*, Edizioni Orientalia Christiana, vol. IX, 2, Rome, 1927, p. 102.

[5] Il s'agit d'une « méthode de prière, basée sur l'invocation indéfiniment répétée du nom de Jésus, dont la forme a été codifiée dans les milieux monastiques du Mont Athos, aux 13e et 14e siècles, où elle a revêtu parfois l'aspect d'une véritable technique psycho-somatique d'oraison » : P. ADNES, V° « Hésychasme », *in Dictionnaire de la spiritualité ascétique et mystique doctrine et histoire*, t. 7, Beauchesne, Paris, 1995, p. 381-399. « Il s'agit de cette forme spéciale de prière, en usage chez les chrétiens byzantins et slaves, dont la pièce maîtresse est l'invocation répétée de Jésus par le moyen d'une courte formule qui constitue un acte de foi en sa messianité divine et implore sa miséricorde » : P. ADNES, V° « Jésus (Prière à) », *in Dictionnaire de la spiritualité*, *op. cit.*, t. 8, p. 1126-1150.

[6] Ce terme sanskrit désigne la répétition d'une brève formule mystique « mantra », à l'aide d'un chapelet, constituant une invocation à la Divinité (J. HERBERT, *Spiritualité hindoue*, Albin Michel, Paris, 1947, p. 366-367).

[7] Le terme désigne littéralement : « penser au Bouddha ». Le terme japonais *nembutsu* ou *nenbutsu* équivalent de « *Namu Amida Butsu* » (Vénération au Bouddha Amida) désigne l'action de méditer sur

.../

japonais dont le fil commun consiste en la *répétition d'un Nom divin* afin de rechercher une intériorité unificatrice, voire une « connaissance expérimentale de Dieu »[1]. D'aucuns considèrent qu'elles « *produisent des vibrations rythmiques qui se répercutent dans les différents niveaux de l'être, elles amènent l'homme à s'absorber dans le nommé, qu'il s'appelle Dieu, Jésus, Brahman ou Bouddha* »[2].

1013. Plan. Nous nous bornerons à analyser deux pratiques importantes qui sont l'analogue du *dhikr* dans les mystiques hindoues et chrétiennes, d'une part, la technique du « yoga »[3] (Section I), reconnue par la *spiritualité chrétienne*[4], et d'autre part, la « prière de Jésus » (Section II).

---

le bouddha (*buddhânusmrti*) ou la pratique d'invoquer, voire de réciter (de répéter), son nom. V. Sur l'ensemble de la question : K. LI-YING, « La récitation des noms de "buddha" en Chine et au Japon », *T'oung Pao*, 1995, Vol. 81, Fasc. 4/5, p. 230-268 ; V. D. GIRA, « Un autre visage du bouddhisme », Revue *Topique*, 2003, vol. n° 85, n° 4, p. 191-201 ; G.-C. ANAWATI et L. GARDET, *op. cit.*, p. 189, note 11.

1 F. PRUVOST, « Stanislavski en quête d'une méthode : la prière du cœur et la pensée hésychaste », art. préc., p. 52.

2 E. GEOFFROY, *Initiation au soufisme*, *op. cit.*, p. 245.

3 Nous utilisons le vocable « Yoga » pour désigner en général toute technique d'ascèse et toute méthode de méditation.

4 « Il ne faut pas penser que la pratique du Yoga est inséparablement liée aux conceptions particulières de la théologie hindoue. Il est possible de profiter de ces techniques sans renoncer à sa propre foi religieuse. Si le chrétien veut utiliser ces techniques, il doit les dégager de la matrice dans laquelle elles ont été conçues, les libérer de la théologie hindoue et les rendre à leur valeur intrinsèque comme méthode pour réaliser Dieu (*cf.* J. M. DECHANET, *La voie du silence*, Paris, 1956, ch. 3). Avec la technique du Yoga, il peut s'efforcer de découvrir un peu mieux ce qu'est Dieu, puis sentir et expérimenter ce que nous sommes par rapport à lui. Il peut parvenir à percevoir que ce Dieu est notre Père, qu'il 1544 est le Fils en qui nous devenons ses fils semblables à Lui, qu'il est Esprit, qu'il est Amour, plénitude qui comble notre manque et qui devient notre propre amour. En somme, la pratique chrétienne du Yoga peut aider un chrétien à faire une certaine expérience de ce qu'il connaît par la Révélation et par là progresser dans la connaissance et l'amour de Dieu en Christ. Elle peut l'aider à parvenir à la paix en lui-même et pour lui-même (*Śānti*), à purifier son âme de toute pensée externe qui n'est pas Dieu et se disposer à se laisser posséder par Dieu dans la contemplation. Dans le Yoga il peut trouver une méthode pour parvenir à une discipline de vie, y compris dans ses aspects corporels, qui aide à l'équilibre et au développement spirituel. La culture occidentale pourra trouver en lui une méthode pour faire du corps un instrument de la vie contemplative. Dans la "mystique d'incarnation", système pour spiritualiser le corps, le corps ne doit pas être exalté aux dépens de l'esprit, mais doit être associé avec la vie de l'esprit dans son union avec Dieu » : M. DHAVAMONY, V° « Yoga », *in Dictionnaire de la spiritualité*, *op. cit.*, t. 16, p. 1534-1544.

SECTION I.
LA TECHNIQUE DU YOGA

1014. Rapprochement entre le *dhikr* et le yoga. Même si le but poursuivi par la technique du *dhikr* n'est pas le même que celui du Yoga, il n'en reste pas moins qu'il entretient une certaine *proximité* avec la technique du Yoga dans la mesure où le *dhikr* est accompagné du contrôle du souffle[1], d'exercices de respiration[2] de même que la technique du Yoga qui associe des postures (asanas), respirations, contractions et mobilisations énergétiques (*mudrâ*), concentrations, visualisations, etc. La pratique du Yoga vise à atteindre l'aspiration spirituelle par le contrôle du *corps* et de l'*esprit* qui sont co-dépendants. La finalité du Yoga c'est le « *Samadhi* » suprême (la « contemplation extatique », « concentration totale », l' « extase ») selon Patañjali qui constitue le couronnement du Yoga ; cet état déconditionné dans lequel, enfin libre des automatismes de comportement et de pensée, on peut faire un avec la vie, en acceptant que tout change et se modifie[3]. En tant que *méthode de méditation*, il s'agit d'un exercice de concentration mental qui permet de transcender le corps physique et se donne pour fin d'unir l'être humain (*jīvātman*) avec le Divin, le Principe suprême (*Paramātman*)[4], comme l'indique la racine sanskrite du mot « *yuj* »[5] qui connote la signification[6] et le but de cette pratique, à savoir le fait d'unir, de lier le corps avec l'esprit[7].

1015. Rupture entre l'*âme individuelle* et le *monde matériel*. Force est de constater que cette action de lier, présuppose préalablement la rupture des liens qui unissent l'esprit au monde, « ne peut avoir lieu si l'on ne s'est d'abord "détaché" du monde, si l'on n'a pas commencé par se soustraire au circuit cosmique, faute de quoi on n'arriverait jamais à se retrouver, ni à se maîtriser soi-même. Même dans son acception "mystique", c'est-à-dire même en tant que signifiant l'union, le Yoga

---

1 « Technique corporelle usitée dans les cercles soufis et qui consiste pour l'initié à se vider totalement dans le but d'atteindre une conscience de soi supérieure à la normale, probablement proche de l'extase » : M. CHEBEL, *Dictionnaire des symboles musulmans*, *op. cit.*, p. 394.

2 « Cette pratique du contrôle du souffle pour faciliter la concentration et l'intériorisation de la prière pendant la récitation a été recommandée aussi bien par les Pères de l'Église que par les Soufi musulmans » : F. HAIKAL, « Performativité du nom divin en Égypte de l'Antiquité à nos jours », art. préc.

3 PATANJALI, *Yoga-sutras*, *op. cit.*, p. 17.

4 P. FEUGA et T. MICHAËL, *Le Yoga*, *op. cit.*, p. 12.

5 P. FEUGA et T. MICHAËL, *op. cit.*, p. 11.

6 « Le mot yoga a le sens général de discipline, et peut s'appliquer aux différentes voies de délivrance. Il a également un sens technique, celui de yoga *darshana.* Il représente alors l'ensemble des pratiques psycho-somatiques permettant la concentration des pouvoirs humains physiques et mentaux à des fins spirituelles. Il est par excellence une école de spiritualité et de mystique, ouverte aussi bien aux hors-caste qu'aux *shoudra.* Appliqué au *moksha*, il est devenu l'une des principales voies de libération » : *Dictionnaire de la spiritualité*, *op. cit.*, t. VII, 1971, p. 1669.

7 « Etymologiquement, le terme Yoga dérive de la racine *yuj*, "lier ensemble", "tenir serré", "atteler", "mettre sous le joug", qui commande aussi le latin *jungere*, *jugum*, l'anglais *yoke*, etc » : M. ELIADE, *Patanjali et le Yoga*, *op. cit.*, p. 7.

implique le détachement préalable de la matière, l'émancipation par rapport au monde »[1].

1016. État d'*intériorisation*. Dans la pratique du Yoga, on essaye d'être à la fois conscient du geste, de la respiration, et de la sensation[2]. Il existe plusieurs moyens qui peuvent être mis en œuvre pour aboutir à la méditation et créer les conditions favorables à ce processus de *transformation* dont l'exercice de la concentration, de la respiration et la qualité de la relation avec l'environnement[3]. « Le point de départ de la méditation Yoga est la concentration sur un seul objet, *ekâgratâ*. Cet objet peut être, indifféremment, un objet physique (le point entre les sourcils, le bout du nez, un objet lumineux, etc.), une pensée (une vérité métaphysique) ou Dieu (*Içvara*) »[4]. C'est grâce à la *concentration mentale* de la méditation intériorisante que le yogin pourra commencer l'aventure spirituelle et arriver à visualiser les formes, les représentations, les images, etc.

1017. Une technique limitée de nos jours à une *pratique corporelle*. On y distingue traditionnellement entre le *râja* yoga[5], ou « yoga de la méditation », et le *hatha* yoga[6], ou « yoga corporel ». Or, il semble que les différentes techniques posturales

---

1 M. ELIADE, *Patanjali et le Yoga, op. cit.*, p. 7 et 8.

2 PATANJALI, *Yoga-sutras, op. cit.*, p. 30-31.

3 PATANJALI, *Yoga-sutras, op. cit.*, p. 53.

4 M. ELIADE, *Patanjali et le Yoga, op. cit.*, p. 53.

5 « Le "Yoga royal" (*Rāja-Yoga*), originellement proposé par Patañjali (environ 3e siècle avant J.C.), consiste dans la restriction des tourbillons de l'esprit (*Citta-vṛtti-nirodha*). Les différents états psychologiques et mentaux sont une source de souffrances interminables et de servitude. L'arrêt (suspension ; *Nirodha*) du flux psychique est une condition préliminaire pour parvenir à la libération finale, c'est-à-dire la réalisation du Moi. L'élimination des fluctuations mentales s'obtient par deux moyens, à savoir la pratique (*Abhyāsa*) et l'absence de passion (*Vairāgya*). La pratique est définie comme l'effort pour acquérir la stabilité dans l'état de restriction, qui ne gagne en solidité que par une application constante et pieuse dans le droit chemin. […] Le *Rāja-Yoga* comprend huit sphères d'application ou huit membres (*Aṇgas*), comme il est dit dans les Yoga-sūtras de Patañjali, pour grandir et progresser dans la vie spirituelle : abstention (*Yama*) et observance (*Niyama*), postures du corps (*Āsanas*), contrôle ou discipline de la respiration (*Prāṇāyāma*), retrait des sens (*Pratyāhāra*), concentration (*Dhārana*), méditation (*Dhyāna*) et enstase (*Samādhi*) » : M. DHAVAMONY, V° « Yoga », *in Dictionnaire de la spiritualité, op. cit.*, t. 16, p. 1534-1544. Le but est précisément de se désidentifier du « moi »… (Comme dans le *dhikr*, quand le *dhakir* parvient au *fana'*).

6 Ce terme connote l'union du soleil (*ha*) et de la lune (*tha*), voire le yoga du soleil-lune. *Hatha* signifie d'ailleurs « force, violence, effort violent » : E. GRIEDER, *Le yoga, un espace pour le sacré*, thèse, Paul Valéry – Montpellier III, 2015, p. 168. « Le *Hatha*-Yoga concerne principalement la régulation de la respiration et secondairement d'autres disciplines corporelles ou exercices. *Hatha*-Yoga est un système de techniques psychosomatiques finement élaborées qui servent de moyens pour transformer le corps humain en un corps "divin". Il ne doit pas être confondu avec la gymnastique au sens occidental du terme, car il utilise le corps comme un instrument inestimable pour parvenir à la libération spirituelle. L'accent mis sur l'aspect psycho-somatique du Yoga amène à connaître en profondeur et à comprendre ces phénomènes qui sont du ressort de la dimension intérieure de la nature du corps humain. Le *Hatha*-Yoga tend à maîtriser le corps physique afin qu'il ne soit pas un obstacle à la réalisation et à l'activation de la puissance transcendante qui est dans l'homme. Les techniques du *Hatha*-Yoga ont pour but de contrôler le système nerveux autonome. Le champ d'action du *Hatha*-Yoga est le "corps subtil" qui enveloppe le corps physique ; le corps subtil est fait de la force vitale (énergie vitale ; *prana*) » : M. DHAVAMONY, V° « Yoga », *in Dictionnaire de la spiritualité, op. cit.*, t. 16, p. 1534-1544.

mises en œuvre aujourd'hui ressemblent plutôt à une *gymnastique*[1] ou à des *mouvements acrobatiques* qui ne relèvent pas véritablement du Yoga classique en termes de philosophie dans la mesure où celui-ci fait appel à « l'intériorisation, au ressenti, à la conscience corporelle, et donc une véritable ascèse mentale dans le corps, qui varie selon les écoles, en utilisant soit des visualisations, des déplacements sur les circuits d'énergie, des concentrations sur des lieux particuliers du corps, avec fréquemment une manipulation du souffle »[2]. En d'autres termes, l'aspect *méditatif* qui caractérise la philosophie du Yoga doit primer sur toutes autres considérations puisque le Yoga est avant tout considéré comme une technique *ascétique* et *contemplative* visant à atteindre un cheminement spirituel de transformation dans l'intériorité du méditant.

1018. Un « Yoga », ou des yogas ? A vrai dire, il n'existe pas un *Yoga* mais d'innombrables formes de *yogas*, imprégnés du Yoga classique exposé par Patañjali dans le Yoga-Sûtra, qui y sont traditionnellement associées à des pratiques diverses : « corporelles (*hatha* yoga), méditatives (*dhyâna* yoga), réflexives (*jnana* yoga), musicales (*nâda* yoga), quotidiennes (*karma* yoga), émotionnelles (*bhakti* yoga) »[3], ce qui n'est pas sans inciter les maîtres (les propagateurs) à approprier les différentes techniques, méthodes psycho-corporelles et savoirs orientaux qui font aujourd'hui l'objet d'*appropriation*, de *réadaptation* et/ou de *ré-interprétation* et suscitent le dilemme de la protégeabilité de cette pratique ancestrale ancrée dans une tradition indienne multimillénaire.

1019. Plan. Afin d'explorer toutes les pistes de réflexion, il convient, tout d'abord, de s'attarder à la *qualification juridique* de la pratique du Yoga en qu'une « *œuvre de l'esprit* » que pourrait éventuellement accueillir les systèmes du droit d'auteur et du *copyright* (§1), avant de s'interroger sur la pertinence et la cohérence, voire le bien-fondé, du recours à la propriété littéraire et artistique (§2).

§ 1. LA QUALIFICATION DES POSTURES DE YOGA EN QUETE DE PROTECTION

1020. Plan. Devant le succès grandissant que connaît cette technique transformée en un vrai *business*[4], nombreux sont les écoles ou « académies » de Yoga, professeurs ou maîtres « *gourus* » qui ont tenté d'accaparer et de s'approprier les techniques de

---

1 C'est la même dégénérescence que celle qui les pratiquants du *dhikr* à en faire un spectacle… Yoga en dix leçons pour être plus performant !

2 E. GRIEDER, *Le yoga, un espace pour le sacré*, thèse préc., p. 169.

3 E. GRIEDER, *Le yoga, un espace pour le sacré*, thèse préc., p. 14. V. Aussi : M. ELIADE, *Patanjali et le Yoga*, *op. cit.*, p. 7.

4 Certains auteurs remarquent qu' : « Il existe des "professeurs de yoga", des "fédérations de yoga", des "écoles" ou "académies" de yoga décernant des diplômes, des "stages" ou "séminaires" de yoga pour tous les goûts. On le combine avec la danse, la diététique, la psychothérapie, le sport, les arts martiaux, les massages, etc. On aime aussi à le découper en tranches, à le présenter comme une espèce de produit adaptable à chacun, quels que soient son état de santé, sa capacité d'attention et même son intérêt ou son manque d'intérêt pour la recherche spirituelle : yoga pour enfants, yoga pour femmes enceintes, yoga pour troisième âge, pour dépressifs, pour cadres surmenés, pour gens pressés… » : P. FEUGA et T. MICHAËL, *op. cit.*, p. 6. « L'Inde moderne a aussi enfanté un certain nombre de charlatans, généralement plus appréciés à l'étranger que dans leur pays d'origine : gourous d'exportation, animés d'un feu plus commercial que sacré, experts en postures acrobatiques passant pour d'éminents *hatha*-yogin, habiles psychologues transformés en maîtres spirituels, voire en Messies » : P. FEUGA et T. MICHAËL, *op. cit.*, p. 119-120.

Yoga, ses séquences et ses postures dénommées « asanas ». L'analyse de cette pratique spirituelle nous invite donc à nous interroger sur la problématique de la protégeabilité des *enchaînements de mouvements corporels* (A) par les systèmes du droit d'auteur et du *copyright*[1] dans la mesure où le Yoga est souvent réduit à une *simple gestuelle* anxiolytique, et leur éventuel rattachement à la catégorie d' « *œuvre chorégraphique* » avant d'examiner, dans une perspective de droit comparé, les solutions jurisprudentielles qui ont été dégagées en droit comparé sur la problématique de la protégeabilité des *postures* de Yoga et autres techniques y afférentes (B).

A. La problématique de la protégeabilité des enchaînements de mouvements corporels

1021. Plan. L'examen de la pratique corporelle du Yoga nous permet de constater qu'elle se caractérise par la formation de *mouvements corporels* et de *postures*[2] (1) qui occupent une place prépondérante dans le processus spirituel. L'analyse de cet aspect corporel dans la spécificité du contexte du Yoga n'est pas sans soulever la problématique de la qualification des *asanas* en tant qu' « *œuvre chorégraphique* » (2).

1. Le Yoga, une discipline de comportements, une logique de gestes

1022. Pratique du Yoga en tant que *manifestation corporelle*. S'il est accoutumé à tort de limiter traditionnellement la pratique du Yoga a une simple série d' « exercices » et « séquences » de « postures », voire de manifestations corporelles, accompagnées de quelques « respirations » destinées à se détendre et se relaxer, il n'en reste pas moins que la technique de Yoga commence véritablement avec le *troisième* « *membre du Yoga* » (*yogânga*), à savoir l'*asana*, qui désigne la posture yogique[3], et ce, avant le *quatrième membre* qui est le contrôle du souffle (*prānayāma*)[4]. L'asana (*sthira-sukham*), que Patañjali définit dans son Traité le *Yoga-Sûtra*[5] comme « stable et agréable », inaugure l'aspect proprement technique du Yoga. C'est ainsi que de l'asana, on passe tout naturellement à *Pranâyama*. On crée les conditions et l'état de Yoga s'installe…[6]

1023. Transcendement de la condition humaine vers l'archétype divin. L'asana est l'une des techniques caractéristiques de l'ascèse indienne dont le but est de mettre fin à l'*agitation corporelle*[7] en imitant le modèle iconographique. M. Eliade met l'accent sur le fait que :

> « L'asana est le premier pas concret fait en vue de l'abolition des modalités d'existence humaines. Ce qui est sûr, c'est que la position du corps – immobile, hiératique – imite en tout cas une autre condition que la condition humaine : le yogin à l'état d'asana peut être homologué à une plante ou à une statue divine : en aucun cas il ne saurait être homologué à l'homme tout court, qui par définition est mobile,

---

1 Il n'est pas question de tirer directement des solutions du *copyright* pour les appliquer à la propriété littéraire et artistique égyptienne et/ou française.

2 En *Hatha* yoga essentiellement.

3 M. ELIADE, *Le Yoga : Immortalité et Liberté*, *op. cit.*, p. 62.

4 « *Yama-niyama-āsana-prānāyama-pratyāra-dhāranā-dhyāna-samādhayo asthāv angāni* ». « Les huit membres du Yoga sont : les règles de vie dans la relation aux autres ; les règles de vie dans la relation à soi-même ; la pratique de la posture ; la pratique de la respiration ; l'écoute intérieure ; l'exercice de la concentration ; la méditation ; l'état d'unité » : PATANJALI, *Yoga-sutras*, *op. cit.*, p. 94.

5 (II, 46), cité par P. FEUGA et T. MICHAËL, *op. cit.*, p. 55. Selon une autre traduction : « Asana : être fermement établi dans un espace heureux » : PATANJALI, *Yoga-sutras*, *op. cit.*, p. 110.

6 PATANJALI, *Yoga-sutras*, *op. cit.*, p. 47.

7 P. FEUGA et T. MICHAËL, *op. cit.*, p. 55. Et mentale surtout, par effet reflexe… !

agité, arythmique. Au niveau du "corps", l'asana est une *ekâgratâ*, une concentration en un seul point ; le corps est "tendu", "concentré" en une seule position »[1].

1024. Il faut savoir qu'au début l'asana qui doit être maintenu fort longtemps (plusieurs minutes et parfois plusieurs heures) est incommode et même insupportable. Un individu peut être assis en *padmasana* pendant des heures, rigoureusement immobile comme conséquence de sa parfaite concentration mentale. Mais après un certain entraînement, l'effort de mobiliser le corps dans la même position devient minime. Or, l'effort doit disparaître pour que la position méditative puisse être naturelle laquelle est destinée à faciliter la concentration. Comme le souligne Vyāsa : « *La posture devient parfaite lorsque l'effort pour la réaliser disparaît, de manière qu'il n'y ait plus de mouvement dans le corps. De même, sa perfection s'accomplit lorsque l'esprit se transforme en infini, c'est-à-dire lorsqu'il fait de l'idée de l'infini son propre contenu* »[2]. C'est ainsi que le yogin doit essayer de supprimer les *efforts corporels* naturels.

1025. En effet, il ne faut pas chercher à *reproduire* mécaniquement ou *copier* parfaitement une *forme*, une *posture* pour atteindre le but du Yoga et obtenir des effets aussi puissants dans la mesure où « pratiquer intensément, ce n'est pas rechercher des postures difficiles et compliquées, contraindre son corps avec volontarisme pour obtenir souplesse ou puissance physique. Ce n'est pas chercher à copier parfaitement une forme, mais, à travers un travail approprié du corps, atteindre, dans la posture, cet apaisement du mental qui est l'état de Yoga »[3]. Pour ce faire, « […] Il faut d'abord se placer dans l'état de conscience et de vibration intérieure adéquat. Le corps physique "suit" le corps subtil et la souplesse légendaire du *hatha*-yogin est – ou devrait être – plutôt un symbole, un reflet, qu'un but en soi »[4].

1026. Effet intérieur recherché et la *conception expressive* de la forme créative. Si l'on songe au but constant et unique des diverses techniques et méthodes de Yoga[5], nous constaterons que le but n'est pas de *s'exprimer* comme c'est le cas de toute œuvre ou interprétation. L'objectif du Yoga est l'état d'unité de pure conscience[6]. La pratique du Yoga a pour but de « se libérer de la loi du *Karma* ou loi de la cause et de l'effet, se délivrer des entraves de la condition humaine, devenir un *Jivan Mukta*, un éveillé vivant »[7]. L'effet intérieur recherché est obtenu grâce à des *positions* (postures spéciales « asanas », attitudes du corps « *mudras* ») ou des *mouvements corporels*. Ces manifestations extérieures ne sont ni recherchées pour elles-mêmes (puisque le but est intérieur) ni, par conséquent tournées vers les tiers. Certes, il y a des *formes* mais celles-ci sont un *effet secondaire* non recherchée pour lui-même. Mais cette *forme externe* n'est pas l'expression, à destination d'un public, d'une *forme interne* conçue dans ce but. Elle n'est que le résultat non recherché d'une *démarche intérieure* à

1 M. ELIADE, *Le Yoga : Immortalité et Liberté*, *op. cit.*, p. 64.

2 YB II, 47, cité par P. FEUGA et T. MICHAËL, *op. cit.*, p. 55.

3 PATANJALI, *Yoga-sutras*, *op. cit.*, p. 29.

4 P. FEUGA et T. MICHAËL, *op. cit.*, p. 109.

5 « […] le terme yoga connote aussi bien le but que le moyen pour parvenir à ce but. L'homme accompli en yoga (le yogin ou yogi) est à la fois "uni" (au Principe suprême) et "unifié" en soi-même. Ses énergies rassemblées tirent vers un seul but comme les chevaux du char de bataille » : P. FEUGA et T. MICHAËL, *op. cit.*, p. 12.

6 PATANJALI, *Yoga-sutras*, *op. cit.*, p. 68.

7 PATANJALI, *Yoga-sutras*, *op. cit.*, p. 11.

des fins spirituelles. Seule l'écoute intérieure permet d'appréhender le subtil, la dimension divine[1].

1027. Corps yogique et la valeur religieuse de la position yogique. En effet, « la position yogique a une valeur religieuse en elle-même […] en ce sens que le yogin imite le mode d'être d'*Içvara* : l'immobilité, la concentration sur soi-même »[2]. C'est ainsi que le yogin se transforme en une *statue vivante* imitant le modèle iconographique. L'image du corps du yogin qu'il se crée mentalement est entièrement liée aux représentations (cosmiques intériorisées, méditatives, mentales, visuelles) mises en jeu dans le yoga « conditionnée dans son organisation comme dans son « fonctionnement » par le contexte métaphysique dans lequel elle a été élaborée »[3]. C'est au travers de l'asana, en tant qu'une concentration en un seul point : le corps est « concentré » en une seule position, que l'*ekâgratâ* « met fin aux fluctuations et à la dispersion des "états de conscience", de même l'asana met fin à la mobilité et à la disponibilité du corps, en réduisant l'infinité des positions possibles à une seule posture, immobile, hiératique »[4].

2. La réception des asanas de Yoga comme « œuvre chorégraphique »

1028. *Quid* de la protégeabilité des postures et d'exercices de Yoga ? Aujourd'hui, les écoles de yoga font des démonstrations à destination de publics à séduire dans des salons de bien-être ; des initiations sont filmées, etc… Toutes peuvent donc être données en *spectacle*, même si c'est un *détournement* de leur finalité parce qu'elles ne cherchent pas à exprimer quelque chose à l'égard des tiers mais seulement à *intérioriser* le pratiquant. Dans la mesure où la forme de Yoga la plus courante pratiquée de nos jours consiste dans le *hatha* yoga où l'*aspect corporel* joue un rôle essentiel pour accéder à l'état de conscience ou de méditation, il faut s'interroger sur le fait de savoir si un yogi peut revendiquer un droit d'auteur et un *copyright* sur l'*enchaînement* de *postures yogiques*. On songe notamment dans la tradition yogique aux enchaînements d'asanas « yoga physique » ou « yoga du corps »[5]. Cette façon de siéger pour la méditation relevant des arts d'expression corporelle pourrait-elle être protégée par le droit d'auteur et le *copyright* au même titre que les *enchaînements chorégraphiques* ? La question se pose de savoir si la jurisprudence comparée favorable à la protection des mouvements acrobatiques peut être transposée *par analogie* à des séries de postures et de mouvements.

1029. De la même manière se pose la question de savoir si un danseur peut réclamer un droit d'auteur sur des *pas de danse*. Selon une partie de la doctrine, « *le mouvement ne peut pas être perçu en tant qu'œuvre, surtout les exécutions d'une action naturelle ; il n'est pas forcément construit, il se construit peut-être mais sans aucune volonté d'être aussi construit* »[6]. « Ce qu'on essaierait de protéger c'est plutôt la succession du mouvement, qui à partir

---

1 PATANJALI, *Yoga-sutras*, *op. cit.*, p. 109.

2 M. ELIADE, *Le Yoga : Immortalité et Liberté*, *op. cit.*, p. 78.

3 A. PADOUX, « L'image du corps du yogin tantrique » (Chap. 5. « Corps et cosmos »), *in* V. BOUILLIER et G. TARABOUT (dir.), *Images du corps dans le monde hindou*, CNRS Éditions, Paris, 2003, n° 16.

4 M. ELIADE, *Pantajali et le yoga*, *op. cit.*, p. 60.

5 On réduit souvent la forme de yoga, connue sous le nom de « *hatha*-yoga », à un « yoga physique », un « yoga du corps ». V. P. FEUGA et T. MICHAËL, *op. cit.*, p. 106.

6 V.-L. BENABOU et S. DUSOLLIER, « Du droit d'auteur sur les mouvements, de l'interprétation du droit d'auteur », art. préc., p. 27.

de cette syntaxe [corporelle], du langage du corps, permettrait de créer une œuvre »[1]. Tout est alors une question de degré en fonction de la *dimension chorégraphique* ainsi que des différents éléments *mis au service* de la technique du Yoga non conditionnés par les *impératifs physiques* et *techniques* inhérents à cette pratique.

1030. Exemple de la pratique du « *Yoga derviche* »[2]. Pour répondre à la question posée s'agissant de la qualification d'œuvre chorégraphique, prenons l'exemple de la pratique qui combine la technique du Yoga avec la danse et les arts martiaux, etc[3] connue sous l'appellation de « Yoga derviche ou Euphonie Gestuelle du *Samadeva* ». Elle consiste en une pratique psycho-corporelle combinant, comme son nom l'indique, entre la *technique du Yoga* et la *danse des derviches tourneurs* qui repose sur la science des mouvements. Cette méthode qui a été mise au point par Ennea Tess Griffith « *apporte une sensation de détente et de bien-être incomparables. Les personnes peuvent se régénérer en se débarrassant de leur négativité accumulée* ». Au-delà des simples techniques de santé physique et psychique, cette méthode psycho-corporelle comprend plusieurs éléments qui en font son originalité (une succession de mouvements dynamiques et méditatifs, de danses et de musiques). Elle repose notamment sur les « *Arkana* », postures spécifiques du Yoga Derviche qui ont pour objet d'harmoniser le fonctionnement des muscles, leur apportent le tonus nécessaire pour l'activité et les libèrent du *stress*, etc., et permettre *in fine* aux centres énergétiques du corps de mieux capter les énergies intérieures et extérieures pour une meilleure présence à soi et au monde extérieur.

1031. C'est ainsi que la technique de l'Euphonie Gestuelle du *Samadeva* se situe dans la continuité des pratiques traditionnelles afin d'offrir une dimension nouvelle à la fois originelle et originale, une combinaison de l'ensemble des méthodes de relaxation passive et de méditation active et des méthodes de mouvements et de danses. Elle se présente alors comme une « *danse-thérapie* » dont certains exercices culminent en une chorégraphie thérapeutique et utilisent les effets de la musicothérapeutique.

1032. Rattachement à la catégorie d'œuvre « chorégraphique » et « dramatique ». A première vue, on pourrait songer à l'hypothèse que l'enchaînement de postures de yoga pourrait être considéré soit relevant de la catégorie des « *œuvres chorégraphiques* » et des « *pantomimes* », soit appartenant à la catégorie des « *œuvres dramatiques* » sous-entendue par une telle énumération figurant à

1 V.-L. BENABOU et S. DUSOLLIER, art. préc., p. 27.

2 V. I. LAHORE et E. THYLOCH, *Le Yoga des derviches - Samadeva (99 mouvements fondamentaux de l'Euphonie Gestuelle)*, Éditions EccE, Paris, 2013.

3 P. FEUGA et T. MICHAËL, *op. cit.*, p. 6. Il existe d'autres pratiques de Yoga qui associe plusieurs techniques issues à la fois de l'orient et de l'occident telles que le « Yoga de Samara » qui est une pratique psychocorporelle qui repose sur des techniques diverses telles que *le Tai Chi Chuan*, le *Zen* ou le yoga, la relaxation, l'eurythmie ou le *stretching*, ainsi que la danse des derviches tourneurs et d'autres danses moyen-orientales, ou encore des exercices énergisants d'origine taoïste.

l'article L. 112-2 du CPI français[1] et la section 102 du *Copyright Act* américain[2]. C'est ainsi que dans l'hypothèse de l'œuvre chorégraphique, les enchaînements dynamiques et rythmés des asanas traditionnels du Yoga combinant la danse s'apparentent à une *chorégraphie* dès que celle-ci est visualisée dans un script ou un scénario. En revanche, à défaut de voix avec la danse, la séquence de Yoga s'apparente plutôt à un *pantomime* à partir du moment où elle se compose de « gestes significatifs sans discours ».

1033. Appréciation critique. Il est difficile de souscrire à une telle analyse car le fait que la pratique soit imputée sur des *mouvements corporels* n'implique pas nécessairement de retenir la qualification d'*œuvre chorégraphique*. A l'instar de la pratique du *dhikr*, la forme est *instrumentalisée* pour exercer un effet sur le *pratiquant* et non pas sur le *public*. En effet, la simple *sélection* et l'*agencement* des mouvements physiques ne justifient pas en soi un rattachement à la catégorie d'œuvre chorégraphique. En raison de la simplicité de la séquence de Yoga et du fait qu'il ne s'agit pas d'une performance dramatique au sens du terme, il est difficile de rattacher les postures de yoga à la définition de l'œuvre chorégraphique ou de la pantomime. Cette dernière catégorie peut incorporer des éléments divers non protégés en tant que tel par le droit d'auteur et le *copyright* comme les routines simples, les pas de danses sociales ou même les routines d'exercices faisant partie de l'ensemble de l'œuvre. Même si certaines séquences du Yoga peuvent impliquer des successions statiques et cinétiques du mouvement corporel dans certaines relations rythmiques et spatiales pouvant entrer dans le champ de la définition de la danse ou de la chorégraphie, il n'en reste pas moins que nous sommes en présence *in fine* d'une *méthode* ou d'un *processus* non protégeable en tant que tel par le droit d'auteur et le *copyright*. Par ailleurs, il convient de noter qu'une compilation de routines simples, de danses sociales ou même de séquences d'exercices de yogas ne saurait faire l'objet d'enregistrement à moins qu'elle contienne suffisamment des éléments faisant partie de l'œuvre chorégraphique protégée par le *copyright*.

1034. Position du *U.S. Copyright Office*[3]. Cette solution s'inscrit bel et bien dans la position adoptée par le *Copyright Office* aux États-Unis qui joue un rôle central dans l'administration des questions de *copyright* et de politique en la matière dans l'intérêt public, y compris sa prise de position concernant la problématique d'enregistrement de certaines « *works* »[4]. C'est ainsi que conformément à sa déclaration de politique en date du 18 juin 2012[5], il a été arrêté que : « la sélection, la coordination

---

[1] Les *œuvres chorégraphiques* sont considérées comme des œuvres protégeables à partir du moment où elles sont fixées par écrit ou autrement (art. L. 112-2, 4° CPI français).

[2] La section 102 définit huit catégories d'œuvres « *works* » : les œuvres littéraires ; les œuvres musicales, y compris tous textes d'accompagnement ; les œuvres dramatiques, y compris toute musique d'accompagnement les pantomimes et œuvres chorégraphiques ; les œuvres de peinture, des arts graphiques et de sculpture ; les films cinématographiques (*motion pictures*) et autres œuvres audiovisuelles ; les enregistrements sonores (*sound recordings*) ; et les œuvres d'architecture.

[3] Il n'est pas question de tirer directement des solutions du *copyright* pour les appliquer à la propriété littéraire et artistique égyptienne et/ou française compte tenu de la différence des systèmes.

[4] Etant donné que la définition de l' « œuvre » et du « *work* » ne coïncident pas…

[5] V. La déclaration de politique publiée par le *U.S. Copyright Office* pour clarifier sa position et sa pratique relative à l'examen des revendications portant sur les compilations et particulièrement les revendications de protection sur la sélection et l'arrangement des exercices ou d'autres éléments non protégés par le *copyright* : 77 *Fed. Reg.*, 22 juin 2012, n° 121, p. 37607.

ou l'ordonnancement de mouvements fonctionnels tels que des mouvements de sport, des exercices et d'autres activités motrices ordinaires » ne saurait être considérés comme des œuvres protégées (*works*) en tant qu'œuvre chorégraphique (*choreographic work*) au sens de la loi sur le *copyright*, y compris les routines quotidiennes, les simples routines de danse, les exercices de yoga et leurs séquences d'asanas qui n'entrent pas dans le champ des œuvres dramatiques (*dramatic works*). Il ne fait aucun doute que les mouvements, les pas de danses, les routines simples et les postures en soi sont *inappropriables* à l'instar des odeurs, des dessins, des sons puisqu'ils préexistent à la création, voire appartiennent au domaine public. En tant que tels, ils ne sont pas enregistrables en tant qu'œuvre chorégraphique. En revanche, la situation est différente lorsque « la composition et l'ordonnancement d'une série de mouvements et de figures de danse [est] reliés en un ensemble harmonieux, cohérent et expressif »[1] qui pourraient être considérés comme une création chorégraphique originale à part entière. Si les asanas sont comme les couleurs de la peinture, mais du coup les enchaînements devraient être protégeables… Ce raisonnement nous semble parfaitement transposable tant en droit égyptien que français[2].

1035. « Compilation » de postures et de séquences d'exercices de yoga. Il reste à savoir si les compilations d'exercices, plus particulièrement les séquences d'exercices de Yoga, peuvent être protégées au sens de la définition légale de « compilation » consacrée par le *Copyright Act* américain. En d'autres termes, le fait de publier un ouvrage compilant les exercices de routine et les postures de Yoga, voire faisant partie du fonds commun, peut-il donner naissance à un *copyright*, et ce, sur la sélection et de l'arrangement d'exercices préexistants ? Rappelons que les compilations sont considérées comme des œuvres littéraires et sont définies par la section 101 comme les œuvres (*work*) :

> « constituée(s) par la réunion et l'assemblage de matériel préexistant ou de données qui sont choisis, coordonnés ou disposés de telle sorte que l'ouvrage en résultant constitue dans son ensemble une œuvre de l'esprit originale [*original work of authorship*] »[3].

1036. La lecture et l'interprétation isolée de cette définition légale pourrait conduire à la conclusion qu'une sélection, une coordination ou un arrangement suffisamment *créatif* d'enchaînements d'asanas de Yoga faisant partie du domaine public peut être protégé par le *copyright* en tant que compilation de séquences d'exercices. Cependant, en vertu de la déclaration de politique énoncée par le *U.S. Copyright Office*, la revendication d'un *copyright* sur une compilation d'exercices ou la sélection et l'arrangement de postures de Yoga ne peut prospérer dans la mesure où l'exercice ou la technique en soi ne relève pas d'une catégorie d'œuvres protégeables dans la section 102 du *Copyright Act*[4]. C'est dans cet esprit que le *U.S. Copyright Office* a refusé d'enregistrer :

---

1 77 *Fed. Reg.*, 22 juin 2012, n° 121, p. 37607.

2 Tout en compte de la différence des systèmes de la propriété littéraire et artistique et du *copyright*.

3 Selon la version anglaise: "*A "compilation" is a work formed by the collection and assembling of preexisting materials or of data that are selected, coordinated, or arranged in such a way that the resulting work as a whole constitutes an original work of authorship*".

4 « La protection par *copyright* porte, conformément aux dispositions du présent titre, sur les œuvres de l'esprit originales (*original works of authorship*) fixées sous une forme tangible d'expression, déjà connue

…/..

« La sélection, la coordination ou l'ordonnancement de mouvements d'exercice, tels qu'une compilation de postures de yoga, […] en tant que système ou processus fonctionnel dans les cas où les mouvements particuliers et l'ordre dans lequel ils doivent être exécutés sont censés résulter dans l'amélioration de sa santé ou de son état physique ou mental »[1].

1037. C'est ainsi que les exercices compilés suivant une sélection ou un arrangement original ne peuvent donner prise au *copyright*. En effet, une simple compilation de *mouvements physiques* ne saurait être qualifiée de « *chorégraphie* ». Il est communément admis depuis l'arrêt célèbre de *Feist Publications, Inc. c/ Rural Telephone Service Co.* rendu par la Cour suprême des États-Unis le 27 mars 1991 : « qu'une compilation de faits (*factual compilation*) est éligible à la protection par *copyright* si elle consiste dans une sélection ou un arrangement original de faits, mais [que] le *copyright* est limité à la sélection ou à l'arrangement particulier. En aucun cas le *copyright* ne peut s'étendre aux faits eux-mêmes »[2]. C'est ainsi que le *copyright* sur une compilation protège les éléments originaux qu'un auteur infuse dans les matériaux ou données compilés, y compris le jugement de l'auteur dans la sélection et l'arrangement de la compilation, mais ne s'étend jamais aux *faits compilés* ou aux *matériaux* du domaine public eux-mêmes. Il en va de même pour les séquences d'exercices et de postures de Yoga comme nous allons le constater à l'occasion de la célèbre affaire de *Bikram's Yoga* ainsi que celle de l'*Institute for Inner studies c/ Charlotte Anderson* portées devant les juridictions américaines et indiennes, que nous allons analyser plus loin, dans lesquelles les juges du fond se sont prononcés, entre autres, sur la question de la qualification juridique et la protégeabilité des asanas de Yoga en tant qu' « œuvres dramatiques » ou « chorégraphiques » (*dramatic or choreographic works*).

B. Les solutions jurisprudentielles en droit comparé du *copyright*

1038. Illustrations jurisprudentielles. Ce débat ainsi posé, il convient de s'interroger sur les solutions jurisprudentielles qui ont été dégagées par la jurisprudence tant américaine qu'indienne en matière de Yoga face aux tentatives de *monopolisation* de cette pratique ancestrale et de discuter la légitimité, voire le bien-fondé, de *reconstituer* un monopole[3] sur cette *forme processuelle*. Comme nous allons le constater, la problématique principale soulevée par ces affaires qui en constitue le fil d'Ariane est bien évidemment de savoir si les séquences d'exercices de Yoga et leurs

---

ou créée ultérieurement, et qui permet de les percevoir, de les reproduire ou de les communiquer de toute autre manière, soit directement, soit à l'aide d'une machine ou d'un dispositif », cité par P. KAMINA, *Droit anglo-américain des propriétés intellectuelles*, LGDJ, Paris, 2017, p. 66.

[1] "*a selection, coordination, or arrangement of exercise movements, such as a compilation of yoga poses, may be precluded from registration as a functional system or process in cases where the particular movements and the order in which they are to be performed are said to result in improvements in one's health or physical or mental condition*": 77 *Fed. Reg.*, préc., p. 37607.

[2] 499 U.S. 340, 345 (1991), cité par P. KAMINA, *op. cit.*, p. 175-176.

[3] Il n'est pas question de propriété de la seule *forme incorporelle*.

compilations peuvent être qualifiées *a fortiori* de « créations / *works* [1]» protégeables par le *copyright*[2].

1039. Plan. La problématique de la protégeabilité des postures de Yoga et autres techniques similaires (formes ou espèces de Yoga) trouve une assise jurisprudentielle à travers deux affaires qui délimitent, d'une part, le *champ de la protection* des techniques de Yoga, ses postures et ses séquences d'exercices au regard de l'objet du *copyright*, et d'autre part, la portée des *droits exclusifs* du *copyright* sur la compilation desdits exercices. Ces deux affaires sont particulièrement intéressantes et riches dans leurs développements sur la portée de la protection par *copyright* en matière de Yoga, notamment au regard de l'application de la distinction « *idée-expression* ». La première affaire opposant *Bikram's Yoga College of India* à *Evolation Yoga LLC.* (1) est relative à la technique du « *Yoga chaud* (*Hot Yoga*) » développée par Bikram Choudhury tandis que la seconde affaire opposant l'*Institute for Inner studies* à *Charlotte Anderson* (2) concerne la technique de guérison pranique (*Pranic Healing*) développée par le Maître Choa Kok Sui.

1. Affaire de « *Bikram's Yoga College of India c/ Evolation Yoga LLC.* »[3]

1040. Introduction de la méthode « *Yoga Bikram* ». L'affaire emblématique qui est venue apporter une pierre à l'édifice est celle de Bikram's. Les termes du problème furent posés devant les juridictions des États-Unis à propos de la protégeabilité des postures et des séquences d'exercices de yoga développées par Bikram Choudhury[4] et décrites dans son ouvrage intitulé : *Bikram's Beginning Yoga Class* paru en 1979[5]. La méthode « *Yoga Bikram* » (ou le style de « *hot yoga* ») développée par Bikram a été introduite aux États-Unis dans les années 1970. Elle consiste en une séquence rigoureuse de vingt-six postures répétées deux fois, y compris deux exercices de respiration, pendant une période de 90 minutes, pratiquées dans une pièce chauffée

---

1 Le *copyright* ne protège pas l'œuvre parce qu'elle est une *forme créative*, il protège plutôt le *produit* parce qu'il répond à définition d'un *work* qui fait preuve d'un travail compétent (et non d'une empreinte de personnalité).

2 *United Christian Scientists v. Christian Science Board of Directors, First Church of Christ, Scientist*, 829 F.2d 1152, 1159 (D.C.Cir.1987): "*Normally, a grant of a copyright on a religious work poses no constitutional difficulty. Religious works are eligible for protection under general copyright laws*". Trib. corr. Lyon, 10 juin 1845, *D.* 1845, 2, 128 : « Qu'au point de vue pécuniaire, il ne peut être permis au premier venu de s'attribuer, sans égard pour les droits du travail et de la création, le profit matériel dont un ouvrage, *même religieux*, peut être susceptible », cité par L. PFISTER, thèse préc., t. II, p. 658, note 244.

3 V. K. MACHAN, "Bending Over Backwards for Copyright Protection: Bikram Yoga and the Quest for Federal Copyright Protection of an Asana Sequence", *UCLA Entertainment Law Review*, 2004, vol. 12(1), p. 29 à 61.

4 V. J. LESUEUR, « Les postures de yoga, des biens appropriables », *Comm. com. électr.* 2006, n° 11, alerte 217. V. B. BECK et K. VON WERDER, « Yoga et droit d'auteur », *Magazine de l'OMPI*, juin 2017/3, p. 45.

5 Dans une classe de « *Bikram Yoga* », la séquence développée par ce dernier consiste en une séquence rigoureuse de vingt-six poses pratiquée sur une période de 90 minutes dans une pièce chauffée à 105 degrés Fahrenheit pour simuler le climat indien dont CHOUDHURY est originaire.

à 40°C degrés. Depuis lors, Bikram Choudhury a connu un succès retentissant qui l'a conduit à établir des franchises dans le monde entier[1].

1041. Faits de l'espèce. C'est à partir de ce moment qu'il tente de revendiquer des *droits de propriété intellectuelle* sur sa méthode au sein de la communauté yogique, même à *breveter* ses postures et à déposer des *marques*[2] y afférentes. Il avait réussi à déposer auprès du *U.S. Copyright Office* les 26 postures qu'il enchaîne dans une salle chauffée à 40°C avec 40 % ainsi que deux méthodes de respiration[3]. Par ailleurs, il avait procédé à l'enregistrement de son ouvrage : *Bikram's Beginning Yoga Class*[4] ainsi que de la « compilation des exercices » figurant dans son ouvrage. En enregistrant ces dernières, il prétendait que le *U.S. Copyright Office* reconnaissait le droit exclusif de Bikram sur la série distincte de postures et d'exercices de respiration qui composent la séquence et la classe de yoga pour débutants de Bikram selon un communiqué de presse :

> "With great pleasure we would like to announce that *Bikram recently secured federal copyright registration under 17 U.S.C. Section 410 for his original work of authorship in his [A]sana sequence of 26 postures and 2 breathing exercises. Through registration of this work, the United States Copyright Office acknowledges Bikram's exclusive right to the distinct series of postures and breathing exercises comprising the sequence and Bikram's Beginning Yoga Class … In addition to exact copying of the sequence, the copyright prohibits others from creating 'derivative' works of the sequence.* Virtually all modifications or additions to the sequence will constitute copyright infringement, including: the unauthorized use of even a small number of consecutive postures; the addition of different postures or breathing exercises to the sequence or portions of the sequence; the teaching or offering of the sequence with or without the Dialogue; or by the addition of extra elements to the sequence, like music…"[5].

1042. C'est dans ces conditions que Choudhury a exigé des professeurs de yoga d'obtenir une licence de sa part afin d'utiliser le terme « *yoga Bikram* » et d'enseigner sa méthode, qui comprend, selon lui, non seulement les 26 postures ainsi que les deux exercices de respiration, mais également toutes les formes dérivées de la séquence à partir du moment où la forme dérivée incorpore une séquence « substantiellement similaire » à la séquence originale du yoga Bikram. Cette *appropriation abusive* a apparemment conduit le groupement *Open Source Yoga Unity* (OSYU) à déposer une plainte contre Bikram Choudhury ayant donné lieu à une autre affaire que nous allons analyser dans les lignes qui suivent. Dans notre affaire, Bikram a déposé une plainte auprès du *Central District of California* pour violation de « *Bikram's Copyrighted Works* » après avoir constaté qu'*Evolation Yoga LLC* développait des méthodes d'enseignement de « Yoga chaud » en *reproduisant* mécaniquement les mêmes postures et styles de yoga développés par *Bikram Basic Yoga System*. La question sous-jacente posée était l'étendue

---

1 « À Los Angeles, Bikram Choudhury devient le "gourou des stars". Dans les années 1990, alors que les yogas anglo-saxons percent à l'international, dépouillés de leurs attributs hippie, il crée sa marque. Il cherche même à breveter son enchaînement, provoquant les foudres de la communauté yogi » : J. PECHEUR, « Le yogi qui fait suer le monde », *Le Monde*, 22 mars 2013.

2 Telles que "*bikram yoga*", "*bikram's beginning yoga class*", "*bikram's yoga college of India*", and "*spinal twist design*".

3 V. K. MACHAN, art. préc., p. 34.

4 Il en est de même pour les ouvrages suivants : *Bikram's Beginning Yoga Class* (2d ed.) (2000), *Bikram's Beginning Yoga Class* (sound cassette) (2002), *Bikram's Yoga College of India Beginning Yoga Dialogue* (2002), *Bikram's Yoga College of India: Yoga Teacher Training Course: Curriculum Outline* (2002), *Yoga for Pregnancy* (2002), *Bikram's Advanced Yoga Class* (2006), and *Bikram's Yoga* (2007).

5 J. C. REINBOLT, "Bikram Obtains Copyright Registration for His Asana Sequence", 3 févr. 2003.

de la protection : permet-elle d'interdire de mettre en pratique les exercices qu'il contient ?

1043. Arguments au soutien du *copyright* sur la technique de Yoga. En l'espèce, il revendiquait les droits exclusifs du *copyright* sur la technique des postures de yoga qu'il a développées estimant que le champ de la protection du *copyright* sur un livre décrivant les poses de yoga s'étend même aux *poses de yoga* elles-mêmes. En fait, selon Bikram les 26 postures développées par ses soins sont le fruit d'années de recherche, de vérification, et d'utilisation de méthodes qui lui ont été enseignées par son gourou ainsi que la mise en œuvre de techniques de mesure médicalement approuvées. Pour étayer son raisonnement, il estimait que son *copyright* portait sur la séquence particulière des postures en tant que compilation originale, et non pas sur les postures elles-mêmes dans la mesure où il les a arrangés d'une certaine manière, en accompagnant chacune d'entre elle d'un dialogue précis utilisé par l'instructeur et en fixant les 90 minutes d'exercices dans une pièce recouverte de miroirs et de moquette chauffée comme un sauna[1].

1044. Solution de la *U.S. District Court* de Californie. Cependant, la justice américaine déboute Bikram Choudhury de ses demandes[2]. Le juge Otis D. Wright de la *U.S. District Court* de Californie[3] estime, dans un arrêt rendu le 14 décembre 2012, que Bikram ne saurait revendiquer des *copyrights* sur les 26 postures de yoga communément appelées « *Bikram Yoga* », pour conclure que la séquence n'est pas en soi protégeable par le *copyright* et n'entre pas dans le champ de la protection et de la portée des droits dont est investie Choudhury sur ses livres et œuvres audiovisuelles. Par conséquent, les défendeurs ne pouvaient être tenus responsables, en l'espèce, pour violation du *copyright* du fait d'avoir enseigné, utilisé ou interprété cette séquence.

1045. Fondement de la dichotomie entre « *idée* » et « *expression* ». Cette solution de la jurisprudence américaine n'est pas nouvelle mais s'inscrit dans la lignée d'une jurisprudence constante qui avait bel et bien délimité les contours et l'objet de la protection offerte par le *copyright*, et ce, depuis l'affaire célèbre *Baker c/ Selden*, soumise à la Circuit de la Cour d'appel des États-Unis pour le *district* Sud d'Ohio en 1879, relative à un *livre de comptabilité* contenant des formulaires repris par un concurrent aux termes de laquelle :

> « *La description d'une technique dans un livre, bien qu'éligible à la protection par copyright, ne justifie pas la revendication de droits exclusifs sur la technique elle-même* [...] *La première peut être protégées par copyright.* La seconde peut uniquement être protégée, par lettres patentes »[4].

---

[1] À la limite la séquence de BIKRAM pourrait être protégée par le droit *sui generis* sur une base de données !

[2] Citée par P. KAMINA, *op. cit.*, note 543.

[3] *Bikram's Yoga College of India L.P. et al v. Evolation Yoga L.L.C. et al*, aff. n° 2:11-cv-5506, 2012 WL 6548505, 105 U.S.P.Q.2D (BNA) 1162 (C.D. Cal., 14 Dec, 2012).

[4] 101 U.S. 99 (U.S. Supreme Court, 1879), cité par P. KAMINA, *op. cit.*, p. 165, note 543. « *The description of the art in a book, though entitled to the benefit of copyright, lays no foundation for an exclusive claim to the art itself. The object of the one is explanation; the object of the other is use. The former may be secured by copyright. The latter can only be secured, if it can be secured at all, by letters-patent* ». V. P. SAMUELSON, "The Story of Baker v. Selden: Sharpening the Distinction Between Authorship and Invention", *in* J. C. GINSBURG et R. C. DREYFUSS (ed.), *Intellectual Property Stories*, Foundation Press, New York, 2006, p. 159. V. P. SIRINELLI et al., *Notions fondamentales du droit d'auteur, Recueil de jurisprudence*, Publications de l'OMPI

.../

1046. Raisonnement de la *Ninth Circuit* de la Cour d'appel des États-Unis. Par un arrêt du 8 octobre 2015[1], la *Ninth Circuit* de la Cour d'appel des États-Unis confirme le jugement rendu en première instance et décide que les séquences de yoga et les postures ne sont pas éligibles à la protection par le *copyright*[2] conformément à la définition du *Copyright Act's* 17 U.S.C. § 102(b) qui codifie la dichotomie fondamentale entre *idée/expression*[3]. En effet, selon l'alinéa (b) de la section § 102 :

« *La protection conférée au titre du copyright pour les œuvres de l'esprit originales* [original work of authorship] *ne s'étend en aucun cas aux idées, procédés, procédures, systèmes, modes opératoires, concepts, principes ou découvertes,* quelle que soit la manière dont ils sont décrits, expliqués, illustrés ou incorporés dans ladite œuvre »[4].

1047. Nous voyons que tout le débat s'est concentré sur l'*extension de la protection* du *work* (ouvrage écrit ou vidéo) vers le contenu de ce *work*, ou l'idée, à savoir l'enchaînement lui-même… C'est dans cet esprit que le juge Wardlaw de la Cour d'appel décide que :

« This question implicates a fundamental principle underlying constitutional and statutory copyright protection — the idea/expression dichotomy. *Because copyright protection is limited to the expression of ideas, and does not extend to the ideas themselves, the Bikram Yoga Sequence is not a proper subject of copyright protection* ».

1048. Le raisonnement est parfaitement logique et fondé puisque le système développé par Bikram's ne saurait en soi faire l'objet d'une protection par rapport à l'ouvrage décrivant son système. Que la séquence puisse produire en fait des *avantages spirituels* et *psychologiques* ne saurait être, ni plus ni moins, qu'une *simple idée*, un *système* ou un *processus* qui ne peut faire l'objet d'une protection par le *copyright*. La déclaration de Bikram selon laquelle la séquence offre « des avantages spirituels » à ses étudiants et « conduit à un sentiment général de paix et de bien-être qui est sans aucun doute un avantage pour nous tous » "*sense of well-being*" and "*boundless energy*" sont à l'image des *exercices de méditation* visant à atteindre une plus grande conscience dans l'affaire

---

avec la coopération du Programme des Nations Unies pour le Développement (PNUD), n° 844, Genève, 2002, p. 17-18.

1 *Bikram's Yoga College of India, L.P. v. Evolation Yoga, LLC*, No. 13-55763, D.C. No. 2:11-cv-05506-ODW-SS at 7 (9th Cir., 8 May, 2015).

2 Dans la mesure où le *copyright* est un *monopole*, les juges auraient pu protéger la séquence des exercices par le *copyright*… Or, en vertu du pouvoir d'interprétation laissé au juge sur la volonté du législateur, ils ont décidé que non.

3 V. Aff. *Feist Publications v. Rural Tel. Service Co.*, 499 U.S. 340 (1991).

4 Citée par P. KAMINA, *op. cit.*, p. 165. Selon la version anglaise : "(b)In no case does copyright protection for an original work of authorship extend to any idea, procedure, process, system, method of operation, concept, principle, or discovery, regardless of the form in which it is described, explained, illustrated, or embodied in such work". Rappr. l'article 141, alinéa 1 du CPI égyptien qui s'inscrit parfaitement dans la lignée de cette jurisprudence lorsqu'il prévoit expressément que : « La protection ne s'applique pas aux simples idées, procédures, méthodes de travail, moyens de fonctionnement, concepts, principes, découvertes et les données (informations), même s'ils sont exprimés, décrits, illustrés ou inclus dans une œuvre ». Rappr. La traduction anglaise de l'article 141 du CPI égyptien selon laquelle: « *Protection shall not cover mere ideas, procedures, systems, operational methods, concepts, principles, discoveries and data, even when expressed, described, illustrated or included in a work* » avec l'alinéa (b) du paragraphe § 102 du US Code relatif au « *Subject matter of copyright: in general* » qui exclut de la protection « *any idea, procedure, process, system, method of operation, concept, principle, discovery, regardless of the form in which it is described, explained, illustrated, or embodied in such work* ».

Palmer c/ Braun[1], que nous allons analyser brièvement dans les lignes qui suivent et à l'occasion de la *prière de Jésus*, où les juridictions américaines ont eu l'occasion de se pencher sur la question de la protégeabilité des exercices de méditation par le *copyright*. À ce titre, elle tombe sous le coup de la définition du *Copyright Act's* 17 U.S.C. § 102 b au même titre de l'idée, d'un procédé ou d'un système qui sont exclus du champ de la protection du *copyright*.

1049. Affaire « *Palmer c/ Braun* ». Pour rappel, M. Palmer avait développé une méthode d'enseignement consistant en un cours intitulé : « Avatar » destiné à ses étudiants afin d'explorer leur propre conscience. Un ancien élève de M. Palmer, M. Braun, décide d'établir un cours concurrent « *The Source Course* » fondé sur une méthode identique. C'est dans ces conditions que M. Palmer tente d'obtenir vainement une injonction préliminaire contre M. Braun pour contrefaçon de *copyright*. Confronté à cette question, le 11e circuit Fédéral de la Cour d'appel des États-Unis décide, en faisant une application de la distinction idée/expression, dans son arrêt en date du 9 avril 2002 (n° 01-14511), que les exercices de méditation décrits dans un manuel protégé par le *copyright* sur l'exploration de la conscience s'analysaient en un « *processus* » non éligible à la protection, en dépit des similarités substantielles constatées par la Cour entre le cours de M. Braun et celui de M. Palmer au niveau de la structure et des exercices, au motif que : « *les exercices, étant sans doute le produit de beaucoup de temps et d'effort, sont, in fine, simplement un processus permettant d'obtenir une conscience accrue ; de tels processus, même s'ils sont originaux, ne peuvent être éligibles à la protection du copyright* ». La décision de la Cour de *district* est ainsi confirmée.

1050. Disqualification de la séquence en tant qu'une « œuvre chorégraphique ». Revenons à l'affaire de Bikram's. Il convient de noter que celui-ci tentait en vain de mettre en avant un autre argument fondé sur le fait que la séquence pouvait impliquer, en l'espèce, des successions statiques et cinétiques du mouvement corporel dans certaines relations rythmiques et spatiales. Or, la Cour rejette cet argument et disqualifie la séquence en tant qu'une « œuvre chorégraphique » (*choreographic work*) protégeable conformément à la section 102 (b) au motif que :

"*The Sequence is not copyrightable as a choreographic work for the same reason that it is not copyrightable as a compilation: it is an idea, process, or system to which copyright protection may "[i]n no case" extend. 17 U.S.C.§ 102(b).* We recognize that the Sequence may involve "static and kinetic successions of bodily movement in certain rhythmic and spatial relationships." *Compendium II*, § 450.01. So too would a method to churn butter or drill foroil. That is no accident: "successions of bodily movement" often serve basic functional purposes. *Such movements do not become copyrightable as "choreographic works" when they are part and parcel of a process. Even if the Sequence could fit within some colloquial definitions of dance or choreography, it remains a process ineligible for copyright protection*".

1051. En effet, il convient de noter que les 26 postures prétendument développées par Bikram sont elles-mêmes inspirées des quatre-vingt-quatre postures classiques du

---

1 287 F.3d 1325 (11th Cir. 2002). V. P. Kamina, « Rejet de la protection par *copyright* d'une méthode d'enseignement », *Comm. com. électr.* 2002, n° 6, act. 98. V. Cass. com., 29 nov. 1960, *Bull. civ.* III, n° 389, *Ann. propr. ind.* 1961, 309 ; *Gaz. Pal.* 1961, 2, p. 152 : La Cour de cassation, à propos d'un livre proposant une méthode de solfège personnifiant les notes de la gamme sous le nom de « petites notes », affirme que : « *L'idée ou une méthode d'enseignement n'est pas susceptible en elle-même d'appropriation privative* », cité par P. Sirinelli, *Notions fondamentales du droit d'auteur*, *op. cit.*, p. 181. Il est vrai que ça procède de la même démarche ; mais elle est plus logique : la protection ne couvre que l'expression ; lui faire couvrir la méthode c'est l'*étendre*. En *copyright*, le monopole couvre *a priori* tout : il s'agit de le *réduire*…

Hatha Yoga. C'est ainsi que l'apport de Bikram consistait dans le choix et l'arrangement desdites postures. Comme nous allons le voir, les postures (ou asanas) pratiquées au sein de la communauté yogique font partie du fonds commun, et personne ne saurait s'en prévaloir d'un droit privatif.

1052. Position du *U.S. Copyright Office*. En fait, la solution adoptée par la Cour s'inscrit résolument dans la tendance du *U.S. Copyright Office* qui est constante sur le fait que :

> « *La sélection, la coordination ou l'ordonnancement de mouvements d'exercice, tels qu'une compilation de postures de yoga, peut être exclu de l'enregistrement en tant que système ou processus fonctionnel* dans les cas où les mouvements particuliers et l'ordre dans lequel ils doivent être exécutés sont censés résulter dans l'amélioration de sa santé ou de son état physique ou mental »[1].

Il en va de même pour : « *la sélection, la coordination ou l'ordonnancement de mouvements fonctionnels tels que des mouvements de sport, des exercices et d'autres activités motrices ordinaires*[2] [...]. Un film, une image ou une description fixe d'une routine d'exercice peut être protégé par le *copyright*, mais celui-ci ne s'étendrait pas aux mouvements eux-mêmes ». La Cour ne manque pas de faire allusion à la déclaration du *U.S. Copyright Office* en observant que :

> « But Plaintiffs assert that the copyrights cover the Sequence. (Opp'n 9.) That is, anyone performing the Sequence, as taught by Choudhury's books and videos, commits copyright infringement. But this argument is tenuous — facts and ideas within a work are not protected; only an author's expression of them is. Shaw v. Lindheim, 919 F.2d 1353, 1356 (9th Cir. 1990). The Sequence is a collection of facts and ideas. There is a distinction between a creative work that compiles a series of exercises and the compilation of exercises itself. The former is copyrightable, the latter is not. See Feist, 499 U.S. at 357 ("Facts are never original, so the compilation author can claim originality, if at all, only in the way the facts are presented."). *The Sequence — Choudhury's compilation of exercises and yoga poses (and not the book or videos depicting the compilation) — is merely a procedure or system of exercises. Regardless of the categories enumerated in § 102(a), copyright protection does not "extend to any idea, procedure, process, system, method of operation, concept, principle, or discovery, regardless of the form in which it is described, explained, illustrated, or embodied in such work." 17 U.S.C. § 102(b). According to the Copyright Office, a "compilation of yoga poses may be precluded from registration as a functional system or process in cases where the particular movements and the order in which they are to be performed are said to result in improvements in one's health or physical or mental condition."* 77 Fed. Reg. 37605, 37607 (June 22, 2012). Choudhury admits that the Sequence helps to prevent, cure, and alleviate disease. UF 19-22. *The Court can only conclude that the Sequence is a system or process that is not copyrightable subject matter under § 102(b)* ».

1053. Affaire « *Open Source Yoga Unity c/ Bikram Choudhury* ». Or, il convient de rappeler que la solution adoptée, dans l'affaire opposant *Bikram's Yoga College of India* à *Evolation Yoga LLC*, va à l'encontre d'une décision plus ancienne rendue le 1er avril 2005, par le Tribunal du *district* de Californie du Nord, dans l'affaire *Open Source Yoga Unity (OSYU) c/ Bikram Choudhury*[3]. En effet, ce groupement (OSYU) s'est opposé contre l'appropriation abusive et l'enregistrement des savoirs ancestraux, y compris la pratique du Yoga, qui devaient être nécessairement disponibles en *open source.* C'est dans cet esprit qu'il a intenté une action contre Bikram pour contester la validité et le bien-fondé de l'enregistrement de sa méthode de Yoga revendiquant, à

---

1 "*a selection, coordination, or arrangement of exercise movements, such as a compilation of yoga poses, may be precluded from registration as a functional system or process in cases where the particular movements and the order in which they are to be performed are said to result in improvements in one's health or physical or mental condition*": 77 *Fed. Reg.*, 22 juin 2012, n° 121, p. 37607.

2 "*a selection, coordination, or arrangement of functional physical movements such as sports movements, exercises, and other ordinary motor activities alone*".

3 No. C 03-3182 PJH (N.D. Cal. Apr. 1, 2005).

ce titre, un *copyright* sur une série d'exercices de yoga qu'il a compilés sous le nom de « *Bikram yoga* ».

1054. A l'appui de ses arguments, OSYU s'est appuyé sur l'utilisation abusive du *copyright* par Choudhury, voire même son invalidité, sur la base de la doctrine de l'abus du *copyright*, étant donné que les séquences d'asanas de yoga constituent des informations fonctionnelles, plutôt qu'un contenu créatif expressif, qui ne sauraient être protégées par le *copyright*, et elles sont tombées dans le domaine public conformément au *Copyright Act* américain de 1909 (encore en vigueur à l'époque). En défense, Choudhury fait valoir que sa séquence de yoga constitue une compilation d'informations du domaine public protégées par le *copyright* lequel ne s'étend pas non seulement au contenu de ses livres mais également à la séquence de yoga elle-même.

1055. Or, le tribunal déboute le groupement de ses demandes au motif que même si la loi sur le *copyright* ne protège pas les informations factuelles ou fonctionnelles, ou les informations qui sont déjà dans le domaine public, elle étend, cependant, la protection à l'ensemble des informations du domaine public qui sont réunies et rassemblées de manière suffisamment créative. Le tribunal essaye donc de concilier ces deux principes pour dégager une *solution intermédiaire*. C'est ainsi que le *copyright* peut naître sur la *sélection* et l'*ordonnancement* d'asanas de sorte qu'une séquence de position de yoga peut faire l'objet de droits de propriété intellectuelle en faveur d'une personne. En l'espèce, le tribunal a considéré que les 26 asanas de yoga décrits dans l'ouvrage sont des *compilations* au sens du *Copyright Act* et a procédé à une ordonnance provisoire contre les défendeurs les empêchant d'exécuter les asanas de Yoga dirigés par Bikram Choudhury en observant ce qui suit :

> « Ainsi, la loi sur le *copyright* prévoit que même si le matériel fonctionnel et du domaine public reste libre d'utilisation pour tous, une compilation de ce matériel peut néanmoins bénéficier de la protection du *copyright* si le compilateur fait preuve d'un niveau suffisant de créativité dans la sélection et l'agencement des éléments de ladite compilation. C'est dans ce contexte que les allégations de Choudhury doivent être appréciées [...]. Ainsi, OSYU n'a rapporté aucune preuve convaincante selon laquelle une compilation d'asanas de yoga ne peut pas être protégée par les lois sur le *copyright* de la même manière que d'autres compilations. Le tribunal, tout en reconnaissant et même en acceptant que l'application de la loi sur les compilations aux asanas de yoga semble violer l'esprit du yoga, a été incapable de trouver une preuve qui tienne pour empêcher une telle application. Par conséquent, si le juge du fond détermine qu'un nombre suffisant d'asanas de yoga individuels sont arrangés d'une manière suffisamment créative, la protection au titre du *copyright* pour la séquence de yoga serait possible. [...] Néanmoins, même en vertu d'un *copyright* limité, Choudhury peut bel et bien interdire des duplications exactes ou quasi-exactes de sa séquence de yoga, si les routines enseignées par les plaignants sont "substantiellement similaires" à celles de Choudhury, et donc contrefaisantes ».

1056. C'est ainsi que les *asanas* seraient dans le domaine public mais une *sélection* particulière serait protégée par *copyright*... Le juge Phyllis Hamilton du tribunal a décidé que les asanas de Yoga et leurs séquences sont considérés comme une « compilation » au titre de la loi dès lors qu'ils sont rassemblés dans un livre dont l'exécution d'exercices sans l'autorisation préalable de l'auteur constitue une violation du *copyright* sur l'œuvre de compilation et de chorégraphie.

1057. S'agissant du bien-fondé du *copyright* de Bikram, le tribunal rejette, d'ailleurs, la demande du groupement fondée sur l'abus du *copyright*[1] pour contester sa validité au motif que Choudhury, en tant que titulaire d'un *copyright* sur la séquence d'asanas

---

1 À Rappr. avec les « facilités essentielles ».

de « yoga Bikram », a le droit de faire respecter son *copyright* en informant les tiers ayant prétendument violé son droit qui lui permet de s'opposer à toute exécution de la séquence de yoga Bikram et qui peut être considérée comme substantiellement similaire à celle-ci, ou à toute modification de la séquence. Ainsi, le tribunal ne peut pas conclure que Choudhury a tenté de *monopoliser* illégalement des domaines en dehors de la portée du *copyright*, tels que les asanas de yoga eux-mêmes qui sont dans le domaine public ou de *restreindre* la liberté des professeurs de Yoga de créer des séquences d'asanas de yoga qui ne sont pas substantiellement similaires aux siennes.

2. Affaire de l' « *Institute for Inner studies c/ Charlotte Anderson* »

1058. « Yogathérapie » et la technique de « guérison pranique » (*Pranic Healing*). Face à la préoccupation croissante pour la santé publique, il est accoutumé de pratiquer les exercices de Yoga à but *thérapeutique*. Selon une assertion, le yoga serait une « *thérapie* ». On parle même de la discipline de la « *yogathérapie* » qui consiste en l'utilisation spécifique des techniques du yoga appliquées au domaine de la santé. Devant cet état de choses, certains maîtres n'ont pas manqué de tenter de *s'approprier* les techniques de guérison traditionnelles par le *copyright*, telles que la technique de « *guérison pranique* » et le « *Arhatic Yoga* ». *Quid* du développement d'une nouvelle méthode et d'exercices permettant de pratiquer une série de postures méditatives d'une façon originale en l'isolant de son contexte afin d'améliorer l'état de santé ou la condition physique et mentale ? Peut-il dénoter une *conception originale* de l'auteur reflétant une œuvre personnelle ?

1059. Eléments de définitions. Rappelons, tout d'abord, que la guérison pranique est une *forme de médecine énergétique* ancienne qui utilise l'énergie fondamentale « *Prana* »[1] ou le « souffle de la vie » pour promouvoir l'énergie du corps et ses fonctions. Cette technique a été développée par le Maître Choa Kok Sui et fait partie du domaine de la « médecine énergétique » qui puise sa source dans la tradition orientale ancienne. Selon le Maître Choa Kok Sui, le corps est une entité vivante auto réparatrice qui possède la capacité innée de se guérir. Cette technique de guérison pranique repose, il convient de le noter, sur des *asanas* à l'instar des postures de Yoga.

1060. Données du problème. En Inde, la Haute Cour de Delhi a eu l'occasion de se prononcer, dans une affaire intéressante opposant l'*Institute for Inner studies* à *Charlotte Anderson*[2], sur la question de la protégeabilité des *asanas* de yoga, plus particulièrement de la *technique de guérison pranique*, qui sont dérivés de l'ancienne pratique du yoga originaire d'Inde, par la loi indienne sur le *copyright* (*Copyright Act* de 1957[3]) ainsi que par les autres droits de propriété intellectuelle. Il est intéressant de constater que la Haute Cour s'est servie de repère de la célèbre affaire de Bikram's.

1061. Faits de l'espèce. En l'espèce, l'*Institute for Inner studies* a tenté d'empêcher certaines personnes qui menaient, sans son autorisation, des activités de diffusion d'enseignements, de techniques, pratiques et de cours en rapport avec le domaine de

---

1 « *Prana* » est un terme Sanskrit qui signifie « énergie ou force vitale ». Il est connu sous des appellations différentes selon les cultures et les traditions (le *Chi* en chinois, le *Ki* en japonais, le *Mana* dans la culture polynésienne et *Ruach* en Hébreux) comme la pratique chinoise du *Tai Chi* et *Chi kung Ki*, des traditions japonaises du *Reiki* et de l'*Aikido Ruach* dans la tradition kabbalistique.

2 *Institute for Inner Studies & Ors. v. Charlotte Anderson & Ors.* (2014) 57 PTC 228 (Del).

3 Il a fait l'objet de modifications substantielles.

la guérison pranique, y compris les « asanas » (postures), prétendument développées par le Maître Choa Kok Sui, qui est le fondateur de l'Institut, et ce, en organisant des ateliers, programmes de formation, séminaires. L'Institut revendiquait donc des droits de propriété intellectuelle (notamment des *copyrights*) sur les techniques de guérison pranique et de yoga développées par leur Maître qui lui confèrent le droit exclusif de les exploiter sous quelque forme que ce soit et d'en tirer un profit pécuniaire. C'est dans ces conditions que l'Institut a déposé une plainte en vue d'obtenir une injonction permanente et obligatoire ainsi que des dommages-intérêts.

1062. Arguments à l'appui de la revendication du *copyright* sur la technique de guérison pranique et l'exécution des asanas. Sur le plan du *copyright*, la revendication de l'Institut reposait sur les chefs d'accusation suivants :

a) Les *ouvrages écrits* par le Maître (9 titres de livres), la littérature commerciale, les CD Roms, etc. ;

b) Le *matériel indiqué dans les ouvrages* dont il est interdit d'*exécuter* les techniques de guérison pranique sous la forme de la transmission d'enseignements, y compris les asanas, ou de mettre en œuvre lesdites techniques ;

c) La *compilation* originale *des exercices* ;

d) Les *techniques* et *exercices de guérison pranique* étant considérées comme des « œuvres chorégraphiques » protégeables au titre des « œuvres dramatiques » au sens de l'article 13 (a) du *Copyright Act* indien, y compris l'exécution physique des techniques de guérison pranique.

1063. En l'espèce, il ne s'agit plus de *reproduire* la forme écrite, il s'agit plutôt d' « *exécuter* » les exercices ! C'est dans cet esprit que l'Institut prétendait qu'en *reproduisant* les ouvrages écrits par le Maître, la littérature commerciale et en *exécutant* lesdits exercices ou techniques de guérison pranique les défendeurs ont porté atteinte aux *copyrights*. L'Institut faisait valoir que l'exécution des techniques de guérison pranique pouvait être protégée sur le fondement du *copyright* naissant à la tête du livre décrivant, illustrant et compilant les exercices ou les asanas de guérison pranique.

1064. Arguments des défendeurs en défaveur de la revendication du *copyright*. En défense, les défendeurs ont répliqué en avançant plusieurs arguments pour rejeter toute sorte d'*exclusivité* ou de *monopolisation* revendiquée au nom du Maître sur la guérison pranique et ses techniques au motif que le nom et le concept même de « guérison pranique », prétendument développés par le Maître, sont dans le *domaine public* depuis 1906 dont personne, y compris les demandeurs, ne saurait en revendiquer un *droit exclusif* au titre de la loi sur les marques de commerce[1] et celle sur le *copyright*. Les techniques de guérison pranique ayant déjà été révélées dans d'autres livres ont fait seulement l'objet de « *redécouvertes* » par le Maître. Par ailleurs, le terme de « guérison pranique » n'a pas été *inventé* par le Maître, comme les demandeurs l'ont expressément

1 La loi sur les marques ne prévoit aucune protection en ce qui concerne les techniques, les processus ou les séquences, par conséquent les demandeurs ne peuvent revendiquer aucune protection des marques en relation avec celles-ci. Il est soutenu que *Pranic Healing* et/ou *Modern Pranic Healing* et les techniques qui s'y rapportent ne peuvent pas bénéficier d'une protection de marque. Il en va même pour la loi sur les brevets. Le terme *Pranic Healing* et les techniques connexes, séquence d'étapes en série, concepts, terminologies, etc. n'ont pas été inventés par le maître ou par les demandeurs, ils ne peuvent donc pas être revendiqués en tant qu' « invention » et bénéficier d'une protection en vertu de la Loi sur les brevets.

affirmé dans la réplique déposée, qui, en tant que terme *générique/commun*, appartient au « *publici juris* » (droit du public). Ces techniques ne sauraient être qualifiées d'œuvres littéraires, dramatiques et musicales originales et ne sauraient être protégées par le *copyright* en vertu des dispositions de l'article 13. En outre, le *Copyright Act* indien exclu de la protection les *processus* ou les *méthodes*. Par conséquent, il n'est pas possible de revendiquer un *copyright* sur les techniques, les processus ou les étapes en relation avec la « guérison pranique » ou la « guérison pranique moderne ».

1065. D'ailleurs, les défendeurs n'ont pas manqué de mettre en avant la déclaration de politique publiée par le *U.S. Copyright Office* pour clarifier sa position et sa pratique relative à l'examen des revendications portant sur les compilations s'agissant de la sélection, des arrangements d'exercices (postures de yoga) et d'œuvre chorégraphique (*choreographic work*). Aux termes de cette politique[1], les postures de yoga et les exercices de routine ne sont pas protégeables en tant que *compilation* et ne peuvent être qualifiés de « compilations » au sens de la définition légale prévue par le *Copyright Act* américain.

1066. Solution de la Haute Cour de Delhi. A la question de savoir si les asanas de yoga et le traitement pranique pouvaient bénéficier de la protection au titre du *copyright* et du droit des marques, la Haute Cour, dans son arrêt en date de janvier 2014, répond par la négative et déboute l'Institut de ses demandes. Devant les arguments mis en avant par l'Institut, la Haute Cour prend le soin de rappeler que :

a) Le *copyright* dont il peut être investi peut porter sur la *langue employée dans le livre*, la *narration d'événements*, la *sélection*, *l'arrangement d'incidents* qui y sont prescrits de la manière faite par le Maître et leur séquence mais il ne s'étendra pas à l'*exécution*. Par conséquent, les défendeurs ne peuvent pas reproduire ou utiliser lesdites œuvres littéraires, y compris les livres, leurs titres qui constitue une reproduction matérielle des livres protégés par le copyright ;

b) La revendication du *copyright* sur les livres, la littérature commerciale et les CD Roms ne peut pas être étendu à l'*art* ou à la *technique* décrite dans le livre pour conférer au Maître ou à l'Institut le droit exclusif d'autoriser ou d'interdire l'*exécution* des asanas de Yoga ou de *mettre en œuvre* l'art ou les techniques de guérison pranique prescrites dans les livres et CDs, etc ;

c) Les *techniques* de la guérison pranique n'entrent pas non plus dans le cadre de l'œuvre dramatique telle que prévue par les dispositions du *Copyright Act* indien[2]. Par conséquent, les asanas du yoga ou les techniques de guérison pranique ne peuvent pas être protégées en tant qu'œuvres dramatiques ;

d) Quant à la contestation de l'originalité des asanas soulevée par les défendeurs pour étayer leurs arguments en défaveur de la revendication du *copyright* sur l'exécution de la technique de guérison pranique, la Haute Cour considère, malgré la crédibilité de cet argument, que le fait que le livre soit constitué de *faits nouveaux* ou non[3] ou que les faits ne soient pas *originaux* ne constitue pas la question essentielle qu'il implique

---

1 77 *Fed. Reg.*, 22 juin 2012, p. 37605 et 37607.

2 Selon les dispositions de l'article 2 (h) de la loi sur le *copyright* de 1957 l': « "œuvre dramatique" comprend toute pièce de récitation, de travail chorégraphique ou de divertissement dans un spectacle muet, dont l'arrangement scénique ou la forme d'acteur est fixé par écrit ou autrement, mais n'inclut pas un film cinématographique ; ».

3 Au motif que le concept de *guérison pranique* fut déjà mentionné dans les livres anciens publiés avant ceux du maître, y compris le livre de Swami RAMACHAKRA depuis l'année 1906.

de trancher dans ce litige qui consiste plutôt dans la dichotomie entre l'*idée* et l'*expression*.

1067. Raisonnement de la Haute Cour relatif à la dichotomie entre l'*idée* et l'*expression*. Il est intéressant de remarquer que la Cour juge opportun de discuter, de façon détaillée, le concept de dichotomie entre l'idée et l'expression des idées (*the idea/expression dichotomy*), d'une part et, se sert de l'affaire Bikram's comme point de repère, d'autre part. S'agissant de la dichotomie *idée* et *expression*, la Cour se livre à une analyse détaillée en procédant à un test à la lumière de ce concept pour à la fois étayer son raisonnement et répondre à la question de savoir s'il est possible au titre du *copyright* d'empêcher la mise en œuvre de faits, narrations, récits, et de descriptions d'asanas du Yoga et de techniques énoncés dans un livre rédigé par le Maître, ainsi que l'exécution desdites œuvres sous forme d'actions physiques ou l'exécution de ces asanas de yoga relatifs à la guérison pranique. À première vue, la Cour estime que les dispositions de la loi et la manière dont elles sont libellées de manière à inclure l'exécution de l'œuvre en public ou la communication de l'œuvre au public non guidée par l'exposition de la loi relative à l'idée et l'expression peuvent laisser planer des doutes. Or, en examinant ledit argument, la Cour estime que la réponse devient plus claire et l'incertitude qui existe sur le sens devrait s'effacer[1].

1068. Si la Cour juge que les techniques de yoga ou les asanas ne peuvent pas être qualifiés d' « œuvres littéraires ou dramatiques originales » au sens du *Copyright Act* indien et ne peuvent donc pas être protégées par le *copyright*, il n'en reste pas moins que les deux parties pourraient créer conjointement des livres ou toute autre œuvre littéraire fondés sur le concept de guérison pranique qui peuvent être exprimés différemment par les deux en dépit de certaines identités et similitudes, sans qu'il puisse être possible d'*empêcher* l'un des deux de *pratiquer* et d'*exécuter* les asanas ou postures y afférentes. C'est ainsi que les deux peuvent se voir reconnaître la qualité d'auteur sur lesdites œuvres (*works*). La Cour ne manque pas de souligner que la technique de guérison pranique ou toute autre technique de yoga en soi fait partie du *savoir traditionnel* depuis l'époque de Maharishi Patañjali qui ne saurait faire l'objet d'une *protection* ou d'une *appropriation* au titre du *copyright*.

1069. Rejet de l'argument d' « œuvre chorégraphique ou dramatique ». En outre, l'Institut faisait valoir que les asanas de yoga ou de la guérison pranique s'apparentaient à une « *chorégraphie* » si celle-ci était écrite sous forme de script ou scénario et, à défaut de voix ou de chanson avec la danse, elle pouvait s'apparenter à des *pantomimes* ou être assimilée à la *danse*. Si la Cour refuse d'adopter le raisonnement de la décision rendue par le Tribunal du *district* de Californie du Nord dans l'affaire *Open Source Yoga Unity c/ Bikram Choudhury*, elle s'inspire, cependant, de la décision du tribunal du *district* de Californie centrale rendue dans l'affaire *Bikram's Yoga College of India, L.P. c/ Evolation Yoga, LLC*[2], du 14 décembre 2012, pour rejeter l'argument de la qualification des asanas de Yoga et de la technique de guérison pranique en tant qu' « œuvre dramatique » (*dramatic work*). De prime abord, la lecture des dispositions

---

1 Il nous semble que c'est plutôt la distinction entre la *forme* et le *fond* qui est en cause. Mais comme le *copyright* ignore la « forme » ils déportent la distinction sur la dichotomie *idée/expression*. Et à dire vrai qu'est-ce que peut faire l'expression puisqu'ils ne prennent pas en compte le processus expressif !

2 Case No. 2:11-cv-5506-ODW(SSx) (C.D. Cal. Dec. 14, 2012).

de l'article 2 (h) du *Copyright Act* indien relatif à la définition (non exhaustive) de l'œuvre dramatique peut laisser entendre que les asanas du Yoga ou de la guérison pranique, s'ils sont écrits, peuvent relever du domaine de l'œuvre dramatique. Or, l'examen minutieux de la notion d' « *œuvre dramatique* » et des différents types d'œuvres qui y sont protégées ainsi que les conditions préalables à sa qualification conforte les magistrats dans la conclusion selon laquelle les arts et les exercices de yoga, y compris la technique de guérison pranique ou les exercices de routine quotidienne ne sauraient être qualifiés en fait d' « *œuvres chorégraphiques* ». Par conséquent, la simple sélection et l'arrangement de mouvements physiques sous l'appellation de « guérison pranique » ne saurait être rattachée à la catégorie d' « œuvre de chorégraphie » ou d' « œuvre dramatique » prévue par l'article 2(h) du *Copyright Act* indien et donc exclu la protection du *copyright*.

1070. Les griefs de contrefaçon de marques. Sur les griefs de contrefaçon de marques, la Cour prend le soin de préciser que l'expression « *Pranic Healing* » existait déjà dans un livre écrit par Swami Ramachakra en 1906, de sorte qu'elle est tombée donc dans le *domaine public*. Elle a également mis l'accent sur le fait que le mot de « guérison pranique » est un *terme générique* n'ayant donc pas été *inventé* par le Maître Choa Kok Sui. Par ailleurs, le *caractère distinctif* fait évidemment défaut comme l'exige l'article 9 de la loi sur les marques de commerce. La Cour a noté que l'Institut avait fait une « fausse déclaration » quant à la propriété de la marque, car l'expression n'était ni distinctive ni capable de distinguer les produits et services d'une personne de ceux d'une autre.

§ 2. L'INSUFFISANCE DU RECOURS A LA PROPRIETE LITTERAIRE ET ARTISTIQUE ET AU *COPYRIGHT*

1071. Plan. En effet, il semble que la protection offerte par la voie classique de la propriété littéraire et artistique et du *copyright* soit *insuffisante* et *inadaptée* à la nature spécifique du Yoga en tant que « méthode » et à sa dimension *spirituelle* et *mystique* (A). Or, la disqualification du Yoga en tant qu' « œuvre de l'esprit » / « *work* » n'exclut pas le recours à d'autres techniques juridiques, indépendante de la propriété des *créateurs* ou des *investisseurs* qui lui échoie, pour assurer la réservation de la « *valeur économique* » du Yoga (B).

A. Le Yoga, une « méthode » destinée à engendrer un effet spirituel

1072. Plan. La pratique du Yoga ne peut être saisie ni par la *propriété littéraire et artistique* ni par le *copyright* dans la mesure où cette pratique ancestrale s'analyse en *une simple méthode* non protégeable (1), en tant que telle, qui appartient au *fonds commun* de l'humanité (2), à ce titre, *inappropriable* par nature.

1. Une simple méthode spirituelle non protégeable

1073. Problématique de l'appréhension de la dimension spirituelle et mystique du Yoga. L'appréhension et la protection de la pratique du Yoga par la propriété littéraire et artistique se heurtent, en fait, à des difficultés insurmontables dès lors qu'on saisit la nature particulière de cette pratique qui se borne à rechercher par des procédés techniques perfectionnés une *concentration intérieure* à des fins spirituelles. En général, le vocable « Yoga » sert à distinguer toute *technique d'ascèse* et toute *méthode de méditation*[1]. Il s'agit purement et simplement d'une *méthode intellectuelle*, appliquée à la visualisation d'une *forme fonctionnelle* représentative et symbolique. Sans doute, l'objet réalisé peut-être bien *nouveau* et la forme de l'activité yogique (purifications, attitudes du corps, techniques respiratoires, etc.) dans laquelle le yogi est engagé peut révéler son *savoir-faire*. Mais il n'en reste pas moins une *caractéristique* attachée à la *fonction spirituelle* de méditation, du sentiment qui traverse le yogi, qui n'exprime aucune *conception imaginative personnelle* élaborée où l'activité mentale du yogi ne cesse pas complètement et volontairement en faveur de l'état mystique de « ravissement » ou d' « extase » et, encore moins de « transe ». En réalité, l'analyse de la technique du Yoga nous révèle que s'il y a bien des formes, celles-ci ont, cependant, un effet secondaire non recherché pour lui-même. Le but n'est pas de *s'exprimer* comme nous l'avons constaté. Si la *forme externe* existe bel et bien et y est susceptible d'être perçue par autrui, elle n'est pas l'*expression* d'une *forme interne* conçue dans ce but. Comme le souligne le professeur Gaudrat :

> « *Il ne suffit donc pas d'être en présence d'une forme sensible, expressive et engendrée par l'homme, il faut encore que la forme interne, à quelque genre qu'appartienne la création, ait reçu un degré minimum d'élaboration.* C'est ce degré minimum d'élaboration qui, d'une part, distingue la création des éléments du domaine public auxquels la construction de la forme sensible est empruntée et, d'autre part, évite une sur-réservation qui empièterait sur la liberté de création d'autrui »[2].

1074. Yoga en tant que simple « méthode, technique, pratique ». En réalité, le Yoga, selon la littérature yogique, n'est qu'un simple « procédé », une « méthode », une « technique » mentale, de méditation, de contemplation, de concentration et de visualisation, etc., destinée à *engendrer* un *effet spirituel*. Il suffit d'observer, par exemple, le rapport du Comité international bioéthique (CIB) de l'UNESCO, sur les systèmes de la médecine traditionnelle et leurs implications éthiques et la classification proposée par le CIB des différents types de traitements utilisés dans la médecine traditionnelle, pour être convaincu que la technique du Yoga n'est, ni plus ni moins, une « *méthode* ». Ces traitements sont répartis suivant trois catégories sur la base des méthodes de soins et/ou de maintien de la santé :

D'une part, les *traitements médicamenteux* utilisant des produits à base de plantes et/ou des médicaments à base de parties d'animaux et/ou de minéraux ;

D'autre part, les *traitements non médicamenteux* utilisant des *méthodes de traitement manuelles* (massages, par exemple), *physiques* (par exemple : *qi gong*, *tai jiquan*), *mentales* (par exemple : méditation, hypnose) et *spirituelles* (religieuses-magiques, par exemple), ou une *combinaison de ces méthodes* (yoga) ;

Et enfin, les *traitements mixtes* combinant traitement médicamenteux et non médicamenteux[3].

1075. Yoga en tant que types de « thérapies traditionnelles ». Par ailleurs, il s'agit d'une technique, selon la définition de l'Organisation mondiale de la Santé (OMS) de la médecine traditionnelle « thérapies de médecine traditionnelle », appelées

---

1 M. ELIADE, *Patanjali et le yoga*, *op. cit.*, p. 7.

2 Ph. GAUDRAT, *La propriété intellectuelle : modèle multiple ou pensée unique ?*, Cours spécial : Master 2 « Propriétés Intellectuelles », préc., p. 114.

3 SHS/EGC/IBC-19/12/3 Rev., 8 févr. 2013, Paris, p. 4. V. À ce sujet : C. BYK, « Le droit international appliqué à la médecine traditionnelle : un facteur d'intégration pour quels objectifs ? », *JDI*, janv. 2017, n° 1, var. 1.

aussi les « pratiques de Médecine Traditionnelle/Médecine Complémentaire (MT/MC) » :

« Les thérapies traditionnelles sont des thérapies qui utilisent diverses techniques *ne faisant pas appel à des médicaments*. Elles comprennent entre autres l'acupuncture et les techniques connexes, la chiropraxie, l'ostéopathie, les thérapies manuelles, le *qi gong*, le *tai-chi*, le *yoga*, la naturopathie, le thermalisme, et d'autres thérapies physiques, mentales, spirituelles et des *thérapies impliquant l'esprit et le corps* »[1].

1076. Exclusion de la protection de la méthode du Yoga en tant qu' « œuvre de l'esprit/ *work* » du champ d'application des droits intellectuels. Dès lors, on conçoit que la technique du Yoga ne saurait être éligible à la protection par les systèmes du droit d'auteur et du *copyright* conformément aux principes directeurs qui régissent la matière. La méthode est toujours *utilitaire*. Il est futile de rappeler que les techniques, les méthodes, et le savoir-faire, entre autres, ne peuvent être *réservés*. Sur le plan législatif, les dispositions des législations nationales (Égypte, États-Unis d'Amérique…) excluent expressément du champ de la protection les idées abstraites, procédures, procédés, systèmes, modes d'opération, conceptions, principes ou découvertes, etc[2]. À titre d'exemple, l'article 141, alinéa 1 du CPI égyptien prévoit expressément que :

« La protection ne s'applique pas aux *simples idées, procédures, méthodes de travail, moyens de fonctionnement, concepts, principes, découvertes et les données (informations)*, même s'ils sont exprimés, décrits, illustrés ou inclus dans une œuvre ».

1077. Il en va de même pour le *Copyright Act* américain qui dispose dans l'alinéa (b) du paragraphe § 102 que :

« La protection conférée au titre du *copyright* pour les œuvres de l'esprit originales [*original work of authorship*] ne s'étend en aucun cas aux *idées, procédés, procédures, systèmes, modes opératoires, concepts, principes ou découvertes*, quelle que soit la manière dont ils sont décrits, expliqués, illustrés ou incorporés dans ladite œuvre »[3].

1078. Consécration jurisprudentielle de l'exclusion des méthodes de l'objet de la protection des systèmes du droit d'auteur/ *copyright*. Sur le plan jurisprudentiel, il est constant que la protection conférée par le droit d'auteur « *ne peut s'appliquer ni à une technique, ni à une méthode, ni à un procédé, ni à un système, mais seulement à une création de l'esprit au sens de la loi sur la propriété littéraire et artistique, à condition qu'elle soit indépendante de l'obtention d'un résultat industriel* »[4]. À titre d'exemple, la Cour de cassation française, dans l'affaire des *notes de solfèges personnifiées* relative à un livre proposant une méthode originale d'enseignement de la musique et du solfège à la portée des enfants qui était inspirée d'une œuvre antérieure, a affirmé que : « *l'idée ou une méthode*

---

1 « Principes méthodologiques généraux pour la recherche et l'évaluation relatives à la médecine traditionnelle », OMS, 2000 (doc. WHO/EDM/TRM/2000.1), p. 9.

2 L'article 9 de l'Accord sur les ADPIC prévoit à l'alinéa 2 que : « La protection du droit d'auteur s'étendra aux expressions et non aux idées, procédures, méthodes de fonctionnement ou concepts mathématiques en tant que tels ».

3 Citée par P. KAMINA, *op. cit.*, p. 165. Selon la version anglaise : "(b)In no case does copyright protection for an original work of authorship extend to any idea, procedure, process, system, method of operation, concept, principle, or discovery, regardless of the form in which it is described, explained, illustrated, or embodied in such work". Rappr. l'article 141, alinéa 1 du CPI égyptien et la traduction anglaise de l'article 141 du CPI égyptien. V. La note précédente n° 5 du § n° 1046.

4 CA Paris, 12 juill. 1974, *Ann. propr. ind.* 1975, p. 182.

d'enseignement n'est pas susceptible en elle-même d'appropriation privative »[1]. Nous avons déjà relevé précédemment maintes décisions jurisprudentielles rendues aux États-Unis d'Amérique qui se sont prononcées en défaveur de la protégeabilité de telles méthodes, techniques ou d'exercices de méditation, etc., et ce, sur la base de la dichotomie fondamentale entre « *idée* » et « *expression des idées* »[2]. À titre d'exemple, dans l'affaire célèbre *Baker c/ Selden*[3] relative à la reprise non autorisée d'un *livre de comptabilité*, la Cour suprême des États-Unis a décidé que le *système* (ou le *concept*) ne pouvait jamais être protégé par le *copyright* mais seulement son *expression*. Par ailleurs, dans l'affaire *Palmer c/ Braun*, le 11e circuit Fédéral de la Cour d'appel des États-Unis a retenu, dans son arrêt en date du 9 avril 2002, que les exercices de méditation décrits dans un manuel protégé par le *copyright* sur l'exploration de la conscience s'analysaient en un « *processus* » non éligible à la protection. Il en va de même pour la jurisprudence indienne dans l'affaire de l'*Institute for Inner studies c/ Charlotte Anderson* à propos de la « méthode de guérison pranique ».

1079. A partir du moment où ces objets qui frappent brutalement aux portes du droit d'auteur et du *copyright* sont tenus pour de simples *méthodes intellectuelles*[4] ou

---

1 Paris, 16 déc. 1957, aff. *Sté. de sciée de Brouwer/ Zurfluh*, *Ann.* 1958, 208 ; *RTD com.* 1959, p. 428, obs. H. DESBOIS ; et rej. Cass. com., 29 nov. 1960, *Bull. civ.* III, n° 389 ; *RIDA* 1961, n° 31, p.78 ; *Ann.* 1961, 309 ; *Gaz. Pal.* 1961, 2, 152 ; *RTD com.* 1961, p. 607, obs. H. DESBOIS, cité par P. SIRINELLI et al., *Notions fondamentales du droit d'auteur*, *op. cit.*, p. 181. Si la Cour de cassation écarte la voie du droit d'auteur pour protéger l'idée ou une méthode d'enseignement, elle retient cependant la responsabilité civile de l'éditeur sur le fondement du droit commun. C'est ainsi que l'action en concurrence déloyale ayant pour objet d'assurer la protection de celui qui ne peut se prévaloir d'un droit privatif est ouverte à l'auteur de l'idée ou de la méthode d'enseignement, lorsqu'il en a fait application dans une œuvre radiophonique ou littéraire. Il est en droit d'exiger que des concurrents n'en fassent pas application sous une forme générale identique de nature à créer une confusion entre les deux ouvrages ». « N'est entachée d'aucune contradiction de motifs la décision qui déclare que si une idée ou une méthode d'enseignement n'est pas susceptible en elle-même d'une appropriation privative, son auteur, lorsqu'il en fait application dans une œuvre radiophonique ou littéraire, est en droit d'exiger que des concurrents n'en fassent pas application sous une forme générale identique de nature à créer une confusion entre les deux ouvrages et l'action en concurrence déloyale ayant pour objet d'assurer la protection de celui qui ne peut se prévaloir d'un droit privatif, on ne saurait faire grief à la cour d'appel de s'être contredite en faisant droit à la demande, tout en reconnaissant que l'idée ou la méthode n'était pas en elle-même susceptible d'une appropriation privée. 2° la cour d'appel qui n'est pas tenue, en matière de concurrence déloyale d'établir la mauvaise foi de l'auteur de l'acte incriminé justifie sa décision lorsque pour condamner un éditeur elle relève que celui-ci ne pouvait ignorer les productions tant littéraires que radiophoniques émanant d'un autre auteur et qu'en éditant un ouvrage destiné à la même clientèle et qui s'inspirait étroitement des réalisations antérieures, cet éditeur a commis une faute dont il doit réparation ».

2 Il semble que le *copyright* et le droit d'auteur arrive à la même conclusion par des voies différentes. En droit d'auteur, les idées, méthodes, etc… ne sont pas protégées parce que non réalisées dans une forme externe (art. L. 111-2 du CPI français). La jurisprudence en tire cette conclusion du droit naturel. En *copyright*, le monopole de « s'étend pas » aux idées, principes, etc… incarné dans l'œuvre *par décision du législateur* : c'est le législateur qui est obligé de soustraire par une *disposition expresse* ces différents objets au monopole…

3 *Baker v. Selden*, 101 U.S. 99 (U.S. Supreme Court, 1879).

4 V. Pour l'absence de protection d'une idée sur un *concours de produits de beauté* : Cass. civ. 1re, 29 nov. 2005, *D.* 2006, Jur. 517, note A. TRICOIRE ; *Comm. com. électr.* 2006, n° 18, note C. CARON ; *RTD com.* 2006, p. 78, obs. F. POLLAUD-DULIAN : « Les règles d'un concours, même si elles procèdent de choix

… /

spirituelles, ils ne pourront être objets de *propriété* des créateurs ou d'un *monopole* et ne pourront être protégées que par des *procédés indirects* empruntés à la *responsabilité*, comme nous allons le voir.

2. Une pratique d'art ancestral appartenant au fonds commun de l'humanité

1080. Une *pratique folklorique* traditionnelle d'une très grande ancienneté. En effet, la pratique du Yoga originaire d'Inde est une *pratique ancestrale* datant de plusieurs millénaires qui a été transmise de génération en génération depuis des siècles. À titre d'exemple, les Yoga-Sutras de Patañjali ou « yoga royal » (*rāja-yoga*) codifient l'enseignement de la pratique du Yoga classique. Il nous semble que le Yoga fait désormais partie du *folklore national indien*, qu'on appelle les « expressions du folklore », qui comprennent, entre autres, les mouvements traditionnels, les mouvements sacrés (les prières, les danses traditionnelles), les rituels, etc., dont les mouvements corporels qui appartiennent au domaine public. Or, comme le souligne le professeur Gautier, « *il resterait cependant à tracer les frontières avec le domaine public, dès lors que le folklore peut reposer sur des centaines, voire des milliers d'années de tradition* »[1]. A vrai dire, la pratique du Yoga relève du *fonds commun* ; personne ne saurait se prévaloir d'un *droit privatif* sur cette technique ou, par exemple, sur ses caractéristiques particulières telles que les *postures*[2], etc. Il nous semble qu'il faut se rallier à l'opinion selon laquelle :

> « *Soit on considère que ça ne peut pas être approprié par le droit d'auteur, parce que c'est une expression qui est vieille déjà, qui vient de temps ancestraux et qui est transmise de génération en génération, dans une certaine fidélité.* Justement, par rapport au folklore c'est précisément cette tradition, cette fidélité de transmission qui est assurée à travers le folklore, les gens qui expriment ce folklore à un moment donné, n'en sont que les dépositaires, et n'en sont pas les créateurs. *À cette enseigne, ils ne peuvent pas avoir de droits d'auteur sur le folklore, parce que le folklore dépasse la création individuelle de ceux qui interprètent à un moment donné. Il existe avant, il existera après, il est permanent, il est immanent* »[3].

1081. Postures du Yoga et le *fonds commun yogique*. Comme nous l'avons constaté, cette pratique corporelle multi-millénaire se distingue par une série de mouvements et de postures appelées « asanas » qui puisent leurs sources dans la tradition indienne. « *D'après la tradition yogique, il existerait quatre-vingt-quatre centaines de*

---

arbitraires, ne peuvent, indépendamment de la forme ou de la présentation originale qui ont pu lui être données, constituer en elles-mêmes une œuvre de l'esprit ». Pour l'absence de protection des *recettes de cuisine* : TGI Paris, 30 sept. 1997, *JCP E* 2000, p. 1376, obs. D. Bougerol ; *RIDA* juill. 1998, p. 273, note Piredda ; *ibid.* p. 147, obs. A. Kéréver. CA Paris, 17 mars 1999, *RTD com.* 2000, p. 91, obs. A. Françon ; *RIDA* oct. 1999, p. 202 ; *ibid.* p. 121, obs. A. Kéréver ; *Comm. com. électr.* 1999, comm. 23, note C. Caron. Cass. civ. 1re, 5 févr. 2002, *JurisData* n° 2002-012934 : « Si les recettes de cuisine peuvent être protégées dans leur expression littéraire, elles ne constituent pas en elles-mêmes une œuvre de l'esprit ; elles s'analysent en effet en une succession d'instructions, une méthode ; il s'agit d'un savoir-faire, lequel n'est pas protégeable ». Comp. *Publications International, Ltd. v. Meredith Corp.*, 88 F.3d 473 (7th Cir. 1996), le 7e Circuit a décidé que les recettes contenues dans un livre de cuisine protégé par le *copyright* ne sont pas éligibles à la protection du *copyright*, car elles « décrivent simplement une procédure par laquelle le lecteur peut produire de nombreux plats » et « il ne peut y avoir de monopole au sens du *copyright* sur les idées de production de certains aliments ». C'est tout à fait pour l'énoncé des recettes de cuisine… Mais, comme pour les *parfums*, il n'est pas exclu que la forme qui résulte de la mise en œuvre de la recette soit une œuvre…

1 P.-Y. Gautier, *op. cit.*, p. 93.

2 Les juridictions américaines ont exclu de la protection du *copyright* les danses folkloriques et les danses traditionnelles ou de société.

3 V.-L. Benabou et S. Dusollier, « Du droit d'auteur sur les mouvements, de l'interprétation du droit d'auteur », art. préc., p. 32.

milliers de postures, ce qui revient à dire qu'il y a autant d'asana que de formes de vie »[1]. A l'instar de chaque domaine, il existe un *fonds commun du Yoga* qui rassemble l'ensemble des postures (ou asanas) les plus communes, voire les éléments libres, sur lesquelles personne ne saurait s'en prévaloir d'un droit privatif. Nul doute que les différentes postures pratiquées, qui font partie du fonds commun du Yoga, sont tombées dans le domaine public[2], et ne saurait être appropriées ou réservées par quelconque puisque personne n'a *créé* ou *inventé* lesdites postures. Par conséquent, le yogi ne peut *s'arroger un monopole* sur ces postures elles-mêmes dans la mesure où ces manifestations corporelles qui s'opèrent par la mobilisation ou le mouvement du corps autour d'une position fixe revêtent un caractère purement spirituo-fonctionnel et sa reprise par un autre n'est pas *constitutive* de contrefaçon. Dans l'affaire *Open Source Yoga Unity (OSYU) c/ Bikram Choudhury*, le Tribunal reconnaît volontiers, y compris les parties au litige, que le yoga est une pratique très ancienne dont les postures elles-mêmes qui composent la séquence de yoga Bikram sont dans le *domaine public* depuis des siècles. Par conséquent, il serait inapproprié et inacceptable qu'une séquence d'asanas de yoga puisse faire l'objet d'un *droit de propriété intellectuelle* en faveur de quelconque.

1082. Tentatives d'*appropriation* et difficultés de *qualification*. Dans la réalité pratique, les tentatives d'*appropriation abusives* par les maîtres consistent à reprendre, en l'occurrence, les postures classiques du *Hatha yoga* déjà connues au sein de la communauté yogique pour les *intégrer* dans le cadre d'une nouvelle méthode/technique ou dans un nouvel environnement. A partir de ce constat, soit on considère que l'essentiel de la *création du yogi*, s'il y en a une, est constituée par des postures, si *banales* soient-elles, qu'il n'a pas *créées*[3] et alors elle ne peut être protégée que sur d'autres fondements, soit on considère que le yogi produit une « *œuvre dérivée* »[4] car il y a *acte de création* dont l'originalité pourrait résider dans le *choix créatif* de l'enchaînement des postures et la succession des séquences déterminées de yoga en donnant à celles-ci une application spirituelle et/ou thérapeutique pratique. Tel fut le cas dans l'affaire de *Bikram's* qui avait développé et enchaîné des postures, originales à ses yeux, à partir de la technique du Yoga classique et revendiquait, à ce titre, un *copyright* sur la *séquence* particulière et la *sélection* des postures de sa série. Il nous semble qu'il faille se rallier à la *première hypothèse* car nous ne croyons pas que le dernier raisonnement de l'*œuvre dérivée* ait quoi que ce soit à y gagner.

---

1 P. FEUGA et T. MICHAËL, *op. cit.*, p. 108.

2 V. Dans ce sens : Open Letter from James P. Harrison, Attorney for Open Source Yoga Unity (2 avr. 2003): "*No individual style of Yoga can be copyrighted because Yoga has existed in the public domain for thousands of years*".

3 On rapporte quant à la forme de yoga qui porte le nom de (Pātañjala-yoga) qu' : « il est bien évident que Patañjali ne l'a pas "inventée" ; il n'a fait que coordonner et codifier un ensemble traditionnel de techniques ascétiques et contemplatives, en les intégrant dans la philosophie du *sāmkhya* et en donnant à celle-ci une application spirituelle pratique » : P. FEUGA et T. MICHAËL, *op. cit.*, p. 47.

4 Cependant, il convient de noter que les juges ont parfois protégé une œuvre combinant des créations banales au titre du droit d'auteur. V. T. com. Nanterre, 25 juin 1996, aff. « *tambours du Bronx* », *RIDA* janv. 1997, p. 402, note A. KEREVER ; *D.* 1998, somm. p. 127, obs. Th. HASSLER, aux termes duquel les juges ont admis l'originalité de l'assemblage d'une chorégraphie et d'une musique isolément non protégeables, cité par J. LESUEUR, « Les postures de yoga, des biens appropriables », art. préc.

1083. Vers la ventilation et le répertoriage des postures traditionnelles du Yoga ? Conscient des tentatives d'appropriation abusives des postures traditionnelles du Yoga, le gouvernement indien, afin de lutter contre le *piratage* ainsi que l'*appropriation abusive* desdites postures, a pris l'initiative de répertorier les *savoirs traditionnels* en mettant en place une *Bibliothèque numérique des savoirs traditionnels* qui consiste en une « compilation des savoirs traditionnels tirés de la littérature existante sur les systèmes de médecine indienne (*Ayurveda*, *Unani*, *Siddha* et *Yoga*), présentés sous forme numérisée et dans cinq langues (anglais, français, allemand, espagnol et japonais) »[1]. Le principal objectif de cette bibliothèque est de prévenir l'*appropriation illicite* des savoirs traditionnels de l'Inde. Enfin, il convient de remarquer que plus de 1500 asanas ou postures de yoga y ont été répertoriées. En fin de compte, il s'agit d'une *tentative intéressante* pour établir une « antériorité » et donc l'absence de nouveauté…

B. La réservation non propriétaire de la « valeur économique » du Yoga

1084. À la recherche d'un mode de protection non privatif conforme à la nature du Yoga. Pour éviter de charger la barque du droit d'auteur d'*objets inutiles*[2] et au lieu de dénaturer la *conception personnaliste* du droit d'auteur, il est tout à fait souhaitable d'envisager un mode de protection *non privatif* qui permet d'assurer la protection de celui qui ne peut pas se prévaloir d'un *droit privatif*[3]. Ainsi, la non-protection au titre de la propriété littéraire et artistique n'exclut pas le recours aux *mécanismes du droit commun* de la responsabilité civile. Cette voie *subsidiaire* envisageable s'avère, aujourd'hui, d'autant plus *légitime* face au rôle de *droit commun de la propriété intellectuelle* qu'on tente d'assumer à la propriété littéraire et artistique car comme le souligne Mme Justine Lesueur :

> « *Les conséquences d'une appropriation des postures de yoga seraient importantes : cela entraînerait la soumission à un droit exclusif de propriété, lequel impliquerait une autorisation et une rémunération pour toute utilisation publique de l'œuvre du professeur de yoga. En pratique, cela paraît difficilement envisageable et peu pertinent.* Si la protection conférée par le droit d'auteur doit s'étendre dans certains domaines, comme celui des parfums par exemple, *il paraît tout à fait exclu de parasiter toute forme de création fondée sur la pratique d'un art ancestral, appartenant à un fond commun de l'humanité.* À l'heure où le droit d'auteur est critiqué par une grande partie des utilisateurs, il est illégitime d'étendre son champ d'application de façon déraisonnable. *Le droit d'auteur est et doit rester un droit de propriété, droit de l'homme protégé par les textes nationaux et supra-nationaux, qui confèrent des prérogatives puissantes à un créateur. Pour ce faire, il apparaît indispensable de circonscrire le domaine des biens protégés*

---

1 V. *Comment protéger et promouvoir votre culture : Guide pratique de la propriété intellectuelle pour les peuples autochtones et les communautés locales*, OMPI, Genève, 2017, p. 35.

2 « Si l'on veut que le droit d'auteur garde toute sa légitimité, ce qui est bien nécessaire pour résister aux innombrables et sévères assauts dont il est l'objet par les temps qui courent, si l'on veut que la barque garde le cap, il faut éviter de la charger d'objets inutiles » : A. LUCAS et P. SIRINELLI, « Droit d'auteur et droits voisins », *Propr. intell.* 2004, n° 12, p. 778. Par ailleurs, le Professeur LUCAS ajoute que : « Par un effet d'entraînement, on tend de plus en plus à faire du droit d'auteur le mode de protection de droit commun de toutes les créations intellectuelles qui ne peuvent être appropriées par d'autres voies. […] Il faut veiller à ne pas dénaturer le droit d'auteur en l'appliquant de manière systématique dans des hypothèses marginales, ce qui oblige à en gommer la spécificité » : A. LUCAS, « Droit d'auteur, information et entreprise », *JCP E* 1992, suppl. n° 6, p. 7.

3 Ph. LE TOURNEAU, « Folles idées sur les idées », art. préc., n° 34.

par un droit d'auteur et de limiter l'extension de la propriété intellectuelle à ce qui est digne d'être protégé en vertu des textes et de la philosophie de cette discipline »[1].

1085. Mécanismes à explorer. Plan. Il est indubitable que le recours au droit commun de la responsabilité civile[2], notamment la théorie du *parasitisme* (1) et/ou la *concurrence déloyale* (2) peut présenter un *intérêt* considérable comme étant la dernière *roue de secours* pour protéger les intérêts des maîtres yogis contre les atteintes que les tiers peuvent leur infliger.

1. La théorie des agissements parasitaires[3]

1086. Réservation et protection de la « valeur économique » du Yoga. On ne saurait nier que le Yoga est devenu un vaste *enjeu économique* qui a acquis progressivement une véritable « valeur économique »[4] protégeable en soi. Il est indéniable que le développement des techniques et méthodes de Yoga ayant nécessité des efforts tant intellectuels que financiers importants ainsi qu'une part non négligeable d'un *savoir-faire* mis au service de l'investissement d'une valeur économique propre à son titulaire investisseur. C'est à partir de ce constat que les maîtres, voire les investisseurs, prônent la reconnaissance de leurs droits spécifiques sur le fondement de cette valeur et tentent de protéger, voire de *s'approprier*, les différentes techniques, méthodes mises en jeu qui représentent pour eux un *intérêt économique* incontestable, et ce, dans le but d'interdire aux tiers de copier servilement lesdites techniques, méthodes et de tirer ainsi indûment profit des investissements d'autrui. C'est ainsi que la protection des intérêts des exploitants propagateurs de techniques et méthodes yogiques, non protégées en tant que telles par les droits de propriété intellectuelle, contre le détournement, l'usurpation de leurs valeurs économiques[5] et les atteintes des tiers au travers le recours indépendant à la responsabilité civile (l'action en parasitisme

---

1 J. LESUEUR, « Les postures de yoga, des biens appropriables », art. préc.

2 « Autrement dit, concurrence déloyale et agissements parasitaires ne sont que deux facettes de la responsabilité civile mais qui, utilisées dans des secteurs bien particuliers et délimités, ont été baptisés spécialement ». Il conclut : « Ainsi, le droit commun des obligations, en l'espèce la responsabilité civile pour faute sous ses deux figures commerciales que sont la concurrence déloyale et les agissements parasitaires, répond admirablement aux besoins, divers et évolutifs, du monde des affaires [...] » : Ph. LE TOURNEAU, « Le parasitisme dans tous ses états », *D.* 1993, chron. 310.

3 V. Ph. LE TOURNEAU, *Le parasitisme*, *op. cit.*, *passim* ; du même auteur, « Folles idées sur les idées », art. préc. ; P.-Y. GAUTIER, *op. cit.*, n° 46 ; A., H.-J. LUCAS, A. LUCAS-SCHLOETTER et C. BERNAULT, *op. cit.*, n° 21.

4 « L'utilisation, [...], des termes "valeur économique" ou "personnalité économique des entreprises" semble du reste prouver que l'on s'attache moins à caractériser une faute qu'à insister sur l'opportunité économique d'une protection » : J. PASSA, « Propos dissidents sur la sanction du parasitisme économique », *D.* 2000, chron. 297, n° 12. La notion de « valeur économique », en quoi consiste le pivot de la théorie, fut critiquée par Mme P. TREFIGNY dans la mesure où « la valeur économique, par définition, n'est pas une notion juridique, et son appréciation ne pourrait être que totalement arbitraire, donc source d'insécurité. Le concurrent ou le non-concurrent qui imiterait la prestation antérieure d'autrui ne pourra pas savoir s'il est situation irrégulière puisque cela dépendrait de la qualification en "valeur économique" de ladite prestation, dont les critères paraissent bien totalement inexistants » : P. TREFIGNY, *L'imitation : contribution à l'étude juridique des comportements référentiels*, *op. cit.*, p. 312. V. X. DESJEUX, « La reprise de la prestation d'autrui : l'idée commerciale et l'investissement économique (esquisse d'un projet de loi) », *Gaz. Pal.* 1992, 16 et 17 déc. 1992, p. 29.

5 « La responsabilité civile suffit amplement à protéger les auteurs de n'importe quel bien immatériel nouveau, les logiciels aussi bien que toute valeur économique » : Ph. LE TOURNEAU, « Le parasitisme dans tous ses états », préc., spéc. n° 25.

en l'absence d'actes constitutifs de concurrence déloyale) reste une *solution envisageable*, en tant que voie subsidiaire au droit d'auteur et répond parfaitement aux besoins des maîtres yogis, étant donné que les outils classiques n'assurent pas une protection suffisante de cette valeur.

1087. Vers la *reconstitution d'un monopole* par la voie de la théorie des agissements parasitaires ? Nul ne saurait ignorer la pertinence et l'utilité considérable du recours à la théorie du parasitisme, méconnue en Égypte[1], qui permet d'assurer la protection de celui qui ne peut pas *se prévaloir* d'un droit privatif, comme étant la dernière roue de secours pour protéger, voire sanctionner, notamment la reprise des *éléments caractéristiques*, avec certaines nuances, qui relèvent du *fonds commun* et sont exclus du champ de protection par le droit d'auteur :

> « *L'intérêt du concept de parasitisme* – ou de concurrence parasitaire – *résiderait donc dans la possibilité de réputer fautive l'exploitation sans droit d'une création non appropriée qui permet de réaliser des économies injustifiées en recueillant les fruits d'efforts* dont on n'a pas supporté les frais sans qu'il soit nécessaire d'établir l'existence d'un risque de confusion – quand bien même celui-ci serait réel »[2].

1088. Ainsi, comme le souligne le professeur Caron : « [...] *le droit du parasitisme* [...] *tente de reconstituer des monopoles là où le droit d'auteur n'en veut pas ou n'en veut plus, parce que l'œuvre est tombée dans le domaine public* »[3]. Mais il convient de noter que l'*extension de la protection* et de l'objet de réservation en soi par la théorie du parasitisme, basée sur le modèle d'un droit exclusif d'exploitation[4], n'est pas très *satisfaisante* et n'apparait guère logique[5] dans la mesure où elle remet en cause le fondement et la philosophie des droits privatifs existants, voire du système entier de la propriété intellectuelle comme le montre bel et bien une partie de la doctrine[6].

---

1 À vrai dire, c'est à bon droit que la jurisprudence égyptienne n'a pas suivi une évolution comparable dès lors qu'en Égypte, les personnes souhaitent s'approprier l'inappropriable. V. Par ex. CEC, 4e ch., 26 déc. 2010, aff. n° 3099/2009, à propos de l'éventuelle protection d'une « butte publicitaire » par le droit d'auteur, *RLDI* 2011/77, n° 2573, note Y. OMAR AMINE.

2 J. PASSA, *Contrefaçon et concurrence déloyale*, coll. « IRPI », Litec, Paris, 1997, p. 255.

3 C. CARON, *op. cit.*, p. 13, n° 14.

4 V. S. CHATRY, « Les droits-modèles de la propriété intellectuelle », *in Mélanges en l'honneur du professeur A. LUCAS*, *op. cit.*, p. 139 et s.

5 À titre d'exemple, le professeur PASSA estime que le recours au *parasitisme économique* n'est en réalité qu'une reconstitution inavouée de droits privatifs puisque : « la condamnation de toute utilisation sans autorisation du travail et des investissements d'un concurrent revient ni plus ni moins, finalement, à édifier, contre la volonté du législateur, une protection de seconde zone aux lieu et place des droits privatifs, à constituer ou reconstituer par une autre voie un monopole qui, sur le terrain de la propriété intellectuelle, n'a pu être institué ou a disparu. Une telle analyse aboutit, en refoulant les exigences légales d'attribution et de maintien en vigueur des droits privatifs, à étendre très largement le champ de protection et à restreindre, symétriquement, le domaine public » : J. PASSA, « Propos dissidents sur la sanction du parasitisme économique », préc., n° 12. V. J. PASSA, « Première réfutation de la notion de parasitisme économique », *D.* 2001, p. 850 ; J. HUILLIER, « Le parasitisme parasite-t-il la propriété intellectuelle ? », *Gaz. Pal.* 2001, 2, doctr. p. 1630-1633.

6 Le Professeur André LUCAS affirmait : « Tout effort intellectuel ne justifie pas une protection. La loi a organisé des droits privatifs et en a subordonné le bénéfice à certaines conditions [...]. La création qui ne répond pas aux exigences légales est réputée appartenir au domaine public, c'est-à-dire qu'elle est à la disposition de tous. Il ne saurait donc en principe y avoir faute à utiliser une telle création [...]. Il n'est pas possible de poser un principe d'interdiction des agissements parasitaires car cela reviendrait à reconstituer de façon détournée au profit du créateur un véritable droit privatif » : A. ...

1089. Tentatives législatives de *réservation* des objets non protégés : les « créations réservées ». A cet égard, il est intéressant de relever que plusieurs tentatives ont été déjà effectuées en vue de *réserver* les objets non protégés par un droit de propriété intellectuelle et d'instaurer formellement un véritable *droit privatif*[1]. Ces tentatives diverses tendent, semble-t-il, à consacrer *de lege lata* la théorie du parasitisme. On y relèvera notamment la proposition de loi française du 30 juin 1992 relative à la protection des « *créations réservées* »[2] déposée par le député J. Godfrain selon la motivation suivante :

« *Un grand nombre de créations, qui nécessitent par ailleurs des efforts intellectuels ou financiers importants, ne sont pas actuellement protégées par la loi, du fait des exigences d'originalité en ce qui concerne les œuvres littéraires ou artistiques*, et d'innovation ou du caractère industriel pour les inventions [...]. *L'intérêt de la présente proposition est de prévoir une protection temporaire et sans droit moral pour des créations non originales* ou non inventives. *Par création, il faut entendre ici toute œuvre de l'imagination ou de l'industrie humaine qui est susceptible d'exploitation à des fins lucratives, l'objectif étant de proposer une solution simple et pratique qui encourage l'investissement en matière de création* ».

1090. L'article 1 de la proposition définissait l'objet de la réservation qui englobait : « *Toute création exploitable à des fins lucratives, qui résulte d'un travail intellectuel accompli avec ou sans l'aide d'un matériel ou d'un logiciel* est constitutive d'un intérêt patrimonial

---

LUCAS, *Le droit de l'informatique*, Thémis, PUF, Paris, 1987, n° 307. A., H.-J. LUCAS, A. LUCAS-SCHLOETTER et C. BERNAULT, *op. cit.*, p. 25 et 26 : « [...] La théorie des agissements parasitaires vise à sanctionner en tant que telle cette copie ou cette reprise [d'une création non protégée]. Elle aboutit donc bien à reconstituer l'équivalent d'un droit privatif [...]. Celle-ci revient en réalité à généraliser le monopole, sans tenir compte de ce que l'exclusivité, qui est le principe dans le domaine des choses corporelles, ne peut être que l'exception dans celui des créations intellectuelles. Elle risque au demeurant de retirer tout intérêt au système de la propriété intellectuelle ». « Il y a deux sortes de créations intellectuelles : celles sur lesquelles existe un droit privatif [...] qui assure leur "réservation" au profit d'un individu et celles qui appartiennent à tous. Admettre la mise en jeu de la responsabilité (aussi bien objective que pour faire) de ceux qui exploitent ces dernières, c'est alors revenir sur cette division fondamentale, c'est -à-dire, rompre avec le principe de liberté [...]. Mais il est légitime de se demander si le juge peut, de son propre chef, procéder à une telle révolution, porter atteinte à un principe aussi essentiel que celui qu'il choisit de saper au travers d'une telle jurisprudence ? » : M. VIVANT, C. LE STANC et al., *Lamy droit de l'informatique et des réseaux*, Éditions Lamy, Paris, 1999, n° 259. V. en ce sens : J. HUILLIER, « Le parasitisme parasite-t-il la propriété intellectuelle ? », préc. V. Pour des applications jurisprudentielles : « le fait de reproduire des objets qui ne sont protégés ni par un brevet ni par un dépôt de marque n'est que l'exercice d'un droit dans le cadre de la liberté du commerce et de l'industrie » : Paris, 10 avr. 1962, *Ann. propr. ind.* 1962, 210. Par ailleurs, « le simple fait de copier la prestation d'autrui ne constitue pas comme tel un acte de concurrence fautif, le principe étant qu'une prestation qui ne fait pas ou ne fait plus l'objet de droits de propriété intellectuelle peut être librement reproduite » : Paris, 1re ch., 18 oct. 2000, *D.* 2001, Jur. 850, note J. PASSA ; *PIBD* 2001, 721, III, 297; *Comm. com. électr.* 2001, comm. 113, obs. C. LE STANC.

1 V. À titre d'exemple : X. DESJEUX, « La reprise de la prestation d'autrui : l'idée commerciale et l'investissement économique (esquisse d'un projet de loi) », préc., p. 28 s. Selon l'article 2 du projet de loi : « La reprise de l'effort imaginatif d'autrui, lorsqu'il est individualisé et constitue une valeur économique, lorsqu'il est non techniquement brevetable et/ou non protégé par un droit privatif, ouvre droit au profit du titulaire à une rémunération équitable, dont le montant est fixé suivant accord entre les parties et, à défaut, par voie de justice ».

2 V. À ce sujet : Ch. LE STANC, « La propriété intellectuelle dans le lit de Procuste : observations sur la proposition de loi du 30 juin 1992 relative à la protection des "créations réservées" », *D.* 1993, chron. II, p. 4. *Adde* : A. STROWEL et J.-P. TRIAILLE, « De l'équilibre entre le droit de la concurrence et la propriété intellectuelle, à propos de la proposition de loi Godfrain sur les créations réservées », *Dr. de l'Inform. et des télecoms*, 1993/2, p. 25. V. P. TREFIGNY, *op. cit.*, p. 299.

susceptible de protection juridique »[1]. Quant à son article 2, il instituait un *droit privatif* sur : « *Les créations qui ne sont pas protégées par un des droits de propriété incorporelle relevant des livre I, V et VI du Code de la Propriété Intellectuelle*, [qui] peuvent néanmoins donner naissance à un droit d'exploitation exclusif temporaire et opposable à tous. Ce droit est cessible à titre onéreux et transmissible à titre gratuit ». C'est ainsi qu'au titre de cette proposition de loi elle permettait de protéger ce qui ne peut pas faire l'objet de protection par les droits de propriété intellectuelle, y compris les idées[2], le savoir-faire, les méthodes, etc. qui auraient fait partie des créations réservables. On remarquera l'allusion faite au « *comportement parasitaire* » dans le cadre de l'article 7 qui prévoyait que : « Le fait par un tiers d'exploiter la création réservée sans autorisation de son titulaire constitue un *comportement parasitaire*. La victime de ce comportement est fondée à en demander la cessation, ainsi que la réparation du préjudice ». Or, cette proposition de loi confond radicalement entre le *travail* ordinaire et la *création* qui détruit la propriété intellectuelle laquelle repose sur une double distinction stricte : d'une part, entre *travail* et *création*, et d'autre part, entre *monopole* et *propriété*…[3]

1091. Définition *doctrinale* et *jurisprudentielle* du parasitisme. En effet, le parasitisme se présente souvent comme une forme ou une catégorie particulière de la *concurrence déloyale*. Il convient, tout d'abord, de définir ce qu'il faut entendre par « parasitisme » avant de déterminer ses *hypothèses d'applications* spécifiques en matière de Yoga[4]. Selon Yves Saint-Gal, le parasitisme est défini comme le fait de « *vivre en*

---

[1] Critiquant ce projet, le Professeur LE STANC mettait l'accent sur le fait qu' : « Il y a plus à dire au plan de l'opportunité si on veut bien se rappeler les principes essentiels qui animent les principaux systèmes de propriété intellectuelle. Dans le domaine du droit de la propriété littéraire et artistique […], on a toujours admis que ce qui pouvait faire l'objet de l'appropriation était l'expression originale de l'idée, mais non point l'idée elle-même. […]. Dans le domaine du droit des brevets […], au nom du principe de la liberté du commerce et de l'industrie, le monopole d'exploitation conféré temporairement à l'inventeur suppose que l'invention satisfasse à diverses exigences pour ne pas obérer lourdement le domaine public, d'accès normalement libre. Dans ces deux champs, les intérêts des tiers, c'est-à-dire de la société, et ceux des créateurs sont ménagés et arbitrés au terme d'évolutions législatives qui furent longuement réfléchies. Et c'était à dessein que la "petite monnaie" de la création, ni œuvre, ni invention, échappait aux techniques d'appropriation privative. L'objectif de la proposition est de décider que toutes ces créations, aujourd'hui non protégeables, le seront demain. […]. On conclura que cette proposition de loi […] constituerait la ruine des propriétés intellectuelles existantes (pourquoi faire une véritable invention, déposer un brevet et payer des taxes ; pourquoi faire preuve d'originalité dans une œuvre, si une protection de plusieurs années est acquise *de plano* aux fruits indifférenciés d'une activité intellectuelle quelconque ?) » : Ch. LE STANC, « La propriété intellectuelle dans le lit de Procuste : observations sur la proposition de loi du 30 juin 1992 relative à la protection des "créations réservées" », préc., p. 8.

[2] « Compte tenu du flou qui entoure la question de la protection des idées en droit d'auteur, il est certainement préférable d'utiliser la concurrence déloyale ou, encore mieux, le parasitisme. D'un point de vue pratique, le résultat sera le même, et, bien souvent, une réparation par équivalent, éventuellement assortie de mesures de réparation en nature, sera prononcée » : C. CARON, *op. cit.*, p. 63, n° 70.

[3] V. Notamment : les travaux du Professeur Ph. GAUDRAT sur l'ensemble de la question.

[4] V. Sur la protection de l'*idée artistique* par le parasitisme : N. WALRAVENS, *L'œuvre d'art en droit d'auteur*, *op. cit.*, p. 403 et s. et n° 366. V. À titre d'exemple : CA Paris, Pôle 5, 2e ch., 23 sept. 2011, n° 10/11605, aff. *William Klein c/ Sté M6 WEB et a.*, inédit, confirmant : TGI Paris, 3e ch., 7 mai 2010, *RLDI* 2010/61, n° 2002, obs. L. COSTES ; *RLDI* 2011/70, n° 2293, comm. N. WALRAVENS-MARDARESCU

parasite dans le sillage d'un autre en profitant des efforts qu'il a réalisés et de la réputation de son nom et de ses produits »[1]. Pour le professeur Pierre-Yves Gautier, « l'on peut définir l'agissement parasitaire comme *l'utilisation illégitime et intéressée "d'une valeur économique d'autrui fruit d'un savoir-faire et d'un travail intellectuel, lorsque cette valeur n'est pas protégée par un droit spécifique"* »[2]. Quant au professeur Philippe Le Tourneau, il propose la définition suivante :

« *Quiconque, à titre lucratif et de façon injustifiée, s'inspire sensiblement ou copie sans nécessité absolue une valeur économique d'autrui, individualisée et procurant un avantage concurrentiel, fruit d'un effort intellectuel et d'investissements, commet un agissement parasitaire fautif.* Car cet acte, contraire aux usages du commerce, notamment en ce qu'il rompt l'égalité entre les divers intervenants, même non concurrents et sans risque de confusion, fausse le jeu normal du marché et provoque ainsi un trouble commercial. Celui-ci est, en soi, un préjudice certain dont la victime peut demander en justice la cessation et/ou la réparation, lorsqu'elle ne dispose pas d'une autre action spécifique et qu'elle n'a pas bénéficié d'un droit privatif ayant expiré (sauf en matière de signes) »[3].

1092. Pour la Cour de cassation française : « *Le parasitisme économique est défini comme l'ensemble des comportements par lesquels un agent économique s'immisce dans le sillage d'un autre afin de tirer profit, sans rien dépenser, de ses efforts et de son savoir-faire* »[4].

1093. Manifestations du parasitisme en matière de Yoga. La notion de parasitisme est une notion *large*[5] et *flexible* susceptible d'applications variées en matière de Yoga pour sanctionner les comportements et les agissements, plus ou moins parasitaires, s'inscrivant en dehors d'un champ concurrentiel[6], sans commettre d'atteintes aux droits privatifs. En pratique, le parasitisme est souvent invoqué en complément de la contrefaçon face à la reprise des *éléments caractéristiques* de l'œuvre contrefaite. Ainsi, dès lors qu'on se trouve en présence de l'*imitation*[7] d'une méthode,

---

; *RLDI* 2011/71, n° 2337, note A. Maffre-Bauge ; N. Walravens-Mardarescu, « Les contacts peints de William Klein parasités et non contrefaits », *RLDI* 2011/78, n° 2587. V. Sur l'application de la notion de parasitisme en matière artistique : M.-O. Deblanc, « De la notion de parasitisme et d'agissements parasitaires en matière artistique », *RIDA*, oct. 2017, n° 254, p. 35. En matière artistique, Marc-Olivier Deblanc propose la définition suivante : « le parasitisme artistique est un acte d'appropriation abusive d'un artiste, qui tente de capter indûment, la réputation, le savoir-faire, les éléments consubstantiels et récurrents de l'œuvre d'un autre artiste pour créer la confusion dans l'esprit du public ou du marché entre son œuvre et l'œuvre préexistante » : M.-O. Deblanc, « De la notion de parasitisme et d'agissements parasitaires en matière artistique », art. préc., p. 35.

1 Y. Saint-Gal, « Concurrence parasitaire en agissements parasitaires », *RIPIA* 1956, 37.

2 P.-Y. Gautier, *op. cit.*, n° 46.

3 Ph. Le Tourneau, « Retour sur le parasitisme », *D.* 2000, p. 403 ; Du même auteur, « Le parasitisme dans tous ses états », préc. ; « Variations autour de la protection du logiciel », *Gaz. Pal.*, 1982, doc, p. 370 ; *J.-Cl. Concurrence-Consommation*, Fasc. 227 : « Parasitisme, Concurrence parasitaire et agissements parasitaires », 1995, n° 48 et 2002, n° 80 ; *Droit de la responsabilité et des contrats*, Dalloz action, Paris, 2006/2007, n° 7081 ; *Rép. com. Dalloz*, v° « Concurrence Déloyale », 1996, n° 189.

4 Cass. com., 26 janv. 1999, pourvoi n° 96-22.457, *D.* 2000, Jur. 87, note Y. Serra ; *D. Aff.* 1999, p. 508, obs. Emery, cité par Ph. Le Tourneau, « Folles idées sur les idées », art. préc., n° 34.

5 On y reproche au parasitisme qu'il est devenu une sorte de « fourre-tout ».

6 P. Tréfigny, *op. cit.*, P. 286. Il est communément admis que l'action en parasitisme n'est pas subordonnée à l'absence de situation de concurrence entre les parties.

7 « […] l'imitation est condamnable lorsqu'elle engendre une confusion, et ce, dans tous les cas. L'imitation n'est pas condamnable, en principe, lorsqu'elle n'engendre pas de confusion. Ceci se constate d'une certaine façon, dans les propriétés intellectuelles. Ceci aurait dû se constater plus fortement en dehors des propriétés intellectuelles, sous la réserve, une fois encore, dans tous les cas,

…/..

d'une technique de Yoga, ou de la *reprise* de ses éléments caractéristiques, y compris les exercices et l'enchaînement de postures, fruit d'un *travail de création* propre, ayant une *valeur économique* afin de tirer indûment un avantage, un tel comportement pourra être qualifié d'*acte parasitaire* sanctionné sur le fondement de l'article 1240[1] du Code civil (ancien art. 1382 C. civ.) et à condition de remplir les conditions de mise en œuvre de l'action. D'une manière générale, on peut se trouver dans une hypothèse d'acte de parasitisme répréhensible lorsqu'un tiers se glisse dans le sillage d'un maître yogi pour profiter des fruits de son investissement, son travail intellectuel, ou de son savoir-faire mis en œuvre, etc. Il en va de même pour l'*imitation* et la *reproduction mécanique* d'une méthode d'enseignement de Yoga développée par un maître yogi pour tirer profit de la *notoriété* qui y est attachée, de la *valeur économique* construite par le parasité, ou encore de l'*imitation* et l'*exécution* des mêmes asanas, séquences d'exercices de yoga qui est de nature à créer un risque d'assimilation (de confusion) pour la communauté yogique. Ainsi, par exemple, l'imitation et l'exécution des mêmes postures yogiques relevant d'une *technique* et d'un *style* de yoga (non protégé en tant que tel par le droit d'auteur/*copyright*) développé par un maître dans une école de yoga ne tombera pas sous le coup de la contrefaçon mais sa *reprise* et son *imitation* par un parasite, qui n'est pas nécessairement un concurrent[2], pourra être *sanctionnée* au titre du parasitisme[3].

1094. Applications du parasitisme à l'affaire « *Bikram Yoga* ». Dans l'affaire de *Bikram's*, nous avons vu qu'il avait voulu interdire aux tiers d'*enseigner*, d'*utiliser* et d'*exécuter* sa technique, sa méthode de « Yoga chaud ». En réalité, les formules employées par Bikram semblaient s'inscrire sur le terrain du parasitisme. En l'espèce, il était question d'une méthode d'enseignement de Yoga qui reproduisait mécaniquement les mêmes enchaînements de postures et styles de yoga développés *par Bikram Basic Yoga System*, et ce, en reprenant les *caractéristiques essentielles* de sa technique, notamment les 26 postures différentes ainsi que les 2 exercices de respiration exécutés dans une salle chauffée à 40°C durant une période de 90 minutes.

1095. La question à régler par la *U.S. District Court* de Californie était de savoir si le droit exclusif du *copyright* portant sur la compilation des exercices de yoga figurant dans l'ouvrage : *Bikram's Beginning Yoga Class* pouvait s'étendre à la méthode même du

---

de l'intention de nuire. Hors de là, il est sans doute nécessaire et juste de retrouver un large espace de liberté. L'imitation ne mérite assurément pas le parti pris et la défaveur qu'elle rencontre. Il y a, comme la langue d'Esope, des imitations reprochables, et d'autres qui ne le sont pas. Les comportements référentiels ne doivent pas tous être stigmatisés et il y a peut-être même lieu de penser que l'imitation, facteur de lien social, de culture et de progrès, est chose utile, saine et de surcroît parfois plaisante » : P. TREFIGNY, *op. cit.*, p. 331.

[1] Art. 1240 C. Civ. : « Tout fait quelconque de l'homme, qui cause à autrui un dommage, oblige celui par la faute duquel il est arrivé à le réparer ».

[2] V. M.-O. DEBLANC, « De la notion de parasitisme et d'agissements parasitaires en matière artistique », préc., p. 32 : « Il convient de noter à cet égard qu'il y a agissement parasitaire que le « parasite » et le « parasité » soient ou non en situation de concurrence » : Cass. com., 30, janv. 1996, *Bull. civ.* IV, n° 32. Il a été jugé que le plagiat pur et simple du produit d'un concurrent était fautif : Cass. com., 30 janv. 2001, pourvoi n° 99-10.654, *Bull.* civ. IV, n° 27 ; *D.* 2001, p. 1939, obs. P. LE TOURNEAU ; *JCP* 2001.I.340, p. 1498, obs. G. VINEY.

[3] V. À titre d'exemple : CA Paris, 14 avr. 1999, aff. « *Astérix* », *D.* 2000, somm. 314, note M.-L. IZORCHE, à propos de la reprise de « l'univers » d'un personnage de bandes dessinées « Astérix » dans la commercialisation de vidéocassettes et d'un jeu.

« Yoga chaud », ou à la séquence particulière des postures. En d'autres termes, la reprise de ces éléments caractéristiques pouvait-elle être sanctionnée sur le terrain de la « contrefaçon », qui débouche, en l'occurrence, sur la technique du Yoga en tant qu' « *work* » protégeable par le *copyright*, ou bien relevait-elle du *fonds commun* de sorte que ces éléments étaient librement reproductibles ? Sous cet angle, la méthode litigieuse de Bikram était-elle contrefaite par la *simple reprise* des éléments caractéristiques indépendamment de l'ensemble, voire de l'ouvrage protégé de Bikram compilant les séquences d'exercices de Yoga et/ou par l'exécution et l'imitation des mêmes séquences d'exercices et enchaînements d'asanas ?

1096. Il est communément admis que la contrefaçon étant subordonnée à la condition que l'objet litigieux soit une *œuvre de l'esprit* protégeable au sens de la loi, c'est-à-dire *originale*. La contrefaçon est, en effet, constituée par la reprise des *caractéristiques de l'œuvre* qui sont au fondement de son originalité. L'appréciation de la contrefaçon ne peut, toutefois, être retenue lorsque les ressemblances relèvent de la *reprise* d'une *technique*, d'un *style*, d'un *genre*, du domaine inviolable des *idées* et non de la reproduction de caractéristiques spécifiques de l'œuvre première.

1097. A vrai dire, l'appréciation de la reproduction ou de l'imitation de la méthode en cause s'avérait délicate dans la mesure où on risquait de quitter le terrain de la *forme* ou de la *réalisation* pour se déplacer vers le *domaine inviolable* du droit d'auteur, c'est-à-dire des idées, méthodes, techniques, styles qui ne sont pas susceptibles d'appropriation[1]. Nous sommes confrontés à cette impasse notamment lorsque nous tentons de décomposer l'œuvre afin de déterminer les éléments caractéristiques de la reprise de la méthode litigieuse. Il nous semble que la description de la technique de Yoga et les séquences particulières d'exercices, en l'espèce, ne pouvait pas jouer en faveur d'une éventuelle qualification de reproduction car la décomposition tombera essentiellement sur des éléments non protégés par le droit d'auteur et le *copyright*.

1098. En l'espèce, l'action fondée sur la prétendue violation (contrefaçon) du *copyright* de Bikram ne pouvait guère prospérer car le *copyright* est inapte à protéger les méthodes en soi de sorte qu'il était difficile de soutenir l'existence d'un *droit privatif* ou de se prévaloir d'un *monopole d'exploitation* sur la méthode de « yoga chaud » de Bikram, y compris le savoir-faire, les investissements mises en œuvre, et les efforts déployés, etc. Pour éviter toutes ces délicates discussions, il nous semble que les faits de l'espèce auraient été mieux sanctionnés sur le terrain du parasitisme et/ou de la concurrence déloyale que sur celui du *copyright*. C'est ainsi que le professeur de yoga : « [...] *peut par principe s'opposer à la reprise à son insu et sans rémunération de ses méthodes de cours issues de son travail et de son imagination* »[2]. Cette affaire nous montre que la volonté de tirer profit de la *notoriété* de la méthode de *Yoga Bikram*, ayant nécessité des efforts tant intellectuels

1 La reprise d'une idée peut constituer un acte de *concurrence déloyale* ou de *parasitisme*. V. Pour des applications jurisprudentielles sur la reprise du *concept des émissions télévisées* « la nuit des héros » et des « marches de la gloire » : CA Versailles, 11 mars 1993, *JCP G* 1994, II, 22271, note J.-C. GALLOUX ; Cass. com., 7 févr. 1995, *JCP G* 1995, II, 22411, note Ph. LE TOURNEAU. Sur la reprise du concept d'un film : T. com. Nanterre, 25 juin 1996, *D.* 1998, somm. p. 127, obs. Th. HASSLER et V. LAPP. Sur la reprise d'une *idée publicitaire* : CA Paris, 25 oct. 1989, *D.* 1989, IR, p. 300, cité par M.-E. LAPORTE-LEGEAIS, *J.-Cl. Commercial*, Fasc. 710 : « Objet des droits d'auteur et titularité », 2009, n° 20.

2 J. LESUEUR, « Les postures de yoga, des biens appropriables », art. préc.

que financiers importants, de sa *valeur économique*, de son *succès*, peut être de nature à constituer bel et bien un *comportement parasitaire*[1] (fautif) dont l'appréciation relève du pouvoir souverain des juges du fond[2].

2. L'action en concurrence déloyale

1099. Entre « concurrence déloyale » et « concurrence parasitaire »[3]. Il existe un autre mécanisme important qui peut être utilisé, à titre subsidiaire, pour sanctionner les faits ou les comportements déloyaux qui n'entrent pas dans le champ d'application du parasitisme, à savoir la concurrence déloyale. Si l'action en concurrence déloyale[4] et en parasitisme sont intimement liées en ce qu'ils ont pour objet de protéger celui qui ne peut se *prévaloir d'un droit privatif*[5], cependant, les deux actions ne se *confondent* pas dans la pratique. Certains auteurs remarquent que la référence à la notion de « concurrence », qui serait qualifiée de « déloyale » (fautive), est de nature à *restreindre* son champ d'application à des *situations concurrentielles* tandis que le *parasitisme* permet de sanctionner des imitations qui se produisent *en dehors d'un champ concurrentiel*[6]. Or, il convient de remarquer que l'action en concurrence déloyale a pourtant été admise dans plusieurs hypothèses, bien que les parties ne soient pas en *situation de concurrence*. En revanche, l'action en parasitisme n'est pas subordonnée *à l'absence de situation de concurrence* entre les parties. En dépit des divergences, ces deux mécanismes « protecteurs », empruntés à la responsabilité, présentent, certes, une voie

---

1 « [...] certains tribunaux de *common law* ont dégagé un nouveau tort ou une extension du *tort de passing off* permettant de sanctionner ces comportements parasitaires. Les Anglais dénomment cette doctrine *reverse passing off* (ou *inverse passing off*). La doctrine américaine équivalente reçoit l'appellation de *misappropriation* » : P. KAMINA, *op. cit.*, p. 475.

2 À titre d'exemple, il a été jugé que la simple copie ou imitation de la prestation d'autrui tombée dans le domaine public ne constitue pas une faute : CA Paris, Pôle 5, 4e ch., 26 mai 2010, n° 08/06370, *JurisData* n° 2010-011841 : « le simple fait de copier la prestation d'autrui n'est nullement fautif dès lors qu'il s'agit d'éléments usuels communs à toute une profession et pour lesquels il n'est pas justifié de droit de propriété intellectuelle ou d'un effort créatif dans la mise en œuvre de données caractérisant l'originalité de l'œuvre » ; CA Paris, Pôle 5, 4e ch., 3 nov. 2010, n° 08/15473 : « la simple imitation d'un produit non protégé ne suffit pas à constituer une faute ».

3 V. Y. SAINT-GAL, « Concurrence déloyale et concurrence parasitaire », art. préc., p. 19.

4 V. Sur cette question : D. SALAH, *La concurrence déloyale : étude comparative du droit français et égyptien*, thèse, Montpellier 1, 2003.

5 Cependant, le doyen ROUBIER considérait qu' : « Il ne faudrait tout de même pas que toutes les fois qu'on est en présence d'un dispositif non protégé, on puisse, à défaut d'action en contrefaçon, trouver une position de repli dans l'action en concurrence déloyale. En effet, (elle) suppose toujours une faute ; même si on n'exige pas une faute intentionnelle dans tous les cas, il faut toujours relever au moins un quasi-délit, selon l'article 1383 du Code Civil. Or, il n'y a pas faute, même légère, dans la reproduction d'objets qui ne sont pas protégés, sinon on parviendrait à reconstituer le droit privatif sous une autre forme ; et s'il n'y a pas faute, il n'y a pas concurrence déloyale quand bien même un préjudice serait causé » : P. ROUBIER, *Le droit de la propriété industrielle*, t. 2, Recueil Sirey, Paris, 1954, p. 396.

6 P. TREFIGNY, *op. cit.*, p. 285 et 286 et p. 288, note 193. Selon le professeur AZEMA, la théorie des agissements parasitaires : « permet de faire progresser la construction juridique et d'atteindre des pratiques condamnables que la classique notion de concurrence déloyale risquerait de laisser impunies » : J. AZEMA, *Le droit français de la concurrence*, Thémis, PUF, Paris, 1989. J. AZEMA, « L'incidence des dérivés du parasitisme sur le régime des droits de propriété industrielle (à propos de quelques décisions récentes) », *in Études de droit privé : Mélanges offerts à P. DIDIER*, p. 120. Il convient de noter que l'action en parasitisme n'est pas subordonnée à l'absence de situation de concurrence entre les parties.

subsidiaire et/ou *complémentaire* qui vient se substituer et/ou s'ajouter au recours à la *propriété* sur la forme créative...

1100. Fondement de la concurrence déloyale. La théorie de la concurrence déloyale trouve son fondement dans le droit commun de la responsabilité civile (art. 163 C. civ. égyptien, art. 1240 et 1241 C. civ. français). L'action en concurrence déloyale étant une action en responsabilité ordinaire ayant pour fondement le préjudice, qui, est ouverte à toute personne ayant subi un préjudice pour se prévaloir d'une indemnisation dès lors que les conditions de mise en œuvre de l'action sont remplies, à savoir la *faute*, le *préjudice* et le *lien de causalité* comme l'a relevé la Cour de cassation égyptienne, dans son arrêt du 14 juin 1956[1]. Sur le terrain de la concurrence déloyale, les tribunaux considéraient à l'époque que la contrefaçon des marques et des produits constituait des faits illicites qui engagent la responsabilité de leur auteur et donne lieu à l'allocation de dommages-intérêts par application de l'article 163 du Code civil égyptien sur la responsabilité délictuelle selon lequel :

« *Toute faute qui cause un dommage à autrui oblige celui qui l'a commise à le réparer* ».

1101. Par ailleurs, il est intéressant de remarquer que l'article 66, al. 1er du Code du commerce égyptien n° 17 de 1999 dresse une liste non exhaustive de certains actes et comportements déloyaux qui sont *constitutifs* de concurrence déloyale[2], y compris l'atteinte à certains droits portant sur des *objets non créatifs*. Il prévoit que :

« *Constitue une concurrence déloyale, tout acte contraire aux usages et principes établis dans les relations commerciales notamment, l'atteinte à la marque d'autrui, à son nom commercial, aux brevets d'invention ou à ses secrets industriels dont il a droit d'investir*, l'incitation de ses salariés à dévoiler ses secrets ou à quitter le travail, ainsi que tout acte ou prétention susceptible de créer une confusion sur l'entreprise ou ses produits ou d'affaiblir la confiance en son propriétaire, ses dirigeants ou ses produits »[3].

1102. Jurisprudence égyptienne et française. Absence de droits privatifs. La jurisprudence égyptienne et française est constante sur le fait que l'action en concurrence déloyale peut être intentée, à titre subsidiaire, en l'absence de *droits privatifs*. C'est ainsi que selon la Cour de cassation française : « *L'action en concurrence déloyale* qui trouve son fondement dans les articles 1382 et 1383[4] du Code civil *a pour objet d'assurer la protection de celui qui ne peut se prévaloir d'un droit privatif* »[5]. Dans maints

---

[1] Cass. civ., 14 juin 1956, pourvoi n° 436/22e A.J., *Rec.*, 7e année, p. 723. V. Cass., 18 avr. 1995, pourvoi n° 12766/63e A.J., *Rec.*, 46e année, n° 1, p. 752, selon lequel le législateur a mis sur le pied d'égalité celui qui a contrefait une marque et celui qui procédera à cet acte par le biais d'un tiers.

[2] Cass., 22 déc. 1986, pourvoi n° 2274/55e A.J., *Rec.*, 37e année, p. 1016. Selon l'article 10 *bis*, alinéa 2, modifié de la Convention de Paris du 20 mars 1883 pour la protection de propriété industrielle, l'acte constitutif de concurrence déloyale est défini comme « tout acte de concurrence contraire aux usages honnêtes en matière industrielle et commerciale ».

[3] Selon l'article 66 al. 2 du C. com. égyptien : « Toute concurrence déloyale oblige son auteur à réparer le préjudice causé. Le tribunal peut ordonner, outre la réparation, la suppression du préjudice et la publication du jugement aux frais du condamné dans l'un des journaux quotidiens ». V. À titre d'exemple : Cass., 27 mars 2012, pourvoi n° 4536/80e A.J.

[4] Devenus articles 1240 et 1241 du C. civ.

[5] Cass. com., 18 janv. 1982, n° 81-10.013, *Bull.* n° 19, *RIDA* juill. 1982, p. 150 (copie servile des produits d'un concurrent) ; Cass. com., 15 juin 1983, n° 81-15.936, *Bull.* n° 174 (copie servile de catalogues) et Cass. com., 6 déc. 1984, n° 82-16828, *Bull.* n° 335 (imitation d'un piètement de lit et d'une patine). V. À titre d'exemple : Cass. com., 22 oct. 2002, *Bull. civ.* IV, n° 149 ; *D.* 2003. Somm. 1031, obs. SERRA ; *D.* 2002. AJ. 3142, obs. CHEVRIER ; *JCP E* 2003, n° 13, p. 563, note MAINGUY ; *Contrats, conc. consom.* 2003, n° 6, obs. MALAURIE-VIGNAL ; *RJDA* 2003, n° 209 ; Cass. com., 6 déc. 2016, n° 15-18.470.

arrêts, la Cour d'appel mixte d'Alexandrie avait admis, depuis fort longtemps, l'ouverture de l'action en concurrence déloyale *à celui qui ne peut se prévaloir d'un droit privatif* en la matière. À titre d'exemple, il a pu être jugé, dans l'affaire *R. S. Jean Tasso & Co. c/ R. S. Gédéo frères*, que lorsqu'un commerçant, faisant usage d'une marque non susceptible de lui conférer un droit privatif, se plaint de l'emploi par un concurrent d'une marque consistant dans la représentation du même objet, il ne possède d'action qu'à la condition de prouver l'existence d'éléments constituant un cas de véritable concurrence déloyale opérée à son préjudice[1]. Par ailleurs, il a été jugé que l'action en réparation du dommage causé par une contrefaçon de marque de fabrique ne saurait être régie par les dispositions du Code pénal mixte qui n'a pas été mis en vigueur dans cette partie et ne peut, par suite, être appliqué : elle est basée sur le principe que l'auteur d'un fait dommageable est tenu de réparer le préjudice qu'il a causé[2].

1103. Hypothèse de concurrence déloyale en matière de Yoga. Dans la pratique du Yoga, de nombreux *comportements déloyaux* sont susceptibles d'être sanctionnés sur le fondement de la concurrence déloyale. D'une manière générale, on peut relever qu'il existe une *situation concurrentielle* dans les rapports entre les professeurs de yoga. C'est ainsi que le professeur de yoga peut être protégé contre les actes déloyaux et la concurrence de ses pairs. Nous pouvons citer quelques espèces significatives sur des comportements typiques qui peuvent être *constitutifs* de concurrence déloyale. Sans doute, ces comportements doivent être appréciés au cas par cas au gré de chaque espèce. À titre d'exemple, il est possible d'envisager une situation de concurrence préjudiciable entre les professeurs de yoga où un formateur de Yoga au sein d'une école de formation à l'enseignement du Yoga fait, par exemple, concurrence à cette école en organisant parallèlement un programme/action de formation ou d'enseignement ou y participe, en dehors de l'école dans laquelle il enseigne de manière régulière. Par conséquent, un formateur ou un professeur de Yoga, dans l'exercice de ses activités d'enseignement du yoga, doit éviter tout ce qui est ou peut être qualifié d'actes de « concurrence déloyale ». Pour que la reprise de la méthode d'enseignement soit constitutive de concurrence déloyale, le *risque de confusion* étant nécessaire d'une part, et, il faut rapporter la preuve de l'existence d'une *faute* d'autre part. Par ailleurs, il faut prouver les autres conditions nécessaires à l'action en concurrence déloyale, à savoir un *préjudice*, et un *lien de causalité*. La faute de l'enseignant de Yoga, qui viendrait à présenter au public une quelconque « méthode » puisant ses inspirations dans les exercices, techniques d'autrui, pourra se caractériser par le fait d'avoir *omis de citer la source de son inspiration* (faute par abstention)[3]. D'ailleurs, l'*imitation*[4]

---

1 CA Alexandrie, 1er avr. 1931.

2 Cour mixte, 28 avr. 1897.

3 P.-Y. GAUTIER, *op. cit.*, p. 746.

4 Dans l'affaire *Laroche-Joubert c/ Stross*, il a été jugé que [...] pour que l'imitation donne ouverture à l'action, en concurrence déloyale, il n'est pas nécessaire que cette imitation soit servile, qu'il suffit qu'elle soit telle qu'il y ait pour l'acheteur confusion et méprise possible sur l'origine et la nature du produit : Trib. com. Alexandrie, 29 mars 1886, *JDIP* 1886, t. XIII, p. 481. Dans l'aff. *Jean Lagoudakis c/ Raptaki Economou*, il est de jurisprudence, en matière de concurrence déloyale, que celle-ci implique une simple imitation, qui soit susceptible de créer une confusion avec les produits de la maison, dont on copie la marque et non une reproduction identique de la marque rivale : CA mixte, 22 avr. 1897,

et la *copie servile* d'une méthode, d'une technique de Yoga, non protégée en tant que telle par le droit d'auteur, peut caractériser un *comportement fautif* condamnée sur le fondement de la concurrence déloyale. Or, il convient de noter que la simple imitation d'un objet non protégé ne suffit pas nécessairement à constituer une *faute* dont l'appréciation relève *in fine* du pouvoir des juges du fond.

1104. Code d'éthique et de déontologie des professeurs de yoga. Conscient de la problématique relative à la concurrence entre les enseignants de Yoga, il est intéressant de remarquer que le Syndicat National des Professeurs de Yoga (S.N.P.Y.) en France, dans son code d'éthique et de déontologie des enseignants de yoga, a pris le soin de *réglementer*, entre autres, les relations de l'enseignant de Yoga avec ses confrères ou ses collègues dans l'hypothèse de concurrence. C'est ainsi que selon l'article 6.2 :

> « *Le professeur évitera tout ce qui est ou peut être assimilé à de la concurrence déloyale.* La concurrence entre confrères ne doit se fonder que sur la compétence et la qualité des prestations. *Sont considérés notamment comme des actes de concurrence déloyale :*
> - *toute tentative d'appropriation ou de détournement de clientèle ou de comportement parasitaire,*
> - *toute démarche ou entreprise de dénigrement,*
> - *tout abaissement de tarifs consenti uniquement dans un but de concurrence est condamnable.* [...] ».

1105. Tous les principes éthiques et déontologiques s'appliquent également, par analogie, aux rapports entre formateurs et stagiaires. Il est intéressant de relever que l'article 6 relatif aux relations du professeur de Yoga envers ses confrères ou ses collègues prévoit que : « *Le professeur respecte les conceptions et les pratiques de ses collègues* ». Par ailleurs, l'article 10 relatif aux formes prohibées de publicité prévoit que :

> « 10.4 *Dans le cas où un professeur de Yoga viendrait à présenter au public une quelconque "méthode" inspirée par le Yoga, il ne la présentera pas comme étant du Yoga. Il pourra, tout au plus, citer ce dernier comme source de son inspiration.*
> 10.5 Sont également interdites les manifestations inutilement spectaculaires touchant à la profession du professeur de Yoga ».

Il en va de même pour la Charte de la Fédération Française de Yoga qui impose à l'adhérent professeur de s'engager à :

> « *Ne pas pratiquer de concurrence déloyale envers d'autres professionnels et de manière générale des pratiques commerciales moralement douteuses, même si elles sont légales* ».

1106. Applications de la concurrence déloyale à l'affaire Bikram's. Les faits à l'origine de l'affaire opposant *Bikram's Yoga College of India* à *Evolation Yoga LLC* auraient pu être sanctionnés sur le terrain de la concurrence déloyale dans la mesure où les parties au litige étaient en *situation de concurrence*. Après avoir suivi le programme de formation de nouveaux professeurs de *Bikram yoga* pendant une durée de trois mois « *Bikram Yoga Teacher Training Course* »[1], Mark Drost et Zefea Samson ont décidé, ensuite, de fonder en 2009 leur propre *centre de formation* intitulé : « *Evolation Yoga* ». Ils y ont proposé, à leurs tours, de différentes techniques et styles de yoga dont des *séances identiques* à celles de « yoga chaud » ainsi que des séquences d'exercices de Yoga développées par Bikram. Leur programme de « yoga chaud » semble avoir été une *copie*

---

in Jurisprudence des tribunaux de la réforme en Égypte, Recueil officiel des arrêts de la Cour d'appel d'Alexandrie, t. 22, Année judiciaire 1896-1897, Imprimerie générale A. Mourès & Cie, Alexandrie, 1897, p. 257 et s.

1 Ce programme reposant sur son ouvrage : « *Bikram's Beginning Yoga Class* » rédigé en 1979 consistait en une série de 26 postures de yoga effectuées dans un ordre particulier sur une durée de 90 minutes dont deux exercices de respiration accompagnés de séries d'instructions orales, et ce, dans une pièce chauffée à 105 degrés Fahrenheit approximativement pour simuler le climat indien.

quasi identique du programme proposé par « *Bikram's Basic Yoga System* ». Il existait ainsi une *situation concurrentielle* entre les stagiaires de *Bikram's Course* ayant suivi le programme de formation proposé par Bikram Choudhury et le maître ayant connu un grand succès dépassant les frontières des États-Unis d'Amérique.

1107. C'est dans ces conditions que Bikram Choudhury et son école de formation *Bikram's Yoga College of India, L.P.* ont poursuivi Drost, Samson et *Evolation Yoga*, en violation des lois sur le *copyright*, les marques, la dilution de marque ainsi que, subsidiairement, sur la base de la *concurrence déloyale* (*unfair competition*[1]), des *pratiques commerciales déloyales* (*unfair business practices*) et de la rupture du contrat, etc. Cette affaire illustre parfaitement une hypothèse de *comportement déloyal* susceptible d'être *sanctionné* par la concurrence déloyale.

---

1 « Cette expression recouvre le plus souvent le *tort de passing off*, qui permet de sanctionner certaines fausses présentations de produits ou de services, ou l'une de ses expressions législatives. Même lorsqu'il est interprété largement, ce *tort* ne permet pas de sanctionner de nombreux actes qualifiables en France de concurrence déloyale, comme le dénigrement ou le débauchage de salariés par exemple » : P. KAMINA, *op. cit.*, p. 462.

SECTION II.
LA PRIERE DU CŒUR

1108. Une méthode ascétique et mystique dans la spiritualité orientale de l'Église orthodoxe. La problématique de la procédure de création par le cœur n'est pas propre à la pratique du *dhikr* dans la mystique musulmane. On l'y trouve également dans la « *Prière du cœur* »[1], connu sous le nom de « *Prière de Jésus* » ou « *prière spirituelle* », l'une des pratiques mystiques de l'Église orthodoxe orientale qui est considérée comme l'une des plus importantes *prières continues* auprès des spirituels chrétiens et, en particulier, les orientaux. Elle s'inscrit dans la *tradition hésychaste* ou la doctrine spirituelle de l'« *hésychasme* »[2] qui signifie se mettre en « paix » ou le « repos » de la contemplation dont les origines remontent aux Pères du désert d'Égypte[3]. Plus particulièrement, le terme mystique d'hésychasme désigne volontiers la méthode et la technique de la prière de Jésus mise en œuvre pour atteindre ce repos, voire le recueillement. La prière de Jésus se présente comme une forme particulière de *prière contemplative* dans la mystique chrétienne « *dont la pièce maîtresse est l'invocation répétée de Jésus par le moyen d'une courte formule qui constitue un acte de foi en sa messianité divine et implore sa miséricorde* »[4].

1109. Vénération du Nom de Jésus par des oraisons jaculatoires. Associée à la pratique de l'oraison dite « jaculatoire », cette prière mystique, contemplative ou « action spirituelle » selon Elisabeth Behr-Sigel met en évidence que :

> « La puissance du nom est celle du Christ lui-même. [...] *La Prière de Jésus n'est pas un exercice en vue de créer par une répétition mécanique une sorte de monoïdéisme psychologique. Il s'agit non pas de remonter un mécanisme psychique, mais de libérer une spontanéité spirituelle, ce "cri du cœur" que fait jaillir, comme une source d'eau vive, la présence du Seigneur, communiquée par la prononciation du Nom divin.* Le Nom du Christ est donc ici certainement autre chose qu'un simple signe. Il est un symbole si par ce terme on désigne ce qui est l'instrument d'une communion réelle avec l'objet signifié. Il révèle le Verbe divin et le représente, c'est-à-dire le rend présent

---

[1] C.-M. BAUDOUIN, *La prière du cœur*, coll. « Epiphanie », Cerf, Paris, 2004 ; A. et R. GOETTMANN, *Prière de Jésus, prière du cœur*, Albin Michel, Paris, 2009 ; I. BRIANTCHANINOV (Saint), *Approches de la prière de Jésus*, éd. Bellefontaine, Paris, 1983 ; *Philocalie des Pères neptiques*, trad. de J. TOURAILLE, présentée par O. CLEMENT, 11 vol., 1979, 2 tomes chez Desclée de Brouwer et J.C. Lattès, 1995, éd. Abbaye de Bellefontaine, Paris, 2004 ; J. SERR et O. CLEMENT, *La Prière du cœur*, éd. Bellefontaine, Spiritualité orientale n° 6, Paris, 1977 ; Anonyme, *Récits d'un pèlerin russe*, trad. de J. LALOY, Points/Sagesses, 14, Seuil, Paris, 1978 ; *Petite Philocalie de la prière du cœur*, éd. et trad. de J. GOUILLARD, Seuil, Paris, 1979. V. L'article d'É. BEHR-SIGEL, « La Prière de Jésus, ou le mystère de la spiritualité monastique orthodoxe », *in* O. CLEMENT, B. BOBRINSKOY, É. BEHR-SIGEL et M. LOT-BORODINE, *La douloureuse joie*, Bellefontaine, Spiritualité orientale, n° 14, Paris, 1974, p. 81-129 ; C. CANNUYER, « L'origine égyptienne de la prière du cœur », *Le Monde Copte* XI, 1985, p. 18-21.

[2] Du grec *hésychia ησυχασμός, hêsukhasmos* « quiétude, contemplation » ou « silence intérieur ». V. Ch. STENER, *L'Extase : Dictionnaire amoureux*, éd. BoD, Paris, 2017, p. 245 et s.

[3] En Égypte copte, la prière de Jésus fut longtemps pratiquée par Saint Antoine, ainsi que par Saint Paul depuis la fin du IIIe siècle. V. F. HAIKAL, « Performativité du nom divin en Égypte de l'Antiquité à nos jours », art. préc. *Adde* : J.-B. BERNARD, « Les Pères du désert d'Égypte : utopie et silence », Recherches & Travaux, 81 | 2012, 121-135 ; D. L. REGNAULT, *Les Pères du désert à travers leurs apophtegmes : Recueil d'études sur l'histoire et la spiritualité des Pères du désert et de leurs célèbres apophtegmes*, éd. Solesmes, Paris, 2005.

[4] P. ADNES, V° « Jésus (Prière à) », *in Dictionnaire de la spiritualité*, *op. cit.*, t. 8, p. 1126-1150.

d'une manière comparable à celle dont l'icône, dans l'Église orthodoxe, représente et actualise pour le croyant la puissance du Christ et de ses saints »[1].

1110. Si la prière de Jésus, invocation du nom de Jésus, consiste en une *méthode d'oraison* répétée *verbalement* puis *intérieurement*, toutefois, elle ne se présente guère comme un simple *exercice spirituel* de *répétition mécanique* et standardisée qui consiste à créer une sorte de monoïdéisme psychologique. Elle est en deçà.

1111. Méthodes mystiques orientales de contemplation comparables à la prière de Jésus. On a souvent tendance à assimiler cette prière aux méthodes du *dhikr* musulman[2], du *japa-yoga* hindou, et du *nembutsu* japonais. Il est possible, en outre, de mettre la technique de la « prière du cœur » en relation avec la pratique du *Yoga*[3] dans la mesure où elle s'allie souvent à une *technique respiratoire* de concentration mentale. Elle est également associée à la *position du corps*[4] et à la pratique du *contrôle du souffle*[5] qui a été recommandée aussi bien par les Pères de l'Église que par les soufis musulmans pour faciliter la concentration et l'intériorisation de la prière pendant la récitation des formules[6]. Or, la prière de Jésus est bien plus qu'un simple exercice de détente, ou de prise de conscience du corps, qui s'achève non par la répétition purement mécanique

---

1 É. BEHR-SIGEL, « La Prière de Jésus : Le mystère de la spiritualité orthodoxe », Revue *Dieu Vivant*, 1947, n° 8, p. 75 ; L. GARDET, « Un problème de mystique religieuse comparée : la mention du nom divin-*dhikr* dans la mystique musulmane », *in Revue Thomiste*, 1952, t. 52, n° 3, p. 652. Le théologien russe Serge BOULGAKOFF a pu écrire : « Ce qui est le plus important dans la prière, ce qui constitue le cœur même de la prière, c'est ce que l'on nomme la prière de Jésus : Seigneur Jésus-Christ, Fils de Dieu, aie pitié de moi pécheur ! Cette prière, répétée des centaines de fois et même indéfiniment, forme l'élément essentiel de toute règle d'oraison monastique ; elle peut, au besoin, remplacer les offices et toutes les autres prières, car sa valeur est universelle. La force de cette prière ne réside pas dans son contenu, qui est simple et clair (c'est la prière du péager, c'est-à-dire du publicain), mais dans le nom très doux de Jésus » : *L'Orthodoxie*, F. Alcan, Paris, 1932, p. 206.

2 « On ne saurait écarter la possibilité, même la plausibilité d'une influence indirecte à travers le soufisme. Toutefois deux traits distinguent profondément le *dhikr* de la méditation hésychaste. Le *dhikr* est collectif et tend à l'extase jubilante ou inconsciente, tandis que la voie hésychaste est solitaire et d'introversion pure » : J. MONCHANIN, « Yoga et Hésychasme », *in* J. MONCHANIN, J. FILLIOZAT et A. BAREAU, *Entretiens 1955*, Institut Français de Pondichéry, 1956, p. 1-10, n° 26.

3 V. J. MONCHANIN, « Yoga et Hésychasme », préc., p. 1-10. V. Sur l'influence du yoga et du *dhikr* sur l'hésychasme : J. H. DALMAIS, « Yoga et pratiques monastiques de l'Orient chrétien », *in La Vie spirituelle*, 1973, 127, p. 88-92. « On ne peut que remarquer les similitudes avec les exercices propres au yoga, même si la place du cœur ne correspond pas exactement à celle du plexus solaire où les yogis situent le principe universel du prana (le "souffle vital") » : F. PRUVOST, « Stanislavski en quête d'une méthode : la prière du cœur et la pensée hésychaste », art. préc., p. 61.

4 V. J. ERACLE, « La prière du cœur », *in Echos de Saint-Maurice*, 1961, t. 59, p. 157. « Une certaine technique corporelle a été pratiquée et recommandée par les maîtres de cette Prière : l'immobilité, la respiration régulière, la fixation des yeux sur le "cœur" etc. (Saint Ignace de Loyola proposait des conseils assez semblables). Ces exercices "physiques" n'étaient permis qu'à ceux qui avaient pour les aider un directeur expérimenté. Tous les Pères ont insisté sur le fait que ces méthodes ne sont que des "béquilles" servant de support au corps et à l'âme, tandis que l'on acquiert le contrôle de soi-même. Leur but est de purifier le corps et d'en faire un instrument de prière » : N. GORODETSKI, « La prière de Jésus (*The Prayer of Jesus*) », Revue des Dominicains anglais *Blackfriars*, févr. 1942, n° XXIII, p. 76.

5 « Cette prière paraît associée successivement à la garde du cœur, à la perception intérieure d'une lumière et à une discipline du souffle » : J. MONCHANIN, « Yoga et Hésychasme », préc., n° 19.

6 F. HAIKAL, « Performativité du nom divin en Égypte de l'Antiquité à nos jours », art. préc.

mais par l'*œuvre spirituelle de l'orant* accomplie en répétant le nom de Jésus comme moyen d'assurer la continuité du souvenir de Dieu et de la prière.

1112. Données du problème. Compte tenu de la nature spirituelle de cette prière à la physionomie très particulière, en ce qu'il n'est pas l'*interprétation d'une œuvre* au sens du terme, mais l'*invocation d'une formule sacrée* courte et fixe et en tant qu'acte de foi reconnu dans la spiritualité de l'Église orthodoxe[1], force est de constater que sa *qualification juridique* est extrêmement délicate. C'est dans cet esprit qu'il convient de s'interroger sur sa qualification *a priori* en tant qu'une *forme inerte* « œuvre de l'esprit » sur laquelle pourra s'imputer une *forme vivante* « interprétation ».

1113. Plan. Avant de s'attarder à la problématique de la qualification de cette prière spirituelle, en tant qu'éventuel objet de propriété littéraire et artistique (§2), il est indispensable de pénétrer les profondeurs de la pratique spirituelle de la prière du cœur au regard de son contexte *théologique* et *ecclésial*[2] et d'en analyser brièvement le *processus d'invocation* du nom de Jésus (§1) pour ne pas se laisser égarer.

§ 1. LE PROCESSUS D'INVOCATION DU NOM DE JESUS

1114. Plan. Si l'exercice de la prière de jésus se *concrétise* par l'invocation verbale du nom de Jésus, en tant que *forme externe* de la « *prière vocale* » récitée (B), force est de constater que la « vraie prière » du cœur ne *gît* spirituellement que dans la *forme interne* ou la « *prière intérieure* » (A).

A. De la prière intérieure

1115. Domination du « cœur » en tant que force spirituelle. A l'instar de la pratique du *dhikr* musulman, la procédure de création[3] par le cœur y joue un rôle central[4] d'où jaillit toute la vie psychique et spirituelle. Saint Macaire, l'un des plus grands Pères de l'Église copte et disciple de Saint Antoine (251-356), mettait l'accent sur ce processus spirituel dans ses Homélies : « Le cœur domine et règne sur tout l'organisme corporel, et dès que la grâce s'est emparée des espaces du cœur, elle règne sur tous les membres et toutes les pensées. C'est là en effet qu'est l'intellect, toutes les pensées de l'âme et ce qu'elle opère »[5]. A vrai dire, les conceptions anthropologiques de la vieille Égypte considéraient le « *cœur* » comme l'élément essentiel de la vie physique, source du sang, du souffle et du sperme générateur, mais aussi le siège sacré

---

1 « La Prière du cœur est la prière même de l'Église » : J. SERR et O. CLEMENT, *La Prière du cœur*, *op. cit.*, p. 37.

2 Il n'est pas question de s'attarder aux fondements théologiques de la prière du cœur.

3 Il ne faut pas situer ce terme dans le contexte de la propriété littéraire et artistique qui a un certain sens.

4 Nous trouvons un lien étroit entre la technique de la prière de Jésus et la pratique du *dhikr* dans un récit d'un célèbre pèlerin russe : « Après quelque temps, j'éprouvais le sentiment que ma prière, pour ainsi dire, avait passé d'elle-même de mes lèvres à mon cœur, c'est-à-dire que mon cœur semblait, à chacun de ses coups, répéter lui-même les paroles de la prière : 1) Seigneur, 2) Jésus, 3) Christ, etc. Je cessais de prononcer la prière avec mes lèvres, je ne faisais qu'écouter attentivement ce que disait mon cœur… » : *Récits d'un pèlerin russe*, trad. en français par J. GAUVAIN, coll. des « Cahiers du Rhône », 1943, p. 36-37, cité par G.-C. ANAWATI et L. GARDET, *op. cit.*, p. 193.

5 *Homélie* XV, 20 = SO 40, p. 187-188, cité par F. HAIKAL, « Performativité du nom divin en Égypte de l'Antiquité à nos jours », art. préc.

des sentiments, de la pensée, de l'intelligence et de la volonté[1], voire de la vie spirituelle. Cette référence au cœur[2] s'explique par le rôle essentiel que joue le cœur en tant que source vitale de l'être, voire de l'organisme corporel, d'où *provient* et vers lequel *se converge* tout *cheminement spirituel.* « *Le cœur est donc bien en l'homme le réceptacle du maître intérieur indispensable à tout cheminement spirituel, le lieu de toute transformation* »[3]. C'est dans cet esprit que la prière doit pénétrer les sources mêmes de l'organe psycho-spirituel du cœur pour l'*illuminer.* Ce processus de transfiguration ontologique consiste en l'état final de l'intellect qui a retrouvé son lieu naturel, à savoir le cœur, pour y être en communion permanente avec Dieu.

« *Il faut prier avec le cœur, il faut trouver la prière du cœur* [...] *Fixer son regard intérieur dans "le lieu du cœur", encore sombre et obscur, où la Prière introduit le Nom divin de Jésus avec le rythme de la respiration. Petit à petit le Nom de Jésus s'identifie avec les battements du cœur. Le cœur, de lui-même, prie et respire sans cesse dans la Prière de Jésus qui devient ainsi la "prière perpétuelle" et incessante* »[4].

1116. Art de la « prière mentale »[5]. Après un certain entraînement en répétant sans distraction la prière de Jésus, l'*intériorisation de la prière* devient tellement ancrée dans le cœur qu'elle devient ce qu'on appelle la « *prière continue* »[6] (*al-salaat-ul-daa'ima'*) ou encore « la prière du cœur ». Il faut, d'abord, *visualiser* son cœur par l'imagination et le voir battre à l'intérieur de soi. Ensuite, il faut *ajuster* au mouvement du cœur les formules de la prière en les faisant descendre par l'imagination à l'intérieur du cœur ainsi représenté[7] :

« La réalité transcendante de Dieu se révélant et se communiquant dans le Nom de Jésus Christ, le but est de s'absorber dans la prononciation de celui-ci, de laisser le Nom, c'est-à-dire la Personne de Jésus, s'emparer de l'être tout entier et principalement du cœur, jusqu'à ce que son battement même devienne prière, glorification du Nom du Seigneur »[8].

1117. Cette activité qui consiste à s'efforcer de faire descendre l'esprit dans le cœur est la *prière mentale* ou *intérieure.* Les soufis musulmans et les chrétiens orientaux s'accordent sur le fait que la pratique du *dhikr* et de la prière de Jésus sont des « [...] *technique*[s] *finalisée*[s] *par une attention du cœur sur l'objet mentionné dans la formule* »[9].

---

1 V. LOSSKY, *Essai sur la théologie mystique de l'Église d'Orient*, Cerf, Paris, 1990, p. 197 : Le cœur désigne « la racine des facultés actives, de l'intellect et de la volonté, le point d'où provient et vers lequel se converge toute la vie spirituelle ». Selon saint Ignace BRIANCHANINOFF, « la nature spirituelle de l'homme est double. Ses deux pôles sont d'une part le "cœur", source des "sentiments", des "intuitions", par lesquels l'homme connaît Dieu directement sans la participation de la raison. D'autre part, la "tête" (ou le cerveau), siège de la pensée claire de l'intelligence » : I. BRIANCHANINOV, *Entretiens*, p. 59 et s., cité par J.-Y. LELOUP, *Écrits sur l'Hésychasme*, coll. « Spiritualités vivantes », Albin Michel, Paris, 1990, p. 228 et 229. C'est pour ça que l'intellect situé dans le cœur ne peut pas être réduit à la seule faculté logique.

2 V. Sur le cœur dans la tradition hindoue et dans d'autres traditions : le dossier spécial consacré au cœur par la *Revue Française de Yoga*, « L'espace du cœur », janv. 1992, n° 5. Selon une technique de méditation, on place un mantra dans le cœur.

3 R. GILANT, « La prière du cœur selon la tradition des Pères du désert », *Revue Française de Yoga*, « L'espace du cœur », janv. 1992, n° 5, p. 119-128 ; V. LOSSKY, *op. cit.*, p.197.

4 J. SERR et O. CLEMENT, *La Prière du cœur*, *op. cit.*, p. 18.

5 N. GORODETSKI, « La prière de Jésus (*The Prayer of Jesus*) », art. préc., p. 76.

6 V. F. HAIKAL, « Performativité du nom divin en Égypte de l'Antiquité à nos jours », art. préc. Suivant le précepte de l'Évangile « Priez sans cesse », repris par l'apôtre Paul (1 Thessaloniciens 5,17).

7 J. ERACLE, « La prière du cœur », art. préc., p. 158.

8 É. BEHR-SIGEL, « La Prière de Jésus : Le mystère de la spiritualité orthodoxe », art. préc., p.75.

9 G.-C. ANAWATI et L. GARDET, *op. cit.*, p. 215.

1118. Une forme de « prière intérieure » : l'œuvre spirituelle. Appelée aussi « œuvre spirituelle », la prière de Jésus est une *prière mentale* sous forme de « méditation silencieuse », « oraison », « prière de quiétude », dans laquelle le cœur occupe une place importante plus que l'esprit. On oppose la *forme extérieure* de la prière « sa matière » (la répétition des formules, les paroles articulées, les attitudes du corps) à la *prière intérieure* qui est une « vraie prière ». C'est ainsi que « la valeur des paroles et des gestes de la prière n'a été considérée, selon les enseignements et les traditions chrétiennes et musulmanes, que par leurs sens intérieurs et profonds »[1]. En effet, la prière de Jésus commence par une *prière vocale* en récitant la formule pendant un certain nombre de fois qui n'est qu'un *moyen extérieur* pour aboutir à la *prière intérieure* ou la « prière du cœur » laquelle s'accomplit par l'intelligence (ou l'esprit) dans le cœur[2]. La prière du cœur constitue donc la clef de voûte de la pratique spirituelle et mystique de l'Église orthodoxe. Cette prière qui puise sa force dans la répétition du nom de Jésus doit conduire à *intérioriser* le priant et à *illuminer* son cœur. « *L'orant développe ainsi une qualité de présence intense à lui-même, qui n'est autre que l'intériorisation de sa relation à Dieu, l'intime de l'intime, et qui est tout autant attention à son propre corps, mieux, au corps de son corps : à son cœur* »[3]. C'est ainsi que la prière de Jésus, avec son aspect contemplatif de technique spirituelle et son rythme respiratoire, s'accomplit grâce à l'union du *cœur* et de l'*esprit* dans l'invocation aussi bien *mentale* que *vocale* du nom de Jésus.

B. À la prière vocale

1119. Une ou des formules de la prière ? Même si la prière de Jésus est *silencieuse*[4], voire mentale, elle repose sur l'invocation de *courtes formules* absolument simples et inlassablement répétées, de manière mécanique, adaptées aux besoins de la « méditation ». La formule de la prière la plus classique dans l'Église orthodoxe est : « *Jésus, fils du Dieu vivant, aie pitié de moi, pécheur* » « *Ya Rabbi Yasu' al-MassiH irHamni* » (Mon Seigneur Jésus-Christ ait pitié de moi), « *Ya Rabbi Yasu' al-MassiH a'inni* » (aide-moi), « *Ya Rabbi Yasu' al-MassiH khallisni* » (délivre-moi)[5]. Or, cette prière a revêtu des formes diverses, selon que le seul nom de Jésus était répété ou associé à d'autres

---

1 M. S. ABOU KHALIFA, *L'expérience spirituelle dans la prière chez les mystiques chrétiens et musulmans jusqu'au XIIIe S-VIIe S. H : étude comparative*, thèse, Jean Moulin (Lyon III), 2003, p. 338.

2 « Lorsque l'intelligence et le cœur sont unis dans la prière et que l'âme n'est troublée par rien, alors le cœur s'emplit de chaleur spirituelle, et la lumière du Christ inonde de paix et de joie tout l'homme intérieur » : I. GORAÏNOFF, Séraphim DE SAROV : sa vie. Entretien avec Motovilov. Instructions spirituelles, Desclée de Brouwer/Abbaye de Bellefontaine, Paris, 1979, p. 201, cité par É. BEHR-SIGEL, « La Prière de Jésus, ou le mystère de la spiritualité monastique orthodoxe », Revue *Dieu vivant*, 1947, n° 8, p. 69-94.

3 N. DEPRAZ, « Pratiquer la réduction : la prière du cœur », *Laval théologique et philosophique*, 2003, Vol. 59, n° 3, p. 504.

4 « En tant que prière qui mène au silence, le but de la Prière de Jésus est donc de nous aider à arrêter de parler et de commencer à écouter. Le silence intérieur induit par l'invocation du Saint Nom crée chez l'hésychaste un espace dans lequel le Christ et l'Esprit Saint peuvent agir. Ainsi, je dépasse le stade dans lequel je dis "mes" prières pour entrer dans la prière du "Christ en moi" ; comme le dit Saint Paul : "ce n'est plus moi qui vis, mais le Christ qui vit en moi" (Ga 2.20). Cependant si nous voulons acquérir le silence intérieur, il ne suffit pas de dire "arrête de penser" comme si nous pouvions dire "arrête de respirer". Nous ne pouvons pas couper la télévision intérieure par un simple effort de volonté » : Préf. par Mgr K. DE DIOKLEIA du livre d'A. et R. GOETTMANN, *Prière de Jésus, prière du cœur*, *op. cit.*

5 F. HAIKAL, « Performativité du nom divin en Égypte de l'Antiquité à nos jours », art. préc.

formules[1]. Bien que la prière soit *courte*, les formules sont *théologiquement* profondes. En effet, « *les mots qui forment la prière de Jésus ne sont pas arbitraires, ils correspondent à une orientation intérieure bien déterminée* »[2]. Cette forme de prière qui se caractérise par sa simplicité et la brièveté de sa formule se présente comme des « *flèches qui vont droit au cœur du Seigneur* » selon certains auteurs[3]. Cela explique l'appellation qu'on lui attribue en Égypte, à savoir la « *prière en flèches* » (*Al Salaat-ul-sahmeya*) ou la « prière monologique ».

1120. Une prière dite « monologique » à caractère répétitif. Si les mots de cette formule peuvent varier, il est, cependant, recommandé de s'en tenir à une formule brève et fixe afin d'éviter la distraction de l'esprit[4] ainsi que de concentrer l'attention sur la présence de Jésus et de Dieu[5]. Il est indispensable donc de fixer l'esprit sur les paroles de la prière monologique elle-même et d'harmoniser ces paroles

---

[1] À titre d'exemple : « Seigneur Jésus, aie pitié de moi ; Fils de Dieu, aie pitié de nous ; par les prières de ta Mère très pure et de tous les saints », ou « Jésus, Jésus », etc. « La forme extérieure de la Prière est apprise aisément. Fondamentalement, elle consiste en ces mots : "Seigneur Jésus-Christ, Fils de Dieu, aie pitié de moi". Il n'y a pas là, cependant, une stricte uniformité. La formule verbale peut être raccourcie, nous pouvons dire : "Seigneur Jésus Christ, aie pitié de moi", ou "Seigneur Jésus", ou même "Jésus" seulement, bien que cette dernière formule soit moins répandue. Inversement, la formule peut être allongée en ajoutant "pécheur" à la fin, soulignant ainsi son aspect pénitentiel. Quelquefois une invocation à la Mère de Dieu ou aux saints y est insérée. Le seul élément essentiel et invariable est l'inclusion du Nom divin "Jésus". Chacun est libre de découvrir à travers son expérience personnelle la formule particulière qui répond le plus étroitement à ses besoins. La formule précise employée peut naturellement varier de temps en temps, aussi longtemps que cela n'arrive pas trop souvent : car, comme nous en avertit saint Grégoire le Sinaïte : "Les arbres qui sont souvent transplantés n'ont pas de racines" » : Mgr K. WARE, « La puissance du Nom : La prière de Jésus dans la spiritualité orthodoxe », trad. de l'anglais par M.-V. VASTEL, éd. dans E. BEHR-SIGEL, *Le lieu du cœur : Initiation à la spiritualité de l'Église orthodoxe*, Éditions du Cerf, Paris, 1989.

[2] J. ERACLE, « La prière du cœur », art. préc., p. 148-167.

[3] F. HAIKAL, « Performativité du nom divin en Égypte de l'Antiquité à nos jours », art. préc.

[4] « En développant la notion de Prière de Jésus comme prière du silence, les auteurs orthodoxes insistent pour dire que dans l'invocation du Nom nous devrions, dans la mesure du possible, vider notre mental de toute image ou idée ; pour reprendre les paroles d'Évagre le Pontique : "La prière est suppression des pensées" » : Préf. par Mgr K. DE DIOKLEIA du livre d'A. et R. GOETTMANN, *Prière de Jésus, prière du cœur, op. cit.* « Ne vous lancez pas dans de longs discours afin de ne pas dissiper votre esprit. La prolixité dans la prière emplit l'esprit d'images et le dissipe tandis que souvent une seule parole a pour effet de le recueillir » (J. CLIMAQUE).

[5] « L'attention à la prière, condition de la "descente de l'intelligence dans le cœur", est en réalité une tension de l'être tout entier, repoussant tout ce qui pourrait le distraire de son œuvre essentielle, celle de la prière, une vigilance de l'esprit et du corps dans l'attente du Dieu vivant. Elle exige un effort continu et conscient de la volonté, entraînant avec elle, par des moyens appropriés, le corporéité lourde et récalcitrante. Elle comporte un double mouvement, l'un de refus, l'autre d'acquiescement : refus du monde d'une part (ce terme désigne ici non pas le monde physique en soi, mais "un errement de l'âme à l'extérieur, une trahison à sa propre nature" sous l'influence de la Puissance du Mal), acquiescement à la volonté de Dieu, se transformant en don et abandon à lui, d'autre part. L'esprit "attentif", "sobre", se fermant à l'extérieur qui le sollicite, se porte vers les abîmes intérieurs du cœur, seul lieu où, dans la lumière du Saint-Esprit, peut s'effectuer la rencontre entre la personne humaine et les Personnes divines » : É. BEHR-SIGEL, « La Prière de Jésus, ou le mystère de la spiritualité monastique orthodoxe », art. préc., p. 69-94.

avec le rythme de la respiration[1]. Il faut donc retrouver un rapport harmonieux entre le rythme de la respiration et l'invocation. C'est ainsi que l'hésychaste[2] doit essayer de *rythmer* et de *synchroniser* entre l'invocation verbale, voire mentale, et la respiration[3]. Une fois la concentration obtenue, il faut s'efforcer de faire résonner dans les profondeurs du cœur les paroles de la prière et de se mettre ainsi sous l'influence de l'Esprit-Saint. L'invariabilité et l'immuabilité des formules répétées permet de toucher au silence au travers même des mots et d'éviter une répétition mécanique. « *Les mots employés évoquent la réalité du Christ dans sa totalité et conduisent peu à peu le méditant à prendre conscience du trésor enfoui dans les profondeurs du cœur, la perle uniquement précieuse de la présence de l'Esprit-Saint* »[4]. La nécessité du *caractère monologique* s'explique par le fait que l'invocation courte inlassablement répétée bannit toutes *distractions de l'esprit* et alimente à chaque respiration le *rappel constant* du nom de Jésus véritablement *intronisé* dans le cœur[5]. C'est ainsi que le nom de Jésus apparaît dans cette prière comme « *une icône verbale* ».

1121. Distinction entre la *prière* et la *psalmodie* ou l'oraison. Il convient de remarquer que cette prière courte à caractère répétitif est distincte de la psalmodie ou de l'oraison. En pratique, la prière peut être récitée, soit *mentalement* en s'en laissant imprégner, soit *verbalement* à voix haute (ou à mi-voix). Par ailleurs, elle peut être récitée et psalmodiée selon un style rythmique dans les églises sous une forme plus longue connue sous l'appellation de « psalie »[6], après que les *agbeya* ou prières quotidiennes des heures prennent fin. A cet égard, Lanne souligne :

> « A la différence des hymnes occidentales… les psalies supposent avec une pratique, une théorie sur l'union de l'intellect et du cœur au nom sauveur de Jésus. Aucune autre tradition chrétienne ne nous paraît avoir, tout au moins sous une forme aussi évoluée, une pratique de la prière de Jésus à l'intérieur même de l'office d'une communauté. La célébration de la "psalmodie" n'étant pas réservée aux seuls monastères, mais s'étant introduite dans la piété paroissiale des Coptes à une date déjà ancienne, c'est toute la pratique de la prière de Jésus que ces hymnes inculquent au peuple chrétien »[7].

1122. Or, il convient de remarquer que l'on ne doit pas se borner à répéter les paroles de la prière de Jésus de manière purement *mécanique*[8] car ce n'est pas la « *quantité*

---

[1] « La discipline de la répétition peut être renforcée par le recours à certains exercices physiques, par exemple en greffant la Prière de Jésus sur le rythme de la respiration. Ces exercices ne sont pas indispensables pour invoquer le Nom mais sont proposés à notre libre choix et peuvent nous aider vraiment à "glorifier Dieu dans notre corps" » : Préf. par Mgr K. DE DIOKLEIA du livre d'A. et R. GOETTMANN, *Prière de Jésus, prière du cœur*, *op. cit.*

[2] « Celui qui cherche à vivre dans la paix du cœur, dans la quiétude, trouve son modèle dans l'attitude du Christ » : H. SYMEON, « La recherche de Dieu dans la tradition hésychaste », Revue *Contacts*, 1996, n° 173.

[3] « La respiration sert de support et de symbole spirituel à la prière » : J. SERR et O. CLEMENT, *op. cit.*, p. 13.

[4] J. ERACLE, « La prière du cœur », art. préc., p. 160.

[5] V. M. S. ABOU KHALIFA, thèse préc., p. 290.

[6] E. LANNE, « La "prière de Jésus" dans la tradition égyptienne. Témoignage des Psalies et des inscriptions », Revue *Irénikon* 1977, 50, p. 162-203.

[7] E. LANNE, art. préc., p. 194.

[8] THEOPHANE qui écrit dans une lettre : « N'oubliez pas que l'on ne doit pas se borner à la répétition mécanique des paroles de la Prière de Jésus. Ceci ne conduira à rien si ce n'est à l'habitude mécanique de répéter cette prière avec la langue, sans même y penser ; ceci, bien sûr, ne serait pas un mal mais

… /

» des prières à réciter qui importe, mais la « *qualité* » de la prière[1]. Cela ne va pas sans dire que si la prière de Jésus se présente comme une *forme d'oraison jaculatoire*, elle n'est pas, toutefois, une *incantation rythmique* mais un véritable *acte de foi*.

§ 2. LA PRIERE DE JESUS EN QUETE DE QUALIFICATION

1123. Plan. La qualification de la prière de Jésus, en tant qu'éventuel objet saisi par la propriété littéraire et artistique, n'est pas sans soulever des difficultés tant sur le terrain du droit d'auteur en tant qu' « œuvre ou forme inerte » (A) que sur celui des droits voisins en tant qu' « interprétation ou forme vivante » (B).

A. La réception de la prière spirituelle comme « forme inerte »

1124. *Quid* de la protégeabilité des exercices de méditation hésychaste ? A vrai dire, l'*hésychasme*, le *Japa* hindou ou bouddhique et le *dhikr* se rejoignent complètement. Il semble que la forme de la prière de Jésus ressemble beaucoup à d'autres méthodes et exercices de méditation, notamment à la pratique du *Japa*[2] (mantra)[3] dans la tradition hindoue et bouddhiste qui consiste en une invocation de certaines formules sacrées ou mystiques stéréotypées répétées inlassablement. A l'observation, le *dhikr* n'étant lui aussi qu'un *processus de méditation* permettant de favoriser un *état d'extase* par l'invocation des noms divins. Ce qui ressuscite la problématique de la protection des exercices de méditation par le droit d'auteur et le *copyright*.

1125. Une technique psycho-somatique d'oraison monastique. Afin de bien mesurer le débat, il est dès lors indispensable de déterminer la *nature* et le *caractère* même de la prière de Jésus. Cette prière consiste en une véritable méthode ou technique psycho-somatique d'oraison[4], apparentée à celle d'autres religions orientales (méthodes yogiques, pratique bouddhique du *nembutsu*, *dhikr* musulman), qui aide à *intérioriser* le pratiquant et à favoriser l'*unification* de l'esprit et du cœur. Ce n'est, ni plus ni moins, qu'une « prière contemplative », « oraison », « méthode de prière », ou un « exercice spirituel », basé sur l'invocation inlassable et la répétition mécanique du nom de Jésus dont la *finalité* est l'union à Dieu. « Tant que la prière est mécanique et cérébrale, la fin n'est pas atteinte » selon certains[5]. C'est ainsi que « *la prière de Jésus est parfois décrite non comme une finalité, mais comme un chemin vers la prière pure, sans parole, dans*

---

constituerait la limite extérieure la plus extrême de cette activité ». (Recueil de lettres) : E. SIMONOD, *La Prière de Jésus selon l'évêque Ignace Briantclianinoff (1807-1867)*, éd. Présence, Saint-Vincent-sur-Jabron, 1976, p. 10.

1 « Ne vous inquiéter pas du nombre des prières à réciter, écrit également Théophane le Reclus, que votre seul souci soit que la prière jaillisse de votre cœur, vivante comme une source d'eau vive. Chassez entièrement de votre esprit l'idée de la quantité » : Théophane LE RECLUS, *Entretiens*, p. 359, cité par É. BEHR-SIGEL, « La Prière de Jésus, ou le mystère de la spiritualité monastique orthodoxe », art. préc., p. 75. V. Aussi : C. CETWERIKOW, *Païsi Velitchkovski*, t. II, p. 89-90.

2 Le *japa* est une « technique d'extase consistant en la répétition mécanique du nom de la Divinité ou d'un mantra, utilisé pour obtenir la concentration dans les exercices de méditation. Ce *japa* peut être récité à haute voix, chanté ou bien encore muet » : L. FREDERIC, *Dictionnaire de la civilisation indienne*, coll. « Bouquins », Robert Laffont, Paris, 1987, p. 555. V. J. HERBERT, *op. cit.*, p. 366-367.

3 Alors que le *mantra* est une invocation adressée à la Divinité au service de la transformation de l'être humain, la « prière du cœur » est adressée à Jésus Christ.

4 V. P. ADNES, V° « Hésychasme », *in Dictionnaire de la spiritualité*, *op. cit.*, t. 8, p. 381-399.

5 É. BEHR-SIGEL, « La Prière de Jésus, ou le mystère de la spiritualité monastique orthodoxe », art. préc., p. 69-94.

le cœur à cœur avec Dieu ». Il apparaît que tout essai de définition théologique et de qualification juridique semble *enfermer* cette prière dans le cadre d'une méthode, d'une technique ou encore d'un exercice à essence « spirituelle » en vue d'aboutir à une *transformation* ou une *concentration intérieure*.

1126. Une prière spirituelle. La littérature chrétienne fait souvent référence au terme de « *prière spirituelle* » pour désigner la prière de Jésus. « Les techniques spirituelles re-liant l'esprit à Dieu, permettent d'établir la communication entre le Créateur et sa créature »[1]. Que faut-il entendre par le terme d'*exercices spirituels* ? Selon la définition proposée par Saint Ignace de Loyola, il s'agit de :

> « [...] *toute manière d'examiner sa conscience, de méditer, de contempler, de prier vocalement et mentalement, et d'autres opérations spirituelles,* [...]. De même, en effet, que se promener, marcher et courir sont des exercices corporels, de même appelle-t-on exercices spirituels *toute manière de préparer et de disposer l'âme pour écarter de soi toutes les affections désordonnées et, après les avoir écartées, pour chercher et trouver la volonté divine dans la disposition de sa vie en vue du salut de son âme* »[2].

1127. Une prière qui n'est pas l'œuvre de l'*imagination*, mais de la *foi*. De prime abord, la prière de Jésus ne se présente pas comme une simple *prière vocale* pour un débutant désireux d'accomplir les premiers pas dans la vie monastique mais comme un exercice ou un état de prière qui aspire à atteindre des états mystiques, spirituels, de contemplation les plus élevés[3]. Sur le plan juridique, il y a bien une *forme de créativité*... « *induction d'un état* » mais il n'y a pas d'*œuvre* protégeable par le droit d'auteur parce que la création se produit et se passe entre *soi* et *soi*, non entre *soi* et l'*Autre*... Les mots, voire les formules de la prière, sont un *outil*, et non pas une *œuvre*... A vrai dire, la prière ne vise pas à *produire* quoi que ce soit, mais elle est un *exercice de concentration* et de *rappel* adressé à Jésus qui peut conduire à des phénomènes psycho-physiques. De toutes façons, la répétition inlassable du nom de Jésus est *intérieure*... Il n'y a pas d'*expression*. Dès lors qu'il n'y a pas *expression* à destination d'un public, nous ne voyons pas comment cette forme de prière pourrait être une *création protégée*... On ne récite pas la prière pour *autrui*, mais uniquement pour faire l'*énergie de la prière* ! C'est ainsi que ce qui est créé par la prière de jésus est un état de *délibération*, de *béatitude* qui est, certes, réel mais non protégeable. C'est l'usage *intériorisé* de la pratique qui va à l'encontre de l'*expression* requise en matière de droit d'auteur. En effet, la nature de la forme de cette prière devrait exclure tout *acte de création* au sens du terme.

1128. Une forme fonctionnelle ? Il faut évidemment évoquer l'aspect « technique » de cette prière. En effet, la problématique de la protégeabilité de la prière de Jésus soulève la question de savoir si la forme ne devient pas « *fonctionnelle* ». En tant que *technique spirituelle* par excellence, la méthode de prière est toujours *utilitaire*. La prière de Jésus est un moyen, un instrument de transfiguration destiné à générer une *expérience mystique* et *extatique*. La prière est la *cause* de l'état spirituel, et non pas son *résultat*. Il y a, en effet, un caractère *fonctionnel* dans la « prière ». Les différentes notions

---

[1] R. GILANT, « La prière du cœur selon la tradition des pères du désert », préc., p.119-128.

[2] I. DE LOYOLA (saint), *Exercices spirituels*, trad. sur l'autographe espagnol par P. DEBUCHY, P. LETHIELLEUX Paris, 1910, p. 12.

[3] SAINT ISAAC le Syrien conseille à celui qui s'exerce à la Prière de Jésus de commencer à la prononcer vocalement. « La prière vocale – dit-il – se transforme d'elle-même en prière spirituelle ». « D'une prière vocale fréquente – dit le saint moine – découle la prière spirituelle, et de la prière spirituelle apparaît la prière du cœur ».

de « culte », « sacrement », « liturgie », et « prière » sont tellement liées que l'on sent bien qu'elles sont toujours *utilitaires*. En l'occurrence, il s'agit d'une formule arrêtée et fixe, mode d'emploi pour fléchir la divinité ou en obtenir quelque chose destiné au culte public. La prière de Jésus, en tant qu'*objet spirituel*, n'est qu'une *forme fonctionnelle* qui n'exprime rien au sens de la propriété littéraire et artistique et n'est l'expression que de *caractéristiques utiles* de l'expérience mystique dont la *finalité* ultime est l'union intime avec Dieu.

1129. La « prière » en tant qu'élément nécessaire du culte et cause de l'état spirituel. Il est certainement acquis que les prières en tant qu'un des éléments nécessaires du culte public ne saurait faire l'objet de propriété. C'est ainsi que la prière de Jésus fait partie nécessairement du *domaine public* sous la forme en laquelle les formules sont exprimées qui exclut toute sorte d'*appropriation*. Or, il convient de remarquer, comme nous l'avons constaté, que cela n'empêche pas que la compilation et la restitution des prières et des textes liturgiques en général puisse faire l'objet d'une propriété au profit de son auteur[1], lorsqu', indépendamment des prières généralement adoptées, et d'autres éléments du domaine public, elle porte l'*empreinte de la personnalité* de l'auteur[2].

1130. Applications jurisprudentielles. En effet, les juridictions américaines ont déjà eu l'occasion de se pencher dans deux affaires sur la question de la protégeabilité des exercices de méditation et des méthodes qui puisent leur source dans les traditions chrétiennes et soufies par le *copyright*. La *première affaire* opposait Palmer à Braun tandis que la *seconde* opposait *Arica Institute, Inc.* à Helen Palmer. Ces deux affaires portent sur des méthodes de développement personnel mises en œuvre dont le but est le développement de l'état intérieur des pratiquants.

1131. La célèbre affaire « *Palmer c/ Braun* »[3]. En l'espèce, un psychologue scolaire, M. Harry Palmer, était membre de l'Église de Scientologie qui aidait les

---

1 V. *Supra* § n° 707 s. et n° 717 s. Pourquoi l'évêque ne jouirait-il pas des mêmes droits que le créateur ? On ne saurait avancer que la conception de la forme liturgique à laquelle se livre l'évêque ne ferait que restituer des prières tombées dans le domaine public sans en être le créateur.

2 Selon le professeur GAUDRAT, « [...] Le processus de dérivation [...] ne produit une œuvre seconde qu'à la condition que la forme externe obtenue réalise la conception de l'auteur second » : Ph. GAUDRAT, *J.-Cl. Propr. litt., art.*, Fasc. 1134, préc., n° 123. Auquel cas, ce qui permet l'expression d'une forme interne distincte c'est la mise en valeur du jeu de la sélection et de l'agencement.

3 287 F.3d 1325 (11th Cir. 2002). L'analyse des problématiques du *copyright* américain dans certaines situations n'a pas pour objet de les faire passer pour des problématiques de droit d'auteur du fait de l'impossible équivalence entre les deux systèmes *copyright* / droit d'auteur. V. P. KAMINA, « Rejet de la protection par *copyright* d'une méthode d'enseignement », préc. V. Cass. com., 29 nov. 1960, *Bull. civ.* III, n° 389, *Ann. propr. ind.* 1961, 309 ; *Gaz. Pal.* 1961, 2, p. 152 ; *RIDA* 1961, n° 31, p.78 ; *RTD com.* 1961, p. 607, obs. H. DESBOIS, aux termes duquel la Cour de cassation, à propos d'un livre proposant une méthode de solfège personnifiant les notes de la gamme sous le nom de « petites notes », affirme que : « *L'idée ou une méthode d'enseignement n'est pas susceptible en elle-même d'appropriation privative* », cité par P. SIRINELLI et al., *Notions fondamentales du droit d'auteur*, *op. cit.*, p. 181. V. À titre d'exemple : pour la non-protection d'une méthode pour enseigner les langues en Italie : Cass. Turin, 25 juin 1912, *in* M. AMAR, « Lettre d'Italie », *Dr. Aut.*, 15 oct. 1912, n° 10, p. 138. La méthode que M. DE NOVA a déclaré avoir trouvée, nouvelle d'après lui, pour enseigner les langues étrangères sous forme d'un petit journal hebdomadaire ne saurait être considérée comme une œuvre de l'esprit. La Cour de cassation de Turin, dans son arrêt du 25 juin 1912, estime à juste titre : « qu'il n'est pas

membres de celle-ci dans l'exploration de leur conscience pendant de nombreuses années. Après avoir quitté l'Église, il avait réussi à développer une méthode d'enseignement qui reposait sur un cours qu'il avait rédigé intitulé : « *Avatar* ». Ce cours éducatif était destiné à ses étudiants afin d'explorer leur propre conscience. Le titre de son cours désignait les divinités incarnées qui repose sur l'idée que les croyances des gens peuvent modifier la façon dont ils vivent et comprennent leur vie. Sur le plan pratique, le cours « *Avatar* » transformait l'idée en une série d'exercices qui permettaient aux lecteurs, non seulement de comprendre l'idée intellectuellement, mais d'en faire un usage pratique. Le but des exercices est d'enseigner le contrôle mental. Son cours « *Avatar* » était enseigné par des « maîtres » formés et agréés en trois sections[1]. Un ancien élève de M. Palmer qui avait suivi son cours, M. Eldon Braun, décide d'entamer un cours concurrent fondé sur une méthode identique ayant pour titre : « *The Source Course* ». C'est dans ces conditions que M. Palmer tente d'obtenir vainement une injonction préliminaire contre M. Braun pour contrefaçon de son *copyright* sur le cours, y compris la violation de la marque « *Avatar* » et la concurrence déloyale, etc.

1132. Palmer soutient que le cours de Braun « *The Source Course* » est substantiellement *similaire* à son cours « *Avatar* » qui *reproduisait* les éléments originaux des supports du cours « *Avatar* ». En défense, Braun faisait valoir qu'il n'a reproduit que les *idées* et les *exercices* de Palmer qui sont exclus de la protection par le *copyright*, et non pas l'*expression*. Il soutient, par ailleurs, que même s'il a reproduit dans une certaine mesure l'expression de Palmer, les phrases reproduites sont si simples dans leur

---

nécessaire qu'une œuvre constitue effectivement la création d'idées nouvelles et de principes nouveaux, car sous la dénomination générique "œuvres de l'esprit" sont comprises toutes productions intellectuelles quelconques, aussi bien celles d'un génie fin que celles d'une intelligence modeste, sans distinction ni quant à l'étendue ni quant à la valeur, ni quant à la nouveauté totale ou partielle du travail », rapporté *in* M. AMAR, « Lettre d'Italie », préc., p. 138.

1 La section I est un séminaire de deux jours qui présente le cours « Avatar » utilisant *Resurfacing : Techniques for Exploring Consciousness*, un manuel de 264 pages qui décrit les bases de l'exploration de la conscience. Le resurfaçage est accessible au grand public. Après avoir terminé la section I, les étudiants sont encouragés à suivre les sections II et III. La section II utilise Les Exercices, un manuel de 39 pages qui enseigne aux étudiants à se reconnecter avec leur existence et à expérimenter le monde directement. Les exercices clés de la section II reposent sur un ensemble de phrases courtes conçues pour permettre à un étudiant de contrôler ses croyances. Une fois qu'un étudiant prend le contrôle de ses croyances, il passe à la Section III, Les Procédures. Dans cette section, les étudiants apprennent, par la méditation, à devenir « la source » ou « le siège de la conscience au centre de l'univers, créant tout à l'extérieur par une intention consciente ». (R.2-60-Ex. 11 à 5.) Lorsqu'une personne est « à la source », elle a atteint l'éveil offert par le cours « Avatar » et contrôle sa réalité. La section III est enseignée avec un manuel de 77 pages. Les manuels utilisés dans les sections II et III sont tenus confidentiels. Les étudiants doivent signer un accord de confidentialité avant de suivre le cours et doivent rendre le matériel à la fin du cours. La confidentialité garantit à la fois que le cours est administré avec l'aide d'un maître formé et que ces sections, qui coûtent respectivement 500 $ et 1500 $ pour y assister, conservent leur valeur commerciale. Une fois les sections II et III terminées, les étudiants peuvent suivre des sections supplémentaires pour s'élever dans la hiérarchie Avatar. La section IV enseigne aux étudiants à devenir maîtres, afin qu'ils puissent enseigner le cours à d'autres. La section V est le cours de sorciers, qui donne à ses diplômés la capacité de transformer la civilisation.

structure et leur contenu de sorte qu'elles sont couvertes par la doctrine de la fusion « *merger* »[1].

1133. En l'espèce, les points de similitude qui existaient entre les deux cours étaient flagrants. Braun organise son cours « *The Source Course* » en trois sections. Dans la Section I, il introduit la même idée de conscience que Palmer introduit dans la Section I du cours « *Avatar* ». Il traduit, ensuite, dans la section II, cette idée en exercices, et les exercices choisis par Braun sont les mêmes exercices que Palmer décrit dans la section II du cours « *Avatar* ». Une fois que l'étudiant obtient les bons résultats, les mêmes résultats que les étudiants de Palmer, Braun les déplace, ensuite, vers la section III. Dans la section III, les étudiants de Braun apprennent une technique de méditation identique à la technique de méditation décrite dans la section III du cours « *Avatar* ». Dans les deux cours, les étudiants apprennent, en se concentrant sur ces phrases particulières, à contrôler leurs croyances. La réalisation de cet exercice permet aux étudiants de passer à l'exercice de méditation de la section III, qui, dans les deux cours, est l'avant-dernier exercice avant l'illumination. Pour décrire le processus de méditation, Braun utilise des étiquettes et des descriptions similaires aux étiquettes et descriptions de Palmer. Une fois cette technique maîtrisée, Braun demande à ses élèves de concentrer la technique sur des domaines de leur vie identiques à ceux que Palmer suggère à ses élèves.

1134. *A priori*, vu la nature du *copyright*, il devrait permettre de protéger le cours puisque *monopole*, son champ de protection est bien évidemment large, sauf que ce qui est *emprunté*, en l'espèce, c'est manifestement surtout l'idée, mais l'idée est par un article exprès de la loi exclu de la protection… Saisi de cette question, le Tribunal du *district* affirme que même si l'idée en cause qui consistait dans le fait que « les croyances des gens peuvent modifier la façon dont ils vivent et comprennent leur vie » était *nouvelle*, elle ne pourrait, certes, pas être protégée par le *copyright*. C'est ainsi que le tribunal devait répondre à la question est de savoir si le cours « *The Source Course* » exprime l'idée qui anime le cours « *Avatar* » d'une manière qui empiète sur l'expression originale de la même idée dans le matériel du cours « *Avatar* ». Dialectique classique entre *idée* et *expression*, à quoi ne se limite sans doute toute la question : quand bien même on aurait un monopole sur la reproduction de l'expression, s'étend-il à la *mise en œuvre* de ce qui est exprimé ? C'est encore différent du seul fait de *prendre connaissance* de ce qui est exprimé…

1135. Tout d'abord, le Tribunal du *district*, sans tenir compte des autres conditions préalables à l'ordonnance d'une injonction préliminaire, a rejeté la demande de Palmer fondée sur la violation de son *copyright* au motif que le cours « *The Source Course* » n'était pas substantiellement *similaire* au matériel du cours « *Avatar* » et faute d'avoir rempli la première condition relative à la probabilité substantielle de succès sur le fond de sa demande de violation du *copyright*. Le Tribunal du *district* n'a pas pris le soin de discuter la question de la dichotomie *idée-expression* et la doctrine de la *fusion* qui soulevait des problématiques importantes dans l'affaire qui lui était soumise.

---

[1] La « […] théorie dite de "fusion entre l'idée et l'expression" (*merger of idea and expression*) qui pour effet d'exclure de la protection une expression lorsqu'elle est indissociable de l'idée exprimée ou encore nécessairement dictée par cette idée » : P. KAMINA, *op. cit.*, p. 165-166.

1136. Palmer interjette appel de cette décision. Le 11e circuit fédéral de la Cour d'appel des États-Unis, dans son arrêt en date du 9 avril 2002 (n° 01-14511), estime que contrairement à la conclusion du Tribunal du *district* il existe des *similitudes substantielles* entre le cours « *Avatar* » et le cours « *The Source Course* » à la fois littéraux et non littéraux. Or, en dépit des similitudes substantielles entre les deux cours, la Cour trouve que ces similitudes ne *suffisent* pas à caractériser une violation au titre du *copyright* étant donné que Palmer doit également prouver que ces similitudes ont porté atteinte à son *expression* protégée par le *copyright*. C'est ainsi que même si Palmer réussit à démontrer une similitude substantielle, il doit également démontrer que le cours « *The Source Course* » a emprunté des « éléments originaux » du matériel de son cours « *Avatar* ». Ces « éléments originaux » portent uniquement sur l'*expression originale* étant donné que la protection du *copyright* ne s'étend pas aux idées, procédures, processus ou systèmes, quelle que soit leur originalité « *originality* ». En somme, la structure du cours « *Avatar* » et les exercices qui y sont associés sont repris dans le cours « *The Source Course* » avec de légères modifications.

1137. Il ne fait aucun doute que la frontière entre le *processus* et l'*expression* en matière de *copyright* n'est pas facile à tracer. En faisant une application de la distinction *idée/expression*, la Cour décide que même si les exercices de Braun sont identiques à ceux de Palmer, force est de constater que les exercices de méditation décrits dans un manuel protégé par le *copyright* sur l'exploration de la conscience s'analysaient en un « *processus* » non éligible à la protection au motif que les « *exercices, étant sans doute le produit de beaucoup de temps et d'effort, sont, in fine, simplement un processus permettant d'obtenir une conscience accrue ; de tels processus, même s'ils sont originaux, ne peuvent être éligible à la protection du copyright* ». La décision du Tribunal du *district* refusant d'octroyer une injonction préliminaire est confirmée par la Cour.

1138. Affaire de l' « *Ennéagramme* ». Dans la continuité de cette affaire, il est possible de mettre l'accent sur une affaire plus ancienne opposant *Arica Institute, Inc.* à Helen Palmer et *Harper & Row Publishers*[1] qui soulève la problématique de l'appropriation des *méthodes soufies* et autres méthodes similaires. Cette affaire intéressante portait sur la méthode de l' « *Ennéagramme* », connue sous l'appellation de la « science des neuf points »[2], qui s'inscrit dans la tradition soufie.

1139. En l'espèce, *Arica Institute, Inc.* est un établissement d'enseignement à but non lucratif qui offre des formations basées sur les travaux du fondateur de l'Institut, M. Oscar Ichazo, représenté comme le père de l'Ennéagramme, destinés à développer l'état de l'être humain et à surmonter le contrôle et l'influence de la fixation du moi afin que l'individu puisse retourner à l'équilibre intérieur avec lequel il est né. Cet auteur dans le cadre de l'école d'Arica a développé une méthode basée sur l'Ennéagramme d'origine soufie, connue sous l'appellation « protoanalyse » ou les

---

1 970 F.2d 1067 (2d Cir. 1992).

2 V. Ph. De Vos, *L'Ennéagramme : dans la pratique soufie*, Éditions L'Originel, Paris, 2005. Il s'agit d'une ancienne méthode soufie qui décrit neuf types de personnalité différents et leurs interrelations. Le graphisme de l'Ennéagramme est une étoile à 9 pointes. « La succession historique presque constamment retrouvée est la suivante : Pythagore - Pères du désert – soufisme - Georges Gurdjieff - Oscar Ichazo - Claudio Naranjo - Helen Palmer » : P. Ide, *Les neuf portes de l'âme : l'ennéagramme (Les neuf portes de l'âme. Ennéagramme et péchés capitaux : un chemin psycho spirituel)*, éd. Sarment/Jubilé, Paris, 2008, p. 337.

« figures d'ennéagone » permettant la clarification de la conscience et la réalisation de soi[1]. Ces « ennéagones » consistent en des figures à neuf pointes, encerclées en cercle, avec des droites reliant chaque point à deux autres. Chaque point correspond à une « fixation de l'ego » donnée comme le montre le graphisme de l'Ennéagramme[2].

Figure 24 — Graphisme de l'Ennéagramme représenté par un cercle à neuf points équidistants

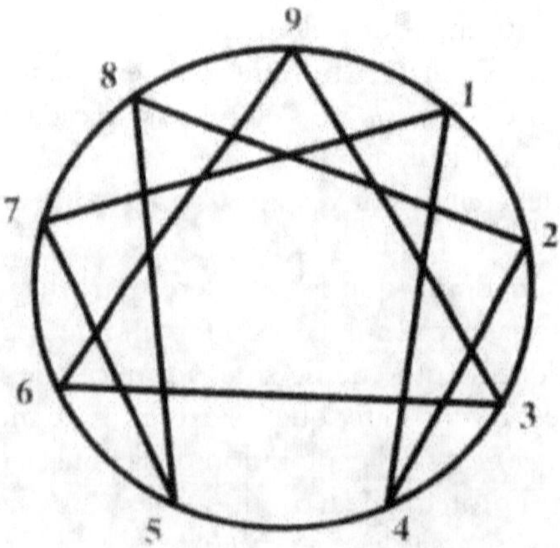

1140. C'est dans cet esprit que l'Institut Arica prétend que Mme Helene Palmer et *Harper & Row*, anciens disciples de M. Ichazo et l'auteur d'un ouvrage paru sous le titre de : « *The Enneagram : Understanding Yourself and the Others in Your Life* », ont violé les *copyrights* de l'Institut sur l'Ennéagramme en procédant à la *reproduction* de sept ennéagrammes de base représentant les fixations de l'ego développés par M. Ichazo d'une part, et en l'appropriation de nombreux mots et phrases protégés par le *copyright*, d'autre part[3]. L'Arica Institute poursuit alors Mme Palmer pour contrefaçon de *copyright.*

1141. Arica faisait valoir d'abord que Mme Palmer, par les listes de bannières, les titres de chapitres et ses ennéagrammes figurant dans son ouvrage, s'est *appropriée* les

---

1 Ph. DE VOS, *op. cit.*, p. 51 et s.

2 Source : Ph. DE VOS, *op. cit.*, p. 16. Rappelons que l'Ennéagramme (l'étymologie du mot dérive du grec « *ennea* » qui signifie « neuf » et *gramma*, « figure ou dessin ») est une figure géométrique de neuf composants inscrits dans un cercle qui symbolise ce voyage spirituel conduisant à l'éveil, à l'illumination du cœur. L'école d'Arica a mis au point « le rituel de la chaleur de l'Alpha » (niveau 6) qui porte sur la visualisation de lumière et de chaleur en 9 points du corps » qui contribue à transformer les manifestations négatives en manifestation positive à travers la transmutation de l'énergie. Les déséquilibres particuliers sont appelés « fixations ». Cette visualisation est révélatrice d'une certaine influence soufie chez ICHAZO puisqu'il s'agit d'une pratique soufie qui se trouve dans la confrérie *naqchabandi.* Cependant, il existe des différences entre les deux dans la mesure où l'ouverture des neuf points est le résultat de l'orientation d'un maître « *tawajuh* » vers l'énergie spirituelle. V. Sur cette question : Ph. DE VOS, *op. cit.*, p. 53 et 54.

3 Nous nous intéressons seulement au premier point touchant à la violation des sept ennéagrammes principaux.

mots étiquetant les sept ennéagrammes de M. Ichazo. Bien que Arica démontre une *similitude substantielle* à ce titre, l'Institut n'arrive pas à prouver que la similarité porte sur des *éléments protégeables*. C'est dans ces conditions que la Cour constate que M. Ichazo a simplement « découvert »[1] les fixations du moi de sorte que la prétendue similitude entre les références de M. Ichazo et de Mme Palmer aux types de personnalité ne porte que sur des éléments factuels non protégés par le *copyright*.

1142. Par ailleurs, l'Institut Arica prétendait que les mots utilisés dans les listes de bannières de Mme Palmer et sur ses ennéagrammes reproduisent la relation séquentielle entre les étiquettes de M. Ichazo qui est en soi protégée par le *copyright*. Ainsi, la Cour a été amené à se pencher sur la question de savoir si Mme Palmer pouvait *s'approprier* le séquençage des fixations.

1143. En première instance, le Tribunal du *district* estime que : « *La séquence ou l'arrangement des fixations d'ego dans le système* [d'Ichazo] *n'était pas protégeable* »[2]. Bien que les séquences de présentation de fait puissent mériter la protection du *copyright*, l'*originalité* requise de la séquence de Mme Ichazo faisait défaut selon la Cour. Et de poursuivre que la séquence des fixations, comme les fixations elles-mêmes, est un fait inaltérable qui est le résultat de la découverte et non pas de la créativité[3], et ce, en s'appuyant sur la déclaration faite par M. Ichazo selon laquelle la série des fixations est une « déclinaison naturelle » comparable au « spectre des couleurs » et que « la séquence de la série ne peut pas être modifiée à volonté par la préférence subjective »[4]. C'est ainsi que la Cour confirme le jugement du Tribunal du *district* en ce qu'il a retenu que la liste des étiquettes de fixation de l'ego *n'était pas protégeable*.

1144. En revanche, la Cour retient une solution différente s'agissant de la question de savoir si Mme Palmer était apte à s'approprier le fait de présenter la série de fixations sous forme de points sur une figure d'ennéagramme. En défense, Mme Palmer soutenait que M. Ichazo n'a pas été le premier à étiqueter les neuf points et à utiliser leurs lignes de connexion pour exprimer les relations entre les différents types de personnalité de sorte que l'idée de diagrammer les types de personnalité impliquerait que « la protection de l'expression accorderait effectivement une protection à l'idée elle-même ». Elle s'appuie, par exemple, sur les figures du russe Georges Gurdjieff qui utilisait la figure à neuf points ne contenant pas de mots « mais simplement l'étoile elle-même, le diagramme » à la différence des chiffres d'Ichazo qui

---

1 Les publications d'Arica affirment à plusieurs reprises que ICHAZO a « découvert » les fixations du moi, qui sont des « faits » scientifiquement vérifiables de la nature humaine. Les neuf fixations, ainsi que tout le système Arica, sont basées sur nos connaissances scientifiques prouvées … ». Il ne prétend pas avoir inventé les ennéagrammes en affirmant qu'ils constituent « une découverte telle que les découvertes scientifiques sont, avec exactement la même qualification d'être vérifiables et objectives … [Elles] reflètent quelque chose de réel dans la nature humaine elle-même. Ils ont été découverts plutôt qu'inventés ». En l'espèce, la Cour rapporte un arrêt de la Cour suprême qui avait mis l'accent sur : « la distinction entre création et découverte : la première personne qui trouve et rapporte un fait particulier n'ayant pas créé le fait, il/elle a simplement découvert son existence ». Ainsi, « les faits, qu'ils soient seuls ou faisant partie d'une compilation, ne sont pas originaux et ne peuvent donc pas être protégés par le *copyright* ».

2 *Arica Institute, Inc. v. Palmer*, 770 F.Supp. 188 (S.D.N.Y.1991).

3 Il est intéressant de remarquer que la *créativité* est invoquée pour déterminer si l'accès au monopole (pour le *copyright owner*) est possible.

4 ICHAZO, Letters to the School, 74 (1988) a publication of the *Arica Institute Press*.

se caractérisent par « des mots... des descriptions attachées à chacun de ces sept [ennéagrammes] ». En l'espèce, M. Ichazo ne déniait pas l'origine ancienne de l'ennéagramme, une étoile à neuf branches dans un cercle avec des lignes droites reliant les différents points.

1145. Selon la Cour, le demandeur n'a qu'à démontrer « *que l'œuvre a été créée indépendamment par l'auteur... et qu'elle satisfait au moins à un degré minimal de créativité* ». Sur ce point, la Cour infirme le jugement du Tribunal du *district* en estimant que la fixation des étiquettes d'Ichazo à la figure d'ennéagramme contenait un *degré minimal de créativité* nécessaire pour qu'il puisse être protégé par le *copyright* dans la mesure où le cas soumis à la Cour ne présentait pas selon la doctrine (*merger of idea and expression*)[1] une telle « *fusion* » entre l'*idée* et l'*expression*. M. Ichazo aurait pu diagrammer les fixations de l'ego de nombreuses façons, y compris, par exemple, une liste numérotée des neuf fixations avec des flèches dessinées pour représenter les relations entre elles. C'est ainsi que le fait de protéger la labellisation de l'ennéagramme par M. Ichazo n'empêcherait pas les tiers de développer leurs propres façons de présenter cette information. « Puisqu'il y a diverses façons d'exprimer cette idée générale, la doctrine de la fusion n'avait pas lieu à être appliquée pour s'assurer que l'idée restera dans le domaine public »[2].

1146. Par un arrêt du 22 juillet 1992, la Cour d'appel des États-Unis (2e circuit) décide que le titulaire des *copyrights* sur les documents de formation décrivant les anciennes méthodes soufies pour « mieux se comprendre et ses interactions avec les autres » ne saurait revendiquer la protection du *copyright* pour les techniques du programme au motif que ces dernières étaient basées sur des « ... *connaissances scientifiques éprouvées* » et « *prouvables en laboratoire et cliniquement* ».

B. L'appréhension de la prière vocale comme « forme vivante »

1147. Prière vocale récitée comme objet d'un droit voisin ? Entre cette forme de prière orthodoxe d'origine chrétienne et la pratique du *dhikr* d'origine musulmane, la question se pose de savoir si la prestation qui consiste en l'invocation brève, fréquemment répétée, du Nom de Jésus Christ investi d'une valeur sacramentelle ou d'une formule sacrée de prière peut être qualifiée en tant qu'*interprétation protégeable* par le droit voisin de l'artiste-interprète permettant à l'orant/ l'hésychaste de refléter sa personnalité.

1148. Arguments en faveur de la disqualification de la prière en tant qu'interprétation. Nous constatons que deux arguments peuvent être avancés en faveur de la disqualification de la prière de Jésus en tant qu'interprétation protégeable comme objet d'un droit voisin. Le *premier argument* s'attache à la *nature* même *de la prestation* de l'artiste-interprète qui nécessite l'interprétation d'une *œuvre de l'esprit* protégeable tandis que le *second argument* est relatif au *caractère de la prestation* même qui implique que l'artiste-interprète fasse preuve d'un *engagement personnel* et *artistique* dans sa prestation pour se voir attribuer la qualité d'artiste-interprète, sans pour autant faire abstraction de la *nécessité d'un public* qui fait défaut.

---

1 Selon cette doctrine, « dans les hypothèses où il n'existe que très peu de possibilités d'exprimer une idée, l'idée et l'expression fusionnent et ces expressions ne reçoivent alors pas de protection par *copyright* (car sinon la protection légale s'étendrait aux idées) » : P. KAMINA, « Rejet de la protection par *copyright* d'une méthode d'enseignement », préc. ; P. KAMINA, *op. cit.*, p. 165-166.

2 V. *Kregos v. Associated Press*, 937 F.2d 700 (2d Cir. 1991) at 707.

1149. Absence d'œuvre à interpréter. Pour qu'on puisse reconnaître la qualité d'artiste-interprète à celui qui pratique la prière de Jésus, il faut, tout d'abord, être en présence d'une œuvre de l'esprit. Or, cette forme de prière qui doit rester toujours simple et courte se réduit à la *simple invocation* et *répétition* du nom divin par le truchement de l'esprit dans le cœur. Elle se présente comme des « flèches qui vont droit au cœur du Seigneur »[1]. A l'examen, la prière répétée, consiste en des formules d'une grande concision qui, en raison de leurs *banalités*, ne peut s'analyser en une *œuvre* au sens du droit d'auteur. Dès lors, le simple fait de *prier* en répétant inlassablement le seul Nom de Jésus ou en l'associant à d'autres formules d'une dizaine de mots ne saurait conférer la qualité d'artiste-interprète à l'orant, faute d'*œuvre* comme nous l'avons constaté.

1150. Argument du caractère « répétitif mécanique » de la prière. Il est inutile de rappeler que le caractère répétitif de la prière est l'un des éléments qui la caractérise. Or, il ne faut pas abuser de cette technique au risque de distraire l'esprit et de réduire la prière à un simple exercice de répétition mécanique à l'instar d'autres techniques répétitives (tel que le *mantra*). « *Lorsqu'on se situe dans le rituel, plus la répétition est mécanique, réduite à l'acte qu'elle exprime, plus elle devient musicalement apte à se rapprocher du sacré* »[2]. Ce procédé technique de répétitions inlassables priverait-il l'orant de la prière d'investir son invocation de sa personnalité ? En effet, la simple répétition mécanique de la prière de Jésus *n'aboutit à rien*[3]. C'est ainsi qu'il ne s'agit nullement de *créer* par la répétition une *prestation* purement mécanique selon des codes établis mais on enseigne qu'il faut éviter de se borner à répéter, de manière purement mécanique, les formules de la prière, faute de quoi la *finalité* de la prière n'est pas atteinte. On s'accorde sur le fait que la prière de Jésus n'est pas une *incantation* ou une *récitation rythmique* au sens du terme mais une *confession de foi*[4]. De toutes façons, la répétition est intérieure… il n'y a donc pas d'*expression.* En revanche, il y a une expression dans l'*adhân*[5]. Sur le plan juridique, il faut que l'interprétation ne soit pas le résultat d'une simple répétition purement mécanique dans la mesure où le caractère mécanique de la répétition passive

---

1 F. HAIKAL, « Performativité du nom divin en Égypte de l'Antiquité à nos jours », art. préc.

2 E. PRAK-DERRINGTON, *Magies de la répétition*, (chap. 8 « L'incantation »), Préf. de C. HAGEGE, ENS Éditions, Lyon, 2021, p. 299-334.

3 V. Préf. par Mgr K. DE DIOKLEIA du livre d'A. et R. GOETTMANN, *Prière de Jésus, prière du cœur*, *op. cit.* « Une grave déformation fait de la prière la répétition mécanique des formules. Or, selon les maîtres, il ne suffit pas d'avoir la prière, les règles, l'habitude ; il faut devenir prière, être la prière incarnée : faire de sa vie une liturgie, prier avec les choses les plus quotidiennes, vivre la communion incessante » : P. EVDOKIMOV, *La nouveauté de l'Esprit*, *Études de spiritualité*, Abbaye de Bellefontaine, Spiritualité orientale n° 20, Paris, 1977. « Pour entrer en oraison, nous fermons les yeux et prononçons intérieurement soit : "Seigneur Jésus, fils du Dieu vivant, prend pitié de nous" soit simplement le nom divin de Jésus. Il ne s'agit pas d'une répétition mécanique, mais d'une douce invocation dans l'amour et la confiance, qui laisse parfois place à un silence. Lorsque le nom est prononcé, il peut comme s'étendre et s'allonger pendant plusieurs secondes, dans le calme et l'attention paisible. La répétition du nom de Jésus est comme le battement d'ailes qui permet à l'oiseau de s'envoler… » : J.-M. GRAVELET, *Les chemins de prière*, sans éditeur, 2011, p. 17.

4 Préf. par Mgr K. DE DIOKLEIA du livre d'A. et R. GOETTMANN, *Prière de Jésus, prière du cœur*, *op. cit.*

5 V. Sur cette question : Y. OMAR AMINE, « Brèves réflexions sur le droit voisin du *muezzin* sur l'interprétation de l'*adhân* », *Prop. intell.*, 2015, n° 54, p. 101-104.

de la prière peut influer sur l'identification du caractère personnel de l'interprétation et ne pas dégager une expression artistique personnelle.

1151. Argument du caractère « *bref* » de la prière. A cela s'ajoute, le caractère trop *court* et *rapide* de la prière qui constitue l'une des principales caractéristiques la distinguant des autres exercices en tant que message sacré porteur de significations riches et infinies destiné à être communiqué à l'homme afin qu'il puisse en saisir le sens. Si les formules de la prière du cœur peuvent varier, il n'en reste pas moins qu'elles ont une importance dans la spiritualité de l'Orient chrétien qui se caractérise à la fois par leur simplicité et leur brièveté, afin qu'elle puisse être prononcée et répétée intérieurement en permanence, sans interruption et sans distraction de l'esprit. C'est l'un des éléments importants de la forme spirituelle. C'est dans cet esprit qu'il reste à savoir si le fait de répéter une prière d'une *grande concision* un style rythmique ne serait pas en mesure d'identifier « une *interprétation personnelle* ou *originale* » permettant d'exprimer la personnalité de l'orant.

1152. La brièveté ne *chasse* pas la personnalité. De prime abord, la brièveté des formules jaculatoires répétées verbalement ou mentalement ne doit pas, en principe, faire obstacle à la qualification, voire à la protection. Ainsi, à l'instar de l'*adhân*, on ne saurait invoquer la *formule courte* de celui-ci[1] pour lui dénier la qualité d'interprétation dès lors que l'interprète apporte une contribution *originale* et *personnelle*[2]. La brièveté *n'étouffe* donc pas la personnalité de l'artiste dans son interprétation. La jurisprudence française dominante s'inscrit dans cette tendance car elle refuse de retenir, à titre exclusif, le *critère de la durée de la prestation* pour reconnaître la qualité d'artiste-interprète. Ce critère ne peut constituer qu'un *simple indice* pour apprécier l'engagement de la personnalité de l'artiste dans sa prestation.

1153. Position jurisprudentielle. La jurisprudence française s'est déjà prononcée sur la question de la courte durée de la prestation de l'artiste-interprète dans une affaire opposant deux musiciens ayant participé chacun à l'enregistrement d'une chanson à des producteurs de phonogrammes. En l'espèce, la société défenderesse *Pueblo film licensing Ltd* faisait valoir que les deux musiciens ne peuvent se prévaloir de la qualité d'artiste interprète dans la mesure où ils n'ont participé qu'à une seule séance d'enregistrement d'une durée allant d'une demi-heure à une heure et le premier n'intervient que 38 secondes sur une durée de 3 minutes et 17 secondes tandis que l'autre n'intervient que 34 secondes dont 10 secondes sans les chœurs sur une durée de 4 minutes et 25 secondes. A ce titre, leurs participations n'étaient donc que très *accessoires*.

1154. Cependant, le Tribunal de grande instance de Paris, dans un jugement du 24 novembre 2006[3], rejette cet argument et considère que la voix des deux musiciens ayant chacun participé à l'enregistrement d'une chanson était suffisamment *individualisée* dans chacune des œuvres dans lesquelles transparaît ainsi leur

---

[1] V. Y. OMAR AMINE, « Brèves réflexions sur le droit voisin du *muezzin* sur l'interprétation de l'*adhân* », art. préc., p. 103.

[2] V. Par exemple : CA Versailles, 9 avr. 1998, *Juris-Data* n° 1998-055506 ; CA Paris, 25 sept 2009, *Juris-Data* n° 2009-013210, qui fait référence à la contribution personnelle de l'artiste afin de la qualifier d'artiste-interprète, cité par A.-E. KAHN, *J.-Cl. Propr. litt., art.*, Fasc. 1425, préc., 2019, n° 42.

[3] TGI Paris, 3e ch., 2e sect., 24 nov. 2006, RG 04/01771, inédit.

personnalité, et ce, quelque soit la durée de leur prestation dans chacune d'elles. À l'analyse, aucun de ces arguments n'emporte, cependant, la conviction car, comme le souligne les professeurs Vivant et Bruguière : « *la brièveté ne chasse pas la personnalité de la prestation. Tout au plus peut-on prendre en compte cet élément comme un indice* »[1]. C'est ainsi que : « *tout est affaire de proportionnalité entre l'œuvre interprétée, fusse-t-elle de courte durée, et la contribution de l'artiste* » selon Mme le professeur Kahn[2]. A vrai dire, la problématique de la qualification de la prière de Jésus ne consiste pas dans la *brièveté* mais plutôt dans l'*usage intérieur* qui va à l'envers de l'expression.

1155. Originalité de l'interprétation des formules de l'*adhân*[3]. Malgré le fait que l'appel à la prière soit formulé en peu de mots, il n'en reste pas moins que la technique même ainsi que la teneur de l'*adhân* visent à créer un état de recueillement et invitent ainsi les auditeurs au salut de l'âme. Le *muezzin* indique l'heure de la prière en récitant plusieurs formules qui, en milieu sunnite, sont au nombre de sept : 1. « Dieu est très grand » (*Allah akbar*) ; 2. « J'atteste qu'il n'y a point de divinité en dehors de Dieu », première partie de la *shahâda* ; 3. « J'atteste que Mohammed est l'envoyé de Dieu », deuxième partie de la *shahâda* ; 4. « Venez à la Prière » ; 5. « Venez au bonheur ou *falâh* » ; 6. « Dieu est très grand » ; 7. « Il n'y a point de divinité en dehors de Dieu ». C'est dans cet esprit que la question se pose de savoir si l'originalité peut se manifester dans l'interprétation de l'*adhân*. Autrement dit, cette dernière peut-elle atteindre un *niveau artistique* et une *richesse modale* qui pourraient dégager l'*originalité* de la contribution personnelle du *muezzin* ?

1156. Ainsi, on ne saurait invoquer la formule courte de l'*adhân* pour lui dénier la qualité d'interprétation dès lors que le *muezzin* apporte une contribution *originale* et *personnelle*. En revanche, nous allons remarquer que l'interprétation de l'*adhân*, par les termes qui le composent et sa formulation, peut faire preuve d'originalité et porter ainsi l'empreinte de la personnalité de l'interprète[4]. On s'aperçoit que les formules et les paroles de l'*adhân* occupent une place importante afin de faire comprendre aux auditeurs les mots employés. Si le but de l'*adhân* est, en effet, d'annoncer un message, cela ne signifie pas, cependant, que n'importe quelle personne pourra appeler à la prière, voire se voir reconnaître la qualité d'artiste-interprète. En effet, un bon *muezzin* doit être doué d'une voix sonore *murtafi'* (haute) et posséder une belle voix. Le Prophète avait dit : « Lève-toi, Bilâl et appelle à la prière, tu as une voix qui porte (*andâ*) plus que la sienne ». On en déduit donc que les *muezzins*, au vu de leur rôle très significatif, doivent être sélectionnés parmi les personnes qui ont la voix puissante, sonore, et agréable. On comprend alors qu'Omar Ibn Abd Al-Azîz disait : « Exécute l'*adhân* d'un ton naturel (*sameh*), sinon vaque à autre chose ». Tout cela devrait *jouer* en faveur de l'*originalité* de l'*adhân*.

---

1 M. VIVANT et J.-M. BRUGUIERE, *op. cit.*, p. 1085, n° 1239. V. Aussi au sujet de la protégeabilité des *tweets* par le droit d'auteur : M. VIVANT et J.-M. BRUGUIERE, *op. cit.*, p. 177, n° 157.

2 A.-E. KAHN, *J.-Cl. Propr. litt., art.*, Fasc. 1425, préc., 2019, n° 67.

3 Sur l'étude détaillée de cette question qu'il est inutile d'analyser dans le cadre de notre étude, nous nous permettons de renvoyer le lecteur à notre article : Y. OMAR AMINE, « Brèves réflexions sur le droit voisin du *muezzin* sur l'interprétation de l'*adhân* », art. préc., p. 103 et 104.

4 Y. OMAR AMINE, « Brèves réflexions sur le droit voisin du *muezzin* sur l'interprétation de l'*adhân* », art. préc., p. 103 et 104.

Figure 25 — Récapitulation de la qualification de la pratique du Yoga et de la prière de Jésus à l'épreuve de la propriété littéraire et artistique/ *copyright*		
Pratique spirituelle	**Yoga**	**Prière de Jésus**
Eléments caractéristiques	Exercices, postures (asanas), respirations, méditations	Invocations, répétition de formules, rythme respiratoire, contemplations, exercices
Nature	Technique et méthode de méditation	Méthode d'oraison/de prière
Catégories juridiques (envisageables)	Arts d'expression corporelle Œuvre chorégraphique et dramatique	Œuvre/interprétation
Protégeabilité	Non/incertaine	Non
Qualification	Simple « procédé », « méthode », « technique », destinée à *engendrer* un *effet spirituel*	
Voie subsidiaire (envisageable) au droit d'auteur/ *copyright*	Mode de protection non privatif (L'action en parasitisme et en concurrence déloyale)	

TITRE II. MANIFESTATIONS SPECTACULAIRES INSPIREE/STIMULEE PAR UNE FORME SPIRITUO-EXTATIQUE

1157. Des *manifestations spectaculaires*. Il existe d'autres manifestations *spirituelles* et *corporelles* où la *forme processuelle*, destinée à être mise en œuvre par un pratiquant pour obtenir une transformation (mentale ou physique), est offerte en *spectacle*, par des pratiquants, à des non-pratiquants comme les « spectacles » de *derviches tourneurs*, de *dhikr*, *chœurs religieux*, cérémonie religieuse de *mawlids*[1] qui commémorent la naissance du Prophète (*mawlid al-nabî*), les membres de sa famille ou d'un saint… Ces manifestations (également publiques) sont donc destinées à être communiquées à un public…[2] Dès lors qu'il y a spectacle, il est rare que ce soit la *pratique nue* qui soit communiquée. En général, la pratique est l'argument d'une *forme spectaculaire* créée pour l'occasion (chorégraphie, mise en scène…).

1158. La « forme spectaculaire ». Par ce terme, il ne faut pas entendre que les manifestations sont naturellement destinées au spectacle, mais seulement qu'elles peuvent attirer l'*attention* ou même susciter de l'*attrait* pour des spectateurs, même si ce n'est pas leur *finalité* parce qu'elles ne cherchent pas à exprimer quelque chose à l'égard des tiers mais seulement à *intérioriser* le pratiquant. Mais l'*esprit* et le *corps* étant co-dépendants, certaines modifications de l'esprit peuvent être obtenues par une

---

1 Le terme « *mawlid* » signifie littéralement « naissance ». V. R. CHIH, « La célébration de la naissance du Prophète (*al-Mawlid al-nabawî*) », *Archives de sciences sociales des religions*, juill.-sept. 2017, n° 178, p. 177-194. Selon Ahmad AMIN : « chez les Égyptiens, les *mawlid-s* sont la commémoration de l'anniversaire d'un saint » : « *Al-mawâlid* », *in* A. AMIN, *Dictionnaire des coutumes, des traditions et des expressions égyptiennes* (*Qâmûs al-'adât wa-l-taqâlîd wa-l-ta'âbîr al-misriyya*), *op. cit.*, p. 383. La fête du *Mawlid* remonte au début du XIIIe siècle. Il s'agit d'une manifestation de la religiosité populaire, voire une forme d'expression de la piété populaire dédiée à l'amour, à la dévotion du Prophète et aux saints ; c'est une sorte de propriété collective d'un type à définir de la collectivité qui s'y adonne puisque l'on attribue au peuple (*al-'âmma*). C'est caractéristique de la propriété des formes traditionnelles ou folkloriques. Il existe plusieurs *mawâlid* notamment le *mawlid* du Prophète, celui de sayyid al-Badawî, d'al-Husayn, de sayyida Zaynab et de sîdî Ibrâhîm al-Fâr. Il convient de remarquer que l'amour porté au Prophète ainsi qu'aux saints est considéré comme une forme de réalisation spirituelle aux yeux des soufis. Soumise à une autorisation officielle, la célébration des *mawlid-s* est « coordonnée et supervisée par la *mashyakhat al-Turuq al-Sûfiyya*, en consultation avec le ministère des *Awqâf*, de façon à empêcher des chevauchements et à assurer l'ordre public » : H. FUCHS et F. DE JONG, art. « *Mawlid* », *in E.I.*[2], t. VI, p. 888. « Le nombre des *mawlid* en Égypte échappe à toute évaluation précise, mais il est imposant d'après les communiqués du ministère des *Waqf*, il y a chaque année plus de quarante commémorations de la naissance de saints, membres de la famille du Prophète et soufis célèbres pour la plupart. À cela, il faut ajouter, d'après le Conseil supérieur soufi, au moins quatre-vingt *mawlid* de saints fondateurs de confrérie. On arrive donc au chiffre minimum de 120 *mawlid* par an en Égypte, c'est-à-dire de dix *mawlid* chaque mois. Mais, d'après *Akhbâr al-Yawm*, le nombre annuel des *mawlid* célébrés en Égypte doit être estimé à trois mille. Ce chiffre est certainement exagéré à dessein » : P.-J. LUIZARD, « Le soufisme égyptien contemporain », art. préc., n° 35.

2 V. J. EDELMAN, C. CHAMBERS, and S. DU TOIT (ed.), *Performing Religion in Public*, Plagrave Macmillan, UK, 2013.

discipline du corps (tout comme certains dénouements au sein de l'esprit, libère les fonctions corporelles[1]).

1159. Des cérémonies-spectacles. Si l'Islam n'est pas porté aux *cérémonies-spectacles*[2], il n'en reste pas moins qu'il connaît quelques cérémonies religieuses au cours desquelles se tiennent des fêtes telles que les *mawlids*, les cérémonies des derviches tourneurs[3], etc. Ce sont bien des *formes*, souvent très élaborées, colorées, bruyantes, donc très *spectaculaires*, au sein desquelles, on peut être *acteur* ou *spectateur* ; leur *finalité* n'est pas le spectacle mais elles en offrent un ![4] Aujourd'hui, l'examen de certaines

---

1 V. « Médecine psychosomatique » mise à jour par G. GRODDECK au début du XXe siècle : G. GRODDECK, *La maladie, l'art et le symbole*, Gallimard, Paris, 2012 ; du même auteur, *Conférences psychanalytiques à l'usage des malades*, éd. Champ libre, Paris, 1981.

2 Le Christianisme (surtout orthodoxe) davantage.

3 La littérature soufie n'hésite pas à qualifier certaines cérémonies de danses des derviches tourneurs comme un « spectacle ».

4 L'un des caractéristiques du *mawlid* est l'aspect festif qui est conçu la plupart du temps comme une fête ou un carnaval. Au début du XIXe siècle, l'orientaliste anglais E. W. LANE (1801-1876) avait déjà mis l'accent sur « le spectacle de lumière créé pendant le *mawlid* d'al-Husayn qui brillait de l'éclat des nombreux chandeliers allumés pour l'occasion dans tous les bazars du *Khân al-Khalili* ; il décrit la beauté des chants et des récitations des *cheikhs*, la sensualité des danseuses, la grâce des chevaux qui effectuaient des pas de danse, ou celle des ruraux qui s'adonnaient à la danse des bâtons (*tahtîb*) » : R. CHIH, *Soufis et confrérie mystique dans l'Égypte contemporaine, Transmission de la culture religieuse et appropriation sociale de l'espace*, thèse, Provence Aix-Marseille 1, 1996, p. 283. « Le *mawlid* comprend aussi un récit hagiographique psalmodié *recto tono*. Il comporte également un ensemble d'hymnes chanté, à la mosquée mais hors du service liturgique, ou chez un particulier qui en fait la demande afin d'exaucer un vœu. [...] Le *mawlid* n'est alors plus une commémoration annuelle, mais devient à la demande une réunion semi-sacrée, où l'on chante l'hymnologie a capella ou avec l'accompagnement de tambour sur cadre (*mazhar*, ou *duff*). On peut aussi y joindre des instruments, ce qui dénote un certain modernisme » : C. POCHE, *Dictionnaire des musiques et danses traditionnelles de la méditerranée*, *op. cit.*, p. 265. Rappr. avec « le pèlerinage annuel au mausolée de Sidi 'Abd el-Qader Ben Mohammed dit "Sidi Cheikh" (également dénommé "Rekb Sidi Cheikh" » en Algérie qui a été inscrit en 2013 (8.COM) sur la liste représentative du patrimoine culturel immatériel de l'humanité de l'UNESCO. Il comprend des pratiques, des rites et des savoir-faire : tous les rituels, religieux et profanes afférents à la manifestation ; les visites des pèlerins au mausolée ; les récitations du Coran en chœur ; les hymnes à Sidi Cheikh ; les danses ; les jeux équestres ; les jeux d'escrime ; l'offre de nourriture ; les savoir-faire liés aux costumes masculins et féminins ; les savoir-faire liés à l'organisation de la manifestation ; les savoir-faire liés au harnachement des chevaux ; les savoir-faire liés à la course de chevaux (Décision du ministre de la Culture de la République Algérienne démocratique et populaire n° 086 du 2 octobre 2010). « Rakb Sidi Cheikh est un pèlerinage organisé par les communautés nomades et sédentaires appelées Ouled Sidi Cheikh, qui descendent d'un grand soufi (mystique musulman) Sidi 'Abdelqader Ben Mohammed dit Sidi Cheikh né en 1532 à l'ouest de l'Atlas saharien en Algérie, mort aux environs de Stiten en 1616, et enterré à el Abiodh Sidi Cheikh, où il a son mausolée. Le pèlerinage rassemble des communautés affiliées à la confraternité soufie dite "*cheikhiya*" fondée par Sidi Cheikh. Il a lieu au mausolée de ce dernier, pendant trois jours, à partir du dernier jeudi de juin de chaque année. Il consiste en rituels religieux et manifestations profanes festives : - la visite des pèlerins au mausolée : ils y récitent des versets du *Qoran*, prient et méditent. C'est un lieu de haute spiritualité. - "*Selka*", qui consiste à réciter le *Qoran* en chœur pendant toute la nuit du jeudi au vendredi. Au petit matin, a lieu une cérémonie appelée "*el khatima*", qui consiste à renouveler l'affiliation des communautés à la confraternité soufie "*cheikhiya*". - Les hymnes à Sidi Cheikh et danses de femmes dite "*saf*" à la *zaouiya* (institution d'hospitalité universelle) "*Lalla Rabi'a*", ainsi que la danse guerrière dite "*alaoui*". - Les jeux équestres qui mobilisent plus de trois cents cavaliers venant de toutes les communautés affiliées à la confraternité. - Les jeux d'escrime qui

pratiques spirituelles ou cérémonies religieuses nous montre que leur finalité a été détournée de sorte qu'elles ne sont plus appréhendées comme des *cérémonies religieuses* mais à titre de *spectacle* affecté d'une *dimension festive*[1].

1160. Délimitation du titre. Nous nous bornerons à analyser de manière détaillée la *danse des derviches tourneurs* qui est considérée comme l'une des figures les plus emblématiques de la *danse sacrée/rituelle*[2] car il est inutile d'analyser les *mawlids* qui reposent sur une liturgie comprenant souvent des séances de chants, de danses accompagnées de tambourins et de percussions[3] à l'instar de la pratique du *dhikr* que nous avons déjà analysée. Dans ce titre, nous allons traiter les *disciplines/pratiques corporelles*, non en tant que *méthodes* pour modifier les états d'être, mais en tant que *manifestations extérieures* susceptibles de *fixation* (enregistrement) ou d'*observation* (spectacle).

---

consistent à se battre avec des bâtons sans se blesser. - la commensalité qui est l'offre de nourriture aux pèlerins et à tous les visiteurs étrangers » : Dossier de candidature de l'Algérie n° 00660 pour l'inscription sur la liste représentative du patrimoine culturel immatériel de l'humanité en 2013 (RL2013 –00660), p. 3 et 4.

1 À titre d'exemple, s'agissant de la cérémonie *Mevlevi* « le *Sema* », on rapporte que : « les politiques de sécularisation ont conduit à la fermeture de tous les mevlevihane en 1925. Dans les années 1950, le gouvernement turc a de nouveau autorisé les cérémonies, mais seulement en public, avant de lever cette restriction dans les années 1990. Certains groupes privés s'efforcent de redonner à la cérémonie du *Sema* son caractère spirituel et intime original. Mais les trente années de pratique clandestine ont privé le *sema* d'une partie de sa signification religieuse, la transmission ayant été axée sur la musique et les chants au détriment des traditions spirituelles et religieuses. Aujourd'hui, nombre de cérémonies ne se déroulent plus dans leur contexte traditionnel mais devant un public de touristes et ont été raccourcies et simplifiées pour répondre aux exigences commerciales ». V. Le site du patrimoine culturel immatériel de l'UNESCO : https://ich.unesco.org/fr/RL/le-sema-crmonie-mevlevi-00100?RL=00100

2 Il convient de remarquer qu'il existe 31 danses rituelles qui sont inscrites sur la liste représentative du patrimoine culturel immatériel de l'humanité de l'UNESCO : La danse *budima* - Zambie (2020) ; La danse *mooba* du groupe ethnique lenje dans la province Centrale de Zambie - Zambie, les expressions rituelles et festives de la culture congo - Panama, le *lkhon khol* de Wat Svay Andet - Cambodge (2018) ; La danse rituelle au tambour royal - Burundi, la *tchopa*, danse sacrificielle des Lomwe du sud du Malawi - Malawi (2014) ; Le *Nachi no Dengaku*, art religieux du spectacle pratiqué lors de la « fête du feu de Nachi » - Japon (2012) ; Le *Sada Shin Noh*, danse sacrée au sanctuaire de Sada, Shimane - Japon (2011) ; La danse des ciseaux - Pérou, le *Semah*, rituel Alevi-Bektaşi -Turquie (2010) ; L'*Akiu no Taue Odori* - Japon, la cérémonie rituelle des *Voladores* - Mexique, la danse des fermiers du groupe ethnique coréen en Chine - Chine, la danse traditionnelle *Ainu* - Japon, le *Chakkirako* - Japon, le *Cheoyongmu* - République de Corée, le *Dainichido Bugaku* - Japon, le *Ganggangsullae* - République de Corée, le *Nestinarstvo*, messages du passé : le *panagyr* des saints Constantin et Hélène dans le village de Bulgari - Bulgarie (2009) ; La danse des masques des tambours de Drametse - Bhoutan, la danse *Mbende Jerusarema* - Zimbabwe, le festival Danoje de Gangneung - République de Corée, le *Gule Wamkulu* -Malawi – Mozambique – Zambie, le rituel du *Căluş* - Roumanie, le *Sema*, cérémonie Mevlevi - Turquie, le *Vimbuza*, danse de guérison - Malawi (2008).

3 À titre d'exemple, on rapporte dans le *mawlid* du Prophète (*mawlid al-nabî*) que : « Les hommes des confréries soufies se réunissaient à *Bâb al-Khalq*, chaque communauté avec ses bannières et ses instruments de musique (*al-ashâyir*). Ils avançaient en formant une grande procession, chaque cortège entonnant les chants qui lui étaient propres, sur des airs particuliers joués au tambour et sur la *bâza*, un instrument à percussion en cuivre, jusqu'à ce qu'ils parvinssent à la « présidence » des ordres soufis (*mashîra al-Vûfiyya*) dans la demeure *al-Bakrî*. On récitait la *fâtiha* et des prières (*Salawât*). Le sayyid al-Bakrî proclamait l'ouverture du *mawlid* ».

1161. Plan. C'est dans ces conditions qu'il convient, tout d'abord, d'analyser la pratique « nue » de la danse soufie des derviches tourneurs, en dehors de tout *contexte spectaculaire*, afin de s'attarder à sa qualification juridique (Chapitre I), avant d'explorer quelques nouvelles pratiques de *cérémonies-spectacles* de derviches tourneurs qui ne cessent de *transcender* la tradition et de se renouveler à travers différents genres en tant que « formes spectaculaires » susceptibles d'être éligibles à la protection du droit de la propriété littéraire et artistique (Chapitre II).

CHAPITRE I
LA DANSE DES DERVICHES TOURNEURS EN QUETE DE QUALIFICATION

1162. Danse extatique en tant que voyage *symbolisant* l'ascension spirituelle. Abû Bakr affirmait que : « *La danse c'est l'élévation du corps et sa retombée* »[1]. D'aucuns estiment que cette assertion « inscrit le corps dans un mouvement réalisé en deux temps : ascensionnel du bas vers le haut, puis sa chute vers le bas. L'observation de la danse sacrée un peu partout dans le monde arabe corrobore cette assertion mais aussi la nuance »[2]. C'est dans cet esprit que la danse dans la mystique musulmane ne se présente plus comme un simple *mouvement corporel* ou *exercice physique* effectué de manière collective par les initiés mais comme une forme de *prière* ou *technique d'extase* et de *transe* qui est le résultat de la participation du corps à l'*expérience immatérielle* et *spirituelle*, voire à un *voyage initiatique*[3], visant à entrer en communion avec le monde divin. Envisagée comme une démonstration de l'amour infini envers Dieu[4], la danse extatique des ordres soufis illustre bel et bien ce *voyage spirituel*, qui, est considérée comme « *une mise en scène de la reconnaissance de la puissance de Dieu sur les âmes* »[5].

1163. Une *danse folklorique* sacrée faisant partie de l'héritage de la confrérie des *Mevlevis*. Cette danse rituelle sacrée[6] constitue l'une des principales caractéristiques de la confrérie des *Mevlevis*[7], connu sous l'appellation des « derviches tourneurs »[8] (*Mawlawiyya*). Elle porte le nom de *Samâ*[9] (en turc : *semâ*) qui signifie « audition divine ou spirituelle ». La danse des derviches trouve son fondement dans

---

1 IBN MANZUR s.d., VII-43.

2 C. POCHE, « La danse arabe : quelques repères », *in* D. HENNI-CHEBRA et C. POCHE (dir.), *Les danses dans le monde arabe ou l'héritage des almées*, *op. cit.*, p. 30.

3 « Le voyage initiatique n'est pas une idée qui a pris naissance à l'écart de la Révélation, car elle trouve son fondement dans le Coran et dans la tradition soufie. Le *mi'râj*, l'ascension au ciel de Muhammad, est le modèle de tout voyage mystique ou initiatique » : A. F. AMBROSIO, E. FEUILLEBOIS-PIERUNEK et Th. ZARCONE, *Les derviches tourneurs : doctrine, histoire et pratiques*, *op. cit.*, p. 162.

4 A. SHILOAH, *La musique dans le monde de l'Islam*, *op. cit.*, p. 297.

5 A. F. AMBROSIO, E. FEUILLEBOIS-PIERUNEK et Th. ZARCONE, *op. cit.*, p. 159.

6 V. M. MOLE, « La danse extatique en Islam », *in* J. CAZENEUVE, *Les Danses sacrées*, *op. cit.*, p. 229 et s. ; E. DE VITRAY-MEYEROVITCH, *Konya ou la danse mystique*, Éd. Jacqueline Renard, Paris, 1989 ; J. DURING, *Musique et extase. L'audition mystique dans la tradition soufie*, Albin Michel, Paris, 1988.

7 V. Th. ZARCONE, « La Mevleviye, confrérie des derviches tourneurs », *in* A. POPOVIC et G. VEINSTEIN, *Les Voies d'Allah*, *op. cit.*, p. 504 et s.

8 V. C. POCHE, *Dictionnaire des musiques et danses traditionnelles de la méditerranée*, *op. cit.*, p. 141 et s. ; M. CHEBEL, *Dictionnaire des symboles musulmans*, *op. cit.*, p. 134. « Derviche (du persan *darwîsh*) : signifie littéralement "pauvre", "humble", c'est-à-dire "pauvre de Dieu" » : N. CLAYER et Th. ZARCONE, « Petit dictionnaire du soufisme et des confréries », *in* A. POPOVIC et G. VEINSTEIN, *Les Voies d'Allah*, *op. cit.*, p. 621.

9 « Ce terme a fini par désigner la danse, accompagnée de musique, que les derviches pratiquent pour faciliter leur fusion avec le divin » : N. CLAYER et Th. ZARCONE, « Petit dictionnaire du soufisme et des confréries », *in* A. POPOVIC et G. VEINSTEIN, *Les Voies d'Allah*, *op. cit.*, p. 632.

l'œuvre du poète, mystique et du maître spirituel persan *Mawlânâ* Jalâl al-dîn Rumî[1] (1207-1273) qui l'a institué à Konya au XIIIe siècle et elle fut codifiée après sa mort, voire même *chorégraphiée*. Cette danse giratoire considérée comme l'une des figures les plus emblématiques de la danse sacrée « *n'est qu'une parcelle de la danse éternelle à laquelle l'âme est destinée à se joindre un jour* » selon Rumî[2]. Cette danse *folklorique* fait partie de l'*héritage culturel* des confréries soufies qui a été transmise de génération en génération. Il intéressant de remarquer que la cérémonie *Mevlevi* du *Samâ* a été inscrite en 2008 sur la liste représentative du patrimoine culturel immatériel de l'humanité de l'UNESCO[3].

1164. Plan. En termes juridiques, la question se pose ainsi de savoir si cette danse extatique symbolisant la *giration*, qui est grevée/superposée d'un niveau de *forme spirituelle*, peut être protégée en tant qu'objet potentiel de droit par la propriété littéraire et artistique. Pour être en mesure de répondre à cette question, il convient, dans un premier temps, d'analyser et décomposer le *processus d'élaboration* de cette danse tournoyante, y compris la *technique de rotation* mise en œuvre (Section I), pour, ensuite, se livrer, dans un second temps, à l'*opération de sa qualification* tant sur le plan du *droit d'auteur* que sur celui des *droits voisins* (Section II).

---

1 Il convient de remarquer que certains estiment que ce n'est pas RUMI qui a instauré cette danse puisqu'elle se pratiquait déjà au cours de séances de musique spirituelle (*samâ'*) : E. GEOFFROY, *Initiation au soufisme*, *op. cit.*, p. 138.

2 Cité par J. DURING, *Musique et extase*, *op. cit.*, p. 200.

3 Troisième session du Comité intergouvernemental (3.COM) qui s'est tenue à Istanbul, du 4 au 8 nov. 2008.

SECTION I.
LA DECOMPOSITION DU PROCESSUS DE LA DANSE EXTATIQUE

1165. Plan. En réalité, la danse tournoyante des derviches tourneurs ne *se concrétise* pas dans une simple « *forme gestuelle* » (§ 1) symbolisant le mouvement de l'*ascension spirituelle*, mais elle est appréhendée *ab initio* comme un moyen ou une technique visant à atteindre l'*extase*, voire une sorte de *prière spirituelle*, qu'il est possible de nommer en tant que « *forme extatique* » (§ 2), laquelle se produit par le *tournoiement symbolique* du derviche tourneur sur lui-même, très *expressive* en tant que telle.

§ 1. UNE FORME GESTUELLE SYMBOLIQUE

1166. Plan. Cette danse cosmique fait appel à une sorte de *gestuelle symbolique* qui se caractérise par une forme particulière de mouvements giratoires sous la forme de cercles « *halqa* » concentriques (A). Elle repose sur une *forme* symbolique *de rotation* (*dawarân*) purement technique des derviches tourneurs qui recherchent l'extase *en tournant* sur eux-mêmes (B). La quête de l'extase est atteinte à travers le *mouvement spirituel.*

A. La circularité du mouvement

1167. Chorégraphie cosmique du cercle. Selon la conception musulmane, « *l'univers créé par Dieu est mû par un mouvement circulaire* »[1]. Il suffit de jeter un coup d'œil sur les pratiques rituelles collectives pour constater que la notion de *giration* et de *cercle* imprègne l'ensemble des arts islamiques[2]. Dans la danse des derviches tourneurs, ils tournent en cercle sur deux orbites à l'instar des *planètes* autour du *pôle*[3] comme en témoigne la figure ci-dessous[4]. A l'image des *planètes* du système solaire, la danse consiste en une imitation symbolique des corps célestes gravitant autour du soleil. En effet, la danse des derviches imite le double mouvement de la Terre sur elle-même et autour du Soleil… Ce mouvement universel qu'imite aussi la valse est absolument fondamental en Astrologie car il détermine les deux repères fondamentaux sans lesquels on ne peut rien pronostiquer : le cercle du Zodiaque (mouvement de révolution) et cercle des Maisons (mouvement de rotation sur elle-même)… Le second spécifiquement en relation avec la conscience est celui sur lequel insistent les derviches pour atteindre l'extase… A l'examen, le derviche en tournant sur lui-même procède en *deux étapes* : la création d'une *ligne* d'une part et le dessin d'un *cercle* d'autre part. C'est ainsi que « le point de départ, symbole de l'Origine, en tournoyant sur lui-même crée une ligne : celle-ci correspond au voyage initiatique. Puis la ligne dessine

---

[1] P. RINGGENBERG, *L'univers symbolique des arts islamiques*, *op. cit.*, p. 433.

[2] P. RINGGENBERG, *L'univers symbolique des arts islamiques*, *op. cit.*, p. 435 et s. V. A. THURIES, « Le mouvement circulaire, du rite au ballet », *Déméter* (Revue électronique du Centre d'Étude des Arts Contemporains), Actes de la journée d'étude « Le Mandala et ses figures dans la modernité artistique », 2013 http://demeter.revue.univ-lille3.fr/lodel9/index.php?id=274

[3] Cette notion de *Qutb* est importante dans le soufisme. Le philosophe français René GUENON (appelé après sa conversion à l'Islam *cheikh* 'Abd-Al-Wâhid YAHYA) en parle.

[4] Source : P. RINGGENBERG, *L'univers symbolique des arts islamiques*, *op. cit.*, p. 443.

un cercle, celui de la danse cosmique qui aspire à revenir à son Origine-Principe à travers une mort avant tout mystique »[1].

Figure 26 — Représentation du mouvement circulaire de la danse des derviches tourneurs tournant en cercle sur deux orbites à l'instar des planètes autour du pôle

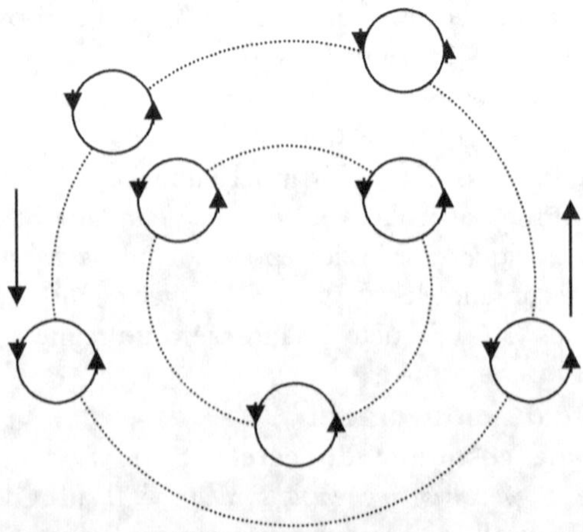

1168. À la suite de deux séjours en Égypte durant la période de 1825 à 1828 et de 1833 à 1835, l'orientaliste anglais Edward Lane décrit la pratique *spectaculaire* de la danse des derviches tourneurs de la manière suivante :

« Les derviches qui formaient un large cercle (lequel entourait quatre des piliers de marbre du portique) commencèrent alors leur *dhikr*, s'exclamant à maintes et maintes reprises "*Allah* !". A chaque exclamation, ils inclinaient leur tête et leur corps et faisaient un pas sur la droite ; ainsi le cercle tournait rapidement. Dès qu'ils eurent débuté cet exercice, un autre derviche, un Turc de l'ordre des derviches tourneurs, se mit à tourner au centre du cercle, utilisant ses deux pieds pour se donner du mouvement, les bras étendus ; le mouvement s'accéléra et sa robe se déploya comme une ombrelle. Il continua à tourner ainsi dix minutes environ, après quoi il s'inclina devant son supérieur, lequel se tenait dans le grand cercle, puis, sans montrer le moindre signe de fatigue ou d'étourdissement, il rejoignit les derviches dans le grand cercle. Ils avaient alors commencé à prononcer le nom de Dieu avec plus de véhémence, et à sauter sur le côté au lieu de marcher. Après [la danse du derviche tourneur], six autres derviches formèrent, à l'intérieur du grand cercle, un autre cercle plus petit, chacun plaçant ses mains sur les épaules du suivant. Ainsi disposés, ils effectuèrent une révolution similaire à celle du grand cercle, mais bien plus rapide, répétant également les mêmes exclamations "*Allah*" avec une célérité proportionnellement plus grande. Ce mouvement dura à peu près le même temps que les tours du derviche solitaire, après quoi le groupe entier s'assit pour se reposer. Ils se relevèrent un quart d'heure plus tard et exécutèrent le même exercice une seconde fois »[2].

1169. Métaphore cosmique. Ces passages nous montrent que la danse extatique se caractérise par la *formation d'un cercle* autour duquel les derviches tournent sur eux-mêmes comme une *toupie*. « *Chaque danseur non seulement suit une trajectoire circulaire, mais tourne autour de son propre axe, si bien que par la rotation sa robe blanche se soulève et forme une*

---

1 A. F. AMBROSIO, E. FEUILLEBOIS-PIERUNEK et Th. ZARCONE, *op. cit.*, p. 168.

2 E. W. LANE, *An Account of the Manners and Customs of the Modern Egyptians. Written in Egypt during the years 1833-34 and 35, partly from notes made during a former visit to that country in the years 1825, 26, 27 and 28*, vol. 2, Charles Knightand and Co, London, 1836, p. 426-427.

corolle tournoyant dans l'air. Chaque danseur élève ses bras, tourne sa main droite vers le haut, symbole du Ciel et du Divin, tourne sa main gauche vers le sol, symbole de la Terre et de l'humain »[1]. Ces mouvements représentent les étapes du *voyage intérieur.*

1170. Danse extatique, *centripète* de l'énergie spirituelle. La forme extatique est recherchée à travers la libération de l'*âme* et de ses *nafs* (âme charnelle et ego) en *reproduisant* le voyage initiatique[2] spirituel par le tournoiement du corps des derviches tourneurs sur soi-même dans les cercles qui les ramènent dans ce bas monde vers l'Origine dont la danse est l'épiphénomène qui produit une dés-altération spirituelle[3]. Cette assertion s'inscrit dans la conception de l'école d'Ibn 'Arabî qui conçoit l'être sous la forme d'un cercle qui revient toujours à son origine :

« *Comme la ligne du cercle qui revient constamment sur elle-même, ainsi le derviche dessine des cercles qui sont l'image de cette unicité de l'être.* L'être créé que le danseur a sous ses yeux, pendant qu'il danse, est donc celui de l'Univers qui manifeste quelque chose de l'être unique de Dieu »[4].

B. La technique de rotation et de tournoiement du corps

1171. Paroxysme d'une *rotation frénétique*. En réalité, la rotation frénétique du danseur n'est qu'une technique spirituelle exécutée selon un rythme particulier (d'abord d'un mouvement doux et lent puis il s'accélère au fur et à mesure) dans le but de conduire le derviche tourneur à entrer *in fine* dans un *état de transe* et d'*extase*[5] mystique. Cette technique met le corps de l'interprète en une sorte d'*immobilité* qui est générée par cette résistance au mouvement se trouvant emprisonné dans son espace et soumis à la contrainte physique. « Les derviches recherchent l'extase en tournant sur eux-mêmes, selon un mouvement qu'accélèrent des battements de tambour toujours plus précipités. La panique et l'hypnose de la conscience sont atteintes par le paroxysme d'une rotation frénétique, contagieuse et partagée »[6]. L'état d'extase intérieure n'est donc que le résultat de ce *tournoiement* et de la *mise en scène* de ce mouvement d'amour divin (ou désir « *'ishq* »)[7]. Autrement dit, la danse giratoire du

---

1 P. RINGGENBERG, *L'univers symbolique des arts islamiques*, *op. cit.*, p. 443.

2 V. Sur ce voyage initiatique : A. F. AMBROSIO, E. FEUILLEBOIS-PIERUNEK et Th. ZARCONE, *op. cit.*, p. 160 et s. ; M. A. AMIR-MOEZZI (dir.), *Le voyage initiatique en terre d'Islam : ascensions célestes et itinéraires spirituels*, Cerf, Paris, 2015, p. 239-250 ; H. TOUATI, *Islam et voyage au Moyen-Age. Histoire et anthropologie d'une pratique lettrée*, Seuil, Paris, 2000 ; IBN 'ARABI, *Le dévoilement des effets du voyages*, trad. fr. de D. GRIL, L'Eclat, Nîmes, 1994.

3 V. J. R. MICHOT, « Dés-altération et épiphanie : une lecture avicennienne de la danse mevlevie », *in 6. Millî Mevlana Kongresi*, Selçuk Üniversitesi, 24-25 Mayis 1992, Konya, p. 25-33.

4 A. F. AMBROSIO, E. FEUILLEBOIS-PIERUNEK et Th. ZARCONE, *op. cit.*, p. 164.

5 L'état d' « extase », selon le dictionnaire *Le Robert*, est l'« état dans lequel une personne se trouve comme transportée hors de soi et du monde sensible ». En matière d'extase mystique, le dictionnaire nous donne quelques termes qui y font allusion : (contemplation, ravissement, transport et vision). Le terme vient du latin *ex-*, qui signifie « en dehors », et *sto, stas, stare*, c'est être en dehors de soi-même.

6 R. CAILLOIS, *Jeux et sports*, Encyclopédie de la Pléiade, Gallimard, Paris, 1967, p. 169.

7 « L'amour humain est de deux sortes : l'amour véritable (*'ishq-i haqîqî*) ou l'amour pour Dieu, et l'amour métaphorique ou de substitution (*'ishq-i majâzî*), qui est l'amour pour une créature. En réalité, tout amour retourne finalement à Dieu, puisque tout ce qui existe est une manifestation de Lui » : E. FEUILLEBOIS-PIERUNEK, « Chapitre 1 : Rumî (1207-1273) : poète et mystique », *in* A. F. AMBROSIO, E. FEUILLEBOIS-PIERUNEK et Th. ZARCONE, *Les derviches tourneurs : doctrine, histoire et pratiques*, *op. cit.*, p. 60.

corps en mouvement du derviche, comme *support de création*[1] en transe, est destinée à purifier les images qui inondent la *forme interne*, voire l'esprit et l'intellect[2]. Elle est ainsi une épiphanie du flux créateur[3].

1172. Rotation en tant que *fait générateur* d'énergie. Quant au sens de la rotation[4] frénétique, elle est en soi un *fait générateur* d'énergie qui assume une valeur mystique à l'image des corps célestes. La technique de rotation est utilisée afin d'illuminer le *corps* et l'*esprit* en tournant sur soi-même. « Tourner exprime l'adhésion de l'esprit à Dieu par son mystère et son être, alors que les sauts du derviche indiquent qu'il est attiré vers l'Unicité divine et qu'il peut aussi refléter ses effets sur les êtres qui lui sont proches »[5]. Par son tournoiement, « le derviche tourneur incarne le double chemin que suit l'âme humaine et, une fois sur terre, le derviche peut dessiner, par sa danse, le mouvement qui se produit dans l'univers »[6]. En un mot, le derviche dessine des mouvements géométriques (circulaires) sacrées dans l'espace.

1173. Mise en œuvre d'un « *savoir-tourner* ». En effet, pour réaliser la rotation frénétique, le derviche tourneur fait le plus souvent appel à un « *savoir-tourner* » physique afin d'éviter la sensation de vertige ou de nausée et de maîtriser son corps durant le processus de tournoiement pour céder la place à la *libération de l'âme*. Selon certains, « *il faut également savoir contrôler ce mouvement extatique, apprendre à le seconder*. S'il s'agit d'une agitation, le soufi doit suivre le mouvement, s'il s'agit d'un état de tranquillité, il ne faut pas chercher à bouger (*raqs*) »[7]. Il est certain que la technique de rotation exige de la part du soufi des *qualités particulières* (physiques, émotionnelles et mentales) qu'il infuse dans la *forme interprétative* géminée (interne et externe) afin de préparer l'esprit et son corps à une telle *expérience spirituelle* par le biais des exercices gymniques et une technique de respiration. C'est ainsi que l'accès à l'état d'exaltation et de transe par la danse suppose une préparation *physique*, *émotionnelle* et *mentale*.

§ 2. … AU SERVICE DE LA FINALITE EXTATIQUE

1174. Plan. Il est ainsi question d'une procédure de création, voire de tournoiement, *générée* par la *transe* ou l'*état d'extase* qui est le résultat d'une *hypnose de la répétition* de plus en plus rapide de ce mouvement circulaire spirituel qui ne doit pas être recherchée mais cet état doit, au contraire, surgir de *manière spontanée* (A) et prédominer sur le *caractère artistique* (B).

---

1 S'il y a création, ce n'est pas nécessairement celle d'une œuvre ou d'une interprétation mais d'un état spirituel.

2 A. F. AMBROSIO, E. FEUILLEBOIS-PIERUNEK et Th. ZARCONE, *op. cit.*, p. 169.

3 A. F. AMBROSIO, E. FEUILLEBOIS-PIERUNEK et Th. ZARCONE, *op. cit.*, p. 168.

4 Selon le dictionnaire *Le Robert*, la rotation est « le mouvement d'un corps qui se déplace autour d'un axe, matériel ou non au cours duquel chaque point du corps se meut avec la même vitesse angulaire ».

5 A. F. AMBROSIO, E. FEUILLEBOIS-PIERUNEK et Th. ZARCONE, *op. cit.*, p. 133.

6 A. F. AMBROSIO, E. FEUILLEBOIS-PIERUNEK et Th. ZARCONE, *op. cit.*, p. 162.

7 A. F. AMBROSIO, E. FEUILLEBOIS-PIERUNEK et Th. ZARCONE, *op. cit.*, p. 132.

A. L'état d'extase, l'apanage d'une conception passive[1]

1175. Forme *spirituo-extatique*. Cet état d'extase est donc le fruit d'un acte le plus souvent « *inconscient* » selon la situation que les derviches tourneurs vivent en direct agissant grâce à leurs réflexes et à la simple mise en œuvre d'un *savoir-tourner* acquis par l'entraînement. « *Le premier venu qui se met à danser ne rencontre pas pour autant l'extase. C'est la danse qui est le produit de l'état intérieur de l'âme ; ce n'est pas l'état intérieur qui est le produit de la danse* »[2].

1176. Rapport entre forme *interne* et *externe*. En d'autres termes, la danse du corps, en tant que manifestation corporelle extérieure « *forme externe* », n'est que l'expression extatique de la *délivrance* du *moi* (*nafs*), du *cœur* et de l'*esprit* « *forme interne* » selon la pensée de *Mawlânâ* :

> « Danse afin de te mortifier et d'arracher le coton de la blessure du désir.
> Les saints dansent et tournoient sur le champ de bataille spirituel :
> [ils dansent dans leur propre sang.
> Quant ils sont libérés de la contrainte du moi, ils battent des mains ;
> [quand ils échappent à leur propre imperfection, ils dansent.
> C'est de l'intérieur que les musiciens frappent sur le tambour, à leur
> [extase, les mains se brisent en écume.
> Tu ne vois pas le battement des feuilles : il faut avoir une ouïe
> [spirituelle, non l'oreille de ce corps.
> Ferme l'oreille de la tête à la plaisanterie et au mensonge, afin de
> [percevoir la cité resplendissante de l'âme »[3].

« La danse incluse dans le rituel soufi du *samâ'* traduit ici des états spécifiques où la foi ordinaire est dépassée par une expérience de participation à un flux surnaturel désigné comme *'ishq*, amour passionnel. Cet amour émane de Dieu et revient à Lui, mais c'est dans l'âme humaine que Dieu a installé ce jeu de miroir. L'émotion ressentie lors du *samâ'* est de ce fait expliquée par les Soufis eux-mêmes, soit par une nostalgie des origines, soit par une aspiration à la plénitude du monde paradisiaque à venir. Et le derviche prenant conscience de cet infini mouvement circulaire de grâce est ravi à lui-même, et entre en danse. Mais cet amour divin ne se porte pas sur la seule personne du mystique, il englobe tout l'univers. D'où la dimension cosmique de ce rituel : le derviche danse désormais en harmonie avec les étoiles »[4].

1177. Selon la lettre du voyageur italien Pierre Della Valle (1586-1652), dans laquelle il décrit la danse des mevlevîs à l'un de ses amis, « *l'extase est provoquée par la musique et le mouvement corporel qui résultent de l'excitation de l'intellect illuminé par Dieu* »[5]. Ce rapport entre forme interne et externe montre accessoirement à quel point les « spectacles » *détournent* cette pratique ; du moins quand ils ne sont que *spectaculaires*…

1178. Dichotomie entre *conception extatique* et *conception expressive*. Or, si « la danse même du derviche doit constituer la visualisation, la manifestation du

---

[1] V. Sur la conception *active* et *passive* : Ph. GAUDRAT, préc., n° 339 et s. ; Ph. GAUDRAT, *Deux cours de doctorat en propriété littéraire et artistique*, n° 1334 et s., à paraître… ; Ph. GAUDRAT, *La propriété intellectuelle : modèle multiple ou pensée unique ?*, Cours spécial : Master 2 « Propriétés Intellectuelles », préc., n° 270 et s.

[2] Cité par J. DURING, « Musique et rites : le *samâ'* », *in* A. POPOVIC et G. VEINSTEIN, *Les Voies d'Allah*, *op. cit.*, p. 165.

[3] MATHNAWI, *La Quête de l'Absolu*, III, 95-101, 536, cité par A. F. AMBROSIO, E. FEUILLEBOIS-PIERUNEK et Th. ZARCONE, *op. cit.*, p. 137.

[4] A. F. AMBROSIO, E. FEUILLEBOIS-PIERUNEK et Th. ZARCONE, *op. cit.*, p. 170.

[5] C. CARDINI, *La Porta d'Oriente. Lettere di Pietro Della Valle : Istanbul 1614*, Citta Nuova Editrice, Rome, 2001, p. 119-120, cité par A. F. AMBROSIO, E. FEUILLEBOIS-PIERUNEK et Th. ZARCONE, *op. cit.*, p. 154.

contenu, autrement indicible, de son extase [...] »[1], le caractère extatique ne saurait constituer un *critère décisif* en matière de propriété littéraire et artistique. De prime abord, l'*approche extatique* de cette danse spirituelle nous semble insuffisant pour la disqualifier en tant qu'objet potentiel de droits de propriété littéraire et artistique puisque l'auteur et/ou l'artiste-interprète peuvent, par exemple, *créer/interpréter* une œuvre, dans un *état de transe* particulier, et investir pourtant leur prestation de leur propre *personnalité*. C'est lorsqu'ils cumulent « *expressivité* » et « *extase* »... l'extase ne les prive pas de propriété mais elle ne « *suffit* » pas à l'*engendrer* ! Il est alors permis de s'interroger sur l'attribution de la qualité d'artiste-interprète aux derviches tourneurs.

B. La prédominance du caractère extatique sur le caractère artistique

1179. À la recherche d'un juste *équilibre* entre le caractère *extatique* et *artistique* de la danse. L'extase fait, certes, partie de la *gamme des émotions extrahumaines* sur laquelle peut jouer la création sans qu'elle soit, en elle-même, *suffisante*. A partir du moment où cette forme extatique n'est pas mise au service de l'*expression*, elle enlèverait à la danse giratoire tout *caractère artistique*. Il est indispensable que le caractère *extatique* de la danse doive *prédominer* indubitablement sur le caractère *artistique* de la pratique de sorte que « *la séance ne doit pas se concentrer sur la perfection artistique, ce qui pervertirait le sens de la pratique.* Au contraire, l'extase n'est pas esthétique, mais Dieu est la source de la beauté et c'est en la divinité qu'il faut la rechercher »[2]. Il semble que même si l'esthétique n'est pas une condition, elle témoigne d'une recherche caractérisée. Par ailleurs, la pratique ne doit pas *déboucher* sur une *danse* (*raqs*) en cherchant à bouger le corps suivant le rythme d'une musique ou de chants. C'est ainsi que « le membre de la *Mawlawiyya* touché par l'extase ne peut pas se retenir d'élancer son corps dans une mise en scène dansante »[3].

« [...] *certains maîtres spirituels se sont radicalement opposés à la pratique de la danse comme stimulation physique pour parvenir à un état de grâce extatique.* La transe leur apparaissait souvent comme un adjuvant artificiel. En outre, certains comportements assez extravagants déclenchèrent une très vive réaction de la part des maîtres spirituels. Leur colère s'en prit principalement à certaines allures trompeuses et exhibitionnistes des derviches qui dansaient sur les places publiques où, dévêtus et assis sur des braises, ils avalaient des morceaux de verre, pratiquaient la mutilation et, en général, dévoyaient le rituel du *sama'* »[4].

1180. Par l'exercice giratoire, le derviche doit essayer de *purifier* et d'*éliminer* de son esprit tout ce qui l'empêche de parvenir à l'extase[5]. Hujwîrî confirme dans ses propos la prédominance de cette conception extatique :

« Il vous faut savoir que la danse [*raqs*] n'a de fondement ni dans la Loi religieuse [*sharî'a*], ni dans la voie mystique [*tarîqa*] ; *tous les hommes raisonnables s'accordent à penser qu'elle constitue une distraction quand elle est sérieuse, et une chose méprisable quand elle se limite à être un amusement.* Aucun des *shaykh* ne l'a recommandée ni n'a outrepassé les limites à ce sujet, et tous les arguments donnés en sa faveur par les anthromorphistes [*ahl-I hashw*] sont sans valeur. [...]. En bref, tous les pas de danse [*pây-bâzî*] sont mauvais selon la Loi et la raison, quelle que soit la personne qui les pratique, et les meilleurs hommes ne peuvent guère la pratiquer ; mais quand leur cœur frémit de ravissement, que le transport devient intense, que l'agitation de l'extase se manifeste, et que les formes conventionnelles ont disparu, ce désordre [*idtirâb*] n'est ni la

---

1 J. R. MICHOT, « Dés-altération et épiphanie : une lecture avicennienne de la danse mevlevie », art. préc., p. 29.

2 A. F. AMBROSIO, E. FEUILLEBOIS-PIERUNEK et Th. ZARCONE, *op. cit.*, p. 132.

3 F. AMBROSIO, « Écrire le corps dansant au XVIIe siècle : Ismâ'îl Rusûkhî Anqaravî », *Revue des mondes musulmans et de la Méditerranée*, nov. 2006, 113-114, p. 195-209, n° 31.

4 A. SHILOAH, *La musique dans le monde de l'Islam*, *op. cit.*, p. 297.

5 A. F. AMBROSIO, E. FEUILLEBOIS-PIERUNEK et Th. ZARCONE, *op. cit.*, p. 169.

danse ni un plaisir du corps, mais une fusion de l'âme. Ceux qui l'appellent "danse" sont entièrement dans l'erreur. C'est un état qui ne peut être expliqué avec des mots : "Sans expérience, pas de connaissance" »[1].

1181. Il faut en déduire que la danse giratoire ne doit pas revêtir les critères caractéristiques d'une *prestation artistique* : à savoir le « divertissement », la « mise en scène », etc., au risque de *détourner* cette pratique spirituelle de son véritable *objectif* qui ne permettrait pas au soufi d'entrer en extase. Il s'avère que la *mise en scène du corps* du danseur n'est qu'un élément accessoire à l'expérience de l'écoute spirituelle qui ne doit pas être surestimé.

1182. Opposition entre l'idée d'*extase* et de *création artistique*. Il nous semble que si la prestation artistique repose sur le *contrôle du Moi*, l'extase repose, au contraire, sur l'*abandon au Soi* ! On voit bien que l'idée de *transe* ou d'*extase* s'oppose à celle de *création artistique*… L'être en transe ne se possède plus… Il gesticule et parle sans contrôle au point que dans certains rituels (Candomblé[2] par exemple) on dit que ce sont des esprits qui se manifestent à travers lui. La *création artistique* à l'inverse repose sur le *contrôle de l'expression*. A première vue, cette *conception extatique* de la danse sacrée/spirituelle des derviches tourneurs n'est-elle pas en contradiction avec le *caractère artistique* que doit prendre l'*interprétation* au sens du droit voisin de l'interprète ? Reste à savoir si l'apport artistique de la prestation est *séparable* de la *composante technique* qu'est la rotation. Par ailleurs, le fait d'être en extase, voire en communication avec le monde spirituel, au cours de l'exécution de mouvements en cercle impliquerait-il une *forme d'activité créatrice* protégeable ou bien frapperait-il, au contraire, le derviche *d'incapacité juridique* ? Est-ce *suffisant* pour en faire une œuvre ou une interprétation au sens légal ? Il est possible que l'énergie engendrée par la rotation et l'état des derviches se communique partiellement aux spectateurs. Il y aurait alors, au-delà des mots, ce que cherche tout spectacle… Cela dit que protéger ? Nous allons tenter de répondre à toutes ces questions dans les lignes qui suivent.

---

1 *Kashf al-Mahjûb*, p. 541 ; *Somme spirituelle*, p. 469, cité par A. F. AMBROSIO, E. FEUILLEBOIS-PIERUNEK et Th. ZARCONE, *op. cit.*, p. 130-131.

2 V. L. NICOLAU PARES, *La formation du candomblé. Histoire et rituel du vodun au Brésil*, Karthala et Sephis, Paris, 2011.

SECTION II.
L'OPERATION DE QUALIFICATION DE LA DANSE GIRATOIRE

1183. Délimitation des contours entre la *spiritualité* et la *créativité*. Afin de procéder à l'opération de qualification, il faut, certes, distinguer entre le *propos spirituel* qui est étranger à la création artistique et la *créativité* étrangère et surajoutée, dans certains cas, qui peut impliquer une *chorégraphie* et une *interprétation*.

1184. Plan. Après avoir *décomposé* le processus d'élaboration de la forme extatique produite par cette danse, il reste à savoir si la danse des derviches tourneurs peut être, de prime abord, qualifiée d' « *œuvre de l'esprit* » exécutée par un *interprète* (le derviche) qui lui permet, à ce titre, de revendiquer le statut d'*artiste-interprète*. La jurisprudence et la doctrine française considère que l'attribution de la qualité d'artiste-interprète *postule* l'imputabilité de l'interprétation sur une *œuvre de l'esprit* protégeable au titre du droit d'auteur. C'est dans cet esprit qu'il convient de distinguer la « *forme inerte* ou écrite[1] » (§ 1) de la « *forme vivante* » qui est la danse même (§ 2).

§ 1. LA DANSE GIRATOIRE APPREHENDEE COMME UNE FORME INERTE

1185. Plan. La *forme gestuelle* de cette danse nous invite, d'abord, à nous interroger sur la possibilité de rattacher cette forme particulière de mouvement, indépendamment de son incarnation dans une interprétation, à la catégorie des « *œuvres chorégraphiques* » (A) au même titre des *arts d'expression corporelle* avant d'examiner la *finalité extatique* de cette danse spirituelle et sa répercussion juridique sur le processus de création des œuvres (B).

A. Le fragment chorégraphique du mouvement

1186. Catégorie des « œuvres d'expression corporelle ». L'article L. 112-2 du CPI français dresse une liste non exhaustive des œuvres de l'esprit susceptibles d'être éligibles à la protection du droit d'auteur parmi lesquelles figure « *4° les œuvres chorégraphiques, les numéros et tours de cirque, les pantomimes, dont la mise en œuvre est fixée par écrit ou autrement*[2] », et ce, à la différence de l'article 140 du CPI égyptien qui se contente

---

[1] La chorégraphie « consiste dans une forme inerte et sous-jacente à chaque représentation qui guide l'interprétation de chaque danseur » : Ph. GAUDRAT, *Deux cours de doctorat en propriété littéraire et artistique*, n° 1365, à paraître…

[2] La doctrine s'accorde sur le fait que le *critère de fixation* exigé par l'article L. 112-2, 4° du CPI français consiste en une simple règle de preuve destinée à faciliter la preuve du contenu de l'œuvre. Selon le professeur LUCAS : « on peut estimer qu'il ne s'agit que d'une règle de preuve » : A., H.-J. LUCAS, A. LUCAS-SCHLOETTER et C. BERNAULT, *op. cit.*, p. 91, n° 69. M. VIVANT et J.-M. BRUGUIERE, *op. cit.*, p. 118 ; Selon le professeur POLLAUD-DULIAN : « Cette précision [l'exigence formelle de l'article L. 112-2, 4°] ne représente pas une véritable exception au principe de la protection sans formalité ni à l'indifférence de la forme de l'expression, mais constitue plutôt une règle d'administration de la preuve de la consistance de l'œuvre » : F. POLLAUD-DULIAN, *Le droit d'auteur*, *op. cit.*, p. 144, n° 152. Pour le professeur CARON, l'exigence posée par l'article L. 112-2, 4° est « bien évidemment […] une règle de preuve » : C. CARON, « La forme de l'œuvre doit être prouvée ! », *Comm. com. électr.* 2004, n° 5, p. 27, comm. 51. Il explique en outre que « cette exigence est requise à des fins purement probatoires car, en l'absence de fixation, il est impossible de déterminer la forme de ces œuvres » : C. CARON, *op. cit.*, p. 56, n° 62. Le professeur SIRINELLI reconnaît, quant à lui, que : « la présence d'un écrit ne paraît être qu'une règle de preuve » : P. SIRINELLI, *Propr. intell.*, janv. 2004, chron., p. …

d'énumérer les *œuvres d'expression scénique* : « 5° les œuvres dramatiques ou dramatico-musicales et pantomimes ». De prime abord, à l'examen de ces dispositions, rien ne permet d'exclure, par principe, la danse des derviches tourneurs en tant qu'œuvre relevant de la catégorie des « *arts d'expression corporelle* »[1].

1187. Données et enjeux du problème. Or, la question se pose de savoir si la danse des derviches tourneurs, qui se caractérise par de simples *mouvements circulaires*, pourrait être protégée en tant qu'œuvre chorégraphique au même titre que les *compositions d'expression corporelle*[2]. Ce *tournoiement/tourbillon* présenté comme la principale caractéristique de cette danse mystique peut-il être érigé en une *chorégraphie* même si les derviches suivent une ligne créée (ou une trajectoire prédéterminée) par ce mouvement qui dessine, ensuite, un cercle jusqu'à ce que leurs robes se déploient comme une ombrelle ? A partir de quel moment un mouvement si simple produit *artificiellement* par un danseur peut-il être perçu comme une *œuvre protégeable* par le droit d'auteur ? En d'autres termes, la simple *succession de mouvements* par l'entremise de la *rotation frénétique* peut-elle suffire à faire *naître* une « œuvre » au sens du terme ? C'est là où réside la difficulté de qualification de cette danse en tant qu'œuvre de l'esprit.

1188. Plan. L'analyse de ce mouvement circulaire dans la spécificité du contexte de la danse des derviches tourneurs et de ses déploiements chorégraphiques nous invite à creuser la problématique de la protégeabilité des *mouvements simples* par le droit d'auteur (1) à la lumière de quelques *applications jurisprudentielles* (2).

1. Problématique de la protégeabilité des mouvements simples et codifiés

1189. Une forme gestuelle *figée* et *codifiée*. Il convient de rappeler, tout d'abord, que ce tournoiement respecte une *gestuelle millimétrée*, des postures *figées*,

---

537, n° 10. Mme ALSNE relève que : « Le plus frappant dans la législation de 1957, en ce qui concerne la chorégraphie est que y a été introduite une exigence de fixation de l'œuvre. Cela s'oppose au principe fondamental exprimé dans la loi, selon lequel le droit d'auteur naît du seul fait de la création d'une œuvre de l'esprit, ainsi que dans la jurisprudence antérieure à la loi » : M. ALSNE, « La chorégraphie et le droit d'auteur en France », *RIDA* 1994/10, n° 162, p. 51. Il semble que la loi exige la fixation de la chorégraphie pour séparer, voire distinguer, la forme inerte (écrite) de la forme vivante qui est la danse même. A notre sens, la fixation doit être écrite car la vidéo fixe l'interprétation en même temps.

1 Ph. MOURON, « État des lieux de la protection des numéros et tours de cirques par le droit d'auteur et les droits voisins », *Propr. intell.* 2014, n° 53, p. 367 ; M. ASLNE, « La chorégraphie et le droit d'auteur en France », art. préc., p. 3 ; X. DESJEUX, « La mise en scène de théâtre est-elle une œuvre de l'esprit ? », *RIDA* 1973, n° 75, p. 43 ; Ph. LE CHEVALIER, « Pour une protection des mises en scène théâtrales par le droit d'auteur », *RIDA* 1990, n° 146, p. 19.

2 M. ASLNE préfère classer la chorégraphie dans la catégorie des compositions d'expression corporelle : « Rien ne paraît empêcher que l'on choisisse de classer ces œuvres [la chorégraphie, voire les expressions corporelles émanant de la tradition théâtrale] dans l'ordre des compositions d'expression corporelle. L'évolution sociale, technique et économique, a vu naître d'autres expressions corporelles, que celles émanant de la tradition théâtrale, et qui auraient besoin d'une protection légale. Par exemple, il se peut qu'une chorégraphie composée pour un concours de patinage ne puisse pas être représentée dans un spectacle professionnel de patinage sans l'accord du chorégraphe. L'originalité comme critère n'est pas, en soi, suffisante pour la délimitation légale des expressions corporelle. En effet, il se pourrait qu'un plan d'attaque "composé" par un joueur de football présente assez d'originalité pour être considéré comme une œuvre chorégraphique. Mais si un droit de représentation empêchait les combattants d'essayer ce plan, le jeu n'en profiterait pas. Il faut donc un critère auxiliaire. Aurait-on tort de penser que celui-ci devrait être la destination esthétique ? » : M. ASLNE, « La chorégraphie et le droit d'auteur en France », art. préc., p. 101 et 103.

codifiées depuis des siècles. La position du corps (orientation des mains, de la tête) des derviches tourneurs est *symbolique*. On peut observer que lorsque le derviche commence à tourner sur lui-même, il le fait, tout d'abord, les bras fermés puis ils les déploient dans l'air, la paume de la main droite est orientée vers le ciel symbolisant le recueillement de la grâce cosmique tandis que la paume de la main gauche est dirigée vers la terre[1]. Quant à la tête, elle est penchée sur une épaule et le buste se balance sur un axe vertical selon un rythme doux. Ce sont les *éléments caractéristiques* de ce mouvement spirituel.

1190. La *simplicité*, la *banalité* et l'*inertie* du mouvement. Il s'avère que les mouvements de cette danse sont trop simples à nos yeux pour être une *forme éligible*. Selon une partie de la doctrine, « *le mouvement ne peut pas être perçu en tant qu'œuvre, surtout les exécutions d'une action naturelle ; il n'est pas forcément construit, il se construit peut-être mais sans aucune volonté d'être aussi construit* »[2]. Il s'en suit que les *mouvements inconscients*[3], c'est-à-dire ceux qui ne sont que la simple traduction automatique de gestes nécessaires ou banals, ne sauraient donner prise à la protection. Or, si « *la spontanéité dans la réalisation de l'œuvre n'exclut pas la protection. Encore faut-il, bien sûr, qu'elle n'abolisse pas toute créativité* » comme le souligne le professeur Lucas[4].

1191. *Conscience de création* dans l'engendrement et la réalisation du mouvement. C'est ainsi que la question s'impose de savoir si le derviche tourneur « a conscience » de tourner selon un rythme propre au point de *réaliser une œuvre*. Autrement dit, le derviche répond-t-il à l'*exigence d'élaboration* des formes créatives et à leur *engendrement* ? Il ne fait aucun doute que dès lors que le but est l'*expression*, il faut que l'auteur ou l'interprète *maîtrise* son outil… Le fait de tourner dans un cercle est, par sa nature, un *mouvement* tout à fait *banal* qui ne saurait prétendre en soi à la protection du droit d'auteur, faute d'avoir suffisamment reçu un degré minimum d'*élaboration* et de *conception* de la *forme interne*. Il est certain que les derviches tourneurs ne sauraient se voir reconnaître la qualité d'auteur lorsque l'exécution de ce mouvement circulaire se réduit à des gestes répétitifs, ou à des enchaînements de positions techniques et codifiées qui ne révèlent pas une *chorégraphie personnelle*.

---

1 Il s'agit de l'un des gestes les plus connus de cette danse.

2 V.-L. BENABOU et S. DUSOLLIER, « Du droit d'auteur sur les mouvements, de l'interprétation du droit d'auteur », art. préc., p. 27.

3 Il faut donc qu'il y ait conscience dans la création et la réalisation de l'œuvre. V. Sur cette question : N. ENSER, *Conscience de la création de droit d'auteur*, coll. du CEIPI, LexisNexis, Paris, 2021. L'œuvre doit être « le fruit d'une expression consciente, maîtrisée et dirigée par l'auteur » : H. CHERPILLOD, *L'objet du droit d'auteur*, *op. cit.*, p. 128 ; « La démarche créative doit traduire un minimum de maîtrise intellectuelle du processus créatif » : A., H.-J. LUCAS, A. LUCAS-SCHLOETTER et C. BERNAULT, *op. cit.*, p. 77, n° 57. Comme le soulignent certains auteurs : « […] une œuvre est protégeable par le droit d'auteur si elle s'inscrit dans un processus de création. Et ce processus implique que l'auteur ait conscience de créer et d'atteindre un résultat » : A. LEPAGE, C. CARON, O. DE MATTOS, G. DECOCQ et A. BRÜNING, « De quelques points de rencontre entre le droit et l'émission Loft-Story », *Comm. com. électr.* 2001, n° 6, chron. 14.

4 A., H.-J. LUCAS, A. LUCAS-SCHLOETTER et C. BERNAULT, *op. cit.*, p. 78. Mais bien souvent le fait de mettre en œuvre *par ses propres moyens* une forme simple, sera considéré comme suffisant à le rendre original… C'est le cas des copies d'art à l'identique qui selon DESBOIS pouvaient être originales… C'est délicat.

1192. Transposition de la problématique des couleurs, saveurs, mots, aux mouvements. Ce qui est vrai d'un son, d'une odeur, d'une couleur, d'une saveur[1], etc., l'est aussi d'un pas de danse ou d'un simple mouvement circulaire. Il est aussi *trop simple* pour être une *forme éligible*. Comme l'a souligné la Cour d'appel de Paris, dans un arrêt du 1er juillet 1967[2] : « *un pas de danse* [en l'occurrence, La Bostella] *est par sa nature et sa destination, soustrait à l'appropriation privée* ». Il en est de même pour deux, ou trois tournoiements de danses qu'on ne sauraient, comme tels, protéger.

1193. Vers la protection de la « pseudo-chorégraphie » ? La problématique de la protection des mouvements n'est pas sans rappeler les observations critiques mises en avant par M. Reichardt, alors délégué de l'Allemagne dans les deux Conférences diplomatiques de Berne en 1885 et de Paris en 1896, au sujet de l'extension de la protection du régime unioniste aux œuvres chorégraphiques sans réserve et sans distinction[3]:

> « *En proclamant sans réserve et sans distinction, la protection des œuvres chorégraphiques, ne courrait-on pas le danger de comprendre implicitement dans cette protection telle ou telle pseudo-chorégraphie qui ne mériterait point d'être rangée parmi les œuvres d'art ? Voulez-vous protéger à ce titre toute pantomime, toute scène chorégraphique représentée au cirque, à la foire, dans les baraques, même en pleine rue ?* Ne sera-ce pas plutôt la nature dramatique ou dramatico-musicale d'une œuvre chorégraphique qui sera son droit à la protection ? Il n'existe point encore dans la science, ni dans les législations, ni, à la connaissance de l'orateur, dans la jurisprudence, de définition nette des œuvres chorégraphiques ».

1194. Position du *U.S. Copyright Office* s'agissant de la compilation de routines simples et de pas de danses[4]. Tout ce qui est *simple exercice de routine* où l'on ne peut discerner aucune *activité intellectuelle individuelle* de l'auteur ne saurait donner naissance à un « *copyright* »[5]. Dans le cas des derviches tourneurs, il y a en plus la simplicité du pas continument répété. Dans la mesure où nous nous interrogeons sur la protégeabilité de la danse giratoire qui peut être considérée comme une routine simple de danse résultant d'une succession de mouvements circulaires répétés sans cesse, il est intéressant de remarquer que le *U.S. Copyright Office* a mis au point une

---

1 « Or, un son, une couleur, une odeur, une saveur, aussi bien qu'un mot peuvent être produits artificiellement par l'homme ; celui qui produit ces formes peut y mettre de l'intention et même de l'expression. Sont-ils, pour autant, des créations lorsque, du moins, ils sont simples ? Et, poussant le raisonnement d'un degré, parce qu'ils constituent les "briques" nécessaires à l'engendrement de toutes les formes sensibles, est-il légitime de les réserver au risque d'entraver la liberté de création d'autrui ? On peut, assurément, mettre de l'émotion dans un son chanté ou joué. On peut y instiller de la peur, de la douceur, de la tendresse… à ce titre, il y a bien "expression". Mais est-ce suffisant pour en faire une œuvre ou une interprétation ? Sans qu'il soit nécessaire de s'appesantir, on comprend bien que c'est trop rudimentaire : la forme interne n'est pas suffisamment élaborée pour être distinctive. La peur, la douceur, la tendresse… font partie de la gamme des émotions humaines sur laquelle joue la création sans être, en elles-mêmes, suffisantes. À ce titre, même si un son est par son timbre reconnaissable entre mille, car personnalisé, il ne saurait constituer une œuvre, ni une interprétation ; ce qui exclut la protégeabilité du sampling par le droit d'auteur classique » : Ph. GAUDRAT, *Deux cours de doctorat en propriété littéraire et artistique*, n° 1424, à paraître…

2 CA Paris, 4e ch., 1er juill. 1967, aff. *Sté Prosadis c/ Sté Les nouvelles éditions Barclay*, *Ann.* 1968, p. 249.

3 « La Convention de Berne et la révision de Paris », *Dr. Aut.*, 15 févr. 1899, p. 13 et 14. V. *Dr. Aut.*, 1897, p. 32, 53 ; *idem*, 1898, p. 1.

4 Il n'est pas question de tirer directement des solutions du *copyright* pour les appliquer à la propriété littéraire et artistique égyptienne et/ou française.

5 « Droit d'auteur » au sens de RENOUARD ! Et pourtant… le *copyright* étant un monopole, ils auraient pu s'en suffire ! Mais *a fortiori*.

déclaration[1] visant à clarifier les pratiques de l'examen des revendications relatives aux « compilations d'œuvres »[2] qui porte sur la sélection et l'agencement d'exercices ou d'autres sujets non protégeables. Cette déclaration touche également à l'enregistrement des *œuvres chorégraphiques* (*choreographic works*).

1195. Au sujet des « *pas de danse sociale et des routines simples* »[3], la déclaration met l'accent sur le fait que les routines simples de danse ne s'inscrivent pas suffisamment dans le sillage des « *œuvres chorégraphiques originales* » pour qu'elles puissent être protégées par le *copyright*. De plus, le travail de sélection, de coordination ou d'arrangement des pas de danse ne saurait transformer une *compilation des pas de danse* en une œuvre chorégraphique, à moins que le travail produit puisse aboutir à un ensemble de *composition intégrée* et *cohérente*. Il en va de même pour la simple compilation de routines simples, de danses sociales, de mouvements physiques ou même d'exercices qui ne sauraient, d'ailleurs, être susceptibles d'être enregistrés[4]. C'est dans cet esprit que le *U.S. Copyright Office* considère qu'une simple sélection, coordination ou un arrangement de *mouvements physiques fonctionnels* tels que des mouvements sportifs, des exercices et autres activités motrices ordinaires ne relèvent pas, comme tels, du type des œuvres destinées à être protégées par la loi sur le *copyright* en tant qu'*œuvre chorégraphique*[5].

1196. Si une œuvre chorégraphique, comme un ballet ou une danse moderne abstraite, peut intégrer des routines simples, des danses sociales ou même des routines d'exercices faisant partie des éléments du travail d'ensemble, il n'en reste pas moins que le simple travail de sélection et d'agencement des *mouvements physiques* ne saurait en soi faire l'objet d'une revendication au titre d'une œuvre chorégraphique éligible à la protection. C'est ainsi qu'une telle revendication doit contenir au moins un degré minimum d'une « *original choreographic authorship* ». Par cette dernière, il faut entendre la composition et l'arrangement d'une série de mouvements successifs et de motifs de danses organisés en un ensemble *intégré*, *cohérent* et *expressif*.

1197. L'enchaînement, la composition et la construction du mouvement. En revanche, « *ce qu'on essaierait de protéger c'est plutôt la succession du mouvement, qui à partir de cette syntaxe* [corporelle], *du langage du corps, permettrait de créer une œuvre* » comme le

---

1 *Fed. Reg.*, vol. 77, No. 121, June 22, 2012, Rules and Regulations, p. 37605-37608.

2 Les compilations sont définies par la section 101 comme les œuvres (*works*) : « *constituée(s) par la réunion et l'assemblage de matériel préexistant ou de données qui sont choisis, coordonnés ou disposés de telle sorte que l'ouvrage en résultant constitue dans son ensemble une œuvre de l'esprit originale* [original work of authorship] ». Selon la version anglaise : "*A "compilation" is a work formed by the collection and assembling of preexisting materials or of data that are selected, coordinated, or arranged in such a way that the resulting work as a whole constitutes an original work of authorship*". À noter que le *copyright* ne parle que de *work of authorship* et non d'œuvre de l'esprit ce qui est tout différent. Le "*work of authorhip*" est un travail qui donne naissance au monopole qui revient à l'*author* (lequel *n'est en rien l'auteur* !)…

3 À titre d'exemple, le Congrès a déclaré que l'objet de la chorégraphie n'inclut pas les « pas de danse sociale et les routines simples » : H.R. Rep. 94-1476, 54 (1976).

4 C'est là un point essentiel puisque, en *copyright*, *c'est l'enregistrement qui vaut « création »*… La création n'est pas appréciée en soi avant enregistrement comme en matière de droit d'auteur. La création, c'est la *fixation de l'œuvre* !

5 *Fed. Reg.*, *ibid.*, p. 37607. Là c'est le *Copyright Office* qui prolongeant le législateur décide de ce qui est exclu du monopole…

soulignent Mmes les professeurs Benabou et Dusollier[1]. Un *mouvement simple* n'est évidemment pas protégeable ; mais, à travers la *succession* des mouvements, leur enchaînement, leur construction, leur chorégraphie, la manière de leur exécution, l'improvisation, etc…, *mises au service de l'expression*, peut engendrer une séquence ordonnée d'enchaînements de mouvements qui peuvent révéler une *œuvre protégeable.* Il en va de même pour un « *enchaînement de mouvements* »[2], un « *assemblage créatif de pas de danse ou de pas semblables à de la danse destinés à être interprétés par des êtres humains* »[3] ou encore « *la composition d'un schéma de danse ou de mouvement* »[4]. Tout est alors une question de degré en fonction de la dimension *chorégraphique* et du recours à l'*improvisation* ainsi que des différents éléments *mis au service* de la technique de rotation, voire de l'expression, non conditionnés par les *impératifs physiques* et *techniques* inhérents à cette pratique spirituelle. Il appartient donc au juge d'apprécier *in concreto* le degré minimum d'élaboration (l'*empreinte de personnalité*) en matière de *propriété littéraire et artistique* et (l'*investissement minimal en travail*) en matière de *copyright*[5].

2. Applications jurisprudentielles

1198. Absence de jurisprudence relative à la danse des derviches tourneurs. S'il n'existe pas d'applications jurisprudentielles relatives aux danses des derviches tourneurs, il est possible de se référer à deux décisions de la jurisprudence française, l'une rendue par le Tribunal de grande instance et l'autre par la Cour d'appel de Paris, qui peuvent nous servir de modèle dans la mesure où elles portent sur des mouvements qui peuvent plus ou moins être assimilés aux danses des derviches.

1199. Affaire des « *danses sacrées* ». La première décision que nous avons déjà analysée a été rendue par le TGI de Paris le 13 mai 2016 aux termes de laquelle les juges du fond ont retenu la protection de neuf chorégraphies par le droit d'auteur qui étaient composées de *mouvements simples* tels que des mouvements de marche en cercle, vers le centre, des mains tendues, paumes ouvertes, des mains jointes en signe de prière, des bras tendus vers le haut puis vers le bas, des pas chassés, qui sont aisément réalisables par des personnes de toutes conditions au motif que : « *chaque chorégraphie résulte de choix d'une combinaison de ces gestes et d'un rythme propre en harmonie avec la musique sélectionnée pour les accompagner, qui est également à l'origine de l'inspiration de la chorégraphe* »[6]. La solution peut être bel et bien transposable à la *danse giratoire* des derviches tourneurs lorsqu'elle débouche sur un ensemble de mouvements expressifs, rythmés et bien

---

1 V.-L. BENABOU et S. DUSOLLIER, « Du droit d'auteur sur les mouvements, de l'interprétation du droit d'auteur », art. préc., p. 28.

2 A. BERTRAND, *Le droit d'auteur et les droits voisins*, Dalloz, Paris, 1999, p. 181, n° 4.311.

3 O. BOZZONI, *Le droit d'auteur du chorégraphe*, thèse préc., p. 131, n° 159. Elle explique ce qu'il faut entendre par « pas semblables à la danse » qui « permet d'intégrer dans le domaine chorégraphique la gymnastique, le patinage ou encore la natation synchronisée ; par contre il exclut un sport tel que la lutte […], voire la tauromachie, car si certains jugent que le spectacle des arènes est chorégraphique, nous prétendons que non, dans la mesure où le choix des poses et pas est en tout état de cause soumis à un impératif de taille, à savoir éviter d'être blessé par le taureau, sauver sa vie » : thèse préc., p. 131, n° 159.

4 M. ALSNE, « La chorégraphie et le droit d'auteur en France », art. préc., p. 99.

5 Sauf que le degré requis d'*originality* pour obtenir le *monopole* est celui qu'exige le *copyright*… Ce n'est pas une *empreinte de personnalité* c'est un *investissement minimal en travail* ; ce n'est de « l'huile de coude » !

6 TGI Paris, 3e ch., 13 mai 2016, n° 14/05221.

mesurés qui s'accordent avec la musique des instruments. En l'espèce, ce sont des éléments simples du même ordre que dans la danse des derviches (quoique différenciés les uns des autres !) ; là ce sera dans la manière de les *enchaîner* et les *ajouter* les uns aux autres que devra se manifester l'*empreinte de personnalité*. Il y a quand même une différence : tous ces mouvements simples sont différents les uns des autres ; alors que chez les derviches nous avons l'impression que *c'est le même mouvement qui est indéfiniment répété* !

1200. Rapprochement entre la danse des derviches tourneurs et l'art martial « le *tai chi chuan* ». La seconde décision a été rendue par la Cour d'appel de Paris, dans un arrêt en date du 14 décembre 2007[1], qui porte sur une affaire relative à la protégeabilité d'une *démonstration d'art martial*[2] chinois, à savoir le *tai chi chuan*[3] (太極拳). Cette démonstration d'art martial dit « interne », ayant une dimension spirituelle destinée à *illuminer* le corps[4], qui mêle gymnastique énergétique, respiration, méditation et enchaînements lent de mouvements selon un ordre préétabli, peut être assimilée, à ce titre, à la *danse des derviches tourneurs* dans la mesure où « la danse giratoire

---

1 CA Paris, 4e ch., sect. B, 14 déc. 2007, RG n° 06/12948, aff. *Delhaye et Guerrib c/ Sté européenne de magazines*, *Propr. intell.* 2008, n° 27, p. 225-226, obs. J.-M. BRUGUIÈRE ; *RTD com.* 2008, p. 322-323, obs. F. POLLAUD-DULIAN.

2 V. A.-E. KAHN, *J.-Cl. Propr. litt., art.*, Fasc. 1425, n° 38. Au Japon, certains arts martiaux ont été classés « patrimoine culturel immatériel » : A.-E. KAHN, *J.-Cl. Propr. litt., art.*, Fasc. 1425, n° 35.

3 Selon le dictionnaire *Le Robert*, il s'agit d'une « gymnastique chinoise consistant en un enchaînement lent de mouvements » selon des schémas précis. Cet art martial a pour objet « l'énergie vitale » appelée « *chi* » et a pour but la libération d'énergie.

4 V. J. SPINETTA, *La pratique de l'illumination et la science de l'immortalité par les méditations merkaba. Techniques égyptiennes, esséniennes, hébraiques et modernes*, Éditions Lanore, Paris, 2006, p. 258 et s. Il est intéressant de remarquer qu'un professeur d'art martial enseignant la pratique du *shin tai do* à l'un de ses élèves pour lui faire expérimenter le but des arts martiaux, il conduit l'élève à une expérience de derviche tourneur. Les propos suivants l'illustrent bien : « Me voici en train de tourner. Je fixe spontanément devant moi un point fixe-mobile, c'est-à-dire un point qui se déplace dans l'espace avec moi. Je suis étonné de ne ressentir aucun vertige. Au bout d'un moment, la rotation de mon corps sur lui-même devient trop rapide pour rester possible. Je laisse le corps tomber par terre. Il continue à tourner sur lui-même comme une toupie. Je passe du dos sur le ventre puis du ventre sur le dos tout en continuant à tourner de plus en plus vite. Lorsque je me rapproche trop d'une paroi du grand gymnase, je donne un léger mouvement d'épaule ou de la tête et je change de direction. Ma partie mentale supérieure régie par la glande pinéale, observe le phénomène avec étonnement, émerveillement et joie hilarante. Je suis en train de vivre une expérience impossible. Le mouvement de toupie du corps au sol devient bientôt trop rapide pour continuer. À ce moment-là, la voix intérieure me dit : "Tu as le choix entre continuer, mais tu vas perdre tout contrôle sur ce qui se passe ou arrêter. Instantanément, à ma grande surprise, je décide d'arrêter car mon tempérament aventureux m'aurait plutôt porté à continuer l'expérience. Mon corps s'immobilise mais les champs d'énergie autour de lui continuent à tourner. C'est une sensation étrange. Au même moment, car tout se passe de façon instantanée, m'apparaissent comme si je faisais un avec eux, Gérard de Nerval, Novalis et Nietzsche qui me disent simplement : "Nous, on a continué". [...]. Je reviens peu à peu à mon état de conscience habituel. Plus de quarante minutes se sont écoulées pendant l'expérience. J'ai dû tourner vingt minutes debout et vingt minutes au sol ! Mon professeur vient me dire : "C'est bien, aujourd'hui, tu as expérimenté le but des arts martiaux" ». Il y a un détail particulier à mettre en exergue qui pourrait structurer l'expérience : la fixation d'un point et le dédoublement qui en résulte montre une *maîtrise du processus dans l'abandon*... Il s'abandonne mais reste conscient au point de donner un coup d'épaule quand il le faut ! Cette conscience qui oriente le processus dépasse la seule rotation à quoi ne se résume plus l'expérience...

des soufis *mevlevis* apparaît comme une *démonstration*, comme une théâtralisation particulièrement transparente du mystère du Réel »[1]. Il en va de même pour le mouvement sur place de coupe dans les huit directions propres à l'art martial « *Happo giri* », comme le montre la figure ci-dessous, une technique de l'*Aikido*, qui permet de faire face aux attaques provenant de différentes directions, qui est similaire à technique des derviches tourneurs[2].

Figure 27 — Représentation du mouvement de l'art martial « *Happo giri* » sur place de coupe dans les huit directions

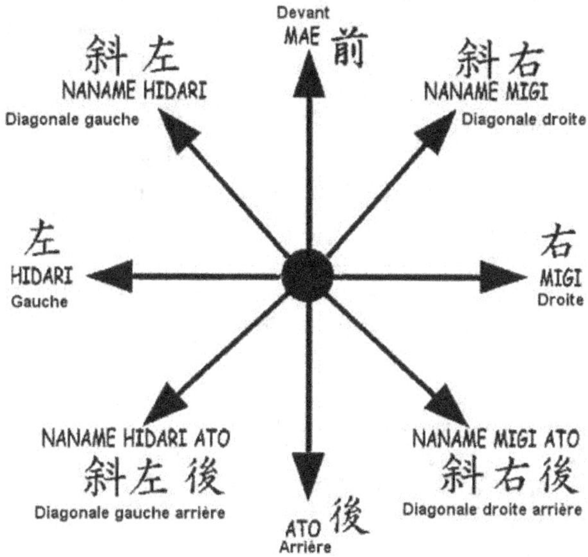

1 Cité par A. F. AMBROSIO, E. FEUILLEBOIS-PIERUNEK et Th. ZARCONE, *op. cit.*, p. 170.

2 En dépit de l'analogie entre *art martial* et *danse sacrée des mevlevis*, reste la *variété* des éléments de base qui fait une différence : nous pensons que dans le *Taï Ji* chaque mouvement simple est distinct ! Alors que dans la danse c'est le même mouvement de giration qui se répète indéfiniment… comme dans les parfums : il y a une fragrance simple (muguet) ou une composition de fragrances… Comme en peinture : il y a juste le bleu ou il y a combinaisons de couleurs. Mais, on peut quand même retenir que, à côté de ce mouvement *fondamentalement répétitif*, il y a des variantes qui sont ajoutées au fur et à mesure de la progression de la danse : accélération du mouvement, position des bras, position de la tête. Ces détails rendent la comparaison admissible. À rapprocher avec la danse des bâtons (*tahtîb*) dans la région du *Saïd* en Haute Égypte : « De structure complexe, le *tahtîb* (du mot : *hatab*, bois à brûler) constitue la discipline la plus ancienne parmi les arts martiaux égyptiens encore pratiqués. […] Cependant, une fois stylisées, ces techniques peuvent donner lieu à des attitudes de l'art de la danse. Exhibition favorite lors des fêtes de *moulid* entre autres, le duel est accompagné par le *tabl baladî* (gros tambour), le *naqrazân* (petit instrument de percussion attaché au cou) et le *mizmâr* (hautbois). En exécutant des mouvements circulaires avec le bâton en guise de protection, chaque combattant cherche à franchir la garde (*bâb* : porte) de l'adversaire. […] Une démonstration de *tahtîb* peut être précédée ou suivie d'une danse de bâton (*raqs bil 'asa*) exécutée sur place ou en procession. Celle-ci permet au danseur de mettre en valeur son sens de la musique, son adresse et son ingéniosité dans le maniement du bâton effectué seul ou fondu dans un enchaînement harmonieux. Les tempos et les rythmes varient selon que les hommes évoluent dignement et lentement, allongent le pas sur un *wahda wa nus* cadencé, ou exécutent des petits pas sur un tempo vif et piqué » : M. SALEH, « Les danses d'Égypte », *in* D. HENNI-CHEBRA et C. POCHE (dir.), *Les danses dans le monde arabe ou l'héritage des almées*, *op. cit.*, p. 135 et 136.

1201. ***Quid* de la protégeabilité du *tai chi chuan* en tant que démonstration d'art martial « interne »** ? La question posée était de savoir si la prestation d'une démonstration d'art martial lors d'un festival des arts martiaux organisé par la société européenne de magazines, producteur du spectacle, pourrait être protégée en tant qu'une *œuvre de l'esprit* par la propriété littéraire et artistique. La réponse ne va pas de soi.

1202. En l'espèce, trois démonstrateurs avaient participé au festival des arts martiaux organisé par la société européenne de magazines en 1999 au palais omnisport de Bercy en présentant des démonstrations de l'art martial vietnamien appelé « *Vovinam Viet Vo Dao* »[1]. Après avoir appris que leurs prestations furent produites sur trois vidéocassettes sans leur autorisation, les démonstrateurs ont assigné la société en contrefaçon en leur qualité d'artistes-interprètes d'un spectacle, et subsidiairement, pour atteinte à leur droit à l'image[2].

1203. Ils soutiennent en faveur de leurs qualités d'artiste-interprète d'une *chorégraphie* au sens de l'article L. 212-1 du CPI que la démonstration d'un art martial dans le cadre d'un spectacle et non pas dans celui d'une manifestation sportive, suppose un véritable jeu de scène impliquant une *interprétation personnelle* et ne peut être retenue comme une seule *démonstration sportive*. Selon les demandeurs, le festival des arts martiaux est un *spectacle* et non une *compétition sportive*. Ainsi, le fait de transformer ce sport en spectacle fait preuve d'*originalité* qui mérite d'être protégé dans la mesure où il ne s'agit pas d'un simple enchaînement de *gestes techniques préétablis*, mais d'une véritable *mise en scène originale* des mouvements.

1204. En défense, la société européenne de magazines contestait l'attribution de la qualité d'artistes-interprètes aux demandeurs vu qu'une démonstration d'art martial n'est pas *éligible* à la protection du droit d'auteur.

1205. Par un jugement du 10 mai 2006, le TGI de Paris[3] déboute les démonstrateurs de leurs prétentions en refusant ainsi de leur reconnaître la qualité d'artiste-interprète au prétexte qu'il n'ont pas démontré « *avoir exécuté une œuvre littéraire ou artistique créée par eux ou autrui, par exemple une chorégraphie, étant relevé qu'une démonstration d'art martial, qui constitue une prestation sportive, ne saurait être assimilée à un numéro de variété ou de cirque* ».

1206. Dans un arrêt en date du 14 décembre 2007, la Cour d'appel de Paris confirme le jugement rendu en première instance qui a rejeté l'action sur le fondement des droits d'artiste-interprète au motif que la qualité d'artiste-interprète est liée à l'existence d'une *œuvre protégeable* au titre du droit d'auteur tandis que les démonstrations d'art martial données par les appelants consistent, contrairement à ce qu'ils prétendent, en des *enchaînements de positions techniques* et *codifiées* qui ne révèlent pas, en l'espèce, une *interprétation* ou une *chorégraphie personnelle* susceptible de recevoir la protection au titre du droit d'auteur, et ce, en dépit de l'attestation fournie par le démonstrateur de *vovinam vo dao* au festival de Paris Bercy 2007, qui affirme que le numéro de démonstration a bien été *chorégraphié* par nos maîtres qui ne signifie

---

1 Cet art martial est surtout connu par la technique des ciseaux acrobatiques très spectaculaires.

2 Nous laisserons de côté cette question.

3 TGI Paris, 3e ch., 10 mai 2006, RG n° 04/00533.

nullement que la seule mise en place d'enchaînements de positions techniques puisse être qualifiée de chorégraphie au sens de l'article L. 112-2 du CPI.

1207. Appréciation critique. Or, il nous semble que s'il existe, en l'espèce, des *enchaînements prédéterminés*, ça constitue l'œuvre. Qu'elle soit dans le domaine public n'empêche pas la protection de l'interprétation. Par exemple, un danseur interprétant une chorégraphie du XIXe siècle… Ce qui sera dans le domaine public ce sera les mouvements ; mais le choix de leur durée, peut-être de leur enchaînement, la manière de les exécuter introduit de la différenciation qui pourrait conduire à admettre une *chorégraphie* conjointe à l'*interprétation* ? Auquel cas ce serait une *improvisation* ? Est-ce que ça ne pourrait pas être traité comme une improvisation, dans laquelle *l'interprète crée l'œuvre* ? Ou à l'inverse on peut, soutenir, que la chorégraphie avait été préparée et répétée à l'avance ? Il appartient donc au *sportif* et au *derviche tourneur* d'apporter au juge la preuve de l'existence d'une *œuvre de l'esprit à interpréter*, qu'elle soit tombée ou non dans le domaine public et de préciser en quoi la « chorégraphie » qu'ils revendiquent serait *originale*.

1208. Prestations sportives d'*ordre artistique* impliquant une œuvre chorégraphique. Néanmoins, la solution édictée par la Cour d'appel doit être nuancée dans la mesure où une démonstration sportive d'ordre *artistique* peut être protégée[1] même si un enchaînement de figures codifiées est *réglé et préétabli à l'avance*[2] telle que le patineur sur glace (connu sous le nom du « patinage artistique »), « *qui exécute dans la lumière des projecteurs nombre de figures diverses et d'évolutions variées destinées à mettre en valeur le brillant de son style et la grâce de ses mouvements* »[3]. En dépit de la dimension sportive de cette expression artistique[4], rien ne saurait empêcher pour autant sa

---

[1] V. P.-Y. GAUTIER, *Propriété littéraire et artistique*, *op. cit.*, p. 94, n° 75. « Exprimant une pensée humaine portant la marque de la personnalité de son auteur, la prestation sportive artistique peut être protégée par les règles sur le droit d'auteur » : F. VOUILLOZ, « Sport et droit d'auteur », *Revue Olympique* (Organe officiel du Mouvement olympique), avril-mai 1996, n° XXV-8, p. 63.

[2] À titre d'exemple, « l'Union internationale de patinage a codifié les figures à réaliser lors des épreuves et ces figures, ainsi que les mouvements des patineurs exécutant les danses, sont décrits dans le règlement technique qui fait également mention des genres de musique et des tempos exigés » : A.-E. KAHN, *J.-Cl. Propr. litt., art.*, Fasc. 1425, n° 39 ; « L'Union Internationale de Patinage a codifié diverses figures de patinage utilisées tant lors des épreuves individuelles ou de couples que lors de compétitions de danse. L'exécution de ces figures est généralement exigée lors d'épreuves imposées ; elles sont souvent intégrées aux prestations libres. Le règlement technique décrit - au moyen de textes et de schémas - les mouvements des patineurs exécutant ces danses, en précisant notamment le genre de musique et de tempo exigés. Eu égard à la définition plus haut, on peut difficilement dénier à ces figures le caractère d'œuvre. Elles présentent aussi un caractère littéraire dans leur présentation écrite. A fortiori, les créations en danse originale et en danse libre sont des œuvres à part entière. Les patineurs doivent, dès lors, bénéficier des droits voisins réservés aux artistes interprètes » : F. VOUILLOZ, « Sport et droit d'auteur », art. préc., p. 63.

[3] X. DESJEUX, *La convention de Rome (10-26 oct. 1961) – Étude de la protection des artistes, interprètes ou exécutants, des producteurs de phonogrammes et des organismes de radiodiffusion*, LGDJ, Paris, 1966, p. 108.

[4] A., H.-J. LUCAS, A. LUCAS-SCHLOETTER et C. BERNAULT, *op. cit.*, p. 1041, note 21, pour lesquels « une expression artistique peut avoir une dimension sportive, comme le prouve l'exemple de la danse ou du patinage artistique ». « Pourtant, certaines prestations sportives à dominante artistique obligent à relativiser le principe du refus d'attribuer à des sportifs la qualité d'artiste du spectacle, mais aussi en sus celle d'artiste-interprète. Certaines activités sportives comportent, en effet, expressément une dimension artistique comme le "patinage artistique" et la "gymnastique artistique et rythmique" ; elles

…/..

protection et que la *personnalité* du sportif transparaisse dans sa prestation[1]. En pratique, beaucoup de prestations sportives peuvent être assimilées à des *œuvres chorégraphiques*[2] pouvant ainsi bénéficier d'une éventuelle protection sur le terrain du droit d'auteur[3]. En revanche, une *technique sportive* n'est pas protégeable, y compris ses éléments, ou un *match de football*[4].

---

sont d'ailleurs sanctionnées par une note artistique » : S. PESSINA DASSONVILLE, « La qualité d'artiste du spectacle : une notion dévoyée. Du droit du spectacle artistique au droit du divertissement », *Propr. intell.*, avr. 2008, n° 27, p. 197.

1 La performance d'un « *pas de deux* » n'est pas moins « *sportive* » parce qu'elle a été réalisée sur une scène d'opéra !

2 « Beaucoup de prestations sportives sont élaborées de la même manière que les œuvres chorégraphiques ou les pantomimes et présentent de grandes similitudes avec ces dernières, dans leur expression visuelle » : F. VOUILLOZ, « Sport et droit d'auteur », art. préc., p. 63. V. À titre d'exemple sur la qualification de la manipulation dissimulée du magicien au titre du droit d'auteur en tant que chorégraphie : J. GUILHEM, « La protection du secret du magicien par la chorégraphie de l'invisible », *Gaz. Pal.* avr. 2009, n° 113, p. 4, pour qui : « [...] la notion de chorégraphie peut être "adaptée" à celle du secret du magicien qui réside dans la manipulation réalisée à l'insu du public. L'association entre ces deux notions - *a priori* étrangères l'une à l'autre - a été rendue possible par les similitudes observées entre les pas du danseur et les mouvements issus de la dextérité du magicien. En effet, l'existence d'un enchaînement de mouvements liés entre eux par un rythme précis, destiné à restituer un rendu visuel spécifique, a permis d'opérer une qualification appropriée, sans doute facilitée par l'absence d'une définition légale de la chorégraphie. Assimilée à une "chorégraphie de l'invisible", la manipulation du magicien peut ainsi bénéficier d'une protection au titre du droit d'auteur, protection autonome vis-à-vis de celle octroyée à l'œuvre de magie ». Mme le professeur KAHN souligne à juste titre : « Cependant, le fait que certains sportifs exécutent des prestations plus artistiques que sportives, en se comportant comme des artistes, conduit nécessairement à nuancer l'exclusion de principe telle qu'elle est affirmée par la doctrine majoritaire. Le problème posé par les prestations des sportifs tient précisément à la frontière délicate à établir entre art et sport, qui peuvent l'un et l'autre faire appel à des qualités physiques et artistiques. Certaines activités qui sont à la limite de l'art et du sport dans leur expression visuelle portent d'ailleurs en leur nom cette ambiguïté, comme le patinage artistique, la gymnastique artistique et rythmique..., ces activités comportant même des notes artistiques. Il est alors permis de s'interroger sur l'admission au titre des artistes-interprètes de ces sportifs particuliers (la question pourrait également se poser à propos de certains numéros de cirque plus acrobatiques et sportifs [...]). Ainsi, les activités telles que le patinage artistique sont basées sur des chorégraphies, un enchaînement de figures réglé à l'avance, dont il est difficile de nier le caractère original. Le patinage est une activité qui donne lieu à des récompenses et des performances physiques, certes, mais comment ne pas faire le parallèle avec la danse. En effet, les danseurs et les patineurs sont dans une situation similaire, au service d'une chorégraphie et leurs activités respectives, même s'ils évoluent sur une surface différente, font appel à des aptitudes physiques et artistiques très proches. De ce fait, ces deux activités, directement associées à une ou des œuvres musicales, présentent de grandes similitudes dans leur expression visuelle » : A.-E. KAHN, *J.-Cl. Propr. litt., art.*, Fasc. 1425, n° 38.

3 V. À titre d'exemple : CA Paris, 9 nov. 1984, *Ann.* 1984, p. 147, relatif à la protection d'un mouvement de plongeon et culbutes sur un trampoline.

4 V. Sur le rapprochement entre un « match de football artificiel » et une « œuvre chorégraphique » : I. CHERPILLOD, *L'objet du droit d'auteur*, *op. cit.*, p. 122, n° 211 : « En effet, on devrait reconnaître un droit d'auteur pour un "match de football" entièrement artificiel, qui ne serait ni une compétition, ni même une improvisation, mais qui serait joué sur une scène de théâtre après avoir été minutieusement préparé jusque dans les moindres détails par un maître de ballet afin de faire naître une émotion esthétique chez le spectateur ; les exigences de création et d'originalité seraient vraisemblablement remplies, et l'on ne devrait pas attacher d'importance au fait que les "danseurs" portent maillot et culottes courtes, et qu'ils poussent un ballon devant eux ; enfin, il n'est pas

1209. Entre l'*art* (création) et le *sport* (travail). Il faut mieux distinguer ce qui différencie le sport de l'art ! Le sport n'est que « *travail* » ; l'art est « *création* » ! Mais il va de soi que ces deux composantes, sont rarement « pures » : elles entrent en des *combinaisons graduées* ! le travail taylorisé et répétitif de l'ouvrier est pur travail. L'*art pur* est « pure création » ; et encore comporte-t-il un peu de travail. En effet, ce qui est « pure création » consiste dans la « *seule conception* » ; or celle-ci n'est pas protégeable en soi. Il faut que s'y ajoute une *étape de réalisation* ; or, la réalisation requiert le *travail minimum* pour extérioriser la création : par exemple, écrire ce que l'on a conçu. Mais, au-delà, l'artisanat est un mélange plus complet des deux : la *menuiserie* fait une plus grande part au *travail* ; mais l'*ébénisterie*, la *marqueterie*, l'*art de vitrail* font une plus grande part à la *création*... Une *partie de foot* qui enchaîne d'instant en instant des activités imprévisibles et très peu codifiées, ne relève que du *travail* ; en revanche, un *combat d'art martial*, qui enchaîne en réponse de l'un a l'autre, des figures codifiées est une « improvisation artisanale » ; quant à la *démonstration d'art martial*, entièrement détachée de tout combat, elle nous semble relever de la *création*...

1210. De l'importance de la distinction entre la composante *artistique* et la composante *technique* de la prestation. La doctrine française s'accorde sur le fait qu'il faut parvenir à distinguer entre la composante *artistique* et la composante *technique* pour que les *prestations sportives* (hybrides) comme le patinage artistique, la gymnastique rythmique, etc., puissent accéder à la protection en tant qu'*interprétation.* Comme le souligne Mme le professeur Kahn, « *la difficulté résidera toujours dans la capacité* pour celui qui revendique la qualité d'artiste-interprète d'une œuvre chorégraphique, *de parvenir à distinguer la composante créative de ce qui relève de l'aspect purement technique et sportif* »[1]. Par ailleurs, MM. les professeurs Vivant et Bruguière mettent l'accent sur l'importance de cette distinction : « *toute la difficulté est donc de distinguer la composante technique du sport et la composition créative.* Il faut savoir si l'on peut isoler une chorégraphie dans le patinage artistique, la gymnastique rythmique, la danse à cheval ou le "*Viet Vo Dao*"... *À défaut d'avoir pu établir cette distinction, on retombe dans le simple savoir-faire exclusif de la création et... de l'œuvre* »[2]. D'aucuns considèrent que : « pour départager, pourquoi ne pas tirer profit du critère de la forme fonctionnelle ? *Si la composante artistique de la prestation envisagée est séparable de la composante technique, le droit d'artiste-interprète pourra être appliqué. Sinon, il y aura un simple savoir-faire non créatif exclu de notre droit voisin* ». Telle est l'opinion du professeur Tafforeau[3].

---

nécessaire que l'"œuvre" produise effectivement une émotion d'ordre esthétique chez celui qui la contemple. Cependant, le caractère créatif d'une telle "œuvre" ne transparaît pas forcément dans la réalisation elle-même ; la différence par rapport à un spectacle improvisé, voire une compétition, est dès lors ténue, sinon inexistante ». V. La Loi n° 53988 du 14 déc. 1973 (art. 100) : « Le Brésil, n'a pas hésité à conférer des droits dits d'arène aux footballeurs en partant du principe qu'ils créent une œuvre d'art » : M. VIVANT et J.-M. BRUGUIERE, *op. cit.*, p. 1087, n° 1242. Rappr. TGI Paris, 21 févr. 1990, *RIDA* 1990/4, p. 307.

[1] A.-E. KAHN, *J.-Cl. Propr. litt., art.*, Fasc. 1425, 2019, n° 38.

[2] M. VIVANT et J.-M. BRUGUIERE, *op. cit.*, p. 1087, n° 1241.

[3] P. TAFFOREAU, « La notion d'interprétation en droit de la propriété littéraire et artistique », art. préc., p. 52.

B. La finalité extatique de la danse

1211. Plan. La quête de l'extase qui guide cette danse cosmique nous invite à nous interroger, d'abord, sur la protégeabilité des œuvres *engendrées* ou *créées* dans un *état de transe* et son incidence sur le processus de création à la lumière de la jurisprudence comparée (1) pour, ensuite, déterminer la nature juridique de la danse extatique (2).

1. *Quid* de la protégeabilité des œuvres créées en extase ?

1212. Indifférence du *critère d'extase* et son insuffisance à *engendrer* la propriété littéraire et artistique. Comme nous l'avons souligné, l'extase est un *critère indifférent* en matière de propriété littéraire et artistique et ne saurait être mis en avant pour disqualifier les œuvres, y compris les interprétations, créées dans un état de transe, et ce, en dépit du fait que l'extase n'est pas suffisante à *engendrer* la propriété littéraire et artistique. A partir du moment où l'extase est *mise au service de l'expression*, la protection peut *naître* sur la forme créative.

1213. Applications jurisprudentielles en droit comparé sur les manifestations dictées de l'Au-delà. La jurisprudence comparée semble s'inscrire dans cette tendance. Elle a eu l'occasion de se prononcer dans quelques affaires sur la problématique du processus de création des œuvres engendrées dans un *état d'extase*, de *transe* ou encore des œuvres *manifestées de l'Au-delà* ou des *esprits*[1] par l'entremise des moyens apparemment surnaturels. Comme le souligne le professeur André Lucas, « *l'œuvre ne saurait être exclue au motif qu'elle aurait été dictée par l'Au-delà* »[2].

1214. Affaire de l' « *œuvre créée par un médium en transe* ». La jurisprudence suisse a eu l'occasion de se pencher sur une affaire intéressante qui opposait l'héritier d'un « médium » ayant créé, par des moyens apparemment surnaturels, une œuvre en percevant des messages des esprits d'un autre monde à un tiers. En l'espèce, le demandeur était le fils du défunt (médium) qui était l'auteur de conférences créées en transes provenant d'êtres spirituels d'un autre monde dénommés « Joseph et Lena ». Par la suite, ces conférences ont été enregistrées sur des bandes et cassettes par le défendeur qui les a exploitées commercialement. C'est dans ces conditions qu'une association ayant acquis les droits d'auteur sur ces conférences au titre d'un contrat de cession a poursuivi le défendeur pour l'interdire de produire, de commercialiser et d'exploiter les copies et obtenir la somme de CHF 50 000 au titre de dommages et intérêts.

1215. En défense, le défendeur avançait l'argument selon lequel le médium ne saurait se voir attribuer la qualité de créateur en tant que titulaire d'un droit d'auteur sur une *œuvre créée en transe* dans la mesure où elle n'est pas le résultat de sa propre *production intellectuelle*, mais exclusivement celui d'un *être provenant d'un autre monde*, ce qui exclut tout *acte créatif* au sens du terme et, par conséquent, les contrats de cession des droits d'auteur portant sur ladite œuvre qui ont été régularisés au profit de l'association étaient nuls et non avenus.

1216. Par un jugement partiel du 14 mai 1985, le Tribunal supérieur du canton de Zurich ne fait pas droit à la demande de l'héritier au motif de l'absence de droit

---

[1] Il y a aussi des exemples au Brésil avec Chico XAVIER, célèbre médium, qui avait écrit plusieurs œuvres sous la dictée d'un défunt ; or les héritiers de ce défunt lui ont demandé les droits d'auteur !!

[2] A., H.-J. LUCAS, A. LUCAS-SCHLOETTER et C. BERNAULT, *op. cit.*, p. 65, n° 52. V. Les applications jurisprudentielles précédemment citées à la note n° 1 du § n° 885.

d'auteur au profit du médium. Or, par une décision du 4 avril 1989, la juridiction supérieure interdit au défendeur, sous peine de sanction, d'effecteur des copies sans le consentement du demandeur, de les vendre ou de les mettre en circulation de toute autre manière, et l'oblige à verser une somme de 1 200 francs.

1217. Les deux parties introduisent un recours fédéral contre la décision. La question à laquelle devait répondre le Tribunal fédéral suisse était de savoir si les conférences *créées par le médium* dans de telles conditions pouvait être considérées comme des « *œuvres* » protégeables par le droit d'auteur et ainsi reconnu comme « auteur » au sens de la Loi sur le droit d'auteur (LDA). Le Tribunal a pris le soin de rappeler le principe de la création et du créateur au sens de la loi suisse en vertu duquel seules les personnes physiques peuvent être titulaire *ab initio* des droits d'auteur. En se référant à la doctrine dominante, il a constaté que le droit d'auteur naît sur *l'œuvre créée par un être humain* qui est le fruit d'une *activité créatrice*. Ensuite, le Tribunal s'est livré à la définition de l' « *acte de création* » de l'œuvre qui n'est pas un « *acte juridique* » supposant conscience et volonté de déployer des effets juridiques, mais au contraire un « *acte réel* »[1]. C'est ainsi que la naissance du droit d'auteur n'exige pas que le créateur soit *légalement compétent* ou qu'il ait un *testament* visant à acquérir le droit d'auteur. Les *mineurs* et les *incapables* peuvent également être titulaire des droits d'auteur. Par conséquent, l'œuvre qui a été créée en état d'hypnose et refoulée dans le subconscient doit être considérée comme l'œuvre unique du créateur hypnotisé.

1218. Solution du Tribunal fédéral suisse. Par un jugement du 14 juin 1990, le Tribunal fédéral suisse a rejeté le pourvoi formé par la défenderesse et a confirmé le jugement de la juridiction inférieure. Il a admis au rang de la protection l'œuvre en question *créée par un médium en transe*[2] dont les messages perçus provenaient d'esprits dénommés « Joseph et Lena » en mettant l'accent sur le fait que l'acte de création n'est pas un *acte juridique* mais un « *acte à effet réel* » (« *Realakt* » en allemand)[3], de sorte qu'il « *n'est subordonné ni à la capacité*[4] *juridique du créateur, ni à l'expression d'une volonté tendue vers*

1 Non pas un « fait juridique ».

2 TF, 1re ch. civ., 14 juin 1990, ATF 116 II 351. V. J. De Werra, « Langues et droit d'auteur : perspectives de Suisse », *in* Y. Gendreau et A. Drassinower (dir.), *Langues et droit d'auteur / Language and Copyright*, Carswell/ Bruylant, Québec/Bruxelles, 2009, p. 105 ; A., H.-J. Lucas, A. Lucas-Schloetter et C. Bernault, *op. cit.*, p. 72, n° 57.

3 Ou d' « acte matériel ».

4 La capacité recouvre l' « aptitude à acquérir un droit et à l'exercer reconnue en principe à tout individu (C. civ., a. 1123) et, en fonction de leur nature, de leur objet et de leur forme, aux personnes morales » : V° « Capacité », I, *in* G. Cornu (dir.), *Vocabulaire juridique*, *op. cit.*, p. 131.

l'acquisition du droit d'auteur »[1]. C'est ainsi que la création selon le Tribunal est une *action de fait* dont les « *circonstances qui l'ont entourée importent dès lors peu* »[2].

1219. Pour étayer son raisonnement, le Tribunal s'est appuyé sur des sources du droit d'auteur allemand. Il considère que la naissance du droit d'auteur n'est pas subordonnée à la « *conscience de création* », mais elle est rattachée à l'*acte créateur*, voire à l'expression positive de l'œuvre intellectuelle. A moins que l'idée soit habillée dans une *forme perceptible*, la protection du droit d'auteur ne peut s'étendre à l'*idée* elle-même, mais exclusivement à l'*acte de conception* dont la seule forme y est éligible et non pas le *contenu* de l'œuvre. S'agissant des droits d'auteur sur des *inspirations venant de l'au-delà*, peu importe que la représentation conceptuelle apportée à la perception soit fondée sur la *délibération* ou l'*inspiration*. En d'autres termes, la qualité de créateur est attribuée à celui qui *exprime l'idée dans une forme*, qu'elle soit créée *consciemment* ou *inconsciemment*. Les *inspirations provenant d'un autre monde* peuvent être légalement attribuées sans restriction à leur *destinataire humain* et ne peuvent porter que sur une représentation (œuvre) protégeable par le droit d'auteur. A cet égard, le tribunal estime que les êtres de l'autre monde ne peuvent pas être soumis au droit suisse, en tant que sujets de droit, et ne peuvent donc pas exprimer d'idées ayant un effet juridique, voire une incidence sur la naissance et l'existence du droit d'auteur.

1220. Raisonnement par analogie avec la danse des derviches tourneurs. A notre sens, la situation n'est pas exactement semblable au processus de création de la *danse extatique*. En l'espèce, il y avait intention de *produire* une forme, mais l'auteur *abdique sa propre volonté* au profit d'une autre[3]. Dès lors que l'intention de mettre tout

---

1 En revanche, dans l'aff. britannique *Cummins v. Bond* (Chancery Division, 1 ch. 167, 1927), il a été jugé que le médium qui, en transe, transcrivait les poèmes posthumes d'un poète décédé, ne saurait en être l'auteur, cité par C. CARON, « Vrais et faux auteurs : *bis repetita* ! », *Comm. com. électr.* 2001, n° 10, comm. 98 ; I. BICH-CARRIERE, « Communication spirituelle et droit d'auteur : à qui les droits d'une œuvre littéraire dictée depuis l'Au-delà ? », *CPI*, 2007, n° 19, p. 775-794 ; Aj. P.-H. KARLEN, « Spiritual and Non-Human Creation », 123 *Copyright World*, sept. 2002, p. 16-21 ; B. LEE, "Copyright of Automatic Writing", (1926-1927) 13 *Va. L. Rev.* 22, p. 24-25. V. W.E. COUSINS, "Writer, Medium, Suffragette, Spy? The Unseen Adventures of Geraldine Cummins", *Paranormal Review*, 2008 45, p. 3-7.

2 N. ENSER, *op. cit.*, p. 333.

3 Il en est ainsi de l'aff. *Penguin Books U.S.A., Inc. v. New Christian Church of Full Endeavour*, Ltd. (55 USPQ2d 1680, 1691 (S.D.N.Y. 2000), dans laquelle il a été décidé que le propriétaire légitime du *copyright* sur une œuvre psychographique est l'individu qui a agi en tant que rédacteur de l'esprit. Le *Southern District* de New York a désigné comme « auteur » (*author*) le transcripteur d'œuvres prétendument dictées par la « Voix de Jésus ». Curieusement, dans ce cas, le plaignant a reconnu son intention de revendiquer le *copyright*, mais pas de revendiquer la paternité : la Voix a non seulement dicté le travail, mais a demandé à son scribe d'enregistrer le travail auprès du *Copyright Office* (!). En l'espèce, le demandeur a affirmé que Jésus était l'auteur de l'œuvre et qu'elle n'était que le médium. Jésus lui aurait également communiqué l'instruction sans précédent, mais assez catégorique, d'enregistrer le matériel auprès du *Copyright Office*. Lorsque l'Office a refusé une demande mentionnant Jésus comme auteur, la revendication a été modifiée pour se lire "Anonyme (Helen SCHUCMAN"). Le juge SWEET a choisi de ne pas croire l'affirmation de Mme SCHUCMAN selon laquelle Jésus était l'auteur, fondée en partie sur le « bon sens » et en partie sur une incapacité à séparer les faits de la croyance. Ce faisant, je pense que la Cour a rendu un jugement religieux, à savoir que Jésus n'était pas l'auteur. (Il y a, bien sûr, d'autres motifs pour rejeter une réclamation soumise par Jésus, et on se demande combien de temps serait la durée de la protection). Prendre Mme SCHUCMAN au

en œuvre pour créer une chose objective est là, peu importe la *capacité de la volonté*. Un *incapable* peut *créer* une œuvre comme le souligne le Tribunal… Mais dans le cas des derviches tourneurs, il semble que l'*intention* soit tournée vers autre chose… Ils ne visent pas à faire des cercles mais ils visent l'*extase*. Il n'est plus question de *capacité juridique de la volonté* à l'œuvre mais de son *état*. Si on admet que c'est un autre être qui a guidé le processus créatif, c'est lui l'auteur (comme le cas de la célèbre affaire *Guino c/ Renoir*[1]), sauf que n'ayant pas de corps la personne est « incomplète »… À titre d'exemple, Guino était le *médium*… tandis que Renoir était… l'*esprit* !

1221. Affaire « *Cummins c/ Bond* »[2]. En 1927, les juridictions britanniques ont eu l'occasion de se prononcer sur une affaire intéressante et saugrenue qui était relative à des écrits intitulés : « *The Chronicle of Cleophas* » *dictés par un esprit de l'autre côté*. En l'espèce, Mme Geraldine Dorothy Cummins était une journaliste et aussi une « médium » qui avait la capacité de communiquer avec les esprits morts, et ce, en utilisant plusieurs « messagers » psychiques qui pouvaient servir d'intermédiaires. Sa méthode pour entrer en transe consistait à cacher ses yeux avec sa main gauche, puis elle prenait un crayon dans sa main droite pour commencer à écrire très rapidement sur un papier en anglais archaïque des XVIe/XVIIe siècles les mots qui lui étaient communiqués par l'esprit dénommé « Cleophas ». Cet esprit qui était mort il y a au moins mille neuf cents ans ne parlait pas anglais, mais une certaine forme d'hébreu et avait rencontré Jésus ressuscité trois jours après sa crucifixion ! En tant que médium spiritualiste, Mme Cummins pratiquait l'écriture automatique en organisant des séances. A cette époque, l'écriture automatique était une technique courante utilisée par les médiums pour véhiculer les messages de l'autre monde.

---

mot évite d'empêtrer les tribunaux dans des déterminations religieuses et n'est qu'une application d'une doctrine générale d'estoppel d'auteur : si X dit publiquement que Y a créé l'œuvre, dans une action en contrefaçon ultérieure contre Z, X sera tenu de respecter la déclaration que Y l'a créé. Dans ce cas, la question est *mieux posée* : le « concepteur » du texte est Jésus ; SCHUCMAN n'en est que la *réalisatrice* ! Mais le *copyright* n'a que faire de rentrer dans ces querelles de « créateurs » ; il ne fait aucune place à l'auteur ; peu importe qu'il soit incarné ou désincarné. Le *copyright* confère le monopole, en l'occurrence, à la personne *vivante et incarnée* qui a fixé la conception « d'autrui » ! ; Il ne donne de droit qu'à l'*author*, la transcriptrice peut tout à fait être l'*author* ! Cette solution est courante en *copyright*. Ce sont les blancs ayant filmé les danses traditionnelles des peuplade autochtones d'Australie qui *ont le copyright sur les films*…

1 Cass. civ. 1re, 13 nov. 1973, n° 71-14.469, *Bull. civ.* I, n° 302, p. 269 ; *D.* 1974, 533, obs. C. COLOMBET ; *JCP* 1975, II, 18029, obs. M.-C. MANIGNE. Dans l'affaire qui opposait les héritiers du peintre et sculpteur RENOIR à son élève GUINO, les sculptures réalisées par celui-ci sous la direction du maître ont été qualifiées par la Cour de cassation d' « œuvres de collaboration » et elle a reconnu à GUINO sa qualité de coauteur de sculptures exécutées par lui en collaboration avec RENOIR. C'est ainsi qu'à RENOIR revenait la *conception de l'œuvre*, tandis qu'à GUINO la *réalisation*. À propos de cette affaire, Henri DESBOIS mettait l'accent sur le fait que : « L'un décrit, dirige de la voix et du geste, l'autre exécute […] » : *RTD com.* 1971, p. 698, obs. sur TGI Paris, 3e ch., 11 janv. 1971, même aff.

2 *Cummins v. Bond* [1927] 1 Ch 167 (Eng.). V. B. LEE, "Copyright of Automatic Writing", (1926-1927) 13 *Va. L. Rev.* 22, p. 22-26 ; V. D. VAVER, P. SIRINELLI et al., *Principles of Copyright : Cases and Materials* (*Notions fondamentales du droit d'auteur, Recueil de jurisprudence*), Publications de l'OMPI avec la coopération du Programme des Nations Unies pour le Développement (PNUD), n° 844, Genève, 2002, p. 109-111 (partie en anglais) ; A. VENTIMIGLIA, *Copyrighting God : Ownership of the Sacred in American Religion*, Cambridge University Press, Cambridge, 2019, p. 102-104 ; E. VOSS (ed.), *Mediality on Trial: Testing and Contesting Trance and other Media Techniques*, Walter de Gruyter GmbH, Berlin/Boston, 2020.

1222. Le défendeur, M. Frederick Bligh Bond, passionné d'écriture automatique, avait entendu parler du travail de Mme Cummins auquel il portait intérêt ; ce qui l'a conduit à assister à plusieurs séances. C'est dans cet esprit que Bond a proposé de transcrire le manuscrit dans un anglais moderne pour lui donner un sens, et d'ajouter la ponctuation, afin qu'il puisse être accessible et compréhensible étant donné que les écrits dictés par l'esprit étaient rédigés de façon chaotique et sans ponctuation dans un anglais du XVIe siècle. À cette fin, Mme Cummins lui a donc confié le manuscrit dans l'espoir qu'il le lui rendrait lorsqu'il aurait terminé.

1223. Cette série d'écrits produite porta le nom de « *La Chronique de Cleophas* ». Vu l'importance et la valeur du manuscrit, M. Bond a entamé la publication de plusieurs extraits du manuscrit dans une revue « *Christian Spiritualist* ». Par ailleurs, il a tenté de régulariser un contrat de *copyright* avec Mme Cummins pour partager les redevances dues au titre du *copyright*. Or, Mme Cummins n'était pas d'accord et a demandé à M. Bond de lui rendre ses écrits originaux.

1224. Devant le refus de M. Bond de rendre la copie originale des manuscrits, Mme Cummins a intenté une action devant le tribunal de la chancellerie de Londres pour revendiquer ses *copyrights* sur les écrits en tant qu'une œuvre « *work* » littéraire originale et obtenir une ordonnance à l'encontre de M. Bond pour lui rendre tous ses manuscrits.

1225. En défense, M. Bond contesta la validité du *copyright* au motif que l'œuvre était « *entièrement communiquée en substance et en forme par un agent psychique* ». Il faisait valoir que les œuvres en question avaient déjà été réalisées par Cleophas. Ces œuvres existaient déjà avant que Mme Cummins ne les ait écrites. Par conséquent, elle ne pouvait pas revendiquer de *copyright* sur lesdites œuvres, à défaut d'*originality*.

1226. Tout d'abord, le juge Eve a examiné la question de savoir si le *copyright* pouvait appartenir à Cleophas (la paternité spirituelle). Elle rejette cette idée au motif que le messager n'était qu'un intermédiaire transportant les informations d'une personne à une autre qui n'avait pas été transformée en une « *forme récupérable* »[1]. Il semble que le juge n'était pas prêt à faire *naître* un *copyright* sur la tête d'un *esprit de l'autre côté* dont les droits sur l'œuvre devaient être conférés à un *être terrestre*[2]. Le tribunal a considéré que l'intégralité du manuscrit a été écrit par Mme Cummins seule, sans implication d'une quelconque personne. En l'occurrence, Mme Cummins avait procédé à la conversion des informations en une « forme récupérable » de sorte que

1 La forme récupérable est la *forme fixable*…

2 "*but, apart altogether from these considerations, the conclusion which the defendant invites me to come to in this submission involves the expression of an opinion I am not prepared to make, that the authorship and copyright rest with some one already domiciled on the other side of the inevitable river*": *Cummins* [1927] 1 Ch. at 173. "Moreover, were intent to create, even belatedly expressed, the sole keystone for authorship, what should we make of the decisions in both the United States and United Kingdom that hold the "author" of a work purporting to be of divine revelation or to have come from the Great Beyond, is nonetheless the human being to whom the spirits (Supreme or otherwise) allegedly communicated the work ?": J. C. GINSBURG, "The Concept of Authorship in Comparative Copyright Law", 52 *DePaul L. Rev.* 2003, 1063.

le *copyright* lui appartenait *ab initio*. C'est à partir de ce raisonnement que le juge fait droit à la demande de Mme Cummins qui conservait toujours les *copyrights*[1].

1227. Question des *co-titularités* avec un esprit. Or, comme nous allons le constater, il s'agit en ce cas d'œuvres bien manifestées sur notre plan, dans une langue, à partir de l'Au-delà qui ont été perçues par les médiums ; dans le principe, il n'y a pas de « raison » de *disqualifier* l'œuvre, mais en propriété littéraire et artistique, les droits reviennent au *créateur* ; si le créateur est dans l'autre monde cela *neutralise* l'attribution ! Le rédacteur n'est que le *réalisateur de l'œuvre*... mais un réalisateur qui n'a pas conçu n'est pas auteur ! Il est, comme dans Guino-Renoir, coauteur avec un décédé ! Ce qui est différent de la danse des derviches tourneurs qui est une *forme spirituelle* engendrée depuis la danse extatique par un pratiquant...

2. Nature juridique de la danse cosmique

1228. Danse spirituelle, résultat d'une *œuvre* ou d'une simple *technique mise en œuvre* ? L'examen de la pratique nous montre que le derviche tourneur commence à tourner lentement sur lui-même une fois, deux fois, trois fois, quatre fois, cinq fois... et plus rapidement jusqu'à ce qu'il se trouve emporté dans le vertige de la rotation pour atteindre l'état d'extase. Cette danse cosmique s'inscrit dans l'art-thérapie définit par Jean-Pierre Klein comme « *une mise en harmonie d'un être souffrant qui, par la transmutation en œuvre, se relie d'abord à la terre, puis s'ouvre par les vibrations de sa production à l'inspiration-aspiration dépassement de lui-même* »[2]. Pour autant, cette danse est-elle une « *œuvre* » au sens légal ? On ne saurait l'admettre. A vrai dire, la danse se présente comme une *technique contemplative* qui permet de se rapprocher de Dieu. En dépit de son caractère spectaculaire, la danse des derviches tourneurs est à rapprocher de la pratique du *dhikr*[3] et du yoga. Il s'agit de provoquer un *état spirituel*, tantôt par des

---

1 V. Ph. GAUDRAT, *Aspects juridiques de la télédétection : la protection des données*, étude de droit comparé (rapport général) menée sur 10 pays de la Communauté (France, Angleterre, Irlande, Belgique, Pays-Bas, Danemark, Allemagne, Italie, Grèce, Portugal), destinée à guider l'action communautaire et réalisée pour le compte de la DG XII des Communautés Européennes, déc. 1992, concernant le problème que posait le *copyright* anglais aux *données de télédétection* étant donné que c'est le premier à *fixer* le *work* qui reçoit le *copyright*, le premier à fixer le flux des données redescendant du satellite, fruit du scanning de la Terre, est titulaire du *copyright*, même s'il n'a rien à voir avec l'organisme gestionnaire du satellite. "From this it would almost seem as though the individual who has been dead and buried for some 1900-odd years and the plaintiff ought to be regarded as the joint authors and owners of the copyright, but inasmuch as I do not feel myself competent to make any declaration in his favour, and recognizing as I do that I have no jurisdiction extending to the sphere in which he moves, I think I ought to confine myself when inquiring who is the author to individuals who were alive when the work first came into existence and to conditions which the legislature in 1911 may reasonably be presumed to have contemplated. So doing it would seem to be clear that the authorship rests with this lady [the copyright-claiming medium], to whose gift of extremely rapid writing coupled with a peculiar ability to reproduce in archaic English matter communicated to her in some unknown tongue we owe the production of documents": *Cummins* [1927] 1 Ch. at 173.

2 J.-P. KLEIN, « L'art-thérapie : avec quoi ? », *in* J.-P. KLEIN, *L'art-thérapie*, coll. « Que sais-je ? », PUF, Paris, 2012, p. 45-85.

3 Selon certains auteurs : « Cette danse spirituelle [des derviches tourneurs], en outre hautement raffinée, s'oppose radicalement aux transes de certaines confréries populaires dans le cadre de pratiques soufies et, en particulier, au *dhikr* qui, au Proche-Orient, peut atteindre des manifestations extravagantes où les comportements sont poussés à l'extrême » : A. SHILOAH, *La musique dans le monde de l'Islam*, *op. cit.*, p. 301.

paroles, tantôt par des mouvements. Le but n'est pas le *spectacle*, voire l'expression, mais l'*état intérieur* du pratiquant.

1229. Absence de *corrélation* entre la *forme externe* et la *forme interne*. En d'autres termes, les derviches tourneurs n'ont pas pour vocation de *transmettre* des œuvres au public. Dès lors que peu ou tout se passe sur un *plan intérieur*, il y manque une *dimension extérieure* plus que concrète. La *forme externe* n'est pas *corrélée* avec la *forme interne*… Il y a quelque chose d'externe, mais qui n'est pas l'*expression de la forme interne*… C'est ainsi que le derviche tourneur n'*exécute* aucune œuvre mais il *met en œuvre* une technique spirituelle. Il est futile de rappeler que les techniques, savoir-faire et moyens de création ne peuvent être réservés par le droit d'auteur :

> « *La protection conférée par le droit d'auteur ne peut s'appliquer ni à une technique, ni à une méthode, ni à un procédé, ni à un système*, mais seulement à une création de l'esprit au sens de la loi sur la propriété littéraire et artistique, à condition qu'elle soit indépendante de l'obtention d'un résultat industriel »[1].

1230. Une *forme fonctionnelle*. On rejoint la problématique des formes fonctionnelles. Dès lors que la forme est *dictée* par la fonction, elle n'est pas protégeable. La forme externe induite par la technique spirituelle est dans ce cas-là. Elle est *fonctionnelle*, sa fonction est *spirituelle* et *intérieure* au pratiquant. Mais il n'est pas exclu, qu'une *forme indépendante* soit développée par-dessus.

1231. Une danse giratoire folklorique appartenant au *fonds commun*. En effet, la danse des derviches tourneurs est une *danse folklorique*[2] qui relève du fonds commun non appropriable ; nul ne saurait se prévaloir d'un *droit privatif* sur de telles danses[3]. Par conséquent, le derviche ne pouvant *s'arroger* un droit exclusif sur la technique giratoire dans la mesure où ce mouvement de rotation[4] frénétique qui s'exerce par déplacement et mouvement du corps autour d'un axe fixe revêt un *caractère* purement *spirituo-fonctionnel* et sa reprise par autrui n'est pas constitutive de contrefaçon.

---

[1] Paris, 12 juill. 1974, *Ann. propr. ind.* 1975, 182.

[2] Un auteur remarque que : « […] si en Syrie la technique de la danse tournoyante appartient au folklore, ces dernières années ont néanmoins vu sa renaissance dans le cadre des activités des hymnodes (*munshidîn*) de la mosquée des Omeyyades de Damas, dans une conception nettement sacrée, quoique sensiblement vouée au spectacle » : C. POCHE, *Dictionnaire des musiques et danses traditionnelles de la méditerranée*, *op. cit.*, p. 143.

[3] Les juridictions américaines ont exclu de la protection du *copyright* les danses folkloriques et les danses traditionnelles ou de société.

[4] Dans une affaire relative à la contrefaçon de droits d'auteur sur un modèle de meuble développé et commercialisé par la société Naos sous les noms Yoga, *Cassius*, *Taos*, *Long Island* et *Tea Time*, en l'occurrence une table basse pouvant être mises en mouvement au moyen de mécanismes permettant la rotation synchronisée de plateaux pour élever ou abaisser, rapprocher ou éloigner et rassembler ou séparer les surfaces de la table, le tribunal de grande instance de Paris, par un jugement du 25 janvier 2013, confirmé par la Cour d'appel de Paris, a décidé à juste titre que : « le mouvement de rotation n'était pas appropriable au titre du droit d'auteur et [que] sa reprise par un concurrent n'était pas constitutive de contrefaçon » : TGI Paris, 3e ch., 3e sect., 25 janv. 2013, RG n° 2009/13675, aff. *Sté Naos c/ Sté Mobilier de France*. *Adde* : Cass. com., 15 mai 2012, n° 11-18.372, *JurisData* n° 2012-012577 ; *PIBD* 2012, III, p. 487, cité par F. et P. GREFFE, « Un an de jurisprudence de dessins et modèles », *Propr. ind.*, avr. 2013, n° 4, chron. 4 ; CA Paris, Pôle 5, 1re ch., 20 janv. 2015, n° 13/10740. Elle rappelle que : « […] le concept même d'un mécanisme de rotation à deux bras permettant de moduler les tables basses en une ou deux surfaces et l'usage de matériaux tels que le verre, le bois ou le métal chromé ne sont pas appropriables au titre du droit d'auteur […] ».

1232. Mise en œuvre d'un « *savoir-tourner* ». En effet, le danseur fait donc le plus souvent appel à un « savoir-tourner », comme l'avons déjà souligné, afin d'éviter la sensation de vertige ou de nausée et de maîtriser son corps durant le processus de tournoiement pour céder la place à la libération de l'âme. Cela ne va pas sans dire que le derviche tourneur lors de l'exécution de la danse « la forme vivante » reste le plus souvent *passif* face au mouvement giratoire, se limitant à *mettre en œuvre* une sorte d'un *savoir-tourner* sans l'enrichir d'un *apport créatif*, ce qui est de nature à susciter des difficultés sur le terrain à la fois de la qualification et de l'appréciation de l'*originalité*. Or, l'œuvre ne saurait être le résultat d'une simple *mise en œuvre* d'un *savoir-faire* non protégeable en tant que tel selon une jurisprudence constante. Par ailleurs, l'originalité ne saurait se manifester par le seul usage du *savoir-tourner* non créatif ; ce qui fait de cette *forme gestuelle* une forme créative (inerte ou vivante), c'est d'être en mesure de mettre ce savoir-tourner au *service de la production* d'une *forme perceptible* et *expressive*. Comme le souligne le professeur Gaudrat, « ce qui fait que certaines [œuvres de l'esprit] sont créatives et non d'autres et ce qui fait que celles qui sont créatives appartiennent à un genre plutôt qu'à un autre, *c'est exclusivement la manière dont l'esprit a travaillé la forme* »[1]. En revanche, lorsque la prestation du derviche ne consiste ni à *interpréter* ni à *exécuter* une *œuvre* mais n'est que le résultat d'une simple *mise en œuvre d'un savoir-tourner*, il n'y aurait pas alors de *création*.

§ 2. LA DANSE GIRATOIRE APPREHENDEE COMME FORME VIVANTE

1233. Plan. Après avoir examiné l'hypothèse de l'*œuvre de l'esprit*, il faut s'interroger sur l'éventuelle qualification de cette danse en tant qu' « *interprétation* » protégeable au titre des droits voisins de l'artiste-interprète. Il semble que plusieurs arguments pourraient être mis en avant en défaveur de l'attribution de la qualité d'artiste-interprète aux derviches tourneurs qui n'emportent pas, cependant, la conviction. Le premier argument est relatif aux caractères *artificiels* et *monotones* de la prestation (A) tandis que le second argument découle des caractères *artistiques* et *interchangeables* (B).

A. Les caractères artificiels et monotones

1234. Plan. L'attribution de la qualité d'artiste-interprète aux derviches tourneurs passe par la définition de la notion d'interprétation[2] qui nous invite à creuser les deux critères fondés sur la « *fictionnalisation* » (1) et la « *monotonisation* » (2) de la prestation pour savoir s'ils peuvent éventuellement priver la danse giratoire du caractère *personnel* et *original* de l'interprétation.

1. Les frontières entre la fiction et la réalité

1235. Critère de « fiction » vs. d' « artificialité ». La notion d'interprétation et la qualité d'artiste-interprète implique de tracer les frontières entre la *forme fictive* et la *forme réelle*[3] en la matière. En effet, la *forme réelle* qui rend compte de la réalité factuelle[4] sans *interpréter* un rôle ou un texte mis au service de l'expression ne saurait être l'objet

---

[1] Ph. GAUDRAT, *Deux cours de doctorat en propriété littéraire et artistique*, n° 1309, à paraître…

[2] P. TAFFOREAU, « La notion d'interprétation en droit de la propriété littéraire et artistique », art. préc., p. 51.

[3] Si ce terme désigne à la fois ce qui « existe » et la chose dans la création… nous nous référons à ce dernier sens.

[4] La *création* est naturellement définie par la doctrine française comme : « *un fait juridique résultant d'une activité humaine consciente qui entraîne une modification de la réalité* » : C. CARON, *op. cit.*, p. 48, n° 44.

d'un droit voisin d'artiste-interprète. C'est ainsi que l'interprète doit mettre les attributs de sa personnalité au service d'une *forme fictive vivante* dans laquelle *gît* la création[1]. « Le critère consisterait donc en l'existence d'une *fiction*, d'un *apport créatif*, par opposition à la réalité telle quelle ou brute » comme le souligne le professeur Tafforeau[2].

1236. Affaire « *L'Île de la tentation* ». Cette solution est tirée de l'affaire emblématique connue sous le nom de « *L'Île de la tentation* »[3]. En l'espèce, la Cour d'appel de Versailles, dans un arrêt du 5 avril 2011, a refusé de reconnaître le statut d'artiste-interprète au motif que : « *les participants à l'émission en cause n'avaient aucun rôle à jouer, ni aucun texte à dire* »[4] puisqu' « *il ne leur était demandé que d'être eux-mêmes et d'exprimer leurs réactions face aux situations auxquelles ils étaient confrontés* ». Ainsi, il n'y avait pas une *œuvre à interpréter*, en l'occurrence, faute de *rôle* et de *texte*. La Cour estime que l'*artificialité* de ces situations[5] et de leur enchaînement ne suffisait pas à reconnaître la qualité d'acteurs aux participants, voire de les *transformer en acteurs de fiction*, dans la mesure où le métier d'acteur consiste à interpréter un personnage autre que soi-même. Ainsi, leur prestation n'impliquait aucune *interprétation* d'une œuvre littéraire ou artistique, et partant, la qualité d'artiste-interprète ne pouvait leur être reconnue. En

---

1 Ph. GAUDRAT, *J.-Cl. Propr. litt., art.*, Fasc. 1134, n° 59.

2 P. TAFFOREAU, « Un an de droits voisins », *Comm. com. électr.* 2011, n° 10, chron. 9, n° 2.

3 CA Versailles, 6e ch., 5 avr. 2011, n° 09/01674, aff. « L'île de la tentation », *JurisData* n° 2011-005515, *JCP S* 2011, act. 178 ; *Comm. com. électr.* 2011, chron. 9, obs. P. TAFFOREAU ; *RLDI* 2011/71, n° 2346, obs. L. COSTES, pourvoi rejeté par Cass. civ. 1re, 24 avr. 2013, n° 11-19.091, *JurisData* n° 2013-007958 ; *Comm. com. électr.* 2013, comm. 75, 1re esp., note C. CARON ; *Comm. com. électr.* 2013, chron. 9, n° 2, obs. P. TAFFOREAU ; *Propr. intell.* 2013, n° 48, p. 299, obs. J.-M. BRUGUIERE. V. X. DAVERAT, « Retour sur une "fiction sociale" : la téléréalité », *Comm. com. électr.* 2011, étude 12. V. Aussi : CA Versailles, 13 déc. 2011, n° 09/04230, n° 09/04229, n° 10/0182 et n° 10/01826, *JurisData* n° 2011-030057, n° 2011-029859, n° 2011-030058 et n° 2011-030060, *JCP S* 2012, act. 133 ; V. Déjà à propos de l'aff. dite de « L'Île de la Tentation » : Cass. soc., 3 juin 2009, n° 08-40.981 à n° 08-40.983 et n° 08-41.712 à 08-41.714, FP-P+B+R+I, aff. *Sté GLEM c/ Brocheton et a.*, *JurisData* n° 2009-048343, *JCP S* 2009, act. 305, aperçu rapide P.-Y. VERKINDT. V. La décision n'est pas sans rappeler l'affaire « *Être et avoir* » : Cass. civ. 1re, 13 nov. 2008, n° 06-16.278, *JurisData* n° 2008-045785 ; *Bull. civ.* 2008, I, n° 259 ; *D.* 2008, act. jurispr. p. 2009 ; *Comm. com. électr.* 2009, comm. 2, note C. CARON ; *D.* 2009, act. jurispr. p. 3009, obs. J. DALEAU ; *Propr. intell.* 2009, n° 31, p. 161, obs. A. LUCAS ; *RTD com.* 2009, p. 128, obs. F. POLLAUD-DULIAN ; *RIDA* avr. 2009, n° 220, p. 261, obs. P. SIRINELLI.

4 Selon le professeur DAVERAT « S'il fallait établir une hiérarchie, d'un point de vue artistique, on situerait les participants quelque part entre ceux qui jouent, puisqu'ils ne développent pas vraiment un art dramatique ("l'artiste dramatique" de l'article L. 7121-2 du Code du travail), et les artistes de complément car, même en tenant leurs propres rôles, ils sont, à la différence de ces derniers, des protagonistes qui ont un réel impact sur le programme. De ce point de vue, l'arrêt de Versailles peut d'ailleurs être critiqué à double titre eu égard à sa vision très conformiste de l'interprétation, qui parle d'acteurs et de personnages. D'un côté, il ajoute à la loi des critères, l'article L. 212-1 du Code de la propriété intellectuelle référant l'activité de l'interprète à l'existence d'une œuvre littéraire ou artistique mais pas à l'incarnation d'un rôle, ce qui est plus restrictif ; d'un autre côté, cette restriction contredit l'ouverture même de l'article L. 212-1 du Code de la propriété intellectuelle à la "toute autre manière" d'interpréter une œuvre » : X. DAVERAT, « Retour sur une "fiction sociale" : la télé-réalité », étude préc., n° 22.

5 V. M. SERNA, « "L'Ile de la tentation" : quelle valeur juridique pour le caractère artificiel des situations filmées ? », *Dalloz Actualité*, 3 mai 2013.

se prononçant sur ce point, la première chambre civile de la Cour de cassation[1], dans un arrêt en date du 24 avril 2013, confirme la décision de la Cour d'appel. Il en va de même pour l'affaire « *Être et avoir* » précitée dans laquelle les juges du fond ont refusé de reconnaître à l'instituteur filmé dans sa classe la qualité d'artiste-interprète au motif qu'il n'exécutait pas une *interprétation* dans les termes suivants :

« le seul fait d'être filmé ne confère pas à celui qui l'a été la qualité d'artiste-interprète » [...] les éléments du film « *relèvent du fait documentaire qui, de par son rapport au réel, tel qu'il est conçu dans les arts cinématographiques, exclut la notion d'interprétation* [...] »[2].

1237. Exclusion d'interprétation de rôles au profit des derviches tourneurs ? C'est dans ces conditions que la question se pose de manière identique s'agissant des derviches tourneurs pour savoir s'ils *jouent*, voire interprètent, un *rôle* sans pour autant *se borner à être soi-même* dans leur mouvement. A vrai dire, lorsqu'ils tournent inlassablement sur eux-mêmes, il ne leur est demandé que *d'être eux-mêmes* et *d'exprimer leurs réflexes* face à la situation à laquelle ils vivent et ne pas outrepasser les limites dans le but d'entrer en *extase*. « Cette danse extatique conduit l'homme dans un univers intermédiaire, l'intermonde (*barzakh*) où le derviche demeure dans l'extase dansante » selon certains[3]. Hujwîrî l'indique expressément dans ses propos susmentionnés : « [...] quand leur cœur frémit de ravissement, que le transport devient intense, que l'agitation de l'extase se manifeste, et que les formes conventionnelles ont disparu, ce désordre [*idtirâb*] n'est ni la danse ni un plaisir du corps, mais une fusion de l'âme ». Il en découle que les derviches, en exécutant leurs tournoiements, sont censés *rester eux-mêm*es dans les contours du cercle et ne pas tenter de *jouer de rôles* à l'image d'un artiste. Le Soi véritable plutôt que le petit-moi sujet aux fluctuations du mental. Il semble que la danse extatique, présentée comme une *forme de possession*, voire une « ivresse extatique » (*sukr*)[4], repose sur un *caractère* purement *artificiel* qui n'est le résultat que de la mise en

---

1 V. Cass. civ. 1re, 24 avr. 2013, n° 11-19.091 au n° 11-19.168, FS-P+B+R+I, aff. *M. X. c/ Sté TF1 Productions et a.*, *JurisData* n° 2013-007958, *Comm. com. électr.* 2013, comm. 75, note C. CARON ; *JCP G* 2013, 731, note X. DAVERAT ; *JCP S* 2013, 1191, avis O. FALLETTI.

2 CA Paris, 4e ch., sect. A, 29 mars 2006, n° 04/22172, aff. G. *Lopez c/ Philibert et a.*, *JurisData* n° 2006-297713 ; *Comm. com. électr.* 2006, comm. 77, note C. CARON ; *Propr. intell.* janv. 2006, n° 18, p. 52, Étude P. TAFFOREAU. Confirmant TGI Paris, 3e ch., 1re sect., 27 sept. 2004, *JurisData* n° 2004-254455 ; *Comm. com. électr.* 2004, comm. 153, note C. CARON ; *D.* 2005, p. 92, note B. EDELMAN ; *RTD com.* 2005, p. 76, obs. F. POLLAUD-DULIAN ; *JCP E* 2004, 1898, obs. A. LALLEMAND.

3 Cité par A. F. AMBROSIO, E. FEUILLEBOIS-PIERUNEK et Th. ZARCONE, *op. cit.*, p. 138.

4 V. Par exemple : F. AMBROSIO, « Écrire le corps dansant au XVIIe siècle : Ismâ'îl Rusûkhî Anqaravî », *Revue des mondes musulmans et de la Méditerranée*, nov. 2006, 113-114, p. 195-209, n° 24. A. T'SERSTEVENS, *L'itinéraire de Yougoslavie*, Grasset, Paris, 1938, p. 157. Cet écrivain, dans son récit de voyage, décrit la cérémonie de derviche à laquelle il a assistée en mettant l'accent sur le fait que : « Cette oscillation sans cesse répétée, ce rauquement de plus en plus haletant, provoquent chez ces hommes une sorte d'*ivresse extatique*. Elle s'exprime par un grand cri, tout à coup, de l'un des fidèles, tandis que la belle chanson continue à fleurir comme un jet d'eau sous un ciel d'orage ». Il décrit, entre autres : « À mesure que le mouvement des corps s'élargit, ce murmure se divise en plaintes répétées, de moins en moins longues. Bientôt cela devient une sorte de râle saccadé alternant avec une respiration forte, pendant que les corps s'inclinent d'un seul ensemble, dans une cadence de plus en plus vive. Le chanteur, de sa belle voix jeune, continue à broder sur cette trame violente. Après quelques minutes, ce n'est plus qu'un cri sourd, un ahan de scieur de long, tandis que les têtes reprennent leur infernal tangage. Cela fait maintenant une atroce respiration de trente poitrines, un rauque halètement que j'essaie en vain de traduire... Rag arag heu... Rag arag heu... D'un seul coup

.../...

œuvre d'un *processus de tournoiement* ou d'une *technique de rotation*, ou encore d'un *savoir-faire* non créatif qui exclut la notion d'*interprétation* ; le mouvement de la danse vient en soi sans rien forcer.

1238. Exclusion de ceux qui ne font *prêter* que leur état d'extase. Il est permis dès lors de constater que la danse ainsi que la technique de rotation revêtent un caractère purement artificiel qui ne saurait attribuer *in fine* aux derviches tourneurs la qualité d'artiste-interprète. Ainsi, sont exclus les derviches qui, sans *interpréter une œuvre*, se contentent de prêter leur *état d'extase* par le jeu de mouvements circulaires exécutés de manière spontanée excluant toute *créativité*[1]. Les derviches se trouvent eux-mêmes *transformés* en un véritable *objet* ou *sujet d'extase*. Ainsi, le fait de *vivre un état* dans lequel le derviche se trouve comme *transporté hors de soi* et du *monde sensible*, fût-ce devant un public et par le biais d'un mouvement réel, ne saurait être considéré comme un acte exprimant une *volonté créative*, voire une interprétation d'une œuvre. Cela s'explique par le fait que « *la démarche créative doit traduire un minimum de maîtrise intellectuelle du processus créatif* »[2]. A ce titre, la *forme interne* n'est pas suffisamment *élaborée*, *personnalisée* pour être distinctive. Comme le souligne le professeur Gaudrat :

> « Il ne suffit donc pas d'être en présence d'une forme sensible, expressive et engendrée par l'homme, il faut encore que *la forme interne,* à quelque genre qu'appartienne la création, ait reçu un degré minimum d'élaboration. C'est ce ***degré minimum*** d'élaboration qui, d'une part, ***distingue la création*** des éléments du domaine public auxquels la construction de la forme sensible est empruntée et, d'autre part, évite une sur-réservation qui empièterait sur la liberté de création d'autrui »[3].

2. L'exécution « d'une seule manière »

1239. Expression « de toute autre manière ». Selon l'expression utilisée par l'article L. 212-1 du CPI français et l'article 138 du CPI égyptien, calqué sur le modèle de l'article 3, a) de la Convention de Rome du 26 octobre 1961[4], « l'artiste-interprète

---

toutes les têtes glissent vers moi… Rag arag heu… Rag arag heu… Toutes se relèvent, blafardes, luisantes, et retombent de l'autre côté. Rag arag heu… Rag arag heu… Cela devient bientôt si rapide qu'on n'entend plus qu'un seul râle. Les corps sont déjetés, brisés, les têtes flageolent sur des cous trop longs. Une âcre odeur de sueur et de saleté humaine monte de cette assemblée convulsive » : *op. cit.*, p. 156-157.

1 V. En ce sens : C. CARON, note ss. CA Paris 4e ch., 29 mars 2006, *Com. com. électr.*, 2006, comm. 77 (« C'est la première fois, à notre connaissance, que la Cour de cassation affirme haut et fort que la création susceptible d'entraîner la réalisation d'une œuvre originale exige une conscience de créer, ce qui n'est pas le cas lorsque des mots s'échangent de façon entièrement spontanée ».

2 A., H.-J. LUCAS, A. LUCAS-SCHLOETTER et C. BERNAULT, *op. cit.*, p. 77, n° 57. Selon le professeur POLLAUD-DULIAN, « Il ne s'agit pas d'exiger une prévisibilité initiale du résultat de la création mais une volonté tendue vers la création, même si le résultat demeure encore vague et indéfini, même si une part est laissée au hasard ou à l'inconscient de l'auteur, un minimum d'intentionnalité » : F. POLLAUD-DULIAN, *Le droit d'auteur*, *op. cit.*, p. 125, n° 132.

3 Ph. GAUDRAT, *La propriété intellectuelle : modèle multiple ou pensée unique ?*, Cours spécial : Master 2 « Propriétés Intellectuelles », préc., p. 114, n° 346.

4 Selon l'article 3 : « Aux fins de la présente Convention, on entend par : a) Artistes-interprètes ou exécutants, les acteurs, chanteurs, musiciens, danseurs et autres personnes qui représentent, chantent, récitent, déclament, jouent ou exécutent de toute autre manière des œuvres littéraires ou artistiques ». L'article 2, a)) du Traité de l'OMPI du 20 décembre 1996 sur les interprétations et exécutions et sur les phonogrammes reprend à l'identique la définition de la Convention de Rome, en y incluant, toutefois, le fait d'interpréter : « des expressions du folklore » aux termes duquel : « Aux fins du présent traité, on entend par : a) "artistes interprètes ou exécutants" les acteurs, chanteurs,

ou exécutant est la personne qui représente, chante, récite, déclame, joue ou exécute *de toute autre manière* une œuvre littéraire ou artistique, un numéro de variétés, de cirque ou de marionnettes ». Que faut-il entendre par l'expression « de toute autre manière »[1] ? Selon le professeur Daverat, « [...] si l'artiste est celui qui "représente, chante, récite, déclame, joue" une œuvre littéraire et artistique, il est aussi celui qui l'"exécute de toute autre manière" »[2]. Cette expression traduit la volonté du législateur d'accueillir les *autres manières* d'exécuter et d'interpréter une œuvre par rapport aux formes d'expression traditionnelles de l'artiste telles que le chant, la récitation, la déclamation ou le jeu[3]. En d'autres termes, l'artiste-interprète ne devrait pas être contraint d'exécuter son interprétation que « *d'une seule manière* ». Il devrait réaliser son interprétation « *de toute autre manière* », faute de quoi il serait qualifié de « *simple exécutant* ».

1240. Indice pour déterminer la qualité et l'apport de l'interprète ? Cela revient à dire que seuls ceux qui ont la capacité d'interpréter « de toute autre manière » l'œuvre de l'esprit, c'est-à-dire de façon *originale* et *personnelle*, peuvent prétendre à la qualité d'artiste-interprète au sens de l'article L. 212-1 du CPI français. Il s'agit donc d'un critère qui peut servir à la *caractérisation* de la forme interne de l'interprétation de l'artiste-interprète, c'est-à-dire l'apport de l'interprète à la forme interne de l'œuvre[4]. Une lecture *a contrario* de cette disposition pourrait nous conduire à établir une sorte de présomption d'une forme impropre à l'égard de l'artiste-interprète qui n'exécute sa prestation que « *d'une seule manière* », c'est-à-dire sans *engagement personnel* et *artistique* de l'artiste dans sa prestation.

1241. Caractère monotone de la danse des derviches ? En transposant la solution à la danse tournoyante, il semble que la danse des derviches tourneurs est caractérisée par une sorte de *monotonie* des mouvements qui se répètent tout au long de la pratique qui n'est pas ouverte en principe à l'*improvisation* et à l'exercice de la *créativité*. En effet, les derviches tourneurs ne disposent pas le plus souvent d'une *liberté d'interprétation* qui laisserait place à une certaine performance libre afin d'investir leur *prestation personnelle* puisqu'ils sont *contraints* d'exécuter leurs danses que « *d'une seule manière* », c'est-à-dire en tournant sur eux-mêmes sans y ajouter leur *patte personnelle identifiable* de celle d'un autre derviche. En pratique, la plupart des derviches ne se

---

musiciens, danseurs et autres personnes qui représentent, chantent, récitent, déclament, jouent, interprètent ou exécutent de toute autre manière des œuvres littéraires ou artistiques ou des expressions du folklore ».

1 V. S. Pessina Dassonville, « La qualité d'artiste du spectacle : une notion dévoyée. Du droit du spectacle artistique au droit du divertissement », art. préc., *passim*.

2 X. Daverat, « Télé-réalité et interprétation artistique », *JCP G* 2013, n° 26, 731.

3 « On peut penser que la généralité des termes employés (représenter, chanter, jouer, ou exécuter) traduit effectivement une conception large de la notion d'artiste, qui peut exercer diverses formes d'activités artistiques, d'autant que l'expression "de toute autre manière" permet de couvrir des situations nouvelles, notamment liées à l'utilisation de nouveaux instruments d'interprétation comme les instruments de lutherie électronique, ou qui ne seraient pas encore connues » : A.-E. Kahn, *J.-Cl. Propr. litt., art.*, Fasc. 1425, 2019, n° 9.

4 Selon le professeur Gaudrat, « L'interprète recompose dans son esprit dans la forme interne de l'œuvre ; il se l'approprie et, dans le respect, il l'enrichit de sa compréhension, de son vécu, de son analyse, de ses émotions » : Ph. Gaudrat, *La propriété intellectuelle : modèle multiple ou pensée unique ?*, Cours spécial : Master 2 « Propriétés Intellectuelles », préc., p. 115, note 299.

prêtent pas fréquemment à l'*improvisation*. Dans la danse giratoire, il y a souvent la maîtrise d'un certain *savoir-tourner* qui exclut toute *liberté d'action* de la part du derviche.

1242. Exécution du tournoiement que « d'une seule manière » ? Georges de Hongrie mettait l'accent sur le fait que : « [...] *Certains derviches, qui ressemblent à des statues, montrent dans cet exercice une agilité corporelle presque surnaturelle* »[1]. Cette assimilation à des *statues* n'est-elle pas en rupture avec la réalisation de la *forme externe* de l'interprétation, laquelle prendra place dans la forme externe et sensible de l'œuvre ? À titre d'exemple, le derviche porte sa robe et tourne devant le public, sans y affecter la forme de l'interprétation produite de son *apport créatif* propre, sans ajouter de *part artistique* à l'instar du *mannequin*[2]. La forme créative vivante qui devrait s'élaborer à l'occasion de la communication de la forme externe de l'œuvre se réduit dans ce cas à un « *tournoiement* » du derviche et à la notion de « *présentation* »[3] propre à l'activité du mannequin[4]. A ce titre, ils ne sauraient être que de « *simples exécutants* », ni plus ni moins, qui ne font pas appel à leur *talent personnel* et n'ont pas pour vocation de *transmettre* des œuvres au public.

B. Les caractères artistiques et interchangeables

1243. Plan. Par ailleurs, il convient de s'interroger sur les deux critères fondés sur le caractère « *artistique* » (1) et « *interchangeable* » (2) de la prestation pour savoir s'ils peuvent à leurs tours priver la danse des derviches tourneurs du caractère *personnel* et *original* de l'interprétation.

1. Le critère du caractère artistique

1244. Délimitation des contours entre la *danse extatique* et la *danse artistique*. Nous avons mis en exergue que le mouvement du corps ne doit pas se concentrer sur la perfection artistique de sorte que le *caractère extatique* de la danse doit *prédominer* sur le *caractère artistique* au risque de pervertir le *sens* et la *finalité* de la pratique spirituelle. Il est donc préférable que la danse des derviches ne soit pas associée au

---

1 G. de HONGRIE, *Des Turcs. Traité sur les mœurs, les coutumes et la perfidie des Turcs*, trad. du latin par J. SCHNAPP, Anarcharsis, Toulouse, 2003, p. 120-121, cité par A. F. AMBROSIO, E. FEUILLEBOIS-PIERUNEK et Th. ZARCONE, *op. cit.*, p. 154.

2 À titre d'exemple, la jurisprudence belge a décidé qu' : « un mannequin qui défilait dans une collection, ne pouvait pas recevoir un droit voisin sur son interprétation, car il n'y avait pas d'œuvre protégée par le droit d'auteur. Elle ne faisait que marcher », cité par V.-L. BENABOU et S. DUSOLLIER, « Du droit d'auteur sur les mouvements, de l'interprétation du droit d'auteur », art. préc., p. 31.

3 V. Sur cette notion : S. PESSINA DASSONVILLE, « La qualité d'artiste du spectacle : une notion dévoyée. Du droit du spectacle artistique au droit du divertissement », art. préc., p. 196.

4 Selon l'art. L. 763-1, alinéa 3 du C. trav. : « *Est considérée comme exerçant une activité de mannequin toute personne qui est chargée soit de présenter au public*, directement ou indirectement par reproduction de son image sur tout support visuel ou audiovisuel, un produit, un service ou un message publicitaire, soit de poser comme modèle, avec ou sans utilisation ultérieure de son image, même si cette activité n'est exercée qu'à titre occasionnel ». V. CA Paris, 18e ch. C., 27 janv. 1995, aff. *Chaudat c/ Soc. Coccinelle et a.*, *Légipresse* 1995. III. 154. Selon les juges, le mannequin se limite à une « présentation ». V. P. TAFFOREAU, *Musique et droits voisins du droit d'auteur*, éd. de l'Université de Paris-Sorbonne/Observatoire musical français, coll. « Conférences et séminaires », n° 4, Paris, 1996, p. 12.

« *raks*[1] » et aux critères caractéristiques de la *prestation artistique*[2], à savoir le *divertissement* et la *mise en scène* d'un spectacle… En effet, on enseigne qu'il faut bien délimiter les contours respectifs, tant sur le plan linguistique que conceptuel, entre la danse *artistique* (*raks*) qui pousse à l'agitation passionnelle et la danse *extatique* (le fait de danser en cercle « *dawran* ») qui, en tant qu'expression spirituelle, ne saurait être guidée par la *quête de l'esthétique* :

> « Les derviches […] sont cependant conscients qu'ils ne peuvent présenter le *sema* comme étant lié au *raks*, ce dernier revêtant une acception négative. L'agitation stérile et passionnelle (*raks*) est condamnée car recherchée comme une forme de plaisir physique ou, du moins, un acte qui éloigne de ce qui serait une authentique spiritualité musulmane »[3].

1245. Cette dichotomie entre « *raks* » et « *dawran* » nous conduit à nous interroger sur la frontière entre « *art* » et « *spiritualité* » en matière de propriété littéraire et artistique, qui peuvent l'un et l'autre faire appel à des qualités *physiques*, *mystiques* et *artistiques*.

1246. Consécration doctrinale et jurisprudentielle du caractère artistique de la prestation. Or, la question qui se pose est de savoir si la *finalité extatique* de la danse n'est pas en contradiction avec le « *caractère artistique* » que doit prendre l'*interprétation* au sens du droit voisin de l'artiste-interprète. En effet, le caractère artistique de la prestation a été consacré par la jurisprudence française et occupe une place importante[4] puisqu'il est érigé comme une *condition nécessaire* dans la qualification des interprétations protégeables au titre des droits voisins de l'artiste-interprète[5]. En

---

1 « Le *raks* se définit par le fait de s'agiter et de danser de manière quelque peu désordonnée, mouvements du corps qui paraissent provoqués par des passions déchaînées. Ce qui est condamné par tous les docteurs de la Loi est sans nul doute le *raks* » : A. F. AMBROSIO, « Chapitre V. Le *sema* entre codification et défense », *in* A. F. AMBROSIO, *Vie d'un derviche tourneur : Doctrine et rituels du soufisme au XVIIe siècle*, CNRS Éditions, Paris, 2010, p. 181-240, n° 3.

2 V. CA Paris, 28 mars 1980, *D.* 1981, chron. Droit du sport, p. 478, obs. F. ALAPHILIPPE et J.-P. KARAQUILLO : « L'apport de l'arrêt est de préciser les critères caractéristiques de la prestation artistique : le divertissement et la mise en scène constitueraient les éléments révélateurs de l'activité artistique ». Selon S. PESSINA DASSONVILLE, « Ces critères, à vrai dire, définissent non pas une activité artistique mais une activité de spectacle, la catégorie des spectacles ne se résumant aux spectacles artistiques » : S. PESSINA DASSONVILLE, « La qualité d'artiste du spectacle : une notion dévoyée. Du droit du spectacle artistique au droit du divertissement », art. préc., p. 194, note 5.

3 A. F. AMBROSIO, « Chapitre V. Le *sema* entre codification et défense », *ibid.*

4 V. Sur cette question : X. DAVERAT, thèse préc., p. 794 et s.

5 V. Notamment : P. TAFFOREAU, « La notion d'interprétation en droit de la propriété littéraire et artistique », art. préc., p. 54 : « Quoi qu'il en soit, sans doute faudrait-il ajouter aux conditions de la protection le caractère artistique de la prestation ». Selon le professeur GOTZEN, « Ainsi, l'énumération qui y figure des "acteurs, chanteurs, musiciens, danseurs et autres personnes qui représentent, chantent, récitent, déclament, jouent ou exécutent de toute autre manière" indique que la prestation protégée devra consister en une expression artistique » : F. GOTZEN, *Le droit des interprètes et exécutants dans la communauté économique européenne, Étude de droit comparé sur les pouvoirs de l'artiste exécutant face à l'utilisation et à la réutilisation de sa prestation par autrui, avec des propositions pour une action communautaire*, Étude élaborée à la demande de la Commission des Communautés européennes, 1977, p. 13. V. À titre d'exemple, la loi allemande sur le droit d'auteur et les droits apparentés du 9 septembre 1965 (*Gesetz über Urheberrecht und verwandte Schutzrechte - Urheberrechtsgesetz*) vom 9. September 1965, publiée dans *Bundesgesetzblatt*, I, p. 1273, n° 51, du 16 sept. 1965) qui ne confère la qualité d'artiste-interprète ou exécutant qu'à ceux qui participent à la prestation principale « sur le plan artistique ». L'article 82 de la loi italienne pour la protection du droit d'auteur et des autres droits connexes à l'exercice de

…/

témoigne, les notions de « caractère ou dimension artistique de la prestation », d'« expression artistique originale » et d' « interprétation artistique personnelle » auxquelles la doctrine et la jurisprudence font parfois allusion. Selon le professeur Tafforeau :

> « [...] que *le caractère artistique était finalement requis* – contrairement au droit d'auteur ! Il ne faut pas y voir la recherche d'un mérite mais plutôt une condition similaire à celle du droit des dessins et modèles, lesquels doivent avoir un caractère esthétique[1] ou ornemental, alors même qu'il importe peu qu'ils ne soient que de l'art appliqué. En particulier, *l'interprétation* protégée est celle qui ne consiste pas en une simple présentation ou fourniture de l'image de la personne qui se produit. Elle *doit être une création artistique, sans jugement de valeur sur le type d'expression artistique auquel elle appartient* »[2].

1247. Pour le professeur Daverat, « la protection de la prestation d'un artiste-interprète ne peut dépendre, pour se développer dans le cadre de la propriété littéraire et artistique, que d'une originalité de celle-ci, [...] c'est dire qu'il faut justifier du caractère éminemment personnel de l'interprétation des artistes "et admettre qu'ils exercent" *une véritable activité artistique* »[3].

1248. Relativisation du principe du refus d'attribuer aux derviches la qualité d'artiste-interprète. Or, la finalité de la danse des derviches n'étant pas le *divertissement* ou la *mise en scène* mais l'*extase*. Si la danse par l'entremise du mouvement circulaire plonge le derviche tourneur dans un *état d'extase* extériorisée qui peut dominer, toutefois, la finalité extatique n'enlève pas nécessairement tout *caractère* et *contenu artistique* de la prestation. Par ailleurs, l'examen de certaines danses contemporaines des derviches tourneurs, comme nous allons le voir, nous conforte dans l'idée qu'elles ne débouchent pas le plus souvent sur une *simple expérience extatique* mais peuvent comporter, en effet, une *dimension artistique* qui fait appel au *talent personnel* des derviches tourneurs dans le cadre d'une manifestation ou d'un spectacle destiné à être représenté devant un public. Cette dimension artistique nous conduit nécessairement à *relativiser*

---

celui-ci du 22 avril 1941-XIX, n° 633, prévoyait que : « Aux effets de l'application des dispositions qui précèdent, sont compris sous la dénomination d'artistes acteurs ou interprètes et d'artistes exécutants : 1° Ceux qui jouent dans l'œuvre ou la composition dramatique, littéraire ou musicale <u>un rôle d'une importance artistique notable</u>, même s'il s'agit seulement d'un artiste exécutant "*comprimario*" ne jouant pas un premier rôle ; 2° les chefs d'orchestre ou des chœurs ; 3° les ensembles orchestraux ou choraux, à condition que la partie orchestrale ou chorale ait <u>une valeur artistique en soi</u> et ne soit, pas un simple accompagnement ». Nous soulignons. En Italie, il faut entendre par artiste « *comprimario* » l'artiste qui ne joue pas un premier rôle, mais un rôle secondaire, toutefois entrecroisé avec les premiers rôles. V. *Dr. Aut.*, 15 sept. 1941, n° 9, p. 97. *Contra* : La Cour d'appel de Lyon, dans un arrêt rendu le 11 mars 1971, a décidé qu' : « on ne peut suivre l'appelant lorsqu'il affirme que esthétiquement parlant les exécutions musicales des intimés ne révèlent aucun caractère quelconque ; [...] on ne saurait, en effet, sans introduire en la matière des distinctions incertaines ou même arbitraires que la loi ne comporte pas, se référer au critère de la hauteur esthétique l'interprétation » : CA Lyon, 11 mars 1971, *Gaz. Pal.* 1971, 1, p. 497 ; *RTD com.* 1972, p. 636, obs. H. DESBOIS, cité par X. DAVERAT, thèse préc., p. 803. En revanche, une partie de la doctrine préfère considérer ce critère comme indifférent : M. VIVANT et J.-M. BRUGUIERE, *op. cit.*, p. 1081, n° 1233.

1 L'« artistique » est-il synonyme d'« esthétique » ? Nous ne croyons pas. Il y a de l'artistique inesthétique... Jusqu'au XIXe siècle, la chimie était un art... les maths aussi ! L'esthétique, quête du beau, n'est pas requise. Nous n'en dirons pas autant de l'art même si ce n'est pas le critère ultime. Il recèle la référence à un faire humain indispensable.

2 P. TAFFOREAU, « La notion d'interprétation en droit de la propriété littéraire et artistique », art. préc., p. 55.

3 X. DAVERAT, *L'artiste-interprète*, thèse préc., p. 53.

le principe du refus total d'attribuer au derviche la qualité d'artiste-interprète sous prétexte de la finalité ascétique de la pratique ainsi qu'à ne pas nier que certaines danses de derviches tourneurs offrent un véritable *spectacle* destiné à un *public* où l'*activité artistique* est prépondérante.

2. Le critère de l'interchangeabilité

1249. *Singularité* de la création vs. l'*interchangeabilité* de la prestation. « *A l'opposé du travailleur qui s'inscrit dans un métier, dans un standard qui le rend interchangeable, le créateur a une particularité attachée à sa personne qui le rend non substituable* : on peut remplacer un secrétaire ou un PDG par un autre ; on ne remplace pas un créateur par un autre : Woody Allen par François Truffaut »[1]. C'est ainsi que le *travail* est *interchangeable* par opposition à la *création*[2] qui est essentiellement singulière, se manifestant dans un *original unique*. Ce qui signifie que pour être en mesure de distinguer un interprète d'un autre (notamment artiste de complément et artiste-interprète), il faut que la prestation de l'artiste soit *originale* et *personnelle*. A partir du moment où la prestation de l'artiste est *interchangeable* ou *substituable* et *non identifiable*, il ne peut prétendre à la qualité d'artiste-interprète.

1250. Consécration jurisprudentielle du critère d'interchangeabilité. Ce critère d'interchangeabilité a été consacré, pour la première fois, par la Cour d'appel de Paris dans un arrêt de principe, en date du 18 février 1993[3], qui s'est attaché à définir l'*artiste de complément* et à poser les critères de distinction entre *artiste de complément* et *artiste-interprète*. La question qui devait être tranchée par les juges du fond était de savoir si la prestation de M. Armbruster, danseur, qui avait participé dans un film publicitaire intitulé « *La cohabitation* » produit par la Sté Telema pour les chaussures Eram, d'une durée inférieure à 30 secondes en exécutant quelques pas de danses au sein d'un groupe chorégraphique pouvait lui conférer la qualité d'artiste-interprète ou celle d'artiste de complément.

1251. En l'espèce, cette œuvre audiovisuelle regroupait sept couples en tenue de ville dansant sur un air de tango, et chantant, à plusieurs reprises, cinq jeunes filles déguisées en chaperons rouges, trois hommes déguisés en loups, grimaçant, poursuivant les chaperons affolés, disant « nous aussi » puis chantant « hou-hou » en mimant ainsi que des chanteurs s'accompagnant d'un instrument de musique du genre guitare, et enfin, plusieurs personnes en gros plan disant en guise de conclusion : « Ah, cette cohabitation ! ».

1252. Suite à la diffusion de ce film publicitaire, à plusieurs reprises, ayant connu un succès, M. Armbruster a intenté une action contre la Sté Telema aux fins d'obtenir le paiement des droits de diffusion de sa prestation enregistrée. En défense, la Sté

---

[1] Ph. GAUDRAT, *Deux cours de doctorat en propriété littéraire et artistique*, n° 1178, à paraître…

[2] En effet, le *travail* se distingue *ontologiquement* de la *création*. V. Les travaux du professeur Ph. GAUDRAT sur la distinction entre le *travail* et la *création*, et notamment : « Les démêlés intemporels d'un couple à succès : le créateur et l'investisseur », art. préc., p. 71 à 243 ; S. SOLEIMAN, *Interprétation artistique et propriété intellectuelle : essai d'une théorie du voisinage des droits exclusifs au sein de la propriété littéraire et artistique*, thèse, Poitiers, 2021, p. 84 et s.

[3] CA Paris, 18e ch., 18 févr. 1993, aff. *Christian Armbruster dit Bruster c/ SA Telema*, *JurisData* n° 1993-020609 ; *D.* 1993, p. 397, note I. WEKSTEIN-STEG ; *RIDA* oct. 1993, p. 214 ; P. TAFFOREAU, « Un an de droits voisins », *Comm. com. électr.* 2013, n° 10, chron. 9, n° 7 ; Soc., 10 févr. 1998, *JCP E* 1999, p. 1484, note M.-E. LAPORTE-LEGEAIS.

Telema faisait valoir que M. Armbruster ne saurait se voir attribuer que la qualité d'artiste de complément sur le fondement de l'article L. 212-1 CPI qui reconnaît les droits voisins aux artistes-interprètes à l'exclusion des artistes de complément.

1253. Après avoir constaté l'identité du rôle des acteurs et l'apparition très brève du danseur et que le rôle n'exigeait pas de qualités particulières, les juges du fond ont refusé d'attribuer la qualité de danseur à M. Armbruster qui :

« *tient dans ce film le rôle d'un des trois loups, lesquels ont exactement la même attitude, font les mêmes gestes et ne se distinguent pas les uns des autres ; que la séquence où apparaissent les loups n'a pas une place prépondérante dans le film ; qu'elle est plus brève (quelques secondes tout au plus) que celle des couples ; que le rôle des loups n'exige - pas plus d'ailleurs que les autres rôles - de qualités particulières de la part des exécutants de l'œuvre* ; qu'ils ne sauraient dès lors se voir attribuer la qualité d'artistes-interprètes, sous peine de vider la notion d'artiste de complément, comme l'a justement fait observer le ministère public, de toute signification et d'étendre le bénéfice des "droits voisins" au-delà de ce qu'a voulu le législateur ».

1254. C'est dans cet esprit que la Cour d'appel a dégagé les critères de détermination de l'artiste de complément[1] qui :

« *se distingue de l'artiste-interprète dans une œuvre collective déterminée non seulement par le caractère complémentaire, accessoire de son rôle, mais surtout par le fait que sa personnalité ne transparaît pas dans sa prestation à la différence de l'artiste-interprète qui s'investit plus complètement et rend ainsi son interprétation originale* ; qu'il s'ensuit que l'artiste de complément est interchangeable, le plus souvent non identifiable et qu'il ne les distingue pas de manière certaine des autres artistes de complément lorsque l'exécution est collective ».

1255. Or, cet arrêt qui prend exactement en compte la différence *travail/ création* n'a pas échappé aux critiques de la doctrine, notamment le professeur Tafforeau qui estime que :

« […] c'était aller à contre-courant de l'art chorégraphique (peu importait qu'il s'agît d'une publicité audiovisuelle) que d'estimer non protégeable ce qui est parfait eu égard à ce que le producteur exigeait des artistes et qui était certainement plus difficile à exécuter qu'une simple figuration ! *De plus, si chacun des cinq était interchangeable, pourquoi en garder plusieurs et ne pas réduire la séquence à un montage à partir d'un seul ?* Tout cela est absurde si l'on veut bien aller plus loin que les formules toutes faites. *À notre avis, la prestation du danseur était, en l'occurrence, protégeable car le critère utilisé n'aurait pas dû opérer pour un art auquel il n'est pas adapté* »[2].

---

1 En l'espèce, aux *trois critères* qui ont été développés par la Cour d'appel de Paris dans cet arrêt (à savoir, l'importance secondaire « critère de l'importance du rôle », absence d'originalité de la prestation « critère de l'originalité », anonymat "interchangeabilité" de l'artiste « critère de l'anonymat »), *deux nouveaux critères* viennent s'ajouter : « d'une part, la notoriété du comédien à l'égard du grand public et d'autre part, l'originalité de la phrase prononcée susceptible de constituer (ou constituant) une œuvre littéraire ou artistique. En effet, les caractéristiques de l'artiste de complément (importance secondaire, absence d'originalité de la prestation, anonymat, interchangeabilité) ». V. P. TAFFOREAU, thèse préc., t. II, p. 364. V. CA Versailles, 1re ch., sect. A, 9 avr. 1998, n° 95/00005627, aff. *Pelayo c/ Musidisc* : « Selon l'article 16 de la loi du 3 juillet 1985 "à l'exclusion de l'artiste de complément, considéré comme tel par les usages professionnels, l'artiste interprète ou exécutant est la personne qui représente, chante, récite, déclame, joue ou exécute de toute autre manière une œuvre littéraire ou artistique, un numéro de variétés, de cirque ou de marionnettes". L'artiste de complément est défini par les usages et la jurisprudence comme celui qui joue un rôle secondaire, qui est "interchangeable" et le plus souvent non identifiable. Sa personnalité ne transparaît pas dans sa prestation, à la différence de l'artiste interprète. En conséquence, ne peut être considéré comme un artiste de complément, quand bien même la durée de ses répliques est très inférieure à celle des deux interprètes principaux, l'artiste dont la voix et l'interprétation sont identifiables et qui a été choisi en raison de son timbre de voix et de sa renommée ». Si sa prestation est personnalisée, il y a interprétation…

2 P. TAFFOREAU, « Un an de droits voisins », *Comm. com. électr.* 2011, n° 10, chron. 9, n° 2.

1256. Entre l'*interchangeabilité* du travail et la *singularité* de la création. Il nous semble que cet arrêt a le mérite de distinguer entre le caractère *interchangeable* du travail et *singulier* de la création. La différence artiste-interprète et artiste de complément est spécifiquement là pour distinguer les artistes de complément qui existent en chair et en os mais interchangeables… Cette distinction ne vise qu'à séparer ce qui relève du *travail* et ce qui relève de la *création*, dans *ce que fait l'artiste*. Si ce que fait l'artiste est *transparent* et *interchangeable*, c'est du travail, c'est une *pure prestation* de service ; il n'est que de complément. S'il y *met de lui-même*, s'il *personnalise* sa prestation, c'est de la *création* : il est interprète ! C'est ce qu'avait exactement relevé la Cour. Il s'agit d'un critère qui est fait pour distinguer l'*art*, qui *comporte de la création*, et le *travail* qui *n'en comporte pas*. C'est donc un critère destiné à écarter l'art quand il n'y en a pas.

1257. Caractère interchangeable *chassant* le droit voisin du derviche ? Là gît le véritable problème de la qualification de la prestation du derviche tourneur en tant qu'interprétation protégeable. Le raisonnement adopté par la Cour peut-il être transposable aux prestations des derviches tourneurs ? Est-il judicieux de ne pas reconnaître la qualité d'artiste-interprète aux derviches tourneurs pour la seule raison qu'ils peuvent être *remplacés* ? Il faut donc se demander si le rôle du derviche est interchangeable ou non. Dans une cérémonie de *mevlevi*, est-il possible de distinguer et de reconnaître tel *derviche au milieu des autres* ? La question posée est le véritable *apport* du derviche en exécutant ce tournoiement, s'il est suffisamment *original* et *créatif* pouvant le distinguer d'un autre derviche. Par le caractère même de la danse tournoyante, les derviches membres d'une même confrérie qui se produisent en groupes peuvent être considérés comme *interchangeables* du seul fait qu'ils tournent sur eux-mêmes. Or, si chacun des derviches était interchangeable, pourquoi en garder plusieurs et ne pas exécuter la danse à partir d'un seul ? A vrai dire, la question n'est pas l'interchangeabilité des *derviches* mais de *leur prestation* ! En réalité, s'il est rarissime que le *caractère interchangeable* ait pour effet de priver une prestation artistique de *caractère personnel*, toutefois, il nous semble que la danse des derviches tourneurs peut être l'un des exemples pratiques où ce caractère peut entrer en jeu pour la prestation d'une *contribution personnelle*. C'est à apprécier *au cas par cas*. Il est possible que la prestation du derviche, qui est principalement codifiée et transparente, soit un *légèrement personnalisée*… C'est toujours la question de la *proportion* entre *travail* et *création* ; il est rare que ce soit tout l'un ou tout l'autre.

1258. Appréciation critique. Or, à quoi cela sert-il de se poser la question du *remplacement de la personne*, puisqu'il ne s'agit que de se poser la question de la *nature de ce que fait cette personne*… Cela dit, il convient de remarquer, cependant, que le critère d'interchangeabilité n'échappe pas aux critiques de la doctrine française[1] qui lui semble dangereux et ne devrait pas constituer un *critère décisif* dans l'appréciation de la *prestation* de l'artiste. Comme le souligne le professeur Tafforeau, « *d'une façon générale, le critère fondé sur le caractère interchangeable est dangereux : il risque d'aboutir trop souvent à l'idée qu'une personne peut être remplacée par un robot* ». Selon ce dernier auteur :

---

1 P. TAFFOREAU, « La notion d'interprétation en droit de la propriété littéraire et artistique », art. préc., p. 54.

« *Ce critère de la substituabilité,* […] *est critiquable car il risque d'être appliqué de façon trop subjective. Dans le domaine où les artistes se produisent en groupes ou ensembles parfois très nombreux, comme les orchestres, les chœurs et les ballets, on ne peut raisonnablement pas dire que les musiciens, chanteurs et danseurs ne sont pas artistes-interprètes pour la seule raison qu'ils peuvent être remplacés. En réalité, le caractère interchangeable n'a que très rarement pour effet de priver une prestation artistique de caractère personnel. Il nous paraît évident que, dans la plupart des situations, les interprètes expriment leur personnalité dans leur prestation. Enfin, à supposer même que deux ou plusieurs artistes ne soient pas identifiables parce qu'ils sont mis en scène comme de véritables clones, ce critère ne devrait pas jouer parce qu'il est tout simplement absurde.* Dans les exemples pris plus haut, les artistes, lorsqu'ils font partie d'un ensemble et qu'ils n'ont donc pas la qualité de soliste, doivent se fondre dans celui-ci. Il serait donc paradoxal que ce que l'œuvre, l'auteur, le chef d'orchestre, le maître de ballet ou encore le metteur en scène exige de leur part, à savoir la fusion dans un ensemble, se retourne contre eux en les privant de leur statut naturel »[1].

1259. Selon le professeur Caron, « […] *il faut néanmoins veiller à ce que l'absence de remplacement ne devienne pas le seul critère qui permette de retenir le caractère personnel d'une interprétation car, si tel était le cas, il y aurait bien peu d'interprétations éligibles à la protection* »[2]. C'est ainsi que « le critère de l'interchangeabilité ne devrait porter sur ou affecter que la notion de *création*[3], non celle d'*originalité*. Car il nous paraît très exceptionnel que l'interprète manque totalement de personnalité dans son travail. Et comment le pourrait-il, dès lors qu'il prête à son art sa voix, son visage, tout son corps ? Même costumé, déguisé de pied en cap, l'acteur, le danseur expriment leur personnalité artistique ou, à tout le moins, leur personnalité tout court »[4].

1260. Il nous semble qu'il faut distinguer, d'une part, l'interchangeabilité des *personnes elles-mêmes*, et d'autre part, dans un *rôle* ou une *fonction*. Aucune personne ne peut être strictement *échangée* avec un autre. Mais ce n'est pas cette *singularité génétique*[5] qui fait que tous les gestes de la personne sont des interprétations originales ! A partir de là, l'interchangeabilité dans une fonction, une partition ou un rôle peut signer

---

1 P. TAFFOREAU, « Un an de droits voisins », *Comm. com. électr.* 2013, n° 10, chron. 9, n° 7.

2 C. CARON, « À la recherche de l'artiste-interprète », *Comm. com. électr.* 2013, n° 7-8, comm. 75.

3 « Ce qui fait l'essence (et l'attrait) de la création est précisément ce caractère non interchangeable, unique (et, sous ce rapport, nouveau) découlant du fait que la substance ouvrée est invariablement empruntée au matériel psychologique d'une personne » : Ph. GAUDRAT, « Les démêlés intemporels d'un couple à succès : le créateur et l'investisseur », art. préc., p. 31.

4 P. TAFFOREAU, « La notion d'interprétation en droit de la propriété littéraire et artistique », art. préc., p. 54.

5 « […] qu'une personne physique ne saurait en principe être considérée comme identique à une autre : son physique, sa voix ne peuvent être que différents de ceux d'une autre personne. C'est d'ailleurs là l'un des mystères de la génétique humaine : comment est-il possible que l'on ne puisse trouver sur cette Terre deux individus en tous points identiques ? » : P. TAFFOREAU, « Un an de droits voisins », *Comm. com. électr.* 2014, n° 10, chron. 9.

l'*absence de créativité*. Celui qui joue comme une machine est un *simple exécutant*[1], pas un *interprète*[2].

1261. En fin de compte, il nous semble que ces arguments doivent être pourtant *relativisés* lorsque les derviches tourneurs se donnent en *spectacles* destinés à un public comme nous allons le voir dans les lignes qui suivent…

---

1 « Certaines activités consistent en une simple exécution trop pauvre en créativité pour accéder à la protection du Code de la propriété intellectuelle en tant qu'interprétation. Tel est le cas des personnes se limitant à actionner une machine dès lors qu'elles n'interviennent pas dans le résultat sonore ou visuel. Ainsi, les joueurs d'orgue de barbarie, qui ne font que tourner une manivelle ; les personnes qui passent des disques sans les "mixer" comme le ferait un DJ […] ou qui projettent un film. De nombreuses activités techniques ne semblent pas relever de la création si, du moins, le technicien ne dépasse pas son rôle purement technique : ingénieur du son, régisseur son ou lumière, cadreur (*cameraman*), créateur de musique par ordinateur, manutentionnaires dans un théâtre de marionnettes… » : P. TAFFOREAU, « La notion d'interprétation en droit de la propriété littéraire et artistique », art. préc., p. 52. V. Pour une application jurisprudentielle : CA Versailles, 5e ch., 4e sect., 4 avr. 2003, n° 00/01206, aff. *URSSAF de Paris c/ La Française d'Images et a.*, *JurisData* n° 2003-294029. Approuvé par Cass. civ. 2e, 14 déc. 2004, pourvoi n° 03-30.387, *JurisData* n° 2004-026319 ; *Légipresse* 2006, n° 232, III, p. 121, comm. F. GRAS ; S. PESSINA-DASSONVILLE, « La qualité d'artiste du spectacle : une notion dévoyée. Du droit du spectacle artistique au droit du divertissement », art. préc., p. 194 : le travail des réalisateurs de plateau « qui consiste essentiellement à diriger et coordonner le travail des techniciens, à veiller à la régie finale et au bon déroulement de l'enregistrement au regard du cahier des charges, à respecter les instructions et consignes de travail de la société […] » ne peut relever de l'activité d'un artiste du spectacle. Selon la Cour de cassation, les réalisateurs dits « de plateau » ne peuvent prétendre à la qualité d'artiste du spectacle car ils seraient de « simples exécutants » de la volonté du producteur des émissions télévisuelles. *Contra* : Cass. soc., 8 juill. 1999, n° 97-14.487, *JurisData* n° 1999-002824 : un éclairagiste sonorisateur travaillant pour une association de bénévoles a été considéré comme n'étant pas un simple exécutant, cité par A.-E. KAHN, *J.-Cl. Propr. litt., art.*, Fasc. 1425, n° 51. « Mais la post-synchronisation et le doublage peuvent très bien être regardés comme de véritables interprétations, de même que la prestation du "disc jockey", et il importe peu que l'interprétation implique la mise en œuvre de logiciels ou d'une table de mixage » : A., H.-J. LUCAS, A. LUCAS-SCHLOETTER et C. BERNAULT, *op. cit.*, p. 1043, n° 1334.

2 « L'exigence du caractère artistique de l'interprétation implique une conséquence immédiate : l'exclusion de la catégorie des artistes-interprètes des techniciens comme les arrangeurs, ingénieurs du son, techniciens de la lumière ou de la prise de vue, scripts, accordeurs…, c'est-à-dire tous ceux qui "interviennent pour améliorer la qualité de la fixation ou de la diffusion des textes, des sons ou des images, sans s'investir eux-mêmes dans le processus d'interprétation de l'œuvre" (A. LUCAS, *Droit d'auteur et numérique*, Litec, Paris, 1998, n° 217, p. 106) », cité par A.-E. KAHN, *J.-Cl. Propr. litt., art.*, Fasc. 1425, n° 51. Ce qui est évident. Ils se livrent à un *pur travail interchangeable*. Un preneur de son peut en remplacer un autre… sous réserve que certains sont *meilleurs* que d'autres (*qualité* de la prestation) ou éventuellement *plus créatifs* !

CHAPITRE II
LES CEREMONIES-SPECTACLES DE DERVICHES TOURNEURS EN QUETE DE PROTECTION

1262. Spectacles de derviches tourneurs en tant que signe de sécularisation de la pratique. Si la danse des derviches tourneurs est une pratique spirituelle liée à un *rituel confrérique* qui vise à entrer en communion avec le divin, il ne faut pas, cependant, nier qu'elle est également pratiquée en dehors de tout contexte cultuel et/ou extatique à titre de *spectacle* ou de *cérémonie* (à caractère sacré ou profane). La présence d'un *public* érige la danse en un spectacle qui peut atteindre dans certains cas un haut *niveau artistique*. En effet, l'examen de certaines *danses contemporaines* des derviches tourneurs nous conforte dans l'idée qu'elles ne débouchent pas le plus souvent sur une *simple expérience extatique* mais peuvent comporter, en effet, une *dimension artistique* qui fait appel au *talent personnel* des derviches dans le cadre d'une manifestation ou d'un spectacle destiné à être *représenté* devant un public. Cette dimension (publique) *spectaculaire*[1] nous conduit nécessairement à *relativiser* le principe du refus total d'attribuer au derviche la qualité d'auteur et/ou d'artiste-interprète sous prétexte de la *finalité ascétique* de la pratique ainsi qu'à ne pas nier que la danse des derviches puisse offrir un véritable *spectacle vivant* destiné à un public où l'*activité artistique* est prépondérante comme nous allons le constater dans les lignes qui suivent.

1263. Données du problème. Ainsi, l'enjeu du débat est de savoir si la prestation des derviches tourneurs qui s'inscrit notamment dans un spectacle à caractère principalement *artistique* peut être considérée comme une *création éligible* à la protection au titre de la propriété littéraire et artistique. En d'autres termes, les derviches tourneurs exerçant une activité qui est la manifestation d'une *expression artistique* peuvent être qualifiés d'*artistes-interprètes* dès lors qu'ils interprètent une *œuvre de l'esprit* dans un spectacle où l'activité artistique est prépondérante et destiné à un public ? La clé de voûte de la protection de cette forme spectaculaire est de savoir si le derviche danse pour *lui* ou pour *les autres*. Cela dit, il y a ces deux dimensions dans l'acte créatif. On crée pour *se soigner* et pour *transmettre* l'expression, exercice en même temps qu'elle communique !

1264. Plan. Dans ce chapitre, nous allons, tout d'abord, traiter la danse des derviches tourneurs, non en tant que *méthode extatique* destinée à modifier les états d'être, mais en tant que *manifestations extérieures* susceptibles de fixation (enregistrement) ou d'observation (spectacle) pour déterminer l'éligibilité de la forme spectaculaire à la propriété littéraire et artistique (Section I), avant de puiser à la recherche d'*exemples pratiques* de danses de derviches tourneurs offertes en *spectacle* qui peuvent nous servir de modèle, faute de jurisprudence en la matière, et ce, en dressant un *panorama* desdits spectacles (Section II) afin d'analyser le *processus créatif* et d'y cerner le *siège de l'empreinte*.

---

1 « La plus spectaculaire et la plus connue de ces danses est sans conteste celle des Mevlevis, ainsi nommés d'après leur fondateur *Mawlana* (notre maître) Djalâl al-Din AL-RUMI (d. en 1273), poète mystique de langue persane » : A. SHILOAH, *La musique dans le monde de l'Islam*, *op. cit.*, p. 298.

SECTION I.
ELIGIBILITE A LA PROPRIETE LITTERAIRE ET ARTISTIQUE

1265. Plan. Il convient, d'abord, de s'interroger sur l'éligibilité de la forme spectaculaire de la danse des derviches tourneurs à la propriété littéraire et artistique à travers la problématique transversale de l'*originalité* nécessaire tant au droit d'auteur qu'au droit voisin de l'interprète et son appréciation (§ 1) avant d'examiner les solutions jurisprudentielles (§ 2) dégagées en droit comparé en matière de protection des formes traditionnelles de danses et de spectacles (chorégraphiques, acrobatiques, sacrées, folkloriques, etc.).

§ 1. LA FORME ORIGINALE

1266. Critère *qualifiant* : l'originalité et/ou la créativité. En effet, la *créativité* se manifeste par application du critère d'originalité qui est aussi bien nécessaire tant au droit d'auteur qu'au droit voisin de l'interprète. Afin de distinguer entre, d'une part, *l'artiste-interprète* et, d'autre part, *l'artiste de complément*, la jurisprudence française ajoute à la définition légale l'*originalité*[1] qui est le critère de la *créativité qualifiante*, à défaut de texte[2]. Si le législateur égyptien n'a pas exigé le critère de l' « originalité »[3] pour la protection des interprétations des artistes-interprètes, toutefois, nous allons remarquer qu'il a fait allusion au terme de « *création* » de l'artiste-interprète à l'article 155 du CPI égyptien. Par conséquent, pour qu'une interprétation soit protégée par le droit voisin, il faut que la *forme vivante* soit *originale* : qu'elle porte l'empreinte de la personnalité de l'interprète. Désormais, il est communément admis en jurisprudence[4]

---

[1] Selon cet article : « Les artistes-interprètes et leurs ayants droit jouissent d'un droit moral perpétuel, inaliénable ou imprescriptible leur conférant ce qui suit : 1° Le droit d'attribuer (de paternité) l'interprétation vivante ou enregistrée à l'artiste-interprète de la manière dont il l'a *créée* […] ». Selon le professeur GAUDRAT : « Toutefois, c'est un raccourci ; et il faut toujours se méfier des raccourcis dans une matière aussi subtile ! … Une forme issue d'un acte créatif peut ne pas être *originale* et quelque chose d'original peut ne pas avoir les caractères d'une *création*… Seule la combinaison des deux produit une œuvre protégée. Cette fonction de l'originalité explique l'utilisation qui en est faite, à la fois pour construire et déconstruire la matière… » : Ph. GAUDRAT, *La propriété intellectuelle : modèle multiple ou pensée unique ?*, Cours spécial : Master 2 « Propriétés Intellectuelles », préc., p. 117.

[2] « Or, s'il est vrai que le nom donné à ce personnage intermédiaire qu'est l'artiste-interprète porte en lui-même l'exigence du caractère artistique et que l'interprétation requiert une participation active et artistique de l'artiste, le législateur n'a pas pour autant imposé, comme c'est le cas pour la protection des œuvres de l'esprit, que l'interprète fasse preuve d'originalité. Aucun texte ne contient cette exigence. Pour autant, doit-on exclure cette définition du caractère personnel de l'interprétation retenue par les tribunaux et que certains auteurs soutiennent ? » : A.-E. KAHN, *J.-Cl. Propr. litt., art.*, Fasc. 1425, n° 49.

[3] Le législateur égyptien définit l'*originalité* dans l'article 138 (2) du CPI comme étant : « Le caractère [l'expression] créatif [*ibda'ii*] qui caractérise l'originalité de l'œuvre ».

[4] V. À titre d'exemple pour des applications jurisprudentielles : CA Paris, 18e ch. E, 18 févr. 1993, aff. *Christian Armbruster dit Bruster c/ SA Telema*, *RIDA* oct. 1993, n° 158, p. 214 ; CA Paris 4e ch. A, 11 mai 1994, aff. *SA Baxter Music c/ Sté française des produits Orangina et a.*, *D.* 1995, 185, note J. RAVANAS. Cass. civ. 1re, 6 juill. 1999, *Comm. com. électr.* 1999, n° 12, comm. 42, note C. CARON ; Cass. civ. 1re, 6 juill. 1999, n° 97-43.749, *Bull. civ.*, I, n° 230, aff. *Sté Telema c/ Leclaire*, *D.* 2000. 209, concl. SAINTE-ROSE ; *RTD com.* 1999, p. 869, obs. A. FRANÇON ; *Comm. com. électr.* 1999, n° 12 p. 20, note C. CARON ; …

que l'interprétation doit présenter un *caractère personnel* pour qu'elle puisse être protégée par le droit voisin d'artiste-interprète.

A. La forme interprétative originale

1267. Catégorie juridique d'artiste-interprète. Comme le souligne le professeur Tafforeau : « *La définition du titulaire du droit passe par celle de l'objet de ce droit* »[1]. En effet, « L'interprétation est une création, elle s'incarne dans une forme et cette forme est différente de celle de l'œuvre » comme il l'a souligné[2]. L'article L. 212-1 du CPI français exclut, tout d'abord, de son champ d'application l'*artiste de complément*, considéré comme tel par les usages professionnels, pour, ensuite, définir l'artiste-interprète ou exécutant comme celui qui « représente, récite, déclame, joue ou exécute de toute autre manière une œuvre littéraire ou artistique, un numéro de variétés, de cirque ou de marionnettes ». Quant à l'article 138, n° 12 du CPI égyptien, il le définit, avec quelques *variations*, comme : « la personne qui représente, chante, récite, déclame, ou *danse* dans des œuvres littéraires ou artistiques protégées conformément aux dispositions de la présente loi ou tombées dans le domaine public [...] ». Il y inclut le fait d'interpréter des « *expressions du folklore* ».

1268. Inventaire de formes d'activités créatrices *à la Prévert*. À la lecture de ces dispositions, nous pouvons constater que ces textes énumèrent diverses formes d'activités créatrices et de genres d'interprétations[3], qui ne sont pas *exhaustives*[4], à savoir « représenter », « chanter », « réciter », « déclamer », « jouer », ou encore « danser », etc. Cette dernière notion suffisamment large, à laquelle le texte français

---

Légipresse nov. 1999, III, p. 150 ; *Les grands arrêts de la propriété intellectuelle*, 1re éd., Dalloz, Paris, 2004, n° 15, p. 197, obs. S. PESSINA-NISSARD ; CA Paris 4e ch., 10 oct. 2003, aff. *Richard Boulet-Despales c/ Sté Sam video et Sté Samva auto rétro*, *RIDA* avr. 2004, p. 324 et obs. A. KEREVER, p. 263.

1 P. TAFFOREAU, « La notion d'interprétation en droit de la propriété littéraire et artistique », art. préc., p. 51. Selon le professeur TAFFOREAU, « En définitive, le premier violon comme le timbalier ; le chanteur de variétés ou de jazz comme la cantatrice ; l'artiste lyrique ou l'interprète folklorique ; l'acteur de théâtre comme l'acteur de cinéma ; la vedette comme la starlette de film TV ; le danseur ; le marionnettiste ; le *clown* ; le prestidigitateur ; le professionnel comme l'amateur ; l'adulte ou l'enfant ; la femme comme l'homme ; le croque-notes, le "massacreur" ; le musicastre autant que le virtuose ou le *maestro* ; le chansonnier ; le duettiste ; le *bluesman*, le *crooner*, le *rocker*, le *rapper* ; le musicien de studio ou de scène, de cabaret ou de salle de concert... sont tous des artistes-interprètes. En cette qualité, ils jouissent d'un droit sur leur interprétation dont le contenu les distingue des autres titulaires de droits voisins pour les rapprocher des auteurs » : P. TAFFOREAU, *Musique et droits voisins du droit d'auteur*, *op. cit.*, p. 12-13.

2 P. TAFFOREAU, « La notion d'interprétation en droit de la propriété littéraire et artistique », art. préc., p. 52.

3 Selon le professeur GAUTIER : « Il eût suffi d'écrire "personnes intermédiaires interprétant l'œuvre d'autrui, à destination du public", ce qui eût couvert tout le monde : comédiens (y compris la catégorie essentielle de ceux qui procèdent au doublage), chanteurs, musiciens, chefs d'orchestre etc. Il n'est jamais bon que la loi soit trop détaillée » : P.-Y. GAUTIER, *op. cit.*, p. 155.

4 Cette interprétation est, d'ailleurs, celle retenue par MM. les professeurs VIVANT et TAFFOREAU. M. VIVANT et J.-M. BRUGUIERE, *op. cit.*, p. 1081, n° 1232 : « La liste des formes d'expressions et des genres d'interprétation n'est pas limitative puisque, comme on peut l'observer, le texte ne fait pas référence à la danse ». P. TAFFOREAU, « La notion d'interprétation en droit de la propriété littéraire et artistique », art. préc., p. 50 : « Cette liste, malgré sa longueur, est expressément indicative puisque l'énumération est conclue par un mot générique : "exécute" pour, à la fois, couvrir tous les cas possibles et compléter cette énumération ».

ne fait pas référence, devrait pouvoir s'appliquer, sans coup férir, à la *danse tournoyante* des derviches tourneurs.

1269. Problématique de la reconnaissance de la qualité d'artiste-interprète aux derviches tourneurs. Mais la grande difficulté au regard de la revendication de la qualité d'artiste-interprète réside dans le fait de démontrer l'existence d'une *œuvre de l'esprit à interpréter* ainsi que dans la capacité à distinguer entre l'aspect *technique* et l'aspect *artistique* de la danse spirituelle et de caractériser l'*originalité* dans la *forme interprétative* de ce tournoi où le derviche se transforme en un tourbillon. L'appréciation du rôle véritable et créatif du derviche tourneur passe nécessairement par la *notion d'interprétation* qui caractérise la prestation de l'artiste-interprète par rapport aux autres catégories de personnes qui participent à l'activité artistique (telles que les artistes de complément, les mannequins[1] et les sportifs). De prime abord, la *finalité extatique* de la danse des derviches tourneurs peut sembler en inadéquation avec leur qualification en tant qu'artiste-interprète. Ainsi, la question primordiale se pose de savoir si le *rôle* du derviche tourneur exclut, par nature, toute *interprétation* au sens du droit voisin.

1270. Argument d'une *forme spectaculaire* destinée à être communiquée à un *public*. Nous ne le pensons pas car dès lors que nous sommes en présence de *spectacles* de derviches tourneurs qui ne visent pas l'*extase* au sens du terme mais visent à procurer aux spectateurs les *satisfactions* et le *divertissement* qu'ils attendent d'un *spectacle*[2], il est rarissime que ce soit la pratique spirituelle (nue) qui soit communiquée. En l'occurrence, la pratique est l'argument d'une *forme spectaculaire* créée pour l'occasion (chorégraphie, mise en scène…) qui est destinée à être *communiquée* à un public. Les témoignages des auteurs ayant, jadis, assisté en tant que spectateurs à ces cérémonies en est révélateur. À titre d'exemple, Ahmad Amîn (1886-1954), dans un article intitulé : « *Al-mawlawiyya* », décrivait la pratique des derviches tourneurs de la façon suivante :

> « J'ai assisté une fois au *dhikr* des derviches tourneurs, dans un "couvent" (*takiyya*) du Caire, rue al-*Muzaffar*. C'était un "couvent" propre avec un jardin bien entretenu. Les derviches tourneurs se réunirent après la prière du vendredi et formèrent un grand cercle. Ils portaient une haute toque en feutre (*lubda, libda*) sur la tête et de larges pantalons (*sarâwîl*) ceints à la taille. [Les derviches tourneurs] jouent de la flûte à la perfection, avec une belle sonorité. Ils se mirent à invoquer Dieu en inclinant la tête à chaque fois. L'un d'entre eux commença à tourner au centre du cercle, au son de la flûte, se donnant du mouvement avec les pieds, les bras étendus. Puis les mouvements de ses pieds se firent plus rapides et

---

1 V. CA Paris, 18e ch. C., 27 janv. 1995, aff. *Chaudat c/ Soc. Coccinelle et a.*, *Légipresse* 1995. III. 154 : Selon les juges, le mannequin se limite à une « présentation » alors que l'interprète joue un « rôle ». V. Sur le statut juridique des mannequins : P. BIZIERE, « Commentaire de la loi n° 69-1186 du 26 décembre 1969 relative à la situation juridique des artistes du spectacle et des mannequins », *Quest.prud'h.* 1971, p. 881 ; P. CHESNAIS, « Les lois du 26 décembre 1969 relatives aux artistes du spectacle et aux mannequins », *JCP G* 1970, I, 2315 ; Y. SAINT-JOURS, « Le statut juridique des artistes du spectacle et des mannequins », *D.* 1970, chron. p. 1 ; F. CORONE, « La définition juridique du mannequin, Méli-mélo drame en quête d'interprétation », *Légicom* 1995, n° 9, p. 3 ; L. VEYSSIERE, « Statut des comédiens et mannequins de films publicitaires », *Gaz. Pal.* Rec. 1996, 1, p. 528.

2 CA Paris, 22 juin 1983, *D.* 1984, inf. rap. p. 490, note G. BARON, les *toréadors* sont assimilés à des artistes du spectacle car ces spectacles ne visent pas à l'« amélioration physique ou morale » des participants, mais plutôt au « divertissement » des spectateurs. Pourquoi *artistes* et pas *sportifs* ? Cela dit, nous pensons que ça se défend : ils exécutent des *passes* qui sont *codifiées*, spontanément et en réponse aux charges du taureau, en présence d'un public qui apprécie leur démonstration. Dans leurs manières de faire et leur enchaînement, il n'y a rien d'interchangeable ! Ce doit donc être une *improvisation* qui inclut la chorégraphie et l'interprétation…

son pantalon se déploya comme une ombrelle. Il tourna pendant dix minutes environ. Puis il s'inclina devant le *shaykh* qui se tenait assis et entra dans le cercle, rejoignant les autres derviches qui invoquaient Dieu. Ils formèrent ensuite un cercle, chaque homme posant ses mains sur les épaules d'un autre et commencèrent à invoquer Dieu très rapidement. Puis ils prirent un temps de repos. Après un quart d'heure, ils entamèrent un second *dhikr* et demeurèrent ainsi une heure à une heure et demie.

C'était un spectacle étrange ('ajîb), plaisant à entendre avec [la musique de] *la flûte et agréable à regarder pour leurs pantalons singuliers aux mouvements étonnants* »[1].

Par ailleurs, Fabio Ambrosio met l'accent sur le fait qu' :

« En effet, le membre de la *Mawlawiyya* touché par l'extase ne peut pas se retenir d'élancer son corps dans une mise en scène dansante. On peut ainsi comprendre pourquoi les salles du *samâ'* (*samâ'khâna*) ont toujours prévu un lieu pour les spectateurs, et pourquoi nombre de voyageurs occidentaux ont éprouvé le charme de cette cérémonie. Le derviche ne se transforme pas en danseur professionnel fier de son habileté corporelle, mais il est conscient que cet élan qui le fait bouger avec le cosmos entier ne vient pas de lui »[2].

1271. Notion d'« interprétation » et appréciation du *rôle* du derviche tourneur. C'est ainsi que les derviches tourneurs, en tant que « danseurs »[3], peuvent bénéficier de la qualité d'artiste-interprète dès lors qu'ils *interprètent* une *œuvre de l'esprit* dans le cadre d'un *spectacle* où l'activité *artistique* est prépondérante *à destination du public*. Pour s'en convaincre, il suffit d'examiner les spectacles de derviches tourneurs dans lesquels l'activité artistique est prépondérante, qui nous montrent, comme nous allons le voir, que les derviches ne se *cantonnent* pas à un rôle de « *tourneur* » en agitant leur corps et en exécutant des *gestes répétitifs* manifestant ainsi leur émotion en tourbillonnant mais leur rôle peut caractériser une véritable « *interprétation* » impliquant des *qualités artistiques*, outre des *qualités particulières* (physiques, émotionnelles et mentales), faisant appel à leur *talent personnel*. Par conséquent, les derviches tourneurs ne sauraient être qualifiés de « *simples exécutants* » car ils peuvent faire preuve d'*originalité* dans certains spectacles en faisant appel à leur talent personnel dès lors qu'ils se livrent, par exemple, par le mouvement du corps ou le geste à une *mise en scène originale* impliquant une *interprétation personnelle*.

1272. Derviches tourneurs à l'image des *oiseaux*. La lecture des propos de Georges de Hongrie dans son Traité intitulé : *Tractatus de moribus, condictionibus et nequitia Turcorum*, publié à Rome en 1481 dans lequel il relate la danse des derviches tourneurs atteste parfaitement que cette danse peut faire preuve d'une *mise en forme originale* à la fois sur les plans gestuel et visuel en tant qu' : « *ensemble de mouvements rythmés et bien mesurés qui s'accordent avec la musique des instruments* ». Il remarque que : « *les derviches forment une onde circulaire, tourbillonnante et extrêmement rapide, par laquelle se manifeste la puissance de cette danse. Certains derviches, qui ressemblent à des statues, montrent dans cet exercice une agilité corporelle presque surnaturelle* »[4]. Certains auteurs vont jusqu'à analyser la danse des derviches tourneurs à l'image des *oiseaux qui voltigent dans le ciel* :

---

1 A. AMIN, « *Al-mawlawiyya* », *in Dictionnaire des coutumes, des traditions et des expressions égyptiennes*, *op. cit.*, p. 389.

2 F. AMBROSIO, « Écrire le corps dansant au XVIIe siècle : Ismâ'îl Rusûkhî Anqaravî », art. préc., n° 31.

3 V. A. VINANT, « Le danseur, interprète et/ou auteur ? », *Recherches en danse* (Revue de l'association des Chercheurs en Danse), 2014/2, disponible à l'adresse suivante : http://journals.openedition.org/danse/406

4 G. DE HONGRIE, *Des Turcs. Traité sur les mœurs, les coutumes et la perfidie des Turcs*, *op. cit.*, p. 120-121, cité par A. F. AMBROSIO, E. FEUILLEBOIS-PIERUNEK et Th. ZARCONE, *op. cit.*, p. 154.

« Après un temps d'arrêt et une seconde procession, couple par couple, la valse recommença, plus ardente cette fois, plus entraînante et plus éperdue. Il m'eût été impossible de compter le nombre de tours accomplis dans une minute. *Légèrement, et comme des ailes d'oiseaux, les bras s'élevaient ou s'abaissaient ; une écume légère venait de temps en temps tremper et blanchir la lèvre rouge ; tantôt la tête se renversait en arrière, la paupière battait des ailes, la prunelle retournée se noyait dans l'infini, et l'on ne voyait plus que la nacre vitreuse et troublée du cristallin ; tantôt, au contraire, elle retombait sur la poitrine, comme accablée du poids d'une volupté surhumaine.* Quand l'épuisement, survenant au milieu du rêve mystique, jetait le valseur dans une prostration invincible, il se laissait tomber sur ses genoux, puis s'étendait, la face contre terre, et de jeunes servants le recouvraient d'un manteau bariolé, puis le chef s'approchait, murmurant tout bas quelques paroles de son rituel. La musique ne cessa qu'après que tous furent ainsi terrassées par la fatigue des muscles et le ravissement de l'âme »[1].

Dans le même ordre d'idées, Théophile Gautier nous livre le témoignage suivant :

« Immobiles au milieu de l'enceinte, les derviches semblaient s'enivrer de cette musique si délicatement barbare et si mélodieusement sauvage, dont le thème primitif remonte peut-être aux premiers âges du monde ; enfin, l'un d'eux ouvrit les bras, les éleva et les déploya horizontalement dans une pose de Christ crucifié, puis il commença à tourner lentement sur lui-même, déplaçant lentement ses pieds nus, qui ne faisaient aucun bruit sur le parquet. *Sa jupe, comme un oiseau qui veut prendre son vol, se mit à palpiter et à battre de l'aile.* Sa vitesse devenait plus grande ; le souple tissu, soulevé par l'air qui s'y engouffrait, s'étala en roue, s'évasa en cloche comme un tourbillon de blancheur dont le derviche était le centre ».

Il poursuit qu' :

« Ils valsaient, les bras en croix, la tête inclinée sur les épaules, les yeux mi-clos, la bouche entrouverte comme des nageurs confiants qui se laissent emporter par le fleuve de l'extase ; leurs mouvements, réguliers, onduleux, avaient une souplesse extraordinaire […] Chose surprenante, ils étaient là une vingtaine, peut-être davantage, pirouettant au milieu de leurs jupes épanouies comme le calice de ces gigantesques fleurs de Java, sans se heurter jamais, sans se désorbiter de leur tourbillon, sans perdre un seul instant la mesure marquée par les *tarboukas* »[2].

1273. Caractère *codifié* de la danse virevoltante. L'association d'éléments de nature diverse qui mettent en cause différents genres, tels que mouvements, valses, paroles, musiques, et *tarboukas*, infusés dans la *forme interprétative* de cette danse virevoltante ne devrait-il pas jouer en faveur de l'originalité ? En dépit du caractère très *codifié*[3] de cette danse spirituelle, surtout les mouvements, les costumes (la jupe) et le rôle qu'incombe au derviche tourneur, rien n'empêche de révéler une *interprétation originale* ou une *chorégraphie personnelle* susceptible de recevoir la protection au titre de la propriété littéraire et artistique. Un auteur a pu mettre en exergue tous les détails de cette cérémonie *mukabele* qui sont fortement codifiés :

« […] Un ensemble de chanteurs et d'instrumentistes, assis sur le côté selon leur hiérarchie, interprètent les différentes parties de la cérémonie où la danse occupe une place essentielle. Les danseurs (*semazen*) évoluent dans un espace octogonal aux côtés de leur chef (le *cheikh, semazen bashi*). Tous ont revêtu pour la circonstance une robe blanche (*tennu*) figurant le linceul, tandis que des capes noires (*djubbe* ou *hirka*) et des bonnets de feutre (*sikke*) pointus matérialisent la tombe. Après les prières, le chant du *na't sherif* (à la gloire du prophète) ouvre la cérémonie, suivi de l'improvisation de la flûte. C'est alors que les danseurs commencent à déambuler lentement autour de la scène, de manière stylisée et à trois reprises au cours du prélude musical. Puis ils ôtent leur cape noire. Leur chef requiert alors du *cheikh* la permission de danser. L'un après l'autre, chacun des danseurs entre en giration, d'abord les deux bras croisés sur la poitrine, puis en levant la main droite au ciel tandis que la main gauche est tournée vers le sol. Il est établi

---

1 L. ENAULT, *Constantinople et la Turquie. Tableau historique, pittoresque, statistique et moral de l'Empire ottoman*, Hachette, Paris, 1855, p. 449. V. Dans le même sens : M. BARRES, *Une enquête aux pays du Levant*, t. II, Plon, Paris, 1923, p. 142-143.

2 Th. GAUTIER, *Constantinople*, Michel Lévy frères Libraires-éditeurs, Paris, 1853, p. 158-159.

3 Il convient de noter que la *codification* n'empêche pas l'originalité ! À titre d'exemple, la poésie qui par la métrique et la rime codifie la création…

que la main droite reçoit l'émanation divine et que la main gauche la transmet vers le mystère des profondeurs. Chacun des danseurs tourne en inclinant la tête sur l'épaule. Le bas de sa robe s'enfle sous l'effet de la rotation et flotte comme une corolle. Chacun des exécutants tourne sur lui-même et l'ensemble du groupe est disposé en cercle. Généralement le centre est occupé par un danseur âgé qui pivote sur place. Ce rituel comprend trois ou quatre phases séparées par des interludes musicaux et caractérisées par des tempos et des rythmes divers »[1].

B. La forme spectaculaire éligible

1274. Une question de degré en fonction des éléments originaux mis au service. Cependant, la codification de cette cérémonie traditionnelle ne sert que de *point de départ* pour le derviche interprète qui pourra y ajouter d'une manière spontanée des *éléments originaux* au fur et à mesure. Tout est alors une question de degré en fonction de la *dimension chorégraphique*, de la *mise en scène* et du recours à l'*improvisation* ainsi que des différents éléments *mis au service* de la technique de rotation *non conditionnés* par les *impératifs physiques* et *techniques* inhérents à cette pratique. Il est certain que le derviche tourneur avant d'exécuter la danse giratoire, celui-ci accomplit un travail de préparation tant sur le plan physique que technique. En réalité, la technique de rotation exige de la part du derviche tourneur (danseur) des *qualités particulières* (physiques, émotionnelles et mentales) qu'il infuse dans la forme interprétative géminée (interne et externe) afin de préparer l'esprit et son corps à une telle expérience spirituelle par le biais des *exercices gymniques* et une *technique de respiration.*

1275. Frontières entre la *forme* spectaculaire *éligible* et la forme dictée par la *fonction*. Si le rôle du derviche tourneur ne consiste qu'à *tourner* ou consiste en une *simple exécution* sans se donner en *spectacle* ni utiliser son *talent personnel* pour produire une *création artistique originale* impliquant une interprétation personnelle, le derviche ne pourra pas être rattaché à la catégorie des artistes-interprètes. Tel est le cas lorsque le rôle joué par le derviche tourneur est *accessoire* et ne revêt pas un caractère artistique. Il importe donc que le derviche confère à sa prestation une dimension non seulement *personnelle* mais aussi *esthétique* qui dépasse les *simples règles du tournoiement*, voire la seule *performance physique*, ainsi que la *fonction spirituelle* et *intérieure* au pratiquant. A défaut, lorsque la forme spectaculaire sera dictée par la fonction ; elle ne pourra pas être protégée en tant que *forme fonctionnelle* comme nous l'avons montré.

1276. Distinction entre la composante *artistique* et *technique* de la prestation. À partir du moment où le derviche ne se borne pas à un *simple tournoiement* sur lui-même se réduisant à la mise en œuvre du *savoir-tourner* mais va au-delà de la composante purement technique en se livrant à l'*improvisation* et l'*interprétation personnelle* (la composante créative[2]), il pourra se voir reconnaître la qualité d'artiste-interprète peu importe la finalité de la prestation dans la mesure où le derviche peut faire appel à son *apport créatif* même sous l'emprise de l'extase.

1277. Esthétisation des enchaînements de mouvements en chorégraphie. Pour apprécier l'éventuelle originalité, il convient de déterminer dans quelle mesure le tournoiement du derviche tourneur a impliqué un *investissement de sa personnalité* dans l'interprétation sans pour autant se borner à cet unique aspect dans la mesure où

---

1 A. SHILOAH, *La musique dans le monde de l'Islam*, *op. cit.*, p. 299.

2 En reconstituant la *forme interne*.

d'autres *éléments caractéristiques* doivent être pris en compte[1]. C'est ainsi que le tournoiement sans l'ajout d'éléments caractéristiques tels que des exercices acrobatiques, des entrées, des improvisations, des monologues, des danses, etc., serait dépourvu, certes, d'originalité. On conçoit l'impasse dans laquelle on se trouverait si un simple tournoiement était susceptible de *transformer* le derviche en artiste. Il semble que c'est plutôt pour se libérer qu'il respecte l'esprit de cette danse. En l'état, il ne s'agit que d'un simple *mouvement corporel* tout à fait *banal* qui n'est pas protégé en tant que tel. Si un mouvement ou un geste[2] n'est, en principe, pas protégeable, toutefois, « *c'est uniquement la manière dont ce mouvement est mis en scène avec des costumes, avec certains accessoires, qui rend le mouvement,* […] *"habillé" par le droit d'auteur, par une certaine création qui lui permet alors de prétendre à la protection par le droit d'auteur* »[3]. Il faut donc distinguer l'*œuvre de mouvement* et son *incarnation* dans les interprétations qui en sont offerte lors du spectacle. Ainsi, la *mise en scène* et l'*esthétique* de ces mouvements confrériques en chorégraphie peut ériger la danse des derviches tourneurs au rang d' « œuvres chorégraphiques ». « *La mise en scène renvoie, naturellement, à l'organisation matérielle d'une représentation, au choix des décors, des mouvements, des effets de lumière et du jeu des acteurs* »[4], y compris l'interprétation de la danse et l'implication particulière de la musique, etc. C'est ainsi que la combinaison de l'ensemble de ces éléments caractéristiques est susceptible de traduire une *création artistique singulière*, *originale* du spectacle des derviches tourneurs. Il est donc nécessaire d'apprécier l'originalité de la combinaison des éléments caractéristiques de la mise en scène dans leur ensemble, *non pris individuellement*, au motif que chacun de ces éléments peut être *insuffisant* pour caractériser l'*empreinte de la personnalité.*

1278. Originalité de la combinaison des éléments caractéristiques dans le cadre du spectacle. Dès lors que la prestation fournie relève *du registre du spectacle*, on peut considérer qu'il s'agit d'un *artiste* plutôt que d'un *simple orant* mettant en œuvre une *technique spirituelle*, à condition que sa prestation soit *personnelle.* Même si le derviche tourneur semble disposer d'une *liberté d'interprétation* plus réduite qu'un *danseur*, rien ne permet d'exclure le derviche tourneur de la catégorie des artistes-interprètes dans la mesure où la fonction et le rôle qu'assume un derviche dans le cadre d'un spectacle, peut impliquer, au-delà du simple savoir-tourner, des mouvements codifiés, de l'agitation corporelle, la rotation frénétique, la répétition passive, des *qualités artistiques* qui relèvent du *registre du spectacle*, telles qu'une improvisation chorégraphique, une

---

1 L'*originalité* peut être très discrète ! Par exemple, celle que le photographe confère à la photographie laquelle reproduit *mécaniquement* la réalité. Et mieux encore celle que confère le *copiste à l'identique* qui s'*astreint* à reproduire un original à main levée en y introduisant le moins de déformation possible, mais dont DESBOIS tenait la production pour *originale* … au contraire de PLAISANT ; et, fût-ce pour reproduire à l'identique, il faut être capable d'analyser le tableau à copier, savoir comment ont été appliqués la lumière et l'ombre, les couleurs chaudes et froides, comment fut agencé le dessin… Ce n'est pas du tout une reproduction *mécanique.* Il faut une grande technique et *l'empreinte de personnalité* consiste à la laisser transparaître le moins possible !! …

2 V. E. PIERRAT et M. PETREMENT, « Droit d'auteur : la protection de la mise en scène », *La lettre de l'entreprise culturelle* (Revue juridique historique du secteur culturel en France), mars 2021, n° 326, p. 14.

3 V.-L. BENABOU et S. DUSOLLIER, « Du droit d'auteur sur les mouvements, de l'interprétation du droit d'auteur », art. préc., p. 32.

4 E. PIERRAT et M. PETREMENT, art. préc., p. 12.

performance acrobatique, une mise en scène, un jeu de lumière, un choix de couleurs vives et contrastées de la tunique ou encore un décor original, sans pour autant oublier l'intervention et la collaboration d'autres artistes tous domaines confondus. Il serait donc erroné de réduire l'activité du derviche tourneur à la *prestation matérielle*, c'est-à-dire à l'acte matériel de danser, lors d'un concert ou d'un spectacle.

« Dans son aspect le plus simple, l'action de danser, qui n'était rien qu'une composante parmi d'autres du *sama'*, se résumait en une suite d'exercices physiques, effectuée de manière collective par les initiés, placés sur une droite horizontale ou en cercle. Épaule contre épaule, occasionnellement claquant des mains, mais surtout entraînés par des motifs mélodiques récurrents, les fidèles étaient ainsi amenés à se balancer et à projeter le buste de l'avant vers l'arrière d'un mouvement vigoureux devenant de plus en plus violent. La respiration tendait à l'ahanement à mesure que le rituel progressait sous la conduite du chant du meneur et parfois aussi au rythme des tambours ou des cymbales »[1].

1279. Un interprète *improvisateur*. Il reste à savoir si de telles pratiques peuvent laisser place à une éventuelle *improvisation* de la part du danseur, et ce, en dépit du *caractère technique* du mouvement de rotation. En pratique, il semble que les derviches ne se prêtent pas fréquemment à l'improvisation. Or, rien ne s'oppose à ce que le derviche tourneur puisse être à la fois un *interprète* et un *auteur* qui improvise[2] sa danse au stade de la communication au public au-delà de la *codification* des mouvements et du respect des règles, laissant une *liberté d'action* au derviche danseur. Les exemples sont légion, comme nous allons le constater. Il convient de remarquer que l'improvisation n'exclut pas que certains derviches puissent concevoir leur interprétation avant même la communication au public au niveau de sa composition dénommée « *l'interprétation-conception* » selon l'expression du professeur Tafforeau[3].

§ 2. LES SOLUTIONS JURISPRUDENTIELLES

1280. Plan. Après avoir démontré que la forme spectaculaire de la danse des derviches tourneurs peut être une *forme originale* éligible à la protection, il convient d'examiner les solutions jurisprudentielles les plus significatives en France (A) et en Allemagne (B) qui se sont prononcées en faveur de la protection des formes traditionnelles de danses (sacrées, folkloriques, etc.) et de spectacles mettant en avant des mouvements chorégraphiques, acrobatiques et mises en scène originaux.

A. Jurisprudence française

1281. Il convient de noter que la jurisprudence française a déjà eu l'occasion de se prononcer sur la protégeabilité de spectacles comme des *œuvres de l'esprit originales*,

---

1 A. SHILOAH, *La musique dans le monde de l'Islam*, *op. cit.*, p. 298.

2 « L'improvisation théâtrale et l'improvisation chorégraphique ne sont pas en reste : ajout de scènes, sketches improvisés, tournois et autres breakdance battles (Paris, Pôle 5, 1re ch., 30 oct. 2013, n° 11/21339, *Comm. com. électr.* 2014, chron. 9, n° 4, obs. P. TAFFOREAU) », cité par P. TAFFOREAU, v° « Droits voisins du droit d'auteur », *Répertoire Dalloz IP/IT et Communication*, 2019, n° 21.

3 Le professeur TAFFOREAU distingue entre deux éléments de l'interprétation : « l'*interprétation-conception*, qui correspond au stade de l'élaboration intellectuelle de celle-ci, en quelque sorte, sa "composition" ; et l'*interprétation-exécution*, qui vise le stade de la communication, c'est-à-dire de l'"expression" » : P. TAFFOREAU, *Musique et droits voisins du droit d'auteur*, *op. cit.*, p. 10 ; *op. cit.*, p. 216, n° 229. « Mais elle [l'interprétation] comporte deux éléments : la conception, qui est sa part de création, et l'exécution (ou prestation vivante), qui est sa forme » : P. TAFFOREAU, « La notion d'interprétation en droit de la propriété littéraire et artistique », art. préc., p. 51.

notamment les spectacles de « sons et lumières »[1], de cabaret formé de scènes de danses et de chants, ou pyrotechnique concourant à mettre en valeur le monument[2], des numéros d'acrobaties[3]. Si ces spectacles ont été reconnus comme des créations de l'esprit originales, pourquoi en irait-il autrement eu égard aux *spectacles de derviches tourneurs* ?

1282. Affaire « *Perrot c/ Petipa* ». L'affaire importante qui doit retenir notre attention est celle qui opposait Jules Perrot, ancien maître de ballet à Paris et le créateur d'une danse spécifique « ballet *Cosmopolitana* », inspirée de plusieurs danses internationales, à Marie Petitpa[4], la grande ballerine de l'Opéra. En l'espèce, Mme Petipa sollicita de Perrot l'autorisation d'introduire cette danse « la *Cosmopolitana* » dans l'un des ballets qu'elle devait danser à l'Opéra de Paris mais elle se vit refuser l'autorisation. Or, Mme Petipa avait intercalé un pas de danse dénommée « la Cosmopolite » sur le théâtre de l'Opéra dans un ballet intitulé : « le Marché des Innocents » qui n'était autre que la reproduction de « la *Cosmopolitana* » composée par Perrot en présentant cette composition comme étant son œuvre. Perrot lui reprocha ainsi d'avoir repris, sans son consentement, le pas de danse composée par ses soins dont il en était le seul auteur. C'est dans ces conditions qu'il l'assigna devant le Tribunal civil de la Seine.

1283. Saisi de cette première affaire en la matière, le Tribunal civil de la Seine a été amené à répondre à la question de savoir si un pas de danse (ballet), composé et *inspiré de* diverses *danses nationales* de différents pays mais *combinés de manière à former* une *composition particulière* et *distincte*, pouvait constituer une propriété protégée par la législation sur la propriété et littéraire et artistique[5].

1284. En défense, l'avocat de Mme Petipa[6] fit objection en soutenant qu'on ne saurait considérer comme une propriété littéraire un *pas de danse*, c'est-à-dire cette suite de mouvements, plus ou moins lents, plus ou moins rapides, qui suivent la musique et se meuvent avec elle, ni même la réunion de pas au même titre du libretto (c'est-à-

---

1 La jurisprudence a aussi reconnu la qualité d'œuvre de l'esprit à un spectacle « sons et lumières » pour le centenaire de la tour Eiffel : Cass. civ. 1re, 3 mars 1992, n° 90-18.081, *NPT* ; *D.* 1993, 358, note B. EDELMAN ; CA Paris, 1re ch. A, 11 juin 1990, *D.* 1991, somm. p. 90, obs. C. COLOMBET ; TGI Paris, réf., 20 nov. 1989, aff. *La mode des Images c/ Éd. de l'Est*, *RIDA* 1990, n° 144, p. 146 ; CA Bourges, 1er juin 1965, *D.* 1965, 44, note H. DELPECH ; Cass. crim., 12 févr. 1969, *D.* 1969, 297 ; Paris 8 juin 1971, *RIDA*, oct. 1971, p. 138 ; Paris, 8 juill. 1971, *RIDA* juill. 1971, p. 134.

2 À propos de la protection d'un *spectacle pyrotechnique* : Cass. civ. 1re, 3 mars 1992, n° 90-18.081, *NPT* ; *D.* 1993, 358, note B. EDELMAN ; CA Paris, 1re ch. A, 11 juin 1990, *D.* 1991, somm. p. 90, obs. C. COLOMBET ; TGI Paris, réf., 20 nov. 1989, aff. *La mode des Images c/ Éd. de l'Est*, *RIDA* 1990, n° 144, p. 146. Le TGI de Paris, dans son jugement du 20 novembre 1989, avait reconnu que le « spectacle pyrotechnique avec éclairage par faisceaux laser associé à l'illumination de la tour Eiffel, concourant à mettre en valeur le monument, peut être protégé par le droit d'auteur ».

3 CA Paris, 4e ch., sect. B, 9 nov. 1984, aff. *Radondy c/ Grisworld*, *Juris-Data* n° 1984-027347, *Ann.* 1984, p. 147-150 ; CA Paris, 4e ch., sect. B, 12 juin 1986, aff. *SFP c/ Nicol*, *Juris-Data* n° 1986-024094.

4 Belle-sœur de M. PETIPA de l'Opéra de Paris et femme de M. PETIPA, maître de ballet à Saint-Pétersbourg.

5 Trib. civ. Seine, 1re ch., 11 juill. 1862, aff. *Perrot c/ Petipa*, *Ann. prop. indus.*, 1863, t. IX, p. 235 ; *Gazette des Tribunaux et le Droit*, 27 juill. 1862 ; *Annuaire de la Société des auteurs et compositeurs dramatiques*, t. II, 1870, p. 83 et s. et p. 111.

6 V. Les plaidoiries de MMes CARRABY et CHAIX-d'EST ANGE reproduites *in Revue des grands procès contemporains*, t. VI, 1888.

dire, le plan d'un ballet), dans la mesure où la *création* se confondait avec l'*exécution* qui en faisait le principal mérite. D'ailleurs, il mit en avant que l'idée de réunir des danses ou pas de plusieurs nations n'est pas *nouvelle*[1] de sorte que *Cosmopolitana* ne présentait aucun *caractère original* puisqu'elle était composée de divers *pas nationaux*, *vieux*, *usés*, *dansés* depuis longtemps. Il en va de même s'agissant du pas dansé à l'Opéra par Mme Petipa qui n'est pas autre chose qu'une réunion d'un pas anglais, la Gigue, d'un pas espagnol, le Boléro, de la Tyrolienne, empruntée à l'opéra de Guillaume Tell, et enfin d'un pas mauresque dont M. Perrot ne saurait revendiquer comme sa propriété sous le nom de la Cosmopolite. En outre, il ne saurait revendiquer davantage l'idée de réunir dans une même scène les danses nationales de plusieurs pays.

1285. Face à cet argument, l'avocat de M. Perrot répondit que, bien qu'il y ait dans ce ballet un pas dans le goût russe, un autre dans le goût écossais, un troisième d'un caractère espagnol, l'ensemble forme une propriété dans les termes suivants :

« Est-ce que dans Guillaume Tell, dit-il, il n'y a pas une tyrolienne ? Dira-t-on que Rossini n'a fait qu'emprunter un air du Tyrol, et n'a pas créé ? Est-ce que tous les pianistes ne font pas des mazurkas ? est-ce que toutes ces mazurkas se ressemblent ? M. Auber a fait dans Marco-Spada un morceau cosmopolite dans la composition duquel entrent des airs qui appartiennent à cinq genres nationaux : lui contestera-t-on la propriété de son œuvre ? Chaque phrase isolée ne constitue-t-elle pas une phrase originale que l'ensemble, l'agencement suffiraient pour donner à l'œuvre le cachet d'une création »[2].

1286. Il y a une différence entre les *mazurkas* qui ne déterminent grossièrement que certains types de création, tout en laissant toute liberté aux créateurs et la désignation précise des pas agencés et constituant la « création »... Cependant, le Tribunal civil de la Seine n'adopta pas le raisonnement développé par l'avocat de Mme Petipa et la condamna à verser la somme de 300 francs à titre de dommages-intérêts. Par un jugement du 11 juillet 1862, le Tribunal consacra la *chorégraphie* en tant qu'une *œuvre de l'esprit* indépendante du libretto[3] et le droit d'auteur du chorégraphe sur sa chorégraphie en décidant que la *combinaison de danses anciennes ou l'emprunt à des danses nationales des principaux pays pouvaient entrer dans une œuvre chorégraphique personnelle protégeable* :

« *Attendu que, s'il est vrai que ce pas soit emprunté aux danses nationales de différents pays,* depuis longtemps connues et exécutées sur les théâtres, *il n'en résulte point cependant que la combinaison de ces danses entre elles ne puisse constituer, par l'agencement des pas et par leur rapport avec la musique, une composition distincte de ces danses elles-mêmes et ayant, par cela même, un caractère particulier; que c'est précisément dans une combinaison de ce genre que consiste l'œuvre de Perrot* ; attendu que dès lors, cette œuvre, comme toute composition artistique, est la propriété de son auteur, et ne peut dès lors être représentée sans son consentement ; ... Que c'est donc sans droit que Petipa a intercalé le pas dont il s'agit dans le divertissement la Cosmopolite ; qu'il a aggravé sa faute

---

1 La « nouveauté » n'est pas l' « originalité » !!

2 *Annuaire de la Société des auteurs et compositeurs dramatiques*, préc., p. 84.

3 POUILLET constatait déjà à l'époque que : « Dans les ballets, le compositeur est évidemment protégé pour sa musique ; le libretto, constitué par l'enchaînement des scènes, par l'affabulation, l'action jouée par les personnages, la série des incidents représentés, forme, de son côté, une œuvre dramatique ou littéraire, mais il y a encore autre chose dans un ballet, et la loi italienne, par exemple, protège, indépendamment des paroles et de la musique, la chorégraphie pure, c'est-à-dire l'ensemble des gestes, des attitudes, des pas, des pantomimes, des tableaux de figurants, qui expriment la pensée de l'auteur, en un mot, l'art de la mise en scène » : E. POUILLET, *Traité théorique et pratique de la propriété littéraire et artistique et du droit de représentation*, *op. cit.*, n° 873. « À noter qu'une chorégraphie peut parfaitement être détachée du ballet dans lequel elle s'incorpore (ce qui donne une œuvre de collaboration avec le compositeur et le librettiste), de sorte qu'elle ne constitue pas toujours une œuvre dramatique » : P.-Y. GAUTIER, *op. cit.*, p. 94, note 1. V. O. BOZZONI, thèse préc., p. 177 et s.

en présentant cette composition comme étant son œuvre, alors que Perrot en est seul l'auteur, qu'il a ainsi causé à Perrot un préjudice dont il lui doit réparation ; »[1].

1287. Cette solution est tout à fait transposable pour les danses contemporaines inspirées de la danse traditionnelle des derviches tourneurs offertes en spectacle qui peuvent être rangées au rang des « *œuvres chorégraphiques* » ou des « *interprétations* » éligibles à la protection.

1288. Affaire des « *danses sacrées* ». Cette décision précédemment analysée qui a été rendue par le Tribunal de grande instance de Paris dans un jugement du 13 mai 2016[2] doit retenir également notre attention dans la mesure où il s'est prononcé sur l'appréciation de l'*originalité de chorégraphies inspirées de danses sacrées*. En l'espèce, Mme Khemtemourian avait créé neuf chorégraphies à la demande de la société Kairu qui les a commercialisées par la suite sous la forme d'un coffret de DVD sans régulariser un contrat de cession des droits. C'est dans ces conditions que Mme Khemtemourian a assigné la société Kairu devant le TGI afin de faire valoir sa qualité d'auteur des chorégraphies, ainsi que de constater l'exploitation illicite de celles-ci.

1289. A l'appui de sa demande, Mme Khemtemourian a rapporté la preuve de l'existence d'un apport original. En défense, la défenderesse mettait en avant le *défaut d'originalité* sur le fondement que les chorégraphies litigieuses, *inspirées de danses sacrées* réalisées en groupe, ne reflétaient aucune *création artistique* puisqu'elles étaient issues d'une *démarche méditative*.

1290. Or, le TGI fait droit à la demande de Mme Khemtemourian au motif que : « *chaque chorégraphie résulte de choix d'une combinaison de ces gestes et d'un rythme propre en harmonie avec la musique sélectionnée pour les accompagner, qui est également à l'origine de l'inspiration de la chorégraphe* ». Nonobstant, le fait que les chorégraphies sont composées de *mouvements simples* et *communs*, à l'instar de la danse des derviches tourneurs, tels que, par exemple, « des mouvements de marche en cercle, vers le centre, des mains tendues, paumes ouvertes, des mains jointes en signe de prière, des bras tendus vers le haut puis vers le bas, des pas chassés, qui sont aisément réalisables par des personnes de toutes conditions » comme l'a relevé le TGI, il n'en reste pas moins que les chorégraphies reflètent bel et bien la *personnalité* de son auteur et bénéficient de la protection au titre du droit d'auteur.

1291. Affaire « *Didier Tafflé c/ Isabelle Gonzalez* ». Enfin, cette affaire importante a été l'occasion pour la Cour d'appel de Paris, dans un arrêt en date du 13 mars 2018[3], d'apporter une contribution intéressante à l'appréciation de l'originalité des chorégraphies litigieuses et mises en scène des spectacles au terme d'une motivation minutieuse et détaillée.

---

[1] De la même façon, un parfum sera composé de plusieurs fragrances qui chacune, en soi, est dans le domaine public : nul ne peut prétendre à se réserver la rose ou la narcisse…

[2] TGI Paris, 3e ch., 13 mai 2016, n° 14/05221. V. E. Pierrat et L. Kruger, « La protection et la conservation des œuvres chorégraphiques », *in* L. Pignot et J.-P. Saez (dir.), « Le droit d'auteur sous toutes ses facettes », *L'Observatoire* (La revue des politiques culturelles), 2020/1, n° 55, p. 80 à 82.

[3] CA Paris, Pôle 5, 1re ch., 13 mars 2018, RG n° 17/10025, sur renvoi après cassation, par arrêt de la chambre sociale Cass. soc., 28 janv. 2014 (pourvoi n° F 12-22.455), d'un arrêt du pôle 6 ch. 8 de la CA Paris, 10 mai 2012 (RG N°S 09/04390) rendu sur appel d'un jugement du conseil de prud'hommes de Paris section activités diverses du 13 mars 2009 (RG n° 07/07359), *LEPI* juill. 2018, p. 2, obs. A. Lucas ; *Propr. intell.* 2018, n° 68, p. 50, obs. C. Bernault.

1292. En l'espèce, M. Didier Tafflé est un chef d'orchestre de variétés, qui a conçu et réalisé des spectacles à destination d'un public ciblé, constitué d'organisateurs occasionnels de spectacles tels que des collectivités ou des organisations (comités d'entreprises, comités de fêtes, associations…). A partir de 1991, il avait travaillé, dans le cadre de cette activité, avec Mme Isabelle Gonzalez, danseuse et chorégraphe qui était alors salariée et rémunérée par les organisateurs de spectacles. Depuis 2006, il a décidé de mettre fin à cette collaboration pour ne plus associer Mme Gonzalez aux spectacles de l' « orchestre Didier Tafflé ».

1293. C'est dans ces conditions qu'elle a saisi le conseil de prud'hommes de Paris aux fins de requalification de son contrat à durée indéterminée avec M. Tafflé ainsi que du paiement des indemnités de rupture. Par ailleurs, elle a demandé d'interdire à M. Tafflé d'utiliser ses chorégraphies et mises en scène des spectacles durant leur collaboration et le paiement d'une indemnité au titre de leur exploitation. En tant que *danseuse*, elle a estimé avoir *créé* des chorégraphies originales pour les spectacles que M. Tafflé voulait produire. Elle a revendiqué donc la création d'au moins 75 chorégraphies originales pendant sa collaboration avec M. Tafflé, et précise en avoir déposé un certain nombre à la SACD.

1294. Par un jugement du 13 mars 2009, le conseil de prud'hommes de Paris fait droit à la demande de Mme Gonzalez concernant la relation de travail ayant existé entre les deux mais sur le plan du droit d'auteur il s'était déclaré incompétent pour connaître des demandes de Mme Gonzalez tendant à interdire l'utilisation de ses chorégraphies et mises en scène telles que déposées à la SACD le 31 janvier 2007 et à le condamner au paiement de la somme de 30.000 euros au titre des exploitations effectuées depuis l'origine, et de celles réalisées en 2007.

1295. M. Tafflé a interjeté appel de ce jugement. Par arrêt du 17 novembre 2011, la Cour d'appel de Paris confirme le jugement déféré concernant les demandes relatives au contrat de travail ayant existé entre M. Tafflé et Mme Gonzalez mais la déboute de l'intégralité de ses demandes relatives à l'utilisation de ses chorégraphies et mises en scène au motif qu'elle n'a apporté aucun élément pertinent permettant d'établir le *caractère original* des chorégraphies et *mises en scène* dont elle revendique être l'auteur. En outre, elle n'a pas justifié d'un *apport original* tant s'agissant de l'enchaînement des mouvements que la mise en scène des spectacles, notamment par rapport aux œuvres dont les spectacles sont inspirés. Ces derniers s'inscrivaient dans un contexte de rappel d'*œuvres antérieures* connues du public.

1296. Cependant, par arrêt du 28 janvier 2014, la Cour de cassation a cassé et annulé l'arrêt et a renvoyé les parties devant la Cour d'appel de Paris. Dans ses conclusions, M. Tafflé soutient que Mme Gonzalez ne pouvait se prévaloir d'aucune création d'œuvre chorégraphique originale qui serait protégée. Il fait valoir que les chorégraphies dont Mme Gonzalez se prétend l'auteur ne se prêtent pas, s'agissant de spectacles sur le thème des années 60-70, des comédies musicales et des années disco, à la création de chorégraphies originales, qu'il s'agit tout au plus de créations collectives. Par ailleurs, il soutient qu'elle ne démontre pas en quoi ses prétendues créations chorégraphiques seraient originales par des choix arbitraires afin de communiquer une idée ou un sentiment, et qu'elle ne peut invoquer un dépôt à la SACD effectué après la cessation de la relation de travail, un tel dépôt ne valant pas reconnaissance de la création d'œuvres chorégraphiques originales. L'explication

« œuvre par œuvre » dans les conclusions de Mme Gonzalez de la prétendue originalité de ses chorégraphies ne serait pas un élément de preuve extrinsèque d'une originalité.

1297. D'ailleurs, il conteste le bien-fondé de la demande de Mme Gonzalez d'indemnisation au titre de l'utilisation de ses chorégraphies et mises en scène pendant sa période d'emploi, l'intéressée ayant été rémunérée pour sa prestation de travail de « danseuse et chorégraphe ». De même, il s'oppose à toute demande sur l'utilisation de chorégraphies et mises en scène après la période de travail de Mme Gonzalez, celle-ci ne rapportant pas la preuve du nombre d'utilisations de ses chorégraphies alléguées, lesquelles sont l'œuvre collective des musiciens et danseurs qui y apportent leur valeur ajoutée avec le temps. Il ajoute que Mme Gonzalez ne prouve pas l'utilisation de ses prétendues chorégraphies par M. Tafflé lui-même.

1298. En revanche, Mme Gonzalez revendique la qualité d'auteur des chorégraphies litigieuses qui ont été déposées à la SACD sous son nom. Elle soutient que les chorégraphies sont originales, même si la musique utilisée dans les spectacles ne l'est pas, et précise que 90 % des chorégraphies créées (soit 68 chorégraphies sur 75) ne comportent pas la moindre citation ou influence extérieure, seules 7 étant légèrement influencées par un style dansé ou comportant des citations de la chorégraphie originale. Pour ce faire, elle explicite l'originalité pour 37 œuvres l'une après l'autre, et revendique bénéficier de leur protection, laquelle est assurée du seul fait de l'originalité de l'œuvre sans être subordonnée à l'accomplissement d'aucune formalité, de sorte que la date du dépôt à la SACD n'importe pas.

1299. C'est dans cet esprit que Mme Gonzalez demande à la Cour de condamner M. Tafflé à lui payer une indemnité de 30.000 € au titre des exploitations effectuées, de 100.000 € en réparation de ses préjudices patrimoniaux et professionnels ainsi qu'une indemnité de 50.000 € en réparation de son préjudice moral pour avoir utilisé ses chorégraphies et mises en scène originales, aussi bien avant qu'après son licenciement, sans autorisation ni rémunération, alors qu'une cession de droits d'auteur est nécessaire et qu'une cession automatique comme celle qu'il revendique dans son courrier du 9 janvier 2007 ne peut suffire.

1300. S'agissant de la *qualité d'auteur des chorégraphies*, la Cour constate que les chorégraphies et mises en scène sont créées par Mme Gonzalez à l'examen des brochures des spectacles présentés par M. Tafflé et son orchestre, de sorte que celui-ci ne peut lui contester la qualité d'auteur, ni soutenir qu'il s'agit d'une œuvre collective. Le dépôt effectué par Mme Gonzalez auprès de la SACD est un élément surabondant de nature à confirmer sa qualité de créatrice.

1301. Sur l'*originalité* des créations, les juges du fond rappellent que si Mme Gonzalez revendique la protection de 75 œuvres chorégraphiques en indiquant que l'originalité peut être reconnue à une chorégraphie élaborée pour une musique connue pour laquelle il n'existe pas de mode ou de danse populaire liée à cette musique, il revient néanmoins à celui qui sollicite la protection au titre du droit d'auteur de démontrer l'empreinte de sa personnalité sur les œuvres en question. Ainsi, Mme Gonzalez doit démontrer que les créations revendiquées sont des œuvres de l'esprit originales, ouvrant droit comme telles à la protection au titre des droits d'auteur.

1302. En l'espèce, Mme Gonzalez revendique la protection de 75 œuvres dont 7 chorégraphies comportent une influence extérieure par un style dansé, ainsi que des citations empruntées à la chorégraphie originale. De plus, elle ne détaille dans ses conclusions que 37 œuvres, parmi lesquelles certaines ne figurent pas sur les pièces produites aux débats et ne permettent pas d'en prendre connaissance (ainsi, *chihuahua*, *obsession advendura*, *la gitane*, *maldon*, *can't take my eyes*). Les juges estiment que la seule description littérale de ces œuvres dans les conclusions de Mme Gonzalez ne suffit à les faire bénéficier d'une protection. Par ailleurs, si d'autres chorégraphies figurent sur les pièces produites par Mme Gonzalez, la seule communication d'un support visuel ne suffit pas à faire bénéficier les chorégraphies d'une protection au titre du droit d'auteur dès lors qu'il n'est pas accompagné d'une explication sur l'apport de l'auteur dans ces chorégraphies et la façon dont elles sont marquées par ses choix artistiques et révèlent ainsi l'expression de sa sensibilité.

1303. De son côté, M. Tafflé soutient que Mme Gonzalez ne démontre pas l'originalité des œuvres qu'elle revendique, mais ne verse aucune pièce de nature à contester cette originalité. Il ne peut utilement souligner que Mme Gonzalez ne verse pas d'éléments de preuve extrinsèques pour justifier de l'originalité des chorégraphies qu'elle revendique, alors que le processus d'élaboration de l'œuvre revient à son auteur qui est à même d'expliquer en quoi l'œuvre finale est l'expression de sa sensibilité.

1304. Cela étant, il remarque justement que les chorégraphies et mises en scène revendiquées par Mme Gonzalez entrent toutes dans la catégorie des spectacles consacrées aux années 1960-1970, aux comédies musicales et aux années disco auxquelles de nombreux spectacles ont déjà été consacrés, de sorte que le droit d'auteur qui pourrait être reconnu à Mme Gonzalez ne pourrait l'être qu'au regard d'une originalité qui ne peut être que contrainte par la base musicale sur laquelle elle est élaborée et par les exploitations pré-existantes.

1305. Au terme d'une motivation bien minutieuse, les juges prennent le soin d'apprécier l'originalité de chaque œuvre d'après les pièces produites aux débats et la description faite par Mme Gonzalez. La Cour constate que 9 chorégraphies créées par Mme Gonzalez remplissent la condition d'originalité, de sorte qu'elle est fondée à solliciter sa protection au titre du droit d'auteur et à agir au titre de la contrefaçon de droit d'auteur. Il est intéressant de remarquer que le siège de l'originalité des chorégraphies litigieuses réside dans le choix des pas de danse et des mouvements et dans leur enchaînement ainsi que dans la gestuelle des danseuses (les bras par exemple).

1306. S'agissant de l'œuvre « *The Orgy - Ballet égyptien* », la Cour constate que cette œuvre peut être protégée au titre du droit d'auteur d'après les pièces produites qui montrent que l'évolution des danseuses sur les pas de danse décrits par Mme Gonzalez, et le choix de ces pas comme leur enchaînement, la gestuelle des danseuses, forment une combinaison révélant l'expression de ses choix créatifs.

1307. Il en va de même pour la chorégraphie « *Marcia Baila* » qui peut se voir aussi reconnaître la protection au titre du droit d'auteur à partir des choix effectués par Mme Gonzalez dans l'élaboration de cette chorégraphie, s'agissant tant des pas effectués par les danseuses que des mouvements de bras et de tête qui y sont associés, et l'association des danses de différentes provenances, qui sont révélateurs de sa personnalité et de l'expression de sa sensibilité.

1308. Il en est de même pour l'œuvre « *Mutoto* » dont la Cour retient l'originalité par la définition des mouvements effectués par les danseuses, le rythme donné à la gestuelle utilisée, évocatrice de danses rituelles, qui montrent que Mme Gonzalez a pu exprimer son apport créatif à cette chorégraphie.

1309. S'agissant de la chorégraphie « *Medley Farmer* », l'originalité se manifeste dans la définition des pas et des mouvements de bras effectués par les danseuses, la détermination de leur enchaînement, le choix des postures et les changements dans les expressions prises par les danseuses, les ondulations, qui forment par leur combinaison une œuvre originale dont Mme Gonzalez est légitime à solliciter la protection au titre du droit d'auteur

1310. Pour la chorégraphie « *Ne me quitte pas* », le recours à des mouvements de bras d'une grande amplitude, suivis de ports de bras dans lesquels les danseuses placent une main derrière la nuque, puis la deuxième main alors qu'elles effectuent une volte, comme la détermination des pas utilisés dont il n'est pas contesté qu'ils ne sont pas propres à la salsa - soit la musique sur laquelle est effectuée cette chorégraphie - forment un ensemble présentant une certaine originalité, et pouvant ainsi profiter de la protection au titre du droit d'auteur.

1311. Pour la chorégraphie « *La Camisa Negra* », l'empreinte de la personnalité de Mme Gonzalez se situe dans l'alternance des pas de danse retenus, l'association audacieuse revendiquée des pas de bourrée avec des mouvements d'enveloppement sur une musique d'origine sud-américaine qui présente une originalité que M. Tafflé peut d'autant moins contester qu'il ne présente pas de pièce pour la combattre.

1312. Pour la chorégraphie « *Ringing Bells* », la gestuelle des bras retenue, l'usage affirmé de pas de danse sans relation avec la danse liée classiquement à cette musique, et l'évocation ainsi suscitée de l'imagerie populaire des westerns, sont révélateurs de l'expression de la personnalité de Mme Gonzalez.

1313. Il en est de même pour le « *Medley Charleston (Hello Dolly)* ». En effet, les danseuses y effectuent d'amples mouvements de bras, prennent des postures et des expressions du visage évoquant l'époque à laquelle cette musique était en vogue, et les différentes scènes composant ce *medley* associées entre elles révèlent un effort créatif de Mme Gonzalez donnant ainsi un caractère amusant aux scènes présentées.

1314. Dans la chorégraphie « *It's Raining Men* ou *Raining Man* », l'utilisation des sauts, la dissociation des mouvements effectués par les danseuses, le recours à des pas particuliers ou à des fentes, sont des éléments dont la combinaison - avec les autres éléments revendiqués par Mme Gonzalez - forment un ensemble présentant une spécificité propre, et qui révèle un certain parti pris créatif de son auteur.

1315. Quant aux autres chorégraphies décrites par Mme Gonzalez dans ses conclusions, la Cour considère qu'elles ne présentent pas une originalité suffisante pour bénéficier d'une telle protection soit que son apport technique et créatif est parfois insuffisamment décrit pour caractériser son apport, soit que sa chorégraphie finale est trop marquée par les emprunts à des scènes de films ou des chorégraphies antérieures connues, entrées dans la culture populaire et musicale et présentant un lien étroit avec les musiques sur lesquelles elles sont réalisées.

1316. Il en est ainsi notamment de la chorégraphie revendiquée « *West side story* », dont l'emprunt de codes vestimentaires et chorégraphiques aux comédies musicales américaines d'une époque donnée, comme celui fait à la chorégraphie originale ne peuvent par définition révéler une quelconque création, outre que la seule description d'un mode de danse classique contenant des postures provenant de danses latines est trop imprécis pour déterminer les contours de la création revendiquée, et insusceptible de révéler l'empreinte de la personnalité de son auteur.

1317. Il en est ainsi de l'œuvre « *I wanna be loved* » qui est décrite par Mme Gonzalez comme tiré de la comédie et du film Certains l'Aiment Chaud, la chorégraphie et les costumes reprennent les grands traits de l'imagerie de Marilyn Monroe et des scènes cultes de ses films. Les attitudes des starlettes sont empruntées à la représentation classique de tels personnages et au comportement qui leur est donnée dans de nombreux films, de sortes qu'elles ne sauraient révéler, par elles-mêmes et par leur combinaison, un apport personnel de Mme Gonzalez. Ces poses, associées aux mouvements étirés réalisés par les danseuses, ne peuvent caractériser une œuvre protégeable au titre du droit d'auteur.

1318. Pour la séquence « *Eye(s) of The Tiger* », la tonicité de la danse ou de la gestuelle ne peut révéler l'apport de Mme Gonzalez, et les ports de bras et ronds-de-jambe pour évoquer les coups de poings et de pieds n'apparaissent pas originaux. Par ailleurs, les isolations d'épaules et de hanches, et les compositions revendiquées par Mme Gonzalez, ne sont pas suffisamment décrites pour permettre d'apprécier son apport créatif.

1319. Pour « *Les demoiselles de Rochefort* », la description de l'évolution des danseuses sur la scène, l'énonciation de pas ou de gestes utilisés par les danseuses ne peut suffire à révéler l'empreinte de la personnalité de Mme Gonzalez, pas plus que le fait qu'elle aurait voulu donner une dimension « comédie » à la chorégraphie.

1320. Sur les *griefs de contrefaçon*, la Cour distingue, à juste titre, entre le salaire dû au salarié en vertu du contrat de travail et la rémunération dû à Mme Gonzalez au titre de l'exploitation des œuvres en sa qualité de danseuse et chorégraphe. La Cour estime que la rémunération de Mme Gonzalez pendant la période où elle travaillait avec M. Tafflé, en tant que danseuse et chorégraphe, ne saurait recouvrir la cession de l'exploitation des chorégraphies dont elle est l'auteur. C'est ainsi que M. Tafflé ne peut soutenir que Mme Gonzalez a été rémunérée pour ses prestations de « danseuse et chorégraphe » pendant sa période d'emploi qui ne la permet pas de solliciter le versement d'une redevance au titre du droit d'auteur. Or, il n'est produit aucune pièce en l'espèce établissant que Mme Gonzalez a été indemnisée du fait de l'utilisation de ses œuvres pendant la période pour laquelle elle était employée comme danseuse chorégraphe, ces activités correspondant à une prestation physique – pouvant englober le travail d'exécution des danses, de mise en place et d'encadrement des répétitions des danseuses – distincte de la production intellectuelle réalisée au titre du droit d'auteur.

1321. La Cour constate que M. Tafflé a utilisé entre 2001 – année de leur création selon Mme Gonzalez – et le mois de décembre 2006, les chorégraphies d'après les plaquettes de présentation des spectacles. C'est ainsi que la Cour retient l'existence d'actes de contrefaçon et condamne M. Tafflé à verser à Mme Gonzalez la somme de 2000 € au titre des exploitations effectuées jusqu'au 31 décembre 2016, une indemnité de 3000 € en réparation de ses préjudices patrimoniaux et professionnels, et de 2000 € en réparation de son préjudice moral, du fait de l'utilisation et de l'exploitation à son profit de plusieurs chorégraphies et mises en scène sur lesquelles Mme Gonzalez bénéficie de droits d'auteur, sans son consentement, pendant sa période d'emploi et pendant plusieurs années après le départ de celle-ci.

B. Jurisprudence allemande

1322. Affaire du « *spectacle de danse acrobatique* ». La Cour d'appel de Cologne (Allemagne), dans un arrêt en date du 2 février 2007[1], a eu l'occasion de se prononcer sur la protégeabilité d'un spectacle de danse acrobatique en tant qu'« *œuvre chorégraphique* » au titre de la loi allemande sur le droit d'auteur (*UrhG – Urheberrechtsgesetz*, art. 2.1)3).

1323. En l'espèce, la demanderesse est une contorsionniste, voire un acrobate, qui effectue des exercices physiques, des flexions et des extensions spectaculaires grâce à son agilité corporelle connue sur scène sous le nom de « Tunga ». Elle a vécu avec le défendeur dans les années 1990 mais ils se sont séparés en 1999. Pendant cette période, elle a créé un spectacle de performance contorsionniste intitulé : « Arabesque » qui consiste en une représentation (contorsion[2]) exécutée par quatre artistes contorsionnistes qui effectuent simultanément et de manière interactive des acrobaties de contorsion chorégraphiées, accompagnée de musique classique, mongole et moderne par l'artiste Madonna avec la pièce « *Take a Bow* » et l'artiste Yello sur une table représentant l'image de la divinité hindoue « *Vishnu* » (quatre têtes, huit bras).

1324. La demanderesse a créé ces figures sur le modèle de la *divinité hindoue* « *Vishnu* » ainsi que d'autres images et tableaux qui ont une valeur symbolique et a enseigné ces figures aux contorsionnistes. C'est ainsi que le spectateur, en regardant directement de face les performances acrobatiques exécutées par les quatre artistes debout l'un derrière l'autre, a l'impression qu'il n'y a en réalité qu'une tête et huit bras ; dès que la perspective sur les quatre artistes change, ils apparaissent comme une divinité à quatre têtes et huit bras. Le mouvement n'est pas *une fin en soi*, mais il se présente comme un *moyen d'expression.*

1325. Par la suite, elle découvre que le défendeur a fait jouer et exécuter le spectacle contorsionniste « Arabesque » sur scène depuis le 1er janvier 1999 et a mis à la disposition du public à des fins publicitaires cette œuvre sur deux sites internet dont il est le propriétaire sans son consentement et sans verser des redevances d'exploitation au titre du droit d'auteur.

1326. C'est dans ces conditions que la demanderesse l'assigne devant le Tribunal régional de Cologne en violation des *droits d'auteur* et des *droits de marques* ainsi qu'en paiement de dommages-intérêts en compensation du préjudice qu'elle a subi.

1327. En défense, le défendeur forme une demande reconventionnelle. En dépit du fait que la demanderesse était toujours présente, voire très impliquée, lors des travaux de conception et de préparation, il prétend que seule Mme V (un certain témoin dans cette affaire), qui a été impliquée dans le processus de création sans la participation de la demanderesse, est titulaire des droits d'auteur étant donné que sa contribution a consisté notamment dans la conception de la chorégraphie et la

---

1 OLG Köln, Urteil vom 2 févr. 2007, aff. 6 U 117/06, cité par B. BECK et K. von WERDER, « Yoga et droit d'auteur », *Magazine de l'OMPI*, juin 2017/3, p. 45.

2 La *contorsion* est définie comme un art de la performance généralement présenté devant un public dans lequel des artistes appelés « contorsionnistes » ou encore « artiste de souplesse », « homme-caoutchouc » exécutent des exercices d'assouplissement d'extrême flexibilité physique de leurs corps. Les actes de contorsion sont souvent accompagnés dans les acrobaties, les numéros de cirque, spectacles vivants, etc.

sélection de la musique proposée par la demanderesse, y compris certains ajustements. Le défendeur fait valoir que la demanderesse était seulement responsable du développement technique et de la formation des figures de contorsion individuelles. Par conséquent, la demanderesse n'est pas fondée à revendiquer un droit d'auteur même si elle a été impliquée dans la création du spectacle « Arabesque ». Cela s'explique par le fait que Mme V a cédé exclusivement les droits d'exploitation et d'utilisation au défendeur en vertu d'un acte en date du 12 avril 1996 qui confirme la (co-)paternité du témoin V.

1328. En revanche, la demanderesse conteste ces arguments et estime que la contribution du témoin V dans la conception de la chorégraphie était de nature complètement subordonnée aux idées et aux directions de la demanderesse, et ce, moyennant une contrepartie. Par ailleurs, la demanderesse nie toutes cessions de ses droits d'auteur au profit du témoin V.

1329. Saisie de cette affaire, la 28e chambre civile du Tribunal régional de Cologne, dans son jugement rendu le 12 avril 2006[1], donne gain de cause à la demanderesse et estime que le défendeur a violé ses droits d'auteur sur les *performances contorsionnistes* qui ont été exécutées sans son consentement.

1330. Pour justifier son raisonnement, le Tribunal prend, tout d'abord, le soin de préciser que les *formes traditionnelles* et *folkloriques* de danse ne sont pas protégées par le droit d'auteur étant donné qu'elles sont dans le *domaine public*. Cependant, la *quadruple contorsion* litigieuse peut être *protégée* par le droit d'auteur car le champ de la protection au titre de la § 2 alinéa 1 n° 3 de la loi sur les droits d'auteur (*UrhG - Urheberrechtsgesetz*) s'étend aux œuvres de pantomime s'agissant de la conception utilisant les moyens de mouvement, les gestes et les expressions faciales, y compris la danse. C'est ainsi qu'une séquence de mouvements, de gestes ou d'expressions faciales qui sont l'expression d'une *création intellectuelle* personnelle peut bénéficier de la protection par le droit d'auteur. Le Tribunal rappelle qu'en principe les *performances sportives*, *acrobatiques* et de *danses* ne sont pas protégées. Il en va de même lorsque ces performances impliquent des *exercices physiques maximaux* et démontrent un *degré élevé de perfection technique*. Or, pour déterminer le champ de la protection eu égard à la performance litigieuse, le Tribunal distingue entre deux types de *performances acrobatiques* : d'une part, celles qui sont le résultat de la *mise en œuvre* d'une *tâche* ou d'une *figure sportive* connue qui exigent des *performances physiques* maximales et démontrent un haut degré de *perfection technique* ; et d'autre part, celles qui comportent un *caractère artistique* en raison de la *dimension chorégraphique*, et ce, parallèlement à la *dimension sportive*. Si les *premières* ne sont pas protégées par le droit d'auteur faute d'œuvre, les *secondes* peuvent, au contraire, être protégées.

1331. Après avoir rappelé les principes qui régissent le droit d'auteur, le Tribunal estime qu'il existe bel et bien une *œuvre protégée* par le droit d'auteur, en l'occurrence la *performance acrobatique*, sur la base de la présentation faite par la demanderesse qui a bien montré de façon détaillée comment elle a présenté les séquences d'images et les

---

1 LG Köln, Urteil vom 12 avr. 2006, aff. 28 O 151/05.

figures de contorsionniste[1]. Cette représentation exécutée par les quatre artistes contorsionnistes au *Friedrichstadtpalast* à Berlin en 1996 qui *symbolise* la divinité « *Vishnu* » est représentée dans le premier tableau par les bras des quatre artistes et dans le second tableau par les jambes des quatre artistes. C'est ainsi que les exercices de contorsion ne représentent pas le but de la performance, mais ces performances acrobatiques de haut niveau ne sont qu'un *moyen d'expression* pour symboliser la divinité « *Vishnu* ».

1332. Le Tribunal fait abstraction de la question de savoir s'il s'agit d'une *danse folklorique* ou d'une *forme de danses traditionnelles* similaires qui relèvent du *domaine public* dans la mesure où s'il est vrai que la demanderesse ne peut certainement pas revendiquer un droit d'auteur sur la *figure de la divinité Vishnu*, il n'en reste pas moins que l'objet de la protection dans la présente affaire consiste dans la représentation des quatre artistes contorsionnistes traduite dans la performance exécutée au *Friedrichstadtpalast.* Cette dernière *représentation concrète* est bien protégée par le droit d'auteur. Le défendeur ne prétend pas non plus que cette représentation était déjà connue et répertoriée ailleurs.

1333. S'agissant de la détermination de la titularité des droits d'auteur, le Tribunal conclut que la demanderesse est la seule auteure de la performance contorsionniste « Arabesque » au sens des §§ 7, 8 *UrhG* et que le défendeur n'est pas fondé à revendiquer un quelconque droit d'auteur sur le spectacle. Par ailleurs, le tribunal rejette l'hypothèse de la cotitularité du défendeur avec le témoin V. Ensuite, le Tribunal devait s'interroger sur l'attribution de la qualité d'auteur au témoin V. Pour ce faire, il fallait savoir s'il est intervenu dans le *processus de la création*, comme le prétend le défendeur, notamment au niveau de la sélection de la musique et de la chorégraphie qui lui permet de se voir attribuer la qualité d'auteur. En l'espèce, le défendeur n'a pas rapporté la preuve s'agissant du rôle qu'aurait prétendument joué le témoin V dans la création du spectacle. Il n'a démontré que son apport relatif aux ajustements mineurs de la musique, à savoir des modifications légères dans le processus technique des exercices de contorsion individuels exécutés, dans la détermination du rythme, et des emplacements des artistes pour les figures individuelles, etc.

1334. Cependant, selon le Tribunal, la sélection de la musique faite par le témoin V, suivant la présentation du défendeur, ne saurait suffire à elle seule pour faire *naître* un droit d'auteur même si la musique sur laquelle les images et les personnages sont présentés peut avoir une influence sur l'ambiance créée par le spectacle.

1335. Ainsi, le Tribunal estime que le défendeur a agi avec négligence face à l'obligation d'examen et d'enquête qui incombe aux tiers qui souhaitent utiliser ou exploiter une œuvre protégée par les droits d'auteur. Le Tribunal relève que quiconque

---

[1] La représentation du serpent et de la menace qui lui est associée, ainsi que la représentation subséquente que le bien triomphe du mal, sont bien réalisées avec les moyens de la contorsionniste ; les exercices individuels de contorsion restent cependant subordonnés à la représentation symbolique de la victoire du bien sur le mal. Il en va de même pour les deux tableaux suivants n° 6 et n° 7, où là encore les moyens contorsionnistes symbolisent le passage du désordre à l'ordre. Ensuite, une image d'un temple est montrée, les artistes montrant une image de la forme d'un temple asiatique de diverses manières. Ici encore, l'arc est tiré vers la divinité *Vishnu* montrée au début en montrant son temple. La puissance de la divinité représentée dans les deux images finales, qui fait apparaître les lois terrestres de la mobilité et leurs limites, s'inscrit dans le concept global.

souhaite utiliser un élément protégé doit déterminer en avance l'existence de la protection ainsi que de l'étendue de son droit d'utilisation. A cet égard, le défendeur aurait donc dû au moins s'assurer que, d'une part, le témoin V bénéficie des droits d'auteur sur la représentation « Arabesque » et que, d'autre part, elle pouvait effectivement les céder. En l'espèce, il n'a pas procédé à un tel examen de manière suffisante. C'est ainsi que le Tribunal rejette la demande reconventionnelle au motif que le défendeur n'ayant droit à aucun droit d'auteur sur la performance et considère que le défendeur a violé les droits d'auteur en exécutant les performances sans le consentement de la demanderesse.

1336. Le défendeur fait appel de ce jugement. Or, la Cour d'appel de Cologne, dans un arrêt en date du 2 février 2007[1], confirme partiellement le jugement de première instance. Elle a décidé que les *performances de contorsionniste*, c'est-à-dire, les *spectacles de danse acrobatique* dans lesquels les danseuses plient extrêmement leur corps en ressemblant à des personnes sans os, pouvait, en principe, être considérées comme une « *œuvre chorégraphique* » protégeable au titre de l'article 2, paragraphe 1, par. 3 de la loi allemande sur le droit d'auteur (*UrhG*) pour bénéficier de la protection. Toutefois, le seuil d'*originalité* requis en vertu de l'article 2, paragraphe 2, de l'*UrhG* ne peut être atteint que si la performance va *au-delà des simples prestations acrobatiques* et manifestent une *expression artistique* particulière à travers les mouvements acrobatiques dans une *variété originale* de mouvement de danse et de langage corporel. Il est donc nécessaire que les formes de conception du mouvement, des gestes et des expressions faciales des danseuses reflètent un *contenu vécu de l'interprétation*, qui véhicule une *préoccupation artistique* supplémentaire *au-delà du simple enchaînement d'exercices acrobatiques*, même extrêmement difficiles ou périlleux. Par la suite, les performances acrobatiques, même si elles répondent aux exigences les plus élevées, ne sont pas, d'emblée, protégées par le droit d'auteur en tant qu'*œuvres d'art* de la danse *ab initio*. Une *création intellectuelle personnelle* au sens de l'article 2 (2) *UrhG* qui bénéficient de la protection du droit d'auteur ne saurait être reconnue à de telles performances acrobatiques à condition qu'il existe, en outre de l'*aspect sportif* ou *gymnastique*, un élément de *danse artistique* qui confère à l'ensemble de la performance une *qualité artistique supérieure* qui va *au-delà de la simple acrobatie.*

---

1 OLG Köln, Urteil vom 2 févr. 2007, aff. 6 U 117/06.

Section II.
Panorama de spectacles de derviches tourneurs

1337. Étude de cas de « formes spectaculaires » mêlant *tradition* et *modernité*. Bien que la danse tournoyante soit appréhendée désormais comme une *manifestation* ou une *expression folklorique* faisant partie de l'*héritage culturel* des confréries soufies, il n'en reste pas moins que plusieurs créations contemporaines se sont inspirées de cette danse pour offrir des *spectacles* à destination d'un public. Il s'agit bel et bien d'un *détournement de la finalité* de l'ancien rituel confrérique. Dans ce cas, la pratique est l'argument d'une « *forme spectaculaire* » créée pour l'occasion (chorégraphie, mise en scène…). Il existe plusieurs spectacles qui se sont inspirés des cérémonies de la danse traditionnelle des derviches tourneurs[1] sans pour autant la reproduire, mais leur examen nous montre qu'ils révèlent une *création spectaculaire originale* captivante mêlant tradition et modernité. Ces spectacles sont situés entre la *danse traditionnelle soufie* et d'autres *formes créatives* telles que la danse contemporaine, le *street art*, l'art du cirque, voire même, dans la foulée, la technique du Yoga, etc.

1338. Identification et analyse de spectacles en l'absence d'applications jurisprudentielles. Dans la mesure où les juridictions n'ont pas eu à connaître des *applications jurisprudentielles* sur la danse spirituelle, nous allons *puiser à la recherche* d'exemples récents de cette danse transformée en de véritables *spectacles de derviches tourneurs* qui pourront illustrer nos propos en tentant de dresser un panorama de certains spectacles de derviches tourneurs qui sont destinés à être offerts devant un public à partir desquels nous allons apprécier leur *originalité* et identifier le *siège de la forme éligible*. Il est indispensable d'étudier et d'analyser ces exemples qui pourraient donner lieu à des débats tant sur le plan de l'*opération de qualification* que de l'appréciation de l'*originalité*. Nous retiendrons six spectacles intéressants à analyser, à savoir « *Dervish in Progress* », « *White spirit* », « *Tanoura* », « *Derviche* », « *Trans Dervish* » et « *La Voix du Ciel* ».

1339. Exemple du spectacle « *Dervish in Progress* ». Le premier spectacle qui retient l'attention est celui chorégraphié et interprété par le turc Ziya Azazi intitulé : « *Dervish in Progress* »[2] qui s'inscrit dans la *continuité* de la tradition des derviches tourneurs. Depuis plusieurs années, ce danseur a créé des œuvres en solo qui s'inspire de cette danse rituelle soufie et a tenté de *s'approprier* la technique des derviches pour en offrir une *nouvelle perspective.* Au lieu de se conformer à la seule couleur blanche originelle de la tunique des derviches, le chorégraphe compose pour chaque représentation une *palette* propre de couleurs qui symbolise des réalités invisibles

---

[1] V. À titre d'exemple, « L'interprète Gil Roman et une dizaine d'autres danseurs se sont inspirés de la danse des derviches tourneurs. Le spectacle est une chorégraphie où des danseurs vêtus de blancs opèrent des mouvements adaptés à la musique de Kudsi Erguner, dont la discographie est tout autant consacrée au soufisme qu'à la musique ottomane contemporaine, voire aux fusions avec des genres modernes » : F. El Asri, *Rythmes et voix d'Islam : Une socioanthropologie d'artistes musulmans européens*, Presses universitaires de Louvain, 2014, p. 239.

[2] V. R. Boisseau, « Ziya Azazi modernise les derviches tourneurs », Le quotidien *Le Monde*, 6 oct. 2009.

d'ordre spirituel et métaphysique. Avec les costumes[1], les jeux de lumière, la musique, et les effets visuels mettant en évidence le cercle au centre duquel tourne le danseur sur lui-même dans un espace circonscrit, ce mouvement circulaire devient un *véritable spectacle vivant* de couleurs, situé entre la *danse traditionnelle soufie* et la *danse contemporaine* qui nous invite dans un intermonde. Il y a bel et bien un niveau de *forme originale* superposée.

1340. Improvisation chorégraphique « *Dervish in Progress* ». En examinant le déroulement de son spectacle, nous allons remarquer qu'il est composé de deux phases. La *première phase* commence par « *Azab* », voire la passion mêlant acrobatie et improvisation qui l'enrichit de son vécu, et de ses émotions. Cette étape ouvre ensuite la voie au progrès intitulé : « *Dervish in progress* ». C'est ainsi que la phase *Azab*, type d'entrée développé par le danseur, ne sert que de *point de départ* pour le derviche qui pourra jouer en faveur de l'originalité de l'interprétation. Sa *part d'interprétation* ne consiste pas en une simple imitation de la pratique ancestrale mais il tente, au contraire, de nous livrer une relecture originale de cette danse *transgressant* la tradition pour *recomposer* la forme gestuelle symbolique à partir de la reconstitution d'une *forme propre*, voire une nouvelle façon de se mouvoir. Selon les propos d'Azazi :

> « Erotique, oui bien sûr, ce solo l'est. Mais aussi émotionnel. Je tente d'approfondir le mouvement pour atteindre une puissance et une conscience extrêmes. Lorsque vous tournez sur vous-même, la répétition du tournoiement vous entraîne comme dans les flots d'une rivière ou dans le flux du temps jusqu'à atteindre un état mental extraordinaire »[2].

1341. Cela dit, on voit bien qu'il perd la dimension spirituelle initiale. A première vue, la danse peut paraître classique mais son intégration dans une *ambiance originale* caractérisée par des jeux de lumière, de sons, et de costumes multicolores peuvent conduire à y déceler l'originalité. Chaque couleur est, en effet, porteuse de *signification*[3] qui traduit l'état psycho-spirituel de l'âme et du cœur. Le danseur commence le plus souvent par la *couleur noire* « couleur de l'infini », puis le *blanc* « faisant état de la pureté » pour en finir avec la *couleur rouge* qui « symbolise la vie » et révèle les étapes de la progression spirituelle. Il s'agit d'un véritable *spectacle de « sons et lumière »*[4] où les envoûtantes ondulations des robes se déploient dans l'espace ravivé par les couleurs

---

1 « À cet égard, le trajet qui les mène [derviches tourneurs] de leur état profane à leur état spirituel est représenté par les trois éléments principaux de leur costume : la cape noire symbolise le tombeau ; le grand feutre au-dessus de la tête représente la pierre tombale. L'âme de chaque derviche s'en débarrasse de sorte qu'au moment de la danse on ne voit plus que les robes blanches aux grands plis, linceuls blancs qui tournent, comme suspendus à des fils transparents » : M. CHEBEL, *Dictionnaire des symboles musulmans*, *op. cit.*, p. 134.

2 R. BOISSEAU, « Ziya Azazi modernise les derviches tourneurs », préc.

3 V. Sur la signification symbolique des couleurs dans les arts islamiques : P. RINGGENBERG, *L'univers symbolique des arts islamiques*, *op. cit.*, p. 355 et s., not. p. 358 et s.

4 La jurisprudence a aussi reconnu la qualité d'œuvre de l'esprit à un spectacle « sons et lumières » pour le centenaire de la tour Eiffel : Cass. civ. 1re, 3 mars 1992, n° 90-18.081, *NPT* ; *D.* 1993, 358, note B. EDELMAN ; CA Paris, 1re ch. A, 11 juin 1990, *D.* 1991, somm. p. 90, obs. C. COLOMBET ; TGI Paris, réf., 20 nov. 1989, aff. *La mode des Images c/Éd. de l'Est*, *RIDA* 1990, n° 144, p. 146 ; CA Bourges, 1er juin 1965, *D.* 1965, 44, note H. DELPECH ; Cass. crim. 12 févr. 1969, *D.* 1969, 297. « Les tribunaux ont également reconnu la qualité d'auteur au metteur en scène d'une pièce de théâtre, d'un spectacle de cabaret formé de scènes de danses et de chants, du "metteur en ondes sonores et lumineuses" ou d'un spectacle pyrotechnique concourant à mettre en valeur le monument » : E. PIERRAT et M. PETREMENT, « Droit d'auteur : la protection de la mise en scène », art. préc., p. 13.

resplendissantes qui changent au fur et à mesure selon le choix du chorégraphe. Il est certain que ceux-ci constituent des *éléments* distinctifs, voire *caractéristiques*, non négligeables sur le plan artistique.

1342. Qualification d'*interprète improvisateur*. La question posée est de savoir si la prestation du danseur Azazi dans « *Dervich in Progress* » recèle une véritable *œuvre protégée* par le droit d'auteur d'une part, et d'autre part, si le danseur se livre à une véritable *interprétation* compte tenu du caractère symbolique, voire codifié, de la danse. Il reste à savoir, par ailleurs, si la technique de rotation peut laisser tout de même place à une *marge de liberté de performance* à l'interprète.

1343. À l'analyse, nous allons remarquer que le corps du danseur devient un *médium* qui constitue le *support de création*[1] transcendé par la quête d'un état de pureté qui s'exprime à travers l'exaltation de la vitesse, de la tension et de l'émotion. Azazi a pu transformer la simple technique de rotation en une *improvisation chorégraphique* subtile. Selon Azazi :

« *Ce solo dynamique, en métamorphose, présente la danse soufie traditionnelle sous une forme spectaculaire.* Le derviche tourneur finit par prendre forme et atteint l'état de pureté. *Ces solos traitent de mon analyse personnelle et artistique des danses soufies traditionnelles et de leur interprétation. Les trois costumes intensifient le phénomène, deviennent les personnages principaux et illuminent la diversité de couleurs, de formes et d'énergie qui représentent cette joie* »[2].

1344. L'effet magique de la rotation est le *résultat visuel* produit par ce mouvement spirituel qui *envahit* le spectateur. En exacerbant le rythme de la rotation, le derviche *sculpte* les motifs artistiques et les plis de sa tunique qui volent dans l'air comme un oiseau pour générer des formes et des modèles façonnés par la « *force de Coriolios* »[3], liée à la technique de rotation.

---

[1] L. Breuker, « Le support de création et le support de commercialisation de l'œuvre », *Comm. com. électr.* 2003, n° 1, chron. 2 ; O. Pignatari, *Le support en droit d'auteur*, *op. cit.*, p. 103.

[2] V. Le dossier de presse de la Comédie de Clermont-Ferrand, scène nationale, saison 2009/2010, p. 5 (consultable à l'adresse : https://www.lacomediedeclermont.com/saison0910/dossierspresse/DossierPresseLuisance.pdf)

[3] Des physiciens ont récemment mis en évidence les forces qui façonnent la jupe en rotation : J. Guven, J. A. Hanna et M. M. Müller, "Whirling skirts and rotating cones", *New Journal of Physics (New J Phys)*, 15 (11), 2013, 113055. En s'inspirant de la forme de la jupe de derviche tourneur, une demande de brevet a été déposée au niveau international *via* la voie PCT (PCT/TR20 14/000234) qui a été publiée le 8 janvier 2015 (WO 2015/002625 AI) portant sur une invention intitulée : « dispositif d'obturateur pour système cardiovasculaire » concernant un dispositif d'obturateur qui est utilisé pour un traitement non-opératoire au moyen d'un transcathéter au moyen d'un blocage de malformations cardiaques congénitales, d'anomalies vasculaires ou de l'appendice auriculaire gauche, et le procédé de production du dispositif. Le dispositif contient un treillis métallique biocompatible fait d'un métal à mémoire ou d'un alliage ou d'un matériau polymère. Le dispositif contient également une maille de filet retenue sur le treillis métallique et une matrice dermique acellulaire artificielle ou naturelle. Une zone de retenue distale est conçue sous la forme « *d'une jupe de derviche tourneur* », et elle peut avoir une forme circulaire, ovale, triangulaire ou de rayon en fonction du type de malformation qu'elle bloque, et les extrémités comprennent un marqueur.

Figure 28 — Action de la force de Coriolis sur la jupe en rotation des derviches tourneurs

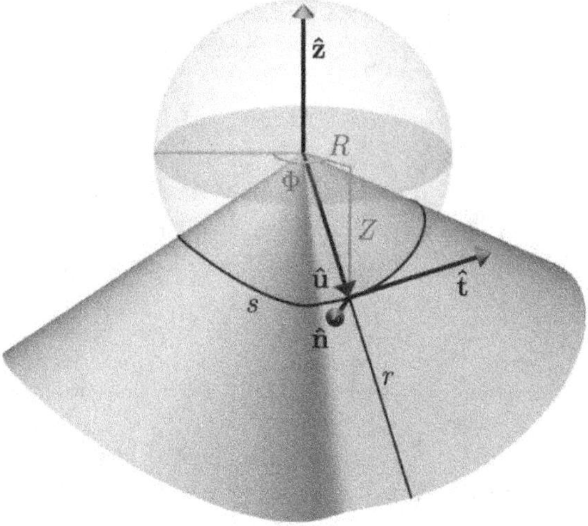

Source : A. FALCK, *Action de la force de Coriolis sur la jupe des Derviches Tourneurs*, Lycée Kléber, Strasbourg, 2013/2014.

1345. Siège de l'empreinte. L'originalité du spectacle peut donc résulter par exemple : du type d'entrée dans l'extase, dans l'improvisation chorégraphiée, la mise en lumière[1] ou encore du choix de la palette des couleurs particulières quant à la tunique… Si le derviche provoque volontairement des déformations de sa jupe, il est dans la *dimension créative*. Nous pouvons relever que le spectacle réalisé par Azazi constitue bel et bien une *chorégraphie improvisée*[2] qui pourrait faire l'objet de protection par la propriété littéraire et artistique.

1346. Exemple du spectacle vivant « *White spirit* », entre la *danse soufie* et le *street art*. Un autre exemple intéressant est le spectacle « *White Spirit* » qui est le

1 Selon le professeur Ph. GAUDRAT, la lumière ne crée pas de forme, elle ne fait que révéler des formes plastiques préexistantes. En revanche, on peut parler de création lors de l'utilisation du laser qui permet de créer des images, la forme réside dans l'image, et la lumière est son vecteur : Ph. GAUDRAT, *J.-Cl. Propr. litt., art.*, Fasc. 1134, n° 68 et n° 82. « La lumière est à la fois matière par sa forme corpusculaire et forme par sa nature ondulatoire. Produire une lumière volontairement nuancée et dirigée répond à l'exigence de façon d'une matière, fût-elle subtile. Pour autant, la forme résultant de la réflexion, est-elle autre chose que la forme de l'objet éclairé ? Dans certains cas, le faisceau contient une création qui n'existe pas dans l'objet éclairé (façades de cathédrales restituées dans leur polychromie, atmosphères particulières, décors projetés, hologrammes, effets spéciaux etc.) ; la protégeabilité semble évidente. Dans tous les autres cas, il n'y a que mise en évidence des caractères formels d'un objet préexistant, sans production d'un objet nouveau » : Ph. GAUDRAT, *J.-Cl. Propr. litt., art.*, Fasc. 1134, n° 82.

2 Rappr. CA Paris, Pôle 5, 1re ch., 30 oct. 2013, n° 11/21339, *RLDI* 2013/99, p. 20, obs. L. COSTES ; *Comm. com. électr.* 2014, chron. 9, n° 4, obs. P. TAFFOREAU, relatif à la protection d'une improvisation chorégraphique.

fruit de la confrontation inédite entre le *street art* et la *danse des derviches tourneurs*. Fruit d'une collaboration[1] entre le *street*-artiste Hosni Hertelli (Shoof) et le *munshid* de Damas Noureddine Khourchid et les derviches tourneurs de la confrérie soufie *Shâdhiliyya*, ils ont *transformé* la pratique du *sema* en un *objet artistique*, voire une véritable création originale conjuguant une expérience à la fois sensorielle et spirituelle, mêlant *art profane* (*street art*) et *danse sacrée* (danse soufie), qui envahit le spectateur.

1347. L'observation et la contemplation des phases de déroulement du spectacle nous permet de constater qu'il commence par un jeu de lumière sur neuf chaises blanches posées sur la scène sous la forme d'un arc de cercle. Après un certain moment, le *munshid* Noureddine Khourchid rejoint la scène, entouré de six chanteurs, appartenant à la confrérie soufie *Shâdhiliyya* qui vont se lancer dans la scansion des formules du *dhikr* témoignant l'Unicité divine, accompagnés de danses exécutées par trois derviches tourneurs :

> « Dès les premières notes de l'orchestre impulsées par le oud aux sonorités sucrées puis par le rythme implacable des derboukas, les derviches dodelinent du corps, puis de la tête, reprenant en chœur les phrases du soliste, entamant ces mouvements de leurs bras et de leurs mains qui seront le leitmotiv de la chorégraphie [...] »[2].

1348. Au cours du spectacle, il est intéressant de remarquer que l'artiste intervient pour *investir* la scène de *signes calligraphiques improvisés* inspirés de la calligraphie arabe et de lumières, incarnant la trace écrite de la parole soufie continue. « Tandis que les derviches tourneurs attirent par leur danse la force verticale et centripète de l'énergie spirituelle, le *street* artiste se meut horizontalement, et déploie son écriture, de gauche à droite, d'un geste à la fois saccadé et souple, jouant de la transparence de la lumière. Et voilà que se dresse peu à peu, en haut de la scène, une série de tableaux calligraphiés, tels des linteaux de mosquée dont les sculptures de pierre seraient devenues des panneaux de lumière »[3].

1349. Siège de l'empreinte. C'est ainsi que ce spectacle est le fruit de la réunion de plusieurs *éléments caractéristiques* qui font preuve de son *originalité* : « Chants, danse, percussions et calligraffitis se mêlent alors en un cosmos centrifuge, dispersant par un jeu de lumière d'un bleu profond les messages de louange des âmes vers leur Créateur et transforment alors "*White Spirit*" en véritable performance artistique et esthétique ».

---

[1] V. Cass. civ., 4 janv. 1962, pourvoi n° 134/26e A.J., *Rec.*, 13e année, au sujet de la question de savoir si la participation intellectuelle à la réalisation d'une œuvre confère ou non à son auteur le statut de collaborateur de cette œuvre, la Cour de cassation égyptienne a décidé, dans son arrêt en date du 4 janvier 1962, que l'appréciation de la participation/contribution intellectuelle à la réalisation d'une œuvre est une question de fait qui relève du pouvoir souverain des juges du fond. C'est ainsi que la décision des juges du fond était correctement fondée et justifiée conformément aux conclusions de la décision faisant l'objet du pourvoi dès lors que la Cour d'appel a refusé de reconnaître au demandeur au pourvoi la qualité d'auteur dans la réalisation de l'œuvre litigeuse au motif que les preuves versées aux débats consistaient en des observations manuscrites sur l'original, qui, comme l'a démontré l'expert désigné, consistaient simplement à remplacer un terme ou un exemple par un autre et qui, dans l'ensemble, ne sauraient être considérées comme une participation intellectuelle ou un échange d'idées conduisant à la réalisation de l'œuvre.

[2] A. DELAFIN, « Spectacle : danse soufie et "*street art*" en état de transe », *Radio France Internationale* (*RFI*), 6 nov. 2015.

[3] H. T. NGUYEN, « White Spirit : quand chants soufis et *street art* s'unissent pour louer le Divin », *Saphirnews*, 13 nov. 2015.

1350. L'originalité de ce *spectacle lumineux* réside notamment dans la combinaison de plusieurs éléments dont la création du décor et des graffs, la performance directe de l'artiste, la récitation rythmée, la danse des derviches, les chants envoûtants, la scénographie, les jeux de lumière et la couleur du bleu qui envahissent l'espace, formant des cercles concentriques remplis de calligraphies. De ce spectacle se dégage une *impression visuelle* due aux décors, aux costumes, à la figuration, à la mise en scène, et aux paroles accompagnées d'incantations soufies. Il ne fait aucun doute que ce spectacle est une *création originale* qui peut faire l'objet d'une protection au titre de la propriété littéraire et artistique.

1351. Exemple du spectacle « *Trans Dervish* » et « *La voix du ciel* ». Il existe deux autres spectacles *originaux* et *captivants* proposés par la danseuse iranienne soufie Rana Gorgani qui *rompt* avec la tradition de cette danse ancestrale et *s'approprie* une pratique réservée traditionnellement aux hommes. Dans son spectacle inspiré des cérémonies de la confrérie *Mevlevi*, l'artiste ne cherche pas *à imiter* la danse codifiée des derviches tourneurs telle qu'elle est pratiquée en Turquie mais elle tente de dégager une *création originale* et *nouvelle* mêlant *tradition* et *modernité*. Pour ce faire, elle dispose d'un *espace de liberté* pour pratiquer la danse à partir d'une expérience personnelle et intime par le biais de la technique de rotation. Au cours du processus de tournoiement, la danseuse ne manque pas de changer, à plusieurs reprises, ses jupes de sa création sans jamais s'arrêter de tourner à partir d'une *agilité corporelle*.

1352. Le premier spectacle est intitulé : « *Trans Dervish* ». Ce spectacle se révèle comme une *création artistique originale* tant sur le plan *musical* que *chorégraphique* qui nous embarque dans un voyage extatique spectaculaire. Il est né d'une rencontre entre Rana Gorgani et neuf artistes d'origines serbe, turque, roumaine, iranienne et française du Haïdouti Orkestar (la fanfare-orchestre balkano-turque), qui se sont tous réunis pour créer un spectacle associant danse soufie et musique alévie. Dans ce spectacle, Rana Gorgani ne s'inscrit pas dans le *giron* de la danse traditionnelle des derviches tourneurs en essayant de *retranscrire* la pratique ancestrale, mais elle *s'approprie* celle-ci pour créer une union intime entre la danse, la musique, la poésie et la fête. Pour ce faire, elle a mis en place une « chorégraphie hors normes inspirée de la spiritualité soufie dont les fondements sont l'amour et la tolérance ». Par ailleurs, ce spectacle s'enrichit d'un *répertoire de musique* des bardes alévis d'Anatolie. On y trouve plusieurs instruments utilisés dans ce spectacle inédit comme le saxophone, zurna, l'accordéon, le chant, tapan, percussions, soubassophone, percussions, trompette, et tubas. L'ensemble de ce mariage inédit dégage ainsi une *création visuelle* et *sonore* agréable pour le public.

1353. Quant à l'autre spectacle intitulé : « *La voix du ciel* », il est né d'une collaboration entre les deux artistes Rana Gorgani (chorégraphie & danse) et Miço Kendes[1], compositeur kurde et syrien, (chant & buzuk instrument à cordes). Sur la scène on trouve que le corps de la danseuse chante tandis que la voix du chanteur danse. Par le biais de ce voyage spirituel, le spectateur est pris dans un *spectacle de son et de lumière* alliant *création visuelle* et *chorégraphie* agréable.

---

[1] Par ailleurs, il est intéressant de relever un autre duo entre l'artiste et Simon GRAICHY qui mêle la musique classique et la danse soufie. C'est ainsi que la danse de l'artiste est exécutée sur les notes du piano de S. GRAICHY qui est un mélange créatif audacieux.

« Les chants soufis interprétés par Miço Mendès ouvrent les portes de la poésie mystique sacrée du Moyen Orient. La spirale infinie dansée par Rana Gorgani vous entraîne dans l'élan du Samâ, "audition spirituelle des derviches tourneurs" »[1].

1354. « Puisant dans les profondeurs de l'âme, la voix du ciel concert/dansé est une immersion au cœur de la poésie mystique du monde arabe. La voix de Miço Kendes guide le mouvement derviche pour une évasion vers l'infini. La musique cyclique entraine la transe et révèle la beauté des textes soufis et mélodies kurdes [...]. Ce duo basé sur l'écoute et l'improvisation puise dans le cœur de la spiritualité soufie. Le tournoiement incessant nous plonge dans le "Hich" qui signifie le "Rien et le Tout" à la fois. Comme une prière à la fois joyeuse et mélancolique, ce spectacle est une invitation au *Samâ* (écoute) et au *Zikir* (souvenir). Iran, Syrie et Kurdistan se marient pour offrir une célébration de l'Amour et de l'Ivresse » [2].

1355. Danse traditionnelle égyptienne des derviches tourneurs « la *tannûra* » aux confins de l'art du cirque. A vrai dire, les derviches se présentent parfois comme des *acrobates de l'âme* dont la flexibilité et l'agilité corporelle sont artistiquement *mises en valeur* dans les spectacles. Il ne fait aucun doute que la danse des derviches est une activité qui donne lieu à des performances acrobatiques et des exercices physiques difficiles ou périlleux. Mais elle ne se réduit pas à ce seul aspect ; le derviche peut y ajouter un *aspect esthétique*. Tel est le cas notamment en Égypte où la danse tournoyante connue sous l'appellation « *tannûra* » s'est le plus *détachée* de son contexte spirituel d'origine. « [...] *elle relève désormais de l'acrobatie et du cirque. Le danseur est revêtu de plusieurs jupes amples, chacune d'une couleur différente, qu'il retire, tout en tournant avant de les faire tournoyer au-dessus de la tête. Cette danse n'appartient plus au rituel mais au monde profane* »[3].

1356. Adaptation profane. A la différence du *sama*, la danse de la *tannûra* est exécutée lors de *shows*, concerts, festivals, voire même à l'occasion des fêtes de mariages, souvent accompagnée de musiciens jouant divers instruments à corde, à vent et à percussions. C'est ainsi que la finalité de cette danse ne s'inscrit pas dans le giron de la *forme extatique* plutôt que *mettre en scène* et *en valeur* la dimension esthétique de *l'art de tourner*. En s'inspirant du tournoiement cosmique des derviches tourneurs, l'artiste entre en scène et tourne sur lui-même pendant un certain temps revêtu de plusieurs grandes jupes appelées « *tanoura* » qui peuvent être équipées parfois de lumière. L'exécutant donne à sa prestation un *caractère artistique* dépassant la pratique ancestrale. L'acte ne consiste pas seulement à tourner mais il exécute différentes figures participant d'un ensemble qui résulte de *choix personnels* avec des *duffs*, des voiles ou des *toras* (cymbales accrochées aux doigts), puis il façonne différentes formes avec les jupes volantes.

1357. Danse appréhendée comme un *art du cirque*. Ce qui nous invite à nous interroger sur le fait de savoir si la danse tournoyante peut être protégée comme une *performance acrobatique* d'une part ou bien comme un *numéro de cirque* relevant des arts du cirque d'autre part, et ce, à partir de deux exemples de spectacles (*Tanoura* et Derviche).

---

1 « "La Voix du Ciel" à l'abbaye », *Le Télégramme* du 26 juill. 2018.

2 https://danse-soufie.com/art-creations/la-voix-du-ciel/

3 C. POCHE, *Dictionnaire des musiques et danses traditionnelles de la méditerranée*, *op. cit.*, p. 143.

1358. Exemple du spectacle « *Tanoura* ». Prenons, à titre d'exemple, la prestation effectuée par l'artiste Kareem GaD[1] qui se déroule en entrant en scène et en tournant sur lui-même avec plusieurs grandes jupes *tanoura* (illuminée). Il remonte les jupons, les jette en l'air, puis les rattrape. Il exécute différentes figures avec des *duffs* ou des *toras* (cymbales accrochées aux doigts), puis il crée différentes formes avec les jupes qu'il porte en ceinture autour de ses hanches. Les lumières *leds* sur la *tanoura* ont un effet spectaculaire qui s'inscrit dans une ambiance tamisée. La prestation se clôture à partir du moment où le danseur se recouvre de la jupe supérieure, dépliée.

1359. Pendant sa performance, le derviche tourneur peut être accompagné des musiciens (4 percussionnistes traditionnel). Ils jouent avant l'arrivée du derviche et pendant sa prestation. Ils font des solos avec leur instrument (derbouka, *hana*, *sagattes*). Ils rendent le spectacle encore plus puissant et finissent d'emmener définitivement les convives en Orient. Il s'agit bel et bien d'une *performance artistique.*

1360. Cette danse implique la réunion de plusieurs éléments dont une dimension *chorégraphique*, une performance *acrobatique*, la richesse et la diversité des couleurs des costumes résultant de *choix personnels* peuvent donc témoigner d'une certaine *originalité.* Elle s'apparente donc à un *numéro d'acrobatie* qui pourrait être protégé par le droit d'auteur.

1361. Exemple du spectacle « *Derviche* ». Un autre spectacle pas moins intéressant qui peut nous servir de point de repère est celui intitulé : « *Derviche* » du groupe franco-syrien *Bab Assalam* « La Porte de la Paix » avec la collaboration de l'artiste et manipulateur d'objets Sylvain Julien. Ces derniers ont réinventé le mythe des derviches tourneurs dans une poésie circassienne qui transcende les traditions soufies. Le but de ce concert n'est pas d'imiter les derviches tourneurs mais, au contraire, de s'écarter de la voie traditionnelle, tout en s'inspirant, pour la faire revivre d'une manière *originale* qui porte l'empreinte de leur personnalité :

> « Dans chaque création de *Bab Assalam*, nous utilisons la tradition, pour mieux nous en écarter, nous l'approprier et la faire revivre à travers notre propre langage. Il n'y a aujourd'hui aucun sens à ré-inviter des derviches tourneurs. Ceci fait partie de notre passé. Mais nous souhaitons nous inspirer de cette quête d'une spiritualité intérieure. Nous voulons revenir à une certaine simplicité, à une essence plus pure. Nous rêvons d'un spectacle dans l'ivresse de notre folie qui se nourrit des musiques soufies et s'inspire du cercle du derviche, avec une démarche contemporaine et une version occidentalisée, transcendée par l'art du circassien »[2].

1362. Dans ce concert « tourné » selon leur expression, qui mène à l'extase mêlant les moyens du cirque et de la musique, la transe soufie devient une poésie circassienne à l'aide du circassien Sylvain Julien où les gestes se fondent pour faire corps avec la musique. Le groupe réunit trois virtuoses, deux musiciens classiques syriens (*oud* et percussions) et un clarinettiste français adepte de musique de chambre. À ses côtés cohabitent les voix des deux musiciens syriens, entourés des *ouds* et des percussions, avec les sonorités contemporaines de la clarinette basse et de l'électro.

> « Au gré des rythmes en accéléré venus d'Alep, rappelant les battements du cœur, le circassien fait tourner le monde comme il jongle avec ses cerceaux. En liant l'Orient à l'Occident, les trois musiciens

---

1 V. Le site internet : http://bellmasry.com/fr/

2 Spectacle | Derviche avec Bab Assalam et le circassien Sylvain Julien, 19 oct. 2019, Festival Arabofolies - Institut du monde arabe, consultable à l'adresse suivante : https://www.imarabe.org/fr/spectacles/spectacle-derviche-avec-bab-assalam-et-le-circassien-sylvain-julien

livrent ici un magnifique périple aux confins de la world music et du live électro, au son de leurs voix suaves, clarinette basse, *ouds* et percussions. Hypnotique ! »

1363. Des textes de Djalâl ad-Dîn Rûmî, célèbre poète soufi du XIIIe siècle, sont régulièrement projetés sur le fond de la scène. On y lit des déclarations d'amour à la vie sous toutes ses formes calligraphiées à sa manière par Sylvain Julien :

« Comme les derviches tourneurs, Sylvain Julien est un praticien du cercle. Il ne cherche toutefois à aucun moment à en imiter les tours. S'il adopte au début du spectacle l'inclinaison de tête et la position des bras caractéristiques des danseurs soufis, c'est l'espace de quelques secondes, avant de déployer son propre tournoiement »[1].

1364. Ce concert qui conjugue la danse, le chant, la musique, *hula-hoop*, percussions, *oud*, clarinettes et *live electronic* témoigne d'une belle rencontre entre l'Orient et l'Occident.

1 A. HELUIN, « Derviche de Bab Assalam », *Journal la terrasse*, oct. 2021, n° 292, p. 44.

CONCLUSION GENERALE

1365. Exploration, identification et qualification des formes en quête de protection. A l'issue de ces développements, nous avons pénétré dans l'univers religieux de la *forme créative* en se lançant autant dans une *exploration* des différentes formes et/ou manifestations culturelles (*créatives* ou *non*) qui, puisant leur source dans la *foi religieuse* ou issues d'un *sentiment religieux*, sont susceptibles de nécessiter une protection, que dans une *opération* d'*identification* et de *qualification juridique* (ou plutôt « *pré-qualification* ») desdites formes aux fins de déterminer la protection à laquelle elles peuvent prétendre, et ce, à partir d'une étude de droit comparé, notamment franco-égyptien, qui s'inscrit dans une approche comparée des religions. Au terme de ce voyage tant *religieux*, *spirituel* et *intérieur* que *juridique*, nous avons retenu, tout au long de nos développements, *deux types* de formes d'inspiration religieuses à cerner et à distinguer dont les différences sont *subtiles* et *interpellantes* pour en tirer les conséquences juridiques.

1366. Distinction entre deux types de formes. D'une part, la « *forme divine* », et d'autre part, la « *forme spirituelle* ou *processuelle* ». Ces deux formes de source divine et spirituelle peuvent supporter un autre niveau de forme qui en dérive, à savoir la *forme créative* dans le processus de création de l'auteur et/ou de l'interprète, qu'elles soient *inertes* ou *vivantes* (œuvres ou interprétations). C'est à partir de ce constat que nous avons distingué *intellectuellement* entre les « *créations de forme* » nées d'une volonté de proclamer/magnifier la *Révélation* (Première partie) qui sont imputables sur les formes de source *divine*, tantôt *cultuelle*, tantôt *non cultuelle*, et les simples « *manifestations formelles* » induites/nées par l'*intériorisation* d'une pratique qui sont imputables sur les formes de source *spirituelle/métaphysique* (Seconde partie).

1367. Palier de l'opération de qualification juridique. La question cruciale pétrie de controverses et lourde d'enjeux tant sur les plans *théologique* que *juridique* à laquelle nous avons tenté de répondre, tout au long de notre travail, était de savoir si ces formes et/ou manifestations/démarches/pratiques peuvent être qualifiées ou non de *créations*... et donc donner naissance à des *propriétés* des *créateurs* ou des *investisseurs*. En effet, l'*opération de qualification* est un préalable indispensable qu'il fallait franchir, car elle commande le *régime juridique*. Pour ce faire, il était indispensable d'arriver à saisir l'*objet en quête de protection* et à *délimiter* le périmètre susceptible de servir d'*assiette* au droit de propriété de l'auteur et de l'interprète sur lequel il est greffé, et ce, par rapport au *régime secondaire* de l'objet sacré.

1368. « Créations de formes ». Nous avons consacré la *première partie* aux « *créations de forme* » nées d'une volonté de magnifier/proclamer la *Révélation* dans les religions musulmane et chrétienne qui pourront naturellement prétendre à la propriété littéraire et artistique comme nous l'avons constaté. Il s'agit des *formes intelligibles* communicables au travers d'une *forme sensible* selon la problématique classique des œuvres et des interprétations. Puisqu'*intelligibles*, ces formes sont *créées* « pour les autres » et donc destinées à être *communiquées*. C'est leur finalité : il s'agit, par exemple, des récitations coraniques, des cantillations bibliques, de la *khutba*, de la prédication à l'église, des calligraphies, des peintures religieuses, des images saintes (art de l'icône), des formes architecturales, de l'exégèse coranique, des compilations de *tafsîrs* et de *hadîths*, des traductions religieuses des textes sacrés, des livres liturgiques, etc... Elles agissent sur le public auquel elles s'adressent ; mais, celui-ci, conformément à la manière dont le public est classiquement entendu, est passivement récepteur.

1369. Aux confins d'une « forme divine ». Nous avons constaté que ces différentes formes créatives partagent en commun un niveau de forme « *sacrée* » que nous avons désigné sous l'appellation de « *forme divine* » autour de laquelle elles s'articulent puisque le contenu est *imputé*, par hypothèse, sur la *parole de Dieu*. En d'autres termes, ces formes destinées à des fins *cultuelles* ou *non cultuelles* sont au service de la *parole divine* et/ou au service d'un *sentiment dévotionnel*. D'après le *panorama* non exhaustif que nous avons dressé des formes susceptibles d'être éligibles à la protection qui figurent au cœur de l'art arabo-islamique et chrétien, il est indubitable que la parole coranique ainsi que l'image du Christ, de la Vierge et des saints sont hissées au premier rang de référence dans l'engendrement de la *forme divine* et demeurent incontestablement son *référent premier*. La spécificité de l'art arabo-islamique et chrétien se manifeste à travers les objets qui lui sont propres qui est veiné et pénétré tant par la *parole* et le *discours* (Titre I), que par l'*écriture* et l'*interprétation* (Titre II). Alors que l'*art arabo-islamique* est veiné par la parole coranique, partout écrite, récitée, chantée, l'*art chrétien* est fondé, au contraire, sur l'image du Christ, de la Vierge et des saints.

1370. Protégeabilité des niveaux de forme strictement imputables à l'homme pour sa communication. Après avoir identifié et analysé les différentes créations de formes qui représentent les manifestations les plus sûres de la *forme divine* ayant pour vocation de relier l'homme à Dieu, nous avons abouti à la conclusion suivante : dans la mesure où le droit d'auteur peut s'inscrire dans la théologie musulmane et chrétienne, les niveaux de forme superposés strictement imputables à l'homme pour sa *communication* (psalmodie du Coran selon des *maqâmât* particuliers[1], cantillation de la Bible, *khutba*, prédication, iconographie, calligraphie, interprétation, traduction, etc.) devraient pouvoir être *objets de propriété littéraire et artistique* ; non, évidemment, le niveau fondamental imputable à Dieu (en l'occurrence, la *forme divine*). C'est ainsi que la *forme à protéger* au titre de la propriété littéraire et artistique qui est seule susceptible de servir d'assiette au droit de propriété de l'auteur et de l'interprète sur lequel il est greffé, quel que soit le *régime* de l' « objet sacré », *existe bien* dans la mesure où le statut religieux/théologique de celui-ci est assez secondaire, et ce, en dépit des difficultés qui peuvent être rencontrées et des incertitudes qui peuvent subsister quant à la qualification et à l'attribution d'un statut juridique de l'objet sacré sur le plan tant théologique que juridique.

1371. « Manifestations formelles ». Dans la *seconde partie*, nous avons traité les simples « *manifestations formelles* » induites/nées par l'*intériorisation* d'une pratique spirituelle, et ce, à la lumière de la mystique comparée (musulmane, chrétienne et indienne). Il s'agit des « *formes spirituelles* ou *processuelles* » mises en œuvre par un pratiquant qui ne sont connues que du *droit des créations utilitaires* (procédés industriels, méthodes, techniques, etc.). Tel est le cas notamment de la pratique du *dhikr* soufi, de la technique du *yoga* indien, de la *prière de Jésus* chez les chrétiens et des différentes pratiques religieuses orientales et asiatiques qui relèvent du même genre.

---

[1] Nous avons constaté que les mécanismes « protecteurs » empruntés aux *droits de la personnalité*, en tant que complément, peuvent s'ajouter à la propriété littéraire et artistique pour assurer une protection complémentaire de certaines formes créatives, notamment la *forme vocale dans la parole coranique recitée.*

1372. Aux confins d'une « forme spirituelle ou processuelle ». Ces *formes processuelles* sont, à l'inverse des formes intelligibles, destinées à être mises en œuvre par un pratiquant pour obtenir une *transformation* (mentale ou physique) qui peut être d'ordre *religieux*, *spirituel* ou simplement *qualitatif* ; il peut, sans arrière-plan métaphysique, s'agir d'une simple quête de bien-être physique ou mental. Dans une optique religieuse, répond à cette définition, la prière (individuelle et collective), le *dhikr*, le chant choral (grégorien, *satsangs* indiens, louanges au Prophète etc.). Dans une optique spirituelle et parfois simplement *qualitative*, répondent à cette définition : les asanas ou pranayamas du yoga, les exercices du *Qi gong*, du *Dai ji quan*, voire la sophrologie, sinon les gymnastiques *new age*…

1373. « Forme spectaculaire ». Dans le prolongement des formes processuelles, il existe une troisième forme qui peut être considérée comme partiellement déviante : celle où la *forme processuelle* est offerte en *spectacle*, par des pratiquants, à des non-pratiquants : « Spectacle » de *dhikr*, des derviches tourneurs… Cette forme publique ramène vers le premier cas, celui d'une communication à un public… Dès lors qu'il y a *spectacle*, il est rare que ce soit la *pratique nue* qui soit communiquée. En générale, la pratique est l'argument d'une *forme spectaculaire* créée pour l'occasion (chorégraphie, mise en scène…) : spectacles de derviches tourneurs, chœurs religieux.

1374. Finalités et modalités de la forme. Qu'il s'agisse de formes *intelligibles* ou *processuelles*, ces formes sont, par nature, destinées à une *pratique individuelle*. Mais, il est fréquent que dans le cadre d'un culte ou d'une activité simplement sociale (cours de yoga, d'arts martiaux…), elles soient pratiquées *collectivement*. C'est un fait d'expérience que le groupe ajoute à la puissance de l'effet recherché. Dès lors que la pratique est *collective*, elle comporte une *dimension publique* ; elle requiert des lieux dédiés (mosquées, églises, temples ; ou, sans sacralité, gymnase et stades !). Mais, dans la pratique collective, chacun est à la fois un *pratiquant* et le *témoin* des autres pratiquants (donc acteur et public). A partir de là, on comprend qu'il y a deux finalités : l'*intellection* ou la *pratique* et deux modalités, *individuelle* ou *collective*.

1375. Conclusion sur les manifestations. Après avoir identifié et analysé les différentes manifestations *inexpressives* et *spectaculaires*, nous avons abouti à deux conclusions qui peuvent être formulées en fonction de la *nature* des manifestations :

1° S'agissant des *manifestations intérieures* (inexpressives), nous voyons vaguement la « conception » à laquelle peut donner lieu l'*intériorisation* et encore… la méditation va vers le silence du mental, l'*extinction* plutôt que la *production* de formes internes, à quelle *réalisation d'une forme externe* ça conduit… Or, la création de forme consiste dans la *réalisation de la conception* de l'auteur… Dans ces manifestations, l'acte créatif, s'il y en a, est porteur d'éléments de *spiritualité* qui se développent et se transforment par *intériorisation* et *individualisation*, c'est-à-dire par la méditation, la concentration, la contemplation (*moshâhada*), l'enstase, la visualisation (*rû'ya*), la mémoration, et la révélation, entre bien d'autres. C'est ainsi que nous avons abouti toujours à la conclusion que ces manifestations ne sont pas protégeables, faute de *dimension objectivée* propre à la création… Au final, ces formes spirituelles ne sont que des *formes fonctionnelles* qui n'expriment le plus souvent rien et ne laissent pas place à la *personnalité* du pratiquant au sens du droit d'auteur et des droits voisins puisqu'elles tendent à l'union ultime avec Dieu et au salut individuel ni plus ni moins. En revanche, si c'est protégeable, c'est par le biais des *procédés indirects* empruntés à la responsabilité.

2° S'agissant des *manifestations extérieures* (spectaculaires), nous avons vu que ces manifestations ne sont pas naturellement destinées au spectacle, mais elles deviennent *spectaculaires* du fait qu'elles peuvent attirer l'attention ou même susciter de l'attrait pour des spectateurs, même si c'est un *détournement de leur finalité* parce qu'elles ne cherchent pas à *exprimer* quelque chose à l'égard des tiers mais seulement à *intérioriser* le pratiquant. Nous avons distingué entre deux aspects : la *danse giratoire* des derviches tourneurs et les *cérémonies-spectacles* des derviches tourneurs. Nous avons démontré que la *forme spectaculaire* de la danse des derviches tourneurs peut être une *forme originale* éligible à la protection lorsqu'elle est offerte en *spectacle* destiné à un public mettant en avant des mouvements chorégraphiques, acrobatiques et mises en scène originaux.

1376. Vers la protection de la « valeur économique ». Ces manifestations ou plutôt démarches suscitent un véritable *enjeu économique* qui a acquis progressivement une « *valeur économique* » protégeable en soi. Or, il semble que la protection offerte par la voie classique de la propriété littéraire et artistique et du *copyright* soit *insuffisante* et *inadaptée* à la nature spécifique de ces manifestations/démarches/pratiques en tant que simples « *méthodes intellectuelle* » et à leur dimension spirituelle et mystique. C'est ainsi que nous avons abouti à la conclusion que la plupart de ces manifestations ne pourront être protégées (si elles le sont) que par des *procédés indirects* empruntés à la responsabilité (à savoir, la théorie du parasitisme, la concurrence déloyale) indépendant de la propriété des créateurs et des investisseurs qui leur échoie, sauf en ce qui concerne la *forme spectaculaire.* Il est indubitable que cette *voie subsidiaire* envisageable s'avère, aujourd'hui, d'autant plus légitime face au rôle de *droit commun de la propriété intellectuelle* qu'on tente d'assumer à la propriété littéraire et artistique !

1377. Usages à respecter dans l'*engendrement* des formes. Nous avons constaté que toutes les formes d'inspiration religieuses, qu'elles soient *vivantes* ou *inertes*, sont soumise dans leur engendrement à des *usages précis.* A noter que la plupart de ces formes sont *vivantes* dans la mesure où elles impliquent le *corps* du créateur (récitation, chant, danse…) comme celui du pratiquant. En revanche, les formes *inertes* consistent, soit dans les formes techniques permettant l'*enregistrement* des formes vivantes, soit dans les explications développées grâce à un langage… (*khutbas* ou prêches écrits, partitions de musique mais aussi ouvrages de yoga ou de *Qigong*, etc…).

1378. Problématique transversale de l'*originalité* et/ou la *créativité*. La protection reine est la *propriété de la forme* (propriété littéraire et artistique). Il y a, en effet, une problématique *transversale*, c'est celle de l'*originalité* qui est nécessaire tant au droit d'auteur qu'au droit voisin de l'interprète. Et dans les deux cas, la question qui s'est posée était celle de savoir si, à raison des contraintes auxquelles elle est soumise, les formes créatives que nous avons analysées peuvent ou non porter l'empreinte de la personnalité. Après avoir déterminé les *critères* auxquelles les formes doivent satisfaire, nous avons répondu par l'affirmative, tout en démontrant que les usages à respecter n'empêchent pas l'*originalité.* Ensuite, seulement s'est posée la question de la *forme éligible* dans laquelle on doit la chercher (le siège de l'originalité) et qui sera protégée contre les exploitations illicites : c'est là que se fait la distinction entre la forme inerte (de l'œuvre littéraire [*khutba* par exemple]) et la forme vivante de la cantillation. Et, dans ce second cas, si les usages n'empêchent pas l'originalité, nous avons constaté qu'ils concourent, néanmoins, à *délimiter* les éléments dans lesquels il faut chercher l'originalité… Du coup, il nous semble que les usages conduisant à censurer la forme religieuse ne sont vraisemblablement pas des « *conditions* » de l'originalité mais plutôt des *directives* permettant d'identifier l'*assiette de l'originalité* (là où il faut la chercher) et, le cas échéant, de *censurer* une création qui ne remplit pas les conditions requises par sa *fonction religieuse*…

1379. Vers une théorie *centralisée* de la forme créative. Nous avons tenté de démontrer le rôle pertinent que la *théorie générale des formes créatives* peut jouer pour résoudre les difficultés suscitées par la nature spécifique et le caractère sacré (divin, spirituel et mystique) desdites formes qui sont vraisemblablement à l'origine de la genèse des querelles théologiques ainsi que pour dissiper potentiellement la *confusion idéologique* entretenue sur l'objet du droit. On s'aperçoit qu'une théorie *centralisée* de la forme en droit d'auteur, en tant qu'objet du droit, par ailleurs, transposable au *statut de l'interprétation* en droits voisins, peut contribuer à résoudre les difficultés soulevées par la culture, la religion, et la théologie, et ce, en *stratifiant* et *affinant* les différentes couches, niveaux de formes et les sous-niveaux emboîtés dans les formes d'inspiration religieuses dans le dessein de distinguer, notamment, ce qui, dans la création (la *forme profane* inerte et/ou vivante), échappe à la propriété (la *forme divine* par exemple). En un mot, il est impératif d'identifier la forme créative « *envisagée en elle-même et pour elle-même* », comme véritable *objet du droit*, qui est, seule, susceptible d'être grevée d'un droit de *propriété incorporelle.*

BIBLIOGRAPHIE[1]

SOURCES NON-JURIDIQUES

TRADUCTIONS FRANÇAISES DU CORAN

- ABDELAZIZ (Z.), *Le Qur'ān, Traduction du sens de ses Versets*, 2014.
- GROSJEAN (J.), *Le Coran*, en collaboration avec le Higher Institute of Arabic and Islamic Studies (Le Caire), Éditions Philippe Lebaud, Paris, 1979.
- MASSON (D.), *Le Coran I et II*, coll. « Folio classique », Gallimard, Paris, 1967, Préf. de GROSJEAN (J.)[2].
- MONTET (E.), *Le Coran*, 2 vol., Payot, Paris, 1925 et 2001, Préf. de CHEBEL (M.).

ENCYCLOPEDIES ET DICTIONNAIRES

- AMIN (A.), *Dictionnaire des coutumes, des traditions et des expressions égyptiennes (Qâmûs al-'adât wa-l-taqâlîd wal-ta'âbîr al-misriyya)*, Lajnat al-ta'lîf wa-l-tarjama wa-l-nashr, Le Caire, 1953 (en arabe).
- BERTRAND (F.-M.), *Dictionnaire des mots employés dans la religion musulmane*, *in* DE SIVRY (L.) et CHAMPAGNAC (M.), *Dictionnaire géographique, historique, descriptif, archéologique des pèlerinages anciens et modernes et des lieux de dévotion les plus célèbres de l'univers*, publié par M. l'abbé MIGNE, t. 2, Aux Ateliers catholiques du Petit-Montrouge, Paris, 1851.
- BESCHERELLE (L.-N.), *Dictionnaire national ou Dictionnaire universel de la langue française*, t. 2, Garnier Frères, Paris, 1856.
- BOUILLET (M.-N.), *Dictionnaire universel des sciences, des lettres et des arts*, Hachette, Paris, 1896.
- BRENET (M.), *Dictionnaire pratique et historique de la musique*, A. Colin, Paris, 1926.
- CHEBEL (M.), *Dictionnaire des symboles musulmans*, Albin Michel, Paris, 2001.
- *Dictionnaire de l'Islam, religion et civilisation*, Encyclopædia Universalis France, 2019.
- *Dictionnaire de la civilisation égyptienne*, Larousse, Paris, 1988.
- *Dictionnaire de la spiritualité ascétique et mystique doctrine et histoire*, Beauchesne, Paris, 1995.
- *Dictionnaire Le Robert*, Paris.
- *Encyclopaedia Universalis*, t. IX, Éditions de l'Encyclopaedia Universalis, Paris, 1995.
- *Encyclopédie de l'Islam (E.I.²)*, 2e éd., Maisonneuve et Larose, Paris, 1993.
- FREDERIC (L.), *Dictionnaire de la civilisation indienne*, coll. « Bouquins », Robert Laffont, Paris, 1987.
- FURETIERE (A.), *Dictionnaire universel, contenant généralement tous les mots français tant vieux que modernes, et les termes de toutes les sciences et des arts*, A. et R. Leers, La Haye et Rotterdam, 1690.
- GREIMAS (A. J.) et COURTES (J.), *Sémiotique - Dictionnaire raisonné de la théorie du langage*, Hachette, Paris, 1979.
- LACHATRE (M.), *Nouveau dictionnaire universel*, t. 2, Docks de la librairie, Paris, 1870.
- LE GALL (Dom R.), *Dictionnaire de liturgie*, Éditions CLD disponible sur le site internet :https://liturgie.catholique.fr/lexique/dulie/#:~:text=Un%20tel%20culte%20se%20distingue,prend%20parfois%20des%20proportions%20excessives.
- MOUGIN (P.) et HADDAD-WOTLING (K.) (dir.), *Dictionnaire mondial des littératures*, Éditions Larousse, Paris, 2002.
- PELTIER (A.-C.), *Dictionnaire universel et complet des Conciles tant généraux que particuliers, des principaux synodes diocésains et des autres assemblées ecclésiastiques les plus remarquables*, publié par l'abbé MIGNE, t. I, Ateliers Catholiques du Petit-Montrouge, Paris, 1846.
- POCHE (C.), *Dictionnaire des musiques et danses traditionnelles de la Méditerranée*, Fayard, Paris, 2005.
- PORTE (J.) (dir.), *Encyclopédie des musiques sacrées*, vol. I, Labergerie, Paris, 1968.

---

1 Les références bibliographiques sont rédigées en *langue française*, sauf indication contraire.

2 Pour la traduction du Coran, nous avons utilisé celle de Denise MASSON, sauf pour les citations rapportées par leur auteur.

- PROMPSAULT (M. l'abbé J.-H.-R.), *Encyclopédie théologique, Dictionnaire raisonné de droit et de jurisprudence en matière civile ecclésiastique*, t. 1, A-CU, Éditeur de la Bibliothèque Universelle du Clergé, Paris, 1849.
- ROMER (T.) et RAMOND (S.), *La Bible : une encyclopédie contemporaine : origines, archéologie, traduction, découvertes*, Bayard éditions, Paris, 2018.
- SARTORE (D.) et TRIACCA (A. M.) (dir.), *Dictionnaire encyclopédique de la Liturgie*, Adaptation française par H. DELHOUGNE (éd.), Vol. I (A-L.) et II (M-Z.), Berpols, Belgique, 1992 et 2002.
- SOURDEL (D.) et SOURDEL-THOMINE (J.), *Vocabulaire de l'Islam*, coll. « Que sais-je ? », PUF, Paris, 2002.
- VIGNAL (M.) (dir.), *Dictionnaire de la musique*, Larousse, Paris, 2001.

ART CHRETIEN

Ouvrages

- ALBERIGO (G.) (éd.), *Les Conciles Œcuméniques*, t. II-1 : *Les Décrets de Nicée I à Latran V*, *Les conciles œcuméniques : histoire et décrets*, t. II-2 : *Les décrets de Trente à Vatican II (1545-1965)*, Ed. du Cerf, Paris, 1994.
- ANDRE (E.) et VANDEN BEMDEN (Y.) (dir.), *Les jésuites à Namur, 1610-1773. Mélanges d'histoire et d'art publiés à l'occasion des anniversaires ignatiens, ch. VIII : Le concile de Trente et l'art*, Presses universitaires de Namur, Namur, 1991.
- BESANCON (A.), *L'image interdite. Une histoire intellectuelle de l'iconoclasme*, coll. « Folio essais », Gallimard, Paris, 2000.
- DAMASCENE (J.), *La foi orthodoxe*, suivie de *Défense des icônes*, Préf. de Mgr. KOVALEVSKY (J.), trad., introduction et notes du Docteur PONSOYE (E.), Institut Orthodoxe Français de Théologie, Paris, 1966.
- DAMASCENE (J.), *Le visage de l'invisible*, trad. du grec par DARRAS-WORMS (A.-L.), Migne, Paris, 1994.
- DEJOB (Ch.), *L'influence du concile de Trente sur la littérature et les Beaux-arts chez les peuples catholiques*, E. Thorin, Paris, 1884.
- DU BOURGUET (P.), *La peinture paléo-chrétienne*, R. Laffont, Paris, 1965.
- DUMEIGE (G.) (dir.), *Histoire des conciles œcuméniques*, Vol. 5, Éditions de l'Orante, Paris, 1967.
- GRABAR (A.), *L'iconoclasme byzantin*, coll. « Champs arts », Flammarion, Paris, 2011.
- GRABAR (A.), *Le Premier Art chrétien (200-395)*, coll. « L'univers des formes », Gallimard, Paris 1966.
- GRABAR (A.), *Les voies de la création en iconographie chrétienne, antiquité et moyen âge*, Flammarion, Paris, 1979.
- MALE (E.), *L'art religieux après le concile de Trente. Étude sur l'iconographie de la fin du XVIe siècle, du XVIIe et du XVIIIe siècles. Italie, France, Espagne, Flandres*, Armand Colin, Paris, 1932.
- MENOZZI (D.), *Les images : l'Église et les arts visuels*, Cerf, Paris, 1991.
- OUSPENSKY (L.), *La théologie de l'icône dans l'Église orthodoxe*, Les éditions du Cerf, Paris, 1982.
- PALLAVICINO (P. S.), *Histoire du Concile de Trente*, t. 3, Au Petit-Montrouge de l'impr. de Vrayet de Surcy, Paris, 1845.
- POPOVA (O.), SMIRNOVA (E.) et CORTESI (P.), *Les icônes. L'histoire, les styles, les thèmes des origines à nos jours*, trad. de l'italien par SCHLSTRAETE (E.), Éditions Solar, Paris, 2002.
- PRIGENT (P.), *L'art des premiers chrétiens. L'héritage culturel et la foi nouvelle*, Desclée de Brouwer, Paris, 1995.
- REAU (L.), *Iconographie de l'art chrétien*, t. II (*Iconographie de la Bible*), vol 1. *Ancien Testament*, PUF, Paris, 1956.
- SARPI (P.), *Histoire du concile de Trente*, trad. française de LE COURAYER (P.-F.), éd. VIALLON (M.) et DOMPNIER (B.), Honoré Champion, Paris, 2002.
- THEODORE STOUDITE (Saint Studites), *L'image incarnée : trois controverses contre les adversaires des saintes images*, précédées d'une introduction de JEVTITCH (A.) : *Défense et illustration des saintes icônes*, trad. de PALIERNE (J.-L.), L'Age d'homme, Lausanne, 1999.
- TRISTAN (F.), *Les premières images chrétiennes. Du symbole à l'icône, IIe siècle-VIe siècle*, Fayard, Paris, 1996.

Articles

- BRATU (M.), « Quelques aspects de la théorie de l'icône de S. Théodore Stoudite », *Revue des Sciences Religieuses* 77, 2003, n° 3, p. 323.

- CHASTEL (A.), « Le concile de Nicée et les théologiens de la Réforme catholique », *in* BOESPFLUG (F.) et LOSSKY (N.), *Nicée II, 787-1987. Douze siècles d'images religieuses*, Actes du colloque international Nicée II tenu au Collège de France les 2, 3, 4 oct. 1986, Le Cerf, Paris, 1987, p. 333-338.
- GHEERAERT (T.), « Port-Royal et les images : entre idolâtrie et iconoclasme », *in* GHEERAERT (T.) (dir.), *Port-Royal et les images : un accès aux textes ?*, Actes de la journée d'étude organisée à l'Université de Rouen, mai 2011, Publications numériques du CÉRÉdI (Actes de colloques et journées d'étude), n° 11, Rouen, 2015.
- PAUL-LAURENT (C.), « Le mystère de Dieu et le culte des images dans la nouvelle alliance : L'enseignement conciliaire (suite) : Constantinople IV (869-870) », *Divus Thomas*, Juill.-déc. 1989, Vol. 92, n° 3/4, p. 280-316.
- VIEILLARD-BARON (J.-L.), « Le statut de l'image dans l'iconographie chrétienne après le concile de Trente », *Nouvelle revue d'esthétique*, 2014/1, n° 13, p. 121-131.

ART ISLAMIQUE

Ouvrages

- BARRY (M.), *L'art figuratif en Islam médiéval et l'énigme de Behzâd de Hérât (1465-1535)*, Flammarion, Paris, 2004.
- CHEBEL (M.), *L'imaginaire arabo-musulman*, PUF, Paris, 2013.
- CHERIF (T.), *Eléments d'esthétique arabo-islamique*, L'Harmattan, Paris, 2005.
- CLEVELOT (D.), *Une esthétique du voile. Essai sur l'art arabo-islamique*, L'Harmattan, Paris, 1994.
- GRABAR (O.), *L'ornement. Formes et fonctions dans l'art islamique*, coll. « Champs arts », trad. de l'anglais par ALLAIN (J.-F.), Flammarion, Paris, 2013.
- GRABAR (O.), *La Formation de l'art islamique*, coll. « Champs », Flammarion, Paris, 2000.
- LOUATI KOUBAJI (S.), *L'esthétique de l'abstrait et les enjeux mystiques dans l'art musulman*, L'Harmattan, Paris, 2016.
- PELTRE (C.), *Les arts de l'Islam, Itinéraire d'une redécouverte*, Découvertes Gallimard, Paris, 2006.
- RINGGENBERG (P.), *L'univers symbolique des arts islamiques*, L'Harmattan, Paris, 2009.

Thèses

- AYADA (S.), *L'Islam des théophanies. Structures métaphysiques et formes esthétiques*, thèse, Poitiers, 2009.
- BIDA (H.), *La notion d'imitation de la nature dans l'art arabo-islamique*, thèse, Paris I, 1993.
- KHEMIRI (N.), *Problématiques de l'image. (In)esthétique des arts de l'Islam ?*, thèse, Paris VIII, 2010.

Articles

- VERNAY-NOURI (A.), « La question de l'image en Islam », *in* VERNAY-NOURI (A.) (avec la collaboration de BERTHIER A.), *Enluminures en terre d'Islam : entre abstraction et figuration* (exposition, Bibliothèque nationale de France, site Richelieu, 8 juillet-25 septembre 2011), Bibliothèque nationale de France, Paris, 2011, p. 15-19.

CALLIGRAPHIE CORANIQUE

Ouvrages

- DEROCHE (F.), *La voix et le calame. Les chemins de la canonisation du Coran*, coll. « Leçons inaugurales », n° 255, éd. Collège de France, Paris, 2016.
- DEROCHE (F.), *Les manuscrits du Coran. Aux origines de la calligraphie coranique*, Bibliothèque Nationale, Paris, 1983 (Catalogue des manuscrits arabes. Deuxième partie : Manuscrits musulmans, t. I, 1).
- MILON (A.) et PERELMAN (M.) (dir.), *L'Esthétique du livre*, Presses universitaires de Paris Nanterre, 2010.

Articles

- AL KARJOUSLI (S.), « Le Coran, "Parole divine" et "Livre" : entre esthétique, religieux et politique », *in* MILON (A.) et PERELMAN (M.) (dir.), *L'Esthétique du livre*, Presses universitaires de Paris Nanterre, 2010, p. 291-313.
- COHEN (A.), « La texture de la page », Revue *Réél-Virtuel*, 2011, n° 1, p. 1-10.
- DEROCHE (F.), « Leçon inaugurale prononcée le jeudi 2 avril 2015 au Collège de France », *in* DEROCHE (F.), *La voix et le calame. Les chemins de la canonisation du Coran*, coll. « Leçons inaugurales », n° 255, éd. Collège de France, Paris, 2016.

- FEDELI (A.), « La transmission écrite du Coran dans les débuts de l'Islam. Le codex parisino-petropolitanus », *Bulletin d'études orientales*, t. LIX, 2010, p. 149-157.
- HAMM (R.), « De la calligraphie à la typographie », Revue *Communication et langages*, 2e trimestre 1980, n° 46, p. 34-49.
- MICHEAU (F.), « La calligraphie du *Kitāb al-diryāq* de la bibliothèque nationale de France : entre sens et esthétique », *in* MÜLLER (C.) et ROILAND-ROUABAH (M.) (dir.), *Les non-dits du nom. Onomastique et documents en terres d'Islam, Mélanges offerts à J. SUBLET*, Presses de l'IFPO, Beyrouth, 2013, n° 18, p. 29-52.

DANSE DES DERVICHES TOURNEURS ET DANSES SACRES

Ouvrages

- AMBROSIO (A. F.), FEUILLEBOIS (E.) et ZARCONE (Th.), *Les derviches tourneurs : doctrine, histoire et pratiques*, Cerf, Paris, 2006.
- AMBROSIO (A. F.), *Vie d'un derviche tourneur : Doctrine et rituels du soufisme au XVIIe siècle*, CNRS Éditions, Paris, 2010.
- DE VITRAY-MEYEROVITCH (E.), *Konya ou la danse mystique*, Éd. Jacqueline Renard, Paris, 1989.
- EL ASRI (F.), *Rythmes et voix d'islam : Une socioanthropologie d'artistes musulmans européens*, Presses universitaires de Louvain, 2014.
- HENNI-CHEBRA (D.) et POCHE (C.) (dir.), *Les danses dans le monde arabe ou l'héritage des almées*, L'Harmattan, Paris, 1996.
- NICOLAU PARES (L.), *La formation du candomblé. Histoire et rituel du vodun au Brésil*, Karthala et Sephis, Paris, 2011.
- ZANA (E.), *La danse et le sacré. Voyage dans la danse des origines à nos jours*, Dervy, Paris, 1996.

Articles

- AMBROSIO (F.), « Écrire le corps dansant au XVIIe siècle : Ismâ'îl Rusûkhî Anqaravî », *Revue des mondes musulmans et de la Méditerranée*, nov. 2006, 113-114, p. 195-209.
- BOISSEVAIN (K.), « Corps d'adeptes, paroles de Dieu et visions de Saints. Pratiques rituelles masculines et féminines dans deux sanctuaires de Tunis », *Revue des mondes musulmans et de la Méditerranée*, 2006, 113-114, n° 22, p. 179-193.
- MICHOT (J. R.), « Dés-altération et épiphanie : une lecture avicennienne de la danse mevlevie », *in 6. Millî Mevlana Kongresi*, Selçuk Üniversitesi, 24-25 Mayis 1992, Konya, p. 25-33.
- MOLE (M.), « La danse extatique en Islam », *in* CAZENEUVE (J.), *Les Danses sacrées : anthologie Égypte ancienne, Israël, Islam, Asie centrale, Inde, Cambodge, Bali, Java, Chine, Japon*, Éditions du Seuil, Paris, 1963, p. 145-280.
- POCHE (C.), « La danse arabe : quelques repères », *in* HENNI-CHEBRA (D.) et POCHE (C.) (dir.), *Les danses dans le monde arabe ou l'héritage des almées*, L'Harmattan, Paris, 1996, p. 13-63.
- SALEH, (M.), « Les danses d'Égypte », *in* HENNI-CHEBRA (D.) et POCHE (C.) (dir.), *Les danses dans le monde arabe ou l'héritage des almées*, L'Harmattan, Paris, 1996, p. 113-142.
- THURIES (A.), « Le mouvement circulaire, du rite au ballet », *Déméter* (Revue électronique du Centre d'Etude des Arts Contemporains de l'Université de Lille 3), Actes de la journée d'étude « Le Mandala et ses figures dans la modernité artistique », 2013 http://demeter.revue.univ-lille3.fr/lodel9/index.php?id=274 (en ligne).
- WILD (H.), « Les danses sacrées de l'Égypte ancienne », *in* CAZENEUVE (J.), *Les Danses sacrées : anthologie Égypte ancienne, Israël, Islam, Asie centrale, Inde, Cambodge, Bali, Java, Chine, Japon*, Éditions du Seuil, Paris, 1963, p. 33-118.

Articles de presse

- BOISSEAU (R.), « Ziya Azazi modernise les derviches tourneurs », Le quotidien *Le Monde*, 6 oct. 2009.
- DELAFIN (A.), « Spectacle : danse soufie et "*street art*" en état de transe », *Radio France Internationale* (RFI), 6 nov. 2015.
- HELUIN (A.), « Derviche de Bab Assalam », *Journal la terrasse*, oct. 2021, n° 292, p. 44.
- NGUYEN (H. T.), « White Spirit : quand chants soufis et *street art* s'unissent pour louer le Divin », *Saphirnews*, 13 nov. 2015.

ETUDES SUR LE CORAN

Essai

- ABOU ZEID (N. H.), *Al-tafkîr fî zaman al-takfîr (Pensée en période d'excommunication)*, Le Caire, 1990 (en arabe).
- ABOU ZEID (N. H.), *Naqd al-khitâb ad-dînî (Critique du discours religieux)*, éd. Dâr Sîna, Le Caire, 1993 (en arabe).
- ARKOUN (M.), *Lectures du Coran*, Albin Michel, Paris, 2016.
- AZAIEZ (M.) (dir.), avec la coll. de MERVIN (S.), *Le Coran : nouvelles approches*, CNRS Éditions, Paris, 2013.
- BERTHIER (A.) et ZALI (A.) (dir.), *Livres de Paroles : Torah, Bible, Coran*, Bibliothèque nationale de France, Paris, 2005 (avec la coll. de HERICHER L., VERNAY-NOURI A. et VOITEL G.).
- CUYPERS (M.) et GOBILLOT (G.), *Idées reçues sur le Coran : entre tradition islamique et lecture moderne*, Éditions Le Cavalier Bleu, Paris, 2014.
- DEROCHE (F.), *Le Coran*, coll. « Que sais-je ? », 4e éd., PUF, Paris, 2014.
- DEROCHE (F.), *Le Coran, une histoire plurielle. Essai sur la formation du texte coranique*, Éditions du Seuil, Paris, 2019.
- EL ALAOUI (S.), *Les réseaux du livre islamique : Parcours parisien*, CNRS Éditions, Paris, 2006.
- HUSSEIN (M.), *Penser le Coran*, coll. « folio essais », Gallimard, Paris, 2009.
- HUSSEIN (M.), *Ce que le Coran ne dit pas*, Grasset, Paris, 2013.
- IDRISSI (A.), *Pour une autre lecture du Coran. Les voix du verset*, L'Harmattan, Paris, 2012.
- KHALAFALLAH (M. A.), *Al-fann al-qasasî fî al-Qur'ân al-Karîm (L'art des récits anecdotiques dans le Coran)*, commenté et expliqué par ABDUL KARIM (K.), 4e éd., Arab Diffusion Company, Beyrouth, 1999 (en arabe).
- LAGARDE (M.), *Le parfait manuel des sciences coraniques (Al-Itqān fī ʿulūm al-Qurʾān de Ǧalāl ad-Dīn as-Suyūṭī)*, vol. 1, Brill, Leyde, 2017.
- MERAD (A.), *L'exégèse coranique*, coll. « Que sais-je ? », PUF, Paris, 1998.
- URVOY (D.) et (M.-T.), *L'action psychologique dans le Coran*, Cerf, Paris, 2007.

Thèses

- MORENO (C.), *Analyse littérale des termes dîn et islâm dans le Coran : dépassement spirituel du religieux et nouvelles perspectives exégétiques*, thèse, Strasbourg, 2016.
- RAHMAN (Y.), *The Hermeneutical Theory Of Naṣr Ḥāmid Abū Zayd : An Analytical Study of His Method of Interpreting the Qur'an*, Thesis, McGill University, Montreal, 2001 (en anglais).

Articles

- « Comment lire le Coran aujourd'hui ? », *in* ARKOUN (M.), *Lectures du Coran*, Albin Michel, Paris, 2016, p. 63-96.
- ABOU ZEID (N. H.), « Le dilemme de l'approche littéraire du Coran », 3 févr. 2005, disponible sur le site internet : https://nawaat.org/2005/02/03/le-dilemme-de-lapproche-litteraire-du-coran/
- BEN TAÏBI (M.), *Quelques façons de lire le texte coranique*, Lambert-Lucas, Limoges, 2009, Préf. de FRANÇOIS (F.).
- BRANCA (P.), « Comment interpréter le Coran » (Interview auprès du Dr. Muhammad Ahmad Khalaf Allâh), *Se Comprendre*, 28 mars 1986, n° 86/03, p. 1-6.
- BURTON (J.), art. « *Mushaf* », *in Encyclopédie de l'Islam (E.I.²)*, t. VII, Maisonneuve et Larose, Paris, 1993, p. 668-669.
- CHARTIER (M.), « L'exégèse coranique selon Muhammad Ahmad Khalaf Allah », *Se Comprendre*, 28 oct. 1974, n° SAU/127, p. 1-9.
- COHEN (A.), « Le livre du Coran à Rabat et à Casablanca », *Archives de sciences sociales des religions*, 2010/2, n° 150, p. 175-195.
- FILALI-ANSARY (A.), « 1. Muhammad Ahmad Khalafallah. Peut-on proposer des lectures modernes du Coran ? », *in* FILALI-ANSARY (A.), *Réformer l'islam ? Une introduction aux débats contemporains*, La Découverte, Paris, 2005, p. 9-39.
- GAUDEUL (J.-M.), « Vers une nouvelle exégèse coranique ? », *Transversalités* (revue de l'Institut catholique de Paris), juill.-sept. 2000, n° 75, p. 5-31.

- JOMIER (J.), « Quelques positions actuelles de l'exégèse coranique en Égypte révélées par une polémique récente (1947-1951) », *in Mélanges de l'Institut Dominicain d'Études Orientales du Caire* (MIDEO), t. I, 1954, p. 39-72.
- PLATTI (E.), « Le Coran et l'idéologie politique islamiste : Mawdûdî (1903-1979) », *Transversalités*, juill.-sept. 2000, n° 75, p. 57-76.
- ZABBAL (F.), « L'islamologie des universitaires musulmans en France, entre exégèse coranique et méthode critique », *in* POUILLON (F.) et VATIN (J.-C.) (éd.), *Après l'orientalisme. L'Orient créé par l'Orient*, IISMM, Éditions Karthala, Paris, 2011, p. 178-192.

LINGUISTIQUE

- BENVENISTE (E.), *Problèmes de linguistiques générales II*, éd. Cérès, Tunis, 1995.
- BOYER (H.), *Introduction à la sociolinguistique*, Dunod, Paris, 2001.
- CALVET (L.-J.), *La sociolinguistique*, coll. « Que sais-je ? », 6e éd., PUF, Paris, 2009.
- DE SAUSSURE (F.), *Cours de linguistique générale* (publié par BALLY C. et SECHEHAYE A. avec la coll. de RIEDLINGER A.), éd. critique préparée par DE MAURO (T.), Postface de CALVET (L.-J.), coll. « Grande bibliothèque Payot », Payot, Paris, 1995.
- DE SAUSSURE (F.), *Cours de linguistique générale* (publié par BALLY C. et SECHEHAYE A. avec la coll. de RIEDLINGER A.), Petite Biblio Payot, Payot & Rivages, Paris, 2016, Préf. de URBAIN (J.-D.).
- GREIMAS (A. J.) et COURTES (J.), *Sémiotique - Dictionnaire raisonné de la théorie du langage*, Hachette, Paris, 1979.
- JAKOBSON (R.), *Essais de linguistique générale, I. Les fondations du langage*, Les Éditions de Minuit, Paris, 1963/2003.
- KRISTEVA (J.), *Le langage, cet inconnu : une initiation à la linguistique*, Seuil, Paris, 1981.
- LABOV (W.), *Sociolinguistique*, Minuit, Paris, 1976.
- MAINGUENEAU (D.), *Aborder la linguistique*, Seuil, Paris, 1996.
- MARTINET (A.), *Eléments de linguistique générale*, 5e éd., Armand Colin, Paris, 2008.
- MARTINET (A.), *Mémoires d'un linguiste : vivre les langues* (Entretiens avec G. KASSAI et avec la coll. de J. MARTINET), éd. Quai Voltaire, Paris, 1993.
- MOLINIE (G.), *Eléments de stylistique française*, coll. « Linguistique nouvelle », 4e éd., PUF, Paris, 2011.
- MONNERET (Ph.), *Essais de linguistique analogique*, ABELL, Dijon, 2004.
- MOUNIN (G.), *Dictionnaire de la linguistique*, coll. « Dictionnaires Quadrige », 4e éd., PUF, Paris, 2004.
- PERROT (J.), *La linguistique*, coll. « Que sais-je ? », 15e éd., PUF, Paris, 1993.
- ZEMMOUR (D.), *Initiation à la linguistique*, Ellipses, Paris, 2008.

Articles

- HJELMSLEV (L.), « Les rapports entre forme et substance linguistiques », *Bulletin du Cercle Linguistique de Copenhague* IV, 1937-38.

MUSIQUE

Ouvrages

- CORBIN (S.), *L'Église à la conquête de sa musique*, Gallimard, Paris, 1960.
- DURING (J.), *Musique et extase. L'audition mystique dans la tradition soufie*, Albin Michel, Paris, 1988.
- JARGY (S.), *La musique arabe*, coll. « Que sais-je ? », 3e éd., PUF, Paris, 1988.
- LAGRANGE (F.), *Musique d'Égypte*, Cité de la musique, Actes Sud, Paris, 1996.
- LOSSKY (N.), *Essai sur une théologie de la musique liturgique. Perspective orthodoxe*, Cerf, Paris, 2003.
- MICHOT (J. R.) (éd. et trad. de l'arabe), *Musique et danse selon Ibn Taymiyya. Le livre du Samâ' et de la danse (Kitâb al-Samâ' wa-l-Raqs)*, complié par le shaykh AL MANBIJI (M.), Vrin, Paris, 1991.
- POCHE (C.) et LAMBERT (J.), *Musiques du monde arabe et musulman, Bibliographie et discographie*, P. Geuthner, Paris, 2000.
- SHILOAH (A.), *La musique dans le monde de l'Islam. Une étude socio-culturelle*, coll. « Les chemins de la musique », Fayard (trad. de l'anglais par POCHE C.), Paris, 2002.
- TOUMA (H. H.), *La musique arabe*, Buchet/Chastel, Pierre Zech Editeur, Paris, 1996.

Thèses

- LAGRANGE (F.), *Musiciens et poètes en Égypte au temps de la Nahda*, t. I, thèse, Paris VIII, 1994.

- NIALLE (B.), *Le muganni dans la littérature arabe du IXe et du Xe siècles : Kitâb al-Agânî comme exemple*, thèse, Strasbourg, 2014.

Articles

- ABOU MRAD (N.), « Convergences et divergences entre les traditions musicales sacrées méditerranéennes », *Annales de philosophie et des sciences humaines*, 2005, t. 2, n° 21, p. 127-158.
- ABOU MRAD (N.), « Formes vocales et instrumentales de la tradition musicale savante issue de la Renaissance de l'Orient arabe », *Cahiers d'ethnomusicologie*, 2004/17, p. 183-215.
- ABOU MRAD (N.), « Quelques réflexions sur la cantillation religieuse en Méditerranée », *La pensée de midi*, 2009/2, n° 28, p. 53-65.
- CORBIN (S.), « La cantillation des rituels chrétiens », *Revue de Musicologie*, juill. 1961, vol. XLVII, n° 123, p. 3-36.
- DURING (J.), « Hand Made. Pour une anthropologie du geste musical », *Cahiers de musiques traditionnelles*, 2001, vol. 14, p. 39-68.
- FARMER (H. G.), art. « *Ghinâ'* », *in E.I.*, t. II, p. 1097-1100.
- PICARD (F.), « Parole, déclamation, récitation, cantillation, psalmodie, chant », *Revue des traditions musicales des mondes arabe et méditerranéen* (RTMMAM), éd. de l'Université Antonine, Baabda (Liban), « Musicologie des traditions religieuses », 2008, n° 2, p. 9-24.
- POCHE (C.), « De l'homme parfait à l'expressivité musicale. Courants esthétiques arabes au XXe siècle », *Cahiers d'ethnomusicologie*, 1994/7, Dossier « esthétiques », p. 59-74.
- SHILOAH (A.), « Ebraismo e Islam : posizioni monoteistiche nei riguardi della musica » [Hébraïsme et Islam : attitudes monothéistes face à la musique], *Enciclopedia della musica*, diretta da NATTIEZ (J.-J.), III, « Musica e culture », Torino, Einaudi, p. 313-339.
- SHILOAH (A.), « Judaïsme et Islam. Les monothéismes face à la musique », *in* NATTIEZ (J. -J.) (dir.), *Musiques. Une encyclopédie musicale pour le XXIe siècle*, vol. 3, « Musiques et cultures », Actes Sud /Cité de la Musique, 2005, p. 358-385.
- SHILOAH (A.), « La voix et les techniques vocales chez les Arabes », *Cahiers d'ethnomusicologie*, 1991/4, p. 85-101.
- VIGREUX (Ph.), « Centralité de la musique égyptienne », *Égypte/Monde arabe*, 1991, 7, Première série, n° 11, p. 55-101.

PREDICATION

Ouvrages

- BARTH (K.), *La Doctrine de la Parole de Dieu. Prolégomènes à la Dogmatique*, t. I, éd. Labor et Fides, Genève, 1953.
- BAUTAIN, *Étude sur l'art de parler en public*, Charles Bouniol, Paris, 1856.
- BELLEFROID (L.), *Manuel d'éloquence sacrée, à l'usage des séminaires et de ceux qui commencent à exercer le ministère de la prédication*, 2e éd., H. Dessain, Liège, 1847.
- GISBERT (B.), *De l'éloquence chrétienne dans l'idée et dans la pratique*, Antoine Boudet, Lyon, 1715.
- GORGIAS (E. P.), *Éloquence et improvisation : art de la parole oratoire au barreau, à la tribune, à la chaire*, Cotillon, 1846.
- SENGER (J.), *L'Art oratoire*, coll. « Que sais-je ? », 4e éd., PUF, Paris, 1967.
- TIMON (Cormenin), *Livre des orateurs*, 11e éd., Pagnerre éd., Paris, 1842.
- VETU (M. l'abbé J.-X.), *Les vrais principes sur la prédication, ou Manière d'annoncer avec fruit la parole de Dieu*, t. 1, Impr. de Simonnot-Carion, Dijon, 1839.

Mémoires

- FERREIRA (L.), *La prédication comme acte cultuel*, Mémoire, Campus adventiste du Salève, Collonges-sous-Salève, 2011.

Articles

- BOCHET (I.), « L'expérience spirituelle du prédicateur selon Saint Augustin », *Connaissance des Pères de l'Église*, 1999, vol. 74, p. 46-53.
- ETIENNE (B.), « La moelle de la prédication. Essai sur le prône politique dans l'Islam contemporain », *Revue Française de Sciences Politiques*, 33e année, 1983, n° 4, p. 706-720.
- FARAG (I.), « Médiateurs du religieux, métaphore du profane (et l'inverse) : le prédicateur et le prône », *Égypte/Monde arabe* (Première série, Médiateur et métaphores 1), 1990/2, n° 35, p. 11-26.

- JOMIER (A.), « Sermons prononcés à l'occasion d'inaugurations de mosquées au Caire en 1964 par J. JOMIER, *Annales islamologiques*, 1969 », *Histoire urbaine*, 2012/2, « Prédications en ville XVIe - XXe siècles », n° 34, p. 111-131.
- MILLET (O.), « L'homme de la parole : prédication et exégèse » (ch. 5), *in* MILLET (O.), *Calvin : Un homme, une œuvre, un auteur*, Infolio éd., Gollion (Suisse), 2008, p. 93-111.
- PARMENTIER (E.), « Qui parle dans la prédication ? Chantiers pour une homilétique contemporaine », Revue *Positions luthériennes*, 50, 2002/4, p. 373-390.
- PEDERSON (J.), art. « *Khatîb* », *in E.I.²*, IV, p. 1141-1142.
- STAROBINSKI (J.), « La chaire, la tribune, le barreau », *in* NORA (P.) (dir.), *Les lieux de mémoire*, t. II (*La Nation*), Gallimard, Paris, 1986, p. 425-485.

PRIERE DU CŒUR OU DE JESUS ET AUTRES PRATIQUES SPIRITUELLES

Ouvrages

- Anonyme, *Récits d'un pèlerin russe*, trad. de LALOY (J.), Points/Sagesses, 14, Seuil, Paris, 1978.
- BAUDOUIN (C.-M.), *La prière du cœur*, coll. « Epiphanie », Cerf, Paris, 2004.
- BEHR-SIGEL (É.), *Le lieu du cœur. Initiation à la spiritualité de l'Église orthodoxe*, Éditions du Cerf, Paris, 1989.
- BRIANTCHANINOV (I.), *Approches de la prière de Jésus*, éd. Bellefontaine, Paris, 1983.
- CLEMENT (O.), BOBRINSKOY (B.), BEHR-SIGEL (É.) et LOT-BORODINE (M.), *La douloureuse joie*, Bellefontaine, Spiritualité orientale, n° 14, Paris, 1974.
- DE LOYOLA (I.), *Exercices spirituels*, trad. sur l'autographe espagnol par DEBUCHY (P.), P. Lethielleux, Paris, 1910.
- EVDOKIMOV (P.), *La nouveauté de l'Esprit, Études de spiritualité*, Abbaye de Bellefontaine, Spiritualité orientale n° 20, Paris, 1977.
- GOETTMANN (A.) et (R.), *Prière de Jésus, prière du cœur*, Albin Michel, Paris, 2009.
- GORAÏNOFF (I.), *Séraphim De Sarov : sa vie.* Entretien avec Motovilov. Instructions spirituelles, Desclée de Brouwer/Abbaye de Bellefontaine, Paris, 1979.
- GRAVELET (J.-M.), *Les chemins de prière*, sans éditeur, 2011.
- HAUSHERR (I.), *La Méthode d'oraison hésychaste*, Edizioni Orientalia Christiana, vol. IX, 2, Rome, 1927.
- HERBERT (J.), *Spiritualité hindoue*, Albin Michel, Paris, 1947.
- LELOUP (J.-Y.), *Écrits sur l'Hésychasme*, coll. « Spiritualités vivantes », Albin Michel, Paris, 1990.
- *Petite Philocalie de la prière du cœur*, éd. et trad. de GOUILLARD (J.), Seuil, Paris, 1979.
- *Philocalie des Pères neptiques*, trad. de TOURAILLE (J.), présentée par CLEMENT (O.), 11 vol., 1979, 2 tomes chez Desclée de Brouwer et J.C. Lattès, 1995, éd. Abbaye de Bellefontaine, Paris, 2004.
- PIANKOFF (A.), *Le "cœur" dans les textes égyptiens depuis l'Ancien jusqu'à la fin du Nouvel Empire*, Paul Geuthner, Paris, 1930.
- REGNAULT (D. L.), *Les Pères du désert à travers leurs apophtegmes : Recueil d'études sur l'histoire et la spiritualité des Pères du désert et de leurs célèbres apophtegmes*, éd. Solesmes, Paris, 2005.
- SERR (J.) et CLEMENT (O.), *La Prière du cœur*, éd. Bellefontaine, Spiritualité orientale n° 6, Paris, 1977.
- SIMONOD (E.), *La Prière de Jésus selon l'évêque Ignace Briantclianinoff (1807-1867)*, éd. Présence, Saint-Vincent-sur-Jabron, 1976.
- STENER (Ch.), *L'Extase : Dictionnaire amoureux*, éd. BoD, Paris, 2017.
- *Un moine de l'Église d'Orient, La prière de Jésus*, Chevetogne/Seuil, Paris, 1963.

Thèses

- ABOU KHALIFA (M. S.), *L'expérience spirituelle dans la prière chez les mystiques chrétiens et musulmans jusqu'au XIIIe S-VIIe S. H : étude comparative*, thèse, Jean Moulin (Lyon III), 2003.

Articles

- « L'espace du cœur », Dossier spécial consacré au cœur par la *Revue Française de Yoga*, janv. 1992, n° 5.
- ADNES (P.), V° « Jésus (Prière à) », *in Dictionnaire de la spiritualité ascétique et mystique doctrine et histoire*, t. 8, Beauchesne, Paris, 1995, p. 1126-1150.
- ADNES (P.), V° « Hésychasme », *in Dictionnaire de la spiritualité ascétique et mystique doctrine et histoire*, t. 7, Beauchesne, Paris, 1995, p. 381-399.

- BEHR-SIGEL (É.), « La Prière de Jésus : Le mystère de la spiritualité orthodoxe », Revue *Dieu Vivant*, 1947, n° 8, p. 69-94.
- BEHR-SIGEL (É.), « La Prière de Jésus, ou le mystère de la spiritualité monastique orthodoxe », *in* CLEMENT (O.), BOBRINSKOY (B.), BEHR-SIGEL (É.) et LOT-BORODINE (M.), *La douloureuse joie : aperçus sur la prière personnelle de l'Orient chrétien*, coll. « Spiritualité orientale », n° 14, Abbaye de Bellefontaine, Paris, 1974, p. 81-129.
- BEHR-SIGEL (É.), « La Prière de Jésus, ou le mystère de la spiritualité monastique orthodoxe », Revue *Dieu vivant*, 1947, n° 8, p. 69-94.
- BERNARD (J.-B.), « Les Pères du désert d'Égypte : utopie et silence », *Recherches & Travaux*, 81/2012, p. 121-135.
- CANNUYER (C.), « L'origine égyptienne de la prière du cœur », *Le Monde Copte*, 1985, n° XI, p. 18-21.
- DALMAIS (J. H.), « Yoga et pratiques monastiques de l'Orient chrétien », *La Vie spirituelle*, 1973, vol. 127, p. 85-92.
- DEPRAZ (N.), « Pratiquer la réduction : la prière du cœur », *Laval théologique et philosophique*, oct. 2003, vol. 59, n° 3, p. 503-519.
- ERACLE (J.), « La prière du cœur », *Echos de Saint-Maurice*, 1961, t. 59, p. 148-167.
- GARDET (L.), « Un problème de mystique religieuse comparée : la mention du nom divin-dhikr dans la mystique musulmane », *Revue Thomiste*, 1952, t. 52, n° 3, p. 642-679.
- GILANT (R.), « La prière du cœur selon la tradition des Pères du désert », *Revue Française de Yoga*, « L'espace du cœur », janv. 1992, n° 5, p. 119-128.
- GORODETSKI (N.), « La prière de Jésus (*The Prayer of Jesus*) », *Revue des Dominicains anglais Blackfriars*, févr. 1942, n° XXIII, p. 76.
- HAIKAL (F.), « Performativité du nom divin en Égypte de l'Antiquité à nos jours », *Quaderni di acme*, Congrès International Congress Egyptian Archives / Egyptological Archives, n° 1, *in* PIACENTINI (P.) and ORSENIGO (Ch.) (eds.), *Egyptian archives : proceedings of the first session of the International Congress Egyptian Archives*, Milano, Italie, 2009, n° 111, p. 197-217.
- LANNE (E.), « La "prière de Jésus" dans la tradition égyptienne. Témoignage des Psalies et des inscriptions », Revue *Irénikon*, 1977, vol. 50, p. 162-203.
- PRUVOST (F.), « Stanislavski en quête d'une méthode : la prière du cœur et la pensée hésychaste », Revue *Russe*, 2007, n° 29, p. 49-66.
- SYMEON (H.), « La recherche de Dieu dans la tradition hésychaste », Revue *Contacts*, 1996, n° 173, p. 14-21.
- WARE (Mgr K.), « La puissance du Nom : La prière de Jésus dans la spiritualité orthodoxe », trad. de l'anglais par VASTEL (M.-V.), éd. *in* BEHR-SIGEL (É.), *Le lieu du cœur : Initiation à la spiritualité de l'Église orthodoxe*, Éditions du Cerf, Paris, 1989.
- ZISKIND (B.) et HALIOUA (B.), « La conception du cœur dans l'Égypte ancienne », *M/S : médecine sciences*, 2004, vol. 20, n° 3, p. 367-373.

RECITATION DU CORAN

Ouvrages[1]

- ABDELHAMID (S.), *Taysiir el rahman fi tajwîd el Qur'ân*, Dar El Takwa, Le Caire, 2009 (en arabe).
- AL-GARMI (I. M.), *Mo'jam 'Oloum Al-Qor'an* (*Dictionnaire des sciences coraniques*), Dar Al-Qalam, Damas, 2001 (en arabe).
- AL-GHAZALI (Al-Imâm A. H.), *Ihyâ 'ulûm al-dîn (Revivification des Sciences Religieuses)*, 1er *Kitâb* (*Kitâb Adâb tilâwit el Qur'ân*), t. 3, Dar El Sha'b, Le Caire (en arabe).
- AL-HUSARI (M. K.), *Ahkam qira'at el Qur'ân el Karim* (*Les règles de lectures du Saint Coran*), Maktabat El Sunna, Le Caire, 2002 (en arabe).
- AL-JAZARIYA (Al-Imâm I.), *Al-Nashre fi al-Qira'at al-Ashre*, t. 1, Dar Al-Sahaba lil-Terasse, Le Caire, 2002 (en arabe).
- AL-JAZARIYA (Al-Imâm I.), *Al-Tamhid fi 'ilm al-tajwîd* (*Prolégomènes à la science du tajwîd*), Mouasaset Kartaba, Le Caire, 2003 (en arabe).

1 En langue étrangère.

- AL-QARI' ABDEL FATTAH (A. I.), *Sonan Al-Qora' wa Manahej Al-Mojawedine* (*Les traditions des lecteurs et les méthodologies des récitateurs*), Maktabet Al-Dar, Médine, 1995 (en arabe).
- *Al-Wafi fi Kayfeyat tartil Al-Qoraan Al-Kareem* (*Al-Wafi sur la manière de psalmodier le Saint Coran*), compilé et organisé par ABDEL SAMI' AL-SHAFI (A. M.), Dar Al-Kotob Al-'elmeya, Beyrouth, 2000 (en arabe).
- BASSAH (M. A.), *El 'Amid fi 'ilm al-tajwîd* (*Le doyen dans la science du tajwîd*), Dar El Akida, Le Caire, 2004 (en arabe).
- EL-TAWIL (A. I. A.), *Fan Al-Tartil wa 'eloumouh* (*L'art de la psalmodie et ses sciences*), éd. du Complexe du roi Fahd pour l'impression du Saint Coran avec la coll. du Centre Roi Faisal pour la recherche et les études islamiques (CRFREI), Médine, 1999 (en arabe).
- NASR (A. K.), *Ghayit El- Mâriid fi 'ilm al-tajwîd*, 7e éd., Dar El Takwa Le El Nashr We El Tawzii, Le Caire, 1992 (en arabe).
- NASR (M. M.), *Nehayat al-Kawl almoufid fi 'ilm al-tajwîd*, Mouasaset Kartaba, Le Caire, 2005 (en arabe).
- NELSON (K.), *The Art of Reciting the Qur'an*, The American University in Cairo Press, 2002 (en anglais).
- OSMANE (H. C.), *Haq al-tilâwah*, 10e éd., Dar Johina, Amman, 2004 (en arabe).

Articles

- BOUBAKEUR (S. H.), « Psalmodie coranique », *in* PORTE (J.) (dir.), *Encyclopédie des musiques sacrées*, vol. I, Labergerie, Paris, 1968, p. 414-421.
- LAGRANGE (F.), « Réflexions sur quelques enregistrements de cantillation coranique en Égypte (de l'ère du disque 78 tours à l'époque moderne) », *Revue des traditions musicales des mondes arabe et méditerranéen (RTMMAM)*, « Musicologie des traditions religieuses », 2008, n° 2, p. 25-56.
- TALBI (M.), « La *qira'ā bi-l-alhān* », *Journal of Arabica and Islamic Studies (Revue d'études arabes et islamiques)*, éd. Brill, t. V, 1958, p. 183-190.

SOUFISME, MYSTIQUE ET PRATIQUE SOUFIE

Ouvrages

- AISSA (A.), *Les vertus du dhikr*, trad. de OMAR (L.), Éditions Iqra, Paris, 1996.
- AMIR-MOEZZI (M. A.) (dir.), *Le voyage initiatique en terre d'Islam : ascensions célestes et itinéraires spirituels*, Cerf, Paris, 2015.
- ANAWATI (G.-C.) et GARDET (L.), *Mystique musulmane, Aspects et tendances – Expériences et techniques*, J. Vrin, Paris, 1961.
- CORBIN (H.), *L'imagination créatrice dans le soufisme d'Ibn 'Arabî*, Entrelacs, Paris, 2006-2012.
- DE VOS (Ph.), *L'Ennéagramme : dans la pratique soufie*, Éditions L'Originel, Paris, 2005.
- DURING (J.), *Musique et extase. L'audition mystique dans la tradition soufie*, Albin Michel, Paris, 1988.
- EDELMAN (J.), CHAMBERS (C.), DU TOIT (S.) (ed.), *Performing Religion in Public*, Plagrave Macmillan, UK, 2013 (en anglais).
- GARDET (L.), *La mystique*, coll. « Que sais-je ? », 2e éd., PUF, Paris, 1981.
- GEOFFROY (E.), *Initiation au soufisme*, Fayard, Paris, 2003.
- GEOFFROY (E.), *Le soufisme en Égypte et en Syrie*, Institut Français d'études arabes de Damas, Damas, 1996, Préf. de CHODKIEWICZ (M.).
- GRIL (D.), *La Risāla de Safi al-Dīn Ibn Abī l-Mansūr : biographies des maîtres spirituels connus par un cheikh égyptien du VIIe/XIIIe siècle*, IFAO, Le Caire, 1986.
- IBN 'ARABI, *Le dévoilement des effets du voyages*, trad. fr. de GRIL (D.), L'Eclat, Nîmes, 1994.
- IDE (P.), *Les neuf portes de l'âme : l'ennéagramme (Les neuf portes de l'âme. Ennéagramme et péchés capitaux : un chemin psycho spirituel)*, éd. Sarment/Jubilé, Paris, 2008.
- JABRE (F.), *La notion de la ma'rifa chez Ghazali*, Institut de Lettres Orientales de Beyrouth, t. VIII, Beyrouth, 1958.
- LAIBI (S.), *Soufisme et art visuel. Iconographie du sacré*, L'Harmattan, Paris 1998.
- MICHON (J.-L.), *Le Soufi marocain Ahmad Ibn Ajiba et son mi'raj*, J. Vrin, Paris, 1989.
- POPOVIC (A.) et VEINSTEIN (G.) (dir.), *Les voies d'Allah, Les ordres mystiques dans le monde musulman des origines à aujourd'hui*, Fayard, Paris, 1996.
- SPINETTA (J.), *La pratique de l'illumination et la science de l'immortalité par les méditations merkaba. Techniques égyptiennes, esséniennes, hébraïques et modernes*, Éditions Lanore, Paris, 2006.
- TOUATI (H.), *Islam et voyage au Moyen-Age. Histoire et anthropologie d'une pratique lettrée*, Seuil, Paris, 2000.

Thèse

- CHIH (R.), *Soufis et confrérie mystique dans l'Égypte contemporaine, Transmission de la culture religieuse et appropriation sociale de l'espace*, thèse, Provence Aix-Marseille 1, 1996.

Articles

- AMBROSIO (A. F.), « Chapitre V. Le sema entre codification et défense », *in* AMBROSIO (A. F.), *Vie d'un derviche tourneur : Doctrine et rituels du soufisme au XVIIe siècle*, CNRS Éditions, Paris, 2010, p. 181-240.
- ANDEZIAN (S.), « Dire la transe en Islam mystique. De l'expérience au langage autorisé », *Archives de sciences sociales des religions*, Juill.-sept. 2000/3, n° 111, p. 25-40.
- BOISSEVAIN (K.), « Corps d'adeptes, paroles de Dieu et visions de Saints. Pratiques rituelles masculines et féminines dans deux sanctuaires de Tunis », *Revue des mondes musulmans et de la Méditerranée*, 2006, 113-114, n° 22, p. 179-193.
- BÖWERING (G.), « Règles et rituels soufis », *in* POPOVIC (A.) et VEINSTEIN (G.) (dir.), *Les Voies d'Allah. Les ordres mystiques dans le monde musulman des origines à aujourd'hui*, Fayard, Paris, 1996, p. 139-156.
- CHIH (R.), « La célébration de la naissance du Prophète (al-Mawlid al-nabawî) », *Archives de sciences sociales des religions*, Juill.-sept. 2017, n° 178, p. 177-194.
- CLAYER (N.) et ZARCONE (Th.), « Petit dictionnaire du soufisme et des confréries », *in* POPOVIC (A.) et VEINSTEIN (G.) (dir.), *Les Voies d'Allah. Les ordres mystiques dans le monde musulman des origines à aujourd'hui*, Fayard, Paris, 1996, p. 615-636.
- CLAYER (N.), « La *Khalwatiyya* (Khalvetiye) », *in* POPOVIC (A.) et VEINSTEIN (G.) (dir.), *Les Voies d'Allah. Les ordres mystiques dans le monde musulman des origines à aujourd'hui*, Fayard, Paris, 1996, p. 484-491.
- DURING (J.), « Audition et entendement dans la gnose musulmane », Revue *Insistance*, 2005/1, p. 85-92.
- DURING (J.), « Musique et rites : le samâ' », *in* POPOVIC (A.) et VEINSTEIN (G.) (dir.), *Les Voies d'Allah. Les ordres mystiques dans le monde musulman des origines à aujourd'hui*, Fayard, Paris, 1996, p. 157-172.
- FUCHS (H.) et DE JONG (F.), art. « *Mawlid* », *in E.I.[2]*, t. VI, p. 886-897.
- GARDET (L.), art. « *Dhikr* », *in E.I.[2]*, t. II., p. 223-227.
- GARDET (L.), « Un problème de mystique comparée : la mention du nom divin (*dhikr*) dans la mystique musulmane », Revue *Thomiste*, 1952, n° III, p. 642-679 ; Revue *Thomiste*, 1953, n° I, p. 197-216.
- GIRA (D.), « Un autre visage du bouddhisme », Revue *Topique*, 2003, vol. n° 85, n° 4, p. 191-201.
- GLOTON (M.), « Les secrets du cœur selon l'Islam », Revue *Connaissance des religions*, Janv.-sept. 1999, n° 57-58-59, p. 123.
- GOULET (R.), « *Dhikr* », *in Dictionnaire de l'Islam, religion et civilisation*, Encyclopædia Universalis France, 2019.
- LI-YING (K.), « La récitation des noms de "buddha" en Chine et au Japon », *T'oung Pao*, 1995, Vol. 81, Fasc. 4/5, p. 230-268.
- LUIZARD (P.-J.), « Le soufisme égyptien contemporain », Revue *Égypte/Monde arabe*, 1990, Première série, 2, p. 36-94.
- LUIZARD (P.-J.), « Le Moyen-Orient arabe », *in* POPOVIC (A.) et VEINSTEIN (G.) (dir.), *Les Voies d'Allah. Les ordres mystiques dans le monde musulman des origines à aujourd'hui*, Fayard, Paris, 1996, p. 342-371.
- PAUL (J.), « Influences indiennes sur la *naqshbandiyya* d'Asie centrale ? », *Cahiers d'Asie centrale*, Dossier « Routes du commerce, route des idées », 1996, 1-2, p. 203-217.
- VEINSTEIN (G.) et CLAYER (N.), « L'Empire ottoman », *in* POPOVIC (A.) et VEINSTEIN (G.) (dir.), *Les Voies d'Allah. Les ordres mystiques dans le monde musulman des origines à aujourd'hui*, Fayard, Paris, 1996, p. 322-341.
- VIMERCATI SANSEVERINO (R.), « Sainteté et pratique initiatique », *in* VIMERCATI SANSEVERINO (R.), *Fès et sainteté, de la fondation à l'avènement du Protectorat (808-1912) : Hagiographie, tradition spirituelle et héritage prophétique dans la ville de Mawlāy Idrīs*, Centre Jacques-Berque, Rabat, 2014, p. 506-534.
- ZARCONE (Th.), « La Mevleviye, confrérie des derviches tourneurs », *in* POPOVIC (A.) et VEINSTEIN (G.) (dir.), *Les Voies d'Allah. Les ordres mystiques dans le monde musulman des origines à aujourd'hui*, Fayard, Paris, 1996, p. 504-508.

THEOLOGIE CHRETIENNE

Ouvrages

- ALBERIGO (G.) (dir.), *Histoire du Concile Vatican II, 1959-1965*, I. *Le catholicisme vers une nouvelle époque, L'annonce et la préparation (janvier 1959 - octobre 1962)*, version fr. ss. la dir. de FOUILLOUX (E.), Cerf/Peeters, Paris/Louvain, 1997.
- ALBERIGO (G.) et JOSSUA (J.-P.), *La réception de Vatican II*, Cerf, Paris, 1985.
- BORDEYNE (Ph.) et VILLEMIN (L.) (dir.), *Vatican II et la théologie, Perspectives pour le XXIe siècle*, Cerf, Paris, 2006.
- FAGGIOLI (M.), *True reform: liturgy and ecclesiology in Sacrosanctum Concilium*, Liturical Press/Pueblo Book, Collegeville/Minnesota, 2012 (en anglais).
- FAMEREE (J.) (dir.), *Vatican II comme style*, Cerf, Paris, 2012.
- LOISY (A.), *Choses passées*, E. Nourry, Paris, 1913.
- LOISY (A.), *Études bibliques*, A. Picard et fils, Paris, 1901.
- LOISY (A.), *Les Origines du Nouveau Testament*, E. Nourry, Paris, 1936.
- MARTELET (G.), *Les Idées maîtresses de Vatican II*, Cerf, Paris, 1985.
- MEHL (R.), *La théologie protestante*, coll. « Que sais-je ? », 4e éd., PUF, Paris, 1997.
- ROUTHIER (G.), *Cinquante ans après Vatican II, que reste-t-il à mettre en œuvre ?*, Cerf, Paris, 2014.
- THEOBALD (C.) (dir.), *Histoire du concile Vatican II (1959-1965)*, Cerf, Paris, 2005.
- THEOBALD (C.), *La réception du concile Vatican II, I. Accéder à la source*, Cerf, Paris, 2009.

Articles

- « La Constitution sur la liturgie, De sa préparation à sa mise en application I et II », *LMD* 155, 1983/3 et *LMD* 156, 1983/4.
- Deuxième Concile du Vatican, *La Constitution sur la Liturgie*, Texte officiel, traduction française, notes et index, *LMD* 76, 1963/4 et 2e Concile du Vatican, *La Constitution sur la Liturgie*, Commentaire complet par GELINEAU (J.), GY (P.-M.), JOUNEL (P.), ROGUET (A.-M.), SEUMOIS (X.), *LMD* 77, 1964/1.
- GEFFRE (C.), « La lecture fondamentaliste de l'Ecriture dans le christianisme », *Études* 2002/12, t. 397, n° 17.
- MERAD (A.), « Le Christ selon le Coran », *Revue des mondes musulmans et de la Méditerranée*, 1968, n° 5, p. 85.
- PRETOT (P.), « La Constitution sur la liturgie : une herméneutique de la tradition liturgique », *in* BORDEYNE (Ph.) et VILLEMIN (L.) (dir.), *Vatican II et la théologie, Perspectives pour le XXIe siècle*, « Cogitatio fidei » 254, Cerf, Paris, 2006, p. 19-34.
- PRETOT (P.), « La place de la Constitution sur la liturgie dans l'herméneutique de Vatican II », *Recherches de Science Religieuse*, t. 101, 2013/1, p. 13-36.

THEOLOGIE MUSULMANE

Ouvrages

- AL KHEYOUN (R.), *Jadal al-tanzil ma' kitâb khalq al Qur'an lil Jahiz (Débats sur la révélation avec le livre de la création du Coran d'Al-Jahiz)*, Al-Kamel Verlag, Cologne, 2000.
- AL-ASH'ARI (A. H.), *Maqâlât al-islâmiyyîn wa iktilaf al-musallin* (*Les aphorismes de ceux qui professent l'Islam et les différences entre les fidèles*), t. 2, Al Maktaba Al Asreya, Beyrouth, 2005, *tahqîq* ZARZOUR (N.) (en arabe).
- AL-BAQILLANI, *I'jâz Al Qur'an* (*Miracle du Coran*), Dar Al Ma'aref, Le Caire (en arabe).
- AL-GHAZALI (Al-Imâm A. H.), *Ihyâ 'ulûm al-dîn* (*Revivification des Sciences Religieuses*), 1er *Kitâb* (*Kitâb Adâb tilâwit el Qur'ân*), t. 3, Le Caire, Dar El Sha'b (en arabe).
- AL-JURJANI (A. Q.), *Dalâ'il i'jâz al-qur'ân al-karîm* (*Preuves de l'inimitabilité du Glorieux Coran*) (en arabe).
- ALLARD (M.), *Le problème des attributs divins dans la doctrine d'al-Aš'arī et de ses premiers grands disciples*, coll. « Recherches » publiées sous la direction de l'Institut de Lettres Orientales de Beyrouth, t. XXVIII, Impr. Catholique, Beyrouth, 1965.
- AL-QAYRAWANI (I. A.-Z.), *La Risâla ou Epître sur les éléments du dogme et de la loi de l'Islam selon le rite mâlikite*, trad. BERCHER (L.), Ed. J. Carbonel, Alger, 1949.
- AL-RAFI'I (M. S.), *L'ijâz al-Qur'ân L'ijâz al-Qur'ân wal-Balâghah al-Nabawiyyah* (*Le miracle du Coran et l'éloquence prophétique*), 9e éd., Dar Al Kitab Al Arabi, Beyrouth, 1973 (en arabe).

- ARNALDEZ (R.), *L'Islam*, Desclée/Novalis, Paris, 1988.
- ARNALDEZ (R.), *Les sciences coraniques : grammaire, droit, théologie et mystique*, J. Vrin, Paris, 2005.
- BADAWI (A.), *Histoire de la philosophie en Islam*, t. I (*Les philosophes théologiens*), coll. « Etudes de philosophie médiévale, LX », J. Vrin, Paris, 1972.
- BARTH (K.), *La Doctrine de la Parole de Dieu. Prolégomènes à la Dogmatique*, t. I, éd. Labor et Fides, Genève, 1953.
- BOUBAKEUR (S. H.), *Traité moderne de théologie islamique*, 3e éd., Maisonneuve et Larose, Paris, 2003.
- BOUMAN (J.), *Le conflit autour du Coran et la solution d'Al-Bāqillānī*, J. van Campen, Amsterdam, 1959.
- CASPAR (R.), *Traité de théologie musulmane*, t. 1 (*Histoire de la pensée religieuse musulmane*), coll. « Studi arabo-islamici del PISAI », n° 1, Pontificio Istituto di Studi Arabi e d'Islamistica (PISAI), Rome, 1987.
- ECHIGUER (M. H.), *Al Gahiz et sa doctrine mu'atazilite*, éd. Arabian Al-Hilal, Rabat, 1986.
- ELIADE (M.), *Histoire des croyances et des idées religieuses*, t. 3 : *De Mahomet à l'âge des réformes*, Payot, Paris, 1983.
- GALLAND (H.), *Essai sur les mo'tazélites (Les Rationalistes de l'Islâm)*, Impr. W. Kundig & Fils, Genève, 1906.
- GIMARET (D.), *Les noms divins en Islam. Exégèse lexicographique et théologique*, Cerf, Paris, 1988.
- GIMARET (D.), *La doctrine d'al-Ash'ari*, Cerf, Paris, 2007.
- GIMARET (D.), *Dieu à l'image de l'homme. Les anthropomorphismes de la sunna et leur interprétation par les théologiens*, Cerf, Paris, 1997.
- JABRE (F.), *La notion de la ma'rifa chez Ghazali*, Institut de Lettres Orientales de Beyrouth, t. VIII, Beyrouth, 1958.
- JOMIER (J.), *Dieu et l'homme dans le Coran. L'aspect religieux de la nature humaine joint à l'obéissance au Prophète de l'islam*, Cerf, Paris, 1996.
- KHALFALLAH (N.), *La théorie sémantique de 'Abd al-Qāhir al-Jurjānī*, L'Harmattan, Paris, 2014.
- MASSON (D.), *Monothéisme coranique et monothéisme biblique. Doctrines comparées*, 2e éd., Desclée de Brouwer, Paris, 1976, Préf. de GROSJEAN (J.).
- MOUBARAC (Y.), *Pentalogie Islamo-Chrétienne*, t. 3 : *L'Islam et le dialogue Islamo-Chrétien*, Ed. du Cénacle libanais, Beyrouth, 1972-1973.
- RAHMAN (F.), *Islam*, Doubleday Anchor Book, New York, 1968 (en anglais).
- TAYMIYYAH (I.), *Al-Fatawa al-Kubra* (*Les grandes fatwas*), t. 6, Dar Al-Kotob Al-ilmiyah, *tahqîq*, *ta'lîq* et *taqdîm* M. et M. ABDEL QADER ATAA, Beyrouth, 1987 (en arabe).
- TRESMONTANT (Cl.), *Le problème de la révélation*, Éditions du Seuil, Paris, 1969.
- VAN ESS (J.), *Une lecture à rebours de l'histoire du mu'tazilisme*, coll. « Revue des études islamiques », Hors-série, n° 14, P. Geuthner, Paris, 1984.
- YOUNES (M.), *Révélation(s) et parole(s) : La science du « kalām » à la jonction du judaïsme, du christianisme et de l'islam*, coll. « Studi arabo-islamici del PISAI », vol. n° 18, Pontificio Istituto di Studi Arabi e d'Islamistica (PISAI), Rome, 2008.

Articles

- CARRA DE VAUX (B.), « Gazzali : le Traité de la rénovation des sciences religieuses "*Ihiâ ulûm eddîn*" », *in La Science catholique* (Revue des questions religieuses), 15 juin 1891, p. 611-642.
- CASPAR (R.), « Parole de Dieu et langage humain dans le christianisme et l'Islam », *in* G.R.I.C., *Sens et niveaux de la Révélation*, IIe Rencontre islamo-chrétienne (Carthage, 30 avril – 5 mai 1979), Tunis, Université de Tunis, 1980, p. 103-134.
- CHODKIEWICZ (M.), « Les musulmans et la Parole de Dieu », *Revue de l'histoire des religions*, t. 218, 2001/1 (Les usages du Livre saint dans l'Islam et le christianisme), p. 13-31.
- GEFFRE (C.), « Révélation chrétienne et révélation coranique. À propos de la raison islamique selon M. Arkoun », *Revue des Sciences Philosophiques et Théologiques*, 1997, vol. 81, n° 2, p. 239-252.
- JOURDAN (F.), « Une lecture rationnelle du Coran au IXe siècle : Les *Mu'tazilites* », Revue *Transversalités* (de l'Institut catholique de Paris), Juill.-sept. 2000, n° 75, p. 45-55.
- MACDONALD (D. B.), art. « Kalām », *in Encyclopaedia of Islam (E.I.1)*, First Edition (1913-1936), Edited by HOUTSMA (M. Th.), ARNOLD (T. W.), BASSET (R.), HARTMANN (R.), Brill, Leiden, II, 713 (en anglais).
- NWYIA (P.), « Mutabilités et immutabilité en Islam », *Recherches de Science Religieuse* (RSR), Avril-juin 1975, vol. 63, n° 2, p. 197-213.

- PETERS (J.R.T.M.), « La théologie musulmane et l'étude du langage », *Histoire Épistémologie Langage* 2, fasc. 1 (Éléments d'Histoire de la tradition linguistique arabe), 1980, p. 9-19.
- SAKI (M.), « Matérialité textuelle et statut théologique du texte sacré : le cas du Coran », Revue *Motifs* (HCTI), déc. 2017, n° 2 (Matérialité et Écriture), p. 95.
- VAN ESS (J.), « Une lecture à rebours de l'histoire du *mu'tazilisme* », *Revue des études islamiques*, t. XLVI/2-1978, XLVII/1-1979, Hors-série, n° 14, p. 1-9.

TRADUCTION DU CORAN

Ouvrages

- ABOU AL-'ILA (H.), *Le Coran et les illusions d'un orientaliste*, Al Maktab Al Arabi Lil Maaref, Le Caire, 1991 (en arabe).
- AL-AZAB (M.), *Problématiques de la traduction des sens du Coran*, Nahdet Masr lil teba'a wal nashr wal tawzi', Le Caire, 2006 (en arabe).
- HURTADO ALBIR (A.), *La notion de fidélité en traduction*, Didier érudition, Paris, 1990.
- MOUNIN (G.), *Les problèmes théoriques de la traduction*, Gallimard, Paris, 1976.
- PETAVEL (E.), *La Bible en France, ou Les traductions françaises des saintes Ecritures : étude historique et littéraire*, Librairie française et étrangère, Paris, 1864.

Thèse

- AL KARJOUSLI (S.), *La polysémie et le Coran*, thèse, Rennes II, 2005.
- TRABELSI (S.), *Le Coran et ses traductions en France du XVIe au XXe siècle*, Mémoire de D.S.B., Ecole nationale supérieure des bibliothécaires, Villeurbanne, 1985.

Articles

- « On ne peut pas traduire le Coran », *in* CUYPERS (M.) et GOBILLOT (G.), *Idées reçues sur le Coran : entre tradition islamique et lecture moderne*, Éditions Le Cavalier Bleu, Paris, 2014, p. 39-46.
- ABOU SHEISHAA (M. A. M.), « A Study of the Fatwa by Rashid Rida on the Translation of the Qur'an », *Journal of the Society for Qur'anic Studies*, Oct. 2001, Vol. 1, n° 1.
- AZAB (M.), « Problématique de la traduction du Coran », Revue *Islam de France*, L'Harmattan, 1999, n° 4, p. 33-83.
- CASPAR (R.), « Parole de Dieu et langage humain dans le christianisme et l'Islam », *in* G.R.I.C., *Sens et niveaux de la Révélation*, IIe Rencontre islamo-chrétienne (Carthage, 30 avril – 5 mai 1979), Tunis, Université de Tunis, 1980, p. 103-134.
- CUYPERS (M.) et GOBILLOT (G.), « On ne peut pas traduire le Coran », *in Le Grand Livre des idées reçues - Insolite et grandes énigmes*, Le Cavalier Bleu, Paris, 2010, p. 466-468.
- KIBEDI VARGA (A.), « Pragmatique de la traduction », *in* « Les traductions dans le patrimoine français », *Revue d'histoire littéraire de la France*, Mai-juin 1997, n° 3, p. 428-436.
- KLÖCKENER (M.) et KREMER (R.), « À la recherche d'un "langage liturgique approprié" », Perspectives pour un problème non résolu », *Recherches de Science Religieuse*, 2013/1, t. 101, p. 69-85.
- LADMIRAL (J.-R.), « Pour une théologie de la traduction », *Traduction, Terminologie, Rédaction*, 1990, vol. 3, n° 2, p. 121-138.
- LEBRUN (D.), « Les traductions liturgiques : statut et enjeux », *LMD*, 202, 1995/2, p. 19-33.
- MOTAMEDI (L.) et NAVARCHI (A.), « Étude critique de la traduction des textes religieux », *Plume* (Revue semestrielle de l'Association iranienne de Langue et Littérature française "AILLF"), 12e année, n° 27, Printemps-Eté 2018, p. 143-163.
- NABIL (O.), « Le Saint Coran entre la traduction littérale et l'interprétation - Sourate *al Zûmar*. Étude de trois Traductions », *Revue de la faculté de Langues et de Traduction*, Université d'Al-Azhar, Le Caire, 2001, p. 1-70.
- NEUVE-EGLISE (A.), « Les traductions françaises du Coran : de l'orientalisme à une lecture plus musulmane ? », *La revue de Téhéran*, oct. 2006, n° 11 (version électronique).
- NOUSS (A.), « Présentation : Traduire le sacré, sacraliser le traduire », Revue *Traduction, Terminologie, Rédaction* (TTR), vol. 3, n° 2, 1990, p. 7-13.
- SADEK (G.) et BASALAMAH (S.), « Les débats autour de la traduction du Coran : Entre jurisprudence et traductologie », Revue *Théologiques*, 2007, vol. 15, n° 2, p. 89-113.

- VARLIK (S.), « Le Coran et la question de la traduction humaine d'une parole divine », *in* MANZARI (F.) et RINNER (F.) (dir.), *Traduire le même, l'Autre et le soi*, Presses Universitaires de Provence, 2011, p. 175-185.

Articles de presse

- « Pas de Coran en Turc ! ou tous les Cléricalismes sont les mêmes », *L'Humanité* du 10 mars 1914, n° 3614, p. 4.
- « Le Coran intraduisible », Le quotidien *Le Figaro* du 22 févr. 1914, n° 53, p. 1.
- « Le Coran en langue turque », *L'Echo d'Alger* du 23 févr. 1914, n° 710, p. 2.
- « Le Coran pour le peuple », *Le Temps*, 23 févr. 1914, n° 19225, p. 4.
- *Le Figaro* du 23 févr. 1914, n° 54, p. 1.
- « Les Propos du Lanternier », Le journal parisien *La Lanterne* du 23 févr. 1914, n° 13.456, p. 1.
- *Les Nouvelles* (Alger), 27 févr. 1914, n° 5003, p. 2.
- *Le Semeur algérien* du 22 mars 1914, n° 151, p. 2.
- *Bulletin périodique de la presse turque*, du 7 déc. 1925 au 13 juin 1926, n° 45, p. 12.
- « Le Coran en turc », *Correspondance d'Orient*, août 1932, n° 416, p. 88.
- *Bulletin périodique de la presse turque*, du 11 oct. 1932 au 31 déc. 1932, n° 94, p. 19.
- *Le Journal du Caire* du 22 mars 1914.

YOGA

Ouvrages

- ELIADE (M.), *Le Yoga : Immortalité et liberté*, Payot, Paris, 1954.
- ELIADE (M.), *Le Yoga. Essai sur les origines de la mystique indienne*, Paul Geuthner, Bucarest-Paris, 1936.
- ELIADE (M.), *Patanjali et le Yoga*, Seuil, Paris, 1962.
- ELIADE (M.), *Technique du Yoga*, coll. « La Montagne Sainte-Geneviève », Gallimard, Paris, 1948.
- FEUGA (P.) et MICHAËL (T.), *Le Yoga*, coll. « Que sais-je », 2e éd., PUF, Paris, 2003.
- HERBERT (J.), *Spiritualité hindoue*, Albin Michel, Paris, 1947.
- LAHORE (I.) et THYLOCH (E.), *Le Yoga des derviches - Samadeva (99 mouvements fondamentaux de l'Euphonie Gestuelle)*, Éditions EccE, Paris, 2013.
- MASSON-OURSEL (P.), *Le Yoga*, coll. « Que sais-je », PUF, Paris, 1954.
- PATANJALI (V.), *Yoga-sutras*, trad. de MAZET (F.), spiritualités vivantes, Albin Michel, Paris, 1991.
- PAUL (J.), « Influences indiennes sur la *naqshbandiyya* ? », *Cahiers d'Asie centrale*, « Routes du commerce, route des idées », 1996, 1-2, p. 203-217.

Thèses

- GRIEDER (E.), *Le yoga, un espace pour le sacré*, thèse, Paul Valéry – Montpellier III, 2015.

Articles

- DALMAIS (J. H.), « Yoga et pratiques monastiques de l'Orient chrétien », *in La Vie spirituelle*, 1973, 127, p. 88-92.
- DHAVAMONY (M.), V° « Yoga », *in Dictionnaire de la spiritualité ascétique et mystique doctrine et histoire*, t. 16, Paris, 1995, p. 1534-1544.
- Dossier spécial consacré au cœur par la *Revue Française de Yoga*, « L'espace du cœur », Janv. 1992, n° 5.
- MONCHANIN (J.), « Yoga et Hésychasme », *in* MONCHANIN (J.), FILLIOZAT (J.) et BAREAU (A.), *Entretiens 1955*, Institut Français de Pondichéry, 1956, p. 1-10.
- PADOUX (A.), « L'image du corps du yogin tantrique » (Chap. 5. « Corps et cosmos »), *in* BOUILLIER (V.) et TARABOUT (G.) (dir.), *Images du corps dans le monde hindou*, CNRS Éditions, Paris, 2003, p. 163-187.

Articles de presse

- PECHEUR (J.), « Le yogi qui fait suer le monde », Le quotidien *Le Monde*, 22 mars 2013.
- REINBOLT (J. C.), "Bikram Obtains Copyright Registration for His Asana Sequence", 3 févr. 2003 (en anglais).

SOURCES JURIDIQUES

DICTIONNAIRES

- CORNU (G.) (dir.), *Vocabulaire juridique*, coll. « Quadrige », 8e éd., PUF, Paris, 2007.
- CORNU (M.), ORSI (F.) et ROCHFELD (J.) (dir.), *Dictionnaire des biens communs*, PUF, Paris, 2017.
- DE LAMBERTERIE (I.), CORNU (M.), SIRINELLI (P.) et WALLAERT (C.) (dir.), *Dictionnaire comparé du droit d'auteur et du copyright*, CNRS, Paris, 2003.
- LINDON (R.), *Dictionnaire juridique : Les droits de la personnalité*, Dalloz, Paris, 1983.
- PROMPSAULT (J.-H.-R.), *Encyclopédie théologique, Dictionnaire raisonné de droit et de jurisprudence en matière civile ecclésiastique*, t. 1, A-CU, Éditeur de la Bibliothèque Universelle du Clergé, Paris, 1849.

ENCYCLOPEDIES

Juris-Classeur

- BENSAMOUN (A.) et GROFFE (J.), *J.-Cl. Propr. litt., art.*, Fasc. 1134 : « Objet du droit d'auteur. Œuvres protégées. Notion d'œuvre (CPI, art. L. 111-1, L. 112-1 et L. 112-2) », 2019.
- BERNAULT (C.), *J.-Cl. Propr. litt., art.*, Fasc. 1267, « Droit des auteurs. Contrefaçon et étendue du droit d'auteur (CPI, art. L. 122-4) », 2020.
- DAVERAT (X.), *J.-Cl. Propr. litt., art.*, Fasc. 1410 : « Droits voisins du droit d'auteur. Nature des droits voisins », 2016.
- DAVERAT (X.), *J.-Cl. Propr. litt., art.*, Fasc. 1430 : « Droits voisins du droit d'auteur. Droits de l'artiste-interprète. Droit moral (CPI, art. L. 212-1 à L. 212-10) », 2019, mis à jour 2021.
- DESURMONT (Th.) et GUERNALEC (C.), *J.-Cl. Propr. litt., art.*, Fasc. 1560 : « Propriété littéraire et artistique. Sociétés de perception et de répartition des droits. Notions générales », 2002.
- BERNAULT (C.), *J.-Cl. Propr. litt., art.*, Fasc. 1135 : « Objet du droit d'auteur. Œuvres protégées. Règles générales (CPI, art. L. 112-1 et L. 112-2) », 2021.
- GAUDRAT (Ph.), *J.-Cl. Propr. litt., art.*, Fasc. 1212 : « Propriété littéraire et artistique. Droits des auteurs. Droits moraux. Le droit de retrait et de repentir (CPI, art. L. 121-1 à L. 121-9) », 2001.
- GAUDRAT (Ph.), *J.-Cl. Propr. litt., art.*, Fasc. 1210 : « Propriété littéraire et artistique. Droits des auteurs. Théorie générale du droit moral (CPI, art. L. 121-1 à L. 121-9) », 2001.
- GAUDRAT (Ph.), *J.-Cl. Propr. litt., art.*, Fasc. 1134 : « Objet du droit d'auteur. Œuvres protégées. Notion d'œuvre (CPI, art. L. 111-1, L. 112-1 et L. 112-2) », 2008.
- GAUDRAT (Ph.), *J.-Cl. Propr. litt., art.*, Fasc. 1211 : « Droits des auteurs. Droits moraux. Droit de divulgation (CPI, art. L. 121-1 à L. 121-9) », 2001.
- KAHN (A.-E.), *J.-Cl. Propr. litt., art.*, Fasc. 1138 : « Objet du droit d'auteur. – Notion d'œuvre musicale (CPI, art. L. 112-2) », 2013.
- KAHN (A.-E.), *J.-Cl. Propr. litt., art.*, Fasc. 1425 : « Droits voisins du droit d'auteur. Droits des artistes-interprètes. Définition de l'artiste-interprète (CPI, art. L. 212-1) », 2019.
- LAPORTE-LEGEAIS (M.-E.), *J.-Cl. Commercial*, Fasc. 710 : « Objet des droits d'auteur et titularité », 2009.
- LUCAS-SCHLOETTER (A.), *J.-Cl. Propr. litt., art.*, Fasc. 1118 : « Nature du droit d'auteur. Droit d'auteur et droits de la personnalité », 2015.
- LUCAS-SCHLOETTER (A.), *J.-Cl. Propr. litt., art.*, Fasc. 1962 : « Protection juridique du folklore », 2009.
- MASSON (Ch.), *J.-Cl. Propr. litt., art.*, Fasc. 1116 : « Objet du droit d'auteur. Droit d'auteur et concurrence déloyale », 2021.
- PELISSIER-GATEAU (H.) et GUILLEMAIN (C.), *J.-Cl. Civil Code*, Art. 1382 à 1386 - Fasc. 133-10 : « Droit à réparation. Responsabilité fondée sur la faute. Atteintes aux droits de la personnalité. Droits susceptibles d'atteinte », 2002, mis à jour 2022.
- SAINT-PAU (J.-Ch.), *J.-Cl. Civil Code*, Art. 9 - Fasc. 10 : « Jouissance des droits civils. Droit au respect de la vie privée. Définition conceptuelle du droit subjectif », 2016.
- TAFFOREAU (P.), *J.-Cl. Propr. litt., art.*, Fasc. 1420 : « Droits voisins du droit d'auteur. Durée des droits voisins (CPI, art. L. 211-4 et L. 211-5) », 2015.

Répertoire Dalloz

- GAUDRAT (Ph.), V° Propriété littéraire et artistique (1° propriété des créateurs), *Rép. Civ. Dalloz*, sept. 2007.
- GAUDRAT (Ph.), V° Propriété littéraire et artistique (2° Les droits des exploitants), *Rép. Civ. Dalloz*, sept. 2007.
- LIBCHABER (R.), V° « Biens », *Rép. Civ. Dalloz*, 2016.
- TAFFOREAU (P.), V° « Droits voisins du droit d'auteur », *Rép. Dalloz IP/IT et Communication*, 2019.

THESES, MONOGRAPHIES ET ACTES DE COLLOQUE

Thèses et monographies

AL ANI (A. G.),
- *Le droit d'auteur en Iraq et en Égypte (comparaison avec la France)*, 2 vol., thèse, Paris II, 1975.

ARNAUD (C.),
- *Le droit d'auteur comme modèle*, thèse, Panthéon-Sorbonne (Paris I), 2002.

AYROUD (M.),
- *Contribution à l'étude de la doctrine musulmane du droit d'auteur*, thèse, Poitiers, 2017, Presses universitaires juridiques de Poitiers, 2022, Avant-propos de VERCKEN (G.) et Préf. de GAUDRAT (Ph.).

BERLIOZ (P.),
- *La notion de bien*, t. 489, LGDJ, Paris, 2007, Préf. de AYNES (L.).

BERNARD (A.),
- *Les usages en droit d'auteur français*, thèse, Poitiers, 2017.

BOUCHET-LE MAPPIAN (E.),
- *Propriété intellectuelle et droit de propriété en droits anglais, allemand et français*, thèse, Nantes, 2009.

BOUDREAU (M.),
- *Les rapports entre religion et droit : l'exemple du droit d'auteur français et des copyrights anglo-américains*, thèse, Montpellier I, 2000.

BOZZONI (O.),
- *Le droit d'auteur du chorégraphe*, thèse, Paris II, 1997.

BREUKER (L.),
- *Les rapports de l'œuvre et de son support en droit d'auteur*, thèse, Montpellier I, 2002.

CHARDEAUX (M.-A.),
- *Les choses communes*, LGDJ, Paris, 2006, préf. LOISEAU (G.).

CHEDOUKI (J.),
- *La protection du patrimoine culturel dans les pays arabes*, thèse, Poitiers, 2015.

CHOISY (S.),
- *Le domaine public en droit d'auteur*, thèse, Paris II, coll. « Le droit des affaires Propriété intellectuelle », n°22, IRPI-Litec, Paris, 2002, Avant-propos de GAUTIER (P.-Y.).

DASSONVILLE (J.),
- *La question des droits d'auteurs dans les Patronages, Œuvres de Jeunesse et Edifices du Culte : principes et applications*, Éditions Spes, 1927, 15 p.

DAVERAT (X.),
- *L'artiste interprète*, 2 tomes, thèse, Bordeaux I, 1990.

DESJEUX (X.),
- *La convention de Rome (10-26 oct. 1961) – Étude de la protection des artistes, interprètes ou exécutants, des producteurs de phonogrammes et des organismes de radiodiffusion*, LGDJ, Paris, 1966.

DOCK (M.-C.),
- *Contribution historique à l'étude des droits d'auteur*, thèse, LGDJ, Paris, 1962.

DU PASQUIER (A.),
- *Le droit du fabricant sur les disques du gramophone*, thèse, Genève, 1940.

EL-TANAMLI (A. M.),
- *Du droit moral de l'auteur sur son œuvre littéraire et artistique, Étude critique des droits positifs français et égyptien comparés. Vers une réforme législative*, Ed. A. Pédone, Paris, 1943, Préf. de RIPERT (G.).

EMILE-ZOLA-PLACE (E.),
- *La prescription extinctive en droit d'auteur*, thèse, Paris II, 2005.

ENSER (N.),
- *Conscience de la création de droit d'auteur*, coll. du CEIPI, LexisNexis, Paris, 2021.

FLORENTIN (L.),
- *De l'Adultère : droit français : la Propriété littéraire en droit international*, thèse, Nancy, 1890.

GERVAIS (D.),
- *La notion d'œuvre dans la Convention de Berne et en droit comparé*, thèse, Nantes, 1996.

GAIRAL (E.),
- *Les Œuvres d'art et le droit*, thèse, Lyon, Impr. Paul Legendre & Cie, Lyon, 1900.

GUEGUEN (J.-M.),
- *Les droits des artistes-interprètes sur leurs prestations en droit français*, 2 tomes, thèse, Paris II, LGDJ, 1986.

LALIGANT (O.),
- *La véritable condition d'application du droit d'auteur originalité ou création*, PUAM, 1999.

LALLEMENT (A.),
- *Travail, création et propriétés*, thèse, Poitiers, 2012.

LESUEUR (J.),
- *Conflits de droits. Illustrations dans le champ des propriétés incorporelles*, thèse, Paris II, 2007, PUAM, 2009, Préf. de GAUTIER (P.-Y.).

LOISEAU (G.),
- *Le nom, objet d'un contrat*, LGDJ, Bibl. dr. privé, t. 274, Paris, 1997.

LUCAS-SCHLOETTER (A.),
- *Droit moral et droits de la personnalité. Etude de droit comparé français et allemand*, 2 vol., PUAM, 2002.

MOURON (Ph.),
- *Le droit d'exposition des œuvres graphiques et plastiques*, thèse, Paul Cézanne – Aix-Marseille III, 2011.

NERSON (R.),
- *Les droits extrapatrimoniaux*, thèse, Lyon, 1939, Préf. de ROUBIER (P.).

NGOMBE (L.-Y.),
- *Le droit d'auteur français et le copyright américain, fondements historiques : étude comparative*, thèse, Nantes, 2000.

PASSA (J.),
- *Contrefaçon et concurrence déloyale*, coll. « IRPI », Litec, Paris, 1997.

PAUL (F.),
- *Les choses qui sont dans le commerce au sens de l'article 1128 du Code civil*, LGDJ, Paris, 2002, Préf. de GHESTIN (J.).

PFISTER (L.),
- *L'auteur, propriétaire de son œuvre ? La formation du droit d'auteur du XVIe siècle à la loi de 1957*, 2 tomes, thèse, Strasbourg III, 1999.

PIGNATARI (O.),
- *Le support en droit d'auteur*, thèse, Poitiers, 2010, Larcier, 2013, Préf. de GAUDRAT (Ph.).

PORTRON (A.),
- *Le « fait de la création » en droit de la propriété littéraire et artistique. Une proposition de lecture réaliste de l'article L. 111-2 du code de la propriété intellectuelle*, thèse, Poitiers, 2019 (*Le fait de la création en droit d'auteur français. Étude de l'article L. 111-2 du Code de la propriété intellectuelle*, LGDJ, t. 606, Paris, 2021, Préf. de GAUDRAT (Ph.).
- *Election et création. Réflexions sur l'influence de la technique en propriété littéraire et artistique*, Mémoire pour le Master II Droit des propriétés intellectuelles, Université de Poitiers, 2013, dir. GAUDRAT (Ph.)

PRES (X.),
- *Les sources complémentaires du droit d'auteur français*, PUAM, 2004.

RABANT (T.),
- *La notion d'œuvre de l'esprit*, thèse, Paris II, 2000.

RAIMOND (S.),
- *La qualification du contrat d'auteur*, Litec/IRPI, Paris, 2009.

SAVATIER (R.),
- *Le droit de l'art et des lettres – Les travaux des muses dans les balances de la justice*, LGDJ, Paris, 1953.

SIMLER (Ch.),
- *Droit d'auteur et droit commun des biens*, coll. « du CEIPI », LexisNexis, Préf. de CARON (Ch.) et Avant-propos de REBOUL (Y.), Paris, 2010.

SOLEIMAN (S.),
- *Interprétation artistique et propriété intellectuelle : essai d'une théorie du voisinage des droits exclusifs au sein de la propriété littéraire et artistique*, thèse, Poitiers, 2021, O. SALOMON, L'Harmattan, Paris, 2023, Préf. Ph. GAUDRAT.

TAFFOREAU (P.),
- *Le droit voisin de l'interprète d'œuvres musicales en droit français*, 2 vol., thèse, Paris II, 1994.

TAFFOREAU (P.),
- *Musique et droits voisins du droit d'auteur*, éd. de l'Université de Paris-Sorbonne/Observatoire musical français, coll. « Conférences et séminaires », n° 4, Paris, 1996.

THOMAS (J.),
- *Le délit d'injures : droit romain, droit international, convention littéraire et artistique internationale signée à Berne le 9 septembre 1886*, thèse, Grenoble, 1894.

TREFIGNY (P.),
- *L'imitation : contribution à l'étude juridique des comportements référentiels*, CEIPI, PU Strasbourg, 2000.

TRICOIRE (A.),
- *La définition de l'œuvre*, thèse, Paris I, 2012.

WALRAVENS (N.),
- *L'œuvre d'art en droit d'auteur*, Economica, Paris, 2005.

Actes de colloques et grands arrêts

- BENSAMOUN (A.), LABARTHE (F.) et TRICOIRE (A.) (dir.), *L'œuvre de l'esprit en question(s). Un exercice de qualification*, Actes de colloques, Mare & Martin, Paris, 2015, 252 p.
- BRUGUIERE (J.-M.) (dir.), *La propriété intellectuelle, entre autres droits*, coll. « Thèmes et commentaires », Dalloz, Paris, 2009, 140 p.
- BRUGUIERE (J.-M.), MALLET-POUJOL (N.) et ROBIN (A.) (dir.), *Propriété intellectuelle et droit commun*, coll. « Institut de Droit des Affaires », PUAM, 2007, 400 p.
- BRUGUIERE (J.-M.), MALLET-POUJOL (N.) et VIVANT (M.) (dir.), *Quels droits pour les artistes du spectacle ?*, coll. « Thèmes et commentaires », Dalloz, Paris, 2009, 137 p.
- *Les modèles propriétaires au XXIe siècle*, Actes du colloque international organisé par le CECOJI en hommage au professeur H.-J. LUCAS, PU Juridiques de Poitiers, 2012, 254 p.
- PROUST (S.) (dir.), *Mise en scène et droits d'auteur. Liberté de création scénique et respect de l'œuvre dramatique*, L'Entretemps, Paris, 2012, 271 p.
- TOUZEIL-DIVINA (M.) et KOUBI (G.) (dir.), *Droit et opéra*, Actes des colloques des 14 décembre 2007 (Paris) et 14 mars 2008 (Poitiers), PU Juridiques de Poitiers, 2008, 392 p.
- VIVANT (M.) (dir.), *Les grands arrêts de la propriété intellectuelle*, 2e éd., Dalloz, Paris, 2015, Préf. de JESTAZ (Ph.), 621 p.
- ZOLLINGER (A.) (dir.), *La création. Entre droit, philosophie et religion*, éd. Faculté de Droit de Poitiers/LGDJ, 2016, 174 p.

OUVRAGES GENERAUX, TRAITES, MANUELS, COURS ET LEÇONS

- ACOLLAS (E.), *La propriété littéraire et artistique*, C. Delagrave, Paris, 1886.
- ANDRE (M.), *Cours alphabétique, théorique et pratique de la législation civile et ecclésiastique*, t. IV, L. Gauthier, Lyon, 1869.
- AUBRY (C.) et RAU (C. F.), *Cours de droit civil français d'après la méthode de Zachariae*, t. VI, Marchal et Billard, 4e éd., Paris, 1873.
- AZEMA (J.), *Le droit français de la concurrence*, Thémis, PUF, Paris, 1989.
- BASTIDE (L.), *L'Union de Berne de 1886 et la protection internationale des droits des auteurs et des artistes*, Librairie A. Giard, Paris, 1890.
- BERTRAND (A.), *Le droit d'auteur et les droits voisins*, Dalloz, Paris, 1999.
- BERTRAND (A.-R.), *Droit d'auteur*, 3e éd., Dalloz, Paris, 2010.
- BINCTIN (N.), *Droit de la propriété intellectuelle*, 1re éd., LGDJ, Paris, 2010.
- BLANC (E.), *Traité de la contrefaçon en tous genres, et de sa poursuite en justice*, Raymond, Paris, 1838 et H. Plon, Paris, 1855.

- BLANCHE (A.), *Études pratiques sur le Code pénal*, VI, Imprimerie et Librairie générale de jurisprudence, Cosse et Marchal et Billard, Paris, 1871.
- BUYDENS (M.), *La propriété intellectuelle : évolution historique et philosophique*, Bruylant, Bruxelles, 2012, Préf. de Feer VERKADE (D.W.).
- CARON (Ch.), *Droit d'auteur et droits voisins*, LexisNexis, 2e éd., Paris, 2009.
- CHATAIN (M.), *De la Propriété littéraire*, A. Cotillon, Paris, 1880.
- CHERPILLOD (I.), *L'objet du droit d'auteur*, Cedidac, Lausanne, 1985.
- COLOMBET (C.), *Propriété littéraire et artistique et droits voisins*, Dalloz, 8e éd., Paris, 1997.
- CORNU (G.), *Linguistique juridique*, 3e éd., Montchrestien, Paris, 2005.
- CORNU (M.) et MALLET-POUJOL (N.), *Droit, œuvres d'art et musées*, CNRS, Paris, 2001.
- COURAJOD (L.), *L'imitation et la contrefaçon des objets d'art antiques aux XVe et XVIe siècles*, Ernest Leroux éditeur, Paris, 1889.
- CURASSON (J.), *Observations sur le projet de loi concernant la propriété littéraire, relativement aux livres d'usage des diocèses*, Outhenin-Chalandre fils (Besançon), 1841.
- DARRAS (A.), *Des droits intellectuels. I. Du droit des auteurs et des artistes dans les rapports internationaux*, Arthur Rousseau, Paris, 1887.
- DE FOOZ (J.-H.-N.), *Le droit administratif belge. De l'ordre public et de la police administrative en Belgique*, t. III, P. Lethielleux (Paris), H. Casterman (Tournai), 1859-1866.
- DE MARCHI (F.), *La propriété littéraire, artistique et industrielle en Turquie et en Égypte*, Imprimerie A. Pinaud, Paris, 1880.
- DEHANSY (Ch.-P.), LE CLERE (A.) et TOULOUSE (J.-A.), *Observations présentées par les libraires propriétaires des livres d'Église à l'usage du diocèse de Paris, à l'occasion du projet de loi adopté par la Chambre des Pairs sur la propriété littéraire*, Adrien Le Clère et Cie, Paris, 1840.
- DELALAIN (J.), *Législation de la propriété littéraire et artistique : suivie d'un résumé du droit international français et de la législation des pays étrangers*, Paris, 1862.
- DELALAIN (J.), *Législation française et belge de la propriété littéraire et artistique : suivie de la convention conclue entre la France et la Belgique et accompagnée de notes explicatives*, Impr. de J. Delalain, Paris, 1854.
- DESBOIS (H.), *Le Droit d'auteur en France*, 3e éd., Dalloz, Paris, 1978.
- DESJEUX (X.), *La convention de Rome (10-26 oct. 1961) – Étude de la protection des artistes, interprètes ou exécutants, des producteurs de phonogrammes et des organismes de radiodiffusion*, LGDJ, Paris, 1966.
- DURAND-SAINT-AMAND (A.), *Manuel des courtiers de commerce, ou exposé complet de la législation et de la jurisprudence concernant les courtiers de marchandises, les courtiers d'assurances, les courtiers interprètes et constructeurs de navires*, Renard, Paris, 1845.
- GASTAMBIDE (A.), *Historique et théorie de la propriété des auteurs*, Cosse et Marchal, Paris, 1860.
- GASTAMBIDE (A.), *Traité théorique et pratique des contrefaçons en tous genres*, Legrand et Descauriet, Paris, 1837.
- GAUDRAT (Ph.) et SARDAIN (F.), *Traité de droit civil du numérique*, t. I (Droit des biens), éd. Larcier, Bruxelles, 2015.
- GAUDRAT (Ph.), *Deux cours de doctorat en propriété littéraire et artistique* (à paraître).
- GAUDRAT (Ph.), *La propriété intellectuelle : modèle multiple ou pensée unique ?*, Cours spécial : Master 2 « Propriétés Intellectuelles », Université de Poitiers, 2010/2011.
- GAUTIER (P.-Y.), *Propriété littéraire et artistique*, 4e éd., PUF, 2004 et 11e éd., Paris, 2019.
- GHICA (J. T.), *La Propriété littéraire et artistique en Roumanie*, A. Rousseau, Paris, 1900.
- HUARD (A.) et MACK (E.), *Répertoire de législation, de doctrine et de jurisprudence en matière de propriété littéraire et artistique*, Marchal et Billard éd., Paris, 1891 et 1895.
- KAMINA (P.), *Droit anglo-américain des propriétés intellectuelles*, LGDJ, Paris, 2017.
- LABOULAYE (E.), *Études sur la propriété littéraire en France et en Angleterre*, Auguste Durand, Paris, 1858.
- LAFERRIERE (F.), *Cours de droit public et administratif*, 2e éd., Joubert, Paris, 1841.
- LE BARROIS D'ORGEVAL (R.), *La propriété littéraire en France et à l'étranger, son histoire – sa législation*, E. Dentu, E. Thorin, Paris, 1868.
- LE TOURNEAU (Ph.), *Le parasitisme*, Litec, Paris, 1998.
- LINANT DE BELLEFONDS (X.), *Droits d'auteur et droits voisins*, coll. « Cours », Dalloz, 2e éd., Paris, 2004.
- LOUTFI (M.-H.) et al., *Notions fondamentales du droit d'auteur, Recueil de jurisprudence des pays arabes*, L'Organisation Mondiale de la Propriété Intellectuelle (OMPI) avec la coopération du Programme des Nations Unies pour le Développement (PNUD), n° 844, Genève, 2002 (Partie en arabe).

- LUCAS (A.), *Le droit de l'informatique*, Thémis, PUF, Paris, 1987.
- LUCAS (A., H.-J.), LUCAS-SCHLOETTER (A.) et BERNAULT (C.), *Traité de la propriété littéraire et artistique*, 5e éd., LexisNexis, Paris, 2017.
- MERCINIER (R.), *L'enregistrement en Égypte, de la propriété industrielle et intellectuelle*, Librairie judiciaire "Au bon livre,", Alexandrie, 1933.
- OLAGNIER (P.), *Le droit d'auteur*, t. 2 (*Le droit moderne*), LGDJ, Paris, 1934.
- OMAR AMINE (Y.), *La mémoire oubliée de l'histoire du droit d'auteur égyptien : Les juristes M. Linant de Bellefonds, M. Pupikofer et E. Piola Caselli*, éd. Dar El Nahda El Arabia, Le Caire, 2014-2015 (en arabe).
- PELLETIER (M.) et DEFERT (H.), *Procédure en matière de contrefaçon industrielle, littéraire et artistique avec formules*, A. Rousseau, Paris, 1879.
- PLANIOL (M.) et RIPERT (G.), *Traité pratique de droit civil français*, 2e éd., t. III, *Les biens*, par PICARD (M.), LGDJ, Paris, 1952.
- POLLAUD-DULIAN (F.), *Le droit d'auteur*, 2e éd., Economica, Paris, 2014.
- POUILLET (E.), *Traité théorique et pratique de la propriété littéraire et artistique et du droit de représentation*, Marchal et Billard, 3e éd., Paris, 1908.
- PROUDHON (P.-J.), *Les majorats littéraires, examen d'un projet de loi ayant pour but de créer au profit des auteurs, inventeurs, et artistes un monopole perpétuel*, in Œuvres complètes de P.-J. PROUDHON, t. XVI, Librairie Internationale, A. Lacroix, Verboeckhoven & Cie, Paris, 1868, Bruxelles, 1868.
- RENDU (A.) et DELORME (C.), *Traité pratique de droit industriel, ou Exposé de la législation et de la jurisprudence sur les établissements industriels, les brevets d'invention, la propriété industrielle, artistique et littéraire, les obligations particulières à l'industrie*, Cosse, Paris, 1855.
- RENOUARD (A.-Ch.), *Traité des droits d'auteur, dans la littérature, les sciences et les beaux-arts*, t. I et II, J. Renouard & Cie, Paris, 1839 et 1839.
- ROUBIER (P.), *Le droit de la propriété industrielle*, t. 2, Recueil Sirey, Paris, 1954.
- SAVATIER (R.), *Le droit de l'art et des lettres – Les travaux des muses dans les balances de la justice*, LGDJ, Paris, 1953.
- SIRINELLI (P.) et al., *Notions fondamentales du droit d'auteur, Recueil de jurisprudence*, Publications de l'OMPI avec la coopération du Programme des Nations Unies pour le Développement (PNUD), n° 844, Genève, 2002.
- SIRINELLI (P.), *Propriété littéraire et artistique*, coll. « Mémentos », 3e éd., Dalloz, Paris, 2016.
- STOLFI (N.), *Traité théorique et pratique de la propriété littéraire et artistique*, t. 1, M. Giard et E. Brière, Paris, 1916.
- STROWEL (A.), *Droit d'auteur et copyright. Divergences et convergences*, Bruylant et LGDJ, Bruxelles, Paris, 1993.
- TAFFOREAU (P.), *Droit de la propriété intellectuelle*, 2e éd., Gualino éditeur, Paris, 2007.
- VAVER (D.), et al., *Principles of Copyright : Cases and Materials* (*Notions fondamentales du droit d'auteur, Recueil de jurisprudence*), Publications de l'OMPI avec la coopération du Programme des Nations Unies pour le Développement (PNUD), n° 844, Genève, 2002 (partie en anglais).
- VIVANT (M.) et BRUGUIERE (J.-M.), *Droit d'auteur et droits voisins*, coll. « Précis », 3e éd., Dalloz, Paris, 2016.

ARTICLES, CHRONIQUES, COMMENTAIRES ET OBSERVATIONS

- « La Convention de Berne et la révision de Paris » (Quatrième article), *Dr. Aut.*, 15 févr. 1899, n° 2, p. 13-17.
- « Compte rendu du XXVIe Congrès de l'ALAI à Marseille (24 au 29 septembre 1904) », *Dr. Aut.*, 15 oct. 1904, n° 10, p. 118-122.
- « De la propriété littéraire en ce qui concerne les discours religieux prononcés en chaire et les livres d'Eglise », Revue *Le Droit catholique*, 1865-1866, 1er vol., p. 32-46.
- « La question des droits d'auteurs sur la musique exécutée dans les Églises », *Bulletin du Diocèse de Reims*, 12 mai 1928, n° 19, p. 149.
- « Les droits des compositeurs de musique », *La musique sacrée*, mai 1911, p. 18.

ABEL (G.),

- « Quelques notes historiques sur la propriété littéraire et artistique », *in La France judiciaire* (revue bimensuelle de législation, de jurisprudence et d'éloquence judiciaire), janv. 1893, p. 157-164.

ALSNE (M.),

▪ « La chorégraphie et le droit d'auteur en France », *RIDA* oct. 1994, n° 162, p. 3-119.
AMAR (M.),
▪ « Lettre d'Italie », *Dr. Aut.*, 15 oct. 1912, n° 10, p. 138-139.
▪ « Lettre d'Italie », *Dr. Aut.*, 15 sept. 1913, n° 9, p. 127-130.
AZEMA (J.),
▪ « L'incidence des dérivés du parasitisme sur le régime des droits de propriété industrielle (à propos de quelques décisions récentes) », *in Études de droit privé : Mélanges offerts à P.* DIDIER, p. 120.
BART (J.),
▪ V° « *Res communes omnium, res nullius, res publicae, res universitatis* », *in* CORNU (M.), ORSI (F.) et ROCHFELD (J.) (dir.), *Dictionnaire des biens communs*, PUF, Paris, 2017, p. 1052.
BECK (B.) et VON WERDER (K.),
▪ « Yoga et droit d'auteur », *Magazine de l'OMPI*, juin 2017/3, p. 45.
BENABOU (V.-L.) et DUSOLLIER (S.),
▪ « Du droit d'auteur sur les mouvements, de l'interprétation du droit d'auteur », *Journal des Laboratoires*, mai-août 2012, p. 25-33.
BERNAULT (C.),
▪ « La protection des formes fonctionnelles par le droit de la propriété intellectuelle », *D.* 2003, p. 957-962.
▪ « Le droit d'auteur à l'épreuve de la restauration des œuvres », *CPI*, 2007, vol. 19, n° 3, p. 755-774.
BICH-CARRIERE (I.),
▪ « Communication spirituelle et droit d'auteur : à qui les droits d'une œuvre littéraire dictée depuis l'Au-delà ? », *CPI*, 2007, n° 19, p. 775-794.
BINCTIN (N.),
▪ « Le droit moral en France », *CPI*, 2013, vol. 25, n° 1, p. 303-361.
BREUKER (L.),
▪ « Le support de création et le support de commercialisation de l'œuvre », *Comm. com. électr.* 2003, n° 1, chron. 2.
BRUGUIERE (J.-M.),
▪ « Propriété intellectuelle et choses communes », *in* BRUGUIERE (J.-M.), MALLET-POUJOL (N.) et ROBIN (A.) (dir.), *Propriété intellectuelle et droit commun*, coll. « Institut de Droit des Affaires », PUAM, 2007, p. 39-56.
CARON (C.),
▪ « À la recherche de l'artiste-interprète », *Comm. com. électr.* 2013, n° 7-8, comm. 75.
▪ « De la restauration des jardins de châteaux considérée comme un des Beaux-Arts », *Comm. com. électr.* 2002, comm. 112.
▪ « Les rites et emblèmes maçonniques sont-ils appropriables par le droit de la propriété intellectuelle ? », *Comm. com. électr.* 2002, n° 10, comm. 124.
▪ « Les usages et pratiques professionnelles en droit d'auteur », *Propr. intell.* 2003, n° 7, p. 127-136.
▪ « Vrais et faux auteurs : *bis repetita* ! », *Comm. com. électr.* 2001, n° 10, comm. 98.
▪ « Les contrats d'exploitation de l'image de la personne », *in L'image*, coll. « Thèmes et commentaires », Dalloz, Travaux de l'Association Henri Capitant, t. VIII, Paris, 2005, spéc., p. 103.
CHATRY (S.),
▪ « Les droits-modèles de la propriété intellectuelle », *in Mélanges en l'honneur du professeur A.* LUCAS, LexisNexis, Paris, 2014, p. 139-149.
DAVERAT (X.),
▪ « L'impuissance et la gloire. Remarques sur l'évolution contemporaine du droit des artistes-interprètes », *D.* 1991, chron. 93.
▪ « Télé-réalité et interprétation artistique », *JCP G* 2013, n° 26, 731.
DE VILALLONGA et OLAGNIER (P.),
▪ « Les œuvres orales, les disques et les films parlants », 2e Congrès international de la parole, 6-7-8 sept. 1935, Exposition universelle internationale de Bruxelles, Comité international de la parole, Paris, 1936, p. 24-27.
DE WERRA (J.),
▪ « Langues et droit d'auteur : perspectives de Suisse », *in* GENDREAU (Y.) et DRASSINOWER (A.) (dir.), *Langues et droit d'auteur / Language and Copyright*, Carswell/ Bruylant, Québec/Bruxelles, 2009, p. 97-122.
DEBLANC (M.-O.),

▪ « De la notion de parasitisme et d'agissements parasitaires en matière artistique », *RIDA*, oct. 2017, n° 254, p. 13-81.

DESBOIS (H.),

▪ « Le projet de loi français dans l'évolution du Droit d'auteur », Conférence faite à la Faculté de Droit de l'Université Libre de Bruxelles, les 14 et 15 janvier 1957, *in Travaux et Conférences de la Faculté de Droit de l'Université Libre de Bruxelles*, IV, Maison Ferdinand Larcier, juin 1957, p. 5-33.

DESJEUX (X.),

▪ « La mise en scène de théâtre est-elle une œuvre de l'esprit ? », *RIDA* 1973, n° 75, p. 43-84.

▪ « La reprise de la prestation d'autrui : l'idée commerciale et l'investissement économique (esquisse d'un projet de loi) », *Gaz. Pal.* 1992, 16 et 17 déc. 1992, p. 29.

DUSOLLIER (S.),

▪ V° « Domaine public (propriété intellectuelle) », *in* CORNU (M.), ORSI (F.) et ROCHFELD (J.) (dir.), *Dictionnaire des biens communs*, PUF, Paris, 2017, p. 379.

EDELMAN (B.),

▪ « Création et banalité », *D.* 1983, chron. p. 73.

▪ « Être et paraître : la réalité est gratuite », *D.* 2005, Jur. 92.

▪ « La création dans l'art contemporain », *D.* 2009, 38.

▪ « Le "Paradis" de la Nouvelle Eve dans l'enfer du droit d'auteur », *D.* 2006, 2610.

▪ « Fragrance d'un parfum : un arrêt responsable », *D.* 2009, 1128.

EEMAN (E.),

▪ « De la possibilité d'adhésion de l'Égypte à la Convention de Berne révisée à Berlin », Compte-rendu du 34e Congrès de Paris de 1925, *Bulletin de l'Association*, juin 1925, n° 2, p. 155-159.

EL-BADRAWY (H.),

▪ « Rôle des autorités judiciaires dans l'application des droits de propriété intellectuelle », Comité consultatif sur l'application des droits, OMPI (WIPO/ACE/2/6), Deuxième session Genève, 28 – 30 juin 2004 (version française « original en arabe »), 16 p.

EMILE-ZOLA-PLACE (E.),

▪ « Imprescriptibilité des droits et prescription de l'action en contrefaçon », *Dalloz actualité*, 18 juill. 2013.

ESCARRA (J.),

▪ « Le droit d'auteur : sa protection nationale et internationale », *Égypte cont.*, janv.-févr. 1949, n° 248 et 249, p. 193-219.

FRANÇON (A.),

▪ « L'avenir du droit d'auteur », *RIDA*, avr. 1987, n° 132, p. 3-27.

GAUDRAT (Ph.),

▪ « De l'enfer de l'addiction au paradis des toilettes : tribulations judiciaires au purgatoire du droit d'auteur… », Observations sur Civ. 1re, 13 nov. 2008, *RIDA*, avr. 2009, n° 220, p. 80-171.

▪ « Du logiciel-support à l'illicéité de la copie privée numérique : chronique d'une subversion annoncée … (1re partie) », *RTD com.* 2001, p. 890 et s.

▪ « L'importance de la référence propriétaire dans la loi du 11 mars 1957 », *RIDA* juill. 2009, n° 221, p. 3-63.

▪ « Les créations et le droit : balade dans l'espace et dans le temps », *in* ZOLLINGER (A.) (dir.), *La création entre droit, philosophie et religion*, Presses universitaires de Poitiers, LGDJ, Paris, 2016, p. 11-65.

▪ « Réflexions sur la forme des œuvres de l'esprit », *in Mélanges en l'honneur du Professeur A.* FRANÇON, Dalloz, Paris, 1995, p. 195-221.

▪ « Droit moral » (non publié).

▪ « Formes & propriétés intellectuelles » (article à paraître).

▪ « Le droit moral… et sa destinée européenne » (article à paraître).

▪ « Les démêlés intemporels d'un couple à succès : le créateur et l'investisseur », *RIDA* oct. 2001, n° 190, p. 71-243.

▪ « Les modèles d'exploitation du droit d'auteur », *RTD com.* 2009, p. 323-356.

▪ « Non-épuisement du droit de divulgation (par donation du support) », *RTD com.* 2019, p. 127, note ss. Civ. 1re, 10 oct. 2018, n° 17-18.237, *Frandsen de Schomberg Gervasi c/ Clapton*, inédit.

▪ « Pour une propriété intellectuelle épurée », *in Mélanges en l'honneur du professeur A.* LUCAS, LexisNexis, Paris, 2014, p. 325-351.

▪ « Souple cession », *in Liber amicorum en l'honneur de G.* VERCKEN, éd. du cabinet Vercken, Paris, 2016.

▪ V° « Public », *in* CORNU (M.), ORSI (F.) et ROCHFELD (J.) (dir.), *Dictionnaire des biens communs*, PUF, Paris, 2017, p. 1021.

GAUDRAT (Ph.) et ZOLLINGER (A.),

▪ « La cession en propriété littéraire et artistique : le modèle du droit d'auteur », *in* SAVAUX (E.), SCHÜTZ (R.-N.), BOUCARD (H.) et LETE (J.) (dir.), *Les recodifications du droit de la vente en Europe*, Presses Universitaires juridiques de Poitiers, LGDJ, 2021, p. 745 et s.

GAUTIER (P.-Y.),

▪ « De l'adage *ubi lex non distinguit*… et de quelques autres, en droit d'auteur », *in Mélanges en l'honneur du professeur A. LUCAS*, LexisNexis, Paris, 2014, p. 353-365.

GUILHEM (J.),

▪ « La protection du secret du magicien par la chorégraphie de l'invisible », *Gaz. Pal.* avr. 2009, n° 112-113, p. 3-10.

HELLO (M.),

▪ « De la liberté religieuse selon le droit public des français », *Revue de législation et de jurisprudence*, janv.-avr. 1844, t. 3, p. 51-89.

HUET-WEILLER (D.),

▪ « La protection juridique de la voix humaine », *RTD civ.* 1982, p. 497-513.

HUILLIER (J.),

▪ « Le parasitisme parasite-t-il la propriété intellectuelle ? », *Gaz. Pal.* 2001, 2, doctr. p. 1630-1633.

KAMINA (P.),

▪ « Rejet de la protection par copyright d'une méthode d'enseignement », *Comm. com. électr.* 2002, n° 6, act. 98.

KAYSER (P.),

▪ « Les droits de la personnalité, aspects théoriques et pratiques », *RTD civ.* 1971, p. 445-509.

LABOULAYE (E.),

▪ « De la propriété littéraire en Angleterre », deuxième article : Législation de la propriété littéraire (*Copyright*) en Angleterre, *Revue de législation et de jurisprudence*, janv. 1852, t. 2, p. 289-321.

LALIGANT (O.),

▪ « La révolution française et le droit d'auteur », *RRJ* 1989, n° 2, p. 343-391.

LALIGANT (O.),

▪ « Problématique de la protection du parfum par le droit d'auteur », *RRJ* 1989, n° 3, p. 587-636.

LANÇON (R.) et VILBOIS (J.),

▪ « Le droit d'auteur en Égypte », *RIDA* oct. 1954, n° 5, p. 91-123.

LARRIEU (J.),

▪ « Les frontières de la propriété : les idées », *in* TOMASIN (D.) (éd.), *Qu'en est-il de la propriété ? L'appropriation en débat*, Presses de l'Université Toulouse 1 Capitole, 2006, p. 129-145.

LAUVAUX (É.) et EMILE-ZOLA-PLACE (E.),

▪ « La prescription des créances de redevances dans les secteurs de l'édition et de la production depuis la loi du 17 juin 2008 », *Comm. com. électr.* 2009, n° 10.

LE CHEVALIER (Ph.),

▪ « Pour une protection des mises en scène théâtrales par le droit d'auteur », *RIDA* 1990, n° 146, p. 19.

LE STANC (Ch.),

▪ « La propriété intellectuelle dans le lit de Procuste : observations sur la proposition de loi du 30 juin 1992 relative à la protection des "créations réservées" », *D.* 1993, chron. II, p. 4.

LE TOURNEAU (Ph.),

▪ « Folles idées sur les idées », *Comm. com. électr.* 2001, n° 2, chron. 4.

▪ « Le parasitisme dans tous ses états », *D.* 1993, chron. 310.

▪ « Retour sur le parasitisme », *D.* 2000, p. 403.

▪ « Variations autour de la protection du logiciel », *Gaz. Pal.*, 1982, doc, p. 370.

LEPAGE (A.), CARON (C.), DE MATTOS (O.), DECOCQ (G.) et BRÜNING (A.),

▪ « De quelques points de rencontre entre le droit et l'émission Loft-Story », *Comm. com. électr.* 2001, n° 6, chron. 14.

LESUEUR (J.),

▪ « Les droits opposés dans le champ des propriétés incorporelles », *Comm. com. électr.* 2008, n° 7-8, étude 15.

▪ « Les postures de yoga, des biens appropriables », *Comm. com. électr.* 2006, n° 11, alerte 217.

Linant De Bellefonds (M.),

- « À propos d'une législation sur le droit d'auteur en Égypte », *Égypte cont.*, t. XVIII, janv. 1927, p. 89-143.

Loiseau (G.),

- « Protection par le droit d'auteur d'une œuvre conceptuelle », *JCP G* 2008, II, 10204.

Lucas (A.)

- « Droit d'auteur, information et entreprise », *JCP E* 1992, suppl. n° 6, p. 7.

Lucas (A.) et Sirinelli (P.),

- Chronique, « Droit d'auteur et droits voisins », *Propr. intell.* juill. 2004, n° 12, p. 766-383.

Maas geesteranus (H.),

- « La protection des œuvres orales et leur reproduction au moyen de l'imprimerie », 2e Congrès international de la parole, 6-7-8 sept. 1935, Exposition universelle internationale de Bruxelles, Comité international de la parole, Paris, 1936, p. 27-34.

Marino (L.),

- « La patrimonialisation du nom, de la voix et de l'image », *in* Beignier (B.), De Lamy (B.), et Dreyer (E.) (dir.), *Traité de droit de la presse et des médias*, LexisNexis, Paris, 2009, p. 997-1049.

Maunoury (M.),

- « La protection de la propriété littéraire et artistique en Égypte », *Dr. Aut.*, 15 mai 1906, n° 5, p. 53-57.

Mouron (Ph.),

- « État des lieux de la protection des numéros et tours de cirques par le droit d'auteur et les droits voisins », *Propr. intell.* 2014, n° 53, p. 367-381.
- « L'icône et l'œuvre de l'esprit : De l'un des fondements religieux du droit d'auteur », *Annuaire Droit et religions*, 2014, vol. 7, t. 1, p. 49-66.
- « La restitution d'un manuscrit du Moyen Âge n'est pas une œuvre originale », *RLDI* 2017, n° 143, p. 8-13.

Noual (P.),

- « Le domaine public à l'épreuve des revendications abusives », *Juris art etc.* 2014, n° 18, p. 38-41.

Olagnier (P.),

- « Les orateurs interprètes de leurs œuvres », 2e Congrès international de la parole, 6-7-8 sept. 1935, Exposition universelle internationale de Bruxelles, Comité international de la parole, Paris, 1936, p. 17-21.

Omar Amine (Y.),

- « "*Tilâwit* le Coran" en Égypte, entre droit d'auteur et droits voisins (à propos de l'affaire du *Cheikh* Abdel Basit Abdel Samad). Contribution à l'étude de la conception arabo-musulmane de la propriété littéraire et artistique », *RIDC* 2014, Vol. 66, n° 4, p. 1043-1068.
- « Brèves réflexions sur le droit voisin du *muezzin* sur l'interprétation de l'*adhân* », *Prop. intell.*, 2015, n° 54, p. 101-104.
- « Chronique d'Égypte : Le développement historique du droit d'auteur en Égypte », *RIDA* 2010, n° 223, p. 245-261.
- « L'affaire de la "butte publicitaire" : les enseignements de la jurisprudence récente de la Cour économique du Caire en matière de droit d'auteur », *Auteurs & Média* 2014/5, p. 326-335.
- « Le droit international privé du droit d'auteur en Égypte : à la croisée des chemins », *Rev. crit. DIP*, janvier-mars 2013/1, p. 75-100.
- « Lettre d'Égypte - Protection des brevets d'invention en Égypte : premier bilan sur l'Office égyptien des brevets (EGPO) : 60 ans après… », *Propr. intell.* 2012, n° 44, p. 362.
- « Lettre d'Égypte : Entre contrefaçon et inspiration au royaume des pharaons (À propos de l'affaire médiatique *Kurasov c/ Wali*) », *Propr. intell.* 2024, n° 93, rubrique « Nouvelles de l'étranger », p. 132-145.
- « Pour un Nouveau roman judiciaire d'un droit d'auteur égyptien tourmenté : suite et presque fin de la saga de la "butte publicitaire" », *RFPI* 2016/2, p. 28-43.
- « *Quid* de la "conception arabo-musulmane de la propriété littéraire et artistique" ? À la recherche d'une conception perdue », *RLDI*, 2013/93, n° 3101, p. 76-77.
- « Une "butte publicitaire" est-elle considérée comme une œuvre protégeable par le droit d'auteur en Égypte ? », (note ss. Cour économique du Caire, 4e ch., 26 déc. 2010, dans l'aff. n° 3099/2009, *Tarek M. Wafaa Abdel-Moati Hegazy c/ Coca-cola et al.*), *RLDI* 2011/77, n° 2573, p. 111-114.

▪ « Contentieux des créations intellectuelles en Afrique : Aperçu jurisprudentiel (2016-2021) », Chronique ss. la dir. NGOMBE (Y.-L.) (note ss. Cass. civ. et com., 28 mars 2019, pourvoi n° 7133/88e A.J., dans l'aff. *Sté Panorama Media Production c/ Mohamed Salah A. Nada*), *CPI*, oct. 2022, Vol. 34, n° 3, p. 1010-1018.

OSTERTAG (F.),

▪ « Examen de la situation du droit d'auteur au point de vue de la loi et de la jurisprudence dans les divers pays, revue des événements récents relatifs à la propriété littéraire et artistique (année 1925-1926) », Compte rendu du 35e Congrès de l'ALAI de Varsovie de 1926, *Bulletin de l'Association*, oct. 1926, n° 3, p. 150-160.

PASSA (J.),

▪ « Première réfutation de la notion de parasitisme économique », *D.* 2001, p. 850.

▪ « Propos dissidents sur la sanction du parasitisme économique », *D.* 2000, chron. 297.

PESSINA DASSONVILLE (S.),

▪ « La qualité d'artiste du spectacle : une notion dévoyée. Du droit du spectacle artistique au droit du divertissement », *Propr. intell.*, avr. 2008, n° 27, p. 194-205.

PIERRAT (E.) et KRUGER (L.),

▪ « La protection et la conservation des œuvres chorégraphiques », *in* PIGNOT (L.) et SAEZ (J.-P.) (dir.), « Le droit d'auteur sous toutes ses facettes », *L'Observatoire* 2020/1, n° 55, p. 80-82.

PIERRAT (E.) et PETREMENT (M.),

▪ « Droit d'auteur : la protection de la mise en scène », *La lettre de l'entreprise culturelle* (Revue juridique historique du secteur culturel en France), mars 2021, n° 326, p. 12-14.

POLLAUD-DULIAN (F.),

▪ « De la prescription en droit d'auteur », *RTD civ.* 1999, p. 585-595.

▪ « Droit moral et droits de la personnalité », *JCP G* 1994, I, doctr. 3780.

▪ « Les mystères de la forme fonctionnelle », *Mélanges en l'honneur de J.* BEGUIN, LexisNexis, 2004, p. 657-680.

PRIVAT (G.),

▪ « De la propriété littéraire, artistique et industrielle en Égypte », *JDIP*, t. XXIV, janv. 1897, p. 944-963.

PUPIKOFER (M.),

▪ « Lettre d'Égypte », *Dr. Aut.*, 15 nov. 1934, n° 11, p. 127-130.

▪ « Lettre d'Égypte », *Dr. Aut.*, 15 oct. 1933, n° 10, p. 115-118.

▪ « Lettre d'Égypte », *Propr. ind.*, 30 sept. 1931, n° 9, p. 163-167.

▪ « Lettre d'Égypte », *Propr. ind.*, 30 sept. 1933, n° 9, p. 153-156.

REVET (Th.),

▪ « L'image de la personne est un bien », *RTD civ.* 2009, p. 342.

ROCHFELD (J.),

▪ v° « Chose commune (approche juridique) », *in* CORNU (M.), ORSI (F.) et ROCHFELD (J.) (dir.), *Dictionnaire des biens communs*, PUF, Paris, 2017, p. 176 et s.

ROUSSINEAU (T.),

▪ « Droit patrimonial à l'image : encore un rendez-vous manqué », *Légipresse* 2009, n° 262, III, p. 112.

SAINT-GAL (Y.),

▪ « Concurrence parasitaire en agissements parasitaires », *RIPIA* 1956, p. 37.

SAPORTA (M.),

▪ « Les droits dits "connexes" au droit d'auteur », *RIDC*, n° 1-1952, p. 42-72.

SCHOETTL (J.-E.),

▪ « L'administration dispose-t-elle d'un droit d'auteur ? », *Dr. informatique et télécoms*, 1988, n° 4, p. 6-17.

SERNA (M.),

▪ « "L'Ile de la tentation" : quelle valeur juridique pour le caractère artificiel des situations filmées ? », *Dalloz Actualité*, 3 mai 2013.

▪ « L'image de la voix : du droit de l'image sonore au droit à l'image vocale », *in* P. BLOCH (dir.), *Image et Droit*, L'Harmattan, Paris, 2002, p. 243-332.

▪ « La voix et le contrat : le contrat sur la voix », *Contrats, conc. consom.* 1999, chron. 9.

▪ « La voix humaine : de l'extrapatrimonialité de la personnalité à la patrimonialisation d'un objet contractuel », *Contrats, conc. consom.*, 1999, n° 9, p. 4-8.

STROWEL (A.) et TRIAILLE (J.-P.),

- « De l'équilibre entre le droit de la concurrence et la propriété intellectuelle, à propos de la proposition de loi Godfrain sur les créations réservées », *Dr. de l'Inform. et des télecoms*, 1993, n° 2, p. 25-38.

TAFFOREAU (P.),

- « L'être et l'avoir ou la patrimonialisation de l'image des personnes », *Comm. com. électr.* 2007, n° 5, étude 9.
- « La notion d'interprétation en droit de la propriété littéraire et artistique », *Propr. intell.* janv. 2006, n° 18, p. 50-57.
- « Un an de droits voisins », *Comm. com. électr.* 2011, n° 10, chron. 9.
- « Un an de droits voisins », *Comm. com. électr.* 2013, n° 10, chron. 9.
- « Un an de droits voisins », *Comm. com. électr.* 2014, n° 10, chron. 9.

TREPPOZ (E.),

- « "La nouvelle Eve" au "Paradis" du droit d'auteur, suite et fin ! », *D.* 2009, 266.

VAUNOIS (A.),

- « Lettre de France », *Dr. Aut.*, 15 juill. 1914, n° 7, p. 96-100.

VINANT (A.),

- « Le danseur, interprète et/ou auteur ? », *Recherches en danse* (Revue de l'association des Chercheurs en Danse), 2014/2, disponible à l'adresse suivante : http://journals.openedition.org/danse/406

VOUILLOZ (F.),

- « Sport et droit d'auteur », Revue *Olympique* (Organe officiel du Mouvement olympique), avril-mai 1996, n° XXV-8, p. 60-63.

WALRAVENS (N.),

- « De l'art conceptuel comme création et sa protection par le droit d'auteur », *RIDA*, avr. 2009, n° 220, p. 3-73.
- « Les contacts peints de William Klein parasités et non contrefaits », *RLDI* 2011/78, n° 2587, p. 6.

ZERAOUI-SALAH (F.),

- « Les traductions : le régime de protection par le droit d'auteur. Étude comparative droit algérien-droit français », *Propr. intell.* 2013, n° 46, p. 30-42.

SOURCES EN LANGUES ETRANGERES

COUSINS (W.E.),

- "Writer, Medium, Suffragette, Spy? The Unseen Adventures of Geraldine Cummins", 45 *Paranormal Review* (2008), p. 3-7.

GINSBURG (J. C.),

- "The Concept of Authorship in Comparative Copyright Law", 52 *DePaul L. Rev.* (2003), p. 1063-1092.

KARLEN (Aj. P.-H.),

- « Spiritual and Non-Human Creation », 123 *Copyright World* (2002), p. 16-21.

LEE (B.),

- « Copyright of Automatic Writing », 13 *Virginia Law Review Va. L. Rev.* (1926-1927), p. 22–26.

MACHAN (K.),

- "Bending Over Backwards for Copyright Protection: Bikram Yoga and the Quest for Federal Copyright Protection of an Asana Sequence", 12(1) *UCLA Entertainment Law Review* (2004), p. 29-61.

PFISTER (L.),

- "Author and Work in the French Print Privileges System: Some Milestones", *in* DEAZLEY (R.), KRETSCHMER (M.) and BENTLY (L.) (dir.), *Privilege and Property: Essays on the History of Copyright*, Open Book Publishers, Cambridge, 2010, p. 115-136.

SAMUELSON (P.),

- "The Story of Baker v. Selden: Sharpening the Distinction Between Authorship and Invention", *in* GINSBURG (J. C.) et DREYFUSS (R. C.) (ed.), *Intellectual Property Stories*, Foundation Press, New York, 2006, p. 159-193.

SYN (R.),

- "Copyright God: Enforcement of Copyright in the Bible and Religious Works", 14(1) *Regent University Law Review* (*Regent U. L. Rev.*), 2001-2002, p. 1-34.

RAPPORTS ET ETUDES

- Benazeraf (J.-A.) et Barthez (V.), *Rapport de mission : La preuve de l'originalité*, CSPLA, Ministère de la Culture, déc. 2020, 91 p.
- Dusollier (S.), *Étude exploratoire sur le droit d'auteur et les droits connexes et le domaine public*, Comité du développement et de la propriété intellectuelle, OMPI, (CDIP/7/INF/2, OMPI), 4 mars 2011, 97 p.
- Gaudrat (Ph.) et Masse (G.), *La titularité des droits sur les œuvres réalisées dans les liens d'un engagement de création*, Rapport remis à Madame la Ministre de la Culture, Mme la ministre de la justice et M. le secrétaire d'État à l'industrie, févr. 2000, 280 p.
- Gaudrat (Ph.), *Aspects juridiques de la télédétection : la protection des données*, étude de droit comparé (rapport général) menée sur 10 pays de la Communauté (France, Angleterre, Irlande, Belgique, Pays-Bas, Danemark, Allemagne, Italie, Grèce, Portugal), destinée à guider l'action communautaire et réalisée pour le compte de la DG XII des Communautés Européennes, déc. 1992, 200 p.
- Gotzen (F.), *Le droit des interprètes et exécutants dans la communauté économique européenne, Etude de droit comparé sur les pouvoirs de l'artiste exécutant face à l'utilisation et à la réutilisation de sa prestation par autrui, avec des propositions pour une action communautaire*, Etude élaborée à la demande de la Commission des Communautés européennes, 1977, 183 p.
- Omar Amine (Y.), Rapport national égyptien établi pour le Congrès organisé à Bruxelles (18-19 septembre 2014) par l'Association Littéraire et Artistique Internationale (ALAI) intitulé : « Le droit moral au 21ème siècle – Le rôle changeant du droit moral à l'ère de l'information surabondante », Belgique, sept. 2014, publié sur le site internet de l'ALAI (<http://www.alai2014.org>).

FATWAS (AVIS RELIGIEUX)

- *Fatwa* n° 189 émise par le Comité Permanent des Recherches Scientifiques et de la Délivrance des *Fatwas* (*Al-Iftâ'*) du Royaume d'Arabie Saoudite (au sujet de la possibilité de prendre des honoraires en contrepartie de la récitation du Coran), partie : 4, p. 127-128.
- *Fatwa* n° 20388 émise par le Comité permanent des recherches scientifiques et de la délivrance des *fatwas* (*Al-Iftâ'*) (au sujet de recevoir une rémunération du trésor public pour lancer l'appel à la prière).
- *Fatwa* n° 18224 émise par le Comité Permanent des Recherches Scientifiques et de la Délivrance des *Fatwas* (lecture du Coran à l'intention des morts en contrepartie d'une somme d'argent), p. 115.
- *Fatwa* n° 2139 émise par le Comité Permanent des Recherches Scientifiques et de la Délivrance des *Fatwas* (au sujet du *Wird* « type de *dhikr* » de la *Tariqa Tidjane*).
- *Fatwa* n° 426, en date du 27 janvier 2007, émise par le Conseil de *fatwa* du *Dar Al-Ifta'* d'Égypte (au sujet des « *Droits de propriété intellectuelle et des marques commerciales d'origine* »).
- Décision n° 43 (5/5) prise par le Conseil de l'Académie islamique du *fiqh* (Organes subsidiaires de l'OCI) lors de la 5e conférence tenue au Koweït du 10 au 15 déc. 1988.

NOTES DE JURISPRUDENCE, COMMENTAIRES ET OBSERVATIONS

Jurisprudence française

Juridictions du premier degré

- Cour impériale de Paris, 2e ch., 17 juill. 1862, *Le Technologiste ou Archives des progrès de l'industrie française et étrangère…*, 1860-10, Librairie encyclopédique de Roret, Paris, p. 108 et s. ; *Annuaire de la Société des auteurs et compositeurs dramatiques*, 1869, p. 92, note 140 ; *La Décentralisation littéraire et scientifique : moniteur des sociétés savantes et de la librairie française*, oct. 1863, p. 102-103 ; *Annales de la propriété industrielle, artistique et littéraire*, 1862, Art. 841, p. 330 et s. ; *Le Droit*, 8 juin 1860, 23 juill. 1862 ; *Gaz. des tribunaux*, 24 juill. 1862, n° 11015, p. 715-716.
- Lyon, 15 juill. 1891, *Rec. arr. Lyon*, 1891, p. 463.
- Lyon, 17 juill. 1845, aff. *Lacordaire*, *D. P.*, 1845.2.128.
- Lyon, 17 juill. 1846, *D. P.*, 1845.2.128.
- Paris, 28 mai 1852, aff. *Lacordaire, de Ravignan et a. c/ Lapeyrière et a.*
- Paris, 8 avr. 1850, *D. P.*, 1852.2.159.
- Seine, 2 mars 1841, aff. *Andrel c/ Latour*, D., J. G., *Rép. Dalloz de législation, de doctrine et de jurisprudence*, v° *Prop. litt.*, n° 129.
- Seine, 9 déc. 1893, aff. *Esmein c/ Bourdon-Viane*, *D. P.* 1894.2. 262.

- T. civ. Seine, 1re ch., 6 mars 1903, aff. *Société des auteurs, compositeurs et éditeurs de musique c/ Société des phonographes et a.*, *Gaz. Pal.* 1903, 1, jurispr. p. 468 ; *S.* 1907, 2, p. 114 ; *Dr. Aut.*, 15 mai 1903, n° 5, p. 53.
- T. civ. Seine, 20 févr. 1908.
- T. com. Nanterre, 25 juin 1996, aff. « *tambours du Bronx* », *RIDA* janv. 1997, p. 402, note A. KEREVER ; *D.* 1998, somm. p. 127, obs. Th. HASSLER et V. LAPP.
- T. com. Paris, 4e ch., 23 janv. 1997, *JurisData* n° 1997-057136, aff. *Sté Giacomini c/ GIE climatisation et développement.*
- T. com. Seine, 19 déc. 1896, *D.* 1898, jurispr. p. 509.
- TGI de Paris, 20 nov. 1989.
- TGI Lyon, 16 févr. 1961, aff. *Kouznetsov c/ E. Vitte et Chaleil*, *Gaz. Pal.* 1961, 1, 284 ; *RIDA* 1961, n° 32, p. 124.
- TGI Paris, 11 juill. 1977, *D.* 1977, p. 700.
- TGI Paris, 17 oct. 1970, *RIDA* janv. 1971, p. 187, obs. D. GAUDEL.
- TGI Paris, 17 janv. 2001, aff. *Th. Lenain c/ Sté Hachette Livre et a.*, *Légipresse* 2001, n° 180, I, p. 39.
- TGI Paris, 1re ch., 20 nov. 1991.
- TGI Paris, 1re ch., 1re sect., 19 mai 1982, aff. « *Maria Callas* », *Dames Dimitriadou et Calogeropoulos c/ Sté Radio France*, *RIDA* oct. 1982, n° 114, p. 198 ; *D.* 1983, jurispr. p. 147, note R. LINDON ; *JCP G* 1983, II, 19955, obs. GOBIN.
- TGI Paris, 21 févr. 1990, *RIDA* 1990/4, p. 307.
- TGI Paris, 24 mai 2013, *RTD com.* 2013, p. 705, obs. F. POLLAUD-DULIAN.
- TGI Paris, 25 sept. 2014, RG n° 13/07755, aff. *Héritiers Picasso c/ Richard Pesce*, *Propr. intell.*, juill. 2015, n° 56, p. 269, obs. J.-M. BRUGUIERE.
- TGI Paris, 26 mai 2004, *D.* 2004. Jur. 2641, note J.-C. GALLOUX.
- TGI Paris, 27 sept. 2004, *RTD com.* 2005, p.78, note F. POLLAUD-DULIAN.
- TGI Paris, 28 mai 1997, *RIDA* 1998, p. 329.
- TGI Paris, 3 déc. 1975, aff. *Claude Piéplu c/ Régie française de publicité et Sté Bloquert-Davesne*, *D.* 1977, p. 211, note R. LINDON ; *JCP G* 1978, II, 19002, obs. D. BECOURT.
- TGI Paris, 30 sept. 1997, *JCP E* 2000, p. 1376, obs. BOUGEROL ; *RIDA* juill. 1998, p. 273, note PIREDDA ; *ibid.* p. 147, obs. A. KÉRÉVER.
- TGI Paris, 3e ch., 10 mai 2006, RG n° 04/00533.
- TGI Paris, 3e ch., 11 janv. 1971, *RTD com.* 1971, p. 698, obs. H. DESBOIS.
- TGI Paris, 3e ch., 13 mai 2016, n° 14/05221.
- TGI Paris, 3e ch., 1re sect., 27 sept. 2004, *JurisData* n° 2004-254455 ; *Comm. com. électr.* 2004, comm. 153, note C. CARON ; *D.* 2005, p. 92, note B. EDELMAN ; *RTD com.* 2005, p. 76, obs. F. POLLAUD-DULIAN ; *JCP E* 2004, 1898, obs. A. LALLEMAND.
- TGI Paris, 3e ch., 2e sect., 10 mai 2002, *Juris-Data* n° 2002-180008, aff. *Duchêne c/ SA Mauboussin et al.*, *Comm. com. électr.* 2002, comm. 112, note C. CARON ; *Propr. intell.* 2002, n° 5, p. 40, note A. LUCAS ; *LPA* 2003, n° 105, p. 6, obs. X. DAVERAT ; *RIDA* oct. 2002, n° 194, p. 332 ; *D.* 2002, p. 3257.
- TGI Paris, 3e ch., 2e sect., 15 oct. 2010, n° 09/01123.
- TGI Paris, 3e ch., 2e sect., 24 nov. 2006, RG 04/01771, inédit.
- TGI Paris, 3e ch., 3e sect., 21 juin 2013, aff. *Jean G. c/ Sté Labbé Simon*, *RLDI* 2013, n° 95, p. 23 et 2014, n° 101, p. 22, note Y. OMAR AMINE, *Légipresse* 2014, n° 312, p. 45, note Ph. MOURON.
- TGI Paris, 3e ch., 3e sect., 22 mars 2006, aff. *Michèle Mercier c/ Sté Universal Music*, *Comm. com. électr.* 2007, chron. 7, obs. X. DAVERAT ; *Légipresse* 2006, n° 233, I, p. 102.
- TGI Paris, 3e ch., 3e sect., 25 janv. 2013, RG n° 2009/13675, aff. *Sté Naos c/ Sté Mobilier de France.*
- TGI Paris, 3e ch., 7 mai 2010, *RLDI* 2010/61, n° 2002, obs. L. COSTES ; *RLDI* 2011/70, n° 2293, comm. N. WALRAVENS-MARDARESCU et *RLDI* 2011/78, n° 2587, comm. N. WALRAVENS-MARDARESCU ; *RLDI* 2011/71, n° 2337, note A. MAFFRE-BAUGE.
- TGI Paris, 3e ch., 27 mars 2014, RG n° 11/01444, aff. *Librairie Droz c/ Sarl Classiques Garnier et a.*, inédit, *Propr. intell.* 2014, p. 256, obs. A. LUCAS ; *RLDI* 2014/104, 3452, obs. L. COSTES ; *RTD com.* 2014, p. 799, obs. F. POLLAUD-DULIAN ; *Gaz. Pal.*, 17 juill. 2014, n° 198, p. 14, note L. MARINO ; *JAC* 2014, n° 15, p. 9, P. NOUAL.
- TGI Paris, 3e ch., 4e sect. 28 mai 2009, aff. *Jérôme S. c/ Assoc. Lexeek.*

- TGI Paris, réf, 11 juill. 1977, aff. *L. Zitrone*, *D.* 1977, jurispr. p. 700, note R. LINDON ; *RTD civ.* 1979, p. 380, obs. R. NERSON et J. RUBELLIN-DEVICHI.
- TGI Paris, réf., 13 oct. 1992, aff. *Qentel c/ TEM*, *Gaz. Pal.* 14 févr. 1993, p. 17 ; *RIDA* 1/1993, p. 163.
- TGI Paris, réf., 20 nov. 1989, aff. *La mode des Images c/ Éd. de l'Est*, *RIDA* 1990, n° 144, p. 146.
- Trib. civ. de la Seine, 3e ch., 10 févr. 1926, aff. *Dme Chasles c/ Dlle Soutzo*, *Dr. Aut.*, 15 mai 1926, p. 53.
- Trib. civ. de la Seine, 4 janv. 1956, aff. *W. Furtwängler c/ Sté Thalia Disques et Sté Urania Records.*
- Trib. civ. Lyon, 3e ch., 13 mars 1890, *Pandectes françaises périodiques*, 1890, t. 5, p. 142.
- Trib. civ. Saumur, 29 janv. 1902, *D.* 1904.2.137, note CLARA.
- Trib. civ. Seine, 16 avr. 1879, aff. *Delle Franck c/ Rain*, *Ann.*, 1879, p. 302, *D. P.* 1880. 3. 31 ; *Journal des tribunaux de commerce*, t. 28, 1879, n° 9533, p. 541 et s.
- Trib. civ. Seine, 1re ch., 11 juill. 1862, aff. *Perrot c/ Petipa*, *Ann. prop. indus.*, 1863, t. IX, p. 235 ; *Gazette des Tribunaux et le Droit*, 27 juill. 1862 ; *Annuaire de la Société des auteurs et compositeurs dramatiques*, t. II, 1870, p. 83 et s. et p. 111.
- Trib. civ. Seine, 21 avr. 1869, aff. *Veuve Saudinos c/ Mayaud et Marquis*, *Ann.*, 1870, t. XVI, p. 40 ; *Bulletin des lois civiles ecclésiastiques*, 1869, t. 21, p. 185 et s.
- Trib. civ. Seine, 25 août 1869, aff. *Bernaud c/ Mayaud et Marquis*, *Ann.* 1870, t. XVI, art. 1718, p. 44 et s.
- Trib. civ. Seine, 26 déc. 1876, *Ann. Pataille*, 1877. 106.
- Trib. civ. Seine, 28 mai 1897, aff. *Bouasse-Lebel et Massin c/ Deschamps*, *Gaz. Trib.*, 20 sept.
- Trib. civ. Seine, 3e ch., 4 mai 1860.
- Trib. civ., Seine, 24 févr. 1894, *Ann. Pataille*, 1895.279.
- Trib. civ., Seine, 31 déc. 1862, *Ann. Pataille*, 1886.43.
- Trib. com. Seine, 20 déc. 1905, aff. *Société d'éditions musicales c/ Compagnie Pathé*, *Dr. Aut.*, 15 avr. 1906, n° 4, p. 47 et s.
- Trib. corr. Lyon, 10 juin 1845, aff. *Lacordaire c/ Marle*, *Jurisprudence de la Cour royale de Lyon*, t. XXIII, 1845, p. 134 ; *D.* 1845.2. 128.
- Trib. corr. Paris, 8e ch., 11 févr. 1852.
- Trib. corr. Seine, 13 janv. 1898.
- Trib. corr. Seine, 25 nov. 1905, *D. P.*, 1907.6.65.
- Trib. corr. Seine, 28 janv. 1824.
- Trib. corr. Seine, 28 janv. 1910, *Carpentier c/ Simon et Samuel*, *Dr. Aut.*, 15 août 1910, n° 8, p. 111 ; *France Judiciaire*, 15 août 1910.
- Trib. corr. Seine, 7 mars 1878, aff. *Vives c/ Berche et Tralin*, *Gaz. des trib.*, 10 mars 1878 ; *Ann. propr. ind.*, t. XXIV, 1879, art. 2545, p. 232 et s.
- Trib. de la Seine, 18 mai 1836.
- Trib. de la Seine, 22 mars 1834, *Gaz. des Trib.*, 23 mars 1834.
- Trib. de la Seine, 4 févr. 1835, *Gaz. des Trib.*, 8 févr. 1835.
- Trib. Lyon, 13 mars 1890, *Monit. jud. Lyon* du 7 mai 1890.
- Trib. Seine, 5 août 1874, aff. *Commission ecclésiastique de Digne c/ Repos*, *Gaz. des Trib.*, 6 août 1874.

Cour d'appel

- Aix-en-Provence, 27 oct. 1953, *D.* 1953. Jur. 704.
- Angers, 26 janv. 1880, aff. *Raff*, *Ann.*, 80.209.
- CA Aix-en-Provence, 2e ch., 20 janv. 2004, aff. *M. Dayez c/ M. Davin de Champclos et Sté Rétif*, *Juris-Data* n° 2004-234781, *Comm. com. électr.* 2004, comm. 37, note C. CARON.
- CA Amiens, 27 mai 1969, *RTD com.* 1969, p. 982, obs. H. DESBOIS.
- CA Bourges, 1er juin 1965, *D.* 1965, 44, note H. DELPECH.
- CA Grenoble, 1re ch., 1er déc. 1981, *Gaz. Pal.* 1982, 1, somm. 100.
- CA Lyon, 11 mars 1971, *Gaz. Pal.* 1971, 1, p. 497 ; *RTD com.* 1972, p. 636, obs. H. DESBOIS.
- CA Nîmes, 1re ch. civ., 15 nov. 2011, n° 10/01400, *JurisData* n° 2011-032799, aff. *L'office du tourisme de la ville d'Avignon, La ville d'Avignon Monsieur Philippe Medard.*
- CA Nîmes, 1re ch., 9 déc. 1987, *JurisData* n° 1987-030061.
- CA Orléans, 10 juill. 1854, *D.* 1855. 1. 44 ; *DP*, 1855, II, p. 157 et *S*, 1855, II, p. 50.
- CA Paris 4e ch. A, 11 mai 1994, aff. *SA Baxter Music c/ Sté française des produits Orangina et a.*, *D.* 1995, 185, note J. RAVANAS.

- CA Paris 4e ch., 10 oct. 2003, aff. *Richard Boulet-Despales c/ Sté Sam video et Sté Samva auto rétro*, *RIDA* avr. 2004, p. 324 et obs. A. KÉRÉVER, p. 263.
- CA Paris 4e ch., sect. B, 12 juin 1986, aff. *SFP c/ Nicol*, *Juris-Data* n° 1986-024094.
- CA Paris 4e ch., sect. B, 9 nov. 1984, aff. *Radondy c/ Grisworld*, *Ann.* 1984, p. 147-150.
- CA Paris 8 juin 1971, *RIDA*, oct. 1971, p. 138.
- CA Paris, 11 févr. 2004, *D.* 2004, jurispr. p. 1301, note S. CHOISY ; *Propr. intell.* 2004, n° 12, p. 766, note A. LUCAS ; *RIDA* 2004, n° 201, p. 303, note F. PERBOST.
- CA Paris, 12 juill. 1974, *Ann. propr. ind.* 1975, p. 182.
- CA Paris, 13 févr. 1957, *JCP* 1957, II, n° 9838, aff. *Sté Thalia Disques et Sté Urania Records c/ consorts F.*
- CA Paris, 14 avr. 1999, aff. « *Astérix* », *D.* 2000, somm. 314, note M. L. IZORCHE.
- CA Paris, 14e ch., sect. A, 15 oct. 1997, *JurisData* n° 1997-024387, aff. *Lancon c/ Fagadau.*
- CA Paris, 16 juin 1993, *D.* 1994. 218, note B. EDELMAN.
- CA Paris, 17 mars 1999, *RTD com.* 2000, p. 91, obs. A. FRANÇON ; *RIDA* oct. 1999, p. 202 ; *ibid.* p. 121, obs. A. KEREVER ; *Comm. com. électr.* 1999, comm. 23, note C. CARON.
- CA Paris, 17 nov. 1971, *RTD com.* 1972, p. 633, obs. H. DESBOIS.
- CA Paris, 18e ch. C., 27 janv. 1995, aff. *Chaudat c/ Soc. Coccinelle et a.*, *Légipresse* 1995. III. 154.
- CA Paris, 18e ch., 18 févr. 1993, aff. *Christian Armbruster dit Bruster c/ SA Telema*, *JurisData* n° 1993-020609 ; *D.* 1993, p. 397, note I. WEKSTEIN-STEG ; *RIDA* oct. 1993, n° 158, p. 214 ; *Comm. com. électr.* 2013, n° 10, chron. 9, n° 7, obs. P. TAFFOREAU.
- CA Paris, 1er févr. 1905, *S.* 1907, 1, p. 113.
- CA Paris, 1re ch. A, 11 juin 1990, *D.* 1991, somm. p. 90, obs. C. COLOMBET.
- CA Paris, 1re ch. B, 16 févr. 2001, *Juris-Data* n° 2001-137747, aff. *M. de Haut de Sigy c/ Sté The Factory*, *Gaz. Pal.* 15-16 mai 2002, p. 22.
- CA Paris, 1re ch., 6 mars 1931, aff. *Carco et a. c/ Camoin et Syndicat de la propriété artistique*, *Dr. Aut.*, 15 avr. 1932, p. 47.
- CA Paris, 1re ch., sect. A, 21 mai 2002, *Juris-Data* n° 2002-191050, aff. *Association Grande loge nationale française et al. c/ Association Grand prieuré des Gaules Ordres Unis*, *Comm. com. électr.* 2002, comm. 124, note C. CARON ; *RIDA* janv. 2003, p. 257, obs. A. KÉRÉVER ; *Propr. ind.*, 2003, comm. 6, note P. KAMINA.
- CA Paris, 1re ch. A, 29 juin 1998, aff. *Yves Régnier c/ SA Europe 1 Communication et a.*, *Gaz. Pal.* 1999, 1, somm. p. 330.
- CA Paris, 2 févr. 1993, aff. *Sté Publicité Communication Langage c/ Baillie, Lefevre et Van de Laar*, *JurisData* n° 1993-020353, *D.* 1993 I.R. 18.
- CA Paris, 20 nov. 1996, *JCP G* 1997, II, 22937, note F. POLLAUD-DULIAN.
- CA Paris, 22 juin 1983, *D.* 1984, inf. rap. p. 490, note G. BARON.
- CA Paris, 22 mai 1996, *Gaz. Pal.* 1997, 1, somm. p. 264.
- CA Paris, 25 sept 2009, *Juris-Data* n° 2009-013210.
- CA Paris, 25 oct. 1989, *D.* 1989, inf. rap. p. 300.
- CA Paris, 27 févr. 1979, *Ann. propr. ind.* 1981, n° 157.
- CA Paris, 28 mars 1980, *D.* 1981, chron. Droit du sport, p. 478, obs. F. ALAPHILIPPE et J.-P. KARAQUILLO.
- CA Paris, 30 nov. 1974, *RIDA* avr. 1975, p. 206, note H. DESBOIS.
- CA Paris, 4e ch. B, 16 mai 2008, n° 06/4646, aff. *Galvez c/ Assoc. Fédération hospitalière de France*, inédit, *Propr. intell.* 2008, p. 434, obs. A. LUCAS ; *RTD com.* 2008, p. 553, obs. F. POLLAUD-DULIAN.
- CA Paris, 4e ch. B, 24 juin 2005, n° 03/11140, *JurisData* n° 2005-279386, aff. *L'Hoir et SNADI c/ Sté Éditions Larousse et al.*, *Comm. com. électr.* 2005, comm. 131, note C. CARON.
- CA Paris, 4e ch., 11 mai 1987, aff. *Mamou c/Micosancho*, *Ann. propr. ind.* 1988, p. 311.
- CA Paris, 4e ch., 1er juill. 1967, aff. *Sté Prosadis c/ Sté Les nouvelles éditions Barclay*, *Ann.* 1968, p. 249.
- CA Paris, 4e ch., 28 juin 1984, aff. *Parmentier SA c/ Pansu SA et J.-P. Laurent*, *PIBD* 1984, n° 358, 297 et s.
- CA Paris, 4e ch., 28 sept. 1988, aff. *Metrop c/Florelli*, *Cah. dr. auteur* 1988, n° 10, p. 32.
- CA Paris, 4e ch., 31 mars 2000, aff. *Panisse Passis c/ Soc. Nouveaux Loisirs*, *D.* 2001, comm., p. 772, note B. EDELMAN et P.-Y. GAUTIER.
- CA Paris, 4e ch., 5 mars 1990, aff. *La Pérugina c/ Daisy*, *Cah. dr. auteur* 1990, n° 30, p. 17 ; *D.* 1991. somm. 92, obs. C. COLOMBET.

- CA Paris, 4e ch., 5 oct. 1994, aff. *Champreux c/ Gaumont & Cinémathèque*, *RIDA* 1995/4, n° 166, p. 302 et 299, obs. A. KEREVER ; *D.* 1996, jurispr. p. 53, note B. EDELMAN ; *LPA*, 7 juin 1996, n° 69, p. 9, note C. CARON.
- CA Paris, 4e ch., sect. A, 15 mars 1994, *JurisData* n° 1994-020777 ; *Gaz. Pal.* 27 janv. 1995, n° 27, 15.
- CA Paris, 4e ch., sect. A, 29 mars 2006, n° 04/22172, aff. G. *Lopez c/ Philibert et a.*, *JurisData* n° 2006-297713 ; *Comm. com. électr.* 2006, comm. 77, note C. CARON ; *Propr. intell.* janv. 2006, n° 18, p. 52, Étude P. TAFFOREAU.
- CA Paris, 4e ch., sect. B, 14 déc. 2007, RG n° 06/12948, aff. *Delhaye et Guerrib c/ Sté européenne de magazines*, *Propr. intell.* 2008, n° 27, p. 225-226, obs. J.-M. BRUGUIÈRE ; *RTD com.* 2008, p. 322-323, obs. F. POLLAUD-DULIAN.
- CA Paris, 4e ch. sect. A, 6 mars 2002, n° 2000/10724, aff. *Lahbib c/ Sté DDB*, *JurisData* n° 2002-169428 ; *Légipresse* 2002, n° 191, I, p. 55.
- CA Paris, 4e ch., 14 janv. 2005, *RTD com.* 2005, p. 717, obs. F. POLLAUD-DULIAN.
- CA Paris, 6 nov. 2013, aff. *Universal Music c/ Les points cardinaux*, *Légipresse* 2014, n° 319, p. 498, note T. GISCLARD.
- CA Paris, 8 juill. 1971, *RIDA* juill. 1971, p. 134.
- CA Paris, 9 nov. 1984, *Ann.* 1984, p. 147.
- CA Paris, Pôle 1, 2e ch., 5 sept. 2012, n° 11/21599, *JurisData* n° 2012-019931, aff. *SARL Fire Design SARL Mace Dixxon, SARL Cema-Distribution.*
- CA Paris, Pôle 2, 2e ch., 29 janv. 2016, n° 14/08891.
- CA Paris, Pôle 5, 1re ch., 10 mars 2015, aff. *S. Briolant c/ Sarl Artnet France Sarl*, RG n° 10/15719, *Propr. intell.* 2015, n° 55, p. 194, obs. J.-M. BRUGUIERE.
- CA Paris, Pôle 5, 1re ch., 13 mars 2018, RG n° 17/10025.
- CA Paris, Pôle 5, 1re ch., 2 avr. 2014, aff. *SNC éditions J-C. Lattes c/ SA ED18 et a.*, *Légipresse*, n° 317, p. 329.
- CA Paris, Pôle 5, 1re ch., 20 janv. 2015, n° 13/10740.
- CA Paris, Pôle 5, 1re ch., 24 janv. 2017, n° 15/12109.
- CA Paris, Pôle 5, 1re ch., 26 juin 2013, n° 11/04861.
- CA Paris, Pôle 5, 1re ch., 3 nov. 2015, n° 14/12756.
- CA Paris, Pôle 5, 1re ch., 30 oct. 2013, n° 11/21339, *RLDI* 2013/99, p. 20, obs. L. COSTES ; *Comm. com. électr.* 2014, chron. 9, n° 4, obs. P. TAFFOREAU.
- CA Paris, Pôle 5, 2e ch., 11 déc. 2015, n° 15/05062, *JurisData* n° 2015-027962, aff. *Sté Artustee carrières et développement, Mme Sylvie Guillem Mme Catherine N'Diaye dite Shan, Opera national de Finlande.*
- CA Paris, Pôle 5, 2e ch., 23 sept. 2011, n° 10/11605, aff. *William Klein c/ Sté M6 WEB et a.*, inédit.
- CA Paris, Pôle 5, 2e ch., 24 janv. 2014, n° 13/00103.
- CA Paris, Pôle 5, 2e ch., 9 juin 2017, n° 16/00005, *JurisData* n° 2017-013234 ; *Propr. intell.* 2017, n° 65, p. 53, obs. A. LUCAS ; *LEPI* oct. 2017, p. 2, obs. A. LUCAS ; *RLDI* 2017, n° 143, p. 8, obs. Ph. MOURON ; *Juris art etc.* 2017, n° 50, p. 13, note P. NOUAL ; *JCP E* 2018, 1406, n° 3, obs. A. PORTRON.
- CA Paris, Pôle 5, 4e ch., 26 mai 2010, n° 08/06370, *JurisData* n° 2010-011841.
- CA Paris, Pôle 5, 4e ch., 3 nov. 2010, n° 08/15473.
- CA Paris, Pôle 5, 8e ch., 15 janv. 2013, n° 11/12435.
- CA Paris, Pôle 5, ch. 1, 11 juin 2014, n° 13/01862, aff. « *Kenny Clarke* », *JurisData* n° 2014-014660 ; *Propr. intell.* 2014, n° 53, p. 400, obs. J.-M. BRUGUIÈRE ; *LEPI* oct. 2014, n° 138, p. 3, obs. S. LE CAM ; *RLDI* juill. 2014, n° 3522, p. 20, obs. L. COSTES.
- CA Paris, Pôle 5, ch. 1, 31 mars 2010, n° 08/16242, *JurisData* n° 2010-004601, aff. *Orenn Sté Ellipsanime Productions.*
- CA Paris, Pôle 6, 5e ch., 17 mars 2011, n° 09/05882, aff. *Jean-Marc M. c/ Sunset Productions*, *JurisData* n° 2011-006045, *EDPI*, mai 2011, p. 4, n° 095, obs. C. BERNAULT ; *PA* 2011, n° 254, p. 18, obs. X. DAVERAT ; *Comm. com. électr.* 2011, chr. n° 9, § 1, obs. P. TAFFOREAU ; *RLDI* 2011, n° 2302, obs. M. TREZEGUET.
- CA Paris, Pôle 6, 8e ch., 10 mai 2012, RG N°S 09/04390.
- CA Pau, 1re ch., 22 janv. 2001, n° 99/00051, *JurisData* n° 2001-139823 ; *BICC* 15 avr. 2002, n° 396 ; *D.* 2002, p. 2375, obs. A. LEPAGE.
- CA Pau, 22 janv. 2001, RG n° 99/00051, *D.* 2002. 2375, obs. A. LEPAGE.
- CA Toulouse, 9 sept. 1996, aff. *Sté Éditions Loubatières c/ Chassant*, *JurisData* n° 1996-046419.

- CA Versailles, 11 mars 1993, *JCP G* 1994, II, 22271, note J.-C. GALLOUX.
- CA Versailles, 12e ch., sect. 2, 12 janv. 2006, *JurisData* n° 2006-307746, aff. *SA Miniplus c/ SAS Kappa Siemco.*
- CA Versailles, 13 déc. 2011, n° 09/04230, n° 09/04229, n° 10/0182 et n° 10/01826, *JurisData* n° 2011-030057, n° 2011-029859, n° 2011-030058 et n° 2011-030060, *JCP S* 2012, act. 133.
- CA Versailles, 15e ch., 9 oct. 2008, aff. *Randall Garrett*, n° 06/03959, *Propr. intell.* 2009, n° 31, p. 173, obs. J.-M. BRUGUIERE ; *RLDI* avr. 2009, n° 1566, p. 14, note J.-M. GUILLOUX ; *Légipresse* 2009, III, p. 1, note P. TAFFOREAU.
- CA Versailles, 1re ch., sect. A, 9 avr. 1998, n° 95/00005627, *Juris-Data* n° 1998-055506, aff. *Pelayo c/ Musidisc.*
- CA Versailles, 22 sept. 2005, *Légipresse* 2006, n° 232, III, p. 114, note J.-M. BRUGUIERE.
- CA Versailles, 5e ch., 4e sect., 4 avr. 2003, n° 00/01206, aff. *URSSAF de Paris c/ La Française d'Images et a.*, *JurisData* n° 2003-294029.
- CA Versailles, 6e ch., 5 avr. 2011, n° 09/01674, aff. « *L'île de la tentation* », *JurisData* n° 2011-005515, *JCP S* 2011, act. 178 ; *Comm. com. électr.* 2011, chron. 9, obs. P. TAFFOREAU ; *RLDI* 2011/71, 2346, obs. L. COSTES.
- CA Versailles, Ch. réunies, 6 mars 1991, *JurisData* n° 1991-040755, *Ann.* 1991, 154 ; *JCP G* 1990, II, 21545, note F. POLLAUD-DULIAN.
- CA Versailles, ch. soc. réunies, 7 avr. 2004, aff. *Jean Ferrat c/ Universal Music*, *Juris-Data* n° 2004-244043, *Comm. com. électr.* 2004, n° 9, comm. 100, note C. CARON.
- Conseil de prud'hommes de Paris, 13 mars 2009, RG n° 07/07359, *LEPI* juill. 2018, p. 2, obs. A. LUCAS ; *Propr. intell.* 2018, n° 68, p. 50, obs. C. BERNAULT.
- Cour de Lyon, 17 juill. 1845, aff. *Lacordaire c/ Marle*, *D.* 45, 2, 128.
- Cour de Lyon, 29 août 1814, aff. *Lectures chrétiennes.*
- Cour de Lyon, 5 août 1819, aff. *Rusand c/ Rivoire*, *Journ. de l'impr. et de la libr.*, 1820, p. 68.
- Cour de Paris, 11 mai 1830.
- Cour de Paris, 2 juin 1876, aff. *Casciani et Nau c/ Panichelli*, *Ann.*, 1876, t. XXI, p. 175.
- Cour de Paris, 25 févr. 1875, aff. *Casciani et Nau c/ Panichelli et Calais*, *Ann.*, 1875, t. XX, p. 130.
- Cour de Paris, 28 mai 1852, aff. *Lacordaire, de Ravignan et a. c/ Lapeyrière et a.*
- Cour de Paris, 29 juill. 1898.
- Cour de Paris, 29 nov. 1873, aff. *Casciani*, *Ann.*, 1874, t. XIX, p. 49.
- Cour de Paris, 7e ch. corr., 21 déc. 1893, aff. *Lapayre c/ Delin*, *Ann.* 1894, t. 40, p. 69.
- Cour impériale d'Orléans, 1er avr. 1857.
- Cour Royale d'Amiens, 14 déc. 1835, *Sirey-Devilleneuve*, 1836, 2, 84.
- Cour Royale de Caen, 11 févr. 1839, *Sirey-Devilleneuve*, 1839, 2, 245.
- Cour Royale de Colmar, 6 août 1833, *Sirey-Devilleneuve*, 1834, 2, 137.
- Cour Royale de Douai, 21 avr. 1842.
- Cour Royale de Paris, 2 août 1828.
- Cour Royale de Paris, 8 nov. 1835.
- Cour Royale de Paris, 9 déc. 1851.
- Cour Royale de Rouen, 25 oct. 1842, *S.* 1843. 2. 85.
- Cour Royale de Rouen, 7 nov. 1845, *Droit, Bulletin des Tribunaux*, 2 déc. 1845.
- Cour Royale, 2 et 30 avr. 1824.
- Paris, 10 avr. 1962, *Ann. propr. ind.* 1962, 210.
- Paris, 10 juill. 1886, *D.* 1887, 2, 132.
- Paris, 13 nov. 1996, aff. *Pecnard*, *D.* 1997. 95, obs. C. COLOMBET ; *RIDA* avr. 1997. 288.
- Paris, 16 déc. 1957, *Sté. de sciée de Brouwer c/ Zurfluh*, *Ann.* 1958.208 ; *RTD com.* 1959, p. 428, obs. H. DESBOIS.
- Paris, 1re ch., 18 oct. 2000, *D.* 2001. Jur. 850, note J. PASSA ; *PIBD* 2001, 721, III, 297 ; *Comm. com. électr.* 2001, comm. 113, obs. C. LE STANC.
- Paris, 24 déc. 1940, *JCP* 1941. II. 1649, note H. DESBOIS.
- Paris, 25 janv. 1887, aff. *Lapayre*, *Ann.*, 88.186.
- Paris, 30 juin 1836, aff. *Héritiers Cuvier c/ Madeleine de Saint-Agy et Crochard*, D., J. G., v° Propr. litt., n° 129, n. 1.
- Toulouse, 2 juill. 1857, *D.* 1857. 2. 206.

Cour de cassation

- Cass., Rej., 23 juill. 1830, aff. *Gauthier c/ Leclère*, Dalloz, *Prop. litt.*, n° 137.
- Cass. civ. 1re, 10 oct. 2018, n° 17-18.237, aff. *Frandsen de Schomberg Gervasi c/ Clapton*, inédit, *RTD com.* 2019, p. 127, note Ph. GAUDRAT.
- Cass. civ. 1re, 10 déc. 2014, n° 13-19.880, aff. *Greensleeves Records Ltd et a. c/ The Scientist et a.*, *JurisData* n° 2014-030976 ; *Propr. intell.* 2015, n° 54, p. 77, obs. A. LUCAS ; *Légipresse* 2015, n° 326, p. 208, n° 326-12 et p. 227, note G. QUERZOLA ; *LEPI* févr. 2015, n° 029, p. 7, obs. A. LUCAS.
- Cass. civ. 1re, 11 déc. 2008, n° 07-19.494, *RTD civ.* 2009, p. 342, note Th. REVET ; *Comm. com. électr.* 2009, comm. 12, note C. CARON ; *JCP G* 2009, II, 10025, note G. LOISEAU.
- Cass. civ. 1re, 12 déc. 2000, *D.* 2001, p. 2434, note J.-Ch. SAINT-PAU.
- Cass. civ. 1re, 13 nov. 1973, aff. *Guino c/ Renoir*, *Bull. civ.* I, n° 302, p. 269 ; *D.* 1974. 533, obs. C. COLOMBET.
- Cass. civ. 1re, 13 nov. 2008, pourvoi n° 06-16.278, FS-P+B, aff. *Lopez c/ Philibert et a.*, *JurisData* n° 2008-045785 ; *D.* 2008. AJ. 3009 ; *RIDA* avr. 2009, n° 220, p. 405, obs. P. SIRINELLI et p. 81, obs. Ph. GAUDRAT ; *Propr. intell.* avr. 2009. 172, obs. A. LUCAS ; *Comm. com. électr.* 2009, comm. 2, note C. CARON et chron. 6, B. MONTELS, spéc. n° 4 ; *RTD com.* 2009, p. 128, obs. F. POLLAUD-DULIAN ; *Légipresse* 2009, n° 258, II, p. 12, obs. L. MARINO ; *RLDI* janv. 2009, n° 1501, note M. SCHAFFNER, A. ABELLO et G. SROUSSI ; *RLDI* mars 2009, n° 1533, note A. ROBIN.
- Cass. civ. 1re, 13 nov. 2014, n° 10-28.023, aff. *SPEDIDAM c/ Idéale Audience International et a.*, *LEPI* janv. 2015, n° 1, p. 5, obs. S. LE CAM ; *Propr. intell.* 2014, n° 54, p. 65, obs. A. LUCAS.
- Cass. civ. 1re, 15 juill. 1993, pourvoi n° 91-17442, aff. *Levi Mano c/ Monti*, *Bull. civ.*, I, n° 260, p. 179, *D.* 1994, somm. 90, obs. C. COLOMBET ; *RIDA* 1994/1, p. 316.
- Cass. civ. 1re, 15 mars 1977, aff. *SPEDIDAME*, *RIDA* 3/1977, p. 141 ; *JCP G* 1979, II, 19153, note PLAISANT ; *RTD com.* 1977, p. 501, obs. H. DESBOIS.
- Cass. civ. 1re, 17 janv. 1995, aff. *Blaise*, *Bull. civ.* I, n° 39.
- Cass. civ. 1re, 17 févr. 2004, *Comm. com. électr.* 2004, comm. 99, note C. CARON.
- Cass. civ. 1re, 17 juin 2003, n° 01-17.650, *JurisData* n° 2003-019454 ; *Comm. com. électr.* 2003, comm. 80, note C. CARON ; *D.* 2003, p. 2014.
- Cass. civ. 1re, 1er mars 2005, aff. *Roland Barthes*.
- Cass. civ. 1re, 22 mars 2012, n° 10-18.491, inédit, *JurisData* n° 2012-006714, aff. *Orenn SA Ellipsanimé productions*.
- Cass. civ. 1re, 24 avr. 2013, n° 11-19.091 au n° 11-19.168, FS-P+B+R+I, aff. *M. X. c/ Sté TF1 Productions et a.*, *JurisData* n° 2013-007958, *Comm. com. électr.* 2013, comm. 75, note C. CARON ; *JCP G* 2013, 731, note X. DAVERAT ; *JCP S* 2013, 1191, avis O. FALLETTI ; *Comm. com. électr.* 2013, chron. 9, n° 2, obs. P. TAFFOREAU ; *Propr. intell.* 2013, n° 48, p. 299, obs. J.-M. BRUGUIÈRE.
- Cass. civ. 1re, 24 avr. 2013, n° 11-20900, *Propr. intell.* 2013, n° 48, p. 299, obs. J.-M. BRUGUIÈRE.
- Cass. civ. 1re, 28 mars 1995, n° 93-10.464, *RIDA*, juill. 1995, p. 327.
- Cass. civ. 1re, 29 nov. 2005, *D.* 2006, Jur. 517, note A. TRICOIRE ; *Comm. com. électr.* 2006, n° 18, note C. CARON ; *RTD com.* 2006, p. 78, obs. F. POLLAUD-DULIAN.
- Cass. civ. 1re, 3 juill. 2013, F-P+B+I, n° 10-27.043.
- Cass. civ. 1re, 3 mars 1992, n° 90-18.081, aff. *NPT*, *D.* 1993, 358, note B. EDELMAN.
- Cass. civ. 1re, 30 janv. 1974, n° 72-10.518, aff. *Orane Demazis*, *Bull. civ.* I, n° 33, p. 28 ; *JCP G* 1974, IV, 92.
- Cass. civ. 1re, 4 févr. 1992, *D.* 1992, p. 182, note P.-Y. GAUTIER
- Cass. civ. 1re, 4 janv. 1964, *Bull. civ.* 1964, I, n° 7, aff. *Furtwängler*, *D.* 1964, p. 321, note Ph. PLUYETTE ; *JCP G* 1964, II, 13712 ; *RTD com.* 1964, p. 320, obs. H. DESBOIS.
- Cass. civ. 1re, 5 févr. 2002, *JurisData* n° 2002-012934.
- Cass. civ. 1re, 5 oct. 1994, *RIDA* janv. 1995, n° 163, p. 205. 34 ; C. CARON, « Chronique de jurisprudence », *LPA* juin 1996, n° 69, p. 9.
- Cass. civ. 1re, 6 juill. 1999, n° 97-43.749, *Bull. civ.*, I, n° 230, aff. *Sté Telema c/ Leclaire*, *D.* 2000. 209, concl. SAINTE-ROSE ; *RTD com.* 1999, p. 869, obs. A. FRANÇON ; *Comm. com. électr.* 1999, n° 12, comm. 42, note C. CARON ; *Légipresse* nov. 1999, III, p. 150 ; *Les grands arrêts de la propriété intellectuelle*, 1re éd., Dalloz, Paris, 2004, n° 15, p. 197, obs. S. PESSINA-NISSARD.
- Cass. civ. 1re, 6 mai 1997, *RIDA* oct. 1997. 231 ; *D.* 1998. Somm. 192, obs. C. COLOMBET.
- Cass. civ. 1re, 9 nov. 1993, *RIDA* 1994, n° 161, p. 273.

- Cass. civ. 2e, 14 déc. 2004, pourvoi n° 03-30.387, *JurisData* n° 2004-026319 ; *Légipresse* 2006, n° 232, III, p. 121, comm. F. GRAS.
- Cass. com., 15 juin 1983, *Bull.* n° 174.
- Cass. com., 15 mai 2012, n° 11-18.372, *JurisData* n° 2012-012577 ; *PIBD* 2012, III, p. 487.
- Cass. com., 18 janv. 1982, *RIDA* juill. 1982, p. 150.
- Cass. com., 22 oct. 2002, *Bull. civ.* IV, n° 149 ; *D.* 2003. Somm. 1031, obs. SERRA ; *D.* 2002. AJ. 3142, obs. CHEVRIER ; *JCP E* 2003, n° 13, p. 563, note MAINGUY ; *Contrats, conc. consom.* 2003, n° 6, obs. MALAURIE-VIGNAL ; *RJDA* 2003, n° 209.
- Cass. com., 6 déc. 2016, n° 15-18.470.
- Cass. com., 23 juin 1987, n° 85-15.308, *Bull. civ.* IV, n° 156, *Juris-Data* n° 1077, *JCP* 1987. IV. 304.
- Cass. com., 23 mars 1965, *Bull. civ.* IV, n° 28.
- Cass. com., 26 janv. 1999, pourvoi n° 96-22.457, *D.* 2000, Jur. 87, note Y. SERRA ; *D. Aff.* 1999, p. 508, obs. EMERY.
- Cass. com., 27 févr. 1990, pourvoi n° 88-19194, *JurisData* n° 1990-000618, *Bull. civ.* 1990, IV, n° 58 ; *RTD com.* 1990, p. 208, obs. A. FRANÇON ; *JCP G* 1990, II, 21545, note F. POLLAUD-DULIAN ; *JCP G* 1990, IV, 165 ; *JCP N* 1991, II, 286 ; *RIDA* juill. 1990, n° 145, p. 331 ; *D.* 1990, IR. 79 ; *Gaz. Pal.* 28 déc. 1990, n° 362-363, p. 220 et 222.
- Cass. com., 29 janv. 2002, aff. *Sté Karcol c/ Sté EMI France*, *Juris-Data* n° 2002-013529, *Contrats conc. consom.* 2002, comm. 93, note M. MALAURIE-VIGNAL ; *Propr. intell.* 2002, n° 4, p. 60, obs. A. LUCAS.
- Cass. com., 29 nov. 1960, *Bull. civ.* III, n° 389 ; *RIDA* 1961, n° 31, p.78 ; *Ann.* 1961, 309 ; *Gaz. Pal.* 1961, 2, 152 ; *RTD com.* 1961, p. 607.
- Cass. com., 29 nov. 1960, *Bull. civ.* III, n° 389, *Ann. propr. ind.* 1961, 309 ; *Gaz. Pal.* 1961, 2, p. 152.
- Cass. com., 30 janv. 2001, *Bull.* n° 27.
- Cass. com., 30, janv. 1996, *Bull. civ.* IV, n° 32.
- Cass. com., 6 déc. 1984, *Bull.* n° 335.
- Cass. com., 7 févr. 1995, *JCP G* 1995, II, 22411, note Ph. LE TOURNEAU.
- Cass. com., 8 oct. 2013, n° 12-26.148 ; CA Paris, 4e ch., sect. B, 10 oct. 2008, n° 07/14433, aff. *Rashid Masharawi, SARL Crm - 114, SARL Cined Productions Najib Ghallale.*
- Cass. crim., 12 févr. 1969, *D.* 1969, 297.
- Cass. crim. 56 therm. an 12 ; 30 avr. 1825, *Jur. gén.*, v° « Propriété littéraire », n° 136 et 137.
- Cass. crim., 10 mai 2000, n° 99-86.914.
- Cass. crim., 11 mai 1989, n° 88-85.120.
- Cass. crim., 13 févr. 1857, *D.* 1857. 1. 111 ; *Bulletin des arrêts de la Cour de cassation rendus en matière criminelle*, 1857, t. 62, n° 2, p. 101-102 ; *Journal du droit criminel, ou Jurisprudence criminelle du Royaume*, 1857, 29e année, p. 111-112 ; *Ann.* 1855-1856, t. I et II, art. 146, p. 364 et s. ; *Journal du Palais*, 1857, p. 725-728 ; *Recueil général des lois et des arrêts : en matière civile, criminelle, commerciale et de droit public*, 185, p. 289 et s. ; *Mémorial du commerce et de l'industrie : répertoire universel, théorique et pratique, législatif et judiciaire de la science commerciale*, t. XIX, 1863, 2, p. 552-556.
- Cass. crim., 18 mai 1899, aff. *Talabot c/ Mauvillin frères et a.*, *Ann.*, 1899, t. 45, p. 88.
- Cass. crim., 2 déc. 1814, aff. *Leclère c/ Villeprent et a.*, *Dalloz, Rép.*, v° *Prop. litt.*, n° 88.
- Cass. crim., 23 juill. 1824, aff. *Goetz de Berlichingen*, pièce de Goethe, *l'éditeur Bobée c/ l'éditeur Ladvocat.*
- Cass. crim., 8 mars 1962, *D.* 1962. 502, note GREFFE.
- Cass. soc., 10 févr. 1998, *JCP E* 1999, p. 1484, note LAPORTE-LEGEAIS.
- Cass. soc., 28 janv. 2014, pourvoi n° F 12-22.455.
- Cass. soc., 3 juin 2009, n° 08-40.981 à n° 08-40.983 et n° 08-41.712 à 08-41.714, FP-P+B+R+I, aff. *Sté GLEM c/ Brocheton et a.*, *JurisData* n° 2009-048343, *RTD com.* 2009, p. 723, note F. POLLAUD-DULIAN ; *JCP S* 2009, act. 305, aperçu rapide P.-Y. VERKINDT.
- Cass. soc., 8 juill. 1999, n° 97-14.487, *JurisData* n° 1999-002824.
- Cass., 13 févr. 1857, aff. *Fontana*, *Ann.*, 1857. 33.
- Cass., 15 janv. 1864, *Bulletin des arrêts de la Cour de cassation rendus en matière criminelle*, 1864, t. LXIX. n° 13, p. 22 et s. ; *Journal du Palais*, t. 75, 1864, p. 890 et s. ; *Journal du droit criminel, ou Jurisprudence criminelle du Royaume*, 1865, p. 201 et 202, art. 8050 ; *Recueil général des lois et des arrêts*, 2e série, 1864, p. 303.
- Cass., 22 janv. 1973, *D.* 1973. 217, note X. L.
- Cass., 22 nov. 1867, aff. *Vve Sandinos c/ Marquis*, *Pat.*, 1867, p. 356.
- Cass., 27 déc. 1884, aff. *Verrebout*, *Ann.*, 85.7.

- Cass., 27 févr. 1845.
- Cass., 27 nov. 1869, *S.* 1870. I. 928.
- Cass., 28 mai 1836, aff. *Caron-Vitet c/ Ledien*, *Sirey-Devilleneuve*, 1836, 1, 479.
- Cass., 30 avr. 1825, aff. *Tanquerey c/ Voisin*, Dalloz, *Prop. litt.*, n° 137.
- Cass., 7 nov. 1894, aff. *Zech et fils et Beaumont c/ Vitte et Pérussel*, *Ann.* 1895, t. XLI, art. 3786, p. 132 ; *Pandectes françaises*, 1896, t. 11, p. 29 ; *S.* et *F.* 96.1.337, note M. LACOINTA ; *Gaz. Pal.*, 91.2.195 ; *Semaine religieuse du Diocèse de Lyon*, 30 nov. 1894, p. 130-131.
- Req. 31 oct. 1927, *S.* 1928. I. 46.
- T. cass. 28 floréal an XII, aff. *Bossange c/ Moutardier*, Dev. et Car. 1791, an XII, 1, 971, J. Pal. an XI, floréal an XII, 747.

CJUE

- CJUE, 11 juin 2020, aff. *Brompton Bicycle Ltd c/ Chedech/ Get2Get*, aff. C-833/18.
- CJCE, 21 mars 1974, aff. *BRT c/ SABAM*, C-127/73, *Rec.*, p. 324.
- CJUE, 1er mars 2012, aff. *Football Dataco*, aff. C-604/10.
- CJUE, 12 sept. 2019, aff. *Cofemel*, C-683/17, EU:C:2019:721.

Jurisprudence égyptienne

Cour de cassation

- Cass. civ., 7 juill. 1964, pourvoi n° 13/29e A.J., *Rec.*, 25e année, n° 141, p. 920-936.
- Cass., 23 juin 1955, pourvoi n° 101/22e A.J., *Rec.*, 6e année, p. 1279.
- Cass. civ., 14 juin 1956, pourvoi n° 436/22e A.J., *Rec.*, 7e année, p. 723.
- Cass. civ., 6 déc. 1962, pourvoi n° 144/27e A.J., *Rec.*, 13e année, n° 172, vol. 3, p. 1092-1097.
- Cass. civ. et com., 25 févr. 1965, pourvoi n° 244/30e A.J., *Rec.*, p. 227-238, *RIDA* LI 1966, p. 14 et s.
- Cass., 12 mai 1966, pourvoi n° 365/32e A.J., *Rec.*, 17e année, n° 151, p. 1114-1120.
- Cass., 6 déc. 1971, pourvoi n° 665/41e A.J.
- Cass., 18 févr. 1973, pourvoi n° 1190/42e A.J., 24e année, p. 206.
- Cass. civ., 16 janv. 1979, pourvoi n° 533/46e A.J., *Rec.*, 30e année, n° 53, p. 224-236.
- Cass., 30 mars 1981, pourvoi n° 284/46e A.J., *Rec.*, 32e année, n° 1, p. 971.
- Cass. civ., 12 mars 1984, pourvoi n° 555/48e A.J., *Rec.*, 35e année, n° 121, p. 640-644.
- Cass., 22 déc. 1986, pourvoi n° 2274/55e A.J., *Rec.*, 37e année, p. 1016.
- Cass. civ., 7 janv. 1987, pourvoi n° 1352/53e A.J., *Rec.*, 38e année, n° 21, p. 78-80.
- Cass. civ., 6 janv. 1992, pourvoi n° 1462/54e A.J., *Rec.*, 43e A.J., n° 30, p. 134-137.
- Cass., 18 avr. 1995, pourvoi n° 12766/63e A.J., *Rec.*, 46e année, n° 1, p. 752
- Cass., 12 févr. 1996, pourvoi n° 801/51e A.J., *Rec.*, 47e année, n° 1, p. 328.
- Cass. civ. et com. et de statut personnel, 5 août 1996, pourvois n° 475, 478 et 481/65e A.J.
- Cass. 17 nov. 2007, pourvoi n° 4717/68e A.J., *Rec.*, 58e année, principe n° 135, p. 721.
- Cass., 27 mars 2012, pourvoi n° 4536/80e A.J.
- Cass. com. éco., 10 sept. 2013, pourvoi n° 13285/80e A.J., aff. *Al-Fawazir* de Shahriar et de Shéhérazade.
- Cass. civ. et com., 24 nov. 2014, pourvoi n° 11357/83e A.J, *Auteurs & Média*, 2014/5, p. 326-335, note Y. OMAR AMINE et *RFPI* avr. 2016, n° 2, p. 28-43, note Y. OMAR AMINE.
- Cass. civ. et com., 28 mars 2019, pourvoi n° 7133/88e A.J., aff. *Sté Panorama Media Production c/ Mohamed Salah A. Nada*, *CPI*, oct. 2022, Vol. 34, n° 3, p. 1010-1018, note Y. OMAR AMINE.

Cour d'appel

- CA Caire, sect. du statut personnel n° 287/111e A.J.
- CA d'Égypte, 11 janv. 1942, *Revue Al Mohamah* (*L'Avocat*), 22e année, n° 8, 9, 10, p. 667 ; *Gaz. Trib. M.*, juin 1944, p. 202 ; *Dr. Aut.*, 1944, p. 141.
- CA Caire, 18 nov. 1958, n° 279/74e A.J. et n° 364/74e A.J.
- CA Caire, 15 mars 1972, n° 331.
- CA Caire, 30 janv. 1978, n° 139/95e A.J., *Revue 'idarit Qadaya El Hekouma* (*Revue de l'Administration du Contentieux de l'État*), n° 2, 22e A.J., avril-juin 1978, p. 193.

Cour économique du Caire

- CEC, 4e ch., 26 déc. 2010, aff. n° 3099/2009, aff. *Tarek M. Wafaa Abdel-Moati Hegazy c/ Coca-cola et al.*, *RLDI* 2011/77, n° 2573, p. 111-114, note Y. OMAR AMINE.

Tribunal de grande instance

- TGI d'Égypte, *Recueil officiel des tribunaux indigènes et shar'ii*, 1943, 42e année, n° 88, p. 143.
- TGI Caire, ch. com. *Koli*, aff. n° 217/1955.

Haute Cour Administrative

- HCA, 18 mai 1968, Recours n° 127/13e A.J., *Recueil des principes juridiques de la Haute Cour administrative, Bureau technique du Conseil d'État*, p. 953 s.
- HCA, 1er janv. 2011, Recours n° 5738/51e A.J.
- HCA, 30 janv. 1965, Recours n° 950, 954/7e A.J.
- HCA, 1er déc. 1990, Recours n° 3068/30e A.J. et n° 2104/31e A.J.

Tribunal du contentieux administratif

- TCA, 1re ch., 21 déc. 2004, aff. n° 23285/56e A.J., inédit.

Haute Cour Constitutionnelle

- HCC, 4 mai 1991, n° 23/9e, *Rec.*, vol. 4, p. 335 et s.

Jurisprudence mixte (1875-1949)

- CA Alexandrie, 1er avr. 1931.
- CA mixte Alexandrie, 11 mai 1904, aff. *Vincenzo Granato Mezzacapo c/ Enoch et Cie*, *B.* XVI, p. 249 ; *Revue de droit international privé et de droit pénal international*, t. 1er, 1905, p. 182 et s.
- CA mixte Alexandrie, 26 févr. 1930, aff. *Constantin Patellis c/ Charles Bacos* ; *Propr. ind.*, 30 sept. 1931, n° 9, p. 166, note M. PUPIKOFER.
- CA mixte Alexandrie, 27 mars 1889, aff. *P. Puthod c/ Tito di Giovanni Ricordi*, *B.* I. 77 ; *Dr. Aut.*, 15 juill. 1922, n° 7, p. 83 ; *Recueil officiel de la jurisprudence des tribunaux de la Réforme en Égypte*, t. 14, Alexandrie, 1889, p. 164 et s.
- CA mixte Alexandrie, 8 mai 1889, aff. *Société des Gens de Lettres c/ The Egyptian Gazette*, *B.* 1.110 ; *Recueil officiel de la jurisprudence des tribunaux de la Réforme en Égypte*, t. 14, Alexandrie, 1889, p. 233 s.
- CA mixte, 21 févr. 1934, *B.* LXII, 176 ; *Dr. Aut.*, 15 nov. 1934, n° 11, p. 129, note M. PUPIKOFER.
- CA mixte, 22 avr. 1897, aff. *Jean Lagoudakis c/ Raptaki Economou in Jurisprudence des tribunaux de la réforme en Égypte*, *Recueil officiel des arrêts de la Cour d'appel d'Alexandrie*, t. 22, Année judiciaire 1896-1897, Imprimerie générale A. Mourès & Cie, Alexandrie, 1897, p. 257 et s.
- CA mixte, 26 mai 1910, *B.* XXII, 338.
- CA mixte, 30 mai 1923, *B.* XXXV. 477.
- Cour mixte, 28 avr. 1897.
- Trib. civ. Alexandrie, 16 juin 1934, *Gaz. Trib. M.* XXV, p. 81.
- Trib. com. Alexandrie, 29 mars 1886, aff. *Laroche-Joubert c/ Stross*, *JDIP* 1886, t. XIII, p. 481.
- Trib. mixte de 1re instance d'Alexandrie, 28 févr. 1920, *Hoirs Audran c/ Simos & Cie.*
- Trib. mixte de 1re instance du Caire, ch. com., 5 déc. 1903.
- Trib. somm. Caire, 15 févr. 1933, *Gaz. Trib. M.* XXIII, p. 344, n° 324.

Jurisprudence comparée

Allemagne

- CA Berlin, 10e ch. civ., 11 janv. 1908, aff. *Jabeuf et Rouard c/ Sté Lachmann*, *Dr. Aut.*, 15 nov. 1908, n° 11, p. 150-151.
- Trib. de l'Empire, IIIe Ch. pénale, 30 nov. 1908, *Arrêts du Tribunal de l'Empire en matière pénale*, vol. 12, p. 83 ; *Dr. Aut.*, 15 mars 1911, n° 3, p. 34-35.

- Trib. de l'Empire, IIIe Ch. pénale, 1er déc. 1910, *Arrêts du Tribunal de l'Empire en matière pénale*, vol. 44, p. 180 ; *Dr. Aut.*, 15 août 1912, n° 8, p. 111-112 ; *L'Art et le droit* (Bulletin mensuel des actualités judiciaires de la propriété artistique et littéraire), avr. 1912, p. 170.
- OLG Köln, Urteil vom 2 févr. 2007, aff. 6 U 117/06.
- LG Köln, Urteil vom 12 avr. 2006, aff. 28 O 151/05.

Angleterre

- *Cummins v. Bond* (Chancery Division), 1 Ch. 167, 1927.
- *Donaldson v. Beckett*, 1 Eng. Rep. 837, 842 (the House of Lords "H.L.", 1774).

Belgique

- Cass. de Belgique, 2[e] ch., 11 août 1856, aff. *Chapsal c/ Parent et Deprez-Parent*, *B.* 1856, p. 377 ; *Ann.* 1857, t. III, art. 157, p. 43.

États-Unis

- 101 U.S. 99 (U.S. Supreme Court, 1879).
- 287 F.3d 1325 (11th Cir. 2002).
- 970 F.2d 1067 (2[d] Cir. 1992).
- *Arica Institute, Inc. v. Palmer*, 770 F.Supp. 188 (S.D.N.Y.1991).
- *Baker v. Selden*, 101 U.S. 99 (U.S. Supreme Court, 1879).
- *Bikram's Yoga College of India L.P. et al v. Evolation Yoga L.L.C. et al*, aff. n° 2:11-cv-5506, 2012 WL 6548505, 105 U.S.P.Q.2D (BNA) 1162 (C.D. Cal., 14 Dec, 2012).
- *Bikram's Yoga College of India, L.P. v. Evolation Yoga, LLC*, No. 13-55763, D.C. No. 2:11-cv-05506-ODW-SS at 7 (9th Cir., 8 May, 2015).
- Case No. 2:11-cv-5506-ODW(SSx) (C.D. Cal. Dec. 14, 2012).
- Cour suprême de New-York, division d'appel, 25 janv.1907, aff. *Dutton et cie c/ Cupples et léon, publishers weekly*, 2 févr. 1907, n° 1827 ; *Dr. Aut.*, 15 juill. 1907, n° 7, p. 87.
- *Feist Publications v. Rural Tel. Service Co.*, 499 U.S. 340 (1991).
- *Kregos v. Associated Press*, 937 F.2d 700 (2[d] Cir. 1991).
- No. C 03-3182 PJH (N.D. Cal. Apr. 1, 2005).
- *Oliver et al. v. St. Germain Foundation*, 41 F. Supp. 296 (S.D. Cal. 16 sept. 1941).
- *Penguin Books U.S.A., Inc. v. New Christian Church of Full Endeavour*, Ltd. (55 USPQ2d 1680, 1691 (S.D.N.Y. 2000).
- *Publications International, Ltd. v. Meredith Corp.*, 88 F.3d 473 (7th Cir. 1996).
- *United Christian Scientists v. Christian Science Board of Directors, First Church of Christ, Scientist*, 829 F.2d 1152, 1159 (D.C.Cir.1987).

Inde

- *Institute for Inner Studies & Ors. v. Charlotte Anderson & Ors.* (2014) 57 PTC 228 (Del).

Italie

- Cass. Turin, 25 juin 1912.
- CA Gênes, 14 août 1914, aff. *Watts c/ Nicodemi*, *Monitore dei Tribunali*, 6 févr. 1915, n° 6 ; *Dr. Aut.*, 15 août 1915, n° 8, p. 93 et s.

Suisse

- TF, 1re ch. civ., 14 juin 1990, ATF 116 II 351.

TABLE DES AFFAIRES

Les chiffres renvoient aux numéros des **pages** auxquels les affaires sont analysées.

Affaires

TABLE DES FIGURES

Les chiffres renvoient aux numéros des **pages**.

TABLE DES MATIERES

Structures éditoriales du groupe L'Harmattan

L'Harmattan Italie
Via degli Artisti, 15
10124 Torino
harmattan.italia@gmail.com

L'Harmattan Hongrie
Kossuth l. u. 14-16.
1053 Budapest
harmattan@harmattan.hu

L'Harmattan Sénégal
10 VDN SICAP AMITIE 3
BP 45034 Dakar-Fann
direction@senharmattan.com

L'Harmattan Cameroun
Tsinga/Derrière polyclinique FECAFOOT
BP 11486 Yaoundé
Jacques.koukam@harmattan.fr

L'Harmattan Burkina Faso
Villa 281, secteur 23 623, rue 14.32
Ouagadougou
zagbie@outlook.fr

L'Harmattan Guinée
Almamya, rue KA 028 OKB Agency
BP 3470 Conakry
harmattanguinee@yahoo.fr

L'Harmattan RDC
185, avenue Nyangwe
Commune de Lingwala – Kinshasa
matangilamusadila@yahoo.fr

L'Harmattan Congo
219, avenue Nelson Mandela
BP 2874 Brazzaville
deunovmikhael@gmail.com

L'Harmattan Mali
Immeuble Mgr Jean Marie Cissé
Aci Hamadallaye
BP 145 Bamako
syllaka@yahoo.fr

L'Harmattan Togo
Djidjole – Maison Amela
face EPP BATOME
02 BP 20680 Lomé
didieramela11@gmail.com

L'Harmattan Côte d'Ivoire
Résidence Karl – Cité des Arts
Abidjan-Cocody
03 BP 1588 Abidjan
harmattan.ivoire@gmail.com

L'Harmattan Bénin
Rue 604, (Immeuble à l'entrée
de la rue UCAO- Cite de Saint-Jean)
Cotonou
stepcorpus@gmail.com

Nos librairies en France

Librairie internationale
16, rue des Écoles
75005 Paris
librairie.internationale@harmattan.fr
01 40 46 79 11
www.librairieharmattan.com

Librairie des savoirs
21, rue des Écoles
75005 Paris
librairie.sh@harmattan.fr
01 46 34 13 71
www.librairieharmattansh.com

www.ingramcontent.com/pod-product-compliance
Lightning Source LLC
LaVergne TN
LVHW011214061026
849535LV00001BA/29